国家社科基金
GUOJIA SHEKE JIJIN HOUQI ZIZHU XIANGMU
后期资助项目

利润率下降与价值转形

第一卷

The Tendency of the Rate of Profit to Fall and the Transformation of Values

沈民鸣 著

中国人民大学出版社
· 北京 ·

国家社科基金后期资助项目

出版说明

后期资助项目是国家社科基金项目主要类别之一，旨在鼓励广大人文社会科学工作者潜心治学，扎实研究，多出优秀成果，进一步发挥国家社科基金在繁荣发展哲学社会科学中的示范引导作用。后期资助项目主要资助已基本完成且尚未出版的人文社会科学基础研究的优秀学术成果，以资助学术专著为主，也资助少量学术价值较高的资料汇编和学术含量较高的工具书。为扩大后期资助项目的学术影响，促进成果转化，全国哲学社会科学规划办公室按照"统一设计、统一标识、统一版式、形成系列"的总体要求，组织出版国家社科基金后期资助项目成果。

全国哲学社会科学规划办公室
2014 年 7 月

序　言

生产并占有剩余价值或利润，实现价值增殖，是资本主义生产的目的和推动力。利润率反映了资本的增殖程度，是资本家最关心的核心问题。但是，在长期的资本主义生产发展过程中，利润率有缓慢地、逐步地下降的趋势，如何解释这种经济现象，曾经长期困扰着许多经济学家。

马克思在《资本论》第三卷中，对利润率下降的原因进行了理论探讨。他认为，个别资本家为了获得更多剩余价值或利润，采用新发明、新技术和新机器，提高生产力，同时提高了本企业的资本有机构成，竞争迫使其他资本家也采用同样方式提高生产力，全社会的生产力提高的同时，总资本有机构成提高，资本有机构成的提高降低了利润率。

马克思提出这个论断之后，受到了很多经济学家的质疑。这些经济学家认为马克思的利润率下降的规律不成立。他们的观点是，随着生产力提高，一方面，资本有机构成提高，另一方面，剩余价值率提高，资本有机构成提高和剩余价值率提高对利润率的影响是相反的，因此，平均利润率下降的规律不成立。

马克思提出利润率趋向下降的论断时，已经考虑到资本有机构成提高或生产力提高对剩余价值率的影响，从而对利润率的影响，并且提出，只有个别资本的利润率提高，资本家才会采用新的生产技术和效率更高的机器。

他认为："一种新的生产方法，不管它的生产效率有多高，或者它使剩余价值率提高多少，只要它会降低利润率，就没有一个资本家愿意采用。但每一种这样的新生产方法，都会使商品便宜。因此，资本家最初会高于商品的生产价格出售商品，也许还会高于商品的价值出售商品。他会得到他的商品的生产费用和按照较高的生产费用生产出来的其他商品的市场价格之间的差额。……但是竞争会使他的生产方法普遍化，使它服从普遍的规律。于是，利润率就下降"①。

---

① 《马克思恩格斯全集》，第25卷，北京，人民出版社，1974，中文1版，第294～295页。

可见，竞争使资本家都提高生产力。要提高生产力，就要提高资本有机构成。提高资本有机构成的结果是利润率下降。这种结果不是资本家的最初愿望，但是，它不以资本家的意志为转移。对于最先提高生产力、提高资本有机构成的个别资本家来说，同样无法改变这种趋势。因为，他有权力决定采用何种新的生产方法和新机器，也就是决定他的企业的资本技术构成和资本有机构成，但是没有权力阻止其他资本家作出同样的选择。平均利润率下降的结果，是每个资本家都不愿意接受但是又不得不接受的结果。

马克思在提出资本有机构成提高是利润率下降的原因时，也提出了起相反作用的各种原因，例如劳动剥削程度的提高、工资被压低到劳动力的价值以下、不变资本各要素变得便宜、相对过剩人口、对外贸易、股份资本的增加。其中，最重要的起反作用的原因是劳动剥削程度的提高，或剩余价值率的提高。剩余价值率的提高，是生产相对剩余价值的结果。

马克思认为，虽然有这些起反作用的原因，特别是剩余价值率的提高，但是，因为资本有机构成的提高对利润率的作用超过资本有机构成的提高对剩余价值率的提高的作用，所以利润率下降。由于起相反作用的各种原因，利润率的下降不是平缓的，而是表现为一种总趋势。他不排除在一定条件下，在一定时期，利润率可能提高，但是他认为，利润率变化的总趋势是下降。马克思将这种规律称为利润率趋向下降的规律。

马克思所说的利润率趋向下降，并不是个别资本的利润率趋向下降，也不是某个部类或某个部门的利润率趋向下降，而是平均利润率趋向下降。

平均利润率的形成，是资本家之间分配剩余价值的结果，也就是价值转形的结果。因此，要考察平均利润率趋向下降的规律是否正确，就必须首先考察平均利润率是如何形成的，也就是考察价值转形。

不仅有很多学者否定马克思的关于平均利润率趋向下降的规律，而且也有很多学者否定马克思的平均利润和生产价格理论，即价值转形理论。正因为如此，价值转形是否能够实现，平均利润率趋向下降的规律是否成立，这些问题关系到马克思的理论是否成立。

在资本主义生产中，不同生产部门的资本有机构成不同，在剩余价值率相同的条件下，这些部门的利润率不相同，但是，资本主义生产方式决定了资本数量相同的不同生产部门都要获得相同的利润，为此，每个资本家在生产中得到的剩余价值，要在全体资本家之间进行分配。在分配总剩余价值的过程中，剩余价值转化为平均利润，价值转化为生产价格。

马克思的平均利润，为每个生产部门的资本与平均利润率的乘积。他的平均利润率，为总剩余价值与总资本之比。显然，马克思的资本和平均利润率都是价值形式的。他已经意识到，在价值转形过程中，应该将价值形式的资本或成本转化为生产价格形式的资本或成本，但是，他没有来得及实现这种转化。

对于马克思遗留的将资本由价值形式转变为生产价格形式的问题，经济学家进行了超过百年的理论探讨与理论争论。

最早试图用数学方法解决价值转形问题的学者，是德国经济学家和统计学家鲍特凯维兹。他的价值转形方程组中包括三个独立方程和四个未知变量，为了得到唯一解，需要再加入一个方程或减少一个未知变量。起初，他假设生产价格总和等于价值总和，后来又放弃了这一假设，改为规定第三部类的价值生产价格转化系数等于1。他的这种规定是不合理的，他的价值转形模型也不成立。

在鲍特凯维兹之后，斯威齐、温特尼茨、米克、塞顿等很多经济学家，都对价值转形问题进行过探讨，都对价值转形研究作出过自己的贡献，也都存在很多缺陷。本书中将对他们的理论贡献和理论缺陷进行分析，并提出自己的价值转形理论。

对利润率趋向下降的问题，也有很多学者进行过研究。

否定马克思的利润率趋向下降规律的观点，可以分为四类。第一类观点，依据鲍特凯维兹的价值转形的利润率公式，得到利润率与资本有机构成无关的推论，并依据这个推论否定利润率下降。第二类观点，认为资本有机构成提高必然导致生产力提高，生产力提高必然导致剩余价值率提高，剩余价值率提高必然阻碍利润率下降。第三类观点，认为第三产业的资本有机构成低、发展速度快，总资本有机构成不是提高而是降低，从而利润率不是降低而是提高。第四类观点，认为农业的资本有机构成低、生产力提高快，农业生产力的提高为资本家提高剩余价值率奠定了基础，从而利润率不是降低而是提高。

持第一类观点的学者，既没有注意鲍特凯维兹的价值转形模型的错误，也没有注意再生产条件的制约。这里证明，鲍特凯维兹的价值转形模型存在重大的错误，考虑再生产条件的制约，随着总资本有机构成的不断提高，虽然在一定条件下生产价格形式的利润率可以不变、提高或降低，但是，平均利润率的变化的总趋势是下降。

持第二类观点的学者，只考虑剩余价值率提高阻碍利润率下降，但是，并没有证明剩余价值率提高对利润率的影响超过资本有机构成提高对利润率的影响。他们不清楚，哪个部类或部门的资本有机构成提高对剩余价值率提高的影响大，哪个部类或部门的资本有机构成提高对剩余价值率提高的影响小，影响程度如何。

持第三类观点的学者，没有注意第三产业的最重要的组成部分——金融——是借贷资本的转化形式，借贷资本的利息，无论银行的贷款利息，还是股息，都来自产业资本的雇佣劳动者创造的一部分剩余价值。金融是分配剩余价值的领域之一，不能离开产业资本单独考察金融、单独考察第三产业。

持第四类观点的学者，既没有注意随着农业生产力提高，农业资本有机构成低的状况已经改变，也没有注意随着农业生产力提高，产业分工发展，农业生产的主体——耗费劳动最多的谷物种植与棉花种植——已经由第二部类的组成部分转变为第一部类的组成部分。

资本有机构成提高的再生产，既不是简单再生产，也不是外延扩大再生产，而是内涵扩大再生产，即通过提高生产率的方式来扩大生产规模的再生产。资本有机构成提高本身就表明，第一部类的生产规模的增大超过第二部类的生产规模的增大，第一部类的生产力的提高超过第二部类的生产力的提高，第一部类的资本有机构成的提高超过第二部类的资本有机构成的提高。在产业分工的发展过程中，第二部类中的很多产业属于劳动密集型产业，劳动生产率提高很慢，生产中耗费的活劳动很难减少，第一部类的资本有机构成提高，资本技术构成提高，生产率提高，单位产品价值降低，第二部类单位生产资料的价值降低，单位产品价值降低。剩余价值率的提高不仅取决于第二部类单位产品价值的降低，而且取决于无产阶级与资产阶级的力量对比。因此，剩余价值率的提高的比例低于第二部类单位产品价值降低的比例，第二部类单位产品价值降低的比例低于第二部类单位生产资料的价值降低的比例，第二部类单位生产资料的价值降低的比例或第一部类单位产品的价值降低的比例，取决于第一部类的资本技术构成或第一部类的资本有机构成。产业分工导致第一部类的生产规模远大于第二部类的生产规模，从而总资本有机构成接近第一部类的资本有机构成或资本技术构成。

因为剩余价值率的提高通常不超过第二部类的生产率的提高，所以，一般情况下，剩余价值率的提高，通常低于总资本有机构成的提高，从而利润率趋向下降。

值得指出的是，资本有机构成由资本技术构成决定，也就是由生产力决定，但是，剩余价值率不仅由单位生活资料价值决定，也不仅由工人与资本家的生产关系决定，也就是由工人与资本家的力量对比决定，而且受再生产条件制约。

同样值得指出的是，虽然不同部类或不同部门的资本技术构成的提高不同，生产力的提高不同，单位生活资料价值降低与单位生产资料价值降低对资本有机构成的影响不同，但是，通过剩余价值分配，即通过价值转形，不同部类或不同部门的生产价格形式的利润率相同。

虽然通过价值转形，资本有机构成不同的部类或部门的生产价格形式的利润率相同，但是，在一个部类或一个部门内部，资本有机构成不同的企业的利润率不同。那些生产力高，从而资本有机构成高的个别企业，能够得到超额剩余价值或超额利润。那些资本实力雄厚的大企业，能够得到垄断利润。由于篇幅限制，这里只考察自由竞争条件下的价值转形和利润率趋向下降问题，不考察垄断条件下的价值转形和利润率趋向下降问题。

剩余价值与可变资本在再生产过程中的作用不同。资本家的可变资本用于交换雇佣工人的劳动力。雇佣工人得到的工资用于必要生活消费。资本家得到的一部分剩余价值用于生活消费，另一部分剩余价值转化为追加资本。追加资本的有机构成高于原有资本的有机构成，资本有机构成提高，不仅生产能力提高，而且生产率提高。追逐利润的愿望和竞争的压力，迫使每个资本家都提高生产率，提高资本有机构成。转化为追加资本的剩余价值在总剩余价值中的比例越来越高，资本有机构成越来越高，结果是第一部类的资本在总资本中的比例越来越高。工人的生活消费和资本家的生活消费是最终消费，资本家的生产消费不是最终消费，而是新的生产能力的形成。

在任何部类或部门中，不同企业的资本数量不同，资本有机构成不同，生产力不同，从而利润率不同。资本家要得到超额剩余价值或超额利润，必须提高生产力；资本家要想不被竞争消灭，也必须提高生产力。一方面，无节制地追逐剩余价值导致生产力不断提高，另一方面，剩余价值率的提高导致工人有支付能力的需求相对下降，当生产的产品超过有支付能力的需求时，生产过剩不可避免。生产过剩阻碍剩余价值率提高。

如果利润率不下降，那么，那些无力提高资本有机构成，无力提高生产力的资本，仍然能够生存。如果利润率下降，那么，那些生产力低的资本就很难生存，甚至无法生存了。

当产品的供给超过产品的需求时，出现生产过剩，利润率的下降不可避免。在这个意义上，利润率下降不仅是资本有机构成提高的结果，而且是淘汰落后生产能力的必要条件，是供求关系重新恢复平衡的必要条件，也就是资本主义生产走出生产过剩的资本主义经济危机的必要条件。

因为资本主义生产存在周期性，所以，不仅存在危机时期的利润率下降，而且存在繁荣时期的利润率上升。不能仅仅依据经济危机就简单地得到利润率下降的结论，必须全面地考察资本主义生产周期的不同阶段的利润率的变化。通过考察可以看到，剩余价值率的提高，不仅受到工人与资本家的对抗的制约，而且受再生产条件制约。由于这些限制，剩余价值率的提高，通常低于资本有机构成的提高。当然，利润率趋向下降并不是利润率绝对下降，马克思的利润率趋向下降规律，并不排除在一定时期和一定条件下出现利润率提高，只是利润率变化的总趋势是逐步趋向下降。

虽然不能认为，在任何历史阶段，第一部类的生产规模都超过第二部类的生产规模，第一部类的资本都超过第二部类的资本，第一部类的资本有机构成的提高都超过第二部类的资本有机构成的提高，但是，由于第一部类的生产规模的增大超过第二部类的生产规模的增大，因此第一部类的生产规模超过第二部类的生产规模，从而第一部类的资本超过第二部类的资本，从而第一部类的资本有机构成的提高超过第二部类的资本有机构成的提高，只是时间问题。在资本主义生产方式的发展历史过程中，第一部类的资本显著地超过第二部类的资本，第一部类的资本有机构成的提高显著地超过第二部类的资本有机构成的提高，是毫无争议的事实。总资本有机构成的提高，主要由第一部类的资本有机构成决定。

因此，从长期的观点来看，总资本有机构成的提高超过剩余价值率的提高，利润率趋向下降。这与马克思的论述完全一致。

马克思提到的利润率趋向下降，是平均利润率趋向下降。考察平均利润率趋向下降规律，必须在价值转形的基础上进行分析。

有不少研究价值转形的论文与著作，其中既有肯定马克思的利润率趋向下降规律的，也有否定马克思的利润率趋向下降规律的，但是，在价值转形的基础上分析平均利润率趋向下降规律的论文或著作，目前尚未发现。出现这种情况的原因，一方面，是价值转形问题的复杂性，另一方面，是平均利润率趋向下降问题的复杂性。两者的结合必然更复杂。

价值转形有多种形式。按照社会资本再生产方式与剩余价值分配的关系，可以分为简单再生产条件下的价值转形与扩大再生产条件下的价值转形。按照考虑的影响剩余价值分配的因素，可以分为一元价值转形、二元价值转形、三元价值转形等。按照产品在再生产中的不同作用，可以分为按照部类划分的价值转形和按照部门划分的价值转形。按照产品的不同用途，可以分为两部类价值转形和多部类价值转形。多部类价值转形中，按照部类划分的不同数量，可以分为三部类价值转形、四部类价值转形等。马克思按照一般生产资料生产和货币材料生产，将第一部类划分为两个分部类，按照奢侈品生产和必要生活资料生产，将第二部类划分为两个分部类；杜冈·巴拉诺夫斯基或鲍特凯维兹按照资本家消费资料生产和工人消费资料生产，将第二部类划分为两个分部类；列宁按照为生产资料生产部类提供生产资料的生产和为生活消费资料生产部类提供生产资料的生产，将第一部类划分为两个分部类。如果将每个分部类看做一个部类，那么，社会生产可以划分为三部类或四部类，相应的价值转形就是三部类价值转形、四部类价值转形。

毫无疑问，简单再生产条件下的两部类一元价值转形，是各种价值转形中最简单、最基本的一种情况。各种复杂的价值转形中的基本矛盾，在简单再生产条件下的两部类一元价值转形中都存在。通过对简单再生产条件下的两部类一元价值转形的考察，可以发现各种复杂的价值转形中不容易发现的问题。

这里重点考察简单再生产条件下的两部类一元价值转形。在此基础上，对马克思的利润率趋向下降规律进行分析。

价值转形模型与部类或部门的划分方式有关。部类或部门的划分方式不同，价值转形模型也不相同。

否定马克思的利润率趋向下降规律的观点的主要理论依据，是鲍特凯维兹的价值转形理论中的利润率公式，以及他的利润率与资本有机构成无关的结论。要分析利润率趋向下降规律是否正确，必须按照鲍特凯维兹的部类划分方式建立价值转形模型。在此基础上，分析鲍特凯维兹的价值转形理论存在什么错误，他的利润率公式、他的利润率与资本有机构成无关的结论适用的范围，有何局限。马克思的利润率是价值形式的，鲍特凯维兹的利润率是生产价格形式的。鲍特凯维兹修改了马克思的利润率的定义，再否定马克思的利润率趋向下降的论断，这种分析方式本身是错误的。

通过对按照鲍特凯维兹的部类划分的价值转形的考察证明，在一定条件下与一定范围内，随着价值形式的资本有机构成提高与生产价格形式的资本有机构成提高，价值形式的平均利润率下降，生产价格形式的利润率可以不变、提高或降低。但是，随着价值形式的总资本有机构成与生产价格形式的资本有机构成的不断提高，最终，生产价格形式的利润率与价值形式的平均利润率的变化方向必然相同，都趋向下降。

马克思的利润率趋向下降规律的一般证明，涉及第一部类的资本有机构成是高于第二部类的资本有机构成，还是低于第二部类的资本有机构成。列宁依据马克思的资本有机构成提高的观点，提出了生产资料生产优先增长理论。他认为，第一部类的资本增长速度高于第二部类的资本增长速度。依据列宁的理论，生产资料生产部门的生产规模，迟早会超过生活资料生产部门的生产规模，生产资料生产部门的产品是不变资本的物质构成，这本身就是资本有机构成提高的另外一种表现形式。既然生产力提高必然伴随资本有机构成提高，第一部类的资本增长速度又高于第二部类的资本增长速度，那么，无论在一定历史时期，第一部类的资本有机构成是否高于第二部类的资本有机构成，经过一段时期之后，第一部类的资本有机构成必然高于第二部类的资本有机构成。为此，必须考察按照列宁的部类划分的价值转形。

考察按照列宁的部类划分的价值转形，不仅可以分析第一部类的资本有机构成高于第二部类的资本有机构成的条件下剩余价值分配如何实现，而且可以证明大多数经济学家的一种传统观念是错误的。绝大部分学者都认为，中等资本有机构成的部类（或部门）的生产价格等于价值，生产价格等于价值的部类（或部门）是中等资本有机构成的部类（或部门）。他们还认为，中等资本有机构成的部类（或部门）的利润率等于平均利润率，并且用对中等资本有机构成的部类（或部门）的利润率变化规律的分析代替对平均利润率变化规律的分析。

考察按照列宁的部类划分的价值转形，可以证明，中等资本有机构成的部类（或部门）的生产价格，一般不等于价值；生产价格等于价值的部类（或部门），不一定是中等资本有机构成的部类（或部门）；中等资本有机构成的部类（或部门）的利润率，不一定等于平均利润率；利润率等于平均利润率的部类（或部门），不一定是中等资本有机构成的部类（或部门）。因此，这些经济学家依据对中等资本有机构成的部类或部门的利润率的分析，无法否定马克思的利润率趋向下降的论断。

劳动、资本、土地是生产商品的使用价值的三个基本要素。按照资本主义生产方式，不仅资本家要得到利润，而且土地所有者必须得到地租。地租是资本主义土地所有权在经济上的实现。如果在资本因素之外再考虑土地因素，那么这样的价值转形就是二元价值转形。

有的学者认为，只需要考察价值转形，即一元价值转形，不必考察二元价值转形。理由是，资本家通过价值转形得到平均利润，再用平均利润中的一部分支付地租，就可以体现资本主义土地所有权的要求。这种观点是不正确的。假设在多个部门中，有两个部门的资本数量相同，资本有机构成也相同，那么，通过价值转形，这两个部门得到的利润必然相同。如果这两个部门租用土地的面积不同或土地的等级不同，那么缴纳的地租就不同。如果缴纳地租之前这两个部门得到的利润相同，那么交纳不同地租之后剩余的利润就不同。如果交纳不同地租之后剩余的利润相同，那么缴纳地租之前这两个部门得到的利润就不同。显然，交纳不同地租之后剩余的利润应该相同。这样，必须将地租纳入剩余价值分配之中，也就是必须考察二元价值转形。

我们不仅考察二元价值转形，而且在二元价值转形的基础上，分析资本有机构成提高与剩余价值率提高对利润率的影响。不仅分析一元价值转形的价值形式的平均利润率，而且分析二元价值转形的价值形式的平均利润率；不仅分析一元价值转形的生产价格形式的平均利润率，而且分析二元价值转形的生产价格形式的平均利润率；不仅分析一个外生变量变化条件下一元价值转形的利润率与二元价值转形的利润率，而且分析第一部类（或部门）的资本有机构成、第二部类（或部门）的资本有机构成、剩余价值共同变化条件下，一元价值转形的利润率与二元价值转形的利润率。

在考察简单再生产条件下的两部类价值转形、按照鲍特凯维兹的部类划分的价值转形、按照列宁的部类划分的价值转形、两部门二元价值转形的过程中，采用解析与数例相结合的方式，分析资本有机构成提高和剩余价值率提高对利润率的影响。

在简单再生产条件下的两部类价值转形的条件下，对利润率趋向下降进行一般证明。在此基础上，分析资本有机构成提高、剩余价值率提高、各种影响利润率的因素在价值转形的条件下对利润率的共同影响，并且分析各种质疑利润率趋向下降的观点与各种假象的关系。

在两部门二元价值转形中，价值形式的利润率、价值形式的平均利润率、生产价格形式的利润率，不仅与第一部门价值形式的资本有机构成、第二部门价值形式的资本有机构成、剩余价值率有关，而且与第一部门价值形式的资本有机构成的相对提高率、第二部门价值形式的资本有机构成的相对提高率、剩余价值率的相对提高率、剩余价值中用于交换第一部门生产的生活资料的价值的比例的相对提高率、可变资本中用于交换第一部门生产的生活资料的价值的比例的相对提高率有关。

这里证明，价值形式的平均利润率上升或下降，取决于剩余价值率对价值形式的总资本有机构成的一阶导数是大于价值形式的平均利润率，还是小于价值形式的平均利润率。

价值形式的平均利润率与生产价格形式的利润率的变化方向，不总是相同的。在有的区间，二者的变化方向相反。

这里证明，在一般条件下，价值形式的平均利润率下降的充分必要条件，是剩余价值率对价值形式的总资本有机构成的一阶导数小于价值形式的利润率。

这里提出并证明了利润率趋向下降的充分必要条件，并证明即使价值形式的平均利润率下降的充分必要条件得不到满足，价值形式的利润率趋向下降的充分必要条件也必然满足。

价值形式的平均利润率低于活劳动与物化劳动之比，也就是低于新价值与不变资本价值之比。活劳动与物化劳动之比，或新价值与不变资本价值之比，在简单再生产的条件下，等于第二部类产品价值与第一部类产品价值之比，在扩大再生产的条件下，高于第二部类产品价值与第一部类产品价值之比。该比例构成价值形式的平均利润率的不可达到与不可逾越的上界。因为第一部类生产的增长比第二部类生产的增长快，所以第二部类产品价值与第一部类产品价值之比不断下降。因为价值形式的平均利润率的上界不断下降，所以价值形式的平均利润率趋向下降。在此过程中，存在价值形式的平均利润率提高的情况，存在各种反复与波动，利润率下降不是以绝对的形式表现出来，而是以不断下降的趋势表现出来。因此，马克思的利润率趋向下降的观点是正确的。

产业分工的发展、货币材料生产率的提高比较慢、无产阶级相对贫困化、金融投机、土地的谷物生产力递减等因素，都是降低利润率的因素。城市附近的住宅土地的地租提高，是一个严重影响资本家的利润率的因素，也是降低平均利润率的因素。工资被压低到劳动力的价值以下、相对过剩人口、对外贸易、股份资本等因素，都是阻碍利润率下降的因素。

生产力的提高、贫富差距的扩大、高利贷的衰落、发达国家经济增长率的下降、经济危机等经济现象，都证明利润率趋向下降。

本书考察了金属货币、信用货币、期货等因素对资本有机构成、剩余价值率、利润率的不同影响。从现象看，大量发行信用货币，提高了信用货币形式的利润率。从本质看，这种利润率的提高，既不反映价值增殖的真实程度，也不能正确地反映价值增殖的内在原因。因此，信用货币形式的利润率提高的现象，是一种假象。

在再生产与价值转形的条件下，分析了对利润率下降起反作用的各种因素，证明这些因素可以在一定程度上阻碍利润率下降，但是不能改变利润率下降的总趋势。

利润率趋向下降与长期平均利润率必须大于 0 存在矛盾。现实经济活动中的价格形式的利润率，在多种因素的作用下不断运动，利润率逐渐趋向降低，利润率降低的速度减缓，利润率变化的波动性增强，利润率的波动性逐渐掩盖了利润率下降的趋势。在比较短的时期中很难看到利润率趋向降低，更常见的现象是利润率在一定范围内波动。资本主义生产与利润率的变化属于历史范畴，应该从资本主义生产发展整个历史时期来考察利润率变化的总趋势。从历史的角度考察，排除短时期的局部现象或假象的迷惑与干扰，才能认识利润率变化的总趋势。

通过这些分析，证明马克思的利润率趋向下降规律是正确的。

完全用解析方式考察资本有机构成与剩余价值率共同提高对利润率的影响，过于复杂。本书用解析与数例相结合的方式，考察资本有机构成提高和剩余价值率提高对利润率的影响。

尽管资本有机构成提高的再生产不是简单再生产，而是内涵扩大再生产，但是，在内涵扩大再生产条件下的价值转形的基础上，考察资本有机构成与剩余价值率共同提高对利润率的影响，不仅过于复杂而且不具有唯一性，而简单再生产条件下的价值转形具有唯一性，因此，本书通过一系列外生变量连续变化的简单再生产条件下的价值转形和二元价值转形的数例，考察资本有机构成与剩余价值率共同提高对利润率的影响。各种外生变量连续变化的简单再生产条件下的价值转形的数例，可以非常近似地反映内涵扩大再生产条件下的价值转形。

本书尽可能全面地考察资本有机构成与剩余价值率共同提高过程中，各种变量之间的变化关系，以及对利润率的影响。为了正确地考察资本有机构成与剩余价值率共同提高对利润率的影响，一方面，在定义域中，各种外生变量或自变量的取值范围很大，在非单调变化的函数关系中，避免由于自变量的取值范围过小，只考察到函数的单调递增区间或单调递减区间，漏掉另一区间，而得出片面的错误结论；另一方面，外生变量或自变量的增长步长或间隔很小，避免由于间隔过大漏掉重要的关系（例如，第十九章的表 19—24、表 19—28）而得出错误结论。这样，全书篇幅较大是不可避免的。

我相信这里的关于价值转形的分析，以及关于利润率变化规律的分析，有助于追求真理的读者更深刻地认识一元价值转形、二元价值转形和马克思的利润率趋向下降的规律，从而更深刻地认识劳动价值论。

读者在新的更高的基础上认识世界，在坚持劳动价值论和认识客观经济规律的过程中，实现为最大多数人的最大利益服务的目的，是对我的劳动的最好报答。

感谢我的读者，希望寄托在你们身上。

沈民鸣

2014 年 11 月 25 日

于北京，中国人民大学

总 目 录

第一篇　利润率趋向下降的观点与相反观点

第二篇　利润率趋向下降规律与两部类一元价值转形

第三篇　利润率趋向下降规律与三部类一元价值转形

第四篇　利润率趋向下降规律与两部门二元价值转形

第五篇 利润率趋向下降规律的证明

第六篇 价值形式的资本有机构成与剩余价值率共同提高条件下的利润率

第七篇 影响利润率的其他因素

第一卷目录

第一篇　利润率趋向下降的观点与相反观点

第三篇 利润率趋向下降规律与三部类一元价值转形

第一篇　利润率趋向下降的观点与相反观点

第一章　价值转形与利润率趋向下降的规律

第一节　平均利润率趋向下降与价值转形

资本主义生产的唯一目的，是获得剩余价值或利润，从而实现资本的增殖。利润率反映价值增殖的程度，是资本主义生产的推动力，是资本的生命力的源泉，也是资本家最关心的问题。利润率趋向下降，不仅将摧毁新生的资本嫩芽，而且将熄灭使生产活跃的火焰。利润率趋向下降的现象，曾经长期困扰着经济学家。

马克思在《资本论》第三卷中，提出了在考虑各部门资本有机构成不同的条件下如何分配总剩余价值的问题，即价值向生产价格转化，或价值转形。他在基本解决价值转形的基础上，进一步提出了利润率趋向下降的规律。有的学者对马克思解决价值转形的方式提出了质疑，也有的学者认为平均利润率趋向下降的规律不成立。那么，价值转形是否能够得到解决，平均利润率趋向下降的规律是否成立，这些问题关系到马克思的理论是否成立。

在本书中，我们在考察价值转形与平均利润率关系的基础上，考察资本有机构成和剩余价值率对利润率的影响，从而证明马克思的利润率趋向下降的规律是正确的。

在资本主义生产中，每个资本的数量不同，资本技术构成不同，资本有机构成不同，创造的剩余价值不同，在竞争中得到的剩余价值或利润也不同。单个资本的利润和利润率可能上升，也可能下降。政治经济学不可能，也没有必要，对每个资本的利润和利润率进行单独考察。

马克思在考察资本有机构成与利润率的过程中指出："不同生产部门的平均利润率，不是由每一个部门特殊的资本构成决定，而是由资本的社会平均构成决定。”① 显然，他提出的资本有机构成提高导致利润率趋向下降，不是指个别资本的有机构成提高，也不是指个别资本的利润率下降。

既然马克思所说的利润率趋向下降，既不是指个别资本的利润率趋向下降，也不是指某个部类或某个部门的利润率趋向下降，而是指平均利润率趋向下降，那么，在考察平均利润率趋向下降的规律是否正确之前，就必须考察平均利润率是如何形成的，也就是考察价值转形。

我们的研究就从分析价值转形开始。

第二节 困扰经济学界的难题与亚里士多德的观点

一、困扰经济学界几百年的重大难题

这是几千年来人类探索商品交换规律的重要组成部分。这也是一个困扰了经济学界几百年的重大难题。资产阶级最优秀的经济学家亚当·斯密和大卫·李嘉图都没有解决这个难题。亚当·斯密由于没有解决等量资本得到等量利润与等量劳动创造等量价值的矛盾，最终倒向了庸俗的生产费用论。大卫·李嘉图同样没有解决这个矛盾，最终导致了他的学派的解体。马克思解决了其中最困难的问题，但是有很多重要的问题没有来得及解决。无数经济学家为此耗费了毕生的精力。如果这个问题不能得到解决，那么经济学就不可能建立在坚实的科学的基础上。这个问题就是价值转形。

马克思的劳动价值论是唯一科学的价值理论。生产价格是价值在资本主义生产方式下的表现形式。如何实现从价值向生产价格的转化，如何由价值确定生产价格，也就是如何解决利润平均化与价值规律的矛盾，是价值转形要解决的问题。

要考察价值转形，从而考察平均利润率趋向下降的规律是否正确，就必须清楚为什么我们的研究不从分析供求关系开始，而要从分析商品的价值开始。要分析商品交换关系，就不得不回顾人类几千年来对商品交换规律的艰难的探索过程。

① 《马克思恩格斯全集》，第 25 卷，北京，人民出版社，1974，中文 1 版，第 245 页。

二、亚里士多德提出商品有等同性和可通约才能交换

几千年来，人类一直在探索商品交换的基本规律，试图找到决定商品交换比例的基本因素。

在人类历史上，古希腊出现过很多伟大的哲学家与思想家，如苏格拉底（Socrates，公元前 469—公元前 399）、色诺芬（Xenophon，约公元前 430—公元前 354）、柏拉图（Plato，公元前 427—公元前 347）、亚里士多德（Aristotle，公元前 384—公元前 322）等。

两千三百多年前，古希腊哲学家亚里士多德最早分析了价值的形式。他看到，互相交换的两种不同商品在质上必须相同，如果没有本质上的等同性，那么就不能作为可通约的量互相发生关系。他提出："没有等同性，就不能交换，没有可通约性，就不能等同。"①他没有说明这种具有等同性的可通约的实体是什么，反而指出，"实际上，这样不同种的物是不能通约的"②，也就是说，两种不同商品在质上不可能等同。按照他的逻辑，商品交换不可能发生，显然与事实不符。

一方面，亚里士多德缺乏价值概念，找不到两种不同商品中可通约的量是什么，并且认为，这种东西"实际上是不可能存在的"③；另一方面，他错误地认为，货币能够成为可通约的量。他没有认识到，货币本身也是一种商品。任何一种商品与货币交换，仍然是两种不同商品互相交换，因此，货币不能成为具有等同性的可通约的实体。

直到两千年后人们才发现，两种互相交换的不同商品中，具有等同性的实体或可通约的实体，是一般人类劳动。

马克思指出："亚里士多德不能从价值形式本身看出，在商品价值形式中，一切劳动都表现为等同的人类劳动，因而是同等意义的劳动，这是因为希腊社会是建立在奴隶劳动的基础上的，因而是以人们之间以及他们的劳动力之间的不平等为自然基础的。价值表现的秘密，即一切劳动由于

---

① 转引自《马克思恩格斯全集》，第 23 卷，北京，人民出版社，1972，中文 1 版，第 74 页。原注释为：马克思引自亚里士多德的著作《尼科马赫伦理学》（《Ethica Nicomachea》），载于伊曼努尔·贝克尔编《亚里士多德全集》1837 年牛津版第 9 卷第 99、100 页（《Aristotelis opera ex recensione Immanuelis Bekkeri》. Tomus Ⅸ. Oxonii，1837，p. 99，100）。国际通用码：1133b，18-21。

② 转引自《马克思恩格斯全集》，第 23 卷，北京，人民出版社，1972，中文 1 版，第 74 页。原注释同上。

③ 转引自《马克思恩格斯全集》，第 23 卷，北京，人民出版社，1972，中文 1 版，第 74 页。原注释同上。

而且只是由于都是一般人类劳动而具有的等同性和同等意义，只有在人类平等概念已经成为国民的牢固的成见的时候，才能揭示出来。而这只有在这样的社会里才有可能，在那里，商品形式成为劳动产品的一般形式，从而人们彼此作为商品所有者的关系成为占统治地位的社会关系。亚里士多德在商品的价值表现中发现了等同关系，正是在这里闪耀出他的天才的光辉。只是他所处的社会的历史限制，使他不能发现这种等同关系'实际上'是什么。"①

尽管亚里士多德没有发现互相交换的商品中，本质上具有等同性的可通约的实体是什么，但是，他认为两种互相交换的商品必须具有等同性和可通约性的天才思想，在其后的两千多年中，始终是决定价值理论的关键因素。任何经济理论都无法回避这个问题。任何价值理论必须回答这个问题。

第三节　古典政治经济学家的观点

一、配第发现劳动创造价值

三百多年前，英国古典政治经济学创始人威廉·配第（William Petty，1623—1687）最早提出了劳动决定价值的观点。在劳动价值论的基础上，他考察了工资、地租、利息等范畴，把地租看做剩余价值的基本形态。

他的主要经济学著作是《赋税论》（1662 年）、《献给英明人士》（1664 年）、《政治算术》（1672 年）、《爱尔兰的政治解剖》（1672 年）、《货币略论》（1682 年）等。其中，最主要的经济学著作是《赋税论》。

他提出："假如一个人在能够生产一蒲式耳谷物的时间内，将一盎司从秘鲁的银矿采出来的白银运到伦敦来，那么，后者便是前者的自然价格。"② 这里，他所说的自然价格就是价值。

配第不仅提出劳动是商品价值的源泉，而且用劳动时间衡量商品的价值。他还发现价值量与劳动生产率有关。他认为："自然价值的高低，决定于生产自然必需品所需要人手的多少。谷物的价格，在一个人能生产十

---

① 《马克思恩格斯全集》，第 23 卷，北京，人民出版社，1972，中文 1 版，第 74～75 页。

② 配第：《赋税论》，见《赋税论 献给英明人士 货币略论》，陈冬野译，北京，商务印书馆，1978，第 48 页。

人所需的谷物的时候，要比一个人只能生产六人所需的谷物的时候，来得低廉”①。他还认为：“譬如织布，一人梳清，一人纺纱，另一人织造，又一人拉引，再一人整理，最后又一人将其压平包装，这样分工生产，和只是单独一个人笨拙地负担上述全部操作比起来，所花的成本一定较低。”②可见，他不仅已经发现商品的价值与生产商品的劳动生产率成反比，而且认识到，劳动分工可以提高劳动生产率，劳动生产率变化会引起价值变化。

配第认识到，不仅商品的价值由劳动决定，而且货币的价值也由劳动决定。他提出：“如果发现了新的更丰富的银矿，因而获得二盎司白银和以前获得一盎司白银同样容易，那么，在其他条件相等的情况下，现在谷物一蒲式耳售价十先令，和以前一蒲式耳售价五先令，同样低廉。”③

配第虽然认识到劳动创造价值，但是，他既没有认识到创造价值的是抽象劳动，也没有认识到商品价值取决于生产商品耗费的社会必要劳动时间；既没有从价值的货币表现——价格——中抽象出交换价值，也没有从交换价值中抽象出价值。他没有认识到，抽象劳动创造价值，具体劳动创造使用价值。他认为生产金银的劳动创造价值，生产其他商品的劳动只创造使用价值。他不理解抽象劳动和具体劳动的区别，把价值和使用价值混为一谈。他提出，“土地为财富之母，而劳动则为财富之父和能动的要素”④。对使用价值的生产来说，这个观点是正确的。但是，他指的不是使用价值的生产，而是价值的生产。他认为：“所有物品都是由两种自然单位——即土地和劳动——来评定价值，换句话说，我们应该说一艘船或一件上衣值若干面积的土地和若干数量的劳动。理由是，船和上衣都是土地和投在土地上的人类劳动所创造的。”⑤ 由此可见，他认为不仅劳动创造价值，而且土地同样创造价值。显然，他背离了劳动创造价值的正确观点。

配第没有指明是应该把劳动还原为土地，还是应该把土地还原为劳

---

① 配第：《赋税论》，见《赋税论　献给英明人士　货币略论》，陈冬野译，北京，商务印书馆，1978，第88页。

② 配第：《政治算术》，陈冬野译，北京，商务印书馆，1978，第24页。

③ 配第：《赋税论》，见《赋税论 献给英明人士 货币略论》，陈冬野译，北京，商务印书馆，1978，第48页。

④ 配第：《赋税论》，见《赋税论 献给英明人士 货币略论》，陈冬野译，北京，商务印书馆，1978，第66页。

⑤ 配第：《赋税论》，见《赋税论 献给英明人士 货币略论》，陈冬野译，北京，商务印书馆，1978，第42页。

动。尽管如此，与土地决定价值的观点相比，他更倾向于劳动决定价值。他认为："土地的优劣，或土地的价值，取决于该土地所生产的产品量和为生产这些产品而投下的简单劳动相比，是多于投下的劳动量还是少于投下的劳动量。"①。

正因为如此，马克思称配第为"政治经济学之父，在某种程度上也可以说是统计学的创始人"②。

二、斯密初步认识到生产价格

亚当·斯密（Adam Smith，1723—1790）是资产阶级古典政治经济学理论体系的创立者，是古典政治经济学的杰出代表。他于1776年出版的《国民财富的性质和原因的研究》一书中，第一次把当时的各种经济知识归纳成为一个统一的理论体系。价值学说、三个阶级得到三种收入学说、资本和社会再生产学说，是斯密经济理论的核心内容。

斯密区分了使用价值与交换价值、复杂劳动与简单劳动、实际工资与名义工资。他提出："价值一词有二个不同的意义。它有时表示特定物品的效用，有时又表示由于占有某物而取得的对他种货物的购买力。前者可叫做使用价值，后者可叫做交换价值。使用价值很大的东西，往往具有极小的交换价值，甚或没有；反之，交换价值很大的东西，往往具有极小的使用价值，甚或没有。例如，水的用途最大，但我们不能以水购买任何物品，也不会拿任何物品与水交换。反之，金钢钻虽几乎无使用价值可言，但须有大量其他货物才能与之交换。"③ 他认为使用价值的大小不能决定交换价值的大小的观点是正确的。但是，他认为没有使用价值的产品可以具有交换价值的观点是错误的。他没有认识到使用价值是交换价值和价值的物质承担者。

他把价格归结为交换价值的一种形式，相比配第认为只有开采金银的劳动才是创造交换价值的劳动，取得了明显的进步。斯密从商品的价格中抽象出了交换价值。

他在分析交换价值时提出了这样的任务："为要探讨支配商品交换价值的原则，我将努力阐明以下三点：第一，什么是交换价值的真实尺度，

---

① 配第：《赋税论》，见《赋税论 献给英明人士 货币略论》，陈冬野译，北京，商务印书馆，1978，第88页。

② 《马克思恩格斯全集》，第23卷，北京，人民出版社，1972，中文1版，第302页。

③ 斯密：《国民财富的性质和原因的研究》，上卷，郭大力、王亚南译，北京，商务印书馆，1972，第25页。

换言之，构成一切商品真实价格的，究竟是什么？第二，构成真实价格的各部分，究竟是什么？第三，什么情况使上述价格的某些部分或全部，有时高于其自然价格或普通价格，有时又低于其自然价格或普通价格？换言之，使商品市场价格或实际价格，有时不能与其自然价格恰相一致的原因何在?”①

在回答第一个问题时，他认为：“劳动是第一性价格，是最初用以购买一切货物的代价，世间一切财富，原来都是用劳动购买而不是用金银购买的”②，“劳动是衡量一切商品交换价值的真实尺度”③，“只有劳动才是价值的普遍尺度和正确尺度”④。

但是，接下来在回答第二个问题和第三个问题时，他又改变了观点，认为：“在资本积累和土地私有尚未发生以前的初期野蛮社会，获取各种物品所需要的劳动量之间的比例，似乎是各种物品相互交换的唯一标准。”⑤

斯密不能在价值规律的基础上解释平均利润。为了自圆其说，他提出，在资本主义生产条件下，商品价格不完全由劳动决定，而是由工资、利润和地租共同决定。虽然他认为“劳动不仅衡量价格中分解成为劳动的那一部分的价值，而且衡量价格中分解成为地租和利润的那些部分的价值”⑥，但是，他不能回答劳动如何衡量并决定利润和地租。最后的结论仍然是，“年产物的全部价格，自然分解为土地地租、劳动工资和资本利润三部分。这三部分，构成三个阶级人民的收入，即以地租为生、以工资为生和以利润为生这三种人的收入。此三阶级，构成文明社会的三大主要和基本阶级。一切其他阶级的收入，归根结底，都来自这三大阶级的收入”⑦。

---

① 斯密：《国民财富的性质和原因的研究》，上卷，郭大力、王亚南译，北京，商务印书馆，1972，第25页。

② 斯密：《国民财富的性质和原因的研究》，上卷，郭大力、王亚南译，北京，商务印书馆，1972，第26页。

③ 斯密：《国民财富的性质和原因的研究》，上卷，郭大力、王亚南译，北京，商务印书馆，1972，第26页。

④ 斯密：《国民财富的性质和原因的研究》，上卷，郭大力、王亚南译，北京，商务印书馆，1972，第32页。

⑤ 斯密：《国民财富的性质和原因的研究》，上卷，郭大力、王亚南译，北京，商务印书馆，1972，第42页。

⑥ 斯密：《国民财富的性质和原因的研究》，上卷，郭大力、王亚南译，北京，商务印书馆，1972，第44～45页。

⑦ 斯密：《国民财富的性质和原因的研究》，上卷，郭大力、王亚南译，北京，商务印书馆，1972，第240～241页。

他认为："工资、利润和地租，是一切收入和一切可交换价值的三个根本源泉。一切其他收入归根到底都是来自这三种收入中的一个。"① 他的商品价值只由三种收入（$v+m$）构成的观点，错误之一在于丢掉了不变资本 c。这个错误观点，被其后绝大部分资产阶级经济学家继承，被称为"斯密的教条"②。

他的三个源泉决定价值的理论，成为庸俗经济学家萨伊（Jean Baptiste Say，1767—1832）提出"三位一体公式"的理论依据，后来又被发展为生产费用论。斯密最终抛弃了劳动价值论。

斯密认为："一种商品价格，如果不多不少恰恰等于生产、制造这商品乃至运送这商品到市场所使用的按自然率支付的地租、工资和利润，这商品就可以说是按它的自然价格的价格出售的。商品这样出卖的价格，恰恰相当于其价值，或者说，恰恰相当于出售这商品的人实际上所花的费用。"③ 可见，他的"自然价格"具有两种涵义。一种涵义是商品的价值，另一种涵义是商品的生产价格。这说明，一方面，斯密初步认识到了生产价格；另一方面，他混淆了价值和生产价格。由于他混淆了价值和生产价格，因此他也就不可能解决价值向生产价格转化的矛盾。

斯密的主要贡献在于，发展了劳动价值论，确认了劳动决定商品的价值，区分了使用价值与交换价值、复杂劳动与简单劳动、实际工资与名义工资，把生产商品的劳动作为衡量交换价值的尺度。他的缺点在于没有坚持劳动价值论。

斯密没有区分劳动和劳动力，无法解决剩余价值的来源问题。他同样不能解决价值规律与平均利润规律之间的矛盾。

三、李嘉图注意到竞争对利润平均化的作用

大卫·李嘉图（David Ricardo，1772—1823）是资产阶级古典政治经济学最杰出的代表和完成者。他继承和发展了斯密经济理论中的科学部分，使资产阶级古典政治经济学达到了最高峰，被马克思称为"古典政治经济学的最优秀的代表人物"④。

---

① 斯密：《国民财富的性质和原因的研究》，上卷，郭大力、王亚南译，北京，商务印书馆，1972，第 47 页。

② 《马克思恩格斯全集》，第 24 卷，北京，人民出版社，1972，中文 1 版，第 410 页。

③ 斯密：《国民财富的性质和原因的研究》，上卷，郭大力、王亚南译，北京，商务印书馆，1972，第 49～50 页。

④ 《马克思恩格斯全集》，第 23 卷，北京，人民出版社，1972，中文 1 版，第 98 页。

1817年他出版了《政治经济学及赋税原理》一书。这本著作集中反映了他的经济思想。

李嘉图始终坚持劳动价值论，他认为："如果体现在商品中的劳动量规定商品的交换价值，那么，劳动量每有增加，就一定会使在其上施加劳动的商品的价值增加，劳动量每有减少，也一定会使之减少"①。

李嘉图继承了斯密对使用价值和交换价值的区分。他认为："使用价值无法用任何已知的标准加以衡量，不同的人对它有不同的估价"②。他的观点比斯密的观点要深刻得多。

他还认为："一种商品如果全然没有用处，或者说，如果无论从哪一方面说都无益于我们欲望的满足，那就无论怎样稀少，也无论获得时需要费多少劳动，总不会具有交换价值"③。可以看出，他驳斥了斯密认为没有使用价值的产品也可以具有交换价值的错误观点。这说明他已经认识到，商品的使用价值是交换价值的物质承担者。但是，他没有能够从交换价值中抽象出价值。

李嘉图提出："说到商品、商品的交换价值以及规定商品相对价格的规律时，我们总是指数量可以由人类劳动增加、生产可以不受限制地进行竞争的商品。"④ 马克思对此给予了高度评价，他认为李嘉图认识到，"价值规律的充分发展，要以大工业生产和自由竞争的社会，即现代资产阶级社会为前提"⑤，"作为古典政治经济学的完成者，李嘉图把交换价值决定于劳动时间这一规定作了最透彻的表述和发挥"⑥。

李嘉图批评斯密没有坚持劳动价值论，批评斯密用耗费的劳动和购买的劳动双重标准决定商品的价值。他认为："亚当·斯密如此精确地说明了交换价值的原始源泉，他要使自己的说法前后一贯，就应该认为一切物品价值的大小和它们的生产过程中所投下的劳动量成比例；但他自己却又

---

① 李嘉图：《政治经济学及赋税原理》，郭大力、王亚南译，北京，商务印书馆，1962，第9页。

② 李嘉图：《政治经济学及赋税原理》，郭大力、王亚南译，北京，商务印书馆，1962，第368页。

③ 李嘉图：《政治经济学及赋税原理》，郭大力、王亚南译，北京，商务印书馆，1962，第7页。

④ 李嘉图：《政治经济学及赋税原理》，郭大力、王亚南译，北京，商务印书馆，1962，第8页。

⑤ 《马克思恩格斯全集》，第13卷，北京，人民出版社，1962，中文1版，第50页。

⑥ 《马克思恩格斯全集》，第13卷，北京，人民出版社，1962，中文1版，第51页。

树立了另一种价值标准尺度，并说各种物品价值的大小和它们所能交换的这种标准尺度的量成比例”①。

他还认为：“商品的价值或其所能交换的任何一种商品的量，取决于其生产所必需的相对劳动量，而不取决于付给这种劳动的报酬的多少”②。他进一步提出：“规定各种物品的现在相对价值或过去相对价值的，是劳动所生产的各种商品的相对量，而不是给与劳动者以换取其劳动的各种商品的相对量”③。

因此，在他看来，商品的交换价值只能由耗费的劳动决定，而不是由购买的劳动决定，价值量的大小与这种劳动量成正比。虽然他仍然没有区分劳动和劳动力，没有看到资本家购买的是劳动力而不是劳动，但是，他认为商品的交换价值是由耗费的劳动决定的观点，比斯密前进了一大步。这是他最重要的科学功绩之一。

李嘉图不同意斯密忽略生产中耗费的生产资料价值的观点。他认为：“生产出来的商品的交换价值与投在它们生产上的劳动成比例；这里所谓劳动不仅是指投在商品的直接生产过程中的劳动，而且也包括投在实现该种劳动所需要的一切器具或机器上的劳动”④。虽然忽略原材料、燃料、电力等生产资料的价值的观点，使他无法解决社会资本再生产问题，但是，他的观点仍然比斯密的观点先进。

在反驳萨伊的太阳、空气、气压等自然要素也创造商品价值的观点时，他认为：“这种种要素在生产中有时代替人类的劳动，有时在生产中和人类协同发生作用。不过这些自然要素尽管会大大增加商品的使用价值，但是从来不会使商品增加萨伊先生所说的交换价值。如果一个人由于机器或自然哲学知识的帮助可以驾驭自然要素来完成以往由人完成的工作，这种工作的交换价值就会因之而降低”⑤。李嘉图批评了萨伊忽视使用价值和交换价值的区别的错误。

---

① 李嘉图：《政治经济学及赋税原理》，郭大力、王亚南译，北京，商务印书馆，1962，第9页。

② 李嘉图：《政治经济学及赋税原理》，郭大力、王亚南译，北京，商务印书馆，1962，第7页。

③ 李嘉图：《政治经济学及赋税原理》，郭大力、王亚南译，北京，商务印书馆，1962，第12页。

④ 李嘉图：《政治经济学及赋税原理》，郭大力、王亚南译，北京，商务印书馆，1962，第19页。

⑤ 李嘉图：《政治经济学及赋税原理》，郭大力、王亚南译，北京，商务印书馆，1962，第243页。

李嘉图力图克服斯密的经济理论中的缺点，在劳动价值论的基础上，考察资本主义的其他经济范畴。他的研究方法比斯密的研究方法先进得多。

马克思对李嘉图的研究方法给予了高度评价："他向科学大喝一声：'站住！'资产阶级制度的生理学——对这个制度的内在有机联系和生活过程的理解——的基础、出发点，是价值决定于劳动时间这一规定。李嘉图从这一点出发，迫使科学抛弃原来的陈规旧套，要科学讲清楚：它所阐明和提出的其余范畴——生产关系和交往关系——同这个基础、这个出发点适合或矛盾到什么程度；一般说来，只是反映、再现过程的表现形式的科学以及这些表现本身，同资产阶级社会的内在联系即现实生理学所依据的，或者说成为它的出发点的那个基础适合到什么程度；一般说来，这个制度的表面运动和它的实际运动之间的矛盾是怎么回事。李嘉图在科学上的巨大历史意义也就在这里"①。

李嘉图与斯密一样，不能区分劳动和劳动力。他认为，工人向资本家出卖的是劳动，劳动的价值由工资决定，也就是由工人必需的生活资料价值决定。至此，他开始用供求关系解释"劳动的价值"，认为供求关系使得劳动的市场价格与工人需要的生活资料价值趋向于一致。这样，他又回到了斯密混淆购买的劳动和耗费的劳动的错误道路上。同时，他事实上放弃了由劳动决定商品价值的观点，转向了由供求关系决定商品价值的观点。资本家和工人是资本主义社会中两个最主要的阶级。资本家和工人之间的交换，是资本主义社会中最主要的交换关系。如果这种最基本最大量的交换只能由供求关系解释，那么，价值规律怎么能够解释资本主义生产和交换呢？

李嘉图与斯密一样经常混淆价值与生产价格。例如，他在论述平均利润率时提出："假定一切商品都按照它们的自然价格进行买卖，因之一切行业的资本利润率都恰好相同"②。在这里，他提到的自然价格是生产价格。他在论述商品的自然价格与市场价格时提出："丝绸和毛呢的自然价格——也就是生产所必要的劳动量——仍然不变"③。在这里，他提到的自然价格是价值。

① 《马克思恩格斯全集》，第26卷Ⅱ，北京，人民出版社，1973，中文1版，第183页。

② 李嘉图：《政治经济学及赋税原理》，郭大力、王亚南译，北京，商务印书馆，1962，第75页。

③ 李嘉图：《政治经济学及赋税原理》，郭大力、王亚南译，北京，商务印书馆，1962，第75页。

生活在18世纪末19世纪初的李嘉图，已经注意到竞争对利润平均化的作用，但是，他与斯密一样，也经常混同价值和生产价格。他没有认识到，在资本主义生产条件下，剩余价值转化为利润，利润转化为平均利润，价值转化为生产价格，商品已经不是按照同生产商品的劳动相符的价值进行交换，而是按照成本价格加平均利润即生产价格进行交换。

他认为，无论在什么条件下，市场价格总是围绕同劳动时间相符的价值上下波动；各部类资本有机构成不同，只是一种偶然现象；由耗费掉的劳动量以外的因素引起的价值变动，只是例外情况。把这种情况看做对价值规律的一种修正。他没有认识到，在机器生产的资本主义阶段，各生产部门的资本有机构成不同不是偶然现象，而是普遍现象。

斯密既没有解决等价交换与剩余价值来源的矛盾，也没有解决价值规律与平均利润规律的矛盾。李嘉图同样没有解决这两个矛盾。由于不能解决两大矛盾，最终导致了李嘉图理论学派的解体。

第四节　马克思对价值转形研究的贡献

一、马克思解决了等价交换与价值增殖的矛盾

资本家从事生产活动的唯一目的是追求利润，确切地说，是追求剩余价值。要正确地揭示资本主义生产方式的基本规律，在劳动价值的基础上，通过劳动创造的价值，解释价格、利润、利息、地租等范畴，必须彻底解决两大问题：剩余价值的产生和剩余价值的分配。

剩余价值的产生和剩余价值的分配，正是古典政治经济学的两大难题。

马克思证明，“如果是等价物交换，不产生剩余价值；如果是非等价物交换，也不产生剩余价值”①。可见，剩余价值的产生与等价交换规律存在矛盾。

马克思区分了劳动和劳动力，发现了劳动力的使用，即劳动过程，能够创造出比自身的价值更大的价值——剩余价值。他在符合价值规律所要求的等价交换的条件下，解决了剩余价值的来源问题，即解决了资本总公式的矛盾。马克思的这个重大发现，彻底解决了古典政治经济学的第一个难题。

---

① 《马克思恩格斯全集》，第23卷，北京，人民出版社，1972，中文1版，第186页。

二、马克思基本解决了价值转形问题

(一) 发现了平均利润与价值规律之间存在矛盾的原因

古典政治经济学的另一个难题是，等量劳动创造等量价值，与等量资本得到等量利润之间存在矛盾。这个矛盾就是如何在资本家和土地所有者之间分配剩余价值的问题。

关于平均利润与价值规律之间存在矛盾的原因，马克思认为："全部困难是由这样一个事实产生的：商品不只是当作商品来交换，而是当作资本的产品来交换。这些资本要求从剩余价值的总量中，分到和它们各自的量成比例的一份，或者在它们的量相等时，要求分到相等的一份。"①

恩格斯认为："按照价值规律，产品是按照生产产品的社会必要劳动的比例来互相交换的，并且因为对资本家来说，制造他的剩余产品的必要劳动，就是那种已经积累在他的资本中的过去劳动，所以，剩余产品是按照生产它们所必需的资本的比例来互相交换的，而不是按照实际体现在它们里面的劳动的比例来互相交换的。这样，每个资本单位所应得的份额，就等于生产出来的全部剩余价值的总和除以所使用的资本的总和。"②

这就是平均利润与价值规律之间存在矛盾的原因，也就是产生价值转形问题的原因。

(二) 提出了实现价值转形的基本思路

马克思在《资本论》第三卷中，提出了一个考虑固定资本影响的例子，见表1-1。

表1-1 各部门雇佣劳动者创造的剩余价值与商品价值

资　本	剩余价值率	剩余价值	利润率	已经用掉的 c	商品价值	成本价格
Ⅰ. $80c+20v$	100%	20	20%	50	90	70
Ⅱ. $70c+30v$	100%	30	30%	51	111	81
Ⅲ. $60c+40v$	100%	40	40%	51	131	91
Ⅳ. $85c+15v$	100%	15	15%	40	70	55
Ⅴ. $95c+5v$	100%	5	5%	10	20	15
合计 $390c+110v$	—	110	—	—	—	—
平均 $78c+22v$	—	22	22%	—	—	—

在这个例子中，不变资本中没有消耗的价值不进入成本价格，已经消

① 《马克思恩格斯全集》，第25卷，北京，人民出版社，1974，中文1版，第196页。

② 《马克思恩格斯全集》，第25卷，北京，人民出版社，1974，中文1版，第15页。

耗的价值才进入成本价格，从而进入商品的价值。平均利润率为总剩余价值与总资本之比，即

$$r_v=\frac{\sum s_i}{\sum K_i} \tag{1-1}$$

其中，r_v 为平均利润率，s_i 为第 i 部门的剩余价值，K_i 为第 i 部门的资本。平均利润率取决于两个因素：

（1）不同部门的资本有机构成，从而不同部门的不同利润率。

（2）社会总资本在不同部门之间的分配，即每个生产部门的资本在社会总资本中所占的份额。

马克思提出的平均利润率是价值形式的，无论分子还是分母都是价值形式的。每个部门的平均利润 p_i，为平均利润率与这个部门的资本的乘积，即

$$p_i=r_vK_i \tag{1-2}$$

其中，p_i 为第 i 部门的平均利润。

表 1－1 中，5 个部门的总资本为 500，不变资本总和为 390，可变资本总和为 110，总资本有机构成为 $390c/110v$，每个部门的资本为 100，所有部门的平均不变资本为 $78c$，所有部门的平均可变资本为 $22v$，所有部门的平均资本有机构成为 $78c/22v$，总剩余价值为 110，所有部门的平均利润或平均剩余价值为 22。把剩余价值平均分给 5 个部门，可以得到如下的商品生产价格，见表 1－2。

表 1－2　各部门的商品的生产价格与其对价值的偏离

资　本	剩余价值	商品价值	商品成本价格	商品价格	利润率	价格同价值的偏离
Ⅰ. $80c+20v$	20	90	70	92	22%	+2
Ⅱ. $70c+30v$	30	111	81	103	22%	−8
Ⅲ. $60c+40v$	40	131	91	113	22%	−18
Ⅳ. $85c+15v$	15	70	55	77	22%	+7
Ⅴ. $95c+5v$	5	20	15	37	22%	+17

在表 1－2 中，商品的成本价格加上平均利润，形成的价格，就是生产价格。用公式表示就是

$$w_{pi}=K_i+p_i \tag{1-3}$$

其中，w_{pi} 为第 i 部门的生产价格，K_i 为第 i 部门的成本价格。值得注意的是，表 1－2 中的商品价格，是指生产价格。

在这个例子中，资本有机构成高、利润率低的部门多得到一部分剩余

价值，资本有机构成低、利润率高的部门少得到一部分剩余价值，让资本有机构成不同的部门实现平均利润。在这个例子中，资本是价值形式的。因为平均利润率是价值形式的，所以各部门的平均利润也是价值形式的。用价值形式的资本和价值形式的平均利润定义生产价格，不存在循环定义的逻辑问题。值得注意的是，表 1－2 并没有表示各部门之间的产品交换关系，或再生产关系。

马克思提出了平均利润率、平均利润与生产价格的定义，以及实现价值转形的基本思路，在解决价值转形的道路上，迈出了最困难、最关键的一步。

三、马克思没有来得及解决的问题

（一）剩余价值在不同部门之间如何转移

在上面的例子中，只提到了剩余价值在不同部门之间转移，并没有回答剩余价值在不同部门之间是如何转移的。

马克思意识到："真正困难的问题是：利润到一般利润率的这种平均化是怎样进行的，因为这种平均化显然是结果，而不可能是起点。"①

他设想，通过资本在有机构成不同的部类或部门之间流动，形成平均利润和生产价格。他提出："如果商品都按照它们的价值出售，那就象已经说过的那样，不同生产部门由于投入其中的资本量的有机构成不同，会产生极不相同的利润率。但是资本会从利润率较低的部门抽走，投入利润率较高的其他部门。通过这种不断的流出和流入，总之，通过资本在不同部门之间根据利润率的升降进行的分配，供求之间就会形成这样一种比例，以致不同的生产部门都有相同的平均利润，因而价值也就转化为生产价格。"②

他认为："那种在不断的不平衡中不断实现的平均化，在下述两个条件下会进行得更快：1. 资本有更大的活动性，也就是说，更容易从一个部门和一个地点转移到另一个部门和另一个地点；2. 劳动力能够更迅速地从一个部门转移到另一个部门，从一个生产地点转移到另一个生产地点。"③

在马克思看来，通过资本流动，生产资料和劳动力在资本有机构成不

① 《马克思恩格斯全集》，第 25 卷，北京，人民出版社，1974，中文 1 版，第 195 页。

② 《马克思恩格斯全集》，第 25 卷，北京，人民出版社，1974，中文 1 版，第 218～219 页。

③ 《马克思恩格斯全集》，第 25 卷，北京，人民出版社，1974，中文 1 版，第 219 页。

同的部门之间转移，引起不同部门的生产规模发生变化。生产规模变化，引起产品供求关系变化、产品价格变化和利润变化。利润率低的部门，由于资本流出，生产规模缩小，产品供不应求，导致产品价格上升，引起利润增加。利润率高的部门，由于资本流入，生产规模扩大，产品供过于求，导致产品价格下降，引起利润减少。最终能够实现各部门利润率相同。

可以看出，这种实现价值转形的方式，有两个显著特点：第一，生产资料和劳动力在资本有机构成不同的部类或部门之间转移，导致这些部类或部门的生产规模不断变化，产品供求关系变化，产品价格变化，利润变化，直至各部门利润率相同；第二，在此过程中，不同部类或部门的利润率不同。

这种通过资本流动实现平均利润的过程，是平均利润形成的历史过程。这个历史过程不是短时期内能够完成的。平均利润形成之前的时期，在资本有机构成不同的部类或部门中，利润率是不同的。

事实上，通过资本流动，是不能解释剩余价值的转移过程的，也就是说，不能解释价值转形。这是马克思没有来得及解决的一个问题。

（二）资本如何由价值形式转变为生产价格形式

马克思没有来得及解决的另一个问题是，成本或资本如何由价值形式转变为生产价格形式。

这个问题，马克思也已经意识到了。他指出："这个论点好象和下述事实相矛盾：在资本主义生产中，生产资本的要素通常要在市场上购买，因此，它们的价格包含一个已经实现的利润，这样，一个产业部门的生产价格，连同其中包含的利润一起，会加入另一个产业部门的成本价格，就是说，一个产业部门的利润会加入另一个产业部门的成本价格。"①

马克思在用价值形式的资本和平均利润定义生产价格，并且提出价值转形的方式之后，认为成本价格应该由价值形式转变为生产价格形式。他提出："我们原先假定，一个商品的成本价格，等于该商品生产时所消费的各种商品的价值。但一个商品的生产价格，对它的买者来说，就是成本价格，并且可以作为成本价格加入另一个商品的价格形成。因为生产价格可以偏离商品的价值，所以，一个商品的包含另一个

---

① 《马克思恩格斯全集》，第25卷，北京，人民出版社，1974，中文1版，第179页。

商品的这个生产价格在内的成本价格，可以高于或低于它的总价值中由加到它里面的生产资料的价值构成的部分。必须记住成本价格这个修改了的意义”①。

马克思对成本价格的定义做了修改，并嘱咐自己的读者，必须记住成本价格这个修改了的意义。他没有回答，如何将资本或成本由价值形式转变为生产价格形式，只是说，“对我们现在的研究来说，这一点没有进一步考察的必要”②。

如何同时满足平均利润和社会资本再生产条件，如何使资本、成本和利润生产价格化，如何在资本家之间分配总剩余价值，是价值转形研究的问题。

从 1907 年至今的一百多年中，鲍特凯维兹等经济学家提出的各种价值转形理论和模型，都是试图解决这个问题。

第五节　鲍特凯维兹等经济学家对价值转形的探索

一、鲍特凯维兹对价值转形的探索

1906—1907 年，俄国经济学家拉迪斯劳斯·冯·鲍特凯维兹（Ladislaus von Bortkiewicz，1868—1931）发表了题为“马克思理论体系中的价值计算和价格计算”③ 和“论《资本论》第三卷中马克思的基本理论结构的修正问题”④ 的论文。前一篇论文回顾了 1906 年以前的价值转形研究，对价值与生产价格的关系进行了探讨。后一篇论文试图通过数学方法解决价值转形问题。

在第二篇论文中，他提出：“到目前为止，马克思的评论家们还很少更严密地考察过《资本论》第三卷中关于从价值到生产价格的转化和平均

① 《马克思恩格斯全集》，第 25 卷，北京，人民出版社，1974，中文 1 版，第 184～185 页。

② 《马克思恩格斯全集》，第 25 卷，北京，人民出版社，1974，中文 1 版，第 185 页。

③ 鲍特凯维兹：《马克思理论体系中的价值计算和价格计算》，《社会科学和社会政治文献》1906 年第 1 期（总第 23 期）；这篇论文由卡汉以“马克思体系中的价值与价格”为题译成英文发表在《国际经济报》1952 年第 2 期上。

④ 鲍特凯维兹：《论〈资本论〉第三卷中马克思的基本理论结构的修正问题》，《国民经济统计资料》，1907 年第 3 期（总第 34 期），第 370～385 页。

利润率的决定的过程，以便看看其中是否就没有矛盾。在这方面，杜冈—巴拉诺夫斯基（Mikhail Ivanovych Tugan-Baranovsky，1865—1919）是一个例外。他曾明确地指出，马克思计算平均利润率的方法是不正确的。……然而，指出马克思是在什么方法上犯了错误，而没有颠倒他提出问题的方法，是令人感兴趣的。"①

鲍特凯维兹认为，马克思在价值转形问题上犯了错误。他给自己提出的任务，是纠正这一错误。

在这篇论文中，鲍特凯维兹按照杜冈—巴拉诺夫斯基的部类划分方法，提出了一个价值转形模型。在这个价值转形模型中，他首先提出简单再生产条件：

$$c_1+v_1+s_1=c_1+c_2+c_3 \tag{1-4}$$

$$c_2+v_2+s_2=v_1+v_2+v_3 \tag{1-5}$$

$$c_3+v_3+s_3=s_1+s_2+s_3 \tag{1-6}$$

在简单再生产条件中，第一部类产品价值，等于三部类需要补偿的生产资料价值之和。第二部类产品价值，等于三部类的工人需要的生活消费资料价值之和。第三部类产品价值，等于三部类资本家耗费的生活消费资料价值之和。

他认为马克思的价值形式的平均利润率公式是不正确的。他认为正确的方法，应该采用生产价格形式的平均利润率建立价值转形模型。

接下来，他提出了自己的价值转形方程：

$$(1+p)(c_1x+v_1y)=(c_1+v_1+s_1)x \tag{1-7}$$

$$(1+p)(c_2x+v_2y)=(c_2+v_2+s_2)y \tag{1-8}$$

$$(1+p)(c_3x+v_3y)=(c_3+v_3+s_3)z \tag{1-9}$$

其中，c_i、v_i、s_i（$i=1, 2, 3$）分别为第 i 部类的不变资本、可变资本、剩余价值。x、y、z 分别为第一部类、第二部类、第三部类的价值生产价格转化系数，p 为生产价格形式的平均利润率。这个非线性方程组中包括三个方程和四个未知变量。为了使方程组有唯一解，起初，他假设生产价格总和等于价值总和，即

$$(c_1+v_1+s_1)x+(c_2+v_2+s_2)y+(c_3+v_3+s_3)z \\ =(c_1+v_1+s_1)+(c_2+v_2+s_2)+(c_3+v_3+s_3) \tag{1-10}$$

不幸的是，后来他又放弃了这一假设条件，改为假设第三部类的价值

① 本·法因、劳伦斯·哈里斯：《重读〈资本论〉》，魏埙等译，济南，山东人民出版社，1993，第173页。

生产价格转化系数为常数 1，即

$$z = 1 \tag{1-11}$$

他把第三部类，即资本家生活资料生产部类，看做货币材料金的生产部类。他认为金是货币，是价值单位，金的生产价格和价值相等。显然，他的这一看法不成立。因此，他的理论也不成立。

鲍特凯维兹根据自己的价值转形模型得到了平均利润率的计算公式。这个平均利润率的公式中不包含第三部类的资本有机构成。他由此得到了一个重要的推论：平均利润率与资本有机构成无关。鲍特凯维兹不仅认为马克思的价值形式的利润率不正确，而且批评马克思的平均利润趋向下降的理论。

尽管鲍特凯维兹的价值转形理论不正确，他对马克思的平均利润下降趋势理论的批评也不正确，但是，他在价值转形研究中的历史贡献是无法抹杀的。其后研究价值转形的学者，都无法回避他的研究成果。

鲍特凯维兹的价值转形理论的历史功绩，在于最早尝试用数学方法解决价值转形问题，并取得了重大进展。由于他的论文是用德文发表的，发表之后很长时间，在学术界没有引起应有的重视。直到 35 年后，保罗·斯威齐（Paul Marlo Sweezy，1910—2004）介绍并且高度赞扬了鲍特凯维兹的理论以后，才引起学术界广泛重视。

鲍特凯维兹之后研究价值转形的经济学家，大多沿用了他的分析方法。他们提出的价值转形模型，与鲍特凯维兹的价值转形模型的差别，仅在于假设条件不同。

二、斯威齐对价值转形的探索

1942 年，美国经济学家保罗·斯威齐出版了《资本主义发展论》一书。在该书中，他详细地介绍了鲍特凯维兹解决价值转形的方法，并高度赞扬了鲍特凯维兹的贡献。他认为："在对马克思的理论体系进行批评的人中，只有博尔特凯维奇一人，把握住价值规律的全部意义及其用法。此外，我们又将看到，正是博尔特凯维奇，他为从逻辑上无可置辩地证明马克思方法的正确性奠定了基础。这个事实使他有资格博得这样的尊称：既是一个马克思理论的批判家，又是一个对马克思理论有重要贡献的人。"①

在该书中，斯威齐同时介绍了鲍特凯维兹的两种不同的假设条件或约

① 斯威齐：《资本主义发展论》，陈观烈、秦亚男译，北京，商务印书馆，1997，第 90 页。这里的"博尔特凯维奇"即鲍特凯维兹。

束方程。但是，他不赞成第三部类的生产价格与价值相等的假设，即$z=1$。他批评道，“没有理由假定采金工业的资本有机构成等于社会资本的平均有机构成”①。

因此，他的价值转形模型为

$$(1+p)(c_1x+v_1y)=(c_1+v_1+s_1)x \tag{1-12}$$

$$(1+p)(c_2x+v_2y)=(c_2+v_2+s_2)y \tag{1-13}$$

$$(1+p)(c_3x+v_3y)=(c_3+v_3+s_3)z \tag{1-14}$$

$$\begin{aligned}&(c_1+v_1+s_1)x+(c_2+v_2+s_2)y+(c_3+v_3+s_3)z\\&=(c_1+v_1+s_1)+(c_2+v_2+s_2)+(c_3+v_3+s_3)\end{aligned} \tag{1-15}$$

显然，斯威齐提出的价值转形模型②，就是鲍特凯维兹提出的价值转形模型。只不过其中的约束方程，采用了鲍特凯维兹最终放弃的第一个假设条件。

该模型的利润总和不等于剩余价值总和。

在斯威齐看来，“马克思的转化方法在逻辑上是不能令人满意的”③。他注意到了鲍特凯维兹的平均利润率公式。在这个公式中，第三部类的资本有机构成不影响生产价格形式的平均利润率。因此，“只有在影响到工资品生产状况的程度内才和利润率有关。……这个结论是和李嘉图的利润率学说相一致的，马克思在这个问题上对李嘉图的批评是没有道理的”④。

当然，斯威齐毕竟是一个马克思主义者。他认为：“如果我们同意马克思及伟大的古典学派经济学家的看法，相信只能把利润理解为社会劳动综合产品的一种扣除，那就没有理由抛弃价值计算及其所依据的劳动价值论。”⑤

斯威齐在价值转形研究中的主要贡献，是在英语世界广泛地传播了鲍特凯维兹的价值转形理论。

三、温特尼茨对价值转形的探索

1948年，英国经济学家温特尼茨（J. Winternitz，1896—1952）发表

① 斯威齐：《资本主义发展论》，陈观烈、秦亚男译，北京，商务印书馆，1997，第140页。

② 斯威齐：《资本主义发展论》，陈观烈、秦亚男译，北京，商务印书馆，1997。

③ 斯威齐：《资本主义发展论》，陈观烈、秦亚男译，北京，商务印书馆，1997，第132页。

④ 斯威齐：《资本主义发展论》，陈观烈、秦亚男译，北京，商务印书馆，1997，第142页。

⑤ 斯威齐：《资本主义发展论》，陈观烈、秦亚男译，北京，商务印书馆，1997，第148页。

了题为“价值与价格：所谓‘转形问题’的一种解法”的论文①。在他提出的价值转形模型中，包括价值方程组和生产价格方程组。其中，价值方程组为

$$c_1 + v_1 + s_1 = \lambda_1 \tag{1-16}$$

$$c_2 + v_2 + s_2 = \lambda_2 \tag{1-17}$$

$$c_3 + v_3 + s_3 = \lambda_3 \tag{1-18}$$

他的生产价格方程组经过简化之后可以表示为

$$(c_1 x + v_1 y)(1 + r) = \lambda_1 x \tag{1-19}$$

$$(c_2 x + v_2 y)(1 + r) = \lambda_2 y \tag{1-20}$$

$$(c_3 x + v_3 y)(1 + r) = \lambda_3 z \tag{1-21}$$

他采用的约束条件或不变性假设为

$$\lambda_1 x + \lambda_2 y + \lambda_3 z = \sum_{i=1}^{3} \lambda_i \tag{1-22}$$

即生产价格总和等于价值总和。

他认为，利润率与第三部类的资本有机构成无关，也就是说，利润率与总资本有机构成无关。显然，这个结论，与鲍特凯维兹的看法相同。

他提出的价值转形模型，与斯威齐的价值转形模型实际上是相同的。

温特尼茨认为，鲍特凯维兹把资本家的全部消费品看做金，并且认为第三部类的生产价格与价值相等，是“一个相当武断和不公正的假定，它会导致价格总额偏离价值总额”②。

按照斯威齐和温特尼茨的价值转形模型，利润总和不等于剩余价值总和。温特尼茨的价值转形模型与前人的价值转形模型相比，并没有取得实质性的进步。

四、米克对价值转形的探索

英国经济学家罗纳德·米克（Ronald L. Meek，1917—1978）先后发表过很多关于价值转形的论文和著作，提出过各种不同的价值转形模型。

1956 年，米克提出了一个价值转形模型。③ 该模型中的价值转形方程为

---

① 温特尼茨：《价值与价格：所谓“转形问题”的一种解法》，《经济学期刊》1948 年第 58 卷，第 276～280 页。

② 温特尼茨：《价值与价格：所谓“转形问题”的一种解法》，《经济学期刊》1948 年第 58 卷，第 278 页。

③ 米克：《转形问题的一些注释》，《经济学杂志》，1956 年第 3 期（总第 66 期），第 94～107 页；坎曼—哈尔出版社 1967 年于伦敦出版的《经济学、思想与其他论文：经济思想发展研究》一书中（第 143～157 页）该论文被再次收入。

$$(1+r)(c_1p_1+v_1p_2)=a_1p_1 \tag{1-23}$$

$$(1+r)(c_2p_1+v_2p_2)=a_2p_2 \tag{1-24}$$

$$(1+r)(c_3p_1+v_3p_2)=a_3p_3 \tag{1-25}$$

这个方程组与鲍特凯维兹、斯威齐、温特尼茨的方程组是相同的。其中：

$$a_1=c_1+v_1+s_1 \tag{1-26}$$

$$a_2=c_2+v_2+s_2 \tag{1-27}$$

$$a_3=c_3+v_3+s_3 \tag{1-28}$$

该模型中包含三个独立方程和四个未知变量。为了得到唯一解，他加入了一个约束条件：

$$\frac{\sum a_i}{\sum v_i}=\frac{\sum a_ip_i}{\sum v_ip_2} \tag{1-29}$$

其中，（1－29）式表示，价值形式的可变资本之和在总价值中的比例等于生产价格形式的可变资本之和在总生产价格中的比例。米克认为："在总剩余价值转化为利润从而价值转化为价格以后，劳动力价值与一般商品价值间的根本比率，可以认为不因转化而有所改变。"①

米克认为，这个规定相当于"假定第二部类的资本有机构成等于全社会的平均构成"②，即

$$\frac{c_2}{v_2}=\frac{\sum c_i}{\sum v_i} \tag{1-30}$$

按照鲍特凯维兹的部类划分方法，并且满足简单再生产条件，那么，约束条件（1－29）式就与（1－30）式等价。

1973年，米克在《劳动价值学说的研究》第二版导言中提出，要让（1－23）式、（1－24）式、（1－25）式表示的方程组有唯一解，需要第四个方程。他提出：

"这里有三个可能的候选者：

（ⅰ）$r[\sum(c_ip_1+v_ip_2)]=E(\sum v_i)$

（表达了这样的条件：利润总额应该与剩余价值总额相等）

（ⅱ）$a_1p_1+a_2p_2+a_3p_3=a_1+a_2+a_3$

（表达了这样的条件：价格总额应该与价值总额相等）

（ⅲ）$p_j=1$

---

① 米克：《劳动价值学说的研究》，陈彪如译，北京，商务印书馆，1963，第221页。

② 米克：《劳动价值学说的研究》，陈彪如译，北京，商务印书馆，1963，第221页。

（表达了这样的事实：行业中的一个——行业"j"——被假定为黄金生产业）

我们到底是用（ⅰ）还是用（ⅱ），有相当明显的理由可以说这不再是一个无关宏旨的问题了：除了一些特殊的例外，我们得到的答案将根据我们选取这两个中的哪一个而有所不同。我自己的感觉是这样：在（ⅰ）、（ⅱ）和（ⅲ）中，马克思本人所愿意选取的一个是（ⅱ）；但无论如何，从形式上看，这三个中的任何一个都和另外的两个同样地好。不论我们选取哪一个，我们都将能够为那些未知数取得明确的解"。①

在上面的条件中，E 是剩余价值率，r 是生产价格形式的平均利润率，p_j 是第 j 部类的价值生产价格偏离系数。需要注意的是，上面的第一个条件有错误，应该是生产价格形式的利润，这里已做修正。上面的三个条件不是完全排斥的或不同的。

在米克的这段表述中，可以看到两点：

第一，米克放弃了他的 1956 年模型中提出的条件（1－29）式或（1－30）式，转而采用马克思"愿意选取的"条件（ⅱ）。

第二，米克认为上述三个条件中随意选取哪个都可以，并且同样好。他的这个观点，被经济学界称为价值转形的"不变性假设条件"。

在米克提出的"不变性假设条件"中，鲍特凯维兹提出的条件，是其中的第三个条件，并且 $j=3$。同时，也满足第一个条件。斯威齐、温特尼茨提出的条件，以及米克在他的 1973 年模型中提出的条件，是其中的第二个条件。米克在他的 1956 年模型中提出的条件，是其中的第三个条件，并且 $j=2$。

米克提出的"不变性假设条件"，在价值转形研究中是非常重要的。采用不同的"不变性假设条件"，可以得到不同的价值转形模型。如果这些结果真的如米克所说的同样好，那么，各种价值转形理论，就具有随意性和不确定性。科学的理论不能是随意的，必须是完全确定的，必须具有排他性。

无论采用哪一种假设条件，米克认为："转化后，总利润等于总剩余价值，同时总生产价格等于总价值；通常这是不可能的。除掉极其例外的情形，我们一般可能保持两个等量中的一个，而不是两个。"② 可以看出，

① 米克：《劳动价值学说的研究》，陈彪如译，北京，商务印书馆，1979 "第二版导言"的第 27 页。

② 米克：《劳动价值学说的研究》，陈彪如译，北京，商务印书馆，1963，第 215 页。

他不同意马克思提出的“两个等于”的观点。这说明他并没有认识到生产过程对流通过程的决定作用，不理解价值转形。

显然，米克的价值转形理论，与鲍特凯维兹的价值转形理论，同样不能成立。

五、塞顿对价值转形的探索

1957年，奥地利经济学家弗朗西斯·塞顿（Francis Seton，1920—2002）发表了题为“论转化问题”的论文。[①] 文中采用部门划分标准代替部类划分标准，提出了 n 部门价值转形模型。

在塞顿的模型中，有 n 个方程和 $n+1$ 个未知变量。为了使价值转形方程组得到唯一解，塞顿假设其中某个部门的资本有机构成等于社会平均资本有机构成，并规定该部门的价值生产价格转化系数为1，这样，减少了一个未知变量。

塞顿的价值转形模型包括两个方程组：价值方程组和生产价格方程组。其中价值方程组为

$$
\begin{aligned}
&k_{11}+k_{21}+\cdots+k_{n1}+e_1=a_1\\
&k_{12}+k_{22}+\cdots+k_{n2}+e_2=a_2\\
&\cdots\cdots\\
&k_{1n}+k_{2n}+\cdots+k_{nn}+e_n=a_n\\
&s_1+s_2+\cdots+s_n=s
\end{aligned}
\qquad (1-31)
$$

其中，k_{ij} 表示第 i 部门生产中耗费的第 j 部门生产的产品价值，它既包括生产资料价值，也包括工人生活资料价值，既包括不变资本，也包括可变资本。e_i 表示第 i 部门用于资本家生活消费和为扩大再生产追加的生产资料和工人需要的生活资料，在生产中耗费的剩余价值。a_i 表示第 i 部门的产品价值。s_i 表示第 i 部门生产中耗费的剩余劳动。s 表示各部门生产中耗费的总剩余劳动。

价值转形后的生产价格方程组为

$$
\begin{aligned}
&k_{11}p_1+k_{12}p_2+\cdots+k_{1n}p_n=\rho a_1p_1\\
&k_{21}p_1+k_{22}p_2+\cdots+k_{2n}p_n=\rho a_2p_2\\
&\cdots\cdots\\
&k_{n1}p_1+k_{n2}p_2+\cdots+k_{nn}p_n=\rho a_np_n
\end{aligned}
\qquad (1-32)
$$

其中，p_i 表示第 i 部门产品生产价格与价值偏离率。ρ 表示“成本率”（这

---

① 塞顿：《论转化问题》，《经济学评论》1957年第6期（总第25期），第149～160页。

是塞顿模型中特有的变量），指成本与产品生产价格的比率。

$$\rho = 1 - \pi \tag{1-33}$$

$$r = \frac{\pi}{1 - \pi} \tag{1-34}$$

其中，π 表示总利润与总生产价格的比率。r 表示利润率。由（1－33）式、（1－34）式得到

$$\rho = \frac{1}{1 + r} \tag{1-35}$$

如果令

$$K_{ij} = \frac{k_{ij}}{a_i} \tag{1-36}$$

则方程组（1－32）可以表示为

$$\begin{aligned} &(K_{11} - \rho)p_1 + K_{12}p_2 + \cdots + K_{1n}p_n = 0 \\ &K_{21}p_1 + (K_{22} - \rho)p_2 + \cdots + K_{2n}p_n = 0 \\ &\cdots\cdots \\ &K_{n1}p_1 + K_{n2}p_2 + \cdots + (K_{nn} - \rho)p_n = 0 \end{aligned} \tag{1-37}$$

方程组（1－37）中，p_i 有非零解的必要条件是，p_i 的系数行列式

$$\begin{vmatrix} K_{11} - \rho & K_{12} & \cdots & K_{1n} \\ K_{21} & K_{22} - \rho & \cdots & K_{2n} \\ \vdots & \vdots & \vdots & \vdots \\ K_{n1} & K_{n2} & \cdots & K_{nn} - \rho \end{vmatrix} = 0 \tag{1-38}$$

由（1－38）式，解 ρ 的 n 次方程，得到成本率 ρ。由（1－35）式，可得到利润率 r。由塞顿的价值转形模型可以得到平均利润率，以及生产价格与价值偏离率的相对量 p_1/p_n，p_2/p_n，…，p_{n-1}/p_n，但是，得不到生产价格与价值偏离率的绝对量 p_1，p_2，…，p_n。

为了得到生产价格与价值偏离率的绝对量，必须加入一个“不变性假设条件”。与米克相同，塞顿认为，选择哪种“不变性假设条件”是完全不确定的。

塞顿认为，要解决转形问题，必须将上面的一般方程组变为简化的形式。他将 n 个部门化简为三部类：第一部类生产生产资料，第二部类生产工人用的生活消费资料，第三部类生产资本家消费的必要生活资料和奢侈品。他设想第三部类的资本有机构成与社会平均资本有机构成相一致，并将这个条件作为“不变性假设条件”。这样，简化之后的塞顿的价值转形模型，与鲍特凯维兹的价值转形模型完全相同。

鲍特凯维兹价值转形模型中的全部缺陷，在塞顿价值转形模型中同样

存在。因此，塞顿的价值转形模型同样不能成立。

第六节　其他经济学家对价值转形的探索

除了杜冈—巴拉诺夫斯基、鲍特凯维兹、斯威齐、温特尼茨、米克、塞顿等经济学家对价值转形的探索之外，其他经济学家也对价值转形进行过探索。其中，有人反对马克思的价值转形理论，有人赞同马克思的价值转形理论，也有人对马克思的价值转形理论提出了各种不同意见。

一、反对劳动价值论的观点

《资本论》第三卷刚发表，庞巴维克（Eugen Böhm-Bawerk，1851—1914）就提出，《资本论》第一卷提出商品按照劳动量交换，第三卷又提出商品按照与劳动量不同的生产价格交换，二者自相矛盾。①

事实上，马克思在《资本论》第一卷中已经明确地指出："不仅剩余价值同直接产生它并由它来表示其价值变化的那部分资本的比率具有重大的经济意义，而且剩余价值同全部预付资本的比率也具有重大的经济意义。因此我们将在第三卷中详细讨论后一比率。"②。

马克思提到价值规律时指出："这一规律同一切以表面现象为根据的经验显然是矛盾的。每个人都知道，就所使用的总资本两个部分各占的百分比来说，纺纱厂主使用的不变资本较多，可变资本较少，面包房老板使用的可变资本较多，不变资本较少，但前者获得的利润或剩余价值并不因此就比后者少。要解决这个表面上的矛盾，还需要许多中项，就象从初等代数的角度来看，要了解$\frac{0}{0}$可以代表一个真实的量需要很多中项一样。"③

这说明，庞巴维克不仅没有注意到马克思的有关论述，而且根本不懂辩证法。

萨缪尔森（P. A. Samuelson，1915—2009）于 1971 年提出，用生产技术条件可以直接得到生产价格，劳动价值论是不必要的，价值转形是不必要的迂回的观点④。他没有考虑生产关系，也没有考虑价值，用生产技

① 庞巴维克：《马克思及其体系的终结》(1896)，纽约，奥古斯特—凯利出版社，1949。

② 《马克思恩格斯全集》，第 23 卷，北京，人民出版社，1972，中文 1 版，第 241 页。

③ 《马克思恩格斯全集》，第 23 卷，北京，人民出版社，1972，中文 1 版，第 340 页。

④ 萨缪尔森：《理解马克思的剥削概念：马克思主义的价值与竞争价格之间的所谓转形问题》，《经济文献杂志》1971 年第 2 期（总第 9 期），第 399～431 页。

术条件直接得到生产价格。这证明萨缪尔森与庞巴维克一样不懂辩证法。

森岛通夫（Morishima，1923—2004）于1961年、1973年提出，不依据劳动价值论，仅仅利用马尔可夫过程（Markoviar process），在联合生产和有技术选择的条件下，能够解决平均利润率的实现问题。①。

斯蒂德曼·伊恩（Steedman Ian）于1977年提出，物质生产条件和货币形式的实际工资可以决定利润率和生产价格，马克思的价值转形是多余的，应该放弃劳动价值论。②。

这些人的理论，否定劳动价值论。他们的分析方法与科学无关。

二、斯拉法的观点

皮埃罗·斯拉法（Piero Sraffa，1898—1983）于1960年出版了《用商品生产商品——经济理论批判绪论》一书。

他提出的模型与塞顿的价值转形模型接近。在他的模型中，未知变量数多于独立方程数，为了解决这个矛盾，他提出“标准商品”的概念。③他的“标准商品”是中等资本有机构成部门生产的产品，该产品的生产价格等于价值。他的这种观点，与鲍特凯维兹和塞顿等人让第三部类的价值生产价格转化系数等于1的观点非常相近。

斯拉法假定：“工资作为年产品的一部分，是事后支付的。因而废除工资是由资本‘垫支’的这一古典经济学的观念”④。在他的模型中⑤，资本家在售卖产品之后才向工人支付工资，利润不是被看做剩余劳动的产物，而是被看做不变资本的产物。显然，他忽略了资本主义生产方式最基本的原则——剩余价值率相同。这些重大错误，使得他的研究方向背离了古典政治经济学的科学传统，误入歧途。⑥

斯拉法的这种观点，继承了李嘉图理论的缺陷。他的这种分析方法与古典政治经济学的分析方法完全不同，与马克思的分析方法也不相同。

---

① 森岛通夫、塞顿：《列昂惕夫矩阵与劳动价值论综述》，《经济学家》1961年总第29期，第203～220页；森岛通夫、塞顿：《马克思的经济学：价值与增长理论》，伦敦，剑桥大学出版社，1973。

② 斯蒂德曼：《斯拉法之后的马克思》，伦敦，新左派图书出版社，1977。

③ 斯拉法：《用商品生产商品——经济理论批判绪论》，巫宝三译，北京，商务印书馆，1963，第24页。

④ 斯拉法：《用商品生产商品——经济理论批判绪论》，巫宝三译，北京，商务印书馆，1963，第16页。

⑤ 斯拉法：《用商品生产商品——经济理论批判绪论》，巫宝三译，北京，商务印书馆，1963，第17页。

⑥ 沈民鸣：《价值转形》，第三卷，北京，中国人民大学出版社，2014，第1677～1698页。

只有对斯拉法的模型进行彻底改造，将“事后支付工资的生产”模型中的工资转变为雇佣劳动者消费的各种生活资料的价值，将可变资本作为总资本的一部分，才能转变为劳动价值论的多部门价值转形模型。

三、其他研究价值转形的经济学家的观点

藤森赖明①（又译作富森，Fujimori Yoriaki，1982）、利皮茨②（Lipietz，1982）、杜梅尼尔③（Dumenil，1983）、弗利④（Foley，1982，1997）、斯祖姆斯基⑤（Szumski，1989）、坎贝尔⑥（Campbell，1997）等研究价值转形的新解主义者，一方面，赞同李嘉图主义主张的价格和利润率由生产实物条件决定的观点，认为马克思的“利润总和等于剩余价值总和，生产价格总和等于价值总和”的观点对社会总产品不成立，只对净产品成立，另一方面，认为可变资本应该用货币工资表示。

弗里曼⑦（Freeman，1984）、克里曼⑧（Kliman，1998）等人引入时间因素考察价值转形。他们用生产资料价格向量和生活资料向量表示不变资本和可变资本。

以生产资料价格和货币工资为基础的研究方法，是用价格说明生产价格，是循环定义或颠倒因果关系。无论循环定义还是颠倒因果关系，都违背形式逻辑的基本原则。因此，这些分析方法都是错误的。

还有许多经济学家提出过各种价值转形观点。

鲍莫尔⑨（Baumol，1974）认为，劳动价值论是说明利润源泉的理

---

① 藤森赖明：《价值理论的现代分析》，柏林、海德堡、纽约，斯普瑞格—弗莱格出版公司，1982。

② 利皮茨：《所谓“转形问题”的再考察》，《经济理论杂志》1982年第1期（总第26期），第59～88页。

③ 杜梅尼尔：《超越转形之谜：劳动价值论》，《科学与社会杂志》1983年第2期，第427～450页。

④ 弗利：《货币价值、劳动力价值与马克思的转形问题》，《激进政治经济学评论杂志》1982年第2期（总第14期）；《劳动价值论的最新发展》，在东方经济联合会召开的价值理论小会议上提交的论文，1997年4月，华盛顿。

⑤ 斯祖姆斯基：《转形问题已经解决?》，《剑桥经济学杂志》，1989年第3期（总第13期），第431～452页。

⑥ 坎贝尔：《转形问题：“新解”简介》，《激进政治经济学评论杂志》1997年第3期（总第29期），第59～69页。

⑦ 弗里曼：《转形问题的逻辑，李嘉图、马克思、斯拉法》，兰斯顿纪念卷，曼德尔作序，曼德尔与弗里曼编辑，伦敦，1984，Verso版，第221～264页。

⑧ 克里曼：《价值、交换价值与资本论第三卷的内部一致性，对马克思经济学反驳的反驳，一个重新评价》，纽约，美国圣马丁出版公司1998，第29～42页。

⑨ 鲍莫尔：《价值转化：马克思的真意何在》，《经济文献杂志》，1974年第1期（总第12期），第51～62页、第74～75页。

论，不是决定生产价格的依据。

赖布曼①（Laibman，1973，2002）批评萨缪尔森否定劳动价值论。他认为，剩余价值率和利润率的本质，是通过价值与生产价格的关系，表现资本对雇佣劳动的剥削关系。

置盐信雄②（OkiShio，1974）用时间序列通过无穷多次迭代得到利润率和生产价格，即按照马克思的价值形式的成本定义计算生产价格，然后用得到的生产价格表示成本，再次得到生产价格，这样无穷多次迭代。

赛克③（Shaikh，1977，1984）提出的方法与置盐信雄的方法类似。

德赛④（Desai，1979）批评指出，萨缪尔森说劳动价值论没有必要是对马克思经济学的故意歪曲；新李嘉图学派用生产实物条件代替价值理论，决定价格和利润率，是不理解劳动价值率的结果。

伊藤诚⑤（Itoh，1988）认为，价值转形本质上是价值实体与价值形式的关系。生产价格不是对价值规律的修正，而是价值规律作用的形式。转形是利润平均化，实现剩余价值的再分配。

辛哈⑥（Sinha，1997，2000）认为，新解主义用货币工资表示可变资本、用净产品定义剥削率是错误的，价值转形是价值在各部门之间流动。

莫斯利⑦（Moseley，1998，2000）认为弗利没有克服斯拉法的错误，

① 赖布曼：《价值与生产价格：转形的政治经济学》，《科学与社会杂志》1973年第4期（总第37期），第404～436页；赖布曼：《价值与资本主义核心的探索》，《激进政治经济学评论杂志》2002年总第34期，第159～178页。

② 置盐信雄：《价值与生产价格》，《考克大学经济评论》1974年总第20期，第1～19页。

③ 赛克：《马克思的价值理论与转形问题》，斯沃兹编，《资本主义的精细解剖》，加利福尼亚，古德伊尔出版公司，1977；赛克：《从马克思到斯拉法的价值转形，李嘉图、马克思、斯拉法》，兰斯顿纪念卷，曼德尔作序，曼德尔与弗里曼编辑，伦敦，1984，Verso版，第43～84页。

④ 德赛：《马克思主义经济学》，亚当斯出版公司，1979；德赛：《转形问题》，《经济纵横杂志》1988年第2期，第320页。

⑤ 伊藤诚：《资本主义的基本理论》，伦敦，麦克米兰出版有限公司。1988．第149～168页。

⑥ 辛哈：《转形问题：新解的评论》，《激进政治经济学评论杂志》1997年第3期（总第29期），第51～58页；辛哈：《转形问题：标准商品是解么?》，《激进政治经济学评论杂志》2000年第2期（总第32期），第265～281页。

⑦ 莫斯利：《资本论中马克思的逻辑与转形问题，关于马克思经济学的评论》，纽约，美国圣马丁出版公司，1998，第14～28页；莫斯利：《价值转形问题的新解：一个同情的批判》，《激进政治经济学评论杂志》2000年第2期（总第32期），第282～316页。

原因是不变资本和可变资本的定义方式不同，不变资本和可变资本不必由价值转化为生产价格。

这些经济学家所使用的方法不同，虽然没有解决价值转形中的各种矛盾，但是，他们对价值转形的探索是有益的。

不是建立在价值实体上，而是用生产价格或价格表示生产资料，用货币工资表示工人的生活资料的分析方法，都违背了马克思主义的劳动价值论。

胡代光①、吴易风②、朱绍文③、白暴力④、丁堡骏⑤、吕昌会⑥、张忠任⑦、岳宏志⑧、马艳⑨等中国经济学家也对价值转形与利润率趋向下降问题进行过深入的研究，提出过各种不同的观点。作者也提出过关于价值转形的观点。⑩

---

① 胡代光：《评当代西方学者对马克思〈资本论〉的研究》，北京，中国经济出版社，1990；胡代光：《西方经济学者关于马克思的“价值转形”问题的争论》，见吴易风主编，《马克思主义经济学与西方经济学比较研究》，第3卷，北京，中国人民大学出版社，2009。

② 吴易风：《马克思经济学数学模型研究》，北京，中国人民大学出版社，2012；吴易风：《吴易风文集》，第1～10卷，北京，中国人民大学出版社，2015。

③ 朱绍文：《战后“转形问题”的争论》，《经济理论与经济管理》1983年第6期。

④ 白暴力：《价值与价格理论》，北京，中国经济出版社，1999；白暴力：《价值转形问题研究》，北京，商务印书馆，2006。

⑤ 丁堡骏：《转形问题研究》，《中国社会科学》1999年第5期；丁堡骏：《马克思劳动价值理论与当代现实》，经济科学出版社，2005。

⑥ 吕昌会：《世界著名经济学难题——价值转形问题研究》，北京，商务印书馆，2005。

⑦ 张忠任：《百年难题的破解，价值向生产价格转形问题的历史与研究》，北京，人民出版社，2004。

⑧ 岳宏志：《转形问题再研究》，《当代经济研究》2002年第10期；岳宏志：《马克思经济理论新论》，北京，经济科学出版社，2008。

⑨ 马艳：《现代政治经济学数理分析》，上海，上海财经大学出版社，2011。

⑩ 沈民鸣：《论简单再生产条件下的价值转形问题》，《当代经济究》2005年第5期；沈民鸣：《论考虑固定资本影响的简单再生产条件下的价值转形问题》，《教学与研究》2006年第4期；沈民鸣：《论马克思的两部类价值转形问题》，《政治经济学评论》2008年第1期；沈民鸣：《奢侈品生产的价值转形中的“两个等于”问题》，《马克思主义研究》2008年第8期；沈民鸣：《简单再生产条件下的价值转形问题——基于资本周转速度的影响》，《财经科学》2008年第11期；沈民鸣：《论价值转形中利润率与剩余价值率的关系》，《马克思主义研究》2009年第1期；沈民鸣：《百年价值转形研究》，《经济学家》2009年第6期；沈民鸣：《论最差土地的级差地租和土地价格问题》，《当代经济研究》2009年第6期；沈民鸣：《马克思的例子：如何确定商业资本和商业利润》，《经济学家》2010年第5期；沈民鸣：《资本主义生产总过程的数学分析》，北京，经济科学出版社，2009；沈民鸣：《价值转形》，北京，中国人民大学出版社，2014；沈民鸣：《二元价值转形》，北京，中国人民大学出版社，2015。

第七节　剩余价值转移不能同时满足价值形式的平均利润条件和再生产条件

一、不能同时满足平均利润和再生产条件的数例

通过上面的阐述可以看出，鲍特凯维兹等经济学家只考察了如何将资本由价值形式转变为生产价格形式的问题，并没有考察剩余价值在不同部门之间如何转移的问题，甚至没有意识到了这个问题的重要性。马克思意识到了这个问题的重要性。

通过表 1－1、表 1－2、（1－1）式、（1－2）式、（1－3）式可以看出，在马克思的数例中，不同生产部门实现了平均利润，价值转变为生产价格。平均利润与价值规律的矛盾似乎已经得到解决。但是，这个例子只满足平均利润条件，不满足再生产条件。这个例子中的生产成本是价值形式的，没有考虑成本的生产价格化的问题，更一般地，没有考虑资本的生产价格化的问题。马克思将整个社会生产划分为 5 个生产部门，而不是划分为生产部类，无法反映产品交换关系。每个部门耗费的生产资料从哪些部门购买，工人和资本家的生活资料从哪些部门购买，每个部门的产品出卖给哪些部门，在马克思的例子中都无法确定。这个问题是如何满足再生产条件的问题。

在上述例子中，各部门生产的产品采取生产价格形式，产品的生产价格偏离其价值，各部门需要补偿的生产资料和工人需要得到的生活资料只能从市场上按照生产价格购买，但是，不变资本和可变资本仍然是价值形式的，无法满足再生产的条件。

因此，在马克思的例子中虽然实现了平均利润，但是却无法满足再生产条件。反之，满足了再生产条件，又不能实现平均利润。

以一个两部类简单再生产问题为例①：

$$4\,000c_1 + 1\,000v_1 + 1\,000s_1 = 6\,000 \quad (1-39)$$

$$2\,000c_2 + 1\,000v_2 + 1\,000s_2 = 4\,000 \quad (1-40)$$

在（1－39）式、（1－40）式中，第一部类的利润率、第二部类的利润率、平均利润率分别为 1/5、1/3、1/4，并且满足 $v_1 + s_1 = c_2$。这个例

① 沈民鸣：《价值转形》，第一卷，北京，中国人民大学出版社，2014，第 11～12 页。

子显然满足简单再生产条件，但是不满足平均利润条件。

如果第一部类多得到剩余价值 250，第二部类少得到剩余价值 250。上面的例子变为

$$4\ 000c_1 + 1\ 000v_1 + 1\ 250s_1 = 6\ 250 \quad (1-41)$$

$$2\ 000c_2 + 1\ 000v_2 + 750s_2 = 3\ 750 \quad (1-42)$$

在（1－41）式、（1－42）式中，第一部类的利润率、第二部类的利润率、平均利润率均为 1/4。显然满足平均利润条件，但是不满足简单再生产条件。

可以证明，只要两部类的资本有机构成不同，剩余价值率相同，无论两部类的不变资本、可变资本和剩余价值率取什么数值，都无法同时满足价值形式的简单再生产条件和平均利润条件。

事实上，资本或成本的生产价格化的问题，就是如何同时满足再生产条件和平均利润条件的问题。虽然无法同时满足价值形式的再生产条件和平均利润条件，但是可以同时满足生产价格形式的再生产条件和平均利润条件。

二、不能同时满足价值形式的平均利润条件和再生产条件的证明

上面提到，只要各部类（或部门）的资本有机构成不同，剩余价值率相同，满足了价值形式的平均利润条件，就一定不满足价值形式的简单再生产条件；满足了价值形式的简单再生产条件，就一定不满足价值形式的平均利润条件。[①] 这个结论不难证明。

假设社会生产划分为两大部类，第一部类为生产资料生产部类，第二部类为生活消费资料生产部类；生产过程为简单再生产；两部类的资本有机构成不同，剩余价值率相同。假设第一部类的不变资本、可变资本、剩余价值、价值形式的利润率、资本有机构成分别为 c_1、v_1、s_1、r_{v1}、k_1。第二部类的不变资本、可变资本、剩余价值、价值形式的利润率、资本有机构成分别为 c_2、v_2、s_2、r_{v2}、k_2。由于两部类的资本有机构成不同，利润率不同，每个部类得到社会承认的剩余价值，与该部类工人创造的剩余价值不相同。每个部类得到的或实现的剩余价值，与该部类工人创造的剩余价值也不相同。第一部类和第二部类被社会多承认的剩余价值分别为 s_{a1}、s_{a2}。第一部类和第二部类多得到或多实现的剩余价值分别为 s_{t1}、s_{t2}。剩余价值率为 e。

① 沈民鸣：《价值转形》，第一卷，北京，中国人民大学出版社，2014，第 12～15 页。

按照假设条件，第一部类的资本有机构成可以表示为

$$k_1 = \frac{c_1}{v_1} \tag{1-43}$$

第二部类的资本有机构成可以表示为

$$k_2 = \frac{c_2}{v_2} \tag{1-44}$$

两部类的剩余价值率相同，即

$$e = \frac{s_1}{v_1} = \frac{s_2}{v_2} \tag{1-45}$$

由（1-43）式、（1-45）式，第一部类价值形式的利润率为

$$r_{v1} = \frac{s_1}{c_1 + v_1} = \frac{ev_1}{k_1 v_1 + v_1} = \frac{e}{k_1 + 1} \tag{1-46}$$

由（1-44）式、（1-45）式，第二部类价值形式的利润率为

$$r_{v2} = \frac{s_2}{c_2 + v_2} = \frac{ev_2}{k_2 v_2 + v_2} = \frac{e}{k_2 + 1} \tag{1-47}$$

由（1-46）式、（1-47）式得

$$\frac{r_{v1}}{r_{v2}} = \frac{k_2 + 1}{k_1 + 1} \tag{1-48}$$

因为

$$k_1 \neq k_2 \tag{1-49}$$

所以

$$r_{v1} \neq r_{v2} \tag{1-50}$$

因此，只要两部类的资本有机构成不同，剩余价值率相同，无论是否满足简单再生产条件，两部类价值形式的利润率一定不同。

价值转形是按照等量资本获得等量利润的原则，在资本家之间分配剩余价值的过程。价值转形不可能改变生产中已经耗费的劳动。无论剩余价值如何分配，两部类需要补偿的生产资料价值，应该等于第一部类产品价值，即

$$c_1 + v_1 + s_1 = c_1 + c_2 \tag{1-51}$$

两部类需要补偿的生活资料价值，应该等于第二部类产品价值，即

$$c_2 + v_2 + s_2 = v_1 + s_1 + v_2 + s_2 \tag{1-52}$$

（1-51）式、（1-52）式都可以简化为

$$v_1 + s_1 = c_2 \tag{1-53}$$

（1-53）式就是简单再生产条件。

假设第一部类的资本有机构成高，利润率低，为了实现平均利润，应

该被社会多承认一部分剩余价值，或者多得到一部分剩余价值。第二部类的资本有机构成低，利润率高，为了实现平均利润，应该被社会少承认一部分剩余价值，或者少得到一部分剩余价值。

在简单再生产条件下，剩余价值全部用于资本家的生活消费。第一部类的可变资本与剩余价值之和，加上被社会多承认的剩余价值 s_{a1}（$s_{a1}>0$），应该大于第二部类的不变资本，即

$$v_1+s_1+s_{a1}>c_2 \tag{1-54}$$

第一部类的可变资本与剩余价值之和，加上多得到的剩余价值 s_{t1}（$s_{t1}>0$），也应该大于第二部类的不变资本，即

$$v_1+s_1+s_{t1}>c_2 \tag{1-55}$$

第二部类生产中消耗的生产资料价值为 c_2，需要通过与第一部类交换产品得到补偿，才能进行再生产。

第一部类生产的生产资料中，扣除补偿第一部类消耗的生产资料 c_1 之后，可以用来与第二部类交换生活资料的生产资料价值为 v_1+s_1。其价值刚好等于第二部类需要补偿的生产资料价值 c_2。但是，为了实现平均利润，第一部类在与第二部类的产品交换中，得到社会承认的价值 $v_1+s_1+s_{a1}$，或者实际得到的价值为 $v_1+s_1+s_{t1}$ 的生活资料。

（1-53）式表示两部类之间的等价交换关系，（1-54）式表示两部类之间的不等价交换关系，（1-55）式也表示两部类之间的不等价交换关系。从数学方面来看，（1-54）式与（1-53）式并不矛盾，（1-55）式与（1-53）式也不矛盾。但是，从经济学方面来看，等价交换与不等价交换矛盾，因此，（1-54）式与（1-53）式矛盾，（1-55）式也与（1-53）式矛盾。

值得注意的是，在价值转形中，第一部类得到社会承认的剩余价值 s_1+s_{a1} 并不满足价值形式的平均利润条件，第一部类实际得到的剩余价值 s_1+s_{t1} 也不满足价值形式的平均利润条件，但是，第一部类被社会多承认的剩余价值 s_{a1} 和第一部类最终得到的剩余价值 s_{t1} 都可以变化，相应地，第二部类被社会多承认的剩余价值 s_{a2} 和第二部类最终得到的剩余价值 s_{t2} 也变化。即使第一部类被社会多承认的剩余价值 s_{a1} 和第二部类被社会多承认的剩余价值 s_{a2} 变化到某一数值，恰好满足价值形式的平均利润条件，只要 $s_{a1}\neq 0$，就一定不满足价值形式的再生产条件。同理，即使第一部类最终得到的剩余价值 s_{t1} 和第二部类最终得到的剩余价值 s_{t2} 变化到某一数值，恰好满足价值形式的平均利润条件，只要 $s_{t1}\neq 0$，也一定不满足价值形式的再生产条件。

因此，无论通过有的部类多得到一部分社会承认的剩余价值，有的部类少得到一部分社会承认的剩余价值的方法，还是通过有的部类多得到一部分剩余价值，有的部类少得到一部分剩余价值的方法，都无法实现等价交换，都不满足价值形式的简单再生产条件。也就是说，只要满足了价值形式的平均利润条件，就不满足价值形式的简单再生产条件。

总之，在资本有机构成不同和剩余价值率相同的条件下，无法同时满足价值形式的简单再生产条件和平均利润条件。

第八节　资本转移与平均利润的实现的矛盾

一、资本在不同部类或部门之间转移不能说明剩余价值转移如何实现

马克思曾经设想，资本在有机构成不同的部类或部门之间转移，能够说明剩余价值在资本有机构成不同的部类或部门之间转移。他认为："竞争使不同生产部门的利润率平均化为平均利润率，并由此使这些不同部门的产品的价值转化为生产价格。而这是通过资本从一个部门不断地转移到利润暂时高于平均利润的另一个部门来实现的"①。他还认为："如果一个部门的商品价格低于或高于生产价格（在这里要撇开每种营业所特有的、与工业周期的不同阶段联系在一起的变动不说），那末，平均化就会通过生产的扩大或缩小来达到，也就是说，通过产业资本投到市场上来的商品量的扩大或缩小来达到，而这种扩大或缩小又通过资本在各特殊生产部门的流入和流出来实现。由于商品的平均市场价格通过这个办法而平均化为生产价格，特殊利润率同一般利润率或平均利润率的偏离，会得到纠正。"②。但是，资本在不同部类或部门之间转移，或生产资料和劳动力在不同部类或部门之间转移，无法说明这个问题。

第一，生产资料和劳动力在不同部类或部门之间转移，要经历一段比较长的历史时期。马克思认为："商品按照它们的价值或接近于它们的价值进行的交换，比那种按照它们的生产价格进行的交换，所要求的发展阶段要低得多。而按照它们的生产价格进行的交换，则需要资本主义的发展达到一定的高度。"③

① 《马克思恩格斯全集》，第25卷，北京，人民出版社，1974，中文1版，第231页。
② 《马克思恩格斯全集》，第25卷，北京，人民出版社，1974，中文1版，第411页。
③ 《马克思恩格斯全集》，第25卷，北京，人民出版社，1974，中文1版，第197～198页。

只要生产资料和劳动力转移的过程没有结束，不同部类或部门的利润率就不相等。这里考察的，是“资本主义的发展达到一定的高度”以后，商品“按照它们的生产价格进行的交换”的发展阶段的价值转形。事实上，在马克思提出的价值转形的例子中，各部门的不变资本和可变资本都没有发生变化，不存在生产资料和劳动力在不同部门之间转移。

这里要实现的价值转形，是在任何一次生产过程结束之后，资本家之间分配总剩余价值，都要满足平均利润条件。因此，不能通过资本在不同部类或部门之间转移，说明剩余价值在不同部类或部门之间转移是如何实现的。

第二，即使生产资料和劳动力在不同部门之间转移，或者说，不同部门的生产规模发生变化，也必须了解当生产资料和劳动力数量发生变化时，产品数量如何变化，必须了解产品价格与产品供给数量的关系，以及产品价格与产品需求数量的关系。

当产品供过于求时，该产品的价格如何下降？当产品供不应求时，该产品的价格如何上升？换句话说，必须了解产品的价格与供求数量之间的函数关系。只有知道了产品数量与资本数量的关系、产品价格与产品供给数量的关系、产品价格与产品需求数量的关系，才能知道各部门资本数量发生多大变化，才能实现利润率相同。

这就是说，不仅要分析商品供求平衡的情况，而且还要分析商品供求不平衡的情况。但是，以商品供求不平衡为基础进行分析，不符合马克思通常使用的分析方法。因为，“在政治经济学上必须假定供求是一致的。为什么呢？这是为了对各种现象要在它们的合乎规律的、符合它们的概念的形态上来进行考察；也就是说，要撇开由供求变动引起的假象来进行考察。”①。

马克思认为：“在供求关系借以发生作用的基础得到说明以前，供求关系绝对不能说明什么问题。”②

第三，即使各部类或各部门的资本发生变化，也不能说明如何形成平均利润。

当资本家开始分配剩余价值时，生产过程已经完成。不能改变生产中已经耗费的劳动。生产中耗费的各种劳动，包括物化劳动、活劳动中的必要劳动、活劳动中的剩余劳动，必须满足相应的价值形式的再生产

① 《马克思恩格斯全集》，第25卷，北京，人民出版社，1974，中文1版，第212页。
② 《马克思恩格斯全集》，第25卷，北京，人民出版社，1974，中文1版，第203页。

条件。生产资料和劳动力在不同部类之间转移，将破坏原有的简单再生产条件。

第四，资本在不同部类或部门之间转移，或者生产资料和劳动力在不同部类或部门之间转移，通常要经历一段比较长的历史过程，不可能在短时期内完成，特别是存在固定资本的情况下，生产资料在不同部类或部门之间转移很困难。

即使资本在不同部类之间转移能够在资本周转一次的时间内或一年内完成（在一般情况下，这是不可能实现的），资本转移导致原有的价值形式的简单再生产条件被破坏，生产过程也应该满足新的价值形式的简单再生产条件。也就是说，无论是否形成平均利润率和生产价格，在生产过程中，都要满足价值形式的再生产条件。只是在流通过程中，才满足生产价格形式的再生产条件，才实现平均利润。在这种情况下，平均利润率和生产价格的形成，不可能是资本“不断的流出和流入”的结果。应该从生产过程和流通过程的关系中，寻找形成平均利润率的真正原因。

第五，在生产过程中，剩余价值率表现为剩余劳动与必要劳动的比例，资本有机构成表现为物化劳动与必要劳动的比例。在简单再生产过程中，不同部类的资本有机构成不同，仍然存在如何通过价值确定生产价格的问题，也就是仍然存在剩余价值如何分配的问题，或价值转形问题。但是，资本在不同部类之间流动与简单再生产矛盾。因此，不能通过资本在不同部类之间的流动，说明形成平均利润率的真正原因。

第六，任何资本家都不会把自己生产的剩余价值无条件地送给其他资本家。

二、简单再生产和扩大再生产条件下都不能通过资本流动说明剩余价值如何转移

从微观方面看，资本在不同部类之间不停地流动。从宏观方面看，如果流入一个部类的资本等于流出的资本，可以认为资本不流动。

简单再生产条件下，各部类的生产规模不变。从宏观方面看，资本不流动。因此，在简单再生产条件下，不能通过资本流动说明剩余价值如何转移。

扩大再生产条件下，各部类的资本都增加，不存在资本从有机构成高、利润率低的部类或部门抽走的问题。

在外延扩大再生产条件下，各部类的资本等比例增加，每个部类内部

不变资本和可变资本也是等比例增加，资本有机构成不变。对于资本有机构成高、利润率低的部类来说，资本不是流出，而是流入。因此，不能通过资本流动说明剩余价值如何转移。

在内涵扩大再生产条件下，通常伴随着全社会技术进步，也就是总资本有机构成提高。由于第一部类的资本有机构成通常高于第二部类的资本有机构成，因此，第一部类的资本增长高于第二部类的资本增长。对于资本有机构成高、利润率低的第一部类来说，不仅资本流入，而且第一部类的资本流入大于第二部类的资本流入，因此，也不能通过资本流动说明剩余价值如何转移。

此外，假设两部类资本周转速度相同，例如每年周转一次，每次周转资本家都必须得到平均利润。资本家用得到的剩余价值的一部分追加资本，扩大再生产。不能用下一次周转中生产规模扩大或资本流入说明本次周转如何实现平均利润。

因此，扩大再生产条件下，也不能通过资本流动说明剩余价值如何转移。

三、资本流动与剩余价值转移中的矛盾

从上面的分析可以看出：资本在不同部类或部门之间转移，不能说明剩余价值如何在不同部类或部门之间转移；资本不在不同部类或部门之间转移，也不能说明剩余价值如何在不同部类或部门之间转移。简单再生产条件下，不能通过资本流动说明剩余价值如何转移；扩大再生产条件下，也不能通过资本流动说明剩余价值如何转移。外延扩大再生产条件下，不能通过资本流动说明剩余价值如何转移；内涵扩大再生产条件下，也不能通过资本流动说明剩余价值如何转移。剩余价值在不同部类或部门之间转移是如何实现的，成了难解之谜。

产生这个困难的根本原因在于，生产过程中创造剩余价值，与流通过程中分配剩余价值，分别满足不同规律。生产过程中耗费的各种劳动，必须满足等量劳动创造等量价值，也就是满足价值规律。流通过程中分配剩余价值，要满足等量资本获得等量利润，也就是满足资本主义生产目的。

四、资本从价值形式转变为生产价格形式中的矛盾

资本从价值形式转变为生产价格形式的过程中，存在数学和逻辑问题。价值转形通过有的部类多得到一部分社会承认的价值，有的部类少得到一部分社会承认的价值，说明生产价格与价值偏离，说明资本从价值形

式转变为生产价格形式。

资本从价值形式转变为生产价格形式的问题，不仅存在数学问题，而且存在逻辑问题。

一方面，要用价值形式的资本或成本加上被社会承认的剩余价值定义生产价格，避免循环定义的逻辑错误；另一方面，要完成资本或成本从价值形式到生产价格形式的转变，避免投入和产出在逻辑上不一致。

生产过程中使用的生产资料，只能按照生产价格从市场上购买。工人生活需要的生活资料也只能按照生产价格从市场上购买。如果资本是价值形式的，产品是生产价格形式的，则投入和产出在逻辑上不一致。如果资本或成本是生产价格形式的，利润是生产价格形式的，产品也是生产价格形式的，那么，就是用生产价格说明生产价格，这将产生循环定义的逻辑错误。

马克思是用价值说明生产价格的，不存在这种逻辑错误。但是，需要在投入和产出方面取得逻辑上的一致性。

不难看出，资本用价值表示不行，用生产价格表示也不行；资本不用价值表示不行，不用生产价格表示也不行。显然，这是一个两难问题。

因此，价值转形存在数学和逻辑方面的困难。如何解决这些问题，是价值转形面临的难题之一。

第九节　中等资本有机构成的部类的生产价格与价值是否相等

很多经济学家都认为，在中等资本有机构成的部类中，生产价格与价值相等；生产价格与价值相等的部类，是中等资本有机构成的部类。尽管这种观点从来没有得到过证明，但是，很少有人对此提出不同看法，甚至将自己的理论建立在此基础上。

马克思则认为，在中等资本有机构成的部类中，生产价格与价值不一定相等；生产价格与价值相等的部类，不一定是中等资本有机构成的部类。

他提出："一个商品的这样同价值偏离的生产价格，会作为要素加入另一个商品的成本价格，因此，撇开对商品本身由于平均利润和剩余价值的差额而产生的偏离不说，一个商品的成本价格，已经能够包含同该商品中所消费的生产资料价值的偏离。因此，即使就中等构成的资本所生产的商品来说，成本价格也可能同生产价格的这个组成部分所由以构成的各种要素的价值总额发生偏离。假定中等构成是 $80c+20v$。对具有这种构成的现实资本来说，$80c$ 也可能大于或小于不变资本 c 的价值，因为这个 c 可以是由生产价格同价值相偏离的商品构成。同样，如果工资耗费在生产价格同价值不一致的商品上，$20v$ 也可以同它的价值相偏离；因此，与必要生活资料的生产价格同它们的价值相一致的时候比较，工人要买回这些商品（补偿这些商品），就必须劳动更多或更少的时间，也就是完成更多或更少的必要劳动。”①

可见，马克思已经意识到，即使中等资本有机构成的部门，无论不变资本的生产价格，还是可变资本的生产价格，都可能偏离其价值，因此，资本或成本的生产价格可能偏离其价值，中等资本有机构成的部类的产品的生产价格与价值不一定相等。

我在《价值转形》第二卷中已经证明，在中等资本有机构成的部类中，生产价格与价值不一定相等；生产价格与价值相等的部类，不一定是中等资本有机构成的部类。② 那么，考虑土地所有权和地租，相应的价值转形中，中等资本有机构成部门的生产价格与价值是否相等？生产价格与价值相等的部门，是否中等资本有机构成部门？资本有机构成高于平均资本有机构成的部门中，生产价格是否高于价值？资本有机构成低于平均资本有机构成的部门中，生产价格是否低于价值？生产价格高于价值的部门，是否资本有机构成高的部门？生产价格低于价值的部门，是否资本有机构成低的部门？为什么？

本书将对这些问题进行考察。

第十节　鲍特凯维兹等经济学家的价值转形理论的缺陷阻碍对利润率趋向下降的认识

一、没有考虑再生产条件阻碍对利润率趋向下降的认识

在鲍特凯维兹等人的价值转形理论中，都没有考虑再生产条件。有的经济学家提出的价值转形模型中虽然曾经提到再生产条件，但是都没有使

① 《马克思恩格斯全集》，第 25 卷，北京，人民出版社，1974，中文 1 版，第 230 页。

② 沈民鸣：《价值转形》，第二卷，北京，中国人民大学出版社，2014，第 625～700 页、第 819～914 页、第 915～1006 页。

用这个条件。更多的经济学家没有提到再生产条件。由于没有考虑再生产条件，鲍特凯维兹甚至提出了奢侈品生产部类的资本有机构成不影响平均利润率，从而总资本有机构成不影响平均利润率的错误结论。鲍特凯维兹得出这个结论依据的理论基础，是他的利润率公式。在这个公式中，没有第三部类的资本有机构成。他认为第三部类的资本有机构成不影响利润率而影响总资本有机构成，由此得出了总资本有机构成下降不一定影响利润率的结论。

鲍特凯维兹的主要错误之一，在于忽视了再生产条件。事实上，由于再生产条件的制约，资本有机构成提高与生产价格形式的利润率不变是有界限的，超过这个界限，随着资本有机构成提高，生产价格形式的利润率必然下降。因此，马克思的利润率趋向下降的观点是正确的。

价值转形要解决再生产条件与平均利润的矛盾。因此，必须考虑再生产条件。价值转形和二元价值转形中要实现的再生产条件，有两种形式：一种是价值形式的再生产条件，另一种是生产价格形式的再生产条件。二者必须同时满足。

二、各种“不变性假设”缺乏依据

鲍特凯维兹、斯威齐、温特尼茨、米克等人提出的模型基本相同，都是三个基本方程、四个未知变量，差别仅在于加入一个约束方程，或规定某部类的价值生产价格转化系数为1，减少一个未知变量，使价值转形方程组有唯一解。米克把各种假设条件称为“不变性假设”。

塞顿的模型虽然适用于多部门，但是仍然不能解决“不变性假设”的唯一性问题。

他们提出的“不变性假设”缺乏依据。他们不能证明他人提出的假设是错误的，也不能证明自己提出的假设和理论是正确的。如果各种不同的“不变性假设”都是同样好、同样正确，各种互相矛盾的价值转形理论同样成立，那么，价值转形的科学性何在？

解决“不变性假设”的矛盾的关键，在于生产过程对流通过程的决定作用。因为流通过程中分配剩余价值不能改变生产过程中耗费的劳动，所以，生产价格总和等于价值总和必然成立。这不是一个假设条件，而是一个铁一样的事实。

三、没有认识价值生产价格转化系数的经济意义

价值生产价格转化系数的经济意义是什么？它是一个偏离系数，还是

一个适配系数？在价值转形中，价值生产价格转化系数涉及投入的资本由价值形式转变为生产价格形式，具有重要的经济意义。鲍特凯维兹等人并没有认识到这一重要问题。

四、用生产价格形式的投入解释生产价格形式的产出是循环定义

在鲍特凯维兹等人的模型中，投入的资本或生产成本是生产价格形式的，似乎实现了马克思希望实现的将资本或生产成本由价值形式转变为生产价格形式的愿望。但是，这些经济学家没有注意，为什么马克思在明知生产成本需要由价值形式转变为生产价格形式的情况下，还要采取价值形式的生产成本。这是避免循环定义的需要。

在鲍特凯维兹等人的模型中，投入的资本或成本是生产价格形式的，利润也是生产价格形式的，用生产价格形式的资本或成本，加上生产价格形式的利润，解释产品的生产价格，是循环定义或循环推论。

价值转形或二元价值转形，既要避免循环定义的错误，又要实现资本或生产成本由价值形式到生产价格形式的转化。这是极其困难的工作，不是简单地通过几个方程可以解决的。

五、没有解决资本或生产成本采用价值形式还是采用生产价格形式的两难选择问题

资本或生产成本到底是采用价值形式，还是采用生产价格形式，是一个两难选择问题。

像马克思那样，资本或生产成本采用价值形式，无法在投入和产出之间取得一致。作为资本或生产成本组成部分的生产资料和工人需要的生活资料，必须以生产价格形式从市场上购买。

像鲍特凯维兹等人那样，资本或生产成本采用生产价格形式，又存在循环定义或循环推论的错误。

资本或生产成本到底是应该采用价值形式，还是应该采用生产价格形式？这成了难解之谜。

六、没有解释剩余价值的分配是如何实现的

马克思认为，在价值转形中，“真正困难的问题是：利润到一般利润率的这种平均化是怎样进行的”。

绝大部分经济学家认为，通过偏离系数或适配系数，能够解决平均利润的实现问题。

有的经济学家认为，通过生产资料和劳动力在资本有机构成不同的部类之间流动，能够解决平均利润的实现问题。

有的经济学家认为，通过马尔可夫过程，能够解决平均利润的实现问题，例如森岛通夫（Michio Morishima，1923—2004）等人。

这些方法都不能解决平均利润的实现问题。

价值转形是资本主义基本矛盾的反映，不是通过数学适配系数可以解决的。

资本流动不能解决平均利润的实现问题，因为资本流动需要很长时间。在此过程中，如何实现平均利润？在简单再生产过程中，不存在资本流动，如何实现平均利润？

马尔可夫过程也不能解决平均利润的实现问题。马尔可夫过程需要通过多个生产周期，经历很长时间。在此过程中，如何实现平均利润？马尔可夫过程完成之后，进入时间序列的平稳状态，每次生产过程中，不同部类的资本有机构成不同，仍然存在价值转形问题。如何实现平均利润？资本是否还要继续流动？资本继续流动，就不是平稳过程。资本不流动，无法解释剩余价值的分配如何实现。

在二元价值转形中，同样存在剩余价值的分配如何实现的问题。既然资本流动无法解释价值转形中资本家之间如何分配总剩余价值，那么，资本流动同样无法解释二元价值转形中资本家和土地所有者之间如何分配总剩余价值。

七、没有确定资本家最终占有的剩余价值和价值

资本家通过价值转形得到了工人的剩余劳动生产的各种物质产品。在简单再生产中，资本家得到生活资料。在扩大再生产中，资本家除了得到生活资料，还得到追加不变资本的生产资料，以及追加可变资本的工人的生活资料。

几乎所有研究价值转形的经济学家都没有考察过，每个部类的资本家通过价值转形得到的各种物质产品需要多少劳动生产出来。他们没有意识到资本家最终占有的剩余价值和价值，更不可能确定资本家最终占有的剩余价值和价值。他们没有区分每个部类或部门得到社会承认的剩余价值和最终占有的剩余价值。确定资本家最终占有的剩余价值和价值，要用辩证法。

在二元价值转形中，同样存在每个部类或部门得到社会承认的剩余价值，以及每个部类或部门最终得到的剩余价值。同样需要区分每个部类得

到社会承认的剩余价值和每个部类最终得到的剩余价值。

八、没有正确解释马克思“两个等于”的思想

马克思认为，利润总和等于剩余价值总和，生产价格总和等于价值总和。这些价值转形理论没有正确解释马克思“两个等于”的天才思想，不能回答马克思的“两个等于”在什么范围成立。

有的经济学家认为，马克思的“两个等于”至多只有一个成立，另一个不成立，并且以此为依据否定马克思的平均利润和生产价格理论。有的经济学家虽然认为马克思的“两个等于”都成立，但是，缺乏说服力，或缺乏科学性。

在二元价值转形中，仍然要解释马克思“两个等于”的思想为什么成立，这个思想在二元价值转形中有什么重要作用。

九、没有认识生产过程对流通过程的决定作用

价值转形是资本家在流通过程中分配剩余价值。几乎所有研究价值转形的经济学家都清楚地认识到了这一点。但是，他们仅限于在流通过程中考察剩余价值的分配，没有认识到生产过程对流通过程的决定作用。有的学者甚至认为，不应该在价值转形中引入再生产条件。

他们没有认识到，生产过程对流通过程的决定作用就是价值对生产价格的决定作用。“不变性假设条件”的唯一性问题，“两个等于”问题，剩余价值分配实现的途径问题等，都与生产过程对流通过程的决定作用有关。这是解决价值转形的关键，也是解决二元价值转形的关键。

十、没有考察过二元价值转形，也没有考察过考虑资本与土地条件下的利润率变化

鲍特凯维兹等经济学家没有解决在同时考虑劳动因素和资本因素的条件下如何分配总剩余价值的问题，也就是没有解决价值转形，就更不可能解决在考虑劳动因素和资本因素之外，再考虑资本主义土地所有权的条件下，如何分配总剩余价值的问题，也就是不可能解决二元价值转形。

二元价值转形是经济学家从来没有探讨过的问题。本书将在解决价值转形的基础上考察二元价值转形。二元价值转形中利润率的变化出现了与一元价值转形中利润率的变化不同的特点。

第十一节　劳动、资本和土地对剩余价值分配和商品交换关系的影响

一、地租、农产品价格与价值转形的关系

有些经济学家认为，因为农业部门不参加利润平均化，所以价值转形不影响资本主义农业地租和农产品价格，资本主义农业地租和农产品价格也不影响价值转形。这种看法是否正确？

价值转形是否影响产业地租、建筑地租、商业地租？是否影响农业部类或部门之外的土地价格？任何生产部类都要使用土地。任何生产部类都要使用农产品作为生产资料。任何部类的工人都要消费农产品，资本家和土地所有者也不例外。工人、资本家和土地所有者都需要住宅，住宅占用的土地只能通过租赁或购买的方式取得。工人需要的农产品与住宅都与土地有关，构成工人的生活资料的一部分，从而构成生产成本的一部分。各部类或部门的产品价格是否受到价值转形的影响？资本主义农业地租和农产品价格是否影响价值转形？资本主义农业地租和农产品价格是否影响生产成本和资本？价值转形是否影响农业地租和农产品价格？为什么？

本书也将对这些问题进行考察。

二、劳动、资本和土地对剩余价值分配和商品交换关系的影响

劳动、资本和土地是生产商品的使用价值的三个基本因素。其中，劳动是唯一创造商品的价值的因素。

如果只考虑劳动因素，那么，每个部类或每个部门的资本家得到本部类或本部门的雇佣劳动者创造的剩余价值。不同产品的交换比例，由生产过程中耗费的劳动决定，也就是由商品的价值决定。

如果不仅考虑劳动因素，而且考虑资本因素，那么，每个部类或每个部门的资本家得到的剩余价值，不再是本部类或本部门的雇佣劳动者创造的剩余价值，全体资本家按照等量资本获得等量利润的原则，分配全体雇佣劳动者创造的总剩余价值，这个过程就是一元价值转形，简称价值转形。在价值转形中，商品不再按照其价值交换，而是按照生产价格交换。

如果不仅考虑劳动因素和资本因素，而且考虑土地因素，那么，全体

资本家和土地所有者分配全体雇佣劳动者创造的总剩余价值，这个过程就是二元价值转形。在二元价值转形中，商品既不按照其价值交换，也不按照一元价值转形的生产价格交换，而是按照二元价值转形的生产价格交换。

第十二节　一元价值转形和二元价值转形的平均利润率

上面已经证明，价值转形不能同时满足价值形式的再生产条件和平均利润条件，但是，价值转形可以同时满足生产价格形式的再生产条件和平均利润条件，因此，价值转形实现的平均利润率，不是价值形式的平均利润率，而是生产价格形式的平均利润率。

尽管价值转形不能实现价值形式的平均利润率，但是，价值形式的平均利润率作为一种概念仍然可以存在。

同时考虑资本和土地两个因素对剩余价值分配的影响，利润和平均利润率的概念都发生变化。

在只考虑资本因素对剩余价值分配影响的价值转形中，资本家占有雇佣劳动者创造的全部剩余价值。总利润是总剩余价值的表现形式。价值形式的利润总和等于剩余价值总和，虽然生产价格形式的利润总和不等于剩余价值总和，但是，生产价格形式的利润总和接近剩余价值总和。

在同时考虑资本和土地两个因素对剩余价值分配影响的二元价值转形中，资本家不能单独占有雇佣劳动者创造的全部剩余价值，而要与土地所有者分配总剩余价值。总利润只是总剩余价值中的一部分，总剩余价值中的另一部分是地租。价值形式的利润总和小于剩余价值总和，生产价格形式的利润总和也小于剩余价值总和。相应地，二元价值转形的生产价格形式的平均利润率低于一元价值转形的生产价格形式的平均利润率。

二元价值转形也不能实现价值形式的平均利润率，但是，在二元价值转形中，价值形式的平均利润率作为一种概念同样可以存在。二元价值转形的价值形式的平均利润率同样低于一元价值转形的价值形式的平均利润率。

在资本主义生产中，不同生产部门的资本有机构成相同只是一种特殊情况，资本有机构成不同才是一般情况。既然在一般情况下不同生产部门的资本有机构成不同，那么，在考察平均利润率的变化规律时，必须考察价值转形。这就是马克思在考察价值转形后才来考察利润率变化规律的原因。事实上，马克思阐述利润率趋向下降规律时提到的资本，已经是生产价格形式的资本，而不是价值形式的资本。相应地，利润率也是生产价格形式的利润率，而不是价值形式的利润率。

本书在考察一元价值转形和二元价值转形的基础上，考察利润率的变化规律，从而证明马克思关于利润率趋向下降的论断是正确的。

第二章 马克思关于利润率趋向下降的观点

第一节 马克思关于利润率趋向下降的基本观点

一、个别资本追求超额利润而使用新技术，提高个别资本的生产力与资本有机构成

马克思在《资本论》第三卷中阐述了利润率趋向下降的观点。他的观点可以概括为三方面：第一，在剩余价值率不变的条件下，资本有机构成提高将导致平均利润率下降；第二，在资本有机构成不变的条件下，一些因素阻碍利润率下降，其中，最重要的因素是剩余价值率提高；第三，尽管存在阻碍利润率下降的因素，总趋势仍然是利润率趋向下降。

在考察了价值转形如何产生平均利润之后，马克思认为，资本主义竞争必然导致个别资本家为了获得超额利润而使用尚未普遍使用的新技术。采用新技术必然提高个别资本的有机构成。个别资本提高生产力，从而提高有机构成，不仅不会降低他的个别资本的利润率，反而会将他的剩余价值暂时地提高到一般水平以上，也就是使他获得超额利润，或提高他的个别利润率。竞争的压力迫使其他资本家，如果不想被竞争淘汰的话，都要提高生产力，也就是普遍采用新发明和新技术，从而提高总资本有机构成。随着总资本有机构成提高，平均利润率降低。

二、追求剩余价值导致资本有机构成提高

获得越来越多的剩余价值，是资本主义生产的唯一目的。个别资本家为了得到更多剩余价值，虽然可以在一定时期内，通过延长工作日的方式获得更多绝对剩余价值，也就是提高他的企业的剩余价值率，但是，在资本主义竞争的条件下，劳动力可以自由流动，长期地延长工作日，必然导

致雇佣劳动者流向其他企业。因此，从长期的观点来看，个别资本家不能通过延长工作日的方式得到绝对剩余价值，除非全社会的工作日普遍延长。要想获得更多剩余价值或利润，个别资本家必须采用生产率更高的新发明、新技术和新机器，也就是提高他的企业的资本有机构成。

马克思认为："对那些利用了还没有被普遍采用的发明等等的资本家来说，剩余价值将会暂时地，但不断反复地，时而在这个生产部门，时而在那个生产部门提高到一般水平以上"①。

竞争使得其他资本家也采用新发明、新技术和新机器，也提高资本有机构成。这样，个别企业的资本有机构成提高，最终转化为总资本有机构成提高。

三、在剩余价值率不变的条件下资本有机构成提高导致平均利润率下降

（一）在剩余价值率不变的条件下价值形式的利润率是资本有机构成的单调递减的倒数函数或双由函数

马克思认为："在劳动的剥削程度不变时，同一个剩余价值率会表现为不断下降的利润率，因为随着不变资本的物质量的增加，不变资本从而总资本的价值量也会增加，虽然不是按相同的比例增加。如果我们进一步假定，资本构成的这种逐渐变化，不仅发生在个别生产部门，而且或多或少地发生在一切生产部门，或者至少发生在具有决定意义的生产部门，因而这种变化就包含着某一个社会的总资本的平均有机构成的变化，那末，不变资本同可变资本相比的这种逐渐增加，就必然会有这样的结果：在剩余价值率不变或资本对劳动的剥削程度不变的情况下，一般利润率会逐渐下降"②。

显然，马克思的这个观点，无论对于个别资本来说，还是对于总资本来说，都是正确的。

个别资本的价值形式的利润率为

$$r_{vi}=\frac{s_i}{K_i}=\frac{s_i}{c_i+v_i}=\frac{ev_i}{c_i+v_i}=\frac{e}{\dfrac{c_i}{v_i}+1}=\frac{e}{k_i+1} \qquad (2-1)$$

其中，r_{vi}为第 i 个资本的价值形式的利润率；K_i为第 i 个资本的价值形式的资本，如果不考虑固定资本，第 i 个资本的价值形式的资本就是生产成本；c_i为第 i 个资本的不变资本；v_i为第 i 个资本的可变资本；s_i为第 i 个

① 《马克思恩格斯全集》，第 25 卷，北京，人民出版社，1974，中文 1 版，第 260 页。

② 《马克思恩格斯全集》，第 25 卷，北京，人民出版社，1974，中文 1 版，第 236 页。

资本的剩余价值；k_i为第 i 个资本的有机构成；e 为剩余价值率。

这里的第 i 个资本，既可以理解为第 i 个资本家，也可以理解为第 i 个部门。

总资本的价值形式的平均利润率为

$$r_v=\frac{\sum_{i=1}^{n}s_i}{\sum_{i=1}^{n}K_i}=\frac{\sum_{i=1}^{n}s_i}{\sum_{i=1}^{n}(c_i+v_i)}=\frac{\sum_{i=1}^{n}ev_i}{\sum_{i=1}^{n}(c_i+v_i)}$$

$$=\frac{e\sum_{i=1}^{n}v_i}{\sum_{i=1}^{n}c_i+\sum_{i=1}^{n}v_i}=\frac{e}{\frac{\sum_{i=1}^{n}c_i}{\sum_{i=1}^{n}v_i}+1}=\frac{e}{k+1} \tag{2-2}$$

其中，k 为总资本的有机构成，即

$$k=\frac{\sum_{i=1}^{n}c_i}{\sum_{i=1}^{n}v_i} \tag{2-3}$$

由（2－1）式和（2－3）式可以看出，在劳动的剥削程度不变时，也就是在剩余价值率不变时，无论对于个别资本来说，还是对于总资本来说，价值形式的利润率都是资本有机构成的单调递减的倒数函数或双曲函数。当然，这里的资本有机构成，是指价值形式的资本有机构成。

（二）资本有机构成提高是劳动的社会生产力发展的表现

社会生产力的发展，意味着每个劳动力推动的生产资料数量增加，即资本有机构成提高。因此，资本有机构成提高就是社会生产力提高。

马克思认为："随着资本主义生产方式的发展，可变资本同不变资本相比，从而同被推动的总资本相比，会相对减少，这是资本主义生产方式的规律。这只是说，由于资本主义生产内部所特有的生产方法的日益发展，一定价值量的可变资本所能支配的同数工人或同量劳动力，会在同一时间内推动、加工、生产地消费掉数量不断增加的劳动资料，机器和各种固定资本，原料和辅助材料，——也就是价值量不断增加的不变资本。可变资本同不变资本从而同总资本相比的这种不断的相对减少，和社会资本的平均有机构成的不断提高是同一的。这也只是劳动的社会生产力不断发展的另一种表现，而这种发展正好表现在：由于更多地使用机器和一般固定资本，同数工人在同一时间内可以把更多的原料和辅助材料转化为产品，也就是说，可以用较少的劳动把它们转化为产品。不变资本价值量的这种增加，——虽然它只是在某种程度上表现出在物质上构成不变资本的各种使用价值的实际数量的增加，——会使产品相应地日益便宜。每一个产品就其本身来看，同较低的生产阶段相比，都只包含一个更小的劳动量，因为在较低的生产阶段上，投在劳动上的资本比投在生产资料上的资本大得多"①。

四、价值形式的利润分割为互相独立的不同部分与价值形式的平均利润率趋向下降无关

马克思认为："在说明利润分割为互相独立的不同范畴以前，我们有意识地先说明这个规律。这个说明同利润分割为归各类人所有的各个部分这一点无关，这一事实一开始就证明，这个规律，就其一般性来说，同这种分割无关，同这种分割所产生的各种利润范畴的相互关系无关。我们这里所说的利润，只是剩余价值本身的另一个名称；不过在这里，剩余价值是对总资本而言，不是对产生它的可变资本而言。所以，利润率的下降表示剩余价值本身和全部预付资本的比率的下降，因而同这个剩余价值在各个范畴之间的任何一种分配无关"②。

这就是说，马克思认为，这里作为整体考察的总资本被分割为产业资本、商业资本和借贷资本之后，从而这里分析的价值形式的利润被分割为产业利润、商业利润和借贷资本的利息之后，这里分析的价值形式的利润率趋向下降的规律仍然成立，也就是说，价值形式的利润分割为互相独立的不同部分与价值形式的平均利润率趋向下降无关。

值得指出的是，这里所说的价值形式的利润分割为互相独立的不同部分，既不是指剩余价值在资本有机构成不同的部类或部门之间分配，也不是指剩余价值在资本家与土地所有者之间分配，而是指剩余价值在产业资本、商业资本和借贷资本之间分配。这里所说的价值形式的利润分割为互相独立的不同部分与价值形式的平均利润率趋向下降无关，并不是指利润率趋向下降与价值转形无关。

利润率分为价值形式的平均利润率与生产价格形式的利润率。

如果只考虑资本对剩余价值分配的影响，也就是将资本家（产业资本

① 《马克思恩格斯全集》，第25卷，北京，人民出版社，1974，中文1版，第236～237页。

② 《马克思恩格斯全集》，第25卷，北京，人民出版社，1974，中文1版，第238页。

家、商业资本家、借贷资本家）与土地所有者看做一个整体，那么，这样的价值形式的平均利润率与剩余价值分配无关，也就是与价值转形无关。因此，随着资本有机构成提高，价值形式的平均利润率趋向下降，与价值转形无关。

如果不仅考虑资本对剩余价值分配的影响，而且考察土地对剩余价值分配的影响，那么，价值形式的利润率与价值转形是否有关，取决于我们考察的是哪种形式的价值形式的利润率。如果是将资本家与土地所有者作为一个整体考察，价值形式的利润是指资本家与土地所有者得到的总剩余价值，那么，这样的价值形式的平均利润率与二元价值转形无关。如果价值形式的利润只是指资本家得到的剩余价值，不包括土地所有者得到的剩余价值，那么，这样的价值形式的利润率与二元价值转形有关。

随着资本有机构成提高，生产价格形式的利润率的变化规律比价值形式的平均利润率的变化规律复杂得多。在同时考虑资本与土地对剩余价值分配的影响的条件下，生产价格形式的利润率的变化规律更加复杂。

如果只考虑资本对剩余价值分配的影响，那么，生产价格形式的利润率是一元价值转形的结果。如果不仅考虑资本对剩余价值分配的影响，而且考察土地对剩余价值分配的影响，那么，生产价格形式的利润率是二元价值转形的结果。无论哪种情况，生产价格形式的利润率都与剩余价值分配有关，也就是与价值转形有关。因此，生产价格形式的利润率趋向下降与价值转形有关。

利润率趋向下降与价值转形是否有关，取决于我们考察的是哪种形式的平均利润率。

五、资本有机构成普遍提高导致剩余价值率提高

资本家普遍采用新发明、新技术和新机器的结果，一方面，提高了资本有机构成，另一方面，提高了劳动生产率。

劳动生产率提高，在单位时间内，同样的活劳动能够生产更多的使用价值，也就是单位产品的价值降低了，从而生活资料变得更便宜了。单位生活资料的价值降低，可以缩短必要劳动时间，延长剩余劳动时间，使资本家获得相对剩余价值，也就是提高剩余价值率。

资本家提高生产力，就必须提高资本有机构成。资本有机构成提高，促使利润率降低。提高生产力可以提高剩余价值率。剩余价值率提高，又促使利润率提高。

资本有机构成提高和剩余价值率提高，对利润率变化的影响是相反

的。在这种条件下，利润率是降低还是提高，取决于哪一种影响更大。

第二节　对利润率趋向下降起反作用的各种原因

在资本主义生产中，不仅存在促使利润率下降的因素，而且存在促使利润率上升的因素。正是因为存在这些促使利润率上升的因素，才限制了利润率下降的速度。不仅如此，在一定条件下，例如，在剩余价值率提高的比例超过资本有机构成提高的比例的情况下，利润率不仅不下降，反而上升。尽管这种情况只是一定时期内的、一定地区内的局部情况，而不是长期的和普遍的情况，从而不是主流，但是毕竟可能存在。

马克思认为："如果我们考虑到，除了真正的机器，又有大量的固定资本加入社会生产过程的总体，那末，一向使经济学家感到麻烦的困难，即说明利润率下降，就会让位给相反的困难，即说明这种下降为什么不更大、更快。必然有某些起反作用的影响在发生作用，来阻挠和抵销这个一般规律的作用，使它只有趋势的性质，因此，我们也就把一般利润率的下降叫作趋向下降"①。

可见，因为存在这些起反作用的影响，在一定程度上阻挠和抵销了利润率下降，使一般利润率的下降只是一种趋势。

马克思不仅考虑到资本有机构成提高对利润率变化的影响，而且提出了很多起相反作用的原因。这些起反作用的各种原因包括：

（1）劳动剥削程度的提高。

（2）工资被压低到劳动力的价值以下。

（3）不变资本各要素变得便宜。

（4）相对过剩人口。

（5）对外贸易。

（6）股份资本的增加。

其中，最主要的起反作用的原因是劳动剥削程度的提高，即剩余价值率提高。

一、劳动剥削程度的提高

马克思认为："引起剩余价值率提高的同一些原因，都包含着按所使

① 《马克思恩格斯全集》，第25卷，北京，人民出版社，1974，中文1版，第258页。

用的总资本的一定量来考察的剩余价值量的减少。但是，还有使劳动强化的另一些因素，例如提高机器速度，这些因素固然会在同一时间内消费更多的原料，而就固定资本来说，固然会加速机器的磨损，但是丝毫不会影响机器价值和使机器运转的劳动的价格的比率"①。

在这种情况下，虽然固定资本折旧增加，但是，使用的资本价值不变，不变资本价值不变，可变资本价值也不变，剩余价值却增加。这种情况导致利润率提高。

他还指出："生产相对剩余价值的办法总的说来可以归结为：一方面，使一定量劳动尽可能多地转化为剩余价值，另一方面，同预付资本相比，又尽可能少地使用劳动；所以，使人们可以提高劳动剥削程度的同一些原因，都使人们不能用同一总资本去剥削和以前一样多的劳动。这是两个相反的趋势，它们使剩余价值率提高，同时又使一定量资本所生产的剩余价值量减少，从而使利润率下降"②。

提高生产力的结果，是生产相对剩余价值。生产相对剩余价值，又产生两个不同的结果：提高剩余价值率和提高资本有机构成。提高剩余价值率和提高资本有机构成，对利润率产生相反的变化。那么，在这种情况下，利润率是提高还是降低？

这取决于哪个因素的影响更大。

在马克思看来，在剩余价值率提高，资本有机构成不变或不按比例增加的情况下，利润率会提高，但是，利润率的这种提高，并不会改变利润率趋向下降的一般规律，只不过这种一般规律受到起反作用的各种情况的阻碍，利润率趋向下降延缓，利润率趋向下降表现为一种趋势。

二、工资被压低到劳动力的价值以下

马克思认为，工资被压低到劳动力的价值以下，"属于不是本书所要考察的竞争的研究范围。但它是阻碍利润率下降趋势的最显著的原因之一"③。

只要工资被压低，剩余价值率就提高。剩余价值率提高会阻碍利润率降低。如果资本有机构成不变或资本有机构成提高的比例小于剩余价值率提高的比例，那么，利润率提高。但是，这种情况同资本的一般分析无

① 《马克思恩格斯全集》，第25卷，北京，人民出版社，1974，中文1版，第259页。
② 《马克思恩格斯全集》，第25卷，北京，人民出版社，1974，中文1版，第259页。
③ 《马克思恩格斯全集》，第25卷，北京，人民出版社，1974，中文1版，第262页。

关。在进行一般分析中，应该假设工资等于劳动力的价值。

三、不变资本各要素变得便宜

马克思认为："由于劳动生产力的提高，会使不变资本各要素的价值减少，从而使不变资本的价值不和它的物质量，就是说，不和同量劳动力所推动的生产资料的物质量，按同一比例增加，虽然不变资本的价值会不断增加。在个别情况下，不变资本各要素的量，甚至会在不变资本的价值保持不变或甚至下降的时候增加。同上述情况有关的，是现有资本（即它的物质要素）随着工业发展而发生的贬值。它也是阻碍利润率下降的不断发生作用的原因之一，虽然它在某些情况下会使提供利润的资本的量减少，从而使利润量减少。这里再一次表明，造成利润率下降趋势的同一些原因，也会阻碍这种趋势的实现。"①

这就是说，由于劳动生产力的提高，单位生产资料的价值会降低，或不变资本各要素变得更便宜，生产过程中使用的过去生产的尚未耗费的固定资本贬值。这种情况在一定程度上阻碍资本有机构成提高，从而阻碍利润率降低。

四、相对过剩人口

马克思认为："相对过剩人口的产生，是和表现为利润率下降的劳动生产力的发展分不开的，并且由于这种发展而加速。一个国家的资本主义生产方式越发展，这个国家的相对过剩人口就表现得越明显"②。

相对过剩人口的产生，一方面，造成"可供支配的或失业的雇佣工人价格低廉和数量众多"③，另一方面，产生了新的生产部门，例如，奢侈品生产部门，"这些生产部门本身则建立在活劳动要素占优势的基础之上"④。

马克思认为："在这两个场合，可变资本在总资本中占有相当大的比重，工资则低于平均水平，结果这些生产部门的剩余价值率和剩余价值量都非常高。因为一般利润率是由各特殊生产部门利润率的平均化而形成的，所以，造成利润率下降趋势的同一些原因，在这里又会产生一种和这

① 《马克思恩格斯全集》，第25卷，北京，人民出版社，1974，中文1版，第262～263页。

② 《马克思恩格斯全集》，第25卷，北京，人民出版社，1974，中文1版，第263页。

③ 《马克思恩格斯全集》，第25卷，北京，人民出版社，1974，中文1版，第263页。

④ 《马克思恩格斯全集》，第25卷，北京，人民出版社，1974，中文1版，第263页。

种趋势相反的对抗力量，或多或少地抵销这种趋势的作用”①。

关于产生相对过剩人口的原因，很重要的一个是劳动的社会生产力的提高。

马克思认为：“劳动的社会生产力的同一发展，在资本主义生产方式的发展中，一方面表现为利润率不断下降的趋势，另一方面表现为所占有的剩余价值或利润的绝对量的不断增加；结果，可变资本和利润的相对减少总的说来是同二者的绝对增加相适应的。我们讲过，这种双重的作用，只是在总资本的增加比利润率的下降更为迅速的时候才能表现出来。要在构成较高或不变资本的相对增加较多的情况下使用一个绝对增加了的可变资本，总资本不仅要和较高的构成成比例地增加，而且要增加得更迅速。由此可见，资本主义生产方式越是发展，要使用同量劳动力，就需要越来越大的资本量；如果要使用更多的劳动力，那就更是如此。因此，在资本主义的基础上，劳动生产力的提高必然会产生永久性的显而易见的工人人口过剩”②。

这就是说，随着资本主义竞争的加剧，随着资本家无限制地追求剩余价值，必然要采用新发明、新技术和新机器，从而提高生产力，从而提高资本有机构成。随着资本有机构成提高，剩余价值或利润的绝对量增加，但是，利润相对于资本减少，也就是说，资本的增长比剩余价值的增长更迅速，结果是利润率下降。

生产力提高的另一个结果是，增加了相对过剩人口。

相对过剩人口的存在，有利于资本家将工资压低到劳动力的价值以下。剩余价值率非常高的生产部门的产生，阻碍了利润率下降。

五、对外贸易

由于对外贸易，在输出产品方面，马克思认为：“对外贸易一方面使不变资本的要素变得便宜，一方面使可变资本转化成的必要生活资料变得便宜，它具有提高利润率的作用，因为它使剩余价值率提高，使不变资本价值降低”③。

在输入产品方面，马克思认为：“投在对外贸易上的资本能提供较高

① 《马克思恩格斯全集》，第 25 卷，北京，人民出版社，1974，中文 1 版，第 263～264 页。

② 《马克思恩格斯全集》，第 25 卷，北京，人民出版社，1974，中文 1 版，第 248～249 页。

③ 《马克思恩格斯全集》，第 25 卷，北京，人民出版社，1974，中文 1 版，第 264 页。

的利润率，首先因为这里是和生产条件较为不利的其他国家所生产的商品进行竞争，所以，比较发达的国家高于商品的价值出售自己的商品，虽然比它的竞争国卖得便宜。只要比较发达的国家的劳动在这里作为比重较高的劳动来实现，利润率就会提高，因为这种劳动没有被作为质量较高的劳动来支付报酬，却被作为质量较高的劳动来出售。……这好比一个工厂主采用了一种尚未普遍采用的新发明，他卖得比他的竞争者便宜，但仍然高于他的商品的个别价值出售，就是说，他把他所使用的劳动的特别高的生产力作为剩余劳动来实现。因此，他实现了一个超额利润"①。

因为构成不变资本要素的各种生产资料变得便宜，构成可变资本要素的各种必要生活资料变得便宜，出口产品获得超额利润，都有提高利润率的作用，所以，这些因素共同作用的结果是，阻碍和延缓利润率的下降。

六、股份资本的增加

关于股份资本，马克思认为："在和加速的积累同时并进的资本主义生产的发展中，资本的一部分只作为生息资本来计算和使用。这里所说的生息资本并不是指：每个贷出资本的资本家会满足于利息，而产业资本家则取得企业主收入。这同一般利润率的水平无关，因为对一般利润率来说，利润＝利息＋各种利润＋地租；利润在这些特殊范畴中的分配，同一般利润率无关。这里所说的生息资本是指：这些资本虽然投在大的生产企业上，但在扣除一切费用之后，只会提供或大或小的利息，即所谓股息。例如，投在铁路上的资本就是这样。因此，这些资本不会参加一般利润率的平均化过程，因为它们提供的利润率低于平均利润率。如果它们参加进来，平均利润率就会下降得更厉害。从理论上说，我们可以把它们计算进去，这样得到的利润率小于表面上存在的并且实际上对资本家起决定作用的利润率，因为恰好在这些企业内，不变资本同可变资本相比最大。"②

在这里，马克思提出了几种观点：第一，由于投入某些生产企业的资本数额巨大，需要采用股份资本的形式实现资本集中，例如，投入铁路的资本；第二，这些生产企业不仅资本数额巨大，而且资本有机构成高，并且利润率低于平均利润率；第三，这些资本不参加一般利润率的平均化过程，如果这些资本参加一般利润率的平均化过程，平均利润率就会降低；

① 《马克思恩格斯全集》，第 25 卷，北京，人民出版社，1974，中文 1 版，第 264～265 页。

② 《马克思恩格斯全集》，第 25 卷，北京，人民出版社，1974，中文 1 版，第 267～268 页。

第四，总剩余价值分割为产业利润、商业利润、借贷资本的利息、地租等范畴，同一般利润率无关。

值得注意的是，马克思在这里提到的利润有不同的概念。马克思在这里所说的“利润”，即等号左边的利润，是指分割为产业利润、商业利润、借贷资本的利息、地租之前的总剩余价值或总利润。马克思在这里所说的“各种利润”，包括产业利润和商业利润。

同样值得注意的是，马克思在这里所说的“生息资本”，是指定期提供股息的股份资本。这些股份资本定期提供股息，如同借贷资本定期提供利息。

第三节　阻碍利润率下降的因素不能改变利润率下降的总趋势

一、单位商品价值降低不能改变利润率下降趋势

马克思指出：“在资本主义生产方式的发展进程中使商品变得便宜的同一过程，也会使生产商品所使用的社会资本的有机构成发生变化，并由此使利润率下降。因此，我们不应当把单个商品的相对费用的减少以及这个费用中代表机器磨损部分的减少，和不变资本价值同可变资本价值相比的相对增加，混为一谈，虽然反过来，在不变资本的物质要素的量不变或增加时，不变资本的相对费用的每一次减少，都具有提高利润率的作用，就是说，它会使不变资本的价值同按日益下降的比例使用的可变资本相比相应地减少。”①

这就是说，虽然不变资本各要素变得便宜或单位商品价值降低是阻碍利润率降低的因素，但是不能改变利润率下降的总趋势。

二、剩余价值率提高和利润率降低都是劳动生产率提高的表现形式

马克思指出：“加在一起构成资本产品的各单个商品中所包含的追加的活劳动，同其中包含的劳动材料和其中消费的劳动资料相比，会日益减少，就是说，物化在单个商品中的追加的活劳动会日益减少，因为生产它们所需要的劳动会随着社会生产力的发展而减少，——这种情况同商品中包含的活劳动分为有酬劳动和无酬劳动的比例无关。情况正好相反，虽然

① 《马克思恩格斯全集》，第25卷，北京，人民出版社，1974，中文1版，第266页。

商品中包含的追加的活劳动的总量减少了，但是由于有酬部分绝对的或相对的缩小，无酬部分同有酬部分相比却会增加，因为使商品中追加的活劳动的总量减少的同一生产方法，也会引起绝对剩余价值和相对剩余价值的增加。利润率趋向下降，和剩余价值率趋向提高，从而和劳动剥削程度趋向提高是结合在一起的。因此，最荒谬的莫过于用工资率的提高来说明利润率的降低了，虽然这种情况在例外的场合也是存在的。只有理解了形成利润率的各种关系，才有可能根据统计对不同时期、不同国家的工资率进行实际的分析。利润率下降，不是因为劳动的生产效率降低了，而是因为劳动的生产效率提高了。剩余价值率提高和利润率降低，这二者只是劳动生产率的提高在资本主义下借以表现的特殊形式。”①

这就是说，随着劳动生产力提高，资本有机构成也提高，一方面，提高了剩余价值率；另一方面，降低了利润率。因此，剩余价值率提高和利润率降低是劳动生产率提高的表现形式。

三、在剩余价值率提高的条件下利润率仍然会下降

马克思认为：“资本主义生产，随着可变资本同不变资本相比的日益相对减少，使总资本的有机构成不断提高，由此产生的直接结果是：在劳动剥削程度不变甚至提高时，剩余价值率会表现为一个不断下降的一般利润率。（以后我们将会看到，为什么这种下降不是以这个绝对的形式而是以不断下降的趋势表现出来。）因此，一般利润率日益下降的趋势，只是劳动的社会生产力日益发展在资本主义生产方式下所特有的表现。这并不是说利润率不能由于别的原因而暂时下降，而是根据资本主义生产方式的本质证明了一种不言而喻的必然性：在资本主义生产方式的发展中，一般的平均的剩余价值率必然表现为不断下降的一般利润率。因为所使用的活劳动的量，同它所推动的物化劳动的量相比，同生产中消费掉的生产资料的量相比，不断减少，所以，这种活劳动中物化为剩余价值的无酬部分同所使用的总资本的价值量相比，也必然不断减少。而剩余价值量和所使用的总资本价值的比率就是利润率，因而利润率必然不断下降。”②

这就是说，在马克思看来，不仅在剩余价值率不变的条件下利润率下降，甚至在剩余价值率提高的条件下利润率仍然会下降。

① 《马克思恩格斯全集》，第25卷，北京，人民出版社，1974，中文1版，第266～267页。

② 《马克思恩格斯全集》，第25卷，北京，人民出版社，1974，中文1版，第237页。

马克思提出："利润率不断下降的规律，或者说，所占有的剩余劳动同活劳动所推动的物化劳动的量相比相对减少的规律，决不排斥这样的情况：社会资本所推动和所剥削的劳动的绝对量在增大，因而社会资本所占有的剩余劳动的绝对量也在增大；同样也决不排斥这样的情况：单个资本家所支配的资本支配着日益增加的劳动量，从而支配着日益增加的剩余劳动量，甚至在它们所支配的工人人数并不增加的时候，也支配着日益增加的剩余劳动量。"①

他进一步提出："尽管利润率不断下降，资本所使用的工人人数，即它所推动的劳动的绝对量，从而它所吸收的剩余劳动的绝对量，从而它所生产的剩余价值量，从而它所生产的利润的绝对量，仍然能够增加，并且不断增加。事情还不只是能够如此。在资本主义生产的基础上，撇开那些暂时的波动，事情也必然如此"②。

这就是说，在马克思看来，在资本所剥削的剩余劳动的绝对量增大的条件下，在资本所推动的活劳动的绝对量增大的条件下，利润率不断下降的规律仍然成立。

四、资本有机构成提高是资本积累的必然结果

马克思认为："资本主义生产过程实质上同时就是积累过程。我们已经指出，在资本主义生产的发展中，那个只是必须再生产和保存的价值量，甚至在所使用的劳动力不变的情况下，也会随着劳动生产率的提高而增加。但是，随着劳动的社会生产力的发展，所生产的使用价值——生产资料是其中的一个部分——的总量，还会增加得更多。而追加劳动——通过对它的占有，这种追加财富能够再转化为资本——并不是取决于这种生产资料（包括生活资料）的价值，而是取决于它的量，因为工人在劳动过程中不是同生产资料的价值发生关系，而是同生产资料的使用价值发生关系。然而，资本的积累本身以及随之而来的资本积聚，本身就是提高生产力的一个物质手段。但是，生产资料的这种增加已经包含工人人口的增加，包含同剩余资本相适应、甚至大体说来总是超过这个资本的需要的工人人口的创造，即过剩工人人口的创造。剩余资本暂时超过它所支配的工人人口，这会发生双重的作用。一方面，这会提高工资，从而缓和那些使

① 《马克思恩格斯全集》，第25卷，北京，人民出版社，1974，中文1版，第241页。

② 《马克思恩格斯全集》，第25卷，北京，人民出版社，1974，中文1版，第242～243页。

工人后代减少和绝灭的影响，使结婚变得容易，由此使工人人口逐渐增加。另一方面，这会使创造相对剩余价值的方法（机器的采用和改良）得到采用，由此更迅速得多地创造出人为的相对过剩人口；而这种相对过剩人口又成为使人口实际上迅速增加的温室，因为在资本主义生产中，贫困会产生人口。因此，从资本主义积累过程——它只是资本主义生产过程的一个要素——的性质来看，自然会得出如下的结论：用来转化为资本的已经增加了的生产资料的量，总会随时找到相应地增加了的、甚至过剩的可供剥削的工人人口。所以，在生产过程和积累过程的发展中，可以被占有和已经被占有的剩余劳动的量，从而社会资本所占有的利润的绝对量，都必然会增加。但是，同样一些生产规律和积累规律，会在不变资本的量增加时，使不变资本的价值同转化为活劳动的可变资本部分的价值相比，越来越迅速地增加起来。因此，同样一些规律，会使社会资本的绝对利润量日益增加，而使它的利润率日益下降。”①

这就是说，在马克思看来，资本有机构成提高是资本积累的必然结果，利润率降低是资本有机构成提高的必然结果。

五、利润率下降是一种趋势

在资本主义生产过程中，既有促使利润率下降的因素，也有阻碍利润率下降的因素。

马克思认为：“剩余价值率的提高是决定剩余价值量从而决定利润率的一个因素。这特别是因为这种提高，如上所述，在不变资本同可变资本相比完全没有增加或不按比例增加的情况下也会发生。这个因素不会取消一般的规律。但是，它不如说会使一般的规律作为一种趋势来发生作用，即成为这样一种规律，它的绝对的实现被起反作用的各种情况所阻碍、延缓和减弱。但是，因为使剩余价值率提高（甚至延长劳动时间也是大工业的一个结果）的同一些原因，趋向于使一定量资本所使用的劳动力减少，所以同一些原因趋向于使利润率降低，同时又使这种降低的运动延缓下来。”②

正是因为存在各种起反作用的各种因素，马克思才认为：“一般说来，我们已经看到，引起一般利润率下降的同一些原因，又会产生反作用，阻

① 《马克思恩格斯全集》，第 25 卷，北京，人民出版社，1974，中文 1 版，第 243～244 页。

② 《马克思恩格斯全集》，第 25 卷，北京，人民出版社，1974，中文 1 版，第 260～261 页。

碍、延缓并且部分地抵销这种下降。这些原因不会取消这个规律，但是会减弱它的作用。否则，不能理解的就不是一般利润率的下降，反而是这种下降的相对缓慢了。所以，这个规律只是作为一种趋势发生作用；它的作用，只有在一定情况下，并且经过一个长的时期，才会清楚地显示出来”①。

这说明，在马克思看来，在促使利润率下降的因素和阻碍利润率下降的因素的共同作用下，利润率不是连续地下降，而是在波动中下降，利润率趋向下降不是一种绝对的形式，而是表现为一种不断下降的趋势。这就是说，甚至不排除在一定条件下利润率可能上升，但是，利润率变化的总趋势是趋向下降。

第四节　个别资本家为何增加资本和提高资本有机构成

资本家采用新发明、新技术和新机器，提高生产力，提高资本有机构成，目的是提高利润率，结果却是，虽然剩余价值和剩余价值率都提高了，但是，剩余价值率提高的比例低于资本有机构成提高的比例，最终利润率降低。

这似乎是个悖论。那么，个别资本家为什么要增加资本和提高资本有机构成？答案只有一个，这个资本家为了增加自己的利润，为了提高他的企业的个别利润率。

马克思认为：“一种新的生产方法，不管它的生产效率有多高，或者它使剩余价值率提高多少，只要它会降低利润率，就没有一个资本家愿意采用。但每一种这样的新生产方法，都会使商品便宜。因此，资本家最初会高于商品的生产价格出售商品，也许还会高于商品的价值出售商品。他会得到他的商品的生产费用和按照较高的生产费用生产出来的其他商品的市场价格之间的差额。他能够这样做，是因为生产这种商品所需要的平均社会劳动时间大于采用新的生产方法时所需要的劳动时间。他的生产方法比平均水平的社会生产方法优越。但是竞争会使他的生产方法普遍化，使它服从普遍的规律。于是，利润率就下降，——也许首先就是在这个生产部门下降，然后与别的生产部门相平衡，——这丝毫不以资本家的意志为转移。”②

① 《马克思恩格斯全集》，第 25 卷，北京，人民出版社，1974，中文 1 版，第 266 页。

② 《马克思恩格斯全集》，第 25 卷，北京，人民出版社，1974，中文 1 版，第 294～295 页。

一个资本家采用新技术与新机器，提高生产力，虽然不会改变生产过程中耗费的必要劳动与剩余劳动，从而不会改变他的产品的总价值，但是，他的单位产品的个别价值降低，在产品交换过程中按照生产价格交换，能够多得到一部分剩余价值，即超额剩余价值。如果提高生产力与提高资本有机构成对利润率的影响超过资本有机构成提高对利润率的影响，那么，他的个别利润率提高。

当竞争迫使这个行业中的大部分其他资本家也这样做时，这个行业的利润率不会提高，平均利润率也不会提高，这种单位产品的价值普遍降低，最早采用新技术与新机器的资本家获得的超额利润就消失了。因为这个行业的资本有机构成都提高了，所以，这个行业的利润率降低。虽然通过利润平均化，这个行业的利润率的降低可以得到部分补偿，使这个行业的利润率等于平均利润率，但是，因为这个行业的资本有机构成与剩余价值，是全社会的资本有机构成与剩余价值的组成部分，所以，全社会的资本有机构成提高，平均利润率降低。

可见，竞争使其他资本家同样提高生产率，同样提高资本有机构成，最终导致利润率下降。这个结果对于最先提高生产力、最先提高资本有机构成的个别资本家来说，是不以他的意志为转移的。

显然，平均利润率下降，是这个资本家不愿意接受又不得不接受的结果。

每个资本家，按照他所能支配的雇佣工人创造的剩余价值，有权力决定将其中多大的一部分转化为追加的资本，也有权力决定提高他的资本的有机构成，但是，没有权力阻止其他资本家做出同样的选择。

第五节　利润率趋向下降的结果

一、规律的内部矛盾的展开

（一）利润率下降和资本积聚加速了对小资本家的剥夺，导致资本家之间的矛盾上升

马克思认为："利润率的下降和积累的加速，就二者都表示生产力的发展来说，只是同一个过程的不同表现。积累既然引起劳动的大规模集中，从而引起资本有机构成的提高，所以又加速利润率的下降。另一方面，利润率的下降又加速资本的积聚，并且通过对小资本家的剥夺，通过

对那些还有一点东西可供剥夺的直接生产者的最后残余的剥夺，来加速资本的集中。所以，虽然积累率随着利润率的下降而下降，但是积累在量的方面还是会加速进行。”①

这就是说，资本积累、资本有机构成提高、利润率下降、资本集中和资本积聚，不可避免地加速了大资本对小资本的剥夺。这必然导致资本家之间的矛盾上升。

（二）利润率下降对资本主义生产方式造成威胁

马克思认为：“总资本的增殖率，即利润率，是资本主义生产的刺激（因为资本的增殖是资本主义生产的唯一目的），就这一点来说，利润率的下降会延缓新的独立资本的形成，从而表现为对资本主义生产过程发展的威胁；利润率的下降在促进人口过剩的同时，还促进生产过剩、投机、危机和资本过剩。所以，象李嘉图那样把资本主义生产方式看作绝对生产方式的经济学家，在这里也感觉到，这种生产方式为它自己造成了一种限制，因此，他们不是把这种限制归咎于生产，而是把它归咎于自然（在地租学说中就是这样）。但是在他们对利润率的下降所感到的恐惧中，重要的是这样一种感觉：资本主义生产方式在生产力的发展中遇到一种同财富生产本身无关的限制；而这种特有的限制证明了资本主义生产方式的局限性和它的仅仅历史的、过渡的性质；证明了它不是财富生产的绝对的生产方式，反而在一定阶段上同财富的进一步发展发生冲突”②。

这就是说，追求更多剩余价值的动机导致资本家增加资本和提高资本有机构成，资本有机构成提高导致利润率降低，利润率降低对资本主义生产方式造成威胁。

（三）生产剩余价值的条件和实现剩余价值的条件的矛盾

马克思认为：“资本主义的生产过程，实质上就是剩余价值的生产，而剩余价值体现为剩余产品或体现为所生产的商品中由无酬劳动物化成的相应部分。决不应当忘记，这种剩余价值的生产——剩余价值的一部分再转化为资本，或积累，也是这种剩余价值生产的不可缺少的部分——是资本主义生产的直接目的和决定性动机。”③

他进一步指出：“这个剩余价值的取得，形成直接的生产过程，而这个生产过程，正如我们已经指出的，除了上面所说的那些限制，再没有别

---

① 《马克思恩格斯全集》，第25卷，北京，人民出版社，1974，中文1版，第269～270页。

② 《马克思恩格斯全集》，第25卷，北京，人民出版社，1974，中文1版，第270页。

③ 《马克思恩格斯全集》，第25卷，北京，人民出版社，1974，中文1版，第271～272页。

的限制。一旦可以榨出的剩余劳动量物化在商品中，剩余价值就生产出来了。但是，这样生产出剩余价值，只是结束了资本主义生产过程的第一个行为，即直接的生产过程。资本已经吸收了一定量无酬劳动。随着表现为利润率下降的过程的发展，这样生产出来的剩余价值的总量会惊人地膨胀起来。现在开始了过程的第二个行为。总商品量，即总产品，无论是补偿不变资本和可变资本的部分，还是代表剩余价值的部分，都必须卖掉。如果卖不掉，或者只卖掉一部分，或者卖掉时价格低于生产价格，那末，工人固然被剥削了，但是对资本家来说，这种剥削没有原样实现，这时，榨取的剩余价值就完全不能实现，或者只是部分地实现，甚至资本也会部分或全部地损失掉。直接剥削的条件和实现这种剥削的条件，不是一回事。二者不仅在时间和空间上是分开的，而且在概念上也是分开的。前者只受社会生产力的限制，后者受不同生产部门的比例和社会消费力的限制。但是社会消费力既不是取决于绝对的生产力，也不是取决于绝对的消费力，而是取决于以对抗性的分配关系为基础的消费力；这种分配关系，使社会上大多数人的消费缩小到只能在相当狭小的界限以内变动的最低限度。这个消费力还受到追求积累的欲望的限制，受到扩大资本和扩大剩余价值生产规模的欲望的限制。这是资本主义生产的规律，它是由生产方法本身的不断革命，由不断和这种革命联系在一起的现有资本的贬值，由普遍的竞争斗争以及仅仅为了保存自身和避免灭亡而改进生产和扩大生产规模的必要性决定的。因此，市场必须不断扩大，以致市场的联系和调节这种联系的条件，越来越采取一种不以生产者为转移的自然规律的形式，越来越无法控制。这个内部矛盾力图用扩大生产的外部范围的办法求得解决。但是生产力越发展，它就越和消费关系的狭隘基础发生冲突。在这个充满矛盾的基础上，资本过剩和日益增加的人口过剩结合在一起是完全不矛盾的；因为在二者结合在一起的时候，所生产的剩余价值的量虽然会增加，但是生产剩余价值的条件和实现这个剩余价值的条件之间的矛盾，正好因此而日益增长。"①

这说明，直接剥削的条件，就是生产剩余价值的条件，这个条件受到社会生产力的限制；实现这种剥削的条件，就是实现剩余价值的条件，这个条件不仅受到不同生产部门的比例的限制，而且受到社会消费力的限制；社会消费力取决于以对抗性的分配关系为基础的消费力。因此，生产

① 《马克思恩格斯全集》，第25卷，北京，人民出版社，1974，中文1版，第272～273页。

剩余价值的条件和实现剩余价值的条件之间存在矛盾。

二、生产扩大和价值增殖的冲突

（一）提高劳动生产力导致现有资本贬值，资本贬值引起生产过程的突然停滞和危机

马克思认为："总的说来，矛盾在于：资本主义生产方式包含着绝对发展生产力的趋势，而不管价值及其中包含的剩余价值如何，也不管资本主义生产借以进行的社会关系如何；而另一方面，它的目的是保存现有资本价值和最大限度地增殖资本价值（也就是使这个价值越来越迅速地增加）。它的独特性质是把现有的资本价值用作最大可能地增殖这个价值的手段。它用来达到这个目的的方法包含着：降低利润率，使现有资本贬值，靠牺牲已经生产出来的生产力来发展劳动生产力。"①

这就是说，在马克思看来，资本主义生产方式存在不可克服的内部矛盾。一方面，资本主义生产目的决定，每个资本家都追求更多剩余价值，都要通过增加资本和提高资本有机构成实现最大限度的价值增殖，从而资本增殖；另一方面，提高资本有机构成降低了利润率，同时使现有资本贬值。

他进一步指出："现有资本的周期贬值，这个为资本主义生产方式所固有的、阻碍利润率下降并通过新资本的形成来加速资本价值的积累的手段，会扰乱资本流通过程和再生产过程借以进行的现有关系，从而引起生产过程的突然停滞和危机。"②

这说明，增加资本、提高劳动生产力、提高资本有机构成，反映生产扩大。利润率下降，反映价值增殖程度降低。提高劳动生产力导致现有资本贬值。可见，生产扩大和价值增殖之间存在冲突。

（二）资本主义生产方式本身存在矛盾

马克思认为："资本主义生产的真正限制是资本自身，这就是说：资本及其自行增殖，表现为生产的起点和终点，表现为生产的动机和目的；生产只是为资本而生产，而不是相反：生产资料只是不断扩大生产者社会的生活过程的手段。以广大生产者群众的被剥夺和贫困化为基础的资本价值的保存和增殖，只能在一定的限制以内运动，这些限制不断与资本为它自身的目的而必须使用的并旨在无限制地增加生产，为生产而生产，无条

① 《马克思恩格斯全集》，第25卷，北京，人民出版社，1974，中文1版，第278页。

② 《马克思恩格斯全集》，第25卷，北京，人民出版社，1974，中文1版，第278页。

件地发展劳动社会生产力的生产方法相矛盾。手段——社会生产力的无条件的发展——不断地和现有资本的增殖这个有限的目的发生冲突。因此，如果说资本主义生产方式是发展物质生产力并且创造同这种生产力相适应的世界市场的历史手段，那末，它同时也是它的这个历史任务和同它相适应的社会生产关系之间的经常的矛盾。”①

这说明，资本自行增殖是资本主义生产的动机和目的，为实现这个目的所采取的手段，导致利润率下降，利润率下降阻碍了资本增殖。因此，资本主义生产方式本身存在矛盾。

（三）资本闲置加剧了资本家之间的矛盾

马克思认为：“在任何情况下，一部分旧资本必然会闲置下来，必然会把它必须执行资本职能并自行增殖的那种资本属性闲置下来。究竟是哪部分会这样闲置下来，这取决于竞争斗争。在一切都顺利的时候，正如我们在研究一般利润率的平均化时已经指出的那样，竞争实际上表现为资本家阶级的兄弟情谊，使他们按照各自的投资比例，共同分配共同的赃物。但是，一旦问题不再是分配利润，而是分配损失，每一个人就力图尽量缩小自己的损失量，而把它推给别人。对整个阶级来说，损失是不可避免的。但是每个资本家要分担多少，要分担到什么程度，这就取决于力量的大小和狡猾的程度了，在这种情况下，竞争也就变为敌对的兄弟之间的斗争了。这时，每个资本家的利益和资本家阶级的利益之间的对立就显示出来了，正如以前这两种利益的一致性通过竞争在实际上得到实现一样。”②

互相转嫁由于资本闲置带来的损失，造成资本家阶级内部的矛盾和斗争。在这里，资本家之间的利益对立，每个资本家与资本家阶级的利益对立，明显地表现出来。矛盾和斗争就不可避免了。

（四）利润率下降和资本集中摧毁新生的资本嫩芽，熄灭使生产活跃的火焰

马克思认为：“利润率即资本的相对增长率，对一切新的独立形成的资本嫩芽来说，是特别重要的。只要资本的形成仅仅发生在某些可以用利润量来弥补利润率的极少数现成的大资本手中，使生产活跃的火焰就会熄灭。生产就会进入睡眠状态。利润率是资本主义生产的推动力；那种而且只有那种生产出来能够提供利润的东西才会被生产出来。”③

① 《马克思恩格斯全集》，第25卷，北京，人民出版社，1974，中文1版，第278～279页。

② 《马克思恩格斯全集》，第25卷，北京，人民出版社，1974，中文1版，第282页。

③ 《马克思恩格斯全集》，第25卷，北京，人民出版社，1974，中文1版，第288页。

这说明，大资本为了弥补利润率下降带来的损失，用增加资本的方式增加剩余价值或利润，对于新产生的弱小的资本来说，没有能力与大资本竞争。

（五）资本主义生产方式包含着向社会的生产条件的转化

马克思认为："发展社会劳动生产力，是资本的历史任务和存在理由。资本正是以此不自觉地为一个更高级的生产形式创造物质条件。"①

他进一步提出："资本积累的增长包含着资本积聚的增长。因此，资本的权力在增长，社会生产条件与实际生产者分离而在资本家身上人格化的独立过程也在增长。资本越来越表现为社会权力，这种权力的执行者是资本家，它和单个人的劳动所能创造的东西根本没有任何关系；但是资本表现为异化的、独立化了的社会权力，这种权力作为物，作为资本家通过这种物取得的权力，与社会相对立。由资本形成的一般的社会权力和资本家个人对这些社会生产条件拥有的私人权力之间的矛盾，发展得越来越尖锐，并且包含着这种关系的解体，因为它同时包含着生产条件向一般的、共同的、社会的生产条件的转化。这种转化是由生产力在资本主义生产条件下的发展和实现这种发展的方式所决定的"②。

① 《马克思恩格斯全集》，第25卷，北京，人民出版社，1974，中文1版，第288～289页。

② 《马克思恩格斯全集》，第25卷，北京，人民出版社，1974，中文1版，第294页。

第三章　否定平均利润率趋向下降的观点

第一节　依据鲍特凯维兹价值转形的利润率公式否定利润率趋向下降的观点

一、否定平均利润率趋向下降的各种主要观点

否定马克思的平均利润率趋向下降的观点，大致可以划分为几类：

（1）依据鲍特凯维兹的利润率公式否定总资本有机构成影响利润率的观点。

（2）认为资本有机构成提高不可能不引起剩余价值率提高的观点。

（3）通过第三产业的资本有机构成低、发展快，证明总资本有机构成不是提高而是降低的观点。

（4）通过农业的资本有机构成低、生产力提高快，否定利润率趋向下降的观点。

下面逐一介绍与分析。

二、鲍特凯维兹的价值转形理论

鲍特凯维兹的价值转形理论采用了杜冈—巴拉诺夫斯基的部类划分方式，第一部类生产生产资料，第二部类生产工人的消费资料，第三部类生产资本家的消费资料。

他的价值转形模型包括两个方程组：简单再生产条件方程组和价值转形方程组。

第一章（1－4）式、（1－5）式、（1－6）式构成简单再生产条件方程组。第一章（1－7）式、（1－8）式、（1－9）式构成价值转形方程组。

在价值转形方程组中，包括三个独立方程和四个未知变量，必须加入

一个独立方程或减少一个未知变量才能得到唯一解。起初，他假设生产价格总和等于价值总和，即第一章（1-10）式，后来，他又改为假设第三部类的价值生产价格转化系数为常数1，即第一章（1-11）式。

因此，鲍特凯维兹的价值转形模型可以表示为

$$c_1 + v_1 + s_1 = c_1 + c_2 + c_3 \tag{3-1}$$

$$c_2 + v_2 + s_2 = v_1 + v_2 + v_3 \tag{3-2}$$

$$c_3 + v_3 + s_3 = s_1 + s_2 + s_3 \tag{3-3}$$

$$(1+p)(c_1x + v_1y) = (c_1 + v_1 + s_1)x \tag{3-4}$$

$$(1+p)(c_2x + v_2y) = (c_2 + v_2 + s_2)y \tag{3-5}$$

$$(1+p)(c_3x + v_3y) = (c_3 + v_3 + s_3)z \tag{3-6}$$

$$z = 1 \tag{3-7}$$

其中，(3-1）式、(3-2）式、(3-3）式构成简单再生产条件方程组。(3-4）式、(3-5）式、(3-6）式、(3-7）式构成价值转形方程组。

为了得到生产价格形式的平均利润率，他引入如下参数：

$$f_1 = \frac{v_1}{c_1} \tag{3-8}$$

$$f_2 = \frac{v_2}{c_2} \tag{3-9}$$

$$f_3 = \frac{v_3}{c_3} \tag{3-10}$$

$$g_1 = \frac{c_1 + v_1 + s_1}{c_1} \tag{3-11}$$

$$g_2 = \frac{c_2 + v_2 + s_2}{c_2} \tag{3-12}$$

$$g_3 = \frac{c_3 + v_3 + s_3}{c_3} \tag{3-13}$$

$$\sigma = 1 + p \tag{3-14}$$

由（3-4）式、(3-5）式、(3-6）式、(3-7）式、(3-8）式、(3-9）式、(3-10）式、(3-11）式、(3-12）式、(3-13）式、(3-14）式可知，参数形式的价值转形方程组可以表示为

$$(\sigma - g_1)x + f_1\sigma y = 0 \tag{3-15}$$

$$\sigma x + (f_2\sigma - g_2)y = 0 \tag{3-16}$$

$$\sigma x + f_3\sigma y = g_3 \tag{3-17}$$

(3-15）式、(3-16）式构成 x 和 y 的齐次方程组。x 和 y 有非零解的必要条件为，x 和 y 的系数行列式等于0，即

$$\begin{vmatrix} \sigma - g_1 & f_1\sigma \\ \sigma & f_2\sigma - g_2 \end{vmatrix} = 0 \tag{3-18}$$

或

$$(f_2 - f_1)\sigma^2 - (f_2 g_1 + g_2)\sigma + g_1 g_2 = 0 \tag{3-19}$$

(3-19) 式的解为

$$\sigma = \frac{f_2 g_1 + g_2 \pm \sqrt{(f_2 g_1 + g_2)^2 - 4(f_2 - f_1)g_1 g_2}}{2(f_2 - f_1)}$$

$$= \frac{f_2 g_1 + g_2 \pm \sqrt{(f_2 g_1 - g_2)^2 + 4f_1 g_1 g_2}}{2(f_2 - f_1)} \tag{3-20}$$

(3-20) 式中有经济意义的实数解为

$$\sigma = \frac{f_2 g_1 + g_2 - \sqrt{(f_2 g_1 - g_2)^2 + 4f_1 g_1 g_2}}{2(f_2 - f_1)} \tag{3-21}$$

由 (3-14) 式、(3-21) 式，得到生产价格形式的平均利润率，即

$$p = \sigma - 1$$

$$= \frac{f_2 g_1 + g_2 - \sqrt{(f_2 g_1 - g_2)^2 + 4f_1 g_1 g_2}}{2(f_2 - f_1)} \tag{3-22}$$

由 (3-15) 式、(3-17) 式，得到第一部类的价值生产价格转化系数和第二部类的价值生产价格转化系数，分别为

$$x = \frac{\begin{vmatrix} 0 & f_1\sigma \\ g_3 & f_3\sigma \end{vmatrix}}{\begin{vmatrix} \sigma - g_1 & f_1\sigma \\ \sigma & f_3\sigma \end{vmatrix}} \tag{3-23}$$

和

$$y = \frac{\begin{vmatrix} \sigma - g_1 & 0 \\ \sigma & g_3 \end{vmatrix}}{\begin{vmatrix} \sigma - g_1 & f_1\sigma \\ \sigma & f_3\sigma \end{vmatrix}} \tag{3-24}$$

鲍特凯维兹为了说明价值转形的计算方法，采用一组精心安排的数例，作为价值转形的价值体系，也就是价值转形的起点。这个数例如表 3-1 所示。

表 3-1　　价值计算

部类	不变资本	可变资本	剩余价值	产品价值
1	225	90	60	375
2	100	120	80	300
3	50	90	60	200
总和	375	300	200	875

表3－1所表示的价值体系，满足简单再生产条件方程组，即满足（3－1）式、(3－2) 式、(3－3) 式。

由（3－4）式、(3－5) 式、(3－6) 式、(3－7) 式、(3－8) 式、(3－9) 式、(3－10) 式、(3－11) 式、(3－12) 式、(3－13) 式、(3－14) 式、(3－21) 式、(3－23) 式、(3－24) 式，得到参数 $f_1=2/5$，$f_2=6/5$，$f_3=9/5$，$g_1=5/3$，$g_2=3$，$g_3=4$，$\sigma=5/4$，并且得到生产价格形式的平均利润率 $p=1/4$，第一部类的价值生产价格转化系数 $x=32/25$，第一部类的价值生产价格转化系数 $y=16/15$。这些结果可以表示为表3－2。

表3－2　　生产价格计算

部类	不变资本	可变资本	利润	生产价格
1	288	96	96	480
2	128	128	64	320
3	64	96	40	200
总和	480	320	200	1 000

由表3－2可以看出，在鲍特凯维兹的价值转形中，虽然生产价格形式的利润总和等于剩余价值总和，但是，产品的生产价格总和不等于价值总和。

三、鲍特凯维兹否定总资本有机构成影响利润率的观点

鲍特凯维兹注意到，在他的与生产价格形式的平均利润率有关的参数 σ 的表达式（3－21）式中，没有出现参数 f_3、g_3，只出现了参数 f_1、g_1、f_2、g_2。

参数 f_1、g_1 由第一部类的价值形式的资本有机构成和剩余价值率决定。

参数 f_2、g_2 由第二部类的价值形式的资本有机构成和剩余价值率决定。

参数 f_3、g_3 由第三部类的价值形式的资本有机构成和剩余价值率决定。

他认为，当第三部类的资本有机构成变化时，总资本有机构成必然变化，但是，与生产价格形式的平均利润率有关的参数 σ 不变，从而生产价格形式的平均利润率 p 不变。

因此，作为价值转形模型的一个推论，鲍特凯维兹认为，马克思关于资本有机构成提高导致平均利润率下降的观点是不正确的。

为了进一步证明自己的观点，他采用另外一组精心安排的数例，作为价值转形的价值体系或价值转形的起点，这个数例可以表示为表 3－3。

表 3－3　　价值计算

部类	不变资本	可变资本	剩余价值	产品价值
1	300	120	80	500
2	80	96	64	240
3	120	24	16	160
总和	500	240	160	900

表 3－3 所表示的价值体系，也满足简单再生产条件方程组，即满足（3－1）式、（3－2）式、（3－3）式。

由（3－4）式、（3－5）式、（3－6）式、（3－7）式、（3－8）式、（3－9）式、（3－10）式、（3－11）式、（3－12）式、（3－13）式、（3－14）式、（3－21）式、（3－23）式、（3－24）式，得到参数 $f_1=2/5$，$f_2=6/5$，$f_3=1/5$，$g_1=5/3$，$g_2=3$，$g_3=4/3$，$\sigma=5/4$，并且得到生产价格形式的平均利润率 $p=1/4$，第一部类的价值生产价格转化系数 $x=32/35$，第一部类的价值生产价格转化系数 $y=16/21$。这些结果可以表示为表 3－4。

表 3－4　　生产价格计算

部类	不变资本	可变资本	利润	生产价格
1	$274\frac{2}{7}$	$91\frac{3}{7}$	$91\frac{3}{7}$	$457\frac{1}{7}$
2	$73\frac{1}{7}$	$73\frac{1}{7}$	$36\frac{4}{7}$	$182\frac{6}{7}$
3	$109\frac{5}{7}$	$18\frac{2}{7}$	32	160
总和	$457\frac{1}{7}$	$182\frac{6}{7}$	160	800

由表 3－3 和表 3－4 可以看出，按照鲍特凯维兹的模型，实现了价值转形。

将表 3－3 中的数值与表 3－1 中的数值对比，可以看出，剩余价值率是相同的，都是 2/3；第一部类资本有机构成是相同的，都是 5/2；第二部类资本有机构成是相同的，都是 5/6。这些数值决定了生产价格形式的利润率是相同的，都是 1/4。但是，第三部类资本有机构成不相同，由 5/9 提高到 5。同时，总资本有机构成也不相同，由 5/4 提高到 25/12。

由此可见，虽然第三部类资本有机构成提高了，从而总资本有机构成也提高了，但是，因为参数 f_1、g_1、f_2、g_2 没有变化，所以，由参数 f_1、g_1、f_2、g_2 决定的参数 σ 不变，相应的生产价格形式的利润率 p 没有发生变化（笔者注：这里的生产价格形式的利润率，使用鲍特凯维兹采用的按照德文习惯的符号 p，而没有使用本书中采用的按照英文习惯的符号 r，以示区别）。

他试图通过这两个数例的对比，证明自己的观点。

鲍特凯维兹提出："马克思不仅没有表明在价值和剩余价值既定关系的基础上确定利润率的正确方法，而且他还被他的错误的价格构成理论错误地引入对确定利润率高度的诸因素的不正确的理解。他持有的主张是，在既定的剩余价值率前提下，利润率的大小取决于包括所有生产领域的社会总资本有机构成的高低。"①

值得注意的是，鲍特凯维兹这里提到的马克思确定的利润率，显然是指价值形式的利润率。

鲍特凯维兹还认为："李嘉图曾经指出过，只是触及到不进入工人阶级消费的商品的生产关系的变化，不会影响利润率的高度。"②

由此可见，鲍特凯维兹完全赞同李嘉图的理论，而不赞同马克思的观点。

按照鲍特凯维兹的逻辑，既然在资本有机构成提高的条件下利润率不变，那么，资本有机构成提高将导致利润率下降的理论也就不正确了。

尽管如此，鲍特凯维兹并没有完全否定马克思关于资本有机构成提高引起利润率下降的理论。鲍特凯维兹认为："在一个既定的剩余价值率和一个既定的可变资本的数量的前提下，没有利润率的下降，不变资本的无限制的增长不可能发生。"③

他进一步指出："如果根据以上所说，与马克思相对立地认为利润率一般不依赖于社会总资本的有机构成，那将是完全不正确的。"④

这表明，鲍特凯维兹已经注意到，自己对马克思的批评存在片面性。

---

① 本·法因、劳伦斯·哈里斯：《重读〈资本论〉》，魏埙等译，济南，山东人民出版社，1993，第178页。

② 本·法因、劳伦斯·哈里斯：《重读〈资本论〉》，魏埙等译，济南，山东人民出版社，1993，第181页。

③ 本·法因、劳伦斯·哈里斯：《重读〈资本论〉》，魏埙等译，济南，山东人民出版社，1993，第189页。

④ 本·法因、劳伦斯·哈里斯：《重读〈资本论〉》，魏埙等译，济南，山东人民出版社，1993，第190页。

显然，他已经意识到，马克思并没有说随着资本有机构成提高利润率绝对地下降，相反，马克思说的是，不仅存在促使利润率下降的原因，而且存在促使利润率上升的原因，在这些因素的共同作用下，随着资本有机构成提高，利润率下降是一种总趋势。

这说明，对于马克思的资本有机构成提高引起利润率下降是总趋势的观点，鲍特凯维兹间接地予以承认。

四、鲍特凯维兹否定总资本有机构成影响利润率的观点的方法是不正确的

鲍特凯维兹通过自己的价值转形模型中的平均利润率公式，来否定总资本有机构成影响利润率的观点。

他并不了解，价值转形不能同时满足价值形式的再生产条件和平均利润条件，只能满足生产价格形式的再生产条件和平均利润条件。

虽然马克思已经充分意识到应该将资本或成本由价值形式转化为生产价格形式，但是，他没有来得及完成这种转化，只是嘱咐自己的继承者："必须记住成本价格这个修改了的意义"①。

在分析价值转形问题的过程中，马克思认为："虽然不同生产部门的资本家在出售自己的商品时收回了生产这些商品所用掉的资本价值，但是他们不是得到了本部门生产这些商品时所生产的剩余价值或利润，而只是得到了社会总资本在所有生产部门在一定时间内生产的总剩余价值或总利润均衡分配时归于总资本的每个相应部分的剩余价值或利润"②。

显然，马克思在这里提到的"总利润均衡分配时归于总资本的每个相应部分的剩余价值或利润"，仍然是价值形式的利润。

既然马克思在价值转形中提到的资本或成本仍然是价值形式的，他所提到的利润也是价值形式的，那么，他所说的利润率只能是价值形式的。

前面已经提到，鲍特凯维兹提到的马克思所确定的利润率是价值形式的利润率。而他自己的利润率是生产价格形式的。他修改了马克思的利润率的定义，再试图证明马克思的理论不正确，这种证明方式本身就不正确。

显然，鲍特凯维兹的利润率与马克思的利润率是完全不同的利润率。要想证明一种理论正确与否，首先，概念必须统一。鲍特凯维兹用一种概念下得到的结论，否定另一种概念下得到的结论，显然不正确。

---

① 《马克思恩格斯全集》，第 25 卷，北京，人民出版社，1974，中文 1 版，第 185 页。

② 《马克思恩格斯全集》，第 25 卷，北京，人民出版社，1974，中文 1 版，第 177 页。

我们将在后面的考察中证明，价值形式的平均利润率能够正确地反映总资本的增殖程度，生产价格形式的利润率不能正确地反映总资本的增殖程度。

鲍特凯维兹试图证明马克思在没有来得及进行的工作中犯了错误，这种论证方式显然是荒谬的。他最多只能责备马克思活的时间不够长，没有来得及将资本或成本由价值形式转变为生产价格形式。

鲍特凯维兹的价值转形模型是不正确的。最重要的是，模型中的约束条件或不变性假设不正确。正如温特尼茨批评的那样，鲍特凯维兹把资本家的全部消费品看做金，又认为生产金的第三部类的生产价格与价值相等，是“一个相当武断和不公正的假定”①。我们将在后面的分析中，建立一个按照鲍特凯维兹的部类划分的正确的价值转形模型。

通过总资本有机构成不同、利润率相同的两个不同数例，鲍特凯维兹证明总资本有机构成的变化不影响利润率。这种证明方式不仅不严谨和不完备，而且不正确。正确的证明方式，应该是在一个数例中，令一个变量或几个变量连续变化，来说明随着总资本有机构成的变化，利润率是否变化。关于这一点，我们将在后面的考察中，按照鲍特凯维兹的价值转形模型和初始的数例，分析利润率与资本有机构成、剩余价值率的关系。

鲍特凯维兹的价值转形模型出现错误的理论根源，在于仅仅考察了资本主义流通过程，而没有考察资本主义生产过程。他不仅忽略了再生产条件，而且忽视了价值形式的利润率和价值形式的资本有机构成的重要作用。他只看到现象，甚至是假象，而没有看到本质。

尽管鲍特凯维兹的价值转形理论不正确，他对马克思关于利润率趋向下降的理论的批评也不正确，但是，他对价值转形研究所作出的贡献却是无法抹杀的。每个研究价值转形的经济学家，都无法回避他的研究成果。鲍特凯维兹的历史功绩，在于他最早尝试用数学方法解决价值转形难题，并取得了重大突破。

五、依据鲍特凯维兹的利润率公式否定总资本有机构成影响利润率的观点

鲍特凯维兹本人并没有完全否定马克思的利润率趋向下降的理论。倒是一些既没有认真阅读马克思的著作，也没有认真阅读鲍特凯维兹的论文的人，断章取义地仅仅依据鲍特凯维兹的利润率公式，就来否定马克思的

① 温特尼茨：《价值与价格：所谓“转形问题”的一种解法》，《经济学期刊》，1948 年第 58 卷，第 278 页。

利润率趋向下降的观点。

鲍特凯维兹认为，不变资本无限增长，不引起利润率的下降，是不可能的；利润率完全不依赖于总资本有机构成也是不正确的。

马克思的有关论述，他们没有看到；鲍特凯维兹这些论述，他们也没有看到。与其说这些学者没有看到这些有关论述，不如说他们不愿看到。他们只看到那些他们希望看到的观点。

鲍特凯维兹只提出了“没有利润率的下降，不变资本的无限制的增长不可能发生”① 的观点，但是，他没有证明自己的这个观点。

在第七章与第十七章我们将证明，为什么随着不变资本的不断增长与资本有机构成的不断提高，价值形式的平均利润率与生产价格形式的利润率必然趋向下降。

第二节　认为资本有机构成提高不可能不引起剩余价值率提高的观点

有些经济学家认为，资本有机构成提高不可能不引起剩余价值率提高，从而利润率不是降低而是提高。

持这种观点的经济学家，可以分为两类。其中，第一类经济学家认为，如果资本家增加资本和提高资本有机构成的结果是利润率降低，那么，资本家不可能增加资本，也不可能提高资本有机构成。第二类经济学家认为，资本有机构成提高必然提高生产力，生产力提高必然提高剩余价值率，因此，利润率不会降低。

第一类经济学家没有注意马克思的有关论述，他们错误地认为，在增加资本和提高资本有机构成的结果将导致利润率降低的条件下，资本家不可能增加资本，不可能提高资本有机构成。

在上一章，我们已经提到，马克思已经非常明确地提出，个别资本家是否采用某项新的生产方法，是否增加资本，是否提高资本有机构成，完全取决于是否能给自己带来更多利润。如果一种生产方法降低自己的利润率，他绝不会采用，绝不会为此增加资本。

这说明，马克思已经清楚地认识到，提高利润率是个别资本家追加资

① 本·法因、劳伦斯·哈里斯：《重读〈资本论〉》，魏埙等译，济南，山东人民出版社，1993，第189页。

本和提高资本有机构成的必要条件或前提条件，而且个别资本家追加资本和提高资本有机构成，确实得到了超额利润。但是，任何资本家都无法阻挡其他资本家也提高资本有机构成，当资本家普遍提高资本有机构成时，超额利润就消失了。这时，等着他们的是利润率降低。

至于在这个资本家增加资本、提高资本有机构成之后，其他资本家无论为了获得更多利润，还是为了应对竞争的压力，同样采用新的生产方法、新技术、新机器，最终导致平均利润率下降，这就不以这个资本家的意志为转移了。

这些经济学家既没有区分个别资本家提高资本有机构成和全体资本家提高资本有机构成，也没有注意马克思的有关论述。

第二类经济学家，同样没有注意马克思的有关论述。

马克思明确提出："因为追加在生产资料上的活劳动的总量，同这种生产资料的价值相比，是减少了，所以，无酬劳动和体现无酬劳动的价值部分，同预付总资本的价值相比，也减少了。或者说，所投总资本中转化为活劳动的部分越来越小，因而这个总资本所吸收的剩余劳动，同它自己的量相比，也越来越小，虽然所使用的劳动的无酬部分和有酬部分的比率可以同时增大。可变资本的相对减少和不变资本的相对增加（尽管这两个部分都已经绝对增加），如上所说，只是劳动生产率提高的另一种表现"①。

可见，马克思的观点是，资本有机构成和剩余价值率都提高，但是，资本有机构成提高的比例高于剩余价值率提高的比例，正是在这种条件下，利润率降低。马克思并没有说随着资本有机构成提高，生产力提高，剩余价值率不提高，也没有说过，利润率降低是因为剩余价值率不变和资本有机构成提高。

总之，认为利润率不是降低而是提高的这两类经济学家，都没有注意马克思的有关论述，因此，他们的观点缺乏说服力。

第三节　通过第三产业的资本有机构成低、发展快，否定总资本有机构成提高的观点

有些经济学家认为，第三产业的资本有机构成低、发展速度快，结果

① 《马克思恩格斯全集》，第 25 卷，北京，人民出版社，1974，中文 1 版，第 240 页。

是总资本有机构成不是提高而是降低，从而利润率不是降低而是提高。

对于这种观点必须进行具体分析。

三次产业划分中的第三产业，并不是一个科学的范畴。第三产业是服务业，包括商业、金融、货物运输、物流、教育、医疗等很多部门。

其中，商业、金融、货物运输等部门，在从产业资本中独立出来之前，都是将资本作为一个整体考察的生产资本的一部分。这些部门从产业资本中独立出来之后，货物运输业仍然属于产业资本的一部分，商业属于商业资本，金融业属于借贷资本。商业资本的利润与借贷资本的利息，最终来自产业资本的剩余价值。从剩余价值的来源来考察，商业、金融、货物运输等部门，从属于产业资本。现代的商业、金融、货物运输等部门的资本有机构成并不低。

产业资本的主要生产领域，是生产资料生产，而不是生活消费资料生产。第一部类的资本有机构成的提高，超过第二部类的资本有机构成的提高。因此，通过商业、金融、货物运输等部门发展快来否定总资本有机构成提高的观点无法成立。

马克思认为："利润率的下降表示剩余价值本身和全部预付资本的比率的下降，因而同这个剩余价值在各个范畴之间的任何一种分配无关"①。

显然，马克思的观点是正确的。例如，商业从产业资本中独立出来之前，是产品的流通阶段占用的资本。当商业从产业资本中独立出来独立执行流通职能之后，如果商业资本的有机构成低于产业资本的有机构成，那么，单独执行生产职能的产业资本的有机构成，必然高于原来同时执行生产职能和流通职能的产业资本的有机构成。资本有机构成既不会由于生产和流通职能的分离或合并而提高，也不会由于两种职能的分离或合并而降低。所以，并不影响利润率趋向下降的变化规律。

第三产业的最重要的组成部分——金融——是借贷资本的转化形式，借贷资本的利息，来自产业资本的剩余价值。银行与证券是金融业的主要的组成部分。从现象看，银行的利润来自贷款利息与存款利息之差，证券的收益来自股息。从本质看，大部分的银行贷款提供给产业资本，银行的主要利润来自雇佣劳动者创造的一部分剩余价值，同样，股息也来自雇佣劳动者创造的剩余价值。因此，金融业的主要收益来自产业资本。产业资本不属于第三产业。

金融业是分配剩余价值的领域之一，不能离开产业资本，单独考察金

① 《马克思恩格斯全集》，第25卷，北京，人民出版社，1974，中文1版，第238页。

融业，单独考察第三产业。

至于教育部门和医疗部门，由于这些部门不生产可以直接用于交换的劳动产品，所以，并不在马克思考察的生产部门之内，而是分别属于再生产劳动力的范畴或工人生活消费的范畴，以及资本家生活消费的范畴。

第三产业中，还有一类新兴部门，例如软件设计部门，这类部门是传统产业中没有的产品生产或服务部门，通常，这些部门的资本有机构成低于传统产业部门的资本有机构成。这些产业部门的出现，似乎降低了总资本有机构成，不是降低利润率，而是提高利润率。由于过去没有这些部门，所以无法直接比较这些部门的资本有机构成是提高了，还是降低了，但是，随着竞争的加剧，这些新兴产业部门的资本有机构成也必将提高。因此，马克思的关于利润率趋向下降的观点仍然成立。这是特别值得注意的。

那些不是以价值实体与价值量作为分析基础，而是以供求关系作为分析基础的人，不能正确地解释利润率趋向下降的现象。供给曲线是产量与价格的关系，需求曲线是需求量与价格的关系，以供给与需求均衡来解释价格，是用价格解释价格，是循环定义。

第四节　通过农业的资本有机构成低、生产力提高快，否定利润率趋向下降的观点

有些经济学家认为，农业的资本有机构成低、生产力提高快，农业生产力的提高为资本家提高剩余价值率奠定了基础，从而提高了平均利润率。他们试图以此证明，利润率不是下降，而是上升。

马克思之后的一百多年中，主要资本主义国家的农业生产力有了很大提高，这是农业机械广泛应用的结果。农业机械的广泛应用，一方面，提高了农业生产力，另一方面，提高了资本有机构成。农业生产力的提高，确实为资本家提高剩余价值率提供了条件，并且是阻碍利润率下降的因素之一。但是，农业生产力的提高，是农业生产中大规模应用机器、化肥、农药的结果。农业生产中大规模应用机器、化肥、农药，必然提高农业生产部门的资本有机构成。农业生产部门的资本有机构成，是总资本有机构成的一部分，因此，农业机械的广泛应用，从而农业生产部门的资本有机构成提高，是促使利润率下降的因素之一。

农业生产力的提高不仅是农业生产部门的资本有机构成提高的结果，

而是产业分工发展的结果。在农业生产部门的资本有机构成不变的条件下，通过农业生产部门的产业分工的发展，提高了农业生产部门的规模效益，从而提高了农业生产力。

有些人可能认为，农业生产部门的资本有机构成不变，农业生产力提高，从而剩余价值率提高，应该提高利润率，而不是降低利润率，似乎否定了马克思的利润率趋向下降的观点，而不是证明了马克思的观点。

这些人没有注意到，随着农业生产部门的产业分工的发展，农业生产中耗费劳动最多的谷物种植与耗费劳动较少的谷物加工分离，谷物成为谷物加工部门的原料或生产资料，谷物生产从第二部类的组成部分转变为第一部类的组成部分，剩下的谷物加工仍然是第二部类的组成部分。谷物种植耗费劳动多，提高资本有机构成可以节约大量劳动。谷物种植的生产力提高较快，从而资本有机构成提高较快，谷物加工的生产力提高较慢，从而资本有机构成提高较慢。剩余价值率的提高，直接与第二部类的生产力有关，而不是直接与第一部类的生产力有关。第一部类资本有机构成的提高与生产力的提高，超过第二部类资本有机构成的提高与生产力的提高，从而超过剩余价值率的提高。因此，总趋势是利润率降低，而不是利润率提高。这里，对这个问题只做初步介绍，我们将在后面重点考察这个问题。

第二篇　利润率趋向下降规律与两部类一元价值转形

第四章　两部类一元价值转形中与利润率有关的变量的关系

第一节　考察利润率的变化趋势必须考察价值转形

进行资本主义生产的企业，按照生产生产资料和生产生活消费资料，可以划分为不同生产部类，按照生产不同种类的产品，可以划分为不同生产部门。不同部类或不同部门的资本技术构成不同，从而资本有机构成不同。在资本主义生产中，劳动力可以自由流动。劳动力的自由流动，决定了不同部类或不同部门的剩余价值率相同。不同部类或不同部门的资本技术构成不同和剩余价值率相同，决定了不同部类或不同部门的利润率不同。

在资本主义生产中，不仅劳动力可以流动，而且资本也可以流动。资本主义竞争和资本流动，决定了等量资本必须得到等量利润。

在资本技术构成不同，从而资本有机构成不同的条件下，不同部类或不同部门的等量资本支配的活劳动数量不同，创造的剩余价值或利润不同，但是得到的利润相同，因此总剩余价值必须在全体资本家之间进行分配。这就是价值转形。如果考虑土地所有权因素，那么总剩余价值必须在全体资本家与全体土地所有者之间进行分配。这就是二元价值转形。

考察利润率与资本有机构成的关系，不仅需要考察价值形式的平均利润率与价值形式的总资本有机构成的关系，而且需要考察生产价格形式的利润率与生产价格形式的总资本有机构成的关系。生产价格形式的利润率与生产价格形式的总资本有机构成，都是价值转形的结果。

因此，考察利润率的变化趋势，必须考察价值转形。

第二节　价值转形的类型与按照部类或部门划分社会资本再生产的规定

一、价值转形的类型

价值转形是在资本家之间分配总剩余价值。

马克思在《资本论》第二卷中，提出了社会资本再生产理论。他把社会生产划分为两部类：第一部类为生产资料生产，第二部类为生活消费资料生产。马克思提出，分析社会资本再生产问题的基础是简单再生产。

价值转形有多种形式。按照在社会资本再生产过程中生产规模是否变化，可以分为简单再生产条件下的价值转形与扩大再生产条件下的价值转形。按照考虑影响剩余价值分配的因素的数量，可以分为一元价值转形、二元价值转形、三元价值转形等。按照价值增殖过程中与资本的各种组成部分相应的产品，或按照产业类别，可以分为按照部类划分的价值转形与按照部门划分的价值转形。按照部类划分的数量，可以分为两部类价值转形、三部类价值转形、四部类价值转形等。

在三部类价值转形中，有多种部类划分方式。马克思按照奢侈品生产和必要生活资料生产，将第二部类划分为两个分部类；马克思按照一般生产资料生产和货币材料生产，将第一部类划分为两个分部类；杜冈·巴拉诺夫斯基或鲍特凯维兹按照资本家消费资料生产和工人消费资料资料生产，将第二部类划分为两个分部类；列宁按照为生产资料生产部类提供生产资料的生产和为生活消费资料生产部类提供生产资料的生产，将第一部类划分为两个分部类。在四部类价值转形中，也可做类似划分。部类或部门的划分方式不同，价值转形模型就不同。

若按照部类划分，则最简单的划分方式是将社会生产划分为生产资料生产与生活资料生产，相应的价值转形是两部类价值转形。

若按照部门划分，则最简单的划分方式是将社会生产划分为工业产品生产与农业产品生产，相应的价值转形是两部门价值转形。

显然，按照部类划分社会生产，比按照部门划分社会生产更简单。毫无疑问，简单再生产条件下的两部类价值转形，是各种价值转形中最简单、最基本的一种情况。其他各种复杂的价值转形中的很多基本矛盾，在两部类价值转形中都存在。通过对按照部类划分的一元价值转形的考察，可以发现对按照部门划分的一元价值转形的考察中不容易发现的很多问题与矛盾。在第七章考察按照鲍特凯维兹的部类划分的价值转形中利润率与资本有机构成的关系的过程中，与在第八章考察按照列宁的部类划分的价值转形中利润率与资本有机构成的关系的过程中，我们将可以看到，按照部类划分社会生产的方式对价值转形分析的无法替代的重要作用。当然，在进行这些考察之前，首先要考察两部类一元价值转形①。

二、按照部类或部门划分社会资本再生产的规定

（一）按照部类划分社会资本再生产的规定

按照两部类划分社会资本再生产，事实上是规定只生产两种不同产品：生产资料与生活资料，并且规定生产资料生产部类的资本有机构成与生活资料生产部类的资本有机构成不同。作这种规定的目的，是为了简化分析过程。

事实上，生产资料中包括多种产品，生产各种产品的企业的资本的技术构成不同，资本有机构成不同。每种产品由多个生产力不同的企业共同生产，生产同种产品的生产力不同的企业的资本有机构成不同。

同理，生活资料中也包括多种产品，生产各种产品的企业的资本的技术构成不同，资本有机构成不同。每种产品由多个生产力不同的企业共同生产，生产同种产品的生产力不同的企业的资本有机构成也不同。

有些产品既可以是生产资料，也可以是生活资料。例如，石油产品、煤炭、电、谷物等产品，都既可以作为生产资料，也可以作为生活资料。如果生产同种产品的企业的资本的技术构成相同，资本有机构成也相同，那么，当同种产品的一部分作为生产资料，另一部分作为生活消费资料时，生产这些生产资料与生活消费资料的企业的资本有机构成相同。这种情况与不同部类的资本有机构成不同的规定矛盾。

不同部类的资本有机构成不同，是按照部类划分的社会资本再生产的价值转形的前提。因此，在按照部类划分的社会资本再生产的价值转形中，只能规定，所有生产资料是一种产品，所有生活消费资料是另一种产品。

显然，社会资本再生产中只生产两种不同产品——生产资料与生活消费资料——的规定，与生产资料或生活消费资料中包括多种产品的经济现象存在差异；生产资料生产部类的资本有机构成相同与生活消费资料生产

① 沈民鸣：《价值转形》，第一卷，北京，中国人民大学出版社，2014，第69～108页。

部类的资本有机构成相同的规定，与生产各种产品的企业的资本有机构成不同的经济现象存在差异。

因此，将多种生产资料看做一种产品，规定生产多种生产资料的企业的资本有机构成相同，将多种生活消费资料看做另一种产品，规定生产多种生活消费资料的企业的资本有机构成相同，并且忽略某些产品的一部分为生产资料另一部分为生活消费资料，是为了简化价值转形分析所作的一种规定。

（二）按照部门划分社会资本再生产的规定

按照两部门划分社会资本再生产，事实上是规定只生产两种不同产品：工业产品与农业产品，并且规定工业产品生产部门的资本有机构成与农业产品生产部门的资本有机构成不同。作这种规定的目的，是为了简化分析过程。

事实上，工业产品中包括多种产品，生产各种工业产品的企业的资本的技术构成不同，资本有机构成不同。每种工业产品由多个生产力不同的企业共同生产，生产同种工业产品的生产力不同的企业的资本有机构成不同。

同理，农业产品中也包括多种产品，生产各种农业产品的企业的资本的技术构成不同，资本有机构成不同。每种农业产品由多个生产力不同的企业共同生产，生产同种农业产品的生产力不同的企业的资本有机构成也不同。

这种情况与相同部门的企业的资本有机构成相同，不同部门的企业的资本有机构成不同的规定矛盾。相同部门的企业的资本有机构成相同，不同部门的企业的资本有机构成不同，是按照部门划分的社会资本再生产的价值转形的前提。因此，在按照部门划分的社会资本再生产的价值转形中，只能规定，所有工业产品是一种产品，所有农业产品是另一种产品。

显然，社会资本再生产中只生产两种不同产品——工业产品与农业产品——的规定，与工业产品或农业产品中包括多种产品的经济现象存在差异；工业产品生产部类的资本有机构成相同与农业产品生产部类的资本有机构成相同的规定，与生产各种产品的企业的资本有机构成不同的经济现象存在差异。

如果将工业生产部门进一步划分，每一种工业产品分别由一个生产部门生产，那么，可以解决生产各种工业产品的企业的资本的技术构成不同，资本有机构成不同的矛盾，但是，无法解决生产同种工业产品的生产力不同的企业的资本有机构成不同的矛盾。

某些工业产品既可以通过手工方式生产，也可以通过机械化方式生产。采用不同生产方式生产同种工业产品的不同企业的资本有机构成不同，生产力不同。

同理，如果将农业生产部门进一步划分，每一种农业产品分别由一个生产部门生产，那么，可以解决生产各种农业产品的企业的资本的技术构成不同，资本有机构成不同的矛盾，但是，无法解决生产同种农业产品的生产力不同的企业的资本有机构成不同的矛盾。

某些农业产品既可以通过在田地种植的方式生产，也可以通过在塑料大棚或厂房中的工厂化方式生产。采用不同生产方式生产同种农业产品的不同企业的资本有机构成不同，生产力不同。

因此，将多种工业产品看做一种产品，规定生产多种工业产品的企业的资本有机构成相同，将多种农业产品看做另一种产品，规定生产多种农业产品的企业的资本有机构成相同，并且忽略采用不同生产方式生产同种产品的企业的资本有机构成与生产力的差别，是为了简化价值转形分析所作的一种规定。

第三节　两部类一元价值转形的基本假设条件、符号规定、基本关系

一、两部类一元价值转形

如果在商品交换中，只考虑劳动因素，那么，不同商品按照生产商品所耗费的劳动的比例交换，也就是按照商品的价值交换。

如果不仅考虑劳动因素，而且考虑资本因素，那么，不同商品不再按照价值交换，而是按照生产价格交换。这种价值转形，就是一元价值转形，简称价值转形。

如果社会生产按照生产生产资料或生产生活消费资料划分，那么，社会生产可以划分为两部类。这种价值转形，就是两部类一元价值转形，简称价值转形。

二、基本假设条件

为了分析两部类一元价值转形的基本关系，需要规定一些基本假设条件：

（1）社会生产划分为两部类，第一部类为生产资料生产部类，第二部类为消费资料生产部类。不考虑非物质生产部门。

（2）生产过程为简单再生产。生产过程需要的生产资料和劳动力可以通过市场得到，生产的商品可以全部售出，没有剩余，即价值实现和实物补偿条件同时满足。

（3）两部类的剩余价值率相同并且已知。

（4）两部类生产价格形式的利润率相同。

（5）两部类的资本有机构成不相同，并且已知。其中一个部类的不变资本、可变资本和剩余价值已知。例如，第一部类的不变资本、可变资本和剩余价值已知。

（6）不变资本的价值通过一次生产过程全部转移到产品中去，即不考虑固定资本的影响。

（7）资本循环一次的时间为一年，即不考虑资本循环速度或资本周转速度的影响。

三、符号规定

c_1、v_1、s_1 有双重涵义。一方面，在生产过程中，c_1、v_1、s_1 分别表示第一部类使用的物化劳动、耗费的必要劳动、耗费的剩余劳动；另一方面，在流通过程中，c_1、v_1、s_1 分别表示第一部类使用的不变资本、使用的或耗费的可变资本、工人创造的剩余价值。

同样，c_2、v_2、s_2 也有双重涵义。一方面，在生产过程中，c_2、v_2、s_2 分别表示第二部类使用的物化劳动、耗费的必要劳动、耗费的剩余劳动；另一方面，在流通过程中，c_2、v_2、s_2 分别表示第二部类使用的不变资本、使用的或耗费的可变资本、工人创造的剩余价值。

如果使用的生产资料价值通过一次生产过程全部转移到产品中去，也就是不考虑固定资本的影响，那么，使用的物化劳动就是耗费的物化劳动，使用的不变资本就是耗费的不变资本。

a_1 表示第一部类的价值生产价格转化系数。

a_2 表示第二部类的价值生产价格转化系数。

s_{a1} 表示第一部类被社会多承认的剩余价值。

s_{a2} 表示第二部类被社会多承认的剩余价值。

s_{t1} 表示第一部类多得到的剩余价值。

s_{t2} 表示第二部类多得到的剩余价值。

k_1 表示第一部类价值形式的资本有机构成。

k_2 表示第二部类价值形式的资本有机构成。

k 表示价值形式的总资本有机构成。

k_{p1}表示第一部类生产价格形式的资本有机构成。

k_{p2}表示第二部类生产价格形式的资本有机构成。

k_p表示生产价格形式的总资本有机构成。

r_1 表示第一部类生产价格形式的利润率。

r_2 表示第二部类生产价格形式的利润率。

r 表示生产价格形式的利润率。

r_v表示价值形式的平均利润率。

e 表示剩余价值率。

四、基本规定

（一）价值形式的简单再生产条件

价值转形问题的产生，是由于价值形式的简单再生产条件与资本有机构成不同的部类实现平均利润的要求之间存在矛盾。也就是，价值规律和利润平均化之间存在矛盾。或者说，等量劳动创造等量价值与等量资本获得等量利润之间存在矛盾。因此，研究价值转形问题，首先应该考虑价值形式的简单再生产条件①。

马克思认为："资本的直接生产过程，就是资本的劳动过程和价值增殖过程。这个过程的结果是商品产品，它的决定性动机是生产剩余价值。资本的再生产过程，既包括这个直接的生产过程，也包括真正流通过程的两个阶段，也就是说，包括全部循环。"②

因此，资本的生产过程和资本的流通过程是社会总资本再生产过程中两个互相关联的过程，不能离开生产过程片面地、孤立地考察流通过程。也就是说，在考察资本流通过程中发生的价值转形时，必须全面考察社会总资本再生产过程。

既然价值转形是剩余价值在流通过程中进行分配，那么，就必须同时考虑生产过程。那种离开生产过程，只在流通过程中考察价值转形的观点，无疑带着明显的重商主义的烙印。

价值转形是剩余价值在流通过程中进行分配，不影响生产中已经耗费

① 沈民鸣：《论简单再生产条件下的价值转形问题》，《当代经济研究》2005 年第 5 期；沈民鸣：《论马克思的两部类价值转形问题》，《政治经济学评论》2008 年第 1 期；沈民鸣：《百年价值转形研究》，《经济学家》2009 年第 6 期。

② 《马克思恩格斯全集》，第 24 卷，北京，人民出版社，1972，中文 1 版，第 389 页。

的物化劳动、必要劳动和剩余劳动。因此，第一部类生产过程中耗费的物化劳动、必要劳动和剩余劳动之和，等于为了维持简单再生产，生产补偿两部类耗费的生产资料所需要的劳动之和，即

$$c_1 + v_1 + s_1 = c_1 + c_2 \tag{4-1}$$

(4-1) 式也表明，第一部类产品的价值，等于补偿两部类生产中耗费的生产资料价值之和。

第二部类生产过程中耗费的物化劳动、必要劳动和剩余劳动之和，等于为了维持再生产，提供两部类工人的生活资料所需要的劳动与提供两部类资本家消费的生活资料所需要的劳动之和，即

$$c_2 + v_2 + s_2 = (v_1 + v_2) + (s_1 + s_2) \tag{4-2}$$

(4-2) 式也表明，第二部类产品的价值，等于两部类工人和资本家的生活消费所需要的产品价值之和。

(4-1) 式、(4-2) 式都可以表示为

$$v_1 + s_1 = c_2 \tag{4-3}$$

该式表示，第一部类生产过程中耗费的必要劳动与剩余劳动之和，等于生产补偿第二部类耗费的生产资料所需要的劳动。(4-3) 式就是两部类价值形式的简单再生产条件。

虽然劳动本身没有价值，但是，活劳动可以创造价值。

前面已经规定 c_i、v_i、s_i ($i=1$, 2) 都有双重涵义。

c_i、v_i、s_i既可以表示在生产过程中，第 i 部类使用的物化劳动、耗费的必要劳动、耗费的剩余劳动，也可以表示在流通过程中，表示第 i 部类使用的不变资本、使用的或耗费的可变资本、工人创造的剩余价值。

在这个意义上，价值形式的再生产条件，不仅可以反映流通过程中，不同部类的不变资本、可变资本、剩余价值之间的关系，也可以反映生产过程中，不同部类耗费的物化劳动和活劳动（其中包括必要劳动和剩余劳动）之间的关系。也就是说，价值形式的再生产条件具有双重意义。

价值形式的再生产条件，是价值转形中最重要和最基本的条件，奠定了价值转形的基础。

（二）第二部类的资本有机构成

第二部类生产过程中使用的物化劳动与耗费的必要劳动之比，或者第二部类的不变资本与可变资本之比，就是第二部类的资本有机构成，即

$$\frac{c_2}{v_2} = k_2 \tag{4-4}$$

（三）两部类的剩余价值率相同

在资本主义生产条件下，劳动力可以自由流动。因此，在不同部类中

资本对劳动的剥削程度相同，也就是剩余价值率相同。剩余价值率为每个部类的剩余劳动与必要劳动之比，也就是，每个部类工人创造的剩余价值与可变资本之比，即

$$\frac{s_1}{v_1}=\frac{s_2}{v_2}=e \tag{4-5}$$

剩余价值率相同，是价值转形的基本条件之一。

（四）被社会多承认的剩余价值与价值生产价格转化系数

生产商品耗费的劳动，不一定全部都能够按照凝结在商品中的劳动得到社会的承认。

生产中耗费的物化劳动和活劳动中的必要劳动，应该按照实际耗费的劳动得到社会承认。无论是在简单再生产条件下，还是在扩大再生产条件下，这部分劳动都必须完全得到补偿，不能用于分配。生产中耗费的活劳动中的剩余劳动，不是按照实际耗费的劳动量得到社会承认，而是按照资本主义分配原则——平均利润原则——得到社会不同程度的承认。资本有机构成高、利润率低的部类中的剩余劳动，要得到社会较多的承认，资本有机构成低、利润率高的部类中的剩余劳动，要得到社会较少的承认，才能实现平均利润。

在此基础上，构成价值转形后社会承认的价值形式的利润和生产价格。

这种“得到社会承认”的剩余价值或利润，不是资本家最终得到或最终占有的剩余价值或利润，只是所有资本家认为这个部类应该得到的剩余价值或利润。也就是说，这种“得到社会承认”的剩余价值或利润，只是观念的或形式的，而不是实质的。

可见，剩余价值在不同部类之间的转移，是通过社会对资本有机构成不同的部类生产的剩余价值给予的承认程度不同实现的。

第一部类生产的商品的价值为 $c_1+v_1+s_1$，其中，剩余价值为 s_1。如果在流通过程中得到社会承认的剩余价值多 s_{a1}，那么，这个部类在流通过程中得到社会承认的剩余价值为 s_1+s_{a1}。产品生产出来之后，已经成为一个整体，无法区分哪一部分是由物化劳动构成的，哪一部分是活劳动生产的，也无法区分哪一部分是必要劳动生产的，哪一部分是剩余劳动生产的。对剩余价值多承认的部分，就是对产品价值多承认的部分。第一部类生产的产品得到社会承认的价值为 $c_1+v_1+s_1+s_{a1}$。

第一部类的价值生产价格转化系数，为社会承认的价值与生产的商品的价值之比，即

$$a_1 = \frac{c_1 + v_1 + s_1 + s_{a1}}{c_1 + v_1 + s_1} \tag{4-6}$$

这个系数是一个无量纲的纯系数。该系数和某种具体的货币单位无关。它表示对第一部类产品价值的承认程度，也表示第一部类产品的生产价格与价值的偏离程度。

同理，第二部类生产的商品的价值为 $c_2 + v_2 + s_2$，其中，剩余价值为 s_2。如果在流通过程中得到社会承认的剩余价值多 s_{a2}，那么，这个部类在流通过程中得到社会承认的剩余价值为 $s_2 + s_{a2}$。第二部类生产的产品得到社会承认的价值为 $c_2 + v_2 + s_2 + s_{a2}$。

第二部类的价值生产价格转化系数，为社会承认的价值与生产的商品的价值之比，即

$$a_2 = \frac{c_2 + v_2 + s_2 + s_{a2}}{c_2 + v_2 + s_2} \tag{4-7}$$

这个系数也是一个无量纲的纯系数，表示社会对第二部类产品价值的承认程度，或第二部类产品的生产价格与价值的偏离程度。

价值生产价格转化系数，表示社会对一个部类产品价值的承认程度，也表示一个部类产品的生产价格与价值的偏离程度，或者生产价格与价值之间的联系。

（五）分配剩余价值不能改变已经耗费的劳动量

当资本家在流通过程中分配剩余价值时，生产过程已经结束，无论如何分配剩余价值，都不能改变生产过程中已经耗费的劳动量。生产中耗费的物化劳动、活劳动中的必要劳动、活劳动中的剩余劳动、总劳动都不变。因此，在分配剩余价值的过程中，无论按照什么形式分配剩余价值，剩余劳动总量既不会增加也不会减少。

流通过程中，在资本家之间分配剩余价值，有两种不同类型。

第一种分配剩余价值的类型是观念的。所有资本家都认为，价值形式的利润率低的部类，应该多得到一部分社会承认的价值和剩余价值。价值形式的利润率高的部类，应该少得到一部分社会承认的价值和剩余价值。两部类被社会多承认的剩余价值互相抵消，即

$$s_{a1} + s_{a2} = 0 \tag{4-8}$$

上式表明，一个部类多得到社会承认的剩余价值，正是另一个部类少得到社会承认的剩余价值。

第二种分配剩余价值的类型是实质的。价值形式的利润率低的部类，通过价值转形多得到一部分剩余价值，或多占有一部分剩余劳动。价值形

式的利润率高的部类，少得到一部分剩余价值，或少占有一部分剩余劳动。

（六）两部类生产价格形式的利润率相同

价值转形不能同时实现价值形式的再生产条件和平均利润率，只能同时实现生产价格形式的再生产条件和平均利润率。因此，价值转形中，生产价格形式的利润率相同，而不是价值形式的利润率相同。

第一部类生产的产品得到社会承认的价值为 $c_1+v_1+s_1+s_{a1}$。这种得到社会承认的价值偏离了自身的价值。第一部类产品得到社会承认的价值，就是这个部类产品的得到社会承认的价值形式的生产价格。第一部类的生产价格是由价值决定的。这种得到社会承认的价值形式的生产价格，既可以表示为 $c_1+v_1+s_1+s_{a1}$，也可以表示为 $a_1(c_1+v_1+s_1)$。$a_1(c_1+v_1+s_1)$是价格形式的生产价格。

第一部类需要补偿的生产资料的生产价格为 a_1c_1。在不考虑固定资本的条件下，使用的生产资料就是需要补偿的生产资料。第一部类工人需要得到的生活资料的生产价格为 a_2v_1。第一部类以生产价格表示的利润，为第一部类产品的生产价格扣除应补偿的生产资料的生产价格和再生产劳动力所需要的生活资料的生产价格之后的余额，即

$$a_1(c_1+v_1+s_1)-a_1c_1-a_2v_1=a_1v_1+a_1s_1-a_2v_1$$

在不考虑固定资本的条件下，第一部类生产价格形式的资本，就是生产价格形式的成本，可以表示为 $a_1c_1+a_2v_1$。

第一部类生产价格形式的利润率，为第一部类生产价格形式的利润 $a_1v_1+a_1s_1-a_2v_1$ 与第一部类生产价格形式的资本 $a_1c_1+a_2v_1$ 之比，即

$$r_1=\frac{a_1v_1+a_1s_1-a_2v_1}{a_1c_1+a_2v_1} \qquad (4-9)$$

第二部类生产的产品得到社会承认的价值为 $c_2+v_2+s_2+s_{a2}$。这种得到社会承认的价值偏离了自身的价值。第二部类产品得到社会承认的价值，就是这个部类产品的得到社会承认的价值形式的生产价格。第二部类需要补偿的生产资料的生产价格为 a_1c_2。第二部类工人需要得到的生活资料的生产价格为 a_2v_2。第二部类以生产价格表示的利润，为第二部类产品的生产价格扣除应补偿的生产资料的生产价格和再生产劳动力所需要的生活资料的生产价格之后的余额，即

$$a_2(c_2+v_2+s_2)-a_1c_2-a_2v_2$$
$$=a_2c_2+a_2s_2-a_1c_2$$

在不考虑固定资本的条件下，第二部类生产价格形式的资本，就是生

产价格形式的成本，可以表示为 $a_1c_2+a_2v_2$。

第二部类生产价格形式的利润率，为第二部类生产价格形式的利润 $a_2c_2+a_2s_2-a_1c_2$ 与第二部类生产价格形式的资本 $a_1c_2+a_2v_2$ 之比，即

$$r_2=\frac{a_2c_2+a_2s_2-a_1c_2}{a_1c_2+a_2v_2} \tag{4-10}$$

在流通过程中，两部类生产价格形式的利润率相同，都等于生产价格形式的平均利润率，即

$$r_1=r_2=r$$

或

$$\frac{a_1v_1+a_1s_1-a_2v_1}{a_1c_1+a_2v_1}=\frac{a_2c_2+a_2s_2-a_1c_2}{a_1c_2+a_2v_2}=r \tag{4-11}$$

价值转形不能实现价值形式的平均利润率，但是，能够实现生产价格形式的平均利润率。在价值转形中，不存在不同部类或不同部门的生产价格形式的利润率不同的情况，因此，生产价格形式的平均利润率可以简称为生产价格形式的利润率。

（七）价值与生产价格联系方程或价值转形方程

生产价格形式的利润率相同条件（4-11）式，可以表示为

$$\frac{a_1v_1+a_1s_1-a_2v_1}{a_1c_1+a_2v_1}+1=\frac{a_2c_2+a_2s_2-a_1c_2}{a_1c_2+a_2v_2}+1=r+1 \tag{4-12}$$

（4-12）式可以分别表示为

$$(a_1c_1+a_2v_1)(1+r)=a_1(c_1+v_1+s_1) \tag{4-13}$$

和

$$(a_1c_2+a_2v_2)(1+r)=a_2(c_2+v_2+s_2) \tag{4-14}$$

这两个方程就是价值与生产价格联系方程或价值转形方程。

从形式上看，在价值转形方程中，剩余价值或利润表现为预付资本增殖的结果，剩余价值的真正来源看不到了。

只有在价值形式的再生产条件中，才能看出剩余价值是可变资本的产物。

（八）资本家最终得到或最终占有的剩余价值

资本家最终得到的或最终占有的剩余价值或价值形式的利润，既不是每个部类得到社会承认的剩余价值或价值形式的利润，也不是工人创造的剩余价值。

在简单再生产条件下，资本家得到的生产价格形式的利润，只用于购买生活资料。生产资本家得到的这些生活资料必须耗费工人的剩余劳动，

这些产品中工人的剩余劳动的凝结，才是资本家最终得到的剩余价值。资本家最终得到的剩余价值，要乘以第二部类的价值生产价格转化系数，才等于生产价格形式的利润。两部类资本家最终得到的剩余价值与生产价格形式的利润之间的关系可以分别表示为

$$a_2(s_1+s_{t1})=(a_1c_1+a_2v_1)r \tag{4-15}$$

和

$$a_2(s_2+s_{t2})=(a_1c_2+a_2v_2)r \tag{4-16}$$

最终得到剩余价值，是资本主义生产的唯一目的。

上面各方程表示的两部类价值转形的基本关系，构成了一元价值转形模型的基础。

第四节　两部类一元价值转形模型与四个系统

一、两部类一元价值转形模型

一元价值转形模型，表示如下。

（一）简单再生产条件方程组

$$v_1+s_1=c_2 \tag{4-17}$$

$$\frac{c_2}{v_2}=k_2 \tag{4-18}$$

$$\frac{s_1}{v_1}=\frac{s_2}{v_2}=e \tag{4-19}$$

（二）两部类价值转形方程组

$$a_1=\frac{c_1+v_1+s_1+s_{a1}}{c_1+v_1+s_1} \tag{4-20}$$

$$a_2=\frac{c_2+v_2+s_2+s_{a2}}{c_2+v_2+s_2} \tag{4-21}$$

$$s_{a1}+s_{a2}=0 \tag{4-22}$$

$$(a_1c_1+a_2v_1)(1+r)=a_1(c_1+v_1+s_1) \tag{4-23}$$

$$(a_1c_2+a_2v_2)(1+r)=a_2(c_2+v_2+s_2) \tag{4-24}$$

$$a_2(s_1+s_{t1})=(a_1c_1+a_2v_1)r \tag{4-25}$$

$$a_2(s_2+s_{t2})=(a_1c_2+a_2v_2)r \tag{4-26}$$

（三）各关系式的涵义

在一元价值转形模型中，各关系式的涵义分别如下：

（4－17）式为简单再生产条件。

（4－18）式为第二部类的资本有机构成。

（4－19）式为剩余价值率相同条件。

（4－20）式、（4－21）式分别为第一部类和第二部类的价值生产价格转化系数的定义。

（4－22）式表示两部类被社会多承认的剩余价值互相抵消。

（4－23）式、（4－24）式分别为第一部类和第二部类的价值转形方程。

（4－25）式、（4－26）式分别为第一部类和第二部类生产价格形式的利润与实际得到的剩余价值之间的关系。

二、两部类价值转形模型中的方程和变量

（一）简单再生产条件方程组中的方程和变量

该模型包括两个子方程组，共 10 个方程。前 3 个方程构成简单再生产条件方程组。简单再生产条件方程组反映生产过程中两部类耗费的物化劳动、耗费的活劳动中的必要劳动、耗费的活劳动中的剩余劳动之间的关系，满足价值形式的简单再生产条件，满足价值规律。后 7 个方程构成价值转形方程组。价值转形方程组反映价值与生产价格之间的联系，反映流通过程中两部类生产价格形式的资本、生产价格形式的利润率、价值生产价格转化系数、被社会多承认的剩余价值与不变资本、可变资本、剩余价值之间的关系，也反映两部类生产价格形式的利润与资本家实际得到的剩余价值之间的关系。该方程组满足生产价格形式的再生产条件和平均利润条件。

从时间方面考察，简单再生产条件方程组和价值转形方程组属于同一个生产资本循环周期。简单再生产条件方程组反映资本的生产阶段中各部类耗费的各种劳动之间的关系。价值转形方程组反映资本的售卖阶段和购买阶段中各部类实现的资本价值和剩余价值的关系。资本的售卖阶段和购买阶段在资本的生产阶段之后。因此，简单再生产条件方程组影响价值转形方程组，价值转形方程组不可能影响简单再生产条件方程组。

如果不考虑（4－19）式中的剩余价值率 e，那么，该模型包括 10 个方程。

在简单再生产条件方程组中，c_1、v_1、s_1、k_2 4 个变量为已知量或外生变量。c_2、v_2、s_2 这 3 个变量的形式，是未知变量或内生变量，内容则是已知量或外生变量。因为价值形式的变量反映生产中耗费的劳动，是价值转形的起点，应该是已知量。这 3 个变量采用内生变量形式的目的，是

为了保持变量之间的一致性。由简单再生产条件方程组的3个独立方程，可以求得唯一解。

（二）两部类价值转形方程组中的方程和变量

在价值转形方程组中，s_{a1}、s_{a2}、s_{t1}、s_{t2}、a_1、a_2、r 这7个变量为未知变量或内生变量。由价值转形方程组的7个独立方程，可以求得唯一解。

上述价值转形模型，是第一部类的不变资本、可变资本和剩余价值已知的情况下的一元价值转形模型。如果假设条件改变为 c_2、v_2、s_2、k_1 已知，c_1、v_1、s_1、s_{a1}、s_{a2}、s_{t1}、s_{t2}、a_1、a_2、r 未知，那么，只要将（4-13）式中的方程 $c_2/v_2=k_2$ 改变为 $c_1/v_1=k_1$，即可构成第二部类的不变资本、可变资本和剩余价值已知的情况下的一元价值转形模型。

三、矩阵形式的两部类一元价值转形模型

简单再生产条件下的两部类一元价值转形模型，不仅可以用方程组形式表示，而且可以用矩阵形式表示。

因为简单再生产条件下的两部类一元价值转形模型是非线性方程组，所以，必须首先在 s_{a1}、s_{a2}、a_1、a_2、r 这五个变量中，求得任意一个变量，才能将非线性方程组转变为线性方程组，才能用线性代数形式（即矩阵形式）表示一元价值转形模型。

为了方便，通常先用代数方法求与生产价格形式的利润率有关的参数 σ，进一步求生产价格形式的利润率 r，然后再用矩阵形式表示价值转形模型。由于篇幅限制，关于如何用矩阵形式表示简单再生产条件下的两部类一元价值转形模型，可以参考有关著作①，这里不再重复。

用矩阵代数形式表示简单再生产条件下的两部类一元价值转形模型，不是最好的数学表示形式，仅仅是表示形式简洁，但是，变量之间的关系表现得不明确。

四、两部类一元价值转形的四个系统

（一）两部类一元价值转形中的四个系统

在价值转形过程中，一共有四个系统：价值转形前工人创造的剩余价值和价值系统；价值转形后得到社会承认的剩余价值和价值系统，即社会承认的价值形式的利润和生产价格系统；价值转形后生产价格形式的利润

① 沈民鸣：《价值转形》，第一卷，北京，中国人民大学出版社，2014，第91～97页。

和价格形式的生产价格系统；价值转形后资本家实际得到的剩余价值和价值系统，即实现的价值形式的利润和生产价格系统。

价值转形中这四个系统可以表示如下，见表4-1至表4-4。

表4-1 价值转形前工人创造的剩余价值和价值

部类	不变资本	可变资本	剩余价值	产品价值
1	c_1	v_1	s_1	$c_1+v_1+s_1=c_1+c_2$
2	c_2	v_2	s_2	$c_2+v_2+s_2=v_1+v_2+s_1+s_2$
总和	c_1+c_2	v_1+v_2	s_1+s_2	$c_1+v_1+s_1+c_2+v_2+s_2$

表4-2 价值转形后价值形式的利润和生产价格（社会承认的）

部类	不变资本	可变资本	利润（社会承认的剩余价值）	生产价格（社会承认的价值）
1	c_1	v_1	s_1+s_{a1}	$c_1+v_1+s_1+s_{a1}$
2	c_2	v_2	s_2+s_{a2}	$c_2+v_2+s_2+s_{a2}$
总和	c_1+c_2	v_1+v_2	s_1+s_2	$c_1+v_1+s_1+c_2+v_2+s_2$

表4-3 价值转形后生产价格形式的利润和价格形式的生产价格

部类	不变资本	可变资本	利润（生产价格形式）	生产价格（价格形式）
1	a_1c_1	a_2v_1	$(a_1c_1+a_2v_1)r$	$a_1(c_1+v_1+s_1)$ $=(a_1c_1+a_2v_1)(1+r)$ $=c_1+v_1+s_1+s_{a1}$
2	a_1c_2	a_2v_2	$(a_1c_2+a_2v_2)r$	$a_2(c_2+v_2+s_2)$ $=(a_1c_2+a_2v_2)(1+r)$ $=c_2+v_2+s_2+s_{a2}$
总和	$a_1(c_1+c_2)$	$a_2(v_1+v_2)$	$(a_1c_1+a_2v_1$ $+a_1c_2+a_2v_2)r$	$c_1+v_1+s_1$ $+c_2+v_2+s_2$

表4-4 价值转形后价值形式的利润和生产价格（实现的）

部类	不变资本	可变资本	利润（实现的剩余价值）	生产价格（实现的价值）
1	c_1	v_1	$s_1+s_{t1}=(a_1c_1$ $+a_2v_1)r/a_2$	$c_1+v_1+s_1+s_{t1}$
2	c_2	v_2	$s_2+s_{t2}=(a_1c_2$ $+a_2v_2)r/a_2$	$c_2+v_2+s_2+s_{t2}$
总和	c_1+c_2	v_1+v_2	s_1+s_2	$c_1+v_1+s_1+c_2+v_2+s_2$

（二）四个系统之间的关系

（1）一元价值转形模型中，价值转形前工人创造的剩余价值和价值系统，反映生产过程中两部类耗费的物化劳动、必要劳动、剩余劳动之间的关系。产品只有生产出来才能进入流通过程。因此，这个系统是价值转形的起点，并且不受价值转形的影响，如表4－1所示，与（4－17）式、（4－18）式、（4－19）式表示的价值形式的简单再生产条件方程组对应。

（2）一元价值转形模型中，价值转形同时产生三个系统。这三个系统不是三种不同的价值转形，而是同一价值转形过程的三个不同方面，因而是三个互相联系又有区别的不同系统。这三个系统与反映流通过程的价值转形方程组对应。

从数学方面看，这三个系统中的所有未知变量是同时得到的。从逻辑方面看，这三个系统是分层次的。

在价值转形前后，两部类在生产中耗费的生产资料数量没有变化。工人消费的生活资料数量也没有变化。因此，生产这些生产资料和生活资料的劳动数量没有变化。也就是说，两部类的不变资本和可变资本的价值没有变化。发生在流通过程中的价值转形，不可能改变生产过程中已经耗费的物化劳动、必要劳动、剩余劳动。

（3）在价值转形后得到社会承认的价值形式的利润和生产价格系统中，不变资本、可变资本为价值形式，与价值转形前生产过程中耗费的物化劳动和必要劳动对应。每个部类得到社会承认的剩余价值，与这个部类工人创造的剩余价值一般不相同。所谓“得到社会承认的剩余价值”，是指为了同时满足平均利润和再生产条件，在所有资本家看来，某个部类应该得到的剩余价值或价值形式的利润。这个部类中的生产价格是由价值决定的，避免了由生产价格形式的不变资本和可变资本定义或说明生产价格将导致的循环定义。

由于这个系统既不满足平均利润条件，也不满足再生产条件，因此，这个系统中的利润既不是实际参加交换的剩余劳动，也不是实际占有的社会劳动。这个利润仅存在于观念中。因此，这个系统是为了避免对生产价格的循环定义而设立的。

这个系统如表4－2所示，与（4－20）式、（4－21）式、（4－22）式相对应。从该表中可以看出，虽然这个系统既不满足平均利润条件，也不满足再生产条件，但是，从（4－20）式、（4－21）式、（4－22）式可以看出，该系统决定了两部类的价值生产价格转化系数，从而为价值转形后生产价格形式的利润和价格形式的生产价格系统同时满足平均利润和再生产条件奠定了基础。

(4) 在价值转形后生产价格形式的利润和价格形式的生产价格系统中，不变资本、可变资本、利润均为生产价格形式。该系统用表 4-3 表示，与 (4-23) 式、(4-24) 式相对应。

由 (4-20) 式、(4-21) 式、(4-22) 式、(4-23) 式、(4-24) 式可以看出，在该系统中，价格形式的生产价格与表 4-2 中由价值决定的生产价格完全相同。因为生产价格与价值的偏离有两种表示方法：既可以用价值乘以一个不等于 1 的系数表示生产价格，也可以用价值加一个不等于 0 的数值表示生产价格。价值转形后得到社会承认的价值形式的利润和生产价格系统中的生产价格，已经准确地包含了对其价值的偏离。这种偏离是用每个部类产品的价值加一个不等于 0 的被社会多承认的剩余价值表示这个部类产品的生产价格。在转变为价值转形后生产价格形式的利润和价格形式的生产价格系统时，转变为用每个部类产品的价值乘以一个不等于 1 的价值生产价格转化系数表示这个部类产品的生产价格。因此，可以顺利地实现生产成本由价值形式向生产价格形式的转化。

这个系统同时满足生产价格形式的平均利润和再生产条件，是马克思将成本价格由价值形式修改为生产价格形式后希望得到的系统。

(5) 在价值转形后资本家实际得到的剩余价值和价值系统中，也就是在实现的价值形式的利润和生产价格系统中，不变资本、可变资本为价值形式。同样与价值转形前生产过程中耗费的物化劳动和必要劳动对应。该系统用表 4-4 表示，与 (4-25) 式、(4-26) 式相对应。

在这个系统中，实现的价值形式的利润，等于表 4-3 中的生产价格形式的利润除以生活资料生产部类的价值生产价格转化系数。在一元价值转形模型中，每个部类资本家实际得到的剩余价值或利润全部用于购买生活资料。实现的价值形式的利润反映了生产这些生活资料所耗费的劳动。

这个系统既不满足价值形式的平均利润条件，也不满足价值形式的再生产条件。也就是说，从价值的角度看，并没有实现平均利润和再生产条件。只是从生产价格的角度看，实现了平均利润和再生产条件。

(6) 由这四个系统的关系可以看出，在两部类一元价值转形中，价值转形前工人创造的剩余价值与价值，决定价值转形后得到社会承认的价值形式的利润与生产价格；价值转形后得到社会承认的价值形式的利润与生产价格，决定生产价格形式的利润与价格形式的生产价格；生产价格形式的利润与价格形式的生产价格，决定资本家实际得到的剩余价值与价值。

虽然价值转形后实现的价值形式的利润和生产价格系统不满足平均利

润和再生产条件，但是，这个系统中的利润和生产价格，是资本家实际占有的剩余劳动和社会劳动，是隐藏在生产价格背后并支配生产价格的价值。得到这些最终占有的剩余劳动和社会劳动，是资本家从事资本主义生产的唯一目的，也是雇佣劳动制度的基本特征。

第五节　两部类一元价值转形是辩证关系

一元价值转形，是极其复杂的问题。仅仅利用形式逻辑这样简单的方法，不可能解决价值转形这样复杂的问题。要解决一元价值转形，必须利用辩证法。

一元价值转形，是对立统一的关系。生产与流通是对立统一的，也就是价值与生产价格是对立统一的。

生产过程中两部类的不变资本、可变资本、剩余价值满足价值形式的简单再生产条件，也就是满足价值规律。流通过程中产品不是按照价值交换，而是按照生产价格交换，满足生产价格形式的简单再生产条件。资本家得到的不是所在部类生产的剩余价值，而是生产价格形式的利润。因此，生产价格与价值是对立的。

虽然两部类的生产价格与价值不同，但是，流通过程中的生产价格和生产价格形式的利润，完全由生产过程中耗费的物化劳动和活劳动（包括必要劳动、剩余劳动）决定，也就是由价值和剩余价值决定。同时，生产价格总和等于价值总和。两部类资本家最终得到的剩余价值和价值，由生产价格形式的利润和生产价格决定。因此，生产价格与价值是统一的。

一元价值转形，是由量变到质变的过程。在一元价值转形中，剩余价值在资本家之间分配，由生产过程中耗费的劳动决定，同时，受资本有机构成不同的影响。

利润率低的部类，多得到一部分社会承认的剩余价值，得到社会承认的剩余价值逐渐增加，使得该部类的生产价格不断提高，逐渐偏离其价值。利润率高的部类，少得到一部分社会承认的剩余价值，得到社会承认的剩余价值逐渐减少，使得该部类的生产价格不断降低，也逐渐偏离其价值。当两部类被社会多承认的剩余价值，或少得到的社会承认的剩余价值，达到某一数量界限时，两部类的生产价格正好同时满足生产价格形式的平均利润条件和简单再生产条件。多得到社会承认的剩余价值的量的变化，引起从不能同时满足平均利润条件和简单再生产条件到同时满足生产价格形式的平均利润条件和简单再生产条件的质的转变，实现由量变到质变的转变。

这种实现价值转形的方式，与马克思实现价值转形的方式的相同之处在于，都发生剩余价值转移；不同之处在于，马克思通过剩余价值转移的数量达到一定程度，直接实现平均利润，但是不满足再生产条件，而这种实现价值转形的方式，通过被社会承认的剩余价值的数量变化达到某一界限，恰好反映社会对这些部门的产品价值的承认程度，或生产价格偏离价值的程度，为同时满足生产价格形式的平均利润条件和再生产条件奠定了基础。

一元价值转形，是否定之否定。

同时满足生产价格形式的平均利润条件和再生产条件，并不是价值转形的结束。资本家用生产价格形式的平均利润购买剩余产品，与生产这些剩余产品所耗费的劳动相应的剩余价值，才是每个部门资本家最终占有的剩余价值。

生产价格形式的利润和生产价格，是对剩余价值和价值的否定。由剩余价值和价值到生产价格形式的利润和生产价格的转变，是第一次否定。资本家最终得到的剩余价值和价值，是对生产价格形式利润和生产价格的否定。由生产价格形式的利润和生产价格到资本家最终得到的剩余价值和价值的转变，是第二次否定，也就是对否定的否定。第二次否定并没有退回到第一次否定之前的剩余价值和价值。

因此，一元价值转形是辩证关系。

第六节 “两个等于”问题与两部类一元价值转形的特点

一、马克思的“两个等于”的观点成立的范围

马克思认为：“一切不同生产部门的利润的总和，必然等于剩余价值的总和；社会总产品的生产价格的总和，必然等于它的价值的总和。”①

这个观点是否成立呢？

价值转形后，利润和生产价格表现为几种不同形式。在两部类一元价值转形模型中，包含被社会多承认的剩余价值 s_{a1}、s_{a2}。平均利润和生产价格的形成过程，是在资本家之间按照等量资本获得等量利润的原则，对

① 《马克思恩格斯全集》，第25卷，北京，人民出版社，1974，中文1版，第193页。

剩余价值进行分配的过程。由于社会总劳动没有发生变化，反映社会总劳动的社会产品价值总额也不会发生变化，因此，一个部类被社会多承认的剩余价值，等于另一个部类被社会少承认的剩余价值。由（4－22）式可以直接得到

$$(s_1+s_{a1})+(s_2+s_{a2})=s_1+s_2 \tag{4-27}$$

和

$$\begin{aligned}&(c_1+v_1+s_1+s_{a1})+(c_2+v_2+s_2+s_{a2})\\=&(c_1+v_1+s_1)+(c_2+v_2+s_2)\end{aligned} \tag{4-28}$$

即得到社会承认的价值形式的利润总和，等于剩余价值总和；得到社会承认的价值形式的生产价格总和，等于价值总和。这是由（4－22）式决定的，因此不需要证明。

在价值转形后生产价格形式的利润和价格形式的生产价格系统中，由（4－20）式、（4－21）式、（4－22）式可以得到，价格形式的生产价格总和或得到社会承认的价值形式的生产价格总和为

$$\begin{aligned}&a_1(c_1+v_1+s_1)+a_2(c_2+v_2+s_2)\\=&(c_1+v_1+s_1+s_{a1})+(c_2+v_2+s_2+s_{a2})\\=&(c_1+v_1+s_1)+(c_2+v_2+s_2)\end{aligned} \tag{4-29}$$

即价格形式的生产价格总和，等于价值总和。但是，生产价格形式的利润总和，一般不等于剩余价值总和。

在价值转形后资本家实际得到的或实现的价值形式的利润和生产价格系统中，由（4－17）式、（4－23）式、（4－24）式、（4－25）式、（4－26）式，可以得到第一部类和第二部类资本家实际多得到的剩余价值分别为

$$s_{t1}=\left(\frac{a_1}{a_2}-1\right)c_2 \tag{4-30}$$

和

$$s_{t2}=\left(1-\frac{a_1}{a_2}\right)c_2 \tag{4-31}$$

因此

$$s_{t1}+s_{t2}=0 \tag{4-32}$$

即两部类的资本家多得到的剩余价值之和为 0。那么

$$(s_1+s_{t1})+(s_2+s_{t2})=s_1+s_2 \tag{4-33}$$

即两部类的资本家实际得到的价值形式的利润之和，等于两部类的工人创造的剩余价值之和。同时

$$(c_1+v_1+s_1+s_{t1})+(c_2+v_2+s_2+s_{t2})$$

$$=(c_1+v_1+s_1)+(c_2+v_2+s_2) \quad (4-34)$$

即两部类资本家实际得到的价值形式的生产价格之和，等于两部类的产品价值之和。马克思的“两个等于”的观点，在这种情况下成立。

可见，马克思“两个等于”的观点，在价值转形后得到社会承认的价值形式的利润和生产价格系统与价值转形前工人创造的剩余价值和价值系统之间成立；在价值转形后资本家实际得到的价值形式的利润和生产价格系统与价值转形前工人创造的剩余价值和价值系统之间也成立。

在价值转形后生产价格形式的利润和价格形式的生产价格系统与价值转形前工人创造的剩余价值和价值系统之间，生产价格形式的利润之和不等于剩余价值之和，但是，价格形式的生产价格之和等于价值之和。

二、马克思的“两个等于”是生产决定流通的必然结果

通过（4－33）式、（4－34）式，在价值转形后资本家实际得到的价值形式的利润和生产价格系统与价值转形前工人创造的剩余价值和价值系统之间，马克思的“两个等于”的观点似乎通过数学方法得到了证明。但是，这是一个重大误解。

必须注意，“两个等于”不是通过数学方法证明的，而是生产决定流通这个事实的必然结果。“两个等于”不仅不是通过价值转形得到的结果，相反，“两个等于”是价值转形的前提。这个前提不是假设前提，而是客观存在。

任何人都不得不承认，产品只有生产出来才能进入流通过程从而被消费，剩余价值只有生产出来才能在流通过程中在资本家之间分配。任何人都不可能消费还没有生产出来的产品，也不可能分配还没有生产出来的剩余价值。当包含剩余劳动的产品进入流通过程时，生产过程已经结束，生产过程中耗费的各种劳动已经确定，无法改变。无论怎样分配剩余价值和价值，都不可能改变剩余劳动总量和劳动总量。因此，“两个等于”是由因果关系决定的，也就是由逻辑关系决定的。“两个等于”是铁一样的事实，是客观存在。

在推导（4－33）式、（4－34）式的过程中，利用了价值形式的再生产条件（4－17）式。价值形式的再生产条件，反映生产过程中各部类耗费的物化劳动、必要劳动、剩余劳动之间的关系。在价值转形模型中，价值形式的再生产条件方程组是价值转形方程组的基础。价值形式的再生产条件方程组决定价值转形方程组，它不受价值转形方程组的影响。因此，

（4－33）式、（4－34）式并不表示通过数学方法可以证明“两个等于”，只是以数学形式重申，剩余价值的生产决定剩余价值的分配，也就是生产决定流通，或价值决定生产价格。

三、马克思要在各部类生产的剩余价值与流通过程中分配的剩余价值之间建立联系

值得注意的是，马克思不是要在各部类生产的剩余价值与流通过程中剩余价值的表现形式之间建立联系，而是要在各部类生产的剩余价值与流通过程中分配的剩余价值之间建立联系。流通过程中剩余价值的表现形式是生产价格形式的利润，而流通过程中分配的剩余价值是各部类资本家最终得到的剩余价值。通过对一元价值转形的考察可以看出，二者有密切联系，但是不相同。在简单再生产条件下，二者相差一个系数——第二部类的价值生产价格转化系数。各部类资本家最终得到的剩余价值与第二部类的价值生产价格转化系数之积，等于这个部类的生产价格形式的利润。因此，“两个等于”必然成立。

同样值得注意的是，在各部类生产的剩余价值与观念上对各部类生产的剩余价值的承认之间，“两个等于”也成立。

四、两部类一元价值转形的特点

通过以上分析可以看出，这里提出的简单再生产条件下的两部类一元价值转形模型，与鲍特凯维兹等经济学家提出的价值转形模型完全不同。

该模型不仅反映流通过程中不同部类之间按照生产价格交换产品的关系，也就是流通过程中满足生产价格形式的再生产条件，而且反映生产过程中不同部类耗费的劳动的比例关系，也就是满足价值形式的再生产条件。

该模型反映生产决定流通。当产品进入流通过程时，生产过程已经结束。无论在流通过程中如何分配剩余价值，都无法改变生产过程中已经耗费的各种劳动。因此，不仅“两个等于”必然成立，而且不需要米克所谓的“不变性假设条件”。

该模型用价值形式的成本与剩余价值确定生产价格，不存在鲍特凯维兹等经济学家的模型中，用生产价格形式的成本与利润确定生产价格的循环定义的错误。

该模型是利用辩证法建立的，体现了对立统一的关系、由量变到质变的关系、否定之否定的关系；体现了生产资本通过生产过程实现价值增

殖，通过流通过程不仅实现商品的价值与其中的剩余价值，而且完成购买生产资料与劳动力的过程，为下一次生产过程做好准备，从而来到新的生产资本的起点。该模型完整地反映了资本循环的运动过程。

第七节　两部类一元价值转形模型的解与数例

一、两部类一元价值转形模型的解

求两部类价值转形模型的解，通常按照以下顺序：

（1）求参数 σ 和生产价格形式的利润率 r。

（2）求价值生产价格转化系数 a_1、a_2。

（3）求各部类被社会多承认的剩余价值 s_{a1}、s_{a2}。

（4）求各部类多得到的剩余价值 s_{t1}、s_{t2}。

（一）求参数 σ 和生产价格形式的利润率 r

在 s_{a1}、s_{a2}、a_1、a_2、r 这五个变量中，可以先求得任意一个变量，再求其他变量。但是，为了方便，通常先求参数 σ 和生产价格形式的利润率 r。令

$$f_1 = \frac{v_1}{c_1} = \frac{1}{k_1} \tag{4-35}$$

$$f_2 = \frac{v_2}{c_2} = \frac{1}{k_2} \tag{4-36}$$

$$g_1 = \frac{c_1 + v_1 + s_1}{c_1} \tag{4-37}$$

$$g_2 = \frac{c_2 + v_2 + s_2}{c_2} \tag{4-38}$$

$$\sigma = 1 + r \tag{4-39}$$

将（4-35）式、（4-36）式、（4-37）式、（4-38）式、（4-39）式代入（4-20）式、（4-21）式、（4-22）式、（4-23）式、（4-24）式，可以得到

$$(a_1 + a_2 f_1)\sigma = a_1 g_1 \tag{4-40}$$

$$(a_1 + a_2 f_2)\sigma = a_2 g_2 \tag{4-41}$$

$$a_1 c_1 g_1 + a_2 c_2 g_2 = c_1 g_1 + c_2 g_2 \tag{4-42}$$

由（4-40）式得

$$a_1 = \frac{\sigma f_1 a_2}{g_1 - \sigma} \tag{4-43}$$

由（4－41）式得

$$a_2 = \frac{\sigma a_1}{g_2 - {}_2\sigma} \tag{4－44}$$

由（4－43）式、（4－44）式得

$$(f_1 - f_2)\sigma^2 + (f_2 g_1 + g_2)\sigma - g_1 g_2 = 0 \tag{4－45}$$

解方程得到

$$\sigma = \frac{-(f_2 g_1 + g_2)}{2(f_1 - f_2)} \pm \frac{\sqrt{(f_2 g_1 + g_2)^2 + 4(f_1 - f_2)g_1 g_2}}{2(f_1 - f_2)} \tag{4－46}$$

（4－46）式可以表示为

$$\sigma = \frac{f_2 g_1 + g_2 \pm \sqrt{(g_2 - f_2 g_1)^2 + 4 f_1 g_1 g_2}}{2(f_2 - f_1)} \tag{4－47}$$

如果第一部类资本有机构成低于第二部类资本有机构成，即

$$\frac{c_1}{v_1} < \frac{c_2}{v_2} \tag{4－48}$$

那么

$$f_1 > f_2 \tag{4－49}$$

如果（4－47）式的平方根前取正号，那么

$$\sigma < 0 \tag{4－50}$$

与

$$\sigma = r + 1 \geqslant 1 \tag{4－51}$$

矛盾。在这种情况下，（4－47）式的平方根前只能取负号。

如果第一部类资本有机构成高于第二部类资本有机构成，即

$$\frac{c_1}{v_1} > \frac{c_2}{v_2} \tag{4－52}$$

那么

$$f_1 < f_2 \tag{4－53}$$

由于

$$\sqrt{(g_2 - f_2 g_1)^2 + 4 f_1 g_1 g_2} > g_2 - f_2 g_1 \tag{4－54}$$

因此，如果（4－47）式的平方根前取正号，那么

$$(f_2 g_1 + g_2) + \sqrt{(g_2 - f_2 g_1)^2 + 4 f_1 g_1 g_2} > 2g_2 \tag{4－55}$$

由（4－47）式、（4－55）式可知

$$\sigma > \frac{g_2}{f_2 - f_1} \tag{4－56}$$

但是由（4-41）式，可以得到

$$\sigma=\frac{g_2}{\frac{a_1}{a_2}+f_2} \tag{4-57}$$

因为

$$\sigma=\frac{g_2}{\frac{a_1}{a_2}+f_2}<\frac{g_2}{f_2}<\frac{g_2}{f_2-f_1} \tag{4-58}$$

所以，显然（4-58）式与（4-56）式矛盾。在这种情况下，（4-47）式的平方根前只能取负号。

因此，无论第一部类资本有机构成高于第二部类资本有机构成，还是第一部类资本有机构成低于第二部类资本有机构成，（4-47）式的平方根前只能取负号，即

$$\begin{aligned}\sigma&=\frac{f_2g_1+g_2-\sqrt{(g_2-f_2g_1)^2+4f_1g_1g_2}}{2(f_2-f_1)}\\&=\frac{f_2g_1+g_2-\sqrt{(f_2g_1-g_2)^2+4f_1g_1g_2}}{2(f_2-f_1)}\end{aligned} \tag{4-59}$$

由（4-39）式、（4-59）式，可以得到生产价格形式的利润率：

$$r=\sigma-1 \tag{4-60}$$

如果第一部类资本有机构成等于第二部类资本有机构成，那么，由（4-39）式、（4-46）式、（4-47）式可以看出，生产价格形式的利润率为有限值的必要条件是，（4-47）式的平方根前取负号。但是，这种情况可以直接得到价值形式的平均利润率，不存在价值转形，也不属于这里讨论的范围。

（二）参数 σ 的实系数一元二次方程中实数根的存在性

因为

$$(f_2g_1-g_2)^2+4f_1g_1g_2>0 \tag{4-61}$$

所以，（4-59）式中的 σ 一定是方程（4-45）式的实数根。

（三）求价值生产价格转化系数

由（4-42）式得

$$a_2=\frac{(1-a_1)c_1g_1+c_2g_2}{c_2g_2} \tag{4-62}$$

将 σ 和（4-62）式代入（4-43）式，得

$$a_1=\frac{\sigma f_1[(1-a_1)c_1g_1+c_2g_2]}{c_2g_2(g_1-\sigma)} \tag{4-63}$$

因此

$$a_1 = \frac{\sigma f_1(c_1g_1 + c_2g_2)}{c_2g_2(g_1 - \sigma) + f_1c_1g_1\sigma} \tag{4-64}$$

将（4-64）式代入（4-44）式，得

$$a_2 = \frac{\sigma^2 f_1(c_1g_1 + c_2g_2)}{(g_2 - f_2\sigma)[c_2g_2(g_1 - \sigma) + f_1c_1g_1\sigma]} \tag{4-65}$$

利用克莱姆准则，同样可以求价值生产价格转化系数。(4-40）式可以表示为

$$(\sigma - g_1)a_1 + f_1\sigma a_2 = 0 \tag{4-66}$$

由（4-66）式、(4-42）式构成的方程组，根据克莱姆准则，可以得到价值生产价格转化系数：

$$a_1 = \frac{\begin{vmatrix} 0 & f_1\sigma \\ c_1g_1 + c_2g_2 & c_2g_2 \end{vmatrix}}{\begin{vmatrix} \sigma - g_1 & f_1\sigma \\ c_1g_1 & c_2g_2 \end{vmatrix}} = \frac{-f_1\sigma(c_1g_1 + c_2g_2)}{c_2g_2(\sigma - g_1) - c_1g_1f_1\sigma} \tag{4-67}$$

和

$$a_2 = \frac{\begin{vmatrix} \sigma - g_1 & 0 \\ c_1g_1 & c_1g_1 + c_2g_2 \end{vmatrix}}{\begin{vmatrix} \sigma - g_1 & f_1\sigma \\ c_1g_1 & c_2g_2 \end{vmatrix}} = \frac{(c_1g_1 + c_2g_2)(\sigma - g_1)}{c_2g_2(\sigma - g_1) - c_1g_1f_1\sigma} \tag{4-68}$$

显然，(4-64）式和（4-67）式表示的第一部类的价值生产价格转化系数是相同的。由（4-43）式、(4-44）式得

$$\frac{\sigma^2 f_1}{g_2 - f_2\sigma} = g_1 - \sigma \tag{4-69}$$

因此，(4-65）式和（4-68）式表示的第二部类的价值生产价格转化系数也是相同的。

（四）求两部类被社会多承认的剩余价值

将（4-67）式、(4-68）式分别代入（4-20）式、(4-21）式，可以得到两部类被社会多承认的剩余价值 s_{a1}、s_{a2}。由（4-20）式，得到第一部类被社会多承认的剩余价值为

$$s_{a1} = (a_1 - 1)(c_1 + v_1 + s_1) \tag{4-70}$$

由（4-21）式，得到第二部类被社会多承认的剩余价值为

$$s_{a2} = (a_2 - 1)(c_2 + v_2 + s_2) \tag{4-71}$$

（五）求两部类多得到的剩余价值

将（4-67）式、(4-68）式得到的结果 a_1 和 a_2，以及由（4-60）式得到的生产价格形式的利润率 r，代入（4-25）式、（4-26）式，或将

(4－67)式、(4－68)式得到的结果 a_1 和 a_2 代入(4－30)式、(4－31)式，可以得到第一部类和第二部类资本家实际多得到的剩余价值 s_{t1}、s_{t2}。

(六) 矩阵形式的两部类一元价值转形模型的解

简单再生产条件下的两部类一元价值转形模型是非线性模型，因此，无法用线性代数的方式得到生产价格形式的利润率。要用代数方法得到与生产价格形式的利润率有关的参数 σ，以及生产价格形式的利润率 r。

得到两部类一元价值转形的参数 σ 与生产价格形式的利润率 r 之后，再用矩阵形式表示两部类一元价值转形的两部类的价值生产价格转化系数、两部类被社会多承认的剩余价值、两部类多得到的剩余价值等内生变量。

用矩阵形式表示简单再生产条件下的两部类一元价值转形模型的解，表达形式更简洁。

由于篇幅限制，关于如何用矩阵形式表示简单再生产条件下的两部类一元价值转形模型的解，可以参考有关著作①，这里不再重复。

二、两部类一元价值转形的数例

这里通过一个数例，说明如何实现简单再生产条件下的两部类一元价值转形，以及马克思的“两个等于”的观点在什么范围成立。

假设第一部类生产过程中耗费的物化劳动或不变资本为 $c_1=4\ 000$，耗费的必要劳动或可变资本为 $v_1=1\ 000$，耗费的剩余劳动或剩余价值为 $s_1=1\ 000$，第二部类的资本有机构成为 $k_2=2$。

在一元价值转形模型中，由(4－17)式可以得到第二部类的不变资本：

$$c_2=v_1+s_1=2\ 000 \tag{4-72}$$

由(4－18)式可以得到第二部类的可变资本：

$$v_2=\frac{c_2}{k_2}=1\ 000 \tag{4-73}$$

由(4－19)式可以得到第二部类的剩余价值：

$$s_2=ev_2=1\ 000 \tag{4-74}$$

由两部类生产过程中耗费的物化劳动或不变资本 c_2、c_2，耗费的必要劳动或可变资本 v_1、v_2，耗费的剩余劳动或剩余价值 s_1、s_2，得到价值转形前工人创造的剩余价值和价值，可以用表 4－5 表示。

① 沈民鸣：《价值转形》，第一卷，北京，中国人民大学出版社，2014，第 97～99 页。

表 4－5　　价值转形前工人创造的剩余价值和价值

部类	不变资本	可变资本	剩余价值	产品价值
1	4 000	1 000	1 000	6 000
2	2 000	1 000	1 000	4 000
总和	6 000	2 000	2 000	10 000

将以上得到的结果 c_2、v_2、s_2，以及 c_1、v_1、s_1 代入（4－35）式、（4－36）式、（4－37）式、（4－38）式，得到参数：

$$f_1=\frac{v_1}{c_1}=\frac{1}{4} \tag{4-75}$$

$$f_2=\frac{v_2}{c_2}=\frac{1}{2} \tag{4-76}$$

$$g_1=\frac{c_1+v_1+s_1}{c_1}=\frac{3}{2} \tag{4-77}$$

$$g_2=\frac{c_2+v_2+s_2}{c_2}=2 \tag{4-78}$$

将由（4－35）式、（4－36）式、（4－37）式、（4－38）式得到的参数 f_1、f_2、g_1、g_2 代入（4－59）式，可以得到与生产价格形式的利润率有关的参数：

$$\sigma=\frac{f_2g_1+g_2-\sqrt{(f_2g_1-g_2)^2+4f_1g_1g_2}}{2(f_2-f_1)}$$
$$=1.227\ 998\ 127\ 3 \tag{4-79}$$

将由（4－79）式得到与生产价格形式的利润率有关的参数 σ 代入（4－60）式，可以得到生产价格形式的利润率：

$$r=\sigma-1=0.2\ 279\ 981\ 273 \tag{4-80}$$

将 c_1、c_2、f_1、g_1、g_2、σ 代入（4－67）式、（4－68）式，可以得到价值生产价格转化系数：

$$a_1=\frac{\begin{vmatrix}0 & f_1\sigma\\ c_1g_1+c_2g_2 & c_2g_2\end{vmatrix}}{\begin{vmatrix}\sigma-g_1 & f_1\sigma\\ c_1g_1 & c_2g_2\end{vmatrix}}=1.047\ 778\ 298\ 0 \tag{4-81}$$

和

$$a_2=\frac{\begin{vmatrix}\sigma-g_1 & 0\\ c_1g_1 & c_1g_1-c_2g_2\end{vmatrix}}{\begin{vmatrix}\sigma-g_1 & f_1\sigma\\ c_1g_1 & c_2g_2\end{vmatrix}}=0.928\ 332\ 553\ 1 \tag{4-82}$$

由（4-20）式，得到第一部类被社会多承认的剩余价值：

$$s_{a1}=(a_1-1)(c_1+v_1+s_1)=286.669\ 787\ 764\ 6 \qquad (4-83)$$

由（4-21）式，得到第二部类被社会多承认的剩余价值：

$$s_{a2}=(a_2-1)(c_2+v_2+s_2)=-286.669\ 787\ 764\ 6 \qquad (4-84)$$

由（4-30）式，得到第一部类多得到的或多占有的剩余价值：

$$s_{t1}=(\frac{a_1}{a_2}-1)c_2=257.333\ 957\ 552\ 9 \qquad (4-85)$$

由（4-31）式，得到第二部类多得到的或多占有的剩余价值：

$$s_{t2}=(1-\frac{a_1}{a_2})c_2=-257.333\ 957\ 552\ 9 \qquad (4-86)$$

由这些结果，可以得到表4-6、表4-7和表4-8。

表4-6　价值转形后价值形式的利润和生产价格（社会承认的）

部类	不变资本	可变资本	利润（社会承认的剩余价值）	生产价格（社会承认的价值）
1	4 000	1 000	1 286.669 8	6 286.669 8
2	2 000	1 000	713.330 2	3 713.330 2
总和	6 000	2 000	2 000	10 000

表4-7　价值转形后生产价格形式的利润和价格形式的生产价格

部类	不变资本	可变资本	利润（价格形式）	生产价格（价格形式）
1	4 191.113 2	928.332 6	1 167.224 0	6 286.669 8
2	2 095.556 6	928.332 6	689.441 1	3 713.330 2
总和	6 286.669 8	1 856.665 1	1 856.665 1	10 000

表4-8　价值转形后价值形式的利润和生产价格（实现的）

部类	不变资本	可变资本	利润（实现的剩余价值）	生产价格（实现的价值）
1	4 000	1 000	1 257.334 0	6 257.334 0
2	2 000	1 000	742.666 0	3 742.666 0
总和	6 000	2 000	2 000	10 000

由表4-5、表4-6、表4-7、表4-8可以看出：两部类价值转形模型对应的四个系统中，在价值转形后得到的生产价格形式的利润和价格形式的生产价格表中，生产价格形式的利润总和不等于剩余价值总和，价格形式的生产价格总和等于价值总和。在社会承认的价值形式的利润和生产价格表，以及实现的价值形式的利润和生产价格表中，都满足利润总和等于剩余价值总和，生产价格总和等于价值总和。

通过上面的考察，证明在两部类的简单再生产问题中，能够实现价值转形，也就是剩余价值能够转变为利润，价值能够转变为生产价格。特别

值得注意的是，在这里考察的一元价值转形中，资本并没有流动，也就是生产资料和劳动力都没有流动，这就证明，资本流动不是实现价值转形的必要条件，也不是实现价值转形的真正途径。

第八节　用简单再生产方式考察扩大再生产条件下的价值转形中的变量的变化

上面考察的简单再生产条件下的两部类价值转形中，变量都没有发生变化。

在马克思考察的利润率趋向下降的问题中，资本有机构成提高，剩余价值率提高，利润率下降。这种条件下的价值转形，不是简单再生产条件下的价值转形，而是扩大再生产条件下的价值转形。由于各部类或各部门的生产率提高，这种条件下的价值转形，不是外延扩大再生产条件下的价值转形，而是内涵扩大再生产条件下的价值转形。

在考察马克思的利润率趋向下降的问题时，没有理由假设两部类的资本有机构成相同，更一般地，没有理由假设两部门、多部类、多部门的资本有机构成相同。既然在一般条件下两部类的资本有机构成不同，那么就必然存在价值转形。

因为完全用解析方式考察资本有机构成与剩余价值率共同提高对利润率的影响过于复杂，所以，这里用解析与数例相结合的方式考察资本有机构成与剩余价值率共同提高对利润率的影响。

这里，不直接考察内涵扩大再生产条件下的价值转形中的变量的变化，而是采用考察简单再生产条件下的价值转形的方式，来考察内涵扩大再生产条件下的价值转形中的变量的变化。具体地说，通过一系列外生变量连续变化的简单再生产条件下的价值转形的数例，考察资本有机构成与剩余价值率共同提高对利润率的影响，通过其中各种变量的不同数量的对比，反映这些变量的变化关系。各种外生变量连续变化的简单再生产条件下的价值转形的数例，可以近似地反映内涵扩大再生产条件下的价值转形。

这样进行考察有两个主要原因。

第一，内涵扩大再生产条件下的价值转形相当复杂，不仅要解大型非线性模型，而且要使用时间序列分析方法。如果直接考察内涵扩大再生产条件下的价值转形中的变量的变化，那么，不仅将使我们的考察变得过于复杂，篇幅过大，而且不利于发现和解决价值转形中最基本的矛盾——剩

余价值如何实现。

第二，在简单再生产条件下，虽然资本不流动，但是，必须实现价值转形。这说明实现价值转形的真正途径，并不是资本流动。如果分析扩大再生产情况下的价值转形，那么，很难发现资本流动无法解释价值转形，更不容易发现实现价值转形的真正途径。

第三，用边际效用价值论确定边际成本、边际收益率或边际产品价格，要求成本、利润、生产价格发生变化。在简单再生产条件下，这些量都不变，根本不存在边际成本、边际收益率和边际产品价格，也无法确定成本、利润、生产价格。但是，通过价值转形，用劳动价值论可以确定成本、利润、生产价格。

因此，通过简单再生产条件下价值转形，可以证明边际价值论不成立，可以证明马克思的劳动价值论是正确的。

第四，内涵扩大再生产本身不具有唯一性。事实上，扩大再生产有无数种方式。任何一种方式的扩大再生产，都是无数种可能的扩大再生产的方式中的一种，都不具有唯一性。

扩大再生产不具有唯一性，内涵扩大再生产条件下的价值转形也就不具有唯一性。如果这样进行考察，那么，即使得到结论，这种价值转形的结论也依赖于某一种具体的内涵扩大再生产的方式。为了使我们的考察具有唯一性，这里考察各种不同数例的简单再生产条件下的价值转形。简单再生产条件下的价值转形中的外生变量的变化，引起各种内生变量的变化。通过不同数例的对比，可以比较准确地反映这些变量之间的变化关系。

至于如何从一组外生变量转变到另一组外生变量，不属于这里考察的范围。对此感兴趣，并且需要进一步研究的读者，可以参考考察扩大再生产条件下的价值转形的有关著作①。

第九节　主要变量与两部类价值形式的资本有机构成、剩余价值率的关系

一、主要变量与第一部类价值形式的资本有机构成的关系

（一）两部类一元价值转形中最基本的外生变量

从现象看，在一元价值转形中，存在多个经济变量，例如，第一部类

① 沈民鸣：《价值转形》，第三卷，北京，中国人民大学出版社，2014，第1079～1555页。

价值形式的不变资本、第一部类价值形式的可变资本、第一部类的剩余价值、第一部类的产品价值、第一部类被社会多承认的剩余价值、第一部类多得到的剩余价值、第一部类价值形式的资本、第一部类价值形式的成本、第一部类价值形式的资本有机构成、第一部类价值形式的利润率、第一部类生产价格形式的不变资本、第一部类生产价格形式的可变资本、第一部类生产价格形式的资本有机构成、第一部类生产价格形式的利润、第一部类生产价格形式的资本、第一部类生产价格形式的成本、第一部类的价值生产价格转化系数、第二部类价值形式的不变资本、第二部类价值形式的可变资本、第二部类的剩余价值、第二部类的产品价值、第二部类被社会多承认的剩余价值、第二部类多得到的剩余价值、第二部类价值形式的资本、第二部类价值形式的成本、第二部类价值形式的资本有机构成、第二部类价值形式的利润率、第二部类生产价格形式的不变资本、第二部类生产价格形式的可变资本、第二部类生产价格形式的资本有机构成、第二部类生产价格形式的利润、第二部类生产价格形式的资本、第二部类生产价格形式的成本、第二部类的价值生产价格转化系数、两部类价值形式的总不变资本、两部类价值形式的总可变资本、两部类的总剩余价值、两部类的总产品价值、两部类价值形式的总资本、两部类价值形式的总成本、两部类生产价格形式的总不变资本、两部类生产价格形式的总可变资本、两部类生产价格形式的总利润、两部类的总产品生产价格、两部类生产价格形式的总资本、两部类生产价格形式的总成本、生产价格形式的利润率等。

从本质看，在两部类一元价值转形中，由于生产决定流通，剩余价值的生产决定剩余价值的分配，因此，价值形式的不变资本、价值形式的可变资本、剩余价值、剩余价值率、价值形式的资本有机构成、价值形式的平均利润率都与剩余价值分配无关，都是自变量或外生变量，而被社会多承认的剩余价值、多得到的剩余价值与各种生产价格形式的变量都与剩余价值分配有关，都是通过价值转形产生的因变量或内生变量。

价值形式的不变资本、价值形式的可变资本、剩余价值是与生产规模的绝对值有关的变量。这些变量具有量纲。剩余价值率、价值形式的资本有机构成、价值形式的平均利润率是与生产规模的绝对值无关的变量。这些变量没有量纲。我们的考察不涉及具体的量纲。

虽然在两部类一元价值转形中，价值形式的总资本有机构成、价值形式的平均利润率都与剩余价值分配无关，都是自变量或外生变量，但是，价值形式的总资本有机构成是第一部类价值形式的资本有机构成、第二部类价值形式的资本有机构成与剩余价值率的函数，价值形式的平均利润率是剩余价值率与价值形式的总资本有机构成的函数。

在对两部类一元价值转形的各种变量之间的关系的考察中，真正的、独立的自变量或外生变量只有三个：第一部类价值形式的资本有机构成、第二部类价值形式的资本有机构成与剩余价值率。这三个变量的共同特点是，都是无量纲的纯数值，与生产规模的绝对数值无关，只与生产力发展水平和剥削程度有关。

本章考察各种变量与这三个基本变量的关系。重点考察两部类一元价值转形中价值形式的平均利润率、生产价格形式的利润率、价值形式的总资本有机构成与第一部类价值形式的资本有机构成、第二部类价值形式的资本有机构成、剩余价值率的关系。

两部类一元价值转形中价值形式的平均利润率与资本有机构成的关系，将在第五章考察。两部类一元价值转形中生产价格形式的平均利润率与资本有机构成的关系，将在第六章考察。

为了便于考察，在这三个独立的自变量或外生变量中，假设每次只有一个变量变化，其余两个变量不变。

（二）平均利润率与第一部类价值形式的资本有机构成的关系

这里假设第一部类价值形式的资本有机构成变化。在这种条件下，考察各种主要变量与第一部类价值形式的资本有机构成之间的关系。这里提到的数值变化，不是各种数值实际发生变化，而是一元价值转形的各种数例的对比。数值发生变化属于扩大再生产，这里只考察简单再生产。

为了便于考察，这里定义第一部类生产价格形式的资本有机构成为 k_{p1}，第二部类生产价格形式的资本有机构成为 k_{p2}，两部类价值形式的总资本有机构成为 k，两部类生产价格形式的总资本有机构成为 k_p，价值形式的平均利润率为 r_v。

1. 价值形式的平均利润率与第一部类价值形式的资本有机构成的关系

首先，定义价值形式的平均利润率。这里定义的价值形式的平均利润率，就是马克思定义的价值形式的平均利润率，可以表示为

$$r_v = \frac{s_1 + s_2}{c_1 + c_2 + v_1 + v_2} \tag{4-87}$$

由（4－19）式、（4－35）式与（4－87）式，价值形式的平均利润率可以表示为

$$r_v = \frac{ev_1 + ev_2}{c_1 + c_2 + v_1 + v_2} = \frac{e(v_1 + v_2)}{c_1 + c_2 + v_1 + v_2}$$

$$= \frac{e\left(1 + \dfrac{v_2}{v_1}\right)}{\dfrac{c_1}{v_1} + \dfrac{c_2}{v_1} + 1 + \dfrac{v_2}{v_1}} = \frac{e\left(1 + \dfrac{v_2}{v_1}\right)}{k_1 + \dfrac{c_2}{v_1} + 1 + \dfrac{v_2}{v_1}} \tag{4-88}$$

按照前面的假设，在第一部类价值形式的资本有机构成、第二部类价值形式的资本有机构成、剩余价值率这三个外生变量中，每次只有一个变量变化，其余两个变量不变。这里考察第一部类价值形式的资本有机构成变化的问题，所以第二部类价值形式的资本有机构成和剩余价值率不变。

如果第一部类价值形式的可变资本不变，那么，由（4－19）式可知，因为剩余价值率不变，所以，第一部类的剩余价值也不变。

由（4－17）式可知，如果第一部类价值形式的可变资本和第一部类的剩余价值不变，那么，第二部类价值形式的不变资本不变。

由（4－18）式可知，如果第二部类价值形式的不变资本不变，那么，第二部类价值形式的可变资本不变。

由（4－19）式可知，如果第二部类价值形式的可变资本不变，那么，第二部类的剩余价值不变。

这就是说，第一部类价值形式的可变资本、第一部类的剩余价值、第二部类价值形式的不变资本、第二部类价值形式的可变资本、第二部类的剩余价值都不变，只有第一部类价值形式的不变资本变化。

由（4－88）式可知，如果第一部类价值形式的可变资本、第一部类的剩余价值、第二部类价值形式的不变资本、第二部类价值形式的可变资本、第二部类的剩余价值都不变，只有第一部类价值形式的不变资本变化，那么，价值形式的平均利润率是第一部类价值形式的资本有机构成的单调递减的倒数函数或双曲函数。

如果第一部类价值形式的可变资本变化，那么，可以将第一部类价值形式的资本有机构成的变化分解为两个过程。

在第一个过程中，第一部类价值形式的不变资本、第一部类的剩余价值、第二部类价值形式的不变资本、第二部类价值形式的可变资本、第二部类的剩余价值，都随着第一部类价值形式的可变资本的变化等比例地变化。显然，在这个过程中，第一部类价值形式的资本有机构成 k_1、第二部类价值形式的资本有机构成 k_2、剩余价值率 e 都不变。

在第二个过程中，第一部类价值形式的可变资本、第一部类的剩余价值、第二部类价值形式的不变资本、第二部类价值形式的可变资本、第二部类的剩余价值都不变，只有第一部类价值形式的不变资本变化。

显然，作为这两个过程的总结果，最后的结论与第一部类价值形式的可变资本不变的情况完全相同。

这就证明，在第二部类价值形式的资本有机构成 k_2 和剩余价值率 e 不变的条件下，无论第一部类价值形式的可变资本 k_1 是否变化，价值形式的平均利润率 r_v 都是第一部类价值形式的资本有机构成 k_1 的单调递减的倒数函数或双曲函数。

2. 生产价格形式的利润率与第一部类价值形式的资本有机构成的关系

由（4-39）式与（4-59）式，生产价格形式的利润率可以表示为

$$r=\sigma-1=\frac{f_2g_1+g_2-\sqrt{(f_2g_1-g_2)^2+4f_1g_1g_2}}{2(f_2-f_1)}-1 \tag{4-89}$$

由（4-19）式、（4-35）式、（4-37）式，得到参数

$$g_1=\frac{c_1+v_1+ev_1}{c_1}=1+f_1(1+e)=\frac{k_1+1+e}{k_1} \tag{4-90}$$

由（4-18）式、（4-19）式、（4-36）式、（4-38）式，得到参数

$$\begin{aligned}g_2&=\frac{c_2+v_2+s_2}{c_2}=\frac{c_2+v_2+ev_2}{c_2}\\&=1+f_2(1+e)=\frac{k_2+1+e}{k_2}\end{aligned} \tag{4-91}$$

由于已经假设只有第一部类价值形式的资本有机构成变化，第二部类价值形式的资本有机构成和剩余价值率不变，因此，（4-89）式可以表示为

$$\begin{aligned}r&=\frac{f_2g_1+g_2-\sqrt{(f_2g_1-g_2)^2+4f_1g_1g_2}}{2\ (f_2-f_1)}-1\\&=\frac{f_2\dfrac{k_1+1+e}{k_1}+g_2-\sqrt{\left(f_2\dfrac{k_1+1+e}{k_1}-g_2\right)^2+4\dfrac{k_1+1+e}{k_1^2}g_2}}{2\ \left(f_2-\dfrac{1}{k_1}\right)}-1\end{aligned} \tag{4-92}$$

由（4-92）式可以看出，在第二部类价值形式的资本有机构成 k_2 和剩余价值率 e 不变的条件下，生产价格形式的利润率 r 是第一部类价值形式的资本有机构成 k_1 的非线性函数。

3. 平均利润率与第一部类价值形式的资本有机构成的关系的数例

如果第一部类价值形式的不变资本 c_1 变化，第一部类价值形式的可

变资本 v_1、第一部类的剩余价值 s_1、第二部类价值形式的不变资本 c_2、第二部类价值形式的可变资本 v_2、第二部类的剩余价值 s_2 都不变，第一部类价值形式的资本有机构成 k_1 的取值范围为 $0.6 \leqslant k_1 \leqslant 7$，例如 $k_1=0.6, 1, 1.4, \cdots, 7$，那么，第一部类价值形式的资本有机构成 k_1、第一部类的不变资本 c_1、价值形式的平均利润率 r_v、生产价格形式的利润率 r 之间的关系，可以用表 4－9 表示。

表 4－9　k_1、c_1、r_v、r 之间的关系

第一部类价值形式的资本有机构成 k_1	第一部类的不变资本 c_1	价值形式的平均利润率 r_v	生产价格形式的利润率 r
0.6	600	0.434 782 608 7	0.472 712 779 4
1.0	1 000	0.400 000 000 0	0.424 423 900 9
1.4	1 400	0.370 370 370 4	0.383 505 314 2
1.8	1 800	0.344 827 586 2	0.348 743 473 5
2.2	2 200	0.322 580 645 2	0.319 076 344 7
2.6	2 600	0.303 030 303 0	0.293 603 017 3
3.0	3 000	0.285 714 285 7	0.271 583 852 6
3.4	3 400	0.270 270 270 3	0.252 419 883 8
3.8	3 800	0.256 410 256 4	0.235 628 592 0
4.2	4 200	0.243 902 439 0	0.220 821 318 3
4.6	4 600	0.232 558 139 5	0.207 684 089 4
5.0	5 000	0.222 222 222 2	0.195 962 066 4
5.4	5 400	0.212 765 957 4	0.185 447 219 9
5.8	5 800	0.204 081 632 7	0.175 968 670 8
6.2	6 200	0.196 078 431 4	0.167 385 150 9
6.6	6 600	0.188 679 245 3	0.159 579 119 3
7.0	7 000	0.181 818 181 8	0.152 452 159 4

表 4－9 表示的价值形式的平均利润率 r_v、生产价格形式的利润率 r 与第一部类价值形式的资本有机构成 k_1 的关系，可以用图 4－1 表示。

在图 4－1 中，斜率的绝对值大的曲线，表示生产价格形式的利润率 r 与第一部类价值形式的资本有机构成 k_1 的关系；斜率的绝对值小的曲线，表示价值形式的平均利润率 r_v 与第一部类价值形式的资本有机构成 k_1 的关系。

由图 4－1 可以看出，生产价格形式的利润率曲线的斜率的绝对值，大于价值形式的平均利润率曲线的斜率的绝对值。

由表 4－9 和图 4－1 可以看出，在第二部类价值形式的资本有机构成 k_2 和剩余价值率 e 不变的条件下，价值形式的平均利润率 r_v 与第一部类

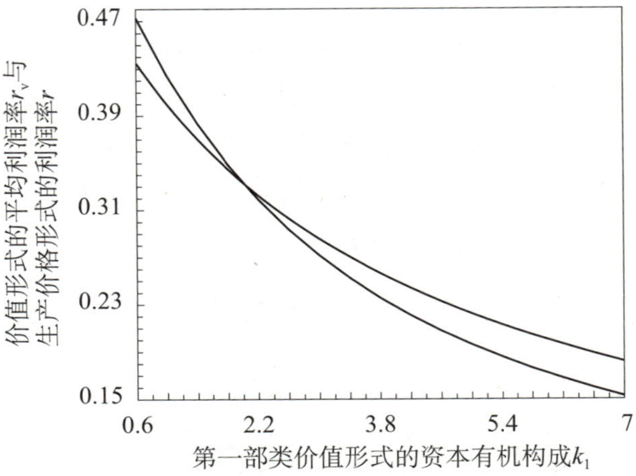

图 4-1　r_v、r 与 k_1 之间的关系

价值形式的资本有机构成 k_1 的关系，是单调递减的倒数函数关系或双曲函数关系。这个结果与由（4-88）式得到的结论一致。在第二部类价值形式的资本有机构成 k_2 和剩余价值率 e 不变的条件下，生产价格形式的利润率 r 是第一部类价值形式的资本有机构成 k_1 的单调递减的非线性函数。这个结果与由（4-92）式得到的结论一致。

（三）价值形式的总资本有机构成与第一部类价值形式的资本有机构成的关系

1. 价值形式的总资本有机构成与第一部类价值形式的资本有机构成的关系

价值形式的总资本有机构成的定义为

$$k=\frac{c_1+c_2}{v_1+v_2} \tag{4-93}$$

由（4-17）式、（4-18）式、（4-19）式、（4-35）式、（4-93）式，价值形式的平均利润率可以表示为

$$\begin{aligned} k&=\frac{c_1+c_2}{v_1+\dfrac{c_2}{k_2}}=\frac{c_1+v_1+s_1}{v_1+\dfrac{v_1+s_1}{k_2}}=\frac{k_1v_1+v_1+ev_1}{v_1+\dfrac{v_1+ev_1}{k_2}} \\ &=\frac{k_1+1+e}{1+\dfrac{1+e}{k_2}}=\frac{k_2(k_1+1+e)}{k_2+1+e} \end{aligned} \tag{4-94}$$

（4-94）式证明，在第二部类价值形式的资本有机构成 k_2 和剩余价值率 e 不变的条件下，价值形式的总资本有机构成 k 是第一部类价值形式的资本有机构成 k_1 的单调递增的线性函数。

必须指出，(4－94) 式所表示的价值形式的总资本有机构成 k 与第一部类价值形式的资本有机构成 k_1、第二部类价值形式的资本有机构成 k_2、剩余价值率 e 的关系式，仅仅适用于简单再生产条件下的两部类价值转形，不适用于简单再生产条件下的多部类价值转形、扩大再生产条件下的两部类价值转形、简单再生产条件下的两部门价值转形、简单再生产条件下的多部门价值转形，更不适用于二元价值转形和三元价值转形，因为再生产条件不同。

2. 价值形式的总资本有机构成与第一部类价值形式的资本有机构成的关系的数例

如果第一部类价值形式的不变资本 c_1 变化，第一部类价值形式的可变资本 v_1、第一部类的剩余价值 s_1、第二部类价值形式的不变资本 c_2、第二部类价值形式的可变资本 v_2、第二部类的剩余价值 s_2 都不变，第一部类价值形式的资本有机构成 k_1 的取值范围为 $0.6\leqslant k_1\leqslant 7$，例如 $k_1=0.6，1，1.4，\cdots，7$，那么，第一部类价值形式的资本有机构成 k_1、第一部类的不变资本 c_1、价值形式的总资本有机构成 k 之间的关系，可以用表 4－10 表示。

表 4－10　　k_1、c_1、k 之间的关系

第一部类价值形式的资本有机构成 k_1	第一部类的不变资本 c_1	价值形式的总资本有机构成 k
0.6	600	1.3
1.0	1 000	1.5
1.4	1 400	1.7
1.8	1 800	1.9
2.2	2 200	2.1
2.6	2 600	2.3
3.0	3 000	2.5
3.4	3 400	2.7
3.8	3 800	2.9
4.2	4 200	3.1
4.6	4 600	3.3
5.0	5 000	3.5
5.4	5 400	3.7
5.8	5 800	3.9
6.2	6 200	4.1
6.6	6 600	4.3
7.0	7 000	4.5

表 4-10 表示的价值形式的总资本有机构成 k 与第一部类价值形式的资本有机构成 k_1 的关系，可以用图 4-2 表示。

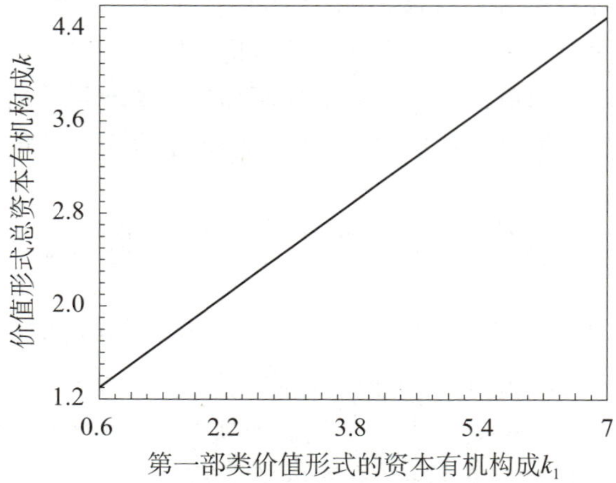

图 4-2　k 与 k_1 之间的关系

由表 4-10 和图 4-2 可以看出，在第二部类价值形式的资本有机构成 k_2 和剩余价值率 e 不变的条件下，价值形式的总资本有机构成 k 是第一部类价值形式的资本有机构成 k_1 的单调递增的线性函数。这个结果与由（4-94）式得到的结论一致。

（四）生产价格形式的总资本有机构成与第一部类价值形式的资本有机构成的关系

生产价格形式的总资本有机构成的定义为

$$k_p = \frac{a_1(c_1 + c_2)}{a_2(v_1 + v_2)} \tag{4-95}$$

由（4-44）式，可以得到

$$\frac{a_1}{a_2} = \frac{g_2 - f_2\sigma}{\sigma} \tag{4-96}$$

由（4-94）式、（4-95）式、（4-96）式，可以得到

$$k_p = \frac{k(g_2 - f_2\sigma)}{\sigma} = \frac{k_2(k_1 + 1 + e)(g_2 - f_2\sigma)}{(k_2 + 1 + e)\sigma}$$

$$= \frac{k_2(k_1 + 1 + e)(\frac{g_2}{\sigma} - f_2)}{(k_2 + 1 + e)} \tag{4-97}$$

由（4-97）式可以看出，生产价格形式的总资本有机构成 k_p 是第一部类价值形式的资本有机构成 k_1 和参数 σ 的二元函数。

由（4-39）式可以看出，参数 σ 是生产价格形式的利润率 r 的单调

递增的线性函数。

由（4－97）式可以看出，生产价格形式的利润率 r 是第一部类价值形式的资本有机构成 k_1 的非线性函数。

因此，在第二部类价值形式的资本有机构成 k_2 和剩余价值率 e 不变的条件下，生产价格形式的总资本有机构成 k_p 是第一部类价值形式的资本有机构成 k_1 的复合函数。

（五）第一部类生产价格形式的资本有机构成与第一部类价值形式的资本有机构成的关系

第一部类生产价格形式的资本有机构成的定义为

$$k_{p1}=\frac{a_1c_1}{a_2v_1} \tag{4-98}$$

由（4－35）式、（4－96）式、（4－98）式，可以得到

$$k_{p1}=\frac{k_1(g_2-f_2\sigma)}{\sigma}=k_1(\frac{g_2}{\sigma}-f_2) \tag{4-99}$$

由（4－99）式可以看出，第一部类生产价格形式的资本有机构成 k_{p1} 是第一部类价值形式的资本有机构成 k_1 和参数 σ 的二元函数。

由（4－39）式可以看出，参数 σ 是生产价格形式的利润率 r 的单调递增的线性函数。

由（4－92）式可以看出，生产价格形式的利润率 r 是第一部类价值形式的资本有机构成 k_1 的非线性函数。

因此，在第二部类价值形式的资本有机构成 k_2 和剩余价值率 e 不变的条件下，第一部类生产价格形式的资本有机构成 k_{p1} 是第一部类价值形式的资本有机构成 k_1 的复合函数。

（六）第二部类生产价格形式的资本有机构成与第一部类价值形式的资本有机构成的关系

第二部类生产价格形式的资本有机构成的定义为

$$k_{p2}=\frac{a_1c_2}{a_2v_2} \tag{4-100}$$

由（4－18）式、（4－96）式、（4－100）式，可以得到

$$k_{p2}=\frac{k_2(g_2-f_2\sigma)}{\sigma}=k_2(\frac{g_2}{\sigma}-f_2) \tag{4-101}$$

由（4－101）式可以看出，第二部类生产价格形式的资本有机构成 k_{p2} 是参数 σ 的单调递减的倒数函数或双曲函数。

由（4－39）式可以看出，参数 σ 是生产价格形式的利润率 r 的单调递增的线性函数。

由（4－92）式可以看出，生产价格形式的利润率 r 是第一部类价值形式的资本有机构成 k_1 的非线性函数。

因此，在第二部类价值形式的资本有机构成 k_2 和剩余价值率 e 不变的条件下，第二部类生产价格形式的资本有机构成 k_{p2} 是第一部类价值形式的资本有机构成 k_1 的复合函数。

（七）第一部类的价值生产价格转化系数与第一部类价值形式的资本有机构成的关系

由（4－35）式、（4－67）式、（4－90）式，可以得到

$$a_1=\frac{-f_1\sigma(c_1g_1+c_2g_2)}{c_2g_2(\sigma-g_1)-c_1g_1f_1\sigma}=\frac{-\frac{1}{k_1}\sigma[\frac{c_1(k_1+1+e)}{k_1}+c_2g_2]}{c_2g_2(\sigma-\frac{k_1+1+e}{k_1})-\frac{c_1\sigma(k_1+1+e)}{k_1^2}}\tag{4－102}$$

由（4－17）式、（4－19）式、（4－35）式，可以得到

$$c_2=v_1+s_1=v_1+ev_1=\frac{(1+e)c_1}{k_1}\tag{4－103}$$

由（4－102）式、（4－103）式，可以得到

$$\begin{aligned}a_1&=\frac{-\frac{1}{k_1}\sigma[\frac{c_1(k_1+1+e)}{k_1}+c_2g_2]}{c_2g_2(\sigma-\frac{k_1+1+e}{k_1})-\frac{c_1\sigma(k_1+1+e)}{k_1^2}}\\&=\frac{-\frac{1}{k_1}\sigma[\frac{c_1(k_1+1+e)}{k_1}+\frac{(1+e)c_1g_2}{k_1}]}{\frac{(1+e)c_1g_2}{k_1}(\sigma-\frac{k_1+1+e}{k_1})-\frac{c_1\sigma(k_1+1+e)}{k_1^2}}\\&=\frac{-\frac{1}{k_1}\sigma[\frac{(k_1+1+e)}{k_1}+\frac{(1+e)g_2}{k_1}]}{\frac{(1+e)g_2}{k_1}(\sigma-\frac{k_1+1+e}{k_1})-\frac{\sigma(k_1+1+e)}{k_1^2}}\\&=\frac{-\sigma[(k_1+1+e)+(1+e)g_2]}{[k_1\sigma-(k_1+1+e)](1+e)g_2-\sigma(k_1+1+e)}\end{aligned}\tag{4－104}$$

由（4－104）式可以看出，第一部类的价值生产价格转化系数 a_1 是第一部类价值形式的资本有机构成 k_1 和参数 σ 的二元函数。

由（4－39）式可以看出，参数 σ 是生产价格形式的利润率 r 的单调递增的线性函数。

由（4－92）式可以看出，生产价格形式的利润率 r 是第一部类价值形式的资本有机构成 k_1 的非线性函数。

因此，在第二部类价值形式的资本有机构成 k_2 和剩余价值率 e 不变的条件下，第一部类的价值生产价格转化系数 a_1 是第一部类价值形式的资本有机构成 k_1 的复合函数。

（八）第二部类的价值生产价格转化系数与第一部类价值形式的资本有机构成的关系

由（4－35）式、（4－68）式、（4－90）式，可以得到

$$a_2=\frac{(c_1g_1+c_2g_2)(\sigma-g_1)}{c_2g_2(\sigma-g_1)-c_1g_1f_1\sigma}$$

$$=\frac{\left[\frac{c_1(k_1+1+e)}{k_1}+c_2g_2\right]\left(\sigma-\frac{k_1+1+e}{k_1}\right)}{c_2g_2\left(\sigma-\frac{k_1+1+e}{k_1}\right)-\frac{c_1\sigma(k_1+1+e)}{k_1^2}}$$

$$=\frac{\left[\frac{c_1(k_1+1+e)}{k_1}+c_2g_2\right]\left(\sigma-\frac{k_1+1+e}{k_1}\right)}{c_2g_2\left(\sigma-\frac{k_1+1+e}{k_1}\right)-\frac{c_1\sigma(k_1+1+e)}{k_1^2}} \qquad (4-105)$$

由（4－103）式、（4－105）式，可以得到

$$a_2=\frac{\left[\frac{c_1(k_1+1+e)}{k_1}+c_2g_2\right]\left(\sigma-\frac{k_1+1+e}{k_1}\right)}{c_2g_2\left(\sigma-\frac{k_1+1+e}{k_1}\right)-\frac{c_1\sigma(k_1+1+e)}{k_1^2}}$$

$$=\frac{\left[\frac{c_1(k_1+1+e)}{k_1}+\frac{(1+e)c_1g_2}{k_1}\right]\left(\sigma-\frac{k_1+1+e}{k_1}\right)}{\frac{(1+e)c_1g_2}{k_1}\left(\sigma-\frac{k_1+1+e}{k_1}\right)-\frac{c_1\sigma(k_1+1+e)}{k_1^2}}$$

$$=\frac{\left[\frac{(k_1+1+e)}{k_1}+\frac{(1+e)g_2}{k_1}\right]\left(\sigma-\frac{k_1+1+e}{k_1}\right)}{\frac{(1+e)g_2}{k_1}\left(\sigma-\frac{k_1+1+e}{k_1}\right)-\frac{\sigma(k_1+1+e)}{k_1^2}}$$

$$=\frac{[(k_1+1+e)+(1+e)g_2][k_1\sigma-(k_1+1+e)]}{(1+e)g_2[k_1\sigma-(k_1+1+e)]-\sigma(k_1+1+e)} \qquad (4-106)$$

由（4－106）式可以看出，第二部类的价值生产价格转化系数 a_2 是第一部类价值形式的资本有机构成 k_1 和参数 σ 的二元函数。

由（4－39）式可以看出，参数 σ 是生产价格形式的利润率 r 的单调递增的线性函数。

由（4－92）式可以看出，生产价格形式的利润率 r 是第一部类价值形式的资本有机构成 k_1 的非线性函数。

因此，在第二部类价值形式的资本有机构成 k_2 和剩余价值率 e 不变

的条件下，第二部类的价值生产价格转化系数 a_2 是第一部类价值形式的资本有机构成 k_1 的复合函数。

（九）第一部类被社会多承认的剩余价值与第一部类价值形式的资本有机构成的关系

由（4－19）式、（4－35）式、（4－70）式，可以得到

$$s_{a1}=(a_1-1)(k_1v_1+v_1+ev_1)=(a_1-1)(k_1+1+e)v_1 \tag{4-107}$$

由（4－107）式可以看出，无论第一部类价值形式的可变资本 v_1 是否变化，第一部类被社会多承认的剩余价值 s_{a1} 都是第一部类的价值生产价格转化系数 a_1 和第一部类价值形式的资本有机构成 k_1 的二元函数。

由（4－104）式可以看出，第一部类的价值生产价格转化系数 a_1 是第一部类价值形式的资本有机构成 k_1 的函数。

因此，在第二部类价值形式的资本有机构成 k_2 和剩余价值率 e 不变的条件下，第一部类被社会多承认的剩余价值 s_{a1} 是第一部类价值形式的资本有机构成 k_1 的复合函数。

（十）第一部类多得到的剩余价值与第一部类价值形式的资本有机构成的关系

由（4－30）式、（4－104）式、（4－106）式，可以得到

$$\begin{aligned}
s_{t1}&=\left(\frac{a_1}{a_2}-1\right)c_2\\
&=\left\{\frac{\dfrac{-\sigma[(k_1+1+e)+(1+e)g_2]}{[k_1\sigma-(k_1+1+e)](1+e)g_2-\sigma(k_1+1+e)}}{\dfrac{[(k_1+1+e)+(1+e)g_2][k_1\sigma-(k_1+1+e)]}{(1+e)g_2[k_1\sigma-(k_1+1+e)]-\sigma(k_1+1+e)}}-1\right\}c_2\\
&=\left\{\frac{-\sigma[(k_1+1+e)+(1+e)g_2]}{[(k_1+1+e)+(1+e)g_2][k_1\sigma-(k_1+1+e)]}-1\right\}c_2\\
&=\left[\frac{-\sigma}{k_1\sigma-(k_1+1+e)}-1\right]c_2\\
&=\left(\frac{\sigma}{k_1+1+e-k_1\sigma}-1\right)c_2
\end{aligned}\tag{4-108}$$

由（4－108）式可以看出，无论第二部类价值形式的不变资本 c_2 是否变化，第一部类多得到的剩余价值 s_{t1} 都是参数 σ 和第一部类的价值形式的资本有机构成 k_1 的二元函数。

由（4－39）式可以看出，参数 σ 是生产价格形式的利润率 r 的单调递增的线性函数。

由（4－92）式可以看出，生产价格形式的利润率 r 是第一部类价值

形式的资本有机构成 k_1 的非线性函数。

因此，在第二部类价值形式的资本有机构成 k_2 和剩余价值率 e 不变的条件下，第一部类多得到的剩余价值 s_{t1} 是第一部类价值形式的资本有机构成 k_1 的复合函数。

二、主要变量与第二部类价值形式的资本有机构成的关系

这里假设第二部类价值形式的资本有机构成变化。在这种条件下，考察各种主要变量与第二部类价值形式的资本有机构成之间的关系。

（一）平均利润率与第二部类价值形式的资本有机构成的关系

1. 价值形式的平均利润率与第二部类价值形式的资本有机构成的关系

由（4－17）式和（4－19）式，可以得到

$$c_2 = v_1 + s_1 = v_1 + ev_1 = (1+e)v_1 \tag{4-109}$$

或

$$v_1 = \frac{c_2}{1+e} \tag{4-110}$$

由（4－18）式、（4－19）式、（4－35）式、（4－88）式、（4－110）式，价值形式的平均利润率可以表示为

$$\begin{aligned}
r_v &= \frac{ev_1 + ev_2}{k_1v_1 + k_2v_2 + v_1 + v_2} \\
&= \frac{e(v_1 + v_2)}{(k_1+1)v_1 + (k_2+1)v_2} \\
&= \frac{e\left(\dfrac{k_2v_2}{1+e} + v_2\right)}{(k_1+1)\dfrac{k_2v_2}{1+e} + (k_2+1)v_2} \\
&= \frac{e\left(\dfrac{k_2}{1+e} + 1\right)}{(k_1+1)\dfrac{k_2}{1+e} + (k_2+1)} \\
&= \frac{e(k_2+1+e)}{(k_1+1)k_2 + (1+e)(k_2+1)} \\
&= \frac{e(k_2+1+e)}{(k_1+1+e)k_2 + (k_2+1+e)} \\
&= \frac{e(k_2+1+e)}{(k_1+2+e)k_2+1+e}
\end{aligned}$$

$$= \left(\frac{e}{k_1+2+e}\right)\frac{k_2+1+e}{k_2+\dfrac{1+e}{k_1+2+e}}$$

$$= \left(\frac{e}{k_1+2+e}\right)\frac{k_2+\dfrac{1+e}{k_1+2+e}+1+e-\dfrac{1+e}{k_1+2+e}}{k_2+\dfrac{1+e}{k_1+2+e}}$$

$$= \frac{e}{k_1+2+e}\left(1+\frac{1+e-\dfrac{1+e}{k_1+2+e}}{k_2+\dfrac{1+e}{k_1+2+e}}\right) \tag{4-111}$$

按照这里的假设，在第一部类价值形式的资本有机构成、第二部类价值形式的资本有机构成、剩余价值率这三个外生变量中，每次只有一个变量变化，其余两个变量不变。这里考察第二部类价值形式的资本有机构成变化的问题，所以第一部类价值形式的资本有机构成和剩余价值率不变。

(4-111) 式证明，在第一部类价值形式的资本有机构成 k_1 和剩余价值率 e 不变的条件下，价值形式的平均利润率 r_v 是第二部类价值形式的资本有机构成 k_2 的单调递减的倒数函数或双曲函数。

2. 生产价格形式的利润率与第二部类价值形式的资本有机构成的关系

由 (4-36) 式、(4-89) 式、(4-91) 式，生产价格形式的利润率可以表示为

$$r = \frac{f_2g_1+g_2-\sqrt{(f_2g_1-g_2)^2+4f_1g_1g_2}}{2(f_2-f_1)}-1$$

$$= \frac{\dfrac{g_1}{k_2}+\dfrac{k_2+1+e}{k_2}-\sqrt{\left(\dfrac{g_1}{k_2}-\dfrac{k_2+1+e}{k_2}\right)^2+4f_1g_1\dfrac{k_2+1+e}{k_2}}}{2\left(\dfrac{1}{k_2}-f_1\right)}-1$$

$$= \frac{k_2+1+e+g_1-\sqrt{(k_2+1+e-g_1)^2+4f_1g_1k_2(k_2+1+e)}}{2(1-f_1k_2)}-1 \tag{4-112}$$

由 (4-35) 式可以看出，参数 f_1 仅与第一部类价值形式的资本有机构成 k_1 有关。由 (4-90) 式可以看出，参数 g_1 仅与第一部类价值形式的资本有机构成 k_1 和剩余价值率 e 有关。

在第一部类价值形式的资本有机构成 k_1 和剩余价值率 e 不变的条件下，(4-112) 式证明，生产价格形式的利润率 r 是第二部类价值形式的资本有机构成 k_2 的非线性函数。

3. 平均利润率与第二部类价值形式的资本有机构成的关系的数例

如果第二部类价值形式的资本有机构成 k_2 变化，第一部类价值形式的不变资本 c_1、第一部类价值形式的可变资本 v_1、第一部类的剩余价值 s_1 都不变，第二部类价值形式的资本有机构成 k_2 的取值范围为 $0.6 \leqslant k_2 \leqslant 7$，例如 $k_2=0.6$，1，1.4，…，7，那么，第二部类价值形式的资本有机构成 k_2、第二部类价值形式的可变资本 v_2、价值形式的平均利润率 r_v、生产价格形式的利润率 r 之间的关系，可以用表 4－11 表示。

表 4－11　　k_2、v_2、r_v、r 之间的关系

第二部类价值形式的资本有机构成 k_2	第二部类价值形式的可变资本 v_2	价值形式的平均利润率 r_v	生产价格形式的利润率 r
0.60	3 333.333 333	0.419 354 838 7	0.303 444 489 3
1.00	2 000.000 000	0.333 333 333 3	0.267 949 192 4
1.40	1 428.571 429	0.288 135 593 2	0.247 139 029 1
1.80	1 111.111 111	0.260 273 972 6	0.233 319 244 9
2.20	909.090 909	0.241 379 310 3	0.223 430 094 4
2.60	769.230 769	0.227 722 772 3	0.215 985 587 4
3.00	666.666 667	0.217 391 304 3	0.210 173 877 4
3.40	588.235 294	0.209 302 325 6	0.205 505 282 3
3.80	526.315 789	0.202 797 202 8	0.201 671 328 6
4.20	476.190 476	0.197 452 229 3	0.198 465 458 1
4.60	434.782 609	0.192 982 456 1	0.195 744 359 7
5.00	400.000 000	0.189 189 189 2	0.193 405 398 7
5.40	370.370 370	0.185 929 648 2	0.191 373 095 7
5.80	344.827 586	0.183 098 591 5	0.189 590 678 3
6.20	322.580 645	0.180 616 740 1	0.188 014 609 1
6.60	303.030 303	0.178 423 236 5	0.186 610 932 8
7.00	285.714 286	0.176 470 588 2	0.185 352 771 9

表 4－11 表示的价值形式的平均利润率 r_v、生产价格形式的利润率 r 与第二部类价值形式的资本有机构成 k_2 的关系，可以用图 4－3 表示。

在图 4－3 中，斜率的绝对值大的曲线，表示价值形式的平均利润率 r_v 与第二部类价值形式的资本有机构成 k_2 的关系；斜率的绝对值小的曲线，表示生产价格形式的利润率 r 与第二部类价值形式的资本有机构成 k_2 的关系。

由图 4－3 可以看出，生产价格形式的利润率曲线的斜率的绝对值，小于价值形式的平均利润率曲线的斜率的绝对值。

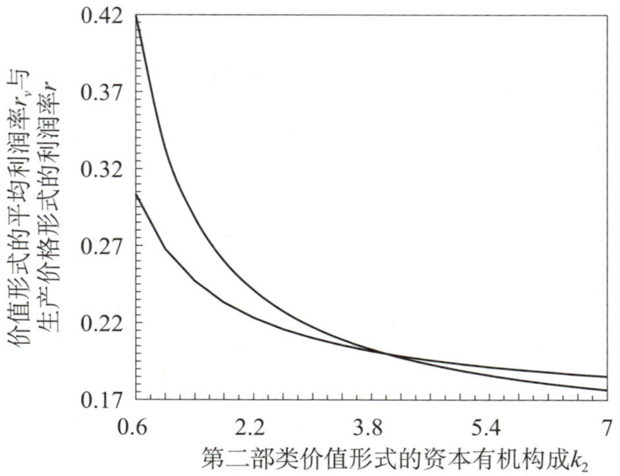

图 4－3　r_v、r 与 k_2 之间的关系

由表 4－11 和图 4－3 可以看出，在第一部类价值形式的资本有机构成 k_1 和剩余价值率 e 不变的条件下，价值形式的平均利润率 r_v 与第二部类价值形式的资本有机构成 k_2 的关系，是单调递减的双曲函数关系。这个结果与由（4－111）式得到的结论一致。在第一部类价值形式的资本有机构成 k_1 和剩余价值率 e 不变的条件下，生产价格形式的利润率 r 是第二部类价值形式的资本有机构成 k_2 的单调递减函数。这个结果与由（4－112）式得到的结论一致。

（二）价值形式的总资本有机构成与第二部类价值形式的资本有机构成的关系

1. 价值形式的总资本有机构成与第二部类价值形式的资本有机构成的关系

由（4－94）式，价值形式的平均利润率可以表示为

$$k=\frac{k_2(k_1+1+e)}{k_2+1+e}$$

$$=(k_1+1+e)\frac{(k_2+1+e)-(1+e)}{k_2+1+e}$$

$$=(k_1+1+e)\left(1-\frac{1+e}{k_2+1+e}\right)\tag{4-113}$$

由（4－113）式可以看出，在第一部类价值形式的资本有机构成 k_1 和剩余价值率 e 不变的条件下，价值形式的总资本有机构成 k 是第二部类价值形式的资本有机构成 k_2 的单调递增的双曲函数。

2. 价值形式的总资本有机构成与第二部类价值形式的资本有机构成的关系的数例

如果第二部类价值形式的资本有机构成 k_2 变化，第一部类价值形式的不变资本 c_1、第一部类价值形式的可变资本 v_1、第一部类的剩余价值 s_1 都不变，第二部类价值形式的资本有机构成 k_2 的取值范围为 $0.6 \leqslant k_2 \leqslant 7$，例如 $k_2 = 0.6, 1, 1.4, \cdots, 7$，那么，第二部类价值形式的资本有机构成 k_2、第二部类价值形式的可变资本 v_2、价值形式的总资本有机构成 k 之间的关系，可以用表 4-12 表示。

表 4-12　　**k_2、v_2、k 之间的关系**

第二部类价值形式的资本有机构成 k_2	第二部类价值形式的可变资本 v_2	价值形式的总资本有机构成 k
0.60	3 333.333 333	1.384 615 384 6
1.00	2 000.000 000	2.000 000 000 0
1.40	1 428.571 429	2.470 588 235 3
1.80	1 111.111 111	2.842 105 263 2
2.20	909.090 909	3.142 857 142 9
2.60	769.230 769	3.391 304 347 8
3.00	666.666 667	3.600 000 000 0
3.40	588.235 294	3.777 777 777 8
3.80	526.315 789	3.931 034 482 8
4.20	476.190 476	4.064 516 129 0
4.60	434.782 609	4.181 818 181 8
5.00	400.000 000	4.285 714 285 7
5.40	370.370 370	4.378 378 378 4
5.80	344.827 586	4.461 538 461 5
6.20	322.580 645	4.536 585 365 9
6.60	303.030 303	4.604 651 162 8
7.00	285.714 286	4.666 666 666 7

表 4-12 表示的价值形式的总资本有机构成 k 与第二部类价值形式的资本有机构成 k_2 的关系，可以用图 4-4 表示。

由表 4-12 和图 4-4 可以看出，在第一部类价值形式的资本有机构成 k_1 和剩余价值率 e 不变的条件下，价值形式的总资本有机构成 k 是第二部类价值形式的资本有机构成 k_2 的单调递增的双曲函数。这个结果与由（4-113）式得到的结论一致。

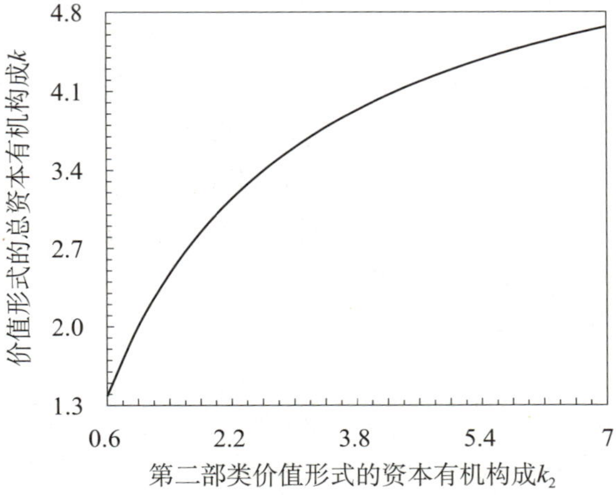

图 4-4　k 与 k_2 之间的关系

(三) 生产价格形式的总资本有机构成与第二部类价值形式的资本有机构成的关系

由 (4-43) 式，可以得到

$$\frac{a_1}{a_2}=\frac{\sigma f_1}{g_1-\sigma} \tag{4-114}$$

由 (4-93) 式、(4-94) 式、(4-95) 式、(4-114) 式，可以得到

$$k_p=\frac{\sigma f_1 k}{g_1-\sigma}=\frac{\sigma f_1(k_1+1+e)k_2}{(g_1-\sigma)(k_2+1+e)} \tag{4-115}$$

由 (4-115) 式可以看出，在第一部类价值形式的资本有机构成和剩余价值率不变的条件下，生产价格形式的总资本有机构成 k_p 是第二部类价值形式的资本有机构成 k_2 和参数 σ 的二元函数。

由 (4-39) 式可以看出，参数 σ 是生产价格形式的利润率 r 的单调递增的线性函数。

由 (4-112) 式可以看出，生产价格形式的利润率 r 是第二部类价值形式的资本有机构成 k_2 的非线性函数。

因此，在第一部类价值形式的资本有机构成 k_1 和剩余价值率 e 不变的条件下，生产价格形式的总资本有机构成 k_p 是第二部类价值形式的资本有机构成 k_2 的复合函数。

(四) 第一部类生产价格形式的资本有机构成与第二部类价值形式的资本有机构成的关系

由 (4-35) 式、(4-98) 式、(4-114) 式，可以得到

$$k_{p1}=\frac{\sigma f_1 k_1}{g_1-\sigma}=-\frac{(\sigma-g_1)+g_1}{\sigma-g_1}=\frac{g_1}{g_1-\sigma}-1 \qquad (4-116)$$

由（4－116）式可以看出，第一部类生产价格形式的资本有机构成 k_{p1} 是参数 σ 的倒数函数或双曲函数。

由（4－39）式可以看出，参数 σ 是生产价格形式的利润率 r 的单调递增的线性函数。

由（4－112）式可以看出，生产价格形式的利润率 r 是第二部类价值形式的资本有机构成 k_2 的非线性函数。

因此，在第一部类价值形式的资本有机构成 k_1 和剩余价值率 e 不变的条件下，第一部类生产价格形式的资本有机构成 k_{p1} 是第二部类价值形式的资本有机构成 k_2 的复合函数。

（五）第二部类生产价格形式的资本有机构成与第二部类价值形式的资本有机构成的关系

由（4－18）式、（4－100）式、（4－114）式，可以得到

$$k_{p2}=\frac{\sigma f_1 k_2}{g_1-\sigma} \qquad (4-117)$$

由（4－117）式可以看出，第二部类生产价格形式的资本有机构成 k_{p2} 是参数 σ 和第二部类价值形式的资本有机构成 k_2 的二元函数。

由（4－39）式可以看出，参数 σ 是生产价格形式的利润率 r 的单调递增的线性函数。

由（4－112）式可以看出，生产价格形式的利润率 r 是第二部类价值形式的资本有机构成 k_2 的非线性函数。

因此，在第一部类价值形式的资本有机构成 k_1 和剩余价值率 e 不变的条件下，第二部类生产价格形式的资本有机构成 k_{p2} 是第二部类价值形式的资本有机构成 k_2 的复合函数。

（六）第一部类的价值生产价格转化系数与第二部类价值形式的资本有机构成的关系

由（4－18）式、（4－19）式、（4－36）式、（4－38）式，可以得到

$$\begin{aligned}g_2&=1+\frac{v_2}{c_2}+\frac{ev_2}{c_2}=1+f_2+ef_2\\&=1+\frac{1}{k_2}+\frac{e}{k_2}=\frac{k_2+1+e}{k_2}\end{aligned} \qquad (4-118)$$

由（4－35）式、（4－67）式、（4－103）式、（4－118）式，可以得到

$$a_1=\frac{-f_1\sigma(c_1g_1+c_2g_2)}{c_2g_2(\sigma-g_1)-c_1g_1f_1\sigma}$$

$$= \frac{-f_1\sigma(c_1g_1 + c_2\dfrac{k_2+1+e}{k_2})}{c_2\dfrac{k_2+1+e}{k_2}(\sigma - g_1) - c_1g_1f_1\sigma}$$

$$= \frac{-f_1\sigma[c_1g_1 + \dfrac{(k_2+1+e)(1+e)c_1}{k_1k_2}]}{\dfrac{(k_2+1+e)(1+e)c_1}{k_1k_2}(\sigma - g_1) - c_1g_1f_1\sigma}$$

$$= \frac{-f_1\sigma[g_1 + \dfrac{(k_2+1+e)(1+e)}{k_1k_2}]}{\dfrac{(k_2+1+e)(1+e)}{k_1k_2}(\sigma - g_1) - g_1f_1\sigma}$$

$$= \frac{-f_1\sigma[g_1k_1k_2 + (k_2+1+e)(1+e)]}{(k_2+1+e)(1+e)(\sigma - g_1) - g_1f_1k_1k_2\sigma}$$

$$= \frac{-f_1\sigma[g_1k_1k_2 + (k_2+1+e)(1+e)]}{(k_2+1+e)(1+e)(\sigma - g_1) - g_1k_2\sigma} \qquad (4-119)$$

由（4－119）式可以看出，第一部类的价值生产价格转化系数 a_1 是第二部类价值形式的资本有机构成 k_2 和参数 σ 的二元函数。

由（4－39）式可以看出，参数 σ 是生产价格形式的利润率 r 的单调递增的线性函数。

由（4－112）式可以看出，生产价格形式的利润率 r 是第二部类价值形式的资本有机构成 k_2 的非线性函数。

因此，在第一部类价值形式的资本有机构成 k_1 和剩余价值率 e 不变的条件下，第一部类的价值生产价格转化系数 a_1 是第二部类价值形式的资本有机构成 k_2 的复合函数。

（七）第二部类的价值生产价格转化系数与第二部类价值形式的资本有机构成的关系

由（4－68）式、（4－118）式，可以得到

$$a_2 = \frac{(c_1g_1 + c_2g_2)(\sigma - g_1)}{c_2g_2(\sigma - g_1) - c_1g_1f_1\sigma}$$

$$= \frac{[c_1g_1 + \dfrac{c_2(k_2+1+e)}{k_2}](\sigma - g_1)}{\dfrac{c_2(k_2+1+e)(\sigma - g_1)}{k_2} - c_1g_1f_1\sigma} \qquad (4-120)$$

由（4－35）式、（4－103）式、（4－120）式，可以得到

$$a_2 = \frac{[c_1g_1 + \dfrac{c_2(k_2+1+e)}{k_2}](\sigma - g_1)}{\dfrac{c_2(k_2+1+e)(\sigma - g_1)}{k_2} - c_1g_1f_1\sigma}$$

$$= \frac{\left[c_1 g_1 + \dfrac{(1+e)c_1(k_2+1+e)}{k_1 k_2}\right](\sigma - g_1)}{\dfrac{(1+e)c_1(k_2+1+e)(\sigma - g_1)}{k_1 k_2} - c_1 g_1 f_1 \sigma}$$

$$= \frac{\left[g_1 + \dfrac{(1+e)(k_2+1+e)}{k_1 k_2}\right](\sigma - g_1)}{\dfrac{(1+e)(k_2+1+e)(\sigma - g_1)}{k_1 k_2} - g_1 f_1 \sigma}$$

$$= \frac{[g_1 k_1 k_2 + (1+e)(k_2+1+e)](\sigma - g_1)}{(1+e)(k_2+1+e)(\sigma - g_1) - g_1 f_1 k_1 k_2 \sigma}$$

$$= \frac{[g_1 k_1 k_2 + (1+e)(k_2+1+e)](\sigma - g_1)}{(1+e)(k_2+1+e)(\sigma - g_1) - g_1 k_2 \sigma} \qquad (4-121)$$

由（4-121）式可以看出，第二部类的价值生产价格转化系数 a_2 是第二部类价值形式的资本有机构成 k_2 和参数 σ 的二元函数。

由（4-39）式可以看出，参数 σ 是生产价格形式的利润率 r 的单调递增的线性函数。

由（4-112）式可以看出，生产价格形式的利润率 r 是第二部类价值形式的资本有机构成 k_2 的非线性函数。

因此，在第一部类价值形式的资本有机构成 k_1 和剩余价值率 e 不变的条件下，第二部类的价值生产价格转化系数 a_2 是第二部类价值形式的资本有机构成 k_2 的复合函数。

（八）第一部类被社会多承认的剩余价值与第二部类价值形式的资本有机构成的关系

由（4-17）式、（4-19）式，可以得到

$$c_2 = v_1 + s_1 = v_1 + ev_1 = (1+e)v_1 \qquad (4-122)$$

由（4-18）式、（4-19）式、（4-122）式，可以得到

$$v_1 = \frac{c_2}{1+e} = \frac{k_2 v_2}{1+e} = \frac{\dfrac{k_2 s_2}{e}}{1+e} = \frac{k_2 s_2}{e(1+e)} \qquad (4-123)$$

由（4-107）式、（4-123）式，第一部类被社会多承认的剩余价值 s_{a1} 可以表示为

$$s_{a1} = (a_1 - 1)(k_1 + 1 + e)v_1$$

$$= \frac{c_2(a_1-1)(k_1+1+e)}{1+e}$$

$$= \frac{k_2 v_2(a_1-1)(k_1+1+e)}{1+e}$$

$$= \frac{k_2 s_2(a_1-1)(k_1+1+e)}{e(1+e)} \qquad (4-124)$$

在第一部类价值形式的资本有机构成 k_1 和剩余价值率 e 不变的条件下，第二部类价值形式的资本有机构成 k_2 变化有三种情况：第一种情况，第二部类价值形式的不变资本 c_2 变化，但是，第二部类价值形式的可变资本 v_2 和剩余价值 s_2 不变；第二种情况，第二部类价值形式的不变资本 c_2 不变，但是，第二部类价值形式的可变资本 v_2 和剩余价值 s_2 等比例变化；第三种情况，第二部类价值形式的不变资本 c_2、第二部类价值形式的可变资本 v_2、剩余价值 s_2 都变化，其中，第二部类价值形式的不变资本 c_2 变化的比例与第二部类价值形式的可变资本 v_2 变化的比例不同，第二部类价值形式的可变资本 v_2 变化的比例和剩余价值 s_2 变化的比例相同。

由（4－124）式可以看出，无论属于哪种情况，第一部类被社会多承认的剩余价值 s_{a1} 都是第一部类的价值生产价格转化系数 a_1 的函数。

由（4－119）式可以看出，第一部类的价值生产价格转化系数 a_1 是第二部类价值形式的资本有机构成 k_2 和参数 σ 的二元函数。

由（4－39）式可以看出，参数 σ 是生产价格形式的利润率 r 的单调递增的线性函数。

由（4－112）式可以看出，生产价格形式的利润率 r 是第二部类价值形式的资本有机构成 k_2 的非线性函数。

因此，在第一部类价值形式的资本有机构成 k_1 和剩余价值率 e 不变的条件下，第一部类被社会多承认的剩余价值 s_{a1} 是第二部类价值形式的资本有机构成 k_2 的复合函数。

（九）第一部类多得到的剩余价值与第二部类价值形式的资本有机构成的关系

由（4－18）式、（4－19）式，可以得到

$$c_2 = k_2 v_2 = \frac{k_2 s_2}{e} \tag{4-125}$$

由（4－108）式、（4－125）式，可以得到

$$\begin{aligned} s_{t1} &= \left(\frac{\sigma}{k_1 + 1 + e - k_1\sigma} - 1\right)c_2 \\ &= \left(\frac{\sigma}{k_1 + 1 + e - k_1\sigma} - 1\right)k_2 v_2 \\ &= \left(\frac{\sigma}{k_1 + 1 + e - k_1\sigma} - 1\right)\frac{k_2 s_2}{e} \end{aligned} \tag{4-126}$$

在剩余价值率 e 不变的条件下，第二部类价值形式的可变资本 v_2 变化的比例和剩余价值 s_2 变化的比例总是相同的。

在第二部类价值形式的资本有机构成 k_2 和剩余价值率 e 不变的条件

下，无论第二部类价值形式的不变资本 c_2 变化和第二部类价值形式的可变资本 v_2 不变，第二部类价值形式的不变资本 c_2 不变和第二部类价值形式的可变资本 v_2 变化，还是第二部类价值形式的不变资本 c_2 和第二部类价值形式的可变资本 v_2 都变化，由（4－126）式可以看出，第一部类多得到的剩余价值 s_{t1} 都是参数 σ 的函数。

由（4－39）式可以看出，参数 σ 是生产价格形式的利润率 r 的单调递增的线性函数。

由（4－112）式可以看出，生产价格形式的利润率 r 是第二部类价值形式的资本有机构成 k_2 的非线性函数。

因此，在第一部类价值形式的资本有机构成 k_1 和剩余价值率 e 不变的条件下，第一部类多得到的剩余价值 s_{t1} 是第二部类价值形式的资本有机构成 k_2 的复合函数。

三、主要变量与剩余价值率的关系

这里假设剩余价值率变化。在这种条件下，考察各主要变量与剩余价值率之间的关系。

（一）平均利润率与剩余价值率的关系

1. 价值形式的平均利润率与剩余价值率的关系

由（4－19）式、（4－35）式、（4－36）式、（4－88）式，价值形式的平均利润率可以表示为

$$
\begin{aligned}
r_v &= \frac{ev_1 + ev_2}{k_1 v_1 + k_2 v_2 + v_1 + v_2} \\
&= \frac{e(v_1 + v_2)}{(k_1 + 1)v_1 + (k_2 + 1)v_2} \\
&= \frac{e(\dfrac{k_2 v_2}{1+e} + v_2)}{(k_1 + 1)\dfrac{k_2 v_2}{1+e} + (k_2 + 1)v_2} \\
&= \frac{e(\dfrac{k_2}{1+e} + 1)}{(k_1 + 1)\dfrac{k_2}{1+e} + (k_2 + 1)} \\
&= \frac{e(k_2 + 1 + e)}{(k_1 + 1)k_2 + (1+e)(k_2 + 1)} \qquad (4-127)
\end{aligned}
$$

按照这里的假设，在第一部类价值形式的资本有机构成、第二部类价值形式的资本有机构成、剩余价值率这三个外生变量中，每次只有一个变

量变化，其余两个变量不变。这里考察剩余价值率变化的问题，所以，第一部类价值形式的资本有机构成和第二部类价值形式的资本有机构成不变。

在（4－127）式中，由于第一部类价值形式的资本有机构成 k_1 和第二部类价值形式的资本有机构成 k_2 不变，等式右边的分式的分子为剩余价值率 e 的二次函数，等式右边的分式的分母为剩余价值率 e 的一次函数，所以，价值形式的平均利润率 r_v 是剩余价值率 e 的单调递增函数。

2. 生产价格形式的利润率与剩余价值率的关系

由（4－89）式，生产价格形式的利润率可以表示为

$$r=\frac{f_2g_1+g_2+2f_1-2f_2-\sqrt{(f_2g_1-g_2)^2+4f_1g_1g_2}}{2(f_2-f_1)} \tag{4-128}$$

按照假设条件，在这里，第一部类价值形式的资本有机构成 k_1 和第二部类价值形式的资本有机构成 k_2 不变，剩余价值率 e 变化。

由（4－35）式可以看出，参数 f_1 仅与第一部类价值形式的资本有机构成 k_1 有关。

由（4－36）式可以看出，参数 f_2 仅与第二部类价值形式的资本有机构成 k_2 有关。

由（4－92）式可以看出，参数 g_1 不仅与第一部类价值形式的资本有机构成 k_1 有关，而且与剩余价值率 e 有关。

由（4－93）式可以看出，参数 g_2 不仅与第二部类价值形式的资本有机构成 k_2 有关，而且与剩余价值率 e 有关。

由（4－19）式、（4－35）式、（4－37）式，得到

$$g_1=1+f_1(1+e) \tag{4-129}$$

由（4－19）式、（4－36）式、（4－38）式，得到

$$g_2=1+f_2(1+e) \tag{4-130}$$

将（4－129）式、（4－130）式代入（4－128）式，那么，（4－128）式中：

$$\begin{aligned}&f_2g_1+g_2+2f_1-2f_2\\&=(f_1+1)f_2e+(f_1f_2+2f_1+1)\end{aligned} \tag{4-131}$$

以及

$$\begin{aligned}&(f_2g_1-g_2)^2+4f_1g_1g_2\\&=[(f_1-1)^2f_2+4f_1^2]f_2e^2\\&\quad+[2f_2(f_1f_2-1)(f_1-1)+4f_1(f_1+f_2+2f_1f_2)]e\end{aligned}$$

$$+[(f_1f_2-1)^2+4f_1(1+f_1)(1+f_2)] \quad (4-132)$$

令

$$a=[(f_1-1)^2f_2+4f_1^2]f_2 \quad (4-133)$$

$$b=2f_2(f_1f_2-1)(f_1-1)+4f_1(f_1+f_2+2f_1f_2) \quad (4-134)$$

$$\begin{aligned} c &= (f_1f_2-1)^2+4f_1(1+f_1)(1+f_2) \\ &= f_1^2f_2^2-2f_1f_2+1+4f_1(1+f_1+f_2+f_1f_2) \\ &= f_1^2f_2^2-2f_1f_2+1+4f_1+4f_1^2+4f_1f_2+4f_1^2f_2 \\ &= f_1^2f_2^2+4f_1^2+1+2f_1f_2+4f_1^2f_2+4f_1 \\ &= (f_1f_2+2f_1+1)^2 \end{aligned} \quad (4-135)$$

$$p=(f_1+1)f_2 \quad (4-136)$$

$$q=f_1f_2+2f_1+1 \quad (4-137)$$

由（4－128）式、（4－129）式、（4－130）式、（4－131）式、（4－132）式、（4－133）式、（4－134）式、（4－135）式、（4－136）式、（4－137）式，可以得到生产价格形式的利润率与剩余价值率的关系：

$$r=\frac{pe+q-\sqrt{ae^2+be+c}}{2(f_2-f_1)} \quad (4-138)$$

在（4－138）式中，如果剩余价值率 $e=0$，那么，由（4－135）式、（4－137）式、（4－138）式，可以得到生产价格形式的利润率 $r=0$。如果剩余价值率 e 足够大，那么，由（4－138）式，可以得到

$$r\approx\frac{(p-\sqrt{a})e}{2(f_2-f_1)} \quad (4-139)$$

因此，如果两部类资本有机构成不变，那么，生产价格形式的利润率是剩余价值率的过原点的准直线方程。如果剩余价值率足够大，那么，该方程接近于直线方程。

在（4－128）式或（4－138）式中，由于第一部类价值形式的资本有机构成 k_1 和第二部类价值形式的资本有机构成 k_2 不变，因此生产价格形式的利润率 r 是剩余价值率 e 的单调递增函数。

如果剩余价值率 e 足够大，那么，由（4－139）式可以看出，生产价格形式的利润率 r 不仅是剩余价值率 e 的单调递增函数，而且是剩余价值率 e 的单调递增的线性函数。

3. 价值形式的平均利润率与剩余价值率的关系的数例

如果剩余价值率 e 变化，第一部类价值形式的不变资本 c_1、第一部类价值形式的可变资本 v_1 都不变，剩余价值率的取值范围为 $0.1\leqslant e\leqslant 1.7$，例如 $e=0.1, 0.2, 0.3, \cdots, 1.7$，那么，剩余价值率 e、第一部类的剩

余价值 s_1、价值形式的平均利润率 r_v、生产价格形式的利润率 r 之间的关系，可以用表 4－13 表示。

表 4－13　e、s_1、r_v、r 之间的关系

剩余价值率 e	第一部类的剩余价值 s_1	价值形式的平均利润率 r_v	生产价格形式的利润率 r
0.1	100	0.023 308 270 7	0.023 041 617 2
0.2	200	0.047 058 823 5	0.046 016 792 2
0.3	300	0.071 223 021 6	0.068 931 243 6
0.4	400	0.095 774 647 9	0.091 790 055 2
0.5	500	0.120 689 655 2	0.114 597 760 9
0.6	600	0.145 945 945 9	0.137 358 416 8
0.7	700	0.171 523 178 8	0.160 075 662 8
0.8	800	0.197 402 597 4	0.182 752 773 7
0.9	900	0.223 566 879 0	0.205 392 704 3
1.0	1 000	0.250 000 000 0	0.227 998 127 3
1.1	1 100	0.276 687 116 6	0.250 571 465 9
1.2	1 200	0.303 614 457 8	0.273 114 922 2
1.3	1 300	0.330 769 230 8	0.295 630 501 9
1.4	1 400	0.358 139 534 9	0.318 120 035 7
1.5	1 500	0.385 714 285 7	0.340 585 197 7
1.6	1 600	0.413 483 146 1	0.363 027 522 1
1.7	1 700	0.441 436 464 1	0.385 448 416 9

表 4－13 表示的价值形式的平均利润率 r_v、生产价格形式的利润率 r 与剩余价值率 e 的关系，可以用图 4－5 表示。

在图 4－5 中，斜率大的曲线，表示价值形式的平均利润率 r_v 与剩余价值率 e 的关系；斜率小的曲线，表示生产价格形式的利润率 r 与剩余价值率 e 的关系。

由图 4－5 可以看出，生产价格形式的利润率曲线的斜率小于价值形式的平均利润率曲线的斜率。

由表 4－13 和图 4－5 可以看出，在第一部类价值形式的资本有机构成 k_1 和第二部类价值形式的资本有机构成 k_2 不变的条件下，价值形式的平均利润率 r_v 是剩余价值率 e 的单调递增函数。这个结果与由（4－127）式得到的结论一致。在第一部类价值形式的资本有机构成 k_1 和第二部类价值形式的资本有机构成 k_2 不变的条件下，生产价格形式的利润率 r 是剩余价值率 e 的单调递增函数。这个结果与由（4－138）式得到的结论

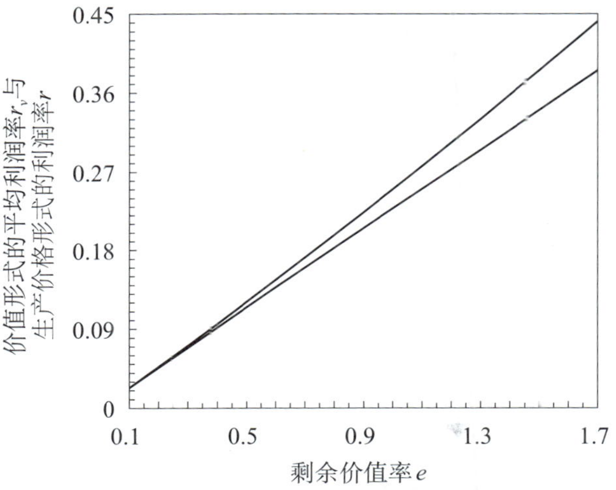

图 4-5 r_v、r 与 e 之间的关系

一致。

(二) 总资本有机构成与剩余价值率的关系

1. 价值形式的总资本有机构成与剩余价值率的关系

由 (4-94) 式，价值形式的总资本有机构成可以表示为

$$k=\frac{k_2(k_1+1+e)}{k_2+1+e}=\frac{k_2[(k_2+1+e)+k_1-k_2]}{k_2+1+e}$$

$$=k_2(1+\frac{k_1-k_2}{k_2+1+e}) \tag{4-140}$$

在 (4-140) 式中，在第一部类价值形式的资本有机构成 k_1 和第二部类价值形式的资本有机构成 k_2 不变，并且第一部类价值形式的资本有机构成高于第二部类价值形式的资本有机构成的条件下，价值形式的总资本有机构成 k 是剩余价值率 e 的单调递减的双曲函数。在第一部类价值形式的资本有机构成 k_1 和第二部类价值形式的资本有机构成 k_2 不变，并且第一部类价值形式的资本有机构成低于第二部类价值形式的资本有机构成的条件下，价值形式的总资本有机构成 k 是剩余价值率 e 的单调递增的双曲函数。

2. 生产价格形式的总资本有机构成与剩余价值率的关系

由 (4-36) 式、(4-91) 式、(4-97) 式，可以得到

$$k_p=\frac{k_2(k_1+1+e)(g_2-f_2\sigma)}{(k_2+1+e)\sigma}$$

$$=\frac{k_2(k_1+1+e)(\frac{k_2+1+e}{k_2}-\frac{\sigma}{k_2})}{(k_2+1+e)\sigma} \tag{4-141}$$

由（4－141）式可以看出，在第一部类价值形式的资本有机构成 k_1 和第二部类价值形式的资本有机构成 k_2 不变的条件下，生产价格形式的总资本有机构成 k_p 是参数 σ 和剩余价值率 e 的二元函数。

由（4－39）式可以看出，参数 σ 是生产价格形式的利润率 r 的单调递增的线性函数。

由（4－138）式可以看出，在第一部类价值形式的资本有机构成 k_1 和第二部类价值形式的资本有机构成 k_2 不变的条件下，生产价格形式的利润率 r 是剩余价值率 e 的非线性函数。

因此，生产价格形式的总资本有机构成 k_p 是剩余价值率 e 的复合函数。

3. 总资本有机构成与剩余价值率的关系的数例

如果剩余价值率 e 变化，第一部类价值形式的不变资本 c_1、第一部类价值形式的可变资本 v_1 都不变，剩余价值率的取值范围为 $0.1 \leqslant e \leqslant 1.7$，例如 $e=0.1$，0.2，0.3，…，1.7，那么，剩余价值率 e、第一部类的剩余价值 s_1、价值形式的总资本有机构成 k、生产价格形式的总资本有机构成 k_p 之间的关系，可以用表 4－14 表示。

表 4－14　e、s_1、k、k_p 之间的关系

剩余价值率 e	第一部类的剩余价值 s_1	价值形式的总资本有机构成 k	生产价格形式的总资本有机构成 k_p
0.1	100	3.290 322 580 6	3.339 973 150 2
0.2	200	3.250 000 000 0	3.346 239 504 9
0.3	300	3.212 121 212 1	3.352 162 882 6
0.4	400	3.176 470 588 2	3.357 770 555 7
0.5	500	3.142 857 142 9	3.363 086 993 8
0.6	600	3.111 111 111 1	3.368 134 212 9
0.7	700	3.081 081 081 1	3.372 932 074 2
0.8	800	3.052 631 578 9	3.377 498 540 2
0.9	900	3.025 641 025 6	3.381 849 895 2
1.0	1 000	3.000 000 000 0	3.386 000 936 3
1.1	1 100	2.975 609 756 1	3.389 965 138 6
1.2	1 200	2.952 380 952 4	3.393 754 799 0
1.3	1 300	2.930 232 558 1	3.397 381 161 9
1.4	1 400	2.909 090 909 1	3.400 854 529 2
1.5	1 500	2.888 888 888 9	3.404 184 356 6
1.6	1 600	2.869 565 217 4	3.407 379 338 2
1.7	1 700	2.851 063 829 8	3.410 447 482 2

表 4－14 表示的价值形式的总资本有机构成 k、生产价格形式的总资本有机构成 k_p 与剩余价值率 e 的关系，可以用图 4－6 表示。

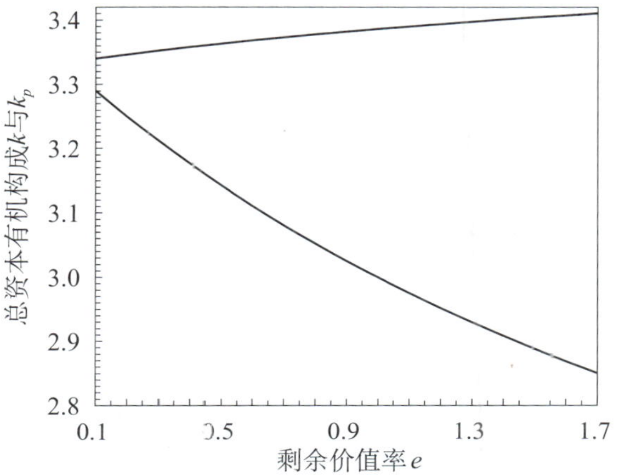

图 4－6　k、k_p 与 e 之间的关系

在图 4－6 中，斜率为负的曲线，表示价值形式的总资本有机构成 k 与剩余价值率 e 的关系；斜率为正的曲线，表示生产价格形式的总资本有机构成 k_p 与剩余价值率 e 的关系。

由图 4－6 可以看出，表示生产价格形式的总资本有机构成 k_p 与剩余价值率关系的曲线的斜率为正。表示价值形式的总资本有机构成 k 与剩余价值率关系的曲线的斜率为负。上述两条曲线的斜率的符号相反。

这是令人非常感兴趣的。在考察利润率与总资本有机构成的关系的过程中，必须首先明确，利润率是价值形式的还是生产价格形式的，总资本有机构成是价值形式的还是生产价格形式的，然后才能进行分析，否则，就会得出错误的结论。

由表 4－14 和图 4－6 可以看出，在第一部类价值形式的资本有机构成 k_1 与第二部类价值形式的资本有机构成 k_2 不变，第一部类价值形式的资本有机构成 k_1 大于第二部类价值形式的资本有机构成 k_2 的条件下，价值形式的总资本有机构成 k 是剩余价值率 e 的单调递减的倒数函数或双曲函数。这个结果与由（4－140）式得到的结论一致。在第一部类价值形式的资本有机构成 k_1 与第二部类价值形式的资本有机构成 k_2 不变，第一部类价值形式的资本有机构成 k_1 大于第二部类价值形式的资本有机构成 k_2 的条件下，生产价格形式的总资本有机构成 k_p 是剩余价值率 e 的单调递增函数。这个结果与由（4－141）式得到的结论一致。

由（4－140）式、表 4－14 和图 4－6 可以看出，随着价值形式的总

资本有机构成 k 提高，剩余价值率 e 不一定提高，有可能降低。因为在第一部类价值形式的资本有机构成 k_1 与第二部类价值形式的资本有机构成 k_2 不变，第一部类价值形式的资本有机构成 k_1 大于第二部类价值形式的资本有机构成 k_2 的条件下，生产价格形式的总资本有机构成 k_p 与价值形式的总资本有机构成 k 互为单调递减函数，所以，那种以价值形式的总资本有机构成 k 提高，剩余价值率 e 一定提高为论据来否定利润率趋向下降的观点，并不严谨。

（三）第一部类生产价格形式的资本有机构成与剩余价值率的关系

由（4－116）式，可以得到

$$k_{p1}=-(1+\frac{g_1}{\sigma-g_1}) \tag{4-142}$$

由（4－142）式可以看出，第一部类生产价格形式的资本有机构成 k_{p1} 是参数 σ 和参数 g_1 的二元函数。

由（4－39）式可以看出，参数 σ 是生产价格形式的利润率 r 的单调递增的线性函数。

由（4－138）式可以看出，在第一部类价值形式的资本有机构成 k_1 和第二部类价值形式的资本有机构成 k_2 不变的条件下，生产价格形式的利润率 r 是剩余价值率 e 的非线性函数。

由（4－90）式可以看出，在第一部类价值形式的资本有机构成 k_1 不变的条件下，参数 g_1 是剩余价值率 e 的单调递增的线性函数。

因此，在第一部类价值形式的资本有机构成 k_1 和第二部类价值形式的资本有机构成 k_2 不变的条件下，第一部类的生产价格形式的资本有机构成 k_{p1} 是剩余价值率 e 的复合函数。

（四）第二部类生产价格形式的资本有机构成与剩余价值率的关系

由（4－117）式可以看出，第二部类的生产价格形式的资本有机构成 k_{p2} 是参数 σ 和参数 g_1 的二元函数。

由（4－39）式可以看出，参数 σ 是生产价格形式的利润率 r 的单调递增的线性函数。

由（4－138）式可以看出，在第一部类价值形式的资本有机构成 k_1 和第二部类价值形式的资本有机构成 k_2 不变的条件下，生产价格形式的利润率 r 是剩余价值率 e 的非线性函数。

由（4－90）式可以看出，在第一部类价值形式的资本有机构成 k_1 不变的条件下，参数 g_1 是剩余价值率 e 的单调递增的线性函数。

因此，在第一部类价值形式的资本有机构成 k_1 和第二部类价值形式

的资本有机构成 k_2 不变的条件下，第二部类生产价格形式的资本有机构成 k_{p2} 是剩余价值率 e 的复合函数。

（五）第一部类的价值生产价格转化系数与剩余价值率的关系

由（4－35）式、（4－67）式、（4－90）式、（4－91）式，可以得到第一部类的价值生产价格转化系数为

$$
\begin{aligned}
a_1 &= \frac{-f_1\sigma(c_1g_1+c_2g_2)}{c_2g_2(\sigma-g_1)-c_1g_1f_1\sigma} \\
&= \frac{-\dfrac{1}{k_1}\sigma\left(c_1\dfrac{k_1+1+e}{k_1}+c_2\dfrac{k_2+1+e}{k_2}\right)}{c_2\dfrac{k_2+1+e}{k_2}\left(\sigma-\dfrac{k_1+1+e}{k_1}\right)-c_1\sigma\dfrac{k_1+1+e}{k_1^2}} \\
&= \frac{-\sigma[c_1k_2(k_1+1+e)+c_2k_1(k_2+1+e)]}{c_2(k_2+1+e)[k_1^2\sigma-k_1(k_1+1+e)]-c_1\sigma k_2(k_1+1+e)}
\end{aligned}
\tag{4－143}
$$

由（4－103）式、（4－143）式，可以得到

$$
\begin{aligned}
a_1 &= \frac{-\sigma\left[c_1k_2(k_1+1+e)+\dfrac{(1+e)c_1}{k_1}k_1(k_2+1+e)\right]}{\dfrac{(1+e)c_1}{k_1}(k_2+1+e)[k_1^2\sigma-k_1(k_1+1+e)]-c_1\sigma k_2(k_1+1+e)} \\
&= \frac{-\sigma\left[k_2(k_1+1+e)+\dfrac{(1+e)}{k_1}k_1(k_2+1+e)\right]}{\dfrac{(1+e)}{k_1}(k_2+1+e)[k_1^2\sigma-k_1(k_1+1+e)]-\sigma k_2(k_1+1+e)} \\
&= \frac{-\sigma[k_2(k_1+1+e)+(1+e)(k_2+1+e)]}{(1+e)(k_2+1+e)[k_1\sigma-(k_1+1+e)]-\sigma k_2(k_1+1+e)}
\end{aligned}
\tag{4－144}
$$

由（4－144）式可以看出，在第一部类价值形式的资本有机构成 k_1 和第二部类价值形式的资本有机构成 k_2 不变的条件下，第一部类的价值生产价格转化系数 a_1 是参数 σ 和剩余价值率 e 的二元函数。

由（4－39）式可以看出，参数 σ 是生产价格形式的利润率 r 的单调递增的线性函数。

由（4－138）式可以看出，在第一部类价值形式的资本有机构成 k_1 和第二部类价值形式的资本有机构成 k_2 不变的条件下，生产价格形式的利润率 r 是剩余价值率 e 的非线性函数。

因此，在第一部类价值形式的资本有机构成 k_1 和第二部类价值形式的资本有机构成 k_2 不变的条件下，第一部类的价值生产价格转化系数 a_1 是剩余价值率 e 的复合函数。

（六）第二部类的价值生产价格转化系数与剩余价值率的关系

由（4－35）式、（4－68）式、（4－90）式、（4－91）式，可以得到第二部类的价值生产价格转化系数为

$$\begin{aligned} a_2 &= \frac{(c_1 g_1 + c_2 g_2)(\sigma - g_1)}{c_2 g_2 (\sigma - g_1) - c_1 g_1 f_1 \sigma} \\ &= \frac{\left(c_1 \dfrac{k_1+1+e}{k_1} + c_2 \dfrac{k_2+1+e}{k_2}\right)\left(\sigma - \dfrac{k_1+1+e}{k_1}\right)}{c_2 \dfrac{k_2+1+e}{k_2}\left(\sigma - \dfrac{k_1+1+e}{k_1}\right) - c_1 \sigma \dfrac{k_1+1+e}{k_1^2}} \end{aligned} \quad (4-145)$$

由（4－103）式、（4－145）式，可以得到

$$\begin{aligned} a_2 &= \frac{\left[c_1 \dfrac{k_1+1+e}{k_1} + \dfrac{(1+e)(k_2+1+e)c_1}{k_1 k_2}\right]\left(\sigma - \dfrac{k_1+1+e}{k_1}\right)}{\dfrac{(1+e)(k_2+1+e)c_1}{k_1 k_2}\left(\sigma - \dfrac{k_1+1+e}{k_1}\right) - c_1 \sigma \dfrac{k_1+1+e}{k_1^2}} \\ &= \frac{\left[\dfrac{k_1+1+e}{k_1} + \dfrac{(1+e)(k_2+1+e)}{k_1 k_2}\right]\left(\sigma - \dfrac{k_1+1+e}{k_1}\right)}{\dfrac{(1+e)(k_2+1+e)}{k_1 k_2}\left(\sigma - \dfrac{k_1+1+e}{k_1}\right) - \sigma \dfrac{k_1+1+e}{k_1^2}} \\ &= \frac{[k_2(k_1+1+e)+(1+e)(k_2+1+e)][k_1\sigma-(k_1+1+e)]}{(1+e)(k_2+1+e)[k_1\sigma-(k_1+1+e)]-\sigma k_2(k_1+1+e)} \end{aligned}$$

$$(4-146)$$

由（4－146）式可以看出，在第一部类价值形式的资本有机构成 k_1 和第二部类价值形式的资本有机构成 k_2 不变的条件下，第二部类的价值生产价格转化系数 a_2 是参数 σ 和剩余价值率 e 的二元函数。

由（4－39）式可以看出，参数 σ 是生产价格形式的利润率 r 的单调递增的线性函数。

由（4－138）式可以看出，在第一部类价值形式的资本有机构成 k_1 和第二部类价值形式的资本有机构成 k_2 不变的条件下，生产价格形式的利润率 r 是剩余价值率 e 的非线性函数。

因此，在第一部类价值形式的资本有机构成 k_1 和第二部类价值形式的资本有机构成 k_2 不变的条件下，第二部类的价值生产价格转化系数 a_2 是剩余价值率 e 的复合函数。

（七）第一部类被社会多承认的剩余价值与剩余价值率的关系

由（4－124）式可以看出，在第一部类价值形式的资本有机构成 k_1 和第二部类价值形式的资本有机构成 k_2 不变的条件下，在第一部类价值形式的可变资本 v_1、第二部类价值形式的不变资本 c_2、第二部类价值形式的可变资本 v_2、第二部类的剩余价值 s_2 中，无论哪个量变化，哪个量

不变，第一部类被社会多承认的剩余价值 s_{a1} 都是第一部类的价值生产价格转化系数 a_1 和剩余价值率 e 的二元函数。

由（4－35）式、（4－90）式、（4－119）式，第一部类的价值生产价格转化系数 a_1 可以表示为

$$a_1=\frac{-f_1\sigma[g_1k_1k_2+(k_2+1+e)(1+e)]}{(k_2+1+e)(1+e)(\sigma-g_1)-g_1k_2\sigma}$$

$$=\frac{-\frac{\sigma}{k_1}\left[k_1k_2\frac{k_1+1+e}{k_1}+(k_2+1+e)(1+e)\right]}{(k_2+1+e)(1+e)\left(\sigma-\frac{k_1+1+e}{k_1}\right)-k_2\sigma\frac{k_1+1+e}{k_1}}$$

$$=\frac{-\sigma[k_2(k_1+1+e)+(k_2+1+e)(1+e)]}{(k_2+1+e)(1+e)[k_1\sigma-(k_1+1+e)]-k_1k_2\sigma(k_1+1+e)} \tag{4-147}$$

由（4－147）式可以看出，第一部类的价值生产价格转化系数 a_1 是剩余价值率 e 和参数 σ 的二元函数。

由（4－39）式可以看出，参数 σ 是生产价格形式的利润率 r 的单调递增的线性函数。

由（4－138）式可以看出，在第一部类价值形式的资本有机构成 k_1 和第二部类价值形式的资本有机构成 k_2 不变的条件下，生产价格形式的利润率 r 是剩余价值率 e 的非线性函数。

因此，在第一部类价值形式的资本有机构成 k_1 和第二部类价值形式的资本有机构成 k_2 不变的条件下，第一部类被社会多承认的剩余价值 s_{a1} 是剩余价值率 e 的复合函数。

（八）第一部类多得到的剩余价值与剩余价值率的关系

由（4－126）式，可以看出，在第一部类价值形式的资本有机构成 k_1 和第二部类价值形式的资本有机构成 k_2 不变的条件下，在第二部类价值形式的不变资本 c_2、第二部类价值形式的可变资本 v_2、第二部类的剩余价值 s_2 中，无论哪个量变化，哪个量不变，第一部类多得到的剩余价值 s_{t1} 都是剩余价值率 e 和参数 σ 的二元函数。

由（4－39）式可以看出，参数 σ 是生产价格形式的利润率 r 的单调递增的线性函数。

由（4－138）式可以看出，在第一部类价值形式的资本有机构成 k_1 和第二部类价值形式的资本有机构成 k_2 不变的条件下，生产价格形式的利润率 r 是剩余价值率 e 的非线性函数。

因此，在第一部类价值形式的资本有机构成 k_1 和第二部类价值形式

的资本有机构成 k_2 不变的条件下，第一部类多得到的剩余价值 s_{t1} 是剩余价值率 e 的复合函数。

第十节　主要变量与两部类价值形式的资本有机构成、剩余价值率的关系曲线的特点

严格地说，要考察各个变量之间的关系曲线的特点，必须求一阶偏导数和二阶偏导数，但是，有些变量之间的函数关系非常复杂，对这些变量求偏导数的过程将极为烦琐，其结果也将过于冗长。这里仅对函数关系比较简单的变量求偏导数，其余各主要变量之间的关系已经通过上面的数例得到说明。当然，凡是通过数例说明的变量之间的关系，都是在一定范围内成立，特别是在所举数例的范围内成立，但是，由于所举数例中的变量的取值范围很大，基本能够说明或证明各主要经济变量之间的关系，并看出相应的变量之间的关系曲线的特点。

一、价值形式的平均利润率与第一部类价值形式的资本有机构成的关系曲线的特点

（一）价值形式的平均利润率对第一部类价值形式的资本有机构成的一阶偏导数

由（4－88）式，价值形式的平均利润率可以表示为

$$r_v=\frac{s_1+s_2}{c_1+c_2+v_1+v_2}=\frac{ev_1+ev_2}{c_1+c_2+v_1+v_2}$$

$$=\frac{e}{\dfrac{c_1+c_2}{v_1+v_2}+1}=\frac{e}{k+1} \qquad (4-148)$$

由（4－94）式、（4－148）式，价值形式的平均利润率可以表示为

$$r_v=\frac{e}{k+1}=\frac{e}{\dfrac{k_2(k_1+1+e)}{k_2+1+e}+1}$$

$$=\frac{e(k_2+1+e)}{k_2(k_1+1+e)+(k_2+1+e)} \qquad (4-149)$$

在第二部类价值形式的资本有机构成 k_2 和剩余价值率 e 不变的条件下，由（4－149）式，价值形式的平均利润率 r_v 对第一部类价值形式的资本有机构成 k_1 的一阶偏导数为

$$\frac{\partial r_v}{\partial k_1}=\frac{\partial}{\partial k_1}\left(\frac{e}{k+1}\right)=\frac{\partial}{\partial k_1}\left[\frac{e(k_2+1+e)}{k_2(k_1+1+e)+(k_2+1+e)}\right]$$

$$=\frac{-ek_2(k_2+1+e)}{[k_2(k_1+1+e)+(k_2+1+e)]^2} \quad (4-150)$$

由于第一部类价值形式的资本有机构成 k_1、第二部类价值形式的资本有机构成 k_2、剩余价值率 e 均为正值，因此由（4－150）式可以证明，价值形式的平均利润率 r_v 对第一部类价值形式的资本有机构成 k_1 的一阶偏导数小于 0，即

$$\frac{\partial r_v}{\partial k_1}=\frac{-ek_2(k_2+1+e)}{[k_2(k_1+1+e)+(k_2+1+e)]^2}<0 \quad (4-151)$$

这说明，价值形式的平均利润率与第一部类价值形式的资本有机构成的关系曲线是单调递减的。

（二）价值形式的平均利润率对第一部类价值形式的资本有机构成的一阶偏导数的数例

如果第一部类价值形式的不变资本 c_1 变化，第一部类价值形式的可变资本 v_1、第一部类的剩余价值 s_1、第二部类价值形式的不变资本 c_2、第二部类价值形式的可变资本 v_2、第二部类的剩余价值 s_2 都不变，第一部类价值形式的资本有机构成 k_1 的取值范围为 $0.6\leqslant k_1\leqslant 7$，例如 $k_1=0.6, 1, 1.4, \cdots, 7$，那么，第一部类价值形式的资本有机构成 k_1、第一部类的不变资本 c_1、价值形式的平均利润率 r_v 对第一部类价值形式的资本有机构成 k_1 的一阶偏导数 $\frac{\partial r_v}{\partial k_1}$ 之间的关系，可以用表 4－15 表示。

表 4－15　k_1、c_1、$\frac{\partial r_v}{\partial k_1}$ 之间的关系

第一部类价值形式的资本有机构成 k_1	第一部类的不变资本 c_1	价值形式的平均利润率 r_v 对第一部类价值形式的资本有机构成 k_1 的一阶偏导数 $\frac{\partial r_v}{\partial k_1}$
0.6	600	−0.094 517 958 4
1.0	1 000	−0.080 000 000 0
1.4	1 400	−0.068 587 105 6
1.8	1 800	−0.059 453 032 1
2.2	2 200	−0.052 029 133 3
2.6	2 600	−0.045 913 682 3
3.0	3 000	−0.040 816 326 5
3.4	3 400	−0.036 523 009 5
3.8	3 800	−0.032 873 109 8

续前表

第一部类价值形式的资本有机构成 k_1	第一部类的不变资本 c_1	价值形式的平均利润率 r_v 对第一部类价值形式的资本有机构成 k_1 的一阶偏导数 $\frac{\partial r_v}{\partial k_1}$
4.2	4 200	−0.029 744 199 9
4.6	4 600	−0.027 041 644 1
5.0	5 000	−0.024 691 358 0
5.4	5 400	−0.022 634 676 3
5.8	5 800	−0.020 824 656 4
6.2	6 200	−0.019 223 375 6
6.6	6 600	−0.017 799 928 8
7.0	7 000	−0.016 528 925 6

表 4－15 表示的价值形式的平均利润率 r_v 对第一部类价值形式的资本有机构成 k_1 的一阶偏导数 $\frac{\partial r_v}{\partial k_1}$ 与第一部类价值形式的资本有机构成 k_1 的关系，可以用图 4－7 表示。

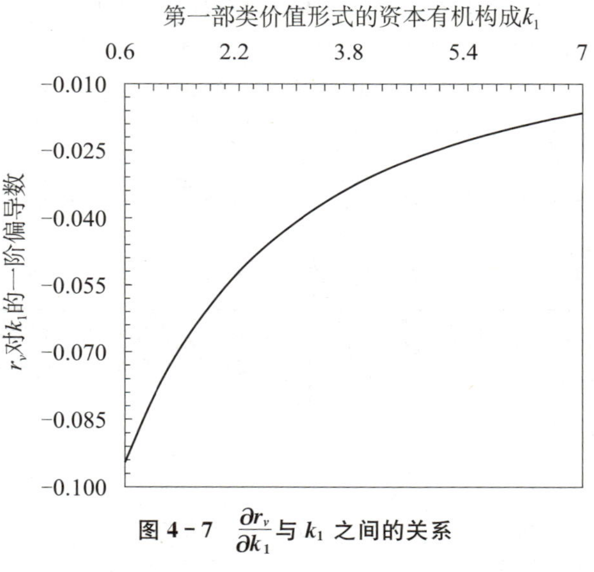

图 4－7　$\frac{\partial r_v}{\partial k_1}$ 与 k_1 之间的关系

由表 4－15 和图 4－7 可以看出，在第二部类价值形式的资本有机构成 k_2 和剩余价值率 e 不变的条件下，价值形式的平均利润率 r_v 对第一部类价值形式的资本有机构成 k_1 的一阶偏导数 $\frac{\partial r_v}{\partial k_1}$ 与第一部类价值形式的资本有机构成 k_1 的关系，是单调递增的函数关系。价值形式的平均利润

率 r_v 对第一部类价值形式的资本有机构成 k_1 的一阶偏导数 $\frac{\partial r_v}{\partial k_1}$ 小于 0，这个结果与由（4－151）式得到的结论一致。这个结论证明，价值形式的平均利润率 r_v 与第一部类价值形式的资本有机构成 k_1 的关系曲线，是单调递减的。这个结论与由表 4－9 和图 4－1 得到的结论一致。

（三）价值形式的平均利润率对第一部类价值形式的资本有机构成的二阶偏导数

在第二部类价值形式的资本有机构成 k_2 和剩余价值率 e 不变的条件下，由（4－150）式，价值形式的平均利润率 r_v 对第一部类价值形式的资本有机构成 k_1 的二阶偏导数为

$$\begin{aligned}\frac{\partial^2 r_v}{\partial k_1^2} &= \frac{\partial}{\partial k_1}\left(\frac{\partial r_v}{\partial k_1}\right)\\ &= \frac{\partial}{\partial k_1}\left\{\frac{-ek_2(k_2+1+e)}{[k_2(k_1+1+e)+(k_2+1+e)]^2}\right\}\\ &= \frac{2ek_2^2(k_2+1+e)}{[k_2(k_1+1+e)+(k_2+1+e)]^3}\end{aligned} \tag{4-152}$$

由于第一部类价值形式的资本有机构成 k_1、第二部类价值形式的资本有机构成 k_2、剩余价值率 e 均为正值，因此由（4－152）式可以证明，价值形式的平均利润率 r_v 对第一部类价值形式的资本有机构成 k_1 的二阶偏导数大于 0，即

$$\frac{\partial^2 r_v}{\partial k_1^2} = \frac{2ek_2^2(k_2+1+e)}{[k_2(k_1+1+e)+(k_2+1+e)]^3} > 0 \tag{4-153}$$

这说明，随着第一部类价值形式的资本有机构成提高，价值形式的平均利润率降低逐步趋缓。这表示价值形式的平均利润率 r_v 对第一部类价值形式的资本有机构成 k_1 的一阶偏导数的关系曲线是上升的。

（四）价值形式的平均利润率对第一部类价值形式的资本有机构成的二阶偏导数的数例

如果第一部类价值形式的不变资本 c_1 变化，第一部类价值形式的可变资本 v_1、第一部类的剩余价值 s_1、第二部类价值形式的不变资本 c_2、第二部类价值形式的可变资本 v_2、第二部类的剩余价值 s_2 都不变，第一部类价值形式的资本有机构成 k_1 的取值范围为 $0.6 \leqslant k_1 \leqslant 7$，例如 $k_1 =$ 0.6，1，1.4，…，7，那么，第一部类价值形式的资本有机构成 k_1、第一部类的不变资本 c_1、价值形式的平均利润率 r_v 对第一部类价值形式的资本有机构成 k_1 的二阶偏导数 $\frac{\partial^2 r_v}{\partial k_1^2}$ 之间的关系，可以用表 4－16 表示。

表 4-16　　k_1、c_1、$\frac{\partial^2 r_v}{\partial k_1^2}$之间的关系

第一部类价值形式的资本有机构成 k_1	第一部类的不变资本 c_1	价值形式的平均利润率 r_v 对第一部类价值形式的资本有机构成 k_1 的二阶偏导数 $\frac{\partial^2 r_v}{\partial k_1^2}$
0.6	600	0.041 094 764 5
1.0	1 000	0.032 000 000 0
1.4	1 400	0.025 402 631 7
1.8	1 800	0.020 501 045 6
2.2	2 200	0.016 783 592 4
2.6	2 600	0.013 913 237 1
3.0	3 000	0.011 661 807 6
3.4	3 400	0.009 871 083 6
3.8	3 800	0.008 429 002 5
4.2	4 200	0.007 254 682 9
4.6	4 600	0.006 288 754 4
5.0	5 000	0.005 486 968 4
5.4	5 400	0.004 815 888 6
5.8	5 800	0.004 249 929 9
6.2	6 200	0.003 769 289 3
6.6	6 600	0.003 358 477 1
7.0	7 000	0.003 005 259 2

表 4-16 表示的价值形式的平均利润率 r_v 对第一部类价值形式的资本有机构成 k_1 的二阶偏导数 $\frac{\partial^2 r_v}{\partial k_1^2}$ 与第一部类价值形式的资本有机构成 k_1 的关系，可以用图 4-8 表示。

由表 4-16 和图 4-8 可以看出，在第二部类价值形式的资本有机构成 k_2 和剩余价值率 e 不变的条件下，价值形式的平均利润率 r_v 对第一部类价值形式的资本有机构成 k_1 的二阶偏导数 $\frac{\partial^2 r_v}{\partial k_1^2}$ 与第一部类价值形式的资本有机构成 k_1 的关系，是单调递减的函数关系。

由表 4-16 和图 4-8 还可以看出，价值形式的平均利润率 r_v 对第一部类价值形式的资本有机构成 k_1 的二阶偏导数 $\frac{\partial^2 r_v}{\partial k_1^2}$ 大于 0，这个结论与由（4-153）式得到的结论一致。

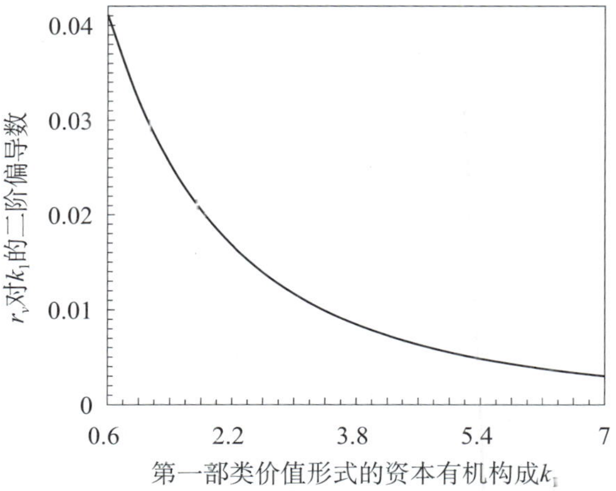

图 4-8　$\frac{\partial^2 r_v}{\partial k_1^2}$与 k_1 之间的关系

二、价值形式的总资本有机构成与第一部类价值形式的资本有机构成的关系曲线的特点

（一）价值形式的总资本有机构成对第一部类价值形式的资本有机构成的一阶偏导数

在第二部类价值形式的资本有机构成 k_2 和剩余价值率 e 不变的条件下，由（4-94）式，价值形式的总资本有机构成 k 对第一部类价值形式的资本有机构成 k_1 的一阶偏导数为

$$\frac{\partial k}{\partial k_1}=\frac{\partial}{\partial k_1}\left[\frac{k_2(k_1+1+e)}{k_2+1+e}\right]=\frac{k_2}{k_2+1+e} \tag{4-154}$$

由于第二部类价值形式的资本有机构成 k_2、剩余价值率 e 均为正值，因此由（4-154）式可以证明，价值形式的总资本有机构成 k 对第一部类价值形式的资本有机构成 k_1 的一阶偏导数大于 0，即

$$\frac{\partial k}{\partial k_1}=\frac{k_2}{k_2+1+e}>0 \tag{4-155}$$

由（4-155）式可以看出，价值形式的总资本有机构成 k 对第一部类价值形式的资本有机构成 k_1 的一阶偏导数是一个大于 0 的常数。这说明，价值形式的总资本有机构成是第一部类价值形式的资本有机构成的单调递增的函数。

（二）价值形式的总资本有机构成对第一部类价值形式的资本有机构成的二阶偏导数

在第二部类价值形式的资本有机构成 k_2 和剩余价值率 e 不变的条件

下，由（4－154）式，价值形式的总资本有机构成 k 对第一部类价值形式的资本有机构成 k_1 的二阶偏导数为

$$\frac{\partial^2 k}{\partial k_1^2}=\frac{\partial}{\partial k_1}(\frac{\partial k}{\partial k_1})=\frac{\partial}{\partial k_1}(\frac{k_2}{k_2+1+e})=0 \tag{4-156}$$

这说明，价值形式的总资本有机构成是第一部类价值形式的资本有机构成的单调递增的线性函数。

三、价值形式的平均利润率与第二部类价值形式的资本有机构成的关系曲线的特点

（一）价值形式的平均利润率对第二部类价值形式的资本有机构成的一阶偏导数

在第一部类价值形式的资本有机构成 k_1 和剩余价值率 e 不变的条件下，由（4－149）式，价值形式的平均利润率 r_v 对第二部类价值形式的资本有机构成 k_2 的一阶偏导数为

$$\begin{aligned}\frac{\partial r_v}{\partial k_2}&=\frac{\partial}{\partial k_2}(\frac{e}{k+1})\\&=\frac{\partial}{\partial k_2}[\frac{e(k_2+1+e)}{k_2(k_1+1+e)+(k_2+1+e)}]\\&=\frac{e[k_2(k_1+1+e)+(k_2+1+e)]-e(k_2+1+e)(k_1+2+e)}{[k_2(k_1+1+e)+(k_2+1+e)]^2}\\&=\frac{-e(1+e)(k_1+1+e)}{[k_2(k_1+1+e)+(k_2+1+e)]^2}\end{aligned} \tag{4-157}$$

由于第一部类价值形式的资本有机构成 k_1、第二部类价值形式的资本有机构成 k_2、剩余价值率 e 均为正值，因此由（4－157）式可以证明，价值形式的平均利润率 r_v 对第二部类价值形式的资本有机构成 k_2 的一阶偏导数小于 0，即

$$\frac{\partial r_v}{\partial k_2}=\frac{-e(1+e)(k_1+1+e)}{[k_2(k_1+1+e)+(k_2+1+e)]^2}<0 \tag{4-158}$$

这说明，价值形式的平均利润率与第二部类价值形式的资本有机构成的关系曲线，是单调递减的。

（二）价值形式的平均利润率对第二部类价值形式的资本有机构成的一阶偏导数的数例

如果第二部类价值形式的资本有机构成 k_2 变化，第一部类价值形式的不变资本 c_1、第一部类价值形式的可变资本 v_1、第一部类的剩余价值 s_1 都不变，第二部类价值形式的资本有机构成 k_2 的取值范围为 $0.6\leqslant k_2\leqslant$

7，例如 k_2＝0.6，1，1.4，…，7，那么，第二部类价值形式的资本有机构成 k_2、第二部类价值形式的可变资本 v_2、价值形式的平均利润率 r_v 对第二部类价值形式的资本有机构成 k_2 的一阶偏导数 $\frac{\partial r_v}{\partial k_2}$ 之间的关系，可以用表 4－17 表示。

表 4－17　　k_2、v_2、$\frac{\partial r_v}{\partial k_2}$之间的关系

第二部类价值形式的资本有机构成 k_2	第二部类价值形式的可变资本 v_2	价值形式的平均利润率 r_v 对第二部类价值形式的资本有机构成 k_2 的一阶偏导数 $\frac{\partial r_v}{\partial k_2}$
0.60	3 333.333 333 3	－0.135 275 754 4
1.00	2 000.000 000 0	－0.074 074 074 1
1.40	1 428.571 428 6	－0.048 833 541 2
1.80	1 111.111 111 1	－0.035 653 968 8
2.20	909.090 909 1	－0.027 744 748 3
2.60	769.230 769 2	－0.022 546 809 1
3.00	666.666 666 7	－0.018 903 591 7
3.40	588.235 294 1	－0.016 224 986 5
3.80	526.315 789 5	－0.014 181 622 6
4.20	476.190 476 2	－0.012 576 575 1
4.60	434.782 608 7	－0.011 285 523 8
5.00	400.000 000 0	－0.010 226 442 7
5.40	370.370 370 4	－0.009 343 198 4
5.80	344.827 586 2	－0.008 593 178 0
6.20	322.580 645 2	－0.007 956 384 6
6.60	303.030 303 0	－0.007 403 453 8
7.00	285.714 285 7	－0.006 920 415 2

表 4－17 表示的价值形式的平均利润率 r_v 对第二部类价值形式的资本有机构成 k_2 的一阶偏导数 $\frac{\partial r_v}{\partial k_2}$ 与第二部类价值形式的资本有机构成 k_2 的关系，可以用图 4－9 表示。

由表 4－17 和图 4－9 可以看出，在第一部类价值形式的资本有机构成 k_1 和剩余价值率 e 不变的条件下，价值形式的平均利润率 r_v 对第二部类价值形式的资本有机构成 k_2 的一阶偏导数 $\frac{\partial r_v}{\partial k_2}$ 与第一部类价值形式的

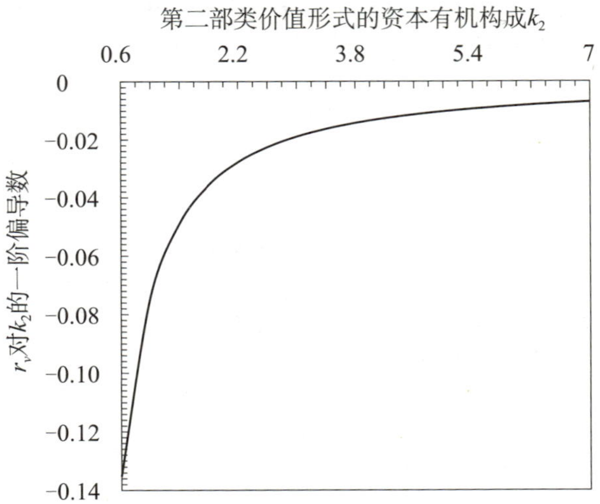

图 4-9　$\frac{\partial r_v}{\partial k_2}$与 k_2 之间的关系

资本有机构成 k_2 的关系，是单调递增的函数关系。价值形式的平均利润率 r_v对第二部类价值形式的资本有机构成k_2 的一阶偏导数 $\frac{\partial r_v}{\partial k_2}$ 小于 0，与由（4-158）式得到的结论一致。这个结论证明，价值形式的平均利润率 r_v与第二部类价值形式的资本有机构成 k_2 的关系曲线，是单调递减的。这个结论与由表 4-11 和图 4-3 得到的结论一致。

（三）价值形式的平均利润率对第二部类价值形式的资本有机构成的二阶偏导数

在第一部类价值形式的资本有机构成 k_1 和剩余价值率 e 不变的条件下，由（4-157）式，价值形式的平均利润率 r_v对第二部类价值形式的资本有机构成k_2 的二阶偏导数为

$$\begin{aligned}\frac{\partial^2 r_v}{\partial k_2^2} &= \frac{\partial}{\partial k_2}(\frac{\partial r_v}{\partial k_2}) \\ &= \frac{\partial}{\partial k_2}\{\frac{-e(1+e)(k_1+1+e)}{[k_2(k_1+1+e)+(k_2+1+e)]^2}\} \\ &= \frac{2e(1+e)(k_1+1+e)(k_1+2+e)}{[k_2(k_1+1+e)+(k_2+1+e)]^3}\end{aligned} \tag{4-159}$$

由于第一部类价值形式的资本有机构成 k_1、第二部类价值形式的资本有机构成 k_2、剩余价值率 e 均为正值，因此由（4-159）式可以证明，价值形式的平均利润率 r_v对第二部类价值形式的资本有机构成 k_2 的二阶偏导数大于 0，即

$$\frac{\partial^2 r_v}{\partial k_2^2}=\frac{2e(1+e)(k_1+1+e)(k_1+2+e)}{[k_2(k_1+1+e)+(k_2+1+e)]^3}>0 \qquad (4-160)$$

这说明，随着第二部类价值形式的资本有机构成提高，价值形式的平均利润率降低逐步趋缓。

（四）价值形式的平均利润率对第二部类价值形式的资本有机构成的二阶偏导数的数例

如果第二部类价值形式的资本有机构成 k_2 变化，第一部类价值形式的不变资本 c_1、第一部类价值形式的可变资本 v_1、第一部类的剩余价值 s_1 都不变，第二部类价值形式的资本有机构成 k_2 的取值范围为 $0.6\leqslant k_2\leqslant 7$，例如 $k_2=0.6$，1，1.4，…，7，那么，第二部类价值形式的资本有机构成 k_2、第二部类价值形式的可变资本 v_2、价值形式的平均利润率 r_v 对第二部类价值形式的资本有机构成 k_2 的二阶偏导数 $\frac{\partial^2 r_v}{\partial k_2^2}$ 之间的关系，可以用表 4－18 表示。

表 4－18　k_2、v_2、$\frac{\partial^2 r_v}{\partial k_2^2}$ 之间的关系

第二部类价值形式的资本有机构成 k_2	第二部类价值形式的可变资本 v_2	价值形式的平均利润率 r_v 对第二部类价值形式的资本有机构成 k_2 的二阶偏导数 $\frac{\partial^2 r_v}{\partial k_2^2}$
0.60	3 333.333 333 3	0.704 910 879 1
1.00	2 000.000 000 0	0.230 452 674 9
1.40	1 428.571 428 6	0.102 249 986 6
1.80	1 111.111 111 1	0.053 932 216 7
2.20	909.090 909 1	0.031 890 515 3
2.60	769.230 769 2	0.020 382 393 1
3.00	666.666 666 7	0.013 807 840 9
3.40	588.235 294 1	0.009 782 506 9
3.80	526.315 789 5	0.007 181 434 1
4.20	476.190 476 2	0.005 426 506 6
4.60	434.782 608 7	0.004 199 822 8
5.00	400.000 000 0	0.003 316 684 1
5.40	370.370 370 4	0.002 664 772 1
5.80	344.827 586 2	0.002 173 103 9
6.20	322.580 645 2	0.001 795 319 4
6.60	303.030 303 0	0.001 500 265 7
7.00	285.714 285 7	0.001 266 481 2

表 4－18 表示的价值形式的平均利润率 r_v 对第二部类价值形式的资本有机构成 k_2 的二阶偏导数 $\frac{\partial^2 r_v}{\partial k_2^2}$ 与第二部类价值形式的资本有机构成 k_2 的关系，可以用图 4－10 表示。

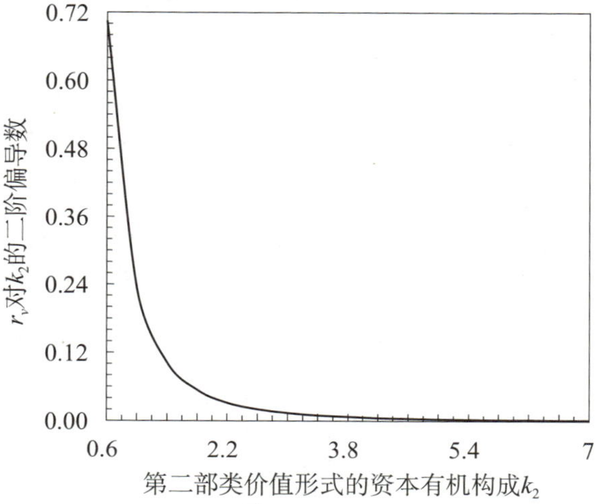

图 4－10　$\frac{\partial^2 r_v}{\partial k_2^2}$ 与 k_2 之间的关系

由表 4－18 和图 4－10 可以看出，在第一部类价值形式的资本有机构成 k_1 和剩余价值率 e 不变的条件下，价值形式的平均利润率 r_v 对第二部类价值形式的资本有机构成 k_2 的二阶偏导数 $\frac{\partial^2 r_v}{\partial k_2^2}$ 与第一部类价值形式的资本有机构成 k_2 的关系，是单调递减的函数关系。

由表 4－18 和图 4－10 还可以看出，价值形式的平均利润率 r_v 对第二部类价值形式的资本有机构成 k_2 的二阶偏导数 $\frac{\partial^2 r_v}{\partial k_2^2}$ 大于 0，这个结论与由（4－160）式得到的结论一致。

四、价值形式的总资本有机构成与第二部类价值形式的资本有机构成的关系曲线的特点

（一）价值形式的总资本有机构成对第二部类价值形式的资本有机构成的一阶偏导数

在第一部类价值形式的资本有机构成 k_1 和剩余价值率 e 不变的条件下，由（4－94）式，价值形式的总资本有机构成 k 对第二部类价值形式的资本有机构成 k_2 的一阶偏导数为

$$\frac{\partial k}{\partial k_2}=\frac{\partial}{\partial k_2}\left[\frac{k_2(k_1+1+e)}{k_2+1+e}\right]$$
$$=\frac{(k_1+1+e)(k_2+1+e)-k_2(k_1+1+e)}{(k_2+1+e)^2}$$
$$=\frac{(k_1+1+e)(1+e)}{(k_2+1-e)^2} \tag{4-161}$$

由于第一部类价值形式的资本有机构成 k_1、第二部类价值形式的资本有机构成 k_2、剩余价值率 e 均为正值，因此由（4－161）式可以证明，价值形式的总资本有机构成 k 对第二部类价值形式的资本有机构成 k_2 的一阶偏导数大于 0，即

$$\frac{\partial k}{\partial k_2}=\frac{(k_1+1+e)(1+e)}{(k_2+1+e)^2}>0 \tag{4-162}$$

这说明，价值形式的总资本有机构成与第二部类价值形式的资本有机构成的关系曲线，是单调递增的。

（二）价值形式的总资本有机构成对第二部类价值形式的资本有机构成的一阶偏导数的数例

如果第二部类价值形式的资本有机构成 k_2 变化，第一部类价值形式的不变资本 c_1、第一部类价值形式的可变资本 v_1、第一部类的剩余价值 s_1 都不变，第二部类价值形式的资本有机构成 k_2 的取值范围为 $0.6\leqslant k_2\leqslant 7$，例如 $k_2=0.6$，1，1.4，…，7，那么，第二部类价值形式的资本有机构成 k_2、第二部类价值形式的可变资本 v_2、价值形式的总资本有机构成 k 对第二部类价值形式的资本有机构成 k_2 的一阶偏导数 $\frac{\partial k}{\partial k_2}$ 之间的关系，可以用表 4－19 表示。

表 4－19　　k_2、v_2、$\frac{\partial k}{\partial k_2}$ 之间的关系

第二部类价值形式的资本有机构成 k_2	第二部类价值形式的可变资本 v_2	价值形式的总资本有机构成 k 对第二部类价值形式的资本有机构成 k_2 的一阶偏导数 $\frac{\partial k}{\partial k_2}$
0.60	3 333.333 333 3	1.775 147 929 0
1.00	2 000.000 000 0	1.333 333 333 3
1.40	1 428.571 428 6	1.038 062 283 7
1.80	1 111.111 111 1	0.831 024 930 7
2.20	909.090 909 1	0.680 272 108 8
2.60	769.230 769 2	0.567 107 750 5

续前表

第二部类价值形式的资本有机构成 k_2	第二部类价值形式的可变资本 v_2	价值形式的总资本有机构成 k 对第二部类价值形式的资本有机构成 k_2 的一阶偏导数 $\frac{\partial k}{\partial k_2}$
3.00	666.666 666 7	0.480 000 000 0
3.40	588.235 294 1	0.411 522 633 7
3.80	526.315 789 5	0.356 718 192 6
4.20	476.190 476 2	0.312 174 817 9
4.60	434.782 608 7	0.275 482 093 7
5.00	400.000 000 0	0.244 897 959 2
5.40	370.370 370 4	0.219 138 057 0
5.80	344.827 586 2	0.197 238 658 8
6.20	322.580 645 2	0.178 465 199 3
6.60	303.030 303 0	0.162 249 864 8
7.00	285.714 285 7	0.148 148 148 1

表 4－19 表示的价值形式的总资本有机构成 k 对第二部类价值形式的资本有机构成 k_2 的一阶偏导数 $\frac{\partial k}{\partial k_2}$ 与第二部类价值形式的资本有机构成 k_2 的关系，可以用图 4－11 表示。

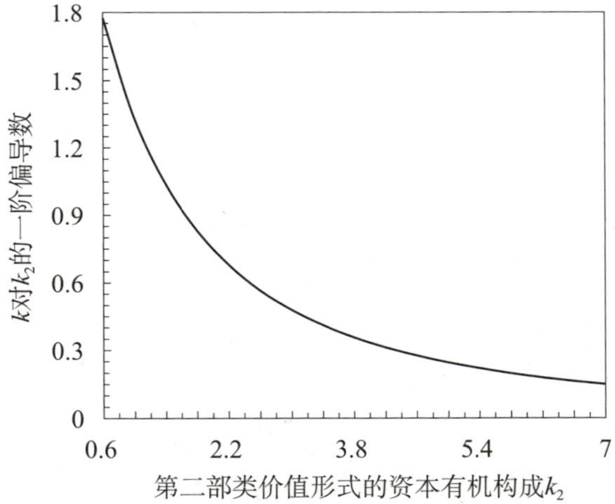

图 4－11　$\frac{\partial k}{\partial k_2}$ 与 k_2 之间的关系

由表 4－19 和图 4－11 可以看出，在第一部类价值形式的资本有机构成 k_1 和剩余价值率 e 不变的条件下，价值形式的总资本有机构成 k 对第二部类价值形式的资本有机构成 k_2 的一阶偏导数 $\frac{\partial k}{\partial k_2}$，是第二部类价值形式的资本有机构成 k_2 的单调递减函数。价值形式的总资本有机构成 k 对第二部类价值形式的资本有机构成 k_2 的一阶偏导数 $\frac{\partial k}{\partial k_2}$ 大于 0，与由（4－162）式得到的结论一致。这个结论证明，价值形式的总资本有机构成 k 与第二部类价值形式的资本有机构成 k_2 的关系曲线，是单调递增的。这个结论与由表 4－12 和图 4－4 得到的结论一致。

（三）价值形式的总资本有机构成对第二部类价值形式的资本有机构成的二阶偏导数

在第一部类价值形式的资本有机构成 k_1 和剩余价值率 e 不变的条件下，由（4－161）式，价值形式的总资本有机构成 k 对第二部类价值形式的资本有机构成 k_2 的二阶偏导数为

$$\frac{\partial^2 k}{\partial k_2^2}=\frac{\partial}{\partial k_2}\left(\frac{\partial k}{\partial k_2}\right)=\frac{\partial}{\partial k_2}\left[\frac{(k_1+1+e)(1+e)}{(k_2+1+e)^2}\right]$$
$$=\frac{-2(k_1+1+e)(1+e)}{(k_2+1+e)^3} \qquad (4-163)$$

由于第一部类价值形式的资本有机构成 k_1、第二部类价值形式的资本有机构成 k_2、剩余价值率 e 均为正值，因此由（4－163）式可以证明，价值形式的总资本有机构成 k 对第二部类价值形式的资本有机构成 k_2 的二阶偏导数小于 0，即

$$\frac{\partial^2 k}{\partial k_2^2}=\frac{-2(k_1+1+e)(1+e)}{(k_2+1+e)^3}<0 \qquad (4-164)$$

这说明，随着第二部类价值形式的资本有机构成提高，价值形式的总资本有机构成提高逐步趋缓。

（四）价值形式的总资本有机构成对第二部类价值形式的资本有机构成的二阶偏导数的数例

如果第二部类价值形式的资本有机构成 k_2 变化，第一部类价值形式的不变资本 c_1、第一部类价值形式的可变资本 v_1、第一部类的剩余价值 s_1 都不变，第二部类价值形式的资本有机构成 k_2 的取值范围为 $0.6\leqslant k_2\leqslant 7$，例如 k_2＝0.6，1，1.4，…，7，那么，第二部类价值形式的资本有机构成 k_2、第二部类价值形式的可变资本 v_2、价值形式的总资本有机构成 k 对第二部类价值形式的资本有机构成 k_2 的二阶偏导数 $\frac{\partial^2 k}{\partial k_2^2}$ 之间的关系，可以用表 4－20 表示。

表 4-20　　k_2、v_2、$\frac{\partial^2 k}{\partial k_2^2}$之间的关系

第二部类价值形式的资本有机构成 k_2	第二部类价值形式的可变资本 v_2	价值形式的总资本有机构成 k 对第二部类价值形式的资本有机构成 k_2 的二阶偏导数 $\frac{\partial^2 k}{\partial k_2^2}$
0.60	3 333.333 333 3	−1.365 498 406 9
1.00	2 000.000 000 0	−0.888 888 888 9
1.40	1 428.571 428 6	−0.610 624 872 8
1.80	1 111.111 111 1	−0.437 381 542 5
2.20	909.090 909 1	−0.323 939 099 4
2.60	769.230 769 2	−0.246 568 587 2
3.00	666.666 666 7	−0.192 000 000 0
3.40	588.235 294 1	−0.152 415 790 3
3.80	526.315 789 5	−0.123 006 273 3
4.20	476.190 476 2	−0.100 701 554 2
4.60	434.782 608 7	−0.083 479 422 3
5.00	400.000 000 0	−0.069 970 845 5
5.40	370.370 370 4	−0.059 226 501 9
5.80	344.827 586 2	−0.050 574 015 1
6.20	322.580 645 2	−0.043 528 097 4
6.60	303.030 303 0	−0.037 732 526 7
7.00	285.714 285 7	−0.032 921 810 7

表 4-20 表示的价值形式的总资本有机构成 k 对第二部类价值形式的资本有机构成 k_2 的二阶偏导数 $\frac{\partial^2 k}{\partial k_2^2}$ 与第二部类价值形式的资本有机构成 k_2 的关系，可以用图 4-12 表示。

由表 4-20 和图 4-12 可以看出，在第一部类价值形式的资本有机构成 k_1 和剩余价值率 e 不变的条件下，价值形式的总资本有机构成 k 对第二部类价值形式的资本有机构成 k_2 的二阶偏导数 $\frac{\partial^2 k}{\partial k_2^2}$ 与第一部类价值形式的资本有机构成 k_2 的关系，是单调递增的函数关系。

由表 4-20 和图 4-12 还可以看出，价值形式的总资本有机构成 k 对第二部类价值形式的资本有机构成 k_2 的二阶偏导数 $\frac{\partial^2 k}{\partial k_2^2}$ 小于 0，这个结论与由（4-164）式得到的结论一致。

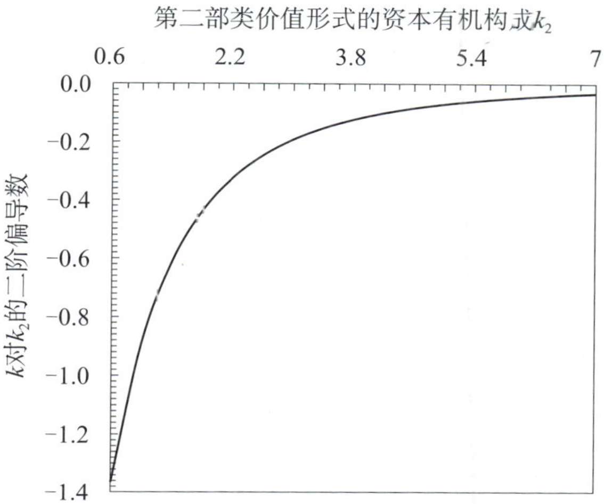

图 4-12　$\frac{\partial^2 k}{\partial k_2^2}$与 k_2 之间的关系

五、价值形式的平均利润率与剩余价值率的关系曲线的特点

(一) 价值形式的平均利润率对剩余价值率的一阶偏导数

在第一部类价值形式的资本有机构成 k_1 和第二部类价值形式的资本有机构成 k_2 不变的条件下，由（4-149）式，价值形式的平均利润率 r_v 对剩余价值率 e 的一阶偏导数为

$$\begin{aligned}
&\frac{\partial r_v}{\partial e}\\
&=\frac{\partial}{\partial e}\left(\frac{e}{k+1}\right)\\
&=\frac{\partial}{\partial e}\left[\frac{e(k_2+1+e)}{k_2(k_1+1+e)+(k_2+1+e)}\right]\\
&=\frac{(k_2+1+2e)[k_2(k_1+1+e)+(k_2+1+e)]-e(k_2+1+e)(k_2+1)}{[k_2(k_1+1+e)+(k_2+1+e)]^2}\\
&=\frac{k_2(k_2+1+2e)(k_1+1+e)+(k_2+1+e)(k_2+1+e-ek_2)}{[k_2(k_1+1+e)+(k_2+1+e)]^2}
\end{aligned} \tag{4-165}$$

因为（4-165）式中的分子

$$\begin{aligned}
&k_2(k_2+1+2e)(k_1+1+e)+(k_2+1+e)(k_2+1+e-ek_2)\\
&>k_2(k_2+1+e)(k_1+1+e)+(k_2+1+e)(k_2+1+e-ek_2)\\
&=(k_2+1+e)[k_2(k_1+1+e)+(k_2+1+e-ek_2)]\\
&=(k_2+1+e)(k_1k_2+2k_2+1+e)
\end{aligned} \tag{4-166}$$

所以

$$\frac{\partial r_v}{\partial e}=\frac{k_2(k_2+1+2e)(k_1+1+e)+(k_2+1+e)(k_2+1+e-ek_2)}{[k_2(k_1+1+e)+(k_2+1+e)]^2}>0 \quad (4-167)$$

这说明，无论第一部类价值形式的资本有机构成 k_1 大于第二部类价值形式的资本有机构成 k_2，还是第一部类价值形式的资本有机构成 k_1 小于第二部类价值形式的资本有机构成 k_2，价值形式的平均利润率 r_v 对剩余价值率 e 的一阶偏导数都大于 0，价值形式的平均利润率 r_v 都是剩余价值率 e 的单调递增函数。

（二）价值形式的平均利润率对剩余价值率的一阶偏导数的数例

如果剩余价值率 e 变化，第一部类价值形式的不变资本 c_1、第一部类价值形式的可变资本 v_1 都不变，剩余价值率的取值范围为 $0.1\leqslant e\leqslant 1.7$，例如 $e=0.1$，0.2，0.3，…，1.7，那么，剩余价值率 e、第一部类的剩余价值 s_1、价值形式的平均利润率 r_v 对剩余价值率 e 的一阶偏导数 $\frac{\partial r_v}{\partial e}$ 之间的关系，可以用表 4－21 表示。

表 4－21　e、s_1、$\frac{\partial r_v}{\partial e}$ 之间的关系

剩余价值率 e	第一部类的剩余价值 s_1	价值形式的平均利润率 r_v 对剩余价值率 e 的一阶偏导数 $\frac{\partial r_v}{\partial e}$
0.1	100	0.235 343 999 1
0.2	200	0.239 619 377 2
0.3	300	0.243 620 930 6
0.4	400	0.247 371 553 3
0.5	500	0.250 891 795 5
0.6	600	0.254 200 146 1
0.7	700	0.257 313 275 7
0.8	800	0.260 246 247 3
0.9	900	0.263 012 698 3
1.0	1 000	0.265 625 000 0
1.1	1 100	0.268 094 395 7
1.2	1 200	0.270 431 122 1
1.3	1 300	0.272 644 515 2
1.4	1 400	0.274 743 104 4
1.5	1 500	0.276 734 693 9
1.6	1 600	0.278 626 436 1
1.7	1 700	0.280 424 895 5

表 4－21 表示的价值形式的平均利润率 r_v 对剩余价值率 e 的一阶偏导数 $\frac{\partial r_v}{\partial e}$ 与剩余价值率 e 的关系，可以用图 4－13 表示。

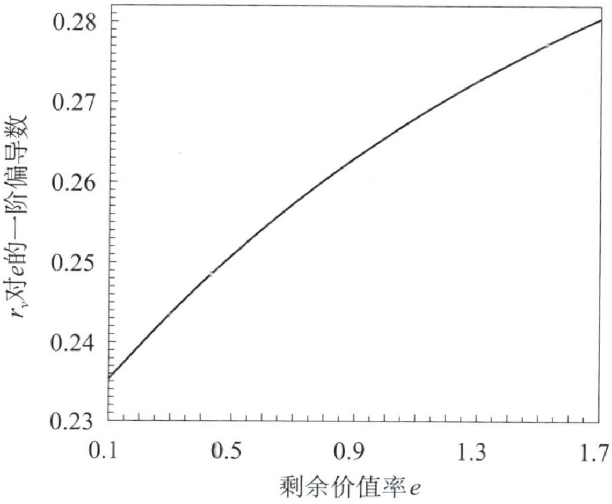

图 4－13 $\frac{\partial r_v}{\partial e}$ 与 e 之间的关系

由表 4－21 和图 4－13 可以看出，在第一部类价值形式的资本有机构成 k_1 和第二部类价值形式的资本有机构成 k_2 不变的条件下，在本例中价值形式的平均利润率 r_v 是剩余价值率 e 的单调递增函数，价值形式的平均利润率 r_v 对剩余价值率 e 的一阶偏导数 $\frac{\partial r_v}{\partial e}$ 是剩余价值率 e 的单调递增函数。价值形式的平均利润率 r_v 对剩余价值率 e 的一阶偏导数 $\frac{\partial r_v}{\partial e}$ 大于 0，这个结论与由（4－167）式得到的结论一致。

这个结论证明，价值形式的平均利润率 r_v 与剩余价值率 e 的关系曲线，是单调递增的。这个结论与由表 4－13 和图 4－5 得到的结论一致。

六、价值形式的总资本有机构成与剩余价值率的关系曲线的特点

（一）价值形式的总资本有机构成对剩余价值率的一阶偏导数

在第一部类价值形式的资本有机构成 k_1 和第二部类价值形式的资本有机构成 k_2 不变的条件下，由（4－94）式，价值形式的总资本有机构成 k 对剩余价值率 e 的一阶偏导数为

$$\frac{\partial k}{\partial e}=\frac{\partial}{\partial e}\left[\frac{k_2(k_1+1+e)}{k_2+1+e}\right]=\frac{k_2(k_2+1+e)-k_2(k_1+1+e)}{(k_2+1+e)^2}$$

$$= \frac{k_2(k_2 - k_1)}{(k_2 + 1 + e)^2} \tag{4-168}$$

如果 $k_2 > k_1$，那么，价值形式的总资本有机构成 k 对剩余价值率 e 的一阶偏导数大于 0，即

$$\frac{\partial k}{\partial e} = \frac{k_2(k_2 - k_1)}{(k_2 + 1 + e)^2} > 0 \tag{4-169}$$

从而，价值形式的总资本有机构成与剩余价值率的关系曲线，是单调递增的。

如果 $k_2 < k_1$，那么，价值形式的总资本有机构成 k 对剩余价值率 e 的一阶偏导数小于 0，即

$$\frac{\partial k}{\partial e} = \frac{k_2(k_2 - k_1)}{(k_2 + 1 + e)^2} < 0 \tag{4-170}$$

从而，价值形式的总资本有机构成与剩余价值率的关系曲线，是单调递减的。

（二）价值形式的总资本有机构成对剩余价值率的一阶偏导数的数例

如果剩余价值率 e 变化，第一部类价值形式的不变资本 c_1、第一部类价值形式的可变资本 v_1 都不变，剩余价值率的取值范围为 $0.1 \leqslant e \leqslant 1.7$，例如 e=0.1，0.2，0.3，…，1.7，那么，剩余价值率 e、第一部类的剩余价值 s_1、价值形式的总资本有机构成 k 对剩余价值率 e 的一阶偏导数 $\frac{\partial k}{\partial e}$ 之间的关系，可以用表 4-22 表示。

表 4-22　e、s_1、$\frac{\partial k}{\partial e}$ 之间的关系

剩余价值率 e	第一部类的剩余价值 s_1	价值形式的总资本有机构成 k 对剩余价值率 e 的一阶偏导数 $\frac{\partial k}{\partial e}$
0.1	100	−0.416 233 090 5
0.2	200	−0.390 625 000 0
0.3	300	−0.367 309 458 2
0.4	400	−0.346 020 761 2
0.5	500	−0.326 530 612 2
0.6	600	−0.308 641 975 3
0.7	700	−0.292 184 076 0
0.8	800	−0.277 008 310 2
0.9	900	−0.262 984 878 4
1.0	1 000	−0.250 000 000 0

续前表

剩余价值率 e	第一部类的剩余价值 s_1	价值形式的总资本有机构成 k 对剩余价值率 e 的一阶偏导数 $\frac{\partial k}{\partial e}$
1.1	1 100	−0.237 953 599 0
1.2	1 200	−0.226 757 369 6
1.3	1 300	−0.216 333 153 1
1.4	1 400	−0.206 611 570 2
1.5	1 500	−0.197 530 864 2
1.6	1 600	−0.189 035 916 8
1.7	1 700	−0.181 077 410 6

表 4－22 表示的价值形式的总资本有机构成 k 对剩余价值率 e 的一阶偏导数 $\frac{\partial k}{\partial e}$ 与剩余价值率 e 的关系，可以用图 4－14 表示。

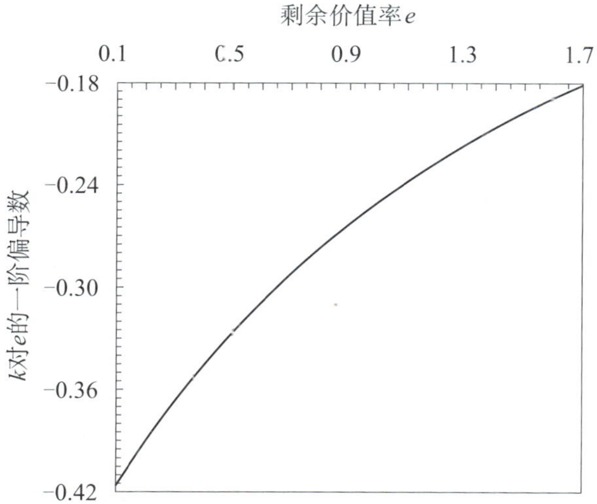

图 4－14　$\frac{\partial k}{\partial e}$ 与 e 之间的关系

由表 4－22 和图 4－14 可以看出，在第一部类价值形式的资本有机构成 k_1 和第二部类价值形式的资本有机构成 k_2 不变的条件下，在所给的数值范围内，价值形式的总资本有机构成 k 对剩余价值率 e 的一阶偏导数 $\frac{\partial k}{\partial e}$ 小于 0，并且是剩余价值率 e 的单调递增函数。

值得注意的是，这个结论与所给的数值有关，也就是与第一部类价值形式的资本有机构成 k_1 的数值、第二部类价值形式的资本有机构成 k_2 的数值有关。在本例中，第一部类价值形式的资本有机构成 $k_1=4$，第二部类价值形式的资本有机构成 $k_2=2$，$k_2<k_1$，因此，随着剩余价值率 e 提高，价值形式的总资本有机构成 k 降低。这个结论与由（4-170）式得到的结论相同。

（三）价值形式的总资本有机构成对剩余价值率的二阶偏导数

在第一部类价值形式的资本有机构成 k_1 和第二部类价值形式的资本有机构成 k_2 不变的条件下，由（4-168）式，价值形式的总资本有机构成 k 对剩余价值率 e 的二阶偏导数为

$$\frac{\partial^2 k}{\partial e^2}=\frac{\partial}{\partial e}\left(\frac{\partial k}{\partial e}\right)=\frac{\partial}{\partial e}\left[\frac{k_2(k_2-k_1)}{(k_2+1+e)^2}\right]$$

$$=\frac{-2k_2(k_2-k_1)}{(k_2+1+e)^3} \tag{4-171}$$

如果 $k_2>k_1$，那么，价值形式的总资本有机构成 k 对剩余价值率 e 的二阶偏导数小于 0，即

$$\frac{\partial^2 k}{\partial e^2}=\frac{-2k_2(k_2-k_1)}{(k_2+1+e)^3}<0 \tag{4-172}$$

在这种条件下，随着剩余价值率 e 提高，价值形式的总资本有机构成 k 的提高逐步趋缓。

如果 $k_2<k_1$，那么，价值形式的总资本有机构成 k 对剩余价值率 e 的二阶偏导数大于 0，即

$$\frac{\partial^2 k}{\partial e^2}=\frac{-2k_2(k_2-k_1)}{(k_2+1+e)^3}>0 \tag{4-173}$$

在这种条件下，随着剩余价值率 e 提高，价值形式的总资本有机构成 k 的降低逐步趋缓。

将（4-171）式与（4-168）式加以对比可以看出，价值形式的总资本有机构成 k 对剩余价值率 e 的二阶偏导数的符号，总是与价值形式的总资本有机构成 k 对剩余价值率 e 的一阶偏导数的符号相反。

这说明，如果第二部类价值形式的资本有机构成 k_2 大于第一部类价值形式的资本有机构成 k_1，那么，价值形式的总资本有机构成 k 是剩余价值率 e 的单调递增函数，并且随着剩余价值率 e 提高，价值形式的总资本有机构成 k 的提高逐步趋缓；如果第二部类价值形式的资本有机构成 k_2 小于第一部类价值形式的资本有机构成 k_1，那么，价值形式的总资本有机构成 k 是剩余价值率 e 的单调递减函数，并且随着剩余价值率 e 提高，价值形式的总资本有机构成 k 的降低逐步趋缓。

（四）价值形式的总资本有机构成对剩余价值率的二阶偏导数的数例

如果剩余价值率 e 变化，第一部类价值形式的不变资本 c_1、第一部类价值形式的可变资本 v_1 都不变，剩余价值率的取值范围为 $0.1 \leqslant e \leqslant 1.7$，例如 $e=0.1$，0.2，0.3，…，1.7，那么，剩余价值率 e、第一部类的剩余价值 s_1、价值形式的总资本有机构成 k 对剩余价值率 e 的二阶偏导数 $\frac{\partial^2 k}{\partial e^2}$ 之间的关系，可以用表 4－23 表示。

表 4－23　　e、s_1、$\frac{\partial^2 k}{\partial e^2}$ 之间的关系

剩余价值率 e	第一部类的剩余价值 s_1	价值形式的总资本有机构成 k 对剩余价值率 e 的二阶偏导数 $\frac{\partial^2 k}{\partial e^2}$
0.1	100	0.268 537 477 8
0.2	200	0.244 140 625 0
0.3	300	0.222 611 792 9
0.4	400	0.203 541 624 3
0.5	500	0.186 588 921 3
0.6	600	0.171 467 764 1
0.7	700	0.157 937 338 4
0.8	800	0.145 793 847 5
0.9	900	0.134 864 040 2
1.0	1 000	0.125 000 000 0
1.1	1 100	0.116 074 923 4
1.2	1 200	0.107 979 699 8
1.3	1 300	0.100 620 071 2
1.4	1 400	0.093 914 350 1
1.5	1 500	0.087 791 495 2
1.6	1 600	0.082 189 529 1
1.7	1 700	0.077 054 217 3

表 4－23 表示的价值形式的总资本有机构成 k 对剩余价值率 e 的二阶偏导数 $\frac{\partial^2 k}{\partial e^2}$，与剩余价值率 e 的关系，可以用图 4－15 表示。

由表 4－23 和图 4－15 可以看出，在第一部类价值形式的资本有机构成 k_1 和第二部类价值形式的资本有机构成 k_2 不变的条件下，在所给的数值范围内，价值形式的总资本有机构成 k 对剩余价值率 e 的二阶偏导数 $\frac{\partial^2 k}{\partial e^2}$ 大于 0，并且是剩余价值率 e 的单调递减函数。

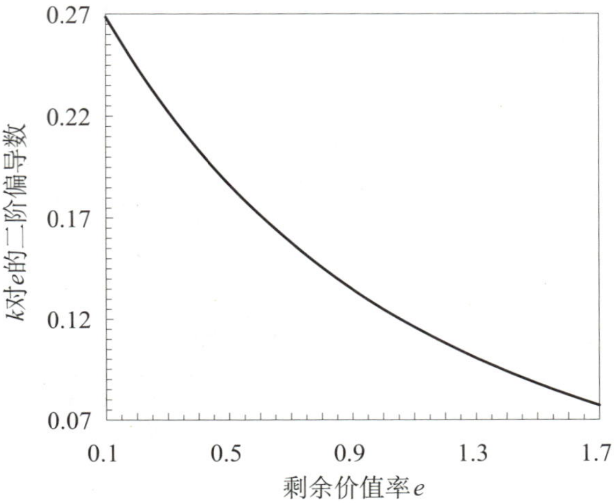

图 4-15　$\frac{\partial^2 k}{\partial e^2}$与 e 之间的关系

值得注意的是，这个结论与所给的数值有关，也就是与第一部类价值形式的资本有机构成 k_1 的数值、第二部类价值形式的资本有机构成 k_2 的数值有关。在本例中，第一部类价值形式的资本有机构成 $k_1=4$，第二部类价值形式的资本有机构成 $k_2=2$，$k_2<k_1$，因此，随着剩余价值率 e 提高，价值形式的总资本有机构成 k 的降低逐步趋缓。这个结论与由（4-173）式得到的结论相同。

七、生产价格形式的利润率与剩余价值率的关系曲线的特点

（一）生产价格形式的利润率对剩余价值率的一阶偏导数

由（4-128）式、（4-138）式可以看出，生产价格形式的利润率 r 既可以表示为参数 f_1、f_2、g_1、g_2 的函数，也可以表示为参数 a、b、c、p、q 的函数，即

$$r=\frac{f_2g_1+g_2+2f_1-2f_2-\sqrt{(f_2g_1-g_2)^2+4f_1g_1g_2}}{2(f_2-f_1)}$$

$$=\frac{pe+q-\sqrt{ae^2+be+c}}{2(f_2-f_1)} \qquad (4-174)$$

由（4-35）式可以看出，参数 f_1 仅与第一部类价值形式的资本有机构成 k_1 有关。

由（4-36）式可以看出，参数 f_2 仅与第二部类价值形式的资本有机构成 k_2 有关。

由（4-90）可以看出，参数 g_1 不仅与第一部类价值形式的资本有机

构成 k_1 有关，而且与剩余价值率 e 有关。

由（4－91）可以看出，参数 g_2 不仅与第二部类价值形式的资本有机构成 k_2 有关，而且与剩余价值率 e 有关。

由（4－133）式、（4－134）式、（4－135）式、（4－136）式、（4－137）式可以看出，参数 a、b、c、p、q 只与参数 f_1、f_2 有关，与参数 g_1、g_2 无关，也就是只与第一部类价值形式的资本有机构成 k_1、第二部类价值形式的资本有机构成 k_2 有关，与剩余价值率 e 无关。

因此，在第一部类价值形式的资本有机构成 k_1 和第二部类价值形式的资本有机构成 k_2 不变的条件下，由（4－138）式，生产价格形式的利润率 r 对剩余价值率 e 的一阶偏导数为

$$\frac{\partial r}{\partial e}=\frac{\partial}{\partial e}\left[\frac{pe+q-\sqrt{ae^2+be+c}}{2(f_2-f_1)}\right]$$

$$=\frac{1}{2(f_2-f_1)}\left(p-\frac{2ae+b}{2\sqrt{ae^2+be+c}}\right) \tag{4-175}$$

（二）生产价格形式的利润率对剩余价值率的一阶偏导数的数例

如果剩余价值率 e 变化，第一部类价值形式的不变资本 c_1、第一部类价值形式的可变资本 v_1 都不变，剩余价值率的取值范围为 $0.1\leqslant e\leqslant 1.7$，例如 $e=0.1, 0.2, 0.3, \cdots, 1.7$，那么，剩余价值率 e、第一部类的剩余价值 s_1、生产价格形式的利润率 r 对剩余价值率 e 的一阶偏导数 $\frac{\partial r}{\partial e}$ 之间的关系，可以用表 4－24 表示。

表 4－24　　e、s_1、$\frac{\partial r}{\partial e}$ 之间的关系

剩余价值率 e	第一部类的剩余价值 s_1	生产价格形式的利润率 r 对剩余价值率 e 的一阶偏导数 $\frac{\partial r}{\partial e}$
0.1	100	0.230 073 852 5
0.2	200	0.229 439 161 1
0.3	300	0.228 858 323 8
0.4	400	0.228 325 449 8
0.5	500	0.227 835 413 5
0.6	600	0.227 383 763 2
0.7	700	0.226 966 606 4
0.8	800	0.226 580 530 2
0.9	900	0.226 222 531 9

续前表

剩余价值率 e	第一部类的剩余价值 s_1	生产价格形式的利润率 r 对剩余价值率 e 的一阶偏导数 $\frac{\partial r}{\partial e}$
1.0	1 000	0.225 889 962 0
1.1	1 100	0.225 580 475 2
1.2	1 200	0.225 291 989 8
1.3	1 300	0.225 022 652 8
1.4	1 400	0.224 770 810 7
1.5	1 500	0.224 534 984 4
1.6	1 600	0.224 313 847 1
1.7	1 700	0.224 106 206 8

表 4－24 表示的生产价格形式的利润率 r 对剩余价值率 e 的一阶偏导数 $\frac{\partial r}{\partial e}$ 与剩余价值率 e 的关系，可以用图 4－16 表示。

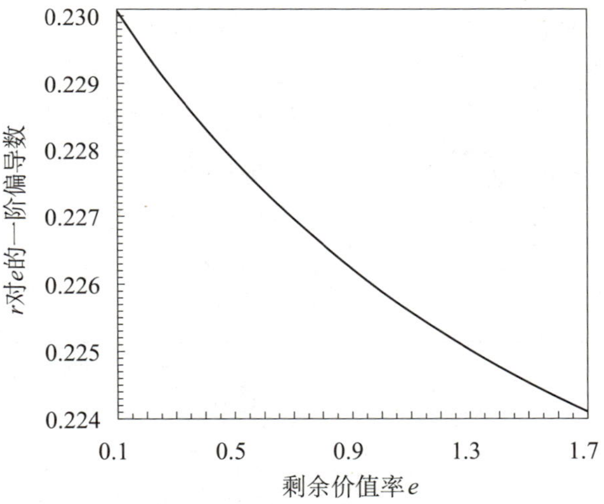

图 4－16　$\frac{\partial r}{\partial e}$ 与 e 之间的关系

由表 4－24 和图 4－16 可以看出，在第一部类价值形式的资本有机构成 k_1 和第二部类价值形式的资本有机构成 k_2 不变的条件下，在所给的数值范围内，生产价格形式的利润率 r 对剩余价值率 e 的一阶偏导数 $\frac{\partial r}{\partial e}$ 大于 0，并且是剩余价值率 e 的单调递减函数。

因为生产价格形式的利润率 r 对剩余价值率 e 的一阶偏导数 $\frac{\partial r}{\partial e}$ 大于

0，所以随着剩余价值率 e 提高，生产价格形式的利润率 r 提高。这个结论与由（4－175）式、表 4－13 和图 4－5 得到的结论相同。

（三）生产价格形式的利润率对剩余价值率的二阶偏导数

在第一部类价值形式的资本有机构成 k_1 和第二部类价值形式的资本有机构成 k_2 不变的条件下，由（4－175）式，生产价格形式的利润率 r 对剩余价值率 e 的二阶偏导数为

$$
\begin{aligned}
\frac{\partial^2 r}{\partial e^2} &= \frac{\partial}{\partial e}\left(\frac{\partial r}{\partial e}\right) = \frac{\partial}{\partial e}\left[\frac{1}{2(f_2-f_1)}\left(p-\frac{2ae+b}{2\sqrt{ae^2+be+c}}\right)\right] \\
&= \frac{1}{4(f_2-f_1)}\left[\frac{(2ae+b)^2}{2\,(ae^2+be+c)^{\frac{3}{2}}}-\frac{2a}{\sqrt{ae^2-be+c}}\right] \\
&= \frac{(2ae+b)^2-4a(ae^2+be+c)}{8(f_2-f_1)\,(ae^2+be+c)^{\frac{3}{2}}} \\
&= \frac{b^2-4ac}{8(f_2-f_1)\,(ce^2+be+c)^{\frac{3}{2}}}
\end{aligned}
\qquad (4-176)
$$

（四）生产价格形式的利润率对剩余价值率的二阶偏导数的数例

如果剩余价值率 e 变化，第一部类价值形式的不变资本 c_1、第一部类价值形式的可变资本 v_1 都不变，剩余价值率的取值范围为 $0.1\leqslant e\leqslant 1.7$，例如 $e=0.1$，0.2，0.3，…，1.7，那么，剩余价值率 e、第一部类的剩余价值 s_1、生产价格形式的利润率 r 对剩余价值率 e 的二阶偏导数 $\frac{\partial^2 r}{\partial e^2}$ 之间的关系，可以用表 4－25 表示。

表 4－25　　e、s_1、$\frac{\partial^2 r}{\partial e^2}$之间的关系

剩余价值率 e	第一部类的剩余价值 s_1	生产价格形式的利润率 r 对剩余价值率 e 的二阶偏导数 $\frac{\partial^2 r}{\partial e^2}$
0.1	100	−0.006 638 105 6
0.2	200	−0.006 067 074 7
0.3	300	−0.005 559 421 0
0.4	400	−0.005 106 626 9
0.5	500	−0.004 701 507 1
0.6	600	−0.004 337 972 3
0.7	700	−0.004 010 839 6
0.8	800	−0.003 715 679 9
0.9	900	−0.003 448 693 1
1.0	1 000	−0.003 206 606 8

续前表

剩余价值率 e	第一部类的剩余价值 s_1	生产价格形式的利润率 r 对剩余价值率 e 的二阶偏导数 $\frac{\partial^2 r}{\partial e^2}$
1.1	1 100	−0.002 986 592 9
1.2	1 200	−0.002 786 199 2
1.3	1 300	−0.002 603 292 4
1.4	1 400	−0.002 436 010 7
1.5	1 500	−0.002 282 724 7
1.6	1 600	−0.002 142 004 3
1.7	1 700	−0.002 012 590 7

表 4－25 表示的生产价格形式的利润率 r 对剩余价值率 e 的二阶偏导数 $\frac{\partial^2 r}{\partial e^2}$ 与剩余价值率 e 的关系，可以用图 4－17 表示。

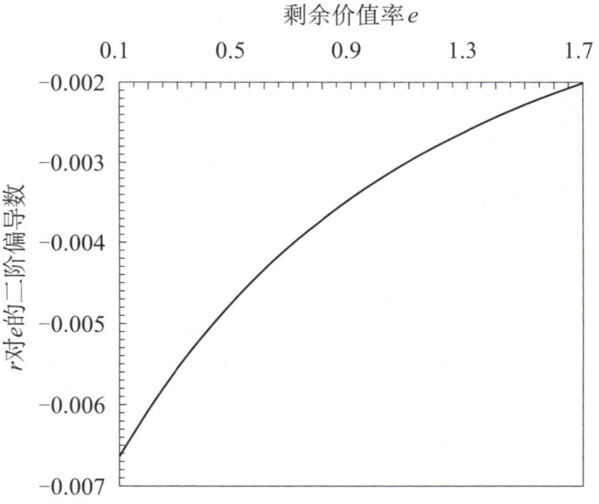

图 4－17 $\frac{\partial^2 r}{\partial e^2}$与 e 之间的关系

由表 4－25 和图 4－17 可以看出，在第一部类价值形式的资本有机构成 k_1 和第二部类价值形式的资本有机构成 k_2 不变的条件下，在所给的数值范围内，生产价格形式的利润率 r 对剩余价值率 e 的二阶偏导数 $\frac{\partial^2 r}{\partial e^2}$，是剩余价值率 e 的单调递增函数。

因为生产价格形式的利润率 r 对剩余价值率 e 的二阶偏导数 $\frac{\partial^2 r}{\partial e^2}$ 小于 0，所以随着剩余价值率 e 提高，生产价格形式的利润率 r 对剩余价值率 e

的一阶偏导数 $\frac{\partial r}{\partial e}$ 下降。

第十一节　价值转形与再生产的关系

一、价值、生产价格与价格

在日常的商品交换与经济活动过程中，人们看到的资本、生产成本、利润、利润率等经济变量都是价格形式的。这些变量都属于现象范畴。人类通过对经济问题的长期探索，发现生产商品的使用价值的基本因素是劳动、资本、土地。在劳动、资本、土地这三个生产商品的使用价值的因素中，劳动是决定商品的价值的唯一因素。

生活在两千三百多年前的古希腊哲学家亚里士多德已经认识到，互相交换的产品在本质上必须具有可通约性和等同性。但是，奴隶社会的生产方式决定了他无法发现不同产品中具有可通约性和等同性的实体是什么，决定不同产品的交换比例的因素是什么。

直到两千年后，生活在资本主义生产方式发展初期的英国经济学家配第才认识到，产品中具有可通约性和等同性的实体，是生产商品所耗费的劳动。

在资本主义生产方式产生之前，生产中耗费的劳动决定产品的交换比例，但是，人们没有发现决定不同产品之间的交换比例的因素或实体。当配第发现劳动是决定不同产品之间具有可通约性和等同性的实体之后，由于资本主义生产的发展，产品从按照价值交换转变为按照生产价格交换。人们不得不继续探索价值能否决定生产价格，价值如何决定生产价格，如何通过价值解释价格。

资产阶级最优秀的经济学家斯密和李嘉图都对劳动价值理论作出过重要贡献。但是，他们既没有解决价值增殖与价值规律之间的矛盾，也没有解决平均利润与价值规律之间的矛盾。

马克思彻底解决了资本总公式的矛盾，也就是解决了价值增殖与价值规律的矛盾，基本解决了平均利润与价值规律的矛盾。迄今为止，只有马克思的劳动价值论能够正确地解释商品交换关系。考虑资本对剩余价值分配影响的一元价值转形，是由价值解释价格的重要的中间步骤。在此之后，再逐步加入土地、垄断等影响剩余价值分配的因素，相应的二元价值转形的生产价格、三元价值转形的生产价格不断接近市场价格。生产价格是由价值解释市场价格的必不可少的中间环节，因此，一定要由价值决定生产价格。

二、价值转形是连接价值形式的再生产条件与生产价格形式的再生产条件的桥梁

马克思认为："每一种作为不变资本加入另一种商品的商品本身都是作为结果，作为产品从另一个生产过程出来的"①，"在资本主义生产中，生产资本的要素通常要在市场上购买"②，"一个商品的生产价格，对它的买者来说，就是成本价格"③。他还认为："从长期来看生产价格是供给的条件，是每个特殊生产部门商品再生产的条件"④。

马克思的这些论述证明，他认为在价值转形中必须考虑再生产条件。

恩格斯在《资本论》第二卷序言中曾经指出："第二卷的卓越的研究，以及这种研究在至今几乎还没有人进入的领域内所取得的崭新成果，仅仅是第三卷的内容的引言，而第三卷，将阐明马克思对资本主义基础上的社会再生产过程的研究的最终结论。"⑤ 可见，恩格斯认为，平均利润与生产价格理论不仅反映流通过程中的生产关系，而且反映生产过程中的生产关系，包括价值转形理论在内的《资本论》第二卷与第三卷的内容，都是阐述社会资本再生产过程的。

这里所说的再生产条件，不仅包括价值形式的再生产条件，而且包括生产价格形式的再生产条件。

生产过程中耗费的劳动满足相应的价值形式的再生产条件，流通过程中的商品交换关系满足生产价格形式的再生产条件。价值形式的再生产条件，是价值转形方程满足生产价格形式的再生产条件的必要条件。⑥ 既然生产决定流通，那么，不仅要满足生产价格形式的平均利润条件和生产价格形式的再生产条件，而且要满足价值形式的再生产条件。⑦

价值形式的再生产条件决定流通过程中资本家分配总剩余价值的关

---

① 《马克思恩格斯全集》，第26卷Ⅲ，北京，人民出版社，1974，中文1版，第182页。

② 《马克思恩格斯全集》，第25卷，北京，人民出版社，1974，中文1版，第179页。

③ 《马克思恩格斯全集》，第25卷，北京，人民出版社，1974，中文1版，第184页。

④ 《马克思恩格斯全集》，第25卷，北京，人民出版社，1974，中文1版，第221页

⑤ 《马克思恩格斯全集》，第24卷，北京，人民出版社，1972，中文1版，第25页。

⑥ 沈民鸣：《价值转形》，第一卷，北京，中国人民大学出版社，2014，第114～115页。

⑦ 沈民鸣：《价值转形》，第一卷，北京，中国人民大学出版社，2014，第112页。

系，也就是决定生产价格形式的再生产条件。价值转形的目的，是通过价值说明生产价格。价值是基础，是分析商品交换关系与总剩余价值分配关系的起点。

马克思认为："商品按照它们的价值来交换或出售是理所当然的，是商品平衡的自然规律。应当从这个规律出发来说明偏离，而不是反过来，从偏离出发来说明规律本身。"①

在价值转形中，价值规定的基础被深深地掩盖了。这个被掩盖的价值规定的基础，主要体现在价值形式的再生产条件中。价值形式的再生产条件是价值转形的基础。不能离开自身的基础与分析的起点研究价值转形。

价值转形问题本身，是由价值形式的再生产条件与平均利润条件的矛盾产生的。价值形式的再生产条件是矛盾中的一方。不能离开矛盾的一方，片面地研究矛盾的另一方。

剩余价值在生产过程中产生，在流通过程中实现或分配。不能离开生产过程孤立地研究流通过程，也不能离开价值形式的再生产条件孤立地研究价值转形。

社会资本再生产不仅要满足价值补偿，而且要满足物质补偿。价值转形必须同时考虑价值补偿与物质补偿。价值形式的再生产条件不仅与价值有关，而且与使用价值有关。不能离开产品的使用价值孤立地研究产品的价值。

价值形式的再生产条件证明在流通过程中剩余劳动总量不随价值转形发生变化。因此，价值形式的利润总和等于剩余价值总和，价值形式的生产价格总和等于价值总和，不是假设条件，而是必然成立的客观事实。这就解决了价值转形中最关键的"不变性假设"问题。因此，价值形式的再生产条件是解决价值转形的关键条件。

《资本论》的三卷在不同层次上考察再生产。《资本论》第一卷考察资本的生产过程，重点考察再生产过程中最重要的、最基本的问题——在直接生产过程中与等价交换的条件下剩余价值如何产生，考察资本积累与再生产的关系。《资本论》第二卷考察资本的流通过程，重点考察资本循环、资本周转、社会总资本的再生产和流通，不仅考察生产过程与流通过程，而且将雇佣劳动者与资本家的生活消费纳入社会总资本再生产过程。在纵的方面——时间方面——考察资本连续运动过程中资本形态的变化与资本职能的变化，在横的方面——社会联系方面——考察各部类生产过程中耗

① 《马克思恩格斯全集》，第 25 卷，北京，人民出版社，1974，中文 1 版，第 209 页。

费的生产资料与工人耗费的劳动力的实物补偿与价值实现。

《资本论》第三卷考察资本主义生产的总过程，重点考察剩余价值在不同资本家与土地所有者之间的分配关系。剩余价值的实现与分配不可分割。不仅考察价值形式的再生产条件，而且考察生产价格形式的再生产条件。

马克思的再生产理论与法国重农学派的代表弗朗索瓦·魁奈（Quesnay，François，1694—1774）的《经济表》有关。魁奈的《经济表》受到英国经济学家理查·康替龙（Richard，Cantillon，1680—1734）的阶级理论的影响。马克思认为："真正的现代经济科学，只是当理论研究从流通过程转向生产过程的时候才开始。"① 离开资本主义生产过程，不考察剩余价值的生产，仅仅在资本主义流通过程中考察剩余价值的分配，这种分析方法是重商主义的分析方法。

价值转形是连接价值形式的简单再生产条件与生产价格形式的简单再生产条件的桥梁。

三、考虑奢侈品生产、货币材料生产、固定资本、资本循环的影响的价值转形与利润率

上面只考察了最简单的两部类一元简单再生产条件下的价值转形中的利润率的变化。如果考虑奢侈品生产、货币材料生产、固定资本、资本循环的影响，那么，可以分别建立考虑奢侈品生产的价值转形模型②、考虑固定资本影响的价值转形模型③、考虑资本循环与资本周转影响的价值转形模型④。

考虑奢侈品生产的价值转形中的利润率的变化关系，考虑固定资本影响的价值转形中的利润率的变化关系，考虑资本循环与资本周转影响的价值转形中的利润率的变化关系，都比不考虑这些因素的两部类简单再生产条件下的价值转形中的利润率的变化关系复杂得多。

尽管如此，无论在考虑奢侈品生产的价值转形中，还是在考虑固定资

---

① 《马克思恩格斯全集》，第25卷，北京，人民出版社，1974，中文1版，第376页。

② 沈民鸣：《奢侈品生产的价值转形中的"两个等于"问题》，《马克思主义研究》2008年第8期。

③ 沈民鸣：《论考虑固定资本影响的简单再生产条件下的价值转形问题》，《教学与研究》2006年第4期。

④ 沈民鸣：《简单再生产条件下的价值转形问题——基于资本周转速度的影响》，《财经科学》2008年第11期。

本影响的价值转形中，抑或是在考虑资本循环与资本周转影响的价值转形中，随着资本有机构成提高，价值形式的利润率趋向下降的规律仍然成立。

第十二节　提高利润率的动机、资本有机构成提高、利润率降低的后果

资本主义生产是雇佣劳动生产。资本主义生产的唯一目的，是获得尽可能多的剩余价值。在简单再生产条件下，虽然资本家能够源源不断地获得剩余价值，但是，由于资本数量不变，每次资本循环过程中获得的剩余价值不变，无法满足资本家获得越来越多剩余价值的愿望，因此，资本主义生产不是简单再生产，而是扩大再生产。

扩大再生产有两种方式：外延扩大再生产和内涵扩大再生产。

外延扩大再生产是资本技术构成不变条件下的生产规模扩大的再生产，也就是资本有机构成不变的扩大再生产。内涵扩大再生产是资本技术构成提高条件下的生产规模扩大的再生产，也就是资本有机构成提高的扩大再生产。

个别资本家选择哪种形式扩大再生产，取决于利润率的高低。在市场价格不变的条件下，外延扩大再生产的利润率不变。如果资本有机构成提高的内涵扩大再生产不仅不能提高利润率，反而降低利润率，那么就没有任何一个资本家愿意提高资本有机构成。

有些经济学家认为，如果提高资本有机构成不能提高利润率，那么，理性的资本家就不会提高资本有机构成。这些经济学家没有注意，个别资本家提高资本有机构成和提高生产力导致个别利润率提高，与资本有机构成普遍提高导致利润率下降并不矛盾。

个别资本家提高资本有机构成的前提条件是，边际资本生产率提高，也就是利润率提高。事实上，最先使用新技术、新工艺、新机器的个别资本家，他的产品的个别价值低于这种产品的社会价值，按照社会价值出售产品，不仅能够获得超额剩余价值或超额利润，而且能够扩大自己的产品的市场份额。

如果所有资本家都能够使用新技术、新工艺、新机器，并且资源供给、劳动力供给、市场需求都是无限的，那么，所有资本家共同提高资本有机构成的结果，将不是利润率下降，而是利润率上升。但是，这种假设

条件不成立，因为资源供给、劳动力供给、市场需求都是有限的，必然会受到再生产条件的制约，不可能所有资本家都使用新技术、新工艺、新机器，利润率也不可能不下降，也不可能所有资本家都在竞争中生存。

只有那些使用新技术、新工艺、新机器的资本家，从而生产力最高的资本家，才能在资本主义竞争中生存下来，并扩大自己的产品的市场占有率。那些无法使用新技术、新工艺、新机器的资本家，从而无法提高生产力的资本家，将在资本主义市场竞争中被淘汰。淘汰相应的生产力落后的企业的关键因素是，资本有机构成提高导致生产力提高，生产力提高导致生产规模扩大，生产规模扩大导致产品供过于求，产品供过于求导致利润率下降。

凝结着过去的劳动的生产资料的增加，远远超过雇佣劳动者的增加，即超过活劳动的增加。

当新技术、新工艺、新机器得到普遍使用之后，单位产品的价值降低。由于利润率下降，最先使用新技术、新工艺、新机器的个别资本家获得的超额剩余价值或超额利润就消失了。总资本有机构成提高，从而生产力提高，固然可以让资本家在一定程度上提高剩余价值率，但是，剩余价值率的相对提高率通常低于资本有机构成的相对提高率，从而剩余价值率提高对利润率的影响，无法补偿资本有机构成提高对利润率的影响，从而利润率趋向下降。

因为生产资料生产部类的劳动生产率的提高超过生活资料生产部类的劳动生产率的提高，生产资料生产部类在社会生产中的比例超过生活资料生产部类在社会生产中的比例，所以，总资本有机构成的提高主要取决于第一部类的资本有机构成的提高与第一部类的生产力的提高。剩余价值率的提高不仅取决于第二部类的生产力的提高，而且取决于无产阶级与资产阶级力量的对比。既然影响总资本有机构成提高的因素与影响剩余价值率的提高的因素不同，那么，二者提高的比例就不同。

有些经济学家认为，利润率是否下降，取决于生产函数。从表面上看，这种观点似乎有道理，但是，生产函数有两种不同形式。第一种形式的生产函数，是使用单位劳动（包括物化劳动和活劳动）、耗费单位劳动（包括物化劳动和活劳动）生产的使用价值或价值，这种生产函数不仅与剩余价值分配无关，也就是与价值转形无关，而且与商品价格变化无关；第二种形式的生产函数，是投入单位货币资本获得的货币形式的利润，这种生产函数不仅与剩余价值分配有关，也就是与价值转形有关，而且与商品价格变化有关。必须区分是哪种形式的生产函数。

还必须注意，对于第一种形式的生产函数来说，外延扩大再生产与内涵扩大再生产的生产函数不同。对于第二种形式的生产函数来说，随着全社会的资本有机构成提高，生产力提高，生产函数会发生变化。

无论使用哪种生产函数进行分析，都无法改变物化劳动比活劳动增长更快的事实。活劳动与物化劳动之比，是利润率的上界。随着资本有机构成提高，这个上界不断下降。因此，利润率变化的总趋势必然是下降。

第五章　一元价值转形中价值形式的平均利润率与资本有机构成的关系

第一节　价值形式的平均利润率、价值形式的资本有机构成与价值转形无关

一、两部类的价值形式的利润率与价值形式的资本有机构成

价值形式的利润率反映资本的增殖程度。每个部类的价值形式的资本有机构成，反映这个部类的资本技术构成，也就是反映这个部类的生产力的水平。每个部类的价值形式的利润率与这个部类的价值形式的资本有机构成的关系，反映这个部类的资本的增殖程度与资本技术构成的关系。

受再生产条件制约，各部类价值形式的总资本有机构成不仅与每个部类的资本有机构成有关，而且与剩余价值率有关。因此，价值形式的总资本有机构成不仅与每个部类的资本技术构成有关，而且与各部类的资本的增殖程度有关。

价值形式的总资本有机构成与每个部类的价值形式的资本有机构成既有联系又有区别。

价值形式的总资本有机构成与两部类的资本比例有关，或与再生产条件有关。再生产条件又与剩余价值率有关。

每个部类的价值形式的资本有机构成和价值形式的总资本有机构成的相同之处在于：同样由资本的技术构成决定，都反映资本的技术构成的变化。二者的不同之处在于：每个部类的价值形式的资本有机构成仅仅由本部类的资本的技术构成决定，而价值形式的总资本有机构成，一方面由资本的技术构成决定，另一方面受剥削程度影响。

价值形式的平均利润率与总资本有机构成的关系，反映各部类的资本技术构成和剥削程度对总价值增殖程度的影响。

在两部类价值转形中，只有三个无量纲的独立变量：第一部类价值形式的资本有机构成、第二部类价值形式的资本有机构成和剩余价值率。因此，价值形式的总资本有机构成的变化有四种情况：第一种情况，第一部类价值形式的资本有机构成变化，其余两个量不变；第二种情况，第二部类价值形式的资本有机构成变化，其余两个量不变；第三种情况，剩余价值率变化，其余两个量不变；第四种情况，这三个变量中的两个变量或三个变量发生变化。

无论哪种情况，价值形式的平均利润率与价值形式的总资本有机构成都发生变化。

社会资本再生产有两种方式：简单再生产和扩大再生产。

扩大再生产是资本不断增加、生产规模不断扩大的再生产。扩大再生产有无数种方式，任何一种扩大再生产方式都是无数种可能的扩大再生产方式中的一个特例，对任何一种扩大再生产方式的考察都不具有一般性。

简单再生产是生产规模不变的再生产。对简单再生产的考察具有一般性。

将社会生产划分为两部类是最简单的部类划分方式。将社会生产划分为多部类，有多种划分方式。

对于价值形式的利润率与资本有机构成的关系及其变化规律，要在最简单、最纯粹的条件下进行考察。

因此，这里在两部类简单再生产条件下，考察价值形式的平均利润率与价值形式的资本有机构成的关系。

二、价值形式的平均利润率、价值形式的资本有机构成与剩余价值分配无关

价值转形实现的是生产价格形式的平均利润，没有实现价值形式的平均利润。虽然没有实现价值形式的平均利润，但是，价值形式的平均利润率的范畴仍然存在——存在于观念中。

马克思在《资本论》第三卷中提到的资本、成本、利润、利润率都是价值形式的。他提出的平均利润率下降规律，也是指随着价值形式的总资本有机构成提高，价值形式的平均利润率降低。

价值形式的平均利润率与剩余价值分配无关，也就是与价值转形无关。

价值形式的总资本有机构成与每个部类的资本在总资本中的比例有关。每个部类的资本在总资本中的比例与再生产条件有关。再生产条件与剩余价值率有关。因此，价值形式的总资本有机构成不仅与两部类价值形式的资本有机构成有关，而且与剩余价值率有关。

只要两部类的资本有机构成不同，每个部类的资本家得到的利润与本部类的工人创造的剩余价值就不同，就存在分配总剩余价值的问题，也就是存在价值转形的问题。

在两部类价值转形中，只有第一部类价值形式的资本有机构成、第二部类价值形式的资本有机构成、剩余价值率这三个无量纲的独立变量。这三个无量纲的独立变量仅仅取决于生产中耗费的劳动，即取决于生产中耗费的物化劳动、必要劳动和剩余劳动。既然生产中耗费的劳动与剩余价值分配无关，那么，第一部类价值形式的资本有机构成、第二部类价值形式的资本有机构成、剩余价值率就与价值转形无关。

价值形式的平均利润率与这三个独立变量有关，并且仅与这三个独立变量有关。价值形式的总资本有机构成也与这三个独立变量有关，并且也仅与这三个独立变量有关。那么，价值形式的平均利润率与价值形式的总资本有机构成的关系，就与这三个独立变量有关，并且仅与这三个独立变量有关。这就是说，价值形式的平均利润率与价值形式的总资本有机构成的关系，与剩余价值分配无关，也就是与价值转形无关。

这里在第一部类价值形式的资本有机构成、第二部类价值形式的资本有机构成、剩余价值率变化的条件下，考察两部类简单再生产条件下的价值形式的平均利润率与价值形式的资本有机构成的关系。

第二节　简单再生产条件下价值形式的平均利润率与第一部类价值形式的资本有机构成、第二部类价值形式的资本有机构成、剩余价值率的关系

一、基本假设条件与符号规定

这里的基本假设条件、符号规定，分别与第四章的基本假设条件、符号规定相同。同时规定，r_{v1}表示第一部类的价值形式的利润率，r_{v2}表示第二部类的价值形式的利润率，r_v表示价值形式的平均利润率，k表示价值形式的总资本有机构成。

二、简单再生产条件下每个部类的价值形式的平均利润率与价值形式的总资本有机构成的关系

第一部类价值形式的资本有机构成为

$$k_1=\frac{c_1}{v_1} \tag{5-1}$$

第二部类价值形式的资本有机构成为

$$k_2=\frac{c_2}{v_2} \tag{5-2}$$

两部类的剥削率相同，即剩余价值率相同，因此

$$\frac{s_1}{v_1}=\frac{s_2}{v_2}=e \tag{5-3}$$

由（5-1）式、（5-3）式，第一部类价值形式的利润率 r_{v1} 与价值形式的资本有机构成的关系为

$$r_{v1}=\frac{s_1}{c_1+v_1}=\frac{ev_1}{c_1+v_1}=\frac{e}{\frac{c_1}{v_1}+1}=\frac{e}{k_1+1} \tag{5-4}$$

在第一部类价值形式的资本有机构成不变的条件下，第一部类价值形式的利润率为剩余价值率的单调递增的线性函数。

在剩余价值率不变的条件下，第一部类价值形式的利润率与价值形式的资本有机构成的关系，为单调递减的双曲函数关系。

由（5-2）式、（5-3）式，第二部类价值形式的利润率 r_{v2} 与价值形式的资本有机构成的关系为

$$r_{v2}=\frac{s_2}{c_2+v_2}=\frac{ev_2}{c_2+v_2}=\frac{e}{\frac{c_2}{v_2}+1}=\frac{e}{k_2+1} \tag{5-5}$$

在第二部类价值形式的资本有机构成不变的条件下，第一部类价值形式的利润率为剩余价值率的单调递增的线性函数。

在剩余价值率不变的条件下，第二部类价值形式的利润率与资本有机构成的关系，为单调递减的双曲函数关系。

由（5-4）式、（5-5）式可以看出，只要第一部类和第二部类价值形式的资本有机构成不同，两部类价值形式的利润率就一定不同。

特别值得注意的是，（5-4）式所表示的第一部类价值形式的利润率 r_{v1}、（5-5）式所表示的第二部类价值形式的利润率 r_{v2}，只是相应部类的雇佣劳动者创造的剩余价值与本部类价值形式的资本的比率，而不是相应部类的资本家得到的剩余价值与本部类价值形式的资本的比率。这种价值形

式的利润率与价值转形无关，而资本家得到的剩余价值与价值转形有关。

三、价值形式的总资本有机构成与价值形式的平均利润率

在简单再生产条件下，两部类的价值形式的总资本有机构成，可以表示为

$$k=\frac{c_1+c_2}{v_1+v_2} \tag{5-6}$$

由（5－3）式、（5－6）式，价值形式的平均利润率与价值形式的总资本有机构成的关系，可以表示为

$$\begin{aligned} r_v &= \frac{s_1+s_2}{c_1+c_2+v_1+v_2}=\frac{ev_1+ev_2}{c_1+c_2+v_1+v_2} \\ &= \frac{e}{\dfrac{c_1+c_2}{v_1+v_2}+1}=\frac{e}{k+1} \end{aligned} \tag{5-7}$$

（5－7）式表示，价值形式的平均利润率是剩余价值率与价值形式的总资本有机构成的函数。在剩余价值率确定的条件下，价值形式的平均利润率的变化，是由价值形式的总资本有机构成引起的。价值形式的总资本有机构成的变化，或者是由 k_1 或者是 k_2 单独变化引起的，或者是由 k_1 和 k_2 共同变化引起的。

由（5－7）式可以看出，在剩余价值率 e 确定的条件下，价值形式的平均利润率与价值形式的总资本有机构成的关系，为单调递减的双曲函数关系。该双曲函数对应的图像，是双曲线在第一象限的部分。

两部类的简单再生产条件为

$$v_1+s_1=c_2 \tag{5-8}$$

由（5－1）式、（5－2）式、（5－3）式、（5－6）式、（5－8）式，价值形式的总资本有机构成为

$$\begin{aligned} k &= \frac{c_1+c_2}{v_1+v_2}=\frac{k_1v_1+v_1+s_1}{v_1+\dfrac{c_2}{k_2}}=\frac{k_1v_1+v_1+ev_1}{v_1+\dfrac{v_1+s_1}{k_2}} \\ &= \frac{k_1v_1+v_1+ev_1}{v_1+\dfrac{v_1+ev_1}{k_2}}=\frac{k_1+1+e}{1+\dfrac{1+e}{k_2}}=\frac{k_2(k_1+1+e)}{k_2+1+e} \end{aligned} \tag{5-9}$$

（5－9）式与第四章（4－94）式相同。（5－9）式表示，价值形式的总资本有机构成是第一部类价值形式的资本有机构成、第二部类价值形式的资本有机构成、剩余价值率的函数。

必须指出，和第四章（4－94）式所表示的价值形式的总资本有机构成 k 与第一部类价值形式的资本有机构成 k_1、第二部类价值形式的资本

有机构成 k_2、剩余价值率 e 的关系式一样，(5-9) 式与由此式导出的所有关系式，仅仅适用于简单再生产条件下的两部类价值转形。

由 (5-9) 式，剩余价值率可以表示为

$$\begin{aligned} e &= \frac{k_2(k_1+1)-k(k_2+1)}{k-k_2} \\ &= \frac{k_2(k_1+1)-k(k_2+1)+k_2(k_2+1)-k_2(k_2+1)}{k-k_2} \\ &= \frac{k_2[(k_1+1)-(k_2+1)]-(k-k_2)(k_2+1)}{k-k_2} \\ &= \frac{k_2(k_1-k_2)}{k-k_2}-k_2-1 \end{aligned} \tag{5-10}$$

由 (5-10) 式可知，如果 k_1 和 k_2 不变，$k_1>k_2$，那么，必然存在 $k>k_2$，并且 e 与 k 互为单调递减的双曲函数。

(5-10) 式可以表示为

$$e=-\frac{k_2(k_2-k_1)}{k-k_2}-k_2-1 \tag{5-11}$$

由 (5-11) 式可知，如果 k_1 和 k_2 不变，$k_1<k_2$，那么，必然存在 $k<k_2$，并且 e 与 k 互为单调递增的双曲函数。

因此，e 与 k 互为单调递增的双曲函数，还是单调递减的双曲函数，取决于 $k_1<k_2$，还是 $k_1>k_2$。

由 (5-7) 式、(5-10) 式，价值形式的平均利润率可以表示为

$$r_v=\frac{k_2(k_1+1)-k(k_2+1)}{(k+1)(k-k_2)} \tag{5-12}$$

(5-12) 式表示的是在第一部类资本有机构成和第二部类资本有机构成确定的条件下，价值形式的平均利润率与价值形式的总资本有机构成的关系。在这种条件下，价值形式的总资本有机构成的变化是由剩余价值率的变化引起的。

(5-9) 式、(5-10) 式、(5-11) 式、(5-12) 式，仅仅适用于简单再生产条件下的两部类价值转形。

四、价值形式的平均利润率是第一部类价值形式的资本有机构成的单调递减的双曲函数

由 (5-7) 式、(5-9) 式，价值形式的平均利润率可以表示为

$$\begin{aligned} r_v &= \frac{e}{k+1} = \frac{e}{\dfrac{k_2(k_1+1+e)}{k_2-1+e}+1} \\ &= \frac{e(k_2+1+e)}{k_2(k_1+1+e)+(k_2+1+e)} \end{aligned}$$

$$= \frac{e(k_2+1+e)}{k_1k_2+2k_2+ek_2+1+e} \qquad (5-13)$$

（5－13）式表示，价值形式的平均利润率，是第一部类价值形式的资本有机构成、第二部类价值形式的资本有机构成、剩余价值率的函数。

由（5－13）式可以看出，如果第二部类价值形式的资本有机构成 k_2 和剩余价值率 e 不变，那么，价值形式的平均利润率 r_v 是第一部类价值形式的资本有机构成 k_1 的单调递减的倒数函数，或单调递减的双曲函数。

（5－13）式与第四章（4－111）式一致。

五、价值形式的平均利润率是第二部类价值形式的资本有机构成的单调递减的双曲函数

（5－13）式可以表示为

$$\begin{aligned} r_v &= \frac{e(k_2+1+e)}{k_1k_2+2k_2+ek_2+1+e} \\ &= \frac{e(k_2+1+e)}{(k_1+2+e)k_2+1+e} \\ &= \left(\frac{e}{k_1+2+e}\right)\frac{k_2+1+e}{k_2+\frac{1+e}{k_1+2+e}} \\ &= \left(\frac{e}{k_1+2+e}\right)\frac{k_2+\frac{1+e}{k_1+2+e}+1+e-\frac{1+e}{k_1+2+e}}{k_2+\frac{1+e}{k_1+2+e}} \\ &= \frac{e}{k_1+2+e}\left(1+\frac{1+e-\frac{1+e}{k_1+2+e}}{k_2+\frac{1+e}{k_1+2+e}}\right) \end{aligned} \qquad (5-14)$$

由（5－14）式可以看出，如果第一部类价值形式的资本有机构成 k_1 和剩余价值率 e 不变，那么，价值形式的平均利润率 r_v 是第二部类价值形式的资本有机构成 k_2 的单调递减的倒数函数，或单调递减的双曲函数。

（5－14）式也与第四章（4－111）式一致。

六、价值形式的平均利润率是剩余价值率的单调递增的非线性函数

（5－13）式可以还表示为

$$\begin{aligned} r_v &= \frac{e(k_2+1+e)}{k_2(k_1+1+e)+(k_2+1+e)} \\ &= \frac{e^2+(k_2+1)e}{k_1k_2+2k_2+1+(k_2+1)e} \end{aligned} \qquad (5-15)$$

（5－15）式表示，在第一部类价值形式的资本有机构成 k_1 和第二部类价值形式的资本有机构成 k_2 不变的条件下，价值形式的平均利润率 r_v 是剩余价值率 e 的非线性函数。

由（5－15）式，价值形式的平均利润率 r_v 对剩余价值率 e 的一阶偏导数可以表示为

$$\begin{aligned}\frac{\partial r_v}{\partial e}&=\frac{e(k_2+1+e)}{k_2(k_1+1+e)+(k_2+1+e)}\\&=\frac{d}{de}\left[\frac{e^2+(k_2+1)e}{k_1k_2+2k_2+1+(k_2+1)e}\right]\\&=\frac{(2e+k_2+1)[k_1k_2+2k_2+1+(k_2+1)e]}{[k_1k_2+2k_2+1+(k_2+1)e]^2}\\&\quad-\frac{[e^2+(k_2+1)e](k_2+1)}{[k_1k_2+2k_2+1+(k_2+1)e]^2}\\&=\frac{(2e+k_2+1)(k_1k_2+2k_2+1)+(k_2+1)e^2}{[k_1k_2+2k_2+1+(k_2+1)e]^2}\end{aligned}\tag{5-16}$$

显然

$$\frac{(2e+k_2+1)(k_1k_2+2k_2+1)+(k_2+1)e^2}{[k_1k_2+2k_2+1+(k_2+1)e]^2}>0\tag{5-17}$$

即

$$\frac{\partial r_v}{\partial e}>0\tag{5-18}$$

（5－18）式表示，如果第一部类价值形式的资本有机构成 k_1 和第二部类价值形式的资本有机构成 k_2 不变，那么，价值形式的平均利润率 r_v 是剩余价值率 e 的单调递增的函数。

由（5－15）式与（5－18）式可以看出，如果第一部类价值形式的资本有机构成 k_1 和第二部类价值形式的资本有机构成 k_2 不变，那么，价值形式的平均利润率 r_v 是剩余价值率 e 的单调递增的非线性函数。

第三节　简单再生产条件下价值形式的总资本有机构成与第一部类价值形式的资本有机构成、第二部类价值形式的资本有机构成、剩余价值率的关系

一、价值形式的总资本有机构成是第一部类价值形式的资本有机构成的单调递增的线性函数

由（5－9）式，价值形式的总资本有机构成与第一部类价值形式的资

本有机构成的关系，可以表示为

$$k=\frac{k_2(k_1+1+e)}{k_2+1+e}=\frac{k_2}{k_2+1+e}k_1+\frac{k_2(1+e)}{k_2+1+e} \tag{5-19}$$

(5-19) 式表示，如果第二部类价值形式的资本有机构成 k_2 和剩余价值率 e 不变，那么，价值形式的总资本有机构成 k 是第一部类价值形式的资本有机构成 k_1 的单调递增的线性函数。

二、价值形式的总资本有机构成是第二部类价值形式的资本有机构成的单调递增的双曲函数

由 (5-9) 式，价值形式的总资本有机构成与第二部类价值形式的资本有机构成的关系，可以表示为

$$k=\frac{k_2(k_1+1+e)}{k_2+1+e}=(k_1+1+e)\frac{k_2+1+e-(1+e)}{k_2+1+e}$$

$$=(k_1+1+e)(1-\frac{1+e}{k_2+1+e}) \tag{5-20}$$

(5-20) 式表示，如果第一部类价值形式的资本有机构成 k_1 和剩余价值率 e 不变，那么，价值形式的总资本有机构成 k 是第二部类价值形式的资本有机构成 k_2 的单调递增的双曲函数。

三、在第一部类价值形式的资本有机构成高于第二部类价值形式的资本有机构成的条件下，价值形式的总资本有机构成是剩余价值率的单调递减的双曲函数

由 (5-9) 式，价值形式的总资本有机构成与剩余价值率的关系，可以表示为

$$k=\frac{k_2(k_1+1+e)}{k_2+1+e}=\frac{k_1k_2+k_2(1+e)}{k_2+1+e}$$

$$=\frac{k_1k_2+k_2(k_2+1+e)-k_2^2}{k_2+1+e}=k_2+\frac{(k_1-k_2)k_2}{k_2+1+e} \tag{5-21}$$

由 (5-21) 式可以看出，如果第一部类价值形式的资本有机构成和第二部类价值形式的资本有机构成不变，那么，价值形式的总资本有机构成与剩余价值率的关系，是单调递增的函数关系，还是单调递减的函数关系，取决于第一部类价值形式的资本有机构成是低于第二部类价值形式的资本有机构成，还是高于第二部类价值形式的资本有机构成。

在第一部类价值形式的资本有机构成和第二部类价值形式的资本有机构成不变的条件下，如果第一部类价值形式的资本有机构成高于第二部类

价值形式的资本有机构成，那么，价值形式的总资本有机构成 k 是剩余价值率 e 的单调递减的双曲函数。

必须指出，以上关系式仅仅适用于简单再生产条件下的两部类价值转形。

四、在第一部类价值形式的资本有机构成低于第二部类价值形式的资本有机构成的条件下，价值形式的总资本有机构成是剩余价值率的单调递增的双曲函数

由（5－21）式可以看出，在第一部类价值形式的资本有机构成和第二部类价值形式的资本有机构成不变的条件下，如果第一部类价值形式的资本有机构成低于第二部类价值形式的资本有机构成，那么，价值形式的总资本有机构成 k 是剩余价值率 e 的单调递增的双曲函数。

第四节 简单再生产条件下价值形式的平均利润率与价值形式的总资本有机构成的关系

一、价值形式的平均利润率是价值形式的总资本有机构成的函数

由（5－9）式和（5－13）式可以看出，价值形式的总资本有机构成和价值形式的平均利润率，都是第一部类价值形式的资本有机构成、第二部类价值形式的资本有机构成、剩余价值率的函数。同时，价值形式的平均利润率是价值形式的总资本有机构成的函数。

二、第一部类价值形式的资本有机构成与剩余价值率不变的条件下，价值形式的平均利润率是价值形式的总资本有机构成的单调递减的双曲函数

如果第二部类价值形式的资本有机构成 k_2 变化，第一部类价值形式的资本有机构成 k_1 和剩余价值率 e 不变，那么，由（5－20）式可以得到，价值形式的总资本有机构成 k 是第二部类价值形式的资本有机构成 k_2 的单调递增的双曲函数。

由（5－14）式可以看出，价值形式的平均利润率 r_v 是第二部类价值形式的资本有机构成 k_2 的单调递减的倒数函数，或单调递减的双曲函数。

因此，如果第二部类价值形式的资本有机构成 k_2 变化，第一部类价

值形式的资本有机构成 k_1 和剩余价值率 e 不变，那么，价值形式的平均利润率 r_v 是价值形式的总资本有机构成 k 的单调递减的双曲函数。

这个结论与由（5－7）式得到的结论一致。

三、第二部类价值形式的资本有机构成与剩余价值率不变的条件下，价值形式的平均利润率是价值形式的总资本有机构成的单调递减的双曲函数

如果第一部类价值形式的资本有机构成 k_1 变化，第二部类价值形式的资本有机构成 k_2 和剩余价值率 e 不变，那么，由（5－19）式可以得到，价值形式的总资本有机构成 k 是第一部类价值形式的资本有机构成 k_1 的单调递增的线性函数。

由（5－13）式可以看出，价值形式的平均利润率 r_v 是第一部类价值形式的资本有机构成 k_1 的单调递减的倒数函数，或单调递减的双曲函数。

因此，如果第一部类价值形式的资本有机构成 k_1 变化，第二部类价值形式的资本有机构成 k_2 和剩余价值率 e 不变，那么，价值形式的平均利润率 r_v 是价值形式的总资本有机构成 k 的单调递减的双曲函数。

这个结论与由（5－7）式得到的结论一致。

四、第一部类价值形式的资本有机构成与第二部类价值形式的资本有机构成不变的条件下，价值形式的平均利润率与价值形式的总资本有机构成的关系

如果剩余价值率 e 变化，第一部类价值形式的资本有机构成 k_1 和第二部类价值形式的资本有机构成 k_2 不变，并且第一部类价值形式的资本有机构成 k_1 大于第二部类价值形式的资本有机构成 k_2，那么，由（5－21）式可以得到，价值形式的总资本有机构成 k 与剩余价值率 e 互为单调递减函数。如果价值形式的总资本有机构成 k 提高，那么，剩余价值率 e 降低，由（5－7）式可以看出，价值形式的平均利润率 r_v 降低。在这种条件下，价值形式的平均利润率 r_v 是价值形式的总资本有机构成 k 的单调递减函数。

如果剩余价值率 e 变化，第一部类价值形式的资本有机构成 k_1 和第二部类价值形式的资本有机构成 k_2 不变，并且第一部类价值形式的资本有机构成 k_1 小于第二部类价值形式的资本有机构成 k_2，那么，由（5－21）式可以得到，价值形式的总资本有机构成 k 与剩余价值率 e 互为单调递增函数。如果价值形式的总资本有机构成 k 提高，那么，剩余价值率 e 提高。

由（5－15）式与（5－18）式可以看出，价值形式的平均利润率 r_v 提高。在这种条件下，价值形式的平均利润率 r_v 是价值形式的总资本有机构成 k 的单调递增函数。

五、价值形式的平均利润率与价值形式的总资本有机构成的关系

综上所述，不能认为在任何条件下，价值形式的平均利润率都是价值形式的总资本有机构成的单调递减函数。马克思在总资本有机构成不断提高的条件下，提出了平均利润率下降规律。他还提到起相反作用的各种因素。其中最重要的起相反作用的因素是剩余价值率提高。因此，马克思的平均利润率下降规律不仅是有条件的，而且是总趋势。

在考察价值形式的平均利润率与价值形式的总资本有机构成的关系的过程中，必须注意第一部类价值形式的资本有机构成、第二部类价值形式的资本有机构成、剩余价值率这三个变量中哪些变量变化；也必须注意第一部类价值形式的资本有机构成高于第二部类价值形式的资本有机构成，还是第一部类价值形式的资本有机构成低于第二部类价值形式的资本有机构成。

特别令人感兴趣的是，如果剩余价值率变化，第一部类价值形式的资本有机构成 k_1 和第二部类价值形式的资本有机构成 k_2 不变，并且第一部类价值形式的资本有机构成 k_1 小于第二部类价值形式的资本有机构成 k_2，那么，价值形式的平均利润率 r_v 是价值形式的总资本有机构成 k 的单调递增函数。这种情况似乎与绝大多数经济学家的传统观念不一致，但是，这个结论是在剩余价值率变化的条件下得到的。在此条件下，由（5－21）式可以看出，随着剩余价值率提高，价值形式的总资本有机构成提高，由（5－18）式可以看出，价值形式的平均利润率也提高。

因此，这种情况与马克思的平均利润率下降规律并不矛盾。

第五节 剩余价值率确定的条件下，价值形式的平均利润率与价值形式的总资本有机构成关系的数例

一、剩余价值率确定，价值形式的平均利润率与价值形式的总资本有机构成关系的数例

如果第二部类价值形式的资本有机构成、剩余价值率确定，例如 k_2

=2，e=1，第一部类价值形式的资本有机构成 k_1=0，1，2，…，18，价值形式的总资本有机构成 k=1，1.5，2，…，10，那么，由（5-7）式，第一部类价值形式的资本有机构成 k_1、价值形式的总资本有机构成 k 与价值形式的平均利润率 r_v 的关系，可以用表 5-1 表示。

表 5-1　　k_1、k 与 r_v 的关系

第一部类价值形式的资本有机构成 k_1	价值形式的总资本有机构成 k	价值形式的平均利润率 r_v
0.0	1.00	0.500 000 000 0
1.0	1.50	0.400 000 000 0
2.0	2.00	0.333 333 333 3
3.0	2.50	0.285 714 285 7
4.0	3.00	0.250 000 000 0
5.0	3.50	0.222 222 222 2
6.0	4.00	0.200 000 000 0
7.0	4.50	0.181 818 181 8
8.0	5.00	0.166 666 666 7
9.0	5.50	0.153 846 153 8
10.0	6.00	0.142 857 142 9
11.0	6.50	0.133 333 333 3
12.0	7.00	0.125 000 000 0
13.0	7.50	0.117 647 058 8
14.0	8.00	0.111 111 111 1
15.0	8.50	0.105 263 157 9
16.0	9.00	0.100 000 000 0
17.0	9.50	0.095 238 095 2
18.0	10.00	0.090 909 090 9

表 5-1 表示的剩余价值率确定的条件下，价值形式的平均利润率 r_v 与价值形式的总资本有机构成 k 的关系，可以用图 5-1 表示。

从图 5-1 可以看出，在剩余价值率确定的条件下，价值形式的平均利润率 r_v 是价值形式的总资本有机构成 k 的单调递减的双曲线，曲线的斜率递增。

由表 5-1 和图 5-1 可以看出，只要剩余价值率确定，无论第一部类价值形式的资本有机构成 k_1 单独变化，还是第二部类价值形式的资本有机构成 k_2 单独变化，抑或是第一部类价值形式的资本有机构成 k_1 与第二部类价值形式的资本有机构成 k_2 都变化，也无论第一部类价值形式的资本有机构成 k_1 大于第二部类价值形式的资本有机构成 k_2，还是第一部类价值形式的

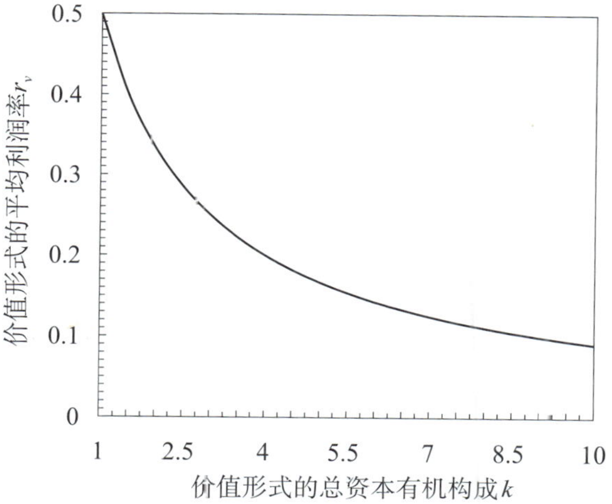

图 5－1　r_v与 k 的关系

资本有机构成 k_1 小于第二部类价值形式的资本有机构成 k_2，价值形式的平均利润率 r_v都是价值形式的总资本有机构成 k 的单调递减的双曲函数。

图 5－1 中的曲线，表示在第二部类价值形式的资本有机构成与剩余价值率确定条件下，随着第一部类价值形式的资本有机构成提高，价值形式的总资本有机构成提高，价值形式的平均利润率下降。因此，这种情况不仅在数理逻辑关系中成立，而且在经济关系中也成立，也就是在生产关系中成立。

二、剩余价值率取不同数值的条件下，价值形式的平均利润率与价值形式的总资本有机构成关系的数例

如果第二部类价值形式的资本有机构成确定，剩余价值率取不同数值，例如 $k_2=2$，$e=0.5$，1，2，价值形式的总资本有机构成 $k=3$，3.5，4，…，10，那么，由（5－7）式，价值形式的平均利润率 r_v与价值形式的总资本有机构成 k 的关系，可以用表 5－2 表示。

表 5－2　r_v与 k 的关系

价值形式的总资本有机构成 k	价值形式的平均利润率 r_v $k_2=2$ $e=0.5$	价值形式的平均利润率 r_v $k_2=2$ $e=1$	价值形式的平均利润率 r_v $k_2=2$ $e=2$
3.0	0.125 000 000 0	0.250 000 000 0	0.500 000 000 0
3.5	0.111 111 111 1	0.222 222 222 2	0.444 444 444 4
4.0	0.100 000 000 0	0.200 000 000 0	0.400 000 000 0

续前表

价值形式的总资本有机构成 k	价值形式的平均利润率 r_v $k_2=2$ $e=0.5$	价值形式的平均利润率 r_v $k_2=2$ $e=1$	价值形式的平均利润率 r_v $k_2=2$ $e=2$
4.5	0.090 909 090 9	0.181 818 181 8	0.363 636 363 6
5.0	0.083 333 333 3	0.166 666 666 7	0.333 333 333 3
5.5	0.076 923 076 9	0.153 846 153 8	0.307 692 307 7
6.0	0.071 428 571 4	0.142 857 142 9	0.285 714 285 7
6.5	0.066 666 666 7	0.133 333 333 3	0.266 666 666 7
7.0	0.062 500 000 0	0.125 000 000 0	0.250 000 000 0
7.5	0.058 823 529 4	0.117 647 058 8	0.235 294 117 6
8.0	0.055 555 555 6	0.111 111 111 1	0.222 222 222 2
8.5	0.052 631 578 9	0.105 263 157 9	0.210 526 315 8
9.0	0.050 000 000 0	0.100 000 000 0	0.200 000 000 0
9.5	0.047 619 047 6	0.095 238 095 2	0.190 476 190 5
10.0	0.045 454 545 5	0.090 909 090 9	0.181 818 181 8

表 5－2 表示的剩余价值率取不同数值的条件下，价值形式的平均利润率 r_v 与价值形式的总资本有机构成 k 的关系，可以用图 5－2 表示。

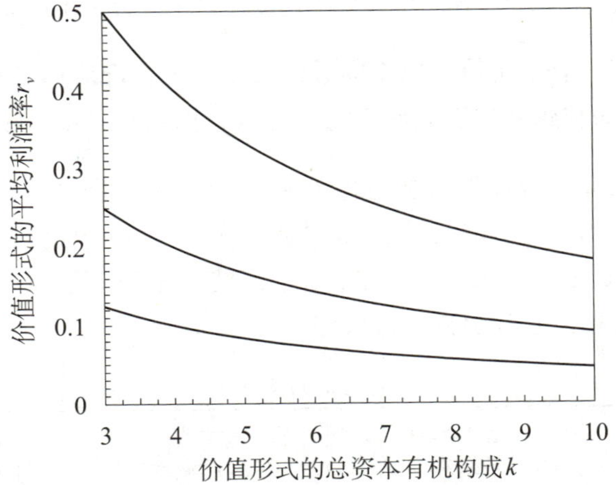

图 5－2　r_v 与 k 的关系

由图 5－2 可以看出，从上至下的三条曲线，分别为第二部类价值形式的资本有机构成 $k_2=2$，剩余价值率 $e=2$，1，0.5 的条件下，价值形式的平均利润率 r_v 与价值形式的总资本有机构成 k 的关系曲线。这些曲线是一组单调递减的双曲线，曲线的斜率递增。

由表 5－2 和图 5－2 可以看出，只要剩余价值率确定，无论第一部类价值形式的资本有机构成 k_1 单独变化，还是第二部类价值形式的资本有机构成 k_2 单独变化，抑或是第一部类价值形式的资本有机构成 k_1 与第二部类价值形式的资本有机构成 k_2 都变化，也无论第一部类价值形式的资本有机构成 k_1 大于第二部类价值形式的资本有机构成 k_2，还是第一部类价值形式的资本有机构成 k_1 小于第二部类价值形式的资本有机构成 k_2，价值形式的平均利润率 r_v 都是价值形式的总资本有机构成 k 的单调递减的双曲函数。

图 5－2 中的每条曲线都表示第二价值形式的资本有机构成与剩余价值率确定条件下，随着第一部类价值形式的资本有机构成提高，价值形式的总资本有机构成提高，价值形式的平均利润率下降。因此，这种情况不仅在数理逻辑关系中成立，而且在经济关系中也成立，也就是在生产关系中成立。

第六节　剩余价值率变化的条件下，价值形式的平均利润率与价值形式的总资本有机构成关系的数例

一、剩余价值率变化，第一部类资本有机构成高于第二部类资本有机构成的条件下，价值形式的平均利润率与价值形式的总资本有机构成关系的数例

（一）剩余价值率变化，第一部类资本有机构成高于第二部类资本有机构成，第一部类资本有机构成取不同数值的条件下，价值形式的平均利润率与价值形式的总资本有机构成关系的数例

如果剩余价值率变化，第一部类价值形式的资本有机构成高于第二部类价值形式的资本有机构成，第一部类价值形式的资本有机构成取不同数值，第二价值形式的资本有机构成确定，例如 $k_1=3$，4，5，6，$k_2=2$，那么，由（5－9）式，可以得到：

当 $k_1=3$，$k_2=2$ 时，价值形式的总资本有机构成的值域为 $2<k\leqslant 2.666\ 666\ 66$。

当 $k_1=4$，$k_2=2$ 时，价值形式的总资本有机构成的值域为 $2<k\leqslant 3.333\ 333\ 33$。

当 $k_1=5$，$k_2=2$ 时，价值形式的总资本有机构成的值域为 $2<k\leqslant 4$。

当 $k_1=6$，$k_2=2$ 时，价值形式的总资本有机构成的值域为 $2<k\leqslant 4.66666666$。

令 $k=2.4$，2.5，2.6，…，4.7，由（5-12）式，价值形式的平均利润率与价值形式的总资本有机构成的关系，可以用表 5-3 表示。

表 5-3 **r_v 与 k 的关系**

价值形式的总资本有机构成 k	价值形式的平均利润率 r_v $k_1=3$ $k_2=2$	价值形式的平均利润率 r_v $k_1=4$ $k_2=2$	价值形式的平均利润率 r_v $k_1=5$ $k_2=2$	价值形式的平均利润率 r_v $k_1=6$ $k_2=2$
2.4	0.588 235 29	2.058 823 53	3.529 411 76	5.000 000 00
2.5	0.285 714 29	1.428 571 43	2.571 428 57	3.714 285 71
2.6	0.092 592 59	1.018 518 52	1.944 444 44	2.870 370 37
2.7	−0.038 610 04	0.733 590 73	1.505 791 51	2.277 992 28
2.8		0.526 315 79	1.184 210 53	1.842 105 26
2.9		0.370 370 37	0.940 170 94	1.509 971 51
3.0		0.250 000 00	0.750 000 00	1.250 000 00
3.1		0.155 210 64	0.598 669 62	1.042 128 60
3.2		0.079 365 08	0.476 190 48	0.873 015 87
3.3		0.017 889 09	0.375 670 84	0.733 452 59
3.4		−0.032 467 53	0.292 207 79	0.616 883 12
3.5			0.222 222 22	0.518 518 52
3.6			0.163 043 48	0.434 782 61
3.7			0.112 640 80	0.362 953 69
3.8			0.069 444 44	0.300 925 93
3.9			0.032 223 42	0.247 046 19
4.0			0.000 000 00	0.200 000 00
4.1				0.158 730 16
4.2				0.122 377 62
4.3				0.090 237 90
4.4				0.061 728 40
4.5				0.036 363 64
4.6				0.013 736 26
4.7				0.000 000 00

表 5-3 表示的在剩余价值率变化，两部类价值形式的资本有机构成确定，第一部类价值形式的资本有机构成高于第二部类价值形式的资本有机构成，第一部类价值形式的资本有机构成取不同数值的条件下，价值形式的平均利润率 r_v 与价值形式的总资本有机构成 k 的关系，可以用图 5-3 表示。

图 5-3 中，从左至右的四条曲线，分别对应不同的第一部类价值形

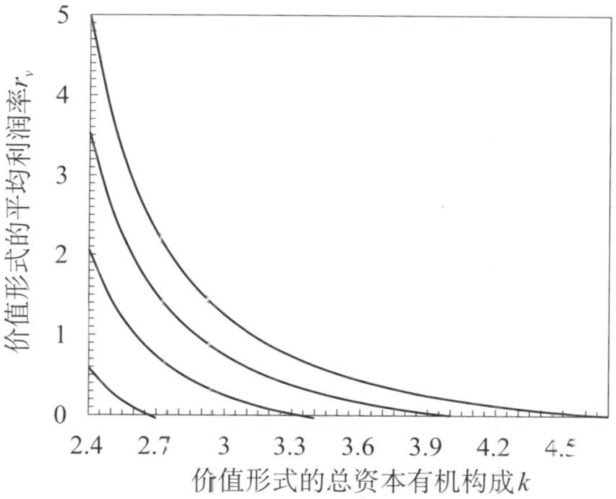

图 5-3 r_v与 k 的关系

式的资本有机构成，k_1=3，4，5，6，k_2=2。由图 5-3 可以看出，如果第一部类价值形式的资本有机构成取不同的数值，那么，当剩余价值率变化，从而价值形式的总资本有机构成变化时，得到不同的曲线。这些曲线是一组单调递减的曲线。

表 5-3 中的数据和图 5-3 中的各条曲线表明，在剩余价值率变化，两部类价值形式的资本有机构成确定，第一部类价值形式的资本有机构成高于第二部类价值形式的资本有机构成，第一部类价值形式的资本有机构成取不同数值的条件下，价值形式的平均利润率 r_v 是价值形式的总资本有机构成 k 的单调递减函数。

值得注意的是，虽然图 5-3 中的每条曲线都表示随着价值形式的总资本有机构成提高价值形式的平均利润率降低，但是，每条曲线都是在两部类价值形式的资本有机构成不变，剩余价值率降低的条件下得到的。两部类的生产力不变，剩余价值率降低，意味着资本家的生活水平绝对下降，不符合资本主义生产目的。因此，虽然这种情况在数理逻辑关系中成立，但是在经济关系中不成立，也就是在生产关系中不成立。

（二）剩余价值率变化，第一部类资本有机构成高于第二部类资本有机构成，第二部类资本有机构成取不同数值的条件下，价值形式的平均利润率与价值形式的总资本有机构成关系的数例

如果剩余价值率变化，第一部类价值形式的资本有机构成高于第二部类价值形式的资本有机构成，第一部类价值形式的资本有机构成确定，第二部类价值形式的资本有机构成取不同数值，例如 k_1=4，k_2=0.5，1，2，3，那么，由（5-9）式，可以得到：

当 $k_1=4$，$k_2=0.5$ 时，价值形式的总资本有机构成的值域为 $0.5<k\leqslant 1.666\,666\,66$。

当 $k_1=4$，$k_2=1$ 时，价值形式的总资本有机构成的值域为 $1<k\leqslant 2.5$。

当 $k_1=4$，$k_2=2$ 时，价值形式的总资本有机构成的值域为 $2<k\leqslant 3.333\,333\,33$。

当 $k_1=4$，$k_2=3$ 时，价值形式的总资本有机构成的值域为 $3<k\leqslant 3.75$。

令 $k=1.15$，1.25，1.35，…，3.75，由（5-12）式，价值形式的平均利润率与价值形式的总资本有机构成的关系，可以用表 5-4 表示。

表 5-4 **r_v 与 k 的关系**

价值形式的总资本有机构成 k	价值形式的平均利润率 r_v $k_1=4$ $k_2=0.5$	价值形式的平均利润率 r_v $k_1=4$ $k_2=1$	价值形式的平均利润率 r_v $k_1=4$ $k_2=2$	价值形式的平均利润率 r_v $k_1=4$ $k_2=3$
1.15	0.554 561 72	8.372 093 02		
1.25	0.370 370 37	4.444 444 44		
1.35	0.237 797 25	2.796 352 58		
1.45	0.139 634 80	1.904 761 90		
1.55	0.065 359 48	1.354 723 71		
1.65	0.008 203 45	0.986 937 59		
1.75	−0.036 363 64	0.727 272 73		
1.85		0.536 635 71		
1.95		0.392 506 69		
2.05		0.281 030 44	25.245 901 64	
2.15		0.193 236 71	7.513 227 51	
2.25		0.123 076 92	4.000 000 00	
2.35		0.066 334 99	2.515 991 47	
2.45		0.019 990 00	1.706 924 32	
2.55		−0.018 173 56	1.203 585 15	
2.65			0.864 067 44	
2.75			0.622 222 22	
2.85			0.443 086 33	
2.95			0.306 462 36	
3.05			0.199 882 42	13.827 160 49
3.15			0.115 243 58	3.855 421 69
3.25			0.047 058 82	1.882 352 94
3.35			−0.008 514 26	1.050 903 12
3.45				0.599 250 94
3.55				0.319 680 32
3.65				0.132 340 78
3.75				0.000 000 00

表 5－4 表示的在剩余价值率变化，两部类价值形式的资本有机构成确定，第一部类价值形式的资本有机构成高于第二部类价值形式的资本有机构成，第二部类价值形式的资本有机构成取不同数值的条件下，价值形式的平均利润率 r_v 与价值形式的总资本有机构成 k 的关系，可以用图 5－4 表示。

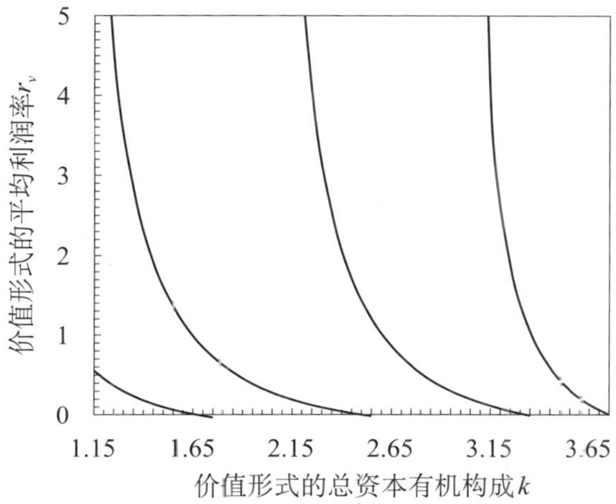

图 5－4　r_v 与 k 的关系

图 5－4 中，从左至右的四条曲线，分别对应不同的第二部类价值形式的资本有机构成，$k_1=4$，$k_2=0.5$，1，2，3。从图 5－4 中可以看出，如果第二部类价值形式的资本有机构成取不同的数值，那么，当剩余价值率变化，从而价值形式的总资本有机构成变化时，得到不同的曲线。这些曲线是一组单调递减的曲线。

表 5－4 中的数据和图 5－4 中的各条曲线表明，在剩余价值率变化，两部类价值形式的资本有机构成确定，第一部类价值形式的资本有机构成高于第二部类价值形式的资本有机构成，第二部类价值形式的资本有机构成取不同数值的条件下，价值形式的平均利润率 r_v 是价值形式的总资本有机构成 k 的单调递减函数。

值得注意的是，这是在剩余价值率变化，两部类价值形式的资本有机构成确定，第一部类价值形式的资本有机构成高于第二部类价值形式的资本有机构成的条件下，对价值形式的总资本有机构成与价值形式的平均利润率的关系进行的考察。在这里，价值形式的总资本有机构成的变化，以及价值形式的平均利润率的变化，都是由剩余价值率的变化引起的。

由（5－21）式可以看出，如果第一部类价值形式的资本有机构成和

第二部类价值形式的资本有机构成不变，并且第一部类价值形式的资本有机构成高于第二部类价值形式的资本有机构成，那么，价值形式的总资本有机构成是剩余价值率的单调递减的双曲函数。这就是说，随着剩余价值率提高，虽然，两部类价值形式的资本有机构成都不变，但是，价值形式的总资本有机构成降低。这是由于受到再生产条件的制约。由（5－7）式可以看出，剩余价值率提高和价值形式的总资本有机构成降低，都提高价值形式的平均利润率。相反，剩余价值率降低和价值形式的总资本有机构成提高，都降低价值形式的平均利润率。

值得注意的是，虽然图5－4中的每条曲线都表示随着价值形式的总资本有机构成提高价值形式的平均利润率降低，但是，每条曲线都是在两部类价值形式的资本有机构成不变，剩余价值率降低的条件下得到的。两部类的生产力不变，剩余价值率降低，意味着资本家的生活水平绝对下降，不符合资本主义生产目的。因此，虽然这种情况在数理逻辑关系中成立，但是在经济关系中不成立，也就是在生产关系中不成立。

二、剩余价值率变化，第一部类资本有机构成低于第二部类资本有机构成的条件下，价值形式的平均利润率与价值形式的总资本有机构成关系的数例

（一）剩余价值率变化，第一部类资本有机构成低于第二部类资本有机构成，第一部类资本有机构成取不同数值的条件下，价值形式的平均利润率与价值形式的总资本有机构成关系的数例

如果剩余价值率变化，第一部类价值形式的资本有机构成低于第二部类价值形式的资本有机构成，第一部类价值形式的资本有机构成取不同数值，第二部类价值形式的资本有机构成确定，例如$k_1=0.5$，1，2，3，$k_2=5$，那么，由（5－9）式，可以得到：

当$k_1=0.5$，$k_2=5$时，价值形式的总资本有机构成的值域为$1.25\leqslant k<5$。

当$k_1=1$，$k_2=5$时，价值形式的总资本有机构成的值域为$1.666\,666\,66\leqslant k<5$。

当$k_1=2$，$k_2=5$时，价值形式的总资本有机构成的值域为$2.5\leqslant k<5$。

当$k_1=3$，$k_2=5$时，价值形式的总资本有机构成的值域为$3.333\,333\,33\leqslant k<5$。

令$k=1.25$，1.35，1.45，…，3.85，由（5－12）式，价值形式的

平均利润率与价值形式的总资本有机构成的关系，可以用表 5－5 表示。

表 5－5　　r_v 与 k 的关系

价值形式的总资本有机构成 k	价值形式的平均利润率 r_v $k_1=0.5$ $k_2=5$	价值形式的平均利润率 r_v $k_1=1$ $k_2=5$	价值形式的平均利润率 r_v $k_1=2$ $k_2=5$	价值形式的平均利润率 r_v $k_1=3$ $k_2=5$
1.25	0.000 000 00			
1.35	0.069 950 45			
1.45	0.137 970 68			
1.55	0.204 603 58			
1.65	0.270 346 38	－0.011 264 43		
1.75	0.335 664 34	0.055 944 06		
1.85	0.401 002 51	0.122 528 54		
1.95	0.466 796 33	0.188 941 37		
2.05	0.533 481 52	0.255 626 56		
2.15	0.601 503 76	0.323 029 80		
2.25	0.671 328 67	0.391 608 39		
2.35	0.743 452 55	0.461 841 73		
2.45	0.818 414 32	0.534 242 68	－0.034 100 60	
2.55	0.896 809 43	0.609 370 51	0.034 492 67	
2.65	0.979 306 32	0.687 846 11	0.104 925 68	
2.75	1.066 666 67	0.770 370 37	0.177 777 78	
2.85	1.159 770 46	0.857 746 90	0.253 699 79	
2.95	1.259 648 04	0.950 910 77	0.333 436 25	
3.05	1.367 521 37	1.050 965 50	0.417 853 75	
3.15	1.484 858 35	1.159 231 52	0.507 977 86	
3.25	1.613 445 38	1.277 310 92	0.605 042 02	－0.067 226 89
3.35	1.755 485 89	1.407 175 20	0.710 553 81	0.013 932 43
3.45	1.913 736 86	1.551 286 70	0.826 386 37	0.101 486 05
3.55	2.091 701 40	1.712 769 99	0.954 907 16	0.197 044 33
3.65	2.293 906 81	1.895 659 10	1.099 163 68	0.302 668 26
3.75	2.526 315 79	2.105 263 16	1.263 157 89	0.421 052 63
3.85	2.796 952 04	2.348 722 55	1.452 263 56	0.555 804 57

表 5－5 表示的在剩余价值率变化，两部类价值形式的资本有机构成确定，第一部类价值形式的资本有机构成低于第二部类价值形式的资本有机构成，第一部类价值形式的资本有机构成取不同数值的条件下，价值形式的平均利润率 r_v 与价值形式的总资本有机构成 k 的关系，可以用图 5－5 表示。

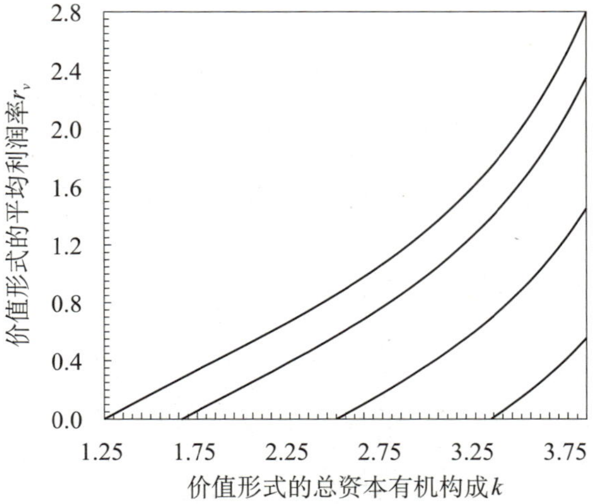

图 5－5　r_v与 k 的关系

图 5－5 中，从左至右的四条曲线，分别对应不同的第一部类价值形式的资本有机构成，$k_1=0.5$，1，2，3，$k_2=5$。由图 5－5 可以看出，如果第一部类价值形式的资本有机构成取不同的数值，那么，当剩余价值率变化，从而价值形式的总资本有机构成变化时，得到不同的曲线。这些曲线是一组单调递增的曲线。

表 5－5 中的数据和图 5－5 中的各条曲线表明，在剩余价值率变化，两部类价值形式的资本有机构成确定，第一部类价值形式的资本有机构成低于第二部类价值形式的资本有机构成，第一部类价值形式的资本有机构成取不同数值的条件下，价值形式的平均利润率 r_v是价值形式的总资本有机构成 k 的单调递增函数。

这里得到的价值形式的总资本有机构成越高，价值形式的平均利润率越高的结论，似乎与绝大多数经济学家都认为的价值形式的总资本有机构成越高，价值形式的平均利润率越低的观点不一致。这是一种误解。

价值形式的总资本有机构成越高，价值形式的平均利润率越低的结论，是在剩余价值率不变的条件下得到的。但是，这里引起价值形式的总资本有机构成和价值形式的平均利润率变化的，正是剩余价值率的变化。

由（5－21）式可以看出，如果第一部类价值形式的资本有机构成和第二部类价值形式的资本有机构成不变，并且第一部类价值形式的资本有机构成低于第二部类价值形式的资本有机构成，那么，价值形式的总资本有机构成是剩余价值率的单调递增的双曲函数。这就是说，随着剩余价值率提高，虽然两部类价值形式的资本有机构成都不变，但是价值形式的总资本有机构成提高。这是由于受到再生产条件的制约。由（5－7）式可以看出，仅由剩余价值率和价值形式的总资本有机构成都提高，无法简单地判断价值形式的平均利润率的变化方向。关键在于二者提高的比例。

图 5－5 中的每条曲线都表示，在剩余价值率提高的条件下，随着价值形式的总资本有机构成提高，价值形式的平均利润率提高。值得注意的是，每条曲线都是在两部类价值形式的资本有机构成不变，剩余价值率提高的条件下得到的。两部类的生产力不变，剩余价值率提高，意味着雇佣劳动者的生活水平绝对下降，雇佣劳动者的生活水平绝对下降就无法进行再生产。因此，虽然这种情况在数理逻辑关系中成立，但是在经济关系中不成立，也就是在生产关系中不成立。

（二）剩余价值率变化，第一部类资本有机构成低于第二部类资本有机构成，第二部类资本有机构成取不同数值的条件下，价值形式的平均利润率与价值形式的总资本有机构成关系的数例

如果剩余价值率变化，两部类价值形式的资本有机构成确定，第一部类价值形式的资本有机构成低于第二部类价值形式的资本有机构成，第二部类价值形式的资本有机构成取不同数值，例如 $k_1=2$，$k_2=3$，4，5，6，那么，由（5－9）式，可以得到：

当 $k_1=2$，$k_2=3$ 时，价值形式的总资本有机构成的值域为 $2.25\leqslant k<3$。

当 $k_1=2$，$k_2=4$ 时，价值形式的总资本有机构成的值域为 $2.4\leqslant k<4$。

当 $k_1=2$，$k_2=5$ 时，价值形式的总资本有机构成的值域为 $2.5\leqslant k<5$。

当 $k_1=2$，$k_2=6$ 时，价值形式的总资本有机构成的值域为 $2.571\,428\,571\leqslant k<6$。

令 $k=2.25$，2.3，2.35，…，3.4，由（5－12）式，价值形式的平均利润率与价值形式的总资本有机构成的关系，可以用表 5－6 表示。

表 5－6　r_v 与 k 的关系

价值形式的总资本有机构成 k	价值形式的平均利润率 r_v $k_1=2$ $k_2=3$	价值形式的平均利润率 r_v $k_1=2$ $k_2=4$	价值形式的平均利润率 r_v $k_1=2$ $k_2=5$	价值形式的平均利润率 r_v $k_1=2$ $k_2=6$
2.25	0.000 000 00			
2.30	0.086 580 09			
2.35	0.183 696 90			
2.40	0.294 117 65	0.000 000 00		
2.45	0.421 607 38	0.046 750 82		

续前表

价值形式的总资本有机构成 k	价值形式的平均利润率 r_v $k_1=2$ $k_2=3$	价值形式的平均利润率 r_v $k_1=2$ $k_2=4$	价值形式的平均利润率 r_v $k_1=2$ $k_2=5$	价值形式的平均利润率 r_v $k_1=2$ $k_2=6$
2.50	0.571 428 57	0.095 238 10	0.000 000 00	
2.55	0.751 173 71	0.145 701 80	0.034 492 67	−0.012 247 40
2.60	0.972 222 22	0.198 412 70	0.069 444 44	0.016 339 87
2.65	1.252 446 18	0.253 678 34	0.104 925 68	0.044 980 58
2.70	1.621 621 62	0.311 850 31	0.141 010 58	0.073 710 07
2.75	2.133 333 33	0.373 333 33	0.177 777 78	0.102 564 10
2.80	2.894 736 84	0.438 596 49	0.215 311 00	0.131 578 95
2.85	4.155 844 16	0.508 187 46	0.253 699 79	0.160 791 59
2.90	6.666 666 67	0.582 750 58	0.293 040 29	0.190 239 87
2.95	14.177 215 19	0.663 050 03	0.333 436 25	0.219 962 65
3.00		0.750 000 00	0.375 000 00	0.250 000 00
3.05		0.844 704 35	0.417 853 75	0.280 393 39
3.10		0.948 509 49	0.462 130 94	0.311 185 87
3.15		1.063 075 83	0.507 977 86	0.342 422 32
3.20		1.190 476 19	0.555 555 56	0.374 149 66
3.25		1.333 333 33	0.605 042 02	0.406 417 11
3.30		1.495 016 61	0.656 634 75	0.439 276 49
3.35		1.679 929 27	0.710 553 81	0.472 782 48
3.40		1.893 939 39	0.767 045 45	0.506 993 01

表 5-6 表示的在剩余价值率变化，两部类价值形式的资本有机构成确定，第一部类价值形式的资本有机构成低于第二部类价值形式的资本有机构成，第二部类价值形式的资本有机构成取不同数值的条件下，价值形式的平均利润率 r_v 与价值形式的总资本有机构成 k 的关系，可以用图 5-6 表示。

图 5-6 中，从左至右的四条曲线，分别对应不同的第二部类价值形式的资本有机构成，$k_1=2$，$k_2=3$，4，5，6。从图 5-6 中可以看出，如果第二部类价值形式的资本有机构成取不同的数值，那么，当剩余价值率变化，从而价值形式的总资本有机构成变化时，得到不同的曲线。这些曲线是一组单调递增的曲线。

表 5-6 中的数据和图 5-6 中的各条曲线表明，在剩余价值率变化，两部类价值形式的资本有机构成确定，第一部类价值形式的资本有机构成低于第二部类价值形式的资本有机构成，第二部类价值形式的资本有机构

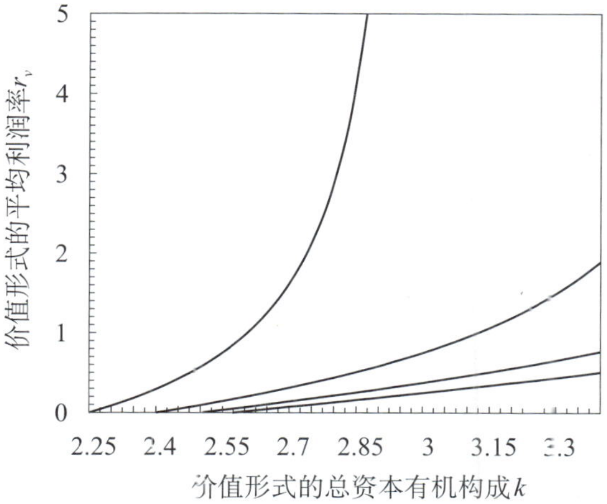

图 5-6 r_v与k的关系

成取不同数值的条件下，价值形式的平均利润率r_v是价值形式的总资本有机构成k的单调递增函数。

这里得到的结论与表 5-5 所表示的数例的结论类似。

图 5-6 中的每条曲线都表示，在剩余价值率提高的条件下，随着价值形式的总资本有机构成提高，价值形式的平均利润率提高。值得注意的是，每条曲线都是在两部类价值形式的资本有机构成不变，剩余价值率提高的条件下得到的。两部类的生产力不变，剩余价值率提高，意味着雇佣劳动者的生活水平绝对下降，雇佣劳动者的生活水平绝对下降就无法进行再生产。因此，虽然这种情况在数理逻辑关系中成立，但是在经济关系中不成立，也就是在生产关系中不成立。

第七节 剩余价值率确定的条件下，价值形式的平均利润率与价值形式的总资本有机构成关系曲线的特点

一、剩余价值率确定的条件下，价值形式的平均利润率对价值形式的总资本有机构成的一阶偏导数

在剩余价值率确定的条件下，价值形式的平均利润率与价值形式的总资本有机构成的关系，由（5-7）式决定。

如果（5－7）式中的剩余价值率 e 为确定值，价值形式的总资本有机构成 k 变化，那么，第一部类价值形式的资本有机构成 k_1 和第二部类价值形式的资本有机构成 k_2 中至少有一个变化。由（5－7）式，价值形式的平均利润率 r_v 对价值形式的总资本有机构成 k 的一阶偏导数为

$$\frac{\partial r_v}{\partial k}=\frac{\partial}{\partial k}\left(\frac{e}{k+1}\right)=\frac{-e}{(k+1)^2}<0 \tag{5-22}$$

二、剩余价值率确定的条件下，价值形式的平均利润率对价值形式的总资本有机构成的二阶偏导数

由（5－22）式，价值形式的平均利润率 r_v 对价值形式的总资本有机构成 k 的二阶偏导数为

$$\frac{\partial^2 r_v}{\partial k^2}=\frac{\partial}{\partial k}\left[\frac{-e}{(k+1)^2}\right]=\frac{2e}{(k+1)^3}>0 \tag{5-23}$$

由（5－23）式可以看出，在剩余价值率 e 确定的条件下，随着价值形式的总资本有机构成 k 提高，价值形式的平均利润率 r_v 下降，但是 r_v 的下降逐步变缓。也就是说，在剩余价值率确定的条件下，价值形式的平均利润率为价值形式的总资本有机构成的单调递减函数，斜率递增。

三、剩余价值率确定的条件下，价值形式的平均利润率对价值形式的总资本有机构成的一阶偏导数的数例

如果剩余价值率确定，例如 $e=1$，价值形式的总资本有机构成 $k=1$，1.5，2，…，10，那么，由（5－22）式，价值形式的平均利润率对价值形式的总资本有机构成的一阶偏导数 $\frac{\partial r_v}{\partial k}$ 与价值形式的总资本有机构成 k 的关系，可以用表 5－7 表示。

表 5－7　$\frac{\partial r_v}{\partial k}$ 与 k 的关系

价值形式的总资本有机构成 k	价值形式的平均利润率对价值形式的总资本有机构成的一阶偏导数 $\frac{\partial r_v}{\partial k}$	价值形式的总资本有机构成 k	价值形式的平均利润率对价值形式的总资本有机构成的一阶偏导数 $\frac{\partial r_v}{\partial k}$
1.0	－0.250 000 000 0	6.0	－0.020 408 163 3
1.5	－0.160 000 000 0	6.5	－0.017 777 777 8
2.0	－0.111 111 111 1	7.0	－0.015 625 000 0
2.5	－0.081 632 653 1	7.5	－0.013 840 830 4

续前表

价值形式的总资本有机构成 k	价值形式的平均利润率对价值形式的总资本有机构成的一阶偏导数 $\frac{\partial r_v}{\partial k}$	价值形式的总资本有机构成 k	价值形式的平均利润率对价值形式的总资本有机构成的一阶偏导数 $\frac{\partial r_v}{\partial k}$
3.0	−0.062 500 000 0	8.0	−0.012 345 679 0
3.5	−0.049 382 716 0	8.5	−0.011 080 332 4
4.0	−0.040 000 000 0	9.0	−0.010 000 000 0
4.5	−0.033 057 851 2	9.5	−0.009 070 294 8
5.0	−0.027 777 777 8	10.0	−0.008 264 462 8
5.5	−0.023 668 639 1		

表 5－7 表示的在剩余价值率确定的条件下，价值形式的平均利润率对价值形式的总资本有机构成的一阶偏导数 $\frac{\partial r_v}{\partial k}$ 与价值形式的总资本有机构成 k 的关系，可以用图 5－7 表示。

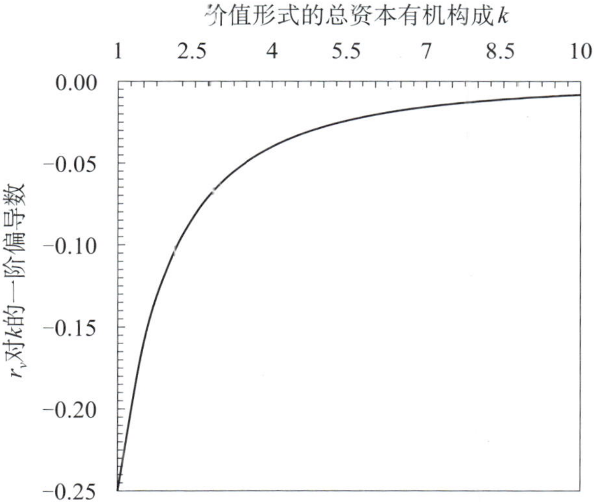

图 5－7　$\frac{\partial r_v}{\partial k}$ 与 k 的关系

由表 5－7 和图 5－7 可以看出，在剩余价值率确定的条件下，价值形式的平均利润率对价值形式的总资本有机构成的一阶偏导数 $\frac{\partial r_v}{\partial k}$ 小于 0。这说明，价值形式的平均利润率 r_v 是价值形式的总资本有机构成 k 的单调递减函数。这个结论与（5－21）式一致。

随着价值形式的总资本有机构成 k 增加，价值形式的平均利润率对价值形式的总资本有机构成的一阶偏导数 $\frac{\partial r_v}{\partial k}$ 单调递增。

四、剩余价值率确定的条件下，价值形式的平均利润率对价值形式的总资本有机构成的二阶偏导数的数例

如果剩余价值率确定，例如 $e=1$，价值形式的总资本有机构成 $k=1$，1.5，2，…，10，那么，由（5－23）式，价值形式的平均利润率对价值形式的总资本有机构成的二阶偏导数 $\frac{\partial^2 r_v}{\partial k^2}$ 与价值形式的总资本有机构成 k 的关系，可以用表 5－8 表示。

表 5－8 $\frac{\partial^2 r_v}{\partial k^2}$ 与 k 的关系

价值形式的总资本有机构成 k	价值形式的平均利润率对价值形式的总资本有机构成的二阶偏导数 $\frac{\partial^2 r_v}{\partial k^2}$	价值形式的总资本有机构成 k	价值形式的平均利润率对价值形式的总资本有机构成的二阶偏导数 $\frac{\partial^2 r_v}{\partial k^2}$
1.0	0.250 000 000 0	6.0	0.005 830 903 8
1.5	0.128 000 000 0	6.5	0.004 740 740 7
2.0	0.074 074 074 1	7.0	0.003 906 250 0
2.5	0.046 647 230 3	7.5	0.003 256 666 0
3.0	0.031 250 000 0	8.0	0.002 743 484 2
3.5	0.021 947 873 8	8.5	0.002 332 701 6
4.0	0.016 000 000 0	9.0	0.002 000 000 0
4.5	0.012 021 036 8	9.5	0.001 727 675 2
5.0	0.009 259 259 3	10.0	0.001 502 629 6
5.5	0.007 282 658 2		

表 5－8 表示的在剩余价值率确定的条件下，价值形式的平均利润率对价值形式的总资本有机构成的二阶偏导数 $\frac{\partial^2 r_v}{\partial k^2}$ 与价值形式的总资本有机构成 k 的关系，可以用图 5－8 表示。

由表 5－8 和图 5－8 可以看出，在剩余价值率确定的条件下，价值形式的平均利润率对价值形式的总资本有机构成的二阶偏导数 $\frac{\partial^2 r_v}{\partial k^2}$ 大于 0。这说明，价值形式的平均利润率为价值形式的总资本有机构成的单调递减

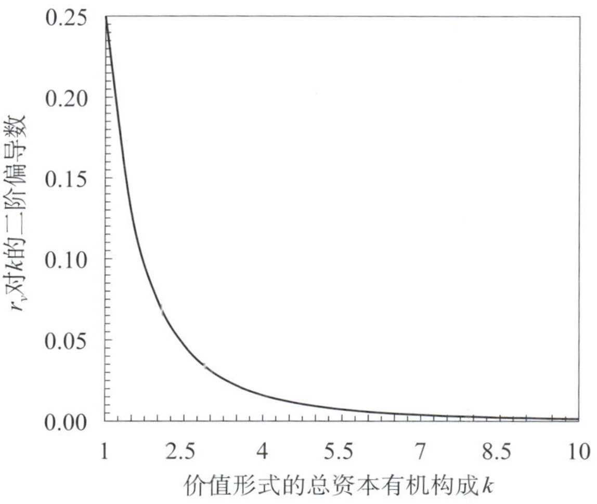

图 5-8　$\frac{\partial^2 r_v}{\partial k^2}$与 k 的关系

函数，并且斜率递增。这个结论与（5-22）式一致。

随着价值形式的总资本有机构成 k 增加，价值形式的平均利润率对价值形式的总资本有机构成的二阶偏导数 $\frac{\partial^2 r_v}{\partial k^2}$ 单调递减。

第八节　剩余价值率变化的条件下，价值形式的平均利润率与价值形式的总资本有机构成关系曲线的特点

一、两部类价值形式的总资本有机构成确定，剩余价值率变化的条件下，价值形式的平均利润率对价值形式的总资本有机构成的一阶偏导数

如果（5-12）式中的第一部类价值形式的资本有机构成 k_1 和第二部类价值形式的资本有机构成 k_2 确定，剩余价值率 e 变化，从而价值形式的总资本有机构成 k 变化，那么，价值形式的平均利润率 r_v 对价值形式的总资本有机构成 k 的一阶偏导数为

$$\begin{aligned}\frac{\partial r_v}{\partial k} &= \frac{\partial}{\partial k}\left[\frac{k_2(k_1+1)-k(k_2+1)}{(k+1)(k-k_2)}\right] \\ &= -\frac{k_2+1}{(k+1)(k-k_2)} \\ &\quad -\frac{[k_2(k_1+1)-k(k_2+1)](2k+1-k_2)}{(k+1)^2(k-k_2)^2}\end{aligned} \qquad (5-24)$$

特别值得注意的是，价值形式的总资本有机构成不能随意决定，必须由（5－9）式中的第一部类价值形式的资本有机构成 k_1、第二部类价值形式的资本有机构成 k_2、剩余价值率 e 共同决定。如果 k_1 和 k_2 为确定值，那么，k 和 e 互为函数关系。k 由（5－9）式中的 e 决定。

二、用复合函数的导数分析价值形式的平均利润率与价值形式的总资本有机构成关系曲线的特点

价值形式的平均利润率对价值形式的总资本有机构成的一阶偏导数为

$$\frac{\partial r_v}{\partial k}=\frac{\partial r_v}{\partial e}\frac{\partial e}{\partial k} \tag{5-25}$$

由（5－16）式，价值形式的平均利润率 r_v 对剩余价值率 e 的一阶偏导数为

$$\frac{\partial r_v}{\partial e}=\frac{(2e+k_2+1)(k_1k_2+2k_2+1)+(k_2+1)e^2}{[k_1k_2+2k_2+1+(k_2+1)e]^2}>0 \tag{5-26}$$

由（5－10）式，剩余价值率 e 对价值形式的总资本有机构成 k 的一阶偏导数为

$$\frac{\partial e}{\partial k}=\frac{\partial}{\partial k}\left[\frac{k_2(k_1-k_2)}{k-k_2}-k_2-1\right]=\frac{k_2(k_2-k_1)}{(k-k_2)^2} \tag{5-27}$$

如果 $k_1>k_2$，那么

$$\frac{\partial e}{\partial k}<0 \tag{5-28}$$

因此

$$\frac{\partial r_v}{\partial k}<0 \tag{5-29}$$

即价值形式的平均利润率是价值形式的总资本有机构成的单调递减函数。

如果 $k_1<k_2$，那么

$$\frac{\partial e}{\partial k}>0 \tag{5-30}$$

因此

$$\frac{\partial r_v}{\partial k}>0 \tag{5-31}$$

即价值形式的平均利润率是价值形式的总资本有机构成的单调递增函数。

三、两部类价值形式的总资本有机构成确定的条件下，e 变化，$k_1>k_2$ 条件下，价值形式的平均利润率对价值形式的总资本有机构成的一阶偏导数的数例

如果第一部类价值形式的资本有机构成 k_1 和第二部类价值形式的资

本有机构成 k_2 确定，剩余价值率 e 变化，$k_1>k_2$，那么，$k_1>k>k_2$，当(5－12)式可以看出，随着 k 增大，r_v减小。因此，价值形式的平均利润率 r_v与价值形式的总资本有机构成 k 的关系，是单调递减的函数关系。

例如，当 $k_1=4$，$k_2=2$ 时，价值形式的总资本有机构成的值域为 $2<k\leqslant 3.333\,333\,33$。令 $k=2.2$，2.25，2.3，…，3.3。由(5－24)式，价值形式的平均利润率对价值形式的总资本有机构成的一阶偏导数 $\frac{\partial r_v}{\partial k}$ 与价值形式的总资本有机构成 k 的关系，可以用表 5－9 表示。

表 5－9　$\frac{\partial r_v}{\partial k}$ 与 k 的关系

价值形式的总资本有机构成 k	价值形式的平均利润率对价值形式的总资本有机构成的一阶偏导数 $\frac{\partial r_v}{\partial k}$ $k_1>k_2$	价值形式的总资本有机构成 k	价值形式的平均利润率对价值形式的总资本有机构成的一阶偏导数 $\frac{\partial r_v}{\partial k}$ $k_1>k_2$
2.20	－32.910 156 250 0	2.80	－1.783 240 997 2
2.25	－20.923 076 923 1	2.85	－1.553 095 715 7
2.30	－14.416 896 235 1	2.90	－1.361 190 250 1
2.35	－10.498 224 685 3	2.95	－1.199 644 335 4
2.40	－7.958 477 508 7	3.00	－1.062 500 000 0
2.45	－6.220 292 966 8	3.05	－0.945 185 268 1
2.50	－4.979 591 836 7	3.10	－0.844 145 309 0
2.55	－4.063 866 378 3	3.15	－0.756 582 711 4
2.60	－3.369 341 563 8	3.20	－0.630 272 108 8
2.65	－2.830 554 263 2	3.25	－0.613 425 605 5
2.70	－2.404 555 686 4	3.30	－0.554 593 719 3
2.75	－2.062 222 222 2		

表 5－9 表示的在两部类价值形式的总资本有机构成确定，并且第一部类价值形式的资本有机构成 k_1 大于第二部类价值形式的资本有机构成 k_2 的条件下，价值形式的平均利润率对价值形式的总资本有机构成的一阶偏导数 $\frac{\partial r_v}{\partial k}$ 与价值形式的总资本有机构成 k 的关系，可以用

图 5-9 表示。

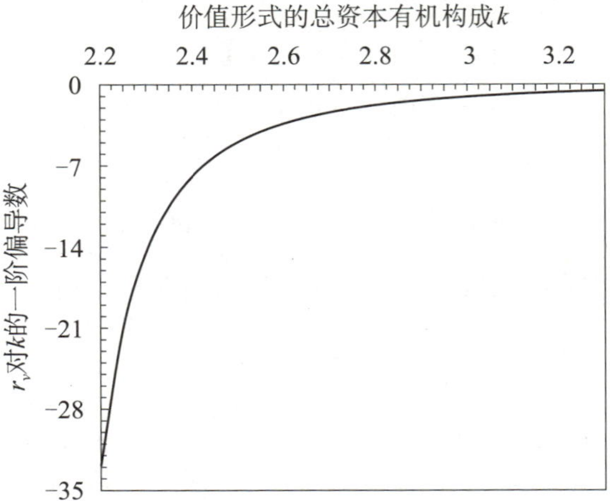

图 5-9　$\frac{\partial r_v}{\partial k}$与 k 的关系

由表 5-9 和图 5-9 可以看出，如果第一部类价值形式的资本有机构成 k_1 和第二部类价值形式的资本有机构成 k_2 为确定值，并且 $k_1>k_2$，那么，价值形式的平均利润率 r_v对价值形式的总资本有机构成k 的一阶偏导数 $\frac{\partial r_v}{\partial k}$ 为负值，并且单调递增。因此，价值形式的平均利润率是价值形式的总资本有机构成的单调递减函数，斜率递增。

四、两部类价值形式的总资本有机构成确定的条件下，e 变化，$k_1<k_2$ 条件下，价值形式的平均利润率对价值形式的总资本有机构成的一阶偏导数的数例

如果第一部类价值形式的资本有机构成 k_1 和第二部类价值形式的资本有机构成 k_2 确定，剩余价值率 e 变化，$k_1<k_2$，那么，$k_1<k<k_2$，由（5-12）式可以看出，随着 k 增大，r_v增大。因此，价值形式的平均利润率 r_v与价值形式的总资本有机构成 k 的关系，是单调递增的函数关系。

例如，当 $k_1=2$，$k_2=4$ 时，价值形式的总资本有机构成的值域为 $2.4\leqslant k<4$。令 $k=2.4$，2.45，2.5，…，3.65。由（5-24）式，价值形式的平均利润率对价值形式的总资本有机构成的一阶偏导数 $\frac{\partial r_v}{\partial k}$ 与价值形式的总资本有机构成k 的关系，可以用表 5-10 表示。

表 5-10　$\frac{\partial r_v}{\partial k}$与 k 的关系

价值形式的总资本有机构成 k	价值形式的平均利润率对价值形式的总资本有机构成的一阶偏导数 $\frac{\partial r_v}{\partial k}$ $k_1<k_2$	价值形式的总资本有机构成 k	价值形式的平均利润率对价值形式的总资本有机构成的一阶偏导数 $\frac{\partial r_v}{\partial k}$ $k_1<k_2$
2.40	0.919 117 647 1	3.05	1.980 138 660 4
2.45	0.951 627 219 2	3.10	2.177 569 201 2
2.50	0.988 662 131 5	3.15	2.411 949 042 7
2.55	1.030 786 551 5	3.20	2.692 743 764 2
2.60	1.078 672 209 6	3.25	3.032 679 738 6
2.65	1.133 122 308 0	3.30	3.449 189 302 5
2.70	1.195 102 026 7	3.35	3.966 662 523 3
2.75	1.265 777 777 8	3.40	4.620 064 279 2
2.80	1.346 568 174 8	3.45	5.460 951 691 3
2.85	1.439 210 876 3	3.50	6.567 901 234 6
2.90	1.545 851 196 2	3.55	8.065 465 940 9
2.95	1.669 160 961 4	3.60	10.160 680 529 3
3.00	1.812 500 000 0	3.65	13.218 468 101 8

表 5-10 表示的在两部类价值形式的总资本有机构成确定，并且第一部类价值形式的资本有机构成 k_1 小于第二部类价值形式的资本有机构成 k_2 的条件下，价值形式的平均利润率对价值形式的总资本有机构成的一阶偏导数 $\frac{\partial r_v}{\partial k}$ 与价值形式的总资本有机构成 k 的关系，可以用图 5-10 表示。

由表 5-10 和图 5-10 可以看出，如果第一部类价值形式的资本有机构成 k_1 和第二部类价值形式的资本有机构成 k_2 为确定值，并且 $k_1<k_2$，那么，价值形式的平均利润率 r_v 对价值形式的总资本有机构成 k 的一阶偏导数 $\frac{\partial r_v}{\partial k}$ 为正值，并且单调递增。因此，价值形式的平均利润率是价值形式的总资本有机构成的单调递增函数，斜率递增。

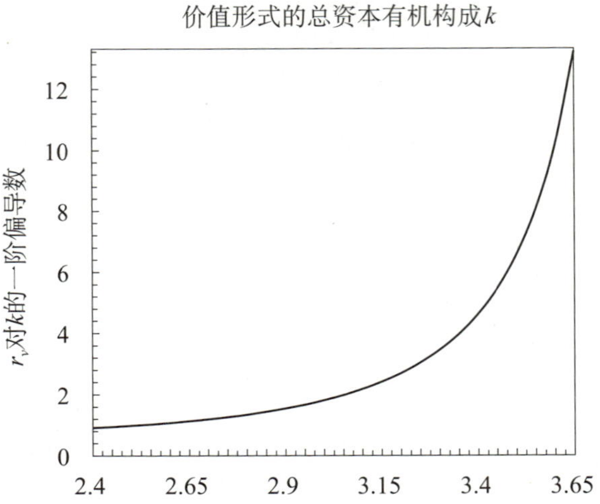

图 5－10　$\frac{\partial r_v}{\partial k}$与 k 的关系

第九节　本章结论

只要两部类的资本有机构成不同，每个部类的资本家得到的利润与本部类的工人创造的剩余价值就一定不同，必然存在价值转形。

在两部类价值转形中，只有第一部类价值形式的资本有机构成、第二部类价值形式的资本有机构成、剩余价值率三个无量纲的独立的外生变量。这三个无量纲的独立的外生变量，仅仅取决于生产中耗费的物化劳动、必要劳动和剩余劳动，与剩余价值分配无关。

虽然价值转形只实现了生产价格形式的平均利润，并没有实现价值形式的平均利润，但是，价值形式的平均利润率的范畴仍然存在，并且有其存在的特殊的意义。

价值形式的总资本有机构成和价值形式的平均利润率，都是第一部类价值形式的资本有机构成、第二部类价值形式的资本有机构成、剩余价值率的函数，并且价值形式的平均利润率是价值形式的总资本有机构成的函数。

价值形式的平均利润率与价值形式的总资本有机构成的关系，由生产过程中耗费的各种劳动的比例决定，与剩余价值分配无关，也就是与价值转形无关。

价值形式的平均利润率与价值形式的总资本有机构成的关系与价值转

形无关，并不等于不存在价值转形。价值形式的平均利润率与价值形式的总资本有机构成的关系与价值转形是否有关，与是否存在价值转形，是两个完全不同的概念。

价值形式的平均利润率与价值形式的总资本有机构成的关系虽然与价值转形无关，但却与价值形式的再生产条件有关。在第一部类价值形式的资本有机构成、第二部类价值形式的资本有机构成、剩余价值率确定的条件下，由价值形式的再生产条件可以唯一地确定价值形式的总资本有机构成与价值形式的平均利润率，从而唯一地确定价值形式的平均利润率与价值形式的总资本有机构成的关系。

如果只有第一部类价值形式的资本有机构成变化，那么，价值形式的总资本有机构成是第一部类价值形式的资本有机构成的单调递增的线性函数，价值形式的平均利润率是第一部类价值形式的资本有机构成的单调递减的双曲函数，并且价值形式的平均利润率是价值形式的总资本有机构成的单调递减的双曲函数。

如果只有第二部类价值形式的资本有机构成变化，那么，价值形式的总资本有机构成是第二部类价值形式的资本有机构成的单调递增的双曲函数，价值形式的平均利润率是第二部类价值形式的资本有机构成的单调递减的双曲函数，并且价值形式的平均利润率是价值形式的总资本有机构成的单调递减的双曲函数。

只要剩余价值率确定，无论第一部类价值形式的资本有机构成变化，还是第二部类价值形式的资本有机构成变化，抑或是两部类价值形式的资本有机构成同时变化，也无论第一部类价值形式的资本有机构成高于第二部类价值形式的资本有机构成，还是第一部类价值形式的资本有机构成低于第二部类价值形式的资本有机构成，价值形式的平均利润率与价值形式的总资本有机构成的关系，都由（5－7）式决定，价值形式的平均利润率都是价值形式的总资本有机构成的单调递减的双曲函数。

在剩余价值率确定的条件下，价值形式的平均利润率与价值形式的总资本有机构成的关系曲线，是一条单调递减的倒数曲线或双曲线，曲线的斜率递增。这表示，随着价值形式的总资本有机构成提高，价值形式的平均利润率降低，并且下降逐渐趋缓。

仅从数理逻辑的角度考察，在两部类价值形式的资本有机构成确定的条件下，如果第一部类的价值形式的资本有机构成高于第二部类的价值形式的资本有机构成，那么，价值形式的平均利润率是价值形式的总资本有机构成的单调递减函数，函数曲线的斜率递增。即，随着价值形式的总资本有机构成提高，价值形式的平均利润率降低，并且下降逐渐趋缓。如果第一部类的价值形式的资本有机构成低于第二部类的价值形式的资本有机构成，那么，价值形式的平均利润率是价值形式的总资本有机构成的单调递增函数，函数曲线的斜率递增。即，随着价值形式的总资本有机构成提高，价值形式的平均利润率提高，并且上升逐渐变快。

在这两种条件下，随着价值形式的总资本有机构成提高，价值形式的平均利润率的变化方向相反的原因在于，由于简单再生产条件的制约，剩余价值率提高必然导致第二部类的资本在总资本中的比例提高。如果第一部类的价值形式的资本有机构成高于第二部类的价值形式的资本有机构成，那么，剩余价值率提高导致价值形式的总资本有机构成降低。如果第一部类的价值形式的资本有机构成低于第二部类的价值形式的资本有机构成，那么，剩余价值率提高导致价值形式的总资本有机构成提高。

值得注意的是，如果两部类价值形式的资本有机构成不变，那么，价值形式的总资本有机构成与价值形式的平均利润率的变化，就是由剩余价值率的变化造成的。无论第一部类的价值形式的资本有机构成高于第二部类的价值形式的资本有机构成，还是第一部类的价值形式的资本有机构成低于第二部类的价值形式的资本有机构成，只要两部类价值形式的资本有机构成不变，两部类的生产力就不变。如果剩余价值率降低，那么，资本家的消费水平下降，不符合资本主义生产目的，资本主义生产无法进行。如果剩余价值率提高，那么，雇佣劳动者的生活水平下降，雇佣劳动者的生活无法维持，资本主义生产同样无法进行。因此，两部类价值形式的资本有机构成不变，剩余价值率变化的情况，仅在数理逻辑关系中成立，在经济关系中不成立。从政治经济学角度考察，只要两部类的价值形式的资本有机构成不变，剩余价值率就既不能提高，也不能降低。

值得指出的是，这里只考察简单再生产条件下的价值形式的平均利润率与价值形式的总资本有机构成的关系。在简单再生产条件下，各种变量都不发生变化。所谓变量发生变化，例如，资本有机构成提高或剩余价值率提高，是指这些变量分别取不同数值的条件下的各种不同的再生产体系的对比。

第六章　一元价值转形中生产价格形式的平均利润率与资本有机构成的关系

平均利润率反映资本的增殖程度。资本有机构成反映资本技术构成的变化。

生产价格形式的总资本有机构成不仅与每个部类的生产价格形式的资本有机构成有关，而且与各部类的资本比例有关。由于不同部类资本的比例受再生产条件的制约，因此，生产价格形式的总资本有机构成与再生产条件有关。

生产价格形式的平均利润率与生产价格形式的总资本有机构成的关系，不仅反映资本的增殖程度与资本技术构成的变化的关系，而且与剥削程度有关因此，这种关系与总剩余价值的分配有关，受价值转形的影响。

值得指出，生产价格形式的平均利润率与资本家看到的竞争中表现出来的市场利润率接近，但是，生产价格形式的平均利润率不能正确地反映资本的增殖程度，只有价值形式的平均利润率才能正确地反映资本的增殖程度。

这里考察一元价值转形中生产价格形式的平均利润率与生产价格形式的总资本有机构成的关系。

第一节　生产价格形式的总资本有机构成与两部类价值形式的资本有机构成、两部类价值生产价格转化系数、剩余价值率的关系

一、基本假设条件、符号规定、价值转形模型

这里的基本假设条件、符号规定和价值转形模型，分别与第四章的基本假设条件、符号规定和价值转形模型相同。同时规定，k_F表示生产价格

形式的总资本有机构成，r_1 表示第一部类的生产价格形式的利润率，r_2 表示第二部类的生产价格形式的利润率，r_v表示价值形式的平均利润率。

二、确立生产价格形式的平均利润率与生产价格形式的总资本有机构成的关系的途径

由于生产价格形式的平均利润率和生产价格形式的总资本有机构成都与总剩余价值的分配有关，也就是与价值转形有关，因此，在劳动价值论的基础上，建立生产价格形式的平均利润率与生产价格形式的总资本有机构成的函数关系，是一件很困难的工作。

在生产价格形式的平均利润率与生产价格形式的总资本有机构成之间建立联系的关键，在于排除剩余价值的分配的影响，即排除价值转形的影响。

生产价格形式的平均利润率和生产价格形式的总资本有机构成，都是两部类价值形式的资本有机构成、两部类的价值生产价格转化系数、剩余价值率的函数。两部类的价值生产价格转化系数，又是两部类价值形式的资本有机构成、剩余价值率的函数。从本质上看，是剩余价值率和两部类价值形式的资本有机构成的变化，引起生产价格形式的总资本有机构成变化。从现象上看，可以将剩余价值率和两部类价值形式的资本有机构成看做生产价格形式的总资本有机构成的函数。

如果把生产价格形式的总资本有机构成看做自变量，把两部类价值形式的资本有机构成和剩余价值率看做中间变量，把生产价格形式的平均利润率看做因变量，那么，生产价格形式的平均利润率就是生产价格形式的总资本有机构成的复合函数。

只要知道上述函数，就可以得到生产价格形式的平均利润率与生产价格形式的总资本有机构成的关系。其中的核心，是消除两部类的价值生产价格转化系数的影响，也就是消除价值转形的影响。

三、生产价格形式的总资本有机构成是两部类价值形式的资本有机构成、两部类价值生产价格转化系数之比、剩余价值率的函数

第一部类价值形式的资本有机构成可以表示为

$$\frac{c_1}{v_1}=k_1 \tag{6-1}$$

第二部类价值形式的资本有机构成可以表示为

$$\frac{c_2}{v_2}=k_2 \tag{6-2}$$

由于在资本主义生产条件下劳动力可以自由流动，因此，在不同部类中资本对劳动的剥削程度相同，即

$$\frac{s_1}{v_1}=\frac{s_2}{v_2}=e \tag{6-3}$$

剩余价值率相同，是价值转形的基本条件之一。

由第四章（4－35）式、（4－36）式、（4－37）式、（4－38）式，以及（6－1）式、（6－2）式、（6－3）式，可以得到参数

$$f_1=\frac{v_1}{c_1}=\frac{1}{k_1} \tag{6-4}$$

$$f_2=\frac{v_2}{c_2}=\frac{1}{k_2} \tag{6-5}$$

$$g_1=\frac{c_1+v_1+s_1}{c_1}=\frac{k_1+1+e}{k_1} \tag{6-6}$$

$$g_2=\frac{c_2+v_2+s_2}{c_2}=\frac{k_2+1+e}{k_2} \tag{6-7}$$

简单再生产条件为

$$v_1+s_1=c_2 \tag{6-8}$$

由（6－1）式、（6－2）式、（6－3）式、（6－8）式，或由第四章（4－94）式，或由第五章（5－9）式，生产价格形式的总资本有机构成可以表示为

$$k_p=\frac{a_1(c_1+c_2)}{a_2(v_1+v_2)}=\frac{a_1}{a_2}k=\frac{a_1k_2(k_1+1+e)}{a_2(k_2+1+e)} \tag{6-9}$$

将（6－6）式、（6－7）式代入（6－9）式，可以得到

$$k_p=\frac{a_1k_2(k_1+1+e)}{a_2(k_2+1+e)}=\frac{a_1k_1g_1}{a_2g_2} \tag{6-10}$$

由（6－10）式，可以得到

$$\frac{g_2}{g_1}=\frac{a_1k_1}{a_2k_p} \tag{6-11}$$

（6－4）式表示，f_1 是第一部类价值形式的资本有机构成的函数。（6－5）式表示，f_2 是第二部类价值形式的资本有机构成的函数。（6－6）式表示，g_1 是第一部类价值形式的资本有机构成和剩余价值率的函数。（6－7）式表示，g_2 是第二部类价值形式的资本有机构成和剩余价值率的函数。（6－10）式、（6－11）式表示，参数 g_1、参数 g_2、两部类价值形式的资本有机构成、两部类的价值生产价格转化系数、生产价格形式的总资本有机构成、剩余价值率互为函数关系。

因此，生产价格形式的总资本有机构成是两部类价值形式的资本有机

构成、两部类价值生产价格转化系数之比、剩余价值率的函数。

第二节 生产价格形式的平均利润率与两部类的价值形式的资本有机构成、剩余价值率、生产价格形式的总资本有机构成的关系

一、两部类的价值生产价格转化系数的比值

由（6-10）式和（6-11）式可以看出，生产价格形式的总资本有机构成，与第一部类的价值生产价格转化系数和第二部类的价值生产价格转化系数的比值有关。求两部类的价值生产价格转化系数的比值，就要分析价值转形方程。

由第四章（4-40）式、（4-41）式，第一部类和第二部类的参数形式的价值转形方程可以分别表示为

$$(a_1+a_2f_1)\sigma=a_1g_1 \tag{6-12}$$

和

$$(a_1+a_2f_2)\sigma=a_2g_2 \tag{6-13}$$

（6-12）式两边分别除以（6-13）式两边，得

$$\frac{a_1+f_1a_2}{a_1+f_2a_2}=\frac{g_1a_1}{g_2a_2} \tag{6-14}$$

该式可以简化为

$$g_1a_1^2+(f_2g_1-g_2)a_1a_2-f_1g_2a_2^2=0 \tag{6-15}$$

因此

$$g_1\left(\frac{a_1}{a_2}\right)^2+(f_2g_1-g_2)\left(\frac{a_1}{a_2}\right)-f_1g_2=0 \tag{6-16}$$

解两部类的价值生产价格转化系数的比值 $\frac{a_1}{a_2}$ 的一元二次方程得

$$\frac{a_1}{a_2}=\frac{g_2-f_2g_1\pm\sqrt{(g_2-f_2g_1)^2+4f_1g_1g_2}}{2g_1} \tag{6-17}$$

因为

$$\sqrt{(g_2-f_2g_1)^2+4f_1g_1g_2}>g_2-f_2g_1 \tag{6-18}$$

所以，如果（6-17）式中根号前取负号，那么

$$g_2-f_2g_1-\sqrt{(g_2-f_2g_1)^2+4f_1g_1g_2}<0 \tag{6-19}$$

由（6－6）式可以得到

$$g_1 > 1 > 0 \tag{6-20}$$

那么，（6－17）式中将出现

$$\frac{a_1}{a_2} < 0 \tag{6-21}$$

与 $a_1>0$，$a_2>0$ 矛盾。可见，（6－17）式中根号前只能取正号。即

$$\frac{a_1}{a_2} = \frac{g_2 - f_2g_1 + \sqrt{(g_2 - f_2g_1)^2 + 4f_1g_1g_2}}{2g_1} \tag{6-22}$$

由（6－9）式、（6－10）式，可以得到

$$k = k_1\frac{g_1}{g_2} \tag{6-23}$$

将（6－4）式、（6－5）式、（6－23）式代入（6－22）式，得

$$\begin{aligned}\frac{a_1}{a_2} &= \frac{g_2 - f_2g_1 + \sqrt{(g_2 - f_2g_1)^2 + 4f_1g_1g_2}}{2g_1} \\ &= \frac{g_2}{2g_1} - \frac{f_2}{2} + \sqrt{\frac{(g_2 - f_2g_1)^2}{4g_1^2} + \frac{f_1g_2}{g_1}} \\ &= \frac{g_2}{2g_1} - \frac{f_2}{2} + \sqrt{\left(\frac{g_2}{2g_1} - \frac{f_2}{2}\right)^2 + \frac{f_1g_2}{g_1}} \\ &= \frac{k_1}{2k} - \frac{1}{2k_2} + \sqrt{\left(\frac{k_1}{2k} - \frac{1}{2k_2}\right)^2 + \frac{1}{k}}\end{aligned} \tag{6-24}$$

由第四章（4－94）式，价值形式的总资本有机构成可以表示为

$$k = \frac{k_2(k_1 + 1 + e)}{k_2 + 1 + e} \tag{6-25}$$

由（6－24）式可以看出，第一部类的价值生产价格转化系数与第二部类的价值生产价格转化系数的比值，是两部类价值形式的资本有机构成和价值形式的总资本有机构成的函数。由（6－25）式可以看出，价值形式的总资本有机构成是两部类价值形式的资本有机构成和剩余价值率的函数。因此，第一部类的价值生产价格转化系数与第二部类的价值生产价格转化系数的比值，是两部类价值形式的资本有机构成和剩余价值率的复合函数。

二、生产价格形式的平均利润率

由第四章（4－59）式、（4－60）式，可以得到生产价格形式的平均利润率：

$$r=\frac{f_2g_1+g_2+2f_1-2f_2-\sqrt{(f_2g_1-g_2)^2+4f_1g_1g_2}}{2(f_2-f_1)}$$

（6－26）

由（6－26）式可以看出，生产价格形式的平均利润率是参数 f_1、f_2、g_1、g_2 的函数。

三、生产价格形式的平均利润率是两部类的价值形式的资本有机构成、剩余价值率、生产价格形式的总资本有机构成的函数

由（6－24）式、（6－26）式，可以得到

$$\frac{a_1}{a_2}=\frac{g_2+(f_1-f_2)(r+1)}{g_1} \quad (6-27)$$

（6－27）式表示，两部类的价值生产价格转化系数的比例，是 f_1、f_2、g_1、g_2、r 的函数。（6－4）式、（6－5）式、（6－6）式、（6－7）式表示，f_1、f_2、g_1、g_2 是两部类价值形式的资本有机构成、剩余价值率的函数。因此，两部类的价值生产价格转化系数的比值，是第一部类价值形式的资本有机构成、第二部类价值形式的资本有机构成、剩余价值率、生产价格形式的平均利润率的复合函数。

由（6－11）式、（6－27）式，可以得到

$$\frac{k_p}{k_1}g_2=\frac{a_1g_1}{a_2}=g_2+(f_1-f_2)(r+1) \quad (6-28)$$

（6－28）式可以表示为

$$r=\frac{(\frac{k_p}{k_1}-1)g_2}{f_1-f_2}-1 \quad (6-29)$$

由（6－4）式、（6－5）式、（6－7）式、（6－29）式，可以得到生产价格形式的平均利润率：

$$r=\frac{(\frac{k_p}{k_1}-1)\frac{k_2+1+e}{k_2}}{\frac{1}{k_1}-\frac{1}{k_2}}-1=\frac{(k_1-k_p)(k_2+1+e)}{k_1-k_2}-1$$

（6－30）

（6－30）式表示，生产价格形式的平均利润率，是两部类的价值形式的资本有机构成、剩余价值率、生产价格形式的总资本有机构成的函数。

值得注意的是，（6－30）式表示的函数关系，是形式上的函数关系，而不是最基本的函数关系。在（6－30）式中，生产价格形式的平均利润率 r 是生产价格形式的总资本有机构成 k_p 的函数，生产价格形式的总资

本有机构成 k_p 又是第一部类的价值形式的资本有机构成 k_1、第二部类的价值形式的资本有机构成 k_2、剩余价值率 e 的函数。

在一元价值转形中，只有三个最基本的、无量纲的外生变量：第一部类的价值形式的资本有机构成 k_1、第二部类的价值形式的资本有机构成 k_2、剩余价值率 e。

因此，如果不是考察形式上的函数关系，而是考察最基本的函数关系，那么，不考虑中间变量形式的生产价格形式的总资本有机构成 k_p，在这种条件下，生产价格形式的平均利润率，是第一部类的价值形式的资本有机构成、第二部类的价值形式的资本有机构成、剩余价值率的函数。

第三节　生产价格形式的平均利润率与生产价格形式的总资本有机构成的关系

一、k_1、k_2、e 为生产价格形式的总资本有机构成的函数

由（6－9）式，可以得到

$$r_v=\frac{s_1+s_2}{c_1+c_2+v_1+v_2}=\frac{ev_1+ev_2}{c_1+c_2+v_1+v_2}$$

$$=\frac{e}{\dfrac{c_1+c_2}{v_1+v_2}+1}=\frac{e}{k+1}=\frac{e}{\dfrac{a_2k_p}{a_1}+1} \tag{6－31}$$

由（6－9）式、（6－24）式，可以得到

$$\frac{a_1}{a_2}=\frac{k_1}{2k}-\frac{1}{2k_2}+\sqrt{\left(\frac{k_1}{2k}-\frac{1}{2k_2}\right)^2+\frac{1}{k}}$$

$$=\frac{k_1a_1}{2k_pa_2}-\frac{1}{2k_2}+\sqrt{\left(\frac{k_1a_1}{2k_pa_2}-\frac{1}{2k_2}\right)^2+\frac{a_1}{k_pa_2}} \tag{6－32}$$

由（6－5）式、（6－32）式，可以得到

$$\frac{2a_1}{a_2}=\frac{a_1k_1}{a_2k_p}-\frac{1}{k_2}+\sqrt{\left(\frac{a_1k_1}{a_2k_p}-\frac{1}{k_2}\right)^2+\frac{4a_1}{a_2k_p}} \tag{6－33}$$

（6－33）式可以简化为

$$\left[\frac{2a_1}{a_2}-\left(\frac{a_1k_1}{a_2k_p}-\frac{1}{k_2}\right)\right]^2=\left(\frac{a_1k_1}{a_2k_p}-\frac{1}{k_2}\right)^2+\frac{4a_1}{a_2k_p} \tag{6－34}$$

或

$$\frac{a_1}{a_2}-\frac{a_1k_1}{a_2k_p}+\frac{1}{k_2}=\frac{1}{k_p} \tag{6－35}$$

因此

$$\frac{a_1}{a_2}=\frac{\dfrac{1}{k_p}-\dfrac{1}{k_2}}{1-\dfrac{k_1}{k_p}}=\frac{k_2-k_p}{k_2(k_p-k_1)} \tag{6-36}$$

将（6－36）式代入（6－31）式消去两部类的价值生产价格转化系数的比值 $\frac{a_1}{a_2}$，可以得到

$$r_v=\frac{e}{\dfrac{a_2k_p}{a_1}+1}=\frac{e}{\dfrac{k_pk_2(k_p-k_1)}{k_2-k_p}+1} \tag{6-37}$$

由（6－1）式、（6－2）式、（6－3）式、（6－8）式，可以得到价值形式的平均利润率：

$$r_v=\frac{s_1+s_2}{c_1+c_2+v_1+v_2}=\frac{ev_1+ev_2}{k_1v_1+v_1+s_1+v_1+\dfrac{c_2}{k_2}}$$

$$=\frac{ev_1+\dfrac{ec_2}{k_2}}{k_1v_1+2v_1+ev_1+\dfrac{v_1+s_1}{k_2}}$$

$$=\frac{e(v_1+\dfrac{v_1+s_1}{k_2})}{k_1v_1+2v_1+ev_1+\dfrac{v_1+ev_1}{k_2}}$$

$$=\frac{e(v_1+\dfrac{v_1+ev_1}{k_2})}{k_1v_1+2v_1+ev_1+\dfrac{v_1+ev_1}{k_2}}$$

$$=\frac{e(1+\dfrac{1+e}{k_2})}{k_1+2+e+\dfrac{1+e}{k_2}}=\frac{e(k_2+1+e)}{(k_1+2+e)k_2+1+e} \tag{6-38}$$

（6－38）式表示，在 r_v、k_1、k_2、e 四个变量中，只有三个变量是独立的。因此，r_v的变化通过 k_1、k_2、e 的变化影响 k_p。

由（6－37）式、（6－38）式，可以得到

$$\frac{k_pk_2(k_p-k_1)}{k_2-k_p}+1=\frac{(k_1+2+e)k_2+1+e}{k_2+1+e} \tag{6-39}$$

或

$$\frac{k_p(k_p-k_1)}{k_2-k_p}=\frac{k_1+1+e}{k_2+1+e} \tag{6-40}$$

或

$$k_p(k_p-k_1)(k_2+1+e)=(k_2-k_p)(k_1+1+e) \quad (6-41)$$

由（6-41）式，第一部类价值形式的资本有机构成、第二部类价值形式的资本有机构成、剩余价值率与其他变量的关系，可以分别表示如下：

$$k_1=\frac{(k_2+1+e)k_p^2+(1+e)(k_p-k_2)}{(k_2-e)k_p+k_2} \quad (6-42)$$

$$k_2=\frac{k_p[(1+e)k_p-k_1e+1+e]}{k_p(k_1-k_p)+k_1+1+e} \quad (6-43)$$

$$\begin{aligned}e&=\frac{(k_2-k_p)(k_1+1)-k_p(k_p-k_1)(k_2+1)}{k_p(k_p-k_1)-k_2+k_p}\\&=\frac{k_2k_1+k_2-k_p(1+k_pk_2+k_p-k_1k_2)}{k_p(k_p-k_1)-k_2+k_p}\\&=\frac{(k_p+1)[k_2k_1-k_p+k_2(1-k_p)]}{k_p(k_p-k_1)-k_2+k_p}\\&=\frac{(k_p+1)[(k_1+1)k_2-(k_2+1)k_p]}{k_p^2+(1-k_1)k_p-k_2}\end{aligned} \quad (6-44)$$

（6-42）式表示在 k_2 和 e 确定的条件下，k_1 是 k_p 的函数。（6-43）式表示在 k_1 和 e 确定的条件下，k_2 是 k_p 的函数。（6-44）式表示在 k_1 和 k_2 确定的条件下，e 是 k_p 的函数。

二、e 确定的条件下，生产价格形式的平均利润率与生产价格形式的总资本有机构成的关系

由第四章（4-9）式，第一部类生产价格形式的利润可以表示为

$$\begin{aligned}(a_1c_1+a_2v_1)r_1&=a_1(c_1+v_1+s_1)-(a_1c_1+a_2v_1)\\&=a_1(v_1+s_1)-a_2v_1\end{aligned} \quad (6-45)$$

其中，r_1 表示第一部类的生产价格形式的利润率。

由第四章（4-10）式，第二部类生产价格形式的利润可以表示为

$$\begin{aligned}(a_1c_2+a_2v_2)r_2&=a_2(c_2+v_2+s_2)-(a_1c_2+a_2v_2)\\&=a_2(c_2+s_2)-a_1c_2\end{aligned} \quad (6-46)$$

其中，r_2 表示第二部类的生产价格形式的利润率。

由第四章（4-11）式，以及（6-3）式、（6-8）式、（6-9）式，生产价格形式的平均利润率为

$$\begin{aligned}r&=\frac{a_1(v_1+s_1)-a_2v_1+a_2(c_2+s_2)-a_1c_2}{a_1c_1+a_2v_1+a_1c_2+a_2v_2}\\&=\frac{a_2(c_2+s_2-v_1)}{a_1(c_1+c_2)+a_2(v_1+v_2)}\end{aligned}$$

$$= \frac{a_2(s_1+s_2)}{a_1(c_1+c_2)+a_2(v_1+v_2)}$$

$$= \frac{a_2 e(v_1+v_2)}{a_1(c_1+c_2)+a_2(v_1+v_2)}$$

$$= \frac{e}{\frac{a_1(c_1+c_2)}{a_2(v_1+v_2)}+1} = \frac{e}{k_p+1} \tag{6-47}$$

(6-47) 式表示，生产价格形式的平均利润率是剩余价值率和生产价格形式的总资本有机构成的函数。

因为在价值转形中，各部类的生产价格形式的利润率相同，所以，下面将生产价格形式的平均利润率简称为生产价格形式的利润率。

如果剩余价值率确定，生产价格形式的利润率和生产价格形式的总资本有机构成发生变化，那么，两部类的价值形式的资本有机构成中，至少有一个变化。无论哪个部类的价值形式的资本有机构成变化，或者两部类的价值形式的资本有机构成同时变化，生产价格形式的利润率都是生产价格形式的总资本有机构成的单调递减的双曲函数。

三、k_1 为中间变量的条件下，生产价格形式的利润率与生产价格形式的总资本有机构成的关系

由（6-42）式与（6-30）式，可以得到 k_2 和 e 确定，k_1 为中间变量的条件下，生产价格形式的利润率与生产价格形式的总资本有机构成的关系。

由（6-42）式，可以得到

$$\frac{k_1-k_p}{k_1-k_2}$$

$$= \frac{\frac{(k_2+1+e)k_p^2+(1+e)(k_p-k_2)}{(k_2+e)k_p+k_2}-k_p}{\frac{(k_2+1+e)k_p^2+(1+e)(k_p-k_2)}{(k_2+e)k_p+k_2}-k_2}$$

$$= \frac{(k_2+1+e)k_p^2+(1+e)(k_p-k_2)-k_p[(k_2+e)k_p+k_2]}{(k_2+1+e)k_p^2+(1+e)(k_p-k_2)-k_2[(k_2+e)k_p+k_2]}$$

$$= \frac{k_p^2+(1+e)(k_p-k_2)-k_pk_2}{(k_2+1+e)k_p^2+(1+e-k_2^2-k_2e)k_p-k_2(k_2+1+e)}$$

$$= \frac{k_p^2+(1+e)(k_p-k_2)-k_pk_2}{(k_2+1+e)k_p^2+[(1-k_2^2)+(1-k_2)e]k_p-k_2(k_2+1+e)}$$

$$= \frac{k_p^2+(1+e)(k_p-k_2)-k_pk_2}{(k_2+1+e)k_p^2+(k_2+1+e)(1-k_2)k_p-k_2(k_2+1+e)}$$

$$= \frac{k_p^2 + (1+e)(k_p - k_2) - k_p k_2}{(k_2 + 1 + e)[k_p^2 + (1-k_2)k_p - k_2]} \tag{6-48}$$

将（6-48）式代入（6-30）式，可以得到

$$\begin{aligned} r &= \frac{(k_1 - k_p)(k_2 + 1 + e)}{k_1 - k_2} - 1 \\ &= \frac{k_p^2 + (1+e)(k_p - k_2) - k_p k_2}{k_p^2 + (1-k_2)k_p - k_2} - 1 \\ &= \frac{k_p^2 + (1+e)(k_p - k_2) - k_p k_2 - k_p^2 - (1-k_2)k_p + k_2}{k_p^2 + (1-k_2)k_p - k_2} \\ &= \frac{e(k_p - k_2)}{k_p^2 + (1-k_2)k_p - k_2} = \frac{e}{k_p + 1} \end{aligned} \tag{6-49}$$

显然，（6-49）式与（6-47）式完全相同，就是 k_2 和 e 确定，k_1 为中间变量的条件下，生产价格形式的利润率与生产价格形式的总资本有机构成的关系。

四、k_2 为中间变量的条件下，生产价格形式的利润率与生产价格形式的总资本有机构成的关系

将（6-43）式代入（6-30）式，可以得到 k_1 和 e 确定，k_2 为中间变量的条件下，生产价格形式的利润率与生产价格形式的总资本有机构成的关系。

将（6-43）式代入（6-30）式，可以得到

$$\begin{aligned} r &= \frac{(k_1 - k_p)(k_2 + 1 + e)}{k_1 - k_2} - 1 \\ &= \frac{(k_1 - k_p)\left\{\frac{k_p[(1+e)k_p - k_1 e + 1 + e]}{k_p(k_1 - k_p) + k_1 + 1 + e} + 1 + e\right\}}{k_1 - \frac{k_p[(1+e)k_p - k_1 e + 1 + e]}{k_p(k_1 - k_p) + k_1 + 1 + e}} - 1 \\ &= \frac{(k_1 - k_p)(k_1 + 1 + e)(k_p + 1 + e)}{(k_1 - k_p)(k_1 + 1 + e)(k_p + 1)} - 1 \\ &= \frac{k_p + 1 + e}{k_p + 1} - 1 = \frac{e}{k_p + 1} \end{aligned} \tag{6-50}$$

显然，（6-50）式与（6-47）式完全相同，就是 k_1 和 e 确定，k_2 为中间变量的条件下，生产价格形式的利润率与生产价格形式的总资本有机构成的关系。

（6-47）式、（6-49）式、（6-50）式证明，只要 e 确定，无论 k_1 变化还是 k_2 变化，生产价格形式的利润率与生产价格形式的总资本有机构成的关系，都是第一象限内的单调递减的双曲函数。

五、e 为中间变量的条件下，生产价格形式的利润率与生产价格形式的总资本有机构成的关系

如果两部类的价值形式的资本有机构成确定，剩余价值率变化，将生产价格形式的利润率看做剩余价值率的函数，将剩余价值率看做生产价格形式的总资本有机构成的函数，那么，生产价格形式的利润率是生产价格形式的总资本有机构成的复合函数。

将（6－44）式代入（6－30）式，可以得到 k_1 和 k_2 确定，e 为中间变量的条件下，生产价格形式的利润率与生产价格形式的总资本有机构成的关系。即

$$
\begin{aligned}
r &= \frac{(k_1-k_p)(k_2+1)}{k_1-k_2}+\frac{(k_1-k_p)e}{k_1-k_2}-1 \\
&= \frac{(k_1-k_p)(k_2+1)}{k_1-k_2} \\
&\quad +\frac{k_1-k_p}{k_1-k_2}\left[\frac{(k_2-k_p)(k_1+1)-k_p(k_p\text{-}k_1)(k_2+1)}{k_p(k_p\text{-}k_1)-k_2+k_p}\right]-1 \\
&= \frac{(k_1-k_p)(k_2-k_p)}{k_p(k_p\text{-}k_1)-k_2+k_p}-1 \\
&= \frac{(k_1-k_p)(k_2-k_p)-k_p(k_p\text{-}k_1)+k_2-k_p}{k_p(k_p\text{-}k_1)-k_2+k_p} \\
&= \frac{(k_1+1)k_2-(k_2+1)k_p}{k_p(k_p\text{-}k_1)-k_2+k_p} \\
&= \frac{(k_1+1)k_2-(k_2+1)k_p}{k_p^2-(k_1-1)k_p\text{-}k_2} \qquad (6-51)
\end{aligned}
$$

将（6－44）式代入（6－47）式，同样可以得到

$$
r=\frac{e}{k_p+1}=\frac{(k_1+1)k_2-(k_2+1)k_p}{k_p^2-(k_1-1)k_p\text{-}k_2} \qquad (6-52)
$$

（6－44）式表示，e、k_1、k_2、k_p 互为函数。在两部类价值形式的资本有机构成确定的条件下，生产价格形式的利润率是剩余价值率的函数。剩余价值率可以看做生产价格形式的总资本有机构成的函数。因此，生产价格形式的利润率就是生产价格形式的总资本有机构成的复合函数。

第四节　剩余价值率确定的条件下，生产价格形式的利润率与生产价格形式的总资本有机构成的关系的数例

如果剩余价值率确定，例如 $e=0.5$，1，2，3，$k_p=0$，0.5，1，…，

10，那么，由（6－47）式，生产价格形式的利润率与生产价格形式的总资本有机构成的关系，可以用表6－1表示。

表6－1　r与k_p的关系

生产价格形式的总资本有机构成 k_p	生产价格形式的利润率 r $e=0.5$	生产价格形式的利润率 r $e=1$	生产价格形式的利润率 r $e=2$	生产价格形式的利润率 r $e=3$
0.0	0.500 000 00	1.000 000 00	2.000 000 00	3.000 000 00
0.5	0.333 333 33	0.666 666 67	1.333 333 33	2.000 000 00
1.0	0.250 000 00	0.500 000 00	1.000 000 00	1.500 000 00
1.5	0.200 000 00	0.400 000 00	0.800 000 00	1.200 000 00
2.0	0.166 666 67	0.333 333 33	0.666 666 67	1.000 000 00
2.5	0.142 857 14	0.285 714 29	0.571 428 57	0.857 142 86
3.0	0.125 000 00	0.250 000 00	0.500 000 00	0.750 000 00
3.5	0.111 111 11	0.222 222 22	0.444 444 44	0.666 666 67
4.0	0.100 000 00	0.200 000 00	0.400 000 00	0.600 000 00
4.5	0.090 909 09	0.181 818 18	0.363 636 36	0.545 454 55
5.0	0.083 333 33	0.166 666 67	0.333 333 33	0.500 000 00
5.5	0.076 923 08	0.153 846 15	0.307 692 31	0.461 538 46
6.0	0.071 428 57	0.142 857 14	0.285 714 29	0.428 571 43
6.5	0.066 666 67	0.133 333 33	0.266 666 67	0.400 000 00
7.0	0.062 500 00	0.125 000 00	0.250 000 00	0.375 000 00
7.5	0.058 823 53	0.117 647 06	0.235 294 12	0.352 941 18
8.0	0.055 555 56	0.111 111 11	0.222 222 22	0.333 333 33
8.5	0.052 631 58	0.105 263 16	0.210 526 32	0.315 789 47
9.0	0.050 000 00	0.100 000 00	0.200 000 00	0.300 000 00
9.5	0.047 619 05	0.095 238 10	0.190 476 19	0.285 714 29
10.0	0.045 454 55	0.090 909 09	0.181 818 18	0.272 727 27

表6－1表示的生产价格形式的利润率与生产价格形式的总资本有机构成的关系，可以用图6－1表示。

图6－1中，由上到下四条曲线，分别表示$e=3$，2，1，0.5的条件下，生产价格形式的利润率与生产价格形式的总资本有机构成的关系。

图6－1表示，当剩余价值率确定，例如$e=0.5$，1，2，3时，生产价格形式的利润率是生产价格形式的总资本有机构成的单调递减的双曲函数。这些函数的图像是一组第一象限内的单调递减的双曲线。这组双曲线的斜率递增。

在剩余价值率确定的条件下，生产价格形式的利润率与生产价格形式

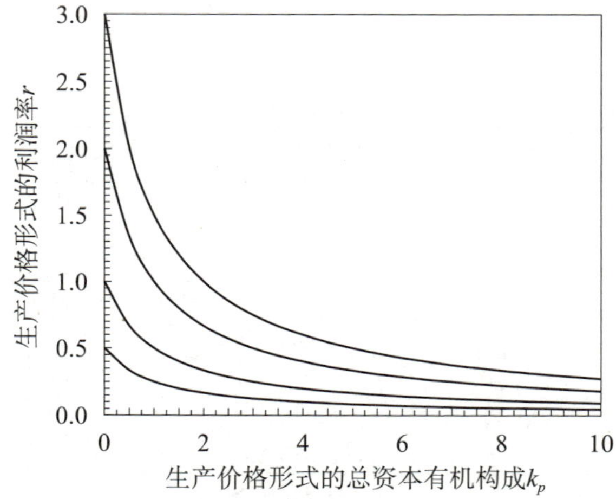

图 6－1　r 与 k_p 的关系

的总资本有机构成的变化，都或者是由第一部类价值形式的资本有机构成变化引起的，或者是由第二部类价值形式的资本有机构成变化引起的，或者是由两部类价值形式的资本有机构成共同变化引起的。无论两部类价值形式的资本有机构成如何变化，生产价格形式的利润率都是生产价格形式的总资本有机构成的单调递减的双曲函数。

第五节　第一部类价值形式的资本有机构成变化的条件下，生产价格形式的利润率与生产价格形式的总资本有机构成的关系的数例

一、生产价格形式的总资本有机构成为自变量，第一部类价值形式的资本有机构成为中间变量的数例

在第二部类价值形式的资本有机构成和剩余价值率确定，第一部类价值形式的资本有机构成和生产价格形式的总资本有机构成变化的条件下，即在 k_2 和 e 确定，以 k_p 为自变量，以 k_1 为中间变量的条件下，由（6－42）式、（6－49）式，可以得到生产价格形式的利润率与生产价格形式的总资本有机构成的关系。

如果 $k_2=2$，$e=1$，那么，由（6－42）式，当 $k_1=0$ 时，$k_p=0.780\ 776\ 406$，当 k_1 趋向于∞时，k_p 趋向于∞。因此，生产价格形式的

总资本有机构成的值域为 0.780 776 406 $\leqslant k_p < \infty$。令 $k_p = 0.8$，1.8，2.8，…，19.8，由（6－42）式、（6－49）式，生产价格形式的总资本有机构成 k_p、第一部类价值形式的资本有机构成 k_1、生产价格形式的利润率 r 的关系，可以用表 6－2 表示。

表 6－2　　k_p、k_1、r 的关系

生产价格形式的总资本有机构成 k_p	第一部类价值形式的资本有机构成 k_1	生产价格形式的利润率 r $k_2=2$，$e=1$
0.8	0.036 363 636 4	0.555 555 555 6
1.8	1.697 297 297 3	0.357 142 857 1
2.8	3.169 230 769 2	0.263 157 894 7
3.8	4.579 104 477 6	0.208 333 333 3
4.8	5.960 975 609 8	0.172 413 793 1
5.8	7.327 835 051 5	0.147 058 823 5
6.8	8.685 714 285 7	0.128 205 128 2
7.8	10.037 795 275 6	0.113 636 363 6
8.8	11.385 915 493 0	0.102 040 816 3
9.8	12.731 210 191 1	0.092 592 592 6
10.8	14.074 418 604 7	0.084 745 762 7
11.8	15.416 042 780 7	0.078 125 000 0
12.8	16.756 435 643 6	0.072 463 768 1
13.8	18.095 852 534 6	0.067 567 567 6
14.8	19.434 482 758 6	0.063 291 139 2
15.8	20.772 469 635 6	0.059 523 809 5
16.8	22.109 923 664 1	0.056 179 775 3
17.8	23.446 931 407 9	0.053 191 489 4
18.8	24.783 561 643 8	0.050 505 050 5
19.8	26.119 869 706 8	0.048 076 923 1

表 6－2 表示的生产价格形式的利润率 r 与生产价格形式的总资本有机构成 k_p 的关系，可以用图 6－2 表示。

图 6－2 表示，当第二部类价值形式的资本有机构成和剩余价值率确定，例如 $k_2=2$，$e=1$ 时，无论第一部类价值形式的资本有机构成高于第二部类价值形式的资本有机构成，还是第一部类价值形式的资本有机构成低于第二部类价值形式的资本有机构成，生产价格形式的利润率都是生产价格形式的总资本有机构成的单调递减的双曲函数。这个函数的图像是一条第一象限内的单调递减的双曲线。该曲线的斜率递增。

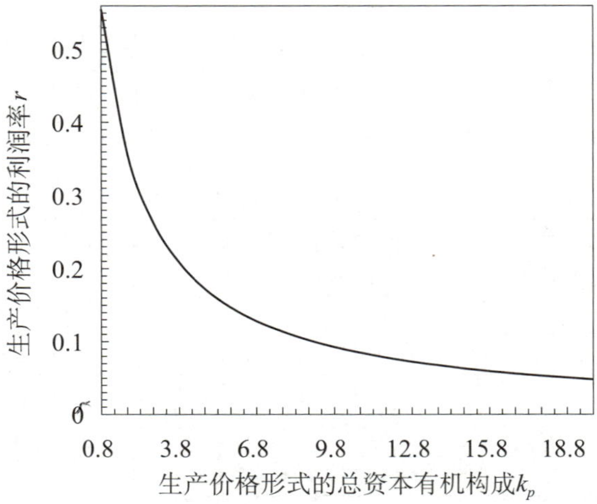

图 6－2　r 与 k_p 的关系

二、第一部类价值形式的资本有机构成为自变量，生产价格形式的总资本有机构成为中间变量的数例

在第二部类价值形式的资本有机构成和剩余价值率确定，第一部类价值形式的资本有机构成和生产价格形式的总资本有机构成变化的条件下，即在 k_2 和 e 确定，以 k_1 为自变量，以 k_p 为中间变量的条件下，由（6－42）式、（6－49）式，可以得到生产价格形式的利润率与生产价格形式的总资本有机构成的关系。

（6－41）式或（6－42）式可以表示为 k_p 的一元二次方程，即

$$(k_2+1+e)k_p^2+[(1+e)-k_1(k_2+e)]k_p-(k_1+1+e)k_2=0 \tag{6-53}$$

由（6－53）式，解 k_p 的一元二次方程，可以得到

$$k_p=\frac{-[(1+e)-k_1(k_2+e)]}{2(k_2+1+e)}\pm\frac{\sqrt{[(1+e)-k_1(k_2+e)]^2+4k_2(k_1+1+e)(k_2+1+e)}}{2(k_2+1+e)} \tag{6-54}$$

因为

$$k_1+1+e\geqslant 1>0 \tag{6-55}$$

和

$$\sqrt{[(1+e)-k_1(k_2+e)]^2+4k_2(k_1+1+e)(k_2+1+e)}$$

$$> (1+e) - k_1(k_2+e) \tag{6-56}$$

又因为 $k_p>0$，所以（6－54）式中的根号前只能取正号，即

$$k_p = \frac{-[(1+e)-k_1(k_2+e)]}{2(k_2+1+e)} + \frac{\sqrt{[(1+e)-k_1(k_2+e)]^2+4k_2(k_1+1+e)(k_2+1+e)}}{2(k_2+1+e)} \tag{6-57}$$

如果 $k_2=2$，$e=1$，令 $k_1=0.1$，0.8，1.5，…，13.4。那么，由（6－57）式、（6－49）式，第一部类价值形式的资本有机构成 k_1、生产价格形式的总资本有机构成 k_p、生产价格形式的利润率 r 的关系，可以用表 6－3 表示。

表 6－3　　**k_1、k_p、r 的关系**

第一部类价值形式的资本有机构成 k_1	生产价格形式的总资本有机构成 k_p	生产价格形式的利润率 r $k_2=2$，$e=1$
0.1	0.833 997 133 3	0.545 257 122 7
0.8	1.234 271 928 2	0.447 573 094 1
1.5	1.671 785 198 2	0.374 281 585 5
2.2	2.134 046 182 8	0.319 076 344 7
2.9	2.612 720 056 8	0.276 799 747 6
3.6	3.102 498 439 5	0.243 753 901 4
4.3	3.600 000 000 0	0.217 391 304 3
5.0	4.103 028 450 2	0.195 952 066 4
5.7	4.610 119 373 0	0.178 249 326 5
6.4	5.120 269 348 1	0.163 391 501 8
7.1	5.632 772 698 1	0.150 766 511 3
7.8	6.147 121 109 6	0.139 916 476 1
8.5	6.662 940 410 2	0.130 498 209 1
9.2	7.179 949 748 4	0.122 250 139 8
9.9	7.697 934 599 9	0.114 969 822 8
10.6	8.216 728 509 2	0.108 498 367 8
11.3	8.736 200 480 1	0.102 709 470 9
12.0	9.256 246 098 6	0.097 501 560 5
12.7	9.776 781 171 3	0.092 792 085 5
13.4	10.297 737 093 1	0.088 513 300 7

表 6－3 表示的生产价格形式的利润率 r 与生产价格形式的总资本有

机构成 k_p 的关系，可以用图 6－3 表示。

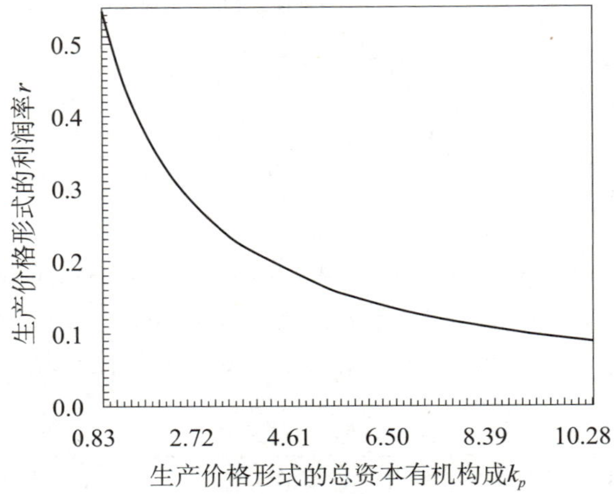

图 6－3　r 与 k_p 的关系

图 6－3 表示，在第二部类价值形式的资本有机构成和剩余价值率确定，以 k_1 为自变量，以 k_p 为中间变量的条件下，例如 $k_2=2$，$e=1$，无论第一部类价值形式的资本有机构成高于第二部类价值形式的资本有机构成，还是第一部类价值形式的资本有机构成低于第二部类价值形式的资本有机构成，生产价格形式的利润率都是生产价格形式的总资本有机构成的单调递减的双曲函数。这个函数的图像是一条第一象限内的单调递减的双曲线。该曲线的斜率递增。

由表 6－2 与表 6－3，或由图 6－2 与图 6－3 可以看出，无论以生产价格形式的总资本有机构成 k_p 为自变量，以第一部类价值形式的资本有机构成 k_1 为中间变量，还是以第一部类价值形式的资本有机构成 k_1 为自变量，以生产价格形式的总资本有机构成 k_p 为中间变量，生产价格形式的利润率都是生产价格形式的总资本有机构成的单调递减的双曲函数。

值得注意的是，这里的横坐标为生产价格形式的总资本有机构成 k_p，生产价格形式的总资本有机构成 k_p 是第一部类价值形式的资本有机构成 k_1 的非线性函数，在本例中，第一部类价值形式的资本有机构成 k_1 是等差数列，生产价格形式的总资本有机构成 k_p 就不可能是等差数列。用 Office 中的 Excel 作图，横坐标必须是等差数列。为此，利用 Excel 中的 vlookup 函数功能，将生产价格形式的总资本有机构成 k_p 转变为等差数列，然后再用 Excel 作图。

第六节　第二部类价值形式的资本有机构成变化的条件下，生产价格形式的利润率与生产价格形式的总资本有机构成的关系的数例

一、生产价格形式的总资本有机构成为自变量，第二部类价值形式的资本有机构成为中间变量的数例

在第一部类价值形式的资本有机构成和剩余价值率确定，第二部类价值形式的资本有机构成和生产价格形式的总资本有机构成变化的条件下，即在 k_1 和 e 确定，以 k_p 为自变量，以 k_2 为中间变量的条件下，由（6－43）式、（6－49）式，可以得到生产价格形式的利润率与生产价格形式的总资本有机构成的关系。

如果 $k_1=4$，$e=1$，那么，由（6－43）式，当 $k_2=0$ 时，$k_p=1$，当 k_2 趋向于∞时，k_p 趋向于 5.162 277 66。因此，生产价格形式的总资本有机构成的值域为 $1\leqslant k_p<5.162\ 277\ 66$。令 $k_p=1$，1.25，1.5，…，5，由（6－43）式、（6－49）式，生产价格形式的总资本有机构成、第二部类价值形式的资本有机构成、生产价格形式的利润率的关系，可以用表 6－4 表示。

表 6－4　　　　k_p、k_2、r 的关系

生产价格形式的总资本有机构成 k_p	第二部类价值形式的资本有机构成 k_2	生产价格形式的利润率 r $k_1=4$，$e=1$
1.00	0.000 000 000 0	0.500 000 000 0
1.25	0.066 225 165 6	0.444 444 444 4
1.50	0.153 846 153 8	0.400 000 000 0
1.75	0.254 150 943 4	0.363 636 363 6
2.00	0.400 000 000 0	0.333 333 333 3
2.25	0.536 037 735 8	0.307 692 307 7
2.50	0.769 230 769 2	0.285 714 285 7
2.75	1.019 867 549 7	0.266 666 666 7
3.00	1.333 333 333 3	0.250 000 000 0
3.25	1.733 333 333 3	0.235 294 117 6
3.50	2.258 064 516 1	0.222 222 222 2
3.75	2.972 972 973 0	0.210 526 315 8

续前表

生产价格形式的 总资本有机构成 k_p	第二部类价值形式的 资本有机构成 k_2	生产价格形式的利润率 r $k_1=4$，$e=1$
4.00	4.000 000 000 0	0.200 000 000 0
4.25	5.594 936 708 9	0.190 476 190 5
4.50	8.400 000 000 0	0.181 818 181 8
4.75	14.615 384 615 4	0.173 913 043 5
5.00	40.000 000 000 0	0.166 666 666 7

表 6-4 表示的生产价格形式的利润率与生产价格形式的总资本有机构成的关系，可以用图 6-4 表示。

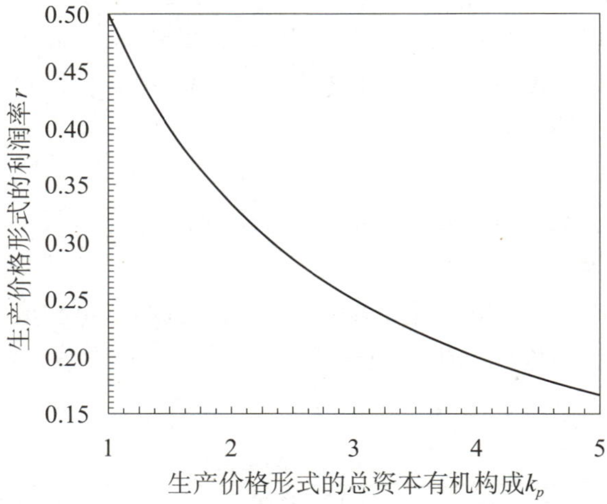

图 6-4　r 与 k_p 的关系

图 6-4 表示，当第一部类价值形式的资本有机构成和剩余价值率确定，例如 $k_1=4$，$e=1$ 时，无论第一部类价值形式的资本有机构成高于第二部类价值形式的资本有机构成，还是第一部类价值形式的资本有机构成低于第二部类价值形式的资本有机构成，生产价格形式的利润率都是生产价格形式的总资本有机构成的单调递减的双曲函数。这个函数的图像是一条第一象限内的单调递减的双曲线。该曲线的斜率递增。

二、第二部类价值形式的资本有机构成为自变量，生产价格形式的总资本有机构成为中间变量的数例

在第一部类价值形式的资本有机构成和剩余价值率确定，第二部类价值形式的资本有机构成和生产价格形式的总资本有机构成变化的条件下，即在

k_1 和 e 确定，以 k_2 为自变量，以 k_p 为中间变量的条件下，由（6－43）式、（6－49）式，可以得到生产价格形式的利润率与生产价格形式的总资本有机构成的关系。

（6－41）式或（6－43）式都可以简化为（6－53）式所表示 k_p 的一元二次方程。（6－53）式的根由（6－57）式决定。

如果 $k_1=4$，$e=1$，那么，令 $k_2=0.2$，0.8，1.4，…，11.6，由（6－57）式、（6－49）式，第二部类价值形式的资本有机构成 k_2、生产价格形式的总资本有机构成 k_p、生产价格形式的利润率 r 的关系，可以用表 6－5 表示。

表 6－5　　**k_2、k_p、r 的关系**

第二部类价值形式的资本有机构成 k_2	生产价格形式的总资本有机构成 k_p	生产价格形式的利润率 r $k_1=4$，$e=1$
0.2	1.611 255 026 8	0.382 957 616 1
0.8	2.533 728 932 4	0.282 987 184 1
1.4	3.046 305 448 3	0.247 139 029 1
2.0	3.386 000 936 3	0.227 998 127 3
2.6	3.629 917 125 6	0.215 936 587 4
3.2	3.814 197 083 4	0.207 718 957 6
3.8	3.958 563 057 6	0.201 671 328 6
4.4	4.074 815 718 1	0.197 051 490 2
5.0	4.170 486 485 5	0.193 405 398 7
5.6	4.250 621 817 4	0.190 453 632 9
6.2	4.318 735 626 8	0.188 014 609 1
6.8	4.377 352 537 6	0.185 965 118 2
7.4	4.428 334 376 6	0.184 218 570 7
8.0	4.473 084 924 8	0.182 712 311 9
8.6	4.512 682 964 6	0.181 399 874 9
9.2	4.547 971 386 4	0.180 243 063 0
9.8	4.579 618 441 0	0.179 223 724 8
10.4	4.608 160 814 0	0.178 311 577 2
11.0	4.634 034 530 7	0.177 492 699 9
11.6	4.657 597 527 9	0.176 753 470 9

表 6－5 表示的生产价格形式的利润率 r 与生产价格形式的总资本有

机构成 k_p 的关系，可以用图 6－5 表示。

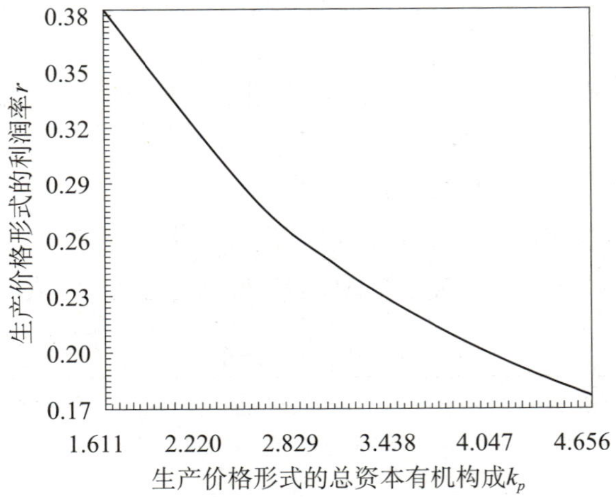

图 6－5　r 与 k_p 的关系

图 6－5 表示，在第一部类价值形式的资本有机构成和剩余价值率确定，以 k_2 为自变量，以 k_p 为中间变量的条件下，例如 $k_1=4$，$e=1$，无论第一部类价值形式的资本有机构成高于第二部类价值形式的资本有机构成，还是第一部类价值形式的资本有机构成低于第二部类价值形式的资本有机构成，生产价格形式的利润率都是生产价格形式的总资本有机构成的单调递减函数。这个函数的图像是一条第一象限内的单调递减的双曲线。该曲线的斜率递增。

由表 6－4 与表 6－5，或由图 6－4 与图 6－5 可以看出，无论以生产价格形式的总资本有机构成 k_p 为自变量，以第二部类价值形式的资本有机构成 k_2 为中间变量，还是以第二部类价值形式的资本有机构成 k_2 为自变量，以生产价格形式的总资本有机构成 k_p 为中间变量，生产价格形式的利润率都是生产价格形式的总资本有机构成的单调递减的双曲函数。

值得注意的是，这里的横坐标为生产价格形式的总资本有机构成 k_p，生产价格形式的总资本有机构成 k_p 是第二部类价值形式的资本有机构成 k_2 的非线性函数，在本例中，第二部类价值形式的资本有机构成 k_2 是等差数列，生产价格形式的总资本有机构成 k_p 就不可能是等差数列。用 Office 中的 Excel 作图，横坐标必须是等差数列。为此，利用 Excel 中的 vlookup 函数功能，将生产价格形式的总资本有机构成 k_p 转变为等差数列，然后再用 Excel 作图。

第七节 剩余价值率变化，第一部类价值形式的资本有机构成高于第二部类价值形式的资本有机构成的条件下，生产价格形式的利润率与生产价格形式的总资本有机构成的关系的数例

一、生产价格形式的总资本有机构成为自变量，剩余价值率为中间变量的数例

可以证明，如果剩余价值率 e 变化，那么，生产价格形式的利润率 r 与剩余价值率 e 为过原点的单调递增的准线性函数关系。①

无论第一部类价值形式的资本有机构成高于第二部类价值形式的资本有机构成，还是第一部类价值形式的资本有机构成低于第二部类价值形式的资本有机构成，在 k_1 和 k_2 确定，以 k_p 为自变量，以 e 为中间变量的条件下，由（6-44）式、（6-49）式，都可以得到生产价格形式的利润率与生产价格形式的总资本有机构成的关系。

如果第一部类价值形式的资本有机构成与第二部类价值形式的资本有机构成确定，第一部类价值形式的资本有机构成高于第二部类价值形式的资本有机构成，生产价格形式的总资本有机构成与剩余价值率变化，例如，$k_1=4$，$k_2=2$，那么，由（6-44）式，当 $e=0$ 时，$k_p=10/3$，当 e 趋向于∞时，k_p 趋向于 3.561 552 813。因此，生产价格形式的总资本有机构成的值域为 $10/3 \leqslant k_p < 3.561\ 552\ 813$。令 $k_p=3.335$，3.345，3.355，…，3.535，由（6-44）式、（6-49）式，生产价格形式的总资本有机构成、剩余价值率、生产价格形式的利润率的关系，可以用表 6-6 表示。

表 6-6 **k_p、e、r 的关系**

生产价格形式的总资本有机构成 k_p	剩余价值率 e	生产价格形式的利润率 r $k_1=4$，$k_2=2$
3.335	0.024 553 255 4	0.005 663 957 4
3.345	0.179 762 995 4	0.041 372 381 0

① 沈民鸣：《论价值转形中利润率与剩余价值率的关系》，《马克思主义研究》2009 年第 1 期。

续前表

生产价格形式的总资本有机构成 k_p	剩余价值率 e	生产价格形式的利润率 r $k_1=4$，$k_2=2$
3.355	0.349 918 106 2	0.080 348 589 3
3.365	0.537 300 379 0	0.123 092 870 3
3.375	0.744 680 851 1	0.170 212 766 0
3.385	0.975 458 361 7	0.222 453 446 2
3.395	1.233 848 021 5	0.280 739 026 5
3.405	1.525 141 913 9	0.346 229 719 4
3.415	1.856 076 530 4	0.420 402 385 1
3.425	2.235 361 653 3	0.505 166 475 3
3.435	2.674 459 987 1	0.603 034 946 4
3.445	3.188 768 135 3	0.717 383 157 6
3.455	3.799 462 585 4	0.852 853 554 5
3.465	4.536 492 830 0	1.016 011 832 0
3.475	5.443 649 373 9	1.216 457 960 6
3.485	6.587 603 906 1	1.468 808 005 8
3.495	8.075 099 546 3	1.796 462 635 4
3.505	10.088 379 171 6	2.239 373 845 0
3.515	12.966 275 853 0	2.871 821 894 3
3.525	17.418 410 041 8	3.849 372 384 9
3.535	25.223 396 920 2	5.561 939 784 0

表 6－6 表示的生产价格形式的利润率与生产价格形式的总资本有机构成的关系，可以用图 6－6 表示。

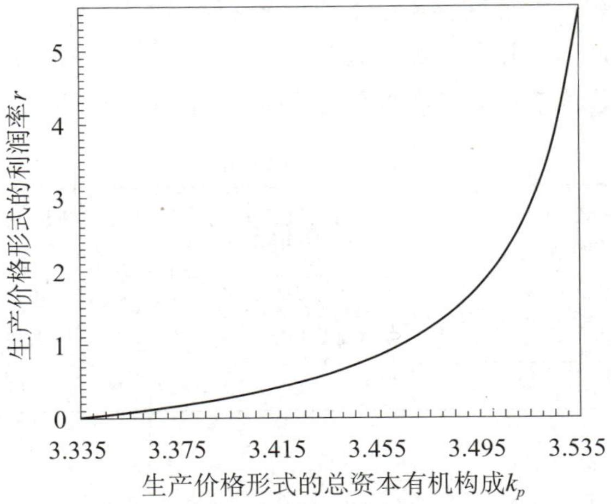

图 6－6　r 与 k_p 的关系

图 6－6 表示，当两部类价值形式的资本有机构成确定，并且第一部类价值形式的资本有机构成高于第二部类价值形式的资本有机构成，例如 $k_1=4$，$k_2=2$ 时，生产价格形式的利润率是生产价格形式的总资本有机构成的单调递增函数。这个函数的图像是一条第一象限内的单调递增的曲线。该曲线的斜率递增。

在 k_1 和 k_2 确定，以 e 为中间变量的条件下，剩余价值率、生产价格形式的总资本有机构成、生产价格形式的利润率的关系，可以用（6－52）式表示，即

$$r=\frac{e}{k_p+1} \tag{6-58}$$

在本例中，第一部类价值形式的资本有机构成高于第二部类价值形式的资本有机构成，第一部类价值形式的资本有机构成与第二部类价值形式的资本有机构成都不变，剩余价值率提高，通过价值转形导致生产价格形式的总资本有机构成提高，似乎并不能简单地由（6－53）式证明生产价格形式的利润率提高。但是，由于剩余价值率提高，通过价值转形导致生产价格形式的总资本有机构成提高，与由于第一部类价值形式的资本有机构成提高，通过价值转形导致生产价格形式的总资本有机构成提高不同，也与由于第二部类价值形式的资本有机构成提高，通过价值转形导致生产价格形式的总资本有机构成提高不同。在由于剩余价值率提高，通过价值转形导致生产价格形式的总资本有机构成提高的条件下，剩余价值率提高的比例超过生产价格形式的总资本有机构成提高的比例，再考虑到（6－53）式的分母中还有一个常数 1，因此，生产价格形式的利润率提高。

在本例中，在剩余价值率从 0.024 553 255 4 提高到 25.223 396 920 2 的过程中，剩余价值率提高到原来的 1 027.293 404 倍。生产价格形式的总资本有机构成从 3.335 提高到 3.535，提高到原来的 1.059 970 015 倍。（6－53）式的分母从 4.335 提高到 4.535，仅提高到原来的 1.046 136 102 倍。剩余价值率提高的比例，显著地高于生产价格形式的总资本有机构成提高的比例，更高于（6－53）式的分母提高的比例。相应地，生产价格形式的利润率从 0.005 663 957 4 提高到 5.561 939 784 0，提高到原来的 981.988 349 1 倍。

二、剩余价值率为自变量，生产价格形式的总资本有机构成为中间变量的数例

在第一部类价值形式的资本有机构成与第二部类价值形式的资本有机

构成确定，第一部类价值形式的资本有机构成高于第二部类价值形式的资本有机构成，剩余价值率和生产价格形式的总资本有机构成变化的条件下，即在 k_1 和 k_2 确定，$k_1>k_2$，以 e 为自变量，以 k_p 为中间变量的条件下，由（6－44）式、（6－49）式，都可以得到生产价格形式的利润率与生产价格形式的总资本有机构成的关系。

（6－41）式或（6－44）式都可以简化为（6－53）式所表示 k_p 的一元二次方程。（6－53）式的根由（6－57）式决定。

如果第一部类价值形式的资本有机构成与第二部类价值形式的资本有机构成确定，第一部类价值形式的资本有机构成高于第二部类价值形式的资本有机构成，剩余价值率与生产价格形式的总资本有机构成变化，例如，$k_1=4$，$k_2=2$，那么，令 $e=0$，1，2，…，20，由（6－57）式、（6－49）式，剩余价值率、生产价格形式的总资本有机构成、生产价格形式的利润率的关系，可以用表 6－7 表示。

表 6－7　　e、k_p、r 的关系

剩余价值率 e	生产价格形式的总资本有机构成 k_p	生产价格形式的利润率 r $k_1=4$，$k_2=2$
0	3.333 333 333 3	0.000 000 000 0
1	3.386 000 936 3	0.227 998 127 3
2	3.418 962 010 0	0.452 594 974 9
3	3.441 518 440 1	0.675 444 679 7
4	3.457 920 167 1	0.897 279 415 1
5	3.470 381 826 8	1.118 472 692 9
6	3.480 170 025 0	1.339 234 887 6
7	3.488 061 301 8	1.559 693 491 1
8	3.494 558 135 8	1.779 930 253 0
9	3.500 000 000 0	2.000 000 000 0
10	3.504 624 481 2	2.219 940 872 3
11	3.508 602 825 5	2.439 780 221 4
12	3.512 061 577 0	2.659 538 172 3
13	3.515 096 267 3	2.879 229 861 4
14	3.517 780 365 7	3.098 866 891 9
15	3.520 171 299 1	3.318 458 307 7
16	3.522 314 604 0	3.538 011 262 2
17	3.524 246 851 3	3.757 531 487 3
18	3.525 997 749 5	3.977 023 630 2
19	3.527 591 682 0	4.196 491 498 0
20	3.529 048 848 7	4.415 938 239 6

表 6－7 表示的生产价格形式的利润率与生产价格形式的总资本有机构成的关系，可以用图 6－7 表示。

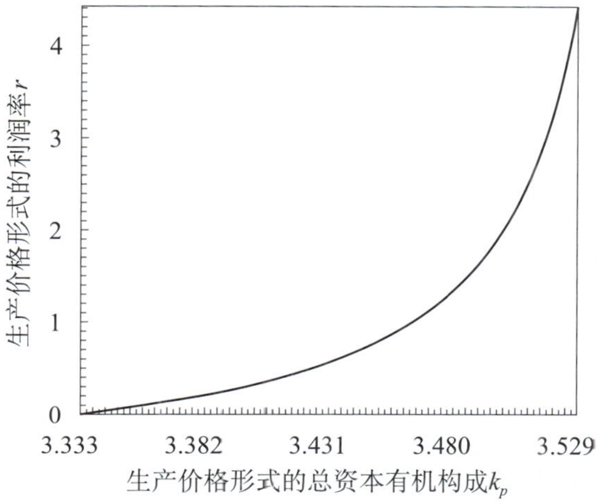

图 6－7　r 与 k_p 的关系

图 6－7 表示，在两部类价值形式的资本有机构成确定，第一部类价值形式的资本有机构成高于第二部类价值形式的资本有机构成，以 e 为自变量，以 k_p 为中间变量的条件下，例如 $k_1=4$，$k_2=2$，生产价格形式的利润率是生产价格形式的总资本有机构成的单调递增函数。这个函数的图像是一条第一象限内的单调递增的曲线。该曲线的斜率递增。

由表 6－6 与表 6－7，或由图 6－6 与图 6－7 可以看出，只要第一部类价值形式的资本有机构成高于第二部类价值形式的资本有机构成，无论以生产价格形式的总资本有机构成 k_p 为自变量，以剩余价值率 e 为中间变量，还是以剩余价值率 e 为自变量，以生产价格形式的总资本有机构成 k_p 为中间变量，生产价格形式的利润率都是生产价格形式的总资本有机构成的单调递增函数。

值得注意的是，这里的横坐标为生产价格形式的总资本有机构成 k_p，生产价格形式的总资本有机构成 k_p 是剩余价值率 e 的非线性函数，在本例中，剩余价值率 e 是等差数列，生产价格形式的总资本有机构成 k_p 就不可能是等差数列。用 Office 中的 Excel 作图，横坐标必须是等差数列。为此，利用 Excel 中的 vlookup 函数功能，将生产价格形式的总资本有机构成 k_p 转变为等差数列，然后再用 Excel 作图。

同样值得注意的是，这里的自变量剩余价值率的最小值选取为 0，仅仅表示剩余价值率可以趋向于 0，而不表示剩余价值率可以达到 0，剩余价值率为 0 不符合资本主义生产目的。

特别令人感兴趣的是，在两部类价值形式的资本有机构成确定的条件下，如果第一部类价值形式的资本有机构成高于第二部类价值形式的资本有机构成，那么，价值形式的平均利润率是价值形式的总资本有机构成的单调递减函数，但是，生产价格形式的利润率却是生产价格形式的总资本有机构成的单调递增函数。总资本有机构成和平均利润率由价值形式转变为生产价格形式，变量的关系发生方向性变化。

第八节　剩余价值率变化，第一部类价值形式的资本有机构成低于第二部类价值形式的资本有机构成的条件下，生产价格形式的利润率与生产价格形式的总资本有机构成的关系的数例

一、生产价格形式的总资本有机构成为自变量，剩余价值率为中间变量的数例

在第一部类价值形式的资本有机构成与第二部类价值形式的资本有机构成确定，第一部类价值形式的资本有机构成低于第二部类价值形式的资本有机构成，生产价格形式的总资本有机构成和剩余价值率变化的条件下，即在 k_1 和 k_2 确定，$k_1<k_2$，以 k_p 为自变量，以 e 为中间变量的条件下，由（6－44）式、（6－49）式，都可以得到生产价格形式的利润率与生产价格形式的总资本有机构成的关系。

如果第一部类价值形式的资本有机构成与第二部类价值形式的资本有机构成确定，第一部类价值形式的资本有机构成低于第二部类价值形式的资本有机构成，生产价格形式的总资本有机构成与剩余价值率变化，例如 $k_1=2$，$k_2=4$，那么，由（6－44）式，当 $e=0$ 时，$k_p=2.4$，当 e 趋向于 ∞ 时，k_p 趋向于 2.561 552 813。因此，生产价格形式的总资本有机构成的值域为 $2.4\leqslant k_p<2.561\ 552\ 813$。令 $k_p=2.4$，2.41，2.42，…，2.54，由（6－44）式、（6－49）式，生产价格形式的总资本有机构成、剩余价值率、生产价格形式的利润率的关系，可以用表 6－8 表示。

表 6-8　　**k_p、e、r 的关系**

生产价格形式的总资本有机构成 k_p	剩余价值率 e	生产价格形式的利润率 r $k_1=2$，$k_2=4$
2.40	0.000 000 000 0	0.000 000 000 0
2.41	0.283 269 646 1	0.083 070 277 5
2.42	0.606 813 342 8	0.177 430 802 0
2.43	0.979 813 368 9	0.285 659 874 3
2.44	1.414 473 684 2	0.411 184 210 5
2.45	1.927 374 301 7	0.558 659 217 9
2.46	2.541 625 857 0	0.734 573 947 1
2.47	3.290 436 196 2	0.948 252 506 1
2.48	4.223 300 970 9	1.213 592 233 0
2.49	5.417 385 305 3	1.552 259 399 8
2.50	7.000 000 000 0	2.000 000 000 0
2.51	9.197 236 779 4	2.620 295 378 8
2.52	12.452 830 188 7	3.537 735 849 1
2.53	17.773 044 151 8	5.034 356 700 2
2.54	28.031 674 208 1	7.918 552 036 2

表 6-8 表示的生产价格形式的利润率与生产价格形式的总资本有机构成的关系，可以用图 6-8 表示。

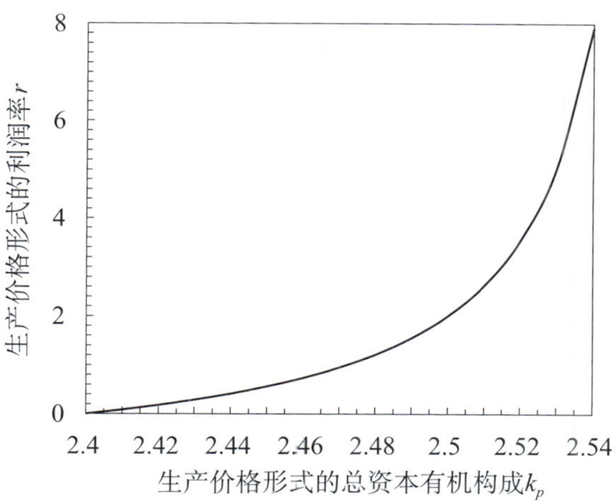

图 6-8　r 与 k_p 的关系

图 6-8 表示，当两部类价值形式的资本有机构成确定，并且第一部类价值形式的资本有机构成低于第二部类价值形式的资本有机构成，例如 $k_1=2$，$k_2=4$ 时，生产价格形式的利润率是生产价格形式的总资本有机

构成的单调递增函数。这个函数的图像是一条第一象限内的单调递增的曲线。该曲线的斜率递增。

这里得到的结论与表 6－6 所表示的数例的结论类似。

二、剩余价值率为自变量，生产价格形式的总资本有机构成为中间变量的数例

在第一部类价值形式的资本有机构成与第二部类价值形式的资本有机构成确定，第一部类价值形式的资本有机构成低于第二部类价值形式的资本有机构成，剩余价值率和生产价格形式的总资本有机构成变化的条件下，即在 k_1 和 k_2 确定，$k_1<k_2$，以 e 为自变量，以 k_p 为中间变量的条件下，由（6－44）式、（6－49）式，可以得到生产价格形式的利润率与生产价格形式的总资本有机构成的关系。

（6－41）式或（6－44）式都可以简化为（6－53）式所表示 k_p 的一元二次方程。（6－53）式的根由（6－57）式决定。

如果第一部类价值形式的资本有机构成与第二部类价值形式的资本有机构成确定，第一部类价值形式的资本有机构成低于第二部类价值形式的资本有机构成，剩余价值率与生产价格形式的总资本有机构成变化，例如，$k_1=2$，$k_2=4$，那么，令 $e=0$，1，2，…，20，由（6－57）式、（6－49）式，剩余价值率、生产价格形式的总资本有机构成、生产价格形式的利润率的关系，可以用表 6－9 表示。

表 6－9　　e、k_p、r 的关系

剩余价值率 e	生产价格形式的总资本有机构成 k_p	生产价格形式的利润率 r $k_1=2$，$k_2=4$
0	2.400 000 000 0	0.000 000 000 0
1	2.430 500 874 0	0.291 502 622 1
2	2.451 284 128 7	0.579 494 450 6
3	2.466 364 982 8	0.865 459 931 3
4	2.477 810 846 3	1.150 148 808 2
5	2.486 796 226 4	1.433 981 132 1
6	2.494 038 310 5	1.717 210 707 7
7	2.500 000 000 0	2.000 000 000 0
8	2.504 993 516 8	2.282 457 859 5
9	2.509 237 138 0	2.564 659 966 3

续前表

剩余价值率 e	生产价格形式的 总资本有机构成 k_p	生产价格形式的利润率 r $k_1=2$，$k_2=4$
10	2.512 888 076 9	2.846 660 577 0
11	2.516 062 451 0	3.128 499 608 1
12	2.518 847 891 9	3.410 207 081 5
13	2.521 311 779 2	3.691 806 013 0
14	2.523 506 773 0	3.973 314 343 4
15	2.525 474 626 5	4.254 746 265 1
16	2.527 248 871 7	4.536 113 152 8
17	2.528 856 748 1	4.817 424 229 3
18	2.530 320 613 2	5.098 687 052 0
19	2.531 658 989 4	5.379 907 872 5
20	2.532 887 352 6	5.661 091 907 0

表 6－9 表示的生产价格形式的利润率与生产价格形式的总资本有机构成的关系，可以用图 6－9 表示。

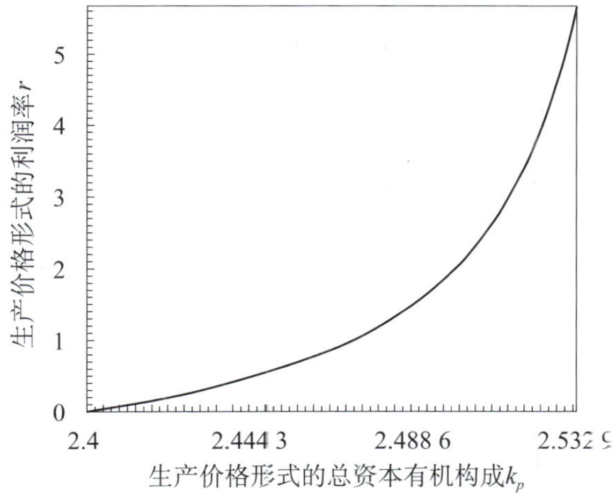

图 6－9　r 与 k_p 的关系

图 6－9 表示，在两部类价值形式的资本有机构成确定，并且第一部类价值形式的资本有机构成低于第二部类价值形式的资本有机构成，以 e 为自变量，以 k_p 为中间变量的条件下，例如 $k_1=2$，$k_2=4$，生产价格形式的利润率是生产价格形式的总资本有机构成的单调递增函数。这个函数

的图像是一条第一象限内的单调递增的曲线。该曲线的斜率递增。

由表 6-8 与表 6-9，或由图 6-8 与图 6-9 可以看出，只要第一部类价值形式的资本有机构成低于第二部类价值形式的资本有机构成，无论以生产价格形式的总资本有机构成 k_p 为自变量，以剩余价值率 e 为中间变量，还是以剩余价值率 e 为自变量，以生产价格形式的总资本有机构成 k_p 为中间变量，生产价格形式的利润率都是生产价格形式的总资本有机构成的单调递增函数。

值得注意的是，这里的横坐标为生产价格形式的总资本有机构成 k_p，生产价格形式的总资本有机构成 k_p 是剩余价值率 e 的非线性函数，在本例中，剩余价值率 e 是等差数列，生产价格形式的总资本有机构成 k_p 就不可能是等差数列。用 Office 中的 Excel 作图，横坐标必须是等差数列。为此，利用 Excel 中的 vlookup 函数功能，将生产价格形式的总资本有机构成 k_p 转变为等差数列，然后再用 Excel 作图。

同样值得注意的是，在资本主义生产中剩余价值率不能为 0，这里的自变量剩余价值率的最小值选取为 0，仅仅表示剩余价值率可以趋向于 0。

令人感兴趣的是，图 6-6、图 6-7、图 6-8、图 6-9 中的曲线，都表示在剩余价值率提高的条件下，生产价格形式的总资本有机构成提高，生产价格形式的利润率提高。

值得注意的是，这些曲线都是在两部类价值形式的资本有机构成不变，剩余价值率提高的条件下得到的。两部类的生产力不变，剩余价值率提高，意味着雇佣劳动者的生活水平绝对下降。雇佣劳动者的生活水平绝对下降，就无法进行再生产。因此，虽然这种情况在数理逻辑关系中成立，但是在经济关系中不成立，也就是在生产关系中不成立。

第九节　剩余价值率确定的条件下，生产价格形式的利润率与生产价格形式的总资本有机构成的关系曲线的特点

一、剩余价值率确定的条件下，生产价格形式的利润率对生产价格形式的总资本有机构成的一阶偏导数

由（6-49）式可以看出，只要剩余价值率确定，无论 k_1 变化，k_2 变

化，还是 k_1 和 k_2 都变化，生产价格形式的利润率对生产价格形式的总资本有机构成的一阶偏导数，都可以表示为

$$\frac{\partial r}{\partial k_p}=\frac{\partial}{\partial k_p}\left(\frac{e}{k_p+1}\right)=\frac{-e}{(k_p+1)^2}<0 \qquad (6-59)$$

二、剩余价值率确定的条件下，生产价格形式的利润率对生产价格形式的总资本有机构成的二阶偏导数

由（6－59）式，生产价格形式的利润率对生产价格形式的总资本有机构成的二阶偏导数，可以表示为

$$\frac{\partial^2 r}{\partial k_p^2}=\frac{\partial}{\partial k_p}\left(\frac{-e}{(k_p+1)^2}\right)=\frac{2e}{(k_p+1)^3}>0 \qquad (6-60)$$

因此，在剩余价值率确定的条件下，无论 k_1 变化，k_2 变化，还是 k_1 和 k_2 都变化，也无论 $k_1>k_2$ 还是 $k_1<k_2$，生产价格形式的利润率对生产价格形式的总资本有机构成的一阶偏导数 $\frac{\partial r}{\partial k_p}$ 都小于 0，二阶偏导数 $\frac{\partial^2 r}{\partial k_p^2}$ 都大于 0。因此，生产价格形式的利润率是生产价格形式的总资本有机构成的单调递减的函数。这个函数的图像是一条单调递减的曲线，曲线的斜率递增。

三、剩余价值率确定的条件下，生产价格形式的利润率对生产价格形式的总资本有机构成的一阶偏导数的数例

如果剩余价值率确定，那么，无论第一部类价值形式的资本有机构成高于第二部类价值形式的资本有机构成，还是第一部类价值形式的资本有机构成低于第二部类价值形式的资本有机构成，也无论将第一部类价值形式的资本有机构成作为中间变量，将第二部类价值形式的资本有机构成作为中间变量，还是将第一部类价值形式的资本有机构成与第二部类价值形式的资本有机构成共同作为中间变量，生产价格形式的利润率对生产价格形式的总资本有机构成的一阶偏导数，都可以由（6－59）式确定。

如果剩余价值率确定，生产价格形式的总资本有机构成变化，例如，$e=0.5$，1，2，3，$k_p=0.5$，1，1.5，…，10，那么，由（6－59）式，生产价格形式的利润率对生产价格形式的总资本有机构成的一阶偏导数 $\frac{\partial r}{\partial k_p}$ 与生产价格形式的总资本有机构成 k_p 的关系，可以用表 6－10 表示。

表 6-10 $\frac{\partial r}{\partial k_p}$与$k_p$的关系

生产价格形式的总资本有机构成 k_p	生产价格形式的利润率对生产价格形式的总资本有机构成的一阶偏导数 $\frac{\partial r}{\partial k_p}$ $e=0.5$	生产价格形式的利润率对生产价格形式的总资本有机构成的一阶偏导数 $\frac{\partial r}{\partial k_p}$ $e=1$	生产价格形式的利润率对生产价格形式的总资本有机构成的一阶偏导数 $\frac{\partial r}{\partial k_p}$ $e=2$	生产价格形式的利润率对生产价格形式的总资本有机构成的一阶偏导数 $\frac{\partial r}{\partial k_p}$ $e=3$
0.5	−0.222 222 22	−0.444 444 44	−0.888 888 89	−1.333 333 33
1.0	−0.125 000 00	−0.250 000 00	−0.500 000 00	−0.750 000 00
1.5	−0.080 000 00	−0.160 000 00	−0.320 000 00	−0.480 000 00
2.0	−0.055 555 56	−0.111 111 11	−0.222 222 22	−0.333 333 33
2.5	−0.040 816 33	−0.081 632 65	−0.163 265 31	−0.244 897 96
3.0	−0.031 250 00	−0.062 500 00	−0.125 000 00	−0.187 500 00
3.5	−0.024 691 36	−0.049 382 72	−0.098 765 43	−0.148 148 15
4.0	−0.020 000 00	−0.040 000 00	−0.080 000 00	−0.120 000 00
4.5	−0.016 528 93	−0.033 057 85	−0.066 115 70	−0.099 173 55
5.0	−0.013 888 89	−0.027 777 78	−0.055 555 56	−0.083 333 33
5.5	−0.011 834 32	−0.023 668 64	−0.047 337 28	−0.071 005 92
6.0	−0.010 204 08	−0.020 408 16	−0.040 816 33	−0.061 224 49
6.5	−0.008 888 89	−0.017 777 78	−0.035 555 56	−0.053 333 33
7.0	−0.007 812 50	−0.015 625 00	−0.031 250 00	−0.046 875 00
7.5	−0.006 920 42	−0.013 840 83	−0.027 681 66	−0.041 522 49
8.0	−0.006 172 84	−0.012 345 68	−0.024 691 36	−0.037 037 04
8.5	−0.005 540 17	−0.011 080 33	−0.022 160 66	−0.033 241 00
9.0	−0.005 000 00	−0.010 000 00	−0.020 000 00	−0.030 000 00
9.5	−0.004 535 15	−0.009 070 29	−0.018 140 59	−0.027 210 88
10.0	−0.004 132 23	−0.008 264 46	−0.016 528 93	−0.024 793 39

表 6-10 表示的生产价格形式的利润率对生产价格形式的总资本有机构成的一阶偏导数 $\frac{\partial r}{\partial k_p}$ 与生产价格形式的总资本有机构成 k_p 的关系，可以用图 6-10 表示。

图 6-10 中，由上到下四条曲线，分别为 $e=0.5$，1，2，3 的条件下，生产价格形式的利润率对生产价格形式的总资本有机构成的一阶偏导数 $\frac{\partial r}{\partial k_p}$ 与生产价格形式的总资本有机构成 k_p 的关系曲线。

表 6-10 和图 6-10 表示，当剩余价值率确定，例如 $e=0.5$，1，2，

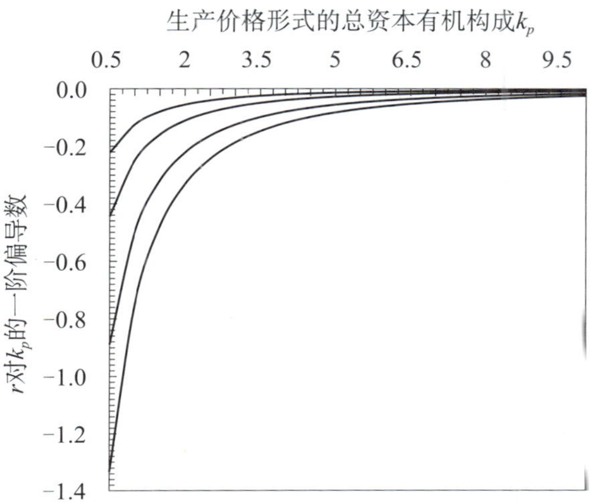

图 6-10　$\frac{\partial r}{\partial k_p}$与$k_p$的关系

3 时，无论两部类价值形式的资本有机构成如何变化，生产价格形式的利润率对生产价格形式的总资本有机构成的一阶偏导数$\frac{\partial r}{\partial k_p}$均为负值。这表示生产价格形式的利润率与生产价格形式的总资本有机构成的关系曲线的斜率为负值，生产价格形式的利润率是生产价格形式的总资本有机构成的单调递减函数。

四、剩余价值率确定的条件下，生产价格形式的利润率对生产价格形式的总资本有机构成的二阶偏导数的数例

如果剩余价值率确定，那么，无论第一部类价值形式的资本有机构成高于第二部类价值形式的资本有机构成，还是第一部类价值形式的资本有机构成低于第二部类价值形式的资本有机构成，也无论将第一部类价值形式的资本有机构成作为中间变量，将第二部类价值形式的资本有机构成作为中间变量，还是将第一部类价值形式的资本有机构成与第二部类价值形式的资本有机构成共同作为中间变量，生产价格形式的利润率对生产价格形式的总资本有机构成的二阶偏导数，都可以由（6-60）式确定。

如果剩余价值率确定，生产价格形式的总资本有机构成变化，例如，$e=0.5$，1，2，3，$k_p=0.5$，1，1.5，…，10，那么，由（6-60）式，生产价格形式的利润率对生产价格形式的总资本有机构成的二阶偏导数$\frac{\partial^2 r}{\partial k_p^2}$与生产价格形式的总资本有机构成$k_p$的关系，可以用表 6-11 表示。

表 6-11　$\frac{\partial^2 r}{\partial k_p^2}$ 与 k_p 的关系

生产价格形式的总资本有机构成 k_p	生产价格形式的利润率对生产价格形式的总资本有机构成的二阶偏导数 $\frac{\partial^2 r}{\partial k_p^2}$ $e=0.5$	生产价格形式的利润率对生产价格形式的总资本有机构成的二阶偏导数 $\frac{\partial^2 r}{\partial k_p^2}$ $e=1$	生产价格形式的利润率对生产价格形式的总资本有机构成的二阶偏导数 $\frac{\partial^2 r}{\partial k_p^2}$ $e=2$	生产价格形式的利润率对生产价格形式的总资本有机构成的二阶偏导数 $\frac{\partial^2 r}{\partial k_p^2}$ $e=3$
0.5	0.296 296 30	0.592 592 59	1.185 185 19	1.777 777 78
1.0	0.125 000 00	0.250 000 00	0.500 000 00	0.750 000 00
1.5	0.064 000 00	0.128 000 00	0.256 000 00	0.384 000 00
2.0	0.037 037 04	0.074 074 07	0.148 148 15	0.222 222 22
2.5	0.023 323 62	0.046 647 23	0.093 294 46	0.139 941 69
3.0	0.015 625 00	0.031 250 00	0.062 500 00	0.093 750 00
3.5	0.010 973 94	0.021 947 87	0.043 895 75	0.065 843 62
4.0	0.008 000 00	0.016 000 00	0.032 000 00	0.048 000 00
4.5	0.006 010 52	0.012 021 04	0.024 042 07	0.036 063 11
5.0	0.004 629 63	0.009 259 26	0.018 518 52	0.027 777 78
5.5	0.003 641 33	0.007 282 66	0.014 565 32	0.021 847 97
6.0	0.002 915 45	0.005 830 90	0.011 661 81	0.017 492 71
6.5	0.002 370 37	0.004 740 74	0.009 481 48	0.014 222 22
7.0	0.001 953 13	0.003 906 25	0.007 812 50	0.011 718 75
7.5	0.001 628 33	0.003 256 67	0.006 513 33	0.009 770 00
8.0	0.001 371 74	0.002 743 48	0.005 486 97	0.008 230 45
8.5	0.001 166 35	0.002 332 70	0.004 665 40	0.006 998 10
9.0	0.001 000 00	0.002 000 00	0.004 000 00	0.006 000 00
9.5	0.000 863 84	0.001 727 68	0.003 455 35	0.005 183 03
10.0	0.000 751 31	0.001 502 63	0.003 005 26	0.004 507 89

表 6-11 表示的生产价格形式的利润率对生产价格形式的总资本有机构成的二阶偏导数 $\frac{\partial^2 r}{\partial k_p^2}$ 与生产价格形式的总资本有机构成 k_p 的关系，可以用图 6-11 表示。

图 6-11 中，由上到下四条曲线，分别为 $e=3$，2，1，0.5 的条件下，生产价格形式的利润率对生产价格形式的总资本有机构成的二阶偏导数 $\frac{\partial^2 r}{\partial k_p^2}$ 与生产价格形式的总资本有机构成 k_p 的关系曲线。

表 6-11 和图 6-11 表示，当剩余价值率确定，例如 $e=0.5$，1，2，

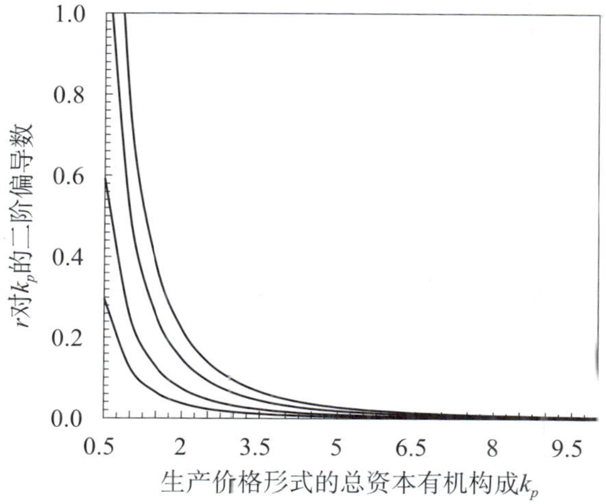

图 6-11　$\frac{\partial^2 r}{\partial k_p^2}$与 k_p 的关系

3 时，无论两部类价值形式的资本有机构成如何变化，生产价格形式的利润率对生产价格形式的总资本有机构成的二阶偏导数 $\frac{\partial^2 r}{\partial k_p^2}$ 均为正值。这表示，随着生产价格形式的总资本有机构成提高，生产价格形式的利润率不断降低，但是，降低逐渐趋缓。

第十节　两部类价值形式的资本有机构成确定的条件下，生产价格形式的利润率与生产价格形式的总资本有机构成的关系曲线的特点

一、生产价格形式的利润率对生产价格形式的总资本有机构成的一阶偏导数

在两部类价值形式的资本有机构成确定的条件下，生产价格形式的利润率的变化与生产价格形式的总资本有机构成的变化，都是由剩余价值率的变化引起的。

由（6-51）式，生产价格形式的利润率对生产价格形式的总资本有机构成的一阶偏导数，可以表示为

$$\frac{\partial r}{\partial k_p} = \frac{\partial}{\partial k_p}\left[\frac{(k_1+1)k_2-(k_2+1)k_p}{k_p^2-(k_1-1)k_p-k_2}\right]$$

$$= \frac{-k_2-1}{k_p^2-(k_1-1)k_p-k_2}$$

$$-\frac{[(k_1+1)k_2-(k_2+1)k_p](2k_p-k_1+1)}{[k_p^2-(k_1-1)k_p-k_2]^2}$$

$$=\frac{(k_2+1)k_p^2-2(k_1+1)k_2k_p+k_2(k_2+k_1^2)}{[k_p^2-(k_1-1)k_p-k_2]^2} \quad (6-61)$$

二、第一部类价值形式的资本有机构成高于第二部类价值形式的资本有机构成的条件下，生产价格形式的利润率对生产价格形式的总资本有机构成的一阶偏导数的数例

如果第一部类价值形式的资本有机构成高于第二部类价值形式的资本有机构成，即 $k_1>k_2$，例如 $k_1=4$，$k_2=2$，那么，由（6－44）式，当 $e=0$ 时，$k_p=10/3$，当 e 趋向于∞时，k_p 趋向于 3.561 552 813。因此，生产价格形式的总资本有机构成的值域为 $10/3\leqslant k_p<3.561\ 552\ 813$。令 $k_p=3.34$，3.35，3.36，…，3.52，由（6－61）式，生产价格形式的总资本有机构成 k_p、剩余价值率 e、生产价格形式的利润率对生产价格形式的总资本有机构成的一阶偏导数 $\frac{\partial r}{\partial k_p}$ 的关系，可以用表 6－12 表示。

表 6－12　　$\frac{\partial r}{\partial k_p}$ **与** k_p **的关系**

生产价格形式的总资本有机构成 k_p	剩余价值率 e	生产价格形式的利润率对生产价格形式的总资本有机构成的一阶偏导数 $\frac{\partial r}{\partial k_p}$ $k_1=4$，$k_2=2$
3.34	0.100 416 473 9	3.569 118 192 8
3.35	0.262 839 879 2	3.895 546 773 0
3.36	0.441 295 546 6	4.271 910 701 7
3.37	0.638 295 047 1	4.708 903 724 6
3.38	0.856 903 297 9	5.220 243 829 1
3.39	1.100 899 837 7	5.823 760 765 5
3.40	1.375 000 000 0	6.542 968 750 0
3.41	1.685 163 648 4	7.409 388 462 3
3.42	2.039 034 776 4	8.466 055 938 7
3.43	2.446 581 603 5	9.772 965 953 2
3.44	2.921 052 631 6	11.415 772 160 7
3.45	3.480 446 927 4	13.520 177 272 9
3.46	4.149 853 085 2	16.276 700 551 9
3.47	4.965 321 051 2	19.985 347 357 3

续前表

生产价格形式的总资本有机构成 k_p	剩余价值率 e	生产价格形式的利润率对生产价格形式的总资本有机构成的一阶偏导数 $\frac{\partial r}{\partial k_p}$ $k_1=4$，$k_2=2$
3.48	5.980 582 524 3	25.140 800 263 9
3.49	7.279 403 692 0	32.606 312 009 9
3.50	9.000 000 000 0	44.000 000 000 0
3.51	11.387 803 716 1	62.651 490 614 3
3.52	14.924 528 301 9	96.342 114 631 5

表 6－12 表示的生产价格形式的利润率对生产价格形式的总资本有机构成的一阶偏导数 $\frac{\partial r}{\partial k_p}$ 与生产价格形式的总资本有机构成 k_p 的关系，可以用图 6－12 表示。

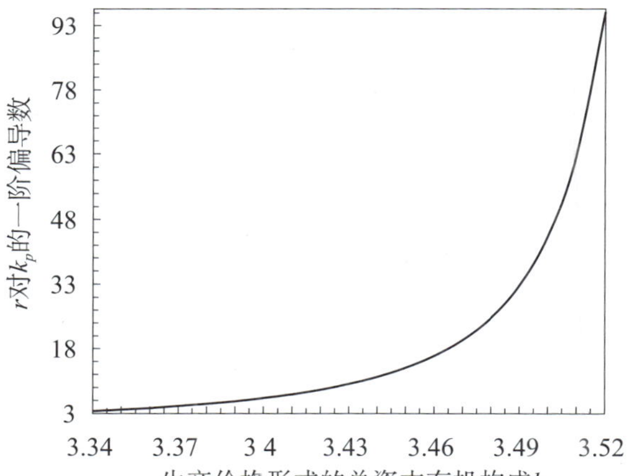

图 6－12　$\frac{\partial r}{\partial k_p}$ 与 k_p 的关系

由表 6－12 和图 6－12 可以看出，当两部类价值形式的资本有机构成确定，并且 $k_1>k_2$，例如 $k_1=4$，$k_2=2$ 时，生产价格形式的利润率对生产价格形式的总资本有机构成的一阶偏导数 $\frac{\partial r}{\partial k_p}$ 与生产价格形式的总资本有机构成 k_p 的关系曲线，是一条第一象限内的单调递增的曲线。该曲线的斜率递增。因此，在这种条件下，生产价格形式的利润率是生产价格形式的总资本有机构成的单调递增函数。函数曲线的斜率递增。

第五章中，在两部类价值形式的资本有机构成确定、第一部类价值形式的资本有机构成高于第二部类价值形式的资本有机构成、剩余价值率变化的条件下，价值形式的平均利润率是价值形式的总资本有机构成的单调递减函数。

在这里，平均利润率和总资本有机构成由价值形式转变为生产价格形式，平均利润率与总资本有机构成的关系由单调递减的函数关系转变为单调递增的函数关系，发生了方向性的重大变化。这是令人特别感兴趣的。

三、第一部类价值形式的资本有机构成低于第二部类价值形式的资本有机构成的条件下，生产价格形式的利润率对生产价格形式的总资本有机构成的一阶偏导数的数例

如果第一部类价值形式的资本有机构成低于第二部类价值形式的资本有机构成，即 $k_1 < k_2$，例如 $k_1 = 2$，$k_2 = 4$，那么，由（6-44）式，当 $e = 0$ 时，$k_p = 2.4$，当 e 趋向于∞时，k_p 趋向于 2.561 552 813。因此，生产价格形式的总资本有机构成的值域为 $2.4 \leqslant k_p < 2.561\,552\,813$。令 $k_p = 2.4$，2.41，2.42，…，2.52，由（6-61）式，生产价格形式的总资本有机构成 k_p、剩余价值率 e、生产价格形式的利润率对生产价格形式的总资本有机构成的一阶偏导数 $\frac{\partial r}{\partial k_p}$ 的关系，可以用表 6-13 表示。

表 6-13　$\frac{\partial r}{\partial k_p}$ 与 k_p 的关系

生产价格形式的总资本有机构成 k_p	剩余价值率 e	生产价格形式的利润率对生产价格形式的总资本有机构成的一阶偏导数 $\frac{\partial r}{\partial k_p}$ $k_1=2$，$k_2=4$
2.40	0.000 000 000 0	7.812 500 000 0
2.41	0.283 269 646 1	8.834 239 009 6
2.42	0.606 813 342 8	10.080 436 975 9
2.43	0.979 813 368 9	11.621 876 051 9
2.44	1.414 473 684 2	13.559 610 889 9
2.45	1.927 374 301 7	16.041 946 256 4
2.46	2.541 625 857 0	19.293 657 866 5
2.47	3.290 436 196 2	23.668 693 779 5
2.48	4.223 300 970 9	29.750 683 382 0
2.49	5.417 385 305 3	38.558 097 313 5
2.50	7.000 000 000 0	52.000 000 000 0
2.51	9.197 236 779 4	74.004 704 252 4
2.52	12.452 830 188 7	113.752 669 989 3

表 6－13 表示的生产价格形式的利润率对生产价格形式的总资本有机构成的一阶偏导数 $\frac{\partial r}{\partial k_p}$ 与生产价格形式的总资本有机构成 k_p 的关系，可以用图 6－13 表示。

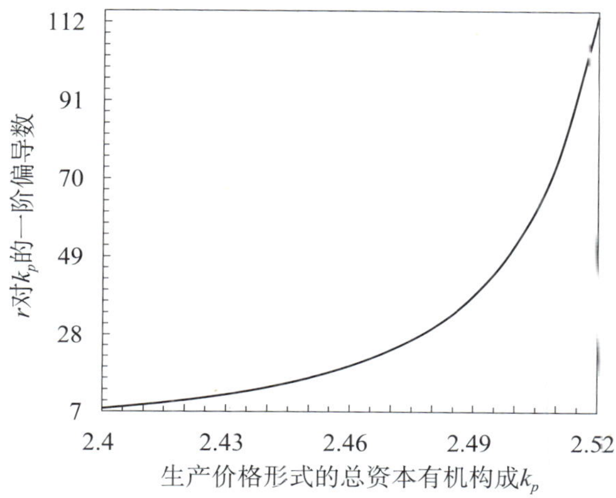

图 6－13　$\frac{\partial r}{\partial k_p}$ 与 k_p 的关系

由表 6－13 和图 6－13 可以看出，当两部类价值形式的资本有机构成确定，并且 $k_1 < k_2$，例如 $k_1 = 2$，$k_2 = 4$ 时，生产价格形式的利润率对生产价格形式的总资本有机构成的一阶偏导数 $\frac{\partial r}{\partial k_p}$ 与生产价格形式的总资本有机构成 k_p 的关系曲线，是一条第一象限内的单调递增的曲线。该曲线的斜率递增。因此，在这种情况下，生产价格形式的利润率与生产价格形式的总资本有机构成的关系曲线，是一条第一象限内的单调递增的曲线。该曲线的斜率递增。

由表 6－12 和表 6－13，以及图 6－12 和图 6－13 可以看出，在两部类价值形式的资本有机构成确定的条件下，无论第一部类价值形式的资本有机构成高于第二部类价值形式的资本有机构成，还是第一部类价值形式的资本有机构成低于第二部类价值形式的资本有机构成，生产价格形式的利润率都是生产价格形式的总资本有机构成的单调递增函数。

这种情况似乎与绝大多数经济学家的传统观念不一致，但是，这是一种错觉。在本例中，在两部类价值形式的资本有机构成确定的条件下，生产价格形式的总资本有机构成与生产价格形式的利润率的变化，都是由剩余价值率的变化引起的。生产价格形式的利润率表现为生产价格形式的总资本有机构成的单调递增函数的假象，并不能推翻马克思的平均利润率下降规律。

首先，因为马克思在《资本论》第三卷中还没有来得及将资本或成本由价值形式转变为生产价格形式，他提出的资本、成本、平均利润率都是价值形式的，他的平均利润率下降的结论，是在每个部类的价值形式的资本有机构成提高，剩余价值率不变，或剩余价值率变化的影响小于价值形式的资本有机构成提高的影响的条件下得出的，并且他提出了起反作用的各种因素，在这些因素中，剩余价值率提高是最重要的起反作用的因素。而这里的结论却是在两部类价值形式的资本有机构成不变，剩余价值率提高的条件下得到的。这意味着雇佣劳动者的生活水平绝对下降。雇佣劳动者的生活水平绝对下降，就无法进行再生产。因此，虽然这种情况在数理逻辑关系中成立，但是在经济关系中不成立，也就是在生产关系中不成立。

其次，生产价格形式的资本与价值形式的资本有重大差别，生产价格形式的利润率与价值形式的平均利润率也有重大差别。价值形式的资本和价值形式的平均利润率与价值转形无关，而生产价格形式的资本和生产价格形式的利润率与价值转形有关。

第十一节　本章结论

综上所述，在剩余价值率确定的条件下，无论第一部类价值形式的资本有机构成变化，第二部类价值形式的资本有机构成变化，还是两部类价值形式的资本有机构成都变化，也无论第一部类价值形式的资本有机构成高于第二部类价值形式的资本有机构成，还是第一部类价值形式的资本有机构成低于第二部类价值形式的资本有机构成，生产价格形式的利润率都是生产价格形式的总资本有机构成的单调递减的双曲函数，函数图像为单调递减的双曲线，曲线的斜率递增。

仅从数理逻辑的角度考察，在两部类价值形式的资本有机构成确定，剩余价值率变化的条件下，无论第一部类价值形式的资本有机构成高于第二部类价值形式的资本有机构成，还是第一部类价值形式的资本有机构成低于第二部类价值形式的资本有机构成，生产价格形式的利润率都是生产价格形式的总资本有机构成的单调递增函数，函数图像为单调递增的曲线，曲线的斜率递增。

令人感兴趣的是，由第五章可知，仅从数理逻辑的角度考察，在两部类价值形式的资本有机构成确定、第一部类价值形式的资本有机构成高于第二部类价值形式的资本有机构成、剩余价值变化的条件下，价值形式的总资本有机构成越高，价值形式的平均利润率越低，二者反方向变化。但是，在同样条件下，这里却表现为，生产价格形式的总资本有机构成越高，生产价格形式的利润率越高，二者同方向变化。同样是平均利润率与总资本有机构成的关系，仅从价值形式变为生产价格形式，就从单调递减的函数关系变为单调递增的函数关系，变化方向完全改变。这说明，平均利润率与总资本有机构成的关系的表现形式与内容不同，现象与本质不同，同时也说明，被鲍特凯维兹等人否定的马克思的价值形式的平均利润率，有极其重要的独立的意义。

价值是本质，生产价格接近现象。

产生这种现象的一个重要原因，是资本主义生产对资本主义流通的决定和约束，表现为价值形式的再生产条件对生产价格形式的再生产条件的决定和约束。流通过程中分配剩余价值要受到生产过程中耗费的劳动的制约。离开再生产条件无法正确地解决价值转形。同理，不考察资本主义生产过程，就不能正确地理解资本主义流通过程。

当然，生产价格还不是现实经济活动中的产品的市场价格。这里的生产价格，是在劳动因素之外考虑影响剩余价值分配的资本因素后的价格，即一元价值转形的生产价格。如果不仅考虑资本因素，而且考虑土地因素，那么，产品将按照二元价值转形的生产价格交换。如果将研究过程中抽象掉的影响因素全部加入，那么，生产价格就等于市场价格。

从本质上看，在一定条件下，随着资本有机构成提高利润率下降，在资本家的头脑中却反映为随着资本有机构成提高利润率提高。这是因为，资本家只看到现象不关心本质。因此，在资本家的意识中，经济规律经常以颠倒的形式反映出来。

必须指出，在两部类价值形式的资本有机构成不变与剩余价值率提高的条件下所作的分析，仅仅是一种数理逻辑分析，而不是经济分析。如果两部类价值形式的资本有机构成不变，两部类的生产力不变，那么，剩余价值率提高意味着雇佣劳动者的生活水平绝对下降，而雇佣劳动者的生活水平绝对下降，资本主义生产就无法正常进行。因此，这种经济关系不成立。这里考察的是简单再生产的价值转形的平均利润率与总资本有机构成的关系，在简单再生产条件下，各种变量都不变化。所谓变量发生变化，例如，剩余价值率提高，实际上是指剩余价值率为不同数值条件下的各种不同的再生产体系的对比。

值得注意的是，一元价值转形中生产价格形式的平均利润率与资本有机构成的关系，不同于一元价值转形中价值形式的平均利润率与资本有机构成的关系。在现实经济活动中的变量，例如，市场价格形式的生产资料价格、工资、资本、生产成本、资本有机构成、利润与平均利润率，属于现象范畴的变量，是客观存在。通过研究得到的价值形式的变量，例如，价值形式的不变资本、可变资本、资本、生产成本、资本有机构成、剩余价值与平均利润率，属于本质范畴的变量，也是客观存在。但是，一元价值转形中的不变资本、可变资本、资本、生产成本、资本有机构成、利润与平均利润率，属于认识的第一阶段范畴的变量。在认识的更高级阶段，例如，二元价值转形、三元价值转形中的相应的变量，属于认识的第二阶段与第三阶段范畴的变量。

在剩余价值率确定的条件下，生产价格形式的利润率是生产价格形式的总资本有机构成的单调递减的双曲函数。这种情况，证明马克思的平均利润率趋向下降的规律是正确的。

第三篇　利润率趋向下降规律与三部类一元价值转形

第七章　按照鲍特凯维兹的部类划分的价值转形中利润率与资本有机构成的关系

第一节　鲍特凯维兹的价值转形理论是否定利润率趋向下降的理论基础

一、鲍特凯维兹的价值转形理论构成否定利润率趋向下降的重要理论基础之一

否定马克思关于利润率趋向下降的观点，最重要的依据有三个方面：第一，鲍特凯维兹的价值转形理论①；第二，随着资本有机构成提高与生产力提高，剩余价值率也提高，剩余价值率提高阻碍利润率提高；第三，依据某方面的统计数据的实证分析。其中，前两方面是理论依据。

对于很多否定马克思关于利润率趋向下降的观点的经济学家来说，鲍特凯维兹的生产价格形式的利润率公式是最重要的、最基本的理论依据。因此，现在任何考察价值转形中的利润率与资本有机构成的关系的经济学家，都不能不考察鲍特凯维兹的价值转形理论是否正确，也不能不考察按照鲍特凯维兹的部类划分的价值转形中，利润率的变化与资本有机构成的变化的关系。

鲍特凯维兹先后提出过两种不同的假设条件。第一种假设条件，是生产价格总和等于价值总和。第二种假设条件，是假设第三部类只生产货币材料——金，并且认为第三部类的生产价格等于价值。依据两种不同的假设条件，他事实上建立过两个不同的价值转形模型。他认为采用第二种假

---

① 鲍特凯维兹：《论〈资本论〉第三卷中马克思的基本理论结构的修正问题》，《国民经济统计资料》1907 年第 3 期（总第 34 期），第 370～385 页。

设条件更好，因此，他考察的价值转形是第二种价值转形与相应的价值转形模型。

鲍特凯维兹提出第二种假设条件的依据是，他认为，第一，资本家的主要消费品是奢侈品，奢侈品可以用黄金代表；第二，金是货币，货币的生产价格与价值相等。他的错误的假设条件，决定了他的价值转形模型不正确。

温特尼茨认为，鲍特凯维兹将资本家的全部消费品等同于货币黄金，提出第三部类的生产价格与价值相等，是“一个相当武断和不公正的假定，它会导致价格总额偏离价值总额”①。温特尼茨的这个观点是正确的。

要否定鲍特凯维兹的错误的价值转形理论，需要进行三方面的理论分析：

第一，只采用鲍特凯维兹的部类划分方式，不采用他的错误的假设条件，考察价值转形，分析鲍特凯维兹的理论的局限性。

第二，证明在一般条件下中等资本有机构成部类的生产价格与价值不相等。为此，需要按照列宁的部类划分方式考察相应的价值转形。

第三，证明在一般条件下作为货币的黄金的生产价格与价值不相等。需要按照马克思的考虑货币材料生产的部类划分方式考察相应的价值转形。

这里，考察按照鲍特凯维兹的部类划分的价值转形的利润率与资本有机构成的关系。

二、按照鲍特凯维兹的部类划分的两种不同的价值转形

按照鲍特凯维兹的部类划分方式，可以在两种不同条件下，分别建立两种不同的价值转形模型。

按照鲍特凯维兹实际采用的假设条件，他建立起自己的价值转形模型。在本书的第一章中与《价值转形》② 中，简单介绍过该模型。

值得注意的是，在鲍特凯维兹提出的数例中③，第三部类的资本有机构成不等于平均资本有机构成，但是，他仍然假设这个部类的生产价格与价值相等。由此可见，鲍特凯维兹不认为生产价格与价值相等的部类是中等资本有机构成的部类。

---

① 温特尼茨：《价值与价格：所谓“转形问题”的一种解法》，《经济学期刊》1948 年总第 58 卷，第 278 页。

② 沈民鸣：《价值转形》，第一卷，北京，中国人民大学出版社，2014，第 50～55 页。

③ 沈民鸣：《价值转形》，第一卷，北京，中国人民大学出版社，2014，第 53 页。

只采用鲍特凯维兹的部类划分方式，而不采用他的错误的假设条件，可以建立按照鲍特凯维兹的部类划分的价值转形模型。

为了区分这两种不同的价值转形，以及相应的价值转形模型，我们将前者称为鲍特凯维兹的价值转形，相应的价值转形模型称为鲍特凯维兹的价值转形模型；将后者称为按照鲍特凯维兹的部类划分的价值转形，相应的价值转形模型称为按照鲍特凯维兹的部类划分的价值转形模型。

在这里，我们的分析过程包括两个阶段：第一阶段，按照鲍特凯维兹的部类划分，但是，不采用他的错误假设条件建立价值转形模型，考察利润率与资本有机构成的关系①；第二阶段，按照鲍特凯维兹本人的价值转形模型和思路进行分析，重点考察鲍特凯维兹的价值转形中利润率与资本有机构成的关系与我们考察的按照鲍特凯维兹的部类划分的价值转形中利润率与资本有机构成的关系有无差别。

通过考察，不仅要分析价值转形中利润率与资本有机构成的关系，而且要证明，生产价格形式的利润率不能正确地反映总资本的增殖程度，而价值形式的平均利润率却能够比较正确地反映总资本的增殖程度。

第二节 按照鲍特凯维兹的三部类划分的价值转形的基本假设条件、符号规定、基本关系

一、基本假设条件

为了考察按照鲍特凯维兹的三部类划分的价值转形，需要规定基本假设条件。假设：

（1）社会生产划分为三个部类：第一部类为生产资料生产部类，第二部类为工人的生活资料生产部类，第三部类为资本家的消费资料生产部类，其中既包括资本家的必要生活资料，也包括奢侈品。不考虑非物质生产部门。

（2）生产过程为简单再生产。

（3）三个部类的剩余价值率相同并且已知。

（4）三个部类的生产价格形式的利润率相同。

（5）三个部类的资本有机构成已知，但是不完全相同。假设第一部类

① 沈民鸣：《价值转形》，第二卷，北京，中国人民大学出版社，2014，第552～624页。

的不变资本、可变资本、剩余价值已知。

（6）不变资本的价值通过一次生产过程全部转移到产品中去，也就是不考虑固定资本的影响。

（7）资本循环一次的时间为一年，也就是不考虑资本循环速度或资本周转速度的影响。

二、符号规定

c_i、v_i、s_i有双重涵义。一方面，在生产过程中，c_i、v_i、s_i分别表示第i部类使用的物化劳动、耗费的必要劳动、耗费的剩余劳动；另一方面，在流通过程中，c_i、v_i、s_i分别表示第i部类使用的不变资本、使用的可变资本、工人创造的剩余价值。

a_i分别表示第i部类的价值生产价格转化系数。

s_{ai}分别表示第i部类被社会多承认的剩余价值。

s_{ti}分别表示第i部类的资本家多得到的剩余价值。

k_i分别表示第i部类的价值形式的资本有机构成。

r_i分别表示第i部类的生产价格形式的利润率。

r表示生产价格形式的平均利润率。

e表示剩余价值率。

三、基本关系

（一）价值形式的简单再生产条件

价值转形是由于剩余价值的生产与剩余价值的分配之间的矛盾而产生的，也就是由于资本的生产过程与资本的流通过程存在矛盾而产生的。在资本主义生产过程中，与耗费的劳动相应的价值，满足价值形式的再生产条件。因此，研究价值转形，必须考察资本的生产过程，也就是考察价值形式的简单再生产条件。

在流通过程中重新分配，不可能改变生产中已经耗费的物化劳动、必要劳动和剩余劳动。因此，无论如何分配剩余价值，价值形式的简单再生产条件都成立。

第一部类的产品，用于补偿第一部类和第二部类在简单再生产中耗费的生产资料。第一部类生产中耗费的物化劳动、必要劳动、剩余劳动之和，等于生产补偿三个部类耗费的生产资料所需要的劳动之和，即

$$c_1 + v_1 + s_1 = c_1 + c_2 + c_3 \qquad (7-1)$$

第二部类的产品，为各部类工人的生活需要的生活资料。第二部类生

产中耗费的物化劳动、必要劳动、剩余劳动之和，等于生产各部类工人的生活消费资料所需劳动之和，即

$$c_2+v_2+s_2=v_1+v_2+v_3 \tag{7-2}$$

第三部类的产品，为各部类资本家的生活需要的生活资料。第三部类生产中耗费的物化劳动、必要劳动、剩余劳动之和，等于生产各部类资本家的生活消费资料所需劳动之和，即

$$c_3+v_3+s_3=s_1+s_2+s_3 \tag{7-3}$$

在这三个方程中，由任意两个方程可以推导出另一个方程。因此，只有两个独立方程。如果没有特殊约定，由于第一个方程和第二个方程更简单，因此，可以选择前两个方程。

价值形式的再生产条件，是按照鲍特凯维兹的三部类划分的一元价值转形中最重要的与最基本的条件。

（二）资本有机构成

生产过程中使用的物化劳动与耗费的必要劳动之比，或者不变资本与可变资本之比，就是资本有机构成。三个部类的资本有机构成分别为

$$\frac{c_1}{v_1}=k_1 \tag{7-4}$$

$$\frac{c_2}{v_2}=k_2 \tag{7-5}$$

$$\frac{c_3}{v_3}=k_3 \tag{7-6}$$

其中，k_1、k_2 和 k_3 均为已知常数。

通常，三个部类的资本有机构成不完全相同。如果三个部类的资本有机构成相同，剩余价值率也相同，那么，价值形式的利润率必定相同，就不需要进行价值转形了。

（三）剩余价值率相同

考虑到劳动力可以在不同部类之间自由流动，如果不同部类的资本对劳动的剥削程度不同，那么，劳动力就会流动到剥削程度比较低的部类。因此，不同部类的资本对劳动的剥削程度相同，即剩余价值率相同。剩余价值率等于剩余劳动与必要劳动之比，即

$$\frac{s_1}{v_1}=\frac{s_2}{v_2}=\frac{s_3}{v_3}=e \tag{7-7}$$

剩余价值率相同，为价值转形的基本条件之一。

（四）价值生产价格转化系数与被社会多承认的剩余价值

每个部类得到社会承认的剩余价值或利润，与这个部类生产的剩余价

值或利润不相等。剩余价值在各部类之间转移，通过社会对资本有机构成不同的部类生产的剩余价值的承认程度不同来实现。

第一部类的产品价值为 $c_1+v_1+s_1$。第一部类在流通过程中被社会多承认的剩余价值为 s_{a1}，那么，该部类在流通过程中被社会承认的剩余价值为 s_1+s_{a1}。社会对这个部类的剩余价值多承认的部分，就是社会对这个部类的产品价值多承认的部分。第一部类的产品得到社会承认的价值为 $c_1+v_1+s_1+s_{a1}$。

第一部类的价值生产价格转化系数，为第一部类的产品得到社会承认的价值与第一部类的商品本身的价值之比，即

$$a_1=\frac{c_1+v_1+s_1+s_{a1}}{c_1+v_1+s_1} \tag{7-8}$$

这个系数是一个与某种具体的货币单位无关的无量纲的纯系数。该系数表示社会对第一部类的产品价值的承认程度，或表示该部类产品的生产价格与价值的偏离程度。

同理，第二部类和第三部类的产品价值分别为 $c_2+v_2+s_2$ 和 $c_3+v_3+s_3$，在流通过程中被社会多承认的剩余价值分别为 s_{a2} 和 s_{a3}，那么，第二部类和第三部类在流通过程中被社会承认的剩余价值分别为 s_2+s_{a2} 和 s_3+s_{a3}。社会对第二部类和第三部类的剩余价值多承认的部分，就是对这两个部类的产品价值多承认的部分。第二部类和第三部类的产品得到社会承认的价值分别为 $c_2+v_2+s_2+s_{a2}$ 与 $c_3+v_3+s_3+s_{a3}$。

第二部类（第三部类）的价值生产价格转化系数，为第二部类（第三部类）的产品得到社会承认的价值与第二部类（第三部类）的商品本身的价值之比，即

$$a_2=\frac{c_2+v_2+s_2+s_{a2}}{c_2+v_2+s_2} \tag{7-9}$$

$$a_3=\frac{c_3+v_3+s_3+s_{a3}}{c_3+v_3+s_3} \tag{7-10}$$

a_2 和 a_3 也是无量纲的纯系数。a_2 表示社会对第二部类产品价值的承认程度，或第二部类产品的生产价格与价值的偏离程度。a_3 表示社会对第三部类产品价值的承认程度，或第三部类产品的生产价格与价值的偏离程度。

（五）分配剩余价值不改变生产过程中已经耗费的劳动

当资本家在流通过程中分配剩余价值时，生产过程已经完成，无论按照什么方式分配剩余价值，都不能改变生产过程中已经耗费的劳动。因此，剩余劳动总量不会发生变化。

资本家之间在流通过程中分配剩余价值有两种不同类型。

第一种分配剩余价值的类型，是所有资本家都认为，利润率低于平均利润率的部类应该多得到一部分社会承认的剩余价值，或多得到一部分社会承认的价值；利润率高于平均利润率的部类应该少得到一部分社会承认的剩余价值，或少得到一部分社会承认的价值。三个部类被社会多承认的剩余价值应该互相抵消，即

$$s_{a1}+s_{a2}+s_{a3}=0 \tag{7-11}$$

（7-11）式表示，一个部类被社会多承认的剩余价值，等于其他部类被社会少承认的剩余价值。显然，这种分配剩余价值的类型是观念的。在观念上分配剩余价值，剩余劳动总量不变。

第二种分配剩余价值的类型，是利润率低于平均利润率的部类通过一元价值转形多得到一部分剩余价值，或者多得到一部分价值；利润率高于平均利润率的部类通过一元价值转形少得到一部分剩余价值，或者少得到一部分价值。显然，这种分配剩余价值的类型是实质的。

因为一元价值转形不能实现价值形式的平均利润率，只能实现生产价格形式的平均利润率，所以，一个部类被社会多承认的剩余价值与这个部类多得到剩余价值通常不相同。在一定条件下，一个部类被社会多承认的剩余价值大于0，这个部类多得到剩余价值可能小于0；一个部类被社会多承认的剩余价值小于0，这个部类多得到剩余价值可能大于0。

（六）生产价格形式的利润率相同

在流通过程中，如果不同部类的资本有机构成不同，那么，这些部类的产品将不按照价值交换，而是按照生产价格进行交换。产品交换关系满足生产价格形式的简单再生产条件。

第一部类产品的生产价格为 a_1（$c_1+v_1+s_1$）。第一部类使用的生产资料的生产价格为 a_1c_1。因为不考虑固定资本的影响，所以，使用的生产资料就是需要补偿的生产资料。工人需要得到的生活消费资料的生产价格为 a_2v_1。第一部类的生产价格形式的利润，为第一部类的产品的生产价格扣除需要补偿的生产资料的生产价格，再扣除再生产劳动力需要的生活消费资料的生产价格之后的余额，即

$$a_1(c_1+v_1+s_1)-a_1c_1-a_2v_1=a_1(v_1+s_1)-a_2v_1$$

如果不考虑固定资本，那么，第一部类的生产价格形式的资本就是生产价格形式的成本，可以表示为 $a_1c_1+a_2v_1$。

第一部类的生产价格形式的利润率，为第一部类的生产价格形式的利润 $a_1v_1+a_1s_1-a_2v_1$ 与第一部类的生产价格形式的资本 $a_1c_1+a_2v_1$ 之

比，即

$$r_1=\frac{a_1(v_1+s_1)-a_2v_1}{a_1c_1+a_2v_1} \tag{7-12}$$

第二部类产品的生产价格为 a_2（$c_2+v_2+s_2$）。第二部类使用的生产资料的生产价格为 a_1c_2。因为不考虑固定资本的影响，所以，需要补偿的生产资料就是使用的生产资料。工人需要得到的生活消费资料的生产价格为 a_2v_2。第二部类的生产价格形式的利润，为第二部类的产品的生产价格扣除需要补偿的生产资料的生产价格，再扣除再生产劳动力需要的生活消费资料的生产价格之后的余额，即

$$a_2(c_2+v_2+s_2)-a_1c_2-a_2v_2=a_2(c_2+s_2)-a_1c_2$$

如果不考虑固定资本，那么，第二部类的生产价格形式的资本就是生产价格形式的成本，可以表示为 $a_1c_2+a_2v_2$。

第二部类的生产价格形式的利润率，为第二部类的生产价格形式的利润 a_2（c_2+s_2）$-a_1c_2$ 与第二部类生产价格形式的资本 $a_1c_2+a_2v_2$ 之比，即

$$r_2=\frac{a_2(c_2+s_2)-a_1c_2}{a_1c_2+a_2v_2} \tag{7-13}$$

第三部类产品的生产价格为 a_3（$c_3+v_3+s_3$）。第三部类使用的生产资料的生产价格为 a_1c_3。因为不考虑固定资本的影响，所以，需要补偿的生产资料就是使用的生产资料。工人需要得到的生活消费资料的生产价格为 a_2v_3。第三部类的生产价格形式的利润，为第三部类的产品的生产价格扣除需要补偿的生产资料的生产价格，再扣除再生产劳动力需要的生活消费资料的生产价格之后的余额，即

$$a_3(c_3+v_3+s_3)-a_1c_3-a_2v_3$$

如果不考虑固定资本，那么，第三部类的生产价格形式的资本就是生产价格形式的成本，可以表示为 $a_1c_3+a_2v_3$。

第三部类的生产价格形式的利润率，为第三部类的生产价格形式的利润 a_3（$c_3+v_3+s_3$）$-a_1c_3-a_2v_3$ 与第三部类生产价格形式的资本 $a_1c_3+a_2v_3$ 之比，即

$$r_3=\frac{a_3(c_3+v_3+s_3)-a_1c_3-a_2v_3}{a_1c_3+a_2v_3} \tag{7-14}$$

在流通过程中，三部类生产价格形式的利润率相同，等于生产价格形式的平均利润率，即

$$r_1=r_2=r_3=r \tag{7-15}$$

或

$$r=\frac{a_1(v_1+s_1)-a_2v_1}{a_1c_1+a_2v_1}=\frac{a_2(c_2+s_2)-a_1c_2}{a_1c_2+a_2v_2}$$
$$=\frac{a_3(c_3+v_3+s_3)-a_1c_3-a_2v_3}{a_1c_3+a_2v_3} \tag{7-16}$$

（七）按照鲍特凯维兹的三部类划分的一元价值转形方程

由生产价格形式的利润率相同条件（7－16）式，得到

$$r+1=\frac{a_1(v_1+s_1)-a_2v_1}{a_1c_1+a_2v_1}+1$$
$$=\frac{a_2(c_2+s_2)-a_1c_2}{a_1c_2+a_2v_2}+1$$
$$=\frac{a_3(c_3+v_3+s_3)-a_1c_3-a_2v_3}{a_1c_3+a_2v_3}+1 \tag{7-17}$$

（7－17）式可以分别表示为

$$(a_1c_1+a_2v_1)(1+r)=a_1(c_1+v_1+s_1) \tag{7-18}$$
$$(a_1c_2+a_2v_2)(1+r)=a_2(c_2+v_2+s_2) \tag{7-19}$$
$$(a_1c_3+a_2v_3)(1+r)=a_3(c_3+v_3+s_3) \tag{7-20}$$

这三个方程就是按照鲍特凯维兹的三部类划分的一元价值转形方程。这些方程表示生产价格与价值之间的联系。从形式上看，在这些方程中，每个部类的剩余价值或利润都表现为预付资本自行增殖的结果，从而剩余价值的真正来源被掩盖了。

按照价值形式无法同时满足再生产条件和平均利润条件。按照生产价格形式可以同时满足再生产条件和平均利润条件。资本家只关心价值增殖，不关心剩余价值的真正来源；只关心现象，不关心本质。资本家看不到剩余价值或利润是工人的剩余劳动创造的，认为剩余价值或利润是自己的资本带来的。因此，资本家只要求满足形式上的平等。

（八）资本家最终得到的剩余价值或最终占有的剩余价值

每个部类的资本家最终得到的剩余价值或最终占有的剩余价值，既不是这个部类的工人创造的剩余价值，也不是这个部类得到社会承认的剩余价值。

在简单再生产条件下，资本家得到的生产价格形式的利润，用于购买生活消费资料。生产这些生活消费资料所耗费的劳动，才是资本家得到的剩余价值。生产补偿生产中耗费的生产资料所需要的劳动、生产恢复工人的劳动力的生活消费资料所需要的劳动、生产资本家得到的生活消费资料所需要的劳动之和，才是资本家最终得到的价值。

三个部类的资本家最终得到的剩余价值分别为 s_1+s_{t2}、s_2+s_{t2}、s_3+

s_{t3}。因为这些剩余价值都用于交换生活消费资料，即用于交换第三部类的产品，所以，资本家最终得到的剩余价值乘以第三部类的价值生产价格转化系数，才等于这个部类的生产价格形式的利润。

三个部类的资本家最终得到的剩余价值与三个部类的生产价格形式的利润的关系，可以表示为

$$(a_1c_1+a_2v_1)r=a_3(s_1+s_{t1}) \tag{7-21}$$

$$(a_1c_2+a_2v_2)r=a_3(s_2+s_{t2}) \tag{7-22}$$

$$(a_1c_3+a_2v_3)r=a_3(s_3+s_{t3}) \tag{7-23}$$

资本家的生产目的，就是要得到这些最终落入自己口袋的剩余价值。

上面各方程，构成简单再生产条件下按照鲍特凯维兹的三部类划分的一元价值转形的基本关系。

第三节　按照鲍特凯维兹的三部类划分的一元价值转形模型、四个系统与“两个等于”问题

由上述按照鲍特凯维兹的三部类划分的一元价值转形的基本关系，可得到相应的一元价值转形模型。①

一、按照鲍特凯维兹的三部类划分的一元价值转形模型

（一）简单再生产方程组

$$v_1+s_1=c_2+c_3 \tag{7-24}$$

$$c_2+s_2=v_1+v_3 \tag{7-25}$$

$$\frac{c_2}{v_2}=k_2 \tag{7-26}$$

$$\frac{c_3}{v_3}=k_3 \tag{7-27}$$

$$\frac{s_1}{v_1}=\frac{s_2}{v_2} \tag{7-28}$$

$$\frac{s_1}{v_1}=\frac{s_3}{v_3} \tag{7-29}$$

（二）价值转形方程组

$$a_1=\frac{c_1+v_1+s_1+s_{a1}}{c_1+v_1+s_1} \tag{7-30}$$

---

① 沈民鸣：《价值转形》，第二卷，北京，中国人民大学出版社，2014，第560～562页。

$$a_2 = \frac{c_2 + v_2 + s_2 + s_{a2}}{c_2 + v_2 + s_2} \tag{7-31}$$

$$a_3 = \frac{c_3 + v_3 + s_3 + s_{a3}}{c_3 + v_3 + s_3} \tag{7-32}$$

$$s_{a1} + s_{a2} + s_{a3} = 0 \tag{7-33}$$

$$(a_1 c_1 + a_2 v_1)(1 + r) = a_1(c_1 + v_1 + s_1) \tag{7-34}$$

$$(a_1 c_2 + a_2 v_2)(1 + r) = a_2(c_2 + v_2 + s_2) \tag{7-35}$$

$$(a_1 c_3 + a_2 v_3)(1 + r) = a_3(c_3 + v_3 + s_3) \tag{7-36}$$

$$(a_1 c_1 + a_2 v_1)r = a_3(s_1 + s_{t1}) \tag{7-37}$$

$$(a_1 c_2 + a_2 v_2)r = a_3(s_2 + s_{t2}) \tag{7-38}$$

$$(a_1 c_3 + a_2 v_3)r = a_3(s_3 + s_{t3}) \tag{7-39}$$

（三）各关系式的涵义

按照鲍特凯维兹的三部类划分的一元价值转形模型中，各关系式的涵义分别如下：

（7－24）式、（7－25）式为按照鲍特凯维兹的三部类划分的简单再生产条件。

（7－26）式为第二部类的资本有机构成。

（7－27）式为第三部类的资本有机构成。

（7－28）式、（7－29）式为剩余价值率相同条件。

（7－30）式、（7－31）式、（7－32）式分别为三个部类的价值生产价格转化系数的定义。

（7－33）式表示三个部类被社会多承认的剩余价值互相抵消。

（7－34）式、（7－35）式、（7－36）式为按照鲍特凯维兹的三部类划分的一元价值转形方程。

（7－37）式、（7－38）式、（7－39）式分别为三个部类的生产价格形式的利润与最终得到的价值形式的利润的关系。

二、按照鲍特凯维兹的三部类划分的一元价值转形模型中的方程

该模型包括16个方程，这16个方程可以划分为两个子方程组。

前6个方程构成按照鲍特凯维兹的三部类划分的简单再生产条件方程组。

按照鲍特凯维兹的三部类划分的一元价值转形模型中，简单再生产条件方程组反映每个部类生产过程中耗费的物化劳动、耗费必要劳动、耗费剩余劳动之间的关系，该方程组满足价值形式的简单再生产条件，即满足

价值规律。

后 10 个方程构成按照鲍特凯维兹的三部类划分的一元价值转形方程组。

按照鲍特凯维兹的三部类划分方式，在简单再生产条件下的一元价值转形模型中，价值转形方程组反映生产价格与价值的联系，反映流通过程中三个部类的生产价格形式的资本、生产价格形式的平均利润率、价值生产价格转化系数，被社会多承认的剩余价值与不变资本、可变资本、剩余价值之间的关系，也反映三个部类的生产价格形式的利润与资本家最终得到的剩余价值之间的关系。这个方程组满足生产价格形式的简单再生产条件和平均利润条件。

三、按照鲍特凯维兹的三部类划分的一元价值转形模型中的变量

按照鲍特凯维兹的三部类划分的一元价值转形模型中包括 c_1、c_2、c_3、v_1、v_2、v_3、s_1、s_2、s_3、s_{a1}、s_{a2}、s_{a3}、s_{t1}、s_{t2}、s_{t3}、a_1、a_2、a_3、r、k_2、k_3 共 21 个变量。其中，c_1、v_1、s_1、k_2、$k_3$5 个变量为已知量或外生变量。c_2、c_3、v_2、v_3、s_2、s_3、s_{a1}、s_{a2}、s_{a3}、s_{t1}、s_{t2}、s_{t3}、a_1、a_2、a_3、r16 个变量为未知变量或内生变量。由 16 个独立方程，可以得到唯一解。

值得指出的是，在本质上，c_2、c_3、v_2、v_3、s_2、s_3 都是已知量或外生变量，在价值转形之前就已经确定，不受价值转形影响。将这些变量作为未知变量或内生变量，是为了保持系统的一致性。

上述价值转形模型，是在第一部类不变资本、可变资本、剩余价值已知的条件下，按照鲍特凯维兹的三部类划分的一元价值转形模型。

如果假设条件变为 c_2、v_2、s_2、k_1 已知，只需将（7－26）式中的方程 $c_2/v_2=k_2$ 变为 $c_1/v_1=k_1$，即可构成第二部类不变资本、可变资本、剩余价值已知条件下，按照鲍特凯维兹的三部类划分的一元价值转形模型。

如果假设条件变为 c_3、v_3、s_3、k_1 已知，只需将（7－27）式中的方程 $c_3/v_3=k_3$ 变为 $c_1/v_1=k_1$，即可构成第三部类不变资本、可变资本、剩余价值已知条件下，按照鲍特凯维兹的三部类划分的一元价值转形模型。

四、按照鲍特凯维兹的三部类划分的一元价值转形模型中的四个系统

（一）按照鲍特凯维兹的三部类划分的一元价值转形模型中的四个系统

在按照鲍特凯维兹的三部类划分的一元价值转形过程中，有四个系统：价值转形前工人创造的剩余价值与价值系统；价值转形后得到社会

承认的剩余价值与价值系统，即得到社会承认的价值形式的利润与得到社会承认的价值形式的生产价格系统；价值转形后生产价格形式的利润与价格形式的生产价格系统；价值转形后资本家最终得到的剩余价值与价值系统，即实现的价值形式的利润与实现的价值形式的生产价格系统。

按照鲍特凯维兹的三部类划分的一元价值转形中，这四个系统可以用表 7－1、表 7－2、表 7－3、表 7－4 表示。

表 7－1　　　　价值转形前工人创造的剩余价值和价值

部类	不变资本	可变资本	剩余价值	产品价值
1	c_1	v_1	s_1	$c_1+v_1+s_1$ $=c_1+c_2+c_3$
2	c_2	v_2	s_2	$c_2+v_2+s_2$ $=v_1+v_2+v_3$
3	c_3	v_3	s_3	$c_3+v_3+s_3$ $=s_1+s_2+s_3$
总和	$c_1+c_2+c_3$	$v_1+v_2+v_3$	$s_1+s_2+s_3$	$c_1+v_1+s_1$ $+c_2+v_2+s_2$ $+c_3+v_3+s_3$

表 7－2　　　　价值转形后价值形式的利润和生产价格（社会承认的）

部类	不变资本	可变资本	利润（社会承认的剩余价值）	生产价格（社会承认的价值）
1	c_1	v_1	s_1+s_{a1}	$c_1+v_1+s_1+s_{a1}$
2	c_2	v_2	s_2+s_{a2}	$c_2+v_2+s_2+s_{a2}$
3	c_3	v_3	s_3+s_{a3}	$c_3+v_3+s_3+s_{a3}$
总和	$c_1+c_2+c_3$	$v_1+v_2+v_3$	$s_1+s_2+s_3$	$c_1+v_1+s_1$ $+c_2+v_2+s_2$ $+c_3+v_3+s_3$

表 7－3　　　　价值转形后生产价格形式的利润和价格形式的生产价格

部类	不变资本	可变资本	利润（生产价格形式）	生产价格（价格形式）
1	a_1c_1	a_2v_1	$(a_1c_1+a_2v_1)\ r$	$a_1\ (c_1+v_1+s_1)$ $=(a_1c_1+a_2v_1)\ (1+r)$ $=c_1+v_1+s_1+s_a$
2	a_1c_2	a_2v_2	$(a_1c_2+a_2v_2)\ r$	$a_2\ (c_2+v_2+s_2)$ $=(a_1c_2+a_2v_2)\ (1+r)$ $=c_2+v_2+s_2+s_{a2}$

续前表

部类	不变资本	可变资本	利润（生产价格形式）	生产价格（价格形式）
3	a_1c_3	a_2v_3	$(a_1c_3+a_2v_3)\ r$	$a_3\ (c_3+v_3+s_3)$ $=(a_1c_3+a_2v_3)\ (1+r)$ $=c_3+v_3+s_3+s_{a3}$
总和	$a_1\ (c_1+c_2+c_3)$	$a_2\ (v_1+v_2+v_3)$	$[a_1\ (c_1+c_2+c_3)\ +a_2\ (v_1+v_2+v_3)]\ r$	$c_1+v_1+s_1+c_2+v_2+s_2+c_3+v_3+s_3$

表 7-4　　价值转形后价值形式的利润和生产价格（实现的）

部类	不变资本	可变资本	利润（实现的剩余价值）	生产价格（实现的价值）
1	c_1	v_1	$s_1+s_{t1}=(a_1c_1+a_2v_1)\ r/a_3$	$c_1+v_1+s_1+s_{t1}$
2	c_2	v_2	$s_2+s_{t2}=(a_1c_2+a_2v_2)\ r/a_3$	$c_2+v_2+s_2+s_{t2}$
3	c_3	v_3	$s_3+s_{t3}=(a_1c_3+a_2v_3)\ r/a_3$	$c_3+v_3+s_3+s_{t3}$
总和	$c_1+c_2+c_3$	$v_1+v_2+v_3$	$s_1+s_2+s_3$	$c_1+v_1+s_1+c_2+v_2+s_2+c_3+v_3+s_3$

（二）按照鲍特凯维兹的三部类划分的一元价值转形模型中四个系统之间的关系

（1）按照鲍特凯维兹的三部类划分的一元价值转形模型中，价值转形之前工人创造的剩余价值和价值系统，反映了生产过程中每个部类耗费的物化劳动、必要劳动、剩余劳动的关系。产品只有被生产出来才能用于交换。因此，这个系统是价值转形的起点，不受价值转形的影响，如表 7-1 所示，与（7-24）式、（7-25）式、（7-26）式、（7-27）式、（7-28）式、（7-29）式对应。

（2）按照鲍特凯维兹的三部类划分的一元价值转形，同时产生了三个系统。这三个系统不是三种不同的一元价值转形，而是同一个价值转形过程的三个不同方面，是三个互相联系又互相区别的不同系统。

（3）在价值转形后得到社会承认的价值形式的利润和生产价格系统中，不变资本和可变资本均为价值形式的，相当于价值转形前生产中耗费的物化劳动和必要劳动。每个部类得到社会承认的剩余价值，不同于这个部类的工人创造的剩余价值。

所有资本家都认为，利润率低的部类被社会承认的剩余价值和价值应该多一些，利润率高的部类被社会承认的剩余价值和价值应该少一些。该系统中，由价值决定生产价格，避免了由生产价格形式的不变资本和生产价格形式的可变资本来定义生产价格而导致的循环定义。

这个系统如表 7－2 所示，与（7－30）式、（7－31）式、（7－32）式、（7－33）式对应。从该表中可以看出，虽然该系统既不满足再生产条件，又不满足平均利润条件，但是，从（7－30）式、（7－31）式、（7－32）式、（7－33）式可以看出，该系统决定了三个部类的价值生产价格转化系数，从而为价值转形后生产价格形式的利润和价格形式的生产价格系统满足再生产条件和平均利润条件奠定了基础。

（4）在价值转形后生产价格形式的利润和价格形式的生产价格系统中，不变资本、可变资本和利润均为生产价格形式的。由（7－30）式、（7－31）式、（7－32）式、（7－33）式、（7－34）式、（7－35）式、（7－36）式可以看出，在该系统中，价格形式的生产价格与表 7－2 中由价值决定的生产价格完全相同。

生产价格与价值的偏离可以有两种不同表示方式：既可以用价值加上一个不等于 0 的数值表示生产价格，也可以用价值乘上一个不等于 1 的系数表示生产价格。因为这个生产价格中已经包含了对其价值的偏离，所以，这个系统可以实现由价值形式的生产成本向生产价格形式的生产成本的转化。这个系统可以用表 7－3 表示，与（7－34）式、（7－35）式、（7－36）式对应。该系统同时满足生产价格形式的再生产条件和平均利润条件。

值得注意的是，（7－34）式、（7－35）式、（7－36）式仅仅表示价值转形方程满足生产价格形式的平均利润条件，而不表示这三个方程满足生产价格形式的简单再生产条件。必须满足按照鲍特凯维兹的三部类划分的一元价值转形的（7－24）式、（7－25）式，即满足价值形式的简单再生产条件，（7－34）式、（7－35）式、（7－36）式才满足生产价格形式的简单再生产条件。

（5）在价值转形后资本家得到的剩余价值和价值系统中，也就是在实现的价值形式的利润和生产价格系统中，不变资本和可变资本均为价值形式的，相当于价值转形前生产中耗费的物化劳动和必要劳动。

在简单再生产条件下，按照鲍特凯维兹的三部类划分的价值转形模型中，资本家得到的剩余价值或利润用于购买生活消费资料。资本家最终得到的价值形式的利润，反映生产这些生活消费资料所耗费的劳动。

在这个系统中，资本家得到的价值形式的利润与第二部类的价值生产价格转化系数之积，即与生活消费资料生产部类的价值生产价格转化系数之积，等于表 7－3 中与表 7－4 中的生产价格形式的利润。

这个系统既不满足价值形式的再生产条件，也不满足价值形式的平均利润条件，这就是说，从价值角度来看，不满足平均利润条件和再生产条件。该系统如表 7－4 所示，与（7－37）式、（7－38）式、（7－39）式对应。

（6）由这四个系统的关系可以看出，价值转形前工人创造的剩余价值和价值，决定按照鲍特凯维兹的部类划分的价值转形后得到社会承认的价值形式的利润和生产价格；价值转形后得到社会承认的价值形式的利润和生产价格，决定价值转形后生产价格形式的利润和价格形式的生产价格；价值转形后生产价格形式的利润和价格形式的生产价格，决定资本家最终得到的剩余价值和价值，也就是实现的价值形式的利润和生产价格。

五、按照鲍特凯维兹的三部类划分的一元价值转形中的“两个等于”问题

（一）价值转形后得到社会承认的价值形式的利润和生产价格系统的“两个等于”问题

在按照鲍特凯维兹的三部类划分的一元价值转形中，总剩余劳动和社会总劳动都没有变化。总剩余价值反映总剩余劳动，社会产品总价值反映社会总劳动，既然总剩余劳动和社会总劳动不变，那么，总剩余价值和社会产品总价值也不变。一个部类被社会多承认的剩余价值，等于其他部类被社会少承认的剩余价值。

在按照鲍特凯维兹的三部类划分的一元价值转形模型中，由（7－33）式可以得到

$$(s_1 + s_{a1}) + (s_2 + s_{a2}) + (s_3 + s_{a3}) = s_1 + s_2 + s_3 \qquad (7-40)$$

和

$$\begin{aligned}&(c_1 + v_1 + s_1 + s_{a1}) + (c_2 + v_2 + s_2 + s_{a2})\\&+ (c_3 + v_3 + s_3 + s_{a3})\\&= (c_1 + v_1 + s_1) + (c_2 + v_2 + s_2) + (c_3 + v_3 + s_3)\end{aligned} \qquad (7-41)$$

即得到社会承认的价值形式的利润总和等于剩余价值总和；得到社会承认的价值形式的生产价格总和等于价值总和。这是由（7－33）式直接决定的，因此，无须证明。

（二）价值转形后生产价格形式的利润和价格形式的生产价格系统的“两个等于”问题

在价值转形后生产价格形式的利润和价格形式的生产价格系统中，由（7－30）式、（7－31）式、（7－32）式、（7－33）式可以得到，得到社会承认的价值形式的生产价格总和或价格形式的生产价格总和为

$$\begin{aligned}&a_1(c_1+v_1+s_1)+a_2(c_2+v_2+s_2)+a_3(c_3+v_3+s_3)\\&=(c_1+v_1+s_1+s_{a1})+(c_2+v_2+s_2+s_{a2})\\&+(c_3+v_3+s_3+s_{a3})\\&=(c_1+v_1+s_1)+(c_2+v_2+s_2)+(c_3+v_3+s_3)\end{aligned}\tag{7-42}$$

即价格形式的生产价格总和等于价值总和。但是，在一般情况下，生产价格形式的利润总和不等于剩余价值总和。

（三）价值转形后资本家得到的剩余价值和价值系统的“两个等于”问题

在价值转形后资本家实际得到的或实现的价值形式的利润和生产价格系统中，由（7－34）式、（7－35）式、（7－36）式、（7－37）式、（7－38）式、（7－39）式可以得到三个部类的资本家多得到的剩余价值分别为

$$s_{t1}=\frac{a_1(v_1+s_1)-a_2v_1}{a_3}-s_1\tag{7-43}$$

$$s_{t2}=\frac{a_2(c_2+s_2)-a_1c_2}{a_3}-s_2\tag{7-44}$$

$$\begin{aligned}s_{t3}&=\frac{a_3(c_3+v_3+s_3)-a_1c_3-a_2v_3}{a_3}-s_3\\&=c_3+v_3-\frac{a_1c_3+a_2v_3}{a_3}\end{aligned}\tag{7-45}$$

由（7－24）式、（7－25）式、（7－43）式、（7－44）式、（7－45）式，得到

$$s_{t1}+s_{t2}+s_{t3}=0\tag{7-46}$$

因此，三个部类的资本家多得到的剩余价值互相抵消。

三个部类资本家得到的剩余价值总和为

$$(s_1+s_{t1})+(s_2+s_{t2})-(s_3+s_{t3})=s_1+s_2+s_3\tag{7-47}$$

即资本家得到的剩余价值总和或得到的价值形式的利润总和，等于工人创造的剩余价值总和。在剩余价值分配过程中，剩余劳动总量不变，因此，

剩余价值总量既不会增加也不会减少，而是在不同部类的资本家之间转移。

三个部类的资本家最终得到的价值形式的生产价格总和为

$$(c_1+v_1+s_1+s_{t1})+(c_2+v_2+s_2+s_{t2})$$
$$+(c_3+v_3+s_3+s_{t3})$$
$$=(c_1+v_1+s_1)+(c_2+v_2+s_2)+(c_3+v_3+s_3) \quad (7-48)$$

即资本家最终得到的价值形式的生产价格总和等于价值总和。

因此，马克思的“两个等于”的论断，在价值转形后得到社会承认的价值形式的利润和生产价格系统和价值转形前工人创造的剩余价值和价值系统之间成立，在价值转形后资本家最终得到的价值形式的利润和生产价格系统与价值转形前工人创造的剩余价值和价值系统之间也成立。在价值转形后生产价格形式的利润和价格形式的生产价格系统与价值转形前工人创造的剩余价值和价值系统之间，生产价格形式的利润总和不等于剩余价值总和，价格形式的生产价格总和等于价值总和。

这就是按照鲍特凯维兹的三部类划分的一元价值转形中，“两个等于”成立的范围。

（四）按照鲍特凯维兹的三部类划分的一元价值转形中，“两个等于”是生产决定流通的结果

通过（7－47）式、（7－48）式，在价值转形后资本家最终得到的价值形式的利润和生产价格系统与价值转形前工人创造的剩余价值和价值系统之间，马克思的“两个等于”的观点似乎得到了证明。这是一个重大的误解。“两个等于”并不是通过数学方法证明的，而是由生产过程与流通过程的关系证明的。

当资本家之间开始分配剩余价值时，生产过程已经结束。无论用何种方式分配剩余价值，都无法改变已经耗费的剩余劳动总量和劳动总量。因此，“两个等于”是由因果关系决定的。“两个等于”是客观存在，同时，也是价值转形的基本前提。

在推导（7－47）式、（7－48）式的过程中，利用了（7－46）式。在推导（7－46）式的过程中，利用了价值形式的简单再生产条件。价值形式的简单再生产条件，反映生产过程中不同部类耗费的物化劳动、必要劳动、剩余劳动之间的关系。因此，（7－47）式、（7－48）式不表示可以用数学方法证明“两个等于”，而是以数学形式重申，剩余价值的生产决定了剩余价值的分配，即生产决定流通，或价值决定生产价格。

第四节　按照鲍特凯维兹的三部类划分的一元价值转形模型的解与数例

求按照鲍特凯维兹的三部类划分的一元价值转形模型的解，通常按照以下顺序：

（1）求参数 σ 与生产价格形式的平均利润率 r。

（2）求价值生产价格转化系数 a_1、a_2、a_3。

（3）求三个部类被社会多承认的剩余价值 s_{a1}、s_{a2}、s_{a3}。

（4）求三个部类多得到的剩余价值 s_{t1}、s_{t2}、s_{t3}。

一、按照鲍特凯维兹的三部类划分的一元价值转形模型的解

（一）求参数 σ 与生产价格形式的平均利润率 r

在 s_{a1}、s_{a2}、s_{a3}、a_1、a_2、a_3、r 这七个内生变量中，可以先求任何一个内生变量，再求其他内生变量。但是，通常为了简便，先求参数 σ 与生产价格形式的平均利润率 r。

令

$$f_1 = \frac{v_1}{c_1} \tag{7-49}$$

$$f_2 = \frac{v_2}{c_2} \tag{7-50}$$

$$f_3 = \frac{v_3}{c_3} \tag{7-51}$$

$$g_1 = \frac{c_1 + v_1 + s_1}{c_1} \tag{7-52}$$

$$g_2 = \frac{c_2 + v_2 + s_2}{c_2} \tag{7-53}$$

$$g_3 = \frac{c_3 + v_3 + s_3}{c_3} \tag{7-54}$$

$$\sigma = 1 + r \tag{7-55}$$

将（7-49）式、（7-50）式、（7-51）式、（7-52）式、（7-53）式、（7-54）式、（7-55）式，代入（7-30）式、（7-31）式、（7-32）式、（7-33）式、（7-34）式、（7-35）式、（7-36）式，可以得到

$$(a_1 + a_2 f_1)\sigma = a_1 g_1 \tag{7-56}$$

$$(a_1+a_2f_2)\sigma=a_2g_2 \tag{7-57}$$

$$(a_1+a_2f_3)\sigma=a_3g_3 \tag{7-58}$$

$$a_1c_1g_1+a_2c_2g_2+a_3c_3g_3=c_1g_1+c_2g_2+c_3g_3 \tag{7-59}$$

由（7－56）式得

$$a_1=\frac{\sigma f_1a_2}{g_1-\sigma} \tag{7-60}$$

由（7－57）式得

$$a_2=\frac{\sigma a_1}{g_2-f_2\sigma} \tag{7-61}$$

由（7－60）式、（7－61）式得

$$(f_1-f_2)\sigma^2+(f_2g_1+g_2)\sigma-g_1g_2=0 \tag{7-62}$$

根据 a_1、a_2、a_3 有非零解的必要条件，也可以得到（7－62）式。价值转形方程（7－56）式、（7－57）式、（7－58）式，可以表示为

$$(\sigma-g_1)a_1+f_1\sigma a_2=0 \tag{7-63}$$

$$\sigma a_1+(f_2\sigma-g_2)a_2=0 \tag{7-64}$$

$$\sigma a_1+f_3\sigma a_2-g_3a_3=0 \tag{7-65}$$

在（7－63）式、（7－64）式、（7－65）式构成的 a_1、a_2、a_3 的齐次方程组中，价值生产价格转化系数 a_1、a_2、a_3 有非零解的必要条件，为 a_1、a_2、a_3 的系数行列式

$$\begin{vmatrix}\sigma-g_1 & f_1\sigma & 0\\ \sigma & f_2\sigma-g_2 & 0\\ \sigma & f_3\sigma & -g_3\end{vmatrix}=0 \tag{7-66}$$

即

$$f_1g_3\sigma^2-(\sigma-g_1)(f_2\sigma-g_2)g_3=0 \tag{7-67}$$

因为 $g_3\neq0$，所以

$$(f_1-f_2)\sigma^2+(f_2g_1+g_2)\sigma-g_1g_2=0 \tag{7-68}$$

显然，（7－68）式与（7－62）相同。

（7－62）式是实系数一元二次方程。解方程得

$$\sigma=\frac{-(f_2g_1+g_2)}{2(f_1-f_2)}\pm\frac{\sqrt{(f_2g_1+g_2)^2+4(f_1-f_2)g_1g_2}}{2(f_1-f_2)} \tag{7-69}$$

（7－69）式可以表示为

$$\sigma=\frac{f_2g_1+g_2\pm\sqrt{(g_2-f_2g_1)^2+4f_1g_1g_2}}{2(f_2-f_1)} \tag{7-70}$$

与第四章（4－47）式的平方根前只能取负号相同，无论第一部类资本有机构成高于第二部类资本有机构成，还是第一部类资本有机构成低于第二部类资本有机构成，（7－70）式的平方根前只能取负号，即

$$\sigma=\frac{f_2g_1+g_2-\sqrt{(g_2-f_2g_1)^2+4f_1g_1g_2}}{2(f_2-f_1)}$$

$$=\frac{f_2g_1+g_2-\sqrt{(f_2g_1-g_2)^2+4f_1g_1g_2}}{2(f_2-f_1)} \tag{7－71}$$

由（7－55）式、（7－71）式，可以得到生产价格形式的平均利润率为

$$r=\sigma-1$$

$$=\frac{f_2g_1+g_2-\sqrt{(f_2g_1-g_2)^2+4f_1g_1g_2}}{2(f_2-f_1)}-1 \tag{7－72}$$

这里求参数 σ 和生产价格形式的平均利润率 r 的方法，与第四章相近。但是，由于部类划分方式不同，这里的参数 f_1、f_2、g_1、g_2 与第四章的参数 f_1、f_2、g_1、g_2 表示的意义不同，因此，内容不同。

（二）参数 σ 的实系数一元二次方程中实数根的存在性

因为

$$(f_2g_1-g_2)^2+4f_1g_1g_2>0 \tag{7－73}$$

所以，（7－71）式中的 σ 一定是方程（7－62）式的实数根。

（三）求价值生产价格转化系数

将（7－60）式代入（7－58）式得

$$\left(\frac{f_1\sigma}{g_1-\sigma}+f_3\right)\sigma a_2=g_3a_3 \tag{7－74}$$

将（7－60）式代入（7－59）式得

$$\left(\frac{c_1f_1g_1\sigma}{g_1-\sigma}+c_2g_2\right)a_2+c_3g_3a_3=c_1g_1+c_2g_2+c_3g_3 \tag{7－75}$$

将（7－74）式代入（7－75）式得

$$a_2=\frac{c_1g_1+c_2g_2+c_3g_3}{\dfrac{(c_1g_1+c_3\sigma)f_1\sigma}{g_1-\sigma}+c_2g_2+c_3f_3\sigma} \tag{7－76}$$

将（7－76）式代入（7－74）式得

$$a_3=\left(\frac{\sigma f_1}{g_1-\sigma}+f_3\right)\frac{\sigma}{g_3}a_2$$

$$=\left(\frac{\sigma f_1}{g_1-\sigma}+f_3\right)\frac{c_1g_1+c_2g_2+c_3g_3}{g_3\left[\dfrac{(c_1g_1+c_3\sigma)f_1}{g_1-\sigma}+\dfrac{c_2g_2}{\sigma}+c_3f_3\right]} \tag{7－77}$$

将（7－76）式代入（7－60）式得

$$a_1=\frac{\sigma f_1 a_2}{g_1-\sigma}$$
$$=\frac{f_1(c_1g_1+c_2g_2+c_3g_3)}{(c_1g_1+c_3\sigma)f_1+(g_1-\sigma)(\frac{c_2g_2}{\sigma}+c_3f_3)} \tag{7-78}$$

（四）求三个部类被社会多承认的剩余价值

将（7－78）式、（7－76）式、（7－77）式分别代入（7－30）式、（7－31）式、（7－32）式，可以得到三个部类被社会多承认的剩余价值 s_{a1}、s_{a2}、s_{a3}。

（五）求三个部类多得到的剩余价值

将（7－78）式、（7－76）式、（7－77）式代入（7－43）式、（7－44）式、（7－45）式，可以得到三个部类资本家多得到的剩余价值 s_{t1}、s_{t2}、s_{t3}。

二、按照鲍特凯维兹的三部类划分的一元价值转形模型的数例

这里通过数例，说明如何实现按照鲍特凯维兹的三部类划分的价值转形，以及马克思的“两个等于”的观点在什么范围成立。

按照鲍特凯维兹的三部类划分方式，考虑到分析的是价值转形问题，三个部类的资本有机构成应该不完全相同。在按照鲍特凯维兹的三部类划分的价值转形模型中，采用鲍特凯维兹的经过精心设计的数例，作为价值转形的起点。

假设第一部类生产过程中耗费的物化劳动或不变资本为 $c_1=225$，耗费的必要劳动或可变资本为 $v_1=90$，耗费的剩余劳动或剩余价值为 $s_1=60$，第二部类和第三部类的资本有机构成分别为 $k_2=5/6$，$k_3=5/9$。

按照鲍特凯维兹的三部类划分的价值转形模型中的（7－24）式、（7－25）式、（7－26）式、（7－27）式、（7－28）式、（7－29）式，得到：

第二部类生产过程中耗费的物化劳动或不变资本为 $c_2=100$，耗费的必要劳动或可变资本为 $v_2=120$，耗费的剩余劳动或剩余价值为 $s_2=80$。

第三部类生产过程中耗费的物化劳动或不变资本为 $c_3=50$，耗费的必要劳动或可变资本为 $v_3=90$，耗费的剩余劳动或剩余价值为 $s_3=60$。

这些结果可以用表 7－5 表示。

表 7－5　价值转形前工人创造的剩余价值和价值

部类	不变资本	可变资本	剩余价值	产品价值
1	225	90	60	375
2	100	120	80	300
3	50	90	60	200
总和	375	300	200	875

将由简单再生产条件方程组得到的结果代入（7－71）式、（7－55）式，得到σ＝1.25，r＝0.25。将σ依次代入（7－78）式、（7－76）式、（7－77）式，得到a_1＝1.12，a_2＝0.933 333 333，a_3＝0.875。将a_1、a_2、a_3代入（7－30）式、（7－31）式、（7－32）式，得到s_{a1}＝45，s_{a2}＝－20，s_{a3}＝－25。将r、a_1、a_2、a_3代入（7－37）式、（7－38）式、（7－39）式，或代入（7－43）式、（7－44）式、（7－45）式，得到s_{t1}＝36，s_{t2}＝－16，s_{t3}＝－20。这些结果可以用表7－6、表7－7和表7－8表示。

表7－6　　价值转形后价值形式的利润和生产价格（社会承认的）

部类	不变资本	可变资本	利润（社会承认的剩余价值）	生产价格（社会承认的价值）
1	225	90	105	420
2	100	120	60	280
3	50	90	35	175
总和	375	300	200	875

表7－7　　价值转形后生产价格形式的利润和价格形式的生产价格

部类	不变资本	可变资本	利润（生产价格形式）	生产价格（价格形式）
1	252	84	84	420
2	112	112	56	280
3	56	84	35	175
总和	420	280	175	875

表7－8　　价值转形后价值形式的利润和生产价格（实现的）

部类	不变资本	可变资本	利润（实现的剩余价值）	生产价格（实现的价值）
1	225	90	96	411
2	100	120	64	284
3	50	90	40	180
总和	375	300	200	875

由表7－7可以看出，这里得到的结果，与用鲍特凯维兹的价值转形模型得到的结果，完全不同。[①] 原因在于，这里没有采用鲍特凯维兹提出的不合理的假设条件，即规定第三部类的价值生产价格转化系数等于1。

表7－6和表7－8满足利润总和等于剩余价值总和，生产价格总和等于价值总和，但是不满足简单再生产条件和平均利润条件。表7－7满足

① 沈民鸣：《价值转形》，第一卷，北京，中国人民大学出版社，2014，第5_～53页。

生产价格形式的简单再生产条件和生产价格形式的平均利润条件，也满足生产价格总和等于价值总和，但是不满足生产价格形式的利润总和等于剩余价值总和。

第五节　第三部类的价值形式的资本有机构成对价值形式的总资本有机构成与价值形式的平均利润率的影响

一、价值形式的资本有机构成

在按照鲍特凯维兹的三部类划分的一元价值转形模型中，价值形式的总资本有机构成，可以表示为

$$k=\frac{c_1+c_2+c_3}{v_1+v_2+v_3} \tag{7-79}$$

其中，k 为价值形式的总资本有机构成。

这里，不考察每个部类的价值形式的资本有机构成，如果没有特别说明，凡是说到价值形式的资本有机构成，都是指价值形式的总资本有机构成。

二、生产价格形式的资本有机构成

在按照鲍特凯维兹的三部类划分的一元价值转形模型中，生产价格形式的总资本有机构成，可以表示为

$$k_p=\frac{a_1(c_1+c_2+c_3)}{a_2(v_1+v_2+v_3)} \tag{7-80}$$

其中，k_p为生产价格形式的总资本有机构成。

这里，不考察每个部类的生产价格形式的资本有机构成，如果没有特别说明，那么，凡是说到生产价格形式的资本有机构成，都是指生产价格形式的总资本有机构成。

由（7-79）式、（7-80）式，可以得到生产价格形式的资本有机构成，即

$$k_p=\frac{a_1(c_1+c_2+c_3)}{a_2(v_1+v_2+v_3)}=\frac{a_1}{a_2}k \tag{7-81}$$

由（7-81）式可以看出，生产价格形式的资本有机构成与价值形式的资本有机构成的关系，是正比例关系。

三、价值形式的平均利润率

在按照鲍特凯维兹的三部类划分的一元价值转形模型中，价值形式的平均利润率，可以表示为

$$r_v = \frac{s_1 + s_2 + s_3}{(c_1 + c_2 + c_3) + (v_1 + v_2 + v_3)} \tag{7-82}$$

其中，r_v为价值形式的平均利润率。

这里，不考察每个部类的价值形式的利润率，如果没有特别说明，凡是说到价值形式的利润率，都是指价值形式的平均利润率。

由（7－7）式、（7－79）式、（7－82）式，可以得到

$$r_v = \frac{e(v_1 + v_2 + v_3)}{(c_1 + c_2 + c_3) + (v_1 + v_2 + v_3)} = \frac{e}{\dfrac{c_1 + c_2 + c_3}{v_1 + v_2 + v_3} + 1}$$

$$= \frac{e}{k + 1} \tag{7-83}$$

由（7－83）式可以看出，价值形式的平均利润率是价值形式的资本有机构成的单调递减的双曲函数，是剩余价值率的单调递增的线性函数。

四、生产价格形式的利润率

由（7－37）式、（7－38）式、（7－39）式，可以得到

$$\begin{aligned}&[(a_1c_1 + a_2v_1) + (a_1c_2 + a_2v_2) + (a_1c_3 + a_2v_3)]r \\ &= a_3[(s_1 + s_{t1}) + (s_2 + s_{t2}) + (s_3 + s_{t3})]\end{aligned} \tag{7-84}$$

即

$$\begin{aligned}&[a_1(c_1 + c_2 + c_3) + a_2(v_1 + v_2 + v_3)]r \\ &= a_3[(s_1 + s_2 + s_3) + (s_{t1} + s_{t2} + s_{t3})]\end{aligned} \tag{7-85}$$

由（7－7）式、（7－46）式、（7－79）式、（7－80）式、（7－85）式，可以得到生产价格形式的利润率，即

$$\begin{aligned}r &= \frac{a_3[(s_1 + s_2 + s_3) + (s_{t1} + s_{t2} + s_{t3})]}{a_1(c_1 + c_2 + c_3) + a_2(v_1 + v_2 + v_3)} \\ &= \frac{a_3(s_1 + s_2 + s_3)}{a_1(c_1 + c_2 + c_3) + a_2(v_1 + v_2 + v_3)} \\ &= \frac{a_3e(v_1 + v_2 + v_3)}{a_1(c_1 + c_2 + c_3) + a_2(v_1 + v_2 + v_3)} \\ &= \frac{a_3e}{\dfrac{a_1(c_1 + c_2 + c_3)}{v_1 + v_2 + v_3} + a_2} = \frac{a_3e}{a_1k + a_2}\end{aligned}$$

$$= \frac{a_3 e}{a_2(\frac{a_1}{a_2}k+1)} = \frac{a_3 e}{a_2(k_p+1)} \tag{7-86}$$

由（7－86）式可以看出，生产价格形式的平均利润率是生产价格形式的资本有机构成的单调递减的双曲函数，是第二部类价值生产价格转化系数的单调递减的双曲函数，是第一部类价值生产价格转化系数的单调递增的线性函数，是剩余价值率的单调递增的线性函数。

五、价值形式的总资本有机构成是第三部类的价值形式的资本有机构成的单调递增函数

由三个部类的价值形式的资本有机构成的定义（7－4）式、（7－5）式、（7－6）式，以及剩余价值率相等条件（7－7）式，简单再生产条件（7－1）式、（7－2）式、（7－3）式可以表示为

$$c_3 = v_1 + s_1 - c_2 = (1+e)v_1 - k_2 v_2 \tag{7-87}$$

$$v_3 = c_2 + s_2 - v_1 = (k_2+e)v_2 - v_1 \tag{7-88}$$

$$c_3 + v_3 = s_1 + s_2 = e(v_1 + v_2) \tag{7-89}$$

价值形式的总资本有机构成可以表示为

$$k = \frac{c_1+c_2+c_3}{v_1+v_2+v_3} = \frac{c_1+v_1+s_1}{c_2+v_2+s_2} = \frac{(k_1+1+e)v_1}{(k_2+1+e)v_2} \tag{7-90}$$

由（7－90）式可以看出，如果 k_1、k_2、e 不变，那么，价值形式的总资本有机构成提高的必要条件是，比值 v_1/v_2 提高。

由（7－87）式、（7－88）式，第三部类的价值形式的资本有机构成可以表示为

$$\begin{aligned} k_3 &= \frac{c_3}{v_3} = \frac{(1+e)v_1 - k_2 v_2}{(k_2+e)v_2 - v_1} \\ &= \frac{ev_1 - (k_2+e)v_2 + v_1 + ev_2}{(k_2+e)v_2 - v_1} \\ &= \frac{e(v_1+v_2)}{(k_2+e)v_2 - v_1} - 1 = \frac{e(\frac{v_1}{v_2}+1)}{(k_2+e) - \frac{v_1}{v_2}} - 1 \\ &= \frac{(1+e)\frac{v_1}{v_2} - k_2}{(k_2+e) - \frac{v_1}{v_2}} \end{aligned} \tag{7-91}$$

由（7－91）式可以看出，第三部类的价值形式的资本有机构成 k_3，不仅是第二部类的价值形式的资本有机构成 k_2 与剩余价值率 e 的函数，

而且是比值 v_1/v_2 的函数。v_1 与第一部类的生产规模有关，v_2 与第二部类的生产规模有关。比值 v_1/v_2 取决于第一部类与第二部类的相对生产规模的比例。这就是说，第三部类的价值形式的资本有机构成，不仅与第二部类的生产力有关，与剥削程度有关，而且与第一部类与第二部类的相对生产规模有关。

由于再生产条件的制约，第三部类的价值形式的资本有机构成不能独立地变化，而是受第一部类与第二部类的不变资本、可变资本、剩余价值率的影响。

如果

$$\frac{v_1}{v_2} \neq k_2 + e \tag{7-92}$$

那么

$$k_3(k_2+e) - k_3\frac{v_1}{v_2} = (1+e)\frac{v_1}{v_2} - k_2 \tag{7-93}$$

因此

$$\frac{v_1}{v_2} = \frac{k_3(k_2+e)+k_2}{k_3+1+e} = \left[k_2 + e - \frac{(k_2+1+e)e}{k_3+1+e}\right] \tag{7-94}$$

由（7-90）式、（7-94）式，价值形式的总资本有机构成可以表示为

$$\begin{aligned} k &= \frac{(k_1+1+e)v_1}{(k_2+1+e)v_2} = \left[\frac{(k_1+1+e)}{(k_2+1+e)}\right]\left[\frac{k_3(k_2+e)+k_2}{k_3+1+e}\right] \\ &= \left[\frac{(k_1+1+e)}{(k_2+1+e)}\right]\left[k_2+e-\frac{(k_2+1+e)e}{k_3+1+e}\right] \end{aligned} \tag{7-95}$$

由（7-95）式可以看出，价值形式的总资本有机构成 k 是 k_1、k_2、k_3、e 的函数。如果 k_1、k_2、e 不变，那么，k 是 k_3 的单调递增的双曲函数。

如果 k_1、k_2、e 不变，那么，价值形式的总资本有机构成对第三部类的价值形式的资本有机构成的一阶偏导数为

$$\begin{aligned} \frac{\partial k}{\partial k_3} &= \frac{\partial}{\partial k_3}\left[\frac{(k_1+1+e)v_1}{(k_2+1+e)v_2}\right] = \frac{(k_1+1+e)}{(k_2+1+e)}\frac{\partial}{\partial k_3}\left(\frac{v_1}{v_2}\right) \\ &= \frac{(k_1+1+e)}{(k_2+1+e)}\frac{\partial}{\partial k_3}\left[\frac{k_3(k_2+e)+k_2}{k_3+1+e}\right] \\ &= \frac{(k_1+1+e)}{(k_2+1+e)}\frac{\partial}{\partial k_3}\left[k_2+e-\frac{(k_2+1+e)e}{k_3+1+e}\right] \end{aligned} \tag{7-96}$$

其中

$$\frac{\partial}{\partial k_3}\left(\frac{v_1}{v_2}\right) = \frac{\partial}{\partial k_3}\left[k_2+e-\frac{(k_2+1+e)e}{k_3+1+e}\right]$$

$$= \frac{(k_2+1+e)e}{(k_3+1+e)^2} \tag{7-97}$$

所以

$$\begin{aligned}\frac{\partial k}{\partial k_3} &= \frac{(k_1+1+e)}{(k_2+1+e)}\frac{\partial}{\partial k_3}\left(\frac{v_1}{v_2}\right) \\ &= \left[\frac{(k_1+1+e)}{(k_2+1+e)}\right]\left[\frac{(k_2+1+e)e}{(k_3+1+e)^2}\right] \\ &= \frac{(k_1+1+e)e}{(k_3+1+e)^2}\end{aligned} \tag{7-98}$$

如果 k_1、k_2、e 不变，那么，价值形式的总资本有机构成对第三部类的价值形式的资本有机构成的二阶偏导数为

$$\frac{\partial^2 k}{\partial k_3^2} = \frac{\partial}{\partial k_3}\left[\frac{(k_1+1+e)e}{(k_3+1+e)^2}\right] = \frac{-2(k_1+1+e)e}{(k_3+1+e)^3} \tag{7-99}$$

由（7－98）式、（7－99）式可以看出，如果 k_1、k_2、e 不变，那么

$$\frac{\partial k}{\partial k_3} > 0 \tag{7-100}$$

$$\frac{\partial^2 k}{\partial k_3^2} < 0 \tag{7-101}$$

即价值形式的总资本有机构成对第三部类的价值形式的资本有机构成的一阶偏导数为正值，价值形式的总资本有机构成对第三部类的价值形式的资本有机构成的二阶偏导数为负值。因此，如果 k_1、k_2、e 不变，当 k_3 提高时，k 也提高；并且随着 k_3 不断提高，k 的提高逐渐变缓。

六、价值形式的平均利润率是第三部类的价值形式的资本有机构成的单调递减函数

由（7－83）式与（7－95）式，可以得到

$$r_v = \frac{e}{k+1} = \frac{e}{\left[\frac{(k_1+1+e)}{(k_2+1+e)}\right]\left[k_2+e-\frac{(k_2+1+e)e}{k_3+1+e}\right]+1} \tag{7-102}$$

由（7－102）式可以看出，如果 k_1、k_2、e 不变，那么，价值形式的平均利润率 r_v 不仅是价值形式的总资本有机构成 k 的单调递减函数，而且是第三部类的价值形式的资本有机构成 k_3 的单调递减函数。

七、价值形式的平均利润率是价值形式的总资本有机构成的单调递减函数

由（7－83）式可以看出，如果剩余价值率 e 不变，那么，价值形式

的平均利润率 r_v 是价值形式的总资本有机构成 k 的单调递减的双曲函数。

价值形式的平均利润率与价值形式的平均利润率都与剩余价值分配无关，也就是与价值转形无关。按照鲍特凯维兹的部类划分方式，价值形式的总资本有机构成 k 是 k_1、k_2、k_3、e 的函数，价值形式的平均利润率 r_v 也是 k_1、k_2、k_3、e 的函数。

如果 k_1、k_2、e 不变，那么，k 是 k_3 的单调递增函数，r_v 是 k 的单调递减函数，r_v 是 k_3 的单调递减函数。

第六节　各部类价值形式的资本有机构成与剩余价值率对价值形式的总资本有机构成的影响

一、价值形式的总资本有机构成是各部类价值形式的资本有机构成、剩余价值率的函数

由（7-25）式、（7-27）式，可以得到

$$c_3 = k_3(c_2 + s_2 - v_1) \qquad (7-103)$$

由（7-24）式、（7-103）式，可以得到

$$v_1 + s_1 = c_2 + k_3(c_2 + s_2 - v_1) \qquad (7-104)$$

由（7-7）式、（7-26）式、（7-104）式，可以得到

$$(k_3 + 1 + e)v_1 = [k_2 + k_3(k_2 + e)]v_2 \qquad (7-105)$$

或

$$\frac{v_1}{v_2} = \frac{k_2 + k_2k_3 + k_3e}{k_3 + 1 + e} \qquad (7-106)$$

由（7-90）式、（7-106）式，可以得到

$$k = \frac{(k_1 + 1 + e)v_1}{(k_2 + 1 + e)v_2} = \frac{(k_1 + 1 + e)(k_2 + k_2k_3 + k_3e)}{(k_2 + 1 + e)(k_3 + 1 + e)} \qquad (7-107)$$

可见，价值形式的总资本有机构成，是第一部类价值形式的资本有机构成、第二部类价值形式的资本有机构成、第三部类价值形式的资本有机构成、剩余价值率的函数。

二、价值形式的总资本有机构成对第一部类价值形式的资本有机构成的一阶偏导数

无论第一部类价值形式的可变资本的增量 h_1 和第二部类价值形式的

可变资本的增量 h_2 如何变化，都必须满足 $v_1>0$，$v_2>0$，$v_3>0$，因此，h_1 和 h_2 的变化必定是有界的。如果 h_1 和 h_2 达到一定界限之后不再变化，k_2、k_3 和 e 也不变，那么，由（7－107）式，价值形式的总资本有机构成 k 对第一部类价值形式的资本有机构成 k_1 的一阶偏导数为

$$\begin{aligned}\frac{\partial k}{\partial k_1}&=\frac{\partial}{\partial k_1}\left[\frac{(k_1+1+e)(k_2+k_2k_3+k_3e)}{(k_2+1+e)(k_3+1+e)}\right]\\&=\frac{k_2+k_2k_3+k_3e}{(k_2+1+e)(k_3+1+e)}\end{aligned}\qquad(7-108)$$

由（7－108）式，可以看出

$$\frac{\partial k}{\partial k_1}>0\qquad(7-109)$$

所以，如果第二部类价值形式的资本有机构成、第三部类价值形式的资本有机构成和剩余价值率不变，那么，当第一部类价值形式的资本有机构成提高时，价值形式的总资本有机构成也提高。

三、价值形式的总资本有机构成对第二部类价值形式的资本有机构成的一阶偏导数

如果第一部类价值形式的资本有机构成、第三部类价值形式的资本有机构成与剩余价值率不变，那么，价值形式的总资本有机构成对第二部类价值形式的资本有机构成的一阶偏导数为

$$\begin{aligned}\frac{\partial k}{\partial k_2}&=\frac{\partial}{\partial k_2}\left[\frac{(k_1+1+e)(k_2+k_2k_3+k_3e)}{(k_2+1+e)(k_3+1+e)}\right]\\&=\frac{k_1+1+e}{k_3+1+e}\frac{\partial}{\partial k_2}\left(\frac{k_2+k_2k_3+k_3e}{k_2+1+e}\right)\\&=\frac{k_1+1+e}{k_3+1+e}\left[\frac{1+k_3}{k_2+1+e}-\frac{k_2+k_2k_3+k_3e}{(k_2+1+e)^2}\right]\\&=\frac{k_1+1+e}{(k_2+1+e)^2}\end{aligned}\qquad(7-110)$$

显然

$$\frac{\partial k}{\partial k_2}>0\qquad(7-111)$$

所以，如果第一部类价值形式的资本有机构成、第三部类价值形式的资本有机构成与剩余价值率不变，那么，当第二部类价值形式的资本有机构成提高时，价值形式的总资本有机构成也提高。

四、价值形式的总资本有机构成对第三部类价值形式的资本有机构成的一阶偏导数

如果第一部类价值形式的资本有机构成、第二部类价值形式的资本有

机构成与剩余价值率不变，那么，价值形式的总资本有机构成对第三部类价值形式的资本有机构成的一阶偏导数为

$$\frac{\partial k}{\partial k_3}=\frac{\partial}{\partial k_3}\left[\frac{(k_1+1+e)(k_2+k_2k_3+k_3e)}{(k_2+1+e)(k_3+1+e)}\right]$$

$$=\left(\frac{k_1+1+e}{k_2+1+e}\right)\frac{\partial}{\partial k_3}\left(\frac{k_2+k_2k_3+k_3e}{k_3+1+e}\right)$$

$$=\frac{k_1+1+e}{k_2+1+e}\left[\frac{(k_2+e)(k_3+1+e)-(k_2+k_2k_3+k_3e)}{(k_3+1+e)^2}\right]$$

$$=\frac{(k_1+1+e)e}{(k_3+1+e)^2} \tag{7-112}$$

显然，(7－112) 式与 (7－98) 式相同，并且

$$\frac{\partial k}{\partial k_3}>0 \tag{7-113}$$

所以，如果第一部类价值形式的资本有机构成、第二部类价值形式的资本有机构成与剩余价值率不变，那么，当第三部类价值形式的资本有机构成提高时，价值形式的总资本有机构成也提高。

由上面的分析可以看出，在剩余价值率不变的条件下，无论第一部类价值形式的资本有机构成提高，第二部类价值形式的资本有机构成提高，还是第三部类价值形式的资本有机构成提高，只要其余两个部类的价值形式的资本有机构成不变，那么，价值形式的总资本有机构成就提高。

由上面的分析同样可以看出，如果第一部类价值形式的资本有机构成、第二部类价值形式的资本有机构成、剩余价值率不变，第三部类价值形式的资本有机构成提高，那么，价值形式的总资本有机构成提高，生产价格形式的利润率可能不变。但是，生产价格形式的利润率不变是有界的。

第三部类价值形式的资本有机构成的变化达到某个界限后，就不能再继续提高。价值形式的总资本有机构成的继续提高，可以通过提高第一部类价值形式的资本有机构成或者提高第二部类价值形式的资本有机构成来实现。在这种情况下，价值形式的总资本有机构成提高，必然引起生产价格形式的利润率提高。

第七节　第三部类的价值形式的资本有机构成与价值形式的总资本有机构成提高，生产价格形式的利润率不变是有界的

一、k_1、k_2、e 不变，生产价格形式的利润率不变的范围

由 (7－98) 式可以看出，如果 k_1、k_2、e 不变，那么，价值形式的

总资本有机构成对价值形式的第三部类的资本有机构成的一阶偏导数为正值。这就是说，如果第三部类的价值形式的资本有机构成提高，那么，价值形式的总资本有机构成也提高。

由（7－4）式、（7－5）式、（7－6）式、（7－6）式，定义参数的（7－49）式、（7－50）式、（7－51）式、（7－52）式、（7－53）式、（7－54）式，可以分别表示为

$$f_1=\frac{v_1}{c_1}=\frac{1}{k_1} \tag{7-114}$$

$$f_2=\frac{v_2}{c_2}=\frac{1}{k_2} \tag{7-115}$$

$$f_3=\frac{v_3}{c_3}=\frac{1}{k_3} \tag{7-116}$$

$$g_1=\frac{c_1+v_1+s_1}{c_1}=\frac{k_1v_1+v_1+ev_1}{k_1v_1}=\frac{k_1+1+e}{k_1} \tag{7-117}$$

$$g_2=\frac{c_2+v_2+s_2}{c_2}=\frac{k_2v_2+v_2+ev_2}{k_2v_2}=\frac{k_2+1+e}{k_2} \tag{7-118}$$

$$g_3=\frac{c_3+v_3+s_3}{c_3}=\frac{k_3v_3+v_3+ev_3}{k_3v_3}=\frac{k_3+1+e}{k_3} \tag{7-119}$$

由（7－114）式、（7－115）式、（7－117）式、（7－118）式可以看出，如果 k_1、k_2、e 不变，那么，参数 f_1、f_2、g_1、g_2 不变。由（7－72）式可以看出，如果参数 f_1、f_2、g_1、g_2 不变，那么，生产价格形式的平均利润率 r 不变。

第三部类的价值形式的资本有机构成 k_3 的变化，只影响价值形式的总资本有机构成 k，并不影响参数 f_1、f_2、g_1、g_2。只要参数 f_1、f_2、g_1、g_2 不变，生产价格形式的利润率 r 就不变。因此，当价值形式的总资本有机构成 k 提高时，生产价格形式的利润率 r 可以不变。由此看来，鲍特凯维兹对马克思的资本有机构成提高导致利润率下降的批评，似乎不是毫无根据的。

但是，必须指出，在 k_1、k_2、e 不变的条件下，第三部类的价值形式的资本有机构成和价值形式的总资本有机构成提高，而生产价格形式的利润率不变，是有一定界限的。这种情况，只在一定范围内成立。

这个结论可以严格地证明。

为了证明鲍特凯维兹对马克思的批评不成立，首先要考察第三部类的价值形式的资本有机构成和价值形式的总资本有机构成提高而生产价格形式的利润率保持不变的范围。

假设 k_1、k_2、e 不变，如果第一部类的可变资本的增量为 h_1，第一部类的可变资本由 v_1 变为 v_1+h_1，那么，第一部类的价值形式的不变资本由 c_1 变为 $c_1+k_1h_1$，剩余价值由 s_1 变为 s_1+eh_1，产品价值由 $c_1+v_1+s_1$ 变为 $c_1+v_1+s_1+(k_1+1+e)h_1$；如果第二部类的可变资本的增量为 h_2，第二部类的价值形式的可变资本由 v_2 变为 v_2+h_2，那么，第二部类的价值形式的不变资本由 c_2 变为 $c_2+k_2h_2$，剩余价值由 s_2 变为 s_2+eh_2，产品价值由 $c_2+v_2+s_2$ 变为 $c_2+v_2+s_2+(k_2+1+e)h_2$。

显然，必须满足

$$v_1+h_1>0 \tag{7-120}$$

和

$$v_2+h_2>0 \tag{7-121}$$

由简单再生产条件（7-1）式，第三部类的价值形式的不变资本由 c_3 变为

$$\begin{aligned}&[c_1+v_1+s_1+(k_1+1-e)h_1]-(c_1+k_1h_1)-(c_2+k_2h_2)\\&=(v_1+s_1-c_2)+(1+e)h_1-k_2h_2\\&=c_3+(1+e)h_1-k_2h_2\end{aligned} \tag{7-122}$$

由简单再生产条件（7-2）式，第三部类的价值形式的可变资本由 v_3 变为

$$\begin{aligned}&[c_2+v_2+s_2+(k_2+1+e)h_2]-(v_1+h_1)-(v_2+h_2)\\&=(c_2+s_2-v_1)+(k_2+e)h_2-h_1\\&=v_3+(k_2+e)h_2-h_1\end{aligned} \tag{7-123}$$

由剩余价值率相同条件（7-7）式，第三部类的剩余价值由 s_3 变为

$$\begin{aligned}&e[v_3+(k_2+e)h_2-h_1]\\&=ev_3+(k_2+e)eh_2-eh_1\\&=s_3+(k_2+e)eh_2-eh_1\end{aligned} \tag{7-124}$$

由（7-122）式、（7-123）式、（7-124）式，第三部类的产品价值由 $c_3+v_3+s_3$ 变为

$$\begin{aligned}&[c_3+(1+e)h_1-k_2h_2]+[v_3+(k_2+e)h_2-h_1]\\&+[s_3+(k_2+e)eh_2-eh_1]\\&=(c_3+v_3+s_3)+(k_2+1+e)eh_2\end{aligned} \tag{7-125}$$

由（7-124）式，三个部类的剩余价值总和，由 $s_1+s_2+s_3$ 变为

$$\begin{aligned}&(s_1+eh_1)+(s_2+eh_2)+[s_3+(k_2+e)eh_2-eh_1]\\&=(s_1+s_2+s_3)+(k_2+1+e)eh_2\end{aligned} \tag{7-126}$$

由（7-125）式、（7-126）式与简单再生产条件（7-3）式可以看

出，在第一部类的可变资本的增量 h_1 和第二部类的可变资本的增量 h_2 变化之后，三个部类的剩余价值总和仍然等于第三部类的产品价值。因此，第一部类可变资本和第二部类可变资本变化之后，第三部类的变化之后的不变资本、可变资本、剩余价值仍然满足简单再生产条件。

由（7－122）式，可以看出，必须满足

$$c_3+(1+e)h_1-k_2h_2>0 \tag{7-127}$$

由（7－123）式，可以看出，必须满足

$$v_3+(k_2+e)h_2-h_1>0 \tag{7-128}$$

定义变化之后的价值形式的总资本有机构成为

$$k_c=\frac{c_1+v_1+s_1+(k_1+1+e)h_1}{c_2+v_2+s_2+(k_2+1+e)h_2}=\frac{c_1+c_2+c_3+(k_1+1+e)h_1}{v_1+v_2+v_3+(k_2+1+e)h_2} \tag{7-129}$$

定义变化之后的价值形式的平均利润率为

$$\begin{aligned}r_w&=\frac{(s_1+s_2+s_3)+(k_2+1+e)eh_2}{c_1+c_2+c_3+v_1+v_2+v_3+(k_1+1+e)h_1+(k_2+1+e)h_2}\\&=\frac{(v_1+v_2+v_3)e+(k_2+1+e)eh_2}{c_1+c_2+c_3+v_1+v_2+v_3+(k_1+1+e)h_1+(k_2+1+e)h_2}\\&=\frac{e}{\dfrac{c_1+c_2+c_3+(k_1+1+e)h_1}{v_1+v_2+v_3+(k_2+1+e)h_2}+1}=\frac{e}{k_c+1}\end{aligned} \tag{7-130}$$

价值形式的总资本有机构成提高，就是变化之后的价值形式的总资本有机构成大于原来的价值形式的总资本有机构成，即

$$k_c>k \tag{7-131}$$

或

$$\frac{\sum_{i=1}^{n}c_i+(k_1+1+e)h_1}{\sum_{i=1}^{n}v_i+(k_2+1+e)h_2}>\frac{\sum_{i=1}^{n}c_i}{\sum_{i=1}^{n}v_i} \tag{7-132}$$

显然，必须满足

$$\sum_{i=1}^{n}c_i+(k_1+1+e)h_1>0 \tag{7-133}$$

和

$$\sum_{i=1}^{n}v_i+(k_2+1+e)h_2>0 \tag{7-134}$$

由（7－132）式、（7－134）式，可以得到

$$(k_1+1+e)h_1\sum_{i=1}^{n}v_i>(k_2+1+e)h_2\sum_{i=1}^{n}c_i \tag{7-135}$$

那么

$$h_1>\frac{(k_2+1+e)h_2}{k_1+1+e}\left(\frac{\sum_{i=1}^{n}c_i}{\sum_{i=1}^{n}v_i}\right)=\frac{(k_2+1+e)kh_2}{k_1+1+e} \tag{7-136}$$

显然，约束条件（7－92）式、（7－120）式、（7－121）式、（7－127）式、（7－128）式、（7－133）式、（7－134）式、（7－136）式，必须得到满足。这些条件限制了第一部类的可变资本的增量 h_1 与第二部类的可变资本的增量 h_2 的变化范围。

因此，在 k_1、k_2、e 不变的条件下，随着第三部类的价值形式的资本有机构成 k_3 和价值形式的总资本有机构成 k 提高，生产价格形式的利润率 r 不变一定是有界的。超过这个范围，要满足再生产条件，k_1、k_2、e 之中至少有一个要发生变化，从而生产价格形式的利润率必然发生变化。

以表 7－5 的数据为例，变化之后的总资本有机构成可以表示为

$$\begin{aligned}k_c&=\frac{c_1+v_1+s_1+(k_1+1+e)h_1}{c_2+v_2+s_2+(k_2+1+e)h_2}\\&=\frac{450+5h_1}{360+3h_2}\end{aligned} \tag{7-137}$$

$$r_w=\frac{240+2h_2}{810+5h_1+3h_2} \tag{7-138}$$

显然，表 7－5 的数据满足约束条件（7－92）式。由约束条件（7－120）式、（7－121）式、（7－127）式、（7－128）式，可以得到

$$-90<h_1<\frac{3}{2}h_2+90 \tag{7-139}$$

$$-120<h_2<2h_1+60 \tag{7-140}$$

由约束条件（7－133）式、（7－134）式，可以得到与约束条件（7－120）式、（7－121）式相同的范围。

由约束条件（7－136）式，可以得到

$$h_2<\frac{4}{3}h_1 \tag{7-141}$$

在满足（7－139）式、（7－140）式、（7－141）式的范围内，改变第一部类的可变资本的增量 h_1 和第二部类的可变资本的增量 h_2 的组和，就可以得到多组不同的结果。在此范围内，随着第三部类的价值形式的资本有机构成 k_3 提高，价值形式的总资本有机构成 k 提高，这些不同的组和

与不同的结果，都可以保持生产价格形式的利润率 r 不变。超出这个范围，生产价格形式的利润率必然发生变化。

二、第二部类的生产规模不变，第一部类的生产规模增大的情况

由（7－91）式可以看出，第三部类的价值形式的资本有机构成 k_3，不仅与 k_2、e 有关，而且与比值 v_1/v_2 有关。第三部类的价值形式的资本有机构成 k_3，为比值 v_1/v_2 的单调递增函数。v_1 与第一部类的生产规模有关，v_2 与第二部类的生产规模有关。比值 v_1/v_2 取决于第一部类与第二部类的生产规模的比例。

第一部类与第二部类的生产规模的比例提高，有两种途径：第一种途径是第一部类的生产规模增大，即 v_1 增大，第二种途径是第二部类的生产规模缩小，即 v_2 缩小。

这里，以表 7－5 所示的数例中的数值作为分析的起点。考虑到 k_c 就是变化之后的 k，r_w 就是变化之后的 r_v，如果第二部类的生产规模不变，第一部类的生产规模增大，即 $h_2=0$，k_1、k_2、e 不变，那么，由（7－72）式、（7－137）式、（7－138）式、（7－139）式、（7－140）式、（7－141）式，可以得到 $0 \leqslant h_1 < 90$，$1.25 \leqslant k < 2.5$，$r=0.25$。相应地，h_1、v_1、v_3、s_3、k_3、k、k_p、r、r_v 的变化范围，可以用表 7－9 表示。

表 7－9　　生产价格形式的利润率不变的范围

h_1	v_3	s_3	k_3	k	k_p	r	r_v
0	90	60	0.555 6	1.250 0	1.5	0.25	0.296 3
6	84	56	0.714 3	1.333 3	1.6	0.25	0.285 7
12	78	52	0.897 4	1.416 7	1.7	0.25	0.275 9
18	72	48	1.111 1	1.500 0	1.8	0.25	0.266 7
24	66	44	1.363 6	1.583 3	1.9	0.25	0.258 1
30	60	40	1.666 7	1.666 7	2.0	0.25	0.250 0
36	54	36	2.037 0	1.750 0	2.1	0.25	0.242 4
42	48	32	2.500 0	1.833 3	2.2	0.25	0.235 3
48	42	28	3.095 2	1.916 7	2.3	0.25	0.228 6
54	36	24	3.888 9	2.000 0	2.4	0.25	0.222 2
60	30	20	5.000 0	2.083 3	2.5	0.25	0.216 2
66	24	16	6.666 7	2.166 7	2.6	0.25	0.210 5
72	18	12	9.444 4	2.250 0	2.7	0.25	0.205 1
78	12	8	15.000 0	2.333 3	2.8	0.25	0.200 0
84	6	4	31.666 7	2.416 7	2.9	0.25	0.195 1
90	0	0	∞	2.500 0	3.0	0.25	0.190 5

由表 7-9 可以看出，在 k_1、k_2、e 不变的条件下，如果 h_2 不变，即第二部类生产规模不变，第一部类相对于第二部类生产规模增大，例如 $h_1=0$，6，12，…，84，那么，v_3 由 90 变为 6，s_3 由 60 变为 4，k_3 由 0.555 6 变为 31.666 7，k 由 1.25 变为 2.416 7。在这个范围内生产价格形式的利润率不变。超过这个范围，当 $h_1=90$，$v_3=0$，$s_3=0$ 时，k_3 趋向于∞。这已经没有经济意义了。因为，第三部类没有可变资本和剩余价值，不可能进行资本主义生产。

如果 h_1 大于 90，那么，v_3、s_3、k_3 都将变为负值，没有经济意义，这种情况根本不可能出现。如果 k_1、k_2、e 都不变化，那么，无法满足价值形式的再生产条件。也就是说，超过这个范围，价值形式的总资本有机构成 k 继续提高，k_1、k_2、e 之中至少有一个要发生变化，生产价格形式的利润率也必然发生变化。

由表 7-9 可以看出，如果 h_2 不变，那么，当 h_1 由 0 变到接近 90 时，v_1 由 90 变到接近 180，v_3 由 90 变到接近 0。第三部类的可变资本与第一部类的可变资本的关系，可以用图 7-1 表示。

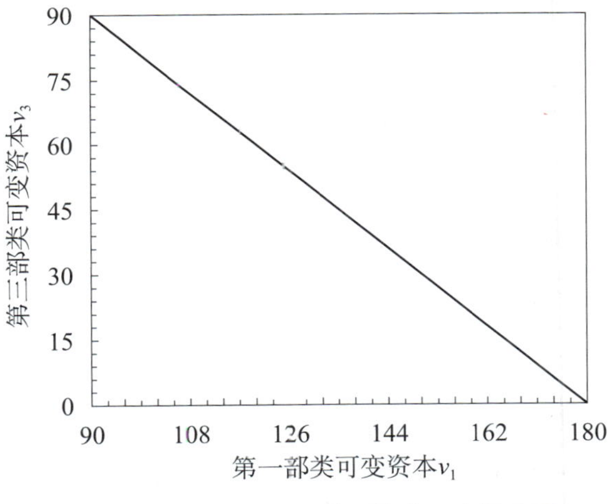

图 7-1　生产价格形式的利润率不变的范围

由表 7-9 和图 7-1 可以看出，如果 $v_2=120$ 不变，v_1 由 90 变到接近 180，则 v_3 由 90 变到接近 0。在这个范围，可以满足价值形式的再生产条件，并且保持生产价格形式的利润率不变。超过这个范围，要满足再生产条件，价值形式的总资本有机构成 k 继续提高，k_1、k_2、e 之中至少有一个要发生变化，那么，生产价格形式的利润率一定降低。

三、第一部类生产规模不变，第二部类生产规模缩小的情况

这里，以表 7－5 所示的数例中的数值作为分析的起点。考虑到 k_c 就是变化之后的 k，r_{vc} 就是变化之后的 r_v，如果第一部类的生产规模不变，第二部类的生产规模缩小，即 $h_1=0$，k_1、k_2、e 不变，那么，由（7－72）式、（7－137）式、（7－138）式、（7－139）式、（7－140）式、（7－141）式，可以得到 $-60<h_2\leqslant 0$，$1.25\leqslant k<2.5$，$r=0.25$。相应地，h_2、v_2、v_3、s_3、k_3、k、k_p、r、r_v 的变化范围，可以用表 7－10 表示。

表 7－10　　生产价格形式的利润率不变的范围

h_2	v_3	s_3	k_3	k	k_p	r	r_v
0	90	60	0.555 6	1.250 0	1.500 0	0.25	0.296 3
－4	84	56	0.634 9	1.293 1	1.551 7	0.25	0.290 7
－8	78	52	0.726 5	1.339 3	1.607 1	0.25	0.285 0
－12	72	48	0.833 3	1.388 9	1.666 7	0.25	0.279 1
－16	66	44	0.959 6	1.442 3	1.730 8	0.25	0.273 0
－20	60	40	1.111 1	1.500 0	1.800 0	0.25	0.266 7
－24	54	36	1.296 3	1.562 5	1.875 0	0.25	0.260 2
－28	48	32	1.527 8	1.630 4	1.956 5	0.25	0.253 4
－32	42	28	1.825 4	1.704 5	2.045 5	0.25	0.246 5
－36	36	24	2.222 2	1.785 7	2.142 9	0.25	0.239 3
－40	30	20	2.777 8	1.875 0	2.250 0	0.25	0.231 9
－44	24	16	3.611 1	1.973 7	2.368 4	0.25	0.224 2
－48	18	12	5.000 0	2.083 3	2.500 0	0.25	0.216 2
－52	12	8	7.777 8	2.205 9	2.647 1	0.25	0.208 0
－56	6	4	16.111 1	2.343 8	2.812 5	0.25	0.199 4
－60	0	0	∞	2.500 0	3.000 0	0.25	0.190 5

由表 7－10 可以看出，在 k_1、k_2、e 不变的条件下，如果 h_1 不变，即第一部类生产规模不变，第二部类相对于第一部类生产规模缩小，例如 $h_2=0$，-4，-8，…，-56，那么，v_3 由 90 变为 6，s_3 由 60 变为 4，k_3 由 0.555 6 变为 16.111 1，k 由 1.25 变为 2.343 8。在这个范围内，生产价格形式的利润率不变。超过这个范围，当 h_2 趋向于 -60_+ 时，v_3 趋向于 0_+，s_3 趋向于 0_+，k_3 趋向于∞，已经没有经济意义了。因为，第三部类没有可变资本和剩余价值，不可能进行资本主义生产。

如果 h_2 小于 -60，那么，v_3、s_3、k_3 都将变为负值，没有经济意义，这种情况根本不可能出现。如果 k_1、k_2、e 都不变化，那么，无法满足价值形式的再生产条件。也就是说，超过这个范围，价值形式的总资本有机

构成 k 继续提高，k_1、k_2、e 之中至少有一个要发生变化，生产价格形式的利润率也必然发生变化。

由表 7-10 可以看出，h_2 为降序排列，如果 h_2 为升序排列，h_1 不变，那么，当 h_2 由 -60 变到接近 0 时，v_2 由 60 变到接近 120，v_3 由 0 变到接近 90。第三部类的价值形式的可变资本与第二部类的价值形式的可变资本的关系，可以用图 7-2 表示。

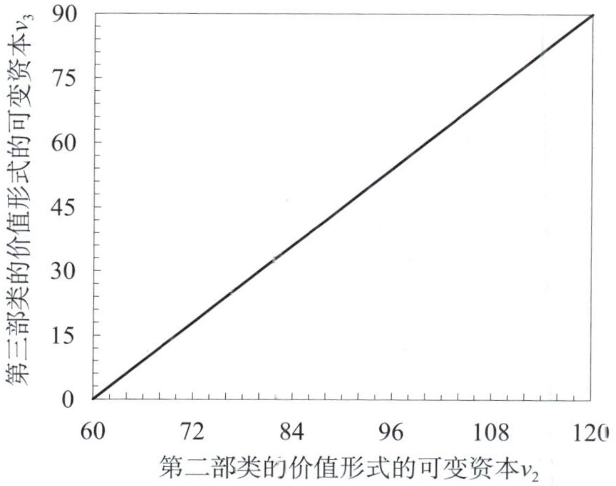

图 7-2　生产价格形式的利润率不变的范围

由表 7-10 和图 7-2 可以看出，如果 $v_1=90$ 不变，v_2 由 60 变到接近 120，则 v_3 由 0 变到接近 90。在这个范围，可以满足价值形式的再生产条件，并且保持生产价格形式的利润率不变。超过这个范围，即 $h_2\leqslant-60$，要满足再生产条件，价值形式的总资本有机构成 k 继续提高，k_1、k_2、e 之中至少有一个要发生变化，那么，生产价格形式的利润率一定降低。

值得指出的是，第二部类的生产规模缩小导致第三部类的价值形式的资本有机构成提高，仅仅是数理逻辑分析中的一种可能的情况，这种情况在经济关系中基本不成立。因为，按照鲍特凯维兹的部类划分方式，第二部类生产雇佣劳动者的生活资料，第二部类的生产规模缩小，意味着工人的生活资料减少，也就是工人的生活水平绝对地降低。在长期的经济发展过程中，工人的生活水平降低，只在个别国家和个别时期出现过，工人的生活水平变化的总趋势不是降低，而是提高，尽管工人的生活水平的提高远远落后于资本家的生活水平的提高。

历史发展的事实证明，占主导趋势的，是无产阶级的相对贫困化，而不是无产阶级的绝对贫困化。

第八节　第一部类生产规模增大，价值形式的总资本有机构成提高，生产价格形式的利润率不变或降低

一、分析价值形式的总资本有机构成提高对平均利润率的影响的正确方法

因为经济发展是一个自然历史过程，经济规模的扩大与生产力的提高，是长期历史发展的结果，是连续不断的循序渐进的发展过程，而不是一个阶跃过程，所以，要科学地分析价值形式的总资本有机构成的提高对平均利润率的影响，绝对不能像鲍特凯维兹那样，仅仅依据一个平均利润率公式与两组不相关的数值，就草率地否定在长期的经济发展过程中客观存在的利润率下降的趋势。分析价值形式的总资本有机构成的提高对平均利润率的影响，必须从某一个起点开始，通过经济变量连续不断地变化，考察资本有机构成的提高与平均利润率的变化的总趋势。

利润率趋向于下降的经济现象，并不是马克思最先发现的，马克思之前的许多经济学家都发现了这种现象，只不过他们对此现象没有作出科学的合理的解释。

例如，斯密认为，虽然确定利润率很困难，但是，利润率与利息率基本上成正比，所以可以通过利息率的变化来反映利润率的变化。在他看来，“利润率不象地租和工资那样，随社会繁荣而上升，随社会衰退而下降。反之，它在富国自然低，在贫国自然高，而在迅速趋于没落的国家最高。”①。既然富国的利息率低于贫国的利息率，富国现在的经济状况是贫国未来的经济前景，随着生产力不断提高资本有机构成不断提高，那么，无论利息率还是利润率，都是趋向于下降的。

二、第一部类生产规模与第二部类生产规模确定，第三部类生产规模由再生产条件决定

如果第一部类的生产规模和第二部类的生产规模确定，也就是第一部类价值形式的资本有机构成、第二部类价值形式的资本有机构成、剩余价值率、上述两个部类中的某个部类的不变资本或可变资本已知，那么，第

① 斯密：《国民财富的性质和原因的研究》，上卷，郭大力、王亚南译，北京，商务印书馆，1972，第242页。

三部类的不变资本、可不资本、剩余价值不可能为任意数值，必须由再生产条件决定。

由价值形式的再生产条件（7－24）式、（7－25）式，以及定义剩余价值率的（7－7）式，第三部类的不变资本、可变资本、剩余价值可以分别表示为

$$c_3 = v_1 + s_1 - c_2 \tag{7-142}$$

$$v_3 = c_2 + s_2 - v_1 \tag{7-143}$$

$$s_3 = ev_3 \tag{7-144}$$

下面依据再生产条件（7－142）式、（7－143）式，以及（7－144）式，考察第二部类的生产规模不变，第一部类的生产规模增大的情况。如果第二部类的不变资本、可变资本、剩余价值不变，也就是第二部类价值形式的资本有机构成和剩余价值率不变，第一部类价值形式的资本有机构成提高，那么，第三部类的不变资本、可不资本、剩余价值是 v_1、s_1、c_2、v_2、s_2 的函数，由（7－142）式、（7－143）式、（7－144）式决定。

三、第一部类的生产规模增大，转折点为 $k=5/3$ 的情况

由（7－95）式或（7－107）式可以看出，如果第二部类价值形式的可变资本 v_2、第二部类价值形式的资本有机构成 k_2 和剩余价值率 e 不变，那么，价值形式的总资本有机构成 k，不仅是第一部类价值形式的资本有机构成 k_1 的单调递增的线性函数，而且是第一部类价值形式的可变资本 v_1 的单调递增的线性函数。

在一定条件下，随着价值形式的总资本有机构成 k 提高，生产价格形式的利润率 r 可以不变。当然，生产价格形式的利润率 r 不变是有界的。

这里，以表 7－5 所示的数例中的数值作为分析的起点，即以 $k_1=5/2$，$k_2=5/6$，$k_3=5/9$，$e=2/3$，$c_1=225$，$v_1=90$，$s_1=60$，$c_2=100$，$v_2=120$，$s_2=80$，$c_3=50$，$v_3=90$，$s_3=60$ 作为分析的起点。在分析的起点，第一部类的可变资本的增量 $h_1=0$，第二部类的可变资本的增量 $h_2=0$。

假设 $c_1\leqslant 300$，例如，$c_1=225$，240，255，…，300，h_1 由 0 变到 30，$k_2=5/6$，$e=2/3$，$h_2=0$，$c_2=100$，$v_2=120$，$s_2=80$ 始终保持不变，$k_1=5/2$ 保持不变，第一部类价值形式的可变资本 v_1 由 90 提高到 120，第一部类剩余价值 s_1 由 60 提高到 80，相应地，第三部类价值形式的资本有机构成 k_3 由 0.555 555 555 6 提高到 1.666 666 666 7，价值形式的总资本有机构成 k 由 1.25 提高到 1.666 666 666 7，即由 5/4 提高到 5/3，生

产价格形式的利润率 $r=0.25$ 不变。

$c_1=300$，$k=5/3$ 为转折点，在该点，$v_1=120$，$s_1=80$，$c_2=100$，$v_2=120$，$s_2=80$，$c_3=100$，$v_3=60$，$s_3=40$。生产价格形式的利润率 $r=0.25$。

当 $c_1\geqslant 300$ 时，例如，$c_1=300$，325，350，…，700，第三部类价值形式的资本有机构成 k_3 的提高达到极限 1.666 666 666 7，不再改变，并且 k_2、k_3、e、v_1、s_1、c_2、v_2、s_2 保持不变，价值形式的总资本有机构成 k 的继续提高，通过第一部类价值形式的资本有机构成 k_1 的提高实现。在这种情况下，生产价格形式的利润率 r 降低。

第一部类价值形式的不变资本 c_1、第一部类价值形式的资本有机构成 k_1、第三部类价值形式的资本有机构成 k_3、价值形式的总资本有机构成 k、生产价格形式的总资本有机构成 k_p、生产价格形式的利润率 r、价值形式的利润率 r_v 之间的关系，可以用表 7－11 表示。

表 7－11　c_1、k_1、k_3、k、k_p、r、r_v 之间的关系

c_1	k_1	k_3	k	k_p	r	r_v
225	2.5	0.555 6	1.250 0	1.5	0.25	0.296 3
240	2.5	0.714 3	1.333 3	1.6	0.25	0.285 7
255	2.5	0.897 4	1.416 7	1.7	0.25	0.275 9
270	2.5	1.111 1	1.500 0	1.8	0.25	0.266 7
285	2.5	1.363 6	1.583 3	1.9	0.25	0.258 1
300	2.5	1.666 7	1.666 7	2.0	0.25	0.250 0
325	2.708 3	1.666 7	1.750 0	2.134 0	0.239 9	0.242 4
350	2.916 7	1.666 7	1.833 3	2.269 4	0.230 6	0.235 3
375	3.125 0	1.666 7	1.916 7	2.406 0	0.221 9	0.228 6
400	3.333 3	1.666 7	2.000 0	2.543 6	0.213 7	0.222 2
425	3.541 7	1.666 7	2.083 3	2.682 1	0.206 1	0.216 2
450	3.750 0	1.666 7	2.166 7	2.821 5	0.198 9	0.210 5
475	3.958 3	1.666 7	2.250 0	2.961 7	0.192 2	0.205 1
500	4.166 7	1.666 7	2.333 3	3.102 5	0.185 9	0.200 0
525	4.375 0	1.666 7	2.416 7	3.244 0	0.180 0	0.195 1
550	4.583 3	1.666 7	2.500 0	3.386 0	0.174 4	0.190 5
575	4.791 7	1.666 7	2.583 3	3.528 5	0.169 2	0.186 0
600	5.000 0	1.666 7	2.666 7	3.671 6	0.164 2	0.181 8
625	5.208 3	1.666 7	2.750 0	3.815 0	0.159 5	0.177 8
650	5.416 7	1.666 7	2.833 3	3.958 8	0.155 1	0.173 9
675	5.625 0	1.666 7	2.916 7	4.103 0	0.150 9	0.170 2
700	5.833 3	1.666 7	3.000 0	4.247 5	0.146 9	0.166 7

在表 7－11 中，价值形式的利润率 r_v、生产价格形式的利润率 r 与价值形式的总资本有机构成 k 的关系，可以用图 7－3 表示。

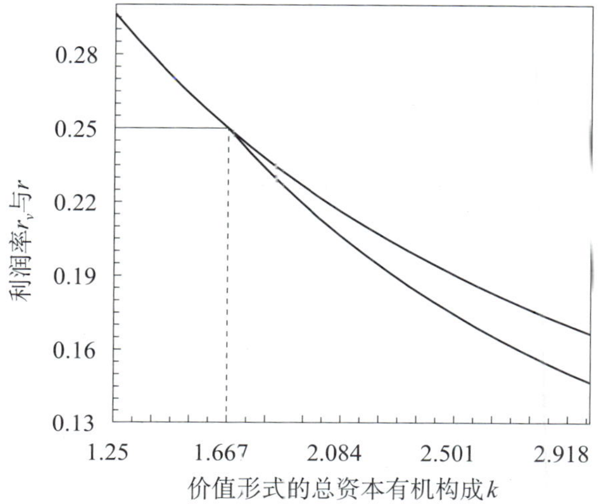

图 7－3 r_v、r 与 k 的关系

在图 7－3 中，上面的曲线，表示价值形式的利润率 r_v 与价值形式的总资本有机构成 k 的关系；下面的曲线，表示生产价格形式的利润率 r 与价值形式的总资本有机构成 k 的关系。

由表 7－11、图 7－3 可以看出，在一定范围内（在本例中，k 小于 5/3），如果价值形式的总资本有机构成的提高通过第一部类的不变资本的提高与第三部类价值形式的资本有机构成的提高实现，那么，随着第一部类的不变资本的提高与第三部类价值形式的资本有机构成的提高，价值形式的总资本有机构成提高，生产价格形式的利润率保持不变。

在生产价格形式的利润率与价值形式的总资本有机构成的关系曲线的转折点，第三部类价值形式的资本有机构成 $k_3=5/3$，价值形式的总资本有机构成 $k=5/3$。第三部类价值形式的资本有机构成等于价值形式的总资本有机构成。生产价格形式的利润率等于价值形式的平均利润率。

超过这个范围（在本例中，k 大于 5/3），如果价值形式的总资本有机构成的提高通过第一部类的不变资本的提高与第一部类价值形式的资本有机构成的提高实现，那么，随着第一部类的不变资本的提高与第一部类价值形式的资本有机构成的提高，价值形式的总资本有机构成提高，生产价格形式的利润率降低。

这个结果证明，随着价值形式的总资本有机构成提高，生产价格形式的利润率不变是有极限的，超过这个极限，生产价格形式的利润率降低。

由表 7－11、图 7－3 还可以看出，随着价值形式的总资本有机构成提高，价值形式的利润率降低。

四、第一部类的生产规模增大，转折点为 $k=5/2$ 的情况

在一定条件下，随着价值形式的总资本有机构成 k 提高，生产价格形式的利润率 r 可以不变。当然，生产价格形式的利润率 r 不变是有界的，超过这个界限，生产价格形式的利润率 r 仍然变化，例如下降。

这里，以表 7－5 所示的数例中的数值作为分析的起点，即以 $k_1=5/2$，$k_2=5/6$，$k_3=5/9$，$e=2/3$，$c_1=225$，$v_1=90$，$s_1=60$，$c_2=100$，$v_2=120$，$s_2=80$，$c_3=50$，$v_3=90$，$s_3=60$ 作为分析的起点。在分析的起点，第一部类的可变资本的增量 $h_1=0$，第二部类的可变资本的增量 $h_2=0$。

假设 $c_1\leqslant 450$，例如，$c_1=225$，240，255，…，450，h_1 由 0 变到 90，$k_2=5/6$，$e=2/3$，$h_2=0$，$c_2=100$，$v_2=120$，$s_2=80$ 始终保持不变，$k_1=5/2$ 保持不变，相应地，第三部类价值形式的资本有机构成 k_3 由 0.555 555 555 6 提高到趋向于∞，价值形式的总资本有机构成 k 由 1.25 提高到 2.5，即由 5/4 提高到 5/2，生产价格形式的利润率 $r=0.25$ 不变。

$c_1=450$，$k=5/2$ 为转折点，在该点，$v_1=180$，$s_1=120$，$c_2=100$，$v_2=120$，$s_2=80$，$c_3=200$，$v_3=0$，$s_3=0$。生产价格形式的利润率$r=0.25$。

当 $c_1\geqslant 450$ 时，第三部类价值形式的资本有机构成 k_3 的提高达到极限，不再改变，并且 k_2、k_3、e、v_1、s_1、c_2、v_2、s_2 不变，价值形式的总资本有机构成 k 的继续提高，通过第一部类价值形式的资本有机构成 k_1 的提高实现，例如，$c_1=450$，475，500，…，700。在这种情况下，生产价格形式的利润率 r 降低。

第一部类价值形式的不变资本 c_1、第一部类价值形式的资本有机构成 k_1、第三部类价值形式的资本有机构成 k_3、价值形式的总资本有机构成 k、生产价格形式的总资本有机构成 k_p、生产价格形式的利润率 r、价值形式的利润率 r_v之间的关系，可以用表 7－12 表示。

表 7－12　c_1、k_1、k_3、k、k_p、r、r_v之间的关系

c_1	k_1	k_3	k	k_p	r	r_v
225	2.5	0.555 6	1.250 0	1.5	0.25	0.296 3
240	2.5	0.714 3	1.333 3	1.6	0.25	0.285 7
255	2.5	0.897 4	1.416 7	1.7	0.25	0.275 9
270	2.5	1.111 1	1.500 0	1.8	0.25	0.266 7

续前表

c_1	k_1	k_3	k	k_p	r	r_v
285	2.5	1.363 6	1.583 3	1.9	0.25	0.258 1
300	2.5	1.666 7	1.666 7	2.0	0.25	0.250 0
315	2.5	2.037 0	1.750 0	2.1	0.25	0.242 4
330	2.5	2.500 0	1.833 3	2.2	0.25	0.235 3
345	2.5	3.095 2	1.916 7	2.3	0.25	0.228 6
360	2.5	3.888 9	2.000 0	2.4	0.25	0.222 2
375	2.5	5.000 0	2.083 3	2.5	0.25	0.216 2
390	2.5	6.666 7	2.166 7	2.6	0.25	0.210 5
405	2.5	9.444 4	2.250 0	2.7	0.25	0.205 1
420	2.5	15.000 0	2.333 3	2.8	0.25	0.200 0
435	2.5	31.666 7	2.416 7	2.9	0.25	0.195 1
450	2.5	∞	2.500 0	3.0	0.25	0.190 5
475	2.638 9	∞	2.583 3	3.133 8	0.243 2	0.186 0
500	2.777 8	∞	2.666 7	3.268 5	0.236 8	0.181 8
525	2.916 7	∞	2.750 0	3.404 1	0.230 6	0.177 8
550	3.055 6	∞	2.833 3	3.540 5	0.224 7	0.173 9
575	3.194 4	∞	2.916 7	3.677 6	0.219 1	0.170 2
600	3.333 3	∞	3.000 0	3.815 3	0.213 7	0.166 7
625	3.472 2	∞	3.083 3	3.953 7	0.208 5	0.163 3
650	3.611 1	∞	3.166 7	4.092 7	0.203 6	0.160 0
675	3.750 0	∞	3.250 0	4.232 2	0.198 9	0.156 9
700	3.888 9	∞	3.333 3	4.372 3	0.194 4	0.153 8

在表 7－12 中，价值形式的利润率 r_v、生产价格形式的利润率 r 与价值形式的总资本有机构成 k 的关系，可以用图 7－4 表示。

在图 7－4 中，连续下降的曲线，表示价值形式的利润率 r_v 与价值形式的总资本有机构成 k 的关系；在价值形式的总资本有机构成 k 小于 2.5 的条件下保持不变，在价值形式的总资本有机构成 k 大于 2.5 的条件下逐渐下降的曲线，表示生产价格形式的利润率 r 与价值形式的总资本有机构成 k 的关系。

由表 7－12、图 7－4 可以看出，在一定范围内（在本例中，k 小于 2.5），如果价值形式的总资本有机构成的提高通过第一部类的不变资本的提高与第三部类价值形式的资本有机构成的提高实现，那么，随着第一部类的不变资本的提高与第三部类价值形式的资本有机构成的提高，价值形式的总资本有机构成提高，生产价格形式的利润率保持不变。

在生产价格形式的利润率与价值形式的总资本有机构成的关系曲线的

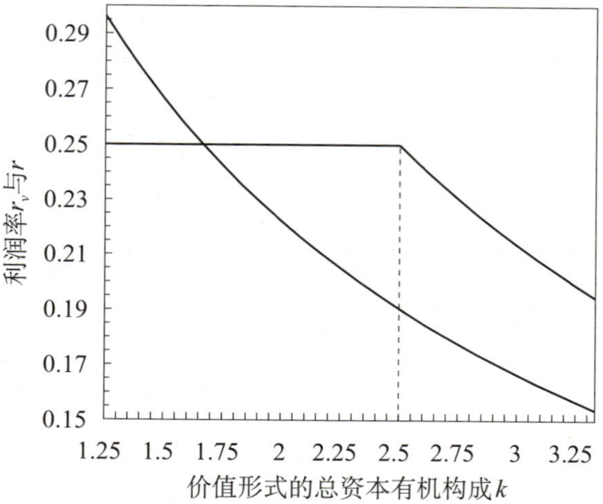

图 7-4 r_v、r 与 k 的关系

转折点，第三部类价值形式的资本有机构成 k_3 趋向于∞，价值形式的总资本有机构成 $k=2.5$。这是一种仅仅用于理论分析并且不能实现的极限情况，因为 $v_3=0$，$s_3=0$，第三部类没有可变资本和剩余价值，不能进行资本主义生产。

超过这个范围（在本例中，k 大于 2.5），如果价值形式的总资本有机构成的提高通过第一部类的不变资本的提高与第一部类价值形式的资本有机构成的提高实现，那么，随着第一部类的不变资本的提高与第一部类价值形式的资本有机构成的提高，价值形式的总资本有机构成提高，生产价格形式的利润率降低。

这个结果证明，随着价值形式的总资本有机构成提高，生产价格形式的利润率不变是有极限的，超过这个极限，生产价格形式的利润率降低。

由表 7-12、图 7-4 还可以看出，随着价值形式的总资本有机构成提高，价值形式的利润率降低。

由表 7-11、图 7-3、表 7-12、图 7-4 可以看出，在一定范围内，随着第三部类价值形式的资本有机构成的提高，价值形式的总资本有机构成提高，生产价格形式的利润率保持不变。超过这个范围，随着第一部类价值形式的资本有机构成的提高，价值形式的总资本有机构成提高，生产价格形式的利润率降低。

必须指出，生产价格形式的利润率与价值形式的总资本有机构成的关系曲线的转折点，不是固定不变的，在一定范围内，转折点可以变化。

第九节　第二部类生产规模缩小，价值形式的总资本有机构成提高，生产价格形式的利润率不变或提高

下面我们考察第一部类生产规模不变，第二部类生产规模变小的情况，也就是第一部类价值形式的可变资本、第一部类价值形式的资本有机构成和剩余价值率不变，第二部类价值形式的可变资本减小，或第二部类价值形式的资本有机构成降低的情况。

在第一部类与第二部类的不变资本、可变资本、剩余价值确定的条件下，第三部类的不变资本、可不资本、剩余价值是 v_1、s_1、c_2、v_2、s_2 的函数，由（7－142）式、（7－143）式、（7－144）式决定。

一、转折点为 $k=5/3$ 的情况

在一定条件下，随着价值形式的总资本有机构成 k 提高，生产价格形式的利润率 r 可以不变。生产价格形式的利润率 r 不变是有界的，超过这个界限，生产价格形式的利润率 r 可以提高。生产价格形式的利润率 r 提高也是有界的，超过这个界限，价值形式的总资本有机构成 k 继续提高，生产价格形式的利润率 r 下降。

由（7－95）式或（7－107）式可以看出，如果第一部类价值形式的可变资本 v_1、第一部类价值形式的资本有机构成 k_1 和剩余价值率 e 不变，那么，价值形式的总资本有机构成 k，不仅是第二部类价值形式的资本有机构成 k_2 的单调递减的双曲函数，而且是第二部类价值形式的可变资本 v_2 的单调递减的双曲函数。

这里，以表 7－5 所示的数例中的数值作为分析的起点，即以 $k_1=5/2$，$k_2=5/6$，$k_3=5/9$，$e=2/3$，$c_1=225$，$v_1=90$，$s_1=60$，$c_2=100$，$v_2=120$，$s_2=80$，$c_3=50$，$v_3=90$，$s_3=60$ 作为分析的起点。在分析的起点，第一部类的可变资本的增量 $h_1=0$，第二部类的可变资本的增量 $h_2=0$。

假设 $c_2\geqslant75$，例如，$c_2=100$，95，90，…，75，h_2 由 0 变到－30，$k_1=5/2$，$e=2/3$，$h_1=0$，$c_1=225$，$v_1=90$，$s_1=60$ 始终保持不变，$k_2=5/6$ 保持不变，第二部类价值形式的可变资本 v_2 由 120 降低到 90，相应地，s_2 由 80 下降到 60，第三部类价值形式的资本有机构成 k_3 由 0.555 555 555 6 提高到 1.666 666 666 7，价值形式的总资本有机构成 k 由 1.25 提高到 1.666 666 666 7，即由 5/4 提高到 5/3，生产价格形式的利润率 $r=0.25$ 不变。

$c_2=75$，$k=5/3$ 为转折点。在该点，$c_1=225$，$v_1=90$，$s_1=60$，$v_2=90$，$s_2=60$，$c_3=75$，$v_3=45$，$s_3=30$。生产价格形式的利润率 $r=0.25$。

当 $c_1\leqslant75$ 时，例如，$c_1=75$，64.285 714 285 7，54.545 454 545 5，…，30，第二部类价值形式的资本有机构成 k_2 降低，并且 k_1、e、c_1、v_1、s_1、v_2、s_2 保持不变，$k\geqslant5/3$，相应地，第三部类价值形式的资本有机构成 k_3 提高，价值形式的总资本有机构成 k 提高，$k=1.666\ 666\ 66$，1.75，1.833 333 33，…，2.083 333 33。在这种情况下，生产价格形式的利润率 r 提高。

第二部类价值形式的不变资本 c_2、第二部类价值形式的资本有机构成 k_2、第三部类价值形式的不变资本 c_3、第三部类价值形式的可变资本 v_3、第三部类价值形式的资本有机构成 k_3、价值形式的总资本有机构成 k、生产价格形式的利润率 r、价值形式的利润率 r_v 之间的关系，可以用表 7-13 表示。

表 7-13　c_2、k_2、c_3、v_3、k_3、k、r、r_v 之间的关系

c_2	k_2	c_3	v_3	k_3	k	r	r_v
100	0.833 3	50	90	0.555 6	1.250 0	0.25	0.296 3
95	0.833 3	55	81	0.679 0	1.333 3	0.25	0.287 9
90	0.833 3	60	72	0.833 3	1.416 7	0.25	0.279 1
85	0.833 3	65	63	1.031 7	1.500 0	0.25	0.269 8
80	0.833 3	70	54	1.296 3	1.583 3	0.25	0.260 2
75	0.833 3	75	45	1.666 7	1.666 7	0.25	0.250 0
64.285 7	0.714 3	85.714 3	34.285 7	2.500 0	1.750 0	0.261 0	0.242 4
54.545 5	0.606 1	95.454 5	24.545 5	3.888 9	1.833 3	0.273 4	0.235 3
45.652 2	0.507 2	104.347 8	15.652 2	6.666 7	1.916 7	0.287 4	0.228 6
37.5	0.416 7	112.5	7.5	15.000 0	2.000 0	0.303 5	0.222 2
30	0.333 3	120	0	∞	2.083 3	0.322 5	0.216 2

在表 7-13 中，价值形式的利润率 r_v、生产价格形式的利润率 r 与价值形式的总资本有机构成 k 的关系，可以用图 7-5 表示。

在图 7-5 中，连续下降的曲线，表示价值形式的利润率 r_v 与价值形式的总资本有机构成 k 的关系；在价值形式的总资本有机构成 k 小于 5/3 的条件下保持不变，在价值形式的总资本有机构成 k 大于 5/3 的条件下逐渐上升的曲线，表示生产价格形式的利润率 r 与价值形式的总资本有机构成 k 的关系。

由表 7-13、图 7-5 可以看出，在一定范围内（在本例中，k 小于 5/3)，如果价值形式的总资本有机构成的提高通过第二部类的不变资本的

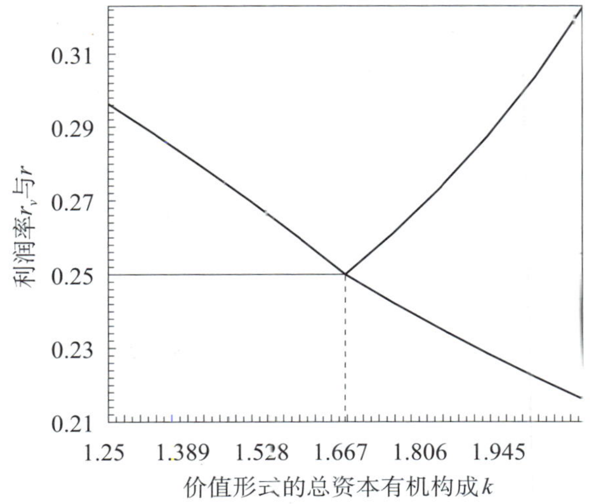

图 7－5　r_v、r 与 k 的关系

降低与第三部类价值形式的资本有机构成的提高实现，那么，随着第二部类的不变资本的降低与第三部类价值形式的资本有机构成的提高，价值形式的总资本有机构成提高，生产价格形式的利润率保持不变。

在生产价格形式的利润率与价值形式的总资本有机构成的关系曲线的转折点，第三部类价值形式的资本有机构成 $k_3=5/3$，价值形式的总资本有机构成 $k=5/3$。第三部类价值形式的资本有机构成等于价值形式的总资本有机构成。生产价格形式的利润率等于价值形式的平均利润率。

超过这个范围（在本例中，k 大于 5/3），如果价值形式的总资本有机构成的提高通过第二部类价值形式的资本有机构成的降低与第三部类价值形式的资本有机构成的提高实现，那么，随着第二部类价值形式的资本有机构成的降低与第三部类价值形式的资本有机构成的提高，价值形式的总资本有机构成提高，生产价格形式的利润率提高。

值得指出的是，生产价格形式的利润率与价值形式的总资本有机构成的关系曲线的转折点，不是固定不变的，在一定范围内，转折点可以变化。

由表 7－13、图 7－5 可以看出，第二部类价值形式的资本有机构成的降低与第三部类价值形式的资本有机构成的提高，导致价值形式的总资本有机构成提高。这种情况通常出现在产业分工的发展过程中。例如，工人需要的生活消费资料中，食品与服装等产品所占的比例比较高，资本家需要的生活消费资料中，食品与服装等产品所占的比例比较低，在产业分工的发展过程中，食品生产过程中的谷物种植、面粉加工等生产环节，以及服装生产过程中的棉花种植、纺纱、织布等生产环节，由第二部类与第三部类的组成部分转变为第一部类的组成部分。更多地使用机器是提高第二部类与第三部类的资本有机构成的因素。第一部类的资本有机构成提高与生产率提高，降低了单位生产资料的价值，是降低第二部类与第三部类的资本有机构成的因素。第二部类与第三部类更多地使用机器，受到上述提高资本有机构成的因素与降低资本有机构成的因素的共同影响。第二部类与第三部类使用的原料的数量变化不大，受到上述降低资本有机构成的因素的影响。与第三部类相比，第二部类的成本中原料占的比例更高。因此，可能出现第二部类价值形式的资本有机构成降低与第三部类价值形式的资本有机构成提高的情况。

由表 7－13、图 7－5 还可以看出，随着价值形式的总资本有机构成提高，价值形式的平均利润率降低。在一定范围内，生产价格形式的利润率的变化方向与价值形式的平均利润率的变化方向相反。这是令人特别感兴趣的。

必须指出，随着价值形式的总资本有机构成提高，生产价格形式的利润率提高是有界的。在本例中，当 c_2 降低到 30，k_2 降低到 1/3，k 提高到 2.083 3，r 提高到 0.322 5 时，c_3 提高到 120，v_3 已经降低到 0，无法进一步降低，k_3 已经趋向∞，无法进一步提高。此时，r 的提高达到极限。如果价值形式的总资本有机构成 k 继续提高，那么，只能通过提高第一部类价值形式的资本有机构成 k_1 来实现，此时，生产价格形式的利润率 r 将降低。

二、转折点为 $k=5/3$ 与 $k=2$ 的情况

在上面的数例中，当 c_2 降低到 30，k_2 降低到 1/3，k 提高到 2.083 3，r 提高到 0.322 5 时，c_3 提高到 120，v_3 已经降低到 0，无法进一步降低，k_3 已经趋向∞，无法进一步提高。如果价值形式的总资本有机构成 k 继续提高，那么，只能通过提高第一部类价值形式的资本有机构成 k_1 来实现。

考虑到价值形式的总资本有机构成 k 应该按照原来的等差数列继续提高，应该由第二部类价值形式的资本有机构成 k_2、第三部类价值形式的资本有机构成 k_3、价值形式的总资本有机构成 k、剩余价值率 e，共同决定第一部类价值形式的资本有机构成 k_1。

由（7－95）式或（7－107）式，第一部类价值形式的资本有机构成可以表示为

$$k_1=\frac{k(k_2+1+e)(k_3+1+e)}{k_2+k_2k_3+k_3e}-1-e \qquad (7-145)$$

考虑到 v_3 不可能等于 0，c_2 降低到 37.5 之后保持不变，c_3 提高到 112.5 之后保持不变，v_3 降低到 7.5 之后保持不变，此时，k 提高到 2。在此之后，第一部类价值形式的不变资本 c_1＝225，240.625，256.250，…，412.5，第一部类价值形式的资本有机构成 k_1＝2.5，2.673 6，2.847 2，…，4.583 3，相应地，价值形式的总资本有机构成 k＝2，2.083 3，2.166 7，…，3。在这种情况下，生产价格形式的利润率 r 降低。

c_2＝75，k＝5/3 为第一个转折点。在该点，c_1＝225，v_1＝90，s_1＝60，v_2＝90，s_2＝60，c_3＝75，v_3＝45，s_3＝30。生产价格形式的利润率 r＝0.25。

c_1＝225，k＝2 为第二个转折点。在该点，v_1＝90，s_1＝60，c_2＝37.5，v_2＝90，s_2＝60，c_3＝112.5，v_3＝7.5，s_3＝5。生产价格形式的利润率 r＝0.303 5。

第一部类价值形式的不变资本 c_1、第二部类价值形式的不变资本 c_2、第一部类价值形式的资本有机构成 k_1、第二部类价值形式的资本有机构成 k_2、第三部类价值形式的资本有机构成 k_3、价值形式的总资本有机构成 k、生产价格形式的利润率 r、价值形式的利润率 r_v之间的关系，可以用表 7－14 表示。

表 7－14　　c_1、c_2、k_1、k_2、k_3、k、r、r_v之间的关系

c_1	c_2	k_1	k_2	k_3	k	r	r_v
225	100	2.5	0.833 3	0.555 6	1.250 0	0.25	0.296 3
225	95	2.5	0.833 3	0.679 0	1.333 3	0.25	0.287 9
225	90	2.5	0.833 3	0.833 3	1.416 7	0.25	0.279 1
225	85	2.5	0.833 3	1.031 7	1.500 0	0.25	0.269 8
225	80	2.5	0.833 3	1.296 3	1.583 3	0.25	0.260 2
225	75	2.5	0.833 3	1.666 7	1.666 7	0.25	0.250 0
225	64.285 7	2.5	0.714 3	2.500 0	1.750 0	0.261 0	0.242 4
225	54.545 5	2.5	0.606 1	3.888 9	1.833 3	0.273 4	0.235 3
225	45.652 2	2.5	0.507 2	6.666 7	1.916 7	0.287 4	0.228 6
225	37.5	2.5	0.416 7	15	2.000 0	0.303 5	0.222 2
240.625	37.5	2.673 6	0.416 7	15	2.083 3	0.293 4	0.216 2
256.250	37.5	2.847 2	0.416 7	15	2.166 7	0.283 7	0.210 5
271.875	37.5	3.020 8	0.416 7	15	2.250 0	0.274 6	0.205 1
287.500	37.5	3.194 4	0.416 7	15	2.333 3	0.266 0	0.200 0
303.125	37.5	3.368 1	0.416 7	15	2.416 7	0.257 3	0.195 1

续前表

c_1	c_2	k_1	k_2	k_3	k	r	r_v
318.750	37.5	3.541 7	0.416 7	15	2.500 0	0.250 0	0.190 5
334.375	37.5	3.715 3	0.416 7	15	2.583 3	0.242 6	0.186 0
350.000	37.5	3.888 9	0.416 7	15	2.666 7	0.235 6	0.181 8
365.625	37.5	4.062 5	0.416 7	15	2.750 0	0.229 0	0.177 8
381.250	37.5	4.236 1	0.416 7	15	2.833 3	0.222 6	0.173 9
396.875	37.5	4.409 7	0.416 7	15	2.916 7	0.216 6	0.170 2
412.500	37.5	4.583 3	0.416 7	15	3.000 0	0.210 9	0.166 7

在表 7－14 中，价值形式的利润率 r_v、生产价格形式的利润率 r 与价值形式的总资本有机构成 k 的关系，可以用图 7－6 表示。

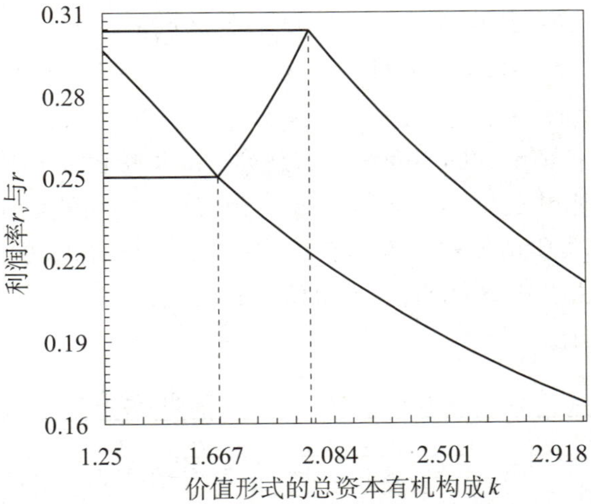

图 7－6　r_v、r 与 k 的关系

在图 7－6 中，连续下降的曲线，表示价值形式的利润率 r_v 与价值形式的总资本有机构成 k 的关系；在 $k<5/3$ 的条件下不变，在 $5/3<k<2$ 的条件下上升，在 $k>2$ 的条件下下降的曲线，表示生产价格形式的利润率 r 与价值形式的总资本有机构成 k 的关系。

由表 7－14、图 7－6 可以看出，在一定范围内（在本例中，$k<5/3$），如果价值形式的总资本有机构成的提高通过第二部类的不变资本的降低与第三部类价值形式的资本有机构成的提高实现，那么，随着第二部类的不变资本的降低与第三部类价值形式的资本有机构成的提高，价值形式的总资本有机构成提高，生产价格形式的利润率保持不变。

在本例中，当 $5/3<k<2$ 时，如果价值形式的总资本有机构成的提高

通过第二部类价值形式的资本有机构成的降低与第三部类价值形式的资本有机构成的提高实现，那么，随着第二部类价值形式的资本有机构成的降低与第三部类价值形式的资本有机构成的提高，价值形式的总资本有机构成提高，生产价格形式的利润率提高。

在本例中，当 $k>2$ 时，如果价值形式的总资本有机构成的提高通过第一部类价值形式的资本有机构成的提高实现，那么，随着第一部类价值形式的资本有机构成的提高，价值形式的总资本有机构成提高，生产价格形式的利润率降低。

由表 7－14、图 7－4 还可以看出，随着价值形式的总资本有机构成提高，价值形式的平均利润率降低。在有的范围内，生产价格形式的利润率的变化方向与价值形式的平均利润率的变化方向相反，在有的范围内，生产价格形式的利润率的变化方向与价值形式的平均利润率的变化方向相同。这是令人特别感兴趣的。

三、生产价格形式的利润率连续提高的情况

在一定条件下，随着价值形式的总资本有机构成 k 提高，生产价格形式的利润率 r 可以连续提高。生产价格形式的利润率 r 连续提高是有界的，超过这个界限，价值形式的总资本有机构成 k 继续提高，生产价格形式的利润率 r 下降。

如果第一部类价值形式的不变资本 c_1、第一部类价值形式的可变资本 v_1、第一部类的剩余价值 s_1、第一部类价值形式的资本有机构成 k_1、剩余价值率 e、第二部类价值形式的可变资本 v_2、第二部类的剩余价值 s_2 不变，那么，由（7－95）式或（7－107）式可以看出，价值形式的总资本有机构成 k 是第二部类价值形式的资本有机构成 k_2 与第三部类价值形式的资本有机构成 k_3 的函数。如果第二部类价值形式的不变资本 c_2 降低，第三部类价值形式的不变资本 c_3 提高，第三部类价值形式的可变资本 v_3 降低，那么，第二部类价值形式的资本有机构成 k_2 降低，第三部类价值形式的资本有机构成 k_3 提高，价值形式的总资本有机构成 k 提高。

这里，以 $k_1=5/2$，$k_2=37/30$，$k_3=1/69$，$e=2/3$，$c_1=225$，$v_1=90$，$s_1=60$，$c_2=148$，$v_2=120$，$s_2=80$，$c_3=2$，$v_3=138$，$s_3=92$ 作为分析的起点。在分析的起点，第三部类的可变资本的增量 $h_3=0$。

如果 $k_1=5/2$，$e=2/3$，$h_1=0$，$h_2=0$，$c_1=225$，$v_1=90$，$s_1=60$，$v_2=120$，$s_2=80$ 始终保持不变，$c_2=148$，145，142，…，100，$c_3=2$，5，8，…，50，$h_3=0$，-3，-6，…，-48，那么，第二部类价值形式

的资本有机构成 k_2 由 1.233 333 333 降低到 0.833 333 333，第三部类价值形式的资本有机构成 k_3 由 0.014 492 754 提高到 0.555 555 556，价值形式的总资本有机构成 k 由 1.077 586 207 提高到 1.25。在这种情况下，生产价格形式的利润率 r 提高，价值形式的利润率 r_v 降低。

第二部类价值形式的不变资本 c_2、第二部类价值形式的资本有机构成 k_2、第三部类价值形式的不变资本 c_3、第三部类价值形式的可变资本 v_3、第三部类价值形式的资本有机构成 k_3、价值形式的总资本有机构成 k、生产价格形式的利润率 r、价值形式的利润率 r_v 之间的关系，可以用表 7-15 表示。

表 7-15　c_2、k_2、c_3、v_3、k_3、k、r、r_v 之间的关系

c_2	k_2	c_3	v_3	k_3	k	r	r_v
148	1.233 3	2	138	0.014 5	1.077 6	0.224 8	0.320 9
145	1.208 3	5	135	0.037 0	1.087 0	0.226 1	0.319 4
142	1.183 3	8	132	0.060 6	1.096 5	0.227 3	0.318 0
139	1.158 3	11	129	0.085 3	1.106 2	0.228 6	0.316 5
136	1.133 3	14	126	0.111 1	1.116 1	0.229 9	0.315 0
133	1.108 3	17	123	0.138 2	1.126 1	0.231 3	0.313 6
130	1.083 3	20	120	0.166 7	1.136 4	0.232 7	0.312 1
127	1.058 3	23	117	0.196 6	1.146 8	0.234 2	0.310 5
124	1.033 3	26	114	0.228 1	1.157 4	0.235 7	0.309 0
121	1.008 3	29	111	0.261 3	1.168 2	0.237 2	0.307 5
118	0.983 3	32	108	0.296 3	1.179 2	0.238 9	0.305 9
115	0.958 3	35	105	0.333 3	1.190 5	0.240 6	0.304 3
112	0.933 3	38	102	0.372 5	1.201 9	0.242 3	0.302 8
109	0.908 3	41	99	0.414 1	1.213 6	0.244 1	0.301 2
106	0.883 3	44	96	0.458 3	1.225 5	0.246 0	0.299 6
103	0.858 3	47	93	0.505 4	1.237 6	0.248 0	0.297 9
100	0.833 3	50	90	0.555 6	1.250 0	0.250 0	0.296 3

在表 7-15 中，价值形式的利润率 r_v、生产价格形式的利润率 r 与价值形式的总资本有机构成 k 的关系，可以用图 7-7 表示。

在图 7-7 中，连续下降的曲线，表示价值形式的利润率 r_v 与价值形式的总资本有机构成 k 的关系；连续上升的曲线，表示生产价格形式的利润率 r 与价值形式的总资本有机构成 k 的关系。

由表 7-15、图 7-7 可以看出，在本例中，剩余价值率不变，价值形式的总资本有机构成连续提高的条件下，价值形式的平均利润率连续降低，相反，生产价格形式的利润率连续提高。这表明，一定条件下，生产

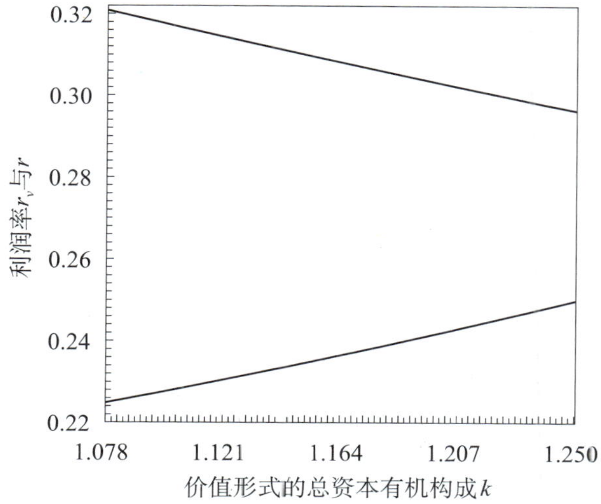

图 7－7　r_v、r 与 k 的关系

价格形式的利润率的变化方向与价值形式的平均利润率的变化方向相反。

由表 7－13、图 7－5、表 7－15、图 7－7 可以看出，在剩余价值率不变的条件下，随着价值形式的总资本有机构成连续提高，价值形式的平均利润率连续降低，生产价格形式的利润率不仅不降低，反而提高。这表明价值形式的平均利润率与生产价格形式的利润率不仅不相同，而且在一定条件下二者的变化方向相反。

这种情况与绝大多数经济学家的传统观念相矛盾。因此，这种情况令人非常感兴趣。造成这种情况的根本原因，是再生产条件的制约，也就是剩余价值生产对剩余价值分配的制约，或生产对流通的制约。

值得指出的是，第一部类生产规模不变，第二部类生产规模变小的情况，也就是，第一部类价值形式的不变资本、可变资本和剩余价值率不变，第二部类价值形式的不变资本减小，或第二部类价值形式的资本有机构成降低的情况，通常出现在特殊的经济条件下。因为，一方面，第二部类生产规模变小，通常意味着雇佣劳动者的生活水平绝对降低；另一方面，第二部类价值形式的资本有机构成降低，通常意味着第二部类的生产力降低。在正常的经济发展过程中，雇佣劳动者的生活水平只能提高不能降低，任何部类的生产力水平只能提高不能降低。

随着产业分工的发展，第二部类价值形式的不变资本减小与第二部类价值形式的资本有机构成降低的情况，可能出现。这是因为，由于第二部类的产业分工的发展，原来的完整的生产过程分解为多个独立的生产过程，前一个生产过程的产品成为后一个生产过程的原料，前一个生产过程由第二部类的组成部分转变为第一部类的组成部分。第二部类的生产规模减小。如果仍然留在第二部类的最后一个生产过程的资本有机构成比较低，那么，第二部类价值形式的资本有机构成可能降低。关于产业分工发展对资本有机构成与利润率的影响的问题，在后面进行考察。

必须指出，受到再生产条件的制约，按照这种方式进行价值转形，生产价格形式的利润率的提高是有界的。事实上，如果 c_2 下降到 10，v_3 下降到 0，c_3 提高到 140，那么，s_3 下降到 0，k_2 下降到 0.083 333 333 3，k_3 趋向∞，不可能再通过降低第二部类价值形式的资本有机构成 k_2 与提高第三部类价值形式的资本有机构成 k_3 的方式，提高价值形式的总资本有机构成 k。必须在此之前不再提高 k_3，保持 k_3 不变。c_2 的下降与 k_2 的提高也是有界的，二者都不能为负值。如果 k_2 与 k_3 不变，继续提高 k，只能通过提高 k_1 的方式。在这种条件下，生产价格形式的利润率 r 将不可避免地下降。这就是生产价格形式的利润率变化的总趋势。

值得注意的是，这里的横坐标为价值形式的总资本有机构成 k，由（7－107）式，可以看出，价值形式的总资本有机构成 k，是第二部类价值形式的资本有机构成 k_2、第三部类价值形式的资本有机构成 k_3 的非线性函数。在本例中，第三部类价值形式的资本有机构成 k_3 不是等差数列，价值形式的总资本有机构成 k 更不是等差数列。用 Office 中的 Excel 作图，横坐标必须是等差数列。为此，利用 Excel 中的 vlookup 函数功能，将价值形式的总资本有机构成 k 转变为等差数列，然后再用 Excel 作图。

在本章中，图 7－8 也用此种方式作图。下面不再重复阐述。

四、生产价格形式的利润率先提高后降低的情况

在上面的数例中，当 c_2 降低到 10 时，v_3 降低到 0，无法进一步降低，c_3 提高到 140，s_3 降低到 0，k_2 降低到 0.083 333 333 3，k_3 已经趋向∞，无法进一步提高。如果价值形式的总资本有机构成 k 继续提高，那么，只能通过提高第一部类价值形式的资本有机构成 k_1 来实现。

考虑到价值形式的总资本有机构成 k 继续提高，应该由第二部类价值形式的资本有机构成 k_2、第三部类价值形式的资本有机构成 k_3、价值形式的总资本有机构成 k、剩余价值率 e，共同决定第一部类价值形式的资本有机构成 k_1。由（7－145）式，可以得到第一部类价值形式的资本有机构成。

考虑到 s_3 不可能等于 0，c_2 降低到 12 之后保持不变，第二部类价值

形式的资本有机构成 k_2 降低到 0.1 之后保持不变，c_3 提高到 138 之后保持不变，v_3 降低到 2 之后保持不变，第三部类价值形式的资本有机构成 k_3 提高到 69 之后保持不变，此时，k 提高到 1.768 867 925。在此之后，第一部类价值形式的不变资本 c_1＝225，275，325，…，825，第一部类价值形式的资本有机构成 k_1＝2.5，3.055 555 6，3.611 111 1，…，9.166 666 7，相应地，价值形式的总资本有机构成 k＝1.768 867 925，2.004 716 981，2.240 566 038，…，4.599 056 604。在这种情况下，生产价格形式的利润率 r 降低。

c_1＝225，k＝1.768 867 925 为转折点。在该点，v_1＝90，s_1＝60，c_2＝12，v_2＝120，s_2＝80，c_3＝138，v_3＝2，s_3＝1.333 333 333 3，k_1＝2.5，k_2＝0.1，k_3＝69，生产价格形式的利润率 r＝0.426 933 1，生产价格形式的利润率 r_v＝ 0.240 772 3。

第一部类价值形式的不变资本 c_1、第一部类价值形式的资本有机构成 k_1、第二部类价值形式的资本有机构成 k_2、第三部类价值形式的不变资本 c_3、第三部类价值形式的可变资本 v_3、第三部类价值形式的资本有机构成 k_3、价值形式的总资本有机构成 k、生产价格形式的利润率 r、价值形式的利润率 r_v之间的关系，可以用表 7－16 表示。

表 7－16　　c_1、k_1、k_2、k_3、k、r、r_v之间的关系

c_1	k_1	k_2	k_3	k	r	r_v
225	2.5	1.233 3	0.014 5	1.077 6	0.224 8	0.320 9
225	2.5	1.091 7	0.157 0	1.132 9	0.232 2	0.312 6
225	2.5	0.950 0	0.346 2	1.194 3	0.241 1	0.303 8
225	2.5	0.808 3	0.609 2	1.262 6	0.252 1	0.294 5
225	2.5	0.666 7	1.000 0	1.339 3	0.266 1	0.285 0
225	2.5	0.525 0	1.641 5	1.425 9	0.284 6	0.274 8
225	2.5	0.383 3	2.888 9	1.524 4	0.310 5	0.264 1
225	2.5	0.241 7	6.368 4	1.637 6	0.350 6	0.252 8
225	2.5	0.1	69	1.768 9	0.426 9	0.240 8
275	3.055 6	0.1	69	2.004 7	0.382 6	0.221 9
325	3.611 1	0.1	69	2.240 6	0.343 4	0.205 7
375	4.166 7	0.1	69	2.476 4	0.309 9	0.191 8
425	4.722 2	0.1	69	2.712 3	0.281 3	0.179 6
475	5.277 8	0.1	69	2.948 1	0.257 0	0.168 9
525	5.833 3	0.1	69	3.184 0	0.236 3	0.159 3
575	6.388 9	0.1	69	3.419 8	0.218 5	0.150 8

续前表

c_1	k_1	k_2	k_3	k	r	r_v
625	6.944 4	0.1	69	3.655 7	0.203 0	0.143 2
675	7.500 0	0.1	69	3.891 5	0.189 5	0.136 3
725	8.055 6	0.1	69	4.127 4	0.177 7	0.130 0
775	8.611 1	0.1	69	4.363 2	0.167 2	0.124 3
825	9.166 7	0.1	69	4.599 1	0.157 8	0.119 1

在表 7－16 中，价值形式的利润率 r_v、生产价格形式的利润率 r 与价值形式的总资本有机构成 k 的关系，可以用图 7－8 表示。

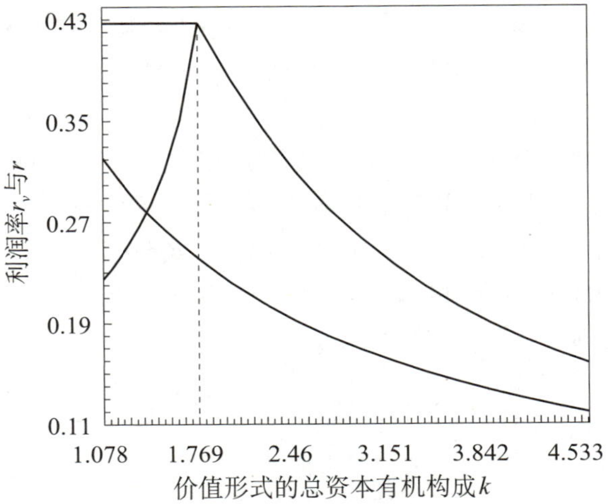

图 7－8　r_v、r 与 k 的关系

在图 7－8 中，连续下降的曲线，表示价值形式的利润率 r_v 与价值形式的总资本有机构成 k 的关系；先上升后下降的曲线，表示生产价格形式的利润率 r 与价值形式的总资本有机构成 k 的关系。

由表 7－16、图 7－8 可以看出，在本例中，在剩余价值率 e 不变，第一部类价值形式的不变资本 c_1 不变，第一部类价值形式的资本有机构成 k_1 不变，第二部类价值形式的资本有机构成 k_2 降低，第三部类价值形式的资本有机构成 k_3 提高的条件下，价值形式的总资本有机构成 k 提高，生产价格形式的利润率 r 提高。

在剩余价值率 e 不变，第一部类价值形式的不变资本 c_1 提高，第一部类价值形式的资本有机构成 k_1 提高，第二部类价值形式的资本有机构成 k_2 不变，第三部类价值形式的资本有机构成 k_3 不变的条件下，价值形式的总资本有机构成 k 提高，生产价格形式的利润率 r 降低。

由表7-16、图7-8可以看出，价值形式的总资本有机构成连续提高的条件下，价值形式的平均利润率连续降低。同样是价值形式的总资本有机构成 k 提高，生产价格形式的利润率 r 的变化方向不相同。生产价格形式的利润率 r 与价值形式的平均利润率 r_v 的变化方向不完全相同。

这种情况与绝大多数经济学家的传统观念相矛盾。因此，这种情况令人非常感兴趣。造成这种情况的根本原因，是再生产条件的制约，也就是剩余价值生产对剩余价值分配的制约，或生产对流通的制约。

值得指出的是，由于再生产条件的制约，在价值形式的总资本有机构成不断提高的过程中，生产价格形式的利润率无论如何变化，最终都不可避免地将下降。这就是生产价格形式的利润率变化的总趋势。

由以上几个数例可以看出，在一定条件下，随着价值形式的总资本有机构成提高，生产价格形式的利润率可以不变甚至提高。但是，生产价格形式的利润率不变或提高都是有界的，超过这个界限，价值形式的总资本有机构成继续提高，生产价格形式的利润率下降。随着价值形式的总资本有机构成提高，价值形式的利润率始终下降下降。因此，随着价值形式的总资本有机构成提高，生产价格形式的利润率趋向下降比价值形式的利润率趋向下降表现得更曲折。

由以上几个数例还可以看出，为什么在考察利润率趋向下降的问题中必须同时考虑价值转形与再生产条件。正是因为，在一定条件下，随着价值形式的总资本有机构成提高，生产价格形式的利润率可以不变甚至提高，生产价格形式的利润率的变化方向与价值形式的利润率的变化方向不完全一致。

提出这些数例的目的是要证明：第一，在总资本有机构成提高的条件下，价值形式的平均利润率降低，这种情况与绝大多数经济学家的传统观念一致，生产价格形式的利润率可以不变，甚至提高，这种情况与绝大多数经济学家的传统观念不一致；第二，价值形式的平均利润率与生产价格形式的利润率不仅不相同，而且二者的变化方向可能相反。第三，随着价值形式的总资本有机构成提高，生产价格形式的利润率的提高是有界的，超过这个界限，继续提高价值形式的总资本有机构成，生产价格形式的利润率必然下降。

这种情况证明：第一，在价值转形中，马克思提出的价值形式的平均利润率有其独特的意义；第二，有些学者否定马克思提出的价值形式的平均利润率的观点是错误的，马克思的利润率趋向下降的观点是正确的。

第十节　价值形式的平均利润率能够反映价值增殖程度，生产价格形式的利润率不能正确反映价值增殖程度

一、只有价值形式的平均利润率才能正确地反映价值增殖程度

由表 7－11、图 7－3、表 7－12、图 7－4、表 7－13、图 7－5、表 7－14、图 7－6、表 7－15、图 7－7、表 7－16、图 7－8 可以看出，在剩余价值率不变，价值形式的总资本有机构成提高的条件下，有些情况下，生产价格形式的利润率不变；有些情况下，生产价格形式的利润率降低；有的情况下，生产价格形式的利润率提高。

这些数例证明：

第一，生产价格形式的利润率与价值形式的平均利润率，不仅数值不同，而且变化方向可以相反，价值增殖的现象与价值增殖的本质不同，生产价格形式的利润率反映价值增殖的现象，价值形式的平均利润率反映价值增殖的本质。

第二，价值形式的平均利润率有重要的、与生产价格形式的利润率不同的独立的意义。

第三，生产价格形式的利润率不能正确地反映价值增殖程度。在这些数例中，无论在什么条件下，只要剩余价值率不变，价值形式的总资本有机构成提高，价值形式的平均利润率就一定降低。因此，价值形式的平均利润率能够正确地反映价值增殖程度。

第四，随着价值形式的总资本有机构成提高，在有的范围内，生产价格形式的利润率不变；在有的范围内，生产价格形式的利润率提高；在有的范围内，生产价格形式的利润率降低。因此，生产价格形式的利润率不能正确反映价值增殖程度。

第五，无论生产价格形式的利润率如何变化，随着价值形式的总资本有机构成不断提高，最终，生产价格形式的利润率必然下降。这就是利润率变化的总趋势。

二、生产价格形式的总资本有机构成不仅反映生产力，生产价格形式的利润率不仅反映价值增殖程度

既然生产价格形式的利润率与价值形式的平均利润率的变化方向可以

相反，价值形式的平均利润率能够正确地反映资本的价值增殖程度，生产价格形式的利润率不能正确地反映价值增殖程度，那么，就必须回答为什么生产价格形式的利润率不能正確地反映资本的价值增殖程度。

（一）价值形式的总资本有机构成与生产价格形式的总资本有机构成

由（7－95）式或（7－107）式可以看出，按照鲍特凯维兹的部类划分的价值转形中的价值形式的总资本有机构成 k，不仅与第一部类价值形式的资本有机构成 k_1、第二部类价值形式的资本有机构成 k_2、第三部类价值形式的资本有机构成 k_3 有关，而且与剩余价值率有关 e。价值形式的总资本有机构成反映全社会的生产的技术构成，也就是反映全社会的生产力。每个部类的价值形式的资本有机构成反映这个部类的生产的技术构成，也就是反映这个部类的生产力。

因此，价值形式的总资本有机构成，不仅与每个部类的生产力有关，而且与剥削程度有关。如果剩余价值率确定，那么，价值形式的总资本有机构成仅仅反映全社会的生产力，与剩余价值分配无关。

由（7－81）式、（7－107）式可以看出，按照鲍特凯维兹的部类划分的价值转形中的生产价格形式的总资本有机构成 k_p，不仅与价值形式的总资本有机构成 k 有关，也就是与全社会的生产力有关，而且与第一部类的价值生产价格转化系数 a_1、第一部类的价值生产价格转化系数 a_2 有关，也就是与价值转形有关。

因此，生产价格形式的资本有机构成不仅反映全社会的生产力，而且反映剩余价值分配关系。如果剩余价值率确定，那么，生产价格形式的总资本有机构成，不仅与每个部类的生产力有关，而且与价值转形有关。这就是说，生产价格形式的总资本有机构成并不仅仅反映全社会的生产力。

（二）价值形式的平均利润率与生产价格形式的利润率

由（7－83）式可以看出，按照鲍特凯维兹的部类划分的价值转形中的价值形式的平均利润率 r_v，不仅与价值形式的总资本有机构成 k 有关，而且与剩余价值率有关 e 有关。

因此，价值形式的平均利润率能够准确地反映总资本的增殖程度与剥削程度。如果剩余价值率确定，那么，价值形式的平均利润率仅仅反映总资本的增殖程度。

由（7－86）式可以看出，按照鲍特凯维兹的部类划分的价值转形中的生产价格形式的利润率 r，不仅与价值形式的总资本有机构成 k、剩余价值率 e 有关，而且与第一部类的价值生产价格转化系数 a_1、第一部类的价值生产价格转化系数 a_2、第三部类的价值生产价格转化系数 a_3 有关，也就是与价值转形有关。由（7－86）式还可以看出，生产价格形式的利润率 r 也与生产价格形式的资本有机构成 k_p 有关。

因此，生产价格形式的利润率不仅反映总资本的增殖程度与剥削程度，而且反映剩余价值分配关系。如果剩余价值率确定，那么，生产价格形式的利润率不仅反映总资本的增殖程度，而且反映价值转形关系。这就是说，生产价格形式的利润率不能单纯地、准确地反映总资本的增殖程度。

第十一节　鲍特凯维兹否定利润率下降观点中的基本错误

鲍特凯维兹企图用两个总资本有机构成不同、利润率相同的不同数例证明利润率不受总资本有机构成的影响。

他的主要依据是他的生产价格形式的利润率公式，即第三章（3－21）式。在第三章（3－21）式中，在决定生产价格形式的利润率 r 的参数 σ 的公式中，只包括参数 f_1、g_1、f_2、g_2，不包括参数 f_3、g_3，而 f_1、g_1 由第一部类的资本有机构成决定，f_2、g_2 由第二部类的资本有机构成决定，f_3、g_3 由第三部类的资本有机构成决定。据此，鲍特凯维兹认为，如果第三部类的资本有机构成变化，那么，总资本有机构成变化，而利润率不变。

鲍特凯维兹的这种证明方式不正确。

第一，价值形式的资本有机构成与利润率不受价值转形的影响。生产价格形式系统中的资本有机构成与利润率是价值转形的结果。

马克思的利润率趋向下降的论断，是在尚未全部完成价值转形研究的条件下得到的，他提到的资本有机构成和利润率都是价值形式的①。虽然马克思没有全部完成价值转形研究，但是，他提到的资本有机构成与利润率都是价值形式的，就这一点来说，马克思提到的变量是同一种形式的，具有可比性。

鲍特凯维兹提到的资本有机构成是价值形式的，但是，利润率却是生产价格形式的，资本有机构成与利润率分别属于两个不同系统，不具有可比性，在逻辑上不一致。

在大多数情况下，生产价格形式的总资本有机构成 k_p 与价值形式的

① 沈民鸣：《价值转形》，第一卷，北京，中国人民大学出版社，2014，第12～16页。

总资本有机构成 k 的变化方向相同，但是，在另一些情况下，生产价格形式的总资本有机构成 k_p 与价值形式的总资本有机构成 k 的变化方向相反。因此，要考察利润率的变化，必须明确是什么形式的利润率，是生产价格形式的利润率，还是价值形式的利润率，必须明确不变资本、可变资本、总资本、资本有机构成是价值形式的，还是生产价格形式的。

由第十一章表 11－31、图 11－31、表 11－40、图 11－40 的数例，可以看出，在价值系统与生产价格系统中，资本有机构成与利润率的变化方向不一定完全相同。因此，首先，必须在同一个系统中对比资本有机构成与利润率的变化方向，其次，必须明确，是在价值系统中还是在生产价格系统中，对比资本有机构成与利润率的变化方向。在同样的条件下，价值形式的平均利润率与生产价格形式的利润率的变化方向不一定完全相同。在第十六章、第十七章、第十八章、第十九章中，也可以看到类似的现象。

第二，鲍特凯维兹认为，自己提出的生产价格形式的利润率是正确的，而马克思的价值形式的利润率是错误的。显然，鲍特凯维兹的这种观点具有片面性。事实上，生产价格形式的利润率和价值形式的利润率各有适用的范围。

在上一章与本章中已经证明，在一定条件下，随着价值形式的总资本有机构成提高与生产价格形式的总资本有机构成提高，价值形式的平均利润率降低，生产价格形式的平均利润率却提高，价值形式的平均利润率与生产价格形式的平均利润率的变化方向相反。这说明，两种不同形式的平均利润率的变化方向不完全相同。生产价格形式的利润率不能正确地反映总资本的增殖程度，相反，价值形式的平均利润率却能够正确地反映总资本的增殖程度。因此，马克思的价值形式的平均利润率有重要的独立的意义。

必须指出，在第三章中已经说明，鲍特凯维兹并没有完全否定马克思的利润率趋向下降的理论。但是，他的这些论述，被那些利用他的理论否定马克思的利润率趋向下降的理论的经济学家有意地、选择性地忽视了。

第三，鲍特凯维兹没有利用再生产条件方程。这个本质缺陷，导致他仅仅利用总资本有机构成不同、利润率相同的两个不相关的数例证明总资本有机构成的变化不影响利润率。

正确的证明方式应该是，首先满足再生产条件，其次令一个变量或几个变量在足够大的范围内连续变化，在此基础上说明，当总资本有机构成变化时利润率是否变化。由于他没有利用再生产条件，因此他无法进行这样的分析。

第四，鲍特凯维兹没有明确地说明自己的观点成立的范围。既然没有说明自己的理论成立的范围，那么，按照一般准则，应该认为普遍成立。在这种条件下，只要有一个反例，就可推翻他的理论。事实上，他的理论只在一定范围内成立，超出这个范围不成立。

第五，马克思的观点是利润率趋向下降，而不是利润率下降。依据利润率不是在任何条件下都下降来否定利润率趋向下降，是不正确的。

因此，鲍特凯维兹的理论并不能用于否定马克思关于利润率趋向下降的论断。

第十二节　按照鲍特凯维兹的部类划分的价值转形中资本有机构成与剩余价值率对利润率的影响

一、资本有机构成与剩余价值率的相互影响

资本技术构成反映一定的劳动量所推动的生产资料量，反映生产力。剩余价值率反映剥削程度。资本技术构成与剩余价值率似乎不相关。但是，资本的有机构成具有二重性，同样，剩余价值率也具有二重性。

马克思认为："资本的构成要从双重的意义上来理解。从价值方面来看，资本的构成是由资本分为不变资本和可变资本的比率，或者说，分为生产资料的价值和劳动力的价值即工资总额的比率来决定的。从在生产过程中发挥作用的物质方面来看，每一个资本都分为生产资料和活的劳动力；这种构成是由所使用的生产资料量和为使用这些生产资料而必需的劳动量之间的比率来决定的。我把前一种构成叫做资本的价值构成，把后一种构成叫做资本的技术构成。二者之间有密切的相互关系。为了表达这种关系，我把由资本技术构成决定并且反映技术构成变化的资本价值构成，叫做资本的有机构成。"①

资本的构成具有二重性。生产资料的物质形式是多样的，生产资料的使用价值无法求和，生产资料的总量只能用价值形式表示。资本技术构成只能用资本价值构成来表示。一方面，生产资料表现为一定数量的各种机器设备、工具、原料、材料等劳动资料与劳动对象；另一方面，生产资料

① 《马克思恩格斯全集》，第23卷，北京，人民出版社，1972，中文1版，第672页。

表现为一定数量的不变资本的价值。

同样，剩余价值率也具有二重性。一方面，剩余价值率是剩余价值与可变资本的比例，反映雇佣劳动者新创造的价值中，被资本家无偿占有的部分与用于交换工人的劳动力的部分的比例；另一方面，剩余价值率是资本家无偿占有的产品数量与工人得到的用于维持本人及其家庭成员生活的产品数量的比例。在简单再生产条件下，剩余价值率是资本家无偿占有的生活资料数量与工人得到的生活资料数量的比例。

对于雇佣劳动者来说，他们得到的工资与生产价格形式的可变资本相等，通常表现为货币形式，但是，决定他们的生活水平的因素，不是货币工资，而是得到的生活资料的数量。

由（7－95）式或（7－107）式可以看出，价值形式的总资本有机构成 k，不仅是第一部类价值形式的资本有机构成 k_1、第二部类价值形式的资本有机构成 k_2、第三部类价值形式的资本有机构成 k_3 的函数，而且是剩余价值率 e 的函数。当然，剩余价值率 e 也是价值形式的总资本有机构成 k 的函数。这就是说，剩余价值率与价值形式的总资本有机构成互相影响。

二、资本有机构成与剩余价值率对利润率的影响

在第一部类价值形式的资本有机构成 k_1、第二部类价值形式的资本有机构成 k_2、第三部类价值形式的资本有机构成 k_3 确定的条件下，也就是在各部类的生产力不变的条件下，剩余价值率与价值形式的总资本有机构成中，只有一个变量是独立的。

总资本有机构成不仅与各部类的资本有机构成有关，也就是与各部类的生产力有关，而且与剥削程度有关。剥削程度不仅与各部类的资本有机构成有关，也就是与各部类的生产力有关，而且与各部类的资本比例有关，也就是与再生产条件有关。

价值形式的平均利润率，不仅与价值形式的总资本有机构成有关，而且与剩余价值率有关。但是，价值形式的平均利润率与剩余价值分配无关。

生产价格形式的平均利润率，不仅与价值形式的总资本有机构成、剩余价值率有关，而且与剩余价值分配有关。

三、两种不同价值转形模型的不同结果

将第三章中的表 3－1 与表 3－2 对比，将第三章中的表 3－3 与表 3－4

对比，可以看出，在鲍特凯维兹的价值转形中，生产价格形式的利润总和等于剩余价值总和，但是，产品的生产价格总和不等于价值总和。

导致这种结果的基本原因，是鲍特凯维兹采用了错误的“不变性假设条件”，即他假设第三部类的价值生产价格转化系数等于1。

由于这里的按照鲍特凯维兹的部类划分方式建立的价值转形模型没有采用鲍特凯维兹的错误的“不变性假设条件”，因此这里的按照鲍特凯维兹的部类划分的价值转形模型，与鲍特凯维兹的价值转形模型完全不同。

按照这个价值转形模型，生产价格形式的利润总和不等于剩余价值总和，但是，产品的生产价格总和等于价值总和。这里得到的价值转形的结果，与鲍特凯维兹的价值转形模型得到的价值转形的结果完全不同。

因为鲍特凯维兹的利润率公式不包含第三部类的价值生产价格转化系数，所以，这里得到的生产价格形式的利润率与资本有机构成的关系，对于鲍特凯维兹的价值转形模型来说，同样成立。

第十三节　本章结论

这里按照鲍特凯维兹的部类划分方式建立价值转形模型，但是，没有采用鲍特凯维兹的不合理的假设条件，通过价值转形得到的结果，与鲍特凯维兹的价值转形模型的结果不同。

在按照鲍特凯维兹的部类划分的价值转形中，各部类被社会承认的价值形式的利润总和等于工人创造的剩余价值总和；各部类被社会承认的价值形式的生产价格总和等于价值总和；各部类得到的价值形式的利润总和等于工人创造的剩余价值总和；各部类得到的价值形式的生产价格总和等于价值总和。这些关系，符合马克思的“两个等于”的论断。显然，“两个等于”既不是结论，也不是假设条件，而是比剩余价值率相等与利润率相等更基本的事实。

流通过程中分配剩余价值，无法改变生产过程中已经耗费的剩余劳动，这个事实决定了马克思阐述的“两个等于”的关系必然成立。

鲍特凯维兹依据自己的生产价格形式的利润率公式认为，生产价格形式的利润率与第三部类的资本有机构成无关，第三部类的资本有机构成提高，必然引起总资本有机构成提高，但是，不会改变利润率。据此，他认为，马克思的资本有机构成提高导致平均利润率下降的论断不正确。他的这个观点，成为反对马克思的利润率趋向下降规律的人的主要理论依据。

鲍特凯维兹的错误的根源是重商主义的影响。只注重考察资本主义流通过程，忽略了对资本主义生产过程的考察，没有考察再生产条件。他的价值转形模型，没有反映各部类生产过程中耗费的各种劳动之间的关系。再生产条件反映这种关系。

由本章的数例可以看出，在一定条件下，随着资本有机构成提高，价值形式的平均利润率下降，生产价格形式的利润率可以不变、提高或降低。无论生产价格形式的利润率不变、提高或降低，也无论生产价格形式的利润率大于、等于或小于价值形式的平均利润率，随着价值形式的总资本有机构成的不断提高，最终，生产价格形式的利润率与价值形式的平均利润率的变化方向必然相同，都趋向下降。

价值形式的平均利润率不受剩余价值分配的影响，能够正确地反映总资本的增殖程度。生产价格形式的利润率受剩余价值分配的影响，不能正确地反映总资本的增殖程度。生产价格形式的利润率是价值形式的平均利润率的表现形式。生产价格形式的利润率反映经济现象，价值形式的平均利润率反映经济本质。

受到再生产条件的制约，随着第三部类的资本有机构成与总资本有机构成提高，生产价格形式的利润率不变有严格的界限。超出这个界限，继续提高总资本有机构成，必然引起生产价格形式的利润率下降。因此，马克思关于平均利润率趋向下降的观点是正确的。马克思提出的价值形式的平均利润率对价值转形研究具有重要的作用，同时考察按照鲍特凯维兹的部类划分的价值转形与利润率趋向下降问题，必须考察再生产条件。

鲍特凯维兹将马克思的第二部类划分为工人的消费资料生产与资本家的消费资料生产两个分部类。鲍特凯维兹的第一部类与马克思的第一部类相同。马克思曾经将第一部类划分为货币材料生产与其他生产资料生产两个分部类①，列宁曾经将马克思的第一部类划分为制造生产资料的生产资料生产与制造消费资料的生产资料生产两个分部类②。如果将每个分部类看做一个部类，那么，相应的价值转形，就是马克思与鲍特凯维兹的四部类价值转形③，以及列宁与鲍特凯维兹的四部类价值转形④。可以分别建

① 《马克思恩格斯全集》，第24卷，北京，人民出版社，1972，中文1版，第529页。
② 《列宁全集》，第1卷，北京，人民出版社，1984，中文2版，第66页。
③ 沈民鸣：《价值转形》，第二卷，北京，中国人民大学出版社，2014，第763～818页。
④ 沈民鸣：《价值转形》，第二卷，北京，中国人民大学出版社，2014，第915～1006页。

立马克思与鲍特凯维兹的四部类价值转形模型[1]，以及列宁与鲍特凯维兹的四部类价值转形模型[2]。这里的结论，对于马克思与鲍特凯维兹的四部类价值转形，以及列宁与鲍特凯维兹的四部类价值转形，同样成立。

对于多部门价值转形[3]，以及扩大再生产条件下的价值转形[4]，这里的结论仍然成立。

如果按照鲍特凯维兹的价值转形模型进行计算，那么，价值生产价格转化系数与这里的结果不同，生产价格形式的利润率与这里的结果相同。因此，这里得到的生产价格形式的利润率、价值形式的平均利润率与价值形式的资本有机构成的关系，对于鲍特凯维兹的价值转形来说也成立。

全面地考察按照鲍特凯维兹的部类划分的价值转形中资本有机构成提高，生产力提高，剩余价值率提高，利润率趋向下降的问题，应该考察第一部类价值形式的资本有机构成、第二部类价值形式的资本有机构成、第三部类价值形式的资本有机构成、剩余价值率同时提高的情况。在第十七章中，将在第一部类价值形式的资本有机构成、第二部类价值形式的资本有机构成、第三部类价值形式的资本有机构成、剩余价值率共同提高的条件下，进一步分析按照鲍特凯维兹的部类划分的价值转形中，价值形式的总资本有机构成与价值形式的平均利润率的变化，以及生产价格形式的总资本有机构成与生产价格形式的平均利润率的变化。

---

① 沈民鸣:《价值转形》，第二卷，北京，中国人民大学出版社，2014，第773～774页。

② 沈民鸣:《价值转形》，第二卷，北京，中国人民大学出版社，2014，第923～925页。

③ 沈民鸣:《价值转形》，第三卷，北京，中国人民大学出版社，2014，第1009～1076页。

④ 沈民鸣:《价值转形》，第三卷，北京，中国人民大学出版社，2014，第1079～1555页。

第八章　按照列宁的部类划分的价值转形中利润率与资本有机构成的关系

第一节　列宁的生产资料生产优先增长理论与利润率趋向下降的理论

一、列宁的生产资料生产优先增长理论是证明利润率趋向下降的理论基础

考察价值转形中的利润率与资本有机构成的关系，不能不考察列宁的生产资料生产优先增长理论，也不能不考察按照列宁的三部类划分的价值转形。

否定马克思的利润率趋向下降观点的一个重要观点认为，随着资本有机构成的提高与生产力的提高，剩余价值率也提高，剩余价值率的提高阻碍利润率提高。列宁的生产资料生产优先增长理论，证明生活资料生产部类的资本有机构成的提高低于生产资料生产部类的资本有机构成的提高。因为剩余价值率的提高取决于生活资料生产部类的生产力的提高，也就是取决于生活资料生产部类的资本有机构成的提高，所以，剩余价值率的提高率低于资本有机构成的提高率。因此，列宁的生产资料生产优先增长理论，是证明利润率趋向下降的重要理论依据。

鲍特凯维兹的价值转形理论，是否定马克思的利润率趋向下降观点的重要理论依据。对按照列宁的三部类划分的价值转形的考察，可以证明，在一般条件下，中等资本有机构成部类的生产价格与价值不相等。既然中等资本有机构成部类的生产价格与价值一般不相等，那么，不仅鲍特凯维兹的价值转形理论的基础不成立，而且塞顿、斯拉法等经济学家的价值转形理论的基础也不成立。

因此，考察按照列宁的三部类划分的价值转形，可以证明鲍特凯维兹

等经济学家的假设条件与价值转形理论是错误的。

这里，考察按照列宁的部类划分的价值转形的利润率与资本有机构成的关系。

二、列宁的部类划分与生产资料生产优先增长理论

（一）列宁的部类划分

1893 年，列宁在《论所谓市场问题》中提出了生产资料生产优先增长理论。在分析过程中，他的“制造生产资料的生产资料生产”和“制造消费资料的生产资料生产”，把马克思的第一部类划分为两个分部类。他的“消费资料生产”是马克思的第二部类。为了简化价值转形分析和价值转形模型，特别是简化矩阵形式的价值转形模型，如果将每个分部类看做一个部类，那么，列宁的部类和分部类，可以看做三个部类。因为列宁最早提出“制造生产资料的生产资料生产”和“制造消费资料的生产资料生产”，所以，我将这种部类划分方式称为列宁的三部类划分。

（二）前人没有考察和证明的问题

这里在简单再生产条件下，按照列宁的三部类划分方式，考察一元价值转形问题，并在一元价值转形的基础上，考察利润率与资本有机构成的关系。

这里考察，在一元价值转形中，中等资本有机构成的部类的生产价格是否一定等于价值？生产价格等于价值的部类是否一定为中等资本有机构成的部类？资本有机构成低的部类的生产价格是否一定低于价值？资本有机构成高的部类的生产价格是否一定高于价值？生产价格形式的中等资本有机构成与多得到的剩余价值为零是否等价？被社会多承认的剩余价值与多得到的剩余价值的符号是否一定相同？在生产价格高于价值的部类中，得到社会承认的剩余价值是否多于该部类的工人创造的剩余价值？最终得到的剩余价值是否多于该部类的工人创造的剩余价值？在生产价格低于价值的部类中，得到社会承认的剩余价值是否少于该部类的工人创造的剩余价值？最终得到的剩余价值或实际占有的剩余价值是否少于该部类的工人创造的剩余价值？在按照列宁的三部类划分的价值转形中，随着资本有机构成提高和剩余价值率提高，利润率如何变化？这些问题前人没有证明过，这里将对此进行详细考察。

无论在简单再生产条件下，还是在扩大再生产条件下，马克思都是在资本有机构成不变的前提下考察社会资本再生产。但是，这里考察的是一元价值转形，所以，各部类资本有机构成不完全相同。

（三）列宁的生产资料生产优先增长理论

列宁按照马克思的资本有机构成不断提高的观点，考察了社会资本再生产过程。他认为，随着生产力提高和技术进步，不变资本与可变资本的比例不断提高，必将导致第一部类生产比第二部类生产增长更快，第二部类生产比第三部类生产增长更快。他通过一个假设的数例证明了自己的论断。在列宁的数例中，各部类的追加不变资本与追加可变资本的比例，高于这个部类的原有不变资本与原有可变资本的比例，结果是各部类的资本有机构成不断提高。他将这个数例的结果，用一个反映各部类产品价值的增长速度的扩大再生产表来表示（见表 8-1）。

表 8-1　　**价值表**

	制造生产资料的生产资料		制造消费资料的生产资料		消费资料		社会总产品	
		百分比		百分比		百分比		百分比
第一年	4 000	100	2 000	100	3 000	100	9 000	100
第二年	4 450	111.25	2 100	105	3 070	102	9 620	107
第三年	4 950	123.75	2 150	107.5	3 134	104	10 234	114
第四年	5 467.5	136.7	2 190	109.5	3 172	106	10 823.5	120

由这个分析，列宁得到一个重要结论："增长最快的是制造生产资料的生产资料生产，其次是制造消费资料的生产资料生产，最慢的是消费资料生产。"①

他的这个理论，不仅是对马克思的扩大再生产理论的发展，也是马克思的扩大再生产理论的合乎逻辑的推论。他提出："即使没有马克思在《资本论》第 2 卷中所作的研究，根据不变资本有比可变资本增长得快的趋势的规律也能得出上面的结论，因为生产资料增长最快这个论点，不过是把这个规律运用于社会总生产时的另一种说法而已。"②

在分析了马克思在《资本论》第二卷中关于扩大再生产的研究后，列宁指出："从马克思上述研究中能够得出的唯一正确的结论是　**在资本主义社会中，生产资料的生产比消费资料的生产增长得快。**上面说过，这个结论是直接根据这样一个尽人皆知的原理得出来的：资本主义生产创造了以往各个时代无法比拟的高度发展的技术。"③ 他在注释中进一步解释道："上述结论还可以稍微变个方式来说：在资本主义社会中，生产（因而还

---

① 《列宁全集》，第 1 卷，北京，人民出版社，1984，中文 2 版，第 66 页。
② 《列宁全集》，第 1 卷，北京，人民出版社，1984，中文 2 版，第 67 页。
③ 《列宁全集》，第 1 卷，北京，人民出版社，1984，中文 2 版，第 67～68 页。

有“市场”）的增长或是靠消费品的增加，或是（这是主要的）靠技术进步，即靠机器劳动排挤手工劳动，因为 v 与 c 的比值的变化正表示手工劳动的作用的缩小”①。

列宁的这个理论，是从资本有机构成提高和生产力提高，从而各部类产品价值的不同变化的角度，考察内涵扩大再生产条件下各部类生产规模变化得到的同一个结论。

列宁的生产资料生产优先增长的理论考察的是扩大再生产，由于篇幅限制，这里只考察简单再生产。因为，在列宁的生产资料生产优先增长的理论中，各部类资本有机构成不完全相同，所以，必须进行价值转形。这里按照列宁的三部类划分方法，可以构造列宁的三部类价值转形模型。

第二节　按照列宁的三部类划分的一元价值转形的基本假设条件、符号规定、基本关系

一、基本假设条件

按照列宁的三部类划分方式考察一元价值转形，首先需要规定基本假设条件。这里假设：

（1）社会生产划分为三个部类：制造生产资料的生产资料生产部类为第一部类，制造消费资料的生产资料生产部类为第二部类，消费资料的生产部类为第三部类。不考虑非物质生产部门。

（2）社会资本再生产为简单再生产。

（3）各部类的剩余价值率相同并且已知。

（4）各部类的生产价格形式的利润率相同。

（5）各部类的资本有机构成已知，并且不完全相同。第一部类不变资本、可变资本、剩余价值已知。

（6）不变资本价值通过一次生产过程转移到产品中，也就是不考虑固定资本的影响。

（7）资本循环一次的时间为一年，也就是不考虑资本循环速度或资本周转速度的影响。

① 《列宁全集》，第 1 卷，北京，人民出版社，1984，中文 2 版，第 68 页。

二、符号规定

c_i、v_i、s_i有双重涵义。一方面，在生产过程中，c_i、v_i、s_i分别表示第 i 部类使用的物化劳动、耗费的必要劳动、耗费的剩余劳动。另一方面，在流通过程中，c_i、v_i、s_i分别表示第 i 部类使用的不变资本、使用的可变资本、工人创造的剩余价值。

因为，不变资本的价值通过一次生产过程转移到产品中，也就是不考虑固定资本的影响，所以，使用的物化劳动就是耗费的物化劳动。

a_i分别表示第 i 部类的价值生产价格转化系数。

s_{ai}分别表示第 i 部类被社会多承认的剩余价值。

s_{ti}分别表示第 i 部类的资本家多得到的剩余价值。

k_i分别表示第 i 部类的价值形式的资本有机构成。

r_i分别表示第 i 部类的生产价格形式的利润率。

r 表示生产价格形式的利润率。

e 表示剩余价值率。

三、按照列宁的三部类划分的一元价值转形的基本关系

（一）价值形式的简单再生产条件

价值转形是由于资本的生产过程与资本的流通过程之间存在而矛盾产生的。在资本主义生产过程中，与耗费的劳动相应的价值，满足价值形式的再生产条件。因此，考察价值转形，就必须考察价值形式的再生产条件。

价值转形是在流通过程中分配剩余价值。在流通过程中分配剩余价值，不可能影响生产中耗费的物化劳动、必要劳动、剩余劳动。因此，无论如何分配剩余价值，价值形式的简单再生产条件都成立。

第一部类的产品，用于补偿第一部类和第二部类在简单再生产中耗费的生产资料。第一部类生产中耗费的物化劳动、必要劳动、剩余劳动之和，等于生产补偿第一部类耗费的生产资料所需劳动与生产补偿第二部类耗费的生产资料所需劳动之和，即

$$c_1 + v_1 + s_1 = c_1 + c_2 \tag{8-1}$$

第二部类的产品，用于补偿第三部类在简单再生产中耗费的生产资料。第二部类生产中耗费的物化劳动、必要劳动、剩余劳动之和，等于生产补偿第三部类耗费的生产资料所需劳动，即

$$c_2 + v_2 + s_2 = c_3 \tag{8-2}$$

第三部类的产品，为各部类工人的生活需要的生活资料和资本家的生活需要的生活资料。第三部类生产中耗费的物化劳动、必要劳动、剩余劳动之和，等于生产各部类工人的生活消费资料所需劳动与生产各部类资本家的生活消费资料所需劳动之和，即

$$c_3+v_3+s_3=v_1+v_2+v_3+s_1+s_2+s_3 \tag{8-3}$$

在这三个方程中，由任意两个方程可以得到另一个方程，因此，只有两个独立方程。如果没有特殊约定，由于第一个方程与第二个方程更简单，那么，可以选择前两个方程。

价值形式的再生产条件，是按照列宁的三部类划分的一元价值转形中最重要的与最基本的条件。

(二) 第二部类的资本有机构成与第三部类的资本有机构成

第二部类生产中使用的物化劳动与耗费的必要劳动之比，或第二部类的不变资本与可变资本之比，为第二部类的资本有机构成，即

$$\frac{c_2}{v_2}=k_2 \tag{8-4}$$

同样，第三部类生产中使用的物化劳动与耗费的必要劳动之比，或第三部类的不变资本与可变资本之比，为第三部类的资本有机构成，即

$$\frac{c_3}{v_3}=k_3 \tag{8-5}$$

其中，k_2 和 k_3 均为已知常数。

通常，三个部类的资本有机构成不完全相同。如果三个部类的资本有机构成相同，剩余价值率也相同，那么，价值形式的利润率必定相同，就不需要进行价值转形了。

(三) 剩余价值率相同

考虑到劳动力可以在不同部类之间自由流动，如果不同部类的资本对劳动的剥削程度不同，那么，劳动力就会流动到剥削程度比较低的部类。因此，不同部类的资本对劳动的剥削程度相同，即剩余价值率相同。剩余价值率等于剩余劳动与必要劳动之比，即

$$\frac{s_1}{v_1}=\frac{s_2}{v_2}=\frac{s_3}{v_3}=e \tag{8-6}$$

剩余价值率相同，为价值转形的基本条件之一。

(四) 价值生产价格转化系数与被社会多承认的剩余价值

每个部类得到社会承认的剩余价值或利润，与这个部类生产的剩余价值或利润不相等。剩余价值在各部类之间转移，通过社会对资本有机构成不同的部类生产的剩余价值的承认程度不同来实现。

第一部类的产品价值为 $c_1+v_1+s_1$。如果第一部类在流通过程中被社会多承认的剩余价值为 s_{a1}，那么，该部类在流通过程中被社会承认的剩余价值为 s_1+s_{a1}。社会对这个部类的剩余价值多承认的部分，就是社会对这个部类的产品价值多承认的部分。第一部类的产品得到社会承认的价值为 $c_1+v_1+s_1+s_{a1}$。

第一部类的价值生产价格转化系数，为第一部类的产品得到社会承认的价值与第一部类的商品本身的价值之比，即

$$a_1=\frac{c_1+v_1+s_1+s_{a1}}{c_1+v_1+s_1} \tag{8-7}$$

这个系数是一个与某种具体的货币单位无关的无量纲的纯系数。该系数表示社会对第一部类的产品价值的承认程度，或表示该部类产品的生产价格与价值的偏离程度。

同理，第二部类和第三部类的产品价值分别为 $c_2+v_2+s_2$ 和 $c_3+v_3+s_3$，如果这两个部类在流通过程中被社会多承认的剩余价值分别为 s_{a2} 和 s_{a3}，那么，第二部类和第三部类在流通过程中被社会承认的剩余价值分别为 s_2+s_{a2} 和 s_3+s_{a3}。社会对第二部类和第三部类的剩余价值多承认的部分，就是对这两个部类的产品价值多承认的部分。第二部类和第三部类的产品得到社会承认的价值分别为 $c_2+v_2+s_2+s_{a2}$ 与 $c_3+v_3+s_3+s_{a3}$。

第二部类的价值生产价格转化系数，为第二部类的产品得到社会承认的价值与第二部类的商品本身的价值之比，即

$$a_2=\frac{c_2+v_2+s_2+s_{a2}}{c_2+v_2+s_2} \tag{8-8}$$

a_2 是无量纲的纯系数，表示社会对第二部类的产品价值的承认程度，或表示该部类产品的生产价格与价值的偏离程度。

第三部类的价值生产价格转化系数，为第三部类的产品得到社会承认的价值与第三部类的商品本身的价值之比，即

$$a_3=\frac{c_3+v_3+s_3+s_{a3}}{c_3+v_3+s_3} \tag{8-9}$$

a_3 是无量纲的纯系数，表示社会对第三部类的产品价值的承认程度，或表示该部类产品的生产价格与价值的偏离程度。

（五）分配剩余价值不改变生产过程中已经耗费的劳动

当资本家在流通过程中分配剩余价值时，生产过程已经完成，无论按照什么方式分配剩余价值，都不能改变生产过程中已经耗费的劳动。因此，剩余劳动总量不会发生变化。

资本家之间在流通过程中分配剩余价值有两种不同类型。

第一种分配剩余价值的类型，是所有资本家都认为，利润率低于平均利润率的部类应该多得到一部分社会承认的剩余价值，或多得到一部分社会承认的价值；利润率高于平均利润率的部类应该少得到一部分社会承认的剩余价值，或少得到一部分社会承认的价值。三个部类被社会多承认的剩余价值应该互相抵消，即

$$s_{a1} + s_{a2} + s_{a3} = 0 \qquad (8-10)$$

（8－10）式表示，一个部类被社会多承认的剩余价值，等于其他部类被社会少承认的剩余价值。显然，这种分配剩余价值的类型是观念的。在观念上分配剩余价值，剩余劳动总量不变。

第二种分配剩余价值的类型，是利润率低于平均利润率的部类通过一元价值转形多得到一部分剩余价值，或者多得到一部分价值；利润率高于平均利润率的部类通过一元价值转形少得到一部分剩余价值，或者少得到一部分价值。显然，这种分配剩余价值的类型是实质的。

因为一元价值转形不能实现价值形式的平均利润率，只能实现生产价格形式的平均利润率，所以，一个部类被社会多承认的剩余价值，与这个部类最终多得到的剩余价值，通常不相同。如果一个部类多得到一部分社会承认的剩余价值，那么，这个部类最终可能少得到一部分剩余价值；如果一个部类少得到一部分社会承认的剩余价值，那么，这个部类最终可能多得到一部分剩余价值。

（六）生产价格形式的利润率相同

在流通过程中，如果不同部类的资本有机构成不同，那么，这些部类的产品将不按照价值进行交换，而是按照生产价格进行交换。产品交换关系满足生产价格形式的简单再生产条件。

第一部类的产品的生产价格为 $a_1\ (c_1 + v_1 + s_1)$。这个部类使用的生产资料的生产价格为 a_1c_1。因为不考虑固定资本的影响，所以，需要补偿的生产资料就是使用的生产资料。工人需要得到的生活消费资料的生产价格为 a_3v_1。第一部类的生产价格形式的利润，为第一部类的产品的生产价格扣除需要补偿的生产资料的生产价格，再扣除再生产劳动力需要的生活消费资料的生产价格之后的余额，即

$$a_1(c_1 + v_1 + s_1) - a_1c_1 - a_3v_1 = a_1v_1 + a_1s_1 - a_3v_1$$

如果不考虑固定资本，那么，第一部类的生产价格形式的资本就是生产价格形式的成本，可以表示为 $a_1c_1 + a_3v_1$。

第一部类的生产价格形式的利润率，为第一部类的生产价格形式的利润 $a_1v_1 + a_1s_1 - a_3v_1$ 与第一部类的生产价格形式的资本 $a_1c_1 + a_3v_1$ 之

比，即

$$r_1 = \frac{a_1 v_1 + a_1 s_1 - a_3 v_1}{a_1 c_1 + a_3 v_1} \tag{8-11}$$

第二部类的产品的生产价格为 a_2（$c_2 + v_2 + s_2$）。这个部类使用的生产资料的生产价格为 $a_1 c_2$。因为不考虑固定资本的影响，所以，需要补偿的生产资料就是使用的生产资料。工人需要得到的生活消费资料的生产价格为 $a_3 v_2$。第二部类的生产价格形式的利润，为第二部类的产品的生产价格扣除需要补偿的生产资料的生产价格，再扣除再生产劳动力需要的生活消费资料的生产价格之后的余额，即

$$a_2(c_2 + v_2 + s_2) - a_1 c_2 - a_3 v_2$$

如果不考虑固定资本，那么，第二部类的生产价格形式的资本就是生产价格形式的成本，可以表示为 $a_1 c_2 + a_3 v_2$。

第二部类的生产价格形式的利润率，为第二部类的生产价格形式的利润 a_2（$c_2 + v_2 + s_2$）$- a_1 c_2 - a_3 v_2$ 与第二部类的生产价格形式的资本 $a_1 c_2 + a_3 v_2$ 之比，即

$$r_2 = \frac{a_2(c_2 + v_2 + s_2) - a_1 c_2 - a_3 v_2}{a_1 c_2 + a_3 v_2} \tag{8-12}$$

第三部类的产品的生产价格为 a_3（$c_3 + v_3 + s_3$）。这个部类使用的生产资料的生产价格为 $a_2 c_3$。因为不考虑固定资本的影响，所以，需要补偿的生产资料就是使用的生产资料。工人需要得到的生活消费资料的生产价格为 $a_3 v_3$。第三部类的生产价格形式的利润，为第三部类的产品的生产价格扣除需要补偿的生产资料的生产价格，再扣除再生产劳动力需要的生活消费资料的生产价格之后的余额，即

$$a_3(c_3 + v_3 + s_3) - a_2 c_3 - a_3 v_3 = a_3(c_3 + s_3) - a_2 c_3$$

如果不考虑固定资本，那么，第三部类的生产价格形式的资本就是生产价格形式的成本，可以表示为 $a_2 c_3 + a_3 v_3$。

第三部类的生产价格形式的利润率，为第三部类的生产价格形式的利润 a_3（$c_3 + s_3$）$- a_2 c_3$ 与第三部类的生产价格形式的资本 $a_2 c_3 + a_3 v_3$ 之比，即

$$r_3 = \frac{a_3(c_3 + s_3) - a_2 c_3}{a_2 c_3 + a_3 v_3} \tag{8-13}$$

值得注意的是，第一部类使用的生产资料与第二部类使用的生产资料，由第一部类生产；第三部类使用的生产资料，由第二部类的生产。

在流通过程中，三个部类的生产价格形式的利润率应该相同，等于生产价格形式的平均利润率，即

$$r_1 = r_2 = r_3 = r \tag{8-14}$$

或

$$\begin{aligned} r &= \frac{a_1 v_1 + a_1 s_1 - a_3 v_1}{a_1 c_1 + a_3 v_1} \\ &= \frac{a_2(c_2 + v_2 + s_2) - a_1 c_2 - a_3 v_2}{a_1 c_2 + a_3 v_2} \\ &= \frac{a_3(c_3 + s_3) - a_2 c_3}{a_2 c_3 + a_3 v_3} \end{aligned} \tag{8-15}$$

（七）按照列宁的三部类划分的一元价值转形方程

由生产价格形式的利润率相同的条件（8－15）式，得到

$$\begin{aligned} r + 1 &= \frac{a_1 v_1 + a_1 s_1 - a_3 v_1}{a_1 c_1 + a_3 v_1} + 1 \\ &= \frac{a_2(c_2 + v_2 + s_2) - a_1 c_2 - a_3 v_2}{a_1 c_2 + a_3 v_2} + 1 \\ &= \frac{a_3(c_3 + s_3) - a_2 c_3}{a_2 c_3 + a_3 v_3} + 1 \end{aligned} \tag{8-16}$$

（8－16）式可以分别表示为

$$(a_1 c_1 + a_3 v_1)(1 + r) = a_1(c_1 + v_1 + s_1) \tag{8-17}$$

$$(a_1 c_2 + a_3 v_2)(1 + r) = a_2(c_2 + v_2 + s_2) \tag{8-18}$$

$$(a_2 c_3 + a_3 v_3)(1 + r) = a_3(c_3 + v_3 + s_3) \tag{8-19}$$

这三个方程就是按照列宁的三部类划分的一元价值转形方程。这些方程表示生产价格与价值之间的联系。从形式上看，在这些方程中，每个部类的剩余价值或利润都表现为预付资本自行增殖的结果，从而剩余价值的真正来源被掩盖了。

显然，无法同时满足价值形式的简单再生产条件和价值形式的平均利润条件，但是，可以同时满足生产价格形式的简单再生产条件和生产价格形式的平均利润条件。虽然在交换过程中产品的价值不相等，生产价格相等，即只满足形式上的平等，但是，这个结果已经满足了资本家对“平等”的要求，因为资本家只关心得到多少剩余价值，也就是只关心价值增殖的程度，并不关心剩余价值的真正来源。资本家只关心事物的现象，并不关心事物的本质。

（八）资本家最终得到的剩余价值或最终占有的剩余价值

每个部类的资本家最终得到的剩余价值或最终占有的剩余价值，既不是这个部类的工人创造的剩余价值，也不是这个部类得到社会承认的剩余价值。

在简单再生产条件下，资本家得到的生产价格形式的利润，用于购买生活消费资料。生产这些生活消费资料所耗费的劳动，才是资本家得到剩余价值。生产补偿生产中耗费的生产资料所需要的劳动、生产恢复工人的劳动力的生活消费资料所需要的劳动、生产资本家得到的生活消费资料所需要的劳动之和，才是资本家最终得到的价值。

三个部类的资本家最终得到的剩余价值分别为 s_1+s_{t1}、s_2+s_{t2}、s_3+s_{t3}。因为这些剩余价值都用于交换生活消费资料，即用于交换第三部类的产品，所以，资本家最终得到的剩余价值乘以第三部类的价值生产价格转化系数，才等于这个部类的生产价格形式的利润。

第一部类的资本家最终得到的剩余价值与第一部类的生产价格形式的利润的关系，可以表示为

$$(a_1c_1+a_3v_1)r=a_3(s_1+s_{t1}) \qquad (8-20)$$

第二部类的资本家最终得到的剩余价值与第二部类的生产价格形式的利润的关系，可以表示为

$$(a_1c_2+a_3v_2)r=a_3(s_2+s_{t2}) \qquad (8-21)$$

第三部类的资本家最终得到的剩余价值与第三部类的生产价格形式的利润的关系，可以表示为

$$(a_2c_3+a_3v_3)r=a_3(s_3+s_{t3}) \qquad (8-22)$$

资本家的生产目的，就是要得到这些最终落入自己口袋的剩余价值。

上面各方程，构成简单再生产条件下按照列宁的三部类划分的一元价值转形的基本关系。

第三节 按照列宁的三部类划分的一元价值转形模型、四个系统与“两个等于”问题

由上述按照列宁的三部类划分的一元价值转形的基本关系，可得到相应的一元价值转形模型。

一、按照列宁的三部类划分的一元价值转形模型

（一）简单再生产方程组

$$v_1+s_1=c_2 \qquad (8-23)$$

$$c_2+v_2+s_2=c_3 \qquad (8-24)$$

$$\frac{c_2}{v_2}=k_2 \tag{8-25}$$

$$\frac{c_3}{v_3}=k_3 \tag{8-26}$$

$$\frac{s_1}{v_1}=\frac{s_2}{v_2} \tag{8-27}$$

$$\frac{s_1}{v_1}=\frac{s_3}{v_3} \tag{8-28}$$

（二）价值转形方程组

$$a_1=\frac{c_1+v_1+s_1+s_{a1}}{c_1+v_1+s_1} \tag{8-29}$$

$$a_2=\frac{c_2+v_2+s_2+s_{a2}}{c_2+v_2+s_2} \tag{8-30}$$

$$a_3=\frac{c_3+v_3+s_3+s_{a3}}{c_3+v_3+s_3} \tag{8-31}$$

$$s_{a1}+s_{a2}+s_{a3}=0 \tag{8-32}$$

$$(a_1c_1+a_3v_1)(1+r)=a_1(c_1+v_1+s_1) \tag{8-33}$$

$$(a_1c_2+a_3v_2)(1+r)=a_2(c_2+v_2+s_2) \tag{8-34}$$

$$(a_2c_3+a_3v_3)(1+r)=a_3(c_3+v_3+s_3) \tag{8-35}$$

$$(a_1c_1+a_3v_1)r=a_3(s_1+s_{t1}) \tag{8-36}$$

$$(a_1c_2+a_3v_2)r=a_3(s_2+s_{t2}) \tag{8-37}$$

$$(a_2c_3+a_3v_3)r=a_3(s_3+s_{t3}) \tag{8-38}$$

（三）各关系式的涵义

按照列宁的三部类划分的一元价值转形模型中，各关系式的涵义分别如下：

（8－23）式、（8－24）式为按照列宁的三部类划分的简单再生产条件。

（8－25）式、（8－26）式分别为第二部类的资本有机构成和第三部类的资本有机构成。

（8－27）式、（8－28）式为剩余价值率相同条件。

（8－29）式、（8－30）式、（8－31）式分别为三个部类的价值生产价格转化系数的定义。

（8－32）式表示三个部类被社会多承认的剩余价值互相抵消。

（8－33）式、（8－34）式、（8－35）式为按照列宁的三部类划分的一元价值转形方程。

（8－36）式、（8－37）式、（8－38）式分别为三个部类的生产价格形式的利润与最终得到的价值形式的利润的关系。

二、按照列宁的三部类划分的一元价值转形模型中的方程

该模型包括 16 个方程，这 16 个方程可以划分为两个子方程组。

前 6 个方程构成按照列宁的三部类划分的简单再生产条件方程组。

按照列宁的三部类划分的一元价值转形模型中，简单再生产条件方程组反映每个部类生产过程中耗费的物化劳动、耗费必要劳动、耗费剩余劳动之间的关系，该方程组满足价值形式的简单再生产条件，即满足价值规律。

后 10 个方程构成按照列宁的三部类划分的一元价值转形方程组。

按照列宁的三部类划分方式，在简单再生产条件下的一元价值转形模型中，价值转形方程组反映生产价格与价值的联系，反映流通过程中三个部类的生产价格形式的资本、生产价格形式的利润率、价值生产价格转化系数，被社会多承认的剩余价值与不变资本、可变资本、剩余价值之间的关系，也反映三个部类的生产价格形式的利润与资本家最终得到的剩余价值之间的关系。这个方程组满足生产价格形式的简单再生产条件和平均利润条件。

三、按照列宁的三部类划分的一元价值转形模型中的变量

按照列宁的三部类划分的一元价值转形模型中包括 c_1、c_2、c_3、v_1、v_2、v_3、s_1、s_2、s_3、s_{a1}、s_{a2}、s_{a3}、s_{t1}、s_{t2}、s_{t3}、a_1、a_2、a_3、r、k_2、k_3 共 21 个变量。其中，c_1、v_1、s_1、k_2、k_3 5 个变量为已知量或外生变量。c_2、c_3、v_2、v_3、s_2、s_3、s_{a1}、s_{a2}、s_{a3}、s_{t1}、s_{t2}、s_{t3}、a_1、a_2、a_3、r 16 个变量为未知变量或内生变量。由 16 个独立方程，可以得到唯一解。

值得指出的是，在本质上，c_2、c_3、v_2、v_3、s_2、s_3 都是已知量或外生变量，在价值转形之前就已经确定，不受价值转形影响。将这些变量作为未知变量或内生变量，是为了保持系统的一致性。

上述价值转形模型，是在第一部类不变资本、可变资本、剩余价值已知的条件下，按照列宁的三部类划分的一元价值转形模型。

如果假设条件变为 c_2、v_2、s_2、k_1 已知，那么，只需将（8－25）式中的方程 $c_2/v_2=k_2$ 变为 $c_1/v_1=k_1$，即可构成第二部类不变资本、可变资本、剩余价值已知条件下，按照列宁的三部类划分的一元价值转形模型。

如果假设条件变为 c_3、v_3、s_3、k_1 已知，那么，只需将（8－26）式

中的方程 $c_3/v_3=k_3$ 变为 $c_1/v_1=k_1$，即可构成第三部类不变资本、可变资本、剩余价值已知条件下，按照列宁的三部类划分的一元价值转形模型。

四、按照列宁的三部类划分的一元价值转形模型中的四个系统

（一）按照列宁的三部类划分的一元价值转形模型中的四个系统

在按照列宁的三部类划分的一元价值转形过程中，有四个系统：价值转形前工人创造的剩余价值与价值系统；价值转形后得到社会承认的剩余价值与价值系统，即得到社会承认的价值形式的利润与得到社会承认的价值形式的生产价格系统；价值转形后生产价格形式的利润与价格形式的生产价格系统；价值转形后资本家最终得到的剩余价值与价值系统，即实现的价值形式的利润与实现的价值形式的生产价格系统。

按照列宁的三部类划分的一元价值转形中，这四个系统可以用表 8－2、表 8－3、表 8－4、表 8－5 表示。

表 8－2　价值转形前工人创造的剩余价值和价值

部类	不变资本	可变资本	剩余价值	产品价值
1	c_1	v_1	s_1	$c_1+v_1+s_1=c_1+c_2$
2	c_2	v_2	s_2	$c_2+v_2+s_2=c_3$
3	c_3	v_3	s_3	$c_3+v_3+s_3$ $=v_1+v_2+v_3$ $+s_1+s_2+s_3$
总和	$c_1+c_2+c_3$	$v_1+v_2+v_3$	$s_1+s_2+s_3$	$c_1+v_1+s_1$ $+c_2+v_2+s_2$ $+c_3+v_3+s_3$

表 8－3　价值转形后价值形式的利润和生产价格（社会承认的）

部类	不变资本	可变资本	利润（社会承认的剩余价值）	生产价格（社会承认的价值）
1	c_1	v_1	s_1+s_{a1}	$c_1+v_1+s_1+s_{a1}$
2	c_2	v_2	s_2+s_{a2}	$c_2+v_2+s_2+s_{a2}$
3	c_3	v_3	s_3+s_{a3}	$c_3+v_3+s_3+s_{a3}$
总和	$c_1+c_2+c_3$	$v_1+v_2+v_3$	$s_1+s_2+s_3$	$c_1+v_1+s_1$ $+c_2+v_2+s_2$ $+c_3+v_3+s_3$

表 8-4　　价值转形后生产价格形式的利润和价格形式的生产价格

部类	不变资本	可变资本	利润（生产价格形式）	生产价格（价格形式）
1	a_1c_1	a_3v_1	$(a_1c_1+a_3v_1)r$	$a_1(c_1+v_1+s_1)$ $=(a_1c_1+a_3v_1)(1+r)$ $=c_1+v_1+s_1+s_{a1}$
2	a_1c_2	a_3v_2	$(a_1c_2+a_3v_2)r$	$a_2(c_2+v_2+s_2)$ $=(a_1c_2+a_3v_2)(1+r)$ $=c_2+v_2+s_2+s_{a2}$
3	a_2c_3	a_3v_3	$(a_2c_3+a_3v_3)r$	$a_3(c_3+v_3+s_3)$ $=(a_2c_3+a_3v_3)(1+r)$ $=c_3+v_3+s_3+s_{a3}$
总和	$a_1c_1+a_1c_2+a_2c_3$	$a_3(v_1+v_2+v_3)$	$(a_1c_1+a_3v_1+a_1c_2+a_3v_2+a_2c_3+a_3v_3)r$	$c_1+v_1+s_1+c_2+v_2+s_2+c_3+v_3+s_3$

表 8-5　　价值转形后价值形式的利润和生产价格（实现的）

部类	不变资本	可变资本	利润（实现的剩余价值）	生产价格（实现的价值）
1	c_1	v_1	$s_1+s_{t1}=(a_1c_1+a_3v_1)r/a_3$	$c_1+v_1+s_1+s_{t1}$
2	c_2	v_2	$s_2+s_{t2}=(a_1c_2+a_3v_2)r/a_3$	$c_2+v_2+s_2+s_{t2}$
3	c_3	v_3	$s_3+s_{t3}=(a_2c_3+a_3v_3)r/a_3$	$c_3+v_3+s_3+s_{t3}$
总和	$c_1+c_2+c_3$	$v_1+v_2+v_3$	$s_1+s_2+s_3$	$c_1+v_1+s_1+c_2+v_2+s_2+c_3+v_3+s_3$

（二）按照列宁的三部类划分的一元价值转形模型中四个系统之间的关系

（1）按照列宁的三部类划分的一元价值转形模型中，价值转形之前工人创造的剩余价值和价值系统，反映了生产过程中每个部类耗费的物化劳动、必要劳动、剩余劳动的关系。产品只有被生产出来才能用于交换。因此，这个系统是价值转形的起点，不受价值转形的影响，如表 8－2 所示，与（8－23）式、（8－24）式、（8－25）式、（8－26）式、（8－27）式、（8－28）式对应。

（2）按照列宁的三部类划分的一元价值转形，同时产生了三个系统。这三个系统不是三种不同的一元价值转形，而是同一个价值转形过程的三个不同方面，是三个互相联系又互相区别的不同系统。

（3）在价值转形后得到社会承认的价值形式的利润和生产价格系统中，不变资本和可变资本均为价值形式的，相当于价值转形前生产中耗费的物化劳动和必要劳动。每个部类得到社会承认的剩余价值，不同于这个部类的工人创造的剩余价值。

所有资本家都认为，利润率低的部类被社会承认的剩余价值和价值应该多一些，利润率高的部类被社会承认的剩余价值和价值应该少一些。该系统中，由价值决定生产价格，避免了由生产价格形式的不变资本和生产价格形式的可变资本来定义生产价格而导致的循环定义。

这个系统如表 8－3 所示，与（8－29）式、（8－30）式、（8－31）式、（8－32）式对应。从表 8－3 中可以看出，虽然该系统既不满足再生产条件，又不满足平均利润条件，但是，从（8－29）式、（8－30）式、（8－31）式、（8－32）式可以看出，该系统决定了三个部类的价值生产价格转化系数，从而为价值转形后生产价格形式的利润和价格形式的生产价格系统满足再生产条件和平均利润条件奠定了基础。

（4）在价值转形后生产价格形式的利润和价格形式的生产价格系统中，不变资本、可变资本和利润均为生产价格形式。由（8－29）式、（8－30）式、（8－31）式、（8－32）式可以看出，在该系统中，价格形式的生产价格与表 8－3 中由价值决定的生产价格完全相同。

生产价格与价值的偏离可以有两种不同表示方式：既可以用价值加上一个不等于 0 的数值表示生产价格，也可以用价值乘上一个不等于 1 的系数表示生产价格。因为这个生产价格中已经包含了对其价值的偏离，所以，这个系统可以实现由价值形式的生产成本向生产价格形式的生产成本的转化。这个系统可以用表 8－4 表示，与（8－33）式、（8－34）式、（8－35）式对应。该系统同时满足生产价格形式的再生产条件和平均利润条件。

值得注意的是，（8－33）式、（8－34）式、（8－35）式仅仅表示价值转形方程满足生产价格形式的平均利润条件，而不表示这三个方程满足生产价格形式的简单再生产条件。必须满足按照列宁的三部类划分的一元价值转形的（8－23）式、（8－24）式，即满足价值形式的简单再生产条件，

(8-33) 式、(8-34) 式、(8-35) 式才满足生产价格形式的简单再生产条件。

(5) 在价值转形后资本家得到的剩余价值和价值系统中，也就是在实现的价值形式的利润和生产价格系统中，不变资本和可变资本均为价值形式的，相当于价值转形前生产中耗费的物化劳动和必要劳动。

在简单再生产条件下，按照列宁的三部类划分的价值转形模型中，资本家得到的剩余价值或利润用于购买生活消费资料。资本家最终得到的价值形式的利润，反映生产这些生活消费资料所耗费的劳动。

在这个系统中，资本家得到的价值形式的利润，与第三部类的价值生产价格转化系数之积，即与生活消费资料生产部类的价值生产价格转化系数之积，等于表 8-3 中与表 8-4 中的生产价格形式的利润。

这个系统既不满足价值形式的再生产条件，也不满足价值形式的平均利润条件，这就是说，从价值角度来看，不满足平均利润条件和再生产条件。该系统如表 8-5 所示，与 (8-36) 式、(8-37) 式、(8-38) 式对应。

(6) 由这四个系统的关系可以看出，价值转形前工人创造的剩余价值和价值，决定按照列宁的部类划分的价值转形后得到社会承认的价值形式的利润和生产价格；价值转形后得到社会承认的价值形式的利润和生产价格，决定价值转形后生产价格形式的利润和价格形式的生产价格；价值转形后生产价格形式的利润和价格形式的生产价格，决定资本家最终得到的剩余价值和价值，也就是实现的价值形式的利润和生产价格。

五、按照列宁的三部类划分的一元价值转形中的“两个等于”问题

（一）价值转形后得到社会承认的价值形式的利润和生产价格系统的“两个等于”问题

在按照列宁的三部类划分的一元价值转形中，总剩余劳动和社会总劳动都没有变化。总剩余价值反映总剩余劳动，社会产品总价值反映社会总劳动，既然总剩余劳动和社会总劳动不变，那么，总剩余价值和社会产品总价值也不变。一个部类被社会多承认的剩余价值，等于其他部类被社会少承认的剩余价值。

在按照列宁的三部类划分的一元价值转形模型中，由 (8-32) 式可以得到

$$(s_1 + s_{a1}) + (s_2 + s_{a2}) + (s_3 + s_{a3}) = s_1 + s_2 + s_3 \qquad (8-39)$$

和

$$
\begin{aligned}
&(c_1+v_1+s_1+s_{a1})+(c_2+v_2+s_2+s_{a2})\\
&+(c_3+v_3+s_3+s_{a3})\\
&=(c_1+v_1+s_1)+(c_2+v_2+s_2)+(c_3+v_3+s_3)
\end{aligned}
\tag{8-40}
$$

即得到社会承认的价值形式的利润总和等于剩余价值总和；得到社会承认的价值形式的生产价格总和等于价值总和。这是由（8-32）式直接决定的，因此，无须证明。

（二）价值转形后生产价格形式的利润和价格形式的生产价格系统的“两个等于”问题

在价值转形后生产价格形式的利润和价格形式的生产价格系统中，由（8-29）式、（8-30）式、（8-31）式、（8-32）式，可以得到，得到社会承认的价值形式的生产价格总和或价格形式的生产价格总和为

$$
\begin{aligned}
&a_1(c_1+v_1+s_1)+a_2(c_2+v_2+s_2)+a_3(c_3+v_3+s_3)\\
&=(c_1+v_1+s_1+s_{a1})+(c_2+v_2+s_2+s_{a2})\\
&+(c_3+v_3+s_3+s_{a3})\\
&=(c_1+v_1+s_1)+(c_2+v_2+s_2)+(c_3+v_3+s_3)
\end{aligned}
\tag{8-41}
$$

即价格形式的生产价格总和等于价值总和。但是，在一般情况下，生产价格形式的利润总和不等于剩余价值总和。

（三）价值转形后资本家得到的剩余价值和价值系统的“两个等于”问题

在价值转形后资本家实际得到的或实现的价值形式的利润和生产价格系统中，由（8-23）式、（8-24）式、（8-33）式、（8-34）式、（8-35）式、（8-36）式、（8-37）式、（8-38）式，可以得到三个部类的资本家多得到的剩余价值分别为

$$s_{t1}=(\frac{a_1}{a_3}-1)c_2 \tag{8-42}$$

$$s_{t2}=(\frac{a_2}{a_3}-1)c_3-(\frac{a_1}{a_3}-1)c_2 \tag{8-43}$$

$$s_{t3}=(1-\frac{a_2}{a_3})c_3 \tag{8-44}$$

由（8-42）式、（8-43）式、（8-44）式，得到

$$s_{t1}+s_{t2}+s_{t3}=0 \tag{8-45}$$

因此，三个部类的资本家多得到的剩余价值互相抵消。

三个部类资本家得到的剩余价值总和为

$$(s_1+s_{t1})+(s_2+s_{t2})+(s_3+s_{t3})=s_1+s_2+s_3 \tag{8-46}$$

即资本家得到的剩余价值总和或得到的价值形式的利润总和，等于工人创

造的剩余价值总和。在剩余价值分配过程中，剩余劳动总量不变，因此，剩余价值总量既不会增加也不会减少，而是在不同部类的资本家之间转移。

三个部类的资本家最终得到的价值形式的生产价格总和为

$$(c_1+v_1+s_1+s_{t1})+(c_2+v_2+s_2+s_{t2})$$
$$+(c_3+v_3+s_3+s_{t3})$$
$$=(c_1+v_1+s_1)+(c_2+v_2+s_2)+(c_3+v_3+s_3) \quad (8-47)$$

即资本家最终得到的价值形式的生产价格总和等于价值总和。

因此，马克思的“两个等于”的论断，在价值转形后得到社会承认的价值形式的利润和生产价格系统和价值转形前工人创造的剩余价值和价值系统之间成立，在价值转形后资本家最终得到的价值形式的利润和生产价格系统与价值转形前工人创造的剩余价值和价值系统之间也成立。在价值转形后生产价格形式的利润和价格形式的生产价格系统与价值转形前工人创造的剩余价值和价值系统之间，生产价格形式的利润总和不等于剩余价值总和，价格形式的生产价格总和等于价值总和。

这就是按照列宁的三部类划分的一元价值转形中，“两个等于”成立的范围。

（四）按照列宁的三部类划分的一元价值转形中，“两个等于”是生产决定流通的结果

通过（8－46）式、（8－47）式，在价值转形后资本家最终得到的价值形式的利润和生产价格系统与价值转形前工人创造的剩余价值和价值系统之间，马克思的“两个等于”的观点似乎得到了证明。这是一个重大的误解。“两个等于”并不是通过数学方法证明的，而是由生产过程与流通过程的关系证明的。

当资本家之间开始分配剩余价值时，生产过程已经结束。无论用何种方式分配剩余价值，都无法改变已经耗费的剩余劳动总量和劳动总量。因此，“两个等于”是由因果关系决定的。“两个等于”是客观存在，同时，也是价值转形的基本前提。

在推导（8－46）式、（8－47）式的过程中，利用了（8－45）式。在推导（8－45）式的过程中，利用了价值形式的简单再生产条件。价值形式的简单再生产条件，反映生产过程中不同部类耗费的物化劳动、必要劳动、剩余劳动之间的关系。因此，（8－46）式、（8－47）式不表示可以用数学方法证明“两个等于”，而是以数学形式重申，剩余价值的生产决定了剩余价值的分配，即生产决定流通，或价值决定生产价格。

第四节　按照列宁的三部类划分的一元价值转形模型的解与数例

一、按照列宁的三部类划分的一元价值转形模型的解

求按照列宁的三部类划分的一元价值转形模型的解，通常按照以下顺序：

（1）求参数 σ 与生产价格形式的利润率 r。

（2）求价值生产价格转化系数 a_1、a_2、a_3。

（3）求三个部类被社会多承认的剩余价值 s_{a1}、s_{a2}、s_{a3}。

（4）求三个部类多得到的剩余价值 s_{t1}、s_{t2}、s_{t3}。

（一）求参数 σ 与生产价格形式的利润率 r

在 s_{a1}、s_{a2}、s_{a3}、a_1、a_2、a_3、r 这七个内生变量中，可以先求任何一个内生变量，再求其他内生变量。但是，通常为了简便，先求参数 σ 与生产价格形式的利润率 r。

令

$$f_1 = \frac{v_1}{c_1} \tag{8-48}$$

$$f_2 = \frac{v_2}{c_2} \tag{8-49}$$

$$f_3 = \frac{v_3}{c_3} \tag{8-50}$$

$$g_1 = \frac{c_1 + v_1 + s_1}{c_1} \tag{8-51}$$

$$g_2 = \frac{c_2 + v_2 + s_2}{c_2} \tag{8-52}$$

$$g_3 = \frac{c_3 + v_3 + s_3}{c_3} \tag{8-53}$$

$$\sigma = 1 + r \tag{8-54}$$

将（8-48）式、（8-49）式、（8-50）式、（8-51）式、（8-52）式、（8-53）式、（8-54）式代入（8-29）式、（8-30）式、（8-31）式、（8-32）式、（8-33）式、（8-34）式、（8-35）式，可以得到

$$(a_1 + a_3 f_1)\sigma = a_1 g_1 \tag{8-55}$$

$$(a_1+a_3f_2)\sigma=a_2g_2 \tag{8-56}$$

$$(a_2+a_3f_3)\sigma=a_3g_3 \tag{8-57}$$

$$a_1c_1g_1+a_2c_2g_2+a_3c_3g_3=c_1g_1+c_2g_2+c_3g_3 \tag{8-58}$$

由（8－55）式可得

$$a_1=\frac{\sigma f_1a_3}{g_1-\sigma} \tag{8-59}$$

将（8－59）式代入（8－56）式得

$$a_2=\frac{\sigma a_3}{g_2}\left(\frac{\sigma f_1}{g_1-\sigma}+f_2\right) \tag{8-60}$$

将（8－60）式代入（8－57）式得

$$\sigma\left[\frac{\sigma}{g_2}\left(\frac{\sigma f_1}{g_1-\sigma}+f_2\right)+f_3\right]=g_3 \tag{8-61}$$

（8－61）式可以简化为

$$\sigma^3+\frac{f_2g_1-f_3g_2}{f_1-f_2}\sigma^2+\frac{(f_3g_1+g_3)g_2}{f_1-f_2}\sigma-\frac{g_1g_2g_3}{f_1-f_2}=0 \tag{8-62}$$

根据 a_1、a_2、a_3 有非零解的必要条件，也可以得到（8－62）式。价值转形方程（8－55）式、（8－56）式、（8－57）式，可以表示为

$$(\sigma-g_1)a_1+0+f_1\sigma a_3=0 \tag{8-63}$$

$$\sigma a_1-g_2a_2+f_2\sigma a_3=0 \tag{8-64}$$

$$0+\sigma a_2+(f_3\sigma-g_3)a_3=0 \tag{8-65}$$

在（8－63）式、（8－64）式、（8－65）式构成 a_1、a_2、a_3 的齐次方程组中，价值生产价格转化系数 a_1、a_2、a_3 有非零解的必要条件，为 a_1、a_2、a_3 的系数行列式

$$\begin{vmatrix} \sigma-g_1 & 0 & f_1\sigma \\ \sigma & -g_2 & f_2\sigma \\ 0 & \sigma & f_3\sigma-g_3 \end{vmatrix}=0 \tag{8-66}$$

即

$$\sigma^3+\frac{f_2g_1-f_3g_2}{f_1-f_2}\sigma^2+\frac{(f_3g_1+g_3)g_2}{f_1-f_2}\sigma-\frac{g_1g_2g_3}{f_1-f_2}=0 \tag{8-67}$$

显然，（8－67）式与（8－62）相同。

（8-62）式是实系数一元三次方程。为了解方程简便，引入参数，令

$$a=\frac{f_2g_1-f_3g_2}{f_1-f_2} \tag{8-68}$$

$$b=\frac{(f_3g_1+g_3)g_2}{f_1-f_2} \tag{8-69}$$

$$c=-\frac{g_1g_2g_3}{f_1-f_2} \tag{8-70}$$

将（8－68）式、（8－69）式、（8－70）式代入（8－62）式得

$$\sigma^3+a\sigma^2+b\sigma+c=0 \tag{8-71}$$

令

$$\sigma=x-\frac{a}{3} \tag{8-72}$$

将（8－72）式代入（8－70）式得

$$x^3+(b-\frac{a^2}{3})x+(\frac{2a^3}{27}-\frac{ab}{3}+c)=0 \tag{8-73}$$

令

$$p=b-\frac{a^2}{3} \tag{8-74}$$

$$q=\frac{2a^3}{27}-\frac{ab}{3}+c \tag{8-75}$$

将（8－74）式、（8－75）式代入（8－73）式得

$$x^3+px+q=0 \tag{8-76}$$

该一元三次方程有三个根：

$$x_1=\sqrt[3]{-\frac{q}{2}+\sqrt{\frac{q^2}{4}+\frac{p^3}{27}}}+\sqrt[3]{-\frac{q}{2}-\sqrt{\frac{q^2}{4}+\frac{p^3}{27}}} \tag{8-77}$$

$$x_2=\omega_1\sqrt[3]{-\frac{q}{2}+\sqrt{\frac{q^2}{4}+\frac{p^3}{27}}}+\omega_2\sqrt[3]{-\frac{q}{2}-\sqrt{\frac{q^2}{4}+\frac{p^3}{27}}} \tag{8-78}$$

$$x_3=\omega_2\sqrt[3]{-\frac{q}{2}+\sqrt{\frac{q^2}{4}+\frac{p^3}{27}}}+\omega_1\sqrt[3]{-\frac{q}{2}-\sqrt{\frac{q^2}{4}+\frac{p^3}{27}}} \tag{8-79}$$

其中

$$\omega_1=\frac{-1+\sqrt{3}i}{2} \tag{8-80}$$

$$\omega_2=\frac{-1-\sqrt{3}i}{2} \tag{8-81}$$

将（8－77）式、（8－78）式、（8－79）式中具有经济意义的实根代入（8－72）式得到σ。将σ代入（8－54）式可以得到生产价格形式的利润率r。

（二）参数σ的实系数一元三次方程中实数根的存在性

在一般情况下，求参数σ或x的一元三次方程的根，要使用复变函数方法。实系数一元三次方程有三个根，其中，至少存在一个实数根。这就是说，实系数一元三次方程有一个实数根和两个复数根，或者有三个实数根。因为生产价格形式的利润率r是实数，由（8－48）式、（8－49）式、（8－50）式、（8－51）式、（8－52）式、（8－53）式、（8－54）式、（8－68）式，可以看出，参数σ参数a都是实数，由（8－72）式，可以看出，根x是实数。如果该方程有三个实数根，那么，其中满足$r>0$，并且接近于价值形式的平均利润率的根，是具有经济意义的根。通常生产价格形式的利润率满足$0<r<1$。如果该方程只有一个实数根，那么，这个实数根就是具有经济意义的根。

因此，在按照列宁的三部类划分的一元价值转形模型中，一定可以得到实数根σ或x，从而得到生产价格形式的利润率r。

（三）求价值生产价格转化系数

由（8－55）式、（8－57）式、（8－58）式，可以得到a_1、a_2、a_3。由（8－57）式，得

$$a_2=\frac{(g_3-\sigma f_3)a_3}{\sigma} \tag{8-82}$$

将σ和（8－55）式、（8－82）式代入（8－58）式，得

$$a_3=\frac{c_1g_1+c_2g_2+c_3g_3}{\dfrac{c_1g_1\sigma f_1}{g_1-\sigma}+\dfrac{c_2g_2(g_3-\sigma f_3)}{\sigma}+c_3g_3} \tag{8-83}$$

将（8－83）式代入（8－59）式，得

$$\begin{aligned}a_1&=\frac{\sigma f_1a_3}{g_1-\sigma}\\&=\frac{\sigma f_1(c_1g_1+c_2g_2+c_3g_3)}{(g_1-\sigma)\left[\dfrac{c_1g_1\sigma f_1}{g_1-\sigma}+\dfrac{c_2g_2(g_3-\sigma f_3)}{\sigma}+c_3g_3\right]}\end{aligned} \tag{8-84}$$

将（8－83）式代入（8－82）式得

$$\begin{aligned}a_2&=\frac{(g_3-\sigma f_3)a_3}{\sigma}\\&=\frac{(g_3-\sigma f_3)(c_1g_1+c_2g_2+c_3g_3)}{\sigma\left[\dfrac{c_1g_1\sigma f_1}{g_1-\sigma}+\dfrac{c_2g_2(g_3-\sigma f_3)}{\sigma}+c_3g_3\right]}\end{aligned} \tag{8-85}$$

（四）求三个部类被社会多承认的剩余价值

将（8－84）式、（8－85）式、（8－83）式的结果a_1、a_2、a_3，分别

代入（8－29）式、（8－30）式、（8－31）式，可以求出三个部类被社会多承认的剩余价值 s_{a1}、s_{a2}、s_{a3}。

（五）求三个部类多得到的剩余价值

将（8－84）式、（8－85）式、（8－83）式的结果 a_1、a_2、a_3，以及（8－54）式的结果 r，分别代入（8－36）式、（8－37）式、（8－38）式，可以求得三个部类多得到的剩余价值 s_{t1}、s_{t2}、s_{t3}。也可以将（8－84）式、（8－85）式、（8－83）式的结果 a_1、a_2、a_3，代入（8－42）式、（8－43）式、（8－44）式得到 s_{t1}、s_{t2}、s_{t3}。

二、按照列宁的三部类划分的一元价值转形模型的数例

按照列宁的三部类划分方式，考虑到分析的是价值转形问题，三个部类的资本有机构成应该不完全相同。

假设第一部类生产过程中耗费的物化劳动或不变资本为 $c_1=2\ 400$，耗费的必要劳动或可变资本为 $v_1=600$，耗费的剩余劳动或剩余价值为 $s_1=600$，第二部类和第三部类的资本有机构成分别为 $k_2=3$，$k_3=2$。

由（8－23）式、（8－24）式、（8－25）式、（8－26）式、（8－27）式、（8－28）式可以得到，第二部类生产过程中耗费的物化劳动或不变资本为 $c_2=1\ 200$，第二部类生产过程中耗费的必要劳动或可变资本为 $v_2=400$，第二部类生产过程中耗费的剩余劳动或剩余价值为 $s_2=400$。第三部类生产过程中耗费的物化劳动或不变资本为 $c_3=2\ 000$，第三部类生产过程中耗费的必要劳动或可变资本为 $v_3=1\ 000$，第三部类生产过程中耗费的剩余劳动或剩余价值为 $s_3=1\ 000$。由此得到价值转形前工人创造的剩余价值和价值如表 8－6 所示。

表 8－6　　价值转形前工人创造的剩余价值和价值

部类	不变资本	可变资本	剩余价值	产品价值
1	2 400	600	600	3 600
2	1 200	400	400	2 000
3	2 000	1 000	1 000	4 000
总和	5 600	2 000	2 000	9 600

将以上结果代入（8－48）式、（8－49）式、（8－50）式、（8－51）式、（8－52）式、（8－53）式，得到参数 $f_1=1/4$，$f_2=1/3$，$f_3=1/2$，$g_1=3/2$，$g_2=5/3$，$g_3=2$。

将 f_1、f_2、f_3、g_1、g_2、g_3 代入（8－68）式、（8－69）式、（8－70）式，得到参数 $a=4$，$b=-55$，$c=60$。

将 a、b、c 代入（8－74）式、（8－75）式，得到参数 $p=-60.333\ 333\ 333\ 3$，$q=138.074\ 074\ 074\ 1$。

将 p、q 代入（8－77）式、（8－78）式、（8－79）式、（8－80）式、（8－81）式，得到有经济意义的实根 $x=2.569\ 802\ 577\ 4$。

将 x 与 a 代入（8－72）式，得到参数 $\sigma=1.236\ 469\ 244\ 1$。

将 σ 代入（8－54）式，得到生产价格形式的利润率 $r=0.236\ 469\ 244\ 1$。

将 f_1、f_2、f_3、g_1、g_2、g_3、σ 代入（8－84）式、（8－85）式、（8－83）式，得到 $a_1=1.076\ 774\ 101\ 7$，$a_2=1.025\ 849\ 310\ 1$，$a_3=0.917\ 978\ 653\ 4$。

将 a_1、a_2、a_3 代入（8－29）式、（8－30）式、（8－31）式，得到 $s_{a1}=276.386\ 766\ 026\ 2$，$s_{a2}=51.698\ 620\ 186\ 9$，$s_{a3}=-328.085\ 386\ 213\ 1$。

将 a_1、a_2、a_3、r 代入（8－36）式、（8－37）式、（8－38）式，得到 $s_{t1}=207.580\ 576\ 255\ 5$，$s_{t2}=27.437\ 212\ 538\ 9$，$s_{t3}=-235.017\ 788\ 794\ 4$。如果将 a_1、a_2、a_3 代入（8－42）式、（8－43）式、（8－44）式，那么，也可以得到 s_{t1}、s_{t2}、s_{t3}。

由这些结果，得到表 8－7、表 8－8 和表 8－9。

表 8－7　　价值转形后价值形式的利润和生产价格（社会承认的）

部类	不变资本	可变资本	利润（社会承认的剩余价值）	生产价格（社会承认的价值）
1	2 400	600	876.386 766	3 876.386 766
2	1 200	400	451.698 620	2 051.698 620
3	2 000	1 000	671.914 614	3 671.914 614
总和	5 600	2 000	2 000	9 600

表 8－8　　价值转形后生产价格形式的利润和价格形式的生产价格

部类	不变资本	可变资本	利润（生产价格形式）	生产价格（价格形式）
1	2 584.257 844	550.787 192	741.341 730	3 876.386 766
2	1 292.128 922	367.191 461	392.378 237	2 051.698 620
3	2 051.698 620	917.978 653	702.237 340	3 671.914 614
总和	5 928.085 386	1 835.957 307	1 835.957 307	9 600

表 8－9　　价值转形后价值形式的利润和生产价格（实现的）

部类	不变资本	可变资本	利润（实现的剩余价值）	生产价格（实现的价值）
1	2 400	600	807.580 576	3 807.580 576
2	1 200	400	427.437 213	2 027.437 213
3	2 000	1 000	764.982 211	3 764.982 211
总和	5 600	2 000	2 000	9 600

由表8－6、表8－7、表8－8、表8－9可以看到：按照列宁的三部类划分的一元价值转形模型所对应的四个系统中，在价值转形后生产价格形式的利润和价格形式的生产价格系统与价值转形前工人创造的剩余价值和价值系统之间，生产价格形式的利润总和不等于剩余价值总和，价格形式的生产价格总和等于价值总和。

在社会承认的价值形式的利润和生产价格系统与价值转形前工人创造的剩余价值和价值系统之间，满足利润总和等于剩余价值总和，生产价格总和等于价值总和。

在实现的价值形式的利润和生产价格系统与价值转形前工人创造的剩余价值和价值系统之间，也满足利润总和等于剩余价值总和，生产价格总和等于价值总和。

第五节　生产价格等于价值与中等资本有机构成不等价

一、关于中等资本有机构成部类的生产价格与价值关系的传统观点

在经济学家中流行一种观点，他们认为，中等资本有机构成的部类（或部门）的生产价格与价值相等；生产价格与价值相等的部类（或部门）是中等资本有机构成的部类（或部门）。他们认为，资本有机构成高于中等资本有机构成的部类（或部门）的生产价格高于价值；资本有机构成低于中等资本有机构成的部类（或部门）的生产价格低于价值。

几乎所有经济学家都承认这个观点。虽然这种观点从来没有被证明过，但是在经济学家中几乎没有什么人怀疑这种观点。

（一）马克思对这个问题的阐述

1. 劳动生产力发展程度不同决定资本有机构成不同

马克思认为："社会劳动生产力在每个特殊生产部门的特殊发展，在程度上是不同的，有的高，有的低，这和一定量劳动所推动的生产资料量成正比，或者说，和一定数目的工人在工作日已定的情况下所推动的生产资料量成正比，也就是说，和推动一定量生产资料所必需的劳动量成反比。因此，我们把那种同社会平均资本相比，不变资本占的百分比高，从而可变资本占的百分比低的资本，叫作高构成的资本。反之，把那种同社会平均资本相比，不变资本比重小，而可变资本比重大的资本，叫作低构成的资本。最后，我们把那种和社会平均资本有同样构成的资本，叫作平

均构成的资本。”①

因此，从本质上看，导致不同生产部门的资本有机构成不同的根本原因，在于不同生产部门的劳动生产力的发展程度不同。

一个部门的劳动生产力的发展程度越高，这个部门中一定量劳动所推动的生产资料数量越多，资本有机构成越高；一个部门的劳动生产力的发展程度越低，这个部门中一定量劳动所推动的生产资料数量越少，资本有机构成越低；如果一个部门的劳动生产力为中等发展程度，那么，这个部门中一定量劳动所推动的生产资料数量为中等水平，资本有机构成为平均资本构成或中等资本构成。

2. 中等资本有机构成的部类或部门的生产价格等于价值的观点

马克思有时认为，中等资本有机构成的部门的生产价格等于价值。

他通过一个特殊的数例，说明资本有机构成高的部门的生产价格高于价值，资本有机构成低的部门的生产价格低于价值，中等资本有机构成的部门的生产价格等于价值的观点。他假设，第一部门不变资本为80，可变资本为20，剩余价值为20，第二部门不变资本为90，可变资本为10，剩余价值为10，第三部门不变资本为70，可变资本为30，剩余价值为30。他认为：“就资本Ⅱ生产的商品来说，价值小于生产价格，就资本Ⅲ生产的商品来说，生产价格小于价值。只有就资本构成偶然是社会平均构成的生产部门的资本Ⅰ来说，价值才等于生产价格”②。

马克思还认为，“对中等构成或接近中等构成的资本来说，生产价格是同价值完全一致或接近一致的，利润是同这些资本所生产的剩余价值完全一致或接近一致的”③。

他的这句话可以有两种不同理解。

第一种理解是，对中等构成的资本来说，生产价格同价值完全一致；对接近中等构成的资本来说，生产价格同价值接近一致。这种理解的实质是，中等资本有机构成的部门的生产价格等于价值。

第二种理解是，无论对中等构成的资本来说，还是对接近中等构成的资本来说，生产价格既可以同价值完全一致，也可以同价值接近一致。这种理解的实质是，中等资本有机构成的部门的生产价格不一定等于价值。

---

① 《马克思恩格斯全集》，第25卷，北京，人民出版社，1974，中文1版，第183页。
② 《马克思恩格斯全集》，第25卷，北京，人民出版社，1974，中文1版，第184页。
③ 《马克思恩格斯全集》，第25卷，北京，人民出版社，1974，中文1版，第194页。

3. 中等资本有机构成的部类或部门的生产价格不一定等于价值的观点

马克思有时认为，中等资本有机构成的部门的生产价格不一定等于价值。

他认为："一个商品的这样同价值偏离的生产价格，会作为要素加入另一个商品的成本价格，因此，撇开对商品本身由于平均利润和剩余价值的差额而产生的偏离不说，一个商品的成本价格，已经能够包含同该商品中所消费的生产资料价值的偏离。因此，即使就中等构成的资本所生产的商品来说，成本价格也可能同生产价格的这个组成部分所由以构成的各种要素的价值总额发生偏离。假定中等构成是 $80c+20v$。对具有这种构成的现实资本来说，$80c$ 也可能大于或小于不变资本 c 的价值，因为这个 c 可以是由生产价格同价值相偏离的商品构成。同样，如果工资耗费在生产价格同价值不一致的商品上，$20v$ 也可以同它的价值相偏离；因此，与必要生活资料的生产价格同它们的价值相一致的时候比较，工人要买回这些商品（补偿这些商品），就必须劳动更多或更少的时间，也就是完成更多或更少的必要劳动。不过，这种可能性根本不影响关于中等构成的商品所提出的原理的正确性。归于这些商品的利润量，等于其中包含的剩余价值量。"①

在这里，马克思认为，不变资本的生产价格可以同价值相偏离，可变资本的生产价格也可以同价值相偏离。既然成本的生产价格可以同价值相偏离，那么，即使利润等于剩余价值，产品的生产价格也可以同价值相偏离。

4. 不考虑再生产条件的结论

从上面的分析可以看出，马克思对这个问题的阐述似乎不总是一致的。

什么原因导致他对中等资本有机构成的部门的生产价格与价值的关系持不同观点呢？他的第一种观点是否不正确呢？

不能这样说。从《资本论》第三卷中马克思关于价值转形的数例可以看出，在他的数例中，没有利用再生产条件，他的平均利润率是价值形式的。事实上，如果不考虑再生产条件，那么，不变资本、可变资本、资本有机构成、利润率、平均利润率和平均利润，都是价值形式的。在这种条件下，可以证明，中等资本有机构成部类（或部门）的利润率等于平均利

① 《马克思恩格斯全集》，第 25 卷，北京，人民出版社，1974，中文 1 版，第 230 页。

润率。同时，在利润率等于平均利润率的部类（或部门）中，资本有机构成等于中等资本有机构成。

假设有 n 个部类（或部门）。价值形式的中等资本有机构成 k，为价值形式的不变资本总和与价值形式的可变资本总和之比，即

$$k=\frac{\sum_{i=1}^{n}c_i}{\sum_{i=1}^{n}v_i} \tag{8-86}$$

其中，c_i 为第 i 部类（或部门）的不变资本，v_i 为第 i 部类（或部门）的可变资本，$i=1$，2，3，…，n。

价值形式的平均利润率 r_v，为剩余价值总和与价值形式的资本总和之比，即

$$r_v=\frac{\sum_{i=1}^{n}s_i}{\sum_{i=1}^{n}(c_i+v_i)} \tag{8-87}$$

其中，s_i 为第 i 部类（或部门）的剩余价值。

考虑到剩余价值率相同，任何一个部类（或部门）的剩余价值率 e，为第 i 部类（或部门）的剩余价值与可变资本之比，即

$$e=\frac{s_i}{v_i} \tag{8-88}$$

如果第 i 部类（或部门）为中等资本有机构成的部类（或部门），那么，由（8－86）式、（8－87）式、（8－88）式，第 i 部类（或部门）的价值形式的利润率为

$$r_{vi}=\frac{s_i}{c_i+v_i}=\frac{ev_i}{c_i+v_i}=\frac{e}{\frac{c_i}{v_i}+1}=\frac{e}{k_i+1}=\frac{e}{k+1}$$

$$=\frac{e}{\frac{\sum_{i=1}^{n}c_i}{\sum_{i=1}^{n}v_i}+1}=\frac{e\sum_{i=1}^{n}v_i}{\sum_{i=1}^{n}c_i+\sum_{i=1}^{n}v_i}=\frac{\sum_{i=1}^{n}s_i}{\sum_{i=1}^{n}(c_i+v_i)}=r_v \tag{8-89}$$

即中等资本有机构成的部类（或部门）的价值形式的利润率，等于价值形式的平均利润率。

如果一个部类（或部门）的价值形式的利润率等于价值形式的平均利

润率，那么，这个部类（或部门）的价值形式的利润率为

$$
\begin{aligned}
k_i &= \frac{c_i}{v_i} = \frac{c_i + v_i}{v_i} - 1 = \frac{1}{\dfrac{v_i}{c_i + v_i}} - 1 \\
&= \frac{1}{\dfrac{s_i}{e(c_i + v_i)}} - 1 = \frac{e}{\dfrac{s_i}{c_i + v_i}} - 1 = \frac{e}{r_{vi}} - 1 \\
&= \frac{e}{r_v} - 1 = \frac{1}{\dfrac{\sum_{i=1}^{n} s_i}{e\sum_{i=1}^{n}(c_i + v_i)}} - 1 = \frac{1}{\dfrac{\sum_{i=1}^{n} v_i}{\sum_{i=1}^{n}(c_i + v_i)}} - 1 \\
&= \frac{\sum_{i=1}^{n}(c_i + v_i)}{\sum_{i=1}^{n} v_i} - 1 = \frac{\sum_{i=1}^{n} c_i + \sum_{i=1}^{n} v_i}{\sum_{i=1}^{n} v_i} - 1 = \frac{\sum_{i=1}^{n} c_i}{\sum_{i=1}^{n} v_i} = k
\end{aligned}
\tag{8－90}
$$

即这个部类（或部门）的资本有机构成等于中等资本有机构成。

因此，在不考虑再生产条件的情况下，如果资本有机构成和平均利润率都是价值形式的，那么，中等资本有机构成部类（或部门）的利润率等于平均利润率；利润率等于平均利润率部类（或部门）的资本有机构成，必然等于中等资本有机构成。

不考虑再生产条件的价值转形，是马克思按照辩证法考察再生产问题与价值转形问题的一个中间阶段，但是不是完成的阶段。在完成这个阶段的考察之后，马克思想要将价值形式的资本或成本转变为生产价格形式的资本或成本，也就是同时考虑再生产条件与平均利润条件。

5. 考虑再生产条件的结论

价值转形不能同时满足价值形式的再生产条件和价值形式的平均利润条件，只能同时满足生产价格形式的再生产条件和生产价格形式的平均利润条件。既然价值转形是由于价值形式的再生产条件和价值形式的平均利润条件之间存在矛盾而产生的，那么，要实现价值转形，就必须考虑再生产条件。

马克思认为资本（或成本）应该由价值形式转变为生产价格形式，如果资本（或成本）和利润都是生产价格形式的，那么，利润率也是生产价格形式的。当然，由于历史原因，马克思没有来得及完成这个转变的工作。因此，不能说马克思价值转形的方式不正确，只能说他还没有来得及

完成价值转形的全部任务。

上面阐述的马克思的第一种观点，没有考虑再生产条件，没有考虑资本由价值形式转变为生产价格形式，即没有考虑价值转形。他的第二种观点，说明他已经开始考虑将资本由价值形式转变为生产价格形式的问题，即开始考虑价值转形，或开始同时考虑再生产条件和平均利润条件。

这种差别，导致马克思在这个问题上的观点不完全一致。

6. 中等资本有机构成的部类或部门的生产价格与价值相等或不一定相等的观点是辩证分析的不同阶段的结论

从表面上看，中等资本有机构成的部类或部门的生产价格与价值相等的观点，与中等资本有机构成的部类或部门的生产价格与价值不一定相等的观点，是互相矛盾的。

但是，从本质上看，二者并不矛盾。这两种表面上互相矛盾的观点，分别是马克思在《资本论》中考察社会资本再生产与价值转形的过程中，辩证分析的不同阶段的结论。

按照辩证法，在分析过程中，不仅要分析互相矛盾的事物的对立统一的关系、质变与量变的关系，而且要分析否定之否定的关系。

马克思在《资本论》中对最重要的与最本质的经济关系进行重点考察，对次要的与非本质的经济关系，只进行一般考察或暂时不予考察。

马克思在《资本论》第二卷中对社会资本再生产的考察，只是初步的考察，不是全面的考察，重点考察价值与剩余价值实现过程中的实物补偿与价值实现的最主要的方面。

他假设实现的商品的价值和其中包括的剩余价值，是本部类或本部门的雇佣劳动者创造的价值和剩余价值，即使不同部类或不同部门的资本有机构成不同①，也暂时不予考虑。这就是说，暂时不考虑价值转形。在叙述过程的这个阶段，还没有提出利润、平均利润、平均利润率、生产价格。在这个阶段，只考察社会资本再生产的最主要的方面，不考察价值转形。

马克思在《资本论》第三卷中对价值转形的考察，也是初步的考察，而不是全面的考察，重点考察如何在资本有机构成不同的部类或部门中分配总剩余价值的最主要的方面。

他假设资本或成本是价值形式的，通过某些部门多得到一部分剩余价

① 《马克思恩格斯全集》，第 24 卷，北京，人民出版社，1972，中文 1 版，第 572 页、第 576 页。

值，某些部门少得到一部分剩余价值的方式，实现平均利润，实现剩余价值的最初步的分配。他提出的平均利润率是价值形式的，即价值形式的利润与价值形式的资本之比。即使不满足再生产条件，也暂时不予考虑。事实上，在《资本论》第三卷提出的数例中，不仅不满足价值形式的再生产条件和平均利润条件，而且也不满足生产价格形式的再生产条件。[①] 在这个阶段，暂时不考虑实物补偿与价值实现问题。在叙述过程的这个阶段，只考察价值转形的最基本方面，不考察社会资本再生产。

初步地考察价值转形，即只考察价值转形不考察再生产，是对初步地考察再生产的过程中暂时不考虑价值转形的否定，即第一次否定。

在完成了对再生产和价值转形的初步考察之后，他开始考虑对再生产和价值转形进行全面考察。在对再生产和价值转形的全面考察中，需要将价值形式的资本或成本转变为生产价格形式的资本或成本。资本或成本转变为生产价格形式，就是同时满足生产价格形式的再生产条件与平均利润条件。虽然由于历史原因马克思最终没有完成这一考察，但是，他特别嘱咐自己的读者和继承者："必须记住成本价格这个修改了的意义，因此，必须记住，如果在一个特殊生产部门把商品的成本价格看作和生产该商品时所消费的生产资料的价值相等，那就总可能有误差。"[②]

全面考察再生产和价值转形，是对初步地考察价值转形的过程中暂时不考虑再生产的否定，是第二次否定，即对否定的否定。

令人感兴趣的是，在《资本论》第二卷考察再生产的各种数例中，完全可以只提出两部类的资本有机构成相同的数例，不提出资本有机构成不同的数例，马克思却在明知会导致利润率不同的条件下，还要专门提出资本有机构成不同的数例。[③] 在《资本论》第三卷考察价值转形的数例中，马克思在明知会导致不满足再生产条件的情况下，还要采用价值形式的资本或成本。

显然，这些都不是失误，而是为后面的考察预留伏笔，是辩证逻辑分析的需要。

（二）鲍特凯维兹对这个问题的观点

鲍特凯维兹的生产价格形式的利润率公式，是很多否定马克思关于利

---

① 《马克思恩格斯全集》，第 25 卷，北京，人民出版社，1974，中文 1 版，第 173～176 页。

② 《马克思恩格斯全集》，第 25 卷，北京，人民出版社，1974，中文 1 版，第 185 页。

③ 《马克思恩格斯全集》，第 24 卷，北京，人民出版社，1972，中文 1 版，第 572 页、第 576 页。

润率趋向下降的观点的经济学家的基本理论依据。

鲍特凯维兹在考察价值转形的过程中，最先提出的假设条件，是生产价格总和等于价值总和。后来，他又认为，更简单的假设条件是假设第三部类只生产货币材料——金，金的生产价格等于价值。

他的这个假设条件是错误的，因为，第一，资本家的消费品既不可能全是金；也不能等同于金；第二，货币材料的生产价格与价值，一般不相等。

他的错误的假设条件，决定了他的价值转形模型不可能正确。

在鲍特凯维兹提出的数例中①，虽然假设第三部类的生产价格与价值相等，但是，这个部类的资本有机构成不等于平均资本有机构成。因此，他没有提出生产价格等于价值与中等资本有机构成部门之间有任何联系。

（三）斯拉法对这个问题的观点

斯拉法的理论建立在“标准商品”的基础上。他所说的标准商品，是指中等资本有机构成的部门所生产的商品。他认为，中等资本有机构成部门的产品的生产价格与价值相等。这就是说，按照斯拉法的观点，生产价格等于价值与中等资本有机构成等价。

不仅斯拉法持有这种观点，而且米克、塞顿等很多经济学家都持有这种观点。

按照列宁的三部类划分的价值转形，可以证明在一般条件下，中等资本有机构成的部类或部门的生产价格与价值不相等；生产价格与价值相等的部类或部门，不一定是中等资本有机构成的部类或部门。

既然中等资本有机构成的部类或部门的生产价格与价值不相等，生产价格与价值相等的部类或部门不一定是中等资本有机构成的部类或部门，那么，塞顿与斯拉法等经济学家的价值转形理论的基础不成立，从而他们的价值转形理论是错误的。

二、生产价格等于价值的部类不一定是中等资本有机构成的部类，中等资本有机构成的部类不一定是生产价格等于价值的部类

认为生产价格等于价值与中等资本有机构成等价的观点，在没有经过证明的条件下，就被许多经济学家接受。那么，这种观点是否正确？现在考察这个问题。

① 沈民鸣：《价值转形》，第一卷，北京，中国人民大学出版社，2014，第53页。

（一）生产价格等于价值与价值形式的中等有机构成不等价

如果在上面的数例中，第一部类的不变资本 $c_1=2\ 800$，保持 v_1、s_1、k_2、k_3 不变，那么，$a_2=1.019\ 344\ 81\ 132$，$k=3$，$k_2=3$。可见，第二部类的资本有机构成等于总资本有机构成，该部类的价值生产价格转化系数不等于 1，也就是说，该部类产品的生产价格与价值不相等。

如果在上面的数例中，第一部类的不变资本 $c_1=3\ 722.813\ 05$，保持 v_1、s_1、k_2、k_3 不变，那么，$a_2=1$，$k=3.461\ 406\ 525\ 00$，$k_2=3$。可见，当第二部类的价值生产价格转化系数等于 1 时，该部类的资本有机构成不等于总资本有机构成。

如果在上面的数例中，第一部类的不变资本 $c_1=2\ 400$，保持 v_1、s_1 不变，$k_2=2$，$k_3=3$，那么，$a_3=0.943\ 822\ 402\ 41$，$k=3$。可见，当$k_3=k$，即第三部类的资本有机构成等于总资本有机构成时，该部类的价值生产价格转化系数不等于 1，也就是说，该部类产品的生产价格与价值不相等。

如果在上面的数例中，第一部类的不变资本 $c_1=1\ 633.483\ 11$，保持 v_1、s_1 不变，$k_2=2$，$k_3=3$，那么，$a_3=1$，$k=2.616\ 741\ 555\ 00$，$k_3=3$。可见，当第三部类的价值生产价格转化系数等于 1 时，该部类的资本有机构成不等于总资本有机构成。

可见，如果某个部类（或部门）的资本有机构成等于中等资本有机构成，那么，该部类（或部门）的价值生产价格转化系数可以不等于 1，也就是该部类（或部门）产品的生产价格与价值可以不相等。如果某个部类（或部门）的价值生产价格转化系数等于 1，也就是该部类（或部门）的产品的生产价格与价值相等，那么，该部类（或部门）的资本有机构成可以不等于中等资本有机构成。

因此，无论在哪个部类（或部门）中，生产价格等于价值与价值形式的中等有机构成都不等价，也就是价值生产价格转化系数等于 1 与价值形式的中等有机构成都不等价。

（二）生产价格等于价值与生产价格形式的中等有机构成不等价

由于马克思没有来得及将价值形式的资本（或成本）转变为生产价格形式的资本（或成本），他定义的资本有机构成是价值形式的。在前面考察过的价值生产价格转化系数与价值形式的资本有机构成的关系中，得到价值生产价格转化系数等于 1 与中等资本有机构成不等价的结论，也就是生产价格等于价值与中等资本有机构成不等价的结论。如果资本有机构成由价值形式转化为生产价格形式，那么，这个结论仍然成立。

生产价格形式的资本有机构成，为生产价格形式的不变资本与生产价格形式的可变资本之比。第一部类生产价格形式的资本有机构成 k_{p1}，可以表示为

$$k_{p1}=\frac{a_1c_1}{a_3v_1} \tag{8-91}$$

第二部类生产价格形式的资本有机构成 k_{p2}，可以表示为

$$k_{p2}=\frac{a_1c_2}{a_3v_2} \tag{8-92}$$

第三部类生产价格形式的资本有机构成 k_{p3}，可以表示为

$$k_{p3}=\frac{a_2c_3}{a_3v_3} \tag{8-93}$$

生产价格形式的总资本有机构成 k_p，可以表示为

$$k_p=\frac{a_1c_1+a_1c_2+a_2c_3}{a_3(v_1+v_2+v_3)} \tag{8-94}$$

如果在上面的数例中，第一部类的不变资本 $c_1=2\ 962.645\ 351$，保持 v_1、s_1、k_2、k_3 不变，那么，$a_2=1.016\ 264\ 535\ 10$，$k_{p2}=3.765\ 564\ 437\ 06$，$k_p=3.765\ 564\ 437\ 06$。可见，当第二部类生产价格形式的资本有机构成等于生产价格形式的总资本有机构成时，该部类的价值生产价格转化系数不等于 1，也就是说，产品的生产价格与价值不相等。

如果在上面的数例中，第一部类的不变资本 $c_1=3\ 722.813\ 05$，保持 v_1、s_1、k_2、k_3 不变，那么，$a_2=1$，$k_{p2}=4.049\ 738\ 69\ 326$，$k_p=4.515\ 735\ 16\ 826$。可见，当第二部类的价值生产价格转化系数等于 1，即第二部类的产品的生产价格与价值相等时，该部类生产价格形式的资本有机构成不等于生产价格形式的总资本有机构成。

如果在上面的数例中，第一部类的不变资本 $c_1=2\ 072.727\ 273$，保持 v_1、s_1 不变，$k_2=2$，$k_3=3$，那么，$a_3=0.967\ 272\ 72\ 725$，$k_{p3}=3$，$k_p=3$，可见，当第三部类生产价格形式的资本有机构成等于生产价格形式的总资本有机构成时，该部类的价值生产价格转化系数不等于 1，也就是说，产品的生产价格与价值不相等。

如果在上面的数例中，第一部类的不变资本 $c_1=1\ 633.483\ 11$，保持 v_1、s_1 不变，$k_2=2$，$k_3=3$，那么，$a_3=1$，$k_{p3}=2.916\ 985\ 077\ 00$，$k_p=2.616\ 741\ 555\ 26$。可见，当第三部类的价值生产价格转化系数等于 1，即第三部类的产品的生产价格与价值相等时，该部类生产价格形式的资本有机构成不等于生产价格形式的总资本有机构成。

可见，如果某个部类（或部门）的生产价格形式的资本有机构成是中

等资本有机构成，那么，该部类（或部门）的价值生产价格转化系数可以不等于 1，也就是该部类（或部门）的产品的生产价格与价值可以不相等。如果某个部类（或部门）的价值生产价格转化系数等于 1，也就是该部类（或部门）的产品的生产价格与价值相等，那么，该部类（或部门）的生产价格形式的资本有机构成可以不是中等资本有机构成。因此，无论在哪个部类（或部门）中，价值生产价格转化系数等于 1 与生产价格形式的中等有机构成不等价，也就是生产价格等于价值与生产价格形式的中等有机构成不等价。

因此，无论在哪个部类（或部门）中，无论资本有机构成采用价值形式还是生产价格形式，中等资本有机构成部类（或部门）的生产价格与价值相等的观点或结论，以及生产价格与价值相等的部类（或部门）的资本有机构成是中等资本有机构成的观点或结论，只在特殊条件下成立，在一般条件下不成立。

三、资本有机构成低的部类的生产价格可以高于价值

经济学家普遍认为，在资本有机构成低于中等构成的部类（或部门）中，生产价格低于价值。那么，这种看法是否正确？现在来考察这个问题。

（一）价值形式的资本有机构成低的部类中生产价格可以高于价值

如果第一部类价值形式的不变资本的取值范围为 $2\ 800 \leqslant c_1 \leqslant 3\ 722.813\ 05$，例如 $c_1=2\ 800$，2 850，2 900，…，3 700，3 722.813 05，3 750（注：$c_1=3\ 750$ 不属于这里讨论的范围，加入 $c_1=3\ 750$ 是为了便于作图与对比），$v_1=600$，$s_1=600$，$k_2=3$，$k_3=2$，那么，第一部类价值形式的不变资本 c_1，第二部类价值形式的资本有机构成 k_2，价值形式的总资本有机构成 k，第二部类价值生产价格转化系数 a_2 之间的关系，可以用表 8-10 表示。

表 8-10　　c_1、k_2、k、a_2 之间的关系

第一部类价值形式的不变资本 c_1	第二部类价值形式的资本有机构成 k_2	价值形式的总资本有机构成 k	第二部类价值生产价格转换系数 a_2
3 750	3	3.475	0.999 385 037 0
3 722.813 05	3	3.461 406 525	1
3 700	3	3.450	1.000 515 043 6
3 650	3	3.425	1.001 640 453 2

续前表

第一部类价值形式的不变资本 c_1	第二部类价值形式的资本有机构成 k_2	价值形式的总资本有机构成 k	第二部类价值生产价格转换系数 a_2
3 600	3	3.400	1.002 760 657 1
3 550	3	3.375	1.003 875 016 0
3 500	3	3.350	1.004 982 858 8
3 450	3	3.325	1.006 083 481 5
3 400	3	3.300	1.007 176 145 5
3 350	3	3.275	1.008 260 076 0
3 300	3	3.250	1.009 334 461 3
3 250	3	3.225	1.010 398 450 5
3 200	3	3.200	1.011 451 152 1
3 150	3	3.175	1.012 491 632 9
3 100	3	3.150	1.013 518 915 8
3 050	3	3.125	1.014 531 978 2
3 000	3	3.100	1.015 529 750 9
2 950	3	3.075	1.016 511 115 6
2 900	3	3.050	1.017 474 903 5
2 850	3	3.025	1.018 419 893 8
2 800	3	3.000	1.019 344 811 3

在表 8－10 中，为了使第二部类价值生产价格转化系数 a_2 按照单调递增方式排列，便于作图，第一部类价值形式的不变资本 c_1 按照单调递减方式排列。

表 8－10 表示的第二部类价值形式的资本有机构成 k_2、价值形式的总资本有机构成 k 与第二部类价值生产价格转化系数 a_2 的关系，可以用图8－1表示。

图 8－1 中，上面的曲线表示价值形式的总资本有机构成 k 与第二部类价值生产价格转化系数 a_2 的关系，下面的水平直线表示第二部类价值形式的资本有机构成 k_2 为常数 3。

由表 8－10 和图 8－1 可以看出：当 $c_1=2\ 800$，$k_2=3$，$k=3$ 时，$a_2=1.019\ 344\ 811\ 3$。当 $c_1=3\ 722.813\ 05$，$k_2=3$，$k=3.461\ 406\ 525$ 时，$a_2=1$。

由表 8－10 和图 8－1 还可以看出：如果第一部类价值形式的不变资本的取值范围为 $2\ 800<c_1<3\ 722.813\ 05$，例如 $c_1=2\ 850$，2 900，2 950，…，3 700，保持 v_1、s_1、k_2、k_3 不变，那么，第二部类价值形式的资本有机构成 k_2 低于价值形式的总资本有机构成 k，同时，第二部类

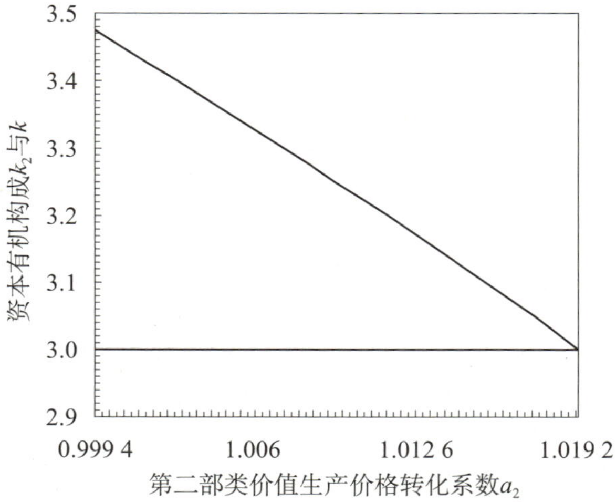

图 8-1　k_2、k 与 a_2 的关系

的价值生产价格转化系数 a_2 大于 1。

因此，如果某个部类价值形式的资本有机构成低于价值形式的总资本有机构成，那么，在一定范围内，这个部类的价值生产价格转化系数可以大于 1，也就是说，这个部类的生产价格可以高于价值，或者这个部类被社会承认的剩余价值大于该部类的雇佣劳动者创造的剩余价值。

值得注意的是，这里的横坐标为第二部类价值生产价格转化系数 a_2，第二部类价值生产价格转化系数 a_2 是第一部类价值形式的不变资本 c_1 的非线性函数，在本例中，第一部类价值形式的不变资本 c_1 是等差数列，第二部类价值生产价格转化系数 a_2 就不可能是等差数列。用 Office 中的 Excel 作图，横坐标必须是等差数列。为此，利用 Excel 中的 vlookup 函数功能，将第二部类价值生产价格转化系数 a_2 转变为等差数列，然后再用 Excel 作图。

在本章中，图 8-1、图 8-2、图 8-7，均用此种方式作图。下面不再重复阐述。

（二）生产价格形式的资本有机构成低的部类中生产价格可以高于价值

前面的资本有机构成是价值形式的。即使资本有机构成改变为生产价格形式，上述结论仍然成立。

如果第一部类不变资本的取值范围为 $2\ 962.645\ 351 \leqslant c_1 \leqslant 3\ 722.813\ 05$，例如 $c_1 = 2\ 950$，2 962.645 351，3 000，3 050，3 100，…，3 700，3 722.813 05，3 750（注：$c_1 = 2\ 950$ 与 $c_1 = 3\ 750$ 不属于这里讨论的范围，加入 $c_1 = 2\ 950$ 与 $c_1 = 3\ 750$ 是为了便于作图与对比），$v_1 = 600$，$s_1 =$

600，$k_2=3$，$k_3=2$，那么，第一部类价值形式的不变资本 c_1，第二部类生产价格形式的资本有机构成 k_{p2}，生产价格形式的总资本有机构成 k_p，第二部类价值生产价格转化系数 a_2 之间的关系，可以用表 8－11 表示。

表 8－11　　**c_1、k_{p2}、k_p 与 a_2 之间的关系**

第一部类价值形式的不变资本 c_1	第二部类生产价格形式的资本有机构成 k_{p2}	生产价格形式的总资本有机构成 k_p	第二部类价值生产价格转换系数 a_2
3 750	4.058 962 239	4.542 972 374	0.999 385 037
3 722.813 05	4.049 738 693	4.515 735 168	1
3 700	4.041 952 146	4.492 898 757	1.000 515 044
3 650	4.024 735 068	4.442 908 712	1.001 640 453
3 600	4.007 308 179	4.393 004 597	1.002 760 657
3 550	3.989 668 644	4.343 188 850	1.003 875 016
3 500	3.971 813 321	4.293 463 991	1.004 982 859
3 450	3.953 740 267	4.243 832 626	1.006 083 482
3 400	3.935 445 740	4.194 297 450	1.007 176 145
3 350	3.916 927 201	4.144 861 251	1.008 260 076
3 300	3.898 181 820	4.095 526 912	1.009 334 461
3 250	3.879 206 783	4.046 297 414	1.010 398 450
3 200	3.859 999 291	3.997 175 842	1.011 451 152
3 150	3.840 556 559	3.948 165 384	1.012 491 633
3 100	3.820 875 873	3.899 269 340	1.013 518 916
3 050	3.800 954 491	3.850 491 122	1.014 531 973
3 000	3.780 789 755	3.801 834 260	1.015 529 751
2 962.645 351	3.765 564 437	3.765 564 437	1.016 264 535
2 950	3.760 379 045	3.753 302 405	1.016 511 116

在表 8－11 中，为了使第二部类价值生产价格转化系数 a_2 按照单调递增方式排列，便于作图，第一部类价值形式的不变资本 c_1 按照单调递减方式排列。

表 8－11 表示的第二部类生产价格形式的资本有机构成 k_{p2}、生产价格形式的总资本有机构成 k_p 与第二部类价值生产价格转化系数 a_2 的关系，可以用图 8－2 表示。

图 8－2 中，上面的曲线表示生产价格形式的总资本有机构成 k_p 与第二部类价值生产价格转化系数 a_2 的关系，下面的曲线表示第二部类生产价格形式的资本有机构成 k_{p2} 与第二部类价值生产价格转化系数 a_2 的关系。

由表 8－11 和图 8－2 可以看出：当 $c_1=2\ 962.645\ 351$，$k_{p2}=$

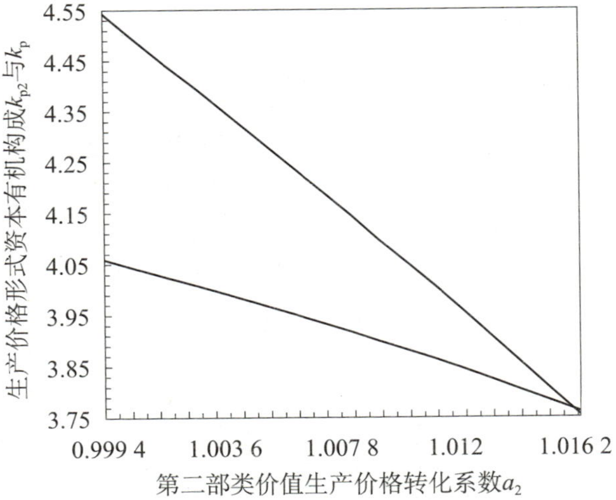

图 8－2　k_{p2}、k_p 与 a_2 的关系

3.765 564 437，k_p = 3.765 564 437 时，a_2 = 1.016 264 535。当 c_1 = 3 722.813 05，k_{p2}=4.049 738 693，k_p=4.515 735 168 时，a_2=1。

由表 8－11 和图 8－2 还可以看出：如果第一部类价值形式的不变资本的取值范围为 2 962.645 351 < c_1 < 3 722.813 05，例如 c_1 = 3 000，3 050，3 100，…，3 700，保持 v_1、s_1、k_2、k_3 不变，那么，第二部类生产价格形式的资本有机构成 k_{p2} 低于生产价格形式的总资本有机构成 k_p，同时，第二部类的价值生产价格转化系数 a_2 大于 1。

因此，如果某个部类生产价格形式的资本有机构成低于生产价格形式的总资本有机构成，那么，在一定范围内，这个部类的价值生产价格转化系数可以大于 1，也就是说，这个部类的生产价格可以高于价值，或者这个部类被社会承认的剩余价值大于该部类的雇佣劳动者创造的剩余价值。

显然，无论资本有机构成采用价值形式还是生产价格形式，无论在哪个部类（或部门）中，如果这个部类（或部门）的资本有机构成低于总资本有机构成，那么，在一定范围内，这个部类（或部门）的生产价格可以高于价值。超出这个范围，资本有机构成低于总资本有机构成的部类（或部门），生产价格低于价值。

四、资本有机构成高的部类的生产价格可以低于价值

经济学家普遍认为，在资本有机构成高于中等资本有机构成的部类（或部门）中，生产价格高于价值。那么，这种看法是否正确？现在考察这个问题。

（一）价值形式的资本有机构成高的部类中生产价格可以低于价值

如果第一部类不变资本的取值范围为 1 633.483 11$\leqslant c_1 \leqslant$2 400，例如 c_1=1 600，1 633.483 11，1650，1 700，1 750，…，2 400（注：c_1=1 600 不属于这里讨论的范围，加入 c_1=1 600 是为了便于作图与对比），v_1=600，s_1=600，k_2=2，k_3=3，那么，第一部类价值形式的不变资本 c_1，第三部类价值形式的资本有机构成 k_3，价值形式的总资本有机构成 k，第三部类价值生产价格转化系数 a_3 之间的关系，可以用表 8－12 表示。

表 8－12　　c_1、k_3、k、a_3 之间的关系

第一部类价值形式的不变资本 c_1	第三部类价值形式的资本有机构成 k_3	价值形式的总资本有机构成 k	第三部类价值生产价格转化系数 a_3
2 400	3	3.000	0.943 822 402
2 350	3	2.975	0.947 337 144
2 300	3	2.950	0.950 877 759
2 250	3	2.925	0.954 443 422
2 200	3	2.900	0.958 033 223
2 150	3	2.875	0.961 646 160
2 100	3	2.850	0.965 281 141
2 050	3	2.825	0.968 936 974
2 000	3	2.800	0.972 612 352
1 950	3	2.775	0.976 305 901
1 900	3	2.750	0.980 016 073
1 850	3	2.725	0.983 741 240
1 800	3	2.700	0.987 479 642
1 750	3	2.675	0.991 229 389
1 700	3	2.650	0.994 988 458
1 650	3	2.625	0.998 754 687
1 633.483 11	3	2.616 741 555	1
1 600	3	2.600	1.002 525 774

在表 8－12 中，为了使第三部类价值生产价格转化系数 a_3 按照单调递增方式排列，便于作图，第一部类价值形式的不变资本 c_1 按照单调递减方式排列。

表 8－12 表示的第三部类价值形式的资本有机构成 k_3、价值形式的总资本有机构成 k 与第三部类价值生产价格转化系数 a_3 的关系，可以用图 8－3 表示。

图 8－3 中，上面的水平直线表示第三部类价值形式的资本有机构成 k_3 为常数 3，下面的曲线表示价值形式的总资本有机构成 k 与第三部类价

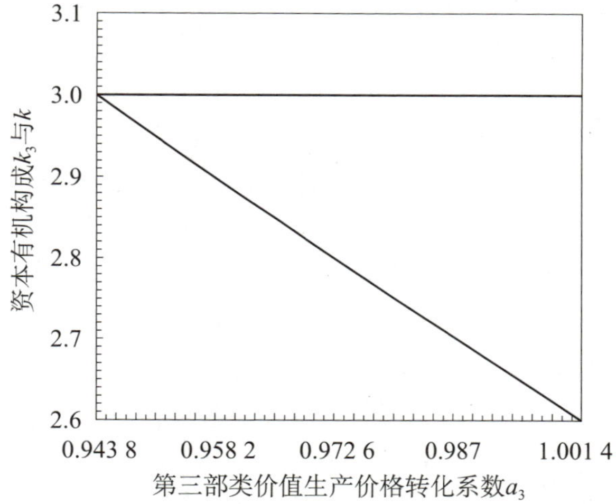

图 8-3　k_3、k 与 a_3 的关系

值生产价格转化系数 a_3 的关系。

由表 8-12 和图 8-3 可以看出：当 $c_1=1\ 633.483\ 11$，$k_3=3$，$k=2.616\ 741\ 555$时，$a_3=1$。当 $c_1=2\ 400$，$k_3=3$，$k=3$ 时，$a_3=0.943\ 822\ 402$。

由表 8-12 和图 8-3 还可以看出：如果第一部类价值形式的不变资本的取值范围为 $1\ 633.483\ 11<c_1<2\ 400$，例如 $c_1=1\ 650$，1 700，1 750，…，2 350，保持 v_1、s_1 不变，$k_2=2$，$k_3=3$，那么，第三部类价值形式的资本有机构成 k_3 高于总资本有机构成 k，同时，第三部类的价值生产价格转化系数 a_3 小于 1。

因此，如果某个部类价值形式的资本有机构成高于价值形式的总资本有机构成，那么，在一定范围内，这个部类的价值生产价格转化系数可以小于 1，也就是说，这个部类的生产价格可以低于价值，或者这个部类被社会承认的剩余价值小于该部类的雇佣劳动者创造的剩余价值。

值得注意的是，这里的横坐标为第三部类价值生产价格转化系数 a_3，第三部类价值生产价格转化系数 a_3 是第一部类价值形式的不变资本 c_1 的非线性函数，在本例中，第一部类价值形式的不变资本 c_1 是等差数列，第三部类价值生产价格转化系数 a_3 就不可能是等差数列。用 Office 中的 Excel 作图，横坐标必须是等差数列。为此，利用 Excel 中的 vlookup 函数功能，将第三部类价值生产价格转化系数 a_3 转变为等差数列，然后再用 Excel 作图。

在本章中，图 8-3、图 8-4、图 8-8，均用此种方式作图。下面不再重复阐述。

（二）生产价格形式的资本有机构成高的部类中生产价格可以低于价值

前面的资本有机构成是价值形式的。即使资本有机构成改变为生产价格形式，上述结论仍然成立。

如果第一部类价值形式的不变资本的取值范围为 $1\ 633.483\ 11 \leqslant c_1 \leqslant 2\ 072.727\ 273$，例如 $c_1 = 1\ 600$，1 633.483 11，1 650，1 700，1 750，…，2 050，2 072.727 273，2 100（注：$c_1 = 1\ 600$ 与 $c_1 = 2\ 100$ 不属于这里讨论的范围，加入 $c_1 = 1\ 600$ 与 $c_1 = 2\ 100$ 是为了便于作图与对比），$v_1 = 600$，$s_1 = 600$，$k_2 = 2$，$k_3 = 3$，那么，第一部类价值形式的不变资本 c_1，第三部类生产价格形式的资本有机构成 k_{p3}，生产价格形式的总资本有机构成 k_p，第三部类价值生产价格转化系数 a_3 之间的关系，可以用表 8 - 13 表示。

表 8 - 13　　c_1、k_{p3}、k_p 与 a_3 之间的关系

第一部类价值形式的不变资本 c_1	第三部类生产价格形式的资本有机构成 k_{p3}	生产价格形式的总资本有机构成 k_p	第三部类价值生产价格转化系数 a_3
2 100	3.004 864 803	3.024 442 924	0.965 281 141
2 072.727 273	3	3	0.967 272 727
2 050	2.995 920 234	2.979 684 055	0.968 936 974
2 000	2.986 862 123	2.935 162 441	0.972 612 332
1 950	2.977 690 156	2.890 885 114	0.976 305 901
1 900	2.968 404 134	2.846 859 282	0.980 016 073
1 850	2.959 003 979	2.803 092 325	0.983 741 240
1 800	2.949 489 743	2.759 591 794	0.987 479 642
1 750	2.939 861 616	2.716 365 408	0.991 229 389
1 700	2.930 119 938	2.673 421 048	0.994 988 458
1 650	2.920 265 203	2.630 766 752	0.998 754 687
1 633.483 11	2.916 985 077	2.616 741 555	1
1 600	2.910 298 071	2.588 410 710	1.002 525 774

在表 8 - 13 中，为了使第三部类价值生产价格转化系数 a_3 按照单调递增方式排列，便于作图，第一部类价值形式的不变资本 c_1 按照单调递减方式排列。

表 8 - 13 表示的第三部类生产价格形式的资本有机构成 k_{p3}、生产价格形式的总资本有机构成 k_p 与第三部类价值生产价格转化系数 a_3 的关系，可以用图 8 - 4 表示。

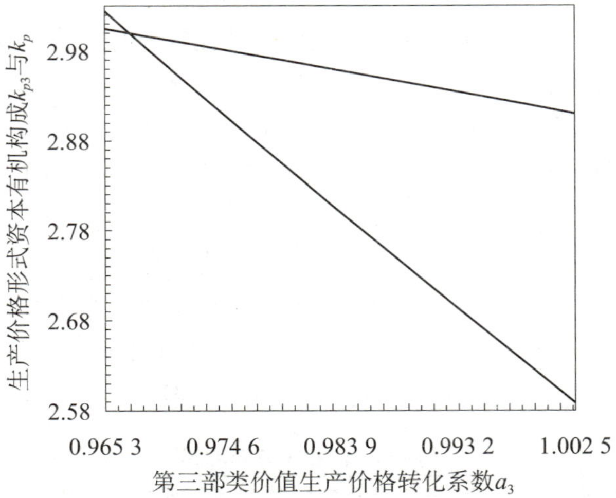

图 8－4　k_{p3}、k_p 与 a_3 之间的关系

图 8－4 中，上面的曲线表示第三部类生产价格形式的资本有机构成 k_{p3} 与第三部类价值生产价格转化系数 a_3 的关系，下面的曲线表示生产价格形式的总资本有机构成 k_p 与第三部类价值生产价格转化系数 a_3 的关系。

由表 8－13 和图 8－4 可以看出：当 $c_1 = 1\ 633.483\ 11$，$k_{p3} = 2.916\ 985\ 077$，$k_p = 2.616\ 741\ 555$ 时，$a_3 = 1$。当 $c_1 = 2\ 072.727\ 273$，$k_{p3} = 3$，$k_p = 3$ 时，$a_3 = 0.967\ 272\ 727$。

由表 8－13 和图 8－4 还可以看出：如果第一部类价值形式的不变资本的取值范围为 $1\ 633.483\ 11 < c_1 < 2\ 072.727\ 273$，例如 $c_1 = 1\ 650$，1 700，1 750，…，2 050，保持 v_1、s_1 不变，$k_2 = 2$，$k_3 = 3$，那么，第三部类生产价格形式的资本有机构成 k_{p3} 高于生产价格形式的总资本有机构成 k_p，同时，第三部类的价值生产价格转化系数 a_3 小于 1。

因此，如果某个部类生产价格形式的资本有机构成高于生产价格形式的总资本有机构成，在一定范围内，这个部类的价值生产价格转化系数可以小于 1，也就是说，这个部类的生产价格可以低于价值，或者这个部类被社会承认的剩余价值小于该部类的雇佣劳动者创造的剩余价值。

显然，无论资本有机构成采用价值形式还是生产价格形式，无论在哪个部类（或部门）中，如果这个部类（或部门）的资本有机构成高于总资本有机构成，在一定范围内，这个部类（或部门）的生产价格可以低于价值。超出这个范围，资本有机构成高于总资本有机构成的部类（或部门），生产价格高于价值。

第六节　多得到的剩余价值为零与生产价格形式的中等资本有机构成等价

一、如果一个部类的生产价格形式的资本有机构成等于生产价格形式的总资本有机构成，那么，这个部类多得到的剩余价值为零

（一）第一部类的生产价格形式的资本有机构成等于生产价格形式的总资本有机构成

如果第一部类的生产价格形式的资本有机构成等于生产价格形式的总资本有机构成，即

$$k_{p1}=k_p \tag{8-95}$$

那么，由（8-91）式、（8-36）式、（8-6）式，可以得到

$$\begin{aligned}k_{p1}+1&=\frac{a_1c_1}{a_3v_1}+1=\frac{a_1c_1+a_3v_1}{a_3v_1}\\&=\frac{s_1+s_{t1}}{rv_1}=\frac{1}{r}(e+\frac{s_{t1}}{v_1})\end{aligned} \tag{8-96}$$

由（8-6）式、（8-36）式、（8-37）式、（8-38）式、（8-45）式、（8-94）式，可以得到

$$\begin{aligned}&k_p+1\\&=\frac{a_1c_1+a_1c_2+a_2c_3}{a_3(v_1+v_2+v_3)}+1\\&=\frac{(a_1c_1+a_3v_1)+(a_1c_2+a_3v_2)+(a_2c_3+a_3v_3)}{a_3(v_1+v_2+v_3)}\\&=\frac{(s_1+s_{t1})+(s_2+s_{t2})+(s_3+s_{t3})}{r(v_1+v_2+v_3)}\\&=\frac{s_1+s_2+s_3}{r(v_1+v_2+v_3)}=\frac{ev_1+ev_2+ev_3}{r(v_1+v_2+v_3)}=\frac{e}{r}\end{aligned} \tag{8-97}$$

由（8-95）式、（8-96）式、（8-97）式，可以得到

$$\frac{s_{t1}}{v_1}=0 \tag{8-98}$$

因为 $v_1\neq0$，所以 $s_{t1}=0$。

（二）第二部类的生产价格形式的资本有机构成等于生产价格形式的总资本有机构成

如果第二部类的生产价格形式的资本有机构成等于生产价格形式的总

资本有机构成，即

$$k_{p2} = k_p \tag{8-99}$$

那么，由（8-92）式、（8-37）式、（8-6）式，可以得到

$$k_{p2} + 1 = \frac{a_1 c_2}{a_3 v_2} + 1 = \frac{a_1 c_2 + a_3 v_2}{a_3 v_2}$$

$$= \frac{s_2 + s_{t2}}{r v_2} = \frac{1}{r}(e + \frac{s_{t2}}{v_2}) \tag{8-100}$$

由（8-97）式、（8-99）式、（8-100）式，可以得到

$$\frac{s_{t2}}{v_2} = 0 \tag{8-101}$$

因为 $v_2 \neq 0$，所以 $s_{t2} = 0$。

（三）第三部类的生产价格形式的资本有机构成等于生产价格形式的总资本有机构成

如果第三部类的生产价格形式的资本有机构成等于生产价格形式的总资本有机构成，即

$$k_{p3} = k_p \tag{8-102}$$

那么，由（8-93）式、（8-38）式、（8-6）式，可以得到

$$k_{p3} + 1 = \frac{a_2 c_3}{a_3 v_3} + 1 = \frac{a_2 c_3 + a_3 v_3}{a_3 v_3}$$

$$= \frac{s_3 + s_{t3}}{r v_3} = \frac{1}{r}(e + \frac{s_{t3}}{v_3}) \tag{8-103}$$

由（8-97）式、（8-102）式、（8-103）式，可以得到

$$\frac{s_{t3}}{v_3} = 0 \tag{8-104}$$

因为 $v_3 \neq 0$，所以 $s_{t3} = 0$。

可见，无论哪个部类的生产价格形式的资本有机构成等于生产价格形式的总资本有机构成，这个部类多得到的剩余价值一定为零。

二、如果一个部类多得到的剩余价值为零，那么，这个部类的生产价格形式的资本有机构成等于生产价格形式的总资本有机构成

（一）第一部类多得到的剩余价值为零

如果第一部类多得到的剩余价值为零，即 $s_{t1} = 0$，那么，由（8-36）式、（8-6）式、（8-96）式，可以得到

$$k_{p1} + 1 = \frac{a_1 c_1}{a_3 v_1} + 1 = \frac{a_1 c_1 + a_3 v_1}{a_3 v_1}$$

$$= \frac{s_1 + s_{t1}}{rv_1} = \frac{s_1}{rv_1} = \frac{e}{r} \tag{8-105}$$

由（8－97）式、（8－105）式，可以得到

$$k_{p1} = k_p \tag{8-106}$$

即第一部类的生产价格形式的资本有机构成等于生产价格形式的总资本有机构成。

（二）第二部类多得到的剩余价值为零

如果第二部类多得到的剩余价值为零，即 $s_{t2}=0$，那么，由（8－37）式、（8－6）式、（8－100）式，可以得到

$$k_{p2} + 1 = \frac{a_1 c_2}{a_3 v_2} + 1 = \frac{a_1 c_2 + a_3 v_2}{a_3 v_2}$$

$$= \frac{s_2 + s_{t2}}{rv_2} = \frac{s_2}{rv_2} = \frac{e}{r} \tag{8-107}$$

由（8－97）式、（8－107）式，可以得到

$$k_{p2} = k_p \tag{8-108}$$

即第二部类的生产价格形式的资本有机构成等于生产价格形式的总资本有机构成。

（三）第三部类多得到的剩余价值为零

如果第三部类多得到的剩余价值为零，即 $s_{t3}=0$，那么，由（8－38）式、（8－6）式、（8－103）式，可以得到

$$k_{p3} + 1 = \frac{a_2 c_3}{a_3 v_3} + 1 = \frac{a_2 c_3 + a_3 v_3}{a_3 v_3}$$

$$= \frac{s_3 + s_{t3}}{rv_3} = \frac{s_3}{rv_3} = \frac{e}{r} \tag{8-109}$$

由（8－97）式、（8－109）式，可以得到

$$k_{p3} = k_p \tag{8-110}$$

即第三部类的生产价格形式的资本有机构成等于生产价格形式的总资本有机构成。

可见，无论哪个部类多得到的剩余价值为零，这个部类的生产价格形式的资本有机构成一定等于生产价格形式的总资本有机构成。

三、多得到的剩余价值为零与生产价格形式的中等资本有机构成等价

因此，在按照列宁的三部类划分方法建立的价值转形模型中，如果一个部类的生产价格形式的资本有机构成低于、等于或高于生产价格形式的总资本有机构成，那么，这个部类多得到的剩余价值就小于、等于或大于 0。

如果一个部类多得到的剩余价值小于、等于或大于 0，那么，这个部类的生产价格形式的资本有机构成低于、等于或高于生产价格形式的总资本有机构成。

因此，生产价格形式的中等资本有机构成与多得到的剩余价值为零等价。

第七节 多得到的剩余价值与被社会多承认的剩余价值的符号可以相反

从上面的讨论可以看出：当一个部类生产价格形式的资本有机构成 k_{pi}（$i=1, 2, 3$）等于生产价格形式的总资本有机构成 k_p 时，这个部类多得到的剩余价值 s_{ti} 一定为 0。但是，该部类的价值生产价格转化系数 a_i 可以大于（或小于）1，也就是说，生产价格可以大于（或小于）价值，或者被社会多承认的剩余价值 s_{ai} 可以大于（或小于）0。如果一个部类的价值生产价格转化系数 a_i 等于 1，即生产价格等于价值，或被社会多承认的剩余价值 s_{ai} 等于 0，那么，该部类生产价格形式的资本有机构成 k_{pi}（$i=1, 2, 3$）可以大于（或小于）生产价格形式的总资本有机构成 k_p，这个部类多得到的剩余价值 s_{ti} 就大于（或小于）0。

在一定范围内，被社会多承认的剩余价值和多得到的剩余价值的符号可能相反。

下面分别阐述被社会多承认的剩余价值大于零的价值转形与被社会多承认的剩余价值小于零的价值转形。

一、被社会多承认的剩余价值大于零，多得到的剩余价值可以小于零

如果第一部类价值形式的不变资本的取值范围为 $2\,962.645\,351 \leqslant c_1 \leqslant 3\,722.813\,05$，例如 $c_1=2\,950$，$2\,962.645\,351$，3000，$3\,050$，$3\,100$，…，$3\,700$，$3\,722.813\,05$，$3\,750$（注：$c_1=2\,950$ 与 $c_1=3\,750$ 不属于这里讨论的范围，加入 $c_1=2\,950$ 与 $c_1=3\,750$ 是为了便于作图与对比），$v_1=600$，$s_1=600$，$k_2=3$，$k_3=2$，那么，第一部类价值形式的不变资本 c_1，第二部类生产价格形式的资本有机构成与生产价格形式的总资本有机构成之差 $k_{p2}-k_p$，第二部类多得到的剩余价值 s_{t2}，第二部类被社会多承认的剩余价值 s_{a2}、第二部类价值生产价格转化系数 a_2 之间的关系，可以用表 8-14 表示。

表 8-14　　c_1、$k_{p2}-k_p$、s_{t2}、s_{a2}、a_2 之间的关系

c_1	$k_{p2}-k_p$	s_{t2}	s_{a2}	a_2
3 750	−0.484 010	−34.927 840	−1.229 926	0.999 385
3 722.813 05	−0.465 996	−33.793 970	0	1
3 700	−0.450 947	−32.838 516	1.030 087	1.000 515
3 650	−0.418 174	−30.731 630	3.280 906	1.001 640
3 600	−0.385 696	−28.607 164	5.521 314	1.002 761
3 550	−0.353 520	−26.465 110	7.750 032	1.003 875
3 500	−0.321 650	−24.305 473	9.965 718	1.004 983
3 450	−0.290 092	−22.128 270	12.166 963	1.006 083
3 400	−0.258 852	−19.933 530	14.352 291	1.007 176
3 350	−0.227 934	−17.721 298	16.520 152	1.008 260
3 300	−0.197 345	−15.491 634	18.668 923	1.009 334
3 250	−0.167 091	−13.244 612	20.796 901	1.010 398
3 200	−0.137 177	−10.980 326	22.902 304	1.011 451
3 150	−0.107 609	−8.698 886	24.983 266	1.012 492
3 100	−0.078 393	−6.400 421	27.037 832	1.013 519
3 050	−0.049 537	−4.085 082	29.063 956	1.014 532
3 000	−0.021 045	−1.753 039	31.059 502	1.015 530
2 962.645 351	0	0	32.529 070	1.016 265
2 950	0.007 077	0.595 514	33.022 231	1.016 511

在表 8-14 中，为了使第二部类生产价格形式的资本有机构成与生产价格形式的总资本有机构成之差 $k_{p2}-k_p$ 按照单调递增方式排列，便于作图，第一部类价值形式的不变资本 c_1 按照单调递减方式排列。

表 8-14 表示的第二部类多得到的剩余价值 s_{t2}、第二部类被社会多承认的剩余价值 s_{a2} 与第二部类生产价格形式的资本有机构成与生产价格形式的总资本有机构成之差 $k_{p2}-k_p$ 的关系，可以用图 8-5 表示。

图 8-5 中，上面的曲线表示第二部类被社会多承认的剩余价值 s_{a2} 与 $k_{p2}-k_p$ 之间的关系，下面的曲线第二部类多得到的剩余价值 s_{t2} 与 $k_{p2}-k_p$ 之间的关系。

由表 8-14 和图 8-5 可以看出：当 $c_1=2\ 962.645\ 351$，$k_{p2}-k_p=0$，$s_{t2}=0$ 时，$s_{a2}=32.529\ 070$。当 $c_1=3\ 722.813\ 05$，$k_{p2}-k_p=-0.465\ 996$，$s_{t2}=-33.793\ 970$ 时，$s_{a2}=0$。

由表 8-14 和图 8-5 还可以看出：如果第一部类价值形式的不变资本的取值范围为 $2\ 962.645\ 351<c_1<3\ 722.813\ 05$，例如 $c_1=3\ 000$，3 050，3 100，…，3 700，保持 v_1、s_1、k_2、k_3 不变，那么，第二部类生产价格形式的资本有机构成 k_{p2} 低于生产价格形式的总资本有机构成 k_p，

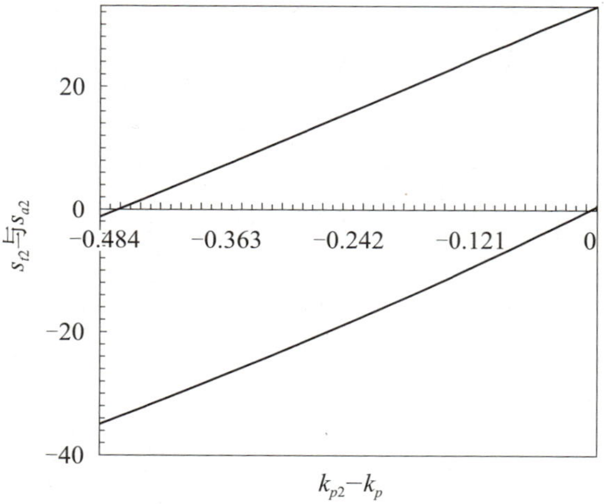

图 8-5　s_{t2}、s_{a2}与 $k_{p2}-k_p$之间的关系

同时，第二部类被社会多承认的剩余价值 $s_{a2}>0$，第二部类多得到的剩余价值 $s_{t2}<0$。

值得注意的是，这里的横坐标为第二部类生产价格形式的资本有机构成与生产价格形式的总资本有机构成之差 $k_{p2}-k_p$，第二部类生产价格形式的资本有机构成与生产价格形式的总资本有机构成之差 $k_{p2}-k_p$是第一部类不变资本 c_1 的非线性函数，在本例中，第一部类不变资本 c_1 是等差数列，第二部类生产价格形式的资本有机构成与生产价格形式的总资本有机构成之差 $k_{p2}-k_p$就不可能是等差数列。用 Office 中的 Excel 作图，横坐标必须是等差数列。为此，利用 Excel 中的 vlookup 函数功能，将第二部类生产价格形式的资本有机构成与生产价格形式的总资本有机构成之差 $k_{p2}-k_p$转变为等差数列，然后再用 Excel 作图。

二、被社会多承认的剩余价值小于零，多得到的剩余价值可以大于零

如果第一部类价值形式的不变资本的取值范围为 $1\ 633.483\ 11\leqslant c_1\leqslant 2\ 072.727\ 273$，例如 $c_1=1\ 600$，1 633.483 11，1650，1 700，1750，…，2 050，2 072.727 273，2 100（注：$c_1=1\ 600$ 与 $c_1=2\ 100$ 不属于这里讨论的范围，加入 $c_1=1\ 600$ 与 $c_1=2\ 100$ 是为了便于作图与对比），$v_1=600$，$s_1=600$，$k_2=2$，$k_3=3$，那么，第一部类价值形式的不变资本 c_1，第三部类生产价格形式的资本有机构成与生产价格形式的总资本有机构成之差 $k_{p3}-k_p$，第三部类多得到的剩余价值 s_{t3}，第三部类被社会多承认的剩余价值 s_{a3}、第三部类价值生产价格转化系数 a_3 之间的关系，可

以用表 8-15 表示。

表 8-15　　c_1、$k_{p3}-k_p$、s_{t3}、s_{a3}、a_3 之间的关系

c_1	$k_{p3}-k_p$	s_{t3}	s_{a3}	a_3
2 100	−0.019 578	−3.891 842	−138.875 435	0.965 281
2 072.727 273	0	0	−130.909 091	0.967 273
2 050	0.016 236	3.263 813	−124.252 104	0.968 937
2 000	0.051 700	10.510 302	−109.550 551	0.972 612
1 950	0.086 805	17.847 876	−94.776 394	0.976 306
1 900	0.121 545	25.276 693	−79.935 708	0.980 016
1 850	0.155 912	32.796 817	−65.035 040	0.983 741
1 800	0.189 898	40.408 206	−50.081 433	0.987 480
1 750	0.223 496	48.110 707	−35.082 446	0.991 229
1 700	0.256 699	55.904 050	−20.046 170	0.994 938
1 650	0.289 498	63.787 838	−4.981 250	0.998 755
1 633.483 11	0.300 244	66.411 938	0	1
1 600	0.321 887	71.761 543	10.103 098	1.002 526

在表 8-15 中，为了使第三部类生产价格形式的资本有机构成与生产价格形式的总资本有机构成之差 $k_{p3}-k_p$ 按照单调递增方式排列，便于作图，第一部类价值形式的不变资本 c_1 按照单调递减方式排列。

表 8-15 表示的第三部类多得到的剩余价值 s_{t3}、第三部类被社会多承认的剩余价值 s_{a3} 与第三部类生产价格形式的资本有机构成与生产价格形式的总资本有机构成之差 $k_{p3}-k_p$ 的关系，可以用图 8-6 表示。

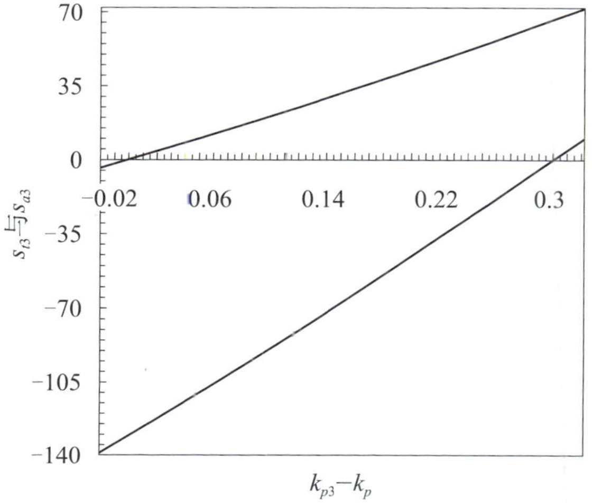

图 8-6　s_{t3}、s_{a3} 与 $k_{p3}-k_p$ 之间的关系

图 8-6 中，上面的曲线表示第三部类多得到的剩余价值 s_{t3} 与 $k_{p3}-k_p$ 之间的关系，下面的曲线表示第三部类被社会多承认的剩余价值 s_{a3} 与 $k_{p3}-k_p$ 之间的关系。

由表 8-15 和图 8-6 可以看出：当 $c_1=1\ 633.483\ 11$，$k_{p3}-k_p=0.300\ 244$，$s_{t3}=66.411\ 938$ 时，$s_{a3}=0$。当 $c_1=2\ 072.727\ 273$，$k_{p3}-k_p=0$，$s_{t3}=0$ 时，$s_{a3}=-130.909\ 091$。

由表 8-15 和图 8-6 还可以看出：如果第一部类价值形式的不变资本的取值范围为 $1\ 633.483<c_1<2\ 072.727$，例如 $c_1=1\ 650$，1 700，1 750，…，2 050，保持 v_1、s_1 不变，$k_2=2$，$k_3=3$，那么，第三部类生产价格形式的资本有机构成 k_{p3} 高于生产价格形式的总资本有机构成 k_p，同时，第三部类被社会多承认的剩余价值 $s_{a3}<0$，第三部类多得到的剩余价值 $s_{t3}>0$。

值得注意的是，这里的横坐标为第三部类生产价格形式的资本有机构成与生产价格形式的总资本有机构成之差 $k_{p3}-k_p$，第三部类生产价格形式的资本有机构成与生产价格形式的总资本有机构成之差 $k_{p3}-k_p$ 是第一部类不变资本 c_1 的非线性函数，在本例中，第一部类不变资本 c_1 是等差数列，第三部类生产价格形式的资本有机构成与生产价格形式的总资本有机构成之差 $k_{p3}-k_p$ 就不可能是等差数列。用 Office 中的 Excel 作图，横坐标必须是等差数列。为此，利用 Excel 中的 vlookup 函数功能，将第三部类生产价格形式的资本有机构成与生产价格形式的总资本有机构成之差 $k_{p3}-k_p$ 转变为等差数列，然后再用 Excel 作图。

总之，在一个部类中，从生产价格形式的资本有机构成 k_{pi}（$i=1$，2，3）等于生产价格形式的总资本有机构成 k_p，一直到这个部类的价值生产价格转化系数 a_i 等于 1 的范围内，被社会多承认的剩余价值和多得到的剩余价值的符号相反。在此范围内，如果一个部类生产价格形式的资本有机构成高于生产价格形式的总资本有机构成，那么，这个部类的价值生产价格转化系数小于 1，被社会多承认的剩余价值小于 0，而多得到的剩余价值大于 0；如果一个部类生产价格形式的资本有机构成低于生产价格形式的总资本有机构成，那么，这个部类的价值生产价格转化系数大于 1，被社会多承认的剩余价值大于 0，而多得到的剩余价值小于 0。

超出这个范围，如果一个部类生产价格形式的资本有机构成高于生产价格形式的总资本有机构成，那么，这个部类的价值生产价格转化系数大于 1，被社会多承认的剩余价值和多得到的剩余价值都大于 0；如果一个部类生产价格形式的资本有机构成低于生产价格形式的总资本有机构成，那么，这个部类的价值生产价格转化系数小于 1，被社会多承认的剩余价值和多得到的剩余价值都小于 0。也就是说，在大多数情况下，被社会多承认的剩余价值和多得到的剩余价值的符号相同。

三、一般情况下被社会多承认的剩余价值和多得到的剩余价值的符号的关系

每个部类被社会多承认的剩余价值的符号，与这个部类多得到的剩余价值的符号之间有什么关系？下面考察这个问题。

以第一部类为例，由（8－42）式可以看出，如果 $a_1/a_3>1$，那么，$s_{t1}>0$；如果 $a_1/a_3<1$，那么，$s_{t1}<0$。由（8－6）式、（8－48）式、（8－51）式、（8－54）式、（8－84）式可以得到

$$\frac{a_1}{a_3}=\frac{\sigma f_1}{g_1-\sigma}=\frac{f_1}{\dfrac{g_1}{\sigma}-1}=\frac{\dfrac{v_1}{c_1}}{\dfrac{c_1+v_1+s_1}{c_1\sigma}-1}$$

$$=\frac{v_1}{\dfrac{c_1+v_1+s_1}{\sigma}-c_1}=\frac{1}{\dfrac{k_1+1+e}{1+r}-k_1} \tag{8-111}$$

由于

$$\frac{k_1+1+e}{1+r}-k_1-1=\frac{e-(k_1+1)r}{1+r} \tag{8-112}$$

如果

$$r>\frac{e}{k_1+1} \tag{8-113}$$

那么

$$\frac{k_1+1+e}{1+r}-k_1<1 \tag{8-114}$$

$$\frac{a_1}{a_3}>1 \tag{8-115}$$

由（8－42）式可以得到 $s_{t1}>0$。

如果

$$r<\frac{e}{k_1+1} \tag{8-116}$$

那么

$$\frac{k_1+1+e}{1+r}-k_1>1 \tag{8-117}$$

$$\frac{a_1}{a_3} < 1 \tag{8-118}$$

由（8－42）式可以得到 $s_{t1} < 0$。

由（8－29）式可以得到：如果 $s_{a1} > 0$，那么，$a_1 > 1$；如果 $s_{a1} < 0$，那么，$a_1 < 1$。

因此，如果 $s_{a1} > 0$，并且 $a_3 > a_1$，那么，$s_{t1} < 0$。如果 $s_{a1} < 0$，并且 $a_3 < a_1$，那么，$s_{t1} > 0$。在这两种情况下，第一部类被社会多承认的剩余价值和多得到的剩余价值的符号相反。

同理，由（8－30）式、(8－43）式、(8－49）式、(8－52）式、(8－54）式、(8－85）式，在第二部类可以得到类似的结论；由（8－31）式、(8－44）式、(8－50）式、(8－53）式、(8－54）式、(8－83）式，在第三部类也可以得到类似的结论。

一般情况下，被社会多承认的剩余价值和多得到的剩余价值的符号的关系，可以阐述如下：

如果 $a_1 > 1$，并且 $a_3 > a_1$，那么，$s_{a1} > 0$，$s_{t1} < 0$；如果 $a_1 < 1$，并且 $a_3 < a_1$，那么，$s_{a1} < 0$，$s_{t1} > 0$，即 s_{a1} 与 s_{t1} 符号相反。如果 $a_1 > 1$，并且 $a_3 < a_1$，那么，$s_{a1} > 0$，$s_{t1} > 0$；如果 $a_1 < 1$，并且 $a_3 > a_1$，那么，$s_{a1} < 0$，$s_{t1} < 0$，即 s_{a1} 与 s_{t1} 符号相同。

如果 $a_2 > 1$，并且 $(a_2/a_3 - 1)\ c_3 < (a_1/a_3 - 1)\ c_2$，那么，$s_{a2} > 0$，$s_{t2} < 0$；如果 $a_2 < 1$，并且 $(a_2/a_3 - 1)\ c_3 > (a_1/a_3 - 1)\ c_2$，那么，$s_{a2} < 0$，$s_{t2} > 0$，即 s_{a2} 与 s_{t2} 符号相反。如果 $a_2 > 1$，并且 $(a_2/a_3 - 1)\ c_3 > (a_1/a_3 - 1)\ c_2$，那么，$s_{a2} > 0$，$s_{t2} > 0$；如果 $a_2 < 1$，并且 $(a_2/a_3 - 1)\ c_3 < (a_1/a_3 - 1)\ c_2$，那么，$s_{a2} < 0$，$s_{t2} < 0$，即 s_{a2} 与 s_{t2} 符号相同。

如果 $a_3 > 1$，并且 $a_2 > a_3$，那么，$s_{a3} > 0$，$s_{t3} < 0$；如果 $a_3 < 1$，并且 $a_2 < a_3$，那么，$s_{a3} < 0$，$s_{t3} > 0$，即 s_{a3} 与 s_{t3} 符号相反。如果 $a_3 > 1$，并且 $a_2 < a_3$，那么，$s_{a3} > 0$，$s_{t3} > 0$；如果 $a_3 < 1$，并且 $a_2 > a_3$，那么，$s_{a3} < 0$，$s_{t3} < 0$，即 s_{a3} 与 s_{t3} 符号相同。

这些关于每个部类被社会多承认的剩余价值的符号与这个部类多得到的剩余价值的符号之间的关系的结论，是特别令人感兴趣的。

第八节　生产价格等于价值与价值形式的利润率等于平均利润率不等价

如果第一部类的不变资本 $c_1 = 2\ 800$，$v_1 = 600$，$s_1 = 600$，$k_2 = 3$，$k_3 =$

2，那么，$r_{v2}=0.25$，$r_v=0.25$，$a_2=1.019\ 344\ 811$。可见，当第二部类的价值形式的利润率等于价值形式的平均利润率时，该部类的价值生产价格转化系数不等于1，也就是说，该部类产品的生产价格与价值不相等。

如果第一部类的不变资本$c_1=3\ 722.813\ 05$，$v_1=600$，$s_1=600$，$k_2=3$，$k_3=2$，那么，$a_2=1$，$r_{v2}=0.25$，$r_v=0.224\ 144\ 55\ 943\ 353$。可见，当第二部类的价值生产价格转化系数等于1时，该部类的价值形式的利润率不等于价值形式的平均利润率。

如果第一部类的不变资本$c_1=2\ 400$，$v_1=600$，$s_1=600$，$k_2=2$，$k_3=3$，那么，$r_{v3}=0.25$，$r_v=0.25$，$a_3=0.943\ 822\ 402$。可见，当$r_{v3}=r_v$，即第三部类的价值形式的利润率等于价值形式的平均利润率时，该部类的价值生产价格转化系数不等于1，也就是说，该部类产品的生产价格与价值不相等。

如果第一部类的不变资本$c_1=1\ 633.483\ 11$，$v_1=600$，$s_1=600$，$k_2=2$，$k_3=3$，那么，$a_3=1$，$r_{v3}=0.25$，$r_v=0.276\ 491\ 970\ 684\ 922$。可见，当第三部类的价值生产价格转化系数等于1时，该部类的价值形式的利润率不等于价值形式的平均利润率。

可见，如果某个部类的价值形式的利润率等于价值形式的平均利润率，那么，该部类的价值生产价格转化系数可以不等于1，也就是该部类产品的生产价格与价值可以不相等。如果某个部类的价值生产价格转化系数等于1，也就是该部类产品的生产价格与价值相等，那么，该部类的价值形式的利润率可以不等于价值形式的平均利润率。

因此，无论在哪个部类（或部门）中，价值形式的利润率等于平均利润率与生产价格等于价值，二者不等价。

第九节　价值形式的利润率高的部类的生产价格可以高于价值

经济学家普遍认为，价值形式的利润率高于平均利润率的部类，生产价格应该低于价值。那么，这种看法是否正确？现在来考察这个问题。

如果第一部类价值形式的不变资本的取值范围为$2\ 800\leqslant c_1\leqslant 3\ 722.813\ 05$，例如$c_1=2\ 800$，2 850，2 900，…，3 700，3 722.813 05，3 750（注：$c_1=3\ 750$不属于这里讨论的范围，加入$c_1=3\ 750$是为了便于作图与对比），$v_1=600$，$s_1=600$，$k_2=3$，$k_3=2$，那么，第一部类价值

形式的不变资本 c_1，第二部类价值形式的利润率 r_{v2}，价值形式的平均利润率 r_v，第二部类价值生产价格转化系数 a_2 之间的关系，可以用表 8-16 表示。

表 8-16　　c_1、r_{v2}、r_v、a_2 之间的关系

第一部类价值形式的不变资本 c_1	第二部类价值形式的利润率 r_{v2}	价值形式的平均利润率 r_v	第二部类价值生产价格转换系数 a_2
3 750	0.25	0.223 463 687	0.999 385 037
3 722.813 05	0.25	0.224 144 559	1
3 700	0.25	0.224 719 101	1.000 515 044
3 650	0.25	0.225 988 701	1.001 640 453
3 600	0.25	0.227 272 727	1.002 760 657
3 550	0.25	0.228 571 429	1.003 875 016
3 500	0.25	0.229 885 057	1.004 982 859
3 450	0.25	0.231 213 873	1.006 083 482
3 400	0.25	0.232 558 140	1.007 176 145
3 350	0.25	0.233 918 129	1.008 260 076
3 300	0.25	0.235 294 118	1.009 334 461
3 250	0.25	0.236 686 391	1.010 398 450
3 200	0.25	0.238 095 238	1.011 451 152
3 150	0.25	0.239 520 958	1.012 491 633
3 100	0.25	0.240 963 855	1.013 518 916
3 050	0.25	0.242 424 242	1.014 531 978
3 000	0.25	0.243 902 439	1.015 529 751
2 950	0.25	0.245 398 773	1.016 511 116
2 900	0.25	0.246 913 580	1.017 474 904
2 850	0.25	0.248 447 205	1.018 419 894
2 800	0.25	0.25	1.019 344 811

在表 8-16 中，为了使第二部类价值生产价格转化系数 a_2 按照单调递增方式排列，便于作图，第一部类价值形式的不变资本 c_1 按照单调递减方式排列。

表 8-16 表示的第二部类价值形式的利润率 r_{v2}、价值形式的平均利润率 r_v 与第二部类价值生产价格转化系数 a_2 的关系，可以用图 8-7 表示。

图 8-7 中，上面的水平直线表示第二部类价值形式的利润率 r_{v2} 为常数 0.25，下面的曲线表示价值形式的平均利润率 r_v 与第二部类价值生产价格转化系数 a_2 的关系。

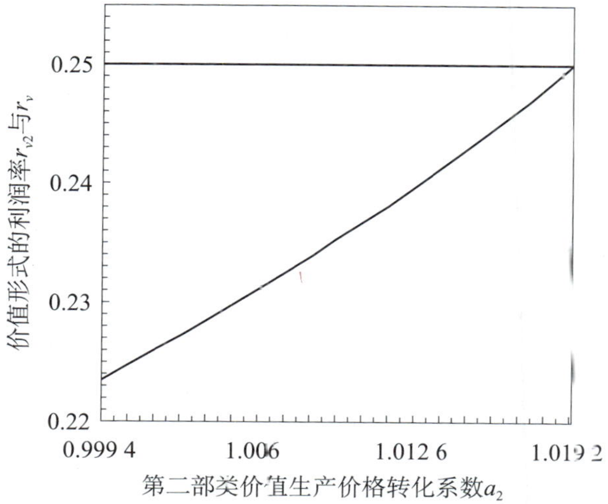

图 8-7 r_{v2}、r_v与a_2之间的关系

由表 8-16 和图 8-7 可以看出：当$c_1=2\ 800$，$r_{v2}=0.25$，$r_v=0.25$时，$a_2=1.019\ 344\ 811$。当$c_1=3\ 722.813\ 05$，$r_{v2}=0.25$，$r_v=0.224\ 144\ 559$时，$a_2=1$。

由表 8-16 和图 8-7 还可以看出：如果第一部类不变资本的取值范围为$2\ 800<c_1<3\ 722.813\ 05$，例如$c_1=2\ 850$，2 900，2 950，…，3 700，保持$v_1$、$s_1$、$k_2$、$k_3$不变，那么，第二部类的价值形式的利润率$r_{v2}$高于价值形式的平均利润率$r_v$，同时，第二部类的价值生产价格转化系数$a_2$大于 1。

因此，如果某个部类价值形式的利润率高于价值形式的平均利润率，那么，在一定范围内，这个部类的价值生产价格转化系数可以大于 1，也就是说，这个部类的生产价格可以高于价值，或者这个部类被社会承认的剩余价值大于该部类的雇佣劳动者创造的剩余价值。

第十节 价值形式的利润率低的部类的生产价格可以低于价值

经济学家普遍认为，价值形式的利润率低于平均利润率的部类，生产价格应该高于价值。那么，这种看法是否正确？现在来考察这个问题。

如果第一部类价值形式的不变资本的取值范围为$1\ 633.483\ 11\leqslant c_1\leqslant$

2 400，例如 c_1=1 600，1 633.483 11，1 650，1 700，1 750，…，2 400（注：c_1=1 600 不属于这里讨论的范围，加入 c_1=1 600 是为了便于作图与对比），v_1=600，s_1=600，k_2=2，k_3=3，那么，第一部类价值形式的不变资本 c_1，第三部类价值形式的利润率 r_{v3}，价值形式的平均利润率 r_v，第三部类价值生产价格转化系数 a_3 之间的关系，可以用表 8－17 表示。

表 8－17　　c_1、r_{v3}、r_v、a_3 之间的关系

第一部类价值形式的不变资本 c_1	第三部类价值形式的利润率 r_{v3}	价值形式的平均利润率 r_v	第三部类价值生产价格转换系数 a_3
2 400	0.25	0.25	0.943 822 402
2 350	0.25	0.251 572 327	0.947 337 144
2 300	0.25	0.253 164 557	0.950 877 759
2 250	0.25	0.254 777 070	0.954 443 422
2 200	0.25	0.256 410 256	0.958 033 223
2 150	0.25	0.258 064 516	0.961 646 160
2 100	0.25	0.259 740 260	0.965 281 141
2 050	0.25	0.261 437 908	0.968 936 974
2 000	0.25	0.263 157 895	0.972 612 362
1 950	0.25	0.264 900 662	0.976 305 901
1 900	0.25	0.266 666 667	0.980 016 073
1 850	0.25	0.268 456 376	0.983 741 240
1 800	0.25	0.270 270 270	0.987 479 642
1 750	0.25	0.272 108 844	0.991 229 389
1 700	0.25	0.273 972 603	0.994 988 458
1 650	0.25	0.275 862 069	0.998 754 687
1 633.483 11	0.25	0.276 491 971	1
1 600	0.25	0.277 777 778	1.002 525 774

在表 8－17 中，为了使第三部类价值生产价格转化系数 a_3 按照单调递增方式排列，便于作图，第一部类价值形式的不变资本 c_1 按照单调递减方式排列。

表 8－17 表示的第三部类价值形式的利润率 r_{v3}、价值形式的平均利润率 r_v与第三部类价值生产价格转化系数 a_3 的关系，可以用图 8－8 表示。

图 8－8 中，上面的曲线表示价值形式的平均利润率 r_v与第三部类价值生产价格转化系数 a_3 的关系，下面的水平直线表示第三部类价值形式的利润率 r_{v3}为常数 0.25。

由表 8－17 和图 8－8 可以看出：当 c_1=1 633.483 11，r_{v3}=0.25，

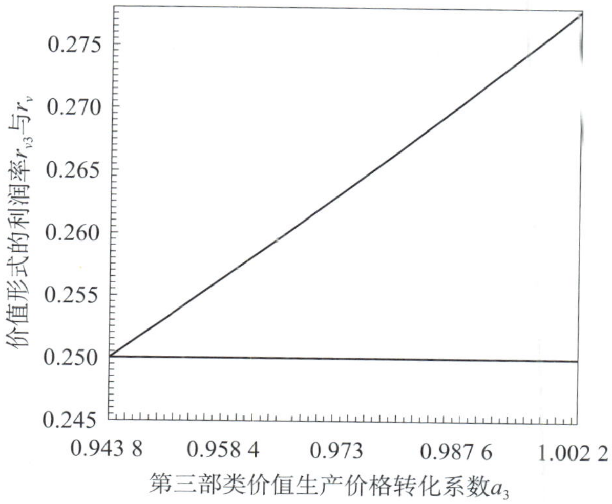

图 8-8　r_{v3}、r_v 与 a_3 之间的关系

r_v＝0.276 491 971 时，a_3＝1。当 c_1＝2 400，r_{v3}＝0.25，r_v＝0.25 时，a_3＝0.943 822 402。

由表 8－17 和图 8－8 还可以看出：如果第一部类价值形式的不变资本的取值范围为 1 633.483 11＜c_1＜2 400，例如 c_1＝1 650，1 700，1 750，…，2 350，保持 v_1、s_1 不变，k_2＝2，k_3＝3，那么，第三部类的价值形式的利润率 r_{v3} 低于价值形式的平均利润率 r_v，同时，第三部类的价值生产价格转化系数 a_3 小于 1。

因此，如果某个部类价值形式的利润率低于价值形式的平均利润率，那么，在一定范围内，这个部类的价值生产价格转化系数可以小于 1，也就是说，这个部类的生产价格可以低于价值，或者这个部类被社会承认的剩余价值小于该部类的雇佣劳动者创造的剩余价值。

第十一节　价值形式的利润率高于、等于、低于平均利润率与价值形式的资本有机构成低于、等于、高于中等资本有机构成等价

在剩余价值率不变的条件下，价值形式的利润率是价值形式的资本有机构成的双曲函数。并且，价值形式的资本有机构成低于、等于、高于中等有机构成，与价值形式的利润率高于、等于、低于平均利润率等价。

这个结论不难证明。

一个部类价值形式的资本有机构成，可以表示为

$$k_i = \frac{c_i}{v_i} \tag{8-119}$$

其中，$i=1,2,3$，分别表示第一部类、第二部类、第三部类。价值形式的总资本有机有机构成，可以表示为

$$k = \frac{c_1 + c_2 + c_3}{v_1 + v_2 + v_3} \tag{8-120}$$

一个部类价值形式的利润率为

$$r_{vi} = \frac{s_i}{c_i + v_i} = \frac{ev_i}{c_i + v_i} = \frac{e}{\frac{c_i}{v_i} + 1} = \frac{e}{k_i + 1} \tag{8-121}$$

价值形式的平均利润率为

$$\begin{aligned} r_v &= \frac{s_1 + s_2 + s_3}{c_1 + c_2 + c_3 + v_1 + v_2 + v_3} \\ &= \frac{e(v_1 + v_2 + v_3)}{c_1 + c_2 + c_3 + v_1 + v_2 + v_3} \\ &= \frac{e}{\frac{c_1 + c_2 + c_3}{v_1 + v_2 + v_3} + 1} = \frac{e}{k + 1} \end{aligned} \tag{8-122}$$

（8－121）式表示，第 i 部类价值形式的利润率，是这个部类价值形式的资本有机构成的双曲函数。（8－122）式表示，价值形式的平均利润率，是总资本有机构成的双曲函数。

由（8－121）式、（8－122）式，可以得到

$$\frac{r_v}{r_{vi}} = \frac{\frac{e}{k+1}}{\frac{e}{k_i + 1}} = \frac{k_i + 1}{k + 1} \tag{8-123}$$

由（8－123）式可以看出，当 $k_i < k$ 时，$r_{vi} > r_v$；当 $k_i = k$ 时，$r_{vi} = r_v$；当 $k_i > k$ 时，$r_{vi} < r_v$。因此，价值形式的资本有机构成低于、等于、高于中等资本有机构成，与价值形式的利润率高于、等于、低于平均利润率等价。

表 8－10 和图 8－1 证明，如果某个部类价值形式的资本有机构成低于价值形式的总资本有机构成，那么，在一定范围内，这个部类的价值生产价格转化系数可以大于 1，或这个部类的生产价格可以高于价值。表 8－16 和图 8－7 证明，如果某个部类价值形式的利润率高于价值形式的平均利润率，那么，在一定范围内，这个部类的价值生产价格转化系数可以大于 1，或这个部类的生产价格可以高于价值。

因为，如果某个部类价值形式的资本有机构成低于价值形式的总资本有机构成，那么，这个部类的价值形式的利润率一定高于价值形式的平均利润率，如果某个部类的价值形式的利润率高于价值形式的平均利润率，那么，这个部类的价值形式的资本有机构成一定低于价值形式的总资本有机构成，所以，这两个证明是等价的。

表 8－12 和图 8－3 证明，如果某个部类价值形式的资本有机构成高于价值形式的总资本有机构成，那么，在一定范围内，这个部类的价值生产价格转化系数可以小于 1，或这个部类的生产价格可以低于价值。表 8－17 和图 8－8 证明，如果某个部类的价值形式的利润率低于价值形式的平均利润率，那么，在一定范围内，这个部类的价值生产价格转化系数可以小于 1，或这个部类的生产价格可以低于价值。

因为，如果某个部类价值形式的资本有机构成高于价值形式的总资本有机构成，那么，这个部类价值形式的利润率一定低于价值形式的平均利润率，如果某个部类价值形式的利润率低于价值形式的平均利润率，那么，这个部类价值形式的资本有机构成一定高于价值形式的总资本有机构成，所以，这两个证明是等价的。

第十二节　多得到的剩余价值为零与价值形式的利润率等于平均利润率不等价

如果第一部类价值形式的不变资本 $c_1=2\ 800$，$v_1=600$，$s_1=600$，$k_2=3$，$k_3=2$，那么，$r_{v2}=0.25$，$r_v=0.25$，$s_{t2}=7.737\ 924\ 526\ 2\ 260$。可见，当 $r_{v2}=r_v$，即第二部类价值形式的利润率等于价值形式的平均利润率时，该部类多得到的剩余价值不等于 0。

如果第一部类价值形式的不变资本 $c_1=2\ 962.645\ 351$，$v_1=600$，$s_1=600$，$k_2=3$，$k_3=2$，那么，$s_{t2}=0$，$r_{v2}=0.25$，$r_v=0.245\ 018\ 607\ 816\ 274$。可见，当第二部类多得到的剩余价值等于 0 时，该部类价值形式的利润率不等于价值形式的平均利润率。

如果第一部类价值形式的不变资本 $c_1=2\ 400$，$v_1=600$，$s_1=600$，$k_2=2$，$k_3=3$，那么，$r_{v3}=0.25$，$r_v=0.25$，$s_{t3}=-44.942\ 078\ 074\ 4\ 531$。可见，当 $r_{v3}=r_v$，即第三部类价值形式的利润率等于价值形式的平均利润率时，该部类多得到的剩余价值不等于 0。

如果第一部类价值形式的不变资本 $c_1=2\ 072.727\ 273$，$v_1=300$，$s_1=$

600，$k_2=2$，$k_3=3$，那么，$s_{t3}=0$，$r_{v3}=0.25$，$r_v=0.260\ 663\ 507\ 099\ 739$。可见，当第三部类多得到的剩余价值等于 0 时，该部类价值形式的利润率不等于价值形式的平均利润率。

可见，如果某个部类价值形式的利润率等于价值形式的平均利润率，那么，该部类多得到的剩余价值可以不等于 0；如果某个部类多得到的剩余价值等于 0，那么，该部类价值形式的利润率可以不等于价值形式的平均利润率。

因此，无论在哪个部类中，价值形式的利润率等于平均利润率与多得到的剩余价值等于 0，二者不等价。

这种情况与大多数经济学家的传统观念冲突。

第十三节　价值形式的利润率高的部类多得到的剩余价值可以大于零

如果第一部类价值形式的不变资本的取值范围为 $2\ 800 \leqslant c_1 \leqslant 2\ 962.645\ 351$，例如 $c_1=2\ 790$，2 800，2 810，…，2 960，2 962.645 351，2 970（注：$c_1=2\ 790$ 与 $c_1=2\ 970$ 不属于这里讨论的范围，加入 $c_1=2\ 790$ 与$c_1=2\ 970$ 是为了便于作图与对比），$v_1=600$，$s_1=600$，$k_2=3$，$k_3=2$，那么，第一部类价值形式的不变资本 c_1，第二部类价值形式的利润率 r_{v2}，价值形式的平均利润率 r_v，第二部类多得到的剩余价值 s_{t2}之间的关系，可以用表 8－18 表示。

表 8－18　　c_1、r_{v2}、r_v、s_{t2}之间的关系

第一部类价值形式的不变资本 c_1	第二部类价值形式的利润率 r_{v2}	价值形式的平均利润率 r_v	第二部类多得到的剩余价值 s_{t2}
2 970	0.25	0.244 798 042	−0.345 875 187
2 962.645 351	0.25	0.245 018 608	0
2 960	0.25	0.245 098 039	0.124 492 386
2 950	0.25	0.245 398 773	0.595 513 535
2 940	0.25	0.245 700 246	1.067 186 441
2 930	0.25	0.246 002 460	1.539 509 245
2 920	0.25	0.246 305 419	2.012 480 045
2 910	0.25	0.246 609 125	2.486 096 903
2 900	0.25	0.246 913 580	2.960 357 834

续前表

第一部类价值形式的不变资本 c_1	第二部类价值形式的利润率 r_{v2}	价值形式的平均利润率 r_v	第二部类多得到的剩余价值 s_{t2}
2 890	0.25	0.247 218 789	3.435 260 814
2 880	0.25	0.247 524 752	3.910 803 778
2 870	0.25	0.247 831 475	4.386 984 614
2 860	0.25	0.248 138 958	4.863 801 171
2 850	0.25	0.248 447 205	5.341 251 251
2 840	0.25	0.248 756 219	5.819 332 315
2 830	0.25	0.249 066 002	6.298 042 978
2 820	0.25	0.249 376 559	6.777 380 008
2 810	0.25	0.249 687 890	7.257 341 331
2 800	0.25	0.25	7.737 924 526
2 790	0.25	0.250 312 891	8.219 127 125

在表 8-18 中，为了使第二部类多得到的剩余价值 s_{t2} 按照单调递增方式排列，便于作图，第一部类价值形式的不变资本 c_1 按照单调递减方式排列。

表 8-18 表示的第二部类价值形式的利润率 r_{v2}、价值形式的平均利润率 r_v 与第二部类多得到的剩余价值 s_{t2} 的关系，可以用图 8-9 表示。

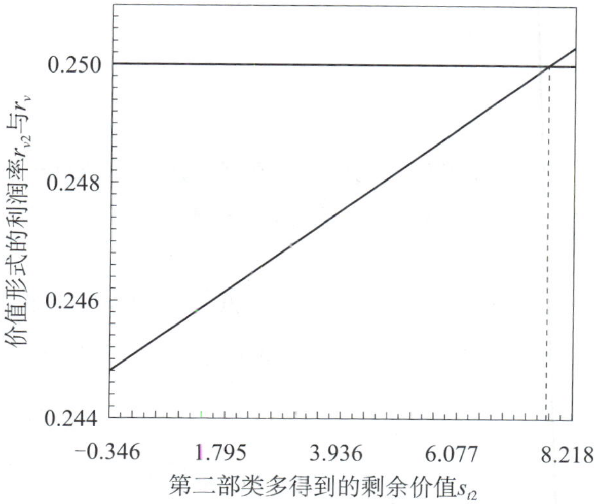

图 8-9 r_{v2}、r_v 与 s_{t2} 之间的关系

图 8-9 中，上面的水平直线表示第二部类价值形式的利润率 r_{v2} 为常数 0.25，下面的曲线表示价值形式的平均利润率 r_v 与第二部类多得到的

剩余价值 s_{t2} 之间的关系。

由表 8－18 和图 8－9 可以看出：当 $c_1=2\ 800$，$r_{v2}=0.25$，$r_v=0.25$ 时，$s_{t2}=7.737\ 924\ 526$。当 $c_1=2\ 962.645\ 351$，$r_{v2}=0.25$，$r_v=0.245\ 018\ 608$ 时，$s_{t2}=0$。

由表 8－18 和图 8－9 还可以看出：如果第一部类价值形式的不变资本的取值范围为 $2\ 800<c_1<2\ 962.645\ 351$，例如 $c_1=2\ 810$，2 820，2 830，…，2 960，保持 v_1、s_1、k_2、k_3 不变，那么，第二部类的价值形式的利润率 r_{v2} 高于价值形式的平均利润率 r_v，同时，第二部类多得到的剩余价值 s_{t2} 大于 0。

因此，如果某个部类的价值形式的利润率高于价值形式的平均利润率，那么，在一定范围内，这个部类多得到的剩余价值可以大于 0。

超出这个范围，如果某个部类的价值形式的利润率高于价值形式的平均利润率，那么，这个部类多得到的剩余价值小于 0。

这种情况与大多数经济学家的传统观念冲突。

值得注意的是，这里的横坐标为第二部类多得到的剩余价值 s_{t2}，第二部类多得到的剩余价值 s_{t2} 是第一部类不变资本 c_1 的非线性函数，在本例中，第一部类不变资本 c_1 是等差数列，第二部类多得到的剩余价值 s_{t2} 就不可能是等差数列。用 Office 中的 Excel 作图，横坐标必须是等差数列。为此，利用 Excel 中的 vlookup 函数功能，将第二部类多得到的剩余价值 s_{t2} 转变为等差数列，然后再用 Excel 作图。

第十四节　价值形式的利润率低的部类多得到的剩余价值可以小于零

这里考察第三部类价值形式的利润率低于平均利润率的情况。

如果第一部类价值形式的不变资本的取值范围为 $2\ 072.727\ 273\leqslant c_1\leqslant 2\ 400$，例如 $c_1=2\ 055$，2070，2 072.727 273，2 085，2 100，2 115，…，2 385，2 400，2 415（注：$c_1=2\ 055$、$c_1=2\ 070$ 与 $c_1=2\ 415$ 不属于这里讨论的范围，加入 $c_1=2\ 055$、$c_1=2\ 070$ 与 $c_1=2\ 415$ 是为了便于作图与对比），$v_1=600$，$s_1=600$，$k_2=2$，$k_3=3$，那么，第一部类价值形式的不变资本 c_1，第三部类价值形式的利润率 r_{v3}，价值形式的平均利润率 r_v，第三部类多得到的剩余价值 s_{t3} 之间的关系，可以用表 8－19 表示。

表 8-19　　　　c_1、r_{v3}、r_v、s_{t3}之间的关系

第一部类价值形式的不变资本 c_1	第三部类价值形式的利润率 r_{v3}	价值形式的平均利润率 r_v	第三部类多得到的剩余价值 s_{t3}
2 415	0.25	0.249 532 127	−46.911 122 234
2 400	0.25	0.25	−44.942 078 074
2 385	0.25	0.250 469 631	−42.965 197 984
2 370	0.25	0.250 941 029	−40.980 462 166
2 355	0.25	0.251 414 205	−38.987 851 204
2 340	0.25	0.251 889 169	−36.987 346 076
2 325	0.25	0.252 365 931	−34.978 928 162
2 310	0.25	0.252 844 501	−32.962 579 258
2 295	0.25	0.253 324 889	−30.938 281 587
2 280	0.25	0.253 807 107	−28.906 017 814
2 265	0.25	0.254 291 163	−26.865 771 054
2 250	0.25	0.254 777 070	−24.817 524 890
2 235	0.25	0.255 264 837	−22.761 263 378
2 220	0.25	0.255 754 476	−20.696 971 070
2 205	0.25	0.256 245 996	−18.624 633 016
2 190	0.25	0.256 739 409	−16.544 234 788
2 175	0.25	0.257 234 727	−14.455 762 486
2 160	0.25	0.257 731 959	−12.359 202 753
2 145	0.25	0.258 231 117	−10.254 542 794
2 130	0.25	0.258 732 212	−8.141 770 582
2 115	0.25	0.259 235 256	−6.020 873 878
2 100	0.25	0.259 740 260	−3.891 842 244
2 085	0.25	0.260 247 235	−1.754 665 056
2 072.727 273	0.25	0.260 663 507	0
2 070	0.25	0.260 756 193	0.390 667 478
2 055	0.25	0.261 267 146	2.544 164 507

在表 8-19 中，为了使第三部类多得到的剩余价值 s_{t3}按照单调递增方式排列，便于作图，第一部类价值形式的不变资本 c_1 按照单调递减方式排列。

表 8-19 表示的第三部类价值形式的利润率 r_{v3}、价值形式的平均利润率 r_v与第三部类多得到的剩余价值 s_{t3}的关系，可以用图 8-10 表示。

图 8-10 中，上面的曲线表示价值形式的平均利润率 r_v与第三部类多得到的剩余价值 s_{t3}之间的关系，下面的水平直线表示第三部类价值形式

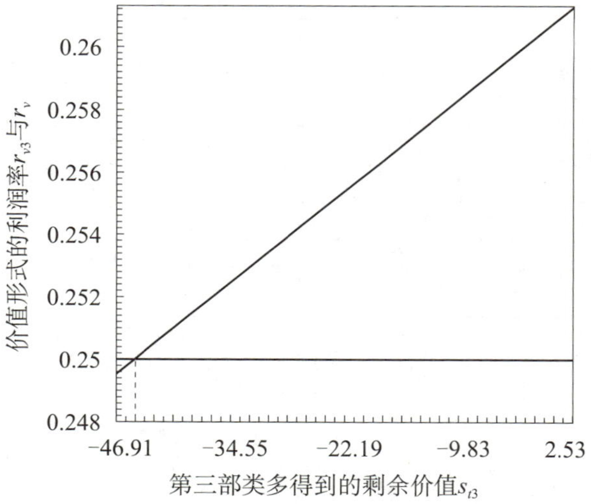

图 8-10　r_{v3}、r_v与s_{t3}之间的关系

的利润率 r_{v3} 为常数 0.25。

由表 8-19 和图 8-10 可以看出：当 $c_1=2\ 072.727\ 273$，$r_{v3}=0.25$，$r_v=0.260\ 663\ 507$ 时，$s_{t3}=0$。当 $c_1=2\ 400$，$r_{v3}=0.25$，$r_v=0.25$ 时，$s_{t3}=-44.942\ 078\ 074$。

由表 8-19 和图 8-10 还可以看出：如果第一部类价值形式的不变资本的取值范围为 $2\ 072.727\ 273<c_1<2\ 400$，例如 $c_1=2\ 085$，2 100，2 115，…，2 385，保持 v_1、s_1 不变，$k_2=2$，$k_3=3$，那么，第三部类价值形式的利润率 r_{v3}低于价值形式的平均利润率 r_v，同时，第三部类多得到的剩余价值 s_{t3}小于 0。

因此，如果某个部类价值形式的利润率低于价值形式的平均利润率，那么，在一定范围内，这个部类多得到的剩余价值可以小于 0。超出这个范围，如果某个部类价值形式的利润率低于价值形式的平均利润率，那么，这个部类多得到的剩余价值大于 0。

这种情况与大多数经济学家的传统观念冲突。

值得注意的是，这里的横坐标为第三部类多得到的剩余价值 s_{t3}，第三部类多得到的剩余价值 s_{t3}是第一部类不变资本 c_1 的非线性函数，在本例中，第一部类不变资本 c_1 是等差数列，第三部类多得到的剩余价值 s_{t3} 就不可能是等差数列。用 Office 中的 Excel 作图，横坐标必须是等差数列。为此，利用 Excel 中的 vlookup 函数功能，将第三部类多得到的剩余价值 s_{t3}转变为等差数列，然后再用 Excel 作图。

第十五节　产生上述情况的根本原因

上述结论与绝大多数经济学家的传统观念冲突。马克思主义政治经济学就是要与传统观念做最彻底的决裂。

产生上述情况的根本原因在于，第一部类和第二部类使用和耗费的生产资料是由第一部类生产的，第三部类使用和耗费的生产资料是由第二部类生产的，第一部类和第二部类的资本有机构成又不相同。

如果第一部类和第二部类的资本有机构成相同，例如，第一部类的不变资本由 2 400 变为 1 800，其余外生变量不变，那么，按照列宁的三部类划分的价值转形模型中，价值转形前各部类的不变资本、可变资本、剩余价值之间的关系，可以用表 8 - 20 表示。

表 8 - 20　　价值转形前工人创造的剩余价值和价值

部类	不变资本	可变资本	剩余价值	产品价值
1	1 800	600	600	3 000
2	1 200	400	400	2 000
3	2 000	1 000	1 000	4 000
总和	5 000	2 000	2 000	9 000

表 8 - 20 可以简化为表 8 - 21。

表 8 - 21　　价值转形前工人创造的剩余价值和价值

部类	不变资本	可变资本	剩余价值	产品价值
1	3 000	1 000	1 000	5 000
2	2 000	1 000	1 000	4 000
总和	5 000	2 000	2 000	9 000

若列宁的三部类划分的价值转形模型中，第一部类和第二部类合并为一个部类，则转变为两部类价值转形。此时，与绝大多数经济学家的传统观念冲突的那些情况就不存在了。

第十六节　平均利润率与资本有机构成的关系

一、平均利润率与价值形式的资本有机构成的关系

在上面的 10 个数例中，第二部类价值形式的资本有机构成 k_2 与第三

部类价值形式的资本有机构成 k_3 都不变，第一部类价值形式的资本有机构成 k_1 与价值形式的总资本有机构成 k 都提高。在每个数例的表与图中，为了使横坐标表示的变量按照单调递增方式变化，第一部类价值形式的不变资本 c_1、第一部类价值形式的资本有机构成 k_1 与价值形式的总资本有机构成 k 都按照单调递减方式变化。如果第一部类价值形式的资本有机构成 k_1 与价值形式的总资本有机构成 k 都按照单调递增方式变化，那么，将出现相反的结果。

如果第一部类价值形式的不变资本 $c_1=2\ 000$，2200，2 400，…，6 000，$v_1=600$，$s_1=600$，$k_2=3$，$k_3=2$，那么，第一部类价值形式的不变资本 c_1，价值形式的总资本有机构成 k，价值形式的平均利润率 r_v，生产价格形式的利润率 r 之间的关系，可以用表 8 - 22 表示。

表 8 - 22　　c_1、k、r_v、r 之间的关系

第一部类价值形式的不变资本 c_1	价值形式的总资本有机构成 k	价值形式的平均利润率 r_v	生产价格形式的利润率 r
2 000	2.6	0.277 777 778	0.259 011 955
2 200	2.7	0.270 270 270	0.247 327 303
2 400	2.8	0.263 157 895	0.236 469 244
2 600	2.9	0.256 410 256	0.226 376 815
2 800	3.0	0.250 000 000	0.216 990 566
3 000	3.1	0.243 902 439	0.208 253 752
3 200	3.2	0.238 095 238	0.200 113 030
3 400	3.3	0.232 558 140	0.192 518 817
3 600	3.4	0.227 272 727	0.185 425 394
3 800	3.5	0.222 222 222	0.178 790 853
4 000	3.6	0.217 391 304	0.172 576 944
4 200	3.7	0.212 765 957	0.166 748 852
4 400	3.8	0.208 333 333	0.161 274 951
4 600	3.9	0.204 081 633	0.156 126 545
4 800	4.0	0.200 000 000	0.151 277 611
5 000	4.1	0.196 078 431	0.146 704 552
5 200	4.2	0.192 307 692	0.142 385 964
5 400	4.3	0.188 679 245	0.138 302 423
5 600	4.4	0.185 185 185	0.134 436 287
5 800	4.5	0.181 818 182	0.130 771 517
6 000	4.6	0.178 571 429	0.127 293 519

表 8-22 表示的价值形式的平均利润率 r_v，生产价格形式的利润率 r 与价值形式的总资本有机构成 k 的关系，可以用图 8-11 表示。

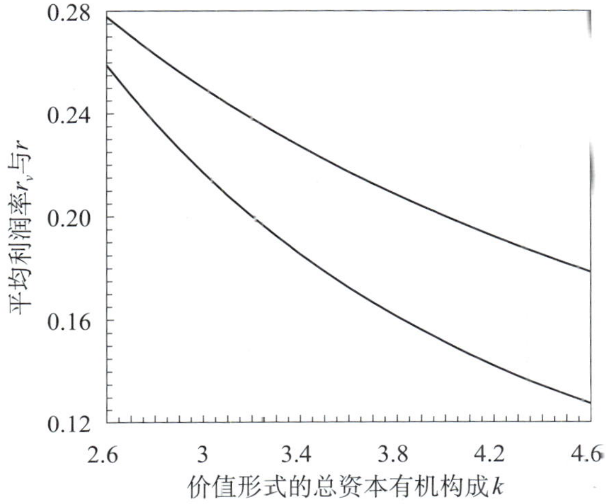

图 8-11　r_v、r 与 k 之间的关系

图 8-11 中，上面的曲线，表示价值形式的平均利润率 r_v 与价值形式的总资本有机构成 k 的关系；下面的曲线，表示生产价格形式的利润率 r 与价值形式的总资本有机构成 k 的关系。

由表 8-22 和图 8-11 可以看出，价值形式的平均利润率 r_v 是价值形式的总资本有机构成 k 的单调递减函数，生产价格形式的利润率 r 也是价值形式的总资本有机构成 k 的单调递减函数。

随着价值形式的资本有机构成提高，价值形式的平均利润率与生产价格形式的利润率都下降。二者相同之处在于，价值形式的平均利润率与生产价格形式的利润率的变化趋势相同。不同之处在于，价值形式的平均利润率与剩余价值分配无关，生产价格形式的利润率与剩余价值分配有关。

二、平均利润率与生产价格形式的资本有机构成的关系

如果第一部类价值形式的不变资本 $c_1=2\ 000$，$2\ 200$，$2\ 400$，…，$6\ 000$，$v_1=600$，$s_1=600$，$k_2=3$，$k_3=2$，那么，第一部类价值形式的不变资本 c_1，生产价格形式的总资本有机构成 k_p，价值形式的平均利润率 r_v，生产价格形式的利润率 r 之间的关系，可以用表 8-23 表示。

表 8 - 23　　c_1、k_p、r_v、r 之间的关系

第一部类价值形式的不变资本 c_1	生产价格形式的总资本有机构成 k_p	价值形式的平均利润率 r_v	生产价格形式的利润率 r
2 000	2.860 825 645	0.277 777 778	0.259 011 955
2 200	3.043 225 264	0.270 270 270	0.247 327 303
2 400	3.228 879 759	0.263 157 895	0.236 469 244
2 600	3.417 413 513	0.256 410 256	0.226 376 815
2 800	3.608 495 283	0.250 000 000	0.216 990 566
3 000	3.801 834 260	0.243 902 439	0.208 253 752
3 200	3.997 175 842	0.238 095 238	0.200 113 030
3 400	4.194 297 450	0.232 558 140	0.192 518 817
3 600	4.393 004 597	0.227 272 727	0.185 425 394
3 800	4.593 127 284	0.222 222 222	0.178 790 853
4 000	4.794 516 778	0.217 391 304	0.172 576 944
4 200	4.997 042 781	0.212 765 957	0.166 748 852
4 400	5.200 590 944	0.208 333 333	0.161 274 951
4 600	5.405 060 720	0.204 081 633	0.156 126 545
4 800	5.610 363 515	0.200 000 000	0.151 277 611
5 000	5.816 421 084	0.196 078 431	0.146 704 552
5 200	6.023 164 169	0.192 307 692	0.142 385 964
5 400	6.230 531 316	0.188 679 245	0.138 302 423
5 600	6.438 467 871	0.185 185 185	0.134 436 287
5 800	6.646 925 109	0.181 818 182	0.130 771 517
6 000	6.855 859 487	0.178 571 429	0.127 293 519

表 8 - 23 表示的价值形式的平均利润率 r_v，生产价格形式的利润率 r 与生产价格形式的总资本有机构成 k_p 的关系，可以用图 8 - 12 表示。

图 8 - 12 中，上面的曲线，表示价值形式的平均利润率 r_v 与生产价格形式的总资本有机构成 k_p 的关系；下面的曲线，表示生产价格形式的利润率 r 与生产价格形式的总资本有机构成 k_p 的关系。

由表 8 - 23 和图 8 - 12 可以看出，价值形式的平均利润率 r_v 是生产价格形式的总资本有机构成 k_p 的单调递减函数，生产价格形式的利润率 r 也是生产价格形式的总资本有机构成 k_p 的单调递减函数。

随着生产价格形式的资本有机构成提高，价值形式的平均利润率与生产价格形式的利润率都下降。二者相同之处在于，价值形式的平均利润率与生产价格形式的利润率的变化趋势相同。不同之处在于，价值形式的平均利润率与剩余价值分配无关，生产价格形式的利润率与剩余价值分配有关。

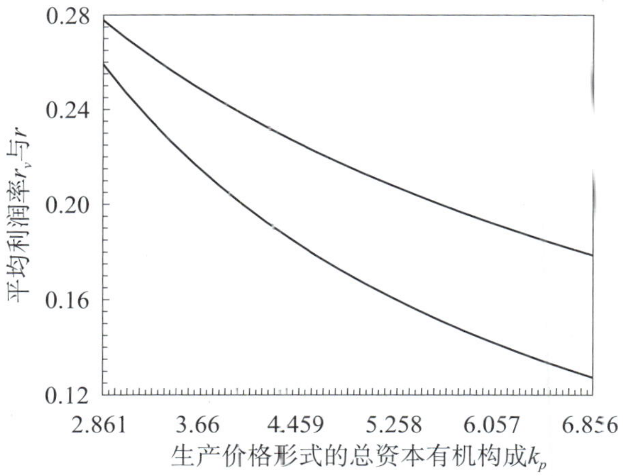

图 8-12　r_v、r 与 k_p 之间的关系

值得注意的是，这里的横坐标为生产价格形式的总资本有机构成 k_p，生产价格形式的总资本有机构成 k_p 是第一部类不变资本 c_1 的非线性函数，在本例中，第一部类不变资本 c_1 是等差数列，生产价格形式的总资本有机构成 k_p 就不可能是等差数列。用 Office 中的 Excel 作图，横坐标必须是等差数列。为此，利用 Excel 中的 vlookup 函数功能，将生产价格形式的总资本有机构成 k_p 转变为等差数列，然后再用 Excel 作图。

第十七节　本章结论

对按照列宁的部类划分的价值转形进行考察，得到的一个极其重要结论是：在一定条件下，中等资本有机构成的部类的生产价格可以不等于价值；生产价格等于价值的部类可以不是中等资本有机构成的部类；生产价格等于价值，并不等价于中等资本有机构成；资本有机构成高的部类的生产价格可以低于价值；资本有机构成低的部类的生产价格可以高于价值。这些结论，无论对于价值形式的资本有机构成，还是对于生产价格形式的资本有机构成都成立。

鲍特凯维兹、塞顿、斯拉法等人的理论，都建立在中等资本有机构成的部类的生产价格等于价值的基础上。因此，这些经济学家的理论都不成立。

这里证明：在一定条件下，价值形式的利润率低于价值形式的平均利润率的部类，生产价格可以低于价值；价值形式的利润率高于价值形式的平均利润率的部类，生产价格可以高于价值；价值形式的利润率等于价值形式的平均利润率，并不等价于生产价格等于价值。

多得到的剩余价值为零与生产价格形式的中等资本有机构成等价。

这些结论与绝大多数经济学家的传统观念冲突，因此，是特别令人感兴趣的。

这里证明：价值形式的利润率高于、等于、低于平均利润率与价值形式的资本有机构成低于、等于、高于中等资本有机构成等价。

这里证明：在一定条件下，被社会多承认的剩余价值大于零，多得到的剩余价值可以小于零；被社会多承认的剩余价值小于零，多得到的剩余价值可以大于零；被社会多承认的剩余价值和多得到的剩余价值的符号可能相反。

这里还证明：价值形式的利润率高于价值形式的平均利润率的部类，多得到的剩余价值可以大于零；价值形式的利润率低于价值形式的平均利润率的部类，多得到的剩余价值可以小于零；价值形式的利润率等于价值形式的平均利润率，并不等价于多得到的剩余价值为零。

这些情况是绝大多数经济学家从未研究过的。在两部类价值转形和其他类型的三部类价值转形中，得不到这些结论。因此，也是特别令人感兴趣的。

产生这些情况的根本原因在于，第一部类和第二部类使用和耗费的生产资料是由第一部类生产的，第三部类使用和耗费的生产资料是由第二部类生产的，第一部类的价值形式的资本有机构成与第二部类的价值形式的资本有机构成不相同。如果第一部类的价值形式的资本有机构成与第二部类的价值形式的资本有机构成相同，那么，按照列宁的三部类划分的价值转形就简化为两部类价值转形，从而不存在这种情况了。

按照列宁的部类划分的价值转形中，被社会承认的价值形式的生产价格总和等于价值总和；资本家最终得到的价值形式的生产价格总和等于价值总和；价格形式的生产价格总和等于价值总和；被社会承认的价值形式的利润总和等于剩余价值总和；资本家最终得到的价值形式的利润总和等于剩余价值总和；但是，生产价格形式的利润总和，通常不等于剩余价值总和。这就是马克思的著名的"两个等于"的论断成立的范围。"两个等于"不是通过数学方法证明的结果，也不是价值转形的假设条件，而是必然成立的客观存在。因为，流通过程中重新分配剩余价值，不可能改变生产过程中已经耗费的剩余劳动。

该模型表明，按照列宁的三部类划分方法，通过剩余价值和价值，能够解释平均利润和生产价格，能够实现价值转形。

按照列宁的部类划分的价值转形中，在一定条件下，随着价值形式的总资本有机构成提高，生产价格形式的利润率可以不变，甚至提高，但是，这些变化都是有界的，超过一定界限，生产价格形式的利润率必然下降。这是因为受到再生产条件的制约。因此，随着价值形式的总资本有机构成不断提高，生产价格形式的利润率变化的总趋势是下降。同时这里还证明，考察按照列宁的部类划分的价值转形与利润率趋向下降问题，必须考察再生产条件。

无论价值形式的总资本有机构成提高，还是生产价格形式的总资本有机构成提高，价值形式的平均利润率都下降。

价值形式的平均利润率与生产价格形式的利润率的相同之处在于，二者的变化趋势相同；不同之处在于，价值形式的平均利润率与剩余价值分配无关，生产价格形式的利润率与剩余价值分配有关。生产价格形式的利润率反映价值增殖的现象，价值形式的利润率反映价值增殖的本质，

列宁将马克思的第一部类划分为制造生产资料的生产资料生产与制造消费资料的生产资料生产两个分部类。列宁的第二部类与马克思的第二部类相同。马克思曾经将第二部类划分为必要生活资料生产与奢侈品生产两个分部类①，鲍特凯维兹曾经将马克思的第二部类划分为工人生活资料生产与资本家生活资料生产两个分部类②。如果将每个分部类看做一个部类，那么，相应的价值转形，就是列宁与马克思的四部类价值转形③，以及列宁与鲍特凯维兹的四部类价值转形④。可以分别建立列宁与马克思的四部类价值转形模型⑤，以及列宁与鲍特凯维兹的四部类价值转形模型⑥。这里的结论，对于列宁与马克思的四部类价值转形，以及列宁与鲍特凯维兹的四部类价值转形，同样成立。

对于多部门价值转形⑦，以及扩大再生产条件下的价值转形⑧，这里

① 《马克思恩格斯全集》，第24卷，北京，人民出版社，1972，中文1版，第449页。

② 鲍特凯维兹：《论〈资本论〉第三卷中马克思的基本理论结构的修正问题》，《国民经济统计资料》1907年第3期（总第34期），第370～385页。

③ 沈民鸣：《价值转形》，第二卷，北京，中国人民大学出版社，2014，第819～914页。

④ 沈民鸣：《价值转形》，第二卷，北京，中国人民大学出版社，2014，第915～1006页。

⑤ 沈民鸣：《价值转形》，第二卷，北京，中国人民大学出版社，2014，第829～830页。

⑥ 沈民鸣：《价值转形》，第二卷，北京，中国人民大学出版社，2014，第923～925页。

⑦ 沈民鸣：《价值转形》，第三卷，北京，中国人民大学出版社，2014，第1009～1076页。

⑧ 沈民鸣：《价值转形》，第三卷，北京，中国人民大学出版社，2014，第1079～1555页。

的结论仍然成立。

在这里的数例中，价值形式的总资本有机构成的变化，都是由第一部类的价值形式的总资本有机构成的变化引起的。这里既没有考虑第二部类价值形式的资本有机构成与第三部类价值形式的资本有机构成的变化，也没有考虑剩余价值率的变化，是为了简化分析过程。这种简化，不仅反映第一部类的资本有机构成的提高与生产力的提高超过其他部类，而且反映随着产业分工的发展，第一部类的生产规模的扩大与资本有机构成的提高超过其他部类。

关于产业分工的发展对资本有机构成与利润率的影响，在后面将进行更深入的分析。

全面地考察按照列宁的部类划分的价值转形中资本有机构成提高，生产力提高，剩余价值率提高，利润率趋向下降的问题，应该考察第一部类价值形式的资本有机构成、第二部类价值形式的资本有机构成、第三部类价值形式的资本有机构成、剩余价值率同时提高的情况。在第十八章中，将在第一部类价值形式的资本有机构成、第二部类价值形式的资本有机构成、第三部类价值形式的资本有机构成、剩余价值率同时提高的条件下，进一步分析按照列宁的部类划分的价值转形中，价值形式的总资本有机构成与价值形式的平均利润率的变化，以及生产价格形式的总资本有机构成与生产价格形式的利润率的变化。

国家社科基金
GUOJIA SHEKE JIJIN HOUQI ZIZHU XIANGMU
后期资助项目

利润率下降与价值转形

第三卷

The Tendency of the Rate of Profit to Fall and the Transformation of Values

沈民鸣 著

中国人民大学出版社
·北京·

第三卷目录

第六篇　价值形式的资本有机构成与剩余价值率共同提高条件下的利润率

第七篇 影响利润率的其他因素

第六篇　价值形式的资本有机构成与剩余价值率共同提高条件下的利润率

第十六章　资本有机构成与剩余价值率共同提高的两部类一元价值转形的利润率

第一节　资本有机构成与剩余价值率共同提高的两部类一元价值转形中，利润率与两部类价值形式的资本有机构成、剩余价值率的关系

一、对两部门一元价值转形的进一步考察

资本有机构成提高与剩余价值率提高，都是资本主义生产发展的基本趋势。

如果只考虑资本有机构成提高，那么，价值形式的平均利润率下降，生产价格形式的平均利润率变化的总趋势也是下降。

如果只考虑剩余价值率提高，那么，无论价值形式的平均利润率，还是生产价格形式的平均利润率都提高。

如果同时考虑资本有机构成提高与剩余价值率提高，那么，平均利润率的变化方向，取决于资本有机构成提高与剩余价值率提高这两个因素中，哪个因素的影响更大。如果资本有机构成提高的程度与影响大，那么，价值形式的平均利润率与生产价格形式的平均利润率下降。如果剩余价值率提高的程度与影响大，那么，价值形式的平均利润率与生产价格形式的平均利润率上升。

价值转形与部类或部门的划分方式有关。全面地考察利润率的变化，必须在不同部类或部门划分的条件下，以及资本有机构成与剩余价值率共同提高的条件下，考察各种形式的价值转形。

为了简化分析过程，这里，在第四章对简单再生产条件下的两部类一元价值转形考察的基础上，进一步考察资本有机构成与剩余价值率共同提高对利润率的影响。

两部类一元价值转形是最简单、最基本的价值转形。对两部类一元价值转形的考察，有利于考察最基本的生产关系。多部类价值转形与两部门二元价值转形比较复杂，要在考察两部类一元价值转形的基础上进行考察。

因此，我们首先考察两部类一元价值转形。在资本有机构成与剩余价值率共同提高的条件下，考察利润率的变化。

二、基本假设条件、符号规定、价值转形模型

由于这里采用第四章的价值转形模型，因此，这里的基本假设条件、符号规定，分别与第四章的基本假设条件、符号规定相同。同时规定：

k_1 表示第一部类价值形式的资本有机构成。

k_2 表示第二部类价值形式的资本有机构成。

k 表示价值形式的总资本有机构成。

k_p 表示生产价格形式的总资本有机构成。

s_{v1} 表示第一部类资本家得到的价值形式的利润。

s_{v2} 表示第二部类资本家得到的价值形式的利润。

s_v 表示两部类得到的价值形式的总利润。

s_{p1} 表示第一部类资本家得到的生产价格形式的利润。

s_{p2} 表示第二部类资本家得到的生产价格形式的利润。

s_p 表示两部类得到的生产价格形式的总利润。

r_v 表示工人创造的全部剩余价值与价值形式的总资本的比率，或价值形式的平均利润率。

值得指出的是，在一元价值转形中，工人创造的剩余价值全部被资本家占有，工人创造的全部剩余价值与价值形式的总资本的比率，就是价值形式的平均利润率。

三、与利润率有关的变量

（一）价值形式的资本有机构成

第一部类价值形式的资本有机构成，可以表示为

$$k_1 = \frac{c_1}{v_1} \tag{16-1}$$

第二部类价值形式的资本有机构成，可以表示为

$$k_2 = \frac{c_2}{v_2} \tag{16-2}$$

两部类的价值形式的总资本有机构成，可以表示为

$$k=\frac{c_1+c_2}{v_1+v_2}=\frac{k_1v_1+v_1+s_1}{v_1+\frac{c_2}{k_2}}=\frac{k_1v_1+v_1+ev_1}{v_1+\frac{v_1+s_1}{k_2}}$$

$$=\frac{k_1v_1+v_1+ev_1}{v_1+\frac{v_1+ev_1}{k_2}}=\frac{k_1+1+e}{1+\frac{1+e}{k_2}}=\frac{k_2(k_1+1+e)}{k_2+1+e} \tag{16-3}$$

（二）生产价格形式的总资本有机构成

生产价格形式的总资本有机构成，可以表示为

$$k_p=\frac{a_1(c_1+c_2)}{a_1(v_1+v_2)}=\frac{a_1k}{a_1} \tag{16-4}$$

（三）价值形式的利润

因为这里考察的是一元价值转形问题，没有地租，每个部类得到的剩余价值全部属于这个部类的资本家，所以，第一部类得到的价值形式的利润，就是第一部类的资本家得到的价值形式的利润。第一部类价值形式的利润，可以表示为

$$s_{v1}=s_1+s_{t1} \tag{16-5}$$

同理，第二部类得到的价值形式的利润，就是第二部类的资本家得到的价值形式的利润。第二部类价值形式的利润，可以表示为

$$s_{v2}=s_2+s_{t2} \tag{16-6}$$

值得注意的是，（16－5）式与（16－6）式表示的关系，只在一元价值转形的条件下成立，在二元价值转形中不成立。在二元价值转形中，第一部类得到的价值形式的利润为 s_1+s_{t1}，第一部类的资本家得到的价值形式的利润为 s_{v1}，二者并不相等，第一部类得到的价值形式的利润 s_1+s_{t1} 中除了第一部类的资本家的价值形式的利润 s_{v1}，还包括第一部类的价值形式的地租 y_{v1}。第二部类得到的价值形式的利润为 s_2+s_{t2}，第二部类的资本家得到的价值形式的利润为 s_{v2}，二者并不相等，第二部类得到的价值形式的利润 s_2+s_{t2} 中除了第二部类的资本家的价值形式的利润 s_{v2}，还包括第二部类的价值形式的地租 y_{v2}。

在简单再生产条件下，价值形式的总利润，可以表示为

$$s_v=s_{v1}+s_{v2}=(s_1+s_{t1})+(s_2+s_{t2})=s_1+s_2 \tag{16-7}$$

（四）生产价格形式的利润

由第四章（4－25）式，第一部类生产价格形式的利润，可以表示为

$$s_{p1}=a_2(s_1+s_{t1})=(a_1c_1+a_2v_1)r \tag{16-8}$$

由第四章（4－26）式，第二部类生产价格形式的利润，可以表示为

$$s_{p2}=a_2(s_2+s_{t2})=(a_1c_2+a_2v_2)r \tag{16-9}$$

在简单再生产条件下，生产价格形式的总利润，可以表示为

$$\begin{aligned}s_p&=s_{p1}+s_{p2}=a_2(s_1+s_{t1})+a_2(s_2+s_{t2})=a_2(s_1+s_2)\\&=(a_1c_1+a_2v_1)r+(a_1c_2+a_2v_2)r\\&=[a_1(c_1+c_2)+a_2(v_1+v_2)]r\end{aligned} \tag{16-10}$$

（五）价值形式的平均利润率

在简单再生产条件下，价值形式的平均利润率，可以表示为

$$\begin{aligned}r_v&=\frac{s_1+s_2}{c_1+c_2+v_1+v_2}=\frac{ev_1+ev_2}{c_1+c_2+v_1+v_2}\\&=\frac{e}{\frac{c_1+c_2}{v_1+v_2}+1}=\frac{e}{k+1}\end{aligned} \tag{16-11}$$

四、两部类价值形式的资本有机构成、剩余价值率提高与利润率的变化

（一）第一部类价值形式的资本有机构成、第二部类价值形式的资本有机构成、剩余价值率的基本关系

按照第十三章的分析，第一部类价值形式的资本有机构成高于第二部类价值形式的资本有机构成，不仅是一个历史趋势，而且是资本主义经济中普遍存在的现象。第十三章（13－23）式表示这个经济规律，即

$$k_1>k>k_2 \tag{16-12}$$

按照列宁的理论，第一部类的价值形式的资本有机构成的提高率高于第二部类的价值形式的资本有机构成的提高率。第十三章（13－32）式表示这个经济规律，即

$$\frac{dk_1}{dt}>\frac{dk}{dt}>\frac{dk_2}{dt}>0 \tag{16-13}$$

如果资本的边际收益不变或资本的边际收益递减，或者工人的生活水平随着第二部类生产力的提高有部分提高，多获得的收益不全属于资本家，那么，第二部类的价值形式的资本有机构成的提高率高于剩余价值率的提高率。第十三章（13－28）式或（13－30）式表示这个经济规律，即

$$\frac{dk_2}{dt}>\frac{de}{dt} \tag{16-14}$$

（16－13）式或（16－14）式可以表示为

$$\frac{dk_1}{dt}>\frac{dk}{dt}>\frac{dk_2}{dt}>\frac{de}{dt}>0 \tag{16-15}$$

如果资本的边际收益不变，那么，剩余价值率提高的比例等于第二部类价值形式的资本有机构成提高的比例。第十三章（13－29）式表示这种经济关系，即

$$\frac{\mathrm{d}e}{\mathrm{d}t}=\frac{\mathrm{d}k_2}{\mathrm{d}t} \tag{16-16}$$

由（16－13）式、（16－16）式，可以得到

$$\frac{\mathrm{d}k_1}{\mathrm{d}t}>\frac{\mathrm{d}k}{\mathrm{d}t}>\frac{\mathrm{d}k_2}{\mathrm{d}t}=\frac{\mathrm{d}e}{\mathrm{d}t}>0 \tag{16-17}$$

由（16－13）式、（16－15）式、（16－17）式，可以得到

$$\frac{\mathrm{d}k_1}{\mathrm{d}t}>\frac{\mathrm{d}k}{\mathrm{d}t}>\frac{\mathrm{d}k_2}{\mathrm{d}t}\geqslant\frac{\mathrm{d}e}{\mathrm{d}t}>0 \tag{16-18}$$

（16－18）式就是第十三章（13－32）式。

价值形式的平均利润率下降的充分必要条件，在第十三章中用（13－17）式表示，即

$$\frac{\mathrm{d}e}{\mathrm{d}k}<\frac{e}{k+1}=r_v \tag{16-19}$$

（二）第一部类价值形式的资本有机构成、第二部类价值形式的资本有机构成、剩余价值率共同提高

在前面各章的数例中，三个最基本的外生变量不是同时变化。这就是说，只有第一部类价值形式的资本有机构成变化，第二部类价值形式的资本有机构成和剩余价值率不变；或者只有第二部类价值形式的资本有机构成变化，第一部类价值形式的资本有机构成和剩余价值不变；或者只有剩余价值率变化，第一部类价值形式的资本有机构成和第二部类价值形式的资本有机构成不变。

按照马克思的利润率趋向下降规律，不仅资本有机构成提高，而且剩余价值率提高。

根据（16－14）式，剩余价值率提高，第二部类价值形式的资本有机构成必须提高，并且第二部类价值形式的资本有机构成的提高，通常超过剩余价值率的提高。

根据（16－13）式，第二部类价值形式的资本有机构成提高，第一部类价值形式的资本有机构成必须提高，并且第一部类价值形式的资本有机构成的提高，超过第二部类价值形式的资本有机构成的提高。

因此，第一部类价值形式的资本有机构成、第二部类价值形式的资本有机构成、剩余价值率共同提高；同时，第一部类价值形式的资本有

机构成的提高超过第二部类价值形式的资本有机构成的提高，在一般情况下，第二部类价值形式的资本有机构成的提高超过剩余价值率的提高。

（三）价值形式的平均利润率下降的充分必要条件

值得注意的是，(16－15) 式或 (16－17) 式是价值形式的平均利润率趋向下降的必要条件，而不是价值形式的平均利润率趋向下降的充分条件。这就是说，仅仅满足 (16－15) 式或 (16－17) 式，有可能出现价值形式的平均利润率上升的情况。

(16－19) 式才是价值形式的平均利润率下降的充分必要条件。

第二节 剩余价值率的提高低于第二部类价值形式的资本有机构成的提高的条件下，价值形式的平均利润率与价值形式的总资本有机构成关系的数例

一、剩余价值率的提高低于第二部类价值形式的资本有机构成的提高的条件下，价值形式的总资本有机构成与第一部类价值形式的资本有机构成、第二部类价值形式的资本有机构成、剩余价值率的关系的数例

因为，要考察马克思的利润率趋向下降规律的问题，所以，我们选择的数例满足 (16－1) 式、(16－4) 式、(16－10) 式，或者满足 (16－1) 式、(16－9) 式、(16－10) 式。

如果第一部类价值形式的资本有机构成、第二部类价值形式的资本有机构成、剩余价值率共同提高，第一部类价值形式的资本有机构成的提高超过第二部类价值形式的资本有机构成的提高，第二部类价值形式的资本有机构成的提高超过剩余价值率的提高，即满足 (16－15) 式表示的关系，例如，第一部类的可变资本 $v_1 = 1\ 000$，第一部类价值形式的资本有机构成 $k_1 = 3.2, 3.36, 3.52, \cdots, 5.6$，第二部类价值形式的资本有机构成 $k_2 = 1.8, 1.84, 1.88, \cdots, 2.4$，剩余价值率 $e = 0.95, 0.96, 0.97, \cdots, 1.1$，那么，价值形式的总资本有机构成 k 与第一部类价值形式的资本有机构成 k_1、第二部类价值形式的资本有机构成 k_2、剩余价值率 e 的关系，可以用表 16－1 表示。

表 16 - 1　　k 与 k_1、k_2、e 的关系

第一部类价值形式的资本有机构成 k_1	第二部类价值形式的资本有机构成 k_2	剩余价值率 e	价值形式的总资本有机构成 k
3.20	1.80	0.95	2.472 000 000 0
3.36	1.84	0.96	2.576 000 000 0
3.52	1.88	0.97	2.680 831 168 8
3.68	1.92	0.98	2.786 461 538 5
3.84	1.96	0.99	2.892 860 759 5
4.00	2.00	1.00	3.000 000 000 0
4.16	2.04	1.01	3.107 851 851 9
4.32	2.08	1.02	3.215 390 243 9
4.48	2.12	1.03	3.325 590 361 4
4.64	2.16	1.04	3.435 428 571 4
4.80	2.20	1.05	3.545 882 352 9
4.96	2.24	1.06	3.656 930 232 6
5.12	2.28	1.07	3.768 551 724 1
5.28	2.32	1.08	3.880 727 272 7
5.44	2.36	1.09	3.993 438 202 2
5.60	2.40	1.10	4.106 666 666 7

在表 16 - 1 中，价值形式的总资本有机构成 k 与第一部类价值形式的资本有机构成 k_1 的关系，可以用图 16 - 1 表示。

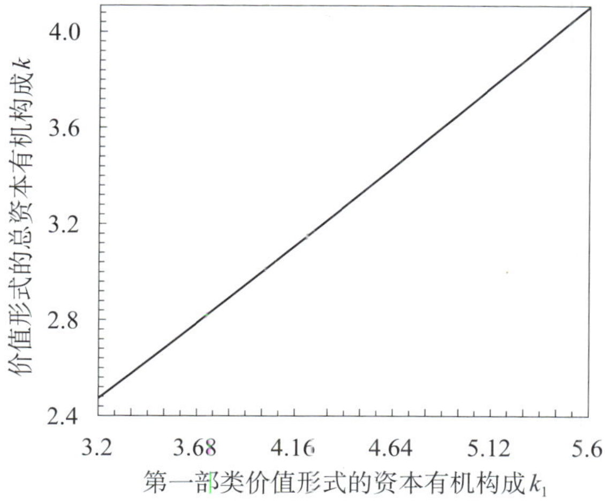

图 16 - 1　k 与 k_1 的关系

由表 16 - 1 和图 16 - 1 可以看出，随着第一部类价值形式的资本有机构成 k_1 提高，价值形式的总资本有机构成 k 提高。

可见，如果按照这里的数例，第一部类价值形式的资本有机构成 k_1 的

提高超过第二部类价值形式的资本有机构成 k_2 的提高，第二部类价值形式的资本有机构成 k_2 的提高超过剩余价值率 e 的提高，那么，价值形式的总资本有机构成是第一部类价值形式的资本有机构成的单调递增函数。

二、剩余价值率的提高低于第二部类价值形式的资本有机构成的提高的条件下，第一部类被社会多承认的剩余价值、第一部类多得到的剩余价值与价值形式的总资本有机构成关系的数例

如果第一部类价值形式的资本有机构成、第二部类价值形式的资本有机构成、剩余价值率共同提高，第一部类价值形式的资本有机构成的提高超过第二部类价值形式的资本有机构成的提高，第二部类价值形式的资本有机构成的提高超过剩余价值率的提高，即满足（16－15）式表示的关系，例如，第一部类的可变资本 $v_1=1\ 000$，第一部类价值形式的资本有机构成 $k_1=3.2$，3.36，3.52，…，5.6，第二部类价值形式的资本有机构成 $k_2=1.8$，1.84，1.88，…，2.4，剩余价值率 $e=0.95$，0.96，0.97，…，1.1，那么，第一部类被社会多承认的剩余价值 s_{a1}、第一部类多得到的剩余价值 s_{t1} 与第一部类价值形式的资本有机构成 k_1、价值形式的总资本有机构成 k 的关系，可以用表 16－2 表示。

表 16－2　　s_{a1}、s_{t1} 与 k_1、k 的关系

第一部类价值形式的资本有机构成 k_1	价值形式的总资本有机构成 k	第一部类被社会多承认的剩余价值 s_{a1}	第一部类多得到的剩余价值 s_{t1}
3.20	2.472 000 00	225.289 163	204.799 798
3.36	2.576 000 00	238.922 891	216.491 617
3.52	2.680 831 17	251.834 935	227.545 059
3.68	2.786 461 54	264.069 003	238.007 861
3.84	2.892 860 76	275.667 207	247.924 002
4.00	3.000 000 00	286.669 788	257.333 958
4.16	3.107 851 85	297.114 960	266.274 949
4.32	3.216 390 24	307.038 830	274.781 193
4.48	3.325 590 36	316.475 385	282.884 140
4.64	3.435 428 57	325.456 513	290.612 696
4.80	3.545 882 35	334.012 066	297.993 434
4.96	3.656 930 23	342.169 936	305.050 790
5.12	3.768 551 72	349.956 145	311.807 245
5.28	3.880 727 27	357.394 944	318.283 491
5.44	3.993 438 20	364.508 915	324.498 583
5.60	4.106 666 67	371.319 074	330.470 083

在表 16－2 中，第一部类被社会多承认的剩余价值 s_{a1}、第一部类多得到的剩余价值 s_{t1} 与价值形式的总资本有机构成 k 的关系，可以用图 16－2 表示。

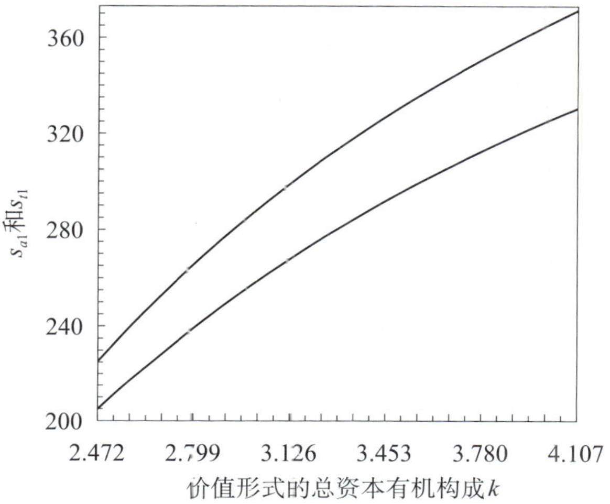

图 16－2 s_{a1}、s_{t1} 与 k 的关系

在图 16－2 中，上面的曲线，表示第一部类被社会多承认的剩余价值 s_{a1} 与价值形式的总资本有机构成 k 的关系；下面的曲线，表示第一部类多得到的剩余价值 s_{t1} 与价值形式的总资本有机构成 k 的关系。

由表 16－2 和图 16－2 可以看出，随着价值形式的总资本有机构成 k 提高，第一部类被社会多承认的剩余价值 s_{a1} 提高，第一部类多得到的剩余价值 s_{t1} 也提高。

可见，如果按照这里的数例，第一部类价值形式的资本有机构成 k_1 的提高超过第二部类价值形式的资本有机构成 k_2 的提高，第二部类价值形式的资本有机构成 k_2 的提高超过剩余价值率 e 的提高，那么，第一部类被社会多承认的剩余价值 s_{a1} 是价值形式的总资本有机构成的单调递增函数，第一部类多得到的剩余价值 s_{t1} 也是价值形式的总资本有机构成的单调递增函数。

值得注意的是，这里的横坐标为价值形式的总资本有机构成 k，在第一部类价值形式的资本有机构成 k_1、第二部类价值形式的资本有机构成 k_2、剩余价值率 e 共同提高的条件下，价值形式的总资本有机构成 k 是第一部类价值形式的资本有机构成 k_1、第二部类价值形式的资本有机构成 k_2、剩余价值率 e 的多元非线性函数。在本例中，第一部类价值形式的资本有机构成 k_1 是等差数列，价值形式的总资本有机构成 k 就不可能是等差数列。用 Office 中的 Excel 作图，横坐标必须是等差数列。为此，利用 Excel 中的 vlookup 函数功能，将价值形式的总资本有机构成 k 转变为等差数列，然后再用 Excel 作图。

在本章中，凡是横坐标为价值形式的总资本有机构成的地方，均用此种方式作图。下面不再重复阐述。

三、剩余价值率的提高低于第二部类价值形式的资本有机构成的提高的条件下，两部类得到的剩余价值与价值形式的总资本有机构成关系的数例

如果第一部类价值形式的资本有机构成、第二部类价值形式的资本有机构成、剩余价值率共同提高，第一部类价值形式的资本有机构成的提高超过第二部类价值形式的资本有机构成的提高，第二部类价值形式的资本有机构成的提高超过剩余价值率的提高，即满足（16－15）式表示的关系，例如，第一部类的可变资本 $v_1=1\ 000$，第一部类价值形式的资本有机构成 $k_1=3.2$，3.36，3.52，…，5.6，第二部类价值形式的资本有机构成 $k_2=1.8$，1.84，1.88，…，2.4，剩余价值率 $e=0.95$，0.96，0.97，…，1.1，那么，第一部类得到的剩余价值 s_{v1}、第二部类得到的剩余价值 s_{v2} 与第一部类价值形式的资本有机构成 k_1、价值形式的总资本有机构成 k 的关系，可以用表 16－3 表示。

表 16－3　s_{v1}、s_{v2} 与 k_1、k 的关系

第一部类价值形式的资本有机构成 k_1	价值形式的总资本有机构成 k	第一部类得到的剩余价值 s_{v1}	第二部类得到的剩余价值 s_{v2}
3.20	2.472 000 00	1 154.799 798	824.366 869
3.36	2.576 000 00	1 176.491 617	806.117 079
3.52	2.680 831 17	1 197.545 059	788.891 111
3.68	2.786 461 54	1 218.007 861	772.617 139
3.84	2.892 860 76	1 237.924 002	757.229 059
4.00	3.000 000 00	1 257.333 958	742.666 042
4.16	3.107 851 85	1 276.274 949	728.872 110
4.32	3.216 390 24	1 294.781 193	715.795 730
4.48	3.325 590 36	1 312.884 140	703.389 445
4.64	3.435 428 57	1 330.612 696	691.609 526

续前表

第一部类价值形式的资本有机构成 k_1	价值形式的总资本有机构成 k	第一部类得到的剩余价值 s_{v1}	第二部类得到的剩余价值 s_{v2}
4.80	3.545 882 35	1 347.993 434	680.415 657
4.96	3.656 930 23	1 365.050 790	669.770 638
5.12	3.768 551 72	1 381.807 245	659.640 123
5.28	3.880 727 27	1 398.283 491	649.992 371
5.44	3.993 438 20	1 414.498 583	640.798 027
5.60	4.106 666 67	1 430.470 083	632.029 917

在表 16－3 中，第一部类得到的剩余价值 s_{v1}、第二部类得到的剩余价值 s_{v2} 与价值形式的总资本有机构成 k 的关系，可以用图 16－3 表示。

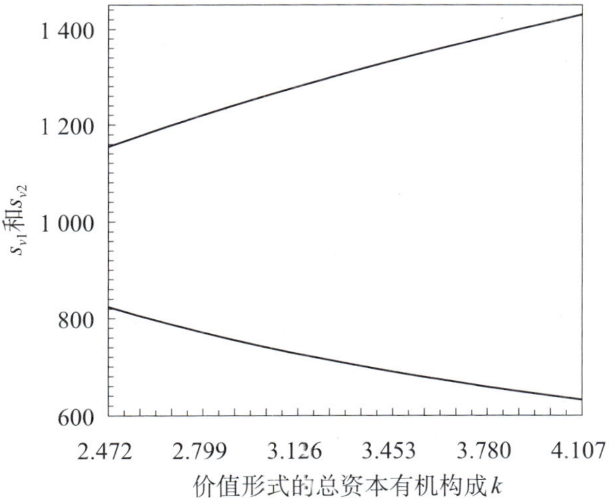

图 16－3　s_{v1}、s_{v2} 与 k 的关系

在图 16－3 中，上面的曲线，表示第一部类得到的剩余价值 s_{v1} 与价值形式的总资本有机构成 k 的关系；下面的曲线，表示第二部类得到的剩余价值 s_{v2} 与价值形式的总资本有机构成 k 的关系。

由表 16－3 和图 16－3 可以看出，随着价值形式的总资本有机构成 k 提高，第一部类得到的剩余价值 s_{v1} 提高，第二部类得到的剩余价值 s_{v2} 降低。

可见，如果按照这里的数例，第一部类价值形式的资本有机构成 k_1 的提高超过第二部类价值形式的资本有机构成 k_2 的提高，第二部类价值形式的资本有机构成 k_2 的提高超过剩余价值率 e 的提高，那么，第一部类得到的剩余价值是价值形式的总资本有机构成的单调递增函数，第二部类得到的剩余价值是价值形式的总资本有机构成的单调递减函数。

四、剩余价值率的提高低于第二部类价值形式的资本有机构成的提高的条件下，价值形式的平均利润率与价值形式的总资本有机构成关系的数例

如果第一部类价值形式的资本有机构成、第二部类价值形式的资本有机构成、剩余价值率共同提高，第一部类价值形式的资本有机构成的提高超过第二部类价值形式的资本有机构成的提高，第二部类价值形式的资本有机构成的提高超过剩余价值率的提高，即满足（16－15）式表示的关系，例如，第一部类的可变资本 $v_1=1\ 000$，第一部类价值形式的资本有机构成 $k_1=3.2$，3.36，3.52，…，5.6，第二部类价值形式的资本有机构成 $k_2=1.8$，1.84，1.88，…，2.4，剩余价值率 $e=0.95$，0.96，0.97，…，1.1，那么，价值形式的平均利润率 r_v 与第一部类价值形式的资本有机构成 k_1、价值形式的总资本有机构成 k、剩余价值率 e 的关系，可以用表 16－4 表示。

表 16－4　　r_v 与 k_1、k、e 的关系

第一部类价值形式的资本有机构成 k_1	价值形式的总资本有机构成 k	剩余价值率 e	价值形式的平均利润率 r_v
3.20	2.472 000 00	0.95	0.273 617 51
3.36	2.576 000 00	0.96	0.268 456 38
3.52	2.680 831 17	0.97	0.263 527 44
3.68	2.786 461 54	0.98	0.258 816 84
3.84	2.892 860 76	0.99	0.254 311 69
4.00	3.000 000 00	1.00	0.250 000 00
4.16	3.107 851 85	1.01	0.245 870 60
4.32	3.216 390 24	1.02	0.241 913 09
4.48	3.325 590 36	1.03	0.238 117 79
4.64	3.435 428 57	1.04	0.234 475 65
4.80	3.545 882 35	1.05	0.230 978 26
4.96	3.656 930 23	1.06	0.227 617 75

续前表

第一部类价值形式的资本有机构成 k_1	价值形式的总资本有机构成 k	剩余价值率 e	价值形式的平均利润率 r_v
5.12	3.768 551 72	1.07	0.224 386 79
5.28	3.880 727 27	1.08	0.221 278 50
5.44	3.993 438 20	1.09	0.218 286 47
5.60	4.106 666 67	1.10	0.215 404 70

在表 16－4 中，价值形式的平均利润率 r_v 与价值形式的总资本有机构成 k 的关系，可以用图 16－4 表示。

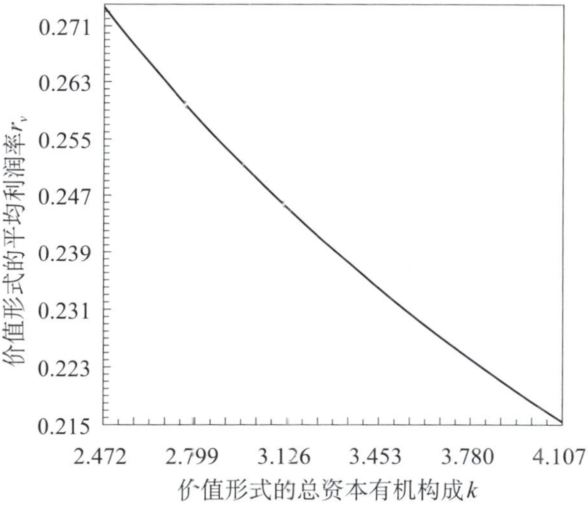

图 16－4　r_v 与 k 的关系

由表 16－4 和图 16－4 可以看出，随着价值形式的总资本有机构成 k 提高，价值形式的平均利润率 r_v 降低。

可见，如果按照这里的数例，第一部类价值形式的资本有机构成 k_1 的提高超过第二部类价值形式的资本有机构成 k_2 的提高，第二部类价值形式的资本有机构成 k_2 的提高超过剩余价值率 e 的提高，那么，价值形式的平均利润率是价值形式的总资本有机构成的单调递减函数。

这是因为，本数例满足（16－16）式表示的价值形式的平均利润率下降的充分必要条件。

第三节　剩余价值率的提高低于第二部类价值形式的资本有机构成的提高的条件下，生产价格形式的利润率与生产价格形式的总资本有机构成关系的数例

一、剩余价值率的提高低于第二部类价值形式的资本有机构成的提高的条件下，生产价格形式的总资本有机构成与第一部类价值形式的资本有机构成、第二部类价值形式的资本有机构成、剩余价值率的关系的数例

如果第一部类价值形式的资本有机构成、第二部类价值形式的资本有机构成、剩余价值率共同提高，第一部类价值形式的资本有机构成的提高超过第二部类价值形式的资本有机构成的提高，第二部类价值形式的资本有机构成的提高超过剩余价值率的提高，即满足（16－15）式表示的关系，例如，第一部类的可变资本 v_1＝1 000，第一部类价值形式的资本有机构成 k_1＝3.2，3.36，3.52，…，5.6，第二部类价值形式的资本有机构成 k_2＝1.8，1.84，1.88，…，2.4，剩余价值率 e＝0.95，0.96，0.97，…，1.1，那么，生产价格形式的总资本有机构成 k_p 与第一部类价值形式的资本有机构成 k_1、第二部类价值形式的资本有机构成 k_2、剩余价值率 e 的关系，可以用表 16－5 表示。

表 16－5　k_p 与 k_1、k_2、e 的关系

第一部类价值形式的资本有机构成 k_1	第二部类价值形式的资本有机构成 k_2	剩余价值率 e	生产价格形式的总资本有机构成 k_p
3.20	1.80	0.95	2.731 623 13
3.36	1.84	0.96	2.860 531 84
3.52	1.88	0.97	2.990 480 86
3.68	1.92	0.98	3.121 410 91
3.84	1.96	0.99	3.253 267 60
4.00	2.00	1.00	3.386 000 94

续前表

第一部类价值形式的资本有机构成 k_1	第二部类价值形式的资本有机构成 k_2	剩余价值率 e	生产价格形式的总资本有机构成 k_p
4.16	2.04	1.01	3.519 564 83
4.32	2.08	1.02	3.653 916 75
4.48	2.12	1.03	3.789 017 34
4.64	2.16	1.04	3.924 830 12
4.80	2.20	1.05	4.061 321 21
4.96	2.24	1.06	4.198 459 10
5.12	2.28	1.07	4.336 214 40
5.28	2.32	1.08	4.474 559 69
5.44	2.36	1.09	4.613 469 32
5.60	2.40	1.10	4.752 919 27

在表 16-5 中，生产价格形式的总资本有机构成 k_p 与第一部类价值形式的资本有机构成 k_1 的关系，可以用图 16-5 表示。

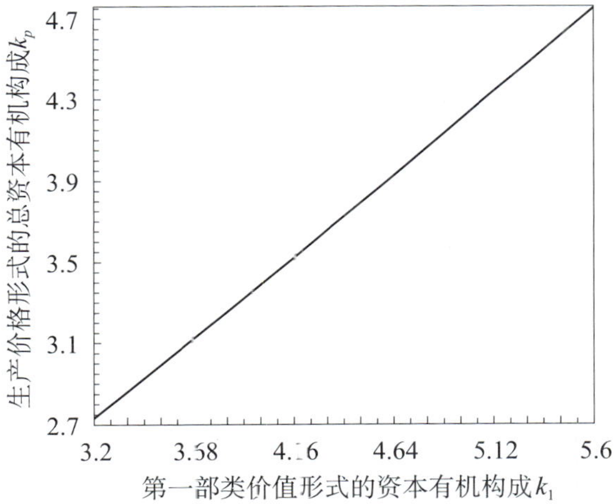

图 16-5　k_p 与 k_1 的关系

由表 16-5 和图 16-5 可以看出，随着第一部类价值形式的资本有机构成 k_1 提高，生产价格形式的总资本有机构成 k_p 提高。

可见，如果按照这里的数例，第一部类价值形式的资本有机构成 k_1 的提高超过第二部类价值形式的资本有机构成 k_2 的提高，第二部类价值形式的资本有机构成 k_2 的提高超过剩余价值率 e 的提高，那么，生产价格形式的总资本有机构成是第一部类价值形式的资本有机构成的单调递增函数。

二、剩余价值率的提高低于第二部类价值形式的资本有机构成的提高的条件下，第一部类价值生产价格转化系数与生产价格形式的总资本有机构成关系的数例

如果第一部类价值形式的资本有机构成、第二部类价值形式的资本有机构成、剩余价值率共同提高，第一部类价值形式的资本有机构成的提高超过第二部类价值形式的资本有机构成的提高，第二部类价值形式的资本有机构成的提高超过剩余价值率的提高，即满足（16－15）式表示的关系，例如，第一部类的可变资本 $v_1=1\ 000$，第一部类价值形式的资本有机构成 $k_1=3.2$，3.36，3.52，…，5.6，第二部类价值形式的资本有机构成 $k_2=1.8$，1.84，1.88，…，2.4，剩余价值率 $e=0.95$，0.96，0.97，…，1.1，那么，第一部类价值生产价格转化系数 a_1 与第一部类价值形式的资本有机构成 k_1、价值形式的总资本有机构成 k、生产价格形式的总资本有机构成 k_p 的关系，可以用表 16－6 表示。

表 16－6　　a_1 与 k_1、k、k_p 的关系

第一部类价值形式的资本有机构成 k_1	价值形式的总资本有机构成 k	生产价格形式的总资本有机构成 k_p	第一部类价值生产价格转化系数 a_1
3.20	2.472 000 00	2.731 623 13	1.043 745 47
3.36	2.576 000 00	2.860 531 84	1.044 910 32
3.52	2.680 831 17	2.990 480 86	1.045 871 57
3.68	2.786 461 54	3.121 410 91	1.046 655 30
3.84	2.892 860 76	3.253 267 60	1.047 284 26
4.00	3.000 000 00	3.386 000 94	1.047 778 30
4.16	3.107 851 85	3.519 564 83	1.048 154 77
4.32	3.216 390 24	3.653 916 75	1.048 428 84
4.48	3.325 590 36	3.789 017 34	1.048 613 73
4.64	3.435 428 57	3.924 830 12	1.048 721 03
4.80	3.545 882 35	4.061 321 21	1.048 760 89
4.96	3.656 930 23	4.198 459 10	1.048 742 16
5.12	3.768 551 72	4.336 214 40	1.048 672 62
5.28	3.880 727 27	4.474 559 69	1.048 559 10
5.44	3.993 438 20	4.613 469 32	1.048 407 56
5.60	4.106 666 67	4.752 919 27	1.048 223 26

在表 16－6 中，第一部类价值生产价格转化系数 a_1 与生产价格形式的总资本有机构成 k_p 的关系，可以用图 16－6 表示。

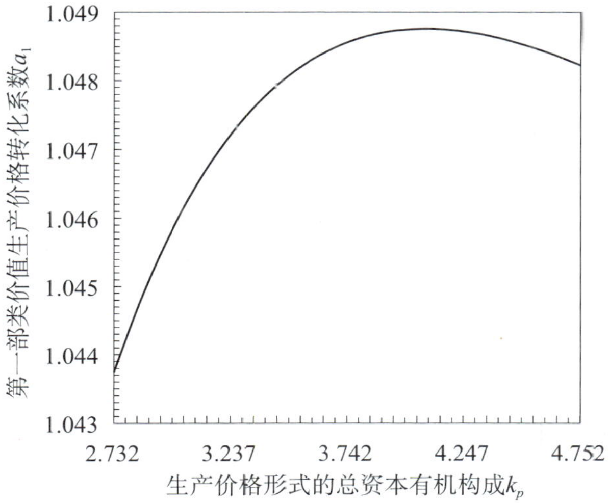

图 16-6　a_1 与 k_p 的关系

由表 16-6 和图 16-6 可以看出，随着生产价格形式的总资本有机构成 k_p 提高，第一部类价值生产价格转化系数 a_1 先提高后降低。

可见，如果按照这里的数例，第一部类价值形式的资本有机构成 k_1 的提高超过第二部类价值形式的资本有机构成 k_2 的提高，第二部类价值形式的资本有机构成 k_2 的提高超过剩余价值率 e 的提高，那么，第一部类价值生产价格转化系数 a_1 是生产价格形式的总资本有机构成的非线性函数。

令人感兴趣的是，在这里，随着生产价格形式的总资本有机构成 k_p 提高，第一部类价值生产价格转化系数 a_1 先提高后降低，当第一部类价值形式的资本有机构成 $k_1=4.8$，生产价格形式的总资本有机构成 $k_p=4.061\ 321\ 21$，第一部类价值生产价格转化系数为极大值 $a_1=1.048\ 760\ 89$。也就是出现生产价格对价值的最大偏离。

更精确的结果是，当第一部类价值形式的资本有机构成 $k_1=4.825\ 04$ 时，第二部类价值形式的资本有机构成 $k_2=2.206\ 26$，剩余价值率 $e=1.052\ 115$，生产价格形式的总资本有机构成 $k_p=4.082\ 771\ 45\ 151\ 073$，第一部类价值生产价格转化系数为极大值 $a_1=1.048\ 791\ 74\ 799\ 379$。

值得注意的是，这里的横坐标为生产价格形式的总资本有机构成 k_p，在第一部类价值形式的资本有机构成 k_1、第二部类价值形式的资本有机构成 k_2、剩余价值率 e 共同提高的条件下，生产价格形式的总资本有机构成 k_p 是第一部类价值形式的资本有机构成 k_1、第二部类价值形式的资本有机构成 k_2、剩余价值率 e 的多元非线性函数。在本例中，第一部类价值形式的资本有机构成 k_1 是等差数列，生产价格形式的总资本有机构成 k_p 就不可能是等差数列。用 Office 中的 Excel 作图，横坐标必须是等差数列。为此，利用 Excel 中的 vlookup 函数功能，将生产价格形式的总资本有机构成 k_p 转变为等差数列，然后再用 Excel 作图。

在本章中，凡是横坐标为生产价格形式的总资本有机构成的地方，均用此种方式作图。下面不再重复阐述。

三、剩余价值率的提高低于第二部类价值形式的资本有机构成的提高的条件下，第二部类价值生产价格转化系数与生产价格形式的总资本有机构成关系的数例

如果第一部类价值形式的资本有机构成、第二部类价值形式的资本有机构成、剩余价值率共同提高，第一部类价值形式的资本有机构成的提高超过第二部类价值形式的资本有机构成的提高，第二部类价值形式的资本有机构成的提高超过剩余价值率的提高，即满足（16－15）式表示的关系，例如，第一部类的可变资本 $v_1=1\ 000$，第一部类价值形式的资本有机构成 $k_1=3.2$，3.36，3.52，…，5.6，第二部类价值形式的资本有机构成 $k_2=1.8$，1.84，1.88，…，2.4，剩余价值率 $e=0.95$，0.96，0.97，…，1.1，那么，第二部类价值生产价格转化系数 a_2 与第一部类价值形式的资本有机构成 k_1、价值形式的总资本有机构成 k、生产价格形式的总资本有机构成 k_p 的关系，可以用表 16－7 表示。

表 16－7　a_2 与 k_1、k、k_p 的关系

第一部类价值形式的资本有机构成 k_1	价值形式的总资本有机构成 k	生产价格形式的总资本有机构成 k_p	第二部类价值生产价格转化系数 a_2
3.20	2.472 000 00	2.731 623 13	0.944 544 21
3.36	2.576 000 00	2.860 531 84	0.940 975 01
3.52	2.680 831 17	2.990 480 86	0.937 576 68
3.68	2.786 461 54	3.121 410 91	0.934 341 82
3.84	2.892 860 76	3.253 267 60	0.931 262 93
4.00	3.000 000 00	3.386 000 94	0.928 332 55
4.16	3.107 851 85	3.519 564 83	0.925 543 33
4.32	3.216 390 24	3.653 916 75	0.922 888 10
4.48	3.325 590 36	3.789 017 34	0.920 359 92

续前表

第一部类价值形式的资本有机构成 k_1	价值形式的总资本有机构成 k	生产价格形式的总资本有机构成 k_p	第二部类价值生产价格转化系数 a_2
4.64	3.435 428 57	3.924 830 12	0.917 952 14
4.80	3.545 882 35	4.061 321 21	0.915 658 36
4.96	3.656 930 23	4.198 459 10	0.913 472 49
5.12	3.768 551 72	4.336 214 40	0.911 388 75
5.28	3.880 727 27	4.474 559 69	0.909 401 63
5.44	3.993 438 20	4.613 469 32	0.907 505 94
5.60	4.106 666 67	4.752 919 27	0.905 696 74

在表 16－7 中，第二部类价值生产价格转化系数 a_2 与生产价格形式的总资本有机构成 k_p 的关系，可以用图 16－7 表示。

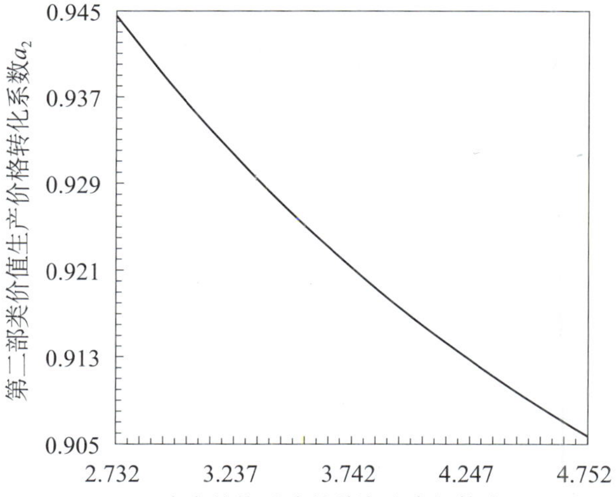

图 16－7　a_2 与 k_p 的关系

由表 16－7 和图 16－7 可以看出，随着生产价格形式的总资本有机构成 k_p 提高，第二部类价值生产价格转化系数 a_2 降低。

可见，如果按照这里的数例，第一部类价值形式的资本有机构成 k_1 的提高超过第二部类价值形式的资本有机构成 k_2 的提高，第二部类价值形式的资本有机构成 k_2 的提高超过剩余价值率 e 的提高，那么，第二部类价值生产价格转化系数 a_2 是生产价格形式的总资本有机构成的单调递减函数。

四、剩余价值率的提高低于第二部类价值形式的资本有机构成的提高的条件下，两部类生产价格形式的利润与生产价格形式的总资本有机构成关系的数例

如果第一部类价值形式的资本有机构成、第二部类价值形式的资本有机构成、剩余价值率共同提高，第一部类价值形式的资本有机构成的提高超过第二部类价值形式的资本有机构成的提高，第二部类价值形式的资本有机构成的提高超过剩余价值率的提高，即满足（16－15）式表示的关系，例如，第一部类的可变资本 $v_1=1\ 000$，第一部类价值形式的资本有机构成 $k_1=3.2$，3.36，3.52，…，5.6，第二部类价值形式的资本有机构成 $k_2=1.8$，1.84，1.88，…，2.4，剩余价值率 $e=0.95$，0.96，0.97，…，1.1，那么，第一部类生产价格形式的利润 s_{p1}、第二部类生产价格形式的利润 s_{p2} 与第一部类价值形式的资本有机构成 k_1、生产价格形式的总资本有机构成 k_p 的关系，可以用表 16－8 表示。

表 16－8　　s_{p1}、s_{p2} 与 k_1、k_p 的关系

第一部类价值形式的资本有机构成 k_1	生产价格形式的总资本有机构成 k_p	第一部类生产价格形式的利润 s_{p1}	第二部类生产价格形式的利润 s_{p2}
3.20	2.731 623 13	1 090.759 458	778.650 950
3.36	2.860 531 84	1 107.049 212	758.536 027
3.52	2.990 480 86	1 122.790 320	739.645 908
3.68	3.121 410 91	1 138.035 678	721.888 502
3.84	3.253 267 60	1 152.832 736	705.179 353
4.00	3.386 000 94	1 167.224 043	689.441 063
4.16	3.519 564 83	1 181.247 767	674.602 720
4.32	3.653 916 75	1 194.938 153	660.599 360
4.48	3.789 017 34	1 208.325 948	647.371 456
4.64	3.924 830 12	1 221.438 771	634.864 444
4.80	4.061 321 21	1 234.301 456	623.028 284
4.96	4.198 459 10	1 246.936 349	611.817 055
5.12	4.336 214 40	1 259.363 577	601.188 586
5.28	4.474 559 69	1 271.601 288	591.104 123
5.44	4.613 469 32	1 283.665 861	581.528 013
5.60	4.752 919 27	1 295.572 095	572.427 437

在表 16－8 中，第一部类生产价格形式的利润 s_{p1}、第二部类生产价格形式的利润 s_{p2} 与生产价格形式的总资本有机构成 k_p 的关系，可以用图 16－18 表示。

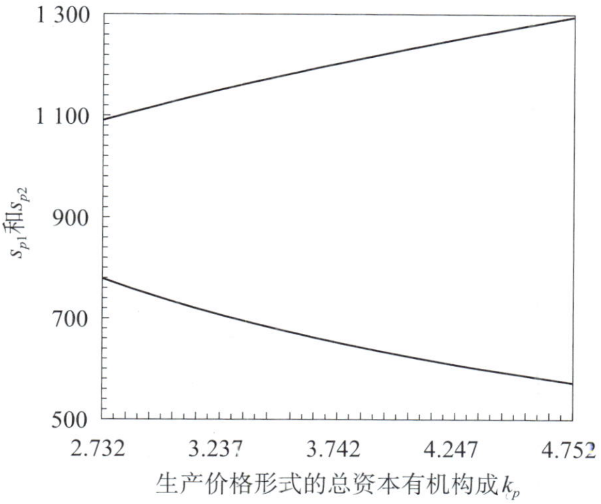

图 16－8　s_{p1}、s_{p2}与 k_p 的关系

在图 16－8 中，上面的曲线，表示第一部类生产价格形式的利润 s_{p1} 与生产价格形式的总资本有机构成 k_p 的关系；下面的曲线，表示第二部类生产价格形式的利润 s_{p2} 与生产价格形式的总资本有机构成 k_p 的关系。

由表 16－8 和图 16－8 可以看出，随着生产价格形式的总资本有机构成 k_p 提高，第一部类生产价格形式的利润 s_{p1} 提高，第二部类生产价格形式的利润 s_{p2} 降低。

可见，如果按照这里的数例，第一部类价值形式的资本有机构成 k_1 的提高超过第二部类价值形式的资本有机构成 k_2 的提高，第二部类价值形式的资本有机构成 k_2 的提高超过剩余价值率 e 的提高，那么，第一部类生产价格形式的利润 s_{p1} 是生产价格形式的总资本有机构成的单调递增函数，第二部类生产价格形式的利润 s_{p2} 是生产价格形式的总资本有机构成的单调递减函数。

五、剩余价值率的提高低于第二部类价值形式的资本有机构成的提高的条件下，生产价格形式的总利润与生产价格形式的总资本有机构成关系的数例

如果第一部类价值形式的资本有机构成、第二部类价值形式的资本有机构成、剩余价值率共同提高，第一部类价值形式的资本有机构成的提高超过第二部类价值形式的资本有机构成的提高，第二部类价值形式的资本有机构成的提高超过剩余价值率的提高，即满足（16－15）式表示的关系，例如，第一部类的可变资本 $v_1=1\ 000$，第一部类价值形式的资本有机构成 $k_1=3.2$，3.36，3.52，…，5.6，第二部类价值形式的资本有机

构成 $k_2=1.8$，1.84，1.88，…，2.4，剩余价值率 $e=0.95$，0.96，0.97，…，1.1，那么，生产价格形式的总利润 s_p 与第一部类价值形式的资本有机构成 k_1、价值形式的总资本有机构成 k、生产价格形式的总资本有机构成 k_p 的关系，可以用表 16－9 表示。

表 16－9　　s_p 与 k_1、k、k_p 的关系

第一部类价值形式的资本有机构成 k_1	价值形式的总资本有机构成 k	生产价格形式的总资本有机构成 k_p	生产价格形式的总利润 s_p
3.20	2.472 000 00	2.731 623 13	1 869.410 407 57
3.36	2.576 000 00	2.860 531 84	1 865.585 238 85
3.52	2.680 831 17	2.990 480 86	1 862.436 227 58
3.68	2.786 461 54	3.121 410 91	1 859.924 180 21
3.84	2.892 860 76	3.253 267 60	1 858.012 089 04
4.00	3.000 000 00	3.386 000 94	1 856.665 106 12
4.16	3.107 851 85	3.519 564 83	1 855.850 486 98
4.32	3.216 390 24	3.653 916 75	1 855.537 513 67
4.48	3.325 590 36	3.789 017 34	1 855.697 404 48
4.64	3.435 428 57	3.924 830 12	1 856.303 215 79
4.80	3.545 882 35	4.061 321 21	1 857.329 740 10
4.96	3.656 930 23	4.198 459 10	1 858.753 403 26
5.12	3.768 551 72	4.336 214 40	1 860.552 163 01
5.28	3.880 727 27	4.474 559 69	1 862.705 410 30
5.44	3.993 438 20	4.613 469 32	1 865.193 874 44
5.60	4.106 666 67	4.752 919 27	1 867.999 532 68

在表 16－9 中，生产价格形式的总利润 s_p 与生产价格形式的总资本有机构成 k_p 的关系，可以用图 16－9 表示。

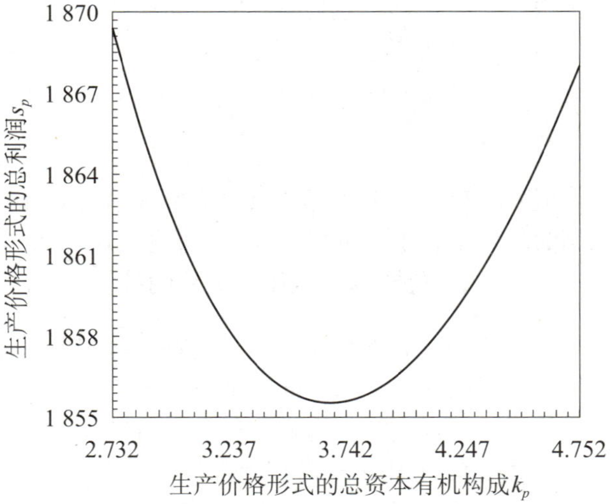

图 16－9　s_p 与 k_p 的关系

由表 16－9 和图 16－9 可以看出，随着生产价格形式的总资本有机构成 k_p 提高，生产价格形式的总利润 s_p 先降低后提高。

在本例中，当第一部类价值形式的资本有机构成 k_1 为 4.32 时，生产价格形式的总资本有机构成 k_p 为 3.216 390 24，生产价格形式的总利润 s_p 为极小值 1 855.537 513 67。

可见，如果按照这里的数例，第一部类价值形式的资本有机构成 k_1 的提高超过第二部类价值形式的资本有机构成 k_2 的提高，第二部类价值形式的资本有机构成 k_2 的提高超过剩余价值率 e 的提高，那么，生产价格形式的总利润 s_p 是生产价格形式的总资本有机构成的非线性函数。

六、剩余价值率的提高低于第二部类价值形式的资本有机构成的提高的条件下，生产价格形式的利润率与生产价格形式的总资本有机构成关系的数例

如果第一部类价值形式的资本有机构成、第二部类价值形式的资本有机构成、剩余价值率共同提高，第一部类价值形式的资本有机构成的提高超过第二部类价值形式的资本有机构成的提高，第二部类价值形式的资本有机构成的提高超过剩余价值率的提高，即满足（16－15）式表示的关系，例如，第一部类的可变资本 $v_1=1\ 000$，第一部类价值形式的资本有机构成 $k_1=3.2$，3.36，3.52，…，5.6，第二部类价值形式的资本有机构成 $k_2=1.8$，1.84，1.88，…，2.4，剩余价值率 $e=0.95$，0.96，0.97，…，1.1，那么，生产价格形式的利润率 r 与第一部类价值形式的资本有机构成 k_1、价值形式的总资本有机构成 k、生产价格形式的总资本有机构成 k_p 的关系，可以用表 16－10 表示。

表 16－10　r 与 k_1、k、k_p 的关系

第一部类价值形式的资本有机构成 k_1	价值形式的总资本有机构成 k	生产价格形式的总资本有机构成 k_p	生产价格形式的利润率 r
3.20	2.472 000 00	2.731 623 13	0.254 580 91
3.36	2.576 000 00	2.860 531 84	0.248 670 40
3.52	2.680 831 17	2.990 480 86	0.243 078 47
3.68	2.786 461 54	3.121 410 91	0.237 782 65
3.84	2.892 860 76	3.253 267 60	0.232 762 22
4.00	3.000 000 00	3.386 000 94	0.227 998 13
4.16	3.107 851 85	3.519 564 83	0.223 472 84
4.32	3.216 390 24	3.653 916 75	0.219 170 23
4.48	3.325 590 36	3.789 017 34	0.215 075 44

续前表

第一部类价值形式的资本有机构成 k_1	价值形式的总资本有机构成 k	生产价格形式的总资本有机构成 k_p	生产价格形式的利润率 r
4.64	3.435 428 57	3.924 830 12	0.211 174 80
4.80	3.545 882 35	4.061 321 21	0.207 455 71
4.96	3.656 930 23	4.198 459 10	0.203 906 58
5.12	3.768 551 72	4.336 214 40	0.200 516 68
5.28	3.880 727 27	4.474 559 69	0.197 276 14
5.44	3.993 438 20	4.613 469 32	0.194 175 82
5.60	4.106 666 67	4.752 919 27	0.191 207 27

在表 16－10 中，生产价格形式的利润率 r 与生产价格形式的总资本有机构成 k_p 的关系，可以用图 16－10 表示。

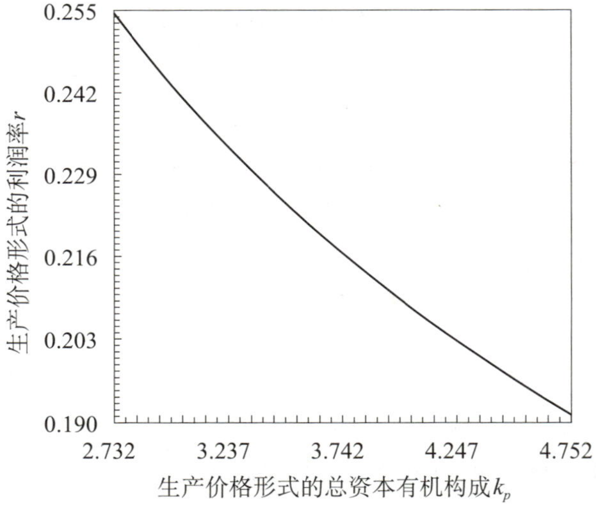

图 16－10　r 与 k_p 的关系

由表 16－10 和图 16－10 可以看出，随着生产价格形式的总资本有机构成 k_p 提高，生产价格形式的利润率 r 降低。

可见，如果按照这里的数例，第一部类价值形式的资本有机构成 k_1 的提高超过第二部类价值形式的资本有机构成 k_2 的提高，第二部类价值形式的资本有机构成 k_2 的提高超过剩余价值率 e 的提高，那么，生产价格形式的利润率 r 是生产价格形式的总资本有机构成的单调递减函数。

由表 16－4、图 16－14、表 16－10、图 16－10 可以看出，在第一部类价值形式的资本有机构成 k_1 的提高超过第二部类价值形式的资本

有机构成 k_2 的提高，第二部类价值形式的资本有机构成 k_2 的提高超过剩余价值率 e 的提高的条件下，如果按照这里的数例，那么，价值形式的平均利润率是价值形式的总资本有机构成的单调递减函数，生产价格形式的利润率是生产价格形式的总资本有机构成的单调递减函数，二者是一致的。

必须指出的是，这个结论仅仅在这个数例中成立，不是在任何数例中都成立，绝对不能说，只要满足第一部类价值形式的资本有机构成 k_1 的提高超过第二部类价值形式的资本有机构成 k_2 的提高，第二部类价值形式的资本有机构成 k_2 的提高超过剩余价值率 e 的提高的条件，价值形式的平均利润率就一定是价值形式的总资本有机构成的单调递减函数。对此，将在后面的分析中，通过一个同样满足这个条件的不同数例予以证明。

第四节　剩余价值率的提高等于第二部类价值形式的资本有机构成的提高的条件下，价值形式的平均利润率与价值形式的总资本有机构成关系的数例

一、剩余价值率的提高等于第二部类价值形式的资本有机构成的提高的条件下，价值形式的总资本有机构成与第一部类价值形式的资本有机构成、第二部类价值形式的资本有机构成、剩余价值率的关系的数例

如果第一部类价值形式的资本有机构成、第二部类价值形式的资本有机构成、剩余价值率共同提高，第一部类价值形式的资本有机构成的提高超过第二部类价值形式的资本有机构成的提高，第二部类价值形式的资本有机构成的提高等于剩余价值率的提高，即满足（16－17）式表示的关系，例如，第一部类的可变资本 $v_1=1\ 000$，第一部类价值形式的资本有机构成 $k_1=3.2$，3.36，3.52，…，5.6，第二部类价值形式的资本有机构成 $k_2=1.8$，1.84，1.88，…，2.4，剩余价值率 $e=0.9$，0.92，0.94，…，1.2，那么，价值形式的总资本有机构成 k 与第一部类价值形式的资本有机构成 k_1、第二部类价值形式的资本有机构成 k_2、剩余价值率 e 的关系，可以用表 16－11 表示。

表 16-11　　k 与 k_1、k_2、e 的关系

第一部类价值形式的资本有机构成 k_1	第二部类价值形式的资本有机构成 k_2	剩余价值率 e	价值形式的总资本有机构成 k
3.20	1.80	0.90	2.481 081 08
3.36	1.84	0.92	2.583 829 79
3.52	1.88	0.94	2.687 120 42
3.68	1.92	0.96	2.790 927 84
3.84	1.96	0.98	2.895 228 43
4.00	2.00	1.00	3.000 000 00
4.16	2.04	1.02	3.105 221 67
4.32	2.08	1.04	3.210 873 79
4.48	2.12	1.06	3.316 937 80
4.64	2.16	1.08	3.423 396 23
4.80	2.20	1.10	3.530 232 56
4.96	2.24	1.12	3.637 431 19
5.12	2.28	1.14	3.744 977 38
5.28	2.32	1.16	3.852 857 14
5.44	2.36	1.18	3.961 057 27
5.60	2.40	1.20	4.069 565 22

在表 16-11 中，价值形式的总资本有机构成 k 与第一部类价值形式的资本有机构成 k_1、第二部类价值形式的资本有机构成 k_2、剩余价值率 e 的关系，可以用图 16-11 表示。

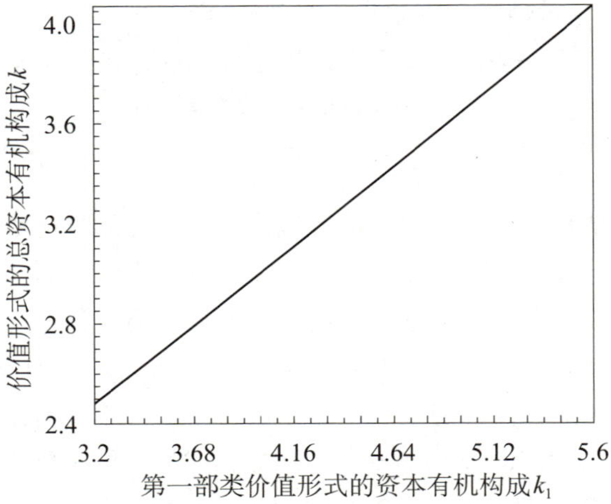

图 16-11　k 与 k_1 的关系

由表 16-11 和图 16-11 可以看出，随着第一部类价值形式的资本有机构成 k_1 提高，价值形式的总资本有机构成 k 提高。

可见，如果按照这里的数例，即第一部类价值形式的资本有机构成 k_1 的提高超过第二部类价值形式的资本有机构成 k_2 的提高，第二部类价值形式的资本有机构成 k_2 的提高等于剩余价值率 e 的提高，那么，价值形式的总资本有机构成是第一部类价值形式的资本有机构成的单调递增函数。

二、剩余价值率的提高低于第二部类价值形式的资本有机构成的提高的条件下，第一部类被社会多承认的剩余价值、第一部类多得到的剩余价值与价值形式的总资本有机构成关系的数例

如果第一部类价值形式的资本有机构成、第二部类价值形式的资本有机构成、剩余价值率共同提高，第一部类价值形式的资本有机构成的提高超过第二部类价值形式的资本有机构成的提高，第二部类价值形式的资本有机构成的提高等于剩余价值率的提高，即满足（16－17）式表示的关系，例如，第一部类的可变资本 $v_1=1\ 000$，第一部类价值形式的资本有机构成 $k_1=3.2$，3.36，3.52，…，5.6，第二部类价值形式的资本有机构成 $k_2=1.8$，1.84，1.88，…，2.4，剩余价值率 $e=0.9$，0.92，0.94，…，1.2，那么，第一部类被社会多承认的剩余价值 s_{a1}、第一部类多得到的剩余价值 s_{t1} 与第一部类价值形式的资本有机构成 k_1、价值形式的总资本有机构成 k 的关系，可以用表 16－12 表示。

表 16－12　　s_{a1}、s_{t1} 与 k_1、k 的关系

第一部类价值形式的资本有机构成 k_1	价值形式的总资本有机构成 k	第一部类被社会多承认的剩余价值 s_{a1}	第一部类多得到的剩余价值 s_{t1}
3.20	2.481 081 08	210.236 192	190.875 171
3.36	2.583 829 79	226.202 650	204.755 303
3.52	2.687 120 42	241.819 585	218.325 249
3.68	2.790 927 84	257.096 072	231.601 394
3.84	2.895 228 43	272.042 425	244.599 353
4.00	3.000 000 00	286.669 788	257.333 958
4.16	3.105 221 67	300.989 808	269.819 255
4.32	3.210 873 79	315.014 388	282.068 525
4.48	3.316 937 80	328.755 491	294.094 299
4.64	3.423 396 23	342.224 994	305.908 388
4.80	3.530 232 56	355.434 579	317.521 915
4.96	3.637 431 19	368.395 652	328.945 346
5.12	3.744 977 38	381.119 282	340.188 525
5.28	3.852 857 14	393.616 165	351.260 709
5.44	3.961 057 27	405.896 595	362.170 602
5.60	4.069 565 22	417.970 452	372.926 383

在表 16－12 中，第一部类被社会多承认的剩余价值 s_{a1}、第一部类多得到的剩余价值 s_{t1} 与价值形式的总资本有机构成 k 的关系，可以用图16－12表示。

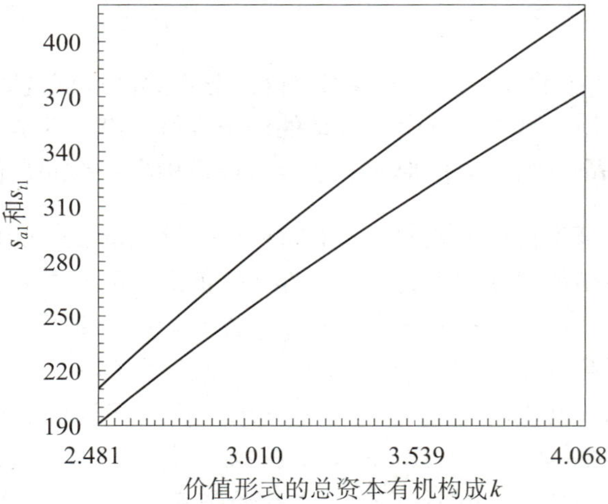

图 16－12　s_{a1}、s_{t1} 与 k 的关系

在图 16－12 中，上面的曲线，表示第一部类被社会多承认的剩余价值 s_{a1} 与价值形式的总资本有机构成 k 的关系；下面的曲线，表示第一部类多得到的剩余价值 s_{t1} 与价值形式的总资本有机构成 k 的关系。

由表 16－12 和图 16－12 可以看出，随着价值形式的总资本有机构成 k 提高，第一部类被社会多承认的剩余价值 s_{a1} 提高，第一部类多得到的剩余价值 s_{t1} 也提高。

可见，如果按照这里的数例，第一部类价值形式的资本有机构成 k_1 的提高超过第二部类价值形式的资本有机构成 k_2 的提高，第二部类价值形式的资本有机构成 k_2 的提高等于剩余价值率 e 的提高，那么，第一部类被社会多承认的剩余价值 s_{a1} 是价值形式的总资本有机构成的单调递增函数，第一部类多得到的剩余价值 s_{t1} 也是价值形式的总资本有机构成的单调递增函数。

三、剩余价值率的提高等于第二部类价值形式的资本有机构成的提高的条件下，两部类得到的剩余价值与价值形式的总资本有机构成关系的数例

如果第一部类价值形式的资本有机构成、第二部类价值形式的资本有机构成、剩余价值率共同提高，第一部类价值形式的资本有机构成的提高

超过第二部类价值形式的资本有机构成的提高，第二部类价值形式的资本有机构成的提高等于剩余价值率的提高，即满足（16－17）式表示的关系，例如，第一部类的可变资本 $v_1=1\ 000$，第一部类价值形式的资本有机构成 $k_1=3.2$，3.36，3.52，…，5.6，第二部类价值形式的资本有机构成 $k_2=1.8$，1.84，1.88，…，2.4，剩余价值率 $e=0.9$，0.92，0.94，…，1.2，那么，第一部类得到的剩余价值 s_{v1}、第二部类得到的剩余价值 s_{v2} 与第一部类价值形式的资本有机构成 k_1、价值形式的总资本有机构成 k 的关系，可以用表 16－13 表示。

表 16－13　　s_{v1}、s_{v2} 与 k_1、k 的关系

第一部类价值形式的资本有机构成 k_1	价值形式的总资本有机构成 k	第一部类得到的剩余价值 s_{v1}	第二部类得到的剩余价值 s_{v2}
3.20	2.481 081 08	1 090.875 171	759.124 829
3.36	2.583 829 79	1 124.755 303	755.244 697
3.52	2.687 120 42	1 158.325 249	751.674 751
3.68	2.790 927 84	1 191.601 394	748.398 606
3.84	2.895 228 43	1 224.599 353	745.400 647
4.00	3.000 000 00	1 257.333 958	742.666 042
4.16	3.105 221 67	1 289.819 255	740.180 745
4.32	3.210 873 79	1 322.068 525	737.931 475
4.48	3.316 937 80	1 354.094 299	735.905 701
4.64	3.423 396 23	1 385.908 388	734.091 612
4.80	3.530 232 56	1 417.521 915	732.478 085
4.96	3.637 431 19	1 448.945 346	731.054 654
5.12	3.744 977 38	1 480.188 525	729.311 475
5.28	3.852 857 14	1 511.260 709	728.739 291
5.44	3.961 057 27	1 542.170 602	727.829 398
5.60	4.069 565 22	1 572.926 383	727.073 617

在表 16－13 中，第一部类得到的剩余价值 s_{v1}、第二部类得到的剩余价值 s_{v2} 与价值形式的总资本有机构成 k 的关系，可以用图 16－13 表示。

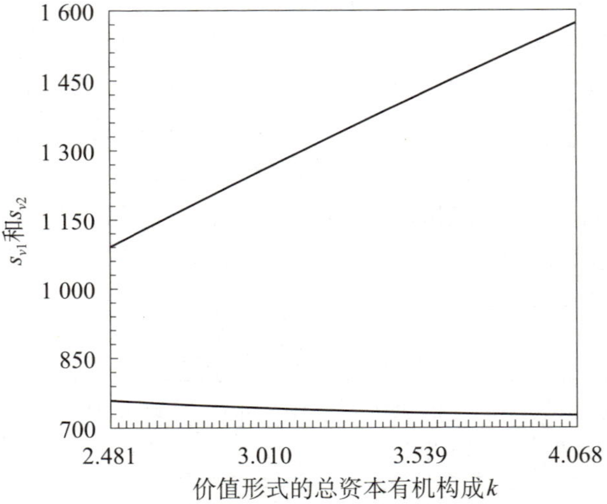

图 16－13　s_{v1}、s_{v2}与 k 的关系

在图 16－3 中，上面的曲线，表示第一部类得到的剩余价值 s_{v1} 与价值形式的总资本有机构成 k 的关系；下面的曲线，表示第二部类得到的剩余价值 s_{v2} 与价值形式的总资本有机构成 k 的关系。

由表 16－13 和图 16－3 可以看出，随着价值形式的总资本有机构成 k 提高，第一部类得到的剩余价值 s_{v1} 提高，第二部类得到的剩余价值 s_{v2} 降低。

可见，如果按照这里的数例，第一部类价值形式的资本有机构成 k_1 的提高超过第二部类价值形式的资本有机构成 k_2 的提高，第二部类价值形式的资本有机构成 k_2 的提高等于剩余价值率 e 的提高，那么，第一部类得到的剩余价值是价值形式的总资本有机构成的单调递增函数，第二部类得到的剩余价值是价值形式的总资本有机构成的单调递减函数。

四、剩余价值率的提高等于第二部类价值形式的资本有机构成的提高的条件下，价值形式的平均利润率与价值形式的总资本有机构成关系的数例

如果第一部类价值形式的资本有机构成、第二部类价值形式的资本有机构成、剩余价值率共同提高，第一部类价值形式的资本有机构成的提高超过第二部类价值形式的资本有机构成的提高，第二部类价值形式的资本有机构成的提高等于剩余价值率的提高，即满足（16－17）式表示的关系，例如，第一部类的可变资本 $v_1=1\ 000$，第一部类价值形式的资本有机构成 $k_1=3.2$，3.36，3.52，…，5.6，第二部类价值形式的资本有机构成 $k_2=1.8$，1.84，1.88，…，2.4，剩余价值率 $e=0.9$，0.92，0.94，…，

1.2，那么，价值形式的平均利润率 r_v 与第一部类价值形式的资本有机构成 k_1、价值形式的总资本有机构成 k、剩余价值率 e 的关系，可以用表 16－14 表示。

表 16－14　　r_v 与 k_1、k、e 的关系

第一部类价值形式的资本有机构成 k_1	价值形式的总资本有机构成 k	剩余价值率 e	价值形式的平均利润率 r_v
3.20	2.481 081 08	0.90	0.258 540 37
3.36	2.583 829 79	0.92	0.256 708 62
3.52	2.687 120 42	0.94	0.254 941 50
3.68	2.790 927 84	0.96	0.253 236 13
3.84	2.895 223 43	0.98	0.251 589 87
4.00	3.000 000 00	1.00	0.250 000 00
4.16	3.105 221 67	1.02	0.248 464 05
4.32	3.210 873 79	1.04	0.246 979 62
4.48	3.316 937 80	1.06	0.245 544 42
4.64	3.423 396 23	1.08	0.244 156 29
4.80	3.530 232 56	1.10	0.242 813 14
4.96	3.637 431 19	1.12	0.241 513 02
5.12	3.744 977 38	1.14	0.240 254 04
5.28	3.852 857 14	1.16	0.239 034 44
5.44	3.961 057 27	1.18	0.237 852 53
5.60	4.069 565 22	1.20	0.236 706 69

在表 16－14 中，价值形式的平均利润率 r_v 与价值形式的总资本有机构成 k 的关系，可以用图 16－14 表示。

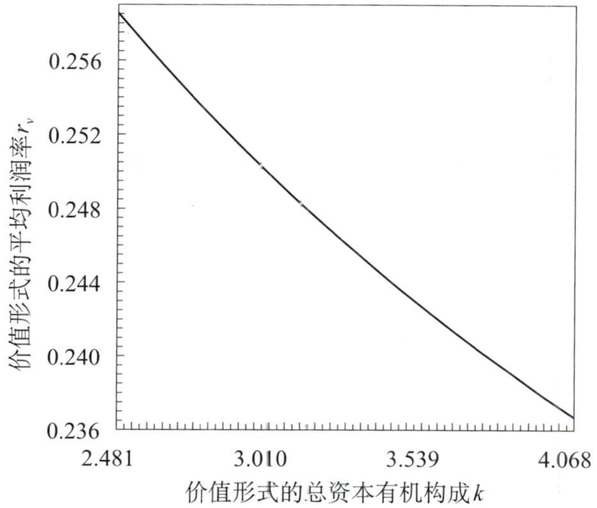

图 16－14　r_v 与 k 的关系

由表 16－14 和图 16－14 可以看出，随着价值形式的总资本有机构成 k 提高，价值形式的平均利润率 r_v 降低。

可见，如果按照这里的数例，第一部类价值形式的资本有机构成 k_1 的提高超过第二部类价值形式的资本有机构成 k_2 的提高，第二部类价值形式的资本有机构成 k_2 的提高等于剩余价值率 e 的提高，那么，价值形式的平均利润率是价值形式的总资本有机构成的单调递减函数。

这是因为，本数例满足（16－16）式表示的价值形式的平均利润率下降的充分必要条件。

第五节　剩余价值率的提高等于第二部类价值形式的资本有机构成的提高的条件下，生产价格形式的利润率与生产价格形式的总资本有机构成关系的数例

一、剩余价值率的提高等于第二部类价值形式的资本有机构成的提高的条件下，生产价格形式的总资本有机构成与第一部类价值形式的资本有机构成、第二部类价值形式的资本有机构成、剩余价值率的关系的数例

如果第一部类价值形式的资本有机构成、第二部类价值形式的资本有机构成、剩余价值率共同提高，第一部类价值形式的资本有机构成的提高超过第二部类价值形式的资本有机构成的提高，第二部类价值形式的资本有机构成的提高等于剩余价值率的提高，即满足（16－17）式表示的关系，例如，第一部类的可变资本 $v_1=1\ 000$，第一部类价值形式的资本有机构成 $k_1=3.2$，3.36，3.52，…，5.6，第二部类价值形式的资本有机构成 $k_2=1.8$，1.84，1.88，…，2.4，剩余价值率 $e=0.9$，0.92，0.94，…，1.2，那么，生产价格形式的总资本有机构成 k_p 与第一部类价值形式的资本有机构成 k_1、第二部类价值形式的资本有机构成 k_2、剩余价值率 e 的关系，可以用表 16－15 表示。

表 16 - 15　　k_p 与 k_1、k_2、e 的关系

第一部类价值形式的资本有机构成 k_1	第二部类价值形式的资本有机构成 k_2	剩余价值率 e	生产价格形式的总资本有机构成 k_p
3.20	1.80	0.90	2.730 332 02
3.36	1.84	0.92	2.859 378 15
3.52	1.88	0.94	2.989 525 69
3.68	1.92	0.96	3.120 714 97
3.84	1.96	0.98	3.252 890 55
4.00	2.00	1.00	3.386 000 94
4.16	2.04	1.02	3.519 998 21
4.32	2.08	1.04	3.654 837 72
4.48	2.12	1.06	3.790 477 85
4.64	2.16	1.08	3.926 879 70
4.80	2.20	1.10	4.064 006 94
4.96	2.24	1.12	4.201 825 56
5.12	2.28	1.14	4.340 303 70
5.28	2.32	1.16	4.479 411 46
5.44	2.36	1.18	4.619 120 80
5.60	2.40	1.20	4.759 405 33

在表 16 - 15 中，生产价格形式的总资本有机构成 k_p 与第一部类价值形式的资本有机构成 k_1 的关系，可以用图 16 - 15 表示。

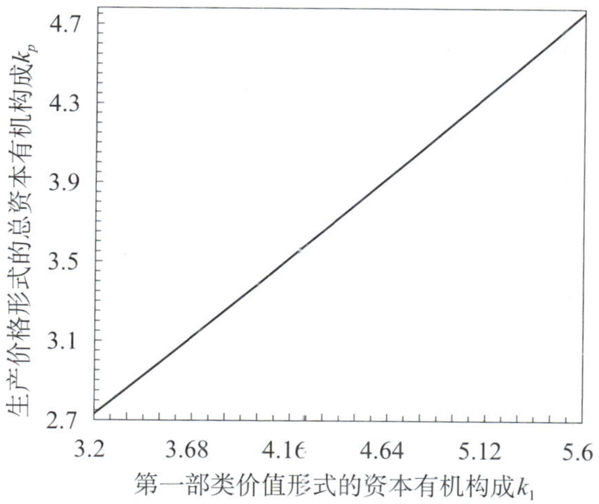

图 16 - 15　k_p 与 k_1 的关系

由表 16 - 15 和图 16 - 15 可以看出，随着第一部类价值形式的资本有机构成 k_1 提高，生产价格形式的总资本有机构成 k_p 提高。

可见，如果按照这里的数例，第一部类价值形式的资本有机构成 k_1 的

提高超过第二部类价值形式的资本有机构成 k_2 的提高，第二部类价值形式的资本有机构成 k_2 的提高等于剩余价值率 e 的提高，那么，生产价格形式的总资本有机构成是第一部类价值形式的资本有机构成的单调递增函数。

二、剩余价值率的提高等于第二部类价值形式的资本有机构成的提高的条件下，第一部类价值生产价格转化系数与生产价格形式的总资本有机构成关系的数例

如果第一部类价值形式的资本有机构成、第二部类价值形式的资本有机构成、剩余价值率共同提高，第一部类价值形式的资本有机构成的提高超过第二部类价值形式的资本有机构成的提高，第二部类价值形式的资本有机构成的提高等于剩余价值率的提高，即满足（16－17）式表示的关系，例如，第一部类的可变资本 $v_1=1\ 000$，第一部类价值形式的资本有机构成 $k_1=3.2$，3.36，3.52，…，5.6，第二部类价值形式的资本有机构成 $k_2=1.8$，1.84，1.88，…，2.4，剩余价值率 $e=0.9$，0.92，0.94，…，1.2，那么，第一部类价值生产价格转化系数 a_1 与第一部类价值形式的资本有机构成 k_1、价值形式的总资本有机构成 k、生产价格形式的总资本有机构成 k_p 的关系，可以用表 16－16 表示。

表 16－16　　a_1 与 k_1、k、k_p 的关系

第一部类价值形式的资本有机构成 k_1	价值形式的总资本有机构成 k	生产价格形式的总资本有机构成 k_p	第一部类价值生产价格转化系数 a_1
3.20	2.481 081 08	2.730 332 02	1.041 222 78
3.36	2.583 829 79	2.859 378 15	1.042 841 41
3.52	2.687 120 42	2.989 525 69	1.044 289 30
3.68	2.790 927 84	3.120 714 97	1.045 584 41
3.84	2.895 228 43	3.252 890 55	1.046 742 68
4.00	3.000 000 00	3.386 000 94	1.047 778 30
4.16	3.105 221 67	3.519 998 21	1.048 703 85
4.32	3.210 873 79	3.654 837 72	1.049 530 56
4.48	3.316 937 80	3.790 477 85	1.050 268 42
4.64	3.423 396 23	3.926 879 70	1.050 926 34
4.80	3.530 232 56	4.064 006 94	1.051 512 26
4.96	3.637 431 19	4.201 825 56	1.052 033 28
5.12	3.744 977 38	4.340 303 70	1.052 495 77
5.28	3.852 857 14	4.479 411 46	1.052 905 40
5.44	3.961 057 27	4.619 120 80	1.053 267 27
5.60	4.069 565 22	4.759 405 33	1.053 585 96

在表 16－16 中，第一部类价值生产价格转化系数 a_1 与生产价格形式的总资本有机构成 k_p 的关系，可以用图 16－16 表示。

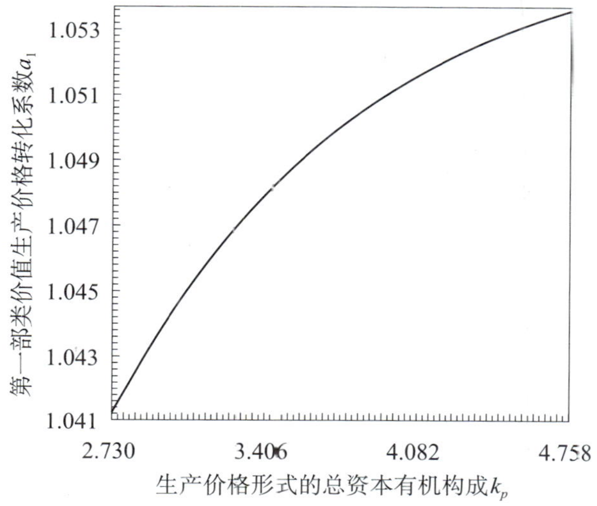

图 16－16 a_1 与 k_p 的关系

由表 16－16 和图 16－16 可以看出，随着生产价格形式的总资本有机构成 k_p 提高，第一部类价值生产价格转化系数 a_1 提高。

可见，如果按照这里的数例，第一部类价值形式的资本有机构成 k_1 的提高超过第二部类价值形式的资本有机构成 k_2 的提高，第二部类价值形式的资本有机构成 k_2 的提高等于剩余价值率 e 的提高，那么，第一部类价值生产价格转化系数 a_1 是生产价格形式的总资本有机构成的单调递增函数。

三、剩余价值率的提高等于第二部类价值形式的资本有机构成的提高的条件下，第二部类价值生产价格转化系数与生产价格形式的总资本有机构成关系的数例

如果第一部类价值形式的资本有机构成、第二部类价值形式的资本有机构成、剩余价值率共同提高，第一部类价值形式的资本有机构成的提高超过第二部类价值形式的资本有机构成的提高，第二部类价值形式的资本有机构成的提高等于剩余价值率的提高，即满足（16－17）式表示的关系，例如，第一部类的可变资本 $v_1=1\ 000$，第一部类价值形式的资本有机构成 $k_1=3.2$，3.36，3.52，…，5.6，第二部类价值形式的资本有机构成 $k_2=1.8$，1.84，1.88，…，2.4，剩余价值率 $e=0.9$，0.92，0.94，…，

1.2，那么，第二部类价值生产价格转化系数 a_2 与第一部类价值形式的资本有机构成 k_1、价值形式的总资本有机构成 k、生产价格形式的总资本有机构成 k_p 的关系，可以用表 16－17 表示。

表 16－17　　a_2 与 k_1、k、k_p 的关系

第一部类价值形式的资本有机构成 k_1	价值形式的总资本有机构成 k	生产价格形式的总资本有机构成 k_p	第二部类价值生产价格转化系数 a_2
3.20	2.481 081 08	2.730 332 02	0.946 169 97
3.36	2.583 829 79	2.859 378 15	0.942 346 40
3.52	2.687 120 42	2.989 525 69	0.938 654 29
3.68	2.790 927 84	3.120 714 97	0.935 090 41
3.84	2.895 228 43	3.252 890 55	0.931 651 14
4.00	3.000 000 00	3.386 000 94	0.928 332 55
4.16	3.105 221 67	3.519 998 21	0.925 130 57
4.32	3.210 873 79	3.654 837 72	0.922 040 99
4.48	3.316 937 80	3.790 477 85	0.919 059 59
4.64	3.423 396 23	3.926 879 70	0.916 182 19
4.80	3.530 232 56	4.064 006 94	0.913 404 64
4.96	3.637 431 19	4.201 825 56	0.910 722 88
5.12	3.744 977 38	4.340 303 70	0.908 132 96
5.28	3.852 857 14	4.479 411 46	0.905 631 05
5.44	3.961 057 27	4.619 120 80	0.903 213 44
5.60	4.069 565 22	4.759 405 33	0.900 876 57

在表 16－17 中，第二部类价值生产价格转化系数 a_2 与生产价格形式的总资本有机构成 k_p 的关系，可以用图 16－17 表示。

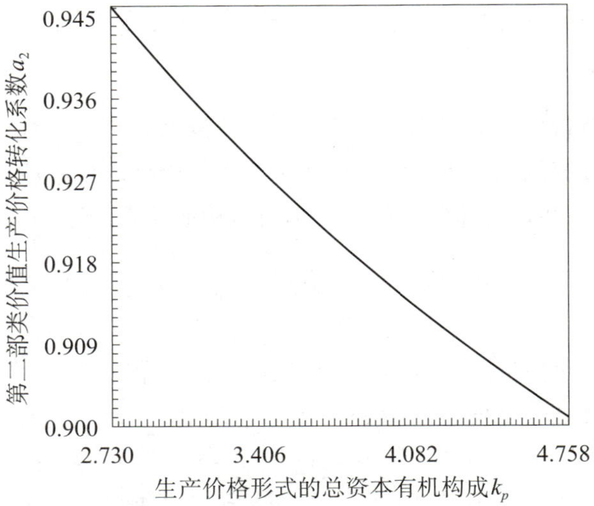

图 16－17　a_2 与 k_p 的关系

由表 16－17 和图 16－17 可以看出，随着生产价格形式的总资本有机构成 k_p 提高，第二部类价值生产价格转化系数 a_2 降低。

可见，如果按照这里的数例，第一部类价值形式的资本有机构成 k_1 的提高超过第二部类价值形式的资本有机构成 k_2 的提高，第二部类价值形式的资本有机构成 k_2 的提高等于剩余价值率 e 的提高，那么，第二部类价值生产价格转化系数 a_2 是生产价格形式的总资本有机构成的单调递减函数。

四、剩余价值率的提高等于第二部类价值形式的资本有机构成的提高的条件下，两部类生产价格形式的利润与生产价格形式的总资本有机构成关系的数例

如果第一部类价值形式的资本有机构成、第二部类价值形式的资本有机构成、剩余价值率共同提高，第一部类价值形式的资本有机构成的提高超过第二部类价值形式的资本有机构成的提高，第二部类价值形式的资本有机构成的提高等于剩余价值率的提高，即满足（16－17）式表示的关系，例如，第一部类的可变资本 $v_1=1\ 000$，第一部类价值形式的资本有机构成 $k_1=3.2$，3.36，3.52，…，5.6，第二部类价值形式的资本有机构成 $k_2=1.8$，1.84，1.88，…，2.4，剩余价值率 $e=0.9$，0.92，0.94，…，1.2，那么，第一部类生产价格形式的利润 s_{p1}、第二部类生产价格形式的利润 s_{p2} 与第一部类价值形式的资本有机构成 k_1、生产价格形式的总资本有机构成 k_p 的关系，可以用表 16－18 表示。

表 16－18　　s_{p1}、s_{p2} 与 k_1、k_p 的关系

第一部类价值形式的资本有机构成 k_1	生产价格形式的总资本有机构成 k_p	第一部类生产价格形式的利润 s_{p1}	第二部类生产价格形式的利润 s_{p2}
3.20	2.730 332 02	1 032.153 322	718.261 113
3.36	2.859 378 15	1 059.909 110	711.702 121
3.52	2.989 525 69	1 087.266 959	705.562 727
3.68	3.120 714 97	1 114.255 034	699.820 359
3.84	3.252 890 55	1 140.899 379	694.453 360
4.00	3.386 000 94	1 167.224 043	689.441 063
4.16	3.519 998 21	1 193.251 217	684.763 831
4.32	3.654 837 72	1 219.001 366	680.403 064
4.48	3.790 477 85	1 244.493 358	676.341 195
4.64	3.926 879 70	1 269.744 589	672.561 664
4.80	4.064 006 94	1 294.771 099	669.048 884
4.96	4.201 825 56	1 319.587 681	665.788 201
5.12	4.340 303 70	1 344.207 986	662.765 855

续前表

第一部类价值形式的资本有机构成 k_1	生产价格形式的总资本有机构成 k_p	第一部类生产价格形式的利润 s_{p1}	第二部类生产价格形式的利润 s_{p2}
5.28	4.479 411 46	1 368.644 616	659.968 925
5.44	4.619 120 80	1 392.909 210	657.385 293
5.60	4.759 405 33	1 417.012 529	655.003 588

在表 16－18 中，第一部类生产价格形式的利润 s_{p1}、第二部类生产价格形式的利润 s_{p2} 与生产价格形式的总资本有机构成 k_p 的关系，可以用图 16－18 表示。

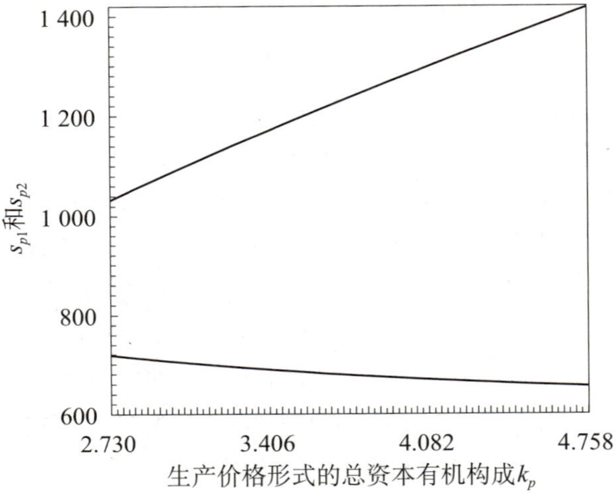

图 16－18　s_{p1}、s_{p2} 与 k_p 的关系

在图 16－18 中，上面的曲线，表示第一部类生产价格形式的利润 s_{p1} 与生产价格形式的总资本有机构成 k_p 的关系；下面的曲线，表示第二部类生产价格形式的利润 s_{p2} 与生产价格形式的总资本有机构成 k_p 的关系。

由表 16－18 和图 16－18 可以看出，随着生产价格形式的总资本有机构成 k_p 提高，第一部类生产价格形式的利润 s_{p1} 提高，第二部类生产价格形式的利润 s_{p2} 降低。

可见，如果按照这里的数例，第一部类价值形式的资本有机构成 k_1 的提高超过第二部类价值形式的资本有机构成 k_2 的提高，第二部类价值形式的资本有机构成 k_2 的提高等于剩余价值率 e 的提高，那么，第一部类生产价格形式的利润 s_{p1} 是生产价格形式的总资本有机构成的单调递增函数，第二部类生产价格形式的利润 s_{p2} 是生产价格形式的总资本有机构成的单调递减函数。

五、剩余价值率的提高等于第二部类价值形式的资本有机构成的提高的条件下，生产价格形式的总利润与生产价格形式的总资本有机构成关系的数例

如果第一部类价值形式的资本有机构成、第二部类价值形式的资本有机构成、剩余价值率共同提高，第一部类价值形式的资本有机构成的提高超过第二部类价值形式的资本有机构成的提高，第二部类价值形式的资本有机构成的提高等于剩余价值率的提高，即满足（16－17）式表示的关系，例如，第一部类的可变资本 $v_1=1\ 000$，第一部类价值形式的资本有机构成 $k_1=3.2$，3.36，3.52，…，5.6，第二部类价值形式的资本有机构成 $k_2=1.8$，1.84，1.88，…，2.4，剩余价值率 $e=0.9$，0.92，0.94，…，1.2，那么，生产价格形式的总利润 s_p 与第一部类价值形式的资本有机构成 k_1、价值形式的总资本有机构成 k、生产价格形式的总资本有机构成 k_p 的关系，可以用表 16－19 表示。

表 16－19　　s_p 与 k_1、k、k_p 的关系

第一部类价值形式的资本有机构成 k_1	价值形式的总资本有机构成 k	生产价格形式的总资本有机构成 k_p	生产价格形式的总利润 s_p
3.20	2.481 081 08	2.730 332 02	1 750.414 435 23
3.36	2.583 829 79	2.859 378 15	1 771.611 230 37
3.52	2.687 120 42	2.989 525 69	1 792.829 685 53
3.68	2.790 927 84	3.120 714 97	1 814.075 393 40
3.84	2.895 228 43	3.252 890 55	1 835.352 739 15
4.00	3.000 000 00	3.386 000 94	1 856.665 106 12
4.16	3.105 221 67	3.519 998 21	1 878.015 047 37
4.32	3.210 873 79	3.654 837 72	1 899.404 429 59
4.48	3.316 937 80	3.790 477 85	1 920.834 553 24
4.64	3.423 396 23	3.926 879 70	1 942.306 253 15
4.80	3.530 232 56	4.064 006 94	1 963.819 982 34
4.96	3.637 431 19	4.201 825 56	1 985.375 882 10
5.12	3.744 977 38	4.340 303 70	2 006.973 840 49
5.28	3.852 857 14	4.479 411 46	2 028.613 541 03
5.44	3.961 057 27	4.619 120 80	2 050.294 503 35
5.60	4.069 565 22	4.759 405 33	2 072.016 117 06

在表 16－19 中，生产价格形式的总利润 s_p 与生产价格形式的总资本有机构成 k_p 的关系，可以用图 16－19 表示。

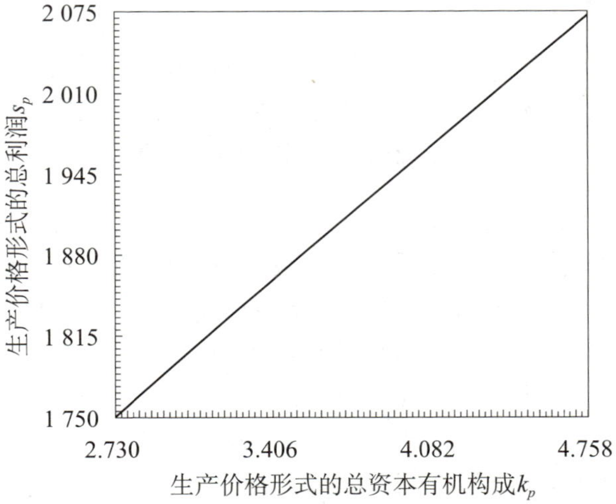

图 16－19　s_p与k_p的关系

由表 16－19 和图 16－19 可以看出，随着生产价格形式的总资本有机构成 k_p提高，生产价格形式的总利润 s_p提高。

可见，如果按照这里的数例，第一部类价值形式的资本有机构成 k_1 的提高超过第二部类价值形式的资本有机构成 k_2 的提高，第二部类价值形式的资本有机构成 k_2 的提高等于剩余价值率 e 的提高，那么，生产价格形式的总利润 s_p是生产价格形式的总资本有机构成的单调递增函数。

六、剩余价值率的提高等于第二部类价值形式的资本有机构成的提高的条件下，生产价格形式的利润率与生产价格形式的总资本有机构成关系的数例

如果第一部类价值形式的资本有机构成、第二部类价值形式的资本有机构成、剩余价值率共同提高，第一部类价值形式的资本有机构成的提高超过第二部类价值形式的资本有机构成的提高，第二部类价值形式的资本有机构成的提高等于剩余价值率的提高，即满足（16－17）式表示的关系，例如，第一部类的可变资本 $v_1=1\ 000$，第一部类价值形式的资本有机构成 $k_1=3.2$，3.36，3.52，…，5.6，第二部类价值形式的资本有机构成 $k_2=1.8$，1.84，1.88，…，2.4，剩余价值率 $e=0.9$，0.92，0.94，…，1.2，那么，生产价格形式的利润率 r 与第一部类价值形式的资本有机构成k_1、价值形式的总资本有机构成 k、生产价格形式的总资本有机构成 k_p 的关系，可以用表 16－20 表示。

表 16-20　　r 与 k_1、k、k_p 的关系

第一部类价值形式的资本有机构成 k_1	价值形式的总资本有机构成 k	生产价格形式的总资本有机构成 k_p	生产价格形式的利润率 r
3.20	2.481 081 08	2.730 332 02	0.241 265 39
3.36	2.583 829 79	2.859 378 15	0.238 380 37
3.52	2.687 120 42	2.989 525 69	0.235 616 98
3.68	2.790 927 84	3.120 714 97	0.232 969 28
3.84	2.895 228 43	3.252 890 55	0.230 431 51
4.00	3.000 000 00	3.386 000 94	0.227 998 13
4.16	3.105 221 67	3.519 998 21	0.225 663 81
4.32	3.210 873 79	3.654 837 72	0.223 423 47
4.48	3.316 937 80	3.790 477 85	0.221 272 29
4.64	3.423 396 23	3.926 879 70	0.219 205 68
4.80	3.530 232 56	4.064 006 94	0.217 219 29
4.96	3.637 431 19	4.201 825 56	0.215 309 03
5.12	3.744 977 38	4.340 303 70	0.213 471 01
5.28	3.852 857 14	4.479 411 46	0.211 701 57
5.44	3.961 057 27	4.619 120 80	0.209 997 27
5.60	4.069 565 22	4.759 405 33	0.208 354 84

在表 16-20 中，生产价格形式的利润率 r 与生产价格形式的总资本有机构成 k_p 的关系，可以用图 16-20 表示。

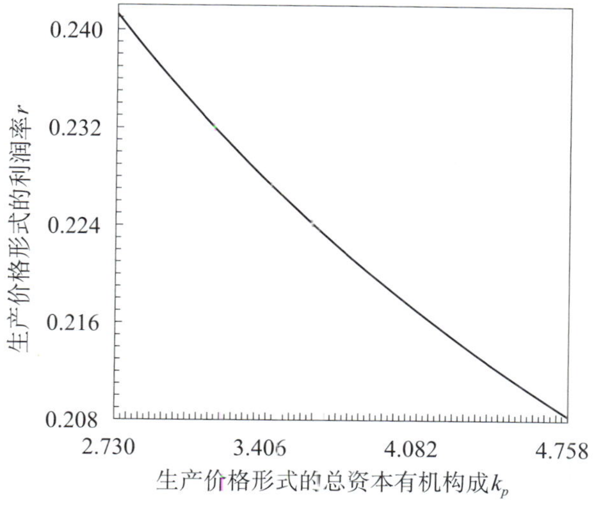

图 16-20　r 与 k_p 的关系

由表 16-20 和图 16-20 可以看出，随着生产价格形式的总资本有机构成 k_p 提高，生产价格形式的利润率 r 降低。

可见，如果按照这里的数例，第一部类价值形式的资本有机构成 k_1 的提高超过第二部类价值形式的资本有机构成 k_2 的提高，第二部类价值形式的资本有机构成 k_2 的提高等于剩余价值率 e 的提高，那么，生产价格形式的利润率 r 是生产价格形式的总资本有机构成的单调递减函数。

由表 16－14、图 16－14、表 16－20、图 16－20 可以看出，在第一部类价值形式的资本有机构成 k_1 的提高超过第二部类价值形式的资本有机构成 k_2 的提高，第二部类价值形式的资本有机构成 k_2 的提高等于剩余价值率 e 的提高的条件下，如果按照这里的数例，那么，价值形式的平均利润率是价值形式的总资本有机构成的单调递减函数，生产价格形式的利润率也是生产价格形式的总资本有机构成的单调递减函数，这二者是一致的。

必须指出的是，这个结论仅仅在这个数例中成立，不是在任何数例中都成立，绝对不能说，只要满足第一部类价值形式的资本有机构成 k_1 的提高超过第二部类价值形式的资本有机构成 k_2 的提高，第二部类价值形式的资本有机构成 k_2 的提高等于剩余价值率 e 的提高的条件，价值形式的平均利润率就一定是价值形式的总资本有机构成的单调递减函数。对此，在下面的分析中，通过一个同样满足这个条件的不同数例予以证明。

第六节　剩余价值率的提高低于第二部类价值形式的资本有机构成的提高，价值形式的总资本有机构成提高的条件下，价值形式的平均利润率提高的数例

一、剩余价值率的提高低于第二部类价值形式的资本有机构成的提高的条件下，价值形式的总资本有机构成与第一部类价值形式的资本有机构成、第二部类价值形式的资本有机构成、剩余价值率的关系的数例

如果第一部类价值形式的资本有机构成、第二部类价值形式的资本有机构成、剩余价值率共同提高，第一部类价值形式的资本有机构成的提高超过第二部类价值形式的资本有机构成的提高，第二部类价值形式的资本有机构成的提高超过剩余价值率的提高，即满足（16－15）式表示的关系，例如，第一部类的可变资本 $v_1=1\ 000$，第一部类价值形式的资本有机构成 $k_1=3.2$，3.36，3.52，…，5.6，第二部类价值形式的

资本有机构成 k_2 = 1.7，1.76，1.82，…，2.6，剩余价值率 e = 0.853，0.882 4，0.911 8，…，1.294，那么，价值形式的总资本有机构成 k 与第一部类价值形式的资本有机构成 k_1、第二部类价值形式的资本有机构成 k_2、剩余价值率 e 的关系，可以用表 16-21 表示。

表 16-21　k 与 k_1、k_2、e 的关系

第一部类价值形式的资本有机构成 k_1	第二部类价值形式的资本有机构成 k_2	剩余价值率 e	价值形式的总资本有机构成 k
3.20	1.70	0.853 0	2.417 703 35
3.36	1.76	0.882 4	2.533 115 63
3.52	1.82	0.911 8	2.649 090 52
3.68	1.88	0.941 2	2.765 585 68
3.84	1.94	0.970 6	2.882 566 36
4.00	2.00	1.000 0	3.000 000 00
4.16	2.06	1.029 4	3.117 856 90
4.32	2.12	1.058 8	3.236 109 89
4.48	2.18	1.088 2	3.354 734 08
4.64	2.24	1.117 6	3.473 706 63
4.80	2.30	1.147 0	3.593 006 52
4.96	2.36	1.176 4	3.712 614 41
5.12	2.42	1.205 8	3.832 512 43
5.28	2.48	1.235 2	3.952 684 09
5.44	2.54	1.264 6	4.073 114 10
5.60	2.60	1.294 0	4.193 788 31

在表 16-21 中，价值形式的总资本有机构成 k 与第一部类价值形式的资本有机构成 k_1 的关系，可以用图 16-21 表示。

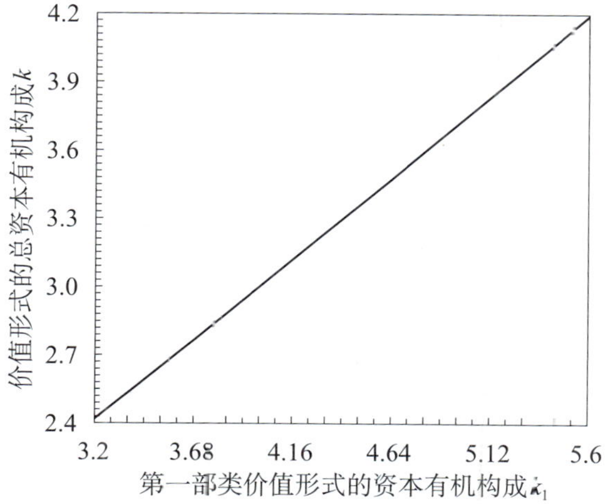

图 16-21　k 与 k_1 的关系

由表 16－21 和图 16－21 可以看出，随着第一部类价值形式的资本有机构成 k_1 提高，价值形式的总资本有机构成 k 提高。

可见，如果按照这里的数例，第一部类价值形式的资本有机构成 k_1 的提高超过第二部类价值形式的资本有机构成 k_2 的提高，第二部类价值形式的资本有机构成 k_2 的提高超过剩余价值率 e 的提高，那么，价值形式的总资本有机构成是第一部类价值形式的资本有机构成的单调递增函数。

二、剩余价值率的提高低于第二部类价值形式的资本有机构成的提高的条件下，第一部类被社会多承认的剩余价值、第一部类多得到的剩余价值与价值形式的总资本有机构成关系的数例

如果第一部类价值形式的资本有机构成、第二部类价值形式的资本有机构成、剩余价值率共同提高，第一部类价值形式的资本有机构成的提高超过第二部类价值形式的资本有机构成的提高，第二部类价值形式的资本有机构成的提高超过剩余价值率的提高，即满足（16－15）式表示的关系，例如，第一部类的可变资本 $v_1=1\ 000$，第一部类价值形式的资本有机构成 $k_1=3.2$，3.36，3.52，…，5.6，第二部类价值形式的资本有机构成 $k_2=1.7$，1.76，1.82，…，2.6，剩余价值率 $e=0.853$，0.882 4，0.911 8，…，1.294，那么，第一部类被社会多承认的剩余价值 s_{a1}、第一部类多得到的剩余价值 s_{t1} 与第一部类价值形式的资本有机构成 k_1、价值形式的总资本有机构成 k 的关系，可以用表 16－22 表示。

表 16－22　　s_{a1}、s_{t1} 与 k_1、k 的关系

第一部类价值形式的资本有机构成 k_1	价值形式的总资本有机构成 k	第一部类被社会多承认的剩余价值 s_{a1}	第一部类多得到的剩余价值 s_{t1}
3.20	2.417 703 35	224.062 921	201.003 124
3.36	2.533 116 63	237.077 571	212.622 716
3.52	2.649 090 52	249.833 056	224.055 596
3.68	2.765 585 68	262.341 892	235.311 956
3.84	2.882 566 36	274.616 663	246.401 614
4.00	3.000 000 00	286.669 788	257.333 958
4.16	3.117 856 90	298.513 360	268.117 910
4.32	3.236 109 89	310.159 041	278.761 919
4.48	3.354 734 08	321.617 989	289.273 955
4.64	3.473 706 63	332.900 822	299.661 518
4.80	3.593 006 52	344.017 600	309.931 653
4.96	3.712 614 41	354.977 823	320.090 968
5.12	3.832 512 43	365.790 438	330.145 656

续前表

第一部类价值形式的资本有机构成 k_1	价值形式的总资本有机构成 k	第一部类被社会多承认的剩余价值 s_{a1}	第一部类多得到的剩余价值 s_{t1}
5.28	3.952 684 03	376.463 854	340.101 518
5.44	4.073 114 10	387.005 965	349.963 981
5.60	4.193 788 31	397.424 173	359.738 125

在表 16－22 中，第一部类被社会多承认的剩余价值 s_{a1}、第一部类多得到的剩余价值 s_{t1} 与价值形式的总资本有机构成 k 的关系，可以用图 16－22 表示。

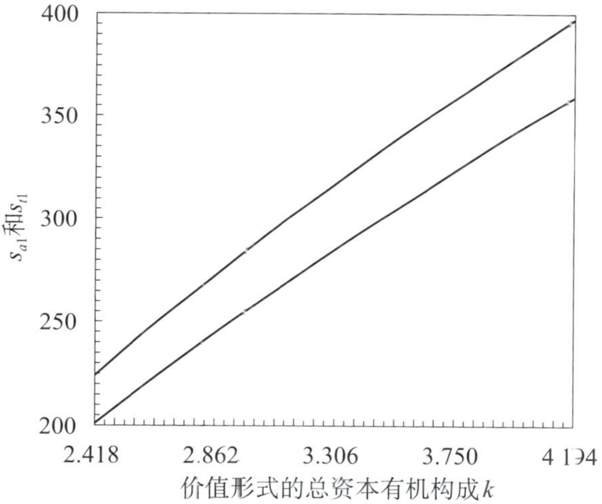

图 16－22　s_{a1}、s_{t1} 与 k 的关系

在图 16－22 中，上面的曲线，表示第一部类被社会多承认的剩余价值 s_{a1} 与价值形式的总资本有机构成 k 的关系；下面的曲线，表示第一部类多得到的剩余价值 s_{t1} 与价值形式的总资本有机构成 k 的关系。

由表 16－22 和图 16－22 可以看出，随着价值形式的总资本有机构成 k 提高，第一部类被社会多承认的剩余价值 s_{a1} 提高，第一部类多得到的剩余价值 s_{t1} 也提高。

可见，如果按照这里的数例，第一部类价值形式的资本有机构成 k_1 的提高超过第二部类价值形式的资本有机构成 k_2 的提高，第二部类价值形式的资本有机构成 k_2 的提高超过剩余价值率 e 的提高，那么，第一部类被社会多承认的剩余价值 s_{a1} 是价值形式的总资本有机构成的单调递增函数，第一部类多得到的剩余价值 s_{t1} 也是价值形式的总资本有机构成的单调递增函数。

三、剩余价值率的提高低于第二部类价值形式的资本有机构成的提高的条件下，两部类得到的剩余价值与价值形式的总资本有机构成关系的数例

如果第一部类价值形式的资本有机构成、第二部类价值形式的资本有机构成、剩余价值率共同提高，第一部类价值形式的资本有机构成的提高超过第二部类价值形式的资本有机构成的提高，第二部类价值形式的资本有机构成的提高超过剩余价值率的提高，即满足（16－15）式表示的关系，例如，第一部类的可变资本 $v_1=1\ 000$，第一部类价值形式的资本有机构成 $k_1=3.2$，3.36，3.52，…，5.6，第二部类价值形式的资本有机构成 $k_2=1.7$，1.76，1.82，…，2.6，剩余价值率 $e=0.853$，0.882 4，0.911 8，…，1.294，那么，第一部类得到的剩余价值 s_{v1}、第二部类得到的剩余价值 s_{v2} 与第一部类价值形式的资本有机构成 k_1、价值形式的总资本有机构成 k 的关系，可以用表 16－23 表示。

表 16－23　　s_{v1}、s_{v2} 与 k_1、k 的关系

第一部类价值形式的资本有机构成 k_1	价值形式的总资本有机构成 k	第一部类得到的剩余价值 s_{v1}	第二部类得到的剩余价值 s_{v2}
3.20	2.417 703 35	1 054.003 124	728.766 876
3.36	2.533 116 63	1 095.022 716	731.144 193
3.52	2.649 090 52	1 135.855 596	733.735 195
3.68	2.765 585 68	1 176.511 956	736.527 107
3.84	2.882 566 36	1 217.001 614	739.507 849
4.00	3.000 000 00	1 257.333 958	742.666 042
4.16	3.117 856 90	1 297.517 910	745.991 003
4.32	3.236 109 89	1 337.561 919	749.472 722
4.48	3.354 734 08	1 377.473 955	753.101 843
4.64	3.473 706 63	1 417.261 518	756.869 625
4.80	3.593 006 52	1 456.931 653	760.767 913
4.96	3.712 614 41	1 496.490 968	764.789 100
5.12	3.832 512 43	1 535.945 656	768.926 096
5.28	3.952 684 09	1 575.301 518	773.172 289
5.44	4.073 114 10	1 614.563 981	777.521 516
5.60	4.193 788 31	1 653.738 125	781.968 029

在表 16－23 中，第一部类得到的剩余价值 s_{v1}、第二部类得到的剩余价值 s_{v2} 与价值形式的总资本有机构成 k 的关系，可以用图 16－23 表示。

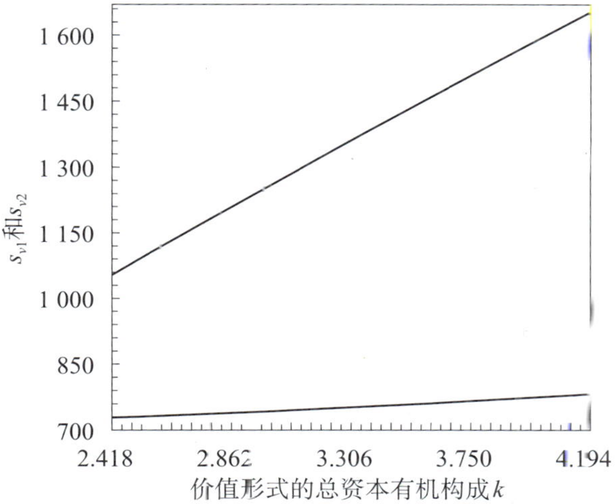

图 16-23　s_{v1}、s_{v2}与 k 的关系

在图 16-23 中，上面的曲线，表示第一部类得到的剩余价值 s_{v1} 与价值形式的总资本有机构成 k 的关系；下面的曲线，表示第二部类得到的剩余价值 s_{v2} 与价值形式的总资本有机构成 k 的关系。

由表 16-23 和图 16-23 可以看出，随着价值形式的总资本有机构成 k 提高，第一部类得到的剩余价值 s_{v1} 提高，第二部类得到的剩余价值 s_{v2} 也提高。

可见，如果按照这里的数例，第一部类价值形式的资本有机构成 k_1 的提高超过第二部类价值形式的资本有机构成 k_2 的提高，第二部类价值形式的资本有机构成 k_2 的提高超过剩余价值率 e 的提高，那么，第一部类得到的剩余价值是价值形式的总资本有机构成的单调递增函数，第二部类得到的剩余价值也是价值形式的总资本有机构成的单调递增函数。

四、剩余价值率的提高低于第二部类价值形式的资本有机构成的提高的条件下，价值形式的平均利润率与价值形式的总资本有机构成关系的数例

如果第一部类价值形式的资本有机构成、第二部类价值形式的资本有机构成、剩余价值率共同提高，第一部类价值形式的资本有机构成的提高超过第二部类价值形式的资本有机构成的提高，第二部类价值形式的资本有机构成的提高超过剩余价值率的提高，即满足（16-15）式表示的关系，例如，第一部类的可变资本 $v_1=1\ 000$，第一部类价值形式的资本有机构成 $k_1=3.2$，3.36，3.52，…，5.6，第二部类价值形式的资本有机构成 $k_2=1.7$，1.76，1.82，…，2.6，剩余价值率 $e=0.853$，0.882 4，

0.911 8，…，1.294，那么，价值形式的平均利润率 r_v 与第一部类价值形式的资本有机构成 k_1、价值形式的总资本有机构成 k、剩余价值率 e 的关系，可以用表 16-24 表示。

表 16-24　　r_v 与 k_1、k、e 的关系

第一部类价值形式的资本有机构成 k_1	价值形式的总资本有机构成 k	剩余价值率 e	价值形式的平均利润率 r_v
3.20	2.417 703 35	0.853 0	0.249 582 81
3.36	2.533 116 63	0.882 4	0.249 751 17
3.52	2.649 090 52	0.911 8	0.249 870 48
3.68	2.765 585 68	0.941 2	0.249 947 84
3.84	2.882 566 36	0.970 6	0.249 989 29
4.00	3.000 000 00	1.000 0	0.250 000 00
4.16	3.117 856 90	1.029 4	0.249 984 40
4.32	3.236 109 89	1.058 8	0.249 946 30
4.48	3.354 734 08	1.088 2	0.249 888 97
4.64	3.473 706 63	1.117 6	0.249 815 22
4.80	3.593 006 52	1.147 0	0.249 727 49
4.96	3.712 614 41	1.176 4	0.249 627 89
5.12	3.832 512 43	1.205 8	0.249 518 24
5.28	3.952 684 09	1.235 2	0.249 400 12
5.44	4.073 114 10	1.264 6	0.249 274 90
5.60	4.193 788 31	1.294 0	0.249 143 77

在表 16-24 中，价值形式的平均利润率 r_v 与价值形式的总资本有机构成 k 的关系，可以用图 16-24 表示。

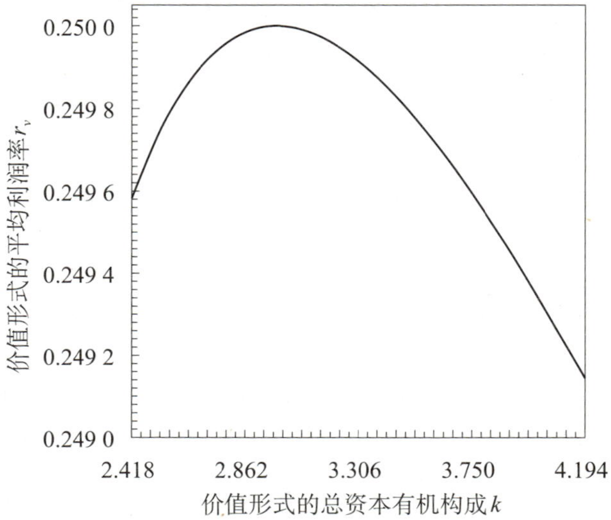

图 16-24　r_v 与 k 的关系

由表 16 - 24 和图 16 - 24 可以看出，随着价值形式的总资本有机构成 k 提高，价值形式的平均利润率 r_v 先提高后降低。

可见，如果按照这里的数例，第一部类价值形式的资本有机构成 k_1 的提高超过第二部类价值形式的资本有机构成 k_2 的提高，第二部类价值形式的资本有机构成 k_2 的提高超过剩余价值率 e 的提高，那么，价值形式的平均利润率是价值形式的总资本有机构成的非线性函数。

特别值得注意的是，在本例中，在第一部类价值形式的资本有机构成 k_1 从 3.2 提高到 4，从而价值形式的总资本有机构成 k 从 2.417 703 35 提高到 3 的过程中，价值形式的平均利润率 r_v 从 0.249 582 81 提高到 0.25；当第一部类价值形式的资本有机构成 k_1 大于 4 时，随着第一部类价值形式的资本有机构成 k_1 提高，价值形式的总资本有机构成 k 提高，价值形式的平均利润率 r_v 降低。

其中，最令人感兴趣的是，在本例中，第一部类价值形式的资本有机构成、第二部类价值形式的资本有机构成、剩余价值率共同提高，第一部类价值形式的资本有机构成的提高超过第二部类价值形式的资本有机构成的提高，第二部类价值形式的资本有机构成的提高超过剩余价值率的提高，价值形式的平均利润率 r_v 出现提高的情况。这是因为，本数例中，在第一部类价值形式的资本有机构成 k_1 小于 4 的区间，剩余价值率的变化与价值形式的总资本有机构成的变化，不满足（16 - 16）式表示的价值形式的平均利润率趋向下降的必要条件；在第一部类价值形式的资本有机构成 k_1 大于 4 的区间，剩余价值率的变化与价值形式的总资本有机构成的变化，满足（16 - 16）式表示的价值形式的平均利润率下降的充分必要条件。

在这里，在剩余价值率的提高低于第二部类价值形式的资本有机构成的提高的条件下，随着价值形式的总资本有机构成 k 提高，价值形式的平均利润率 r_v 先提高后降低，当第一部类价值形式的资本有机构成 $k_1=4$ 时，价值形式的总资本有机构成 $k=3$，价值形式的平均利润率 $r_v=0.25$，此时价值形式的平均利润率 r_v 达到极大值。

更精确的结果是，当第一部类价值形式的资本有机构成 $k_1=3.980\ 8$ 时，第二部类价值形式的资本有机构成 $k_2=1.992\ 8$，剩余价值率 $e=0.996\ 472$，价值形式的总资本有机构成 $k=2.985\ 885\ 05\ 411\ 514$，生产价格形式的总资本有机构成 $k_f=3.368\ 798\ 71\ 282\ 381$，价值形式的平均利润率为极大值 $r_v=0.250\ 000\ 18\ 476\ 981$。

第七节　剩余价值率的提高低于第二部类价值形式的资本有机构成的提高的条件下，生产价格形式的利润率与价值形式的平均利润率变化相反的数例

一、剩余价值率的提高低于第二部类价值形式的资本有机构成的提高的条件下，生产价格形式的总资本有机构成与第一部类价值形式的资本有机构成、第二部类价值形式的资本有机构成、剩余价值率的关系的数例

如果第一部类价值形式的资本有机构成、第二部类价值形式的资本有机构成、剩余价值率共同提高，第一部类价值形式的资本有机构成的提高超过第二部类价值形式的资本有机构成的提高，第二部类价值形式的资本有机构成的提高超过剩余价值率的提高，即满足（16－15）式表示的关系，例如，第一部类的可变资本 $v_1=1\ 000$，第一部类价值形式的资本有机构成 $k_1=3.2$，3.36，3.52，…，5.6，第二部类价值形式的资本有机构成 $k_2=1.7$，1.76，1.82，…，2.6，剩余价值率 $e=0.853$，0.882 4，0.911 8，…，1.294，那么，生产价格形式的总资本有机构成 k_p 与第一部类价值形式的资本有机构成 k_1、第二部类价值形式的资本有机构成 k_2、剩余价值率 e 的关系，可以用表 16－25 表示。

表 16－25　　k_p 与 k_1、k_2、e 的关系

第一部类价值形式的资本有机构成 k_1	第二部类价值形式的资本有机构成 k_2	剩余价值率 e	生产价格形式的总资本有机构成 k_p
3.20	1.70	0.853 0	2.679 962 35
3.36	1.76	0.882 4	2.819 239 73
3.52	1.82	0.911 8	2.959 553 72
3.68	1.88	0.941 2	3.100 829 54
3.84	1.94	0.970 6	3.242 999 22
4.00	2.00	1.000 0	3.386 000 94
4.16	2.06	1.029 4	3.529 778 29
4.32	2.12	1.058 8	3.674 279 79
4.48	2.18	1.088 2	3.819 458 34
4.64	2.24	1.117 6	3.965 270 76

续前表

第一部类价值形式的资本有机构成 k_1	第二部类价值形式的资本有机构成 k_2	剩余价值率 e	生产价格形式的总资本有机构成 k_p
4.80	2.30	1.147 0	4.111 677 43
4.96	2.36	1.176 4	4.258 641 95
5.12	2.42	1.205 8	4.406 130 77
5.28	2.48	1.235 2	4.554 112 98
5.44	2.54	1.264 6	4.702 560 02
5.60	2.60	1.294 0	4.851 445 48

在表 16－25 中，生产价格形式的总资本有机构成 k_p 与第一部类价值形式的资本有机构成 k_1 的关系，可以用图 16－25 表示。

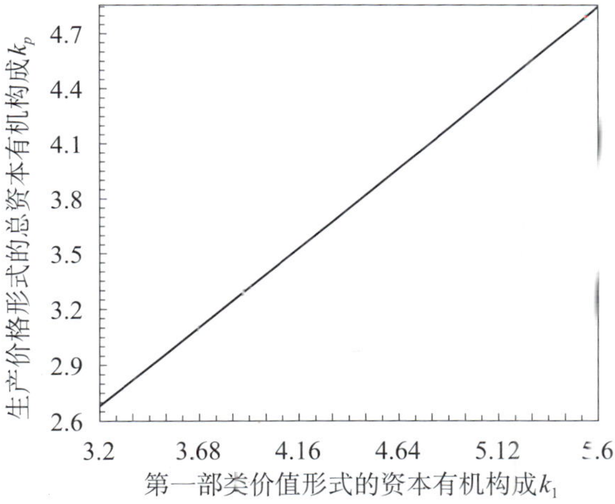

图 16－25　k_p 与 k_1 的关系

由表 16－25 和图 16－25 可以看出，随着第一部类价值形式的资本有机构成 k_1 提高，生产价格形式的总资本有机构成 k_p 提高。

可见，如果按照这里的数例，第一部类价值形式的资本有机构成 k_1 的提高超过第二部类价值形式的资本有机构成 k_2 的提高，第二部类价值形式的资本有机构成 k_2 的提高超过剩余价值率 e 的提高，那么，生产价格形式的总资本有机构成是第一部类价值形式的资本有机构成的单调递增函数。

二、剩余价值率的提高低于第二部类价值形式的资本有机构成的提高的条件下，第一部类价值生产价格转化系数与生产价格形式的总资本有机构成关系的数例

如果第一部类价值形式的资本有机构成、第二部类价值形式的资本有

机构成、剩余价值率共同提高，第一部类价值形式的资本有机构成的提高超过第二部类价值形式的资本有机构成的提高，第二部类价值形式的资本有机构成的提高超过剩余价值率的提高，即满足（16－15）式表示的关系，例如，第一部类的可变资本 $v_1=1\ 000$，第一部类价值形式的资本有机构成 $k_1=3.2$，3.36，3.52，…，5.6，第二部类价值形式的资本有机构成 $k_2=1.7$，1.76，1.82，…，2.6，剩余价值率 $e=0.853$，0.882 4，0.911 8，…，1.294，那么，第一部类价值生产价格转化系数 a_1 与第一部类价值形式的资本有机构成 k_1、价值形式的总资本有机构成 k、生产价格形式的总资本有机构成 k_p 的关系，可以用表 16－26 表示。

表 16－26　　a_1 与 k_1、k、k_p 的关系

第一部类价值形式的资本有机构成 k_1	价值形式的总资本有机构成 k	生产价格形式的总资本有机构成 k_p	第一部类价值生产价格转化系数 a_1
3.20	2.417 703 35	2.679 962 35	1.044 342 55
3.36	2.533 116 63	2.819 239 73	1.045 223 10
3.52	2.649 090 52	2.959 553 72	1.045 994 52
3.68	2.765 585 68	3.100 829 54	1.046 670 09
3.84	2.882 566 36	3.242 999 22	1.047 261 33
4.00	3.000 000 00	3.386 000 94	1.047 778 30
4.16	3.117 856 90	3.529 778 29	1.048 229 77
4.32	3.236 109 89	3.674 279 79	1.048 623 42
4.48	3.354 734 08	3.819 458 34	1.048 965 93
4.64	3.473 706 63	3.965 270 76	1.049 263 17
4.80	3.593 006 52	4.111 677 43	1.049 520 31
4.96	3.712 614 41	4.258 641 95	1.049 741 86
5.12	3.832 512 43	4.406 130 77	1.049 931 81
5.28	3.952 684 09	4.554 112 98	1.050 093 66
5.44	4.073 114 10	4.702 560 02	1.050 230 51
5.60	4.193 788 31	4.851 445 48	1.050 345 09

在表 16－26 中，第一部类价值生产价格转化系数 a_1 与生产价格形式的总资本有机构成 k_p 的关系，可以用图 16－26 表示。

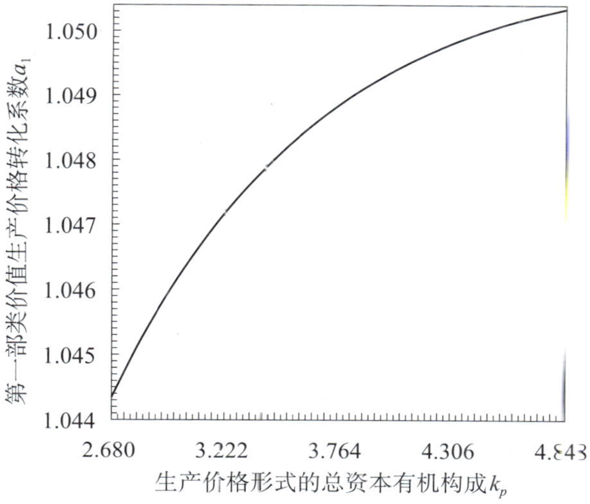

图 16-26　a_1 与 k_p 的关系

由表 16-26 和图 16-26 可以看出，随着生产价格形式的总资本有机构成 k_p 提高，第一部类价值生产价格转化系数 a_1 提高。

可见，如果按照这里的数例，第一部类价值形式的资本有机构成 k_1 的提高超过第二部类价值形式的资本有机构成 k_2 的提高，第二部类价值形式的资本有机构成 k_2 的提高超过剩余价值率 e 的提高，那么，第一部类价值生产价格转化系数 a_1 是生产价格形式的总资本有机构成的单调递增函数。

三、剩余价值率的提高低于第二部类价值形式的资本有机构成的提高的条件下，第二部类价值生产价格转化系数与生产价格形式的总资本有机构成关系的数例

如果第一部类价值形式的资本有机构成、第二部类价值形式的资本有机构成、剩余价值率共同提高，第一部类价值形式的资本有机构成的提高超过第二部类价值形式的资本有机构成的提高，第二部类价值形式的资本有机构成的提高超过剩余价值率的提高，即满足（16-15）式表示的关系，例如，第一部类的可变资本 $v_1=1\ 000$，第一部类价值形式的资本有机构成 $k_1=3.2$，3.36，3.52，…，5.6，第二部类价值形式的资本有机构成 $k_2=1.7$，1.76，1.82，…，2.6，剩余价值率 $e=0.853$，0.882 4，0.911 8，…，1.294，那么，第二部类价值生产价格转化系数 a_2 与第一部类价值形式的资本有机构成 k_1、价值形式的总资本有机构成 k、生产价格形式的总资本有机构成 k_p 的关系，可以用表 16-27 表示。

表 16 - 27　　a_2 与 k_1、k、k_p 的关系

第一部类价值形式的资本有机构成 k_1	价值形式的总资本有机构成 k	生产价格形式的总资本有机构成 k_p	第二部类价值生产价格转化系数 a_2
3.20	2.417 703 35	2.679 962 35	0.942 144 02
3.36	2.533 116 63	2.819 239 73	0.939 143 97
3.52	2.649 090 52	2.959 553 72	0.936 267 57
3.68	2.765 585 68	3.100 829 54	0.933 510 14
3.84	2.882 566 36	3.242 999 22	0.930 866 79
4.00	3.000 000 00	3.386 000 94	0.928 332 55
4.16	3.117 856 90	3.529 778 29	0.925 902 47
4.32	3.236 109 89	3.674 279 79	0.923 571 64
4.48	3.354 734 08	3.819 458 34	0.921 335 29
4.64	3.473 706 63	3.965 270 76	0.919 188 79
4.80	3.593 006 52	4.111 677 43	0.917 127 71
4.96	3.712 614 41	4.258 641 95	0.915 147 79
5.12	3.832 512 43	4.406 130 77	0.913 244 96
5.28	3.952 684 09	4.554 112 98	0.911 415 35
5.44	4.073 114 10	4.702 560 02	0.909 655 31
5.60	4.193 788 31	4.851 445 48	0.907 961 35

在表 16 - 27 中，第二部类价值生产价格转化系数 a_2 与生产价格形式的总资本有机构成 k_p 的关系，可以用图 16 - 27 表示。

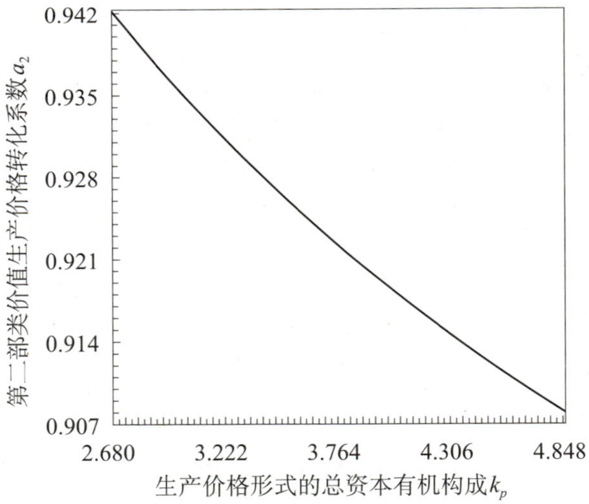

图 16 - 27　a_2 与 k_p 的关系

由表 16 - 27 和图 16 - 27 可以看出，随着生产价格形式的总资本有机构成 k_p 提高，第二部类价值生产价格转化系数 a_2 降低。

可见，如果按照这里的数例，第一部类价值形式的资本有机构成 k_1 的提高超过第二部类价值形式的资本有机构成 k_2 的提高，第二部类价值形式的资本有机构成 k_2 的提高超过剩余价值率 e 的提高，那么，第二部类价值生产价格转化系数 a_2 是生产价格形式的总资本有机构成的单调递减函数。

四、剩余价值率的提高低于第二部类价值形式的资本有机构成的提高的条件下，两部类生产价格形式的利润与生产价格形式的总资本有机构成关系的数例

如果第一部类价值形式的资本有机构成、第二部类价值形式的资本有机构成、剩余价值率共同提高，第一部类价值形式的资本有机构成的提高超过第二部类价值形式的资本有机构成的提高，第二部类价值形式的资本有机构成的提高超过剩余价值率的提高，即满足（16－15）式表示的关系，例如，第一部类的可变资本 v_1＝1 000，第一部类价值形式的资本有机构成 k_1＝3.2，3.36，3.52，…，5.6，第二部类价值形式的资本有机构成 k_2＝1.7，1.76，1.82，…，2.6，剩余价值率 e＝0.853，0.882 4，0.911 8，…，1.294，那么，第一部类生产价格形式的利润 s_{p1}、第二部类生产价格形式的利润 s_{p2} 与第一部类价值形式的资本有机构成 k_1、生产价格形式的总资本有机构成 k_p 的关系，可以用表 16－28 表示。

表 16－28　　s_{p1}、s_{p2} 与 k_1、k_p 的关系

第一部类价值形式的资本有机构成 k_1	生产价格形式的总资本有机构成 k_p	第一部类生产价格形式的利润 s_{p1}	第二部类生产价格形式的利润 s_{p2}
3.20	2.679 962 35	993.022 736	686.603 351
3.36	2.819 239 73	1 028.383 986	686.649 664
3.52	2.959 553 72	1 063.464 760	686.972 469
3.68	3.100 829 54	1 098.285 837	687.555 520
3.84	3.242 999 22	1 132.866 383	688.383 296
4.00	3.386 000 94	1 167.224 043	689.441 063
4.16	3.529 778 29	1 201.375 035	690.714 910
4.32	3.674 279 79	1 235.334 251	692.191 749
4.48	3.819 458 34	1 269.115 359	693.859 301
4.64	3.965 270 76	1 302.730 904	695.706 077
4.80	4.111 677 43	1 336.192 395	697.721 336
4.96	4.258 641 95	1 369.510 400	699.895 053
5.12	4.406 130 77	1 402.694 625	702.217 879
5.28	4.554 112 98	1 435.753 990	704.681 095
5.44	4.702 560 02	1 468.696 697	707.276 575
5.60	4.851 445 48	1 501.530 298	709.996 746

在表 16－28 中，第一部类生产价格形式的利润 s_{p1}、第二部类生产价格形式的利润 s_{p2} 与生产价格形式的总资本有机构成 k_p 的关系，可以用图 16－28 表示。

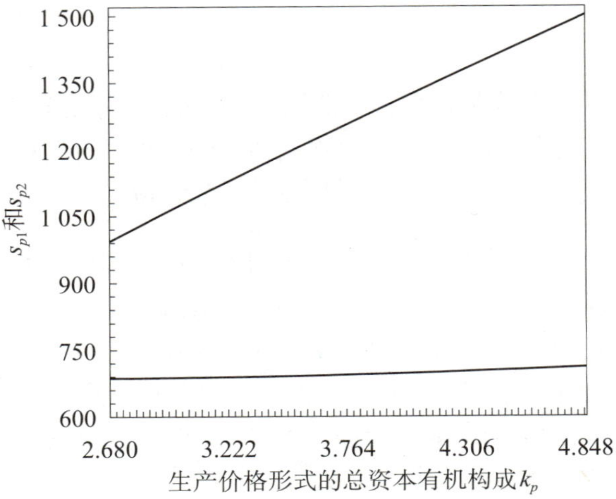

图 16－28　s_{p1}、s_{p2} 与 k_p 的关系

在图 16－28 中，上面的曲线，表示第一部类生产价格形式的利润 s_{p1} 与生产价格形式的总资本有机构成 k_p 的关系；下面的曲线，表示第二部类生产价格形式的利润 s_{p2} 与生产价格形式的总资本有机构成 k_p 的关系。

由表 16－28 和图 16－28 可以看出，随着生产价格形式的总资本有机构成 k_p 提高，第一部类生产价格形式的利润 s_{p1} 提高，第二部类生产价格形式的利润 s_{p2} 也提高。

可见，如果按照这里的数例，第一部类价值形式的资本有机构成 k_1 的提高超过第二部类价值形式的资本有机构成 k_2 的提高，第二部类价值形式的资本有机构成 k_2 的提高超过剩余价值率 e 的提高，那么，第一部类生产价格形式的利润 s_{p1} 是生产价格形式的总资本有机构成的单调递增函数，第二部类生产价格形式的利润 s_{p2} 也是生产价格形式的总资本有机构成的单调递增函数。

五、剩余价值率的提高低于第二部类价值形式的资本有机构成的提高的条件下，生产价格形式的总利润与生产价格形式的总资本有机构成关系的数例

如果第一部类价值形式的资本有机构成、第二部类价值形式的资本有

机构成、剩余价值率共同提高，第一部类价值形式的资本有机构成的提高超过第二部类价值形式的资本有机构成的提高，第二部类价值形式的资本有机构成的提高超过剩余价值率的提高，即满足（16－15）式表示的关系，例如，第一部类的可变资本 $v_1=1\ 000$，第一部类价值形式的资本有机构成 $k_1=3.2$，3.36，3.52，…，5.6，第二部类价值形式的资本有机构成 $k_2=1.7$，1.76，1.82，…，2.6，剩余价值率 $e=0.853$，0.882 4，0.911 8，…，1.294，那么，生产价格形式的总利润 s_p 与第一部类价值形式的资本有机构成 k_1、价值形式的总资本有机构成 k、生产价格形式的总资本有机构成 k_p 的关系，可以用表 16－29 表示。

表 16－29　　s_p 与 k_1、k、k_p 的关系

第一部类价值形式的资本有机构成 k_1	价值形式的总资本有机构成 k	生产价格形式的总资本有机构成 k_p	生产价格形式的总利润 s_p
3.20	2.417 703 35	2.679 962 35	1 679.626 086 47
3.36	2.533 116 63	2.819 239 73	1 715.033 649 27
3.52	2.649 090 52	2.959 553 72	1 750.437 228 87
3.68	2.765 585 68	3.100 829 54	1 785.841 356 75
3.84	2.882 566 36	3.242 999 22	1 821.249 678 51
4.00	3.000 000 00	3.386 000 94	1 856.665 106 12
4.16	3.117 856 90	3.529 778 29	1 892.089 944 90
4.32	3.236 109 89	3.674 279 79	1 927.525 999 27
4.48	3.354 734 08	3.819 458 34	1 962.971 660 65
4.64	3.473 703 63	3.965 270 76	1 998.436 980 39
4.80	3.593 006 52	4.111 677 43	2 033.913 730 36
4.96	3.712 614 41	4.258 641 95	2 069.405 453 18
5.12	3.832 512 43	4.406 130 77	2 104.912 503 81
5.28	3.952 684 09	4.554 112 98	2 140.435 084 18
5.44	4.073 114 10	4.702 560 02	2 175.973 271 74
5.60	4.193 788 31	4.851 445 48	2 211.527 043 28

在表 16－29 中，生产价格形式的总利润 s_p 与生产价格形式的总资本有机构成 k_p 的关系，可以用图 16－29 表示。

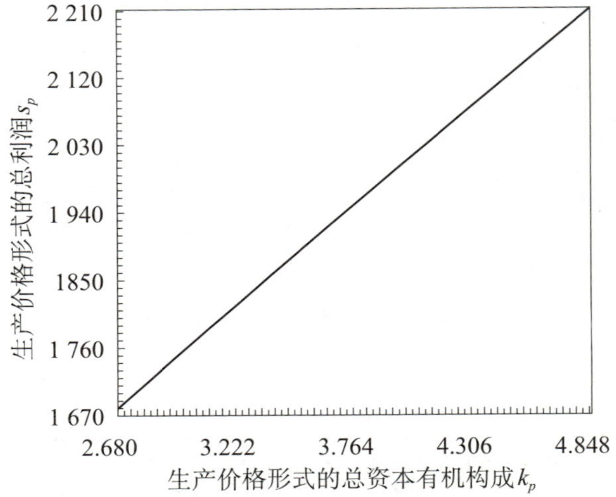

图 16－29　s_p与k_p的关系

由表 16－29 和图 16－29 可以看出，随着生产价格形式的总资本有机构成k_p提高，生产价格形式的总利润s_p提高。

可见，如果按照这里的数例，第一部类价值形式的资本有机构成k_1的提高超过第二部类价值形式的资本有机构成k_2的提高，第二部类价值形式的资本有机构成k_2的提高超过剩余价值率e的提高，那么，生产价格形式的总利润s_p是生产价格形式的总资本有机构成的单调递增函数。

六、剩余价值率的提高低于第二部类价值形式的资本有机构成的提高的条件下，生产价格形式的利润率与生产价格形式的总资本有机构成关系的数例

如果第一部类价值形式的资本有机构成、第二部类价值形式的资本有机构成、剩余价值率共同提高，第一部类价值形式的资本有机构成的提高超过第二部类价值形式的资本有机构成的提高，第二部类价值形式的资本有机构成的提高超过剩余价值率的提高，即满足（16－15）式表示的关系，例如，第一部类的可变资本$v_1=1\ 000$，第一部类价值形式的资本有机构成$k_1=3.2$，3.36，3.52，…，5.6，第二部类价值形式的资本有机构成$k_2=1.7$，1.76，1.82，…，2.6，剩余价值率$e=0.853$，0.882 4，0.911 8，…，1.294，那么，生产价格形式的利润率r与第一部类价值形式的资本有机构成k_1、价值形式的总资本有机构成k、生产价格形式的总资本有机构成k_p的关系，可以用表 16－30 表示。

表 16 - 30　　r 与 k_1、k、k_p 的关系

第一部类价值形式的资本有机构成 k_1	价值形式的总资本有机构成 k	生产价格形式的总资本有机构成 k_p	生产价格形式的利润率 r
3.20	2.417 703 35	2.679 962 35	0.231 795 85
3.36	2.533 116 63	2.819 239 73	0.231 040 75
3.52	2.649 090 52	2.959 553 72	0.230 278 48
3.68	2.765 585 68	3.100 829 54	0.229 514 54
3.84	2.882 566 36	3.242 999 22	0.228 753 28
4.00	3.000 000 00	3.386 000 94	0.227 998 13
4.16	3.117 856 90	3.529 778 29	0.227 251 74
4.32	3.236 109 89	3.674 279 79	0.226 516 18
4.48	3.354 734 08	3.819 458 34	0.225 793 01
4.64	3.473 706 63	3.965 270 76	0.225 083 40
4.80	3.593 006 52	4.111 677 43	0.224 388 18
4.96	3.712 614 41	4.258 641 95	0.223 707 95
5.12	3.832 512 43	4.406 130 77	0.223 043 07
5.28	3.952 684 09	4.554 112 98	0.222 393 75
5.44	4.073 114 10	4.702 560 02	0.221 760 05
5.60	4.193 788 31	4.851 445 48	0.221 141 94

在表 16 - 30 中，生产价格形式的利润率 r 与生产价格形式的总资本有机构成 k_p 的关系，可以用图 16 - 30 表示。

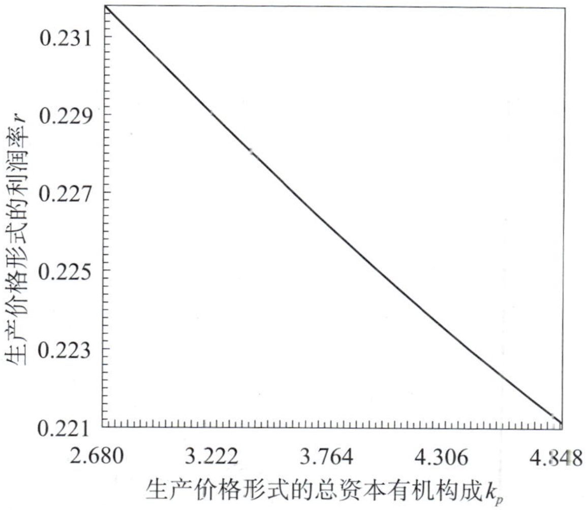

图 16 - 30　r 与 k_p 的关系

由表 16 - 30 和图 16 - 30 可以看出，随着生产价格形式的总资本有机构成 k_p 提高，生产价格形式的利润率 r 降低。

可见，如果按照这里的数例，第一部类价值形式的资本有机构成 k_1 的提高超过第二部类价值形式的资本有机构成 k_2 的提高，第二部类价值

形式的资本有机构成 k_2 的提高超过剩余价值率 e 的提高，那么，生产价格形式的利润率 r 是生产价格形式的总资本有机构成的单调递减函数。

由表 16－24、图 16－24、表 16－30、图 16－30 可以看出，在第一部类价值形式的资本有机构成 k_1 的提高超过第二部类价值形式的资本有机构成 k_2 的提高，第二部类价值形式的资本有机构成 k_2 的提高超过剩余价值率 e 的提高的条件下，如果按照这里的数例，那么，在某个区间，价值形式的平均利润率是价值形式的总资本有机构成的单调递增函数，在另一区间，价值形式的平均利润率是价值形式的总资本有机构成的单调递减函数。生产价格形式的利润率是生产价格形式的总资本有机构成的单调递减函数。

令人非常感兴趣的是，在某个区间，价值形式的平均利润率是价值形式的总资本有机构成的单调递增函数，而生产价格形式的利润率是生产价格形式的总资本有机构成的单调递减函数，二者的变化方向相反。

在同样的数例中，在同一区间，价值形式的平均利润率与生产价格形式的利润率的变化方向相反，这说明，价值形式的平均利润率与生产价格形式的利润率的变化方向不总是相同的。

在价值形式的平均利润率与生产价格形式的利润率的变化方向相反的区间，也就是在价值形式的平均利润率是价值形式的总资本有机构成的单调递增函数的区间，不满足（16－16）式表示的价值形式的平均利润率趋向下降的必要条件。

我们考察利润率与资本有机构成的变化关系时，必须明确是哪种形式的利润率，哪种形式的资本有机构成。否则，无法进行考察。

第八节　剩余价值率的提高等于第二部类价值形式的资本有机构成的提高，价值形式的总资本有机构成提高的条件下，价值形式的平均利润率提高的数例

一、剩余价值率的提高等于第二部类价值形式的资本有机构成的提高的条件下，价值形式的总资本有机构成与第一部类价值形式的资本有机构成、第二部类价值形式的资本有机构成、剩余价值率的关系的数例

如果第一部类价值形式的资本有机构成、第二部类价值形式的资本有

机构成、剩余价值率共同提高，第一部类价值形式的资本有机构成的提高超过第二部类价值形式的资本有机构成的提高，第二部类价值形式的资本有机构成的提高等于剩余价值率的提高，即满足（16－17）式表示的关系，例如，第一部类的可变资本 $v_1=1\ 000$，第一部类价值形式的资本有机构成 $k_1=3.2$，3.36，3.52，…，5.6，第二部类价值形式的资本有机构成 $k_2=1.7$，1.76，1.82，…，2.6，剩余价值率 $e=0.85$，0.88，0.91，…，1.3，那么，价值形式的总资本有机构成 k 与第一部类价值形式的资本有机构成 k_1 的关系，可以用表 16－31 表示。

表 16－31　　k 与 k_1、k_2、e 的关系

第一部类价值形式的资本有机构成 k_1	第二部类价值形式的资本有机构成 k_2	剩余价值率 e	价值形式的总资本有机构成 k
3.20	1.70	0.85	2.418 309 86
3.36	1.76	0.88	2.533 626 37
3.52	1.82	0.91	2.649 490 62
3.68	1.88	0.94	2.765 863 87
3.84	1.94	0.97	2.882 711 00
4.00	2.00	1.00	3.000 000 00
4.16	2.06	1.03	3.117 701 71
4.32	2.12	1.06	3.235 789 47
4.48	2.18	1.09	3.354 238 88
4.64	2.24	1.12	3.473 027 52
4.80	2.30	1.15	3.592 134 83
4.96	2.36	1.18	3.711 541 85
5.12	2.42	1.21	3.831 231 10
5.28	2.48	1.24	3.951 186 44
5.44	2.54	1.27	4.071 392 93
5.60	2.60	1.30	4.191 836 73

在表 16－31 中，价值形式的总资本有机构成 k 与第一部类价值形式的资本有机构成 k_1 的关系，可以用图 16－31 表示。

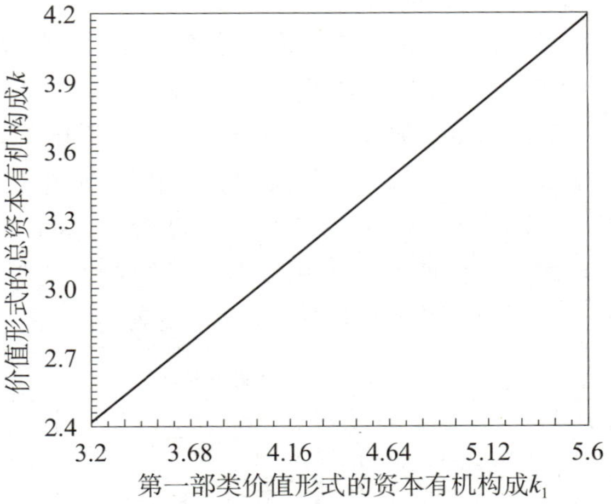

图 16-31　k 与 k_1 的关系

由表 16-31 和图 16-31 可以看出，随着第一部类价值形式的资本有机构成 k_1 提高，价值形式的总资本有机构成 k 提高。

可见，如果按照这里的数例，即第一部类价值形式的资本有机构成 k_1 的提高超过第二部类价值形式的资本有机构成 k_2 的提高，第二部类价值形式的资本有机构成 k_2 的提高等于剩余价值率 e 的提高，那么，价值形式的总资本有机构成是第一部类价值形式的资本有机构成的单调递增函数。

二、剩余价值率的提高低于第二部类价值形式的资本有机构成的提高的条件下，第一部类被社会多承认的剩余价值、第一部类多得到的剩余价值与价值形式的总资本有机构成关系的数例

如果第一部类价值形式的资本有机构成、第二部类价值形式的资本有机构成、剩余价值率共同提高，第一部类价值形式的资本有机构成的提高超过第二部类价值形式的资本有机构成的提高，第二部类价值形式的资本有机构成的提高等于剩余价值率的提高，即满足（16-17）式表示的关系，例如，第一部类的可变资本 $v_1=1\ 000$，第一部类价值形式的资本有机构成 $k_1=3.2$，3.36，3.52，…，5.6，第二部类价值形式的资本有机构成 $k_2=1.7$，1.76，1.82，…，2.6，剩余价值率 $e=0.85$，0.88，0.91，…，1.3，那么，第一部类被社会多承认的剩余价值 s_{a1}、第一部类多得到的剩余价值 s_{t1} 与第一部类价值形式的资本有机构成 k_1、价值形式的总资本有机构成 k 的关系，可以用表 16-32 表示。

表 16 - 32　　s_{a1}、s_{t1} 与 k_1、k 的关系

第一部类价值形式的资本有机构成 k_1	价值形式的总资本有机构成 k	第一部类被社会多承认的剩余价值 s_{a1}	第一部类多得到的剩余价值 s_{t1}
3.20	2.418 309 86	223.063 635	200.088 733
3.36	2.533 626 37	236.254 245	211.869 435
3.52	2.649 490 62	249.199 121	223.475 564
3.68	2.765 863 87	261.909 201	234.915 976
3.84	2.882 711 00	274.395 687	246.199 320
4.00	3.000 000 00	286.669 788	257.333 958
4.16	3.117 701 71	298.742 538	268.327 912
4.32	3.235 789 47	310.624 669	279.188 838
4.48	3.354 238 88	322.326 522	289.924 004
4.64	3.473 027 52	333.857 998	300.540 293
4.80	3.592 134 83	345.228 524	311.044 202
4.96	3.711 541 85	356.447 041	321.441 852
5.12	3.831 231 10	367.522 005	331.739 005
5.28	3.951 136 44	378.461 390	341.941 073
5.44	4.071 392 93	389.272 703	352.053 143
5.60	4.191 836 73	399.963 005	362.079 986

在表 16 - 32 中，第一部类被社会多承认的剩余价值 s_{a1}、第一部类多得到的剩余价值 s_{t1} 与价值形式的总资本有机构成 k 的关系，可以用图 16 - 32 表示。

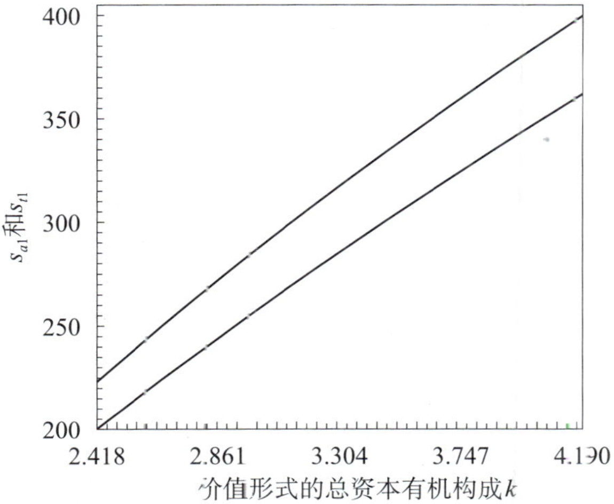

图 16 - 32　s_{a1}、s_{t1} 与 k 的关系

在图 16 - 32 中，上面的曲线，表示第一部类被社会多承认的剩余价

值 s_{a1} 与价值形式的总资本有机构成 k 的关系；下面的曲线，表示第一部类多得到的剩余价值 s_{t1} 与价值形式的总资本有机构成 k 的关系。

由表 16－32 和图 16－32 可以看出，随着价值形式的总资本有机构成 k 提高，第一部类被社会多承认的剩余价值 s_{a1} 提高，第一部类多得到的剩余价值 s_{t1} 也提高。

可见，如果按照这里的数例，第一部类价值形式的资本有机构成 k_1 的提高超过第二部类价值形式的资本有机构成 k_2 的提高，第二部类价值形式的资本有机构成 k_2 的提高等于剩余价值率 e 的提高，那么，第一部类被社会多承认的剩余价值 s_{a1} 是价值形式的总资本有机构成的单调递增函数，第一部类多得到的剩余价值 s_{t1} 也是价值形式的总资本有机构成的单调递增函数。

三、剩余价值率的提高等于第二部类价值形式的资本有机构成的提高的条件下，两部类得到的剩余价值与价值形式的总资本有机构成关系的数例

如果第一部类价值形式的资本有机构成、第二部类价值形式的资本有机构成、剩余价值率共同提高，第一部类价值形式的资本有机构成的提高超过第二部类价值形式的资本有机构成的提高，第二部类价值形式的资本有机构成的提高等于剩余价值率的提高，即满足（16－17）式表示的关系，例如，第一部类的可变资本 $v_1=1\ 000$，第一部类价值形式的资本有机构成 $k_1=3.2$，3.36，3.52，…，5.6，第二部类价值形式的资本有机构成 $k_2=1.7$，1.76，1.82，…，2.6，剩余价值率 $e=0.85$，0.88，0.91，…，1.3，那么，第一部类得到的剩余价值 s_{v1}、第二部类得到的剩余价值 s_{v2} 与第一部类价值形式的资本有机构成 k_1、价值形式的总资本有机构成 k 的关系，可以用表 16－33 表示。

表 16－33　s_{v1}、s_{v2} 与 k_1、k 的关系

第一部类价值形式的资本有机构成 k_1	价值形式的总资本有机构成 k	第一部类得到的剩余价值 s_{v1}	第二部类得到的剩余价值 s_{v2}
3.20	2.418 309 86	1 050.088 733	724.911 267
3.36	2.533 626 37	1 091.869 435	728.130 565
3.52	2.649 490 62	1 133.475 564	731.524 436
3.68	2.765 863 87	1 174.915 976	735.084 024
3.84	2.882 711 00	1 216.199 320	738.800 680
4.00	3.000 000 00	1 257.333 958	742.666 042
4.16	3.117 701 71	1 298.327 912	746.672 088
4.32	3.235 789 47	1 339.188 838	750.811 162
4.48	3.354 238 88	1 379.924 004	755.075 996

续前表

第一部类价值形式的资本有机构成 k_1	价值形式的总资本有机构成 k	第一部类得到的剩余价值 s_{v1}	第二部类得到的剩余价值 s_{v2}
4.64	3.473 027 52	1 420.540 293	759.459 707
4.80	3.592 134 83	1 461.044 202	763.955 798
4.96	3.711 541 85	1 501.441 852	768.558 148
5.12	3.831 231 10	1 541.739 005	773.260 995
5.28	3.951 186 44	1 581.941 073	778.058 927
5.44	4.071 392 93	1 622.053 143	782.946 857
5.60	4.191 836 73	1 662.079 986	787.920 014

在表 16－43 中，第一部类得到的剩余价值 s_{v1}、第二部类得到的剩余价值 s_{v2} 与价值形式的总资本有机构成 k 的关系，可以用图 16－33 表示。

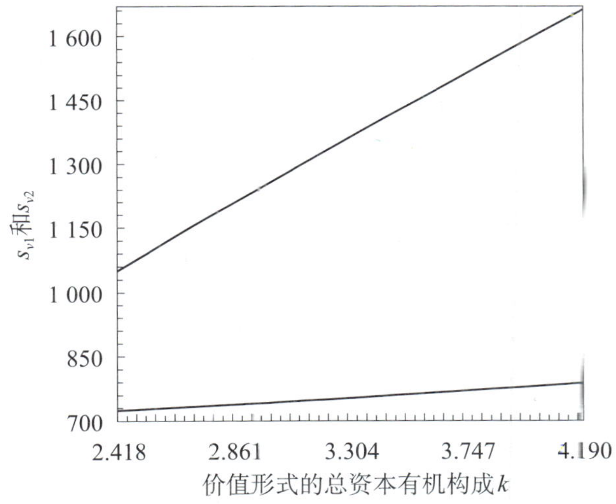

图 16－33　s_{v1}、s_{v2} 与 k 的关系

在图 16－33 中，上面的曲线，表示第一部类得到的剩余价值 s_{v1} 与价值形式的总资本有机构成 k 的关系；下面的曲线，表示第二部类得到的剩余价值 s_{v2} 与价值形式的总资本有机构成 k 的关系。

由表 16－33 和图 16－33 可以看出，随着价值形式的总资本有机构成 k 提高，第一部类得到的剩余价值 s_{v1} 提高，第二部类得到的剩余价值 s_{v2} 也提高。

可见，如果按照这里的数例，第一部类价值形式的资本有机构成 k_1 的提高超过第二部类价值形式的资本有机构成 k_2 的提高，第二部类价值形式的资本有机构成 k_2 的提高等于剩余价值率 e 的提高，那么，第一部类得到的剩余价值是价值形式的总资本有机构成的单调递增函数，第二部类得到的剩余价值也是价值形式的总资本有机构成的单调递增函数。

四、剩余价值率的提高等于第二部类价值形式的资本有机构成的提高的条件下，价值形式的平均利润率与价值形式的总资本有机构成关系的数例

如果第一部类价值形式的资本有机构成、第二部类价值形式的资本有机构成、剩余价值率共同提高，第一部类价值形式的资本有机构成的提高超过第二部类价值形式的资本有机构成的提高，第二部类价值形式的资本有机构成的提高等于剩余价值率的提高，即满足（16－17）式表示的关系，例如，第一部类的可变资本 $v_1=1\ 000$，第一部类价值形式的资本有机构成 $k_1=3.2$，3.36，3.52，…，5.6，第二部类价值形式的资本有机构成 $k_2=1.7$，1.76，1.82，…，2.6，剩余价值率 $e=0.85$，0.88，0.91，…，1.3，那么，价值形式的平均利润率 r_v 与第一部类价值形式的资本有机构成 k_1、价值形式的总资本有机构成 k、剩余价值率 e 的关系，可以用表 16－34 表示。

表 16－34　　r_v 与 k_1、k、e 的关系

第一部类价值形式的资本有机构成 k_1	价值形式的总资本有机构成 k	剩余价值率 e	价值形式的平均利润率 r_v
3.20	2.418 309 86	0.85	0.248 660 90
3.36	2.533 626 37	0.88	0.249 035 95
3.52	2.649 490 62	0.91	0.249 349 87
3.68	2.765 863 87	0.94	0.249 610 72
3.84	2.882 711 00	0.97	0.249 825 44
4.00	3.000 000 00	1.00	0.250 000 00
4.16	3.117 701 71	1.03	0.250 139 54
4.32	3.235 789 47	1.06	0.250 248 51
4.48	3.354 238 88	1.09	0.250 330 78
4.64	3.473 027 52	1.12	0.250 389 70
4.80	3.592 134 83	1.15	0.250 428 19
4.96	3.711 541 85	1.18	0.250 448 80
5.12	3.831 231 10	1.21	0.250 453 76
5.28	3.951 186 44	1.24	0.250 445 02
5.44	4.071 392 93	1.27	0.250 424 30
5.60	4.191 836 73	1.30	0.250 393 08

在表 16－34 中，价值形式的平均利润率 r_v 与价值形式的总资本有机构成 k 的关系，可以用图 16－34 表示。

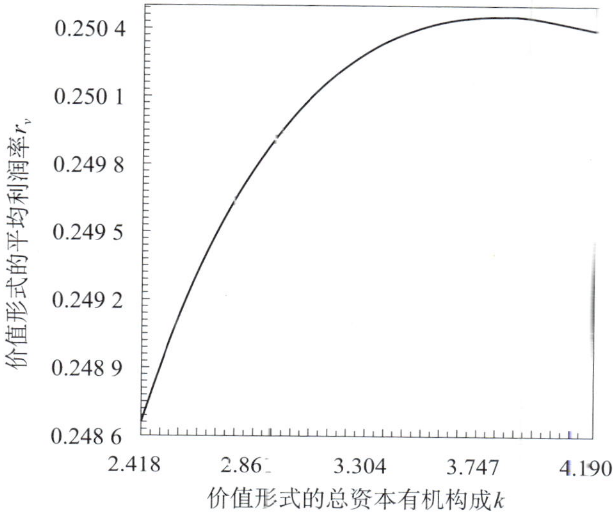

图 16－34　r_v与 k 的关系

由表 16－34 和图 16－34 可以看出，随着价值形式的总资本有机构成 k 提高，价值形式的平均利润率 r_v先提高后降低。

可见，如果按照这里的数例，第一部类价值形式的资本有机构成 k_1 的提高超过第二部类价值形式的资本有机构成 k_2 的提高，第二部类价值形式的资本有机构成 k_2 的提高等于剩余价值率 e 的提高，那么，价值形式的平均利润率是价值形式的总资本有机构成的非线性函数。

特别值得注意的是，在第一部类价值形式的资本有机构成 k_1 从 3.2 提高到 5.12，从而价值形式的总资本有机构成 k 从 2.418 309 86 提高到 3.831 231 10 的过程中，价值形式的平均利润率 r_v从 0.248 660 90 提高到 0.250 453 76；当第一部类价值形式的资本有机构成 k_1 大于 5.12 时，随着第一部类价值形式的资本有机构成 k_1 提高，价值形式的总资本有机构成 k 提高，价值形式的平均利润率 r_v降低。

其中，最令人感兴趣的是，在本例中，第一部类价值形式的资本有机构成、第二部类价值形式的资本有机构成、剩余价值率共同提高，第一部类价值形式的资本有机构成的提高超过第二部类价值形式的资本有机构成的提高，第二部类价值形式的资本有机构成的提高等于剩余价值率的提高，价值形式的平均利润率 r_v出现提高的情况。这是因为，本数例中，在第一部类价值形式的资本有机构成 k_1 小于 5.12 的区间，剩余价值率的变化与价值形式的总资本有机构成的变化，不满足（16－16）式表示的价值形式的平均利润率趋向下降的必要条件；在第一部类价值形式的资本有机构成 k_1 大于 5.12 的区间，剩余价值率的变化与价值形式的总资本有机构成的变化，满足（16－16）式表示的价值形式的平均利润率下降的充分必要条件。

在这里，在剩余价值率的提高等于第二部类价值形式的资本有机构成的提高的条件下，随着价值形式的总资本有机构成 k 提高，价值形式的平均利润率 r_v 先提高后降低，当第一部类价值形式的资本有机构成 $k_1=5.12$ 时，价值形式的总资本有机构成 $k=3.831\ 231\ 10$，价值形式的平均利润率 $r_v=0.250\ 453\ 76$，此时价值形式的平均利润率 r_v 达到极大值。

更精确的结果是，当第一部类价值形式的资本有机构成 $k_1=5.094\ 624$ 时，第二部类价值形式的资本有机构成 $k_2=2.410\ 484$，剩余价值率 $e=1.205\ 242$，价值形式的总资本有机构成 $k=3.812\ 230\ 23\ 098\ 512$，生产价格形式的总资本有机构成 $k_p=4.382\ 899\ 71\ 029\ 395$，价值形式的平均利润率为极大值 $r_v=0.250\ 453\ 93\ 552\ 446$。

第九节　剩余价值率的提高等于第二部类价值形式的资本有机构成的提高的条件下，生产价格形式的利润率与价值形式的平均利润率变化相反的数例

一、剩余价值率的提高等于第二部类价值形式的资本有机构成的提高的条件下，生产价格形式的总资本有机构成与第一部类价值形式的资本有机构成、第二部类价值形式的资本有机构成、剩余价值率的关系的数例

如果第一部类价值形式的资本有机构成、第二部类价值形式的资本有机构成、剩余价值率共同提高，第一部类价值形式的资本有机构成的提高超过第二部类价值形式的资本有机构成的提高，第二部类价值形式的资本有机构成的提高等于剩余价值率的提高，即满足（16－17）式表示的关系，例如，第一部类的可变资本 $v_1=1\ 000$，第一部类价值形式的资本有机构成 $k_1=3.2$，3.36，3.52，…，5.6，第二部类价值形式的资本有机构成 $k_2=1.7$，1.76，1.82，…，2.6，剩余价值率 $e=0.85$，0.88，0.91，…，1.3，那么，生产价格形式的总资本有机构成 k_p 与第一部类价值形式的资本有机构成 k_1、第二部类价值形式的资本有机构成 k_2、剩余价值率 e 的关系，可以用表 16－35 表示。

表 16－35 k_p与k_1、k_2、e的关系

第一部类价值形式的资本有机构成 k_1	第二部类价值形式的资本有机构成 k_2	剩余价值率 e	生产价格形式的总资本有机构成 k_p
3.20	1.70	0.85	2.679 864 75
3.36	1.76	0.88	2.819 157 22
3.52	1.82	0.91	2.959 488 74
3.68	1.88	0.94	3.100 784 29
3.84	1.94	0.97	3.242 975 71
4.00	2.00	1.00	3.386 000 94
4.16	2.06	1.03	3.529 803 38
4.32	2.12	1.06	3.674 331 37
4.48	2.18	1.09	3.819 537 62
4.64	2.24	1.12	3.965 378 80
4.80	2.30	1.15	4.111 815 16
4.96	2.36	1.18	4.258 810 15
5.12	2.42	1.21	4.406 330 10
5.28	2.48	1.24	4.554 344 00
5.44	2.54	1.27	4.702 823 19
5.60	2.60	1.30	4.851 741 16

在表 16－35 中，生产价格形式的总资本有机构成 k_p 与第一部类价值形式的资本有机构成 k_1 的关系，可以用图 16－35 表示。

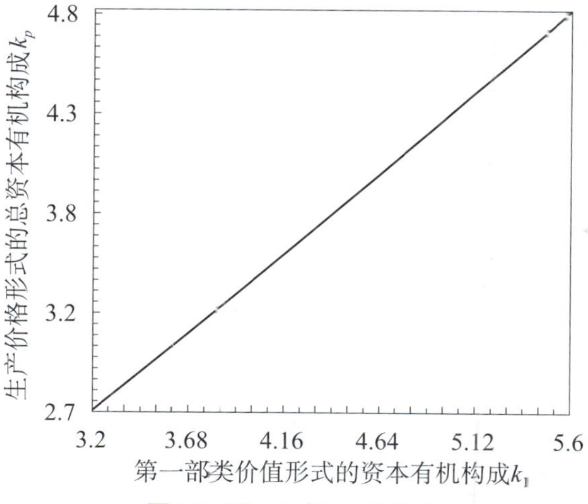

图 16－35 k_p与k_1的关系

由表 16－35 和图 16－35 可以看出，随着第一部类价值形式的资本有机构成 k_1 提高，生产价格形式的总资本有机构成 k_p 提高。

可见，如果按照这里的数例，第一部类价值形式的资本有机构成 k_1 的提高超过第二部类价值形式的资本有机构成 k_2 的提高，第二部类价值形式的资本有机构成 k_2 的提高等于剩余价值率 e 的提高，那么，生产价格形式的总资本有机构成是第一部类价值形式的资本有机构成的单调递增函数。

二、剩余价值率的提高等于第二部类价值形式的资本有机构成的提高的条件下，第一部类价值生产价格转化系数与生产价格形式的总资本有机构成关系的数例

如果第一部类价值形式的资本有机构成、第二部类价值形式的资本有机构成、剩余价值率共同提高，第一部类价值形式的资本有机构成的提高超过第二部类价值形式的资本有机构成的提高，第二部类价值形式的资本有机构成的提高等于剩余价值率的提高，即满足（16－17）式表示的关系，例如，第一部类的可变资本 $v_1=1\ 000$，第一部类价值形式的资本有机构成 $k_1=3.2$，3.36，3.52，…，5.6，第二部类价值形式的资本有机构成 $k_2=1.7$，1.76，1.82，…，2.6，剩余价值率 $e=0.85$，0.88，0.91，…，1.3，那么，第一部类价值生产价格转化系数 a_1 与第一部类价值形式的资本有机构成 k_1、价值形式的总资本有机构成 k、生产价格形式的总资本有机构成 k_p 的关系，可以用表 16－36 表示。

表 16－36　　a_1 与 k_1、k、k_p 的关系

第一部类价值形式的资本有机构成 k_1	价值形式的总资本有机构成 k	生产价格形式的总资本有机构成 k_p	第一部类价值生产价格转化系数 a_1
3.20	2.418 309 86	2.679 864 75	1.044 171 02
3.36	2.533 626 37	2.819 157 22	1.045 086 69
3.52	2.649 490 62	2.959 488 74	1.045 893 02
3.68	2.765 863 87	3.100 784 29	1.046 603 06
3.84	2.882 711 00	3.242 975 71	1.047 228 17
4.00	3.000 000 00	3.386 000 94	1.047 778 30
4.16	3.117 701 71	3.529 803 38	1.048 262 12
4.32	3.235 789 47	3.674 331 37	1.048 687 25
4.48	3.354 238 88	3.819 537 62	1.049 060 35
4.64	3.473 027 52	3.965 378 80	1.049 387 28
4.80	3.592 134 83	4.111 815 16	1.049 673 17
4.96	3.711 541 85	4.258 810 15	1.049 922 55
5.12	3.831 231 10	4.406 330 10	1.050 139 43

续前表

第一部类价值形式的资本有机构成 k_1	价值形式的总资本有机构成 k	生产价格形式的总资本有机构成 k_p	第一部类价值生产价格转化系数 a_1
5.28	3.951 186 44	4.554 344 00	1 050 327 31
5.44	4.071 392 93	4.702 823 19	1 050 489 33
5.60	4.191 836 73	4.851 741 16	1 050 628 23

在表 16－36 中，第一部类价值生产价格转化系数 a_1 与生产价格形式的总资本有机构成 k_p 的关系，可以用图 16－36 表示。

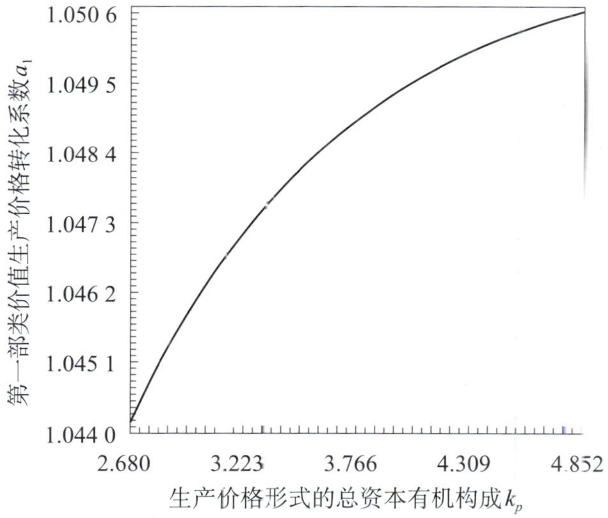

图 16－36　a_1 与 k_p 的关系

由表 16－36 和图 16－36 可以看出，随着生产价格形式的总资本有机构成 k_p 提高，第一部类价值生产价格转化系数 a_1 提高。

可见，如果按照这里的数例，第一部类价值形式的资本有机构成 k_1 的提高超过第二部类价值形式的资本有机构成 k_2 的提高，第二部类价值形式的资本有机构成 k_2 的提高等于剩余价值率 e 的提高，那么，第一部类价值生产价格转化系数 a_1 是生产价格形式的总资本有机构成的单调递增函数。

三、剩余价值率的提高等于第二部类价值形式的资本有机构成的提高的条件下，第二部类价值生产价格转化系数与生产价格形式的总资本有机构成关系的数例

如果第一部类价值形式的资本有机构成、第二部类价值形式的资本有机构成、剩余价值率共同提高，第一部类价值形式的资本有机构成的提高

超过第二部类价值形式的资本有机构成的提高，第二部类价值形式的资本有机构成的提高等于剩余价值率的提高，即满足（16－17）式表示的关系，例如，第一部类的可变资本 $v_1=1\ 000$，第一部类价值形式的资本有机构成 $k_1=3.2$，3.36，3.52，…，5.6，第二部类价值形式的资本有机构成 $k_2=1.7$，1.76，1.82，…，2.6，剩余价值率 $e=0.85$，0.88，0.91，…，1.3，那么，第二部类价值生产价格转化系数 a_2 与第一部类价值形式的资本有机构成 k_1、价值形式的总资本有机构成 k、生产价格形式的总资本有机构成 k_p 的关系，可以用表 16－37 表示。

表 16－37　　a_2 与 k_1、k、k_p 的关系

第一部类价值形式的资本有机构成 k_1	价值形式的总资本有机构成 k	生产价格形式的总资本有机构成 k_p	第二部类价值生产价格转化系数 a_2
3.20	2.418 309 86	2.679 864 75	0.942 259 89
3.36	2.533 626 37	2.819 157 22	0.939 237 86
3.52	2.649 490 62	2.959 488 74	0.936 338 67
3.68	2.765 863 87	3.100 784 29	0.933 557 88
3.84	2.882 711 00	3.242 975 71	0.930 890 77
4.00	3.000 000 00	3.386 000 94	0.928 332 55
4.16	3.117 701 71	3.529 803 38	0.925 878 37
4.32	3.235 789 47	3.674 331 37	0.923 523 45
4.48	3.354 238 88	3.819 537 62	0.921 263 09
4.64	3.473 027 52	3.965 378 80	0.919 092 75
4.80	3.592 134 83	4.111 815 16	0.917 008 04
4.96	3.711 541 85	4.258 810 15	0.915 004 75
5.12	3.831 231 10	4.406 330 10	0.913 078 85
5.28	3.951 186 44	4.554 344 00	0.911 226 52
5.44	4.071 392 93	4.702 823 19	0.909 444 10
5.60	4.191 836 73	4.851 741 16	0.907 728 14

在表 16－37 中，第二部类价值生产价格转化系数 a_2 与生产价格形式的总资本有机构成 k_p 的关系，可以用图 16－37 表示。

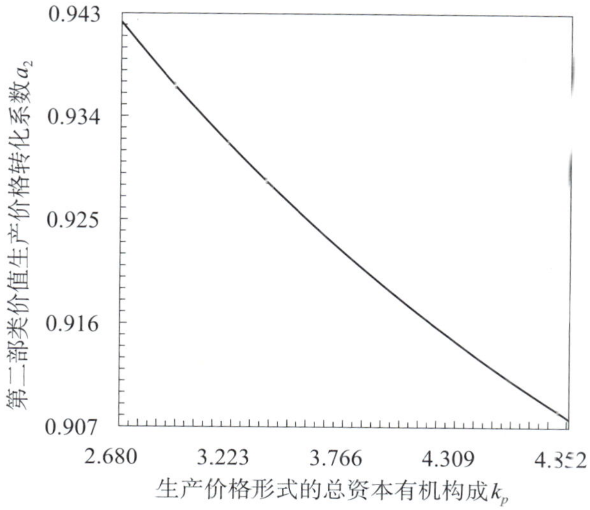

图 16－37　a_2 与 k_p 的关系

由表 16－37 和图 16－37 可以看出，随着生产价格形式的总资本有机构成 k_p 提高，第二部类价值生产价格转化系数 a_2 降低。

可见，如果按照这里的数例，第一部类价值形式的资本有机构成 k_1 的提高超过第二部类价值形式的资本有机构成 k_2 的提高，第二部类价值形式的资本有机构成 k_2 的提高等于剩余价值率 e 的提高，那么，第二部类价值生产价格转化系数 a_2 是生产价格形式的总资本有机构成的单调递减函数。

四、剩余价值率的提高等于第二部类价值形式的资本有机构成的提高的条件下，两部类生产价格形式的利润与生产价格形式的总资本有机构成关系的数例

如果第一部类价值形式的资本有机构成、第二部类价值形式的资本有机构成、剩余价值率共同提高，第一部类价值形式的资本有机构成的提高超过第二部类价值形式的资本有机构成的提高，第二部类价值形式的资本有机构成的提高等于剩余价值率的提高，即满足（16－17）式表示的关系，例如，第一部类的可变资本 $v_1=1\ 000$，第一部类价值形式的资本有机构成 $k_1=3.2$，3.36，3.52，…，5.6，第二部类价值形式的资本有机构成 $k_2=1.7$，1.76，1.82，…，2.6，剩余价值率 $e=0.85$，0.88，0.91，…，1.3，那么，第一部类生产价格形式的利润 s_{p1}、第二部类生产价格形式的利润 s_{p2} 与第一部类价值形式的资本有机构成 k_1、生产价格形式的总资本有机构成 k_p 的关系，可以用表 16－38 表示。

表 16－38　s_{p1}、s_{p2} 与 k_1、k_p 的关系

第一部类价值形式的资本有机构成 k_1	生产价格形式的总资本有机构成 k_p	第一部类生产价格形式的利润 s_{p1}	第二部类生产价格形式的利润 s_{p2}
3.20	2.679 864 75	989.456 492	683.054 810
3.36	2.819 157 22	1 025.525 113	683.887 794
3.52	2.959 488 74	1 061.317 004	684.954 618
3.68	3.100 784 29	1 096.852 063	686.243 479
3.84	3.242 975 71	1 132.148 727	687.742 737
4.00	3.386 000 94	1 167.224 043	689.441 063
4.16	3.529 803 38	1 202.093 735	691.327 538
4.32	3.674 331 37	1 236.772 292	693.391 713
4.48	3.819 537 62	1 271.273 050	695.623 644
4.64	3.965 378 80	1 305.608 281	698.013 909
4.80	4.111 815 16	1 339.789 276	700.553 607
4.96	4.258 810 15	1 373.826 422	703.234 354
5.12	4.406 330 10	1 407.729 282	706.048 263
5.28	4.554 344 00	1 441.506 660	708.987 928
5.44	4.702 823 19	1 475.166 666	712.046 403
5.60	4.851 741 16	1 508.716 781	715.217 173

在表 16－38 中，第一部类生产价格形式的利润 s_{p1}、第二部类生产价格形式的利润 s_{p2} 与生产价格形式的总资本有机构成 k_p 的关系，可以用图 16－38 表示。

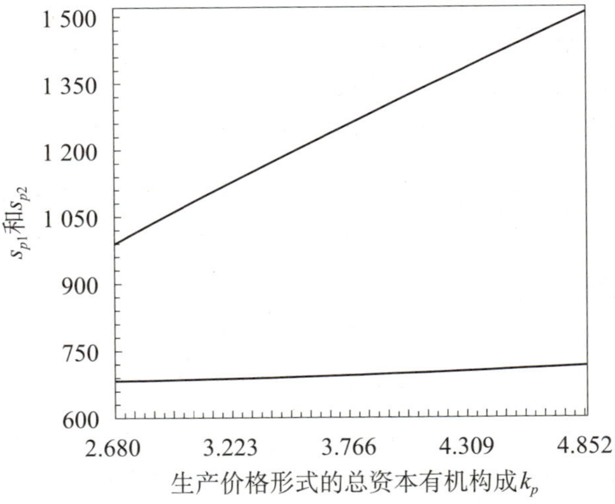

图 16－38　s_{p1}、s_{p2} 与 k_p 的关系

在图 16－38 中，上面的曲线，表示第一部类生产价格形式的利润 s_{p1}

与生产价格形式的总资本有机构成 k_p 的关系；下面的曲线，表示第二部类生产价格形式的利润 s_{p2} 与生产价格形式的总资本有机构成 k_p 的关系。

由表 16－38 和图 16－38 可以看出，随着生产价格形式的总资本有机构成 k_p 提高，第一部类生产价格形式的利润 s_{p1} 提高，第二部类生产价格形式的利润 s_{p2} 也提高。

可见，如果按照这里的数例，第一部类价值形式的资本有机构成 k_1 的提高超过第二部类价值形式的资本有机构成 k_2 的提高，第二部类价值形式的资本有机构成 k_2 的提高等于剩余价值率 e 的提高，那么，第一部类生产价格形式的利润 s_{p1} 是生产价格形式的总资本有机构成的单调递增函数，第二部类生产价格形式的利润 s_{p2} 也是生产价格形式的总资本有机构成的单调递增函数。

五、剩余价值率的提高等于第二部类价值形式的资本有机构成的提高的条件下，生产价格形式的总利润与生产价格形式的总资本有机构成关系的数例

如果第一部类价值形式的资本有机构成、第二部类价值形式的资本有机构成、剩余价值率共同提高，第一部类价值形式的资本有机构成的提高超过第二部类价值形式的资本有机构成的提高，第二部类价值形式的资本有机构成的提高等于剩余价值率的提高，即满足（16－17）式表示的关系，例如，第一部类的可变资本 $v_1=1\ 000$，第一部类价值形式的资本有机构成 $k_1=3.2$，3.36，3.52，…，5.6，第二部类价值形式的资本有机构成 $k_2=1.7$，1.76，1.82，…，2.6，剩余价值率 $e=0.85$，0.88，0.91，…，1.3，那么，生产价格形式的总利润 s_p 与第一部类价值形式的资本有机构成 k_1、价值形式的总资本有机构成 k、生产价格形式的总资本有机构成 k_p 的关系，可以用表 16－39 表示。

表 16－39　　s_p 与 k_1、k、k_p 的关系

第一部类价值形式的资本有机构成 k_1	价值形式的总资本有机构成 k	生产价格形式的总资本有机构成 k_p	生产价格形式的总利润 s_p
3.20	2.418 309 86	2.679 864 75	1 672.511 302 71
3.36	2.533 626 37	2.819 157 22	1 709.412 906 67
3.52	2.649 490 62	2.959 488 74	1 746.271 622 78
3.68	2.765 863 87	3.100 784 29	1 783.095 541 67
3.84	2.882 711 00	3.242 975 71	1 819.891 463 91
4.00	3.000 000 00	3.386 000 94	1 856.665 106 12
4.16	3.117 701 71	3.529 803 38	1 893.421 273 63

续前表

第一部类价值形式的资本有机构成 k_1	价值形式的总资本有机构成 k	生产价格形式的总资本有机构成 k_p	生产价格形式的总利润 s_p
4.32	3.235 789 47	3.674 331 37	1 930.164 005 22
4.48	3.354 238 88	3.819 537 62	1 966.896 694 17
4.64	3.473 027 52	3.965 378 80	2 003.622 189 86
4.80	3.592 134 83	4.111 815 16	2 040.342 882 76
4.96	3.711 541 85	4.258 810 15	2 077.060 775 89
5.12	3.831 231 10	4.406 330 10	2 113.777 544 78
5.28	3.951 186 44	4.554 344 00	2 150.494 587 92
5.44	4.071 392 93	4.702 823 19	2 187.213 069 19
5.60	4.191 836 73	4.851 741 16	2 223.933 953 72

在表 16－39 中，生产价格形式的总利润 s_p 与生产价格形式的总资本有机构成 k_p 的关系，可以用图 16－39 表示。

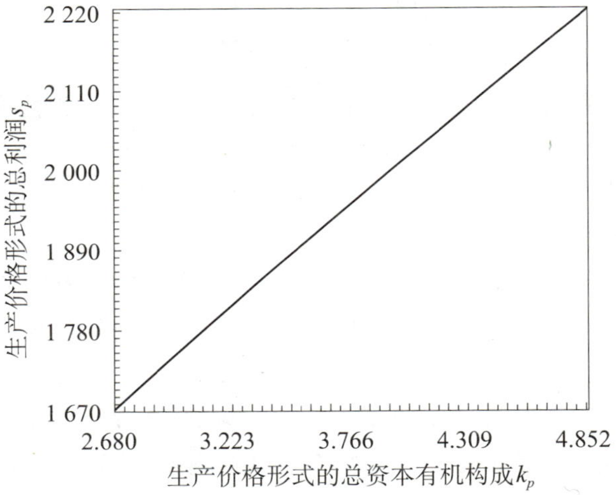

图 16－39　s_p 与 k_p 的关系

由表 16－39 和图 16－39 可以看出，随着生产价格形式的总资本有机构成 k_p 提高，生产价格形式的总利润 s_p 提高。

可见，如果按照这里的数例，第一部类价值形式的资本有机构成 k_1 的提高超过第二部类价值形式的资本有机构成 k_2 的提高，第二部类价值形式的资本有机构成 k_2 的提高等于剩余价值率 e 的提高，那么，生产价格形式的总利润 s_p 是生产价格形式的总资本有机构成的单调递增函数。

六、剩余价值率的提高等于第二部类价值形式的资本有机构成的提高的条件下，生产价格形式的利润率与生产价格形式的总资本有机构成关系的数例

如果第一部类价值形式的资本有机构成、第二部类价值形式的资本有机构成、剩余价值率共同提高，第一部类价值形式的资本有机构成的提高超过第二部类价值形式的资本有机构成的提高，第二部类价值形式的资本有机构成的提高等于剩余价值率的提高，即满足（16－17）式表示的关系，例如，第一部类的可变资本 $v_1=1\ 000$，第一部类价值形式的资本有机构成 $k_1=3.2$，3.36，3.52，…，5.6，第二部类价值形式的资本有机构成 $k_2=1.7$，1.76，1.82，…，2.6，剩余价值率 $e=0.85$，0.88，0.91，…，1.3，那么，生产价格形式的利润率 r 与第一部类价值形式的资本有机构成 k_1、价值形式的总资本有机构成 k、生产价格形式的总资本有机构成 k_p 的关系，可以用表 16－40 表示。

表 16－40　　r 与 k_1、k、k_p 的关系

第一部类价值形式的资本有机构成 k_1	价值形式的总资本有机构成 k	生产价格形式的总资本有机构成 k_p	生产价格形式的利润率 r
3.20	2.418 309 86	2.679 864 75	0.230 986 75
3.36	2.533 626 37	2.819 157 22	0.230 417 33
3.52	2.649 490 62	2.959 488 74	0.229 327 65
3.68	2.765 863 87	3.100 784 29	0.229 224 44
3.84	2.882 711 00	3.242 975 71	0.228 613 14
4.00	3.000 000 00	3.386 000 94	0.227 998 13
4.16	3.117 701 71	3.529 803 38	0.227 382 94
4.32	3.235 789 47	3.674 331 37	0.226 770 40
4.48	3.354 238 88	3.819 537 62	0.226 162 77
4.64	3.473 027 52	3.965 378 80	0.225 561 84
4.80	3.592 134 83	4.111 815 16	0.224 969 01
4.96	3.711 541 85	4.258 810 15	0.224 385 36
5.12	3.831 231 10	4.406 330 10	0.223 811 71
5.28	3.951 186 44	4.554 344 00	0.223 248 69
5.44	4.071 392 93	4.702 823 19	0.222 696 72
5.60	4.191 836 73	4.851 741 16	0.222 156 10

在表 16－40 中，生产价格形式的利润率 r 与生产价格形式的总资本有机构成 k_p 的关系，可以用图 16－40 表示。

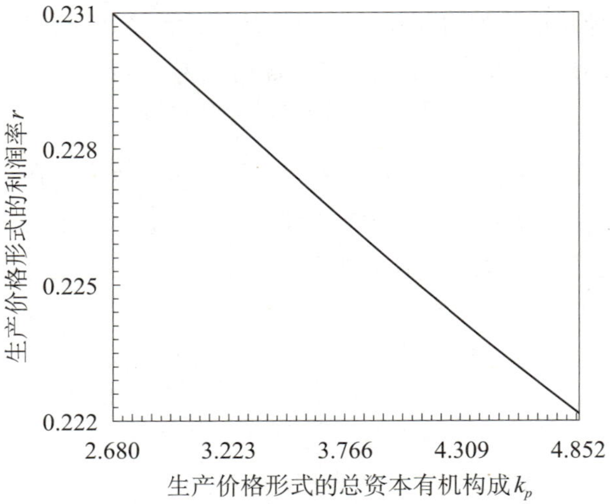

图 16-40　r 与 k_p 的关系

由表 16-40 和图 16-40 可以看出，随着生产价格形式的总资本有机构成 k_p 提高，生产价格形式的利润率 r 降低。

可见，如果按照这里的数例，第一部类价值形式的资本有机构成 k_1 的提高超过第二部类价值形式的资本有机构成 k_2 的提高，第二部类价值形式的资本有机构成 k_2 的提高等于剩余价值率 e 的提高，那么，生产价格形式的利润率 r 是生产价格形式的总资本有机构成的单调递减函数。

由表 16-34、图 16-34、表 16-40、图 16-40 可以看出，在第一部类价值形式的资本有机构成 k_1 的提高超过第二部类价值形式的资本有机构成 k_2 的提高，第二部类价值形式的资本有机构成 k_2 的提高等于剩余价值率 e 的提高的条件下，如果按照这里的数例，那么，在某个区间，价值形式的平均利润率是价值形式的总资本有机构成的单调递增函数，在另一区间，价值形式的平均利润率是价值形式的总资本有机构成的单调递减函数。生产价格形式的利润率是生产价格形式的总资本有机构成的单调递减函数。

令人非常感兴趣的是，在某个区间，价值形式的平均利润率是价值形式的总资本有机构成的单调递增函数，而生产价格形式的利润率是生产价格形式的总资本有机构成的单调递减函数，二者的变化方向相反。

在同样的数例中，在同一区间，价值形式的平均利润率与生产价格形式的利润率的变化方向相反，这说明，价值形式的平均利润率与生产价格形式的利润率的变化方向不总是相同的。

在价值形式的平均利润率与生产价格形式的利润率的变化方向相反的

区间，也就是在价值形式的平均利润率是价值形式的总资本有机构成的单调递增函数的区间，不满足（16－16）式表示的价值形式的平均利润率趋向下降的必要条件。

我们考察利润率与资本有机构成的变化关系时，必须明确是哪种形式的利润率，哪种形式的资本有机构成。否则，无法进行考察。

更加令人感兴趣的是，在几个不同数例中，随着价值形式的总资本有机构成的提高，生产价格形式的总资本有机构成都提高，生产价格形式的利润率都降低。

第十节　本章结论

在简单再生产条件下的两部类一元价值转形的基础上，分析资本有机构成对利润率的影响，是最简单和最基本的考察马克思的利润率趋向下降规律的方式。

资本有机构成可以分为价值形式的资本有机构成和生产价格形式的资本有机构成。利润率可以分为价值形式的平均利润率和生产价格形式的利润率。

价值形式的资本有机构成和价值形式的平均利润率，都是第一部类价值形式的资本有机构成、第二部类价值形式的资本有机构成、剩余价值率的函数。因此，价值形式的平均利润率是价值形式的资本有机构成和剩余价值率的函数。

在两部类一元价值转形中，第一部类价值形式的资本有机构成、第二部类价值形式的资本有机构成、剩余价值率，是三个无量纲的外生变量。这三个外生变量，仅与生产中耗费的物化劳动、必要劳动和剩余劳动有关，与剩余价值分配无关，也就是与价值转形无关。生产价格形式的资本有机构成和生产价格形式的利润率，都是内生变量，是第一部类价值形式的资本有机构成、第二部类价值形式的资本有机构成、剩余价值率的函数。因此，生产价格形式的利润率可以看做生产价格形式的资本有机构成的函数。

考察利润率的变化，不仅要考虑资本有机构成提高的影响，而且要考虑剩余价值率提高的影响。剩余价值率提高的必要条件是第二部类的生产力提高。第二部类的生产力提高的必要条件是第二部类的资本有机构成提高。

第一部类的资本有机构成提高与第二部类的资本有机构成提高有两种类型。第一种类型，在再生产过程中，原有资本总量不变，但是，雇佣劳动者数量减少或可变资本减少，生产资料增加或不变资本增加，从而资本有机构成提高；第二种类型，在再生产过程中，追加资本中的不变资本与可变资本的比例高于原有资本有机构成。追加资本来自剩余价值的一部分。如果是第二种类型的资本有机构成提高，那么，剩余价值率提高也可以看做资本有机构成提高的条件。

如果资本有机构成与剩余价值率共同提高的结果是利润率提高，资本有机构成提高与剩余价值率提高又互为条件，那么，在短时期内，资本有机构成与剩余价值率将迅速提高，显然与历史事实不一致。如果资本有机构成与剩余价值率共同提高的结果是利润率降低，那么，在短时期内，资本有机构成与剩余价值率不可能迅速提高。

一般来说，资本有机构成提高是剩余价值率提高的原因，剩余价值率提高是资本有机构成提高的结果，而不是相反。结果的变化通常不超过原因的变化，也就是，剩余价值率的提高不超过第二部类资本有机构成的提高。资本有机构成提高的必要条件是第一部类的生产力的提高超过第二部类的生产力的提高，从而第一部类的资本有机构成的提高超过第二部类的资本有机构成的提高。

因此，必须在第一部类价值形式的资本有机构成、第二部类价值形式的资本有机构成、剩余价值率共同变化的条件下，考察马克思的利润率趋向下降的规律。并且，第一部类的资本有机构成的提高超过第二部类的资本有机构成的提高，第二部类的资本有机构成的提高不低于剩余价值率的提高。

第一部类的资本有机构成的提高超过第二部类的资本有机构成的提高，第二部类的资本有机构成的提高不低于剩余价值率的提高，仅是利润率下降的必要条件，不是利润率下降的充分条件。价值形式的平均利润率下降的充分必要条件，是剩余价值率对价值形式的总资本有机构成的一阶导数小于价值形式的平均利润率。

前面已经说明，无法证明价值形式的平均利润率下降的充分必要条件必然成立，能够证明的是，价值形式的平均利润率趋向下降的充分必要条件必然成立。

在第一部类的资本有机构成的提高超过第二部类的资本有机构成的提高，第二部类的资本有机构成的提高不低于剩余价值率的提高的条件下，通过两部类一元价值转形的不同数例，不仅分析了价值形式的平均利润率的变化，而且分析了生产价格形式的利润率的变化；不仅分析了价值形式的平均利润率下降的情况，而且分析了价值形式的平均利润率上升的情况。

通过对这些数例的考察，证明了价值形式的平均利润率上升或下降，取决于剩余价值率对价值形式的总资本有机构成的一阶导数大于价值形式的平均利润率，还是小于价值形式的平均利润率。

令人感兴趣的是，在有的区间，价值形式的平均利润率是价值形式的总资本有机构成的单调递增函数，而生产价格形式的利润率却是生产价格形式的总资本有机构成的单调递减函数，二者的变化方向相反。这说明，价值形式的平均利润率与生产价格形式的利润率的变化方向不总是相同的。

由第四章（4－140）式、（4－141）式、表4－14、图4—6可以看出，在第一部类价值形式的资本有机构成 k_1 大于第二部类价值形式的资本有机构成 k_2 的条件下，价值形式的总资本有机构成 k 是剩余价值率 e 的单调递减的倒数函数或双曲函数，而生产价格形式的总资本有机构成 k_p 是剩余价值率 e 的单调递增函数，生产价格形式的总资本有机构成与价值形式的平均利润率互为单调递减函数。

因此，考察利润率与资本有机构成的变化关系时，必须明确是哪种形式的利润率，哪种形式的资本有机构成。

在市场竞争中，资本家能够看到的，是价格形式的资本、价格形式的利润。价格形式的资本包括购买生产资料的资本、支付工资的资本。如果不考虑土地等因素对剩余价值分配的影响，只考虑资本因素对剩余价值分配的影响，那么，在一元价值转形中，与价格形式的购买生产资料的资本相应的是生产价格形式的不变资本，与价格形式的支付工资的资本相应的是生产价格形式的可变资本，与价格形式的利润相应的是生产价格形式的利润。资本家的意识中的资本有机构成是生产价格形式的资本有机构成，资本家的意识中的利润率是生产价格形式的利润率。

同样令人感兴趣的是，在我们考察的几个不同数例中，随着价值形式的总资本有机构成的提高，生产价格形式的总资本有机构成都提高，生产价格形式的利润率都降低。这种情况同样证明，在价值系统中考察与在生产价格系统中考察，利润率与资本有机构成的关系的表现形式不完全相同。

随着价值形式的总资本有机构成提高，虽然在某些区间价值形式的平均利润率提高，但是，在大部分区间价值形式的平均利润率降低，总趋势是价值形式的平均利润率降低。这些数例说明，利润率下降不是以绝对的形式表现出来，而是以不断下降的趋势表现出来。

第十七章　资本有机构成与剩余价值率共同提高的按照鲍特凯维兹的部类划分的价值转形的利润率

第一节　资本有机构成与剩余价值率共同提高的按照鲍特凯维兹的部类划分的价值转形中，利润率与两部类价值形式的资本有机构成、剩余价值率的关系

一、对按照鲍特凯维兹的部类划分的价值转形的进一步考察

这里，在第七章对按照鲍特凯维兹的部类划分的价值转形的考察的基础上，进一步考察资本有机构成与剩余价值率共同提高对利润率的影响。

鲍特凯维兹采用了俄国经济学家米哈伊尔·杜冈·巴拉诺夫斯基（Mikhail Ivanovych Tugan-Baranovsky，1865—1919）的部类划分方式：第一部类为生产资料生产，第二部类为工人消费资料生产，第三部类为资本家消费资料生产。这种部类划分中的后两个部类，实际上是把马克思的第二部类划分为两个分部类。当然，他的部类划分方式，与马克思按照必要生活资料生产部类和奢侈品生产部类的划分方式不同。

按照鲍特凯维兹的部类划分的价值转形与鲍特凯维兹的价值转形的主要区别，在于“不变性假设条件”不同。

鲍特凯维兹将资本家的全部生活消费等同于消费金属货币——金，假设第三部类只生产货币材料——金。他认为，第三部类的生产价格等于价值。这一系列错误的假设，决定了他的价值转形模型是错误的。

只采用鲍特凯维兹的部类划分方式，不采用他的错误的“不变性假设条件”建立的价值转形模型，是按照鲍特凯维兹的部类划分的价值转形模型。

在按照鲍特凯维兹的部类划分的价值转形的基础上，考察资本有机构成与剩余价值率共同提高对利润率的影响，最关键的问题在于，如何确定第一部类的资本有机构成、第二部类的资本有机构成、第三部类的资本有机构成、剩余价值率之间关系，以及如何确定第一部类资本有机构成的提高、第二部类资本有机构成的提高、第三部类资本有机构成的提高、剩余价值率的提高的比例。

这里的考察与第七章的考察不同。

在第七章考察的按照鲍特凯维兹的部类划分的价值转形中，假设第一部类的资本有机构成、第二部类的资本有机构成、剩余价值率不变，只有第三部类的资本有机构成变化。

这里考察的按照鲍特凯维兹的部类划分的价值转形中，假设第一部类的资本有机构成、第二部类的资本有机构成、第三部类的资本有机构成、剩余价值率共同变化，共同影响利润率。

二、基本假设条件、符号规定、价值转形模型

为了考察马克思的利润率趋向下降规律的问题，这里采用第七章的价值转形模型，因此，这里的基本假设条件、符号规定，分别与第七章的基本假设条件、符号规定相同。同时规定：

k_1 表示第一部类价值形式的资本有机构成。

k_2 表示第二部类价值形式的资本有机构成。

k_3 表示第三部类价值形式的资本有机构成。

k 表示价值形式的总资本有机构成。

k_p表示生产价格形式的总资本有机构成。

K_p表示生产价格形式的总资本。

s_p表示两部类资本家缴纳地租之后得到的生产价格形式的总利润。

r_v表示工人创造的全部剩余价值与价值形式的总资本的比率，或价值形式的平均利润率。

三、各部类的资本有机构成、剩余价值率、再生产条件

（一）各部类的资本有机构成

第一部类的资本有机构成为第一部类的不变资本与第一部类的可变资本之比。这个定义由第七章（7－4）式表示，即

$$k_1=\frac{c_1}{v_1} \tag{17－1}$$

第二部类的资本有机构成为第二部类的不变资本与第二部类的可变资本之比。这个定义由第七章（7－5）式表示，即

$$k_2=\frac{c_2}{v_2} \tag{17-2}$$

第三部类的资本有机构成为第三部类的不变资本与第三部类的可变资本之比。这个定义由第七章（7－6）式表示，即

$$k_3=\frac{c_3}{v_3} \tag{17-3}$$

在一般情况下，三个部类的资本有机构成不完全相同。

（二）各部类的剩余价值率相同

由于劳动力可以自由流动，如果各部类资本对劳动的剥削程度不同，劳动力就会流动到剥削程度低的部类。因此，在不同部类中资本对劳动的剥削程度相同，或剩余价值率相同。剩余价值率为剩余劳动与必要劳动之比，即

$$\frac{s_1}{v_1}=\frac{s_2}{v_2}=\frac{s_3}{v_3}=e \tag{17-4}$$

剩余价值率相同，是价值转形的基本条件之一。

（三）再生产条件

第一部类生产过程中耗费的物化劳动、耗费的必要劳动、耗费的剩余劳动之和，等于为了维持简单再生产，生产补偿三个部类耗费的生产资料所需要的劳动之和，也就是第一部类的不变资本、可变资本、剩余价值之和，等于第一部类的不变资本、第二部类的不变资本、第三部类的不变资本之和。这个关系由第七章（7－1）式表示，即

$$c_1+v_1+s_1=c_1+c_2+c_3 \tag{17-5}$$

第二部类生产过程中耗费的物化劳动、必要劳动和剩余劳动之和，等于为了维持简单再生产，生产补偿三部类工人耗费的生活资料所需的劳动之和，也就是第二部类的不变资本、可变资本、剩余价值之和，等于第一部类的可变资本、第二部类的可变资本、第三部类的可变资本之和。这个关系由第七章（7－2）式表示，即

$$c_2+v_2+s_2=v_1+v_2+v_3 \tag{17-6}$$

第三部类生产过程中耗费的物化劳动、必要劳动和剩余劳动之和，等于为了维持简单再生产，提供各部类资本家耗费的生活消费资料所需要的劳动之和，也就是第三部类的不变资本、可变资本、剩余价值之和，等于第一部类的剩余价值、第二部类的剩余价值、第三部类的剩余价值之和。这个关系由第七章（7－3）式表示，即

$$c_3 + v_3 + s_3 = s_1 + s_2 + s_3 \tag{17-7}$$

在这三个方程中，由任意两个方程可以推导出另一个方程。因此，只有两个独立方程。如果没有特殊约定，由于第一个方程和第二个方程更基本，因此可以选择这两个方程。

四、再生产条件方程组中的变量、已知量、未知变量、独立方程

（一）再生产条件方程组中的变量

从内容上看，在资本有机构成与剩余价值率共同提高的按照鲍特凯维兹的部类划分的价值转形中，各部类或各部门的不变资本、可变资本、剩余价值、资本有机构成、剩余价值率等变量，是价值转形的基础，因此，都是外生变量或已知量。

从形式上看，为了保持这些变量之间的一致性，通常将各部类或各部门的资本有机构成、剩余价值率等变量作为外生变量或已知量。为了不仅得到相对量，而且得到绝对量，还需要将各部类或各部门的不变资本、可变资本、剩余价值中的一个变量作为外生变量或已知量。其余变量表现为内生变量或未知变量。这些内生变量或未知变量要通过再生产条件方程组中的各种关系得到。

（二）已知量、未知变量、独立方程

第一部类的不变资本 c_1、第二部类的不变资本 c_2、第三部类的不变资本 c_3、第一部类的可变资本 v_1、第二部类的可变资本 v_2、第三部类的可变资本 v_3、第一部类的剩余价值 s_1、第二部类的剩余价值 s_2、第三部类的剩余价值 s_3、第一部类的资本有机构成 k_1、第二部类的资本有机构成 k_2、第三部类的资本有机构成 k_3、剩余价值率 e，是再生产条件方程组中的 13 个变量。

如果第一部类的可变资本 v_1、第一部类的资本有机构成 k_1、第二部类的资本有机构成 k_2、第三部类的资本有机构成 k_3、剩余价值率 e 是 5 个已知量，那么，其余的 8 个变量就是未知变量。

（17-1）式、（17-2）式、（17-3）式、（17-4）式中包括 6 个独立方程。再生产条件（17-5）式、（17-6）式、（17-7）式中包括 2 个独立方程。共有 8 个独立方程。

由 8 个独立方程可以得到 8 个未知变量的解。

（三）其余未知变量

由（17-1）式，可以得到第一部类的不变资本，即

$$c_1 = k_1 v_1 \tag{17-8}$$

由（17－4）式，可以得到第一部类的剩余价值，即

$$s_1 = ev_1 \tag{17-9}$$

由（17－2）式、（17－3）式、（17－4）式，再生产条件（17－5）式可以表示为

$$v_1 + ev_1 = k_2 v_2 + k_3 v_3 \tag{17-10}$$

由（17－2）式、（17－3）式、（17－4）式，再生产条件（17－7）式可以表示为

$$k_3 v_3 + v_3 = ev_1 + ev_2 \tag{17-11}$$

再生产条件（17－10）式可以表示为

$$k_2 v_2 + k_3 v_3 = (1+e)v_1 \tag{17-12}$$

再生产条件（17－11）式可以表示为

$$ev_2 - (k_3+1)v_3 = -ev_1 \tag{17-13}$$

由（17－12）式、（17－13）式，可以得到第二部类的可变资本：

$$v_2 = \frac{\begin{vmatrix} (1+e)v_1 & k_3 \\ -ev_1 & -(k_3+1) \end{vmatrix}}{\begin{vmatrix} k_2 & k_3 \\ e & -(k_3+1) \end{vmatrix}} = \frac{(k_3+1)(1+e)v_1 - ek_3 v_1}{(k_3+1)k_2 + ek_3} \tag{17-14}$$

由（17－12）式、（17－13）式，可以得到第三部类的可变资本：

$$v_3 = \frac{\begin{vmatrix} k_2 & (1+e)v_1 \\ e & -ev_1 \end{vmatrix}}{\begin{vmatrix} k_2 & k_3 \\ e & -(k_3+1) \end{vmatrix}} = \frac{ek_2 v_1 + e(1+e)v_1}{(k_3+1)k_2 + ek_3} \tag{17-15}$$

由（17－2）式、（17－14）式，可以得到第二部类的不变资本：

$$c_2 = k_2 v_2 = \frac{k_2[(k_3+1)(1+e)v_1 - ek_3 v_1]}{(k_3+1)k_2 + ek_3} \tag{17-16}$$

由（17－4）式、（17－14）式，可以得到第二部类的剩余价值：

$$s_2 = ev_2 = \frac{e[(k_3+1)(1+e)v_1 - ek_3 v_1]}{(k_3+1)k_2 + ek_3} \tag{17-17}$$

由（17－3）式、（17－15）式，可以得到第三部类的不变资本：

$$c_3 = k_3 v_3 = \frac{k_3[ek_2 v_1 + e(1+e)v_1]}{(k_3+1)k_2 + ek_3} \tag{17-18}$$

由（17－4）式、（17－15）式，可以得到第三部类的剩余价值：

$$s_3 = ev_3 = \frac{e[ek_2 v_1 + e(1+e)v_1]}{(k_3+1)k_2 + ek_3} \tag{17-19}$$

由（17－14）式、（17－15）式、（17－16）式、（17－17）式、（17－18）式、（17－19）式可以看到，如果第一部类的可变资本 v_1、第一部类的资本有机构成 k_1、第二部类的资本有机构成 k_2、第三部类的资本有机构成 k_3、剩余价值率 e 这 5 个变量为已知量，那么，第一部类的不变资本 c_1、第一部类的剩余价值 s_1，不受第三部类的资本有机构成 k_3 的变化的影响，但是，第二部类的不变资本 c_2、第三部类的不变资本 c_3、第二部类的可变资本 v_2、第三部类的可变资本 v_3、第二部类的剩余价值 s_2、第三部类的剩余价值 s_3 都受第三部类的资本有机构成 k_3 的变化的影响。

由第七章（7－49）式、（7－50）式、（7－52）式、（7－53）式、（7－72）式可以看出，在一定范围内，生产价格形式的利润率 r 可以不受第三部类的资本有机构成 k_3 的变化的影响，但是，由第七章（7－95）式可以看出，价值形式的总资本有机构成 k 受第三部类的资本有机构成 k_3 的变化的影响。在一般情况下，价值形式的总资本有机构成 k 是 k_1、k_2、k_3、e 的函数。如果 k_1、k_2、e 不变，那么，k 是 k_3 的单调递增的双曲函数。

由第七章（7－102）式可以看出，价值形式的平均利润率 r_v 受第三部类的资本有机构成 k_3 的变化的影响。如果 k_1、k_2、e 不变，那么，价值形式的平均利润率 r_v 不仅是价值形式的总资本有机构成 k 的单调递减函数，而且是第三部类的价值形式的资本有机构成 k_3 的单调递减函数。

由第七章（7－81）式可以看出，生产价格形式的总资本有机构成 k_p 是价值形式的总资本有机构成 k 的函数，价值形式的总资本有机构成 k 又是第三部类的资本有机构成 k_3 的函数，因此，生产价格形式的总资本有机构成 k_p 也受第三部类的资本有机构成 k_3 的变化的影响。

因为，生产价格形式的利润率 r 不能准确地反映总资本的提高率，而价值形式的平均利润率 r_v 能够准确地反映总资本的提高率，所以，从现象来看，也就是从生产价格形式的利润率来看，第三部类的资本有机构成的变化不影响总资本的提高率，但是，从本质来看，也就是从价值形式的平均利润率来看，第三部类的资本有机构成的变化影响总资本的提高率。

（四）影响资本有机构成的独立变量

由第七章（7－95）式或（7－107）式可以看出，无论第一部类价值形式的资本有机构成 k_1 变化，第二部类价值形式的资本有机构成 k_2 变化，第三部类价值形式的资本有机构成 k_3 变化，还是剩余价值率 e 变化，价值形式的总资本有机构成 k 都变化。

在考察资本有机构成 k 与剩余价值率 e 共同提高对价值形式的利润率 r_v 的影响的过程中，k_1、k_2、k_3 变化都影响价值形式的总资本有机构成 k

的变化。

价值形式的总资本有机构成 k 的变化与剩余价值率 e 的变化，都影响价值形式的利润率 r_v。

五、各部类资本有机构成的提高率与剩余价值率的提高率的关系

马克思的利润率趋向下降规律的内容是，资本有机构成的提高导致生产力的提高，生产力的提高导致剩余价值率的提高，资本有机构成的提高超过剩余价值率的提高，因此，利润率下降是总趋势。

既然马克思认为利润率趋向下降的基本原因是资本有机构成的提高，那么，再生产过程必然是内涵扩大再生产，即以提高资本有机构成和提高生产力为主的方式来扩大生产规模。

总资本有机构成提高，意味着第一部类生产规模的提高超过其他部类生产规模的提高，从而第一部类生产力的提高超过其他部类生产力的提高，从而第一部类资本有机构成的提高超过其他部类资本有机构成的提高。即

$$\frac{\mathrm{d}k_1}{\mathrm{d}t} > \frac{\mathrm{d}k_2}{\mathrm{d}t} > 0 \tag{17-20}$$

和

$$\frac{\mathrm{d}k_1}{\mathrm{d}t} > \frac{\mathrm{d}k_3}{\mathrm{d}t} > 0 \tag{17-21}$$

在一般情况下，资本家的生活消费中奢侈品生产占有比较大的比例，资本家的人数远远少于工人的人数，奢侈品的产量比较低，手工劳动生产的比例比较高，资本有机构成比工人的生活资料生产部类的资本有机构成低，即

$$\frac{\mathrm{d}k_2}{\mathrm{d}t} > \frac{\mathrm{d}k_3}{\mathrm{d}t} > 0 \tag{17-22}$$

由（17－20）式、（17－22）式，可以得到

$$\frac{\mathrm{d}k_1}{\mathrm{d}t} > \frac{\mathrm{d}k_2}{\mathrm{d}t} > \frac{\mathrm{d}k_3}{\mathrm{d}t} > 0 \tag{17-23}$$

通常，第二部类的价值形式的资本有机构成的提高率高于剩余价值率的提高率，即

$$\frac{\mathrm{d}k_2}{\mathrm{d}t} > \frac{\mathrm{d}e}{\mathrm{d}t} \tag{17-24}$$

剩余价值率的提高率的最高限度等于第二部类的价值形式的资本有机构成的提高率，即

$$\frac{\mathrm{d}e}{\mathrm{d}t} = \frac{\mathrm{d}k_2}{\mathrm{d}t} \tag{17-25}$$

第二节　剩余价值率的提高低于第二部类价值形式的资本有机构成的提高的条件下，价值形式的平均利润率与价值形式的总资本有机构成关系的数例

一、剩余价值率的提高低于第二部类价值形式的资本有机构成的提高的条件下，价值形式的总资本有机构成与第一部类价值形式的资本有机构成、第二部类价值形式的资本有机构成、第三部类价值形式的资本有机构成、剩余价值率的关系的数例

如果第一部类价值形式的资本有机构成、第二部类价值形式的资本有机构成、第三部类价值形式的资本有机构成、剩余价值率共同提高，第一部类价值形式的资本有机构成的提高超过第二部类价值形式的资本有机构成的提高，第二部类价值形式的资本有机构成的提高超过第三部类价值形式的资本有机构成的提高，第二部类价值形式的资本有机构成的提高超过剩余价值率的提高，即满足（17－24）式表示的关系，例如，第一部类价值形式的资本有机构成 k_1＝2.5，2.9，3.3，…，8.5，第二部类价值形式的资本有机构成 k_2＝5/6，5/6＋0.04，5/6＋0.08，…，5/6＋0.6，第三部类价值形式的资本有机构成 k_3＝5/9，5/9＋0.02，5/9＋0.04，…，5/9＋0.3，剩余价值率 e＝2/3，2/3＋0.02，2/3＋0.04，…，2/3＋0.3，所有初始的已知量采用第七章中经过鲍特凯维兹精心设计的数例，那么，价值形式的总资本有机构成 k 与第一部类价值形式的资本有机构成 k_1、第二部类价值形式的资本有机构成 k_2、第三部类价值形式的资本有机构成 k_3、剩余价值率 e 的关系，可以用表 17—1 表示。

表 17－1　　k 与 k_1、k_2、k_3、e 的关系

第一部类价值形式的资本有机构成 k_1	第二部类价值形式的资本有机构成 k_2	第三部类价值形式的资本有机构成 k_3	剩余价值率 e	价值形式的总资本有机构成 k
2.5	0.833 333	0.555 556	0.666 667	1.250 000
2.9	0.873 333	0.575 556	0.686 667	1.402 780
3.3	0.913 333	0.595 556	0.706 667	1.558 930
3.7	0.953 333	0.615 556	0.726 667	1.718 186
4.1	0.993 333	0.635 556	0.746 667	1.880 309

续前表

第一部类价值形式的资本有机构成 k_1	第二部类价值形式的资本有机构成 k_2	第三部类价值形式的资本有机构成 k_3	剩余价值率 e	价值形式的总资本有机构成 k
4.5	1.033 333	0.655 556	0.766 667	2.045 085
4.9	1.073 333	0.675 556	0.786 667	2.212 318
5.3	1.113 333	0.695 556	0.806 667	2.381 829
5.7	1.153 333	0.715 556	0.826 667	2.553 457
6.1	1.193 333	0.735 556	0.846 667	2.727 055
6.5	1.233 333	0.755 556	0.866 667	2.902 488
6.9	1.273 333	0.775 556	0.886 667	3.079 632
7.3	1.313 333	0.795 556	0.906 667	3.258 374
7.7	1.353 333	0.815 556	0.926 667	3.438 612
8.1	1.393 333	0.835 556	0.946 667	3.620 248
8.5	1.433 333	0.855 556	0.966 667	3.803 196

在表 17－1 中，价值形式的总资本有机构成 k 与第一部类价值形式的资本有机构成 k_1 的关系，可以用图 17－1 表示。

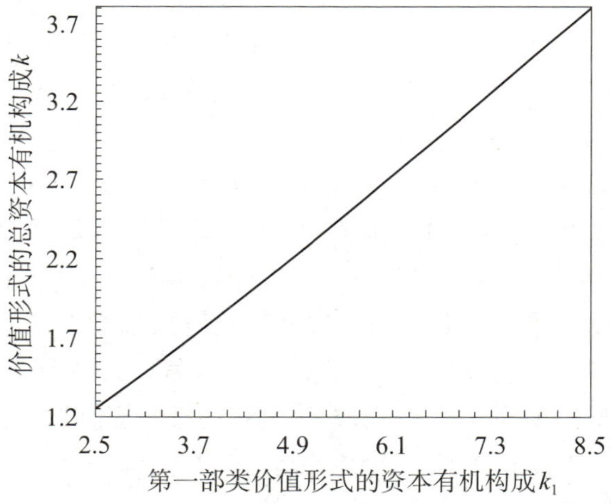

图 17－1　k 与 k_1 的关系

由表 17－1 和图 17－1 可以看出，随着第一部类价值形式的资本有机构成 k_1 提高，价值形式的总资本有机构成 k 提高。

可见，如果按照这里的数例，第一部类价值形式的资本有机构成 k_1、第二部类价值形式的资本有机构成 k_2、第三部类价值形式的资本有机构成 k_3、剩余价值率 e 共同提高，第一部类价值形式的资本有机构成 k_1 的提高超过第二部类价值形式的资本有机构成 k_2 的提高，第二部类价值形

式的资本有机构成 k_2 的提高超过第三部类价值形式的资本有机构成 k_3 的提高，第二部类价值形式的资本有机构成 k_2 的提高超过剩余价值率 e 的提高，那么，价值形式的总资本有机构成是第一部类价值形式的资本有机构成的单调递增函数。

二、剩余价值率的提高低于第二部类价值形式的资本有机构成的提高的条件下，价值形式的平均利润率与价值形式的总资本有机构成关系的数例

如果第一部类价值形式的资本有机构成、第二部类价值形式的资本有机构成、第三部类价值形式的资本有机构成、剩余价值率共同提高，第一部类价值形式的资本有机构成的提高超过第二部类价值形式的资本有机构成的提高，第二部类价值形式的资本有机构成的提高超过第三部类价值形式的资本有机构成的提高，第二部类价值形式的资本有机构成的提高超过剩余价值率的提高，即满足（17－24）式表示的关系，例如，第一部类价值形式的资本有机构成 $k_1=2.5$，2.9，3.3，…，8.5，第二部类价值形式的资本有机构成 $k_2=5/6$，5/6＋0.04，5/6＋0.08，…，5/6＋0.6，第三部类价值形式的资本有机构成 $k_3=5/9$，5/9＋0.02，5/9＋0.04，…，5/9＋0.3，剩余价值率 $e=2/3$，2/3＋0.02，2/3＋0.04，…，2/3＋0.3，所有初始的已知量采用第七章中经过鲍特凯维兹精心设计的数例，那么，价值形式的平均利润率 r_v 与第一部类价值形式的资本有机构成 k_1、剩余价值率 e、价值形式的总资本有机构成 k 的关系，可以用表 17－2 表示。

表 17－2　　r_v 与 k_1、e、k 的关系

第一部类价值形式的资本有机构成 k_1	剩余价值率 e	价值形式的总资本有机构成 k	价值形式的平均利润率 r_v
2.5	0.666 666 67	1.250 000 00	0.296 296 30
2.9	0.686 666 67	1.402 779 96	0.285 730 09
3.3	0.706 666 67	1.558 929 82	0.276 157 11
3.7	0.726 666 67	1.718 185 73	0.267 335 18
4.1	0.746 666 67	1.880 309 40	0.259 231 41
4.5	0.766 666 67	2.045 085 19	0.251 771 83
4.9	0.786 666 67	2.212 317 54	0.244 890 69
5.3	0.806 666 67	2.381 828 75	0.238 529 72
5.7	0.826 666 67	2.553 457 08	0.232 637 30
6.1	0.846 666 67	2.727 054 99	0.227 167 74
6.5	0.866 666 67	2.902 487 70	0.222 080 56
6.9	0.886 666 67	3.079 631 88	0.217 339 87

续前表

第一部类价值形式的资本有机构成 k_1	剩余价值率 e	价值形式的总资本有机构成 k	价值形式的平均利润率 r_v
7.3	0.906 666 67	3.258 374 47	0.212 913 79
7.7	0.926 666 67	3.438 611 69	0.208 773 99
8.1	0.946 666 67	3.620 248 13	0.204 895 20
8.5	0.966 666 67	3.803 195 92	0.201 254 89

在表 17－2 中，价值形式的平均利润率 r_v 与价值形式的总资本有机构成 k 的关系，可以用图 17－2 表示。

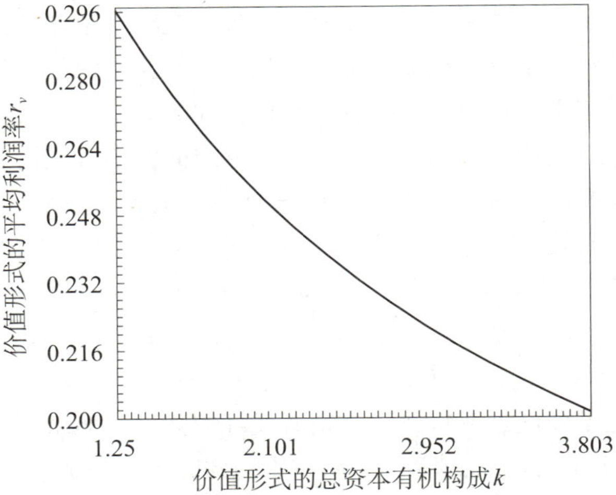

图 17－2　r_v 与 k 的关系

由表 17－2 和图 17－2 可以看出，随着价值形式的总资本有机构成 k 提高，价值形式的平均利润率 r_v 降低。

可见，如果按照这里的数例，第一部类价值形式的资本有机构成 k_1、第二部类价值形式的资本有机构成 k_2、第三部类价值形式的资本有机构成 k_3、剩余价值率 e 共同提高，第一部类价值形式的资本有机构成 k_1 的提高超过第二部类价值形式的资本有机构成 k_2 的提高，第二部类价值形式的资本有机构成 k_2 的提高超过第三部类价值形式的资本有机构成 k_3 的提高，第二部类价值形式的资本有机构成 k_2 的提高超过剩余价值率 e 的提高，那么，价值形式的平均利润率是价值形式的总资本有机构成的单调递减函数。

这是因为，本数例满足第十三章（13－17）式表示的价值形式的平均利润率下降的充分必要条件。

第十三章（13－17）式表示的价值形式的平均利润率下降的充分必要条件，对于按照鲍特凯维兹的部类划分的三部类价值转形问题适用，对于扩大再生产问题同样适用。

值得注意的是，这里的横坐标为价值形式的总资本有机构成 k，在第一部类价值形式的资本有机构成 k_1、第二部类价值形式的资本有机构成 k_2、第三部类价值形式的资本有机构成 k_3、剩余价值率 e 共同提高的条件下，价值形式的总资本有机构成 k 是第一部门价值形式的资本有机构成 k_1、第二部类价值形式的资本有机构成 k_2、第三部类价值形式的资本有机构成 k_3、剩余价值率 e 的多元非线性函数。在本例中，第一部门价值形式的资本有机构成 k_1 是等差数列，价值形式的总资本有机构成 k 就不可能是等差数列。用 Office 中的 Excel 作图，横坐标必须是等差数列。为此，利用 Excel 中的 vlookup 函数功能，将价值形式的总资本有机构成 k 转变为等差数列，然后再用 Excel 作图。

在本章中，凡是横坐标为价值形式的总资本有机构成的地方，均用此种方式作图。下面不再重复阐述。

第三节　剩余价值率的提高低于第二部类价值形式的资本有机构成的提高的条件下，生产价格形式的利润率与生产价格形式的总资本有机构成关系的数例

一、剩余价值率的提高低于第二部类价值形式的资本有机构成的提高的条件下，生产价格形式的总资本有机构成与第一部类价值形式的资本有机构成、第二部类价值形式的资本有机构成、第三部类价值形式的资本有机构成、剩余价值率的关系的数例

如果第一部类价值形式的资本有机构成、第二部类价值形式的资本有机构成、第三部类价值形式的资本有机构成、剩余价值率共同提高，第一部类价值形式的资本有机构成的提高超过第二部类价值形式的资本有机构成的提高，第二部类价值形式的资本有机构成的提高超过第三部类价值形式的资本有机构成的提高，第二部类价值形式的资本有机构成的提高超过剩余价值率的提高，即满足（17－24）式表示的关系，例如，第一部类价值形式的资本有机构成 $k_1=2.5$，2.9，3.3，…，8.5，第

二部类价值形式的资本有机构成 $k_2=5/6$，$5/6+0.04$，$5/6+0.08$，…，$5/6+0.6$，第三部类价值形式的资本有机构成 $k_3=5/9$，$5/9+0.02$，$5/9+0.04$，…，$5/9+0.3$，剩余价值率 $e=2/3$，$2/3+0.02$，$2/3+0.04$，…，$2/3+0.3$，所有初始的已知量采用第七章中经过鲍特凯维兹精心设计的数例，那么，生产价格形式的总资本有机构成 k_p 与第一部类价值形式的资本有机构成 k_1、第二部类价值形式的资本有机构成 k_2、第三部类价值形式的资本有机构成 k_3、剩余价值率 e 的关系，可以用表 17－3 表示。

表 17－3　　k_p 与 k_1、k_2、k_3、e 的关系

第一部类价值形式的资本有机构成 k_1	第二部类价值形式的资本有机构成 k_2	第三部类价值形式的资本有机构成 k_3	剩余价值率 e	生产价格形式的总资本有机构成 k_p
2.5	0.833 333	0.555 556	0.666 667	1.500 000
2.9	0.873 333	0.575 556	0.686 667	1.723 361
3.3	0.913 333	0.595 556	0.706 667	1.953 502
3.7	0.953 333	0.615 556	0.726 667	2.189 473
4.1	0.993 333	0.635 556	0.746 667	2.430 506
4.5	1.033 333	0.655 556	0.766 667	2.675 975
4.9	1.073 333	0.675 556	0.786 667	2.925 361
5.3	1.113 333	0.695 556	0.806 667	3.178 235
5.7	1.153 333	0.715 556	0.826 667	3.434 234
6.1	1.193 333	0.735 556	0.846 667	3.693 049
6.5	1.233 333	0.755 556	0.866 667	3.954 416
6.9	1.273 333	0.775 556	0.886 667	4.218 104
7.3	1.313 333	0.795 556	0.906 667	4.483 914
7.7	1.353 333	0.815 556	0.926 667	4.751 668
8.1	1.393 333	0.835 556	0.946 667	5.021 213
8.5	1.433 333	0.855 556	0.966 667	5.292 408

在表 17－3 中，生产价格形式的总资本有机构成 k_p 与第一部类价值形式的资本有机构成 k_1 的关系，可以用图 17－3 表示。

由表 17－3 和图 17－3 可以看出，随着第一部类价值形式的资本有机构成 k_1 提高，生产价格形式的总资本有机构成 k_p 提高。

可见，如果按照这里的数例，第一部类价值形式的资本有机构成 k_1、第二部类价值形式的资本有机构成 k_2、第三部类价值形式的资本有机构

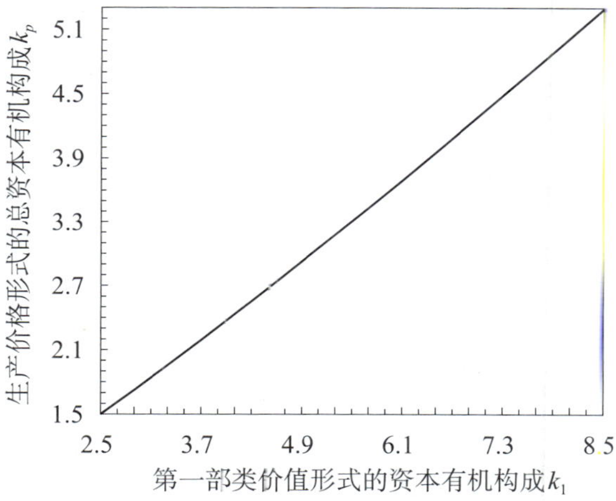

图 17－3　k_p与k_1的关系

成k_3、剩余价值率e共同提高，第一部类价值形式的资本有机构成k_1的提高超过第二部类价值形式的资本有机构成k_2的提高，第二部类价值形式的资本有机构成k_2的提高超过第三部类价值形式的资本有机构成k_3的提高，第二部类价值形式的资本有机构成k_2的提高超过剩余价值率e的提高，那么，生产价格形式的总资本有机构成是第一部类价值形式的资本有机构成的单调递增函数。

二、剩余价值率的提高低于第二部类价值形式的资本有机构成的提高的条件下，生产价格形式的总资本与生产价格形式的总资本有机构成关系的数例

如果第一部类价值形式的资本有机构成、第二部类价值形式的资本有机构成、第三部类价值形式的资本有机构成、剩余价值率共同提高，第一部类价值形式的资本有机构成的提高超过第二部类价值形式的资本有机构成的提高，第二部类价值形式的资本有机构成的提高超过第三部类价值形式的资本有机构成的提高，第二部类价值形式的资本有机构成的提高超过剩余价值率的提高，即满足（17－24）式表示的关系，例如，第一部类价值形式的资本有机构成$k_1=2.5$，2.9，3.3，…，8.5，第二部类价值形式的资本有机构成$k_2=5/6$，$5/6+0.04$，$5/6+0.08$，…，$5/6+0.6$，第三部类价值形式的资本有机构成$k_3=5/9$，$5/9+0.02$，$5/9+0.04$，…，$5/9+0.3$，剩余价值率$e=2/3$，$2/3+0.02$，$2/3+0.04$，…，$2/3+0.3$，所有初始的已知量采用第七章中经过鲍特凯维兹精心设计的数例，那么，生产价格形式的总资本K_p与第一部类价值形式的资本有机构成k_1、剩余价值率e、生产

价格形式的总资本有机构成 k_p 的关系，可以用表 17-4 表示。

表 17-4　K_p 与 k_1、e、k_p 的关系

第一部类价值形式的资本有机构成 k_1	剩余价值率 e	生产价格形式的总资本有机构成 k_p	生产价格形式的总资本 K_p
2.5	0.666 666 67	1.500 000 00	700.000 00
2.9	0.686 666 67	1.723 361 09	752.520 66
3.3	0.706 666 67	1.953 501 99	806.933 37
3.7	0.726 666 67	2.189 473 21	863.196 82
4.1	0.746 666 67	2.430 506 44	921.284 75
4.5	0.766 666 67	2.675 974 73	981.180 35
4.9	0.786 666 67	2.925 361 24	1 042.872 80
5.3	0.806 666 67	3.178 235 32	1 106.354 97
5.7	0.826 666 67	3.434 234 25	1 171.622 10
6.1	0.846 666 67	3.693 049 45	1 238.670 91
6.5	0.866 666 67	3.954 415 93	1 307.499 01
6.9	0.886 666 67	4.218 104 14	1 378.104 62
7.3	0.906 666 67	4.483 913 71	1 450.486 33
7.7	0.926 666 67	4.751 668 48	1 524.642 95
8.1	0.946 666 67	5.021 212 64	1 600.573 47
8.5	0.966 666 67	5.292 407 55	1 678.276 94

在表 17-4 中，生产价格形式的总资本 K_p 与生产价格形式的总资本有机构成 k_p 的关系，可以用图 17-4 表示。

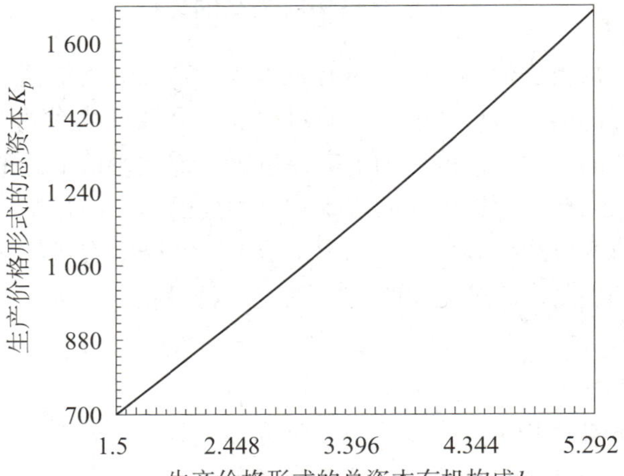

图 17-4　K_p 与 k_p 的关系

由表 17-4 和图 17-4 可以看出，随着生产价格形式的总资本有机构成 k_p 提高，生产价格形式的总资本 K_p 提高。

可见，如果按照这里的数例，第一部类价值形式的资本有机构成 k_1、第二部类价值形式的资本有机构成 k_2、第三部类价值形式的资本有机构成 k_3、剩余价值率 e 共同提高，第一部类价值形式的资本有机构成 k_1 的提高超过第二部类价值形式的资本有机构成 k_2 的提高，第二部类价值形式的资本有机构成 k_2 的提高超过第三部类价值形式的资本有机构成 k_3 的提高，第二部类价值形式的资本有机构成 k_2 的提高超过剩余价值率 e 的提高，那么，生产价格形式的总资本是生产价格形式的总资本有机构成的单调递增函数。

值得注意的是，这里的横坐标为生产价格形式的总资本有机构成 k_p，在第一部类价值形式的资本有机构成 k_1、第二部类价值形式的资本有机构成 k_2、第三部类价值形式的资本有机构成 k_3、剩余价值率 e 共同提高的条件下，生产价格形式的总资本有机构成 k_p 是第一部门价值形式的资本有机构成 k_1、第二部类价值形式的资本有机构成 k_2、第三部类价值形式的资本有机构成 k_3、剩余价值率 e 的多元非线性函数。在本例中，第一部门价值形式的资本有机构成 k_1 是等差数列，生产价格形式的总资本有机构成 k_p 就不可能是等差数列。用 Office 中的 Excel 作图，横坐标必须是等差数列。为此，利用 Excel 中的 vlookup 函数功能，将生产价格形式的总资本有机构成 k_p 转变为等差数列，然后再用 Excel 作图。

在本章中，凡是横坐标为生产价格形式的总资本有机构成的地方，均用此种方式作图。下面不再重复阐述。

三、剩余价值率的提高低于第二部类价值形式的资本有机构成的提高的条件下，生产价格形式的总利润与生产价格形式的总资本有机构成关系的数例

如果第一部类价值形式的资本有机构成、第二部类价值形式的资本有机构成、第三部类价值形式的资本有机构成、剩余价值率共同提高，第一部类价值形式的资本有机构成的提高超过第二部类价值形式的资本有机构成的提高，第二部类价值形式的资本有机构成的提高超过第三部类价值形式的资本有机构成的提高，第二部类价值形式的资本有机构成的提高超过剩余价值率的提高，即满足（17-24）式表示的关系，例如，第一部类价值形式的资本有机构成 $k_1=2.5$，2.9，3.3，…，8.5，第二部类价值形式的资本有机构成 $k_2=5/6$，5/6+0.04，5/6+0.08，…，5/6+0.6，第三部类价值形式的资本有机构成 $k_3=5/9$，5/9+0.02，5/9+0.04，…，5/9+0.3，

剩余价值率 $e=2/3$，$2/3+0.02$，$2/3+0.04$，…，$2/3+0.3$，所有初始的已知量采用第七章中经过鲍特凯维兹精心设计的数例，那么，生产价格形式的总利润 s_p 与第一部类价值形式的资本有机构成 k_1、剩余价值率 e、生产价格形式的总资本有机构成 k_p 的关系，可以用表 17－5 表示。

表 17－5　　s_p 与 k_1、e、k_p 的关系

第一部类价值形式的资本有机构成 k_1	剩余价值率 e	生产价格形式的总资本有机构成 k_p	生产价格形式的总利润 s_p
2.5	0.666 666 67	1.500 000 00	175.000 000
2.9	0.686 666 67	1.723 361 09	176.822 589
3.3	0.706 666 67	1.953 501 99	178.920 368
3.7	0.726 666 67	2.189 473 21	181.294 627
4.1	0.746 666 67	2.430 506 44	183.937 915
4.5	0.766 666 67	2.675 974 73	186.838 387
4.9	0.786 666 67	2.925 361 24	189.982 407
5.3	0.806 666 67	3.178 235 32	193.356 038
5.7	0.826 666 67	3.434 234 25	196.945 852
6.1	0.846 666 67	3.693 049 45	200.739 334
6.5	0.866 666 67	3.954 415 93	204.725 054
6.9	0.886 666 67	4.218 104 14	208.892 689
7.3	0.906 666 67	4.483 913 71	213.232 996
7.7	0.926 666 67	4.751 668 48	217.737 725
8.1	0.946 666 67	5.021 212 64	222.399 537
8.5	0.966 666 67	5.292 407 55	227.211 902

在表 17－5 中，生产价格形式的总利润 s_p 与生产价格形式的总资本有机构成 k_p 的关系，可以用图 17－5 表示。

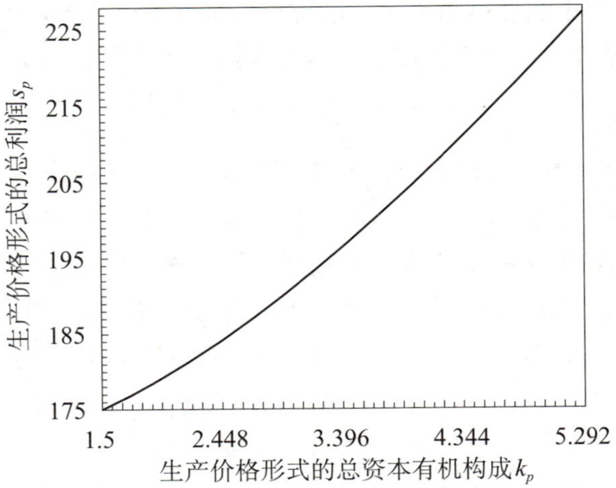

图 17－5　s_p 与 k_p 的关系

由表 17－5 和图 17－5 可以看出，随着生产价格形式的总资本有机构成 k_p 提高，生产价格形式的总利润 s_p 提高。

可见，如果按照这里的数例，第一部类价值形式的资本有机构成 k_1、第二部类价值形式的资本有机构成 k_2、第三部类价值形式的资本有机构成 k_3、剩余价值率 e 共同提高，第一部类价值形式的资本有机构成 k_1 的提高超过第二部类价值形式的资本有机构成 k_2 的提高，第二部类价值形式的资本有机构成 k_2 的提高超过第三部类价值形式的资本有机构成 k_3 的提高，第二部类价值形式的资本有机构成 k_2 的提高超过剩余价值率 e 的提高，那么，生产价格形式的总利润是生产价格形式的总资本有机构成的单调递增函数。

四、剩余价值率的提高低于第二部类价值形式的资本有机构成的提高的条件下，生产价格形式的利润率与生产价格形式的总资本有机构成关系的数例

如果第一部类价值形式的资本有机构成、第二部类价值形式的资本有机构成、第三部类价值形式的资本有机构成、剩余价值率共同提高，第一部类价值形式的资本有机构成的提高超过第二部类价值形式的资本有机构成的提高，第二部类价值形式的资本有机构成的提高超过第三部类价值形式的资本有机构成的提高，第二部类价值形式的资本有机构成的提高超过剩余价值率的提高，即满足（17－24）式表示的关系，例如，第一部类价值形式的资本有机构成 $k_1=2.5$，2.9，3.3，…，8.5，第二部类价值形式的资本有机构成 $k_2=5/6$，$5/6+0.04$，$5/6+0.08$，…，$5/6+0.6$，第三部类价值形式的资本有机构成 $k_3=5/9$，$5/9+0.02$，$5/9+0.04$，…，$5/9+0.3$，剩余价值率 $e=2/3$，$2/3+0.02$，$2/3+0.04$，…，$2/3+0.3$，所有初始的已知量采用第七章中经过鲍特凯维兹精心设计的数例，那么，生产价格形式的利润率 r 与第一部类价值形式的资本有机构成 k_1、剩余价值率 e、生产价格形式的总资本有机构成 k_p 的关系，可以用表 17－6 表示。

表 17－6　　r 与 k_1、e、k_p 的关系

第一部类价值形式的资本有机构成 k_1	剩余价值率 e	生产价格形式的总资本有机构成 k_p	生产价格形式的利润率 r
2.5	0.666 666 67	1.500 000 00	0.250 000 00
2.9	0.686 666 67	1.723 361 09	0.234 973 73

续前表

第一部类价值形式的资本有机构成 k_1	剩余价值率 e	生产价格形式的总资本有机构成 k_p	生产价格形式的利润率 r
3.3	0.706 666 67	1.953 501 99	0.221 728 80
3.7	0.726 666 67	2.189 473 21	0.210 026 99
4.1	0.746 666 67	2.430 506 44	0.199 653 71
4.5	0.766 666 67	2.675 974 73	0.190 422 06
4.9	0.786 666 67	2.925 361 24	0.182 172 18
5.3	0.806 666 67	3.178 235 32	0.174 768 54
5.7	0.826 666 67	3.434 234 25	0.168 096 74
6.1	0.846 666 67	3.693 049 45	0.162 060 26
6.5	0.866 666 67	3.954 415 93	0.156 577 60
6.9	0.886 666 67	4.218 104 14	0.151 579 70
7.3	0.906 666 67	4.483 913 71	0.147 007 93
7.7	0.926 666 67	4.751 668 48	0.142 812 27
8.1	0.946 666 67	5.021 212 64	0.138 949 91
8.5	0.966 666 67	5.292 407 55	0.135 384 03

在表 17－6 中，生产价格形式的利润率 r 与生产价格形式的总资本有机构成 k_p 的关系，可以用图 17－6 表示。

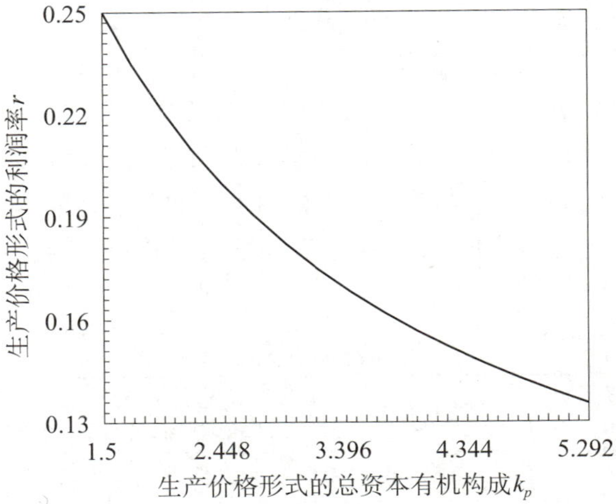

图 17－6　r 与 k_p 的关系

由表 17－6 和图 17－6 可以看出，随着生产价格形式的总资本有机构成 k_p 提高，生产价格形式的利润率 r 降低。

可见，如果按照这里的数例，第一部类价值形式的资本有机构成 k_1、第二部类价值形式的资本有机构成 k_2、第三部类价值形式的资本有机构成 k_3、剩余价值率 e 共同提高，第一部类价值形式的资本有机构成 k_1 的提高超过第二部类价值形式的资本有机构成 k_2 的提高，第二部类价值形式的资本有机构成 k_2 的提高超过第三部类价值形式的资本有机构成 k_3 的提高，第二部类价值形式的资本有机构成 k_2 的提高超过剩余价值率 e 的提高，那么，生产价格形式的利润率 r 是生产价格形式的总资本有机构成的单调递减函数。

由表 17－2、图 17－2、表 17－6、图 17－6 可以看出，第一部类价值形式的资本有机构成 k_1、第二部类价值形式的资本有机构成 k_2、第三部类价值形式的资本有机构成 k_3、剩余价值率 e 共同提高，第一部类价值形式的资本有机构成 k_1 的提高超过第二部类价值形式的资本有机构成 k_2 的提高，第二部类价值形式的资本有机构成 k_2 的提高超过第三部类价值形式的资本有机构成 k_3 的提高，第二部类价值形式的资本有机构成 k_2 的提高超过剩余价值率 e 的提高的条件下，如果按照这里的数例，那么，价值形式的平均利润率是价值形式的总资本有机构成的单调递减函数，生产价格形式的利润率也是生产价格形式的总资本有机构成的单调递减函数，二者是一致的。

必须指出的是，这个结论仅仅在这个数例中成立，不是在任何数例中都成立，绝对不能说，只要满足第一部类价值形式的资本有机构成 k_1、第二部类价值形式的资本有机构成 k_2、第三部类价值形式的资本有机构成 k_3、剩余价值率 e 共同提高，第一部类价值形式的资本有机构成 k_1 的提高超过第二部类价值形式的资本有机构成 k_2 的提高，第二部类价值形式的资本有机构成 k_2 的提高超过第三部类价值形式的资本有机构成 k_3 的提高，第二部类价值形式的资本有机构成 k_2 的提高超过剩余价值率 e 的提高的条件，价值形式的平均利润率就一定是价值形式的总资本有机构成的单调递减函数，生产价格形式的利润率就一定是生产价格形式的总资本有机构成的单调递减函数。对此，将在后面的分析中，通过同样满足这个条件的不同数例予以证明。

第四节　剩余价值率的提高等于第二部类价值形式的资本有机构成的提高的条件下，价值形式的平均利润率与价值形式的总资本有机构成关系的数例

一、剩余价值率的提高等于第二部类价值形式的资本有机构成的提高的条件下，价值形式的总资本有机构成与第一部类价值形式的资本有机构成、第二部类价值形式的资本有机构成、第三部类价值形式的资本有机构成、剩余价值率的关系的数例

如果第一部类价值形式的资本有机构成、第二部类价值形式的资本有机构成、第三部类价值形式的资本有机构成、剩余价值率共同提高，第一部类价值形式的资本有机构成的提高超过第二部类价值形式的资本有机构成的提高，第二部类价值形式的资本有机构成的提高超过第三部类价值形式的资本有机构成的提高，第二部类价值形式的资本有机构成的提高等于剩余价值率的提高，即满足（17－25）式表示的关系，例如，第一部类价值形式的资本有机构成 $k_1=2.5$，2.9，3.3，…，8.5，第二部类价值形式的资本有机构成 $k_2=5/6$，5/6＋0.04，5/6＋0.08，…，5/6＋0.6，第三部类价值形式的资本有机构成 $k_3=5/9$，5/9＋0.02，5/9＋0.04，…，5/9＋0.3，剩余价值率 $e=2/3$，2/3＋0.04，2/3＋0.08，…，2/3＋0.6，所有初始的已知量采用第七章中经过鲍特凯维兹精心设计的数例，那么，价值形式的总资本有机构成 k 与第一部类价值形式的资本有机构成 k_1、第二部类价值形式的资本有机构成 k_2、第三部类价值形式的资本有机构成 k_3、剩余价值率 e 的关系，可以用表 17－7 表示。

表 17－7　　k 与 k_1、k_2、k_3、e 的关系

第一部类价值形式的资本有机构成 k_1	第二部类价值形式的资本有机构成 k_2	第三部类价值形式的资本有机构成 k_3	剩余价值率 e	价值形式的总资本有机构成 k
2.5	0.833 333	0.555 556	0.666 667	1.250 000
2.9	0.873 333	0.575 556	0.706 667	1.394 730
3.3	0.913 333	0.595 556	0.746 667	1.540 619

续前表

第一部类价值形式的资本有机构成 k_1	第二部类价值形式的资本有机构成 k_2	第三部类价值形式的资本有机构成 k_3	剩余价值率 e	价值形式的总资本有机构成 k
3.7	0.953 333	0.615 556	0.786 667	1.687 490
4.1	0.993 333	0.635 556	0.826 667	1.835 192
4.5	1.033 333	0.655 556	0.866 667	1.983 599
4.9	1.073 333	0.675 556	0.906 667	2.132 602
5.3	1.113 333	0.695 556	0.946 667	2.282 108
5.7	1.153 333	0.715 556	0.986 667	2.432 039
6.1	1.193 333	0.735 556	1.026 667	2.582 326
6.5	1.233 333	0.755 556	1.066 667	2.732 912
6.9	1.273 333	0.775 556	1.106 667	2.883 746
7.3	1.313 333	0.795 556	1.146 667	3.034 785
7.7	1.353 333	0.815 556	1.186 667	3.185 992
8.1	1.393 333	0.835 556	1.226 667	3.337 334
8.5	1.433 333	0.855 556	1.266 667	3.488 785

在表 17－7 中，价值形式的总资本有机构成 k 与第一部类价值形式的资本有机构成 k_1 的关系，可以用图 17－7 表示。

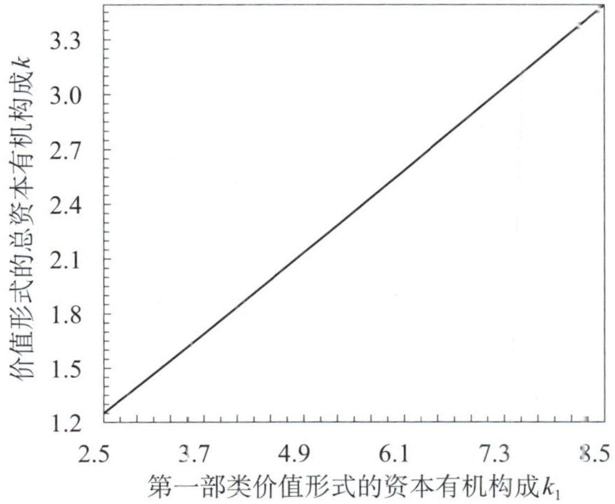

图 17－7　k 与 k_1 的关系

由表 17－7 和图 17－7 可以看出，随着第一部类价值形式的资本有机

构成 k_1 提高，价值形式的总资本有机构成 k 提高。

可见，如果按照这里的数例，第一部类价值形式的资本有机构成 k_1、第二部类价值形式的资本有机构成 k_2、第三部类价值形式的资本有机构成 k_3、剩余价值率 e 共同提高，第一部类价值形式的资本有机构成 k_1 的提高超过第二部类价值形式的资本有机构成 k_2 的提高，第二部类价值形式的资本有机构成 k_2 的提高超过第三部类价值形式的资本有机构成 k_3 的提高，第二部类价值形式的资本有机构成 k_2 的提高等于剩余价值率 e 的提高，那么，价值形式的总资本有机构成是第一部类价值形式的资本有机构成的单调递增函数。

二、剩余价值率的提高等于第二部类价值形式的资本有机构成的提高的条件下，价值形式的平均利润率与价值形式的总资本有机构成关系的数例

如果第一部类价值形式的资本有机构成、第二部类价值形式的资本有机构成、第三部类价值形式的资本有机构成、剩余价值率共同提高，第一部类价值形式的资本有机构成的提高超过第二部类价值形式的资本有机构成的提高，第二部类价值形式的资本有机构成的提高超过第三部类价值形式的资本有机构成的提高，第二部类价值形式的资本有机构成的提高等于剩余价值率的提高，即满足（17－25）式表示的关系，例如，第一部类价值形式的资本有机构成 k_1＝2.5，2.9，3.3，…，8.5，第二部类价值形式的资本有机构成 k_2＝5/6，5/6＋0.04，5/6＋0.08，…，5/6＋0.6，第三部类价值形式的资本有机构成 k_3＝5/9，5/9＋0.02，5/9＋0.04，…，5/9＋0.3，剩余价值率 e＝2/3，2/3＋0.04，2/3＋0.08，…，2/3＋0.6，所有初始的已知量采用第七章中经过鲍特凯维兹精心设计的数例，那么，价值形式的平均利润率 r_v 与第一部类价值形式的资本有机构成 k_1、剩余价值率 e、价值形式的总资本有机构成 k 的关系，可以用表 17－8 表示。

表 17－8　r_v 与 k_1、e、k 的关系

第一部类价值形式的资本有机构成 k_1	剩余价值率 e	价值形式的总资本有机构成 k	价值形式的平均利润率 r_v
2.5	0.666 666 67	1.250 000 00	0.296 296 30
2.9	0.706 666 67	1.394 729 94	0.295 092 43
3.3	0.746 666 67	1.540 619 00	0.293 891 63
3.7	0.786 666 67	1.687 489 82	0.292 714 29
4.1	0.826 666 67	1.835 192 33	0.291 573 40
4.5	0.866 666 67	1.983 599 17	0.290 476 91

续前表

第一部类价值形式的资本有机构成 k_1	剩余价值率 e	价值形式的总资本有机构成 k	价值形式的平均利润率 r_v
4.9	0.906 666 67	2.132 601 97	0.289 429 26
5.3	0.946 666 67	2.282 108 25	0.288 432 49
5.7	0.986 666 67	2.432 038 91	0.287 487 03
6.1	1.026 666 67	2.582 326 17	0.286 592 18
6.5	1.066 666 67	2.732 911 80	0.285 746 55
6.9	1.106 666 67	2.883 745 71	0.284 948 28
7.3	1.146 666 67	3.034 784 77	0.284 195 25
7.7	1.186 666 67	3.185 991 74	0.283 485 19
8.1	1.226 666 67	3.337 334 49	0.282 815 79
8.5	1.266 666 67	3.488 785 23	0.282 184 73

在表 17－8 中，价值形式的平均利润率 r_v 与价值形式的总资本有机构成 k 的关系，可以用图 17－8 表示。

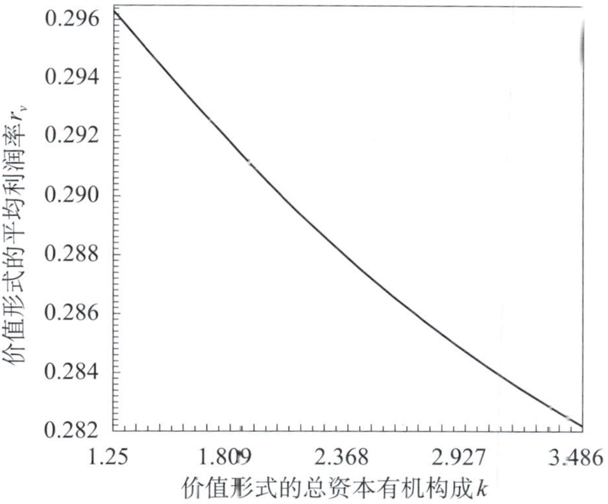

图 17－8　r_v 与 k 的关系

由表 17－8 和图 17－8 可以看出，随着价值形式的总资本有机构成 k 提高，价值形式的平均利润率 r_v 降低。

可见，如果按照这里的数例，第一部类价值形式的资本有机构成 k_1、第二部类价值形式的资本有机构成 k_2、第三部类价值形式的资本有机构成 k_3、剩余价值率 e 共同提高，第一部类价值形式的资本有机构成 k_1 的提高超过第二部类价值形式的资本有机构成 k_2 的提高，第二部类价值形式的资本有机构成 k_2 的提高超过第三部类价值形式的资本有机构成 k_3 的提高，第二部类价值形式的资本有机构成 k_2 的提高等于剩余价值率 e 的提高，那么，价值形式的平均利润率是价值形式的总资本有机构成的单调递减函数。

这是因为，本数例满足第十三章（13－17）式表示的价值形式的平均利润率下降的充分必要条件。

第五节　剩余价值率的提高等于第二部类价值形式的资本有机构成的提高的条件下，生产价格形式的利润率与生产价格形式的总资本有机构成关系的数例

一、剩余价值率的提高等于第二部类价值形式的资本有机构成的提高的条件下，生产价格形式的总资本有机构成与第一部类价值形式的资本有机构成、第二部类价值形式的资本有机构成、第三部类价值形式的资本有机构成、剩余价值率的关系的数例

如果第一部类价值形式的资本有机构成、第二部类价值形式的资本有机构成、第三部类价值形式的资本有机构成、剩余价值率共同提高，第一部类价值形式的资本有机构成的提高超过第二部类价值形式的资本有机构成的提高，第二部类价值形式的资本有机构成的提高超过第三部类价值形式的资本有机构成的提高，第二部类价值形式的资本有机构成的提高等于剩余价值率的提高，即满足（17－25）式表示的关系，例如，第一部类价值形式的资本有机构成 $k_1=2.5$，2.9，3.3，…，8.5，第二部类价值形式的资本有机构成 $k_2=5/6$，$5/6+0.04$，$5/6+0.08$，…，$5/6+0.6$，第三部类价值形式的资本有机构成 $k_3=5/9$，$5/9+0.02$，$5/9+0.04$，…，$5/9+0.3$，剩余价值率 $e=2/3$，$2/3+0.04$，$2/3+0.08$，…，$2/3+0.6$，所有初始的已知量采用第七章中经过鲍特凯维兹精心设计的数例，那么，生产价格形式的总资本有机构成 k_p 与第一部类价值形式的资本有机构成 k_1、第二部类价值形式的资本有机构成 k_2、第三部类价值形式的资本有机构成 k_3、剩余价值率 e 的关系，可以用表 17－9 表示。

表 17-9　　k_p与k_1、k_2、k_3、e的关系

第一部类价值形式的资本有机构成 k_1	第二部类价值形式的资本有机构成 k_2	第三部类价值形式的资本有机构成 k_3	剩余价值率 e	生产价格形式的总资本有机构成 k_p
2.5	0.833 333	0.555 556	0.666 667	1.500 000
2.9	0.873 333	0.575 556	0.706 667	1.721 468
3.3	0.913 333	0.595 556	0.746 667	1.949 706
3.7	0.953 333	0.615 556	0.786 667	2.183 704
4.1	0.993 333	0.635 556	0.826 667	2.422 513
4.5	1.033 333	0.655 556	0.866 667	2.665 726
4.9	1.073 333	0.675 556	0.906 667	2.912 447
5.3	1.113 333	0.695 556	0.946 667	3.162 279
5.7	1.153 333	0.715 556	0.986 667	3.414 800
6.1	1.193 333	0.735 556	1.026 667	3.669 654
6.5	1.233 333	0.755 556	1.066 667	3.926 538
6.9	1.273 333	0.775 556	1.106 667	4.185 194
7.3	1.313 333	0.795 556	1.146 667	4.445 398
7.7	1.353 333	0.815 556	1.186 667	4.706 960
8.1	1.393 333	0.835 556	1.226 667	4.969 715
8.5	1.433 333	0.855 556	1.266 667	5.233 518

在表 17-9 中，生产价格形式的总资本有机构成 k_p 与第一部类价值形式的资本有机构成 k_1 的关系，可以用图 17-9 表示。

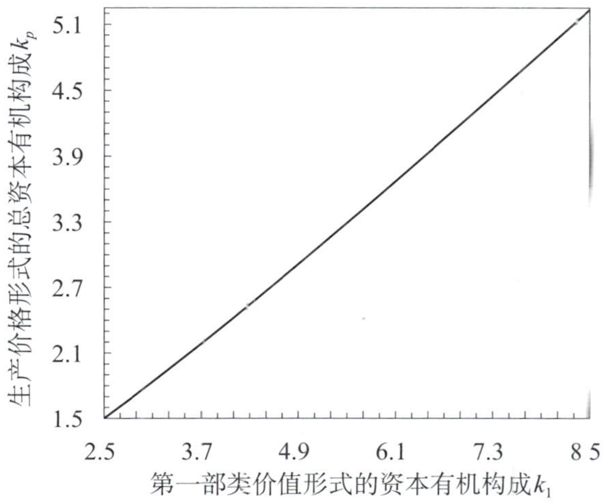

图 17-9　k_p与k_1的关系

由表 17-9 和图 17-9 可以看出，随着第一部类价值形式的资本有机构成 k_1 提高，生产价格形式的总资本有机构成 k_p 提高。

可见，如果按照这里的数例，第一部类价值形式的资本有机构成 k_1、第二部类价值形式的资本有机构成 k_2、第三部类价值形式的资本有机构成 k_3、剩余价值率 e 共同提高，第一部类价值形式的资本有机构成 k_1 的提高超过第二部类价值形式的资本有机构成 k_2 的提高，第二部类价值形式的资本有机构成 k_2 的提高超过第三部类价值形式的资本有机构成 k_3 的提高，第二部类价值形式的资本有机构成 k_2 的提高等于剩余价值率 e 的提高，那么，生产价格形式的总资本有机构成是第一部类价值形式的资本有机构成的单调递增函数。

二、剩余价值率的提高等于第二部类价值形式的资本有机构成的提高的条件下，生产价格形式的总资本与生产价格形式的总资本有机构成关系的数例

如果第一部类价值形式的资本有机构成、第二部类价值形式的资本有机构成、第三部类价值形式的资本有机构成、剩余价值率共同提高，第一部类价值形式的资本有机构成的提高超过第二部类价值形式的资本有机构成的提高，第二部类价值形式的资本有机构成的提高超过第三部类价值形式的资本有机构成的提高，第二部类价值形式的资本有机构成的提高等于剩余价值率的提高，即满足（17－25）式表示的关系，例如，第一部类价值形式的资本有机构成 $k_1=2.5$，2.9，3.3，…，8.5，第二部类价值形式的资本有机构成 $k_2=5/6$，5/6＋0.04，5/6＋0.08，…，5/6＋0.6，第三部类价值形式的资本有机构成 $k_3=5/9$，5/9＋0.02，5/9＋0.04，…，5/9＋0.3，剩余价值率 $e=2/3$，2/3＋0.04，2/3＋0.08，…，2/3＋0.6，所有初始的已知量采用第七章中经过鲍特凯维兹精心设计的数例，那么，生产价格形式的总资本 K_p 与第一部类价值形式的资本有机构成 k_1、剩余价值率 e、生产价格形式的总资本有机构成 k_p 的关系，可以用表17－10表示。

表 17－10　　K_p 与 k_1、e、k_p 的关系

第一部类价值形式的资本有机构成 k_1	剩余价值率 e	生产价格形式的总资本有机构成 k_p	生产价格形式的总资本 K_p
2.5	0.666 666 67	1.500 000 00	700.000 00
2.9	0.706 666 67	1.721 467 84	759.018 06
3.3	0.746 666 67	1.949 705 99	820.375 13
3.7	0.786 666 67	2.183 703 59	884.006 65
4.1	0.826 666 67	2.422 613 20	949.863 58

续前表

第一部类价值形式的资本有机构成 k_1	剩余价值率 e	生产价格形式的总资本有机构成 k_p	生产价格形式的总资本 K_p
4.5	0.866 666 67	2.665 725 77	1 017.908 58
4.9	0.906 666 67	2.912 447 35	1 088.113 08
5.3	0.946 666 67	3.162 279 02	1 160.455 01
5.7	0.986 666 67	3.414 800 06	1 234.917 18
6.1	1.026 666 67	3.669 654 21	1 311.486 07
6.5	1.066 666 67	3.926 538 41	1 390.150 92
6.9	1.106 666 67	4.185 193 80	1 470.903 09
7.3	1.146 666 67	4.445 398 25	1 553.735 58
7.7	1.186 666 67	4.706 960 46	1 638.642 65
8.1	1.226 666 67	4.969 715 01	1 725.619 55
8.5	1.266 666 67	5.233 518 34	1 814.662 33

在表 17－10 中，生产价格形式的总资本 K_p 与生产价格形式的总资本有机构成 k_p 的关系，可以用图 17－10 表示。

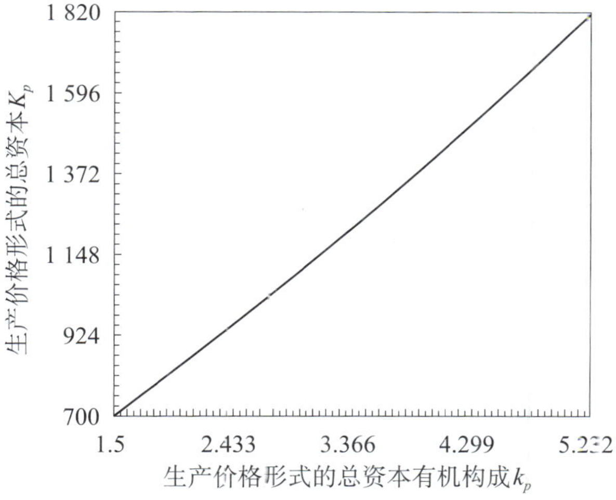

图 17－10　K_p 与 k_p 的关系

由表 17－10 和图 17－10 可以看出，随着生产价格形式的总资本有机构成 k_p 提高，生产价格形式的总资本 K_p 提高。

可见，如果按照这里的数例，第一部类价值形式的资本有机构成 k_1、第二部类价值形式的资本有机构成 k_2、第三部类价值形式的资本有机构成 k_3、剩余价值率 e 共同提高，第一部类价值形式的资本有机构成 k_1 的提高超过第二部类价值形式的资本有机构成 k_2 的提高，第二部类价值形

式的资本有机构成 k_2 的提高超过第三部类价值形式的资本有机构成 k_3 的提高，第二部类价值形式的资本有机构成 k_2 的提高等于剩余价值率 e 的提高，那么，生产价格形式的总资本是生产价格形式的总资本有机构成的单调递增函数。

三、剩余价值率的提高等于第二部类价值形式的资本有机构成的提高的条件下，生产价格形式的总利润与生产价格形式的总资本有机构成关系的数例

如果第一部类价值形式的资本有机构成、第二部类价值形式的资本有机构成、第三部类价值形式的资本有机构成、剩余价值率共同提高，第一部类价值形式的资本有机构成的提高超过第二部类价值形式的资本有机构成的提高，第二部类价值形式的资本有机构成的提高超过第三部类价值形式的资本有机构成的提高，第二部类价值形式的资本有机构成的提高等于剩余价值率的提高，即满足（17－25）式表示的关系，例如，第一部类价值形式的资本有机构成 k_1＝2.5，2.9，3.3，…，8.5，第二部类价值形式的资本有机构成 k_2＝5/6，5/6＋0.04，5/6＋0.08，…，5/6＋0.6，第三部类价值形式的资本有机构成 k_3＝5/9，5/9＋0.02，5/9＋0.04，…，5/9＋0.3，剩余价值率 e＝2/3，2/3＋0.04，2/3＋0.08，…，2/3＋0.6，所有初始的已知量采用第七章中经过鲍特凯维兹精心设计的数例，那么，生产价格形式的总利润 s_p 与第一部类价值形式的资本有机构成 k_1、剩余价值率 e、生产价格形式的总资本有机构成 k_p 的关系，可以用表17－11表示。

表 17－11 s_p 与 k_1、e、k_p 的关系

第一部类价值形式的资本有机构成 k_1	剩余价值率 e	生产价格形式的总资本有机构成 k_p	生产价格形式的总利润 s_p
2.5	0.666 666 67	1.500 000 00	175.000 000
2.9	0.706 666 67	1.721 467 84	183.396 096
3.3	0.746 666 67	1.949 705 99	191.844 297
3.7	0.786 666 67	2.183 703 59	200.389 639
4.1	0.826 666 67	2.422 613 20	209.064 832
4.5	0.866 666 67	2.665 725 77	217.893 465
4.9	0.906 666 67	2.912 447 35	226.892 470
5.3	0.946 666 67	3.162 279 02	236.073 971
5.7	0.986 666 67	3.414 800 06	245.446 625
6.1	1.026 666 67	3.669 654 21	255.016 595

续前表

第一部类价值形式的资本有机构成 k_1	剩余价值率 e	生产价格形式的总资本有机构成 k_p	生产价格形式的总利润 s_p
6.5	1.066 666 67	3.926 538 41	264.788 247
6.9	1.106 666 67	4.185 193 80	274.764 645
7.3	1.146 666 67	4.445 398 25	284.947 919
7.7	1.186 666 67	4.706 960 46	295.339 517
8.1	1.226 666 67	4.969 715 01	305.940 393
8.5	1.266 666 67	5.233 518 34	316.751 147

在表 17－11 中，生产价格形式的总利润 s_p 与生产价格形式的总资本有机构成 k_p 的关系，可以用图 17－11 表示。

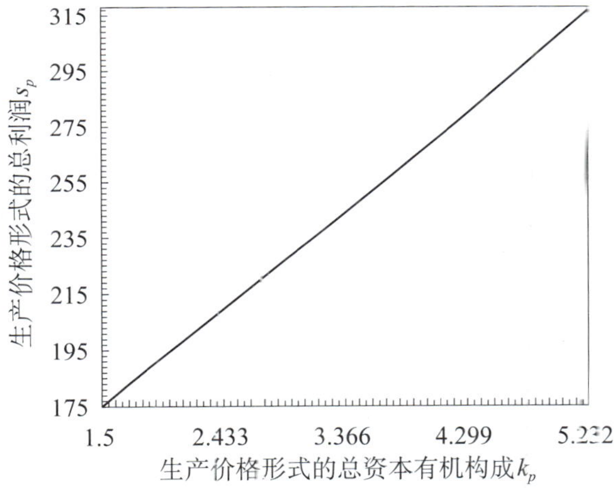

图 17－11　s_p 与 k_p 的关系

由表 17－11 和图 17－11 可以看出，随着生产价格形式的总资本有机构成 k_p 提高，生产价格形式的总利润 s_p 提高。

可见，如果按照这里的数例，第一部类价值形式的资本有机构成 k_1、第二部类价值形式的资本有机构成 k_2、第三部类价值形式的资本有机构成 k_3、剩余价值率 e 共同提高，第一部类价值形式的资本有机构成 k_1 的提高超过第二部类价值形式的资本有机构成 k_2 的提高，第二部类价值形式的资本有机构成 k_2 的提高超过第三部类价值形式的资本有机构成 k_3 的提高，第二部类价值形式的资本有机构成 k_2 的提高等于剩余价值率 e 的提高，那么，生产价格形式的总利润是生产价格形式的总资本有机构成的单调递增函数。

四、剩余价值率的提高等于第二部类价值形式的资本有机构成的提高的条件下，生产价格形式的利润率与生产价格形式的总资本有机构成关系的数例

如果第一部类价值形式的资本有机构成、第二部类价值形式的资本有机构成、第三部类价值形式的资本有机构成、剩余价值率共同提高，第一部类价值形式的资本有机构成的提高超过第二部类价值形式的资本有机构成的提高，第二部类价值形式的资本有机构成的提高超过第三部类价值形式的资本有机构成的提高，第二部类价值形式的资本有机构成的提高等于剩余价值率的提高，即满足（17－25）式表示的关系，例如，第一部类价值形式的资本有机构成 $k_1=2.5$，2.9，3.3，…，8.5，第二部类价值形式的资本有机构成 $k_2=5/6$，$5/6+0.04$，$5/6+0.08$，…，$5/6+0.6$，第三部类价值形式的资本有机构成 $k_3=5/9$，$5/9+0.02$，$5/9+0.04$，…，$5/9+0.3$，剩余价值率 $e=2/3$，$2/3+0.04$，$2/3+0.08$，…，$2/3+0.6$，所有初始的已知量采用第七章中经过鲍特凯维兹精心设计的数例，那么，生产价格形式的利润率 r 与第一部类价值形式的资本有机构成 k_1、剩余价值率 e、生产价格形式的总资本有机构成 k_p 的关系，可以用表 17－12 表示。

表 17－12　r 与 k_1、e、k_p 的关系

第一部类价值形式的资本有机构成 k_1	剩余价值率 e	生产价格形式的总资本有机构成 k_p	生产价格形式的利润率 r
2.5	0.666 666 67	1.500 000 00	0.250 000 00
2.9	0.706 666 67	1.721 467 84	0.241 622 84
3.3	0.746 666 67	1.949 705 99	0.233 849 48
3.7	0.786 666 67	2.183 703 59	0.226 683 41
4.1	0.826 666 67	2.422 613 20	0.220 099 85
4.5	0.866 666 67	2.665 725 77	0.214 059 95
4.9	0.906 666 67	2.912 447 35	0.208 519 20
5.3	0.946 666 67	3.162 279 02	0.203 432 25
5.7	0.986 666 67	3.414 800 06	0.198 755 53
6.1	1.026 666 67	3.669 654 21	0.194 448 57
6.5	1.066 666 67	3.926 538 41	0.190 474 46
6.9	1.106 666 67	4.185 193 80	0.186 799 96
7.3	1.146 666 67	4.445 398 25	0.183 395 37
7.7	1.186 666 67	4.706 960 46	0.180 234 24
8.1	1.226 666 67	4.969 715 01	0.177 293 07
8.5	1.266 666 67	5.233 518 34	0.174 551 01

在表 17－12 中，生产价格形式的利润率 r 与生产价格形式的总资本

有机构成 k_p 的关系，可以用图 17－12 表示。

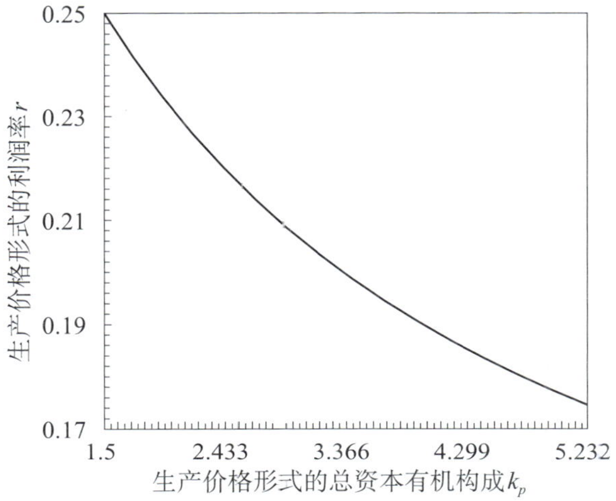

图 17－12　r 与 k_p 的关系

由表 17－12 和图 17－12 可以看出，随着生产价格形式的总资本有机构成 k_p 提高，生产价格形式的利润率 r 降低。

可见，如果按照这里的数例，第一部类价值形式的资本有机构成 k_1、第二部类价值形式的资本有机构成 k_2、第三部类价值形式的资本有机构成 k_3、剩余价值率 e 共同提高，第一部类价值形式的资本有机构成 k_1 的提高超过第二部类价值形式的资本有机构成 k_2 的提高，第二部类价值形式的资本有机构成 k_2 的提高超过第三部类价值形式的资本有机构成 k_3 的提高，第二部类价值形式的资本有机构成 k_2 的提高等于剩余价值率 e 的提高，那么，生产价格形式的利润率 r 是生产价格形式的总资本有机构成的单调递减函数。

由表 17－8、图 17－8、表 17－12、图 17－12 可以看出，第一部类价值形式的资本有机构成 k_1、第二部类价值形式的资本有机构成 k_2、第三部类价值形式的资本有机构成 k_3、剩余价值率 e 共同提高，第一部类价值形式的资本有机构成 k_1 的提高超过第二部类价值形式的资本有机构成 k_2 的提高，第二部类价值形式的资本有机构成 k_2 的提高超过第三部类价值形式的资本有机构成 k_3 的提高，第二部类价值形式的资本有机构成 k_2 的提高等于剩余价值率 e 的提高的条件下，如果按照这里的数例，那么，价值形式的平均利润率是价值形式的总资本有机构成的单调递减函数，生产价格形式的利润率也是生产价格形式的总资本有机构成的单调递减函数，二者是一致的。

必须指出的是，这个结论仅仅在这个数例中成立，不是在任何数例中都成立，绝对不能说，只要满足第一部类价值形式的资本有机构成 k_1、第二部类价值形式的资本有机构成 k_2、第三部类价值形式的资本有机构成 k_3、剩余价值率 e 共同提高，第一部类价值形式的资本有机构成 k_1 的提高超过第二部类价值形式的资本有机构成 k_2 的提高，第二部类价值形式的资本有机构成 k_2 的提高超过第三部类价值形式的资本有机构成 k_3 的提高，第二部类价值形式的资本有机构成 k_2 的提高等于剩余价值率 e 的提高的条件，价值形式的平均利润率就一定是价值形式的总资本有机构成的单调递减函数，生产价格形式的利润率就一定是生产价格形式的总资本有机构成的单调递减函数。对此，将在后面的分析中，通过同样满足这个条件的不同数例予以证明。

第六节　第一部类价值形式的资本有机构成的提高减半，剩余价值率的提高低于第二部类价值形式的资本有机构成的提高的条件下，价值形式的平均利润率与价值形式的总资本有机构成关系的数例

一、第一部类价值形式的资本有机构成的提高减半，剩余价值率的提高低于第二部类价值形式的资本有机构成的提高的条件下，价值形式的总资本有机构成与第一部类价值形式的资本有机构成、第二部类价值形式的资本有机构成、第三部类价值形式的资本有机构成、剩余价值率的关系的数例

如果这里的第一部类价值形式的资本有机构成的提高，相比表 17－1、图 17－1 中的第一部类价值形式的资本有机构成的提高减半，第一部类价值形式的资本有机构成、第二部类价值形式的资本有机构成、第三部类价值形式的资本有机构成、剩余价值率共同提高，第一部类价值形式的资本有机构成的提高超过第二部类价值形式的资本有机构成的提高，第二部类价值形式的资本有机构成的提高超过第三部类价值形式的资本有机构成的提高，第二部类价值形式的资本有机构成的提高超过剩余价值率的提高，即满足（17－24）式表示的关系，例如，第一部类价值形式的资本有机构成 $k_1=2.5$，2.7，2.9，…，5.5，第二部类价值形式的资本有机构成 $k_2=5/6$，$5/6+0.04$，$5/6+0.08$，…，$5/6+0.6$，第三部类价值形式的资本有机构成 $k_3=5/9$，$5/9+0.02$，$5/9+0.04$，…，$5/9+0.3$，剩余价值率 $e=2/3$，$2/3+0.02$，$2/3+0.04$，…，$2/3+0.3$，所有初始的已知量采用第七章中经过鲍特凯维兹精心设计的数例，那么，价值形式的总资本有机

构成 k 与第一部类价值形式的资本有机构成 k_1、第二部类价值形式的资本有机构成 k_2、第三部类价值形式的资本有机构成 k_3、剩余价值率 e 的关系，可以用表 17－13 表示。

表 17－13　　k 与 k_1、k_2、k_3、e 的关系

第一部类价值形式的资本有机构成 k_1	第二部类价值形式的资本有机构成 k_2	第三部类价值形式的资本有机构成 k_3	剩余价值率 e	价值形式的总资本有机构成 k
2.5	0.833 333	0.555 556	0.666 667	1.250 000
2.7	0.873 333	0.575 556	0.686 667	1.341 612
2.9	0.913 333	0.595 556	0.706 667	1.434 382
3.1	0.953 333	0.615 556	0.726 667	1.528 214
3.3	0.993 333	0.635 556	0.746 667	1.623 026
3.5	1.033 333	0.655 556	0.766 667	1.718 742
3.7	1.073 333	0.675 556	0.786 667	1.815 291
3.9	1.113 333	0.695 556	0.806 667	1.912 613
4.1	1.153 333	0.715 556	0.826 667	2.010 650
4.3	1.193 333	0.735 556	0.846 667	2.109 350
4.5	1.233 333	0.755 556	0.866 667	2.208 666
4.7	1.273 333	0.775 556	0.886 667	2.308 556
4.9	1.313 333	0.795 556	0.906 667	2.408 979
5.1	1.353 333	0.815 556	0.926 667	2.509 901
5.3	1.393 333	0.835 556	0.946 667	2.611 287
5.5	1.433 333	0.855 556	0.966 667	2.713 108

在表 17－13 中，价值形式的总资本有机构成 k 与第一部类价值形式的资本有机构成 k_1 的关系，可以用图 17－13 表示。

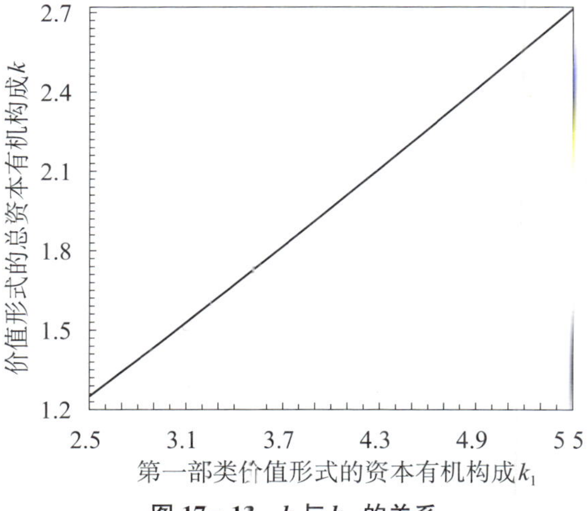

图 17－13　k 与 k_1 的关系

由表 17－13 和图 17－13 可以看出，随着第一部类价值形式的资本有机构成 k_1 提高，价值形式的总资本有机构成 k 提高。

可见，如果按照这里的数例，第一部类价值形式的资本有机构成 k_1、第二部类价值形式的资本有机构成 k_2、第三部类价值形式的资本有机构成 k_3、剩余价值率 e 共同提高，第一部类价值形式的资本有机构成 k_1 的提高超过第二部类价值形式的资本有机构成 k_2 的提高，第二部类价值形式的资本有机构成 k_2 的提高超过第三部类价值形式的资本有机构成 k_3 的提高，第二部类价值形式的资本有机构成 k_2 的提高超过剩余价值率 e 的提高，那么，价值形式的总资本有机构成是第一部类价值形式的资本有机构成的单调递增函数。

二、第一部类价值形式的资本有机构成的提高减半，剩余价值率的提高低于第二部类价值形式的资本有机构成的提高的条件下，价值形式的平均利润率与价值形式的总资本有机构成关系的数例

如果这里的第一部类价值形式的资本有机构成的提高，相比表 17－2、图 17－2 中的第一部类价值形式的资本有机构成的提高减半，第一部类价值形式的资本有机构成、第二部类价值形式的资本有机构成、第三部类价值形式的资本有机构成、剩余价值率共同提高，第一部类价值形式的资本有机构成的提高超过第二部类价值形式的资本有机构成的提高，第二部类价值形式的资本有机构成的提高超过第三部类价值形式的资本有机构成的提高，第二部类价值形式的资本有机构成的提高超过剩余价值率的提高，即满足（17－24）式表示的关系，例如，第一部类价值形式的资本有机构成 $k_1=2.5$，2.7，2.9，…，5.5，第二部类价值形式的资本有机构成 $k_2=5/6$，$5/6+0.04$，$5/6+0.08$，…，$5/6+0.6$，第三部类价值形式的资本有机构成 $k_3=5/9$，$5/9+0.02$，$5/9+0.04$，…，$5/9+0.3$，剩余价值率 $e=2/3$，$2/3+0.02$，$2/3+0.04$，…，$2/3+0.3$，所有初始的已知量采用第七章中经过鲍特凯维兹精心设计的数例，那么，价值形式的平均利润率 r_v 与第一部类价值形式的资本有机构成 k_1、剩余价值率 e、价值形式的总资本有机构成 k 的关系，可以用表 17－14 表示。

表 17－14　　r_v 与 k_1、e、k 的关系

第一部类价值形式的资本有机构成 k_1	剩余价值率 e	价值形式的总资本有机构成 k	价值形式的平均利润率 r_v
2.5	0.666 666 67	1.250 000 00	0.296 296 30
2.7	0.686 666 67	1.341 612 23	0.293 245 25
2.9	0.706 666 67	1.434 381 50	0.290 285 92

续前表

第一部类价值形式的资本有机构成 k_1	剩余价值率 e	价值形式的总资本有机构成 k	价值形式的平均利润率 r_v
3.1	0.726 666 67	1.528 214 34	0.287 422 89
3.3	0.746 666 67	1.623 026 47	0.284 658 46
3.5	0.766 666 67	1.718 741 81	0.281 993 19
3.7	0.786 666 67	1.815 291 46	0.279 426 37
3.9	0.806 666 67	1.912 612 96	0.276 956 35
4.1	0.826 666 67	2.010 649 55	0.274 580 83
4.3	0.846 666 67	2.109 349 58	0.272 297 03
4.5	0.866 666 67	2.208 665 94	0.270 101 87
4.7	0.886 666 67	2.308 555 61	0.267 992 07
4.9	0.906 666 67	2.408 979 24	0.265 964 27
5.1	0.926 666 67	2.509 900 78	0.264 015 06
5.3	0.946 666 67	2.611 287 14	0.262 141 07
5.5	0.966 666 67	2.713 107 92	0.260 338 96

在表 17－14 中，价值形式的平均利润率 r_v 与价值形式的总资本有机构成 k 的关系，可以用图 17－14 表示。

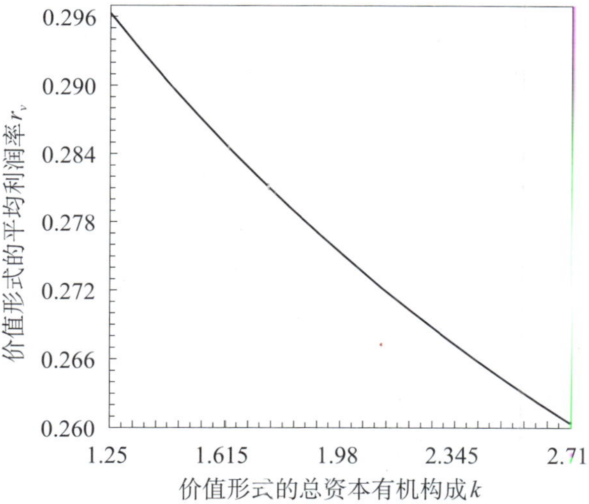

图 17－14　r_v 与 k 的关系

由表 17－14 和图 17－14 可以看出，随着价值形式的总资本有机构成 k 提高，价值形式的平均利润率 r_v 降低。

可见，如果按照这里的数例，第一部类价值形式的资本有机构成 k_1、第二部类价值形式的资本有机构成 k_2、第三部类价值形式的资本有机构成 k_3、剩余价值率 e 共同提高，第一部类价值形式的资本有机构成 k_1 的提高超过第二部类价值形式的资本有机构成 k_2 的提高，第二部类价值形式的资本有机构成 k_2 的提高超过第三部类价值形式的资本有机构成 k_3 的提高，第二部类价值形式的资本有机构成 k_2 的提高超过剩余价值率 e 的提高，那么，价值形式的平均利润率是价值形式的总资本有机构成的单调递减函数。

这是因为，本数例满足第十三章（13－17）式表示的价值形式的平均利润率下降的充分必要条件。

第七节　第一部类价值形式的资本有机构成的提高减半，剩余价值率的提高低于第二部类价值形式的资本有机构成的提高的条件下，生产价格形式的利润率与生产价格形式的总资本有机构成关系的数例

一、第一部类价值形式的资本有机构成的提高减半，剩余价值率的提高低于第二部类价值形式的资本有机构成的提高的条件下，生产价格形式的总资本有机构成与第一部类价值形式的资本有机构成、第二部类价值形式的资本有机构成、第三部类价值形式的资本有机构成、剩余价值率的关系的数例

如果这里的第一部类价值形式的资本有机构成的提高，相比表 17－3、图 17－3 中的第一部类价值形式的资本有机构成的提高减半，第一部类价值形式的资本有机构成、第二部类价值形式的资本有机构成、第三部类价值形式的资本有机构成、剩余价值率共同提高，第一部类价值形式的资本有机构成的提高超过第二部类价值形式的资本有机构成的提高，第二部类价值形式的资本有机构成的提高超过第三部类价值形式的资本有机构成的提高，第二部类价值形式的资本有机构成的提高超过剩余价值率的提高，即满足（17－24）式表示的关系，例如，第一部类价值形式的资本有机构成 $k_1=2.5$，2.7，2.9，…，5.5，第二部类价值形式的资本有机构成 $k_2=5/6$，$5/6+0.04$，$5/6+0.08$，…，$5/6+0.6$，第三部类价值形式的资本有机构成 $k_3=5/9$，$5/9+0.02$，$5/9+0.04$，…，$5/9+0.3$，剩余价值率 $e=2/3$，$2/3+0.02$，$2/3+0.04$，…，$2/3+0.3$，所有初始的已知量采用第七章中经过鲍特凯维兹精心设计的数例，那么，生产价格形式的总资本有机构成 k_p 与第一部类价值形式的资本有机构成 k_1、第二部类价值形式

的资本有机构成 k_2、第三部类价值形式的资本有机构成 k_3、剩余价值率 e 的关系，可以用表 17－15 表示。

表 17－15　　**k_p 与 k_1、k_2、k_3、e 的关系**

第一部类价值形式的资本有机构成 k_1	第二部类价值形式的资本有机构成 k_2	第三部类价值形式的资本有机构成 k_3	剩余价值率 e	生产价格形式的总资本有机构成 k_p
2.5	0.833 333	0.555 556	0.666 667	1.500 000
2.7	0.873 333	0.575 556	0.686 667	1.624 673
2.9	0.913 333	0.595 556	0.706 667	1.751 344
3.1	0.953 333	0.615 556	0.726 667	1.879 811
3.3	0.993 333	0.635 556	0.746 667	2.009 894
3.5	1.033 333	0.655 556	0.766 667	2.141 437
3.7	1.073 333	0.675 556	0.786 667	2.274 304
3.9	1.113 333	0.695 556	0.806 667	2.408 371
4.1	1.153 333	0.715 556	0.826 667	2.543 531
4.3	1.193 333	0.735 556	0.846 667	2.679 688
4.5	1.233 333	0.755 556	0.866 667	2.816 756
4.7	1.273 333	0.775 556	0.886 667	2.954 659
4.9	1.313 333	0.795 556	0.906 667	3.093 329
5.1	1.353 333	0.815 556	0.926 667	3.232 704
5.3	1.393 333	0.835 556	0.946 667	3.372 730
5.5	1.433 333	0.855 556	0.966 667	3.513 355

在表 17－15 中，生产价格形式的总资本有机构成 k_p 与第一部类价值形式的资本有机构成 k_1 的关系，可以用图 17－15 表示。

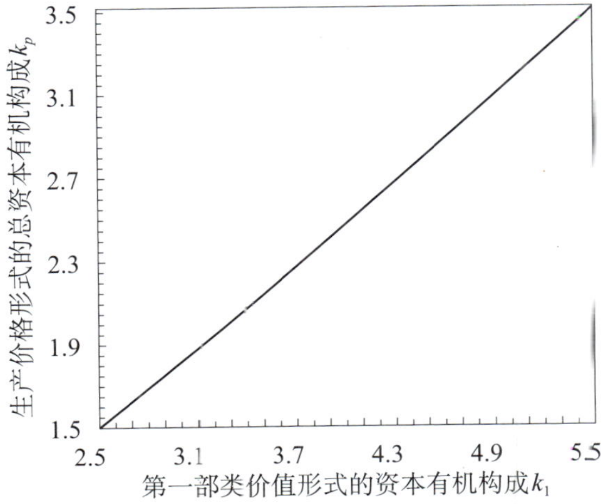

图 17－15　k_p 与 k_1 的关系

由表 17－15 和图 17－15 可以看出，随着第一部类价值形式的资本有机构成 k_1 提高，生产价格形式的总资本有机构成 k_p 提高。

可见，如果按照这里的数例，第一部类价值形式的资本有机构成 k_1、第二部类价值形式的资本有机构成 k_2、第三部类价值形式的资本有机构成 k_3、剩余价值率 e 共同提高，第一部类价值形式的资本有机构成 k_1 的提高超过第二部类价值形式的资本有机构成 k_2 的提高，第二部类价值形式的资本有机构成 k_2 的提高超过第三部类价值形式的资本有机构成 k_3 的提高，第二部类价值形式的资本有机构成 k_2 的提高超过剩余价值率 e 的提高，那么，生产价格形式的总资本有机构成是第一部类价值形式的资本有机构成的单调递增函数。

二、第一部类价值形式的资本有机构成的提高减半，剩余价值率的提高低于第二部类价值形式的资本有机构成的提高的条件下，生产价格形式的总资本与生产价格形式的总资本有机构成关系的数例

如果这里的第一部类价值形式的资本有机构成的提高，相比表 17－4、图 17－4 中的第一部类价值形式的资本有机构成的提高减半，第一部类价值形式的资本有机构成、第二部类价值形式的资本有机构成、第三部类价值形式的资本有机构成、剩余价值率共同提高，第一部类价值形式的资本有机构成的提高超过第二部类价值形式的资本有机构成的提高，第二部类价值形式的资本有机构成的提高超过第三部类价值形式的资本有机构成的提高，第二部类价值形式的资本有机构成的提高超过剩余价值率的提高，即满足（17－24）式表示的关系，例如，第一部类价值形式的资本有机构成 $k_1=2.5$，2.7，2.9，…，5.5，第二部类价值形式的资本有机构成 $k_2=5/6$，$5/6+0.04$，$5/6+0.08$，…，$5/6+0.6$，第三部类价值形式的资本有机构成 $k_3=5/9$，$5/9+0.02$，$5/9+0.04$，…，$5/9+0.3$，剩余价值率 $e=2/3$，$2/3+0.02$，$2/3+0.04$，…，$2/3+0.3$，所有初始的已知量采用第七章中经过鲍特凯维兹精心设计的数例，那么，生产价格形式的总资本 K_p 与第一部类价值形式的资本有机构成 k_1、剩余价值率 e、生产价格形式的总资本有机构成 k_p 的关系，可以用表 17－16 表示。

表 17－16　　K_p 与 k_1、e、k_p 的关系

第一部类价值形式的资本有机构成 k_1	剩余价值率 e	生产价格形式的总资本有机构成 k_p	生产价格形式的总资本 K_p
2.5	0.666 666 67	1.500 000 00	700.000 00
2.7	0.686 666 67	1.624 673 36	732.168 60

续前表

第一部类价值形式的资本有机构成 k_1	剩余价值率 e	生产价格形式的总资本有机构成 k_p	生产价格形式的总资本 K_p
2.9	0.706 666 67	1.751 344 45	765.536 64
3.1	0.726 666 67	1.879 810 54	800.069 47
3.3	0.746 666 67	2.009 893 67	835.738 41
3.5	0.766 666 67	2.141 437 36	872.519 53
3.7	0.786 666 67	2.274 303 69	910.392 72
3.9	0.806 666 67	2.408 370 81	949.341 01
4.1	0.826 666 67	2.543 530 74	989.349 95
4.3	0.846 666 67	2.679 687 55	1 030.407 17
4.5	0.866 666 67	2.816 755 79	1 072.502 05
4.7	0.886 666 67	2.954 659 12	1 115.625 39
4.9	0.906 666 67	3.093 329 14	1 159.769 18
5.1	0.926 666 67	3.232 704 43	1 204.926 45
5.3	0.946 666 67	3.372 729 69	1 251.091 07
5.5	0.966 666 67	3.513 355 02	1 298.257 64

在表 17－16 中，生产价格形式的总资本 K_p 与生产价格形式的总资本有机构成 k_p 的关系，可以用图 17－16 表示。

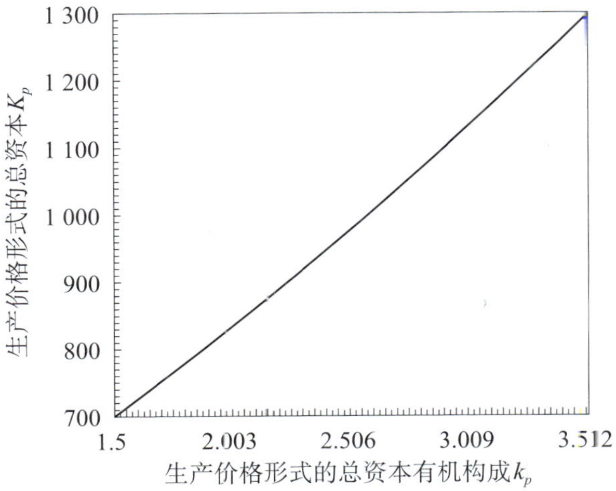

图 17－16　K_p 与 k_p 的关系

由表 17－16 和图 17－16 可以看出，随着生产价格形式的总资本有机构成 k_p 提高，生产价格形式的总资本 K_p 提高。

可见，如果按照这里的数例，第一部类价值形式的资本有机构成 k_1、第二部类价值形式的资本有机构成 k_2、第三部类价值形式的资本有机构

成 k_3、剩余价值率 e 共同提高，第一部类价值形式的资本有机构成 k_1 的提高超过第二部类价值形式的资本有机构成 k_2 的提高，第二部类价值形式的资本有机构成 k_2 的提高超过第三部类价值形式的资本有机构成 k_3 的提高，第二部类价值形式的资本有机构成 k_2 的提高超过剩余价值率 e 的提高，那么，生产价格形式的总资本是生产价格形式的总资本有机构成的单调递增函数。

三、第一部类价值形式的资本有机构成的提高减半，剩余价值率的提高低于第二部类价值形式的资本有机构成的提高的条件下，生产价格形式的总利润与生产价格形式的总资本有机构成关系的数例

如果这里的第一部类价值形式的资本有机构成的提高，相比表 17－5、图 17－5 中的第一部类价值形式的资本有机构成的提高减半，第一部类价值形式的资本有机构成、第二部类价值形式的资本有机构成、第三部类价值形式的资本有机构成、剩余价值率共同提高，第一部类价值形式的资本有机构成的提高超过第二部类价值形式的资本有机构成的提高，第二部类价值形式的资本有机构成的提高超过第三部类价值形式的资本有机构成的提高，第二部类价值形式的资本有机构成的提高超过剩余价值率的提高，即满足（17－24）式表示的关系，例如，第一部类价值形式的资本有机构成 $k_1=2.5$，2.7，2.9，…，5.5，第二部类价值形式的资本有机构成 $k_2=5/6$，$5/6+0.04$，$5/6+0.08$，…，$5/6+0.6$，第三部类价值形式的资本有机构成 $k_3=5/9$，$5/9+0.02$，$5/9+0.04$，…，$5/9+0.3$，剩余价值率 $e=2/3$，$2/3+0.02$，$2/3+0.04$，…，$2/3+0.3$，所有初始的已知量采用第七章中经过鲍特凯维兹精心设计的数例，那么，生产价格形式的总利润 s_p 与第一部类价值形式的资本有机构成 k_1、剩余价值率 e、生产价格形式的总资本有机构成 k_p 的关系，可以用表 17－17 表示。

表 17－17　　s_p 与 k_1、e、k_p 的关系

第一部类价值形式的资本有机构成 k_1	剩余价值率 e	生产价格形式的总资本有机构成 k_p	生产价格形式的总利润 s_p
2.5	0.666 666 67	1.500 000 00	175.000 000
2.7	0.686 666 67	1.624 673 36	178.774 653
2.9	0.706 666 67	1.751 344 45	182.717 100
3.1	0.726 666 67	1.879 810 54	186.821 981
3.3	0.746 666 67	2.009 893 67	191.084 256
3.5	0.766 666 67	2.141 437 36	195.499 216
3.7	0.786 666 67	2.274 303 69	200.062 482

续前表

第一部类价值形式的资本有机构成 k_1	剩余价值率 e	生产价格形式的总资本有机构成 k_p	生产价格形式的总利润 s_p
3.9	0.806 666 67	2.408 370 81	204.769 984
4.1	0.826 666 67	2.543 530 74	209.618 005
4.3	0.846 666 67	2.679 687 55	214.603 068
4.5	0.866 666 67	2.816 755 79	219.722 011
4.7	0.886 666 67	2.954 659 12	224.971 925
4.9	0.906 666 67	3.093 329 14	230.350 145
5.1	0.926 666 67	3.232 704 43	235.854 227
5.3	0.946 666 67	3.372 729 69	241.481 933
5.5	0.966 666 67	3.513 355 02	247.231 211

在表 17－17 中，生产价格形式的总利润 s_p 与生产价格形式的总资本有机构成 k_p 的关系，可以用图 17－17 表示。

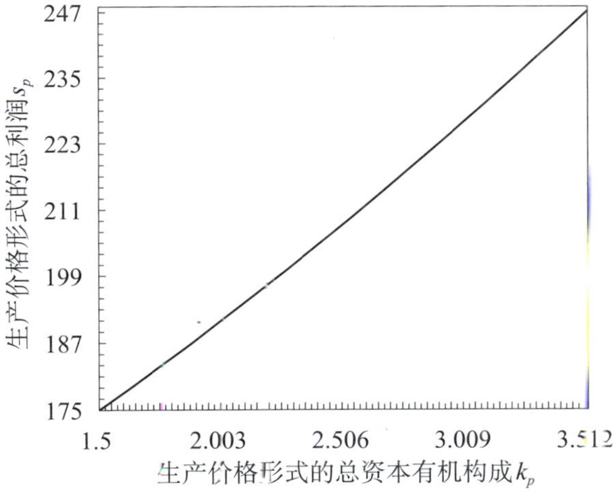

图 17－17 s_p 与 k_p 的关系

由表 17－17 和图 17－17 可以看出，随着生产价格形式的总资本有机构成 k_p 提高，生产价格形式的总利润 s_p 提高。

可见，如果按照这里的数例，第一部类价值形式的资本有机构成 k_1、第二部类价值形式的资本有机构成 k_2、第三部类价值形式的资本有机构成 k_3、剩余价值率 e 共同提高，第一部类价值形式的资本有机构成 k_1 的提高超过第二部类价值形式的资本有机构成 k_2 的提高，第二部类价值形式的资本有机构成 k_2 的提高超过第三部类价值形式的资本有机构成 k_3 的提高，第二部类价值形式的资本有机构成 k_2 的提高超过剩余价值率 e 的提高，那么，生产价格形式的总利润是生产价格形式的总资本有机构成的单调递增函数。

四、第一部类价值形式的资本有机构成的提高减半，剩余价值率的提高低于第二部类价值形式的资本有机构成的提高的条件下，生产价格形式的利润率与生产价格形式的总资本有机构成关系的数例

如果这里的第一部类价值形式的资本有机构成的提高，相比表 17－6、图 17－6 中的第一部类价值形式的资本有机构成的提高减半，第一部类价值形式的资本有机构成、第二部类价值形式的资本有机构成、第三部类价值形式的资本有机构成、剩余价值率共同提高，第一部类价值形式的资本有机构成的提高超过第二部类价值形式的资本有机构成的提高，第二部类价值形式的资本有机构成的提高超过第三部类价值形式的资本有机构成的提高，第二部类价值形式的资本有机构成的提高超过剩余价值率的提高，即满足（17－24）式表示的关系，例如，第一部类价值形式的资本有机构成 k_1＝2.5，2.7，2.9，…，5.5，第二部类价值形式的资本有机构成 k_2＝5/6，5/6＋0.04，5/6＋0.08，…，5/6＋0.6，第三部类价值形式的资本有机构成 k_3＝5/9，5/9＋0.02，5/9＋0.04，…，5/9＋0.3，剩余价值率 e＝2/3，2/3＋0.02，2/3＋0.04，…，2/3＋0.3，所有初始的已知量采用第七章中经过鲍特凯维兹精心设计的数例，那么，生产价格形式的利润率 r 与第一部类价值形式的资本有机构成 k_1、剩余价值率 e、生产价格形式的总资本有机构成 k_p 的关系，可以用表 17－18 表示。

表 17－18　　**r 与 k_1、e、k_p 的关系**

第一部类价值形式的资本有机构成 k_1	剩余价值率 e	生产价格形式的总资本有机构成 k_p	生产价格形式的利润率 r
2.5	0.666 666 67	1.500 000 00	0.250 000 00
2.7	0.686 666 67	1.624 673 36	0.244 171 43
2.9	0.706 666 67	1.751 344 45	0.238 678 45
3.1	0.726 666 67	1.879 810 54	0.233 507 20
3.3	0.746 666 67	2.009 893 67	0.228 641 23
3.5	0.766 666 67	2.141 437 36	0.224 062 86
3.7	0.786 666 67	2.274 303 69	0.219 754 04
3.9	0.806 666 67	2.408 370 81	0.215 696 98
4.1	0.826 666 67	2.543 530 74	0.211 874 48
4.3	0.846 666 67	2.679 687 55	0.208 270 16
4.5	0.866 666 67	2.816 755 79	0.204 868 62
4.7	0.886 666 67	2.954 659 12	0.201 655 44
4.9	0.906 666 67	3.093 329 14	0.198 617 23

续前表

第一部类价值形式的资本有机构成 k_1	剩余价值率 e	生产价格形式的总资本有机构成 k_p	生产价格形式的利润率 r
5.1	0.926 666 67	3.232 704 43	0.195 741 60
5.3	0.946 666 67	3.372 729 69	0.193 017 07
5.5	0.966 666 67	3.513 355 02	0.190 433 09

在表 17－18 中，生产价格形式的利润率 r 与生产价格形式的总资本有机构成 k_p 的关系，可以用图 17－18 表示。

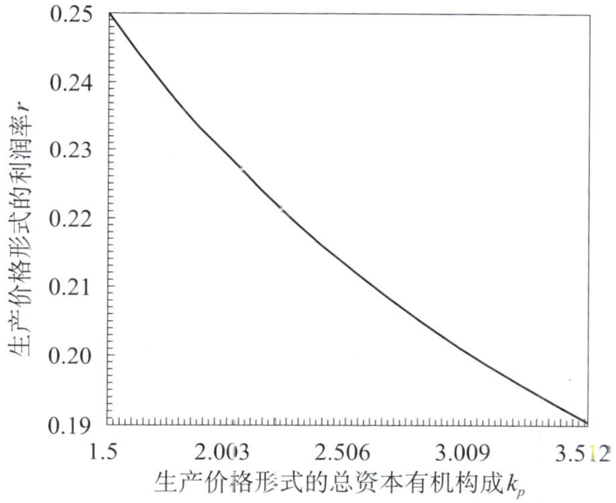

图 17－18　r 与 k_p 的关系

由表 17－18 和图 17－18 可以看出，随着生产价格形式的总资本有机构成 k_p 提高，生产价格形式的利润率 r 降低。

可见，如果按照这里的数例，第一部类价值形式的资本有机构成 k_1、第二部类价值形式的资本有机构成 k_2、第三部类价值形式的资本有机构成 k_3、剩余价值率 e 共同提高，第一部类价值形式的资本有机构成 k_1 的提高超过第二部类价值形式的资本有机构成 k_2 的提高，第二部类价值形式的资本有机构成 k_2 的提高超过第三部类价值形式的资本有机构成 k_3 的提高，第二部类价值形式的资本有机构成 k_2 的提高超过剩余价值率 e 的提高，那么，生产价格形式的利润率 r 是生产价格形式的总资本有机构成的单调递减函数。

由表 17－2、图 17－2、表 17－6、图 17－6 可以看出，第一部类价值形式的资本有机构成 k_1、第二部类价值形式的资本有机构成 k_2、第三部类价值形式的资本有机构成 k_3、剩余价值率 e 共同提高，第一部类价值形

式的资本有机构成 k_1 的提高超过第二部类价值形式的资本有机构成 k_2 的提高，第二部类价值形式的资本有机构成 k_2 的提高超过第三部类价值形式的资本有机构成 k_3 的提高，第二部类价值形式的资本有机构成 k_2 的提高超过剩余价值率 e 的提高的条件下，如果按照这里的数例，那么，价值形式的平均利润率是价值形式的总资本有机构成的单调递减函数，生产价格形式的利润率也是生产价格形式的总资本有机构成的单调递减函数，二者是一致的。

必须指出的是，这个结论仅仅在这个数例中成立，不是在任何数例中都成立，绝对不能说，只要满足第一部类价值形式的资本有机构成 k_1、第二部类价值形式的资本有机构成 k_2、第三部类价值形式的资本有机构成 k_3、剩余价值率 e 共同提高，第一部类价值形式的资本有机构成 k_1 的提高超过第二部类价值形式的资本有机构成 k_2 的提高，第二部类价值形式的资本有机构成 k_2 的提高超过第三部类价值形式的资本有机构成 k_3 的提高，第二部类价值形式的资本有机构成 k_2 的提高超过剩余价值率 e 的提高的条件，价值形式的平均利润率就一定是价值形式的总资本有机构成的单调递减函数，生产价格形式的利润率就一定是生产价格形式的总资本有机构成的单调递减函数。对此，将在后面的分析中，通过同样满足这个条件的不同数例予以证明。

第八节　第一部类价值形式的资本有机构成的提高减半，剩余价值率的提高等于第二部类价值形式的资本有机构成的提高的条件下，价值形式的平均利润率与价值形式的总资本有机构成关系的数例

一、第一部类价值形式的资本有机构成的提高减半，剩余价值率的提高等于第二部类价值形式的资本有机构成的提高的条件下，价值形式的总资本有机构成与第一部类价值形式的资本有机构成、第二部类价值形式的资本有机构成、第三部类价值形式的资本有机构成、剩余价值率的关系的数例

如果这里的第一部类价值形式的资本有机构成的提高，相比表 17－7、图 17－7 中的第一部类价值形式的资本有机构成的提高减半，第一部类价值形式的资本有机构成、第二部类价值形式的资本有机构成、第三部类价值形

式的资本有机构成、剩余价值率共同增长提高，第一部类价值形式的资本有机构成的提高超过第二部类价值形式的资本有机构成的提高，第二部类价值形式的资本有机构成的提高超过第三部类价值形式的资本有机构成的提高，第二部类价值形式的资本有机构成的提高等于剩余价值率的提高，即满足（17－25）式表示的关系，例如，第一部类价值形式的资本有机构成 $k_1=2.5$，2.7，2.9，…，5.5，第二部类价值形式的资本有机构成 $k_2=5/6$，5/6＋0.04，5/6＋0.08，…，5/6＋0.6. 第三部类价值形式的资本有机构成 $k_3=5/9$，5/9＋0.02，5/9＋0.04，…，5/9＋0.3，剩余价值率 $e=2/3$，2/3＋0.04，2/3＋0.08，…，2/3＋0.6，所有初始的已知量采用第七章中经过鲍特凯维兹精心设计的数例，那么，价值形式的总资本有机构成 k 与第一部类价值形式的资本有机构成 k_1、第二部类价值形式的资本有机构成 k_2、第三部类价值形式的资本有机构成 k_3、剩余价值率 e 的关系，可以用表 17－19 表示。

表 17－19　　　　**k 与 k_1、k_2、k_3、e 的关系**

第一部类价值形式的资本有机构成 k_1	第二部类价值形式的资本有机构成 k_2	第三部类价值形式的资本有机构成 k_3	剩余价值率 e	价值形式的总资本有机构成 k
2.5	0.833 333	0.555 556	0.666 667	1.250 000
2.7	0.873 333	0.575 556	0.706 667	1.334 177
2.9	0.913 333	0.595 556	0.746 667	1.418 509
3.1	0.953 333	0.615 556	0.786 667	1.502 953
3.3	0.993 333	0.635 556	0.826 667	1.587 472
3.5	1.033 333	0.655 556	0.866 667	1.672 039
3.7	1.073 333	0.675 556	0.906 667	1.756 629
3.9	1.113 333	0.695 556	0.946 667	1.841 223
4.1	1.153 333	0.715 556	0.986 667	1.925 804
4.3	1.193 333	0.735 556	1.026 667	2.010 359
4.5	1.233 333	0.755 556	1.066 667	2.094 878
4.7	1.273 333	0.775 556	1.106 667	2.179 352
4.9	1.313 333	0.795 556	1.146 667	2.263 774
5.1	1.353 333	0.815 556	1.186 667	2.348 138
5.3	1.393 333	0.835 556	1.226 667	2.432 441
5.5	1.433 333	0.855 556	1.266 667	2.516 678

在表 17－19 中，价值形式的总资本有机构成 k 与第一部类价值形式的资本有机构成 k_1 的关系，可以用图 17－19 表示。

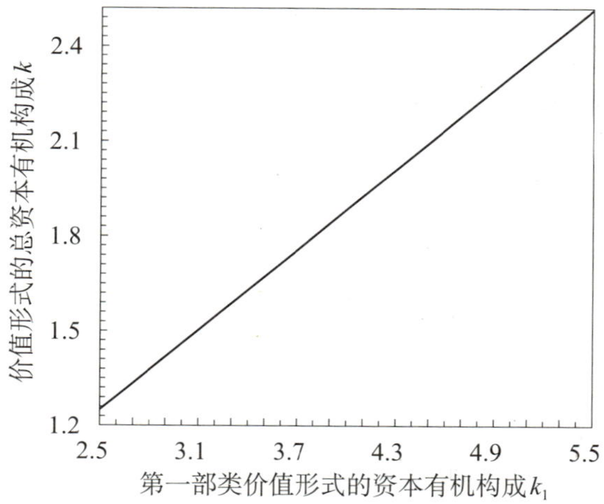

图 17－19　k 与 k_1 的关系

由表 17－19 和图 17－19 可以看出，随着第一部类价值形式的资本有机构成 k_1 提高，价值形式的总资本有机构成 k 提高。

可见，如果按照这里的数例，第一部类价值形式的资本有机构成 k_1、第二部类价值形式的资本有机构成 k_2、第三部类价值形式的资本有机构成 k_3、剩余价值率 e 共同提高，第一部类价值形式的资本有机构成 k_1 的提高超过第二部类价值形式的资本有机构成 k_2 的提高，第二部类价值形式的资本有机构成 k_2 的提高超过第三部类价值形式的资本有机构成 k_3 的提高，第二部类价值形式的资本有机构成 k_2 的提高等于剩余价值率 e 的提高，那么，价值形式的总资本有机构成是第一部类价值形式的资本有机构成的单调递增函数。

二、第一部类价值形式的资本有机构成的提高减半，剩余价值率的提高等于第二部类价值形式的资本有机构成的提高的条件下，价值形式的平均利润率与价值形式的总资本有机构成关系的数例

如果这里的第一部类价值形式的资本有机构成的提高，相比表 17－8、图 17－8 中的第一部类价值形式的资本有机构成的提高减半，第一部类价值形式的资本有机构成、第二部类价值形式的资本有机构成、第三部类价值形式的资本有机构成、剩余价值率共同提高，第一部类价值形式的资本有机构成的提高超过第二部类价值形式的资本有机构成的提高，第二部类价值形式的资本有机构成的提高超过第三部类价值形式的资本有机构成的提高，第二部类价值形式的资本有机构成的提高等于剩余价值率的提高，即满足（17－25）式表示的关系，例如，第一部类价值形式的资本有机构成 $k_1=2.5$，2.7，2.9，…，5.5，第二部类价值形式的资本有机构成 $k_2=5/6$，$5/6+0.04$，$5/6+0.08$，…，$5/6+0.6$，第三部类价值形式的资本有机构成 $k_3=5/9$，$5/9+0.02$，$5/9+0.04$，…，$5/9+0.3$，剩余价值率

e＝2/3，2/3＋0.04，2/3＋0.08，…，2/3＋0.6，所有初始的已知量采用第七章中经过鲍特凯维兹精心设计的数例，那么，价值形式的平均利润率 r_v 与第一部类价值形式的资本有机构成 k_1、剩余价值率 e、价值形式的总资本有机构成 k 的关系，可以用表 17－20 表示。

表 17－20　　r_v 与 k_1、e、k 的关系

第一部类价值形式的资本有机构成 k_1	剩余价值率 e	价值形式的总资本有机构成 k	价值形式的平均利润率 r_v
2.5	0.666 666 67	1.250 000 00	0.296 296 30
2.7	0.706 666 67	1.334 177 27	0.302 747 64
2.9	0.746 666 67	1.418 509 18	0.308 730 14
3.1	0.786 666 67	1.502 952 66	0.314 295 46
3.3	0.826 666 67	1.587 472 33	0.319 488 12
3.5	0.866 666 67	1.672 039 09	0.324 346 55
3.7	0.906 666 67	1.756 629 05	0.328 904 13
3.9	0.946 666 67	1.841 222 57	0.333 189 90
4.1	0.986 666 67	1.925 803 58	0.337 229 29
4.3	1.026 666 67	2.010 358 93	0.341 044 60
4.5	1.066 666 67	2.094 877 91	0.344 655 49
4.7	1.106 666 67	2.179 351 86	0.348 079 33
4.9	1.146 666 67	2.263 773 82	0.351 331 54
5.1	1.186 666 67	2.348 138 21	0.354 425 83
5.3	1.226 666 67	2.432 440 70	0.357 374 47
5.5	1.266 666 67	2.516 677 89	0.360 188 42

在表 17－20 中，价值形式的平均利润率 r_v 与价值形式的总资本有机构成 k 的关系，可以用图 17－20 表示。

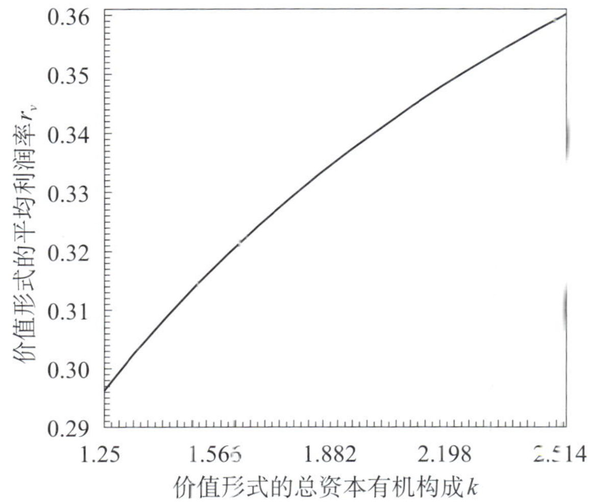

图 17－20　r_v 与 k 的关系

由表 17－20 和图 17－20 可以看出，随着价值形式的总资本有机构成 k 提高，价值形式的平均利润率 r_v 提高。

可见，如果按照这里的数例，第一部类价值形式的资本有机构成 k_1、第二部类价值形式的资本有机构成 k_2、第三部类价值形式的资本有机构成 k_3、剩余价值率 e 共同提高，第一部类价值形式的资本有机构成 k_1 的提高超过第二部类价值形式的资本有机构成 k_2 的提高，第二部类价值形式的资本有机构成 k_2 的提高超过第三部类价值形式的资本有机构成 k_3 的提高，第二部类价值形式的资本有机构成 k_2 的提高等于剩余价值率 e 的提高，那么，价值形式的平均利润率是价值形式的总资本有机构成的单调递增函数。

这是因为，本数例不满足第十三章（13－17）式表示的价值形式的平均利润率下降的充分必要条件。

第九节　第一部类价值形式的资本有机构成的提高减半，剩余价值率的提高等于第二部类价值形式的资本有机构成的提高的条件下，生产价格形式的利润率与生产价格形式的总资本有机构成关系的数例

一、第一部类价值形式的资本有机构成的提高减半，剩余价值率的提高等于第二部类价值形式的资本有机构成的提高的条件下，生产价格形式的总资本有机构成与第一部类价值形式的资本有机构成、第二部类价值形式的资本有机构成、第三部类价值形式的资本有机构成、剩余价值率的关系的数例

如果这里的第一部类价值形式的资本有机构成的提高，相比表 17－9、图 17－9 中的第一部类价值形式的资本有机构成的提高减半，第一部类价值形式的资本有机构成、第二部类价值形式的资本有机构成、第三部类价值形式的资本有机构成、剩余价值率共同提高，第一部类价值形式的资本有机构成的提高超过第二部类价值形式的资本有机构成的提高，第二部类价值形式的资本有机构成的提高超过第三部类价值形式的资本有机构成的提高，第二部类价值形式的资本有机构成的提高等于剩余价值率的提高，即满足（17－25）式表示的关系，例如，第一部类价值形式的资本有机构成 $k_1=2.5$，2.7，2.9，…，5.5，第二部类价值形式的资本有机构成 $k_2=5/6$，$5/6+0.04$，$5/6+0.08$，…，$5/6+0.6$，第三部类价值形式的资本有机构成 $k_3=5/9$，$5/9+0.02$，$5/9+0.04$，…，$5/9+0.3$，剩余价值率 $e=2/3$，$2/3+0.02$，$2/3+0.04$，…，$2/3+0.3$，所有初始的已知量采用

第七章中经过鲍特凯维兹精心设计的数例，那么，生产价格形式的总资本有机构成 k_p 与第一部类价值形式的资本有机构成 k_1、第二部类价值形式的资本有机构成 k_2、第三部类价值形式的资本有机构成 k_3、剩余价值率 e 的关系，可以用表 17 - 21 表示。

表 17 - 21　　k_p 与 k_1、k_2、k_3、e 的关系

第一部类价值形式的资本有机构成 k_1	第二部类价值形式的资本有机构成 k_2	第三部类价值形式的资本有机构成 k_3	剩余价值率 e	生产价格形式的总资本有机构成 k_p
2.5	0.833 333	0.555 556	0.666 667	1.500 000
2.7	0.873 333	0.575 556	0.686 667	1.624 673
2.9	0.913 333	0.595 556	0.706 667	1.751 344
3.1	0.953 333	0.615 556	0.726 667	1.879 811
3.3	0.993 333	0.635 556	0.746 667	2.009 894
3.5	1.033 333	0.655 556	0.766 667	2.141 437
3.7	1.073 333	0.675 556	0.786 667	2.274 304
3.9	1.113 333	0.695 556	0.806 667	2.408 371
4.1	1.153 333	0.715 556	0.826 667	2.543 531
4.3	1.193 333	0.735 556	0.846 667	2.679 688
4.5	1.233 333	0.755 556	0.866 667	2.816 756
4.7	1.273 333	0.775 556	0.886 667	2.954 659
4.9	1.313 333	0.795 556	0.906 667	3.093 329
5.1	1.353 333	0.815 556	0.926 667	3.232 704
5.3	1.393 333	0.835 556	0.946 667	3.372 730
5.5	1.433 333	0.855 556	0.966 667	3.513 355

在表 17 - 21 中，生产价格形式的总资本有机构成 k_p 与第一部类价值形式的资本有机构成 k_1 的关系，可以用图 17 - 21 表示。

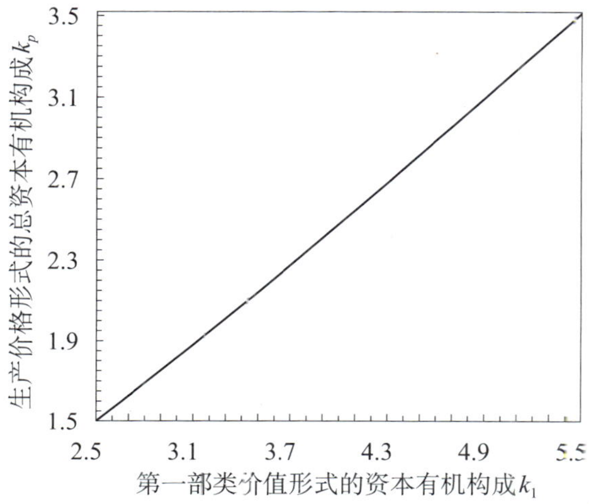

图 17 - 21　k_p 与 k_1 的关系

由表 17－21 和图 17－21 可以看出，随着第一部类价值形式的资本有机构成 k_1 提高，生产价格形式的总资本有机构成 k_p 提高。

可见，如果按照这里的数例，第一部类价值形式的资本有机构成 k_1、第二部类价值形式的资本有机构成 k_2、第三部类价值形式的资本有机构成 k_3、剩余价值率 e 共同提高，第一部类价值形式的资本有机构成 k_1 的提高超过第二部类价值形式的资本有机构成 k_2 的提高，第二部类价值形式的资本有机构成 k_2 的提高超过第三部类价值形式的资本有机构成 k_3 的提高，第二部类价值形式的资本有机构成 k_2 的提高等于剩余价值率 e 的提高，那么，生产价格形式的总资本有机构成是第一部类价值形式的资本有机构成的单调递增函数。

二、第一部类价值形式的资本有机构成的提高减半，剩余价值率的提高等于第二部类价值形式的资本有机构成的提高的条件下，生产价格形式的总资本与生产价格形式的总资本有机构成关系的数例

如果这里的第一部类价值形式的资本有机构成的提高，相比表 17－10、图 17－10 中的第一部类价值形式的资本有机构成的提高减半，第一部类价值形式的资本有机构成、第二部类价值形式的资本有机构成、第三部类价值形式的资本有机构成、剩余价值率共同提高，第一部类价值形式的资本有机构成的提高超过第二部类价值形式的资本有机构成的提高，第二部类价值形式的资本有机构成的提高超过第三部类价值形式的资本有机构成的提高，第二部类价值形式的资本有机构成的提高等于剩余价值率的提高，即满足（17－25）式表示的关系，例如，第一部类价值形式的资本有机构成 $k_1=2.5$，2.7，2.9，…，5.5，第二部类价值形式的资本有机构成 $k_2=5/6$，$5/6+0.04$，$5/6+0.08$，…，$5/6+0.6$，第三部类价值形式的资本有机构成 $k_3=5/9$，$5/9+0.02$，$5/9+0.04$，…，$5/9+0.3$，剩余价值率 $e=2/3$，$2/3+0.02$，$2/3+0.04$，…，$2/3+0.3$，所有初始的已知量采用第七章中经过鲍特凯维兹精心设计的数例，那么，生产价格形式的总资本 K_p 与第一部类价值形式的资本有机构成 k_1、剩余价值率 e、生产价格形式的总资本有机构成 k_p 的关系，可以用表 17－22 表示。

表 17－22　　K_p 与 k_1、e、k_p 的关系

第一部类价值形式的资本有机构成 k_1	剩余价值率 e	生产价格形式的总资本有机构成 k_p	生产价格形式的总资本 K_p
2.5	0.666 666 67	1.500 000 00	700.000 00
2.7	0.686 666 67	1.624 673 36	732.168 60

续前表

第一部类价值形式的资本有机构成 k_1	剩余价值率 e	生产价格形式的总资本有机构成 k_p	生产价格形式的总资本 K_p
2.9	0.706 666 67	1.751 344 45	765.536 64
3.1	0.726 666 67	1.879 810 54	800.069 47
3.3	0.746 666 67	2.009 893 67	835.738 41
3.5	0.766 666 67	2.141 437 36	872.519 53
3.7	0.786 666 67	2.274 303 69	910.392 72
3.9	0.806 666 67	2.408 370 81	949.341 01
4.1	0.826 666 67	2.543 530 74	989.349 95
4.3	0.846 666 67	2.679 687 55	1 030.407 17
4.5	0.866 666 67	2.816 755 79	1 072.502 05
4.7	0.886 666 67	2.954 659 12	1 115.625 39
4.9	0.906 666 67	3.093 329 14	1 159.769 18
5.1	0.926 666 67	3.232 704 43	1 204.926 45
5.3	0.946 666 67	3.372 729 69	1 251.091 07
5.5	0.966 666 67	3.513 355 02	1 298.257 64

在表 17－22 中，生产价格形式的总资本 K_p 与生产价格形式的总资本有机构成 k_p 的关系，可以用图 17－22 表示。

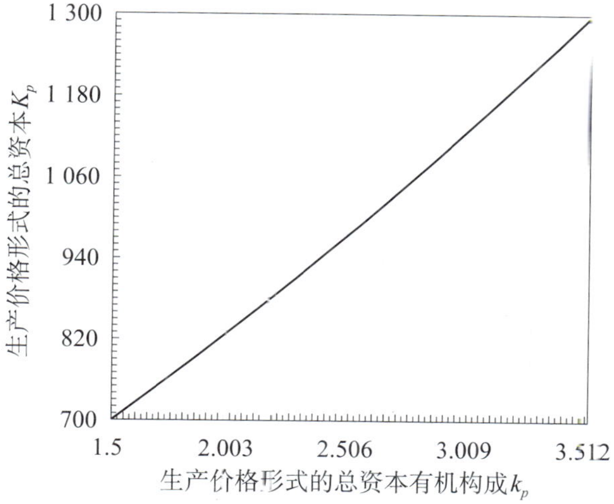

图 17－22　K_p 与 k_p 的关系

由表 17－22 和图 17－22 可以看出，随着生产价格形式的总资本有机构成 k_p 提高，生产价格形式的总资本 K_p 提高。

可见，如果按照这里的数例，第一部类价值形式的资本有机构成 k_1、第二部类价值形式的资本有机构成 k_2、第三部类价值形式的资本有机构

成 k_3、剩余价值率 e 共同提高，第一部类价值形式的资本有机构成 k_1 的提高超过第二部类价值形式的资本有机构成 k_2 的提高，第二部类价值形式的资本有机构成 k_2 的提高超过第三部类价值形式的资本有机构成 k_3 的提高，第二部类价值形式的资本有机构成 k_2 的提高等于剩余价值率 e 的提高，那么，生产价格形式的总资本是生产价格形式的总资本有机构成的单调递增函数。

三、第一部类价值形式的资本有机构成的提高减半，剩余价值率的提高等于第二部类价值形式的资本有机构成的提高的条件下，生产价格形式的总利润与生产价格形式的总资本有机构成关系的数例

如果这里的第一部类价值形式的资本有机构成的提高，相比表 17－11、图 17－11 中的第一部类价值形式的资本有机构成的提高减半，第一部类价值形式的资本有机构成、第二部类价值形式的资本有机构成、第三部类价值形式的资本有机构成、剩余价值率共同提高，第一部类价值形式的资本有机构成的提高超过第二部类价值形式的资本有机构成的提高，第二部类价值形式的资本有机构成的提高超过第三部类价值形式的资本有机构成的提高，第二部类价值形式的资本有机构成的提高等于剩余价值率的提高，即满足（17－25）式表示的关系，例如，第一部类价值形式的资本有机构成 k_1＝2.5，2.7，2.9，…，5.5，第二部类价值形式的资本有机构成k_2＝5/6，5/6＋0.04，5/6＋0.08，…，5/6＋0.6，第三部类价值形式的资本有机构成 k_3＝5/9，5/9＋0.02，5/9＋0.04，…，5/9＋0.3，剩余价值率 e＝2/3，2/3＋0.02，2/3＋0.04，…，2/3＋0.3，所有初始的已知量采用第七章中经过鲍特凯维兹精心设计的数例，那么，生产价格形式的总利润 s_p与第一部类价值形式的资本有机构成 k_1、剩余价值率 e、生产价格形式的总资本有机构成 k_p的关系，可以用表 17－23 表示。

表 17－23　　s_p与 k_1、e、k_p的关系

第一部类价值形式的资本有机构成 k_1	剩余价值率 e	生产价格形式的总资本有机构成 k_p	生产价格形式的总利润 s_p
2.5	0.666 666 67	1.500 000 00	175.000 000
2.7	0.686 666 67	1.624 673 36	178.774 653
2.9	0.706 666 67	1.751 344 45	182.717 100
3.1	0.726 666 67	1.879 810 54	186.821 981
3.3	0.746 666 67	2.009 893 67	191.084 256
3.5	0.766 666 67	2.141 437 36	195.499 216
3.7	0.786 666 67	2.274 303 69	200.062 482

续前表

第一部类价值形式的资本有机构成 k_1	剩余价值率 e	生产价格形式的总资本有机构成 k_p	生产价格形式的总利润 s_p
3.9	0.806 666 67	2.408 370 81	204.769 994
4.1	0.826 666 67	2.543 530 74	209.618 005
4.3	0.846 666 67	2.679 687 55	214.603 068
4.5	0.866 666 67	2.816 755 79	219.722 011
4.7	0.886 666 67	2.954 659 12	224.971 925
4.9	0.906 666 67	3.093 329 14	230.350 145
5.1	0.926 666 67	3.232 704 43	235.854 227
5.3	0.946 666 67	3.372 729 69	241.481 933
5.5	0.966 666 67	3.513 355 02	247.231 211

在表 17－23 中，生产价格形式的总利润 s_p 与生产价格形式的总资本有机构成 k_p 的关系，可以用图 17－23 表示。

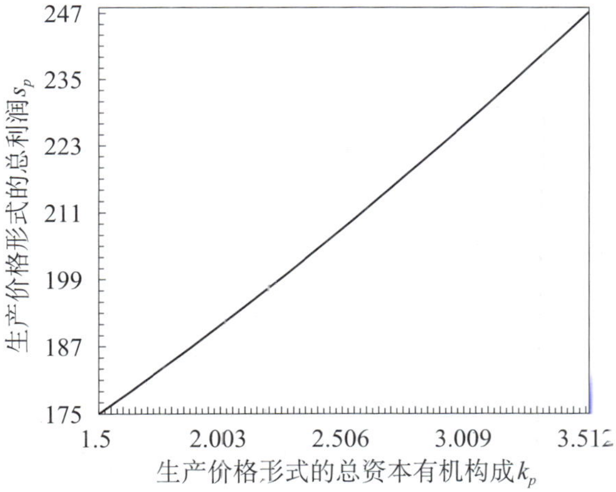

图 17－23　s_p 与 k_p 的关系

由表 17－23 和图 17－23 可以看出，随着生产价格形式的总资本有机构成 k_p 提高，生产价格形式的总利润 s_p 提高。

可见，如果按照这里的数例，第一部类价值形式的资本有机构成 k_1、第二部类价值形式的资本有机构成 k_2、第三部类价值形式的资本有机构成 k_3、剩余价值率 e 共同提高，第一部类价值形式的资本有机构成 k_1 的提高超过第二部类价值形式的资本有机构成 k_2 的提高，第二部类价值形式的资本有机构成 k_2 的提高超过第三部类价值形式的资本有机构成 k_3 的提高，第二部类价值形式的资本有机构成 k_2 的提高等于剩余价值率 e 的提高，那么，生产价格形式的总利润是生产价格形式的总资本有机构成的单调递增函数。

四、第一部类价值形式的资本有机构成的提高减半，剩余价值率的提高等于第二部类价值形式的资本有机构成的提高的条件下，生产价格形式的利润率与生产价格形式的总资本有机构成关系的数例

如果这里的第一部类价值形式的资本有机构成的提高，相比表 17－12、图 17－12 中的第一部类价值形式的资本有机构成的提高减半，第一部类价值形式的资本有机构成、第二部类价值形式的资本有机构成、第三部类价值形式的资本有机构成、剩余价值率共同提高，第一部类价值形式的资本有机构成的提高超过第二部类价值形式的资本有机构成的提高，第二部类价值形式的资本有机构成的提高超过第三部类价值形式的资本有机构成的提高，第二部类价值形式的资本有机构成的提高等于剩余价值率的提高，即满足（17－25）式表示的关系，例如，第一部类价值形式的资本有机构成 k_1＝2.5，2.7，2.9，…，5.5，第二部类价值形式的资本有机构成 k_2＝5/6，5/6＋0.04，5/6＋0.08，…，5/6＋0.6，第三部类价值形式的资本有机构成 k_3＝5/9，5/9＋0.02，5/9＋0.04，…，5/9＋0.3，剩余价值率 e＝2/3，2/3＋0.02，2/3＋0.04，…，2/3＋0.3，所有初始的已知量采用第七章中经过鲍特凯维兹精心设计的数例，那么，生产价格形式的利润率 r 与第一部类价值形式的资本有机构成 k_1、剩余价值率 e、生产价格形式的总资本有机构成 k_p 的关系，可以用表 17－24 表示。

表 17－24　　r 与 k_1、e、k_p 的关系

第一部类价值形式的资本有机构成 k_1	剩余价值率 e	生产价格形式的总资本有机构成 k_p	生产价格形式的利润率 r
2.5	0.666 666 67	1.500 000 00	0.250 000 00
2.7	0.686 666 67	1.624 673 36	0.244 171 43
2.9	0.706 666 67	1.751 344 45	0.238 678 45
3.1	0.726 666 67	1.879 810 54	0.233 507 20
3.3	0.746 666 67	2.009 893 67	0.228 641 23
3.5	0.766 666 67	2.141 437 36	0.224 062 86
3.7	0.786 666 67	2.274 303 69	0.219 754 04
3.9	0.806 666 67	2.408 370 81	0.215 696 98
4.1	0.826 666 67	2.543 530 74	0.211 874 48
4.3	0.846 666 67	2.679 687 55	0.208 270 16
4.5	0.866 666 67	2.816 755 79	0.204 868 62
4.7	0.886 666 67	2.954 659 12	0.201 655 44
4.9	0.906 666 67	3.093 329 14	0.198 617 23

续前表

第一部类价值形式的资本有机构成 k_1	剩余价值率 e	生产价格形式的总资本有机构成 k_p	生产价格形式的利润率 r
5.1	0.926 666 67	3.232 704 43	0.195 741 60
5.3	0.946 666 67	3.372 729 69	0.193 017 07
5.5	0.966 666 67	3.513 355 02	0.190 433 09

在表 17－24 中，生产价格形式的利润率 r 与生产价格形式的总资本有机构成 k_p 的关系，可以用图 17－24 表示。

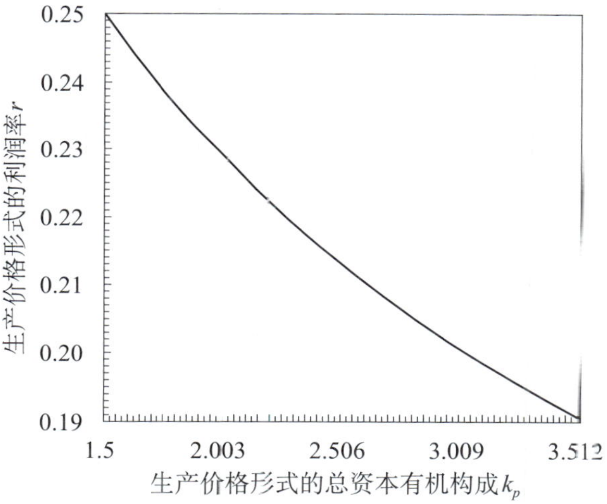

图 17－24　r 与 k_p 的关系

由表 17－24 和图 17－24 可以看出，随着生产价格形式的总资本有机构成 k_p 提高，生产价格形式的利润率 r 降低。

可见，如果按照这里的数例，第一部类价值形式的资本有机构成 k_1、第二部类价值形式的资本有机构成 k_2、第三部类价值形式的资本有机构成 k_3、剩余价值率 e 共同提高，第一部类价值形式的资本有机构成 k_1 的提高超过第二部类价值形式的资本有机构成 k_2 的提高，第二部类价值形式的资本有机构成 k_2 的提高超过第三部类价值形式的资本有机构成 k_3 的提高，第二部类价值形式的资本有机构成 k_2 的提高等于剩余价值率 e 的提高，那么，生产价格形式的利润率 r 是生产价格形式的总资本有机构成的单调递减函数。

由表 17－20、图 17－20、表 17－24、图 17－24 可以看出，第一部类价值形式的资本有机构成 k_1、第二部类价值形式的资本有机构成 k_2、第三部类价值形式的资本有机构成 k_3、剩余价值率 e 共同提高，第一部类价值形式的资本有机构成 k_1 的提高超过第二部类价值形式的资本有机构成

k_2 的提高，第二部类价值形式的资本有机构成 k_2 的提高超过第三部类价值形式的资本有机构成 k_3 的提高，第二部类价值形式的资本有机构成 k_2 的提高等于剩余价值率 e 的提高的条件下，如果按照这里的数例，那么，价值形式的平均利润率是价值形式的总资本有机构成的单调递增函数，而生产价格形式的利润率是生产价格形式的总资本有机构成的单调递减函数，二者不一致。

令人感兴趣的是，表 17－20、图 17－20 的数例中剩余价值率 e 的提高，增加为表 17－14 和图 17－14 的数例中剩余价值率 e 的提高的 2 倍，价值形式的平均利润率就由价值形式的总资本有机构成的单调递减函数，转变为价值形式的总资本有机构成的单调递增函数。

这证明，随着价值形式的资本有机构成提高，价值形式的平均利润率是否下降，与具体数例有关，也就是与是否满足价值形式的平均利润率下降的充分必要条件有关。

更加令人感兴趣的是，在同样的条件下与同样的数例中，随着价值形式的资本有机构成提高，出现了价值形式的平均利润率的变化方向与生产价格形式的利润率的变化方向相反的情况。

这证明，考察利润率下降问题时，必须明确利润率是价值形式的，还是生产价格形式的，必须明确资本有机构成是价值形式的，还是生产价格形式的。

第十节　价值形式的平均利润率的变化方向转变的区间

一、剩余价值率的提高低于第二部类价值形式的资本有机构成的提高的条件下，价值形式的总资本有机构成与第一部类价值形式的资本有机构成、第二部类价值形式的资本有机构成、第三部类价值形式的资本有机构成、剩余价值率的关系的数例

这里考察，价值形式的平均利润率在什么范围内，由价值形式的总资本有机构成的单调递减函数转变为价值形式的总资本有机构成的单调递增函数。

首先考察价值形式的总资本有机构成 k 与第一部类价值形式的资本有机构成 k_1、第二部类价值形式的资本有机构成 k_2、第三部类价值形式的资本有机构成 k_3、剩余价值率 e 的关系。

如果第一部类价值形式的资本有机构成、第二部类价值形式的资本有机构成、第三部类价值形式的资本有机构成、剩余价值率共同提高，第一部类价值形式的资本有机构成的提高超过第二部类价值形式的资本有机构成的提高，第二部类价值形式的资本有机构成的提高超过第三部类价值形式的资本有机构成的提高，第二部类价值形式的资本有机构成的提高超过剩余价值率的提高，即满足（17－24）式表示的关系，例如，第一部类价值形式的资本有机构成 k_1＝2.5，2.7，2.9，…，5.5，第二部类价值形式的资本有机构成 k_2＝5/6，5/6＋0.04，5/6＋0.08，…，5/6＋0.6，第三部类价值形式的资本有机构成 k_3＝5/9，5/9＋0.02，5/9＋0.04，…，5/9＋0.3，剩余价值率 e＝2/3，2/3＋0.028，2/3＋0.056，…，2/3＋0.42，所有初始的已知量采用第七章中经过鲍特凯维兹精心设计的数例，那么，价值形式的总资本有机构成 k 与第一部类价值形式的资本有机构成 k_1、第二部类价值形式的资本有机构成 k_2、第三部类价值形式的资本有机构成 k_3、剩余价值率 e 的关系，可以用表 17－25 表示。

表 17－25　　k 与 k_1、k_2、k_3、e 的关系

第一部类价值形式的资本有机构成 k_1	第二部类价值形式的资本有机构成 k_2	第三部类价值形式的资本有机构成 k_3	剩余价值率 e	价值形式的总资本有机构成 k
2.5	0.833 333	0.555 556	0.666 667	1.250 000
2.7	0.873 333	0.575 556	0.694 667	1.338 621
2.9	0.913 333	0.595 556	0.722 667	1.427 961
3.1	0.953 333	0.615 556	0.750 667	1.517 943
3.3	0.993 333	0.635 556	0.778 667	1.608 498
3.5	1.033 333	0.655 556	0.806 667	1.699 566
3.7	1.073 333	0.675 556	0.834 667	1.791 095
3.9	1.113 333	0.695 556	0.862 667	1.883 039
4.1	1.153 333	0.715 556	0.890 667	1.975 354
4.3	1.193 333	0.735 556	0.918 667	2.068 005
4.5	1.233 333	0.755 556	0.946 667	2.160 959
4.7	1.273 333	0.775 556	0.974 667	2.254 186
4.9	1.313 333	0.795 556	1.002 667	2.347 660
5.1	1.353 333	0.815 556	1.030 667	2.441 357
5.3	1.393 333	0.835 556	1.058 667	2.535 257
5.5	1.433 333	0.855 556	1.086 667	2.629 339

在表 17－25 中，价值形式的总资本有机构成 k 与第一部类价值形式的资本有机构成 k_1 的关系，可以用图 17－25 表示。

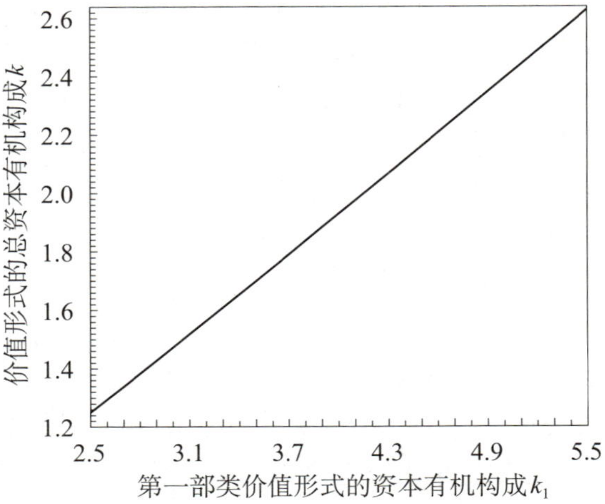

图 17-25　k 与 k_1 的关系

由表 17-25 和图 17-25 可以看出，随着第一部类价值形式的资本有机构成 k_1 提高，价值形式的总资本有机构成 k 提高。

可见，如果按照这里的数例，第一部类价值形式的资本有机构成 k_1、第二部类价值形式的资本有机构成 k_2、第三部类价值形式的资本有机构成 k_3、剩余价值率 e 共同提高，第一部类价值形式的资本有机构成 k_1 的提高超过第二部类价值形式的资本有机构成 k_2 的提高，第二部类价值形式的资本有机构成 k_2 的提高超过第三部类价值形式的资本有机构成 k_3 的提高，第二部类价值形式的资本有机构成 k_2 的提高超过剩余价值率 e 的提高，那么，价值形式的总资本有机构成是第一部类价值形式的资本有机构成的单调递增函数。

二、剩余价值率的提高低于第二部类价值形式的资本有机构成的提高的条件下，价值形式的平均利润率的变化方向转变的区间

这里考察，价值形式的平均利润率的上升区间、价值形式的平均利润率的下降区间、价值形式的平均利润率的变化方向的转折点。

如果第一部类价值形式的资本有机构成、第二部类价值形式的资本有机构成、第三部类价值形式的资本有机构成、剩余价值率共同提高，第一部类价值形式的资本有机构成的提高超过第二部类价值形式的资本有机构成的提高，第二部类价值形式的资本有机构成的提高超过第三部类价值形式的资本有机构成的提高，第二部类价值形式的资本有机构成的提高超过剩余价值率的提高，即满足（17-24）式表示的关系，例如，第一部类价

值形式的资本有机构成 $k_1=2.5$，2.7，2.9，…，5.5，第二部类价值形式的资本有机构成 $k_2=5/6$，$5/6+0.04$，$5/6+0.08$，…，$5/6+0.6$，第三部类价值形式的资本有机构成 $k_3=5/9$，$5/9+0.02$，$5/9+0.04$，…，$5/9+0.3$，剩余价值率 $e=2/3$，$2/3+0.028$，$2/3+0.056$，…，$2/3+0.42$，所有初始的已知量采用第七章中经过鲍特凯维兹精心设计的数例，那么，价值形式的平均利润率 r_v 与第一部类价值形式的资本有机构成 k_1、剩余价值率 e、价值形式的总资本有机构成 k 的关系，可以用表 17－26 表示。

表 17－26　　r_v 与 k_1、e、k 的关系

第一部类价值形式的资本有机构成 k_1	剩余价值率 e	价值形式的总资本有机构成 k	价值形式的平均利润率 r_v
2.5	0.666 666 67	1.250 000 00	0.296 296 30
2.7	0.694 666 67	1.338 621 17	0.297 041 13
2.9	0.722 666 67	1.427 961 15	0.297 643 42
3.1	0.750 666 67	1.517 942 60	0.298 127 00
3.3	0.778 666 67	1.608 497 54	0.298 511 56
3.5	0.806 666 67	1.699 566 11	0.298 813 45
3.7	0.834 666 67	1.791 095 42	0.299 046 27
3.9	0.862 666 67	1.883 038 65	0.299 221 33
4.1	0.890 666 67	1.975 354 28	0.299 348 11
4.3	0.918 666 67	2.068 005 38	0.299 434 50
4.5	0.946 666 67	2.160 959 05	0.299 487 17
4.7	0.974 666 67	2.254 185 93	0.299 511 67
4.9	1.002 666 67	2.347 659 75	0.299 512 72
5.1	1.030 666 67	2.441 357 00	0.299 494 26
5.3	1.058 666 67	2.535 256 56	0.299 459 64
5.5	1.086 666 67	2.629 339 47	0.299 411 69

在表 17－26 中，价值形式的平均利润率 r_v 与价值形式的总资本有机构成 k 的关系，可以用图 17－23 表示。

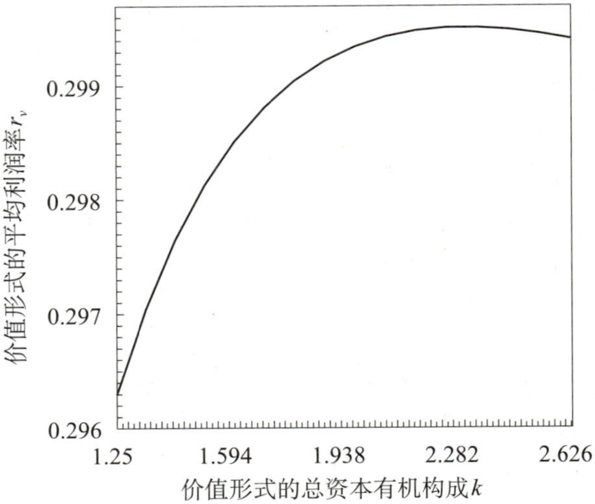

图 17－26　r_v与 k 的关系

由表 17－26 和图 17－26 可以看出，随着价值形式的总资本有机构成 k 提高，价值形式的平均利润率 r_v先提高后降低。

可见，如果按照这里的数例，第一部类价值形式的资本有机构成 k_1、第二部类价值形式的资本有机构成 k_2、第三部类价值形式的资本有机构成 k_3、剩余价值率 e 共同提高，第一部类价值形式的资本有机构成 k_1 的提高超过第二部类价值形式的资本有机构成 k_2 的提高，第二部类价值形式的资本有机构成 k_2 的提高超过第三部类价值形式的资本有机构成 k_3 的提高，第二部类价值形式的资本有机构成 k_2 的提高超过剩余价值率 e 的提高，那么，价值形式的平均利润率是价值形式的总资本有机构成的非线性函数。

由表 17－25、表 17－26 可以看出，当第一部类价值形式的资本有机构成 $k_1=4.8$ 时，第二部类价值形式的资本有机构成 $k_2=1.293\ 333$，第三部类价值形式的资本有机构成 $k_3=0.785\ 556$，剩余价值率 $e=0.988\ 666\ 67$，价值形式的总资本有机构成 $k=2.300\ 893\ 50$，价值形式的平均利润率 $r_v=0.299\ 514\ 86$。

在价值形式的总资本有机构成 k 小于 2.300 893 50 的区间，随着价值形式的总资本有机构成 k 提高，价值形式的平均利润率 r_v提高。在价值形式的总资本有机构成 k 大于 2.300 893 50 的区间，随着价值形式的总资本有机构成 k 提高，价值形式的平均利润率 r_v降低。

三、价值形式的平均利润率的变化方向转变的原因

将剩余价值率对价值形式的总资本有机构成的一阶导数与价值形式的平均利润率之差，也就是剩余价值率相对价值形式的总资本有机构成的提高率与价值形式的平均利润率之差，定义为

$$d=\frac{\mathrm{d}e}{\mathrm{d}k}-r_v=\frac{\mathrm{d}e}{\mathrm{d}k}-\frac{e}{k+1} \tag{17-26}$$

考虑到按照鲍特凯维兹的部类划分的价值转形中 $\frac{\mathrm{d}e}{\mathrm{d}k}$ 的计算比较复杂，这里用其差分近似地代替。

如果第一部类价值形式的资本有机构成、第二部类价值形式的资本有机构成、第三部类价值形式的资本有机构成、剩余价值率共同提高，第一部类价值形式的资本有机构成的提高超过第二部类价值形式的资本有机构成的提高，第二部类价值形式的资本有机构成的提高超过第三部类价值形式的资本有机构成的提高，第二部类价值形式的资本有机构成的提高超过剩余价值率的提高，即满足（17－24）式表示的关系，例如，第一部类价值形式的资本有机构成 $k_1=2.5$，2.7，2.9，…，5.5，第二部类价值形式的资本有机构成 $k_2=5/6$，5/6＋0.04，5/6＋0.08，…，5/6＋0.6，第三部类价值形式的资本有机构成 $k_3=5/9$，5/9＋0.02，5/9＋0.04，…，5/9＋0.3，剩余价值率 $e=2/3$，2/3＋0.028，2/3＋0.056，…，2/3＋0.42，所有初始的已知量采用第七章中经过鲍特凯维兹精心设计的数例，那么，剩余价值率对价值形式的资本有机构成的一阶导数 $\frac{\mathrm{d}e}{\mathrm{d}k}$ 与价值形式的平均利润率 r_v 之差 d，和第一部类价值形式的资本有机构成 k_1、价值形式的总资本有机构成 k、价值形式的平均利润率 r_v 的关系，可以用表 17－27 表示。

表 17－27　d 与 k_1、k、r_v 的关系

第一部类价值形式的资本有机构成 k_1	价值形式的总资本有机构成 k	价值形式的平均利润率 r_v	$d=\frac{\mathrm{d}e}{\mathrm{d}k}-r_v$
2.5	1.250 000 00	0.296 296 30	—
2.7	1.338 621 17	0.297 041 13	0.018 910 48
2.9	1.427 961 15	0.297 643 42	0.015 766 09
3.1	1.517 942 50	0.298 127 00	0.013 048 26
3.3	1.608 497 54	0.298 511 56	0.010 692 98
3.5	1.699 566 11	0.298 813 45	0.008 647 19
3.7	1.791 095 42	0.299 046 27	0.006 866 68

续前表

第一部类价值形式的资本有机构成 k_1	价值形式的总资本有机构成 k	价值形式的平均利润率 r_v	$d=\frac{de}{dk}-r_v$
3.9	1.883 038 65	0.299 221 33	0.005 314 40
4.1	1.975 354 28	0.299 348 11	0.003 959 15
4.3	2.068 005 38	0.299 434 50	0.002 774 54
4.5	2.160 959 05	0.299 487 17	0.001 738 16
4.7	2.254 185 93	0.299 511 67	0.000 830 90
4.9	2.347 659 75	0.299 512 72	0.000 036 38
5.1	2.441 357 00	0.299 494 26	−0.000 659 44
5.3	2.535 256 56	0.299 459 64	−0.001 268 69
5.5	2.629 339 47	0.299 411 69	−0.001 801 83

在表 17-27 中，剩余价值率对价值形式的资本有机构成的一阶导数与价值形式的平均利润率之差 d，和价值形式的总资本有机构成 k 的关系，可以用图 17-27 表示。

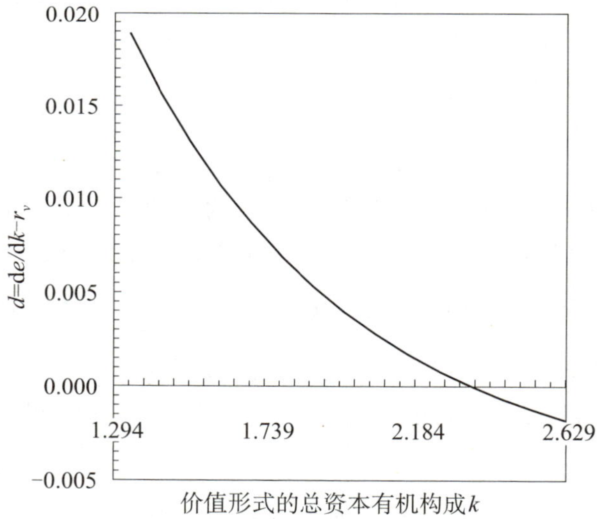

图 17-27　d 与 k 的关系

由表 17-27 和图 17-27 可以看出，在价值形式的总资本有机构成 k 小于 2.300 893 50 的区间，剩余价值率对价值形式的资本有机构成的一阶导数与价值形式的平均利润率之差 d 大于 0，因此，随着价值形式的总资本有机构成 k 提高，价值形式的平均利润率 r_v 提高。

在价值形式的总资本有机构成 k 大于 2.300 893 50 的区间，剩余价值率对价值形式的资本有机构成的一阶导数与价值形式的平均利润率之差 d

小于0，因此，随着价值形式的总资本有机构成 k 提高，价值形式的平均利润率 r_v 降低。

第十一节　本章结论

在按照鲍特凯维兹的部类划分的三部类价值转形中，如果第一部类价值形式的资本有机构成、第二部类价值形式的资本有机构成、第三部类价值形式的资本有机构成、剩余价值率共同提高，第一部类价值形式的资本有机构成的提高超过第二部类价值形式的资本有机构成的提高，第二部类价值形式的资本有机构成的提高超过第三部类价值形式的资本有机构成的提高，第二部类价值形式的资本有机构成的提高超过或等于剩余价值率的提高，那么，在大部分区间，价值形式的平均利润率下降，但是，在某些区间，价值形式的平均利润率上升。

价值形式的平均利润率是下降还是上升，取决于是否满足价值形式的平均利润率下降的充分必要条件。

在这里提出的三个部类价值形式的资本有机构成与剩余价值率共同提高的各种数例中，无论价值形式的平均利润率上升，还是价值形式的平均利润率下降，生产价格形式的利润率都下降。

可见，在相同条件下，随着价值形式的资本有机构成提高，价值形式的平均利润率的变化方向与生产价格形式的利润率的变化方向不一定完全相同。因此，不仅要在相同的系统中考察利润率与资本有机构成的关系，而且要明确，是在价值系统中考察，还是在生产价格系统中考察。

即使存在价值形式的平均利润率上升的情况，但是，这种情况不占主导地位，价值形式的平均利润率趋向下降的规律仍然成立。

价值形式的总资本有机构成在上升的过程中，达到临界值之前，价值形式的利润率上升，证明利润率不是绝对地下降。价值形式的总资本有机构成超过临界值之后，价值形式的利润率下降，证明利润率变化的总趋势是趋于下降。既然生产力不断提高，资本有机构成不断提高，一旦价值形式的总资本有机构成超过一定界限，价值形式的平均利润率就逐步下降。因此，马克思的利润率趋于下降的规律是正确的。

第十八章　资本有机构成与剩余价值率共同提高的按照列宁的部类划分的价值转形的利润率

第一节　资本有机构成与剩余价值率共同提高的按照列宁的部类划分的价值转形中，利润率与两部类价值形式的资本有机构成、剩余价值率的关系

一、对按照列宁的部类划分的价值转形的进一步考察

这里，在第八章对按照列宁的部类划分的价值转形的考察的基础上，进一步考察资本有机构成与剩余价值率共同提高对利润率的影响。

列宁将社会生产划分为制造生产资料的生产资料生产、制造消费资料的生产资料生产、消费资料生产。他的部类划分方式，是将马克思的第一部类划分为两个分部类：制造生产资料的生产资料生产分部类与制造消费资料的生产资料生产的分部类。

在价值转形中，第一部类划分为两个分部类，第二部类为一个单独的部类，建立价值转形比较困难。将每个分部类看做一个部类，建立价值转形比较容易。因此，这里将列宁的部类划分，看做三个生产部类。

列宁的三个部类划分的方式，与马克思将第一部类划分为一般工业产品生产分部类与货币材料生产分部类的划分方式不同。

考察马克思的考虑货币材料生产的三部类价值转形的目的，证明在于货币材料生产部类的生产价格与价值不相等，从而否定鲍特凯维兹的价值转形理论。

考察列宁的三部类价值转形的目的，在于证明中等资本有机构成的部类或部门的生产价格与价值不相等，生产价格与价值相等的部类或部门不一定是中等资本有机构成的部类或部门，从而否定米克、塞顿、斯拉法等人的价值转形理论。

考察列宁的三部类价值转形的另一个重要目的，在于证明在一般情况下剩余价值率的提高率低于总资本有机构成的提高率，从而证明利润率趋向于下降。

在按照列宁的部类划分的价值转形的基础上，考察资本有机构成与剩余价值率共同提高对利润率的影响，最关键的问题在于，如何确定第一部类的资本有机构成、第二部类的资本有机构成、第三部类的资本有机构成、剩余价值率之间的关系，以及如何确定第一部类资本有机构成的提高、第二部类资本有机构成的提高、第三部类资本有机构成的提高、剩余价值率的提高的比例。

这里的考察与第八章的考察不同。

在第八章的按照列宁的部类划分的价值转形中，重点考察中等资本有机构成的部类或部门的生产价格与价值的关系，生产价格与价值相等的部类或部门与中等资本有机构成的部类或部门关系，多得到的剩余价值为零与价值形式的利润率等于平均利润率的关系，多得到的剩余价值为零与生产价格形式的中等资本有机构成的关系，多得到的剩余价值与被社会多承认的剩余价值的关系。

这里考察的资本有机构成与剩余价值率共同提高的按照列宁的部类划分的价值转形中，重点考察剩余价值率的提高率与总资本有机构成的提高率的关系。

二、基本假设条件、符号规定、价值转形模型

为了考察马克思的利润率趋向下降规律的问题，这里采用第八章的价值转形模型，因此，这里的基本假设条件、符号规定，分别与第八章的基本假设条件、符号规定相同。同时规定：

k_1 表示第一部类价值形式的资本有机构成。

k_2 表示第二部类价值形式的资本有机构成。

k_3 表示第三部类价值形式的资本有机构成。

k 表示价值形式的总资本有机构成。

k_{p1}表示第一部类生产价格形式的资本有机构成。

k_{p2}表示第二部类生产价格形式的资本有机构成。

k_{p3}表示第三部类生产价格形式的资本有机构成。

k_p表示生产价格形式的总资本有机构成。

s_{v1}表示第一部类资本家得到的价值形式的利润。

s_{v2}表示第二部类资本家得到的价值形式的利润。

s_{v3}表示第三部类资本家得到的价值形式的利润。

s_{p1}表示第一部类资本家得到的生产价格形式的利润。

s_{p2}表示第二部类资本家得到的生产价格形式的利润。

s_{p3}表示第三部类资本家得到的生产价格形式的利润。

r_v表示工人创造的全部剩余价值与价值形式的总资本的比率，或价值形式的平均利润率。

三、各部类的资本有机构成、剩余价值率、再生产条件

（一）各部类的资本有机构成

第一部类的资本有机构成为第一部类的不变资本与第一部类的可变资本之比，即

$$k_1 = \frac{c_1}{v_1} \tag{18-1}$$

第二部类的资本有机构成为第二部类的不变资本与第二部类的可变资本之比。这个定义由第八章（8-4）式表示，即

$$k_2 = \frac{c_2}{v_2} \tag{18-2}$$

第三部类的资本有机构成为第三部类的不变资本与第三部类的可变资本之比。这个定义由第八章（8-5）式表示，即

$$k_3 = \frac{c_3}{v_3} \tag{18-3}$$

在一般情况下，三个部类的资本有机构成不完全相同。

（二）各部类的剩余价值率相同

由于劳动力可以自由流动，如果各部类资本对劳动的剥削程度不同，劳动力就会流动到剥削程度低的部类，因此，在不同部类中资本对劳动的剥削程度相同，或剩余价值率相同。剩余价值率为剩余劳动与必要劳动之比。这个关系由第八章（8-6）式表示，即

$$\frac{s_1}{v_1} = \frac{s_2}{v_2} = \frac{s_3}{v_3} = e \tag{18-4}$$

剩余价值率相同，是价值转形的基本条件之一。

（三）再生产条件

第一部类生产过程中耗费的物化劳动、耗费的必要劳动、耗费的剩余劳动之和，等于为了维持简单再生产，生产补偿第一部类和第二部类在简单再生产中耗费的生产资料所需要的劳动之和，也就是第一部类的不变资本、可变资本、剩余价值之和，等于第一部类的不变资本、第二部类的不

变资本之和。这个关系由第八章（8－1）式表示，即

$$c_1+v_1+s_1=c_1+c_2 \quad (18-5)$$

第二部类生产过程中耗费的物化劳动、必要劳动和剩余劳动之和，等于为了维持简单再生产，生产补偿第三部类耗费的生产资料所需劳动，也就是第二部类的不变资本、可变资本、剩余价值之和，等于第三部类的不变资本。这个关系由第八章（8－2）式表示，即

$$c_2+v_2+s_2=c_3 \quad (18-6)$$

第三部类生产过程中耗费的物化劳动、必要劳动和剩余劳动之和，等于为了维持简单再生产，提供各部类工人与资本家耗费的生活消费资料所需要的劳动之和，也就是第三部类的不变资本、可变资本、剩余价值之和，等于第一部类、第二部类、第三部类的可变资本与剩余价值之和。这个关系由第八章（8－3）式表示，即

$$c_3+v_3+s_3=v_1+v_2+v_3+s_1+s_2+s_3 \quad (18-7)$$

在这三个方程中，由任意两个方程可以推导出另一个方程。因此，只有两个独立方程。如果没有特殊约定，由于第一个方程和第二个方程更基本，因此可以选择这两个方程。

四、再生产条件方程组中的变量、已知量、未知变量、独立方程

（一）再生产条件方程组中的变量

从内容上看，在资本有机构成与剩余价值率共同提高的按照列宁的部类划分的价值转形中，各部类或各部门的不变资本、可变资本、剩余价值、资本有机构成、剩余价值率等变量，是价值转形的基础，因此，都是外生变量或已知量。

从形式上看，为了保持这些变量之间的一致性，通常将各部类或各部门的资本有机构成、剩余价值率等变量作为外生变量或已知量。为了不仅得到相对量，而且得到绝对量，还需要将各部类或各部门的不变资本、可变资本、剩余价值中的一个变量作为外生变量或已知量。其余变量表现为内生变量或未知变量。这些内生变量或未知变量要通过再生产条件方程组中的各种关系得到。

（二）已知量、形式上的未知变量、独立方程

第一部类的不变资本 c_1、第二部类的不变资本 c_2、第三部类的不变资本 c_3、第一部类的可变资本 v_1、第二部类的可变资本 v_2、第三部类的可变资本 v_3、第一部类的剩余价值 s_1、第二部类的剩余价值 s_2、第三部类的剩余价值 s_3、第一部类的资本有机构成 k_1、第二部类的资本有机构成

k_2、第三部类的资本有机构成 k_3、剩余价值率 e，是再生产条件方程组中的 13 个变量。

如果第一部类的可变资本 v_1、第一部类的资本有机构成 k_1、第二部类的资本有机构成 k_2、第三部类的资本有机构成 k_3、剩余价值率 e 是 5 个已知量，那么，其余的 8 个变量就是形式上的未知变量。

（18－1）式、（18－2）式、（18－3）式、（18－4）式中包括 6 个独立方程。再生产条件（18－5）式、（18－6）式、（18－7）式中包括 2 个独立方程。共有 8 个独立方程。

由 8 个独立方程，可以得到 8 个形式上的未知变量的解。

（三）其余未知变量

由（18－1）式，可以得到第一部类的不变资本，即

$$c_1 = k_1 v_1 \tag{18-8}$$

由（18－4）式，可以得到第一部类的剩余价值，即

$$s_1 = ev_1 \tag{18-9}$$

由（18－2）式、（18－4）式，再生产条件（18－5）式可以表示为

$$v_1 + ev_1 = k_2 v_2 \tag{18-10}$$

由（18－2）式、（18－3）式、（18－4）式，再生产条件（18－6）式可以表示为

$$k_2 v_2 + v_2 + ev_2 = k_3 v_3 \tag{18-11}$$

再生产条件（18－10）式可以表示为

$$k_2 v_2 = (1+e)v_1 \tag{18-12}$$

再生产条件（18－11）式可以表示为

$$(k_2+1+e)v_2 - k_3 v_3 = 0 \tag{18-13}$$

由（18－12）式、（18－13）式，可以得到第二部类的可变资本：

$$v_2 = \frac{\begin{vmatrix} (1+e)v_1 & 0 \\ 0 & -k_3 \end{vmatrix}}{\begin{vmatrix} k_2 & 0 \\ k_2+1+e & -k_3 \end{vmatrix}} = \frac{-(1+e)k_3 v_1}{-k_2 k_3} = \frac{(1+e)v_1}{k_2} \tag{18-14}$$

由（18－12）式、（18－13）式，可以得到第三部类的可变资本：

$$v_3 = \frac{\begin{vmatrix} k_2 & (1+e)v_1 \\ k_2+1+e & 0 \end{vmatrix}}{\begin{vmatrix} k_2 & 0 \\ k_2+1+e & -k_3 \end{vmatrix}} = \frac{-(1+e)(k_2+1+e)v_1}{-k_2 k_3}$$

$$= \frac{(1+e)(k_2+1+e)v_1}{k_2k_3} = \frac{(k_2+1+e)v_2}{k_3} \tag{18-15}$$

由（18－2）式、（18－14）式，可以得到第二部类的不变资本：

$$c_2 = k_2v_2 = (1+e)v_1 \tag{18-16}$$

由（18－4）式、（18－14）式，可以得到第二部类的剩余价值：

$$s_2 = ev_2 = \frac{(1+e)ev_1}{k_2} \tag{18-17}$$

由（18－3）式、（18－14）式、（18－15）式，可以得到第三部类的不变资本：

$$c_3 = k_3v_3 = \frac{(1+e)(k_2+1+e)v_1}{k_2} = (k_2+1+e)v_2 \tag{18-18}$$

由（18－4）式、（18－14）式、（18－15）式，可以得到第三部类的剩余价值：

$$s_3 = ev_3 = \frac{(1+e)(k_2+1+e)ev_1}{k_2k_3} = \frac{(k_2+1+e)ev_2}{k_3} \tag{18-19}$$

由（18－14）式、（18－15）式、（18－16）式、（18－17）式、（18－18）式、（18－19）式可以看到，如果第一部类的可变资本 v_1、第一部类的资本有机构成 k_1、第二部类的资本有机构成 k_2、第三部类的资本有机构成 k_3、剩余价值率 e 这 5 个量为已知量，那么，第一部类的不变资本 c_1、第一部类的剩余价值 s_1、第二部类的不变资本 c_2 不受第二部类的资本有机构成 k_2 与第三部类的资本有机构成 k_3 的变化的影响；第二部类的剩余价值 s_2 与第三部类的不变资本 c_3 不受第三部类的资本有机构成 k_3 的变化的影响；第三部类的剩余价值 s_3 受第二部类的资本有机构成 k_2 与第三部类的资本有机构成 k_3 的变化的影响。

由第八章（8－48）式、（8－49）式、（8－50）式、（8－51）式、（8－52）式、（8－53）式、（8－54）式、（8－68）式、（8－69）式、（8－70）式、（8－72）式、（8－74）式、（8－75）式、（8－76）式、（8－77）式、（8－78）式、（8－79）式、（8－80）式、（8－81）式可以看出，如果第一部类的资本有机构成 k_1、第二部类的资本有机构成 k_2、第三部类的资本有机构成 k_3、剩余价值率 e 变化，那么，生产价格形式的利润率 r 也变化。

由第八章（8－83）式、（8－84）式、（8－85）式可以看出，如果第一部类的资本有机构成 k_1、第二部类的资本有机构成 k_2、第三部类的资本有机构成 k_3、剩余价值率 e 变化，那么，第一部类的价值生产价格转化系数 a_1、第二部类的价值生产价格转化系数 a_2、第三部类的价值生产价格转化系数 a_3 也变化。

由（18－14）式、（18－15）式，以及第八章（8－86）式，价值形式的中等资本有机构成 k，可以表示为

$$k=\frac{c_1+c_2+c_3}{v_1+v_2+v_3}=\frac{k_1v_1+k_2v_2+k_3v_3}{v_1+v_2+v_3}$$

$$=\frac{k_1v_1+\frac{(1+e)k_2v_1}{k_2}+\frac{(1+e)(k_2+1+e)k_3v_1}{k_2k_3}}{v_1+\frac{(1+e)v_1}{k_2}+\frac{(1+e)(k_2+1+e)v_1}{k_2k_3}}$$

$$=\frac{k_1+1+e+\frac{(1+e)(k_2+1+e)}{k_2}}{1+\frac{(1+e)}{k_2}+\frac{(1+e)(k_2+1+e)}{k_2k_3}}$$

$$=\frac{(k_1+1+e)k_2k_3+(1+e)(k_2+1+e)k_3}{(k_2+1+e)k_3+(1+e)(k_2+1+e)}$$

$$=\frac{(k_1+1+e)k_2k_3+(1+e)(k_2+1+e)k_3}{(k_2+1+e)(k_3+1+e)} \tag{18-20}$$

由第八章（8－87）式，价值形式的平均利润率 r_v，可以表示为

$$r_v=\frac{s_1+s_2+s_3}{(c_1+c_2+c_3)+(v_1+v_2+v_3)}$$

$$=\frac{e(v_1+v_2+v_3)}{(k_1v_1+k_2v_2+k_3v_3)+(v_1+v_2+v_3)}$$

$$=\frac{e}{\frac{k_1v_1+k_2v_2+k_3v_3}{v_1+v_2+v_3}+1}=\frac{e}{k+1} \tag{18-21}$$

由第八章（8－91）式，第一部类生产价格形式的资本有机构成 k_{p1} 可以表示为

$$k_{p1}=\frac{a_1c_1}{a_3v_1}=\frac{a_1k_1}{a_3} \tag{18-22}$$

由第八章（8－92）式，第二部类生产价格形式的资本有机构成 k_{p2} 可以表示为

$$k_{p2}=\frac{a_1c_2}{a_3v_2}=\frac{a_1k_2}{a_3} \tag{18-23}$$

由第八章（8－93）式，第三部类生产价格形式的资本有机构成 k_{p3} 可以表示为

$$k_{p3}=\frac{a_2c_3}{a_3v_3}=\frac{a_2k_3}{a_3} \tag{18-24}$$

由（18－14）式、（18－15）式，以及第八章（8－94）式，生产价格形式的总资本有机构成 k_p 可以表示为

$$k_p=\frac{a_1c_1+a_1c_2+a_2c_3}{a_3(v_1+v_2+v_3)}=\frac{a_1k_1v_1+a_1k_2v_2+a_2k_3v_3}{a_3(v_1+v_2+v_3)}$$

$$=\frac{a_1k_1v_1+a_1(1+e)v_1+\dfrac{a_2(1+e)(k_2+1+e)v_1}{k_2}}{a_3\left[v_1+\dfrac{(1+e)v_1}{k_2}+\dfrac{(1+e)(k_2+1+e)v_1}{k_2k_3}\right]}$$

$$=\frac{a_1(k_1+1+e)+\dfrac{a_2(1+e)(k_2+1+e)}{k_2}}{a_3\left[1+\dfrac{(1-e)}{k_2}+\dfrac{(1+e)(k_2+1+e)}{k_2k_3}\right]}$$

$$=\frac{a_1(k_1+1+e)+\dfrac{a_2(1+e)(k_2+1+e)}{k_2}}{a_3\left[\dfrac{k_2+1+e}{k_2}-\dfrac{(1+e)(k_2+1+e)}{k_2k_3}\right]}$$

$$=\frac{a_1k_2k_3(k_1+1+e)+a_2k_3(1+e)(k_2+1+e)}{a_3(k_3+1+e)(k_2+1+e)} \tag{18-25}$$

由（18－20）式、（18－21）式、（18－22）式、（18－23）式、（18－24）式、（18－25）式可以看出，如果第一部类的资本有机构成 k_1、第二部类的资本有机构成 k_2、第三部类的资本有机构成 k_3、剩余价值率 e 变化，那么，价值形式的中等资本有机构成 k、价值形式的平均利润率 r_v、第一部类生产价格形式的资本有机构成 k_{p1}、第二部类生产价格形式的资本有机构成 k_{p2}、第三部类生产价格形式的资本有机构成 k_{p3}、生产价格形式的总资本有机构成 k_p 也变化。

五、价值形式的利润与生产价格形式的利润

（一）价值形式的利润

因为这里考察的是一元价值转形问题，没有地租，每个部类得到的剩余价值全部属于这个部类的资本家，所以，第一部类得到的价值形式的利润，就是第一部类的资本家得到的价值形式的利润。第一部类价值形式的利润，可以表示为

$$s_{v1}=s_1+s_{t1} \tag{18-26}$$

第二部类得到的价值形式的利润，就是第二部类的资本家得到的价值形式的利润。第二部类价值形式的利润，可以表示为

$$s_{v2}=s_2+s_{t2} \tag{18-27}$$

第三部类得到的价值形式的利润，就是第三部类的资本家得到的价值形式的利润。第三部类价值形式的利润，可以表示为

$$s_{v3}=s_3+s_{t3} \tag{18-28}$$

值得注意的是，(18 - 26) 式、(18 - 27) 式、(18 - 28) 式表示的关系，只在一元价值转形的条件下成立，在二元价值转形中不成立。在二元价值转形中，第一部类得到的价值形式的利润为 s_1+s_{t1}，第一部类的资本家得到的价值形式的利润为 s_{v1}，二者并不相等，第一部类得到的价值形式的利润 s_1+s_{t1} 中除了第一部类的资本家的价值形式的利润 s_{v1}，还包括第一部类的价值形式的地租 y_{v1}。第二部类得到的价值形式的利润为 s_2+s_{t2}，第二部类的资本家得到的价值形式的利润为 s_{v2}，二者并不相等，第二部类得到的价值形式的利润 s_2+s_{t2} 中除了第二部类的资本家的价值形式的利润 s_{v2}，还包括第二部类的价值形式的地租 y_{v2}。第三部类得到的价值形式的利润为 s_3+s_{t3}，第三部类的资本家得到的价值形式的利润为 s_{v3}，二者并不相等，第三部类得到的价值形式的利润 s_3+s_{t3} 中除了第三部类的资本家的价值形式的利润 s_{v3}，还包括第三部类的价值形式的地租 y_{v3}。

(二) 生产价格形式的利润

由 (18 - 26) 式，以及第八章 (8 - 36) 式，第一部类生产价格形式的利润，可以表示为

$$s_{p1}=(a_1c_1+a_3v_1)r=a_3(s_1+s_{t1})=a_3s_{v1} \tag{18 - 29}$$

由 (18 - 27) 式，以及第八章 (8 - 37) 式，第二部类生产价格形式的利润，可以表示为

$$s_{p2}=(a_1c_2+a_3v_2)r=a_3(s_2+s_{t2})=a_3s_{v2} \tag{18 - 30}$$

由 (18 - 28) 式，第八章 (8 - 38) 式，第三部类生产价格形式的利润，可以表示为

$$s_{p3}=(a_2c_3+a_3v_3)r=a_3(s_3+s_{t3})=a_3s_{v3} \tag{18 - 31}$$

六、生产增长的主要原因是资本有机构成提高

列宁在《论所谓市场问题》中，提出了生产资料生产优先增长的理论。他认为:“增长最快的是制造生产资料的生产资料生产，其次是制造消费资料的生产资料生产，最慢的是消费资料生产。”

马克思认为:“如果撇开土壤肥力等等自然条件，撇开分散劳动的独立生产者的技能 (这种技能更多地表现在质量即制品的优劣上，而不是表现在数量即制品的多寡上)，那末，社会劳动生产率的水平就表现为一个工人在一定时间内，以同样的劳动力强度使之转化为产品的生产资料的相对量。工人用来进行劳动的生产资料的量，随着工人的劳动生产率的增长而增长。在这里，这些生产资料起着双重作用。一些生产资料的增长是劳动生产率增长的结果，另一些生产资料的增长是劳动生产率增长的条件。

例如，由于有了工场手工业分工和采用了机器，同一时间内加工的原料增多了，因而，进入劳动过程的原料和辅助材料的量增大了。这是劳动生产率增长的结果。另一方面，使用的机器、役畜、矿物质肥料、排水管等等的量，则是劳动生产率增长的条件。以建筑物、炼铁炉、运输工具等等形式积聚起来的生产资料的量，也是这样。但是，不管是条件还是结果，只要生产资料的量比并入生产资料的劳动力相对增长，这就表示劳动生产率的增长。因而，劳动生产率的增长，表现为劳动的量比它所推动的生产资料的量相对减少，或者说，表现为劳动过程的主观因素的量比它的客观因素的量相对减少。资本技术构成的这一变化，即生产资料的量比推动它的劳动力的量相对增长，又反映在资本的价值构成上，即资本价值的不变组成部分靠减少它的可变组成部分而增加。"①

列宁提出，"在资本主义社会中，生产（因而还有"市场"）的增长或是靠消费品的增加，或是（这是主要的）靠技术进步，即靠机器劳动排挤手工劳动，因为 v 与 c 的比值的变化正表示手工劳动的作用的缩小"②。这就是说，生产的增长与生产规模的扩大，主要地不是依靠消费品的增加，而是依靠生产资料的增加。生产力的提高，表现为单位劳动推动的生产资料数量，即表现为资本有机构成的提高。

按照列宁的这个理论，第一部类资本有机构成的提高超过第二部类资本有机构成的提高，第二部类资本有机构成的提高超过第三部类资本有机构成的提高。剩余价值率的提高应该大致与第三部类资本有机构成的提高相等。这样，总资本有机构成的提高就超过剩余价值率的提高，从而利润率提高。

七、生产力提高率与剩余价值率提高率的关系

假设第 t 期的工作日为 t_{dt}，必要劳动时间为 t_{vt}，剩余劳动时间为 t_{st}，剩余价值率为 e_t，$t=0$，1，2，…。第 t 期的工作日为第 t 期的必要劳动时间与第 t 期的剩余劳动时间之和，即

$$t_{dt}=t_{vt}+t_{st} \tag{18-32}$$

第 t 期的剩余价值率为第 t 期的剩余劳动时间与第 t 期的必要劳动时间之比，即

① 《马克思恩格斯全集》，第 23 卷，北京，人民出版社，1972，中文 1 版，第 682～683 页。

② 《列宁全集》，第 1 卷，北京，人民出版社，1984，中文 2 版，第 68 页。

$$e_t = \frac{t_{st}}{t_{vt}} \tag{18-33}$$

由（18－32）式、（18－33）式，第 t 期的工作日可以表示为

$$t_{dt} = t_{vt} + t_{st} = (1 + e_t)t_{vt} \tag{18-34}$$

如果基准时期为 $t=0$，那么，基准时期的剩余价值率为

$$e_0 = \frac{t_{s0}}{t_{v0}} \tag{18-35}$$

基准时期的工作日为

$$t_{d0} = t_{v0} + t_{s0} = (1 + e_0)t_{v0} \tag{18-36}$$

如果考察时期为 $t=1$，那么，考察时期的剩余价值率为

$$e_1 = \frac{t_{s1}}{t_{v1}} \tag{18-37}$$

考察时期的工作日为

$$t_{d1} = t_{v1} + t_{s1} = (1 + e_1)t_{v1} \tag{18-38}$$

如果假设工作日不变，即 $t_{d1}=t_{d0}$，那么，考察时期的剩余价值率可以表示为

$$e_1 = \frac{t_{d1}}{t_{v1}} - 1 = \frac{t_{d0}}{t_{v1}} - 1 = \frac{(1 + e_0)t_{v0}}{t_{v1}} - 1 \tag{18-39}$$

如果考察时期的生活资料生产部类的生产力提高到基准时期的 n 倍，雇佣劳动者的生活水平不变或实际工资不变，那么，考察时期的生产雇佣劳动者的生活资料的时间减少到基准时期的 $1/n$，考察时期的雇佣劳动者的生活资料的价值减少到基准时期的 $1/n$，考察时期的必要劳动时间减少到基准时期的 $1/n$，即

$$t_{v1} = \frac{t_{v0}}{n} \tag{18-40}$$

由（18－39）式、（18－40）式，考察时期的剩余价值率可以表示为

$$e_1 = n(1 + e_0) - 1 = n - 1 + ne_0 \tag{18-41}$$

考察时期的剩余价值率与基准时期的剩余价值率之比为

$$\frac{e_1}{e_0} = \frac{n-1}{e_0} + n \tag{18-42}$$

因为 $n>1$，所以剩余价值率的提高率为

$$\frac{e_1}{e_0} = \frac{n-1}{e_0} + n > n \tag{18-43}$$

由（18－43）式可以看出，当生活资料的生产力提高 n 倍时，同样的劳动时间内生产的生活资料的数量提高 n 倍，如果雇佣劳动者的生活水平不变或实际工资不变，工作日长度不变，那么，必要劳动时间缩短为原来

的 $1/n$，剩余劳动时间为原来的 $1/n$，剩余价值率的提高率 e_1/e_0 高于生活资料生产力的提高率 n。

按照列宁的部类划分，第三部类生产生活资料。因为各部类的剩余价值率相同，所以，剩余价值率的提高率高于第三部类的生活资料生产力的提高率。

八、资本有机构成提高率与生产力提高率的关系

劳动的生产力是单位劳动生产的商品或使用价值的数量。劳动生产力的水平，主要地表现为资本有机构成。但是，劳动生产力与资本有机构成不是等比例的，更确切地说，二者不完全是正比例的关系，不同生产力的工厂的资本有机构成的差异大于这些企业的生产力的差异。

在实际经济活动中，一种产品通常由多种不同生产力的工厂共同生产，这些具有不同生产力的工厂的资本家都获得平均利润。

（一）资本的倍率小于资本有机构成的倍率

如果两个工厂的可变资本相同，生产力高的工厂的资本有机构成等于生产力低的工厂的资本有机构成的 n 倍（$n>1$），也就是，生产力高的工厂的不变资本等于生产力低的工厂的不变资本的 n 倍，那么，生产力高的工厂的资本小于生产力低的工厂的资本的 n 倍（因为可变资本相同）。

例如，假设生产力低的工厂的不变资本、可变资本、资本有机构成分别为 c_1、v_1、k_1，生产力高的工厂的不变资本、可变资本、资本有机构成分别为 c_2、v_2、k_2，生产力低的工厂的可变资本 v_1 与生产力高的工厂的可变资本 v_2 相同，即

$$v_1 = v_2 \tag{18-44}$$

生产力高的工厂的不变资本 c_2 等于生产力低的工厂的不变资本 c_1 的 n 倍，即

$$\frac{c_2}{c_1} = n \tag{18-45}$$

生产力高的工厂的资本有机构成 k_2 等于生产力低的工厂的资本有机构成 k_1 的 n 倍，即

$$\frac{k_2}{k_1} = n \tag{18-46}$$

那么，生产力高的工厂的资本与生产力低的工厂的资本的倍率为

$$\frac{c_2 + v_2}{c_1 + v_1} = \frac{k_2 v_2 + v_2}{k_1 v_1 + v_1} = \frac{k_2 + 1}{k_1 + 1} < \frac{k_2}{k_1} = n \tag{18-47}$$

因此，资本的倍率小于资本有机构成的倍率。

（二）剩余价值的倍率高于生产力的倍率

如果两个工厂的可变资本相同，劳动时间相同，生产力高的工厂的劳动生产力等于生产力低的工厂的劳动生产力的 n 倍，也就是，在相同劳动时间中，生产力高的工厂生产的产品数量或使用价值等于生产力低的工厂生产的产品数量或使用价值的 n 倍，那么，在流通过程中，无论每个工厂生产中耗费了多少劳动时间，无论产品的个别价值是多少，同样品种、质量、数量的产品，也就是同样的使用价值，都被市场承认为相同的价值。

生产力高的工厂的产品得到社会承认的价值等于生产力低的工厂生产的产品得到社会承认的价值的 n 倍。由于生产力高的工厂与生产力低的工厂的可变资本或工资相同，因此，生产力高的工厂得到的剩余价值高于生产力低的工厂得到的剩余价值的 n 倍，也就是，剩余价值的倍率高于生产力的倍率。

（三）生产力的倍率低于资本有机构成的倍率

因为生产同种产品的不同生产力的工厂的资本家都获得平均利润，所以，生产力高的工厂得到的剩余价值与价值形式的资本的比例，等于生产力低的工厂得到的剩余价值与价值形式的资本的比例。

假设资本有机构成的倍率等于劳动生产力的倍率。因为剩余价值的倍率高于生产力的倍率，生产力的倍率等于资本有机构成的倍率，资本有机构成的倍率高于资本的倍率，所以，生产力高的工厂得到的剩余价值与价值形式的资本的比例，高于生产力低的工厂得到的剩余价值与价值形式的资本的比例。即，生产力高的工厂的价值形式的利润率，高于生产力低的工厂的价值形式的利润率。这个结果与不同生产力的工厂的利润率相同的假设矛盾。

只有生产力的倍率低于资本有机构成的倍率，不同生产力的工厂的利润率才有可能相同。

既然不同生产力的工厂的利润率相同是前提，那么，资本有机构成的倍率必然高于劳动生产力的倍率。

如果不是生产同种产品的不同生产力的不同资本互相比较，而是一个企业通过资本积累实现资本增加、生产规模扩大、资本有机构成提高、生产力提高，那么，资本有机构成提高率高于劳动生产力提高率。

九、价值形式的总资本有机构成的提高率高于剩余价值率的提高率

按照列宁的生产资料生产的增长超过生活资料生产的增长的理论，同时，考虑到资本积累或剩余价值资本化是生产规模增大的基本途径，在资本积累过程中资本有机构成不断提高，资本有机构成提高必然伴随着生产

力提高，生产力提高为剩余价值率提高提供了可能性。

按照列宁的生产资料生产的增长超过生活资料生产的增长的理论，不仅第一部类生产规模的提高超过其他部类生产规模的提高，从而第一部类生产力的提高超过其他部类生产力的提高，而且第一部类资本有机构成的提高超过其他部类资本有机构成的提高。如果按照列宁的表述方式将社会生产划分为三个部类，那么，第一部类资本有机构成的提高超过第二部类资本有机构成的提高，第二部类资本有机构成的提高超过第三部类资本有机构成的提高，即

$$\frac{\mathrm{d}k_1}{\mathrm{d}t}>\frac{\mathrm{d}k_2}{\mathrm{d}t}>\frac{\mathrm{d}k_3}{\mathrm{d}t}>0 \tag{18-48}$$

考虑到第三部类的价值形式的资本有机构成的提高率与剩余价值率的提高率基本相同，即

$$\frac{\mathrm{d}k_3}{\mathrm{d}t}\approx\frac{\mathrm{d}e}{\mathrm{d}t} \tag{18-49}$$

或

$$\frac{\mathrm{d}k_3}{\mathrm{d}t}=\frac{\mathrm{d}e}{\mathrm{d}t} \tag{18-50}$$

由（18－48）式，价值形式的总资本有机构成的提高率介于第一部类的价值形式的资本有机构成的提高率与第三部类的价值形式的资本有机构成的提高率之间，即

$$\frac{\mathrm{d}k_1}{\mathrm{d}t}>\frac{\mathrm{d}k}{\mathrm{d}t}>\frac{\mathrm{d}k_3}{\mathrm{d}t}>0 \tag{18-51}$$

显然，价值形式的总资本有机构成的提高率高于剩余价值率的提高率，即

$$\frac{\mathrm{d}k}{\mathrm{d}t}>\frac{\mathrm{d}e}{\mathrm{d}t} \tag{18-52}$$

值得注意的是，仅仅价值形式的总资本有机构成的提高率高于剩余价值率的提高率，价值形式的平均利润率不一定下降，也就是说，价值形式的总资本有机构成的提高率高于剩余价值率的提高率，只是价值形式的平均利润率下降的必要条件，不是充分条件。

价值形式的平均利润率下降的充分必要条件，在第十三章中用（13－17）式表示，即

$$\frac{\mathrm{d}e}{\mathrm{d}k}<\frac{e}{k+1}=r_v \tag{18-53}$$

（18－53）式或第十三章（13－17）式，才是价值形式的平均利润率下降的充分必要条件。

第二节　资本有机构成与剩余价值率共同提高的条件下，价值形式的平均利润率与价值形式的总资本有机构成的关系的数例

一、第一部类价值形式的资本有机构成、第二部类价值形式的资本有机构成、价值形式的总资本有机构成、剩余价值率与第三部类价值形式的资本有机构成的关系的数例

如果第一部类价值形式的资本有机构成的提高超过第二部类价值形式的资本有机构成的提高，第二部类价值形式的资本有机构成的提高超过第三部类价值形式的资本有机构成的提高，第三部类价值形式的资本有机构成的提高等于剩余价值率的提高，即满足（18-48）式与（18-50）式表示的关系，例如，第一部类价值形式的资本有机构成 $k_1=2.5$，2.7，2.9，…，5.5，第二部类价值形式的资本有机构成 $k_2=2.1$，2.22，2.34，…，3.9，第三部类价值形式的资本有机构成 $k_3=1.85$，1.87，1.89，…，2.15，剩余价值率 $e=0.925$，0.935，0.945，…，1.075，其余已知量采用第八章的数例中的数值，那么，第一部类价值形式的资本有机构成 k_1、第二部类价值形式的资本有机构成 k_2、第三部类价值形式的资本有机构成 k_3、价值形式的总资本有机构成 k、剩余价值率 e 的关系，可以用表 18-1 表示。

表 18-1　　k_1、k_2、k_3、k、e 的关系

第一部类价值形式的资本有机构成 k_1	第二部类价值形式的资本有机构成 k_2	第三部类价值形式的资本有机构成 k_3	价值形式的总资本有机构成 k	剩余价值率 e
2.5	2.10	1.85	2.074 791 25	0.925
2.7	2.22	1.87	2.168 051 02	0.935
2.9	2.34	1.89	2.262 485 72	0.945
3.1	2.46	1.91	2.358 023 48	0.955
3.3	2.58	1.93	2.454 599 70	0.965
3.5	2.70	1.95	2.552 156 07	0.975
3.7	2.82	1.97	2.650 639 74	0.985
3.9	2.94	1.99	2.750 002 67	0.995

续前表

第一部类价值形式的资本有机构成 k_1	第二部类价值形式的资本有机构成 k_2	第三部类价值形式的资本有机构成 k_3	价值形式的总资本有机构成 k	剩余价值率 e
4.1	3.06	2.01	2.850 201 00	1.005
4.3	3.18	2.03	2.951 194 57	1.015
4.5	3.30	2.05	3.052 946 51	1.025
4.7	3.42	2.07	3.155 422 84	1.035
4.9	3.54	2.09	3.258 592 18	1.045
5.1	3.66	2.11	3.362 425 44	1.055
5.3	3.78	2.13	3.466 895 65	1.065
5.5	3.90	2.15	3.571 977 67	1.075

在表 18－1 中，第一部类价值形式的资本有机构成 k_1、第二部类价值形式的资本有机构成 k_2、价值形式的总资本有机构成 k、剩余价值率 e 与第三部类价值形式的资本有机构成 k_3 的关系，可以用图 18－1 表示。

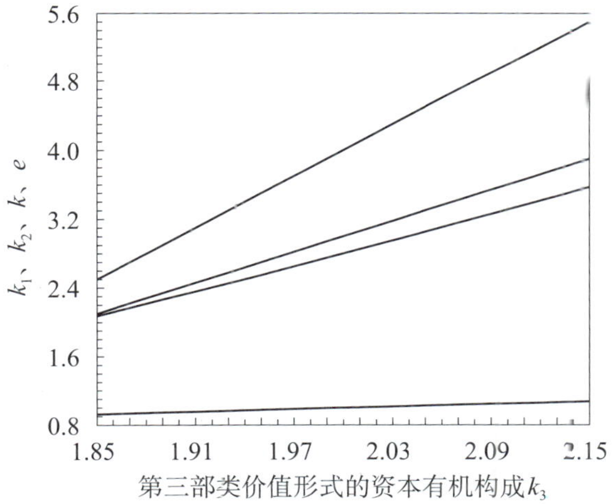

图 18－1　k_1、k_2、k、e 与 k_3 的关系

在图 18－1 中，由上至下四条曲线分别表示第一部类价值形式的资本有机构成 k_1、第二部类价值形式的资本有机构成 k_2、价值形式的总资本有机构成 k、剩余价值率 e 与第三部类价值形式的资本有机构成 k_3 的关系。

由表 18－1 和图 18－1 可以看出，随着第三部类价值形式的资本有机构成 k_3 提高，第一部类价值形式的资本有机构成 k_1、第二部类价值形式的资本有机构成 k_2、价值形式的总资本有机构成 k、剩余价值率 e 都提高。

因此，第一部类价值形式的资本有机构成、第二部类价值形式的资本有机构成、价值形式的总资本有机构成、剩余价值率，都是第三部类价值形式的资本有机构成的单调递增函数。

表 18－1 和图 18－1 表示，各部类的资本有机构成都提高，各部类的生产力都提高，同时，剩余价值率提高。

二、剩余价值率与价值形式的总资本有机构成的关系的数例

如果第一部类价值形式的资本有机构成的提高超过第二部类价值形式的资本有机构成的提高，第二部类价值形式的资本有机构成的提高超过第三部类价值形式的资本有机构成的提高，第三部类价值形式的资本有机构成的提高等于剩余价值率的提高，即满足（18－48）式与（18－50）式表示的关系，例如，第一部类价值形式的资本有机构成 $k_1=2.5$，2.7，2.9，…，5.5，第二部类价值形式的资本有机构成 $k_2=2.1$，2.22，2.34，…，3.9，第三部类价值形式的资本有机构成 $k_3=1.85$，1.87，1.89，…，2.15，剩余价值率 $e=0.925$，0.935，0.945，…，1.075，其余已知量采用第八章的数例中的数值，那么，剩余价值率 e 与第三部类价值形式的资本有机构成 k_3、价值形式的总资本有机构成 k 的关系，可以用表 18－2 表示。

表 18－2　　e 与 k_3、k 的关系

第三部类价值形式的资本有机构成 k_3	价值形式的总资本有机构成 k	剩余价值率 e
1.85	2.074 791 25	0.925
1.87	2.168 051 02	0.935
1.89	2.262 485 72	0.945
1.91	2.358 023 48	0.955
1.93	2.454 599 70	0.965
1.95	2.552 156 07	0.975
1.97	2.650 639 74	0.985
1.99	2.750 002 67	0.995
2.01	2.850 201 00	1.005
2.03	2.951 194 57	1.015
2.05	3.052 946 51	1.025
2.07	3.155 422 84	1.035
2.09	3.258 592 18	1.045
2.11	3.362 425 44	1.055
2.13	3.466 895 65	1.065
2.15	3.571 977 67	1.075

在表 18－2 中，剩余价值率 e 与价值形式的总资本有机构成 k 的关系，可以用图 18－2 表示。

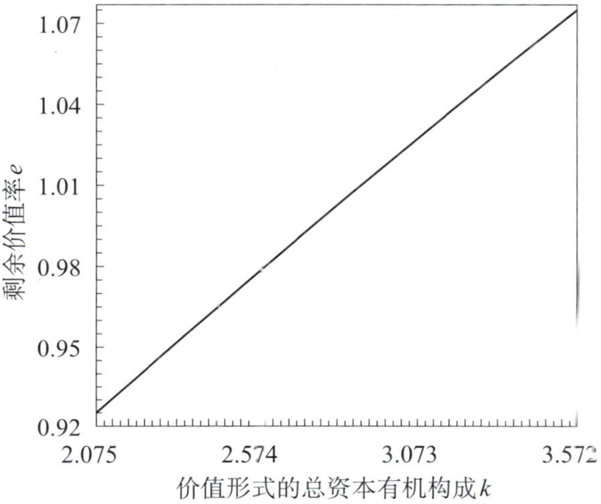

图 18－2　e 与 k 的关系

由表 18－2 和图 18－2 可以看出，随着价值形式的总资本有机构成 k 提高，剩余价值率 e 提高。

可见，剩余价值率是价值形式的总资本有机构成的单调递增函数。

值得注意的是，这里的横坐标为价值形式的总资本有机构成 k。由（18－20）式，在第一部类价值形式的资本有机构成 k_1、第二部类价值形式的资本有机构成 k_2、第三部类价值形式的资本有机构成 k_3、剩余价值率 e 共同提高的条件下，价值形式的总资本有机构成 k 是在第一部类价值形式的资本有机构成 k_1、第二部类价值形式的资本有机构成 k_2、第三部类价值形式的资本有机构成 k_3、剩余价值率 e 的多元非线性函数。在本例中，在第一部类价值形式的资本有机构成 k_1、第二部类价值形式的资本有机构成 k_2、第三部类价值形式的资本有机构成 k_3、剩余价值率 e 都是等差数列，价值形式的总资本有机构成 k 就不可能是等差数列。用 Office 中的 Excel 作图，横坐标必须是等差数列。为此，利用 Excel 中的 vlookup 函数功能，将价值形式的总资本有机构成 k 转变为等差数列，然后，再用 Excel 作图。

在本章中，凡是横坐标为价值形式的总资本有机构成的地方，均用此种方式作图。下面不再重复阐述。

三、各部类被社会多承认的剩余价值与价值形式的总资本有机构成的关系的数例

如果第一部类价值形式的资本有机构成的提高超过第二部类价值形式的资本有机构成的提高，第二部类价值形式的资本有机构成的提高超过第三部类价值形式的资本有机构成的提高，第三部类价值形式的资本有机构成的提高等于剩余价值率的提高，即满足（18－48）式与（18－50）式表示的关系，例如，第一部类价值形式的资本有机构成 $k_1=2.5$，2.7，2.9，…，5.5，第二部类价值形式的资本有机构成 $k_2=2.1$，2.22，2.34，…，3.9，第三部类价值形式的资本有机构成 $k_3=1.85$，1.87，1.89，…，2.15，剩余价值率 $e=0.925$，0.935，0.945，…，1.075，其余已知量采用第八章的数例中的数值，那么，第一部类被社会多承认的剩余价值 s_{a1}、第二部类被社会多承认的剩余价值 s_{a2}、第三部类被社会多承认的剩余价值 s_{a3} 与价值形式的总资本有机构成 k 的关系，可以用表18－3表示。

表 18－3　　s_{a1}、s_{a2}、s_{a3} 与 k 的关系

价值形式的总资本有机构成 k	第一部类被社会多承认的剩余价值 s_{a1}	第二部类被社会多承认的剩余价值 s_{a2}	第三部类被社会多承认的剩余价值 s_{a3}
2.074 791 25	54.595 389	12.386 589	－66.981 978
2.168 051 02	76.105 952	17.563 664	－93.669 616
2.262 485 72	100.437 301	22.893 914	－123.331 215
2.358 023 48	127.394 419	28.281 745	－155.676 164
2.454 599 70	156.788 918	33.655 223	－190.444 142
2.552 156 07	188.442 004	38.960 881	－227.402 885
2.650 639 74	222.186 187	44.159 628	－266.345 815
2.750 002 67	257.866 098	49.223 538	－307.089 636
2.850 201 00	295.338 668	54.133 319	－349.471 987
2.951 194 57	334.472 890	58.876 335	－393.349 226
3.052 946 51	375.149 313	63.445 044	－438.594 357
3.155 422 84	417.259 361	67.835 784	－485.095 145
3.258 592 18	460.704 576	72.047 820	－532.752 396
3.362 425 44	505.395 829	76.082 599	－581.478 428
3.466 895 65	551.252 525	79.943 175	－631.195 700
3.571 977 67	598.201 848	83.633 754	－681.835 602

在表 18－3 中，第一部类被社会多承认的剩余价值 s_{a1}、第二部类被社会多承认的剩余价值 s_{a2}、第三部类被社会多承认的剩余价值 s_{a3} 与价值形式的总资本有机构成 k 的关系，可以用图 18－3 表示。

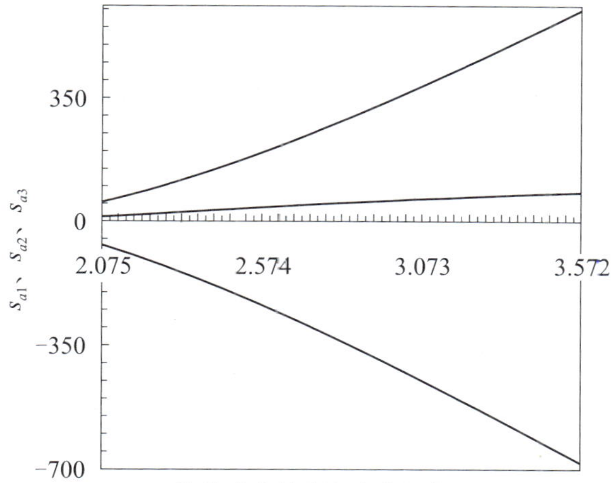

图 18-3　s_{a1}、s_{a2}、s_{a3}与 k 的关系

在图 18-3 中，由上至下三条曲线分别表示第一部类被社会多承认的剩余价值 s_{a1}、第二部类被社会多承认的剩余价值 s_{a2}、第三部类被社会多承认的剩余价值 s_{a3}与价值形式的总资本有机构成 k 的关系。

由表 18-3 和图 18-3 可以看出，随着价值形式的总资本有机构成 k 提高，第一部类被社会多承认的剩余价值 s_{a1}、第二部类被社会多承认的剩余价值 s_{a2}提高，第三部类被社会多承认的剩余价值 s_{a3}降低。

可见，第一部类被社会多承认的剩余价值、第二部类被社会多承认的剩余价值是价值形式的总资本有机构成的单调递增函数，第三部类被社会多承认的剩余价值是价值形式的总资本有机构成的单调递减函数。

四、各部类的资本家多得到的剩余价值与价值形式的总资本有机构成的关系的数例

如果第一部类价值形式的资本有机构成的提高超过第二部类价值形式的资本有机构成的提高，第二部类价值形式的资本有机构成的提高超过第三部类价值形式的资本有机构成的提高，第三部类价值形式的资本有机构成的提高等于剩余价值率的提高，即满足（18-48）式与（18-50）式表示的关系，例如，第一部类价值形式的资本有机构成 $k_1=2.5$，2.7，2.9，…，5.5，第二部类价值形式的资本有机构成 $k_2=2.1$，2.22，2.34，…，3.9，第三部类价值形式的资本有机构成 $k_3=1.85$，1.87，1.89，…，2.15，剩余价值率 $e=0.925$，0.935，0.945，…，1.075，其余已知量采用第八章的数例中的数值，那么，第一部类的资本家多得到的剩余价值 s_{t1}、第二部类的资本家多得到的剩余价值 s_{t2}、第三部类的资本家多得到的剩余价值 s_{t3}与价值形式的总资本有机构成 k 的关系，可以用

表 18 - 4 表示。

表 18 - 4　　s_{t1}、s_{t2}、s_{t3} 与 k 的关系

价值形式的总资本有机构成 k	第一部类的资本家多得到的剩余价值 s_{t1}	第二部类的资本家多得到的剩余价值 s_{t2}	第三部类的资本家多得到的剩余价值 s_{t3}
2.074 791 25	42.126 239	4.467 751	−46.593 990
2.168 051 02	58.557 802	7.510 629	−66.068 430
2.262 485 72	76.968 681	10.640 897	−87.609 578
2.358 023 48	97.209 870	13.798 937	−111.008 807
2.454 599 70	119.145 292	16.941 230	−136.086 522
2.552 156 07	142.651 338	20.036 330	−162.687 668
2.650 639 74	167.616 156	23.061 871	−190.678 027
2.750 002 67	193.938 822	26.002 315	−219.941 137
2.850 201 00	221.528 443	28.847 263	−250.375 707
2.951 194 57	250.303 270	31.590 176	−281.893 445
3.052 946 51	280.189 821	34.227 397	−314.417 217
3.155 422 84	311.122 067	36.757 420	−347.879 487
3.258 592 18	343.040 667	39.180 322	−382.220 989
3.362 425 44	375.892 270	41.497 339	−417.389 609
3.466 895 65	409.628 879	43.710 534	−453.339 413
3.571 977 67	444.207 280	45.822 553	−490.029 834

在表 18 - 4 中，第一部类的资本家多得到的剩余价值 s_{t1}、第二部类的资本家多得到的剩余价值 s_{t2}、第三部类的资本家多得到的剩余价值 s_{t3} 与价值形式的总资本有机构成 k 的关系，可以用图 18 - 4 表示。

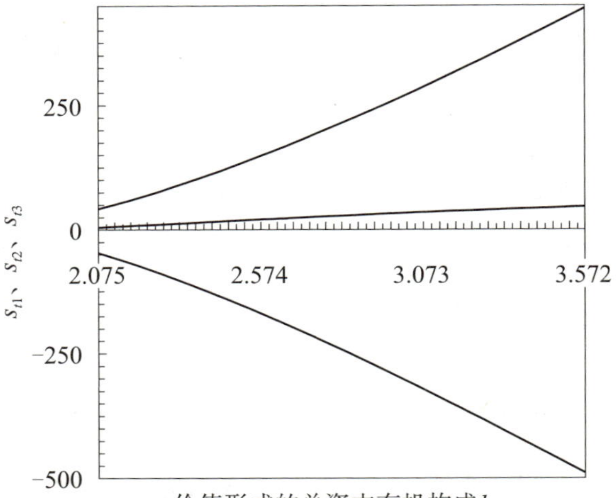

图 18 - 4　s_{t1}、s_{t2}、s_{t3} 与 k 的关系

在图 18－4 中，由上至下三条曲线分别表示第一部类的资本家多得到的剩余价值 s_{t1}、第二部类的资本家多得到的剩余价值 s_{t2}、第三部类的资本家多得到的剩余价值 s_{t3} 与价值形式的总资本有机构成 k 的关系。

由表 18－4 和图 18－4 可以看出，随着价值形式的总资本有机构成 k 提高，第一部类的资本家多得到的剩余价值 s_{t1}、第二部类的资本家多得到的剩余价值 s_{t2} 提高，第三部类的资本家多得到的剩余价值 s_{t3} 降低。

可见，第一部类的资本家多得到的剩余价值、第二部类的资本家多得到的剩余价值是价值形式的总资本有机构成的单调递增函数，第三部类的资本家多得到的剩余价值是价值形式的总资本有机构成的单调递减函数。

五、各部类资本家得到的价值形式的利润与价值形式的总资本有机构成的关系的数例

如果第一部类价值形式的资本有机构成的提高超过第二部类价值形式的资本有机构成的提高，第二部类价值形式的资本有机构成的提高超过第三部类价值形式的资本有机构成的提高，第三部类价值形式的资本有机构成的提高等于剩余价值率的提高，即满足（18－48）式与（18－50）式表示的关系，例如，第一部类价值形式的资本有机构成 $k_1=2.5$，2.7，2.9，…，5.5，第二部类价值形式的资本有机构成 $k_2=2.1$，2.22，2.34，…，3.9，第三部类价值形式的资本有机构成 $k_3=1.85$，1.87，1.89，…，2.15，剩余价值率 $e=0.925$，0.935，0.945，…，1.075，其余已知量采用第八章的数例中的数值，那么，第一部类资本家得到的价值形式的利润 s_{v1}、第二部类资本家得到的价值形式的利润 s_{v2}、第三部类资本家得到的价值形式的利润 s_{v3} 与价值形式的总资本有机构成 k 的关系，可以用表 18－5 表示。

表 18－5　　s_{v1}、s_{v2}、s_{v3} 与 k 的关系

价值形式的总资本有机构成 k	第一部类资本家得到的价值形式的利润 s_{v1}	第二部类资本家得到的价值形式的利润 s_{v2}	第三部类资本家得到的价值形式的利润 s_{v3}
2.074 791 25	319.626 239	258.842 751	506.843 510
2.168 051 02	376.457 802	284.599 142	549.601 502
2.262 485 72	436.068 681	309.123 589	589.109 119
2.358 023 48	498.309 870	332.559 303	625.811 620
2.454 599 70	563.045 292	355.027 858	660.081 211
2.552 156 07	630.151 338	376.633 553	692.231 313
2.650 639 74	699.516 156	397.466 658	722.527 558
2.750 002 67	771.038 822	417.605 886	751.196 363

续前表

价值形式的总资本有机构成 k	第一部类资本家得到的价值形式的利润 s_{v1}	第二部类资本家得到的价值形式的利润 s_{v2}	第三部类资本家得到的价值形式的利润 s_{v3}
2.850 201 00	844.628 443	437.120 303	778.431 728
2.951 194 57	920.203 270	456.070 836	804.400 659
3.052 946 51	997.689 821	474.511 488	829.247 555
3.155 422 84	1 077.022 067	492.490 314	853.097 780
3.258 592 18	1 158.140 667	510.050 237	876.060 578
3.362 425 44	1 240.992 270	527.229 716	898.231 497
3.466 895 65	1 325.528 879	544.063 312	919.694 383
3.571 977 67	1 411.707 280	560.582 169	940.523 051

在表 18－5 中，第一部类资本家得到的价值形式的利润 s_{v1}、第二部类资本家得到的价值形式的利润 s_{v2}、第三部类资本家得到的价值形式的利润 s_{v3} 与价值形式的总资本有机构成 k 的关系，可以用图 18－5 表示。

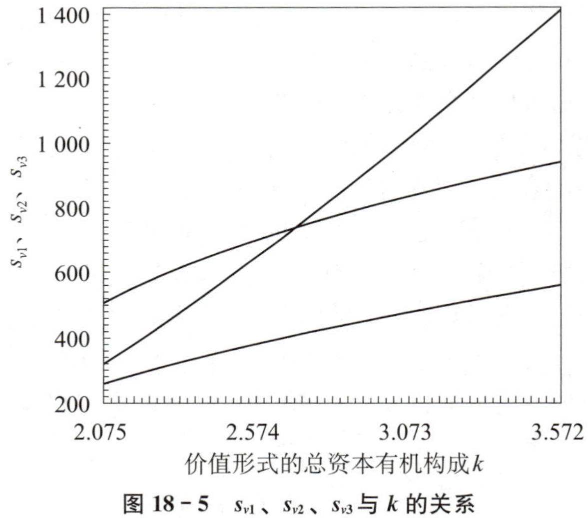

图 18－5　s_{v1}、s_{v2}、s_{v3} 与 k 的关系

在图 18－5 中，斜率最大的曲线表示第一部类资本家得到的价值形式的利润 s_{v1} 与价值形式的总资本有机构成 k 的关系，斜率较小的两条曲线由上至下分别表示第三部类资本家得到的价值形式的利润 s_{v3}、第二部类资本家得到的价值形式的利润 s_{v2} 与价值形式的总资本有机构成 k 的关系。

由表 18－5 和图 18－5 可以看出，随着价值形式的总资本有机构成 k 提高，第一部类资本家得到的价值形式的利润 s_{v1}、第二部类资本家得到的价值形式的利润 s_{v2}、第三部类资本家得到的价值形式的利润 s_{v3} 都提高。

可见，第一部类资本家得到的价值形式的利润、第二部类资本家得到的价值形式的利润、第三部类资本家得到的价值形式的利润，都是价值形式的总资本有机构成的单调递增函数。

六、价值形式的平均利润率与价值形式的总资本有机构成的关系的数例

如果第一部类价值形式的资本有机构成的提高超过第二部类价值形式的资本有机构成的提高，第二部类价值形式的资本有机构成的提高超过第三部类价值形式的资本有机构成的提高，第三部类价值形式的资本有机构成的提高等于剩余价值率的提高，即满足（18－48）式与（18－50）式表示的关系，例如，第一部类价值形式的资本有机构成 $k_1=2.5$，2.7，2.9，…，5.5，第二部类价值形式的资本有机构成 $k_2=2.1$，2.22，2.34，…，3.9，第三部类价值形式的资本有机构成 $k_3=1.85$，1.87，1.89，…，2.15，剩余价值率 $e=0.925$，0.935，0.945，…，1.075，其余已知量采用第八章的数例中的数值，那么，第三部类价值形式的资本有机构成 k_3、价值形式的总资本有机构成 k、剩余价值率 e、价值形式的平均利润率 r_v 的关系，可以用表 18－6 表示。

表 18－6　　k_3、k、e、r_v 的关系

第三部类价值形式的资本有机构成 k_3	价值形式的总资本有机构成 k	剩余价值率 e	价值形式的平均利润率 r_v
1.85	2.074 791 25	0.925	0.300 833 43
1.87	2.168 051 02	0.935	0.295 134 14
1.89	2.262 485 72	0.945	0.289 656 44
1.91	2.358 023 48	0.955	0.284 393 48
1.93	2.454 599 70	0.965	0.279 337 72
1.95	2.552 156 07	0.975	0.274 481 18
1.97	2.650 639 74	0.985	0.269 815 72
1.99	2.750 002 67	0.995	0.265 333 14
2.01	2.850 201 00	1.005	0.261 025 33
2.03	2.951 194 57	1.015	0.256 834 34
2.05	3.052 946 51	1.025	0.252 902 42
2.07	3.155 422 84	1.035	0.249 072 13
2.09	3.258 592 18	1.045	0.245 386 26
2.11	3.362 425 44	1.055	0.241 837 94
2.13	3.466 895 65	1.065	0.238 420 61
2.15	3.571 977 67	1.075	0.235 128 01

在表 18－6 中，价值形式的平均利润率 r_v 与价值形式的总资本有机构成 k 的关系，可以用图18－6表示。

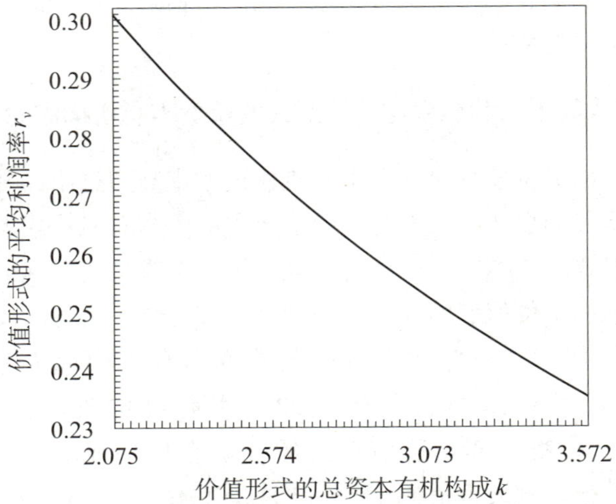

图 18－6　r_v与 k 的关系

由表 18－6 和图 18－6 可以看出，随着价值形式的总资本有机构成 k 提高，价值形式的平均利润率 r_v降低。

可见，价值形式的平均利润率是价值形式的总资本有机构成的单调递减函数。

七、剩余价值率对价值形式的总资本有机构成的一阶导数与价值形式的平均利润率之差，和价值形式的总资本有机构成的关系的数例

将剩余价值率对价值形式的总资本有机构成的一阶导数与价值形式的平均利润率之差，也就是剩余价值率相对价值形式的总资本有机构成的提高率与价值形式的平均利润率之差 d，定义为

$$d=\frac{\mathrm{d}e}{\mathrm{d}k}-r_v=\frac{\mathrm{d}e}{\mathrm{d}k}-\frac{e}{k+1} \tag{18-54}$$

考虑到按照鲍特凯维兹的部类划分的价值转形中 $\frac{\mathrm{d}e}{\mathrm{d}k}$ 的计算比较复杂，可以用其差分近似地代替。

如果第一部类价值形式的资本有机构成的提高超过第二部类价值形式的资本有机构成的提高，第二部类价值形式的资本有机构成的提高超过第三部类价值形式的资本有机构成的提高，第三部类价值形式的资本有机构成的提高等于剩余价值率的提高，即满足（18－48）式与（18－50）式表示的关系，例如，第一部类价值形式的资本有机构成 $k_1=2.5$，2.7，2.9，…，5.5，第二部类价值形式的资本有机构成 $k_2=2.1$，2.22，

2.34，…，3.9，第三部类价值形式的资本有机构成 $k_3=1.85$，1.87，1.89，…，2.15，剩余价值率 $e=0.925$，0.935，0.945，…，1.075，其余已知量采用第八章的数例中的数值，那么，剩余价值率对价值形式的资本有机构成的一阶导数 $\frac{\mathrm{d}e}{\mathrm{d}k}$ 与价值形式的平均利润率 r_v 之差 d，和价值形式的总资本有机构成 k、剩余价值率 e、剩余价值率对价值形式的总资本有机构成的一阶导数 $\mathrm{d}e/\mathrm{d}k$ 的关系，可以用表 18－7 表示。

表 18－7　　d 与 k、e、$\mathrm{d}e/\mathrm{d}k$ 的关系

价值形式的总资本有机构成 k	剩余价值率 e	剩余价值率对价值形式的总资本有机构成的一阶导数 $\mathrm{d}e/\mathrm{d}k$	$d=\frac{\mathrm{d}e}{\mathrm{d}k}-r_v$
2.074 791 25	0.925	—	—
2.168 051 02	0.935	0.107 227 37	−0.187 906 76
2.262 485 72	0.945	0.105 893 28	−0.183 753 16
2.358 023 48	0.955	0.104 670 65	−0.179 722 83
2.454 599 70	0.965	0.103 545 16	−0.175 792 56
2.552 156 07	0.975	0.102 504 84	−0.171 976 34
2.650 639 74	0.985	0.101 539 67	−0.168 276 05
2.750 002 67	0.995	0.100 641 16	−0.164 691 99
2.850 201 00	1.005	0.099 802 06	−0.161 223 27
2.951 194 57	1.015	0.099 016 20	−0.157 868 14
3.052 946 51	1.025	0.098 278 22	−0.154 624 20
3.155 422 84	1.035	0.097 583 51	−0.151 488 61
3.258 592 18	1.045	0.096 928 03	−0.148 458 23
3.362 425 44	1.055	0.096 308 25	−0.145 529 70
3.466 895 65	1.065	0.095 721 07	−0.142 699 54
3.571 977 67	1.075	0.095 163 76	−0.139 964 25

在表 18－7 中，剩余价值率对价值形式的总资本有机构成的一阶导数与价值形式的平均利润率之差 d 和价值形式的总资本有机构成 k 的关系，可以用图 18－7 表示。

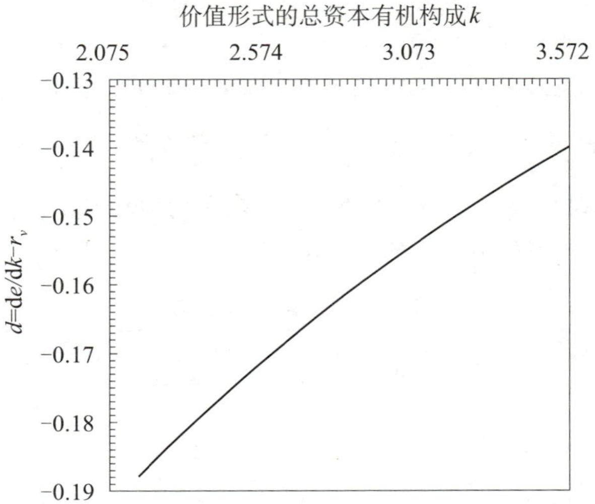

图 18－7　d 与 k 的关系

由表 18－7 和图 18－7 可以看出，随着价值形式的总资本有机构成 k 提高，剩余价值率对价值形式的总资本有机构成的一阶导数与价值形式的平均利润率之差 d 提高。

可见，剩余价值率对价值形式的总资本有机构成的一阶导数与价值形式的平均利润率之差，是价值形式的总资本有机构成的单调递增函数。

由表 18－6、图 18－6、表 18－7、图 18－7 可以看出，因为剩余价值率对价值形式的总资本有机构成的一阶导数小于价值形式的平均利润率，所以，随着价值形式的总资本有机构成提高，价值形式的平均利润率降低。

第三节　资本有机构成与剩余价值率共同提高的条件下，生产价格形式的利润率与生产价格形式的总资本有机构成的关系的数例

一、各部类生产价格形式的资本有机构成与第三部类价值形式的资本有机构成的关系的数例

如果第一部类价值形式的资本有机构成的提高超过第二部类价值形式的资本有机构成的提高，第二部类价值形式的资本有机构成的提高超过第

三部类价值形式的资本有机构成的提高，第三部类价值形式的资本有机构成的提高等于剩余价值率的提高，即满足（18－48）式与（18－50）式表示的关系，例如，第一部类价值形式的资本有机构成 $k_1=2.5$，2.7，2.9，…，5.5，第二部类价值形式的资本有机构成 $k_2=2.1$，2.22，2.34，…，3.9，第三部类价值形式的资本有机构成 $k_3=1.85$，1.87，1.89，…，2.15，剩余价值率 $e=0.925$，0.935，0.945，…，1.075，其余已知量采用第八章的数例中的数值，那么，第一部类生产价格形式的资本有机构成 k_{p1}、第二部类生产价格形式的资本有机构成 k_{p2}、第三部类生产价格形式的资本有机构成 k_{p3} 与第三部类价值形式的资本有机构成 k_3 的关系，可以用表 18－8 表示。

表 18－8　　k_{p1}、k_{p2}、k_{p3} 与 k_3 的关系

第三部类价值形式的资本有机构成 k_3	第一部类生产价格形式的资本有机构成 k_{p1}	第二部类生产价格形式的资本有机构成 k_{p2}	第三部类生产价格形式的资本有机构成 k_{p3}
1.85	2.682 364 67	2.253 186 33	1.927 875 90
1.87	2.940 319 29	2.417 595 86	1.970 333 20
1.89	3.202 001 32	2.583 683 82	2.012 341 90
1.91	3.467 008 40	2.751 238 92	2.053 879 58
1.93	3.734 981 15	2.920 076 17	2.094 944 51
1.95	4.005 599 68	3.090 034 04	2.135 538 61
1.97	4.278 579 89	3.260 971 70	2.175 668 76
1.99	4.553 669 87	3.432 766 52	2.215 345 46
2.01	4.830 646 46	3.605 311 75	2.254 531 81
2.03	5.109 312 02	3.778 514 47	2.293 392 62
2.05	5.389 491 49	3.952 293 76	2.331 793 80
2.07	5.671 029 76	4.126 579 10	2.369 801 90
2.09	5.953 789 27	4.301 308 99	2.407 433 67
2.11	6.237 647 96	4.476 429 71	2.444 705 82
2.13	6.522 497 36	4.651 894 34	2.481 534 81
2.15	6.808 240 99	4.827 661 79	2.518 236 70

在表 18－8 中，第一部类生产价格形式的资本有机构成 k_{p1}、第二部类生产价格形式的资本有机构成 k_{p2}、第三部类生产价格形式的资本有机构成 k_{p3} 与第三部类价值形式的资本有机构成 k_3 的关系，可以用图 18－8 表示。

在图 18－8 中，由上至下三条曲线分别表示第一部类生产价格形式的资

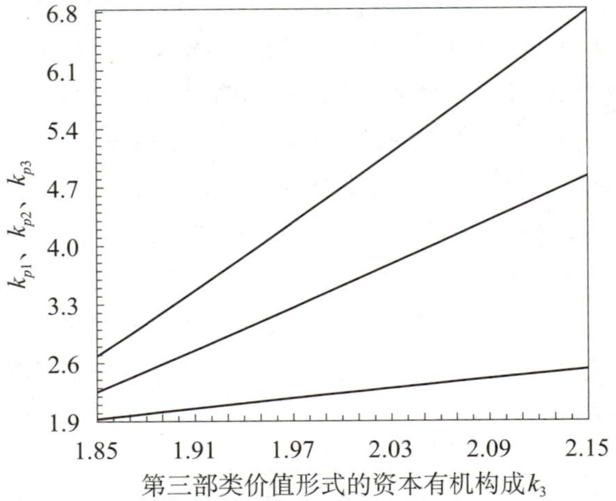

图 18-8　k_{p1}、k_{p2}、k_{p3}与 k_3 的关系

本有机构成 k_{p1}、第二部类生产价格形式的资本有机构成 k_{p2}、第三部类生产价格形式的资本有机构成 k_{p3}与第三部类价值形式的资本有机构成 k_3 的关系。

由表 18-8 和图 18-8 可以看出，随着第三部类价值形式的资本有机构成 k_3 提高，第一部类生产价格形式的资本有机构成 k_{p1}、第二部类生产价格形式的资本有机构成 k_{p2}、第三部类生产价格形式的资本有机构成 k_{p3}都提高。

可见，按照这里的数例，第一部类生产价格形式的资本有机构成、第二部类生产价格形式的资本有机构成、第三部类生产价格形式的资本有机构成，都是第三部类价值形式的资本有机构成的单调递增函数。

二、价值形式的总资本有机构成、生产价格形式的总资本有机构成与第三部类价值形式的资本有机构成的关系的数例

如果第一部类价值形式的资本有机构成的提高超过第二部类价值形式的资本有机构成的提高，第二部类价值形式的资本有机构成的提高超过第三部类价值形式的资本有机构成的提高，第三部类价值形式的资本有机构成的提高等于剩余价值率的提高，即满足（18-48）式与（18-50）式表示的关系，例如，第一部类价值形式的资本有机构成 $k_1=2.5$，2.7，2.9，…，5.5，第二部类价值形式的资本有机构成 $k_2=2.1$，2.22，2.34，…，3.9，第三部类价值形式的资本有机构成 $k_3=1.85$，1.87，1.89，…，2.15，剩余价值率 $e=0.925$，0.935，0.945，…，1.075，其余已知量采用第八章的数例中的数值，那么，价值形式的总资本有机构成 k、生产价格形式的总资本有机构成 k_p与第三部类价值形式的资本有机构

成 k_3 的关系，可以用表 18-9 表示。

表 18-9　　**k、k_p 与 k_3 的关系**

第三部类价值形式的资本有机构成 k_3	价值形式的总资本有机构成 k	生产价格形式的总资本有机构成 k_p
1.85	2.074 791 25	2.197 034 76
1.87	2.168 051 02	2.327 404 82
1.89	2.262 485 72	2.460 323 43
1.91	2.358 023 48	2.595 588 16
1.93	2.454 599 70	2.733 017 86
1.95	2.552 156 07	2.872 450 47
1.97	2.650 639 74	3.013 740 95
1.99	2.750 002 67	3.156 759 41
2.01	2.850 201 00	3.301 389 37
2.03	2.951 194 57	3.447 526 17
2.05	3.052 946 51	3.595 075 60
2.07	3.155 422 84	3.743 952 65
2.09	3.258 592 18	3.894 080 43
2.11	3.362 425 44	4.045 389 40
2.13	3.466 895 65	4.197 816 09
2.15	3.571 977 67	4.351 302 82

在表 18-9 中，价值形式的总资本有机构成 k、生产价格形式的总资本有机构成 k_p 与第三部类价值形式的资本有机构成 k_3 的关系，可以用图 18-9 表示。

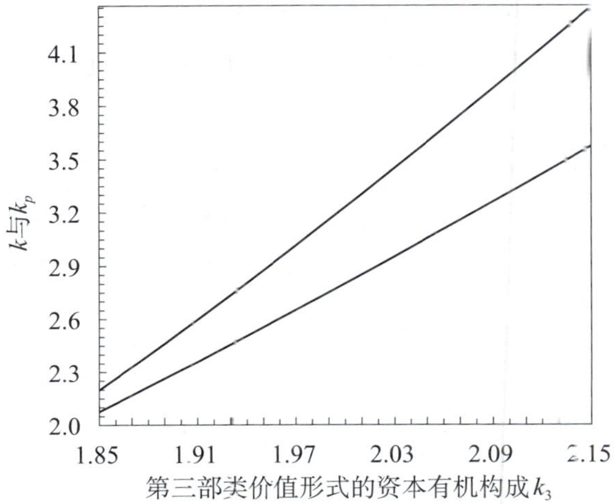

图 18-9　k、k_p 与 k_3 的关系

在图 18－9 中，由上至下两条曲线分别表示生产价格形式的总资本有机构成 k_p、价值形式的总资本有机构成 k 与第三部类价值形式的资本有机构成 k_3 的关系。

由表 18－9 和图 18－9 可以看出，随着第三部类价值形式的资本有机构成 k_3 提高，价值形式的总资本有机构成 k、生产价格形式的总资本有机构成 k_p 都提高。

可见，按照这里的数例，价值形式的总资本有机构成、生产价格形式的总资本有机构成，都是第三部类价值形式的资本有机构成的单调递增函数。

三、各部类的价值生产价格转化系数与生产价格形式的总资本有机构成的关系的数例

如果第一部类价值形式的资本有机构成的提高超过第二部类价值形式的资本有机构成的提高，第二部类价值形式的资本有机构成的提高超过第三部类价值形式的资本有机构成的提高，第三部类价值形式的资本有机构成的提高等于剩余价值率的提高，即满足（18－48）式与（18－50）式表示的关系，例如，第一部类价值形式的资本有机构成 $k_1=2.5$，2.7，2.9，…，5.5，第二部类价值形式的资本有机构成 $k_2=2.1$，2.22，2.34，…，3.9，第三部类价值形式的资本有机构成 $k_3=1.85$，1.87，1.89，…，2.15，剩余价值率 $e=0.925$，0.935，0.945，…，1.075，其余已知量采用第八章的数例中的数值，那么，第一部类的价值生产价格转化系数 a_1、第二部类的价值生产价格转化系数 a_2、第三部类的价值生产价格转化系数 a_3 与生产价格形式的总资本有机构成 k_p 的关系，可以用表 18－10 表示。

表 18－10　　a_1、a_2、a_3 与 k_p 的关系

生产价格形式的总资本有机构成 k_p	第一部类的价值生产价格转化系数 a_1	第二部类的价值生产价格转化系数 a_2	第三部类的价值生产价格转化系数 a_3
2.197 034 76	1.041 126 47	1.011 190 59	0.970 343 89
2.327 404 82	1.048 293 64	1.014 263 86	0.962 614 11
2.460 323 43	1.054 552 88	1.016 915 38	0.955 091 22
2.595 588 16	1.060 003 97	1.019 191 75	0.947 794 73
2.733 017 86	1.064 737 98	1.021 135 76	0.940 737 10
2.872 450 47	1.068 837 26	1.022 786 30	0.933 925 18
3.013 740 95	1.072 375 71	1.024 178 36	0.927 361 47

续前表

生产价格形式的总资本有机构成 k_p	第一部类的价值生产价格转化系数 c_1	第二部类的价值生产价格转化系数 a_2	第三部类的价值生产价格转化系数 a_3
3.156 759 41	1.075 419 29	1.025 343 24	0.921 045 08
3.301 389 37	1.078 026 65	1.026 308 77	0.914 972 62
3.447 526 17	1.080 249 74	1.027 099 63	0.909 138 82
3.595 075 60	1.082 134 50	1.027 737 61	0.903 537 05
3.743 952 65	1.083 721 46	1.028 241 91	0.898 159 78
3.894 080 48	1.085 046 35	1.028 629 45	0.892 998 87
4.045 389 40	1.086 140 65	1.028 915 09	0.888 045 84
4.197 816 09	1.087 032 09	1.029 111 87	0.883 292 05
4.351 302 82	1.087 745 05	1.029 231 27	0.878 728 35

在表 18－10 中，第一部类的价值生产价格转化系数 a_1、第二部类的价值生产价格转化系数 a_2、第三部类的价值生产价格转化系数 a_3 与生产价格形式的总资本有机构成 k_p 的关系，可以用图 18－10 表示。

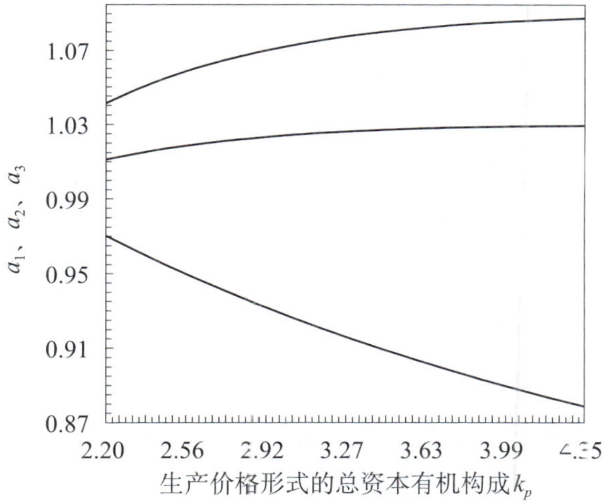

图 18－10　a_1、a_2、a_3 与 k_p 的关系

在图 18－10 中，由上至下三条曲线分别表示第一部类的价值生产价格转化系数 a_1、第二部类的价值生产价格转化系数 a_2、第三部类的价值生产价格转化系数 a_3 与生产价格形式的总资本有机构成 k_p 的关系。

由表 18－10 和图 18－10 可以看出，随着生产价格形式的总资本有机构成 k_p 提高，第一部类的价值生产价格转化系数 a_1、第二部类的价值生产价格转化系数 a_2、第三部类的价值生产价格转化系数 a_3 都提高。

可见，按照这里的数例，第一部类的价值生产价格转化系数、第二部类的价值生产价格转化系数、第三部类的价值生产价格转化系数，都是生产价格形式的总资本有机构成的单调递增函数。

值得注意的是，这里的横坐标为生产价格形式的总资本有机构成 k_p。由（18－25）式，在第一部类价值形式的资本有机构成 k_1、第二部类价值形式的资本有机构成 k_2、第三部类价值形式的资本有机构成 k_3、剩余价值率 e 共同提高的条件下，生产价格形式的总资本有机构成 k_p 是第一部类价值形式的资本有机构成 k_1、第二部类价值形式的资本有机构成 k_2、第三部类价值形式的资本有机构成 k_3、剩余价值率 e 的多元非线性函数。在本例中，第一部类价值形式的资本有机构成 k_1、第二部类价值形式的资本有机构成 k_2、第三部类价值形式的资本有机构成 k_3、剩余价值率 e 都是等差数列，生产价格形式的总资本有机构成 k_p 就不可能是等差数列。用 Office 中的 Excel 作图，横坐标必须是等差数列。为此，利用 Excel 中的 vlookup 函数功能，将生产价格形式的总资本有机构成 k_p 转变为等差数列，然后再用 Excel 作图。

在本章中，凡是横坐标为生产价格形式的总资本有机构成的地方，均用此种方式作图。下面不再重复阐述。

四、各部类生产价格形式的利润与生产价格形式的总资本有机构成的关系的数例

如果第一部类价值形式的资本有机构成的提高超过第二部类价值形式的资本有机构成的提高，第二部类价值形式的资本有机构成的提高超过第三部类价值形式的资本有机构成的提高，第三部类价值形式的资本有机构成的提高等于剩余价值率的提高，即满足（18－48）式与（18－50）式表示的关系，例如，第一部类价值形式的资本有机构成 $k_1=2.5$，2.7，2.9，…，5.5，第二部类价值形式的资本有机构成 $k_2=2.1$，2.22，2.34，…，3.9，第三部类价值形式的资本有机构成 $k_3=1.85$，1.87，1.89，…，2.15，剩余价值率 $e=0.925$，0.935，0.945，…，1.075，其余已知量采用第八章的数例中的数值，那么，第一部类生产价格形式的利润 s_{p1}、第二部类生产价格形式的利润 s_{p2}、第三部类生产价格形式的利润 s_{p3} 与生产价格形式的总资本有机构成 k_p 的关系，可以用表 18－11 表示。

表 18－11　s_{p1}、s_{p2}、s_{p3}与k_p的关系

生产价格形式的总资本有机构成 k_p	第一部类生产价格形式的利润 s_{p1}	第二部类生产价格形式的利润 s_{p2}	第三部类生产价格形式的利润 s_{p3}
2.197 034 76	310.147 369	251.166 482	491.812 503
2.327 404 82	362.383 591	273.959 149	529.054 160
2.460 323 43	416.485 368	295.241 225	562.652 946
2.595 588 16	472.295 469	315.197 955	593.140 956
2.733 017 86	529.677 596	333.987 877	620.962 884
2.872 450 47	588.514 204	351.747 560	646.492 256
3.013 740 95	648.704 329	368.595 263	670.044 216
3.156 759 41	710.161 514	384.633 848	691.885 716
3.301 389 37	772.811 901	399.953 109	712.243 719
3.447 526 17	836.592 511	414.631 700	731.311 862
3.595 075 60	901.449 715	428.738 709	749.255 888
3.743 952 65	967.337 902	442.334 992	766.218 114
3.894 080 48	1 034.218 310	455.474 287	782.321 109
4.045 389 40	1 102.058 025	468.204 157	797.670 746
4.197 816 09	1 170.829 119	480.566 797	812.358 735
4.351 302 82	1 240.507 910	492.599 723	826.464 736

在表 18－11 中，第一部类生产价格形式的利润 s_{p1}、第二部类生产价格形式的利润 s_{p2}、第三部类生产价格形式的利润 s_{p3}与生产价格形式的总资本有机构成 k_p的关系，可以用图 18－11 表示。

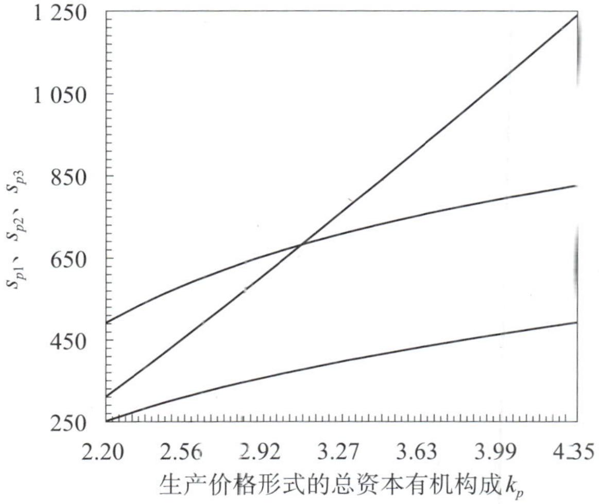

图 18－11　s_{p1}、s_{p2}、s_{p3}与k_p的关系

在图 18－11 中，斜率最大的曲线表示第一部类生产价格形式的利润 s_{p1} 与生产价格形式的总资本有机构成 k_p 的关系，斜率较小的两条曲线由上至下分别表示第三部类生产价格形式的利润 s_{p3}、第二部类生产价格形式的利润 s_{p2} 与生产价格形式的总资本有机构成 k_p 的关系。

由表 18－11 和图 18－11 可以看出，随着生产价格形式的总资本有机构成 k_p 提高，第一部类生产价格形式的利润 s_{p1}、第二部类生产价格形式的利润 s_{p2}、第三部类生产价格形式的利润 s_{p3} 都提高。

可见，按照这里的数例，第一部类生产价格形式的利润、第二部类生产价格形式的利润、第三部类生产价格形式的利润都是生产价格形式的总资本有机构成的单调递增函数。

五、生产价格形式的利润率、价值形式的平均利润率与生产价格形式的总资本有机构成的关系的数例

如果第一部类价值形式的资本有机构成的提高超过第二部类价值形式的资本有机构成的提高，第二部类价值形式的资本有机构成的提高超过第三部类价值形式的资本有机构成的提高，第三部类价值形式的资本有机构成的提高等于剩余价值率的提高，即满足（18－48）式与（18－50）式表示的关系，例如，第一部类价值形式的资本有机构成 $k_1=2.5$，2.7，2.9，…，5.5，第二部类价值形式的资本有机构成 $k_2=2.1$，2.22，2.34，…，3.9，第三部类价值形式的资本有机构成 $k_3=1.85$，1.87，1.89，…，2.15，剩余价值率 $e=0.925$，0.935，0.945，…，1.075，其余已知量采用第八章的数例中的数值，那么，生产价格形式的利润率 r、价值形式的平均利润率 r_v、剩余价值率对价值形式的总资本有机构成的一阶导数与价值形式的平均利润率之差 d 和生产价格形式的总资本有机构成 k_p 的关系，可以用表 18－12 表示。

表 18－12　　r、r_v、d 与 k_p 的关系

生产价格形式的总资本有机构成 k_p	生产价格形式的利润率 r	价值形式的平均利润率 r_v	$d=\frac{\mathrm{d}e}{\mathrm{d}k}-r_v$
2.197 034 76	0.289 330 60	0.300 833 43	—
2.327 404 82	0.280 999 77	0.295 134 14	−0.187 906 76
2.460 323 43	0.273 095 86	0.289 656 44	−0.183 763 16
2.595 588 16	0.265 603 28	0.284 393 48	−0.179 722 83
2.733 017 86	0.258 503 99	0.279 337 72	−0.175 792 56
2.872 450 47	0.251 778 56	0.274 481 18	−0.171 976 34

续前表

生产价格形式的总资本有机构成 k_p	生产价格形式的利润率 r	价值形式的平均利润率 r_v	$d=\frac{\mathrm{d}e}{\mathrm{d}k}-r_v$
3.013 740 95	0.245 406 97	0.269 815 72	−0.168 276 05
3.156 759 41	0.239 369 16	0.265 333 14	−0.164 691 99
3.301 389 37	0.233 645 44	0.261 025 33	−0.161 223 27
3.447 526 17	0.228 216 76	0.256 884 34	−0.157 868 14
3.595 075 60	0.223 064 88	0.252 902 42	−0.154 624 20
3.743 952 65	0.218 172 50	0.249 072 13	−0.151 488 61
3.894 080 48	0.213 523 26	0.245 386 26	−0.148 458 23
4.045 389 40	0.209 101 80	0.241 837 94	−0.145 529 70
4.197 816 09	0.204 893 74	0.238 420 61	−0.142 699 54
4.351 302 82	0.200 885 66	0.235 128 01	−0.139 964 25

在表 18－12 中，生产价格形式的利润率 r、价值形式的平均利润率 r_v 与生产价格形式的总资本有机构成 k_p 的关系，可以用图 18－12 表示。

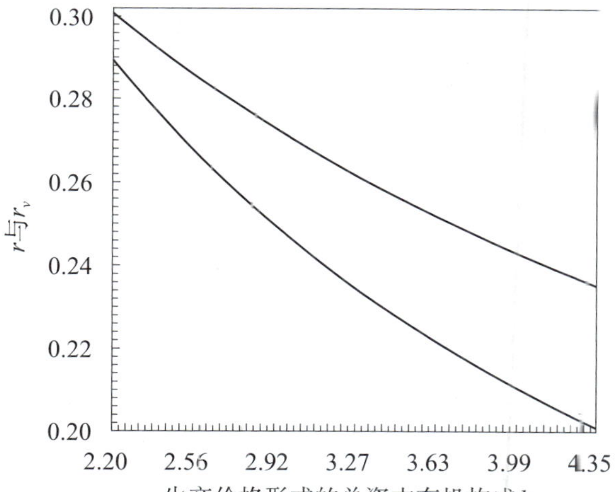

图 18－12　r、r_v 与 k_p 的关系

在图 18－12 中，由上至下两条曲线分别表示价值形式的平均利润率 r_v、生产价格形式的利润率 r 与生产价格形式的总资本有机构成 k_p 的关系。

由表 18－12 和图 18－12 可以看出，随着生产价格形式的总资本有机构成 k_p 提高，生产价格形式的利润率 r 与价值形式的平均利润率 r_v 都降低。

可见，按照这里的数例，如果第一部类价值形式的资本有机构成 k_1、

第二部类价值形式的资本有机构成 k_2、第三部类价值形式的资本有机构成 k_3、剩余价值率 e 共同提高，第一部类价值形式的资本有机构成的提高超过第二部类价值形式的资本有机构成的提高，第二部类价值形式的资本有机构成的提高超过第三部类价值形式的资本有机构成的提高，第三部类价值形式的资本有机构成的提高等于剩余价值率的提高，那么，生产价格形式的利润率 r 是生产价格形式的总资本有机构成的单调递减函数，价值形式的平均利润率 r_v 也是生产价格形式的总资本有机构成的单调递减函数。二者的变化方向一致。

必须指出的是，这个结论仅仅在这个数例中成立，不是在任何数例中都成立，绝对不能说，只要满足第一部类价值形式的资本有机构成 k_1、第二部类价值形式的资本有机构成 k_2、第三部类价值形式的资本有机构成 k_3、剩余价值率 e 共同提高，第一部类价值形式的资本有机构成 k_1 的提高超过第二部类价值形式的资本有机构成 k_2 的提高，第二部类价值形式的资本有机构成 k_2 的提高超过第三部类价值形式的资本有机构成 k_3 的提高，第二部类价值形式的资本有机构成 k_2 的提高等于剩余价值率 e 的提高的条件，价值形式的平均利润率与生产价格形式的利润率就一定是价值形式的总资本有机构成的单调递减函数。对此，将在后面的分析中，通过同样满足这个条件的不同数例予以证明。

第四节　资本有机构成与剩余价值率共同提高的条件下，价值形式的平均利润率与价值形式的总资本有机构成关系的相反的数例

一、第一部类价值形式的资本有机构成、第二部类价值形式的资本有机构成、价值形式的总资本有机构成、剩余价值率与第三部类价值形式的资本有机构成的关系的数例

如果第一部类价值形式的资本有机构成的提高超过第二部类价值形式的资本有机构成的提高，第二部类价值形式的资本有机构成的提高超过第三部类价值形式的资本有机构成的提高，第三部类价值形式的资本有机构成的提高等于剩余价值率的提高，即满足（18－48）式与（18－50）式表示的关系，例如，第一部类价值形式的资本有机构成 $k_1＝2.5$，2.7，2.9，…，5.5，第二部类价值形式的资本有机构成 $k_2＝1.95$，2.09，

2.23，…，4.05，第三部类价值形式的资本有机构成 $k_3=1.4$，1.48，1.56，…，2.6，剩余价值率 $e=0.7$，0.74，0.78，…，1.3，其余已知量采用第八章的数例中的数值，那么，第一部类价值形式的资本有机构成 k_1、第二部类价值形式的资本有机构成 k_2、第三部类价值形式的资本有机构成 k_3、价值形式的总资本有机构成 k、剩余价值率 e 的关系，可以用表 18－13 表示。

表 18－13　　k_1、k_2、k_3、k、e 的关系

第一部类价值形式的资本有机构成 k_1	第二部类价值形式的资本有机构成 k_2	第三部类价值形式的资本有机构成 k_3	价值形式的总资本有机构成 k	剩余价值率 e
2.5	1.95	1.40	1.781 087 05	0.70
2.7	2.09	1.48	1.913 369 77	0.74
2.9	2.23	1.56	2.046 959 85	0.78
3.1	2.37	1.64	2.181 726 93	0.82
3.3	2.51	1.72	2.317 557 24	0.86
3.5	2.65	1.80	2.454 351 05	0.90
3.7	2.79	1.88	2.592 020 63	0.94
3.9	2.93	1.96	2.730 488 49	0.98
4.1	3.07	2.04	2.869 685 95	1.02
4.3	3.21	2.12	3.009 551 95	1.06
4.5	3.35	2.20	3.150 032 00	1.10
4.7	3.49	2.28	3.291 077 37	1.14
4.9	3.63	2.36	3.432 644 31	1.18
5.1	3.77	2.44	3.574 693 44	1.22
5.3	3.91	2.52	3.717 189 26	1.26
5.5	4.05	2.60	3.860 099 63	1.30

在表 18－13 中，第一部类价值形式的资本有机构成 k_1、第二部类价值形式的资本有机构成 k_2、价值形式的总资本有机构成 k、剩余价值率 e 与第三部类价值形式的资本有机构成 k_3 的关系，可以用图 18－13 表示。

在图 18－13 中，由上至下四条曲线分别表示第一部类价值形式的资本有机构成 k_1、第二部类价值形式的资本有机构成 k_2、价值形式的总资本有机构成 k、剩余价值率 e 与第三部类价值形式的资本有机构成 k_3 的关系。

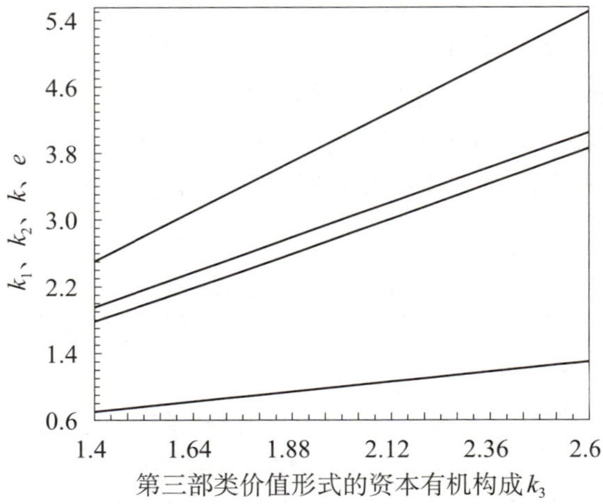

图 18-13　k_1、k_2、k、e 与 k_3 的关系

由表 18-13 和图 18-13 可以看出，随着第三部类价值形式的资本有机构成 k_3 提高，第一部类价值形式的资本有机构成 k_1、第二部类价值形式的资本有机构成 k_2、价值形式的总资本有机构成 k、剩余价值率 e 都提高。

因此，第一部类价值形式的资本有机构成、第二部类价值形式的资本有机构成、价值形式的总资本有机构成、剩余价值率，都是第三部类价值形式的资本有机构成的单调递增函数。

表 18-13 和图 18-13 表示，各部类的资本有机构成都提高，各部类的生产力都提高，同时，剩余价值率提高。

二、剩余价值率与价值形式的总资本有机构成的关系的数例

如果第一部类价值形式的资本有机构成的提高超过第二部类价值形式的资本有机构成的提高，第二部类价值形式的资本有机构成的提高超过第三部类价值形式的资本有机构成的提高，第三部类价值形式的资本有机构成的提高等于剩余价值率的提高，即满足（18-48）式与（18-50）式表示的关系，例如，第一部类价值形式的资本有机构成 $k_1=2.5$，2.7，2.9，…，5.5，第二部类价值形式的资本有机构成 $k_2=1.95$，2.09，2.23，…，4.05，第三部类价值形式的资本有机构成 $k_3=1.4$，1.48，1.56，…，2.6，剩余价值率 $e=0.7$，0.74，0.78，…，1.3，其余已知量采用第八章的数例中的数值，那么，剩余价值率 e 与第三部类价值形式的资本有机构成 k_3、价值形式的总资本有机构成 k 的关系，可以用表 18-14 表示。

表 18－14　　e 与 k_3、k 的关系

第三部类价值形式的资本有机构成 k_3	价值形式的总资本有机构成 k	剩余价值率 e
1.40	1.781 087 05	0.70
1.48	1.913 369 77	0.74
1.56	2.046 959 85	0.78
1.64	2.181 726 93	0.82
1.72	2.317 557 24	0.86
1.80	2.454 351 05	0.90
1.88	2.592 020 63	0.94
1.96	2.730 488 49	0.98
2.04	2.869 685 95	1.02
2.12	3.009 551 95	1.06
2.20	3.150 032 00	1.10
2.28	3.291 077 37	1.14
2.36	3.432 644 31	1.18
2.44	3.574 693 44	1.22
2.52	3.717 189 26	1.26
2.60	3.860 099 63	1.30

在表 18－14 中，剩余价值率 e 与价值形式的总资本有机构成 k 的关系，可以用图 18－14 表示。

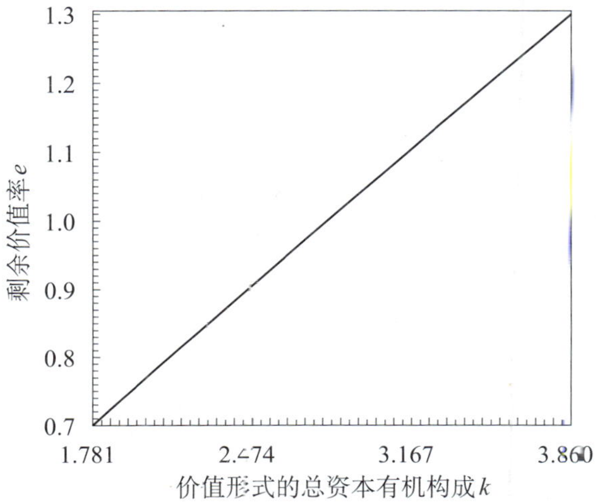

图 18－14　e 与 k 的关系

由表 18－14 和图 18－14 可以看出，随着价值形式的总资本有机构成 k 提高，剩余价值率 e 提高。

可见，剩余价值率是价值形式的总资本有机构成的单调递增函数。

三、各部类被社会多承认的剩余价值与价值形式的总资本有机构成的关系的数例

如果第一部类价值形式的资本有机构成的提高超过第二部类价值形式的资本有机构成的提高，第二部类价值形式的资本有机构成的提高超过第三部类价值形式的资本有机构成的提高，第三部类价值形式的资本有机构成的提高等于剩余价值率的提高，即满足（18－48）式与（18－50）式表示的关系，例如，第一部类价值形式的资本有机构成 k_1＝2.5，2.7，2.9，…，5.5，第二部类价值形式的资本有机构成 k_2＝1.95，2.09，2.23，…，4.05，第三部类价值形式的资本有机构成 k_3＝1.4，1.48，1.56，…，2.6，剩余价值率 e＝0.7，0.74，0.78，…，1.3，其余已知量采用第八章的数例中的数值，那么，第一部类被社会多承认的剩余价值 s_{a1}、第二部类被社会多承认的剩余价值 s_{a2}、第三部类被社会多承认的剩余价值 s_{a3} 与价值形式的总资本有机构成 k 的关系，可以用表 18－15 表示。

表 18－15　　s_{a1}、s_{a2}、s_{a3} 与 k 的关系

价值形式的总资本有机构成 k	第一部类被社会多承认的剩余价值 s_{a1}	第二部类被社会多承认的剩余价值 s_{a2}	第三部类被社会多承认的剩余价值 s_{a3}
1.781 087 05	78.455 584	23.268 907	－101.724 491
1.913 369 77	98.609 007	27.176 651	－125.785 658
2.046 959 85	120.811 976	31.079 659	－151.891 635
2.181 726 93	144.986 437	34.954 307	－179.940 744
2.317 557 24	171.060 276	38.783 902	－209.844 178
2.454 351 05	198.967 864	42.556 932	－241.524 796
2.592 020 63	228.650 083	46.265 741	－274.915 823
2.730 488 49	260.054 051	49.905 524	－309.959 575
2.869 685 95	293.132 688	53.473 576	－346.606 264
3.009 551 95	327.844 201	56.968 717	－384.812 918
3.150 032 00	364.151 559	60.390 872	－424.542 431
3.291 077 37	402.021 977	63.740 746	－465.762 723
3.432 644 31	441.426 438	67.019 589	－508.446 027
3.574 693 44	482.339 245	70.229 020	－552.568 265
3.717 189 26	524.737 629	73.370 892	－598.108 520
3.860 099 63	568.601 391	76.447 198	－645.048 589

在表 18－15 中，第一部类被社会多承认的剩余价值 s_{a1}、第二部类被社会多承认的剩余价值 s_{a2}、第三部类被社会多承认的剩余价值 s_{a3} 与价值形式的总资本有机构成 k 的关系，可以用图 18－15 表示。

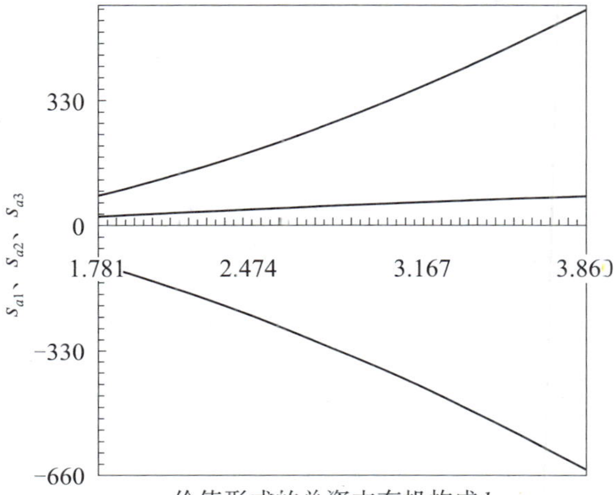

图 18－15 s_{a1}、s_{a2}、s_{a3} 与 k 的关系

在图 18－15 中，由上至下三条曲线分别表示第一部类被社会多承认的剩余价值 s_{a1}、第二部类被社会多承认的剩余价值 s_{a2}、第三部类被社会多承认的剩余价值 s_{a3} 与价值形式的总资本有机构成 k 的关系。

由表 18－15 和图 18－15 可以看出，随着价值形式的总资本有机构成 k 提高，第一部类被社会多承认的剩余价值 s_{a1}、第二部类被社会多承认的剩余价值 s_{a2} 提高，第三部类被社会多承认的剩余价值 s_{a3} 降低。

可见，第一部类被社会多承认的剩余价值、第二部类被社会多承认的剩余价值是价值形式的总资本有机构成的单调递增函数，第三部类被社会多承认的剩余价值是价值形式的总资本有机构成的单调递减函数。

四、各部类的资本家多得到的剩余价值与价值形式的总资本有机构成的关系的数例

如果第一部类价值形式的资本有机构成的提高超过第二部类价值形式的资本有机构成的提高，第二部类价值形式的资本有机构成的提高超过第三部类价值形式的资本有机构成的提高，第三部类价值形式的资本有机构成的提高等于剩余价值率的提高，即满足（18－48）式与（18－50）式表示的关系，例如，第一部类价值形式的资本有机构成 $k_1=2.5$，2.7，2.9，…，5.5，第二部类价值形式的资本有机构成 $k_2=1.95$，2.09，

2.23，…，4.05，第三部类价值形式的资本有机构成 $k_3=1.4$，1.48，1.56，…，2.6，剩余价值率 $e=0.7$，0.74，0.78，…，1.3，其余已知量采用第八章的数例中的数值，那么，第一部类的资本家多得到的剩余价值 s_{t1}、第二部类的资本家多得到的剩余价值 s_{t2}、第三部类的资本家多得到的剩余价值 s_{t3} 与价值形式的总资本有机构成 k 的关系，可以用表 18－16表示。

表 18－16　s_{t1}、s_{t2}、s_{t3} 与 k 的关系

价值形式的总资本有机构成 k	第一部类的资本家多得到的剩余价值 s_{t1}	第二部类的资本家多得到的剩余价值 s_{t2}	第三部类的资本家多得到的剩余价值 s_{t3}
1.781 087 05	59.145 498	13.562 516	−72.708 014
1.913 369 77	74.147 116	15.631 803	−89.778 918
2.046 959 85	90.691 948	17.650 381	−108.342 329
2.181 726 93	108.738 585	19.605 593	−128.344 178
2.317 557 24	128.248 678	21.488 510	−149.737 188
2.454 351 05	149.187 122	23.292 957	−172.480 079
2.592 020 63	171.522 036	25.014 796	−196.536 832
2.730 488 49	195.224 618	26.651 393	−221.876 010
2.869 685 95	220.268 941	28.201 217	−248.470 158
3.009 551 95	246.631 719	29.663 548	−276.295 267
3.150 032 00	274.292 056	31.038 254	−305.330 310
3.291 077 37	303.231 213	32.325 624	−335.556 837
3.432 644 31	333.432 384	33.526 248	−366.958 632
3.574 693 44	364.880 485	34.640 920	−399.521 405
3.717 189 26	397.561 969	35.670 573	−433.232 542
3.860 099 63	431.464 651	36.616 226	−468.080 878

在表 18－16 中，第一部类的资本家多得到的剩余价值 s_{t1}、第二部类的资本家多得到的剩余价值 s_{t2}、第三部类的资本家多得到的剩余价值 s_{t3} 与价值形式的总资本有机构成 k 的关系，可以用图 18－16 表示。

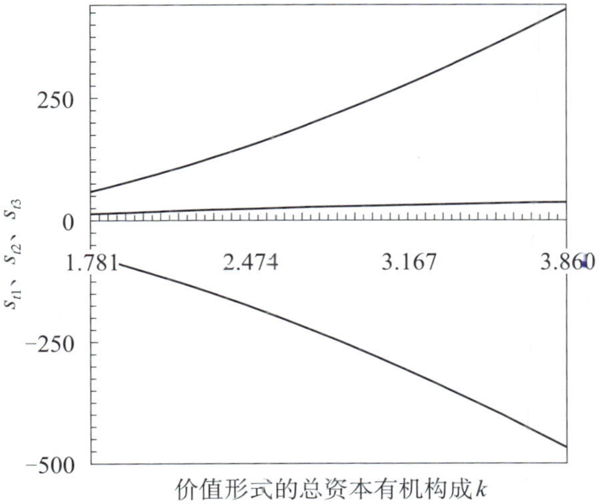

图 18-16　s_{t1}、s_{t2}、s_{t3}与 k 的关系

在图 18-16 中，由上至下三条曲线分别表示第一部类的资本家多得到的剩余价值 s_{t1}、第二部类的资本家多得到的剩余价值 s_{t2}、第三部类的资本家多得到的剩余价值 s_{t3}与价值形式的总资本有机构成 k 的关系。

由表 18-16 和图 18-16 可以看出，随着价值形式的总资本有机构成 k 提高，第一部类的资本家多得到的剩余价值 s_{t1}、第二部类的资本家多得到的剩余价值 s_{t2} 提高，第三部类的资本家多得到的剩余价值 s_{t3}降低。

可见，第一部类的资本家多得到的剩余价值、第二部类的资本家多得到的剩余价值是价值形式的总资本有机构成的单调递增函数，第三部类的资本家多得到的剩余价值是价值形式的总资本有机构成的单调递减函数。

五、各部类资本家得到的价值形式的利润与价值形式的总资本有机构成的关系的数例

如果第一部类价值形式的资本有机构成的提高超过第二部类价值形式的资本有机构成的提高，第二部类价值形式的资本有机构成的提高超过第三部类价值形式的资本有机构成的提高，第三部类价值形式的资本有机构成的提高等于剩余价值率的提高，即满足（18-48）式与（18-50）式表示的关系，例如，第一部类价值形式的资本有机构成 $k_1=2.5$，2.7，2.9，…，5.5，第二部类价值形式的资本有机构成 $k_2=1.95$，2.09，2.23，…，4.05，第三部类价值形式的资本有机构成 $k_3=1.4$，1.48，1.56，…，2.6，剩余价值率 $e=0.7$，0.74，0.78，…，1.3，其余已知

量采用第八章的数例中的数值，那么，第一部类资本家得到的价值形式的利润 s_{v1}、第二部类资本家得到的价值形式的利润 s_{v2}、第三部类资本家得到的价值形式的利润 s_{v3} 与价值形式的总资本有机构成 k 的关系，可以用表 18 - 17 表示。

表 18 - 17　s_{v1}、s_{v2}、s_{v3} 与 k 的关系

价值形式的总资本有机构成 k	第一部类资本家得到的价值形式的利润 s_{v1}	第二部类资本家得到的价值形式的利润 s_{v2}	第三部类资本家得到的价值形式的利润 s_{v3}
1.781 087 05	269.145 498	196.639 439	404.599 679
1.913 369 77	325.747 116	225.097 831	452.285 196
2.046 959 85	387.091 948	254.238 722	499.811 034
2.181 726 93	453.138 585	284.081 543	547.359 619
2.317 557 24	523.848 678	314.642 295	595.077 952
2.454 351 05	599.187 122	345.934 466	643.085 959
2.592 020 63	679.122 036	377.969 635	691.482 523
2.730 488 49	763.624 618	410.757 877	740.349 928
2.869 685 95	852.668 941	444.308 057	789.757 203
3.009 551 95	946.231 719	478.628 034	839.762 677
3.150 032 00	1 044.292 056	513.724 821	890.415 959
3.291 077 37	1 146.831 213	549.604 707	941.759 495
3.432 644 31	1 253.832 384	586.273 355	993.829 798
3.574 693 44	1 365.280 485	623.735 880	1 046.658 435
3.717 189 26	1 481.161 969	661.996 916	1 100.272 829
3.860 099 63	1 601.464 651	701.060 671	1 154.696 900

在表 18 - 17 中，第一部类资本家得到的价值形式的利润 s_{v1}、第二部类资本家得到的价值形式的利润 s_{v2}、第三部类资本家得到的价值形式的利润 s_{v3} 与价值形式的总资本有机构成 k 的关系，可以用图 18 - 17 表示。

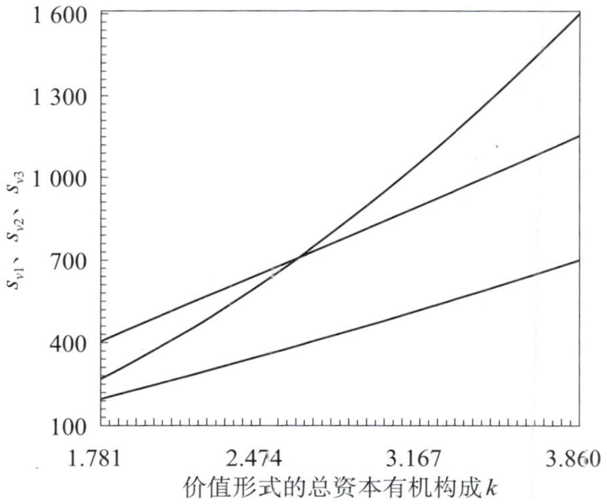

图 18-17　s_{v1}、s_{v2}、s_{v3} 与 k 的关系

在图 18-17 中，斜率最大的曲线表示第一部类资本家得到的价值形式的利润 s_{v1} 与价值形式的总资本有机构成 k 的关系，斜率较小的两条曲线由上至下分别表示第三部类资本家得到的价值形式的利润 s_{v3}、第二部类资本家得到的价值形式的利润 s_{v2} 与价值形式的总资本有机构成 k 的关系。

由表 18-17 和图 18-17 可以看出，随着价值形式的总资本有机构成 k 提高，第一部类资本家得到的价值形式的利润 s_{v1}、第二部类资本家得到的价值形式的利润 s_{v2}、第三部类资本家得到的价值形式的利润 s_{v3} 都提高。

可见，第一部类资本家得到的价值形式的利润、第二部类资本家得到的价值形式的利润、第三部类资本家得到的价值形式的利润，都是价值形式的总资本有机构成的单调递增函数。

六、价值形式的平均利润率与价值形式的总资本有机构成的关系的数例

如果第一部类价值形式的资本有机构成的提高超过第二部类价值形式的资本有机构成的提高，第二部类价值形式的资本有机构成的提高超过第三部类价值形式的资本有机构成的提高，第三部类价值形式的资本有机构成的提高等于剩余价值率的提高，即满足（18-48）式与（18-50）式表示的关系，例如，第一部类价值形式的资本有机构成 $k_1=2.5$，2.7，2.9，…，5.5，第二部类价值形式的资本有机构成 $k_2=1.95$，2.09，2.23，…，4.05，第三部类价值形式的资本有机构成 $k_3=1.4$，1.48，1.56，…，2.6，剩余价值率 $e=0.7$，0.74，0.78，…，1.3，其余已知

量采用第八章的数例中的数值，那么，第三部类价值形式的资本有机构成 k_3、价值形式的总资本有机构成 k、剩余价值率 e、价值形式的平均利润率 r_v 的关系，可以用表 18－18 表示。

表 18－18　　k_3、k、e、r_v 的关系

第三部类价值形式的资本有机构成 k_3	价值形式的总资本有机构成 k	剩余价值率 e	价值形式的平均利润率 r_v
1.40	1.781 087 05	0.70	0.251 700 14
1.48	1.913 369 77	0.74	0.254 001 40
1.56	2.046 959 85	0.78	0.255 992 87
1.64	2.181 726 93	0.82	0.257 721 68
1.72	2.317 557 24	0.86	0.259 226 88
1.80	2.454 351 05	0.90	0.260 540 98
1.88	2.592 020 63	0.94	0.261 691 15
1.96	2.730 488 49	0.98	0.262 700 18
2.04	2.869 685 95	1.02	0.263 587 28
2.12	3.009 551 95	1.06	0.264 368 69
2.20	3.150 032 00	1.10	0.265 058 20
2.28	3.291 077 37	1.14	0.265 667 55
2.36	3.432 644 31	1.18	0.266 206 79
2.44	3.574 693 44	1.22	0.266 684 54
2.52	3.717 189 26	1.26	0.267 108 21
2.60	3.860 099 63	1.30	0.267 484 23

在表 18－18 中，价值形式的平均利润率 r_v 与 k 的关系，可以用图 18－18 表示。

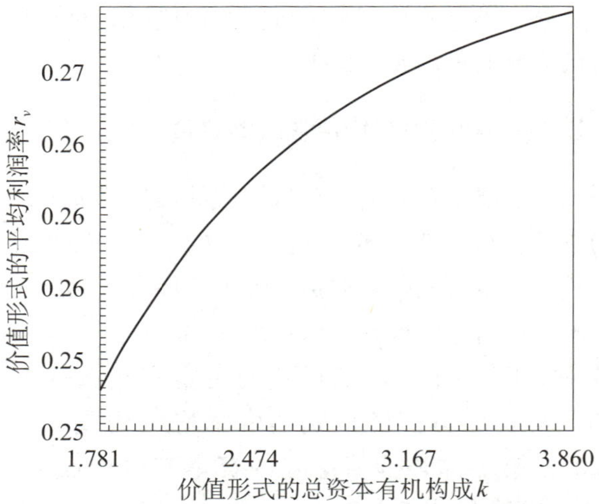

图 18－18　r_v 与 k 的关系

由表 18－18 和图 18－18 可以看出，随着价值形式的总资本有机构成 k 提高，价值形式的平均利润率 r_v 提高。

可见，价值形式的平均利润率是价值形式的总资本有机构成的单调递增函数。

七、剩余价值率对价值形式的总资本有机构成的一阶导数与价值形式的平均利润率之差和价值形式的总资本有机构成的关系的数例

如果第一部类价值形式的资本有机构成的提高超过第二部类价值形式的资本有机构成的提高，第二部类价值形式的资本有机构成的提高超过第三部类价值形式的资本有机构成的提高，第三部类价值形式的资本有机构成的提高等于剩余价值率的提高，即满足（18－48）式与（18－50）式表示的关系，例如，第一部类价值形式的资本有机构成 k_1＝2.5，2.7，2.9，…，5.5，第二部类价值形式的资本有机构成 k_2＝1.95，2.09，2.23，…，4.05，第三部类价值形式的资本有机构成 k_3＝1.4，1.48，1.56，…，2.6，剩余价值率 e＝0.7，0.74，0.78，…，1.3，其余已知量采用第八章的数例中的数值，那么，价值形式的总资本有机构成 k、剩余价值率 e、剩余价值率对价值形式的总资本有机构成的一阶导数 de/dk、剩余价值率对价值形式的总资本有机构成的一阶导数与价值形式的平均利润率之差 d 的关系，可以用表 18－19 表示。

表 18－19　　k、e、de/dk、d 的关系

价值形式的总资本有机构成 k	剩余价值率 e	剩余价值率对价值形式的总资本有机构成的一阶导数 de/dk	$d=de/dk-r_v$
1.781 087 05	0.70	—	—
1.913 369 77	0.74	0.302 382 66	0.048 381 26
2.046 959 85	0.78	0.299 423 43	0.043 430 56
2.181 726 93	0.82	0.296 808 38	0.039 086 70
2.317 557 24	0.86	0.294 485 08	0.035 258 21
2.454 351 05	0.90	0.292 410 88	0.031 869 91
2.592 020 63	0.94	0.290 550 76	0.028 859 61
2.730 488 49	0.98	0.288 875 71	0.026 175 53
2.869 685 95	1.02	0.287 361 56	0.023 774 28
3.009 551 95	1.06	0.285 988 02	0.021 619 33
3.150 032 00	1.10	0.284 737 92	0.019 679 73
3.291 077 37	1.14	0.283 596 69	0.017 929 14
3.432 644 31	1.18	0.282 551 85	0.016 345 07
3.574 693 44	1.22	0.281 592 70	0.014 908 17
3.717 189 26	1.26	0.280 710 00	0.013 601 78
3.860 099 63	1.30	0.279 895 71	0.012 411 49

在表 18－19 中，剩余价值率对价值形式的总资本有机构成的一阶导数与价值形式的平均利润率之差 $de/dk-r_v$ 和价值形式的总资本有机构成 k 的关系，可以用图 18－19 表示。

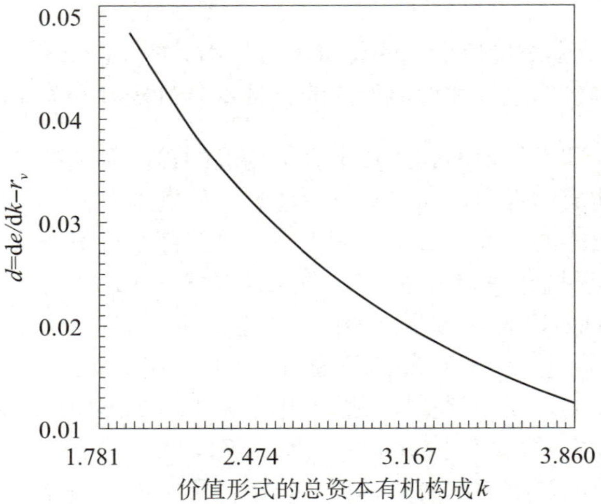

图 18－19　d 与 k 的关系

由表 18－19 和图 18－19 可以看出，随着价值形式的总资本有机构成 k 提高，剩余价值率对价值形式的总资本有机构成的一阶导数与价值形式的平均利润率之差 d 降低。

可见，剩余价值率对价值形式的总资本有机构成的一阶导数与价值形式的平均利润率之差，是价值形式的总资本有机构成的单调递减函数。

由表 18－18、图 18－18、表 18－19、图 18－19 可以看出，因为剩余价值率对价值形式的总资本有机构成的一阶导数大于价值形式的平均利润率，所以，随着价值形式的总资本有机构成提高，价值形式的平均利润率提高。

第五节　资本有机构成与剩余价值率共同提高的条件下，生产价格形式的利润率与生产价格形式的总资本有机构成关系的相反的数例

一、各部类生产价格形式的资本有机构成与第三部类价值形式的资本有机构成的关系的数例

如果第一部类价值形式的资本有机构成的提高超过第二部类价值形式

的资本有机构成的提高，第二部类价值形式的资本有机构成的提高超过第三部类价值形式的资本有机构成的提高，第三部类价值形式的资本有机构成的提高等于剩余价值率的提高，即满足（18－48）式与（18－50）式表示的关系，例如，第一部类价值形式的资本有机构成 $k_1=2.5$，2.7，2.9，…，5.5，第二部类价值形式的资本有机构成 $k_2=1.95$，2.09，2.23，…，4.05，第三部类价值形式的资本有机构成 $k_3=1.4$，1.48，1.56，…，2.6，剩余价值率 $e=0.7$，0.74，0.78，…，1.3，其余已知量采用第八章的数例中的数值，那么，第一部类生产价格形式的资本有机构成 k_{p1}、第二部类生产价格形式的资本有机构成 k_{p2}、第三部类生产价格形式的资本有机构成 k_{p3} 与第三部类价值形式的资本有机构成 k_3 的关系，可以用表 18－20 表示。

表 18－20　k_{p1}、k_{p2}、k_{p3} 与 k_3 的关系

第三部类价值形式的资本有机构成 k_3	第一部类生产价格形式的资本有机构成 k_{p1}	第二部类生产价格形式的资本有机构成 k_{p2}	第三部类生产价格形式的资本有机构成 k_{p3}
1.40	2.789 928 91	2.176 144 55	1.506 630 61
1.48	3.038 399 62	2.351 946 37	1.602 551 88
1.56	3.288 833 01	2.528 999 18	1.698 956 75
1.64	3.540 985 89	2.707 140 82	1.795 752 01
1.72	3.794 647 78	2.886 232 10	1.892 893 88
1.80	4.049 636 77	3.066 153 55	1.990 336 61
1.88	4.305 795 66	3.246 802 67	2.088 041 21
1.96	4.562 988 51	3.428 091 37	2.185 974 46
2.04	4.821 097 62	3.609 943 83	2.284 107 96
2.12	5.080 020 88	3.792 294 66	2.382 417 36
2.20	5.339 669 56	3.975 087 34	2.480 881 78
2.28	5.599 966 34	4.158 272 88	2.579 483 21
2.36	5.860 843 73	4.341 808 72	2.678 206 10
2.44	6.122 242 63	4.525 657 78	2.777 037 00
2.52	6.384 111 15	4.709 787 66	2.875 964 19
2.60	6.646 403 66	4.894 169 97	2.974 977 49

在表 18－20 中，第一部类生产价格形式的资本有机构成 k_{p1}、第二部

类生产价格形式的资本有机构成 k_{p2}、第三部类生产价格形式的资本有机构成 k_{p3} 与第三部类价值形式的资本有机构成 k_3 的关系，可以用图 18－20 表示。

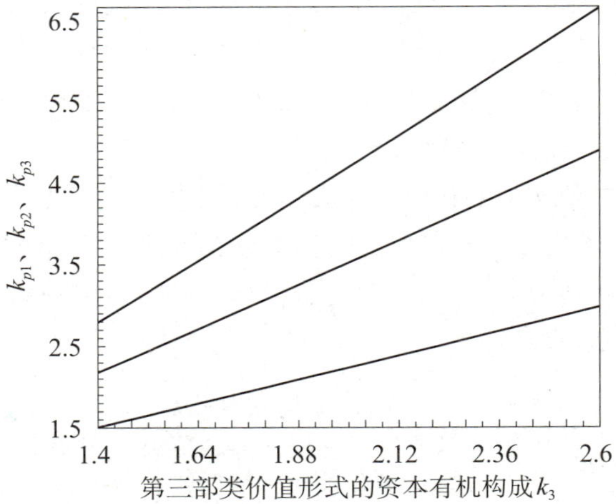

图 18－20　k_{p1}、k_{p2}、k_{p3} 与 k_3 的关系

在图 18－20 中，由上至下三条曲线分别表示第一部类生产价格形式的资本有机构成 k_{p1}、第二部类生产价格形式的资本有机构成 k_{p2}、第三部类生产价格形式的资本有机构成 k_{p3} 与第三部类价值形式的资本有机构成 k_3 的关系。

由表 18－20 和图 18－20 可以看出，随着第三部类价值形式的资本有机构成 k_3 提高，第一部类生产价格形式的资本有机构成 k_{p1}、第二部类生产价格形式的资本有机构成 k_{p2}、第三部类生产价格形式的资本有机构成 k_{p3} 都提高。

可见，按照这里的数例，第一部类生产价格形式的资本有机构成、第二部类生产价格形式的资本有机构成、第三部类生产价格形式的资本有机构成，都是第三部类价值形式的资本有机构成的单调递增函数。

二、价值形式的总资本有机构成、生产价格形式的总资本有机构成与第三部类价值形式的资本有机构成的关系的数例

如果第一部类价值形式的资本有机构成的提高超过第二部类价值形式的资本有机构成的提高，第二部类价值形式的资本有机构成的提高超过第三部类价值形式的资本有机构成的提高，第三部类价值形式的资本有机构成的提高等于剩余价值率的提高，即满足（18－48）式与（18－50）式表

示的关系，例如，第一部类价值形式的资本有机构成 $k_1=2.5$，2.7，2.9，…，5.5，第二部类价值形式的资本有机构成 $k_2=1.95$，2.09，2.23，…，4.05，第三部类价值形式的资本有机构成 $k_3=1.4$，1.48，1.56，…，2.6，剩余价值率 $e=0.7$，0.74，0.78，…，1.3，其余已知量采用第八章的数例中的数值，那么，价值形式的总资本有机构成 k、生产价格形式的总资本有机构成 k_p 与第三部类价值形式的资本有机构成 k_3 的关系，可以用表 18－21 表示。

表 18－21　　　　k、k_p 与 k_3 的关系

第三部类价值形式的资本有机构成 k_3	价值形式的总资本有机构成 k	生产价格形式的总资本有机构成 k_p
1.40	1.781 087 05	1.957 081 12
1.48	1.913 369 77	2.119 172 19
1.56	2.046 959 85	2.284 000 38
1.64	2.181 726 93	2.451 296 34
1.72	2.317 557 24	2.620 821 70
1.80	2.454 351 05	2.792 365 46
1.88	2.592 020 63	2.965 740 67
1.96	2.730 488 49	3.140 781 48
2.04	2.869 685 95	3.317 340 48
2.12	3.009 551 95	3.495 286 43
2.20	3.150 032 00	3.674 502 25
2.28	3.291 077 37	3.854 883 21
2.36	3.432 644 31	4.036 335 52
2.44	3.574 693 44	4.218 774 90
2.52	3.717 189 26	4.402 125 50
2.60	3.860 099 63	4.586 313 92

在表 18－21 中，价值形式的总资本有机构成 k、生产价格形式的总资本有机构成 k_p 与第三部类价值形式的资本有机构成 k_3 的关系，可以用图 18－21 表示。

在图 18－21 中，由上至下两条曲线分别表示生产价格形式的总资本有机构成 k_p、价值形式的总资本有机构成 k 与第三部类价值形式的资本有机构成 k_3 的关系。

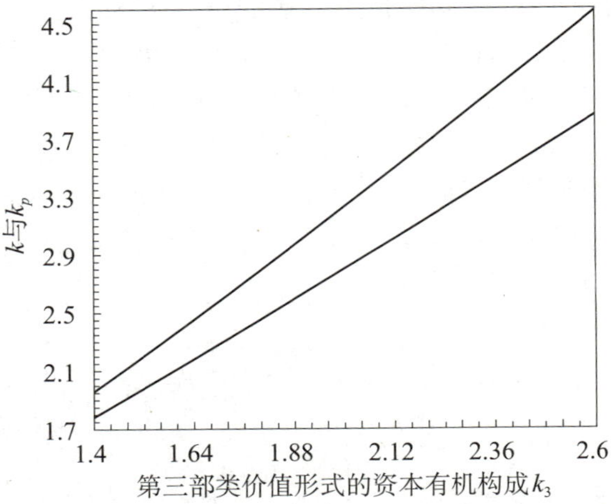

图 18-21　k、k_p 与 k_3 的关系

由表 18-21 和图 18-21 可以看出，随着第三部类价值形式的资本有机构成 k_3 提高，价值形式的总资本有机构成 k、生产价格形式的总资本有机构成 k_p 都提高。

可见，按照这里的数例，价值形式的总资本有机构成、生产价格形式的总资本有机构成，都是第三部类价值形式的资本有机构成的单调递增函数。

三、各部类的价值生产价格转化系数与生产价格形式的总资本有机构成的关系的数例

如果第一部类价值形式的资本有机构成的提高超过第二部类价值形式的资本有机构成的提高，第二部类价值形式的资本有机构成的提高超过第三部类价值形式的资本有机构成的提高，第三部类价值形式的资本有机构成的提高等于剩余价值率的提高，即满足（18-48）式与（18-50）式表示的关系，例如，第一部类价值形式的资本有机构成 $k_1=2.5$，2.7，2.9，…，5.5，第二部类价值形式的资本有机构成 $k_2=1.95$，2.09，2.23，…，4.05，第三部类价值形式的资本有机构成 $k_3=1.4$，1.48，1.56，…，2.6，剩余价值率 $e=0.7$，0.74，0.78，…，1.3，其余已知量采用第八章的数例中的数值，那么，第一部类的价值生产价格转化系数 a_1、第二部类的价值生产价格转化系数 a_2、第三部类的价值生产价格转化系数 a_3 与生产价格形式的总资本有机构成 k_p 的关系，可以用表 18-22 表示。

表 18-22　　**a_1、a_2、a_3 与 k_p 的关系**

生产价格形式的总资本有机构成 k_p	第一部类的价值生产价格转化系数 a_1	第二部类的价值生产价格转化系数 a_2	第三部类的价值生产价格转化系数 a_3
1.957 081 12	1.062 266 34	1.024 375 16	0.951 875 81
2.119 172 19	1.065 321 28	1.025 067 75	0.946 671 87
2.284 000 38	1.067 932 96	1.025 552 48	0.941 673 10
2.451 296 34	1.070 163 78	1.025 865 11	0.936 888 15
2.620 821 70	1.072 067 86	1.026 035 93	0.932 319 45
2.792 365 46	1.073 691 80	1.026 090 43	0.927 965 03
2.965 740 67	1.075 075 55	1.026 049 96	0.923 819 85
3.140 781 48	1.076 253 24	1.025 932 33	0.919 876 88
3.317 340 48	1.077 254 03	1.025 752 34	0.916 127 79
3.495 286 43	1.078 102 77	1.025 522 29	0.912 563 56
3.674 502 25	1.078 820 68	1.025 252 38	0.909 174 81
3.854 883 21	1.079 425 87	1.024 951 04	0.905 952 16
4.036 335 52	1.079 933 80	1.024 625 28	0.902 886 32
4.218 774 90	1.080 357 73	1.024 280 87	0.899 968 32
4.402 125 50	1.080 709 00	1.023 922 61	0.897 189 53
4.586 318 92	1.080 997 35	1.023 554 43	0.894 541 73

在表 18-22 中，第一部类的价值生产价格转化系数 a_1、第二部类的价值生产价格转化系数 a_2、第三部类的价值生产价格转化系数 a_3 与生产价格形式的总资本有机构成 k_p 的关系，可以用图 18-22 表示。

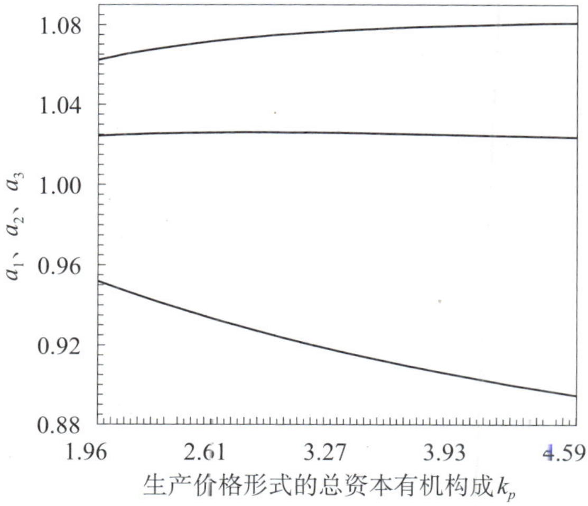

图 18-22　a_1、a_2、a_3 与 k_p 的关系

在图 18－22 中，由上至下三条曲线分别表示第一部类的价值生产价格转化系数 a_1、第二部类的价值生产价格转化系数 a_2、第三部类的价值生产价格转化系数 a_3 与生产价格形式的总资本有机构成 k_p 的关系。

由表 18－22 和图 18－22 可以看出，随着生产价格形式的总资本有机构成 k_p 提高，第一部类的价值生产价格转化系数 a_1 提高，第三部类的价值生产价格转化系数 a_3 降低，第二部类的价值生产价格转化系数 a_2 先提高后降低。

令人感兴趣的是，按照这里的数例，当生产价格形式的总资本有机构成 $k_p=2.792\ 365\ 46$ 时，第二部类的价值生产价格转化系数 $a_2=1.026\ 090\ 43$，达到最大值。当生产价格形式的总资本有机构成 $k_p<2.792\ 365\ 46$ 时，第二部类的价值生产价格转化系数 a_2 为生产价格形式的总资本有机构成 k_p 的递增函数。当生产价格形式的总资本有机构成 $k_p>2.792\ 365\ 46$ 时，第二部类的价值生产价格转化系数 a_2 为生产价格形式的总资本有机构成 k_p 的递减函数。

四、各部类生产价格形式的利润与生产价格形式的总资本有机构成的关系的数例

如果第一部类价值形式的资本有机构成的提高超过第二部类价值形式的资本有机构成的提高，第二部类价值形式的资本有机构成的提高超过第三部类价值形式的资本有机构成的提高，第三部类价值形式的资本有机构成的提高等于剩余价值率的提高，即满足（18－48）式与（18－50）式表示的关系，例如，第一部类价值形式的资本有机构成 $k_1=2.5$，2.7，2.9，…，5.5，第二部类价值形式的资本有机构成 $k_2=1.95$，2.09，2.23，…，4.05，第三部类价值形式的资本有机构成 $k_3=1.4$，1.48，1.56，…，2.6，剩余价值率 $e=0.7$，0.74，0.78，…，1.3，其余已知量采用第八章的数例中的数值，那么，第一部类生产价格形式的利润 s_{p1}、第二部类生产价格形式的利润 s_{p2}、第三部类生产价格形式的利润 s_{p3} 与生产价格形式的总资本有机构成 k_p 的关系，可以用表 18－23 表示。

表 18－23　s_{p1}、s_{p2}、s_{p3} 与 k_p 的关系

生产价格形式的总资本有机构成 k_p	第一部类生产价格形式的利润 s_{p1}	第二部类生产价格形式的利润 s_{p2}	第三部类生产价格形式的利润 s_{p3}
1.957 081 12	256.193 089	187.176 325	385.128 646
2.119 172 19	308.375 633	213.093 786	428.165 675
2.284 000 38	364.514 075	239.409 766	470.658 607
2.451 296 34	424.540 171	266.152 631	512.814 742

续前表

生产价格形式的总资本有机构成 k_p	第一部类生产价格形式的利润 s_{p1}	第二部类生产价格形式的利润 s_{p2}	第三部类生产价格形式的利润 s_{p3}
2.620 821 70	488.394 313	293.347 132	554.802 751
2.792 365 46	556.024 696	321.015 087	596.761 281
2.965 740 67	627.386 420	349.175 853	638.805 234
3.140 781 48	702.440 631	377.846 675	681.030 732
3.317 340 48	781.153 715	407.042 960	723.518 523
3.495 286 43	863.496 583	436.778 501	766.336 815
3.674 502 25	949.444 035	467.065 668	809.543 764
3.854 883 21	1 038.974 210	497.915 569	853.189 045
4.036 335 52	1 132.068 109	529.338 193	897.315 330
4.218 774 90	1 228.709 189	561.342 534	941.959 437
4.402 125 50	1 328.883 013	593.936 703	987.153 264
4.586 318 92	1 432.576 957	627.128 024	1 032.924 560

在表 18－23 中，第一部类生产价格形式的利润 s_{p1}、第二部类生产价格形式的利润 s_{p2}、第三部类生产价格形式的利润 s_{p3} 与生产价格形式的总资本有机构成 k_p 的关系，可以用图 18－23 表示。

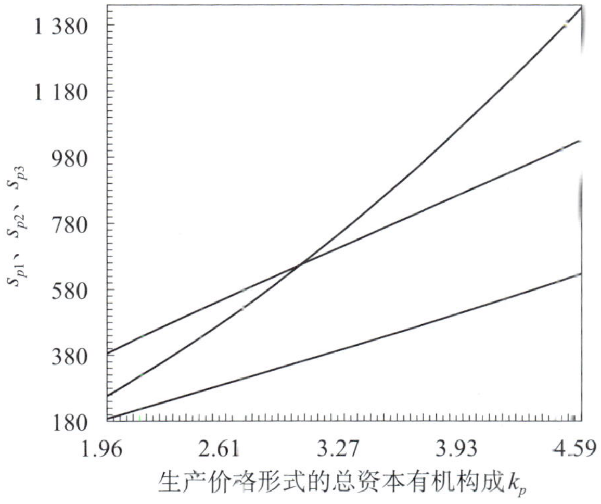

图 18－23　s_{p1}、s_{p2}、s_{p3} 与 k_p 的关系

在图 18－23 中，斜率最大的曲线表示第一部类生产价格形式的利润 s_{p1} 与生产价格形式的总资本有机构成 k_p 的关系，斜率较小的两条曲线由上至下分别表示第三部类生产价格形式的利润 s_{p3}、第二部类生产价格形式的利润 s_{p2} 与生产价格形式的总资本有机构成 k_p 的关系。

由表 18－23 和图 18－23 可以看出，随着生产价格形式的总资本有机构成 k_p 提高，第一部类生产价格形式的利润 s_{p1}、第二部类生产价格形式的利润 s_{p2}、第三部类生产价格形式的利润 s_{p3} 都提高。

可见，按照这里的数例，第一部类生产价格形式的利润、第二部类生产价格形式的利润、第三部类生产价格形式的利润都是生产价格形式的总资本有机构成的单调递增函数。

五、生产价格形式的利润率、价值形式的平均利润率与生产价格形式的总资本有机构成的关系的数例

如果第一部类价值形式的资本有机构成的提高超过第二部类价值形式的资本有机构成的提高，第二部类价值形式的资本有机构成的提高超过第三部类价值形式的资本有机构成的提高，第三部类价值形式的资本有机构成的提高等于剩余价值率的提高，即满足（18－48）式与（18－50）式表示的关系，例如，第一部类价值形式的资本有机构成 $k_1=2.5$，2.7，2.9，…，5.5，第二部类价值形式的资本有机构成 $k_2=1.95$，2.09，2.23，…，4.05，第三部类价值形式的资本有机构成 $k_3=1.4$，1.48，1.56，…，2.6，剩余价值率 $e=0.7$，0.74，0.78，…，1.3，其余已知量采用第八章的数例中的数值，那么，生产价格形式的利润率 r、价值形式的平均利润率 r_v、剩余价值率对价值形式的总资本有机构成的一阶导数与价值形式的平均利润率之差 d，和生产价格形式的总资本有机构成 k_p 的关系，可以用表 18－24 表示。

表 18－24　　r、r_v、d 与 k_p 的关系

生产价格形式的总资本有机构成 k_p	生产价格形式的利润率 r	价值形式的平均利润率 r_v	$d=\mathrm{d}e/\mathrm{d}k-r_v$
1.957 081 12	0.236 719 92	0.251 700 14	—
2.119 172 19	0.237 242 43	0.254 001 40	0.048 381 26
2.284 000 38	0.237 515 20	0.255 992 87	0.043 430 56
2.451 296 34	0.237 591 88	0.257 721 68	0.039 086 70
2.620 821 70	0.237 515 15	0.259 226 88	0.035 258 21
2.792 365 46	0.237 318 90	0.260 540 98	0.031 869 91
2.965 740 67	0.237 030 12	0.261 691 15	0.028 859 61
3.140 781 48	0.236 670 30	0.262 700 18	0.026 175 53
3.317 340 48	0.236 256 56	0.263 587 28	0.023 774 28
3.495 286 43	0.235 802 55	0.264 368 69	0.021 619 33
3.674 502 25	0.235 319 17	0.265 058 20	0.019 679 73
3.854 883 21	0.234 815 12	0.265 667 55	0.017 929 14

续前表

生产价格形式的总资本有机构成 k_p	生产价格形式的利润率 r	价值形式的平均利润率 r_v	$d=\mathrm{d}e/\mathrm{d}k-r_v$
4.036 335 52	0.234 297 34	0.266 206 79	0.016 345 07
4.218 774 90	0.233 771 34	0.266 684 54	0.014 908 17
4.402 125 50	0.233 241 53	0.267 108 21	0.013 601 78
4.586 318 92	0.232 711 38	0.267 484 23	0.012 411 49

在表 18－24 中，生产价格形式的利润率 r、价值形式的平均利润率 r_v 与生产价格形式的总资本有机构成 k_p 的关系，可以用图 18－24 表示。

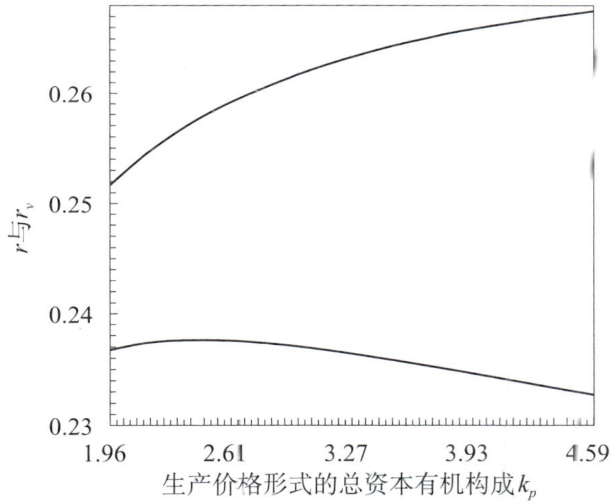

图 18－24　r、r_v 与 k_p 的关系

在图 18－24 中，由上至下两条曲线分别表示价值形式的平均利润率 r_v、生产价格形式的利润率 r 与生产价格形式的总资本有机构成 k_p 的关系。

由表 18－24 和图 18－24 可以看出，随着生产价格形式的总资本有机构成 k_p 提高，价值形式的平均利润率 r_v 提高，生产价格形式的利润率 r 先提高后降低。

由表 18－12、图 18－12、表 18－24、图 18－24 可以看出，同样是第一部类价值形式的资本有机构成 k_1、第二部类价值形式的资本有机构成 k_2、第三部类价值形式的资本有机构成 k_3、剩余价值率 e 共同提高，第一部类价值形式的资本有机构成的提高超过第二部类价值形式的资本有机构成的提高，第二部类价值形式的资本有机构成的提高超过第三部类价值形式的资本有机构成的提高，第三部类价值形式的资本有机构成的提高等于剩余价值率的提高，在表 18－12 与图 18－12 的数例中，生产价格形式的利润率是生产价格形式的总资本有机构成的单调递减函数，价值形式的平均利润率也是生产价格形式的总资本有机构成的单调递减函数，二者的变化方向一致；在表 18－24、图 18－24 的数例中，随着生产价格形式的总资本有机构成提高，价值形式的平均利润率转变为生产价格形式的总资本有机构成的单调递增函数，生产价格形式的利润率 r 转变为生产价格形式的总资本有机构成的先增后减函数。

这是由于剩余价值率对价值形式的总资本有机构成的一阶导数大于价值形式的平均利润率，不满足价值形式的平均利润率下降的充分必要条件，即不满足（18－53）式或第十三章（13－17）式。

令人特别感兴趣的是，当生产价格形式的总资本有机构成 $k_p>2.451\,296\,34$ 时，价值形式的平均利润率是生产价格形式的总资本有机构成的递增函数，而生产价格形式的利润率却是生产价格形式的总资本有机构成的递减函数，二者的变化方向相反。

这个数例证明，（18－53）式或第十三章（13－17）式，是价值形式的平均利润率下降的充分必要条件，而不是生产价格形式的平均利润率下降的充分必要条件。

在一定条件下和一定区域内，价值形式的平均利润率与生产价格形式的利润率的变化方向相反，说明生产价格形式的利润率的变化方向与价值形式的平均利润率的变化方向不完全一致。因此，在一元价值转形与二元价值转形中，价值形式的平均利润率有存在的独特意义。

第六节　本章结论

在资本有机构成与剩余价值率共同提高的按照列宁的部类划分的价值转形中，如果第一部类价值形式的资本有机构成、第二部类价值形式的资本有机构成、第三部类价值形式的资本有机构成、剩余价值率共同提高，第一部类价值形式的资本有机构成的提高超过第二部类价值形式的资本有机构成的提高，第二部类价值形式的资本有机构成的提高超过第三部类价值形式的资本有机构成的提高，第三部类价值形式的资本有机构成的提高等于剩余价值率的提高，那么，在大部分区间，价值形式的平均利润率下降，但是，在某些区间，价值形式的平均利润率上升。

价值形式的平均利润率是下降还是上升，取决于是否满足价值形式的平均利润率下降的充分必要条件。价值形式的平均利润率下降的充分必要条件，不能决定生产价格形式的平均利润率上升或下降。

在一定条件下和一定区域内，价值形式的平均利润率与生产价格形式的利润率的变化方向可以相反，当生产价格形式的利润率下降时，价值形式的平均利润率可以提高。这样，在价值转形中，不仅需要考察生产价格形式的利润率，而且需要考察价值形式的平均利润率。后者有其独特意义。

应当指出，即使存在价值形式的平均利润率与生产价格形式的利润率上升的情况，价值形式的平均利润率趋向下降的规律仍然成立。因为，在生产力不断提高，价值形式的总资本有机构成不断提高的过程中，只要价值形式的总资本有机构成超过一定的临界值，无论价值形式的平均利润率，还是生产价格形式的利润率都下降。因此，马克思的利润率趋于下降的规律是正确的。

第十九章　资本有机构成与剩余价值率共同提高的两部门二元价值转形的利润率

第一节　资本有机构成与剩余价值率共同提高的两部门二元价值转形中，利润率与两部类价值形式的资本有机构成、剩余价值率的关系

一、对两部门二元价值转形的进一步考察

这里，在第九章对两部门二元价值转形的考察的基础上，进一步考察第一部门价值形式的资本有机构成、第二部门价值形式的资本有机构成、剩余价值率共同提高的条件下利润率的变化规律。

第十章考察了两部门二元价值转形中价值形式的平均利润率与资本有机构成的关系，第十一章考察了两部门二元价值转形中生产价格形式的平均利润率与资本有机构成的关系。在每个数例中，第一部门价值形式的资本有机构成、第二部门价值形式的资本有机构成、剩余价值率这三个外生变量中只有一个外生变量变化。

这里考察资本有机构成与剩余价值率共同提高的两部门二元价值转形的利润率。在这里的数例中，这三个外生变量共同提高。

在这里的考察中，社会生产划分为两部门：工业生产部门和农业生产部门。

扩大再生产的两部门二元价值转形的数学分析过于复杂，扩大再生产有无限多种方式，相应地，扩大再生产的两部门二元价值转形也有无限多种方式，这就是说，对任何一种形式的扩大再生产的两部门二元价值转形的考察都是一种特例，不具有唯一性。

对简单再生产的两部门二元价值转形的考察具有唯一性。因此，这里

通过不同数例，用分析简单再生产条件下的两部门二元价值转形中资本有机构成、剩余价值率、利润率的变化的方式，分析扩大再生产的两部门二元价值转形中资本有机构成、剩余价值率、利润率的变化。利用各种不同变量的简单再生产条件下的两部门二元价值转形的多个数例，表示扩大再生产的两部门二元价值转形中的变量的变化。如何从一个数例转变为另一个数例，这里不作分析。

二、基本假设条件、符号规定、价值转形模型

这里的基本假设条件、符号规定，分别与第九章的基本假设条件、符号规定相同。同时规定：

k 表示价值形式的总资本有机构成。

k_p 表示生产价格形式的总资本有机构成。

s_p 表示两部门资本家缴纳地租之后得到的生产价格形式的总利润。

r_v 表示工人创造的全部剩余价值与价值形式的总资本的比率，简称价值形式的利润率。

r_{vt} 表示资本家得到的全部剩余价值与价值形式的总资本的比率，简称价值形式的平均利润率。

r 表示资本家得到的全部生产价格形式的利润与生产价格形式的总资本的比率，简称生产价格形式的利润率。

s_{v1} 表示第一部门资本家得到的剩余价值。

s_{v2} 表示第二部门资本家得到的剩余价值。

s_v 表示资本家得到的总剩余价值。

s_{p1} 表示第一部门资本家缴纳地租之后得到的生产价格形式的利润。

s_{p2} 表示第二部门资本家缴纳地租之后得到的生产价格形式的利润。

s_p 表示两部门资本家缴纳地租之后得到的生产价格形式的总利润。

y_{p1} 表示第一部门生产价格形式的地租。

y_{p2} 表示第二部门生产价格形式的地租。

y_p 表示生产价格形式的总地租。

必须指出，这里的价值形式的利润率 r_v，相当于一元价值转形中的价值形式的平均利润率 r_v。在一元价值转形中，没有地租，全部剩余价值都属于资本家，因此，价值形式的利润率就是价值形式的平均利润率。

三、两部门二元价值转形中的消费结构

生产过程中耗费生产资料是生产消费。工人、资本家、土地所有者消

费生活资料是生活消费。

(一) 生产消费结构

第一部门使用的第一部门生产的生产资料中凝结的物化劳动占第一部门使用的生产资料中凝结的物化劳动的比例 f_1，也就是，第一部门不变资本中用于交换第一部门产品的比例，反映第一部门的生产消费结构。

第二部门使用的第一部门生产的生产资料中凝结的物化劳动占第二部门使用的生产资料中凝结的物化劳动的比例 f_2，也就是，第二部门不变资本中用于交换第一部门产品的比例，反映第二部门的生产消费结构。

在一般情况下，第一部门不变资本中用于交换第一部门产品的比例 f_1，高于第二部门不变资本中用于交换第一部门产品的比例 f_2，即

$$f_1 > f_2 \qquad (19-1)$$

(二) 生产消费结构决定的各种比例的定义域

第一部门使用的第一部门生产的生产资料中凝结的物化劳动占第一部门使用的生产资料中凝结的物化劳动的比例 f_1 的定义域为

$$0 < f_1 < 1 \qquad (19-2)$$

(19－2) 式表示，第一部门使用的第一部门生产的生产资料中凝结的物化劳动占第一部门使用的生产资料中凝结的物化劳动的比例 f_1，也就是，第一部门不变资本中用于交换第一部门产品的比例，既有下界又有上界。

第二部门使用的第一部门生产的生产资料中凝结的物化劳动占第二部门使用的生产资料中凝结的物化劳动的比例 f_2 的定义域为

$$0 < f_2 < 1 \qquad (19-3)$$

(19－3) 式表示，第二部门使用的第一部门生产的生产资料中凝结的物化劳动占第二部门使用的生产资料中凝结的物化劳动的比例 f_2，也就是，第二部门不变资本中用于交换第一部门产品的比例，既有下界又有上界。

(三) 生活消费结构

各部门耗费的必要劳动中相当于第一部门提供的生活资料中凝结的劳动的那部分必要劳动的比例 h，也就是，各部门的可变资本中用于交换第一部门生产的生活资料的价值的比例，反映工人的生活消费结构。

各部门耗费的剩余劳动中相当于第一部门提供的生活资料中凝结的劳动的那部分必要劳动的比例 b，也就是，各部门的剩余价值中用于交换第一部门生产的生活资料的价值的比例，反映资本家和土地所有者的生活消费结构。

在一般情况下，资本家和土地所有者消费第一部门生产的生活资料的比例 b，比工人消费第一部门生产的生活资料的比例 h 高，即

$$b > h \tag{19-4}$$

（四）生活消费结构决定的各种比例的定义域

各部门耗费的剩余劳动中相当于第一部门提供的生活资料中凝结的劳动的那部分必要劳动的比例 b 的定义域为

$$0 < b < 1 \tag{19-5}$$

（19－5）式表示，各部门耗费的剩余劳动中相当于第一部门提供的生活资料中凝结的劳动的那部分必要劳动的比例 b，也就是，剩余价值中用于交换第一部门生产的生活资料的价值的比例，既有下界又有上界。

各部门耗费的必要劳动中相当于第一部门提供的生活资料中凝结的劳动的那部分必要劳动的比例 h 的定义域为

$$0 < h < 1 \tag{19-6}$$

（19－6）式表示，各部门耗费的必要劳动中相当于第一部门提供的生活资料中凝结的劳动的那部分必要劳动的比例 h，也就是，可变资本中用于交换第一部门生产的生活资料的价值的比例，既有下界又有上界。

四、两部门二元价值转形中消费结构的变化

（一）第一部门不变资本中用于交换第一部门产品的比例的提高、第二部门不变资本中用于交换第一部门产品的比例的提高的关系

生产过程中耗费生产资料是生产消费。工人、资本家、土地所有者消费生活资料是生活消费。

从资本主义生产发展的历史来看，无论是工业生产部门，还是农业生产部门，使用农业生产部门生产的产品作为原材料或生产资料的比例越来越低，使用工业生产部门生产的产品作为生产资料的比例越来越高。无论是工人的生活资料，还是资本家和土地所有者的生活资料，使用农业生产部门生产的生活资料的比例越来越低，使用工业部门生产的生活资料的比例越来越高。

无论是第一部门，还是第二部门，生产力提高的必要条件是资本有机构成的提高。随着生产力提高，生产资料中工业产品占的比例越来越高，农业产品占的比例越来越低。因此，生产过程中，第一部门使用的第一部门生产的生产资料中凝结的物化劳动占第一部门使用的生产资料中凝结的物化劳动的比例 f_1 不断提高，也就是，流通过程中，第一部门不变资本中用于交换第一部门产品的比例 f_1 不断提高，即

$$\frac{\mathrm{d}f_1}{\mathrm{d}t} > 0 \tag{19-7}$$

生产过程中，第二部门使用的第一部门生产的生产资料中凝结的物化劳动占第二部门使用的生产资料中凝结的物化劳动的比例 f_2 不断提高，也就是，流通过程中，第二部门不变资本中用于交换第一部门产品的比例 f_2 不断提高，即

$$\frac{\mathrm{d}f_2}{\mathrm{d}t} > 0 \tag{19-8}$$

生产力提高，从而资本有机构成提高，从而生产资料中工业产品的比例越来越高，生产资料中农业产品的比例越来越低。

在第一部门使用的第一部门生产的生产资料中凝结的物化劳动占第一部门使用的生产资料中凝结的物化劳动的比例 f_1、第二部门使用的第一部门生产的生产资料中凝结的物化劳动占第二部门使用的生产资料中凝结的物化劳动的比例 f_2 比较低的条件下，第一部门使用的第一部门生产的生产资料中凝结的物化劳动占第一部门使用的生产资料中凝结的物化劳动的比例 f_1 的提高超过第二部门使用的第一部门生产的生产资料中凝结的物化劳动占第二部门使用的生产资料中凝结的物化劳动的比例 f_2 的提高，即

$$\frac{\mathrm{d}f_1}{\mathrm{d}t} > \frac{\mathrm{d}f_2}{\mathrm{d}t} > 0 \tag{19-9}$$

值得注意的是，(19－9) 式表示的第一部门不变资本中用于交换第一部门产品的比例的提高超过第二部门不变资本中用于交换第一部门产品的比例的提高的关系，仅仅在第一部门使用的第一部门生产的生产资料中凝结的物化劳动占第一部门使用的生产资料中凝结的物化劳动的比例 f_1、第二部门使用的第一部门生产的生产资料中凝结的物化劳动占第二部门使用的生产资料中凝结的物化劳动的比例 f_2 比较低的条件下成立，在 f_1、f_2 比较高的条件下不成立，也就是在 f_1、f_2 接近上界的条件下不成立。

因为 f_1 与 f_2 都有上界，所以，在第一部门使用的第一部门生产的生产资料中凝结的物化劳动占第一部门使用的生产资料中凝结的物化劳动的比例 f_1 逐渐接近上界的过程中，f_1 的提高 $\mathrm{d}f_1$ 逐渐接近 0，从而 f_1 对时间 t 的一阶导数接近 0，即

$$\lim_{f_1 \to 1} \frac{\mathrm{d}f_1}{\mathrm{d}t} = 0 \tag{19-10}$$

在第二部门使用的第一部门生产的生产资料中凝结的物化劳动占第二部门使用的生产资料中凝结的物化劳动的比例 f_2 逐渐接近上界的过程中，f_2

的提高 $\mathrm{d}f_2$ 逐渐接近 0，从而 f_2 对时间 t 的一阶导数接近 0，即

$$\lim_{f_2 \to 1} \frac{\mathrm{d}f_2}{\mathrm{d}t} = 0 \tag{19-11}$$

(19－10) 式、(19－11) 式可以看出，(19－9) 式表示的关系，在 f_1、f_2 接近上界的条件下不成立。

(二) 剩余价值中用于交换第一部门生产的生活资料的价值的比例的提高、可变资本中用于交换第一部门生产的生活资料的价值的比例的提高的关系

工人的生活资料中，工业产品占的比例越来越高，农业产品占的比例越来越低。因此，生产过程中，各部门耗费的必要劳动中相当于第一部门提供的生活资料中凝结的劳动的那部分必要劳动的比例 h 不断提高，也就是，流通过程中，各部门的可变资本中用于交换第一部门生产的生活资料的价值的比例 h 不断提高，即

$$\frac{\mathrm{d}h}{\mathrm{d}t} > 0 \tag{19-12}$$

资本家和土地所有者的生活资料中，工业产品占的比例越来越高，农业产品占的比例越来越低。因此，生产过程中，各部门耗费的剩余劳动中相当于第一部门提供的生活资料中凝结的劳动的那部分剩余劳动的比例 b 不断提高，也就是，流通过程中，资本家和土地所有者得到的剩余价值中用于交换第一部门生产的生活资料的价值的比例 b 不断提高，即

$$\frac{\mathrm{d}b}{\mathrm{d}t} > 0 \tag{19-13}$$

生产部门的划分方式与生产部类的划分方式不同。奢侈品生产属于第二部类，但是，因为大部分奢侈品是工业产品，所以，奢侈品生产属于第一部门。

农业产品是最基本的生活资料。工人得到的生活资料中由农业产品构成的生活资料占的比例比较高，资本家和土地所有者占有的生活资料中由农业产品构成的生活资料占的比例比较低。

剩余价值率提高，表示资本家和土地所有者占有的生活资料的增长高于工人得到的生活资料的增长。资本家和土地所有者增长的生活资料中由工业产品构成的比例比较高，工人增长的生活资料中由工业产品构成的比例比较低，因此，在剩余价值中用于交换第一部门生产的生活资料的价值的比例 b、可变资本中用于交换第一部门生产的生活资料的价值的比例 h 比较低的条件下，剩余劳动中相当于第一部门提供的生活资料中凝结的劳动的那部分剩余劳动的比例 b 的提高超过必要劳动中相当于第一部门提供

的生活资料中凝结的劳动的那部分必要劳动的比例 h 的提高，即

$$\frac{\mathrm{d}b}{\mathrm{d}t} > \frac{\mathrm{d}h}{\mathrm{d}t} > 0 \tag{19-14}$$

值得注意的是，(19－14) 式表示的剩余价值中用于交换第一部门生产的生活资料的价值的比例的提高超过可变资本中用于交换第一部门生产的生活资料的价值的比例的提高的关系，仅仅在剩余价值中用于交换第一部门生产的生活资料的价值的比例 b、可变资本中用于交换第一部门生产的生活资料的价值的比例 h 比较低的条件下成立，在 b、h 比较高的条件下不成立，也就是在 b、h 接近上界的条件下不成立。

因为 b 与 h 都有上界，所以，在剩余价值中用于交换第一部门生产的生活资料的价值的比例 b 逐渐接近上界的过程中，b 的提高 $\mathrm{d}b$ 逐渐接近 0，从而 b 对时间 t 的一阶导数接近 0，即

$$\lim_{b\to 1}\frac{\mathrm{d}b}{\mathrm{d}t} = 0 \tag{19-15}$$

在可变资本中用于交换第一部门生产的生活资料的价值的比例 h 逐渐接近上界的过程中，h 的提高逐渐接近 0，从而 h 对时间 t 的一阶导数接近 0，即

$$\lim_{h\to 1}\frac{\mathrm{d}h}{\mathrm{d}t} = 0 \tag{19-16}$$

(19－15) 式、(19－16) 式可以看出，(19－14) 式表示的关系，在 b、h 接近上界的条件下不成立。

(三) 第一部门不变资本中用于交换第一部门产品的比例的提高、第二部门不变资本中用于交换第一部门产品的比例的提高、剩余价值中用于交换第一部门生产的生活资料的价值的比例的提高、可变资本中用于交换第一部门生产的生活资料的价值的比例的提高的关系

农业部门提供的农产品，是最基本的生活资料，特别对于工人来说，更是如此，因为与资本家、土地所有者的消费结构相比，工人消费的生活资料中，农产品的价值占的比例更高。

在长期的资本主义生产发展的历史过程中，工人的实际工资缓慢地增长。一方面，工人的实际工资增长，另一方面，工人的实际工资增长非常缓慢。工人的工资增长慢于剩余价值的增长。这种历史事实，表现为剩余价值率提高。

生活资料生产增长的前提，是生产资料生产的增长。既然资本家和土地所有者的生活资料是第二部门的产品的一部分，那么，在大多数情况下，剩余价值中用于交换第一部门生产的生活资料的价值的比例 b 的提高

不超过第二部门使用的第一部门生产的生产资料中凝结的物化劳动占第二部门使用的生产资料中凝结的物化劳动的比例 f_2 的提高，也就是，不超过第二部门不变资本中用于交换第一部门产品的比例的提高。

当然，这种关系不是绝对的规律，即使在 b、f_2 比较小的条件下，上述关系也不一定完全成立，因为第二部门使用的第一部门生产的生产资料中凝结的物化劳动占第二部门使用的生产资料中凝结的物化劳动的比例 f_2 的提高反映的是生产过程中的第二部门生产力的提高，而剩余价值中用于交换第一部门生产的生活资料的价值的比例 b 的提高反映生产过程之外的资本家和土地所有者的生活消费结构的变化。

这就是说，剩余价值中用于交换第一部门生产的生活资料的价值的比例 b 对时间的一阶导数，有可能大于或等于第二部门使用的第一部门生产的生产资料中凝结的物化劳动占第二部门使用的生产资料中凝结的物化劳动的比例 f_2 对时间的一阶导数，即

$$\frac{\mathrm{d}b}{\mathrm{d}t} > \frac{\mathrm{d}f_2}{\mathrm{d}t} \geqslant 0 \tag{19-17}$$

剩余价值中用于交换第一部门生产的生活资料的价值的比例 b 对时间的一阶导数，也有可能小于或等于第二部门使用的第一部门生产的生产资料中凝结的物化劳动占第二部门使用的生产资料中凝结的物化劳动的比例 f_2 对时间的一阶导数，即

$$\frac{\mathrm{d}f_2}{\mathrm{d}t} > \frac{\mathrm{d}b}{\mathrm{d}t} \geqslant 0 \tag{19-18}$$

五、两部门二元价值转形中的资本有机构成、剩余价值率

（一）第一部门价值形式的资本有机构成与第二部门价值形式的资本有机构成的定义域

第一部门价值形式的资本有机构成 k_1 的定义域为

$$k_1 > 0 \tag{19-19}$$

（19－19）式表示，第一部门价值形式的资本有机构成 k_1 有下界，没有上界。

第一部门价值形式的资本有机构成 k_1 反映第一部门的资本技术构成，从而反映第一部门的生产力。

第二部门价值形式的资本有机构成 k_2 的定义域为

$$k_2 > 0 \tag{19-20}$$

第二部门价值形式的资本有机构成 k_2 反映第二部门的资本技术构成，

从而反映第二部门的生产力。

（二）第一部门价值形式的资本有机构成与第二部门价值形式的资本有机构成的关系

第一部门生产工业产品，第二部门生产农业产品。随着资本主义生产的发展，生产规模不断扩大，生产力不断提高，资本有机构成不断提高。资本有机构成提高，要求第一部门生产力的提高超过第二部门生产力的提高，从而第一部门资本有机构成的提高超过第二部门资本有机构成的提高。

因此，经过一定时期，第一部门价值形式的资本有机构成 k_1 总会高于第二部门价值形式的资本有机构成 k_2，即

$$k_1 > k_2 > 0 \tag{19-21}$$

价值形式的总资本有机构成 k 介于第一部门价值形式的资本有机构成 k_1、第二部门价值形式的资本有机构成 k_2 之间，即

$$k_1 > k > k_2 > 0 \tag{19-22}$$

（19-22）式表示，价值形式的总资本有机构成 k 的上界为第一部门价值形式的资本有机构成 k_1，价值形式的总资本有机构成 k 的下界为第二部门价值形式的资本有机构成 k_2，第二部门价值形式的资本有机构成 k_2 的上界为价值形式的总资本有机构成 k，第二部门价值形式的资本有机构成 k_2 的下界为 0。

两部门二元价值转形中的价值形式的总资本有机构成，与两部门一元价值转形中的价值形式的总资本有机构成不同。

在两部门一元价值转形中，价值形式的总资本有机构成 k 不仅与第一部门价值形式的资本有机构成 k_1、第二部门价值形式的资本有机构成 k_2 有关，而且与剩余价值率 e 有关。

在两部门二元价值转形中，价值形式的总资本有机构成 k 不仅与第一部门价值形式的资本有机构成 k_1、第二部门价值形式的资本有机构成 k_2、剩余价值率 e 有关，而且与第一部门使用的第一部门生产的生产资料中凝结的物化劳动占第一部门使用的生产资料中凝结的物化劳动的比例 f_1、第二部门使用的第一部门生产的生产资料中凝结的物化劳动占第二部门使用的生产资料中凝结的物化劳动的比例 f_2、各部门耗费的必要劳动中相当于第一部门提供的生活资料中凝结的劳动的那部分必要劳动的比例 h 有关，也就是，与第一部门不变资本中用于交换第一部门产品的比例 f_1、第二部门不变资本中用于交换第一部门产品的比例 f_2、各部门的可变资本中用于交换第一部门生产的生活资料的价值的比例 h 有关。

这就是说，价值形式的总资本有机构成不仅与第一部门的生产力、第二部门的生产力有关，而且与第一部门的生产消费结构、第二部门的生产消费结构、工人的生活消费结构有关。因此，虽然价值形式的总资本有机构成在一定程度上反映社会生产力，但是，不如第一部门价值形式的资本有机构成和第二部门价值形式的资本有机构成反映生产力准确。

在两部门一元价值转形中，第一部门价值形式的资本有机构成 k_1、第二部门价值形式的资本有机构成 k_2、价值形式的总资本有机构成 k 都是外生变量。

（三）生产价格形式的资本有机构成

在两部门二元价值转形中，生产中使用和耗费的生产资料要从市场上以二元价值转形的生产价格购买，工人的生活资料也要从市场上以二元价值转形的生产价格购买。两部门二元价值转形中的生产价格形式的资本有机构成与剩余价值分配有关，也就是与二元价值转形有关。

因为，第一部门价值形式的资本有机构成 k_1 高于第二部门价值形式的资本有机构成 k_2，所以，第一部门生产价格形式的资本有机构成 k_{p1} 高于第二部门生产价格形式的资本有机构成 k_{p2}，即

$$k_{p1} > k_{p2} > 0 \tag{19-23}$$

生产价格形式的总资本有机构成 k_p 介于第一部门生产价格形式的资本有机构成 k_{p1}、第二部门生产价格形式的资本有机构成 k_{p2} 之间，即

$$k_{p1} > k_p > k_{p2} > 0 \tag{19-24}$$

（19－24）式表示，第一部门生产价格形式的资本有机构成 k_{p1} 没有上界，第一部门生产价格形式的资本有机构成 k_{p1} 的下界为生产价格形式的总资本有机构成 k_p；生产价格形式的总资本有机构成 k_p 的上界为第一部门生产价格形式的资本有机构成 k_{p1}，生产价格形式的总资本有机构成 k_p 的下界为第二部门生产价格形式的资本有机构成 k_{p2}；第二部门生产价格形式的资本有机构成 k_{p2} 的上界为生产价格形式的总资本有机构成 k_p，第二部门生产价格形式的资本有机构成 k_{p2} 的下界为 0。

在两部门二元价值转形中，生产价格形式的资本有机构成 k_p 不仅与第一部门价值形式的资本有机构成 k_1、第二部门价值形式的资本有机构成 k_2、剩余价值率 e 有关，而且与第一部门不变资本中用于交换第一部门产品的比例 f_1、第二部门不变资本中用于交换第一部门产品的比例 f_2、各部门的可变资本中用于交换第一部门生产的生活资料的价值的比例 h 有关。

在两部门二元价值转形中，生产价格形式的总资本有机构成 k_p 与第

一部门生产价格形式的资本有机构成 k_{p1}、第二部门生产价格形式的资本有机构成 k_{p2} 有关。

价值形式的总资本有机构成与剩余价值分配无关，也就是与二元价值转形无关，而生产价格形式的总资本有机构成与剩余价值分配有关，也就是与二元价值转形有关，因此，价值形式的总资本有机构成反映社会生产力，比生产价格形式的总资本有机构成反映社会生产力更准确。

在两部门二元价值转形中，第一部门生产价格形式的资本有机构成 k_{p1}、第二部门生产价格形式的资本有机构成 k_{p2}、生产价格形式的总资本有机构成 k_p 都是内生变量。

（四）剩余价值率

在两部门二元价值转形中，剩余价值率为剩余价值与可变资本之比。剩余价值分为两部分：用于交换第一部门产品的部分与用于交换第二部门产品的部分。可变资本分为两部分：用于交换第一部门产品的部分与用于交换第二部门产品的部分。

剩余价值率 e 的定义域为

$$e > 0 \tag{19-25}$$

（19－25）式表示，剩余价值率 e 有下界，没有上界。

两部门二元价值转形中的剩余价值率 e 是外生变量。

六、两部门二元价值转形中资本有机构成、剩余价值率的变化

实现生产规模扩大的主要途径是提高生产力。生产力的提高或资本技术构成的提高，表现为资本有机构成的提高。

既然利润率趋向下降的原因是资本有机构成提高，那么，再生产过程就是内涵扩大再生产，也就是，以提高资本有机构成和提高生产力的方式扩大生产规模。

因此，工业部门的生产规模提高比农业部门的生产规模提高更快，工业部门的生产力提高比农业部门的生产力提高更快，也就是说，第一部门资本有机构成提高比第二部门资本有机构成提高更快，即

$$\frac{\mathrm{d}k_1}{\mathrm{d}t} > \frac{\mathrm{d}k_2}{\mathrm{d}t} > 0 \tag{19-26}$$

考虑资本有机机构提高对利润率的影响，必须同时考虑剩余价值率的提高。剩余价值率提高的必要条件，是生活资料生产部门的生产力提高。

在两部门二元价值转形中，生活资料分别由工业生产部门和农业生产

部门生产。不如两部类一元价值转形中，生活资料由第二部类生产那样简单，那样明确，那样单纯。

剩余价值率的提高，取决于工人的生活资料价值的下降。工人的生活资料价值的下降，很大程度上取决于农业部门的生产力的提高，从而取决于第二部门资本有机构成的提高。因此，在一般情况下，剩余价值率的提高不超过农业部门的生产力的提高，也就是，剩余价值率的提高不超过农业部门的资本有机构成的提高，即

$$\frac{\mathrm{d}k_2}{\mathrm{d}t} \geqslant \frac{\mathrm{d}e}{\mathrm{d}t} > 0 \tag{19-27}$$

这样，引起利润率的变化的原因，是第一部门价值形式的资本有机构成、第二部门价值形式的资本有机构成、剩余价值率共同提高。

在两部门二元价值转形中，第一部门价值形式的资本有机构成的提高超过第二部门价值形式的资本有机构成的提高，第二部门价值形式的资本有机构成的提高不低于剩余价值率的提高。

如果第二部门价值形式的资本有机构成的提高超过剩余价值率的提高，那么，这种增长的比例关系可以表示为

$$\frac{\mathrm{d}k_1}{\mathrm{d}t} > \frac{\mathrm{d}k_2}{\mathrm{d}t} > \frac{\mathrm{d}e}{\mathrm{d}t} > 0 \tag{19-28}$$

如果第二部门价值形式的资本有机构成的提高接近或等于剩余价值率的提高，那么，这种增长的比例关系可以表示为

$$\frac{\mathrm{d}k_1}{\mathrm{d}t} > \frac{\mathrm{d}k_2}{\mathrm{d}t} \cong \frac{\mathrm{d}e}{\mathrm{d}t} > 0 \tag{19-29}$$

值得指出的是，(19－27) 式、(19－28) 式、(19－29) 式表示的第二部门价值形式的资本有机构成 k_2 的提高与剩余价值率 e 的提高的关系，只是一个近似关系，而不是价值形式的利润率 r_v 下降的严格的必要条件。

因为，价值形式的总资本有机构成 k 介于第一部门价值形式的资本有机构成 k_1、第二部门价值形式的资本有机构成 k_2 之间，所以，即使剩余价值率 e 的提高大于第二部门价值形式的资本有机构成 k_2 的提高，而小于价值形式的总资本有机构成 k 的提高，那么，价值形式的利润率 r_v 仍然可能下降。

七、资本有机构成、剩余价值率的变化与消费结构的变化趋势的关系

(19－26) 式或 (19－27) 式，表示第一部门资本有机构成提高比第二部门资本有机构成提高更快，从而第一部门生产力提高比第二部门生产力提高更快，从而第一部门生产规模扩大比第二部门生产规模扩大更快。

这要求全社会对第一部门产品的消费和需求的增长比第二部门产品的消费和需求的增长更快。

（19－7）式、（19－8）式、（19－12）式、（19－13）式表示，第一部门使用的第一部门生产的生产资料中凝结的物化劳动占第一部门使用的生产资料中凝结的物化劳动的比例 f_1、第二部门使用的第一部门生产的生产资料中凝结的物化劳动占第二部门使用的生产资料中凝结的物化劳动的比例 f_2、剩余价值中用于交换第一部门生产的生活资料的价值的比例 b、可变资本中用于交换第一部门生产的生活资料的价值的比例 h 都提高。这要求第一部门产品的生产和供给的增长比第二部门产品的生产和供给的增长更快。

显然，（19－26）式或（19－27）式表示的增长比例关系，与（19－7）式、（19－8）式、（19－12）式、（19－13）式表示的增长比例关系，互为因果关系。

因为，第一部门价值形式的资本有机构成 k_1、第二部门价值形式的资本有机构成 k_2、剩余价值率 e、价值形式的总资本有机构成 k 都没有上界，所以，从数学的角度来看，价值形式的总资本有机构成 k 的提高率没有上界，剩余价值率 e 的提高率也没有上界。但是，从政治经济学的角度来看，剩余价值率 e 的提高率一般不超过第二部门价值形式的资本有机构成 k_2 的提高率，第二部门价值形式的资本有机构成 k_2 的提高率低于第一部门价值形式的资本有机构成 k_1 的提高率，从而剩余价值率 e 的提高率低于价值形式的总资本有机构成 k 的提高率。

因为，第一部门使用的第一部门生产的生产资料中凝结的物化劳动占第一部门使用的生产资料中凝结的物化劳动的比例 f_1、第二部门使用的第一部门生产的生产资料中凝结的物化劳动占第二部门使用的生产资料中凝结的物化劳动的比例 f_2、剩余价值中用于交换第一部门生产的生活资料的价值的比例 b、可变资本中用于交换第一部门生产的生活资料的价值的比例 h 都有上界，所以，随着 f_1、f_2、b、h 不断提高，超过一定限度之后，f_1、f_2、b、h 的提高率必然不断下降。

在某个特定数例的条件下，无法将第一部门价值形式的资本有机构成 k_1 的提高率 $\frac{dk_1}{dt}$、第二部门价值形式的资本有机构成 k_2 的提高率 $\frac{dk_2}{dt}$、剩余价值率 e 的提高率 $\frac{de}{dt}$、价值形式的总资本有机构成 k 的提高率 $\frac{dk}{dt}$，与第一部门使用的第一部门生产的生产资料中凝结的物化劳动占第一部门使用的生产资料中凝结的物化劳动的比例 f_1 的提高率 $\frac{df_1}{dt}$、第二部门使用的第一部门生产的生产资料中凝结的物化劳动占第二部门使用的生产资料中凝结的物化劳动的比例 f_2 的提高率 $\frac{df_2}{dt}$、剩余价值中用于交换第一部门生产的生活资料的价值的比例 b 的提高率 $\frac{db}{dt}$、可变资本中用于交换第一部门生产的生活资料的价值的比例 h 的提高率 $\frac{dh}{dt}$，直接进行对比。

因为，第一部门使用的第一部门生产的生产资料中凝结的物化劳动占第一部门使用的生产资料中凝结的物化劳动的比例 f_1 的提高率 $\frac{df_1}{dt}$、第二部门使用的第一部门生产的生产资料中凝结的物化劳动占第二部门使用的生产资料中凝结的物化劳动的比例 f_2 的提高率 $\frac{df_2}{dt}$、剩余价值中用于交换第一部门生产的生活资料的价值的比例 b 的提高率 $\frac{db}{dt}$、可变资本中用于交换第一部门生产的生活资料的价值的比例 h 的提高率 $\frac{dh}{dt}$，都是有上界的，所以，从长期发展的观点来看，第一部门价值形式的资本有机构成 k_1 的提高率 $\frac{dk_1}{dt}$、第二部门价值形式的资本有机构成 k_2 的提高率 $\frac{dk_2}{dt}$、剩余价值率 e 的提高率 $\frac{de}{dt}$、价值形式的总资本有机构成 k 的提高率 $\frac{dk}{dt}$，迟早会超过第一部门使用的第一部门生产的生产资料中凝结的物化劳动占第一部门使用的生产资料中凝结的物化劳动的比例 f_1 的提高率 $\frac{df_1}{dt}$、第二部门使用的第一部门生产的生产资料中凝结的物化劳动占第二部门使用的生产资料中凝结的物化劳动的比例 f_2 的提高率 $\frac{df_2}{dt}$、剩余价值中用于交换第一部门生产的生活资料的价值的比例 b 的提高率 $\frac{db}{dt}$、可变资本中用于交换第一部门生产的生活资料的价值的比例 h 的提高率 $\frac{dh}{dt}$。

第二节　资本的不同组成部分与剩余价值的相对变化率

一、交换第二部门产品的部分不变的条件下，第一部门的不变资本、第二部门的不变资本、第一部门的可变资本、第一部门的剩余价值的相对变化率

由第九章（9－1）式，第一部门的不变资本 c_1 可以表示为

$$c_1 = c_{11} + c_{12} \tag{19-30}$$

由第九章（9－2）式，第二部门的不变资本 c_2 可以表示为

$$c_2 = c_{21} + c_{22} \tag{19-31}$$

由第九章（9－5）式，第一部门的可变资本 v_1 可以表示为

$$v_1 = v_{11} + v_{12} \tag{19-32}$$

由第九章（9－11）式，第一部门的剩余价值 s_1 可以表示为

$$s_1 = s_{11} + s_{12} \tag{19-33}$$

假设，第一部门的不变资本 c_1 中交换第二部门产品的部分 c_{12} 不变，第一部门的不变资本 c_1 中交换第一部门产品的部分 c_{11} 变化；第二部门的不变资本 c_2 中交换第二部门产品的部分 c_{22} 不变，第二部门的不变资本 c_2 中交换第一部门产品的部分 c_{21} 变化。由于第一部门的不变资本 c_1 比第二部门的不变资本 c_2 增长更快，因此，第一部门的不变资本 c_1 与第二部门的不变资本 c_2 之比增长，即

$$\begin{aligned}\frac{\mathrm{d}}{\mathrm{d}t}\left(\frac{c_1}{c_2}\right) &= \frac{\mathrm{d}}{\mathrm{d}t}\left(\frac{c_{11}+c_{12}}{c_{21}+c_{22}}\right)\\ &= \frac{(c_{21}+c_{22})\dfrac{\mathrm{d}(c_{11}+c_{12})}{\mathrm{d}t} - (c_{11}+c_{12})\dfrac{\mathrm{d}(c_{21}+c_{22})}{\mathrm{d}t}}{(c_{21}+c_{22})^2}\\ &= \frac{(c_{21}+c_{22})\dfrac{\mathrm{d}c_{11}}{\mathrm{d}t} - (c_{11}+c_{12})\dfrac{\mathrm{d}c_{21}}{\mathrm{d}t}}{(c_{21}+c_{22})^2} > 0\end{aligned} \tag{19-34}$$

因为

$$(c_{21}+c_{22})^2 > 0 \tag{19-35}$$

所以

$$(c_{21}+c_{22})\frac{\mathrm{d}c_{11}}{\mathrm{d}t} > (c_{11}+c_{12})\frac{\mathrm{d}c_{21}}{\mathrm{d}t} \tag{19-36}$$

即

$$\frac{\mathrm{d}c_{11}}{\mathrm{d}c_{21}} > \frac{c_{11}+c_{12}}{c_{21}+c_{22}} \tag{19-37}$$

或

$$\frac{\mathrm{d}c_{11}}{c_{11}+c_{12}} > \frac{\mathrm{d}c_{21}}{c_{21}+c_{22}} \tag{19-38}$$

（19－38）式表示第一部门的不变资本 c_1 的相对变化率高于第二部门的不变资本 c_2 的相对变化率。

假设，第二部门的不变资本 c_2 中交换第二部门产品的部分 c_{22} 不变，第二部门的不变资本 c_2 中交换第一部门产品的部分 c_{21} 变化；第一部门的剩余价值 s_1 中交换第二部门产品的部分 s_{12} 不变，第一部门的剩余价值 s_1 中交换第一部门产品的部分 s_{11} 变化。由于第二部门的不变资本 c_2 比第一部门的剩余价值 s_1 增长更快，因此，第二部门的不变资本 c_2 与第一部门的剩余价值 s_1 之比增长，即

$$\begin{aligned}\frac{\mathrm{d}}{\mathrm{d}t}\left(\frac{c_2}{s_1}\right) &= \frac{\mathrm{d}}{\mathrm{d}t}\left(\frac{c_{21}+c_{22}}{s_{11}+s_{12}}\right)\\ &= \frac{(s_{11}+s_{12})\dfrac{\mathrm{d}(c_{21}+c_{22})}{\mathrm{d}t}-(c_{21}+c_{22})\dfrac{\mathrm{d}(s_{11}-s_{12})}{\mathrm{d}t}}{(s_{11}+s_{12})^2}\\ &= \frac{(s_{11}+s_{12})\dfrac{\mathrm{d}c_{21}}{\mathrm{d}t}-(c_{21}+c_{22})\dfrac{\mathrm{d}s_{11}}{\mathrm{d}t}}{(s_{11}+s_{12})^2} > 0\end{aligned} \tag{19-39}$$

因为

$$(s_{11}+s_{12})^2 > 0 \tag{19-40}$$

所以

$$(s_{11}+s_{12})\frac{\mathrm{d}c_{21}}{\mathrm{d}t} > (c_{21}+c_{22})\frac{\mathrm{d}s_{11}}{\mathrm{d}t} \tag{19-41}$$

即

$$\frac{\mathrm{d}c_{21}}{\mathrm{d}s_{11}} > \frac{c_{21}+c_{22}}{s_{11}+s_{12}} \tag{19-42}$$

或

$$\frac{\mathrm{d}c_{21}}{c_{21}+c_{22}} > \frac{\mathrm{d}s_{11}}{s_{11}+s_{12}} \tag{19-43}$$

（19－43）式表示第二部门的不变资本 c_2 的相对变化率高于第一部门的剩余价值 s_1 的相对变化率。

假设，第一部门的剩余价值 s_1 中交换第二部门产品的部分 s_{12} 不变，

第一部门的剩余价值 s_1 中交换第一部门产品的部分 s_{11} 变化；第一部门的可变资本 v_1 中交换第二部门产品的部分 v_{12} 不变，第一部门的可变资本 v_1 中交换第一部门产品的部分 v_{11} 变化。由于第一部门的剩余价值 s_1 比第一部门的可变资本 v_1 增长更快，因此，第一部门的剩余价值 s_1 与第一部门的可变资本 v_1 之比增长，即

$$\begin{aligned}\frac{\mathrm{d}}{\mathrm{d}t}\left(\frac{s_1}{v_1}\right) &= \frac{\mathrm{d}}{\mathrm{d}t}\left(\frac{s_{11}+s_{12}}{v_{11}+v_{12}}\right)\\ &= \frac{(v_{11}+v_{12})\frac{\mathrm{d}(s_{11}+s_{12})}{\mathrm{d}t}-(s_{11}+s_{12})\frac{\mathrm{d}(v_{11}+v_{12})}{\mathrm{d}t}}{(v_{11}+v_{12})^2}\\ &= \frac{(v_{11}+v_{12})\frac{\mathrm{d}s_{11}}{\mathrm{d}t}-(s_{11}+s_{12})\frac{\mathrm{d}v_{11}}{\mathrm{d}t}}{(v_{11}+v_{12})^2}>0 \qquad (19-44)\end{aligned}$$

因为

$$(v_{11}+v_{12})^2>0 \qquad (19-45)$$

所以

$$(v_{11}+v_{12})\frac{\mathrm{d}s_{11}}{\mathrm{d}t}>(s_{11}+s_{12})\frac{\mathrm{d}v_{11}}{\mathrm{d}t} \qquad (19-46)$$

即

$$\frac{\mathrm{d}s_{11}}{\mathrm{d}v_{11}}>\frac{s_{11}+s_{12}}{v_{11}+v_{12}} \qquad (19-47)$$

或

$$\frac{\mathrm{d}s_{11}}{s_{11}+s_{12}}>\frac{\mathrm{d}v_{11}}{v_{11}+v_{12}} \qquad (19-48)$$

（19－48）式表示第一部门的剩余价值 s_1 的相对变化率高于第一部门的可变资本 v_1 的相对变化率。

由（19－38）式、（19－43）式、（19－48）式可以得到

$$\frac{\mathrm{d}c_{11}}{c_{11}+c_{12}}>\frac{\mathrm{d}c_{21}}{c_{21}+c_{22}}>\frac{\mathrm{d}s_{11}}{s_{11}+s_{12}}>\frac{\mathrm{d}v_{11}}{v_{11}+v_{12}} \qquad (19-49)$$

值得指出的是，（19－38）式、（19－43）式、（19－48）式、（19－49）式，是利润率下降的很多种条件中的一种比较简单和明确的条件。这种条件既不是价值形式的平均利润率下降的必要条件，也不是价值形式的平均利润率下降的充分条件，因为第一部门的不变资本 c_1 中交换第二部门产品的部分 c_{12} 不变，第二部门的不变资本 c_2 中交换第二部门产品的部分 c_{22} 不变，第一部门的可变资本 v_1 中交换第二部门产品的部分 v_{12} 不变，第一部门的剩余价值 s_1 中交换第二部门产品的部分 s_{12} 不变，既不是价值

形式的平均利润率下降的必要条件，也不是价值形式的平均利润率下降的充分条件。

二、第一部门不变资本中用于交换第一部门产品的比例、第二部门不变资本中用于交换第一部门产品的比例的相对变化率

第一部门不变资本中用于交换第一部门产品的比例，比第二部门不变资本中用于交换第一部门产品的比例提高快，即

$$\frac{\mathrm{d}}{\mathrm{d}t}\left(\frac{f_1}{f_2}\right)=\frac{f_2\frac{\mathrm{d}f_1}{\mathrm{d}t}-f_1\frac{\mathrm{d}f_2}{\mathrm{d}t}}{f_2^2}>0 \qquad (19-50)$$

由（19－50）式可以得到

$$f_2\frac{\mathrm{d}f_1}{\mathrm{d}t}>f_1\frac{\mathrm{d}f_2}{\mathrm{d}t}>0 \qquad (19-51)$$

即

$$\frac{\mathrm{d}f_1}{\mathrm{d}f_2}>\frac{f_1}{f_2}>0 \qquad (19-52)$$

或

$$\frac{\mathrm{d}f_1}{f_1}>\frac{\mathrm{d}f_2}{f_2}>0 \qquad (19-53)$$

其中，$\frac{\mathrm{d}f_1}{f_1}$ 为第一部门不变资本中用于交换第一部门产品的比例的相对变化率，$\frac{\mathrm{d}f_2}{f_2}$ 为第二部门不变资本中用于交换第一部门产品的比例的相对变化率。

因为 $f_1>f_2$，所以，（19－52）式或（19－53）式是比（19－9）式更严格的条件。

必须指出，因为 f_1 与 f_2 都有上界，所以，第一部门不变资本中用于交换第一部门产品的比例 f_1 比第二部门不变资本中用于交换第一部门产品的比例 f_2 提高快的关系，即（19－50）式表示的关系，或第一部门不变资本中用于交换第一部门产品的比例的相对变化率 $\frac{\mathrm{d}f_1}{f_1}$ 大于第二部门不变资本中用于交换第一部门产品的比例的相对变化率 $\frac{\mathrm{d}f_2}{f_2}$ 的关系，即（19－53）式表示的关系，仅仅在第一部门不变资本中用于交换第一部门产品的比例 f_1、第二部门不变资本中用于交换第一部门产品的比例 f_2 比较低的条件

下成立，在 f_1、f_2 比较高的条件下不成立，或在 f_1、f_2 接近上界的条件下不成立。

三、剩余价值中用于交换第一部门生产的生活资料的价值的比例、可变资本中用于交换第一部门生产的生活资料的价值的比例的相对变化率

剩余价值中用于交换第一部门生产的生活资料的价值的比例，比可变资本中用于交换第一部门生产的生活资料的价值的比例提高快，即

$$\frac{\mathrm{d}}{\mathrm{d}t}\left(\frac{b}{h}\right)=\frac{h\frac{\mathrm{d}b}{\mathrm{d}t}-b\frac{\mathrm{d}h}{\mathrm{d}t}}{h^2}>0 \tag{19-54}$$

由（19－54）式可以得到

$$h\frac{\mathrm{d}b}{\mathrm{d}t}>b\frac{\mathrm{d}h}{\mathrm{d}t}>0 \tag{19-55}$$

即

$$\frac{\mathrm{d}b}{\mathrm{d}h}>\frac{b}{h}>0 \tag{19-56}$$

或

$$\frac{\mathrm{d}b}{b}>\frac{\mathrm{d}h}{h}>0 \tag{19-57}$$

其中，$\frac{\mathrm{d}b}{b}$ 为剩余价值中用于交换第一部门生产的生活资料的价值的比例的相对变化率，$\frac{\mathrm{d}h}{h}$ 为可变资本中用于交换第一部门生产的生活资料的价值的比例的相对变化率。

因为 $b>h$，所以，（19－56）式或（19－57）式是比（19－14）式更严格的条件。

必须指出，因为 b 与 h 都有上界，所以，剩余价值中用于交换第一部门生产的生活资料的价值的比例 b 比可变资本中用于交换第一部门生产的生活资料的价值的比例 h 提高快的关系，即（19－54）式表示的关系，或剩余价值中用于交换第一部门生产的生活资料的价值的比例的相对变化率 $\frac{\mathrm{d}b}{b}$ 大于可变资本中用于交换第一部门生产的生活资料的价值的比例的相对变化率 $\frac{\mathrm{d}h}{h}$ 的关系，即（19－57）式表示的关系，仅仅在剩余价值中用于交换第一部门生产的生活资料的价值的比例 b、可变资本中用于交换第

一部门生产的生活资料的价值的比例 h 比较低的条件下成立。在 b、h 比较高的条件下不成立，或在 b、h 接近上界的条件下不成立。

四、第一部门价值形式的资本有机构成、第二部门价值形式的资本有机构成、剩余价值的相对变化率

（一）第一部门价值形式的资本有机构成的相对变化率与第二部门价值形式的资本有机构成的相对变化率的关系

第一部门价值形式的资本有机构成比第二部门价值形式的资本有机构成提高快，即

$$\frac{\mathrm{d}}{\mathrm{d}t}\left(\frac{k_1}{k_2}\right)=\frac{k_2\frac{\mathrm{d}k_1}{\mathrm{d}t}-k_1\frac{\mathrm{d}k_2}{\mathrm{d}t}}{k_2^2}>0 \tag{19-58}$$

由（19－58）式可以得到

$$k_2\frac{\mathrm{d}k_1}{\mathrm{d}t}>k_1\frac{\mathrm{d}k_2}{\mathrm{d}t}>0 \tag{19-59}$$

即

$$\frac{\mathrm{d}k_1}{\mathrm{d}k_2}>\frac{k_1}{k_2}>0 \tag{19-60}$$

或

$$\frac{\mathrm{d}k_1}{k_1}>\frac{\mathrm{d}k_2}{k_2}>0 \tag{19-61}$$

其中，$\frac{\mathrm{d}k_1}{k_1}$ 为第一部门价值形式的资本有机构成的相对变化率，$\frac{\mathrm{d}k_2}{k_2}$ 为第二部门价值形式的资本有机构成的相对变化率。

因为 $k_1>k_2$，所以，（19－60）式或（19－61）式是比（19－26）式更严格的条件。

（二）第二部门价值形式的资本有机构成的相对变化率与剩余价值率的相对变化率的关系

在大多数情况下，第二部门价值形式的资本有机构成比剩余价值率提高快，至少不剩余价值率提高慢，即

$$\frac{\mathrm{d}}{\mathrm{d}t}\left(\frac{k_2}{e}\right)=\frac{e\frac{\mathrm{d}k_2}{\mathrm{d}t}-k_2\frac{\mathrm{d}e}{\mathrm{d}t}}{e^2}\geqslant 0 \tag{19-62}$$

由（19－62）式可以得到

$$e\frac{\mathrm{d}k_2}{\mathrm{d}t}\geqslant k_2\frac{\mathrm{d}e}{\mathrm{d}t}>0 \tag{19-63}$$

即

$$\frac{dk_2}{de} \geqslant \frac{k_2}{e} > 0 \qquad (19-64)$$

或

$$\frac{dk_2}{k_2} \geqslant \frac{de}{e} > 0 \qquad (19-65)$$

其中，$\frac{dk_2}{k_2}$ 为第二部门价值形式的资本有机构成的相对变化率，$\frac{de}{e}$ 为剩余价值率的相对变化率。

必须指出，(19－64）式或（19－65）式表示的关系，并不是严格的、必然成立的关系，只是在大多数情况下成立的关系。即使剩余价值率比第二部门价值形式的资本有机构成提高快，只要剩余价值率比价值形式的总资本有机构成提高慢，价值形式的利润率仍然降低。

由（19－61）式、(19－65）式可以得到

$$\frac{dk_1}{k_1} > \frac{dk_2}{k_2} > \frac{de}{e} > 0 \qquad (19-66)$$

或

$$\frac{dk_1}{k_1} > \frac{dk_2}{k_2} = \frac{de}{e} > 0 \qquad (19-67)$$

(19－66）式表示，第一部门价值形式的资本有机构成的相对变化率高于第二部门价值形式的资本有机构成的相对变化率；第二部门价值形式的资本有机构成的相对变化率高于剩余价值的相对变化率。

(19－67）式表示，第一部门价值形式的资本有机构成的相对变化率高于第二部门价值形式的资本有机构成的相对变化率；第二部门价值形式的资本有机构成的相对变化率等于剩余价值的相对变化率。

第三节　生产价格形式的资本有机构成与价值形式的资本有机构成的关系

一、价值形式的资本有机构成与生产力

生产价格形式的资本有机构成不仅与资本技术构成有关，而且与剩余价值分配有关，因此，生产价格形式的资本有机构成的变化，不能很好地反映资本技术构成的变化，从而不能很好地反映生产力的变化。

价值形式的资本有机构成与剩余价值分配无关，因此，价值形式的资本有机构成的变化，比生产价格形式的资本有机构成的变化能够更好地反映资本技术构成的变化，从而更好地反映生产力的变化。

每个部门的价值形式的资本有机构成，反映这个部门的资本技术构成，也就是反映这个部门的生产力。每个部门的价值形式的资本有机构成的变化，反映这个部门的资本技术构成的变化或生产力的变化，与剥削程度无关。

受再生产条件制约，价值形式的总资本有机构成，不仅与每个部门的价值形式的资本有机构成有关，而且与剥削程度有关，也就是与剩余价值率有关。如果每个部门的生产力不变，而剥削程度变化，也就是，每个部门的价值形式的资本有机构成不变，而剩余价值率变化，那么，价值形式的总资本有机构成变化。

因此，每个部门价值形式的资本有机构成的变化，比价值形式的总资本有机构成的变化，能够更准确地反映资本技术构成的变化，也就是反映生产力的变化。

社会生产划分为不同生产部类，生产部类的数量是有限的，但是，社会生产可以划分为很多不同生产部门，随着生产部门的细分，生产部门的数量可以很多。逐一考察众多不同生产部门价值形式的资本有机构成及其变化，是比较困难的。因此，通常用价值形式的总资本有机构成表示全社会的资本技术构成，或表示社会生产力。

二、生产价格形式的资本有机构成与生产力、剥削程度、剩余价值分配

第一部门价值形式的资本有机构成、第二部门价值形式的资本有机构成、剩余价值率都影响剩余价值分配。

每个部门的生产价格形式的资本有机构成，不仅反映这个部门的资本技术构成或反映这个部门的生产力，而且反映剩余价值分配关系。每个部门的生产价格形式的资本有机构成的变化，不仅反映这个部门的资本技术构成的变化或生产力的变化，而且反映剩余价值分配关系的变化。这种变化不仅与剥削程度有关，而且与剩余价值分配有关。

生产价格形式的资本有机构成，不仅与第一部门价值形式的资本有机构成、第二部门价值形式的资本有机构成、剩余价值率有关，而且与剩余价值分配有关。

因为，生产价格形式的资本有机构成与第一部门价值形式的资本有机构成、第二部门价值形式的资本有机构成、剩余价值率有关，所以，生产

价格形式的资本有机构成与价值形式的资本有机构成有关。

生产价格形式的总资本有机构成，与第一部门生产价格形式的资本有机构成、第二部门生产价格形式的资本有机构成有关。

第四节　两部门二元价值转形中价值形式的利润率下降的充分必要条件

在第十三章推导价值形式的利润率 r_v 下降的充分必要条件的过程中，并没有涉及社会生产是按照部类划分还是按照部门划分，也没有涉及是一元价值转形还是二元价值转形，因此，第十三章（13-17）式表示的价值形式的利润率 r_v 下降的充分必要条件，即剩余价值率的提高对价值形式的总资本有机构成的提高的比例小于价值形式的利润率，对于两部门二元价值转形仍然适用。

在两部门二元价值转形中，价值形式的利润率 r_v 下降的充分必要条件，是判断价值形式的利润率下降还是上升的基本依据。

必须指出，第十三章（13-17）式是价值形式的利润率 r_v 下降的充分必要条件，而不是价值形式的平均利润率 r_{vt} 下降的必要条件或充分必要条件，更不是生产价格形式的利润率 r 下降的必要条件或充分必要条件。

同样，（19-26）式、（19-27）式、（19-66）式是价值形式的利润率 r_v 下降的重要条件，而不是价值形式的平均利润率 r_{vt} 下降的条件，更不是生产价格形式的利润率 r 下降的条件。

价值形式的利润率 r_v 是全体资本家和全体土地所有者得到的总剩余价值与价值形式的总资本之比。

价值形式的平均利润率 r_{vt} 是全体资本家得到的剩余价值与价值形式的总资本之比。

生产价格形式的利润率 r 是全体资本家得到的生产价格形式的利润与生产价格形式的总资本之比。

在《资本论》第三卷中，马克思在分析地租之前提出了利润率趋向下降规律，因此，他的利润率趋向下降规律中的利润包括地租，也就是说，这种利润是全体资本家和全体土地所有者得到的总剩余价值，并不涉及剩余价值在资本家和土地所有者之间的分配。

价值形式的利润率 r_v 是外生变量，与剩余价值分配无关。

价值形式的利润率 r_v 不受第一部门不变资本中用于交换第一部门产

品的比例 f_1、第二部门不变资本中用于交换第一部门产品的比例 f_2、可变资本中用于交换第一部门生产的生活资料的价值的比例 h、剩余价值中用于交换第一部门生产的生活资料的价值的比例 b 等因素的影响。

价值形式的平均利润率 r_{vt} 与生产价格形式的利润率 r 都是内生变量，与剩余价值分配有关。

价值形式的平均利润率 r_{vt} 与生产价格形式的利润率 r，不仅受第一部门不变资本中用于交换第一部门产品的比例 f_1、第二部门不变资本中用于交换第一部门产品的比例 f_2、可变资本中用于交换第一部门生产的生活资料的价值的比例 h、剩余价值中用于交换第一部门生产的生活资料的价值的比例 b 等因素的影响，而且受土地面积与土地等级等因素的影响。

第五节　资本有机构成与剩余价值率共同提高的两部门二元价值转形的特点

在第十章分析二元价值转形中价值形式的平均利润率与资本有机构成的关系的数例中，以及在第十一章分析二元价值转形中生产价格形式的平均利润率与资本有机构成的关系的数例中，可变资本中用于交换第一部门生产的生活资料的价值的比例 h、剩余价值中用于交换第一部门生产的生活资料的价值的比例 b 都没有变化；在每个数例中，第一部门价值形式的资本有机构成 k_1、第二部门价值形式的资本有机构成 k_2、剩余价值率 e 这三个外生变量中只有一个外生变量变化；第一部门使用的第一部门生产的生产资料中凝结的物化劳动占第一部门使用的生产资料中凝结的物化劳动的比例 f_1 与第一部门价值形式的资本有机构成 k_1 共同变化或不变；第二部门使用的第一部门生产的生产资料中凝结的物化劳动占第二部门使用的生产资料中凝结的物化劳动的比例 f_2 与第二部门价值形式的资本有机构成 k_2 共同变化或不变。

在这里将要分析的数例中，第一部门价值形式的资本有机构成 k_1、第二部门价值形式的资本有机构成 k_2、剩余价值率 e、第一部门使用的第一部门生产的生产资料中凝结的物化劳动占第一部门使用的生产资料中凝结的物化劳动的比例 f_1、第二部门使用的第一部门生产的生产资料中凝结的物化劳动占第二部门使用的生产资料中凝结的物化劳动的比例 f_2、可变资本中用于交换第一部门生产的生活资料的价值的比例 h、剩余价值中用于交换第一部门生产的生活资料的价值的比例 b，共同提高。

外生变量 k_1、k_2 提高的比例，受到（19－26）式、（19－61）式的限制。

在外生变量 f_1、f_2 比较低的条件下，外生变量 f_1、f_2 提高的比例，受到（19－9）式、（19－53）式的限制。

在外生变量 b、h 比较低的条件下，外生变量 b、h 提高的比例，受到（19－14）式、（19－57）式的限制。

这就是说，不仅这些外生变量共同提高，而且这些外生变量的提高受到限制。

下面通过三个数例，对两部门二元价值转形中，资本有机构成与剩余价值率共同提高的条件下利润率的变化规律进行考察。

第六节　价值形式的利润率、价值形式的平均利润率与价值形式的资本有机构成的关系的数例（r_v、r_{vt}、r 下降）

一、第一部门不变资本中用于交换第一部门产品的比例与第一部门的不变资本中交换第一部门产品的部分的关系的数例

如果第一部门价值形式的资本有机构成、第二部门价值形式的资本有机构成、剩余价值率共同提高，第一部门价值形式的资本有机构成的提高超过第二部门价值形式的资本有机构成的提高，第二部门价值形式的资本有机构成的提高超过剩余价值率的提高，即满足（19－28）式表示的关系，第一部门价值形式的资本有机构成的相对提高率高于第二部门价值形式的资本有机构成的相对提高率，第二部门价值形式的资本有机构成的相对提高率高于剩余价值的相对提高率，即满足（19－66）式表示的关系，第一部门使用的第一部门生产的生产资料中凝结的物化劳动占第一部门使用的生产资料中凝结的物化劳动的比例、第二部门使用的第一部门生产的生产资料中凝结的物化劳动占第二部门使用的生产资料中凝结的物化劳动的比例共同提高，第一部门使用的第一部门生产的生产资料中凝结的物化劳动占第一部门使用的生产资料中凝结的物化劳动的比例的提高超过第二部门使用的第一部门生产的生产资料中凝结的物化劳动占第二部门使用的生产资料中凝结的物化劳动的比例的提高，即满足（19－9）式表示的关

系，第一部门使用的第一部门生产的生产资料中凝结的物化劳动占第一部门使用的生产资料中凝结的物化劳动的比例的相对提高率超过第二部门使用的第一部门生产的生产资料中凝结的物化劳动占第二部门使用的生产资料中凝结的物化劳动的比例的相对提高率，即满足（19－53）式表示的关系，剩余劳动中相当于第一部门提供的生活资料中凝结的劳动的那部分剩余劳动的比例、必要劳动中相当于第一部门提供的生活资料中凝结的劳动的那部分必要劳动的比例共同提高，剩余劳动中相当于第一部门提供的生活资料中凝结的劳动的那部分剩余劳动的比例的提高超过必要劳动中相当于第一部门提供的生活资料中凝结的劳动的那部分必要劳动的比例的提高，即满足（19－14）式表示的关系，剩余劳动中相当于第一部门提供的生活资料中凝结的劳动的那部分剩余劳动的比例的相对提高率超过必要劳动中相当于第一部门提供的生活资料中凝结的劳动的那部分必要劳动的比例的相对提高率，即满足（19－57）式表示的关系，此外，第二部门使用的第一部门生产的生产资料中凝结的物化劳动占第二部门使用的生产资料中凝结的物化劳动的比例的提高超过剩余劳动中相当于第一部门提供的生活资料中凝结的劳动的那部分剩余劳动的比例的提高，并且，第二部门使用的第一部门生产的生产资料中凝结的物化劳动占第二部门使用的生产资料中凝结的物化劳动的比例的相对提高率高于剩余劳动中相当于第一部门提供的生活资料中凝结的劳动的那部分剩余劳动的比例的相对提高率，那么，在第一部门价值形式的资本有机构成、第二部门价值形式的资本有机构成提高的条件下，也就是在价值形式的总资本有机构成提高的条件下，价值形式的利润率、价值形式的平均利润率、生产价格形式的利润率都下降。

假设，所有初始的外生变量与第九章的数例中的已知量相同，即

第一部门的不变资本中交换第二部门产品的部分 $c_{12}=300$。

第一部门的可变资本中交换第二部门产品的部分 $v_{12}=210$。

第一部门的剩余价值中交换第二部门产品的部分 $s_{12}=90$。

第一部门租用的土地面积 $l_1=2\,500$。

第二部门租用的土地面积 $l_2=10\,000$。

单位面积最差土地的农产品产量 $q_{a21}=200$。

第一部门单位面积土地的农产品产量 $q_{a1}=230$。

第二部门单位面积土地的农产品产量，或单位中等土地的农产品产量 $q_{a2}=250$。

同时假设：

第一部门的不变资本中交换第一部门产品的部分 c_{11}=1 170，1190，1 210，…，1470。

第一部门的可变资本中交换第一部门产品的部分 v_{11}=90，90.1，90.2，…，91.5。

第一部门的剩余价值 s_1 中交换第一部门产品的部分 s_{11}=360，362，364，…，390。

第二部门的价值形式的资本有机构成 k_2=2.5，2.512，2.524，…，2.68。

第二部门不变资本中用于交换第一部门产品的比例 $f_2=0.3\left(\frac{49}{39}f_1+1\right)$。

相应地，第一部门价值形式的资本有机构成 k_1=4.9，4.965 011 663，5.029 980 013，…，5.870 646 766。

剩余价值率 e=1.5，1.506 164 6，1.512 325 1，…，1.592 039 8。

第一部门不变资本中用于交换第一部门产品的比例 f_1=0.795 918 37，0.798 657 72，0.801 324 5，…，0.830 508 47。

第二部门不变资本中用于交换第一部门产品的比例 f_2=0.6，0.601 032 525，0.602 037 697，…，0.613 037 81。

可变资本中用于交换第一部门生产的生活资料的价值的比例 h=0.3，0.300 233 256，0.300 466 356，…，0.303 482 587。

剩余价值中用于交换第一部门生产的生活资料的价值的比例 b=0.8，0.800 884 956，0.801 762 115，…，0.812 5。

第一部门不变资本中用于交换第一部门产品的比例 f_1、第二部门不变资本中用于交换第一部门产品的比例 f_2、可变资本中用于交换第一部门生产的生活资料的价值的比例 h、剩余价值中用于交换第一部门生产的生活资料的价值的比例 b 与第一部门的不变资本中交换第一部门产品的部分 c_{11} 的关系，可以用表 19－1 表示。

表 19－1　　f_1、f_2、h、b 与 c_{11} 的关系

第一部门的不变资本中交换第一部门产品的部分 c_{11}	第一部门不变资本中用于交换第一部门产品的比例 f_1	第二部门不变资本中用于交换第一部门产品的比例 f_2	可变资本中用于交换第一部门生产的生活资料的价值的比例 h	剩余价值中用于交换第一部门生产的生活资料的价值的比例 b
1 170	0.795 92	0.600 00	0.300 00	0.800 00
1 190	0.798 66	0.601 03	0.300 23	0.800 88
1 210	0.801 32	0.602 04	0.300 47	0.801 76

续前表

第一部门的不变资本中交换第一部门产品的部分 c_{11}	第一部门不变资本中用于交换第一部门产品的比例 f_1	第二部门不变资本中用于交换第一部门产品的比例 f_2	可变资本中用于交换第一部门生产的生活资料的价值的比例 h	剩余价值中用于交换第一部门生产的生活资料的价值的比例 b
1 230	0.803 92	0.603 02	0.300 70	0.802 63
1 250	0.806 45	0.603 97	0.300 93	0.803 49
1 270	0.808 92	0.604 90	0.301 16	0.804 35
1 290	0.811 32	0.605 81	0.301 40	0.805 19
1 310	0.813 66	0.606 69	0.301 63	0.806 03
1 330	0.815 95	0.607 55	0.301 86	0.806 87
1 350	0.818 18	0.608 39	0.302 09	0.807 69
1 370	0.820 36	0.609 21	0.302 33	0.808 51
1 390	0.822 49	0.610 01	0.302 56	0.809 32
1 410	0.824 56	0.610 80	0.302 79	0.810 13
1 430	0.826 59	0.611 56	0.303 02	0.810 92
1 450	0.828 57	0.612 31	0.303 25	0.811 72
1 470	0.830 51	0.613 04	0.303 48	0.812 50

注：表中数据在正文中数据的基础进行了四舍五入处理。

在表 19－1 中，第一部门不变资本中用于交换第一部门产品的比例 f_1 与第一部门的不变资本中交换第一部门产品的部分 c_{11} 的关系，可以用图 19－1 表示。

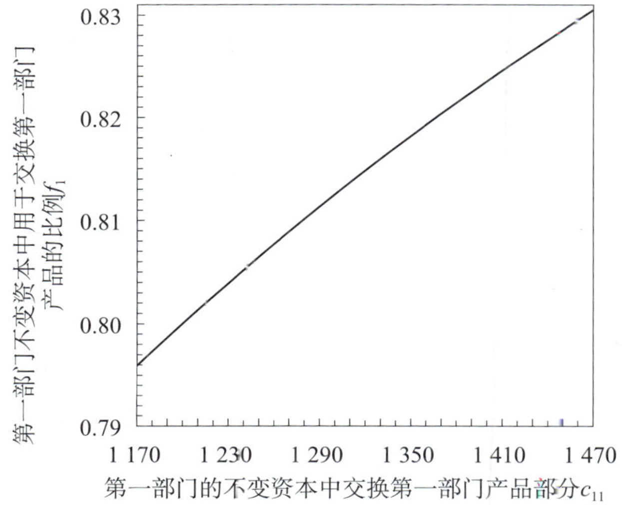

图 19－1　f_1 与 c_{11} 的关系

由表 19－1 和图 19－1 可以看出，随着第一部门的不变资本中交换第一部门产品的部分 c_{11} 提高，第一部门不变资本中用于交换第一部门产品的比例 f_1 提高。

可见，按照这里的数例，第一部门价值形式的资本有机构成 k_1、第二部门价值形式的资本有机构成 k_2、剩余价值率 e 共同提高，第一部门价值形式的资本有机构成 k_1 的提高 $\mathrm{d}k_1$ 超过第二部门价值形式的资本有机构成 k_2 的提高 $\mathrm{d}k_2$，第二部门价值形式的资本有机构成 k_2 的提高 $\mathrm{d}k_2$ 超过剩余价值率 e 的提高 $\mathrm{d}e$，第一部门价值形式的资本有机构成 k_1 的相对提高率 $\frac{\mathrm{d}k_1}{k_1}$ 高于第二部门价值形式的资本有机构成 k_2 的相对提高率 $\frac{\mathrm{d}k_2}{k_2}$，第二部门价值形式的资本有机构成 k_2 的相对提高率 $\frac{\mathrm{d}k_2}{k_2}$ 高于剩余价值率 e 的相对提高率 $\frac{\mathrm{d}e}{e}$，第一部门不变资本中用于交换第一部门产品的比例 f_1、第二部门不变资本中用于交换第一部门产品的比例 f_2 共同提高，第一部门不变资本中用于交换第一部门产品的比例 f_1 的提高 $\mathrm{d}f_1$ 超过第二部门不变资本中用于交换第一部门产品的比例 f_2 的提高 $\mathrm{d}f_2$，第一部门不变资本中用于交换第一部门产品的比例 f_1 的相对提高率 $\frac{\mathrm{d}f_1}{f_1}$ 高于第二部门不变资本中用于交换第一部门产品的比例 f_2 的相对提高率 $\frac{\mathrm{d}f_2}{f_2}$，剩余价值中用于交换第一部门生产的生活资料的价值的比例 b、可变资本中用于交换第一部门生产的生活资料的价值的比例 h 共同提高，剩余价值中用于交换第一部门生产的生活资料的价值的比例 b 的提高 $\mathrm{d}b$ 超过可变资本中用于交换第一部门生产的生活资料的价值的比例 h 的提高 $\mathrm{d}h$，剩余价值中用于交换第一部门生产的生活资料的价值的比例 b 的相对提高率 $\frac{\mathrm{d}b}{b}$ 高于可变资本中用于交换第一部门生产的生活资料的价值的比例 h 的相对提高率 $\frac{\mathrm{d}h}{h}$，此外，第二部门不变资本中用于交换第一部门产品的比例 f_2 的提高 $\mathrm{d}f_2$ 超过剩余价值中用于交换第一部门生产的生活资料的价值的比例 b 的提高 $\mathrm{d}b$，并且，第二部门不变资本中用于交换第一部门产品的比例 f_2 的相对提高率 $\frac{\mathrm{d}f_2}{f_2}$ 高于剩余价值中用于交换第一部门生产的生活资料的价值的比例 b 的相对提高率 $\frac{\mathrm{d}b}{b}$，那么，第一部门不变资本中用于交换第一部门产品的比例，是第一部门的不变资本中交换第一部门产品的部分的单调递增函数。

二、价值形式的总资本有机构成与第一部门的不变资本中交换第一部门产品的部分的关系的数例

如果按照本节的假设条件，其余外生变量与第九章的数例中的已知量相同，那么，第一部门价值形式的资本有机构成 k_1、第二部门价值形式的资本有机构成 k_2、价值形式的总资本有机构成 k 与第一部门的不变资本中交换第一部门产品的部分 c_{11} 的关系，可以用表 19－2 表示。

表 19－2　k_1、k_2、k 与 c_{11} 的关系

第一部门的不变资本中交换第一部门产品的部分 c_{11}	第一部门价值形式的资本有机构成 k_1	第二部门价值形式的资本有机构成 k_2	价值形式的总资本有机构成 k
1 170	4.900 000 000	2.500	3.940 000 000
1 190	4.965 011 663	2.512	3.987 189 668
1 210	5.029 980 013	2.524	4.034 468 224
1 230	5.094 905 095	2.536	4.081 834 282
1 250	5.159 783 951	2.548	4.129 286 485
1 270	5.224 625 624	2.560	4.176 823 509
1 290	5.289 421 158	2.572	4.224 444 056
1 310	5.354 173 595	2.584	4.272 145 855
1 330	5.418 882 979	2.596	4.319 930 661
1 350	5.483 549 352	2.608	4.367 794 253
1 370	5.548 172 757	2.620	4.415 736 435
1 390	5.612 753 238	2.632	4.463 756 034
1 410	5.677 290 837	2.644	4.511 851 897
1 430	5.741 785 596	2.656	4.560 022 893
1 450	5.806 237 558	2.668	4.608 267 913
1 470	5.870 646 766	2.680	4.656 585 865

在表 19－2 中，价值形式的总资本有机构成 k 与第一部门的不变资本中交换第一部门产品的部分 c_{11} 的关系，可以用图 19－2 表示。

由表 19－2 和图 19－2 可以看出，随着第一部门的不变资本中交换第一部门产品的部分 c_{11} 提高，价值形式的总资本有机构成 k 提高。

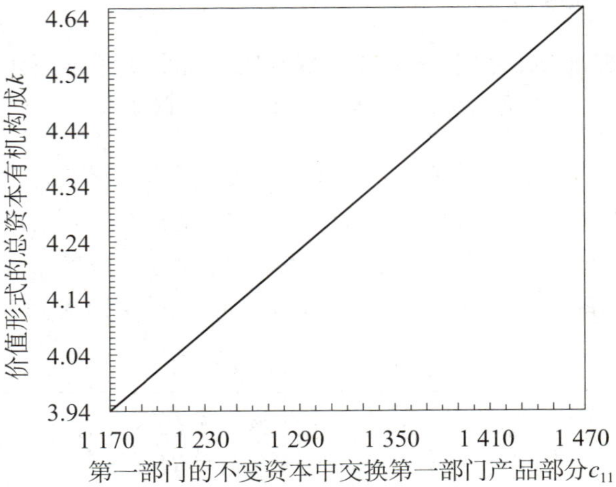

图 19-2　k 与 c_{11} 的关系

可见，如果按照本节的假设条件，那么，价值形式的总资本有机构成是第一部门的不变资本中交换第一部门产品的部分的单调递增的非线性函数。

三、剩余价值率与价值形式的总资本有机构成的关系的数例

如果按照本节的假设条件，其余外生变量与第九章的数例中的已知量相同，那么，剩余价值率 e 与第一部门的不变资本中交换第一部门产品的部分 c_{11}、价值形式的总资本有机构成 k 的关系，可以用表 19-3 表示。

表 19-3　e 与 c_{11}、k 的关系

第一部门的不变资本中交换第一部门产品的部分 c_{11}	价值形式的总资本有机构成 k	剩余价值率 e
1 170	3.940 000 000 0	1.500 000 000 0
1 190	3.987 189 668 5	1.506 164 611 8
1 210	4.034 468 224 3	1.512 325 116 6
1 230	4.081 834 281 6	1.518 481 518 5
1 250	4.129 286 485 2	1.524 633 821 6
1 270	4.176 823 509 3	1.530 782 030 0
1 290	4.224 444 056 2	1.536 926 147 7
1 310	4.272 146 855 0	1.543 066 178 9
1 330	4.319 930 660 8	1.549 202 127 7
1 350	4.367 794 253 1	1.555 333 998 0

续前表

第一部门的不变资本中交换第一部门产品的部分 c_{11}	价值形式的总资本有机构成 k	剩余价值率 e
1 370	4.415 736 435 4	1.561 461 794 0
1 390	4.463 756 033 9	1.567 585 519 8
1 410	4.511 851 896 8	1.573 705 179 3
1 430	4.560 022 893 2	1.579 820 776 6
1 450	4.608 267 913 0	1.585 932 315 9
1 470	4.656 585 865 4	1.592 039 801 0

在表 19－3 中，剩余价值率 e 与价值形式的总资本有机构成 k 的关系，可以用图 19－3 表示。

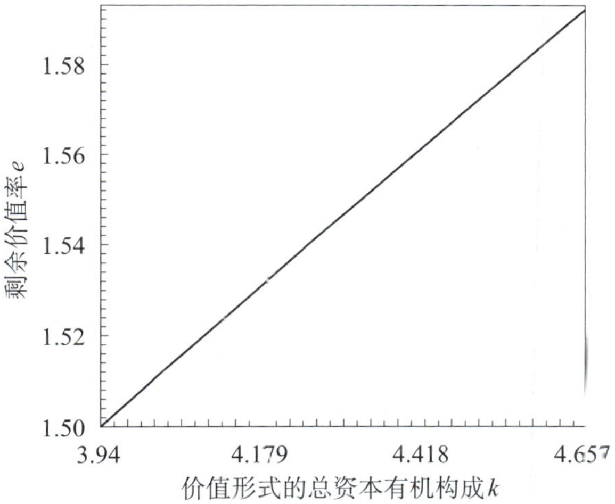

图 19－3　e 与 k 的关系

由表 19－3 和图 19－3 可以看出，随着价值形式的总资本有机构成 k 提高，剩余价值率 e 提高。

可见，如果按照本节的假设条件，那么，剩余价值率是价值形式的总资本有机构成的单调递增函数。

值得注意的是，这里的横坐标为价值形式的总资本有机构成 k，在第一部门价值形式的资本有机构成 k_1、第二部门价值形式的资本有机构成 k_2、剩余价值率 e 共同提高，第一部门价值形式的资本有机构成 k_1 的提高超过第二部门价值形式的资本有机构成 k_2 的提高，第二部门价值形式的资本有机构成 k_2 的提高超过剩余价值率 e 的提高，第一部门价值形式的资本有机构成 k_1 的相对提高率高于第二部门价值形式的资本有机构成

k_2 的相对提高率，第二部门价值形式的资本有机构成 k_2 的相对提高率高于剩余价值率 e 的相对提高率的条件下，价值形式的总资本有机构成 k 是第一部门的不变资本中交换第一部门产品的部分 c_{11} 的非线性函数。在本例中，第一部门的不变资本中交换第一部门产品的部分 c_{11} 是等差数列，价值形式的总资本有机构成 k 就不可能是等差数列。用 Office 中的 Excel 作图，横坐标必须是等差数列。为此，利用 Excel 中的 vlookup 函数功能，将价值形式的总资本有机构成 k 转变为等差数列，然后再用 Excel 作图。

在本章中，凡是横坐标为价值形式的总资本有机构成的地方，均用此种方式作图。下面不再重复阐述。

四、第一部门资本家占有剩余价值的比例与价值形式的总资本有机构成的关系的数例

如果按照本节的假设条件，其余外生变量与第九章的数例中的已知量相同，那么，第一部门资本家占有剩余价值的比例 d_1 与价值形式的总资本有机构成 k、剩余价值率 e 的关系，可以用表 19－4 表示。

表 19－4　　d_1 与 k、e 的关系

价值形式的总资本有机构成 k	剩余价值率 e	第一部门资本家占有剩余价值的比例 d_1
3.940 000 000 0	1.500 000 000 0	0.916 867 873 3
3.987 189 668 5	1.506 164 611 8	0.917 724 563 5
4.034 468 224 3	1.512 325 116 6	0.918 561 935 5
4.081 834 281 6	1.518 481 518 5	0.919 380 656 4
4.129 286 485 2	1.524 633 821 6	0.920 181 362 0
4.176 823 509 3	1.530 782 030 0	0.920 964 659 1
4.224 444 056 2	1.536 926 147 7	0.921 731 126 6
4.272 146 855 0	1.543 066 178 9	0.922 481 317 9
4.319 930 660 8	1.549 202 127 7	0.923 215 761 7
4.367 794 253 1	1.555 333 998 0	0.923 934 963 5
4.415 736 435 4	1.561 461 794 0	0.924 639 407 1
4.463 756 033 9	1.567 585 519 8	0.925 329 555 7
4.511 851 896 8	1.573 705 179 3	0.926 005 852 8
4.560 022 893 2	1.579 820 776 6	0.926 668 723 6
4.608 267 913 0	1.585 932 315 9	0.927 318 575 5
4.656 585 865 4	1.592 039 801 0	0.927 955 799 7

在表 19－4 中，第一部门资本家占有剩余价值的比例 d_1 与价值形式的总资本有机构成 k 的关系，可以用图 19－4 表示。

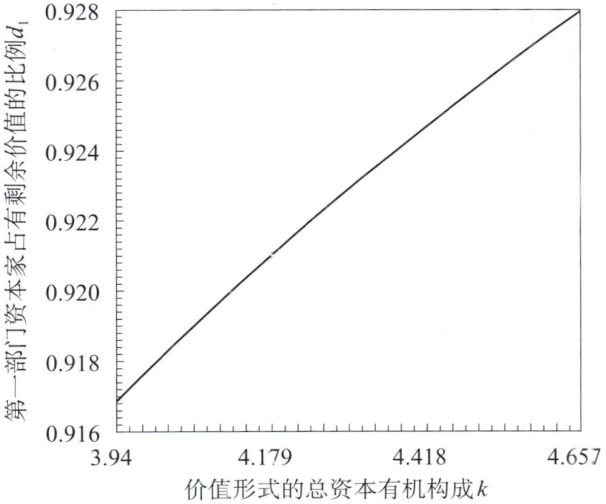

图 19－4 d_1 与 k 的关系

由表 19－4 和图 19－4 可以看出，随着价值形式的总资本有机构成 k 提高，第一部门资本家占有剩余价值的比例 d_1 提高。

可见，如果按照本节的假设条件，那么，第一部门资本家占有剩余价值的比例是价值形式的总资本有机构成的单调递增函数。

五、第二部门资本家占有剩余价值的比例与价值形式的总资本有机构成的关系的数例

如果按照本节的假设条件，其余外生变量与第九章的数例中的已知量相同，那么，第二部门资本家占有剩余价值的比例 d_2 与价值形式的总资本有机构成 k、剩余价值率 e 的关系，可以用表 19－5 表示。

表 19－5 d_2 与 k、e 的关系

价值形式的总资本有机构成 k	剩余价值率 e	第二部门资本家占有剩余价值的比例 d_2
3.940 000 000 0	1.500 000 000 0	0.400 161 817 7
3.987 189 668 5	1.506 164 611 8	0.399 662 854 1
4.034 468 224 3	1.512 325 116 6	0.399 164 379 5
4.081 834 281 6	1.518 481 518 5	0.398 666 529 4
4.129 286 485 2	1.524 633 821 6	0.398 169 430 5
4.176 823 509 3	1.530 782 030 0	0.397 673 201 1
4.224 444 056 2	1.536 926 147 7	0.397 177 951 6
4.272 146 855 0	1.543 066 178 9	0.396 683 785 0

续前表

价值形式的总资本有机构成 k	剩余价值率 e	第二部门资本家占有剩余价值的比例 d_2
4.319 930 660 8	1.549 202 127 7	0.396 190 797 3
4.367 794 253 1	1.555 333 998 0	0.395 699 078 4
4.415 736 435 4	1.561 461 794 0	0.395 208 711 7
4.463 756 033 9	1.567 585 519 8	0.394 719 775 3
4.511 851 896 8	1.573 705 179 3	0.394 232 341 8
4.560 022 893 2	1.579 820 776 6	0.393 746 478 8
4.608 267 913 0	1.585 932 315 9	0.393 262 249 2
4.656 585 865 4	1.592 039 801 0	0.392 779 711 6

在表 19－5 中，第二部门资本家占有剩余价值的比例 d_2 与价值形式的总资本有机构成 k 的关系，可以用图 19－5 表示。

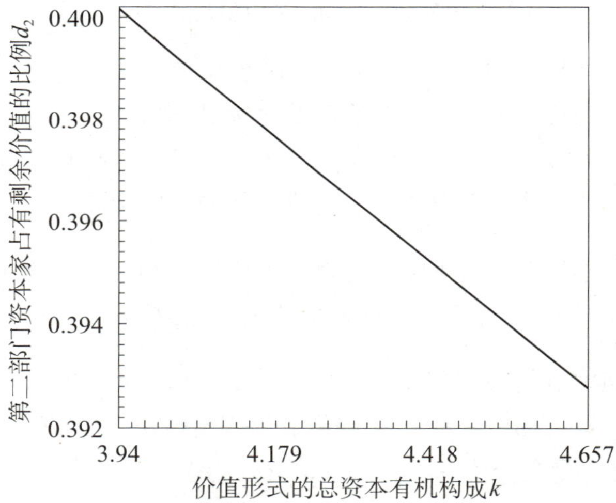

图 19－5　d_2 与 k 的关系

由表 19－5 和图 19－5 可以看出，随着价值形式的总资本有机构成 k 提高，第二部门资本家占有剩余价值的比例 d_2 降低。

可见，如果按照本节的假设条件，那么，第二部门资本家占有剩余价值的比例是价值形式的总资本有机构成的单调递减函数。

六、第一部门多得到的剩余价值、第二部门多得到的剩余价值与价值形式的总资本有机构成的关系的数例

如果按照本节的假设条件，其余外生变量与第九章的数例中的已知量相同，那么，第一部门多得到的剩余价值 s_{t1}、第二部门多得到的剩余价

值 s_{t2} 与价值形式的总资本有机构成 k、剩余价值率 e 的关系，可以用表 19－6表示。

表 19－6　　s_{t1}、s_{t2} 与 k、e 的关系

价值形式的总资本有机构成 k	剩余价值率 e	第一部门多得到的剩余价值 s_{t1}	第二部门多得到的剩余价值 s_{t2}
3.940 000	1.500 000	−60.174 85	60.174 85
3.987 190	1.506 165	−59.241 28	59.241 28
4.034 468	1.512 325	−58.319 97	58.319 97
4.081 834	1.518 482	−57.410 71	57.410 71
4.129 286	1.524 634	−56.513 30	56.513 30
4.176 824	1.530 782	−55.627 56	55.627 56
4.224 444	1.536 926	−54.753 28	54.753 28
4.272 147	1.543 066	−53.890 28	53.890 28
4.319 931	1.549 202	−53.038 38	53.038 38
4.367 794	1.555 334	−52.197 41	52.197 41
4.415 736	1.561 462	−51.367 18	51.367 18
4.463 756	1.567 586	−50.547 52	50.547 52
4.511 852	1.573 705	−49.738 27	49.738 27
4.560 023	1.579 821	−48.939 26	48.939 26
4.608 268	1.585 932	−48.150 33	48.150 33
4.656 586	1.592 040	−47.371 31	47.371 31

在表 19－6 中，第一部门多得到的剩余价值 s_{t1}、第二部门多得到的剩余价值 s_{t2} 与价值形式的总资本有机构成 k 的关系，可以用图 19－6 表示。

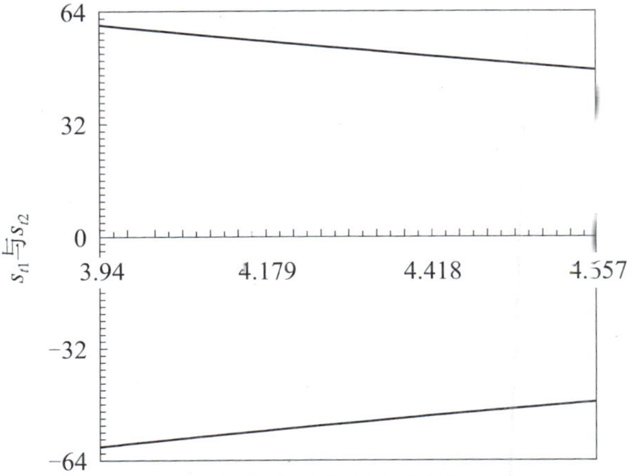

图 19－6　s_{t1}、s_{t2} 与 k 的关系

在图 19－6 中，上面的曲线，是第二部门多得到的剩余价值 s_{t2} 与价值形式的总资本有机构成 k 的关系曲线；下面的曲线，是第一部门多得到的剩余价值 s_{t1} 与价值形式的总资本有机构成 k 的关系曲线。

由表 19－6 和图 19－6 可以看出，随着价值形式的总资本有机构成 k 提高，第一部门多得到的剩余价值 s_{t1} 提高、第二部门多得到的剩余价值 s_{t2} 降低。

可见，如果按照本节的假设条件，那么，第一部门多得到的剩余价值 s_{t1} 是价值形式的总资本有机构成 k 的单调递增函数，第二部门多得到的剩余价值 s_{t2} 是价值形式的总资本有机构成 k 的单调递减函数。

七、第一部门资本家得到的剩余价值与价值形式的总资本有机构成的关系的数例

如果按照本节的假设条件，其余外生变量与第九章的数例中的已知量相同，那么，第一部门资本家得到的剩余价值 s_{v1} 与价值形式的总资本有机构成 k、剩余价值率 e 的关系，可以用表 19－7 表示。

表 19－7　　s_{v1} 与 k、e 的关系

价值形式的总资本有机构成 k	剩余价值率 e	第一部门资本家得到的剩余价值 s_{v1}
3.940 000 000 0	1.500 000 000 0	357.418 158 08
3.987 189 668 5	1.506 164 611 8	360.444 321 83
4.034 468 224 3	1.512 325 116 6	363.456 612 30
4.081 834 281 6	1.518 481 518 5	366.455 281 25
4.129 286 485 2	1.524 633 821 6	369.440 573 93
4.176 823 509 3	1.530 782 030 0	372.412 729 34
4.224 444 056 2	1.536 926 147 7	375.371 980 47
4.272 146 855 0	1.543 066 178 9	378.318 554 53
4.319 930 660 8	1.549 202 127 7	381.252 673 21
4.367 794 253 1	1.555 333 998 0	384.174 552 84
4.415 736 435 4	1.561 461 794 0	387.084 404 61
4.463 756 033 9	1.567 585 519 8	389.982 434 74
4.511 851 896 8	1.573 705 179 3	392.868 844 68
4.560 022 893 2	1.579 820 776 6	395.743 831 23
4.608 267 913 0	1.585 932 315 9	398.607 586 74
4.656 585 865 4	1.592 039 801 0	401.460 299 22

在表 19－7 中，第一部门资本家得到的剩余价值 s_{v1} 与价值形式的总资本有机构成 k 的关系，可以用图 19－7 表示。

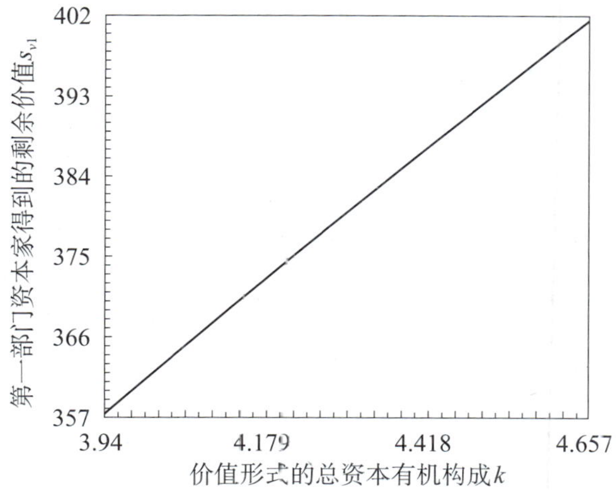

图 19－7　s_{v1}与 k 的关系

由表 19－7 和图 19－7 可以看出，随着价值形式的总资本有机构成 k 提高，第一部门资本家得到的剩余价值 s_{v1} 提高。

可见，如果按照本节的假设条件，那么，第一部门资本家得到的剩余价值是价值形式的总资本有机构成的单调递增函数。

八、第二部门资本家得到的剩余价值与价值形式的总资本有机构成的关系的数例

如果按照本节的假设条件，其余外生变量与第九章的数例中的已知量相同，那么，第二部门资本家得到的剩余价值 s_{v2} 与价值形式的总资本有机构成 k、剩余价值率 e 的关系，可以用表 19－8 表示。

表 19－8　　s_{v2}与 k、e 的关系

价值形式的总资本有机构成 k	剩余价值率 e	第二部门资本家得到的剩余价值 s_{v2}
3.940 000 000 0	1.500 000 000 0	144.128 221 37
3.987 189 668 5	1.506 164 611 8	143.417 893 04
4.034 468 224 3	1.512 325 116 6	142.717 234 34
4.081 834 281 6	1.518 481 518 5	142.026 053 54
4.129 286 485 2	1.524 633 821 6	141.344 164 10
4.176 823 509 3	1.530 782 030 0	140.671 384 88
4.224 444 056 2	1.536 926 147 7	140.007 539 91
4.272 146 855 0	1.543 066 178 9	139.352 458 17
4.319 930 660 8	1.549 202 127 7	138.705 973 34

续前表

价值形式的总资本有机构成 k	剩余价值率 e	第二部门资本家得到的剩余价值 s_{v2}
4.367 794 253 1	1.555 333 998 0	138.067 923 63
4.415 736 435 4	1.561 461 794 0	137.438 151 58
4.463 756 033 9	1.567 585 519 8	136.816 503 89
4.511 851 896 8	1.573 705 179 3	136.202 831 24
4.560 022 893 2	1.579 820 776 6	135.596 988 16
4.608 267 913 0	1.585 932 315 9	134.998 832 85
4.656 585 865 4	1.592 039 801 0	134.408 227 09

在表 19－8 中，第二部门资本家得到的剩余价值 s_{v2} 与价值形式的总资本有机构成 k 的关系，可以用图 19－8 表示。

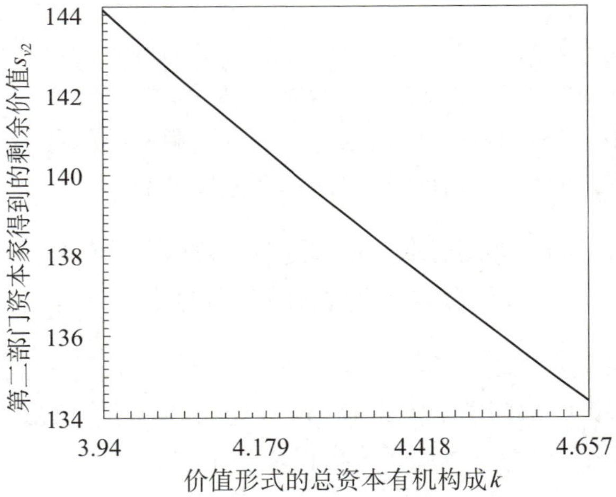

图 19－8　s_{v2} 与 k 的关系

由表 19－8 和图 19－8 可以看出，随着价值形式的总资本有机构成 k 提高，第二部门资本家得到的剩余价值 s_{v2} 降低。

可见，如果按照本节的假设条件，那么，第二部门资本家得到的剩余价值是价值形式的总资本有机构成的单调递减函数。

九、资本家得到的总剩余价值与价值形式的总资本有机构成的关系的数例

如果按照本节的假设条件，其余外生变量与第九章的数例中的已知量相同，那么，资本家得到的总剩余价值 s_v 与价值形式的总资本有机构成 k、剩余价值率 e 的关系，可以用表 19－9 表示。

表 19-9　　s_v与k、e的关系

价值形式的总资本有机构成k	剩余价值率e	资本家得到的总剩余价值s_v
3.940 000 000 0	1.500 000 000 0	501.546 379 95
3.987 189 668 5	1.506 164 611 8	503.862 214 87
4.034 468 224 3	1.512 325 116 6	506.173 846 63
4.081 834 281 6	1.518 481 518 5	508.481 334 79
4.129 286 485 2	1.524 633 821 6	510.784 738 03
4.176 823 509 3	1.530 782 030 0	513.084 114 22
4.224 444 056 2	1.536 926 147 7	515.379 520 38
4.272 146 855 0	1.543 066 178 9	517.671 012 71
4.319 930 660 8	1.549 202 127 7	519.958 646 55
4.367 794 253 1	1.555 333 998 0	522.242 476 47
4.415 736 435 4	1.561 461 794 0	524.522 556 19
4.463 756 033 9	1.567 585 519 8	526.798 938 63
4.511 851 896 8	1.573 705 179 3	529.071 675 92
4.560 022 893 2	1.579 820 776 6	531.340 819 39
4.608 267 913 0	1.585 932 315 9	533.606 419 60
4.656 585 865 4	1.592 039 801 0	535.868 526 31

在表 19-9 中，资本家得到的总剩余价值s_v与价值形式的总资本有机构成k的关系，可以用图 19-9 表示。

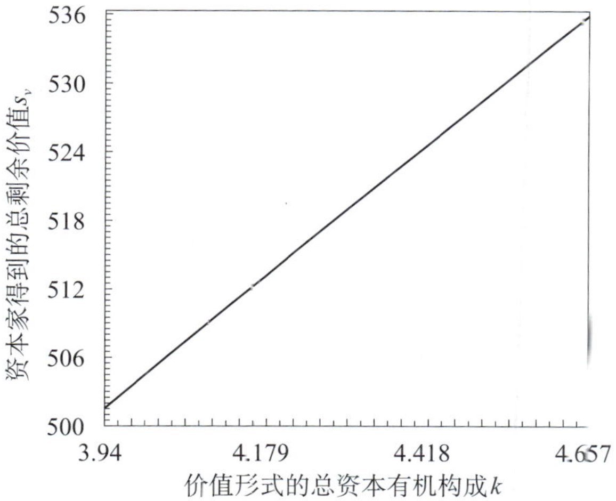

图 19-9　s_v与k的关系

由表 19-9 和图 19-9 可以看出，随着价值形式的总资本有机构成k提高，资本家得到的总剩余价值s_v提高。

可见，如果按照本节的假设条件，那么，资本家得到的总剩余价值是

价值形式的总资本有机构成的单调递增函数。

十、价值形式的平均利润率、价值形式的利润率与价值形式的总资本有机构成的关系的数例

如果按照本节的假设条件，其余外生变量与第九章的数例中的已知量相同，那么，价值形式的平均利润率 r_{vt}、价值形式的利润率 r_v 与价值形式的总资本有机构成 k、剩余价值率 e 的关系，可以用表 19－10 表示。

表 19－10　r_{vt}、r_v 与 k、e 的关系

价值形式的总资本有机构成 k	剩余价值率 e	价值形式的平均利润率 r_{vt}	价值形式的利润率 r_v
3.940 000 00	1.500 000 00	0.203 055 21	0.303 643 72
3.987 189 67	1.506 164 61	0.202 459 50	0.302 006 68
4.034 468 22	1.512 325 12	0.201 868 89	0.300 394 21
4.081 834 28	1.518 481 52	0.201 283 39	0.298 805 79
4.129 286 49	1.524 633 82	0.200 702 99	0.297 240 92
4.176 823 51	1.530 782 03	0.200 127 67	0.295 699 10
4.224 444 06	1.536 926 15	0.199 557 43	0.294 179 85
4.272 146 86	1.543 066 18	0.198 992 25	0.292 682 70
4.319 930 66	1.549 202 13	0.198 432 10	0.291 207 20
4.367 794 25	1.555 334 00	0.197 876 95	0.289 752 91
4.415 736 44	1.561 461 79	0.197 326 79	0.288 319 38
4.463 756 03	1.567 585 52	0.196 781 58	0.286 906 21
4.511 851 90	1.573 705 18	0.196 241 29	0.285 512 97
4.560 022 89	1.579 820 78	0.195 705 89	0.284 139 26
4.608 267 91	1.585 932 32	0.195 175 33	0.282 784 69
4.656 585 87	1.592 039 80	0.194 649 60	0.281 448 89

在表 19－10 中，价值形式的平均利润率 r_{vt}、价值形式的利润率 r_v 与价值形式的总资本有机构成 k 的关系，可以用图 19－10 表示。

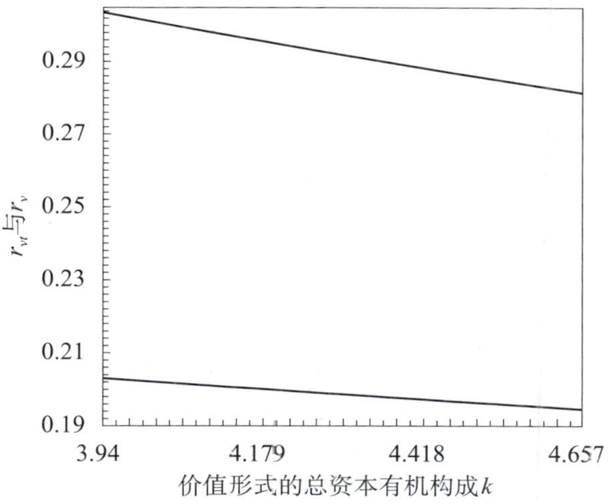

图 19－10　r_{vt}、r_v与 k 的关系

在图 19－10 中，上面的曲线，表示价值形式的利润率 r_v 与价值形式的总资本有机构成 k 的关系；下面的曲线，表示价值形式的平均利润率 r_{vt} 与价值形式的总资本有机构成 k 的关系。

由表 19－10 和图 19－10 可以看出，随着价值形式的总资本有机构成 k 提高，价值形式的平均利润率 r_{vt} 降低，价值形式的利润率 r_v 也降低。

可见，如果按照本节的假设条件，那么，价值形式的平均利润率 r_{vt}、价值形式的利润率 r_v 都是价值形式的总资本有机构成的单调递减函数。

第七节　生产价格形式的利润率与生产价格形式的资本有机构成的关系的数例（r_v、r_{vt}、r 下降）

一、价值形式的总资本有机构成、生产价格形式的总资本有机构成与第一部门的不变资本中交换第一部门产品的部分的关系的数例

如果第一部门价值形式的资本有机构成、第二部门价值形式的资本有机构成、剩余价值率共同提高，第一部门价值形式的资本有机构成的提高超过第二部门价值形式的资本有机构成的提高，第二部门价值形式的资本有机构成的提高超过剩余价值率的提高，即满足（19－28）式表示的关

系，第一部门价值形式的资本有机构成的相对提高率高于第二部门价值形式的资本有机构成的相对提高率，第二部门价值形式的资本有机构成的相对提高率高于剩余价值的相对提高率，即满足（19－66）式表示的关系，第一部门使用的第一部门生产的生产资料中凝结的物化劳动占第一部门使用的生产资料中凝结的物化劳动的比例、第二部门使用的第一部门生产的生产资料中凝结的物化劳动占第二部门使用的生产资料中凝结的物化劳动的比例共同提高，第一部门使用的第一部门生产的生产资料中凝结的物化劳动占第一部门使用的生产资料中凝结的物化劳动的比例的提高超过第二部门使用的第一部门生产的生产资料中凝结的物化劳动占第二部门使用的生产资料中凝结的物化劳动的比例的提高，即满足（19－9）式表示的关系，第一部门使用的第一部门生产的生产资料中凝结的物化劳动占第一部门使用的生产资料中凝结的物化劳动的比例的相对提高率超过第二部门使用的第一部门生产的生产资料中凝结的物化劳动占第二部门使用的生产资料中凝结的物化劳动的比例的相对提高率，即满足（19－53）式表示的关系，剩余劳动中相当于第一部门提供的生活资料中凝结的劳动的那部分剩余劳动的比例、必要劳动中相当于第一部门提供的生活资料中凝结的劳动的那部分必要劳动的比例共同提高，剩余劳动中相当于第一部门提供的生活资料中凝结的劳动的那部分剩余劳动的比例的提高超过必要劳动中相当于第一部门提供的生活资料中凝结的劳动的那部分必要劳动的比例的提高，即满足（19－14）式表示的关系，剩余劳动中相当于第一部门提供的生活资料中凝结的劳动的那部分剩余劳动的比例的相对提高率超过必要劳动中相当于第一部门提供的生活资料中凝结的劳动的那部分必要劳动的比例的相对提高率，即满足（19－57）式表示的关系，此外，第二部门使用的第一部门生产的生产资料中凝结的物化劳动占第二部门使用的生产资料中凝结的物化劳动的比例的提高超过剩余劳动中相当于第一部门提供的生活资料中凝结的劳动的那部分剩余劳动的比例的提高，并且，第二部门使用的第一部门生产的生产资料中凝结的物化劳动占第二部门使用的生产资料中凝结的物化劳动的比例的相对提高率高于剩余劳动中相当于第一部门提供的生活资料中凝结的劳动的那部分剩余劳动的比例的相对提高率，那么，在第一部门价值形式的资本有机构成、第二部门价值形式的资本有机构成提高的条件下，也就是在价值形式的总资本有机构成提高的条件下，价值形式的利润率、价值形式的平均利润率、生产价格形式的利润率都下降。

假设所有初始的外生变量与第九章的数例中的已知量相同，即

第一部门的不变资本中交换第二部门产品的部分 $c_{12}=300$。

第一部门的可变资本中交换第二部门产品的部分 $v_{12}=210$。

第一部门的剩余价值中交换第二部门产品的部分 $s_{12}=90$。

第一部门租用的土地面积 $l_1=2\ 500$。

第二部门租用的土地面积 $l_2=10\ 000$。

单位面积最差土地的农产品产量 $q_{a21}=200$。

第一部门单位面积土地的农产品产量 $q_{a1}=230$。

第二部门单位面积土地的农产品产量，或单位中等土地的农产品产量 $q_{a2}=250$。

同时假设：

第一部门的不变资本中交换第一部门产品的部分 $c_{11}=1\ 170$，1190，1 210，…，1470。

第一部门的可变资本中交换第一部门产品的部分 $v_{11}=90$，90.1，90.2，…，91.5。

第一部门的剩余价值 s_1 中交换第一部门产品的部分 $s_{11}=360$，362，364，…，390。

第二部门的价值形式的资本有机构成 $k_2=2.5$，2.512，2.524，…，2.68。

第二部门不变资本中用于交换第一部门产品的比例 $f_2=0.3(\frac{49}{39}f_1+1)$。

相应地，第一部门价值形式的资本有机构成 $k_1=4.9$，4.965 011 663，5.029 980 013，…，5.870 646 763。

剩余价值率 $e=1.5$，1.506 164 6，1.512 325 1，…，1.592 039 8。

第一部门不变资本中用于交换第一部门产品的比例 $f_1=0.795\ 918\ 37$，0.798 657 72，0.801 324 5，…，0.830 508 47。

第二部门不变资本中用于交换第一部门产品的比例 $f_2=0.6$，0.601 032 525，0.602 037 697，…，0.613 037 81。

可变资本中用于交换第一部门生产的生活资料的价值的比例 $h=0.3$，0.300 233 256，0.300 466 356，…，0.303 482 587。

剩余价值中用于交换第一部门生产的生活资料的价值的比例 $b=0.8$，0.800 884 956，0.801 762 115，…，0.812 5。

价值形式的总资本有机构成 k、生产价格形式的总资本有机构成 k_p 与第一部门的不变资本中交换第一部门产品的部分 c_{11} 的关系，可以用表 19－11表示。

表 19－11　　**k、k_p与c_{11}的关系**

第一部门的不变资本中交换第一部门产品的部分 c_{11}	价值形式的总资本有机构成 k	生产价格形式的总资本有机构成 k_p
1 170	3.940 000 000 0	3.772 106 817 6
1 190	3.987 189 668 5	3.818 832 333 1
1 210	4.034 468 224 3	3.865 702 309 0
1 230	4.081 834 281 6	3.912 714 377 6
1 250	4.129 286 485 2	3.959 866 222 0
1 270	4.176 823 509 3	4.007 155 574 5
1 290	4.224 444 056 2	4.054 580 214 2
1 310	4.272 146 855 0	4.102 137 965 5
1 330	4.319 930 660 8	4.149 826 696 1
1 350	4.367 794 253 1	4.197 644 315 7
1 370	4.415 736 435 4	4.245 588 774 3
1 390	4.463 756 033 9	4.293 658 060 8
1 410	4.511 851 896 8	4.341 850 201 7
1 430	4.560 022 893 2	4.390 163 260 0
1 450	4.608 267 913 0	4.438 595 333 9
1 470	4.656 585 865 4	4.487 144 555 4

在表 19－11 中，价值形式的总资本有机构成 k、生产价格形式的总资本有机构成 k_p与第一部门的不变资本中交换第一部门产品的部分 c_{11} 的关系，可以用图 19－11 表示。

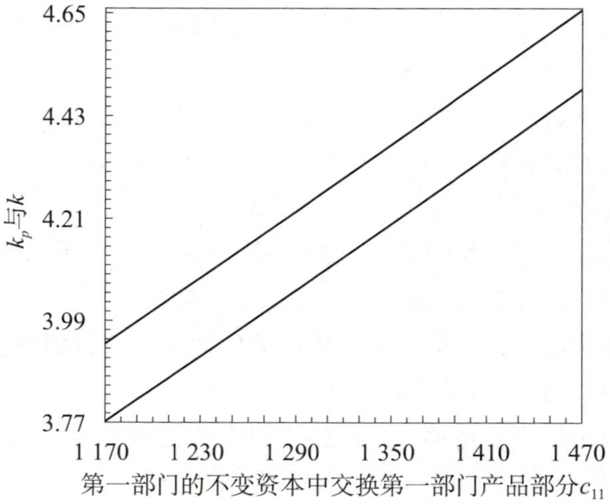

图 19－11　k、k_p与c_{11}的关系

由表 19－11 和图 19－11 可以看出，随着第一部门的不变资本中交换

第一部门产品的部分 c_{11} 提高，价值形式的总资本有机构成 k、生产价格形式的总资本有机构成 k_p 都提高。

可见，按照这里的数例，第一部门价值形式的资本有机构成 k_1、第二部门价值形式的资本有机构成 k_2、剩余价值率 e 共同提高，第一部门价值形式的资本有机构成 k_1 的提高 $\mathrm{d}k_1$ 超过第二部门价值形式的资本有机构成 k_2 的提高 $\mathrm{d}k_2$，第二部门价值形式的资本有机构成 k_2 的提高 $\mathrm{d}k_2$ 超过剩余价值率 e 的提高 $\mathrm{d}e$，第一部门价值形式的资本有机构成 k_1 的相对提高率 $\frac{\mathrm{d}k_1}{k_1}$ 高于第二部门价值形式的资本有机构成 k_2 的相对提高率 $\frac{\mathrm{d}k_2}{k_2}$，第二部门价值形式的资本有机构成 k_2 的相对提高率 $\frac{\mathrm{d}k_2}{k_2}$ 高于剩余价值率 e 的相对提高率 $\frac{\mathrm{d}e}{e}$，第一部门不变资本中用于交换第一部门产品的比例 f_1、第二部门不变资本中用于交换第一部门产品的比例 f_2 共同提高，第一部门不变资本中用于交换第一部门产品的比例 f_1 的提高 $\mathrm{d}f_1$ 超过第二部门不变资本中用于交换第一部门产品的比例 f_2 的提高 $\mathrm{d}f_2$，第一部门不变资本中用于交换第一部门产品的比例 f_1 的相对提高率 $\frac{\mathrm{d}f_1}{f_1}$ 高于第二部门不变资本中用于交换第一部门产品的比例 f_2 的相对提高率 $\frac{\mathrm{d}f_2}{f_2}$，剩余价值中用于交换第一部门生产的生活资料的价值的比例 b、可变资本中用于交换第一部门生产的生活资料的价值的比例 h 共同提高，剩余价值中用于交换第一部门生产的生活资料的价值的比例 b 的提高 $\mathrm{d}b$ 超过可变资本中用于交换第一部门生产的生活资料的价值的比例 h 的提高 $\mathrm{d}h$，剩余价值中用于交换第一部门生产的生活资料的价值的比例 b 的相对提高率 $\frac{\mathrm{d}b}{b}$ 高于可变资本中用于交换第一部门生产的生活资料的价值的比例 h 的相对提高率 $\frac{\mathrm{d}h}{h}$，此外，第二部门不变资本中用于交换第一部门产品的比例 f_2 的提高 $\mathrm{d}f_2$ 超过剩余价值中用于交换第一部门生产的生活资料的价值的比例 b 的提高 $\mathrm{d}b$，并且，第二部门不变资本中用于交换第一部门产品的比例 f_2 的相对提高率 $\frac{\mathrm{d}f_2}{f_2}$ 高于剩余价值中用于交换第一部门生产的生活资料的价值的比例 b 的相对提高率 $\frac{\mathrm{d}b}{b}$，那么，价值形式的总资本有机构成 k、生产价格形式的总资本有机构成 k_p 都是第一部门的不变资本中交换第一部门产品的部分的单调递增的非线性函数。

二、剩余价值率与价值形式的总资本有机构成、生产价格形式的总资本有机构成的关系的数例

如果按照本节的假设条件，其余外生变量与第九章的数例中的已知量相同，那么，剩余价值率 e 与价值形式的总资本有机构成 k、生产价格形式的总资本有机构成 k_p 的关系，可以用表 19－12 表示。

表 19－12　e 与 k、k_p 的关系

价值形式的总资本有机构成 k	生产价格形式的总资本有机构成 k_p	剩余价值率 e
3.940 000 000 0	3.772 106 817 6	1.500 000 000 0
3.987 189 668 5	3.818 832 333 1	1.506 164 611 8
4.034 468 224 3	3.865 702 309 0	1.512 325 116 6
4.081 834 281 6	3.912 714 377 6	1.518 481 518 5
4.129 286 485 2	3.959 866 222 0	1.524 633 821 6
4.176 823 509 3	4.007 155 574 5	1.530 782 030 0
4.224 444 056 2	4.054 580 214 2	1.536 926 147 7
4.272 146 855 0	4.102 137 965 5	1.543 066 178 9
4.319 930 660 8	4.149 826 696 1	1.549 202 127 7
4.367 794 253 1	4.197 644 315 7	1.555 333 998 0
4.415 736 435 4	4.245 588 774 3	1.561 461 794 0
4.463 756 033 9	4.293 658 060 8	1.567 585 519 8
4.511 851 896 8	4.341 850 201 7	1.573 705 179 3
4.560 022 893 2	4.390 163 260 0	1.579 820 776 6
4.608 267 913 0	4.438 595 333 9	1.585 932 315 9
4.656 585 865 4	4.487 144 555 4	1.592 039 801 0

在表 19－12 中，剩余价值率 e 与生产价格形式的总资本有机构成 k_p 的关系，可以用图 19－12 表示。

由表 19－12 和图 19－12 可以看出，随着生产价格形式的总资本有机构成 k_p 提高，剩余价值率 e 提高。

可见，如果按照本节的假设条件，那么，剩余价值率是生产价格形式的总资本有机构成的单调递增函数。

值得注意的是，这里的横坐标为生产价格形式的总资本有机构成 k_p，

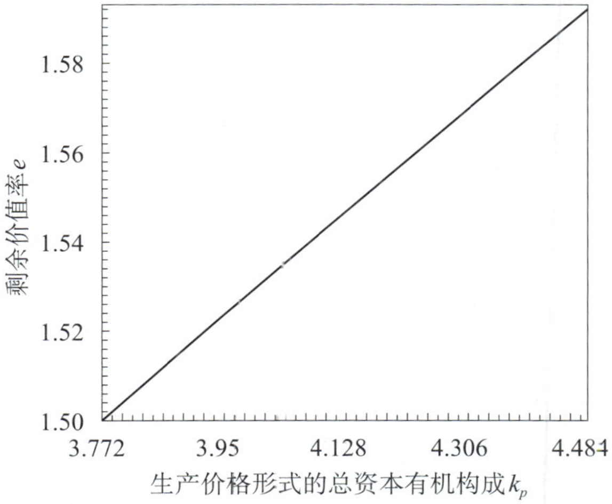

图 19-12　e 与 k_p 的关系

在第一部门价值形式的资本有机构成 k_1、第二部门价值形式的资本有机构成 k_2、剩余价值率 e 共同提高，第一部门价值形式的资本有机构成 k_1 的提高超过第二部门价值形式的资本有机构成 k_2 的提高，第二部门价值形式的资本有机构成 k_2 的提高超过剩余价值率 e 的提高，第一部门价值形式的资本有机构成 k_1 的相对提高率高于第二部门价值形式的资本有机构成 k_2 的相对提高率，第二部门价值形式的资本有机构成 k_2 的相对提高率高于剩余价值率 e 的相对提高率的条件下，生产价格形式的总资本有机构成 k_p 是第一部门的不变资本中交换第一部门产品的部分 c_{11} 的非线性函数。在本例中，第一部门的不变资本中交换第一部门产品的部分 c_{11} 是等差数列，生产价格形式的总资本有机构成 k_p 就不可能是等差数列。用 Office 中的 Excel 作图，横坐标必须是等差数列。为此，利用 Excel 中的 vlookup 函数功能，将生产价格形式的总资本有机构成 k_p 转变为等差数列，然后再用 Excel 作图。

在本章中，凡是横坐标为生产价格形式的总资本有机构成的地方，均用此种方式作图。下面不再重复阐述。

三、谷物价格与生产价格形式的总资本有机构成的关系的数例

如果按照本节的假设条件，其余外生变量与第九章的数例中的已知量相同，那么，谷物价格 p 与生产价格形式的总资本有机构成 k_p、剩余价值率 e 的关系，可以用表 19-13 表示。

表 19-13　　p 与 k_p、e 的关系

生产价格形式的总资本有机构成 k_p	剩余价值率 e	谷物价格 p
3.772 106 817 6	1.500 000 000 0	0.000 427 354 7
3.818 832 333 1	1.506 164 611 8	0.000 426 273 3
3.865 702 309 0	1.512 325 116 6	0.000 425 208 2
3.912 714 377 6	1.518 481 518 5	0.000 424 159 1
3.959 866 222 0	1.524 633 821 6	0.000 423 125 5
4.007 155 574 5	1.530 782 030 0	0.000 422 106 9
4.054 580 214 2	1.536 926 147 7	0.000 421 103 0
4.102 137 965 5	1.543 066 178 9	0.000 420 113 4
4.149 826 696 1	1.549 202 127 7	0.000 419 137 7
4.197 644 315 7	1.555 333 998 0	0.000 418 175 6
4.245 588 774 3	1.561 461 794 0	0.000 417 226 7
4.293 658 060 8	1.567 585 519 8	0.000 416 290 8
4.341 850 201 7	1.573 705 179 3	0.000 415 367 6
4.390 163 260 0	1.579 820 776 6	0.000 414 456 6
4.438 595 333 9	1.585 932 315 9	0.000 413 557 8
4.487 144 555 4	1.592 039 801 0	0.000 412 670 7

在表 19-13 中，谷物价格 p 与生产价格形式的总资本有机构成 k_p 的关系，可以用图 19-13 表示。

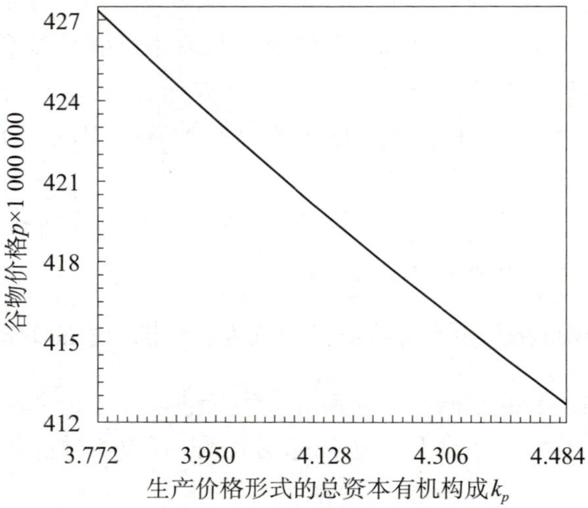

图 19-13　p×1 000 000 与 k_p 的关系

图 19－13 表示谷物价格 p 的 1 000 000 倍，与生产价格形式的总资本有机构成 k_p 的关系。

由表 19－13 和图 19－13 可以看出，随着生产价格形式的总资本有机构成 k_p 提高，谷物价格 p 降低。

可见，如果按照本节的假设条件，那么，谷物价格是生产价格形式的总资本有机构成的单调递减函数。

四、第一部门生产价格形式的利润与生产价格形式的总资本有机构成的关系的数例

如果按照本节的假设条件，其余外生变量与第九章的数例中的已知量相同，那么，第一部门生产价格形式的利润 s_{p1} 与生产价格形式的总资本有机构成 k_p、剩余价值率 e 的关系，可以用表 19－14 表示。

表 19－14　　　s_{p1} 与 k_p、e 的关系

生产价格形式的总资本有机构成 k_p	剩余价值率 e	第一部门生产价格形式的利润 s_{p1}
3.772 106 817 6	1.500 000 000 0	353.498 524 38
3.818 832 333 1	1.506 164 611 8	356.608 364 32
3.865 702 309 0	1.512 325 116 6	359.702 885 27
3.912 714 377 6	1.518 481 518 5	362.782 353 72
3.959 866 222 0	1.524 633 821 6	365.847 030 14
4.007 155 574 5	1.530 782 030 0	368.897 169 24
4.054 580 214 2	1.536 926 147 7	371.933 020 13
4.102 137 965 5	1.543 066 178 9	374.954 826 53
4.149 826 696 1	1.549 202 127 7	377.962 826 93
4.197 644 315 7	1.555 333 998 0	380.957 254 75
4.245 588 774 3	1.561 461 794 0	383.938 338 51
4.293 658 060 8	1.567 585 519 8	386.906 301 93
4.341 850 201 7	1.573 705 179 3	389.861 364 12
4.390 163 260 0	1.579 820 776 6	392.803 739 69
4.438 595 333 9	1.585 932 315 9	395.733 638 86
4.487 144 555 4	1.592 039 801 0	398.651 267 59

在表 19－14 中，第一部门生产价格形式的利润 s_{p1} 与生产价格形式的总资本有机构成 k_p 的关系，可以用图 19－14 表示。

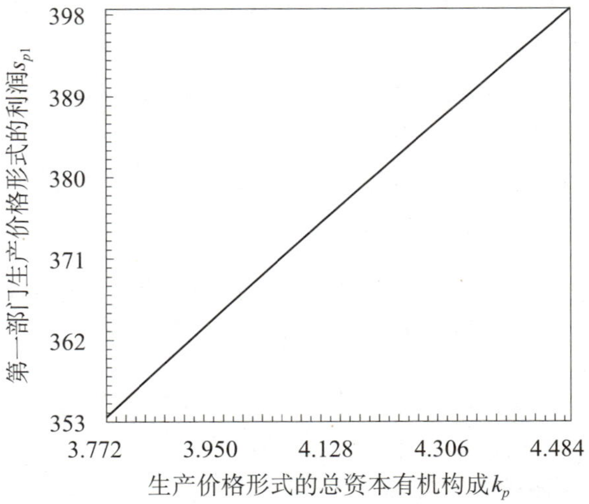

图 19－14　s_{p1}与 k_p的关系

由表 19－14 和图 19－14 可以看出，随着生产价格形式的总资本有机构成 k_p提高，第一部门生产价格形式的利润 s_{p1}提高。

可见，如果按照本节的假设条件，那么，第一部门生产价格形式的利润是生产价格形式的总资本有机构成的单调递增函数。

五、第二部门生产价格形式的利润与生产价格形式的总资本有机构成的关系的数例

如果按照本节的假设条件，其余外生变量与第九章的数例中的已知量相同，那么，第二部门生产价格形式的利润 s_{p2}与生产价格形式的总资本有机构成 k_p、剩余价值率 e 的关系，可以用表 19－15 表示。

表 19－15　　s_{p2}与 k_p、e 的关系

生产价格形式的总资本有机构成 k_p	剩余价值率 e	第二部门生产价格形式的利润 s_{p2}
3.772 106 817 6	1.500 000 000 0	142.547 636 71
3.818 832 333 1	1.506 164 611 8	141.891 596 43
3.865 702 309 0	1.512 325 116 6	141.243 271 50
3.912 714 377 6	1.518 481 518 5	140.602 547 24
3.959 866 222 0	1.524 633 821 6	139.969 311 20
4.007 155 574 5	1.530 782 030 0	139.343 453 07
4.054 580 214 2	1.536 926 147 7	138.724 864 59
4.102 137 965 5	1.543 066 178 9	138.113 439 47
4.149 826 696 1	1.549 202 127 7	137.509 073 33

续前表

生产价格形式的总资本有机构成 k_p	剩余价值率 e	第二部门生产价格形式的利润 s_{p2}
4.197 644 315 7	1.555 333 998 0	136.911 663 64
4.245 588 774 3	1.561 461 794 0	136.321 109 65
4.293 658 060 8	1.567 585 519 8	135.737 312 37
4.341 850 201 7	1.573 705 179 3	135.160 174 45
4.390 163 260 0	1.579 820 776 6	134.539 600 23
4.438 595 333 9	1.585 932 315 9	134.025 495 61
4.487 144 555 4	1.592 039 801 0	133.437 768 07

在表 19－15 中，第二部门生产价格形式的利润 s_{p2} 与生产价格形式的总资本有机构成 k_p 的关系，可以用图 19－15 表示。

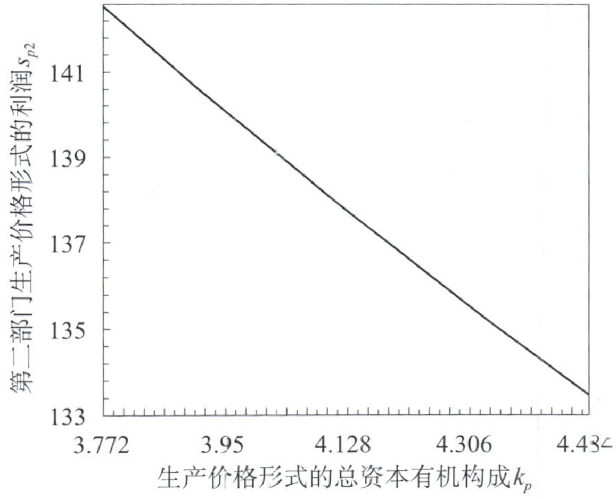

图 19－15　s_{p2} 与 k_p 的关系

由表 19－15 和图 19－15 可以看出，随着生产价格形式的总资本有机构成 k_p 提高，第二部门生产价格形式的利润 s_{p2} 降低。

可见，如果按照本节的假设条件，那么，第二部门生产价格形式的利润是生产价格形式的总资本有机构成的单调递减函数。

六、生产价格形式的总利润与生产价格形式的总资本有机构成的关系的数例

如果按照本节的假设条件，其余外生变量与第九章的数例中的已知量相同，那么，生产价格形式的总利润 s_p 与生产价格形式的总资本有机构成 k_p、剩余价值率 e 的关系，可以用表 19－16 表示。

表 19－16　　s_p与k_p、e的关系

生产价格形式的总资本有机构成 k_p	剩余价值率 e	生产价格形式的总利润 s_p
3.772 106 82	1.500 000 00	496.046 161 09
3.818 832 33	1.506 164 61	498.499 960 75
3.865 702 31	1.512 325 12	500.946 156 77
3.912 714 38	1.518 481 52	503.384 900 96
3.959 866 22	1.524 633 82	505.816 341 34
4.007 155 57	1.530 782 03	508.240 622 31
4.054 580 21	1.536 926 15	510.657 884 71
4.102 137 97	1.543 066 18	513.068 265 99
4.149 826 70	1.549 202 13	515.471 900 26
4.197 644 32	1.555 334 00	517.868 918 39
4.245 588 77	1.561 461 79	520.259 448 16
4.293 658 06	1.567 585 52	522.643 614 29
4.341 850 20	1.573 705 18	525.021 538 57
4.390 163 26	1.579 820 78	527.393 339 92
4.438 595 33	1.585 932 32	529.759 134 47
4.487 144 56	1.592 039 80	532.119 035 66

在表 19－16 中，生产价格形式的总利润 s_p与生产价格形式的总资本有机构成k_p的关系，可以用图 19－16 表示。

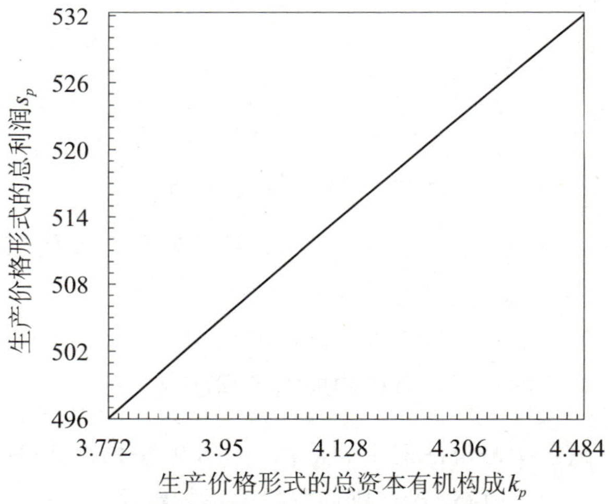

图 19－16　s_p与k_p的关系

由表 19－16 和图 19－16 可以看出，随着生产价格形式的总资本有机构成 k_p提高，生产价格形式的总利润 s_p提高。

可见，如果按照本节的假设条件，那么，生产价格形式的总利润是生产价格形式的总资本有机构成的单调递增函数。

七、第一部门生产价格形式的地租与生产价格形式的总资本有机构成的关系的数例

如果按照本节的假设条件，其余外生变量与第九章的数例中的已知量相同，那么，第一部门生产价格形式的地租 y_{p1} 与生产价格形式的总资本有机构成 k_p、剩余价值率 e 的关系，可以用表 19－17 表示。

表 19－17　　y_{p1} 与 k_p、e 的关系

生产价格形式的总资本有机构成 k_p	剩余价值率 e	第一部门生产价格形式的地租 y_{p1}
3.772 106 817 6	1.500 000 000 0	32.051 601 944
3.818 832 333 1	1.506 164 611 8	31.970 495 309
3.865 702 309 0	1.512 325 116 6	31.890 616 888
3.912 714 377 6	1.518 481 518 5	31.811 932 333
3.959 866 222 0	1.524 633 821 6	31.734 408 952
4.007 155 574 5	1.530 782 030 0	31.653 015 598
4.054 580 214 2	1.536 926 147 7	31.582 722 565
4.102 137 965 5	1.543 066 178 9	31.508 501 494
4.149 826 696 1	1.549 202 127 7	31.435 325 283
4.197 644 315 7	1.555 333 998 0	31.363 168 012
4.245 588 774 3	1.561 461 794 0	31.292 004 862
4.293 658 060 8	1.567 585 519 8	31.221 812 053
4.341 850 201 7	1.573 705 179 3	31.152 566 778
4.390 163 260 0	1.579 820 776 6	31.084 247 144
4.438 595 333 9	1.585 932 315 9	31.016 832 121
4.487 144 555 4	1.592 039 801 0	30.950 301 490

在表 19－17 中，第一部门生产价格形式的地租 y_{p1} 与生产价格形式的总资本有机构成 k_p 的关系，可以用图 19－17 表示。

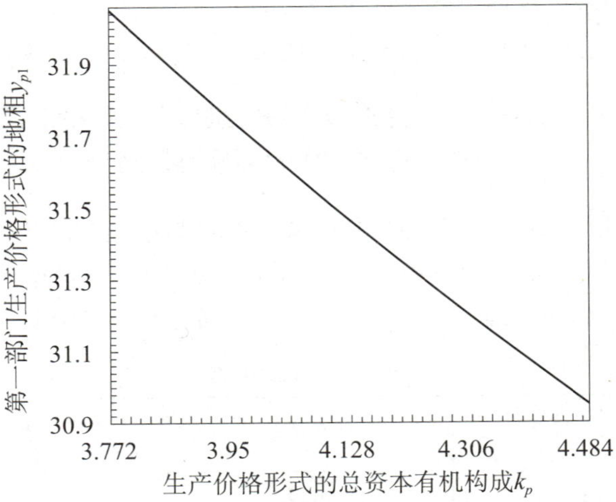

图 19-17　y_{p1}与 k_p 的关系

由表 19-17 和图 19-17 可以看出，随着生产价格形式的总资本有机构成 k_p 提高，第一部门生产价格形式的地租 y_{p1} 降低。

可见，如果按照本节的假设条件，那么，第一部门生产价格形式的地租是生产价格形式的总资本有机构成的单调递减函数。

八、第二部门生产价格形式的地租与生产价格形式的总资本有机构成的关系的数例

如果按照本节的假设条件，其余外生变量与第九章的数例中的已知量相同，那么，第二部门生产价格形式的地租 y_{p2} 与生产价格形式的总资本有机构成 k_p、剩余价值率 e 的关系，可以用表 19-18 表示。

表 19-18　y_{p2}与 k_p、e 的关系

生产价格形式的总资本有机构成 k_p	剩余价值率 e	第二部门生产价格形式的地租 y_{p2}
3.772 106 817 6	1.500 000 000 0	213.677 346 29
3.818 832 333 1	1.506 164 611 8	213.136 635 39
3.865 702 309 0	1.512 325 116 6	212.604 112 59
3.912 714 377 6	1.518 481 518 5	212.079 548 89
3.959 866 222 0	1.524 633 821 6	211.562 726 34
4.007 155 574 5	1.530 782 030 0	211.053 437 32
4.054 580 214 2	1.536 926 147 7	210.551 483 77
4.102 137 965 5	1.543 066 178 9	210.056 676 62
4.149 826 696 1	1.549 202 127 7	209.568 835 22

续前表

生产价格形式的总资本有机构成 k_p	剩余价值率 e	第二部门生产价格形式的地租 y_{p2}
4.197 644 315 7	1.555 333 998 0	209.037 786 75
4.245 588 774 3	1.561 461 794 0	208.613 365 75
4.293 658 060 8	1.567 585 519 8	208.145 413 69
4.341 850 201 7	1.573 705 179 3	207.683 778 52
4.390 163 260 0	1.579 820 776 6	207.228 314 29
4.438 595 333 9	1.585 932 315 9	206.778 880 80
4.487 144 555 4	1.592 039 801 0	206.335 343 27

在表 19－18 中，第二部门生产价格形式的地租 y_{p2} 与生产价格形式的总资本有机构成 k_p 的关系，可以用图 19－18 表示。

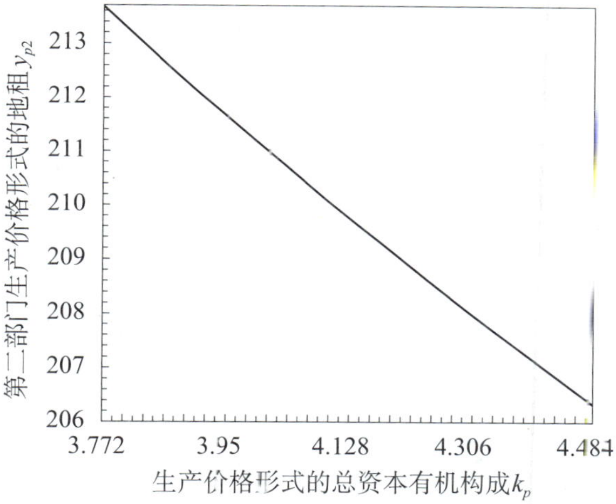

图 19－18　y_{p2} 与 k_p 的关系

由表 19－18 和图 19－18 可以看出，随着生产价格形式的总资本有机构成 k_p 提高，第二部门生产价格形式的地租 y_{p2} 降低。

可见，如果按照本节的假设条件，那么，第二部门生产价格形式的地租是生产价格形式的总资本有机构成的单调递减函数。

九、生产价格形式的总地租与生产价格形式的总资本有机构成的关系的数例

如果按照本节的假设条件，其余外生变量与第九章的数例中的已知量相同，那么，生产价格形式的总地租 y_p 与生产价格形式的总资本有机构成 k_p、剩余价值率 e 的关系，可以用表 19－19 表示。

表 19-19　　y_p与k_p、e的关系

生产价格形式的总资本有机构成 k_p	剩余价值率 e	生产价格形式的总地租 y_p
3.772 106 817 6	1.500 000 000 0	245.728 948 24
3.818 832 333 1	1.506 164 611 8	245.107 130 70
3.865 702 309 0	1.512 325 116 6	244.494 729 48
3.912 714 377 6	1.518 481 518 5	243.891 481 22
3.959 866 222 0	1.524 633 821 6	243.297 135 30
4.007 155 574 5	1.530 782 030 0	242.711 452 91
4.054 580 214 2	1.536 926 147 7	242.134 206 33
4.102 137 965 5	1.543 066 178 9	241.565 178 12
4.149 826 696 1	1.549 202 127 7	241.004 160 51
4.197 644 315 7	1.555 333 998 0	240.450 954 76
4.245 588 774 3	1.561 461 794 0	239.905 370 61
4.293 658 060 8	1.567 585 519 8	239.367 225 74
4.341 850 201 7	1.573 705 179 3	238.836 345 30
4.390 163 260 0	1.579 820 776 6	238.312 561 43
4.438 595 333 9	1.585 932 315 9	237.795 712 93
4.487 144 555 4	1.592 039 801 0	237.285 644 75

在表 19-19 中，生产价格形式的总地租 y_p与生产价格形式的总资本有机构成k_p的关系，可以用图 19-19 表示。

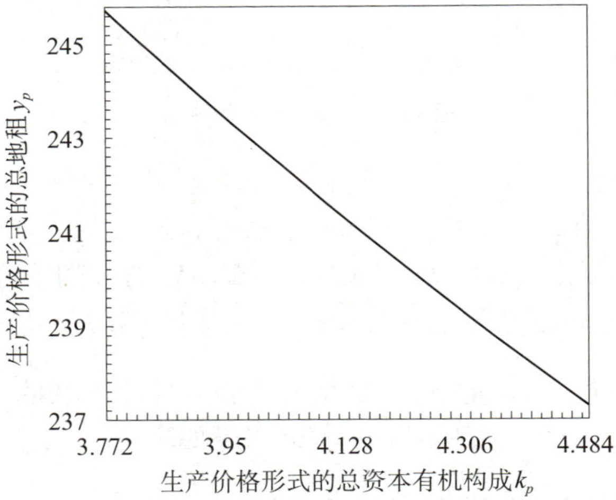

图 19-19　y_p与k_p的关系

由表 19-19 和图 19-19 可以看出，随着生产价格形式的总资本有机

构成 k_p 提高，生产价格形式的总地租 y_p 降低。

可见，如果按照本节的假设条件，那么，生产价格形式的总地租是生产价格形式的总资本有机构成的单调递减函数。

十、生产价格形式的利润率、价值形式的平均利润率与生产价格形式的总资本有机构成的关系的数例

如果按照本节的假设条件，其余外生变量与第九章的数例中的已知量相同，那么，生产价格形式的利润率 r、价值形式的平均利润率 r_{vt} 与生产价格形式的总资本有机构成 k_p、剩余价值率 e 的关系，可以用表 19－20 表示。

表 19－20　　r、r_{vt} 与 k_p、e 的关系

生产价格形式的总资本有机构成 k_p	剩余价值率 e	价值形式的平均利润率 r_{vt}	生产价格形式的利润率 r
3.772 106 82	1.500 000 00	0.203 055 21	0.200 161 88
3.818 832 33	1.506 164 61	0.202 459 50	0.199 663 14
3.865 702 31	1.512 325 12	0.201 868 89	0.199 166 12
3.912 714 38	1.518 481 52	0.201 283 39	0.198 670 96
3.959 866 22	1.524 633 82	0.200 702 99	0.198 177 77
4.007 155 57	1.530 782 03	0.200 127 67	0.197 686 66
4.054 580 21	1.536 926 15	0.199 557 43	0.197 197 72
4.102 137 97	1.543 066 18	0.198 992 25	0.196 711 05
4.149 826 70	1.549 202 13	0.198 432 10	0.196 226 73
4.197 644 32	1.555 334 00	0.197 876 95	0.195 744 83
4.245 588 77	1.561 461 79	0.197 326 79	0.195 265 42
4.293 658 06	1.567 585 52	0.196 781 58	0.194 788 57
4.341 850 20	1.573 705 18	0.196 241 29	0.194 314 32
4.390 163 26	1.579 820 78	0.195 705 89	0.193 842 74
4.438 595 33	1.585 932 32	0.195 175 33	0.193 373 86
4.487 144 56	1.592 039 80	0.194 649 60	0.192 907 73

在表 19－20 中，生产价格形式的利润率 r、价值形式的平均利润率 r_{vt} 与生产价格形式的总资本有机构成 k_p 的关系，可以用图 19－20 表示。

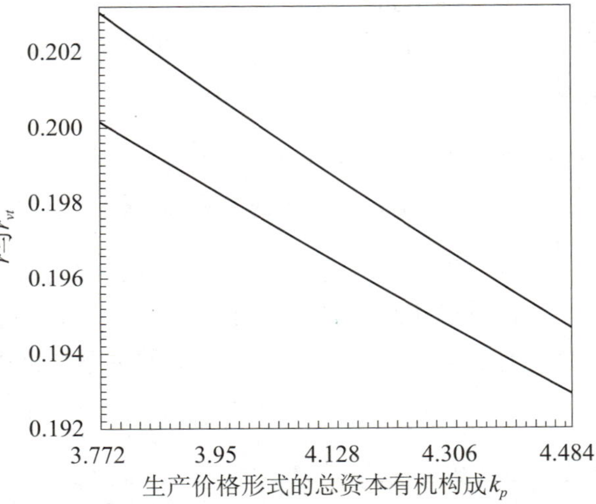

图 19－20　r、r_{vt}与k_p的关系

在图 19－20 中，上面的曲线，表示价值形式的平均利润率 r_{vt} 与生产价格形式的总资本有机构成 k_p 的关系；下面的曲线，表示生产价格形式的利润率 r 与生产价格形式的总资本有机构成 k_p 的关系。

由表 19－20 和图 19－20 可以看出，随着生产价格形式的总资本有机构成 k_p 提高，生产价格形式的利润率 r 降低，价值形式的平均利润率 r_{vt} 也降低。

可见，如果按照本节的假设条件，那么，生产价格形式的利润率 r、价值形式的平均利润率 r_{vt} 都是生产价格形式的总资本有机构成 k_p 的单调递减函数。

在两部门二元价值转形中，生产价格形式的利润率 r、价值形式的平均利润率 r_{vt}、生产价格形式的总资本有机构成 k_p 都是内生变量。一般情况下，应该将价值形式的平均利润率 r_{vt} 看做价值形式的总资本有机构成 k 的函数，而不是将之看做生产价格形式的总资本有机构成 k_p 的函数。这里，将价值形式的平均利润率 r_{vt} 看做生产价格形式的总资本有机构成 k_p 的函数，是为了将生产价格形式的利润率 r 的变化与价值形式的平均利润率 r_{vt} 的变化进行对比。

由表 19－10、图 19－10、表 19－20、图 19－20 可以看出，因为上一节和本节的假设条件和数例满足第十三章（13－17）式表示的价值形式的利润率下降的充分必要条件，所以，随着价值形式的总资本有机构成 k 提高，价值形式的利润率 r_v 降低。

必须指出的是，仅仅满足第十三章（13－17）式表示的价值形式的利润率 r_v 下降的充分必要条件，既不能保证价值形式的平均利润率 r_{vt} 下降，也不能保证生产价格形式的利润率 r 下降。

上一节和本节的假设条件和数例，不仅满足第十三章（13－17）式表示的价值形式的利润率 r_v 下降的充分必要条件，而且满足（19－28）式、（19－66）式、（19－9）式、（19－53）式、（19－14）式、（19－57）式表示的关系，即满足第一部门价值形式的资本有机构成的提高高于第二部门价值形式的资本有机构成的提高，第二部门价值形式的资本有机构成的提高高于剩余价值率的提高，第一部门价值形式的资本有机构成的相对提高率高于第二部门价值形式的资本有机构成的相对提高率，第二部门价值形式的资本有机构成的相对提高率高于剩余价值率的相对提高率，第一部门不变资本中用于交换第一部门产品的比例的提高高于第二部门不变资本中用于交换第一部门产品的比例的提高，第一部门不变资本中用于交换第一部门产品的比例的相对提高率高于第二部门不变资本中用于交换第一部门产品的比例的相对提高率，剩余价值中用于交换第一部门生产的生活资料的价值的比例的提高高于可变资本中用于交换第一部门生产的生活资料的价值的比例的提高，剩余价值中用于交换第一部门生产的生活资料的价值的比例的相对提高率高于可变资本中用于交换第一部门生产的生活资料的价值的比例的相对提高率，此外，第二部门不变资本中用于交换第一部门产品的比例的提高高于剩余价值中用于交换第一部门生产的生活资料的价值的比例的提高，第二部门不变资本中用于交换第一部门产品的比例的相对提高率高于剩余价值中用于交换第一部门生产的生活资料的价值的比例的相对提高率。

因此，随着价值形式的总资本有机构成提高，价值形式的平均利润率下降，生产价格形式的利润率也下降。

第八节　价值形式的利润率、价值形式的平均利润率与价值形式的资本有机构成的关系的数例（r_v 降低，r_{vt}、r 先上升后下降，r_{vt}、r 升降不一致）

一、第一部门不变资本中用于交换第一部门产品的比例与第一部门的不变资本中交换第一部门产品的部分的关系的数例

如果第一部门价值形式的资本有机构成、第二部门价值形式的资本有

机构成、剩余价值率共同提高，第一部门价值形式的资本有机构成的提高超过第二部门价值形式的资本有机构成的提高，第二部门价值形式的资本有机构成的提高超过剩余价值率的提高，即满足（19－28）式表示的关系，第一部门价值形式的资本有机构成的相对提高率高于第二部门价值形式的资本有机构成的相对提高率，第二部门价值形式的资本有机构成的相对提高率高于剩余价值的相对提高率，即满足（19－66）式表示的关系，第一部门使用的第一部门生产的生产资料中凝结的物化劳动占第一部门使用的生产资料中凝结的物化劳动的比例、第二部门使用的第一部门生产的生产资料中凝结的物化劳动占第二部门使用的生产资料中凝结的物化劳动的比例共同提高，第一部门使用的第一部门生产的生产资料中凝结的物化劳动占第一部门使用的生产资料中凝结的物化劳动的比例的提高超过第二部门使用的第一部门生产的生产资料中凝结的物化劳动占第二部门使用的生产资料中凝结的物化劳动的比例的提高，即满足（19－9）式表示的关系，但是，第一部门使用的第一部门生产的生产资料中凝结的物化劳动占第一部门使用的生产资料中凝结的物化劳动的比例的相对提高率等于第二部门使用的第一部门生产的生产资料中凝结的物化劳动占第二部门使用的生产资料中凝结的物化劳动的比例的相对提高率，即不满足（19－53）式表示的关系，剩余劳动中相当于第一部门提供的生活资料中凝结的劳动的那部分剩余劳动的比例、必要劳动中相当于第一部门提供的生活资料中凝结的劳动的那部分必要劳动的比例共同提高，但是，剩余劳动中相当于第一部门提供的生活资料中凝结的劳动的那部分剩余劳动的比例的提高低于必要劳动中相当于第一部门提供的生活资料中凝结的劳动的那部分必要劳动的比例的提高，即不满足（19－14）式表示的关系，并且，剩余劳动中相当于第一部门提供的生活资料中凝结的劳动的那部分剩余劳动的比例的相对提高率低于必要劳动中相当于第一部门提供的生活资料中凝结的劳动的那部分必要劳动的比例的相对提高率，即不满足（19－57）式表示的关系，此外，第二部门使用的第一部门生产的生产资料中凝结的物化劳动占第二部门使用的生产资料中凝结的物化劳动的比例的提高低于剩余劳动中相当于第一部门提供的生活资料中凝结的劳动的那部分剩余劳动的比例的提高，并且，第二部门使用的第一部门生产的生产资料中凝结的物化劳动占第二部门使用的生产资料中凝结的物化劳动的比例的相对提高率低于剩余劳动中相当于第一部门提供的生活资料中凝结的劳动的那部分剩余劳动的比例的相对提高率，那么，在第一部门价值形式的资本有机构成、第二部门价值形式的资本有机构成提高的条件下，也就是在价值形式的总资本有机构成提高的条件下，价值形式的利润率下降，但是，价值形式的平均利润率上升，生产价格形式的利润率上升。

假设一部分初始的外生变量与第九章的数例中的已知量相同，即

第一部门的不变资本中交换第二部门产品的部分 $c_{12}=300$。

第一部门的可变资本中交换第二部门产品的部分 $v_{12}=210$。

第一部门的剩余价值中交换第二部门产品的部分 $s_{12}=90$。

第一部门租用的土地面积 $l_1=2\ 500$。

第二部门租用的土地面积 $l_2=10\ 000$。

单位面积最差土地的农产品产量 $q_{a21}=200$。

第一部门单位面积土地的农产品产量 $q_{a1}=230$。

第二部门单位面积土地的农产品产量，或单位中等土地的农产品产量 $q_{a2}=250$。

同时假设：

第一部门的不变资本中交换第一部门产品的部分 $c_{11}=450$，570，690，…，2250。

第一部门的可变资本中交换第一部门产品的部分 $v_{11}=20$，28，36，…，140。

第一部门的剩余价值 s_1 中交换第一部门产品的部分 $s_{11}=40$，46，52，…，130。

第二部门的价值形式的资本有机构成 $k_2=1$，1.04，1.08，…，1.6。

第二部门不变资本中用于交换第一部门产品的比例 $f_2=0.5f_1$。

相应地，第一部门价值形式的资本有机构成 $k_1=3.260\ 869\ 565$，3.655 462 185，4.024 390 244，…，7.285 714 286。

剩余价值率 $e=0.565\ 217\ 4$，0.571 428 6，0.577 235 8，…，0.628 571 4。

第一部门不变资本中用于交换第一部门产品的比例 $f_1=0.6$，0.655 172 414，0.696 969 7，…，0.882 352 941。

第二部门不变资本中用于交换第一部门产品的比例 $f_2=0.3$，0.327 586 2，0.348 484 8，…，0.441 176 5。

可变资本中用于交换第一部门生产的生活资料的价值的比例 $h=0.086\ 956\ 522$，0.117 647 059，0.146 341 463，…，0.4。

剩余价值中用于交换第一部门生产的生活资料的价值的比例 $b=0.307\ 692\ 308$，0.338 235 294，0.366 197 183，…，0.590 909 091。

第一部门不变资本中用于交换第一部门产品的比例 f_1、第二部门不变资本中用于交换第一部门产品的比例 f_2、可变资本中用于交换第一部

门生产的生活资料的价值的比例 h、剩余价值中用于交换第一部门生产的生活资料的价值的比例 b 与第一部门的不变资本中交换第一部门产品的部分 c_{11} 的关系，可以用表 19－21 表示。

表 19－21　　**f_1、f_2、h、b 与 c_{11} 的关系**

第一部门的不变资本中交换第一部门产品的部分 c_{11}	第一部门不变资本中用于交换第一部门产品的比例 f_1	第二部门不变资本中用于交换第一部门产品的比例 f_2	可变资本中用于交换第一部门生产的生活资料的价值的比例 h	剩余价值中用于交换第一部门生产的生活资料的价值的比例 b
450	0.600 00	0.300 00	0.086 96	0.307 69
570	0.655 17	0.327 59	0.117 65	0.338 24
690	0.696 97	0.348 48	0.146 34	0.366 20
810	0.729 73	0.364 86	0.173 23	0.391 89
930	0.756 10	0.378 05	0.198 47	0.415 58
1 050	0.777 78	0.388 89	0.222 22	0.437 50
1 170	0.795 92	0.397 96	0.244 60	0.457 83
1 290	0.811 32	0.405 66	0.265 73	0.476 74
1 410	0.824 56	0.412 28	0.285 71	0.494 38
1 530	0.836 07	0.418 03	0.304 64	0.510 87
1 650	0.846 15	0.423 08	0.322 58	0.526 32
1 770	0.855 07	0.427 54	0.339 62	0.540 82
1 890	0.863 01	0.431 51	0.355 83	0.554 46
2 010	0.870 13	0.435 06	0.371 26	0.567 31
2 130	0.876 54	0.438 27	0.385 96	0.579 44
2 250	0.882 35	0.441 18	0.400 00	0.590 91

在表 19－21 中，第一部门不变资本中用于交换第一部门产品的比例 f_1 与第一部门的不变资本中交换第一部门产品的部分 c_{11} 的关系，可以用图 19－21 表示。

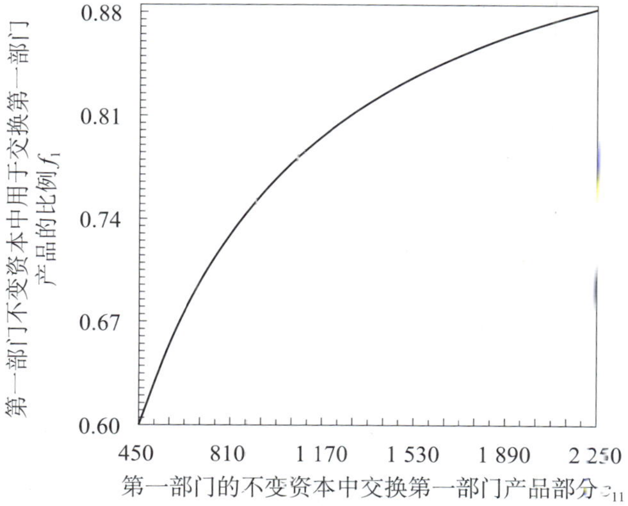

图 19-21 f_1 与 c_{11} 的关系

由表 19-21 和图 19-21 可以看出，随着第一部门的不变资本中交换第一部门产品的部分 c_{11} 提高，第一部门不变资本中用于交换第一部门产品的比例 f_1 提高。

可见，按照这里的数例，第一部门价值形式的资本有机构成 k_1、第二部门价值形式的资本有机构成 k_2、剩余价值率 e 共同提高，第一部门价值形式的资本有机构成 k_1 的提高 dk_1 超过第二部门价值形式的资本有机构成 k_2 的提高 dk_2，第二部门价值形式的资本有机构成 k_2 的提高 dk_2 超过剩余价值率 e 的提高 de，第一部门价值形式的资本有机构成 k_1 的相对提高率 $\frac{dk_1}{k_1}$ 高于第二部门价值形式的资本有机构成 k_2 的相对提高率 $\frac{dk_2}{k_2}$，第二部门价值形式的资本有机构成 k_2 的相对提高率 $\frac{dk_2}{k_2}$ 高于剩余价值率 e 的相对提高率 $\frac{de}{e}$，第一部门不变资本中用于交换第一部门产品的比例 f_1、第二部门不变资本中用于交换第一部门产品的比例 f_2 共同提高，第一部门不变资本中用于交换第一部门产品的比例 f_1 的提高 df_1 超过第二部门不变资本中用于交换第一部门产品的比例 f_2 的提高 df_2，但是，第一部门不变资本中用于交换第一部门产品的比例 f_1 的相对提高率 $\frac{df_1}{f_1}$ 等于第二部门不变资本中用于交换第一部门产品的比例 f_2 的相对提高率 $\frac{df_2}{f_2}$，剩余价值中用于交换第一部门生产的生活资料的价值的比例 b、可变资本中用于交换第一部门生产的生活资料的价值的比例 h 共同提高，但是，剩余价值中用于交换第一部门生产的生活资料的价值的比例 b 的提高 $\mathrm{d}b$ 低于可变资本中用于交换第一部门生产的生活资料的价值的比例 h 的提高 $\mathrm{d}h$，并且，剩余价值中用于交换第一部门生产的生活资料的价值的比例 b 的相对提高率 $\frac{\mathrm{d}b}{b}$ 低于可变资本中用于交换第一部门生产的生活资料的价值的比例 h 的相对提高率 $\frac{\mathrm{d}h}{h}$，此外，第二部门不变资本中用于交换第一部门产品的比例 f_2 的提高 $\mathrm{d}f_2$ 低于剩余价值中用于交换第一部门生产的生活资料的价值的比例 b 的提高 $\mathrm{d}b$，并且，第二部门不变资本中用于交换第一部门产品的比例 f_2 的相对提高率 $\frac{\mathrm{d}f_2}{f_2}$ 低于剩余价值中用于交换第一部门生产的生活资料的价值的比例 b 的相对提高率 $\frac{\mathrm{d}b}{b}$，那么，第一部门不变资本中用于交换第一部门产品的比例，是第一部门的不变资本中交换第一部门产品的部分的单调递增函数。

二、价值形式的总资本有机构成与第一部门的不变资本中交换第一部门产品的部分的关系的数例

如果按照本节的假设条件，其余外生变量与第九章的数例中的已知量相同，那么，第一部门价值形式的资本有机构成 k_1、第二部门价值形式的资本有机构成 k_2、价值形式的总资本有机构成 k 与第一部门的不变资本中交换第一部门产品的部分 c_{11} 的关系，可以用表 19－22 表示。

表 19－22　k_1、k_2、k 与 c_{11} 的关系

第一部门的不变资本中交换第一部门产品的部分 c_{11}	第一部门价值形式的资本有机构成 k_1	第二部门价值形式的资本有机构成 k_2	价值形式的总资本有机构成 k
450	3.260 869 565	1.00	1.400 071 569
570	3.655 462 185	1.04	1.577 180 796
690	4.024 390 244	1.08	1.761 173 403
810	4.370 078 740	1.12	1.950 055 046
930	4.694 656 489	1.16	2.142 240 303
1 050	5.000 000 000	1.20	2.336 448 598
1 170	5.287 769 784	1.24	2.531 636 536
1 290	5.559 440 559	1.28	2.726 950 126
1 410	5.816 326 531	1.32	2.921 689 178
1 530	6.059 602 649	1.36	3.115 279 792

续前表

第一部门的不变资本中交换第一部门产品的部分 c_{11}	第一部门价值形式的资本有机构成 k_1	第二部门价值形式的资本有机构成 k_2	价值形式的总资本有机构成 k
1 650	6.290 322 581	1.40	3.307 252 578
1 770	6.509 433 962	1.44	3.497 225 129
1 890	6.717 791 411	1.48	3.684 887 735
2 010	6.916 167 665	1.52	3.869 991 626
2 130	7.105 263 158	1.56	4.052 339 242
2 250	7.285 714 286	1.60	4.231 776 123

在表 19－22 中，价值形式的总资本有机构成 k 与第一部门的不变资本中交换第一部门产品的部分 c_{11} 的关系，可以用图 19－22 表示。

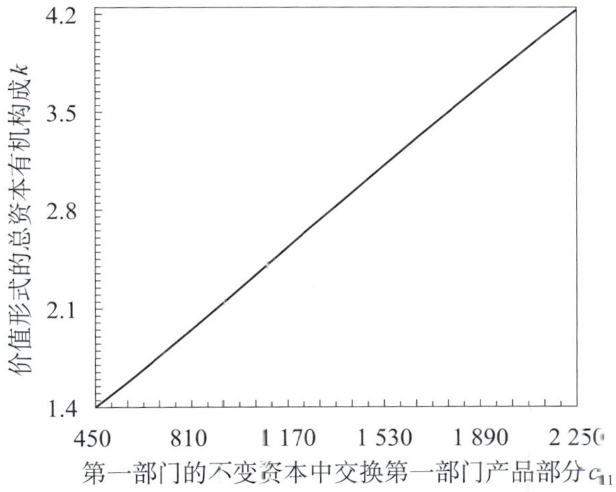

图 19－22　k 与 c_{11} 的关系

由表 19－22 和图 19－22 可以看出，随着第一部门的不变资本中交换第一部门产品的部分 c_{11} 提高，价值形式的总资本有机构成 k 提高。

可见，如果按照本节的假设条件，那么，价值形式的总资本有机构成是第一部门的不变资本中交换第一部门产品的部分的单调递增的非线性函数。

三、剩余价值率与价值形式的总资本有机构成的关系的数例

如果按照本节的假设条件，其余外生变量与第九章的数例中的已知量相同，那么，剩余价值率 e 与第一部门的不变资本中交换第一部门产品的部分 c_{11}、价值形式的总资本有机构成 k 的关系，可以用表 19－23 表示。

表 19-23　　　　e 与 c_{11}、k 的关系

第一部门的不变资本中交换第一部门产品的部分 c_{11}	价值形式的总资本有机构成 k	剩余价值率 e
450	1.400 071 569 2	0.565 217 391 3
570	1.577 180 796 0	0.571 428 571 4
690	1.761 173 403 2	0.577 235 772 4
810	1.950 055 045 9	0.582 677 165 4
930	2.142 240 302 9	0.587 786 259 5
1 050	2.336 448 598 1	0.592 592 592 6
1 170	2.531 636 535 5	0.597 122 302 2
1 290	2.726 950 125 7	0.601 398 601 4
1 410	2.921 689 178 3	0.605 442 176 9
1 530	3.115 279 791 8	0.609 271 523 2
1 650	3.307 252 577 6	0.612 903 225 8
1 770	3.497 225 129 4	0.616 352 201 3
1 890	3.684 887 735 1	0.619 631 901 8
2 010	3.869 991 626 0	0.622 754 491 0
2 130	4.052 339 242 1	0.625 730 994 2
2 250	4.231 776 122 8	0.628 571 428 6

在表 19-23 中，剩余价值率 e 与价值形式的总资本有机构成 k 的关系，可以用图 19-23 表示。

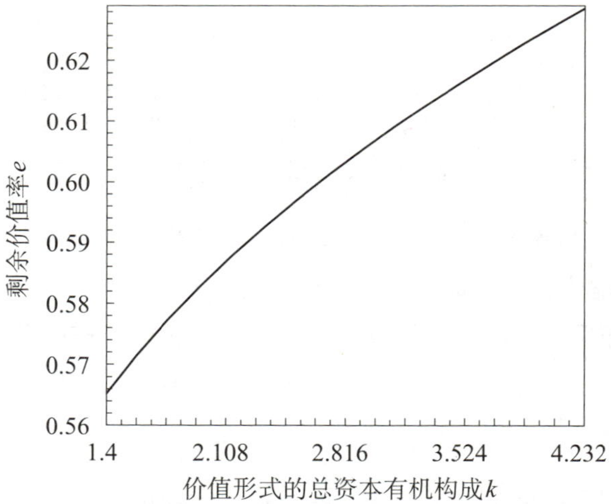

图 19-23　e 与 k 的关系

由表 19-23 和图 19-23 可以看出，随着价值形式的总资本有机构成 k 提高，剩余价值率 e 提高。

可见，如果按照本节的假设条件，那么，剩余价值率是价值形式的总资本有机构成的单调递增函数。

四、价值形式的平均利润率与价值形式的总资本有机构成的关系的数例

如果按照本节的假设条件，其余外生变量与第九章的数例中的已知量相同，那么，价值形式的平均利润率 r_{vt} 与价值形式的总资本有机构成 k、剩余价值率 e 的关系，可以用表 19－24 表示。

表 19－24　　r_{vt} 与 k、e 的关系

价值形式的总资本有机构成 k	剩余价值率 e	价值形式的平均利润率 r_{vt}
1.400 071 569 2	0.565 217 391 3	0.031 483 366 6
1.577 180 796 0	0.571 428 571 4	0.033 861 890 2
1.761 173 403 2	0.577 235 772 4	0.035 592 464 3
1.950 055 045 9	0.582 677 165 4	0.036 840 161 9
2.142 240 302 9	0.587 786 259 5	0.037 729 433 1
2.336 448 598 1	0.592 592 592 6	0.038 352 078 9
2.531 636 535 5	0.597 122 302 2	0.038 775 763 7
2.726 950 125 7	0.601 398 601 4	0.039 050 601 7
2.921 689 178 3	0.605 442 176 9	0.039 213 938 5
3.115 279 791 8	0.609 271 523 2	0.039 293 777 6
3.307 252 577 6	0.612 903 225 8	0.039 311 237 5
3.497 225 129 4	0.616 352 201 3	0.039 282 326 5
3.684 887 735 1	0.619 631 901 8	0.039 219 232 3
3.869 991 626 0	0.622 754 491 0	0.039 131 267 7
4.052 339 242 1	0.625 730 994 2	0.039 025 568 5
4.231 776 122 8	0.628 571 428 6	0.038 907 612 9

在表 19－24 中，价值形式的平均利润率 r_{vt} 与价值形式的总资本有机构成 k 的关系，可以用图 19－24 表示。

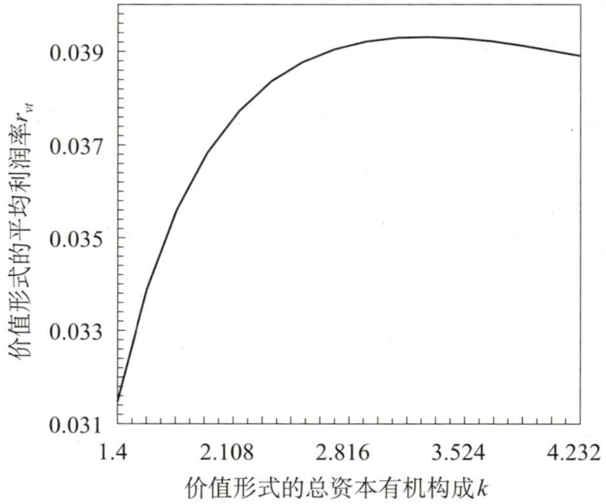

图 19－24　r_{vt} 与 k 的关系

由表 19－24 和图 19－24 可以看出，随着价值形式的总资本有机构成 k 提高，价值形式的平均利润率 r_{vt} 先上升后下降。在价值形式的总资本有机构成 $k=3.307\ 252\ 577\ 6$ 附近，价值形式的平均利润率 r_{vt} 出现极大值。

可见，如果按照本节的假设条件，那么，价值形式的平均利润率 r_{vt} 是价值形式的总资本有机构成的非线性函数。

五、价值形式的利润率与价值形式的总资本有机构成的关系的数例

如果按照本节的假设条件，其余外生变量与第九章的数例中的已知量相同，那么，价值形式的利润率 r_v 与价值形式的总资本有机构成 k、剩余价值率 e 的关系，可以用表 19－25 表示。

表 19－25　　r_v 与 k、e 的关系

价值形式的总资本有机构成 k	剩余价值率 e	价值形式的利润率 r_v
1.400 071 569 2	0.565 217 391 3	0.235 500 223 6
1.577 180 796 0	0.571 428 571 4	0.221 726 225 9
1.761 173 403 2	0.577 235 772 4	0.209 054 517 1
1.950 055 045 9	0.582 677 165 4	0.197 513 997 6
2.142 240 302 9	0.587 786 259 5	0.187 059 614 4
2.336 448 598 1	0.592 592 592 6	0.177 611 785 5

续前表

价值形式的总资本有机构成 k	剩余价值率 e	价值形式的利润率 r_v
2.531 636 535 5	0.597 122 302 2	0.169 078 073 6
2.726 950 125 7	0.601 398 601 4	0.161 364 810 7
2.921 689 178 3	0.605 442 176 9	0.154 383 009 3
3.115 279 791 8	0.609 271 523 2	0.148 051 057 0
3.307 252 577 6	0.612 903 225 8	0.142 295 631 6
3.497 225 129 4	0.616 352 201 3	0.137 051 667 1
3.684 887 735 1	0.619 631 901 8	0.132 261 846 4
3.869 991 626 0	0.622 754 491 0	0.127 375 885 4
4.052 339 242 1	0.625 730 994 2	0.123 349 758 3
4.231 776 122 8	0.628 571 428 6	0.120 144 940 0

在表 19－25 中，价值形式的利润率 r_v 与价值形式的总资本有机构成 k 的关系，可以用图 19－25 表示。

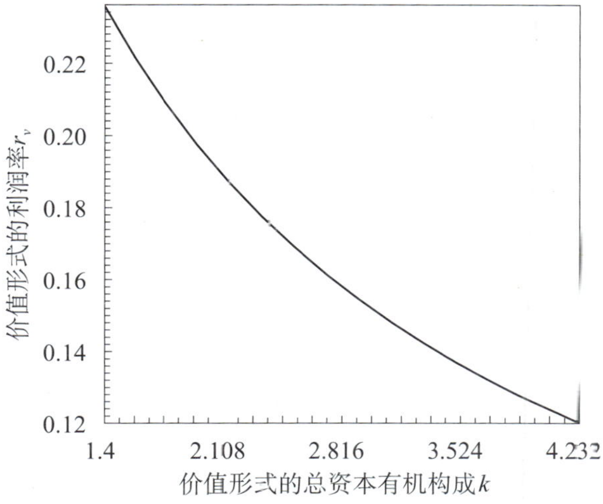

图 19－25　r_v 与 k 的关系

由表 19－25 和图 19－25 可以看出，随着价值形式的总资本有机构成 k 提高，价值形式的利润率 r_v 降低。

可见，如果按照本节的假设条件，那么，价值形式的利润率是价值形式的总资本有机构成的单调递减函数。

第九节　生产价格形式的利润率与生产价格形式的资本有机构成的关系的数例（r_v降低，r_{vt}、r先上升后下降，r_{vt}、r升降不一致）

一、价值形式的总资本有机构成、生产价格形式的总资本有机构成与第一部门的不变资本中交换第一部门产品的部分的关系的数例

如果第一部门价值形式的资本有机构成、第二部门价值形式的资本有机构成、剩余价值率共同提高，第一部门价值形式的资本有机构成的提高超过第二部门价值形式的资本有机构成的提高，第二部门价值形式的资本有机构成的提高超过剩余价值率的提高，即满足（19－28）式表示的关系，第一部门价值形式的资本有机构成的相对提高率高于第二部门价值形式的资本有机构成的相对提高率，第二部门价值形式的资本有机构成的相对提高率高于剩余价值的相对提高率，即满足（19－66）式表示的关系，第一部门使用的第一部门生产的生产资料中凝结的物化劳动占第一部门使用的生产资料中凝结的物化劳动的比例、第二部门使用的第一部门生产的生产资料中凝结的物化劳动占第二部门使用的生产资料中凝结的物化劳动的比例共同提高，第一部门使用的第一部门生产的生产资料中凝结的物化劳动占第一部门使用的生产资料中凝结的物化劳动的比例的提高超过第二部门使用的第一部门生产的生产资料中凝结的物化劳动占第二部门使用的生产资料中凝结的物化劳动的比例的提高，即满足（19－9）式表示的关系，但是，第一部门使用的第一部门生产的生产资料中凝结的物化劳动占第一部门使用的生产资料中凝结的物化劳动的比例的相对提高率等于第二部门使用的第一部门生产的生产资料中凝结的物化劳动占第二部门使用的生产资料中凝结的物化劳动的比例的相对提高率，即不满足（19－53）式表示的关系，剩余劳动中相当于第一部门提供的生活资料中凝结的劳动的那部分剩余劳动的比例、必要劳动中相当于第一部门提供的生活资料中凝结的劳动的那部分必要劳动的比例共同提高，但是，剩余劳动中相当于第一部门提供的生活资料中凝结的劳动的那部分剩余劳动的比例的提高低于必要劳动中相当于第一部门提供的生活资料中凝结的劳动的那部分必要劳动的比例的提高，即不满足（19－14）式表示的关系，并且，剩余劳动中

相当于第一部门提供的生活资料中凝结的劳动的那部分剩余劳动的比例的相对提高率低于必要劳动中相当于第一部门提供的生活资料中凝结的劳动的那部分必要劳动的比例的相对提高率，即不满足（19－57）式表示的关系，此外，第二部门使用的第一部门生产的生产资料中凝结的物化劳动占第二部门使用的生产资料中凝结的物化劳动的比例的提高低于剩余劳动中相当于第一部门提供的生活资料中凝结的劳动的那部分剩余劳动的比例的提高，并且，第二部门使用的第一部门生产的生产资料中凝结的物化劳动占第二部门使用的生产资料中凝结的物化劳动的比例的相对提高率低于剩余劳动中相当于第一部门提供的生活资料中凝结的劳动的那部分剩余劳动的比例的相对提高率，那么，在第一部门价值形式的资本有机构成、第二部门价值形式的资本有机构成提高的条件下，也就是在价值形式的总资本有机构成提高的条件下，价值形式的利润率下降，但是，价值形式的平均利润率上升，生产价格形式的利润率上升。

假设一部分初始的外生变量与第九章的数例中的已知量相同，即

第一部门的不变资本中交换第二部门产品的部分 $c_{12}=300$。

第一部门的可变资本中交换第二部门产品的部分 $v_{12}=210$。

第一部门的剩余价值中交换第二部门产品的部分 $s_{12}=90$。

第一部门租用的土地面积 $l_1=2\ 500$。

第二部门租用的土地面积 $l_2=10\ 000$。

单位面积最差土地的农产品产量 $q_{a21}=200$。

第一部门单位面积土地的农产品产量 $q_{a1}=230$。

第二部门单位面积土地的农产品产量，或单位中等土地的农产品产量 $q_{a2}=250$。

同时假设：

第一部门的不变资本中交换第一部门产品的部分 $c_{11}=450$，570，690，…，2250。

第一部门的可变资本中交换第一部门产品的部分 $v_{11}=20$，28，36，…，140。

第一部门的剩余价值 s_1 中交换第一部门产品的部分 $s_{11}=40$，46，52，…，130。

第二部门的价值形式的资本有机构成 $k_2=1$，1.04，1.08，…，1.6。

第二部门不变资本中用于交换第一部门产品的比例 $f_2=0.5f_1$。

相应地，第一部门价值形式的资本有机构成 $k_1=3.260\ 869\ 565$，3.655 462 185，4.024 390 244，…，7.285 714 286。

剩余价值率 e＝0.565 217 4，0.571 428 6，0.577 235 8，…，0.628 571 4。

第一部门不变资本中用于交换第一部门产品的比例 f_1＝0.6，0.655 172 414，0.696 969 7，…，0.882 352 941。

第二部门不变资本中用于交换第一部门产品的比例 f_2＝0.3，0.327 586 2，0.348 484 8，…，0.441 176 5。

可变资本中用于交换第一部门生产的生活资料的价值的比例 h＝0.086 956 522，0.117 647 059，0.146 341 463，…，0.4。

剩余价值中用于交换第一部门生产的生活资料的价值的比例 b＝0.307 692 308，0.338 235 294，0.366 197 183，…，0.590 909 091。

价值形式的总资本有机构成 k、生产价格形式的总资本有机构成 k_p 与第一部门的不变资本中交换第一部门产品的部分 c_{11} 的关系，可以用表 19－26表示。

表 19－26　k、k_p 与 c_{11} 的关系

第一部门的不变资本中交换第一部门产品的部分 c_{11}	价值形式的总资本有机构成 k	生产价格形式的总资本有机构成 k_p
450	1.400 071 569 2	1.387 344 279 0
570	1.577 180 796 0	1.552 770 971 9
690	1.761 173 403 2	1.725 263 636 8
810	1.950 055 045 9	1.902 735 808 8
930	2.142 240 302 9	2.083 562 205 6
1 050	2.336 448 598 1	2.266 444 822 8
1 170	2.531 636 535 5	2.450 334 204 9
1 290	2.726 950 125 7	2.634 377 068 7
1 410	2.921 689 178 3	2.817 878 428 1
1 530	3.115 279 791 8	3.000 272 712 9
1 650	3.307 252 577 6	3.181 101 007 1
1 770	3.497 225 129 4	3.359 992 742 4
1 890	3.684 887 735 1	3.536 650 784 2
2 010	3.869 991 626 0	3.710 839 177 1
2 130	4.052 339 242 1	3.882 373 016 3
2 250	4.231 776 122 8	4.051 110 039 1

在表 19－26 中，价值形式的总资本有机构成 k、生产价格形式的总资本有机构成 k_p 与第一部门的不变资本中交换第一部门产品的部分 c_{11} 的关系，可以用图 19－26 表示。

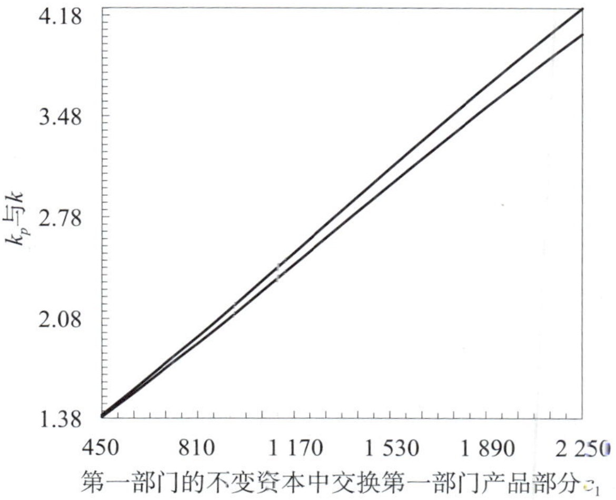

图 19－26　k、k_p 与 c_{11} 的关系

在图 19－26 中，上面的曲线，表示价值形式的总资本有机构成 k 与第一部门的不变资本中交换第一部门产品的部分 c_{11} 的关系；下面的曲线，表示生产价格形式的总资本有机构成 k_p 与第一部门的不变资本中交换第一部门产品的部分 c_{11} 的关系。

由表 19－26 和图 19－26 可以看出，随着第一部门的不变资本中交换第一部门产品的部分 c_{11} 提高，价值形式的总资本有机构成 k、生产价格形式的总资本有机构成 k_p 都提高。

可见，按照这里的数例，第一部门价值形式的资本有机构成 k_1、第二部门价值形式的资本有机构成 k_2、剩余价值率 e 共同提高，第一部门价值形式的资本有机构成 k_1 的提高 dk_1 超过第二部门价值形式的资本有机构成 k_2 的提高 dk_2，第二部门价值形式的资本有机构成 k_2 的提高 dk_2 超过剩余价值率 e 的提高 de，第一部门价值形式的资本有机构成 k_1 的相对提高率 $\frac{dk_1}{k_1}$ 高于第二部门价值形式的资本有机构成 k_2 的相对提高率 $\frac{dk_2}{k_2}$，第二部门价值形式的资本有机构成 k_2 的相对提高率 $\frac{dk_2}{k_2}$ 高于剩余价值率 e 的相对提高率 $\frac{de}{e}$，第一部门不变资本中用于交换第一部门产品的比例 f_1、第二部门不变资本中用于交换第一部门产品的比例 f_2 共同提高，第一部门不变资本中用于交换第一部门产品的比例 f_1 的提高 $\mathrm{d}f_1$ 超过第二部门不变资本中用于交换第一部门产品的比例 f_2 的提高 $\mathrm{d}f_2$，但是，第一部门不变资本中用于交换第一部门产品的比例 f_1 的相对提高率 $\frac{\mathrm{d}f_1}{f_1}$ 等于第二部门不变资本中用于交换第一部门产品的比例 f_2 的相对提高率 $\frac{\mathrm{d}f_2}{f_2}$，剩余价值中用于交换第一部门生产的生活资料的价值的比例 b、可变资本中用于交换第一部门生产的生活资料的价值的比例 h 共同提高，但是，剩余价值中用于交换第一部门生产的生活资料的价值的比例 b 的提高 $\mathrm{d}b$ 低于可变资本中用于交换第一部门生产的生活资料的价值的比例 h 的提高 $\mathrm{d}h$，并且，剩余价值中用于交换第一部门生产的生活资料的价值的比例 b 的相对提高率 $\frac{\mathrm{d}b}{b}$ 低于可变资本中用于交换第一部门生产的生活资料的价值的比例 h 的相对提高率 $\frac{\mathrm{d}h}{h}$，此外，第二部门不变资本中用于交换第一部门产品的比例 f_2 的提高 $\mathrm{d}f_2$ 低于剩余价值中用于交换第一部门生产的生活资料的价值的比例 b 的提高 $\mathrm{d}b$，并且，第二部门不变资本中用于交换第一部门产品的比例 f_2 的相对提高率 $\frac{\mathrm{d}f_2}{f_2}$ 低于剩余价值中用于交换第一部门生产的生活资料的价值的比例 b 的相对提高率 $\frac{\mathrm{d}b}{b}$，那么，价值形式的总资本有机构成、生产价格形式的总资本有机构成都是第一部门的不变资本中交换第一部门产品的部分的单调递增的非线性函数。

二、剩余价值率与价值形式的总资本有机构成、生产价格形式的总资本有机构成的关系的数例

如果按照本节的假设条件，其余外生变量与第九章的数例中的已知量相同，那么，剩余价值率 e 与价值形式的总资本有机构成 k、生产价格形式的总资本有机构成 k_p 的关系，可以用表 19－27 表示。

表 19－27　　e 与 k、k_p 的关系

价值形式的总资本有机构成 k	生产价格形式的总资本有机构成 k_p	剩余价值率 e
1.400 071 569 2	1.387 344 279 0	0.565 217 391 3
1.577 180 796 0	1.552 770 971 9	0.571 428 571 4
1.761 173 403 2	1.725 263 636 8	0.577 235 772 4

续前表

价值形式的总资本有机构成 k	生产价格形式的总资本有机构成 k_p	剩余价值率 e
1.950 055 045 9	1.902 735 808 8	0.582 577 165 4
2.142 240 302 9	2.033 562 205 6	0.587 786 259 5
2.336 448 598 1	2.236 444 822 8	0.592 592 592 6
2.531 636 535 5	2.450 334 204 9	0.597 122 302 2
2.726 950 125 7	2.634 377 068 7	0.601 398 601 4
2.921 689 178 3	2.817 878 428 1	0.605 442 176 9
3.115 279 791 8	3.000 272 712 9	0.609 271 523 2
3.307 252 577 6	3.181 101 007 1	0.612 903 225 8
3.497 225 129 4	3.359 992 742 4	0.616 352 201 3
3.684 887 735 1	3.536 650 784 2	0.619 631 901 8
3.869 991 626 0	3.710 839 177 1	0.622 754 491 0
4.052 339 242 1	3.882 373 016 3	0.625 730 994 2
4.231 776 122 8	4.051 110 039 1	0.628 571 428 6

在表 19－27 中，剩余价值率 e 与生产价格形式的总资本有机构成 k_p 的关系，可以用图 19－27 表示。

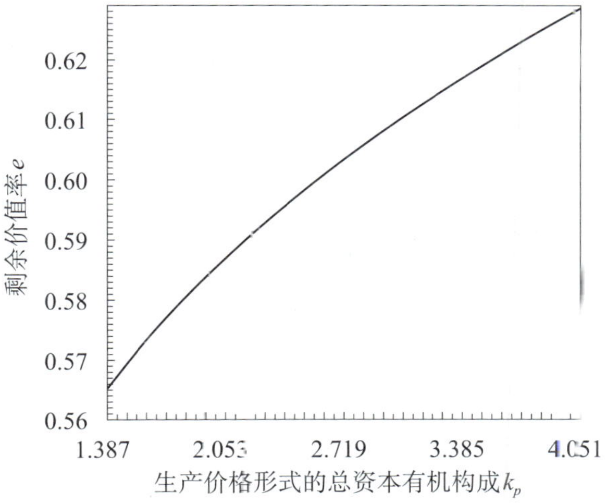

图 19－27　e 与 k_p 的关系

由表 19－27 和图 19－27 可以看出，随着生产价格形式的总资本有机构成 k_p 提高，剩余价值率 e 提高。

可见，如果按照本节的假设条件，那么，剩余价值率是生产价格形式的总资本有机构成的单调递增函数。

三、价值形式的平均利润率、生产价格形式的利润率与生产价格形式的总资本有机构成的关系的数例

如果按照本节的假设条件，其余外生变量与第九章的数例中的已知量相同，那么，价值形式的平均利润率 r_{vt}、生产价格形式的利润率 r 与生产价格形式的总资本有机构成 k_p、剩余价值率 e 的关系，可以用表19－28表示。

表 19－28　r_{vt}、r 与 k_p、e 的关系

生产价格形式的总资本有机构成 k_p	剩余价值率 e	价值形式的平均利润率 r_{vt}	生产价格形式的利润率 r
1.387 344 28	0.565 217 39	0.031 483 37	0.031 462 57
1.552 770 97	0.571 428 57	0.033 861 89	0.033 866 69
1.725 263 64	0.577 235 77	0.035 592 46	0.035 643 05
1.902 735 81	0.582 677 17	0.036 840 16	0.036 944 64
2.083 562 21	0.587 786 26	0.037 729 43	0.037 889 46
2.266 444 82	0.592 592 59	0.038 352 08	0.038 565 97
2.450 334 20	0.597 122 30	0.038 775 76	0.039 040 19
2.634 377 07	0.601 398 60	0.039 050 60	0.039 361 57
2.817 878 43	0.605 442 18	0.039 213 94	0.039 567 32
3.000 272 71	0.609 271 52	0.039 293 78	0.039 685 59
3.181 101 01	0.612 903 23	0.039 311 24	0.039 737 75
3.359 992 74	0.616 352 20	0.039 282 33	0.039 740 14
3.536 650 78	0.619 631 90	0.039 219 23	0.039 705 27
3.710 839 18	0.622 754 49	0.039 131 27	0.039 642 79
3.882 373 02	0.625 730 99	0.039 025 57	0.039 560 10
4.051 110 04	0.628 571 43	0.038 907 61	0.039 462 96

在表 19－28 中，价值形式的平均利润率 r_{vt}、生产价格形式的利润率 r 与生产价格形式的总资本有机构成 k_p 的关系，可以用图 19－28 表示。

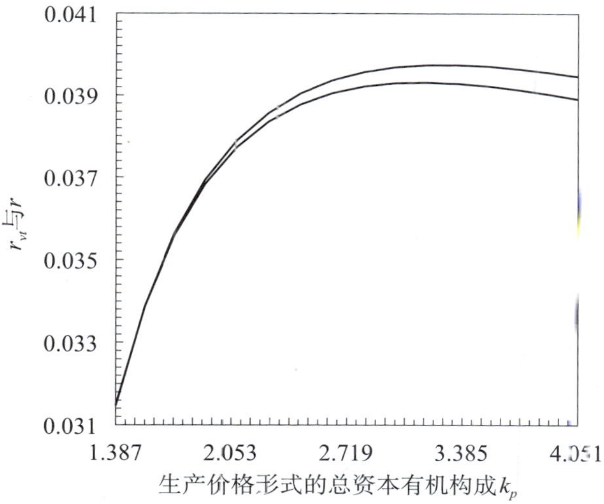

图 19－28　r_{vt}、r 与 k_p 的关系

在图 19－28 中，上面的曲线，表示生产价格形式的利润率 r 与生产价格形式的总资本有机构成 k_p 的关系；下面的曲线，表示价值形式的平均利润率 r_{vt} 与生产价格形式的总资本有机构成 k_p 的关系。生产价格形式的利润率 r 与生产价格形式的总资本有机构成 k_p 的关系曲线，仅在 $k_p=1.387\ 344\ 28$ 时低于价值形式的平均利润率 r_{vt} 与生产价格形式的总资本有机构成 k_p 的关系曲线。

由表 19－28 和图 19－28 可以看出，随着生产价格形式的总资本有机构成 k_p 提高，生产价格形式的利润率 r 先上升后下降。在生产价格形式的总资本有机构成 $k_p=3.270\ 809\ 08$ 附近，生产价格形式的平均利润率 r 出现极大值。

可见，如果按照本节的假设条件，那么，生产价格形式的利润率是生产价格形式的总资本有机构成的非线性函数。

由表 19－28 可以看出，随着生产价格形式的总资本有机构成 k_p 提高，价值形式的平均利润率 r_{vt} 与生产价格形式的利润率 r 的差距很小，很难在同一图上区分，因此，图 19－28 中没有表示价值形式的平均利润率 r_{vt} 与生产价格形式的总资本有机构成 k_p 的关系。

由表 19－25 和图 19－25 可以看出，因为上一节和本节的假设条件和数例满足第十三章（13－17）式表示的价值形式的利润率下降的充分必要条件，所以，随着价值形式的总资本有机构成 k 提高，价值形式的利润率 r_v 降低。

由表 19 - 24、图 19 - 24、表 19 - 28、图 19 - 28 可以看出，随着价值形式的总资本有机构成 k 提高，价值形式的平均利润率 r_{vt}、生产价格形式的利润率 r 都是先上升后下降。上一节和本节的假设条件和数例，不满足（19 - 53）式、（19 - 14）式、（19 - 57）式表示的关系，即第一部门不变资本中用于交换第一部门产品的比例的相对提高率等于第二部门不变资本中用于交换第一部门产品的比例的相对提高率，剩余价值中用于交换第一部门生产的生活资料的价值的比例的提高低于可变资本中用于交换第一部门生产的生活资料的价值的比例的提高，剩余价值中用于交换第一部门生产的生活资料的价值的比例的相对提高率低于可变资本中用于交换第一部门生产的生活资料的价值的比例的相对提高率，此外，第二部门不变资本中用于交换第一部门产品的比例的提高低于剩余价值中用于交换第一部门生产的生活资料的价值的比例的提高，第二部门不变资本中用于交换第一部门产品的比例的相对提高率低于剩余价值中用于交换第一部门生产的生活资料的价值的比例的相对提高率。

因此，随着价值形式的总资本有机构成提高，价值形式的平均利润率、生产价格形式的利润率都是先上升后下降。

令人感兴趣的是，在同样的假设条件和数例的条件下，价值形式的平均利润率、生产价格形式的利润率分别有两个完全相反的区间：上升区间和下降区间。也就是说，在同样的假设条件和数例的条件下，不能认为价值形式的平均利润率、生产价格形式的利润率必然上升或必然下降，而是与具体数值和具体区间有关。

特别值得注意的是，由表 19 - 28 可以看出，随着生产价格形式的总资本有机构成 k_p 提高，价值形式的平均利润率 r_{vt}、生产价格形式的利润率 r 的上升与下降区间不完全相同。当 $k_p=3.181\ 101\ 01$ 时，$r_{vt}=0.039\ 311\ 24$，$r=0.039\ 737\ 75$，当 $k_p=3.270\ 809\ 08$ 时，$r_{vt}=0.039\ 301\ 74$，$r=0.039\ 744\ 31$，这就是说，在生产价格形式的总资本有机构成 k_p 由 3.181 101 01 提高到 3.270 809 08 的过程中，价值形式的平均利润率 r_{vt} 由 0.039 311 24 降低到 0.039 301 74，而生产价格形式的利润率 r 却由 0.039 737 75 提高到 0.039 744 31。在此区间，价值形式的平均利润率 r_{vt} 与生产价格形式的利润率 r 的变化方向相反。这是令人特别感兴趣的。

一般来说，价值形式的平均利润率与生产价格形式的利润率的变化趋势基本相同，但是，在局部区域中，二者的变化方向不完全相同。

第十节　价值形式的利润率、价值形式的平均利润率与价值形式的资本有机构成的关系的数列（r_v、r_{vt}、r 上升）

一、第一部门不变资本中用于交换第一部门产品的比例与第一部门的不变资本中交换第一部门产品的部分的关系的数例

如果第一部门价值形式的资本有机构成、第二部门价值形式的资本有机构成、剩余价值率共同提高，第一部门价值形式的资本有机构成的提高超过第二部门价值形式的资本有机构成的提高，第二部门价值形式的资本有机构成的提高超过剩余价值率的提高，即满足（19－23）式表示的关系，但是，第一部门价值形式的资本有机构成的相对提高率低于第二部门价值形式的资本有机构成的相对提高率，第二部门价值形式的资本有机构成的相对提高率低于剩余价值的相对提高率，即不满足（19－66）式表示的关系，第一部门使用的第一部门生产的生产资料中凝结的物化劳动占第一部门使用的生产资料中凝结的物化劳动的比例、第二部门使用的第一部门生产的生产资料中凝结的物化劳动占第二部门使用的生产资料中凝结的物化劳动的比例共同提高，第一部门使用的第一部门生产的生产资料中凝结的物化劳动占第一部门使用的生产资料中凝结的物化劳动的比例的提高超过第二部门使用的第一部门生产的生产资料中凝结的物化劳动占第二部门使用的生产资料中凝结的物化劳动的比例的提高，即满足（19－9）式表示的关系，但是，第一部门使用的第一部门生产的生产资料中凝结的物化劳动占第一部门使用的生产资料中凝结的物化劳动的比例的相对提高率等于第二部门使用的第一部门生产的生产资料中凝结的物化劳动占第二部门使用的生产资料中凝结的物化劳动的比例的相对提高率，即不满足（19－53）式表示的关系，剩余劳动中相当于第一部门提供的生活资料中凝结的劳动的那部分剩余劳动的比例、必要劳动中相当于第一部门提供的生活资料中凝结的劳动的那部分必要劳动的比例共同提高，剩余劳动中相当于第一部门提供的生活资料中凝结的劳动的那部分剩余劳动的比例的提高高于必要劳动中相当于第一部门提供的生活资料中凝结的劳动的那部分必要劳动的比例的提高，即满足（19－14）式表示的关系，剩余劳动中相当于第一部门提供的生活资料中凝结的劳动的那部分剩余劳动的比例的相

对提高率高于必要劳动中相当于第一部门提供的生活资料中凝结的劳动的那部分必要劳动的比例的相对提高率，即满足（19－57）式表示的关系，此外，第二部门使用的第一部门生产的生产资料中凝结的物化劳动占第二部门使用的生产资料中凝结的物化劳动的比例的提高低于剩余劳动中相当于第一部门提供的生活资料中凝结的劳动的那部分剩余劳动的比例的提高，并且，第二部门使用的第一部门生产的生产资料中凝结的物化劳动占第二部门使用的生产资料中凝结的物化劳动的比例的相对提高率低于剩余劳动中相当于第一部门提供的生活资料中凝结的劳动的那部分剩余劳动的比例的相对提高率，那么，在第一部门价值形式的资本有机构成、第二部门价值形式的资本有机构成提高的条件下，也就是在价值形式的总资本有机构成提高的条件下，价值形式的利润率、价值形式的平均利润率、生产价格形式的利润率都上升。

假设一部分初始的外生变量与第九章的数例中的已知量相同，即

第一部门的不变资本中交换第二部门产品的部分 $c_{12}=300$。

第一部门的可变资本中交换第二部门产品的部分 $v_{12}=210$。

第一部门的剩余价值中交换第二部门产品的部分 $s_{12}=90$。

第一部门租用的土地面积 $l_1=2\ 500$。

第二部门租用的土地面积 $l_2=10\ 000$。

单位面积最差土地的农产品产量 $q_{a21}=200$。

第一部门单位面积土地的农产品产量 $q_{a1}=230$。

第二部门单位面积土地的农产品产量，或单位中等土地的农产品产量 $q_{a2}=250$。

同时假设：

第一部门的不变资本中交换第一部门产品的部分 $c_{11}=1\ 170$，1190，1 210，…，1470。

第一部门的可变资本中交换第一部门产品的部分 $v_{11}=90$，90.2，90.4，…，93。

第一部门的剩余价值 s_1 中交换第一部门产品的部分 $s_{11}=40$，46，52，…，130。

第二部门的价值形式的资本有机构成 $k_2=1$，1.04，1.08，…，1.6。

第二部门不变资本中用于交换第一部门产品的比例 $f_2=0.5f_1$。

相应地，第一部门价值形式的资本有机构成 $k_1=4.9$，4.963 357 761，5.026 631 158，…，5.841 584 158。

剩余价值率 $e=0.433\ 333\ 3$，0.453 031 3，0.472 703 1，…，0.726 072 6。

第一部门不变资本中用于交换第一部门产品的比例 f_1＝0.795 918 37，0.798 657 72，0.801 324 5，…，0.830 508 47。

第二部门不变资本中用于交换第一部门产品的比例 f_2＝0.397 959 2，0.399 328 9，0.400 662 3，…，0.415 254 2。

可变资本中用于交换第一部门生产的生活资料的价值的比例 h＝0.3，0.300 466 356，0.300 932 091，…，0.306 930 693。

剩余价值中用于交换第一部门生产的生活资料的价值的比例 b＝0.307 692 308，0.338 235 294，0.366 197 183，…，0.590 909 091。

第一部门不变资本中用于交换第一部门产品的比例 f_1、第二部门不变资本中用于交换第一部门产品的比例 f_2、可变资本中月于交换第一部门生产的生活资料的价值的比例 h、剩余价值中用于交换第一部门生产的生活资料的价值的比例 b 与第一部门的不变资本中交换第一部门产品的部分 c_{11} 的关系，可以用表 19－29 表示。

表 19－29　f_1、f_2、h、b 与 c_{11} 的关系

第一部门的不变资本中交换第一部门产品的部分 c_{11}	第一部门不变资本中用于交换第一部门产品的比例 f_1	第二部门不变资本中用于交换第一部门产品的比例 f_2	可变资本中月于交换第一部门生产的生活资料的价值的比例 h	剩余价值中用于交换第一部门生产的生活资料的价值的比例 b
1 170	0.795 92	0.397 96	0.300 00	0.307 69
1 190	0.798 66	0.399 33	0.300 47	0.338 24
1 210	0.801 32	0.400 66	0.300 93	0.366 20
1 230	0.803 92	0.401 96	0.301 40	0.391 89
1 250	0.806 45	0.403 23	0.301 86	0.415 58
1 270	0.808 92	0.404 46	0.302 33	0.437 50
1 290	0.811 32	0.405 66	0.302 79	0.457 83
1 310	0.813 66	0.406 83	0.303 25	0.476 74
1 330	0.815 95	0.407 98	0.303 71	0.494 38
1 350	0.818 18	0.409 09	0.304 17	0.510 87
1 370	0.820 36	0.410 18	0.304 64	0.526 32
1 390	0.822 49	0.411 24	0.305 10	0.540 82
1 410	0.824 56	0.412 28	0.305 56	0.554 46
1 430	0.826 59	0.413 29	0.306 01	0.567 31
1 450	0.828 57	0.414 29	0.306 47	0.579 44
1 470	0.830 51	0.415 25	0.306 93	0.590 91

在表 19－29 中，第一部门不变资本中用于交换第一部门产品的比例 f_1 与第一部门的不变资本中交换第一部门产品的部分 c_{11} 的关系，可以用图 19－29 表示。

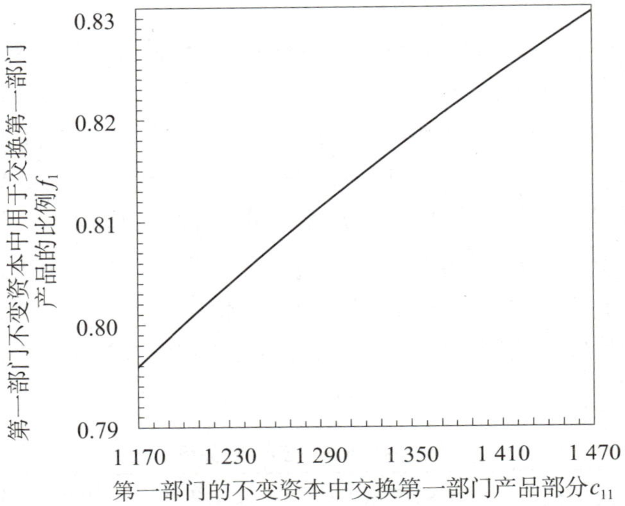

图 19－29　f_1 与 c_{11} 的关系

由表 19－29 和图 19－29 可以看出，随着第一部门的不变资本中交换第一部门产品的部分 c_{11} 提高，第一部门不变资本中用于交换第一部门产品的比例 f_1 提高。

可见，按照这里的数例，第一部门价值形式的资本有机构成 k_1、第二部门价值形式的资本有机构成 k_2、剩余价值率 e 共同提高，第一部门价值形式的资本有机构成 k_1 的提高 $\mathrm{d}k_1$ 超过第二部门价值形式的资本有机构成 k_2 的提高 $\mathrm{d}k_2$，第二部门价值形式的资本有机构成 k_2 的提高 $\mathrm{d}k_2$ 超过剩余价值率 e 的提高 $\mathrm{d}e$，但是，第一部门价值形式的资本有机构成 k_1 的相对提高率 $\frac{\mathrm{d}k_1}{k_1}$ 低于第二部门价值形式的资本有机构成 k_2 的相对提高率 $\frac{\mathrm{d}k_2}{k_2}$，第二部门价值形式的资本有机构成 k_2 的相对提高率 $\frac{\mathrm{d}k_2}{k_2}$ 低于剩余价值率 e 的相对提高率 $\frac{\mathrm{d}e}{e}$，第一部门不变资本中用于交换第一部门产品的比例 f_1、第二部门不变资本中用于交换第一部门产品的比例 f_2 共同提高，第一部门不变资本中用于交换第一部门产品的比例 f_1 的提高 $\mathrm{d}f_1$ 超过第二部门不变资本中用于交换第一部门产品的比例 f_2 的提高 $\mathrm{d}f_2$，但是，第一部门不变资本中用于交换第一部门产品的比例 f_1 的相对提高

率 $\frac{df_1}{f_1}$ 等于第二部门不变资本中用于交换第一部门产品的比例 f_2 的相对提高率 $\frac{df_2}{f_2}$，剩余价值中用于交换第一部门生产的生活资料的价值的比例 b、可变资本中用于交换第一部门生产的生活资料的价值的比例 h 共同提高，剩余价值中用于交换第一部门生产的生活资料的价值的比例 b 的提高 db 高于可变资本中用于交换第一部门生产的生活资料的价值的比例 h 的提高 dh，剩余价值中用于交换第一部门生产的生活资料的价值的比例 b 的相对提高率 $\frac{db}{b}$ 高于可变资本中用于交换第一部门生产的生活资料的价值的比例 h 的相对提高率 $\frac{dh}{h}$，此外，第二部门不变资本中用于交换第一部门产品的比例 f_2 的提高 df_2 低于剩余价值中用于交换第一部门生产的生活资料的价值的比例 b 的提高 db，并且，第二部门不变资本中用于交换第一部门产品的比例 f_2 的相对提高率 $\frac{df_2}{f_2}$ 低于剩余价值中用于交换第一部门生产的生活资料的价值的比例 b 的相对提高率 $\frac{db}{b}$，那么，第一部门不变资本中用于交换第一部门产品的比例，是第一部门的不变资本中交换第一部门产品的部分的单调递增函数。

二、价值形式的总资本有机构成与第一部门的不变资本中交换第一部门产品的部分的关系的数例

如果按照本节的假设条件，其余外生变量与第九章的数例中的已知量相同，那么，第一部门价值形式的资本有机构成 k_1、第二部门价值形式的资本有机构成 k_2、价值形式的总资本有机构成 k 与第一部门的不变资本中交换第一部门产品的部分 c_{11} 的关系，可以用表 19－30 表示。

表 19－30　k_1、k_2、k 与 c_{11} 的关系

第一部门的不变资本中交换第一部门产品的部分 c_{11}	第一部门价值形式的资本有机构成 k_1	第二部门价值形式的资本有机构成 k_2	价值形式的总资本有机构成 k
1 170	4.900 000 000	1.00	2.145 074 483
1 190	4.963 357 761	1.04	2.228 909 312
1 210	5.026 631 158	1.08	2.312 265 956
1 230	5.089 820 359	1.12	2.395 155 546
1 250	5.152 925 532	1.16	2.477 588 905

续前表

第一部门的不变资本中交换第一部门产品的部分 c_{11}	第一部门价值形式的资本有机构成 k_1	第二部门价值形式的资本有机构成 k_2	价值形式的总资本有机构成 k
1 270	5.215 946 844	1.20	2.559 576 559
1 290	5.278 884 462	1.24	2.641 128 730
1 310	5.341 738 553	1.28	2.722 255 347
1 330	5.404 509 284	1.32	2.802 966 045
1 350	5.467 196 819	1.36	2.883 270 173
1 370	5.529 801 325	1.40	2.963 176 797
1 390	5.592 322 965	1.44	3.042 694 711
1 410	5.654 761 905	1.48	3.121 832 438
1 430	5.717 118 308	1.52	3.200 598 239
1 450	5.779 392 338	1.56	3.279 000 122
1 470	5.841 584 158	1.60	3.357 045 844

在表 19－30 中，价值形式的总资本有机构成 k 与第一部门的不变资本中交换第一部门产品的部分 c_{11} 的关系，可以用图 19－30 表示。

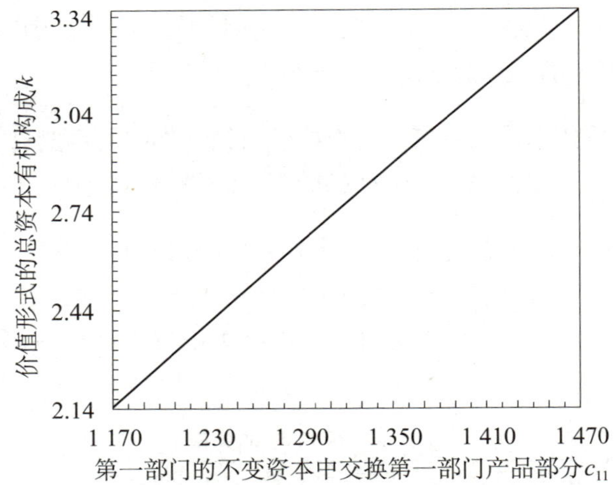

图 19－30　k 与 c_{11} 的关系

由表 19－30 和图 19－30 可以看出，随着第一部门的不变资本中交换第一部门产品的部分 c_{11} 提高，价值形式的总资本有机构成 k 提高。

可见，如果按照本节的假设条件，那么，价值形式的总资本有机构成是第一部门的不变资本中交换第一部门产品的部分的单调递增的非线性函数。

三、剩余价值率与价值形式的总资本有机构成的关系的数例

如果按照本节的假设条件，其余外生变量与第九章的数例中的已知量相同，那么，剩余价值率 e 与第一部门的不变资本中交换第一部门产品的部分 c_{11}、价值形式的总资本有机构成 k 的关系，可以用表 19－31 表示。

表 19－31　　e 与 c_{11}、k 的关系

第一部门的不变资本中交换第一部门产品的部分 c_{11}	价值形式的总资本有机构成 k	剩余价值率 e
1 170	2.145 074 483 4	0.433 333 333 3
1 190	2.228 909 312 0	0.453 031 312 5
1 210	2.312 265 956 5	0.472 703 062 6
1 230	2.395 155 545 6	0.492 348 636 1
1 250	2.477 588 905 2	0.511 968 085 1
1 270	2.559 576 558 7	0.531 561 461 8
1 290	2.641 128 730 2	0.551 128 818 1
1 310	2.722 255 347 1	0.570 670 205 7
1 330	2.802 966 045 0	0.590 185 676 4
1 350	2.883 270 172 6	0.609 675 281 6
1 370	2.963 176 797 2	0.629 139 072 8
1 390	3.042 694 711 1	0.643 577 101 3
1 410	3.121 832 437 9	0.667 989 418 0
1 430	3.200 598 239 3	0.687 376 074 0
1 450	3.279 000 121 9	0.706 737 120 2
1 470	3.357 045 844 1	0.726 072 607 3

在表 19－31 中，剩余价值率 e 与价值形式的总资本有机构成 k 的关系，可以用图 19－31 表示。

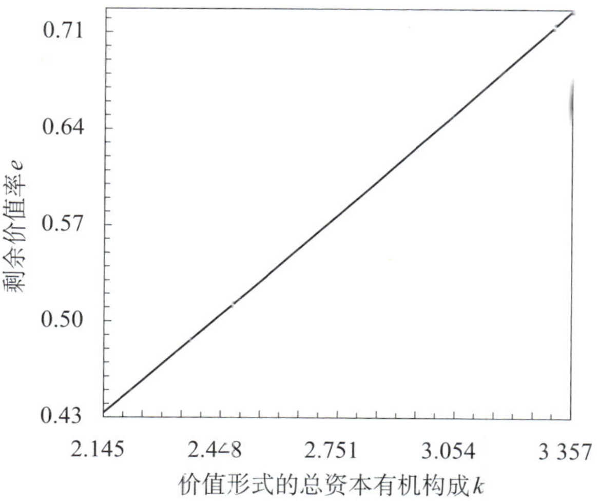

图 19－31　e 与 k 的关系

由表 19－31 和图 19－31 可以看出，随着价值形式的总资本有机构成 k 提高，剩余价值率 e 提高。

可见，如果按照本节的假设条件，那么，剩余价值率是价值形式的总资本有机构成的单调递增函数。

四、价值形式的平均利润率、价值形式的利润率与价值形式的总资本有机构成的关系的数例

如果按照本节的假设条件，其余外生变量与第九章的数例中的已知量相同，那么，价值形式的平均利润率 r_{vt}、价值形式的利润率 r_v、价值形式的利润率 r_v与价值形式的总资本有机构成 k、剩余价值率 e 的关系，可以用表 19－32 表示。

表 19－32　　r_{vt}、r_v与 k、e 的关系

价值形式的总资本有机构成 k	剩余价值率 e	价值形式的平均利润率 r_{vt}	价值形式的利润率 r_v
2.145 074 48	0.433 333 33	0.008 112 37	0.137 781 58
2.228 909 31	0.453 031 31	0.012 282 23	0.140 304 75
2.312 265 96	0.472 703 06	0.016 306 11	0.142 712 89
2.395 155 55	0.492 348 64	0.020 191 01	0.145 015 05
2.477 588 91	0.511 968 09	0.023 943 72	0.147 219 27
2.559 576 56	0.531 561 46	0.027 570 72	0.149 332 78
2.641 128 73	0.551 128 82	0.031 078 20	0.151 362 08
2.722 255 35	0.570 670 21	0.034 472 03	0.153 313 02
2.802 966 05	0.590 185 68	0.037 757 79	0.155 190 89
2.883 270 17	0.609 675 28	0.040 940 75	0.157 000 48
2.963 176 80	0.629 139 07	0.044 025 87	0.158 746 15
3.042 694 71	0.648 577 10	0.047 017 85	0.160 431 88
3.121 832 44	0.667 989 42	0.049 921 11	0.162 061 27
3.200 598 24	0.687 376 07	0.052 739 82	0.163 637 66
3.279 000 12	0.706 737 12	0.055 477 88	0.165 164 08
3.357 045 84	0.726 072 61	0.058 139 00	0.166 643 33

在表 19－32 中，价值形式的平均利润率 r_{vt}、价值形式的利润率 r_v与价值形式的总资本有机构成 k 的关系，可以用图 19－32 表示。

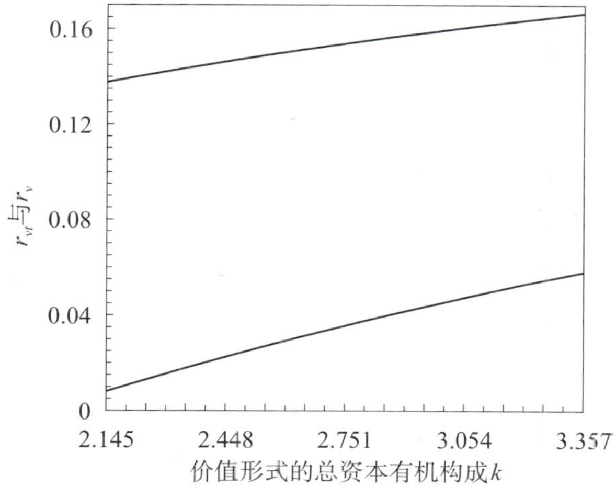

图 19-32　r_{vt}、r_v与 k 的关系

在图 19-32 中，上面的曲线，表示价值形式的利润率 r_v 与价值形式的总资本有机构成 k 的关系；下面的曲线，表示价值形式的平均利润率 r_{vt} 与价值形式的总资本有机构成 k 的关系。

由表 19-32 和图 19-32 可以看出，随着价值形式的总资本有机构成 k 提高，价值形式的平均利润率 r_{vt} 提高，价值形式的利润率 r_v 也提高。

可见，如果按照本节的假设条件，那么，价值形式的平均利润率 r_{vt}、价值形式的利润率 r_v 都是价值形式的总资本有机构成的单调递增函数。

第十一节　生产价格形式的利润率与生产价格形式的资本有机构成的关系的数例（r_v、r_{vt}、r 上升）

一、价值形式的总资本有机构成、生产价格形式的总资本有机构成与第一部门的不变资本中交换第一部门产品的部分的关系的数例

如果第一部门价值形式的资本有机构成、第二部门价值形式的资本有机构成、剩余价值率共同提高，第一部门价值形式的资本有机构成的提高超过第二部门价值形式的资本有机构成的提高，第二部门价值形式的资本有机构成的提高超过剩余价值率的提高，即满足（19-28）式表示的关

系，但是，第一部门价值形式的资本有机构成的相对提高率低于第二部门价值形式的资本有机构成的相对提高率，第二部门价值形式的资本有机构成的相对提高率低于剩余价值的相对提高率，即不满足（19－66）式表示的关系，第一部门使用的第一部门生产的生产资料中凝结的物化劳动占第一部门使用的生产资料中凝结的物化劳动的比例、第二部门使用的第一部门生产的生产资料中凝结的物化劳动占第二部门使用的生产资料中凝结的物化劳动的比例共同提高，第一部门使用的第一部门生产的生产资料中凝结的物化劳动占第一部门使用的生产资料中凝结的物化劳动的比例的提高超过第二部门使用的第一部门生产的生产资料中凝结的物化劳动占第二部门使用的生产资料中凝结的物化劳动的比例的提高，即满足（19－9）式表示的关系，但是，第一部门使用的第一部门生产的生产资料中凝结的物化劳动占第一部门使用的生产资料中凝结的物化劳动的比例的相对提高率等于第二部门使用的第一部门生产的生产资料中凝结的物化劳动占第二部门使用的生产资料中凝结的物化劳动的比例的相对提高率，即不满足（19－53）式表示的关系，剩余劳动中相当于第一部门提供的生活资料中凝结的劳动的那部分剩余劳动的比例、必要劳动中相当于第一部门提供的生活资料中凝结的劳动的那部分必要劳动的比例共同提高，剩余劳动中相当于第一部门提供的生活资料中凝结的劳动的那部分剩余劳动的比例的提高高于必要劳动中相当于第一部门提供的生活资料中凝结的劳动的那部分必要劳动的比例的提高，即满足（19－14）式表示的关系，剩余劳动中相当于第一部门提供的生活资料中凝结的劳动的那部分剩余劳动的比例的相对提高率高于必要劳动中相当于第一部门提供的生活资料中凝结的劳动的那部分必要劳动的比例的相对提高率，即满足（19－57）式表示的关系，此外，第二部门使用的第一部门生产的生产资料中凝结的物化劳动占第二部门使用的生产资料中凝结的物化劳动的比例的提高低于剩余劳动中相当于第一部门提供的生活资料中凝结的劳动的那部分剩余劳动的比例的提高，并且，第二部门使用的第一部门生产的生产资料中凝结的物化劳动占第二部门使用的生产资料中凝结的物化劳动的比例的相对提高率低于剩余劳动中相当于第一部门提供的生活资料中凝结的劳动的那部分剩余劳动的比例的相对提高率，那么，在第一部门价值形式的资本有机构成、第二部门价值形式的资本有机构成提高的条件下，也就是在价值形式的总资本有机构成提高的条件下，价值形式的利润率、价值形式的平均利润率、生产价格形式的利润率都上升。

假设一部分初始的外生变量与第九章的数例中的已知量相同，即

第一部门的不变资本中交换第二部门产品的部分 $c_{12}=300$。

第一部门的可变资本中交换第二部门产品的部分 $v_{12}=210$。

第一部门的剩余价值中交换第二部门产品的部分 $s_{12}=90$。

第一部门租用的土地面积 $l_1=2\ 500$。

第二部门租用的土地面积 $l_2=10\ 000$。

单位面积最差土地的农产品产量 $q_{a21}=200$。

第一部门单位面积土地的农产品产量 $q_{a1}=230$。

第二部门单位面积土地的农产品产量，或单位中等土地的农产品产量 $q_{a2}=250$。

同时假设：

第一部门的不变资本中交换第一部门产品的部分 $c_{11}=1\ 170$，1190，1 210，…，1470。

第一部门的可变资本中交换第一部门产品的部分 $v_{11}=90$，90.2，90.4，…，93。

第一部门的剩余价值 s_1 中交换第一部门产品的部分 $s_{11}=40$，46，52，…，130。

第二部门的价值形式的资本有机构成 $k_2=1$，1.04，1.08，…，1.6。

第二部门不变资本中用于交换第一部门产品的比例 $f_2=0.5f_1$。

相应地，第一部门价值形式的资本有机构成 $k_1=4.9$，4.963 357 761，5.026 631 158，…，5.841 584 158。

剩余价值率 $e=0.433\ 333\ 3$，0.453 031 3，0.472 703 1，…，0.726 072 6。

第一部门不变资本中用于交换第一部门产品的比例 $f_1=0.795\ 918\ 37$，0.798 657 72，0.801 324 503，…，0.830 508 47。

第二部门不变资本中用于交换第一部门产品的比例 $f_2=0.397\ 959\ 2$，0.399 328 9，0.400 662 3，…，0.415 254 2。

可变资本中用于交换第一部门生产的生活资料的价值的比例 $h=0.3$，0.300 466 356，0.300 932 091，…，0.306 930 693。

剩余价值中用于交换第一部门生产的生活资料的价值的比例 $b=0.307\ 692\ 308$，0.338 235 294，0.366 197 183，…，0.590 909 091。

价值形式的总资本有机构成 k、生产价格形式的总资本有机构成 k_p 与第一部门的不变资本中交换第一部门产品的部分 c_{11} 的关系，可以用表 19－33表示。

表 19-33　k、k_p与 c_{11} 的关系

第一部门的不变资本中交换第一部门产品的部分 c_{11}	价值形式的总资本有机构成 k	生产价格形式的总资本有机构成 k_p
1 170	2.145 074 483 4	2.064 868 065 7
1 190	2.228 909 312 0	2.145 811 055 8
1 210	2.312 265 956 5	2.226 292 394 0
1 230	2.395 155 545 6	2.306 316 731 0
1 250	2.477 588 905 2	2.385 888 981 0
1 270	2.559 576 558 7	2.465 014 275 1
1 290	2.641 128 730 2	2.543 697 921 0
1 310	2.722 255 347 1	2.621 945 366 5
1 330	2.802 966 045 0	2.699 762 168 0
1 350	2.883 270 172 6	2.777 153 962 5
1 370	2.963 176 797 2	2.854 126 442 9
1 390	3.042 694 711 1	2.930 685 336 7
1 410	3.121 832 437 9	3.006 836 387 1
1 430	3.200 598 239 3	3.082 585 336 4
1 450	3.279 000 121 9	3.157 937 911 9
1 470	3.357 045 844 1	3.232 899 813 4

在表 19-33 中，价值形式的总资本有机构成 k、生产价格形式的总资本有机构成 k_p 与第一部门的不变资本中交换第一部门产品的部分 c_{11} 的关系，可以用图 19-33 表示。

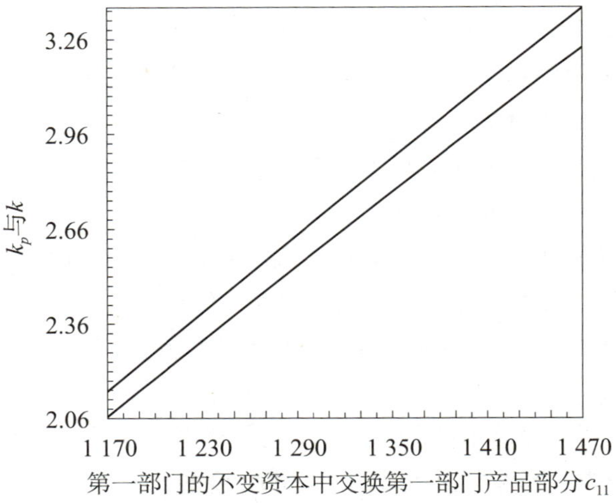

图 19-33　k、k_p与 c_{11} 的关系

在图 19-33 中，上面的曲线，表示价值形式的总资本有机构成 k 与

第一部门的不变资本中交换第一部门产品的部分 c_{11} 的关系；下面的曲线，表示生产价格形式的总资本有机构成 k_p 与第一部门的不变资本中交换第一部门产品的部分 c_{11} 的关系。

由表 19－33 和图 19－33 可以看出，随着第一部门的不变资本中交换第一部门产品的部分 c_{11} 提高，价值形式的总资本有机构成 k、生产价格形式的总资本有机构成 k_p 都提高。

可见，按照这里的数例，第一部门价值形式的资本有机构成 k_1、第二部门价值形式的资本有机构成 k_2、剩余价值率 e 共同提高，第一部门价值形式的资本有机构成 k_1 的提高 dk_1 超过第二部门价值形式的资本有机构成 k_2 的提高 dk_2，第二部门价值形式的资本有机构成 k_2 的提高 dk_2 超过剩余价值率 e 的提高 de，但是，第一部门价值形式的资本有机构成 k_1 的相对提高率 $\frac{dk_1}{k_1}$ 低于第二部门价值形式的资本有机构成 k_2 的相对提高率 $\frac{dk_2}{k_2}$，第二部门价值形式的资本有机构成 k_2 的相对提高率 $\frac{dk_2}{k_2}$ 低于剩余价值率 e 的相对提高率 $\frac{de}{e}$，第一部门不变资本中用于交换第一部门产品的比例 f_1、第二部门不变资本中用于交换第一部门产品的比例 f_2 共同提高，第一部门不变资本中用于交换第一部门产品的比例 f_1 的提高 df_1 超过第二部门不变资本中用于交换第一部门产品的比例 f_2 的提高 df_2，但是，第一部门不变资本中用于交换第一部门产品的比例 f_1 的相对提高率 $\frac{df_1}{f_1}$ 等于第二部门不变资本中用于交换第一部门产品的比例 f_2 的相对提高率 $\frac{df_2}{f_2}$，剩余价值中用于交换第一部门生产的生活资料的价值的比例 b、可变资本中用于交换第一部门生产的生活资料的价值的比例 h 共同提高，剩余价值中用于交换第一部门生产的生活资料的价值的比例 b 的提高 db 高于可变资本中用于交换第一部门生产的生活资料的价值的比例 h 的提高 dh，剩余价值中用于交换第一部门生产的生活资料的价值的比例 b 的相对提高率 $\frac{db}{b}$ 高于可变资本中用于交换第一部门生产的生活资料的价值的比例 h 的相对提高率 $\frac{dh}{h}$，此外，第二部门不变资本中用于交换第一部门产品的比例 f_2 的提高 df_2 低于剩余价值中用于交换第一部门生产的生活资料的价值的比例 b 的提高 db，并且，第二部门不变资本中用于交换第一部门产品的比例 f_2 的相对提高率 $\frac{\mathrm{d}f_2}{f_2}$ 低于剩余价值中用于交换第一部门生产的生活资料的价值的比例 b 的相对提高率 $\frac{\mathrm{d}b}{b}$，那么，价值形式的总资本有机构成、生产价格形式的总资本有机构成都是第一部门的不变资本中交换第一部门产品的部分的单调递增的非线性函数。

二、剩余价值率与价值形式的总资本有机构成、生产价格形式的总资本有机构成的关系的数例

如果按照本节的假设条件，其余外生变量与第九章的数例中的已知量相同，那么，剩余价值率 e 与价值形式的总资本有机构成 k、生产价格形式的总资本有机构成 k_p 的关系，可以用表 19－34 表示。

表 19－34　　e 与 k、k_p 的关系

价值形式的总资本有机构成 k	生产价格形式的总资本有机构成 k_p	剩余价值率 e
2.145 074 483 4	2.064 868 065 7	0.433 333 333 3
2.228 909 312 0	2.145 811 055 8	0.453 031 312 5
2.312 265 956 5	2.226 292 394 0	0.472 703 062 6
2.395 155 545 6	2.306 316 731 0	0.492 348 636 1
2.477 588 905 2	2.385 888 981 0	0.511 968 085 1
2.559 576 558 7	2.465 014 275 1	0.531 561 461 8
2.641 128 730 2	2.543 697 921 0	0.551 128 818 1
2.722 255 347 1	2.621 945 366 5	0.570 670 205 7
2.802 966 045 0	2.699 762 168 0	0.590 185 676 4
2.883 270 172 6	2.777 153 962 5	0.609 675 281 6
2.963 176 797 2	2.854 126 442 9	0.629 139 072 8
3.042 694 711 1	2.930 685 336 7	0.648 577 101 3
3.121 832 437 9	3.006 836 387 1	0.667 989 418 0
3.200 598 239 3	3.082 585 336 4	0.687 376 074 0
3.279 000 121 9	3.157 937 911 9	0.706 737 120 2
3.357 045 844 1	3.232 899 813 4	0.726 072 607 3

在表 19－34 中，剩余价值率 e 与生产价格形式的总资本有机构成 k_p

的关系，可以用图 19－34 表示。

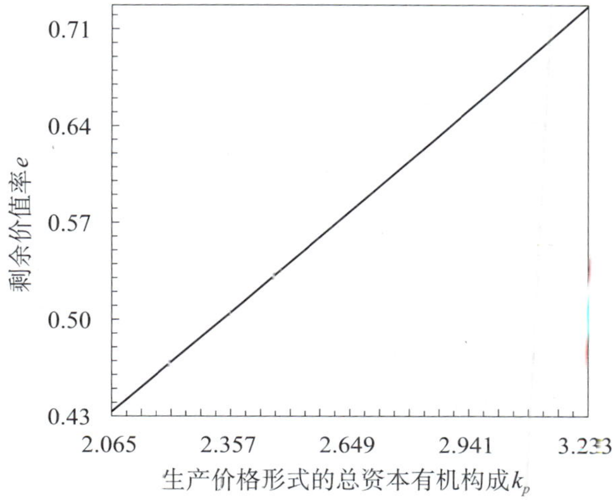

图 19－34　e 与 k_p 的关系

由表 19－34 和图 19－34 可以看出，随着生产价格形式的总资本有机构成 k_p 提高，剩余价值率 e 提高。

可见，如果按照本节的假设条件，那么，剩余价值率是生产价格形式的总资本有机构成的单调递增函数。

三、生产价格形式的利润率与生产价格形式的总资本有机构成的关系的数例

如果按照本节的假设条件，其余外生变量与第九章的数例中的已知量相同，那么，生产价格形式的利润率 r 与生产价格形式的总资本有机构成 k_p、剩余价值率 e 的关系，可以用表 19－35 表示。

表 19－35　　r 与 k_p、e 的关系

生产价格形式的总资本有机构成 k_p	剩余价值率 e	生产价格形式的利润率 r
2.064 868 065 7	0.433 333 333 3	0.008 313 11
2.145 811 055 8	0.453 031 312 5	0.012 282 23
2.226 292 394 0	0.472 703 062 6	0.016 306 11
2.306 316 731 0	0.492 348 636 1	0.020 191 01
2.385 888 981 0	0.511 968 085 1	0.023 943 72
2.465 014 275 1	0.531 561 461 8	0.027 570 72
2.543 697 921 0	0.551 128 818 1	0.031 078 20
2.621 945 366 5	0.570 670 205 7	0.034 472 03
2.699 762 168 0	0.590 185 676 4	0.037 757 79

续前表

生产价格形式的总资本有机构成 k_p	剩余价值率 e	生产价格形式的利润率 r
2.777 153 962 5	0.609 675 281 6	0.040 940 75
2.854 126 442 9	0.629 139 072 8	0.044 025 87
2.930 685 336 7	0.648 577 101 3	0.047 017 85
3.006 836 387 1	0.667 989 418 0	0.049 921 11
3.082 585 336 4	0.687 376 074 0	0.052 739 82
3.157 937 911 9	0.706 737 120 2	0.055 477 88
3.232 899 813 4	0.726 072 607 3	0.058 139 00

在表 19－35 中，生产价格形式的利润率 r 与生产价格形式的总资本有机构成 k_p 的关系，可以用图 19－35 表示。

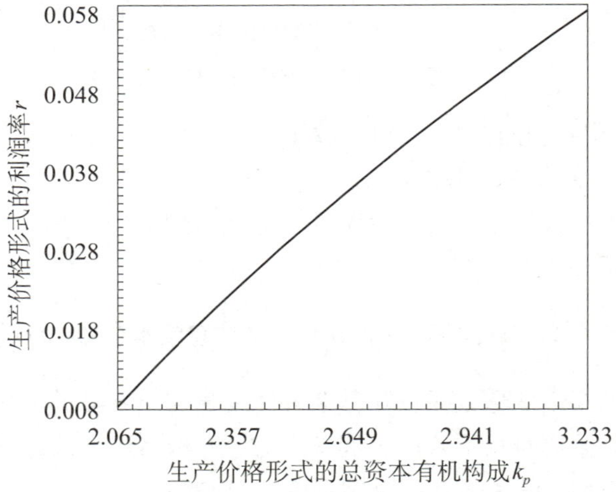

图 19－35　r 与 k_p 的关系

由表 19－35 和图 19－35 可以看出，随着生产价格形式的总资本有机构成 k_p 提高，生产价格形式的利润率 r 提高。

可见，如果按照本节的假设条件，那么，生产价格形式的利润率是生产价格形式的总资本有机构成的单调递增函数。

由表 19－32 和图 19－32 可以看出，因为上一节和本节的假设条件和数例不满足第十三章（13－17）式表示的价值形式的利润率下降的充分必要条件，所以，随着价值形式的总资本有机构成 k 提高，价值形式的利润率 r_v 提高。

由表 19－32、图 19－32、表 19－35、图 19－35 可以看出，随着价值形式的总资本有机构成 k 提高，价值形式的平均利润率 r_{vt}、生产价格形

式的利润率 r 都上升。因为，上一节和本节的假设条件和数例，不满足(19-66) 式、(19-53) 式表示的关系，即第一部门价值形式的资本有机构成的相对提高率低于第二部门价值形式的资本有机构成的相对提高率，第二部门价值形式的资本有机构成的相对提高率低于剩余价值率的相对提高率，第一部门不变资本中用于交换第一部门产品的比例的相对提高率等于第二部门不变资本中用于交换第一部门产品的比例的相对提高率，此外，第二部门不变资本中用于交换第一部门产品的比例的提高低于剩余价值中用于交换第一部门生产的生活资料的价值的比例的提高，第二部门不变资本中用于交换第一部门产品的比例的相对提高率低于剩余价值中用于交换第一部门生产的生活资料的价值的比例的相对提高率。

第十二节　本章结论

两部门二元价值转形中，第一部门价值形式的资本有机构成、第二部门价值形式的资本有机构成、剩余价值率共同提高的条件下的利润率的变化规律，与两部类一元价值转形中的利润率的变化规律不同。

两部类一元价值转形中，第一部类只生产生产资料，第二部类只生产生活资料。两部门二元价值转形中，第一部门生产工业产品，第二部门生产农业产品，生产资料分别由第一部门和第二部门生产，生活资料也分别由第一部门和第二部门生产。无论价值形式的再生产条件，还是生产价格形式的再生产条件，都不相同。

两部类一元价值转形中，有两种利润率：价值形式的平均利润率和生产价格形式的利润率。

在两部门二元价值转形中，总剩余价值在全体资本家与土地所有者之间分配，必须考虑地租对利润的影响，从而有三种利润率：价值形式的利润率、价值形式的平均利润率和生产价格形式的利润率。价值形式的利润率，是指工人创造的全部剩余价值与价值形式的总资本的比率。价值形式的平均利润率，是指资本家得到的全部剩余价值与价值形式的总资本的比率。生产价格形式的利润率，是指资本家得到的全部生产价格形式的利润与生产价格形式的总资本的比率。

在第十三章推导价值形式的利润率下降的充分必要条件的过程中，没有涉及社会生产是按照部类划分还是按照部门划分，也没有涉及是一元价值转形还是二元价值转形，因此，第十三章 (13-17) 式表示的价值形式的利润率下降的充分必要条件，即剩余价值率的提高对价值形式的总资本有机构成的提高的比例小于价值形式的利润率，对于两部门二元价值转形仍然适用，是判断价值形式的利润率下降还是上升的基本依据。

价值形式的利润率下降的充分必要条件，既不是价值形式的平均利润率下降的必要条件或充分必要条件，也不是生产价格形式的利润率下降的必要条件或充分必要条件。

在二元价值转形中，价值形式的利润率与剩余价值分配无关，而价值形式的平均利润率、生产价格形式的利润率与剩余价值分配有关。

价值形式的平均利润率下降与生产价格形式的利润率下降，除了价值形式的利润率下降的充分必要条件以外，还有其他条件。

这里通过数例证明，如果第一部门价值形式的资本有机构成的提高高于第二部门价值形式的资本有机构成的提高，第二部门价值形式的资本有机构成的提高高于剩余价值率的提高，第一部门价值形式的资本有机构成的相对提高率高于第二部门价值形式的资本有机构成的相对提高率，第二部门价值形式的资本有机构成的相对提高率高于剩余价值率的相对提高率，第一部门不变资本中用于交换第一部门产品的比例的提高高于第二部门不变资本中用于交换第一部门产品的比例的提高，第二部门不变资本中用于交换第一部门产品的比例的提高高于剩余价值中用于交换第一部门生产的生活资料的价值的比例的提高，剩余价值中用于交换第一部门生产的生活资料的价值的比例的提高高于可变资本中用于交换第一部门生产的生活资料的价值的比例的提高，第一部门不变资本中用于交换第一部门产品的比例的相对提高率高于第二部门不变资本中用于交换第一部门产品的比例的相对提高率，第二部门不变资本中用于交换第一部门产品的比例的相对提高率高于剩余价值中用于交换第一部门生产的生活资料的价值的比例的相对提高率，剩余价值中用于交换第一部门生产的生活资料的价值的比例的相对提高率高于可变资本中用于交换第一部门生产的生活资料的价值的比例的相对提高率，那么，随着价值形式的总资本有机构成提高，价值形式的利润率、价值形式的平均利润率、生产价格形式的利润率都下降。这种假设条件与资本有机构成提高的总趋势一致。

这里通过数例证明，如果第二部门不变资本中用于交换第一部门产品的比例的提高低于剩余价值中用于交换第一部门生产的生活资料的价值的比例的提高，剩余价值中用于交换第一部门生产的生活资料的价值的比例的提高低于可变资本中用于交换第一部门生产的生活资料的价值的比例的提高，第一部门不变资本中用于交换第一部门产品的比例的相对提高率等于第二部门不变资本中用于交换第一部门产品的比例的相对提高率，第二部门不变资本中用于交换第一部门产品的比例的相对提高率低于剩余价值中用于交换第一部门生产的生活资料的价值的比例的相对提高率，剩余价值中用于交换第一部门生产的生活资料的价值的比例的相对提高率低于可变资本中用于交换第一部门生产的生活资料的价值的比例的相对提高率，那么，随着价值形式的总资本有机构成提高，价值形式的利润率下降，而价值形式的平均利润率、生产价格形式的利润率都先上升后下降。价值形式的平均利润率的上升与下降区间、生产价格形式的利润率的上升与下降区间不完全相同，在一定区间，二者的变化方向相反。价值形式的利润率下降，而价值形式的平均利润率、生产价格形式的利润率上升，说明地租显著地下降。这种假设条件与资本有机构成提高的总趋势不一致。

一般来说，价值形式的平均利润率与生产价格形式的利润率的变化趋势基本相同，但是，在某些区间，二者的变化方向可能相反。在一定条件下，价值形式的平均利润率与生产价格形式的利润率的变化趋势，与价值形式的利润率的变化趋势不同。

因为，这个数例中既存在价值形式的平均利润率与生产价格形式的利润率的上升区间，又存在价值形式的平均利润率与生产价格形式的利润率的下降区间，所以，这个数例还证明，第二部门不变资本中用于交换第一部门产品的比例的提高高于剩余价值中用于交换第一部门生产的生活资料的价值的比例的提高，剩余价值中用于交换第一部门生产的生活资料的价值的比例的提高高于可变资本中用于交换第一部门生产的生活资料的价值的比例的提高，第一部门不变资本中用于交换第一部门产品的比例的相对提高率高于第二部门不变资本中用于交换第一部门产品的比例的相对提高率，第二部门不变资本中用于交换第一部门产品的比例的相对提高率高于剩余价值中用于交换第一部门生产的生活资料的价值的比例的相对提高率，剩余价值中用于交换第一部门生产的生活资料的价值的比例的相对提高率高于可变资本中用于交换第一部门生产的生活资料的价值的比例的相对提高率，不是价值形式的平均利润率与生产价格形式的利润率下降的充分条件。

这里通过数例证明，如果第二部门不变资本中用于交换第一部门产品的比例的提高低于剩余价值中用于交换第一部门生产的生活资料的价值的比例的提高，第一部门价值形式的资本有机构成的相对提高率低于第二部门价值形式的资本有机构成的相对提高率，第二部门价值形式的资本有机构成的相对提高率低于剩余价值率的相对提高率，第一部门不变资本中用于交换第一部门产品的比例的相对提高率等于第二部门不变资本中用于交换第一部门产品的比例的相对提高率，第二部门不变资本中用于交换第一部门产品的比例的相对提高率低于剩余价值中用于交换第一部门生产的生活资料的价值的比例的相对提高率，那么，随着价值形式的总资本有机构成 k 提高，价值形式的利润率、价值形式的平均利润率、生产价格形式的利润率都上升。这种假设条件与资本有机构成提高的总趋势一致。

必须指出，后两个假设条件和数例，即第二部门不变资本中用于交换第一部门产品的比例的提高低于剩余价值中用于交换第一部门生产的生活资料的价值的比例的提高、第二部门不变资本中用于交换第一部门产品的比例的相对提高率低于剩余价值中用于交换第一部门生产的生活资料的价值的比例的相对提高率，只能在特殊条件下和较短时期内成立，不能在一般条件下和较长时期内成立，因为，剩余价值中用于交换第一部门生产的生活资料的价值的比例有上界，而第二部门不变资本中用于交换第一部门产品的比例无上界，所以，后两个假设条件和数例，与资本有机构成提高的总趋势不一致。

在第三个假设条件和数例中，第一部门价值形式的资本有机构成的相对提高率低于第二部门价值形式的资本有机构成的相对提高率，第二部门价值形式的资本有机构成的相对提高率低于剩余价值率的相对提高率，直接与资本有机构成提高的总趋势矛盾。

总之，价值形式的利润率、价值形式的平均利润率和生产价格形式的利润率上升的情况，只能在特殊条件下和较短时期内成立，在一般条件下和较长时期内不可能成立；价值形式的利润率上升的情况，与资本有机构成提高的总趋势矛盾。

由第四章（4－140）式、（4－141）式、表 4－14、图 4—6 可以看出，在第一部类价值形式的资本有机构成 k_1 大于第二部类价值形式的资本有机构成 k_2 的条件下，价值形式的总资本有机构成 k 是剩余价值率 e 的单调递减的倒数函数或双曲函数，而生产价格形式的总资本有机构成 k_p 是剩余价值率 e 的单调递增函数，生产价格形式的总资本有机构成与价值形式的平均利润率互为单调递减函数，二者的变化方向相反。

由第十六章表 16－34、图 16－34、表 16－40、图 16－40 可以看出，在第一部类价值形式的资本有机构成的提高超过第二部类价值形式的资本有机构成的提高，第二部类价值形式的资本有机构成的提高等于剩余价值率的提高的条件下，在某个区间，价值形式的平均利润率是价值形式的总资本有机构成的单调递增函数，而生产价格形式的利润率是生产价格形式的总资本有机构成的单调递减函数，二者的变化方向相反。

这里，由表 19-28 可以看出，随着价值形式的总资本有机构成提高，价值形式的平均利润率、生产价格形式的利润率的上升与下降区间不完全相同。在一定条件下或一定区间，当价值形式的总资本有机构成与生产价格形式的总资本有机构成提高时，价值形式的平均利润率降低，生产价格形式的利润率却提高，二者的变化方向相反。因此，考察利润率与资本有机构成的变化关系时，必须明确是价值形式的资本有机构成，还是生产价格形式的资本有机构成；必须明确是某个部类或某个部门的价值形式的利润率、价值形式的平均利润率，还是生产价格形式的利润率。

一元价值转形中资本家之间分配剩余价值的生产关系，转变为二元价值转形中资本家与土地所有者之间共同分配剩余价值的生产关系。从一元价值转形中不考虑土地所有权因素，到二元价值转形中考虑土地所有权因素，资本家得到的利润似乎减少了，但是，这不是真正的利润率下降，而只是我们考察的影响剩余价值分配的因素发生了变化，一元价值转形中只考虑资本影响剩余价值分配，二元价值转形中不仅考虑资本影响剩余价值分配，而且考虑土地影响剩余价值分配。分析的逻辑应该与历史的发展一致。历史是存在，是第一性的，逻辑分析是人对存在的认识，是第二性的。不是客观存在发生了变化，而是我们的分析更加深入，更加具体。

在二元价值转形中，总剩余价值在全体资本家与全体土地所有者之间分配。剩余价值的分配关系不仅与资本有机构成、剩余价值率有关，而且与租用的土地面积、租用的土地等级等因素有关。租用的土地面积与租用的土地等级的变化，可能导致价值形式的利润率、价值形式的平均利润率、生产价格形式的利润率下降，但是，这几种利润率的下降，反映资本家与土地所有者分配剩余价值的生产关系的变化，与贫富差距的扩大无关。

在第九章与第十一章曾经指出，二元价值转形中资本家得到的利润相比一元价值转形减少，利润率降低，是二元价值转形中考虑了一元价值转形研究中被忽略的影响剩余价值分配的因素的结果，而不是资本家实际得到的剩余价值减少。更确切地说，是资本家的涵义不同，从而利润的涵义不同。一元价值转形中提到的资本家是资本家与土地所有者的总代表，一元价值转形的利润是资本家的利润与土地所有者的地租之和。二元价值转形的利润只是资本家的利润，不包括土地所有者的地租。一元价值转形与二元价值转形是认识的不同阶段。在确定的生产条件下，无论我们的认识如何变化，资本家实际得到的剩余价值都不变，资本家的利润率都不变。

二元价值转形中的贫富差距，不再是一元价值转形中的雇佣劳动者与资本家占有社会财富的差距，而是雇佣劳动者占有的社会财富与资本家与土地所有者占有的社会财富的差距。二元价值转形中的社会财富，不仅包括生活资料和资本形式的生产资料，而且包括土地形式的生产资料。虽然土地不包括凝结在生产资料中的过去的雇佣工人的剩余劳动，从而不属于资本，但是，土地与资本一样都是占有剩余价值的条件。

资本家的财富中的绝大部分，不是生活消费资料，而是资本。土地所有者的财富中的绝大部分，也不是生活消费资料，而是土地。二元价值转形中，贫富差距不断扩大，社会财富不断在资本家和土地所有者手中积累，特别是不变资本或生产资料的积累，在总趋势上，表现为资本有机构成的提高超过剩余价值率的提高。虽然土地面积不扩大，但是，随着农产品价格提高，地租与土地价格提高，土地所有者占有的剩余价值不断增加。

在这里考察的二元价值转形中，假设社会对谷物的需求的增加，通过农业资本有机构成的提高与农业生产力的提高来满足，用于农业生产的土地的等级不变，增加的谷物在原来已经利用的土地上生产。如果通过提高农业资本有机构成与提高农业生产力的方式，无法满足社会对谷物的需求的增加，原来等级的土地无法得到，那么，增加的谷物只能以两种不同方式生产。一种方式，在比过去的最低等级的土地更低等级的土地上生产增加的谷物；另一种方式，在原来等级的土地上以生产率降低的方式生产增加的谷物。无论按照哪种方式生产增加的谷物，谷物的边际劳动生产率都递减，增加单位谷物产量都需要耗费更多劳动。

土地的谷物生产力递减，生产一定量增加的谷物耗费的劳动增加，从而生产谷物耗费的总劳动增加，剩余价值分配关系改变。谷物的总价值，取决于生产谷物耗费的总劳动，而不取决于生产增加的谷物所增加的劳动，也就是不取决于谷物的边际劳动生产率。但是，剩余价值分配关系，取决于生产增加的谷物所增加的劳动，即取决于谷物的边际劳动生产率。

在土地的谷物生产力递减的条件下，无论按照马克思的方式考察最差土地有级差地租的二元价值转形[1]，按照恩格斯的方式考察最差土地有级差地租的二元价值转形，还是按照各级土地共同增加谷物产量的方式考察最差土地有级差地租的二元价值转形，这里考察资本有机构成与剩余价值

---

① 沈民鸣：《二元价值转形》，第三卷，北京，中国人民大学出版社，2015，第 1 155～1 711 页。

率共同提高的两部门二元价值转形中得到的基本结论都成立。

不是考虑了资本主义土地所有权导致利润率下降，而是在有限的土地上增加单位谷物产量耗费的劳动增加导致谷物价格提高、地租提高，导致属于资本家的剩余价值的比例降低，从而由资本家得到的剩余价值与资本的比例决定的利润率下降。

同样，如果进一步考虑住宅垄断地租，那么，不是因为考虑了住宅垄断地租才导致资本家的利润减少，而是因为对住宅需求的增加与住宅地段的土地有限导致住宅地租提高，从而导致属于资本家的利润减少，从而资本家的利润率下降。无论是否考虑住宅地租，住宅地租都是客观存在。

因此，马克思的利润率趋向下降的规律，在两部门二元价值转形的条件下仍然成立，在考虑住宅地租的条件下同样成立。

第二十章 考虑资本循环与资本周转影响的价值转形的利润率

第一节 资本循环、资本周转与社会资本再生产对利润率的影响

资本是带来剩余价值的价值。只有在运动过程中，资本才能实现价值增殖。资本的运动，包括单个资本的运动与社会资本的运动。单个资本的运动，表现为单个资本的循环与周转；社会资本的运动，表现为社会资本再生产。单个资本的运动，是社会资本的运动的基础。要全面地考察价值转形，必须考察社会资本再生产。要全面地考察社会资本再生产，必须首先考察资本的循环与周转。

资本循环是产业资本不断运动的过程。考察资本循环，重点考察产业资本运动过程中经历的不同阶段与采用的各种职能形式，考察产业资本的不同循环形式，揭示资本只有在连续不断的循环运动过程中才能不断产生剩余价值。

资本周转是周而复始不断重复的资本循环。考察资本周转，重点考察资本的不同组成部分的运动速度对生产的剩余价值量的影响。其中，固定资本对资本周转速度有重要影响。

社会资本再生产是社会资本不断重复与不断更新的生产过程，是物质资料的再生产与生产关系的再生产的统一。考察社会资本再生产，重点考察社会资本运动的实现条件，考察社会资本的不同组成部分的比例关系，考察当这种实现条件与比例关系被破坏时出现的经济危机。

按照在剩余价值生产过程中的不同作用，生产资本可以划分为不变资本与可变资本。按照资本循环与周转方式的不同作用，生产资本可以划分为固定资本与流动资本。

剩余价值量或利润量与一定时间中的资本循环次数与资本周转次数有关。剩余价值率是剩余价值与可变资本的比例，不仅与剩余价值量有关，而且与可变资本量有关。利润率是剩余价值与全部资本的比例，不仅与剩余价值量有关，而且与资本量有关，不仅与生产过程中耗费的资本有关，而且与生产过程中没有耗费的资本有关，具体地说，与固定资本和固定资本折旧率有关。

每年的资本循环次数与资本周转次数，决定每年生产的剩余价值量。固定资本在资本中的比例越低，固定资本折旧率越高，资本周转越快。因此，固定资本与固定资本折旧率对利润率有重要影响。

第二节　资本循环影响平均利润率

一、资本循环影响价值形式的平均利润率

马克思认为："周转时间的缩短对剩余价值的生产，从而对利润的生产的直接影响，在于使可变资本部分由此提高效率。"①

他认为："除了资本的有机构成不同以外，也就是说，除了等量资本在不同生产部门会推动不等量劳动，从而在其他条件相同时会推动不等量剩余劳动以外，利润率的不等还有另外一个源泉，即不同生产部门资本的周转时间不同。……周转时间的差别，是等量资本在不同生产部门在相等时间内生产出不等量利润的另一个原因，因而也是这些不同生产部门利润率不等的另一个原因。"②

如果不考虑固定资本的影响，那么，资本循环一次的时间就是资本周转一次的时间，每年资本循环的次数就是每年资本周转的次数。

资本循环一次的时间，是生产时间与流通时间之和。流通时间是购买时间与售卖时间之和。在生产资本的循环过程中，资本要依次经历生产阶段、售卖阶段、购买阶段。生产阶段的时间、售卖阶段的时间、购买阶段的时间之和，就是生产资本循环的时间。资本循环的时间就是资本周转的周期。

在考虑资本循环影响的价值转形中，不是资本有机构成不同的部类或部门的资本循环一次的利润率相同，而是资本有机构成不同的部类或部门

① 《马克思恩格斯全集》，第25卷，北京，人民出版社，1974，中文1版，第86页。
② 《马克思恩格斯全集》，第25卷，北京，人民出版社，1974，中文1版，第169页。

的年利润率相同。[①] 因此，不同的部类或部门每年的资本循环次数或每年的资本周转次数影响剩余价值分配，影响价值转形，从而影响利润率。[②]

值得注意的是，每次资本循环都生产剩余价值，在一定时间内，资本的循环次数越多，生产的剩余价值越多。这就是说，每年生产的剩余价值量，与各部类或各部门的资本的循环次数有关。因此，资本循环影响价值形式的平均利润率。

在考虑资本循环影响的条件下，总剩余价值为各部类或各部门的年剩余价值之和，总资本为各部类或各部门的资本之和，价值形式的平均利润率为总剩余价值与总资本之比。

各部类或各部门的年剩余价值与剩余价值分配无关，总资本为各部类或各部门的资本之和，也与剩余价值分配无关。因此，在考虑资本循环影响的条件下，价值形式的平均利润率与资本循环次数有关，但是，与价值转形无关。

在同时考虑资本与土地两个影响剩余价值分配的因素的条件下，有两种不同的价值形式的平均利润率。一种价值形式的平均利润率，是各部类或各部门的年剩余价值的总和与价值形式的总资本之比；另一种价值形式的平均利润率，是各部类或各部门的资本家得到的价值形式的年利润的总和与价值形式的总资本之比。

由第九章（9－81）式、（9－82）式、（9－84）式、（9－85）式、（9－86）式、（9－87）式、（9－88）式、（9－89）式可以看出，在二元价值转形中，各部门的资本家与土地所有者得到总剩余价值，等于各部门的雇佣劳动者生产的总剩余价值。因此，前一种价值形式的平均利润率，与剩余价值分配无关，与二元价值转形无关。这种平均利润率，就是马克思所说的平均利润率。虽然马克思在考察价值转形中只考虑了资本因素的影响，没有考虑土地所有权的影响，但是，他是将资本家作为资本家与土地所有者的总代表。

后一种价值形式的平均利润率，与剩余价值分配有关，因为后一种价值形式的平均利润率所涉及的利润，只包括资本家得到的剩余价值，不包括土地所有者得到的剩余价值。这种意义的价值形式的平均利润率，不是马克思所说的平均利润率。

---

① 沈民鸣：《价值转形》，第一卷，北京，中国人民大学出版社，2014，第 226 页。

② 沈民鸣：《简单再生产条件下的价值转形问题——基于资本周转速度的影响》，《财经科学》2008 年第 11 期。

马克思的利润率趋向下降的观点，是指前一种意义的价值形式的平均利润率趋向下降。

我们考察的价值形式的平均利润率，是前一种意义的价值形式的平均利润率。我们考察的利润率趋向下降，是指前一种意义的价值形式的平均利润率趋向下降。

二、资本循环影响生产价格形式的平均利润率

一元价值转形或二元价值转形实现的平均利润，不是价值形式的平均利润，而是生产价格形式的平均利润。

由第四章或第九章的考察可以看出，生产价格形式的平均利润与生产价格形式的平均利润率，是一元价值转形或二元价值转形的结果。因此，剩余价值分配影响生产价格形式的平均利润率，也就是一元价值转形或二元价值转形影响生产价格形式的平均利润率。

由第四章或第九章的考察可以看出，各部类或各部门的剩余价值影响剩余价值分配，影响一元价值转形或二元价值转形。

既然资本循环次数影响各部类或各部门的年剩余价值[①]，那么，资本循环就影响生产价格形式的平均利润率。

三、资本循环如何影响剩余价值分配与利润率

为了在最单纯的条件下进行考察，假设只考虑资本对剩余价值分配的影响，不考虑土地所有权对剩余价值分配的影响，即考察一元价值转形；假设社会生产划分为两部类；假设不考虑固定资本的影响。在这种条件下，各部类的生产价格与价值的关系有多种情况。

第一种情况，如果第一部类的资本有机构成高于第二部类的资本有机构成，两部类的资本循环时间相同，那么，第一部类的生产价格高于第一部类的产品价值，第一部类多得到一部分剩余价值。

第二种情况，如果第一部类的资本有机构成高于第二部类的资本有机构成，第一部类的资本循环时间比第二部类的资本循环时间长，那么，第一部类的生产价格高于第一部类的产品价值的程度比第一种情况更高，第一部类多得到的剩余价值比第一种情况更多。

第三种情况，如果第一部类的资本有机构成高于第二部类的资本有机构成，第一部类的资本循环时间比第二部类的资本循环时间稍微短一些，

① 沈民鸣：《价值转形》，第一卷，北京，中国人民大学出版社，2014，第207页。

那么，第一部类的生产价格高于第一部类的产品价值的程度比第一种情况低，第一部类多得到的剩余价值比第一种情况少。

第四种情况，如果第一部类的资本有机构成高于第二部类的资本有机构成，第一部类的资本循环时间远远短于第二部类的资本循环时间，那么，第一部类的生产价格低于第一部类的产品价值，第一部类多得到的剩余价值为负值。

总之，资本有机构成与资本循环时间都影响每个部类的生产价格与价值的关系，也影响每个部类多得到的剩余价值。关键在于资本有机构成与资本循环时间这两个因素中哪个因素的影响更大。

如果一个部类的资本循环时间缩短，在一定时期内生产的剩余价值增加，那么，这个部类多得到的剩余价值减少。

如果一个部类的资本循环时间延长，在一定时期内生产的剩余价值减少，那么，这个部类多得到的剩余价值增加。

剩余价值的分配关系改变，利润率也相应地发生变化。

第三节　资本周转受资本循环与固定资本两个因素的影响

一、不变资本中的流动资本

不变资本在物质形态上表现为生产资料。一部分生产资料为原料、材料、辅助材料、半成品等，“它们在劳动资料执行职能时由劳动资料本身消费掉，例如煤炭由蒸汽机消费掉；或者对过程只起协助作用，例如照明用的煤气等等——在物质上不加入产品。只是它们的价值形成产品价值的一部分”①。

这部分生产资料的价值，通过一次生产过程，全部转移到产品的价值中。这部分不变资本的流通方式与可变资本的流通方式相同，因此，物质形态上为原料、材料、辅助材料、半成品的不变资本，与购买劳动力的可变资本，都是流动资本。

二、不变资本中的固定资本

另一部分生产资料为劳动资料或固定资本。固定资本是指不变资本中

① 《马克思恩格斯全集》，第24卷，北京，人民出版社，1972，中文1版，第178页。

的劳动资料部分，这部分资本“在它执行职能的全部时间内，它的价值总有一部分固定在它里面，和它帮助生产的商品相对立，保持着自己的独立。由于这种特性，这部分不变资本取得了固定资本的形式”①。

马克思认为：“劳动资料一进入生产领域，就不再离开。它的职能把它牢牢地限制在那里。一部分预付资本价值，被固定在这个由劳动资料在生产过程中的职能所决定的形式上。劳动资料在执行职能时，也就是在损耗时，把一部分价值转移到产品中去，另一部分则仍旧固定在劳动资料中，也就是仍旧固定在生产过程中。这样固定的价值不断地减少，一直到劳动资料不能再用；因此它的价值在一个或长或短的期间内，分配在由一系列不断反复的劳动过程产生的一批产品中。但是，只要它还起劳动资料的作用，就是说，只要它还不需要由同一种新的物品来替换，不变资本价值就总是固定在它里面，而另一部分原来固定在它里面的价值则转移到产品中，从而作为商品储备的组成部分进行流通。劳动资料越耐用，它的损耗越缓慢，不变资本价值固定在这个使用形式上的时间就越长。”②

马克思还认为：“真正的劳动资料，即固定资本的物质承担者，只被生产地消费，不能进入个人消费，因为它不加入它帮助形成的产品或使用价值，相反，它与产品相对立，在它完全损耗以前一直保持独立的形式。……其中一部分会在物质上加入产品，同时也就把它的价值转移到产品中去；另一部分则保持它原有的使用形式，把它的价值固定在这种形式上。它继续作为生产资料存在，因而取得固定资本的形式。”③

不变资本中的流动资本部分与固定资本部分的流通方式不同，对产品价值的影响也不同。不变资本中的流动资本的价值，通过一次生产过程全部转移到产品的价值中。不变资本中的固定资本的价值，按照其耐久性或损耗程度，通过多次生产过程逐步转移到产品的价值中。

三、预付资本的总周转由资本循环时间、固定资本在不变资本中的比例、固定资本的耐久性等因素共同决定

资本周转时间，“是从资本价值以一定的形式预付时起，到处在过程

① 《马克思恩格斯全集》，第24卷，北京，人民出版社，1972，中文1版，第177页。

② 《马克思恩格斯全集》，第24卷，北京，人民出版社，1972，中文1版，第176～177页。

③ 《马克思恩格斯全集》，第24卷，北京，人民出版社，1972，中文1版，第178～179页。

中的资本价值回到同一形式时止的一段时间”①。

按照运动方式不同，资本可以划分为固定资本与流动资本。流动资本包括实物形式为原料、材料、辅助材料、半成品的不变资本，以及购买劳动力的可变资本。

资本的不同组成部分的周转时间不同。马克思认为：“预付资本的总周转，是它的不同组成部分的平均周转”②。

如果资本循环时间越长，那么，每年资本周转次数越少，预付资本的总周转时间越长。相反，如果资本循环时间越短，那么，每年资本周转次数越多，预付资本的总周转越时间短。

固定资本参与多次生产过程，其价值逐步转移到产品的价值中。流动资本的价值在一次生产过程中全部转移到产品的价值中。如果固定资本在不变资本中的比例越高，那么，在同样的资本数量的条件下，每年资本周转额越少，预付资本的总周转时间越长。如果固定资本在不变资本中的比例越低，那么，在同样的资本数量的条件下，每年资本周转额越多，预付资本的总周转时间越短。

如果固定资本的耐久性越高，损耗程度越低，那么，固定资本的价值中进入产品价值的部分越小，每年资本周转额越少，预付资本的总周转时间越长。如果固定资本的耐久性越低，损耗程度越高，那么，固定资本的价值中进入产品价值的部分越大，每年资本周转额越多，预付资本的总周转时间越短。

因此，资本循环时间、固定资本在不变资本中的比例、固定资本的耐久性等因素，共同决定了预付资本的总周转时间。

四、决定年剩余价值的是资本循环而不是资本周转或固定资本

在每次资本循环过程中，剩余劳动都生产剩余价值。每年资本循环次数越多，生产的年剩余价值越多。

预付总资本每年的周转次数为预付总资本的周转时间的倒数。预付总资本每年的周转次数不仅与每年资本循环次数有关，而且与固定资本在不变资本中的比例、固定资本的耐久性等因素有关。固定资本的耐久性越高，预付总资本每年的周转次数越少。固定资本的耐久性越低，预付总资本每年的周转次数越多。

---

① 《马克思恩格斯全集》，第24卷，北京，人民出版社，1972，中文1版，第171页。

② 《马克思恩格斯全集》，第24卷，北京，人民出版社，1972，中文1版，第204页。

因此，决定年剩余价值的是资本循环时间或每年资本循环次数，而不是资本周转时间或每年资本周转次数。因为物化劳动不生产剩余价值，固定资本是不变资本的一部分，所以，决定年剩余价值的也不是固定资本。

第四节　固定资本是否影响平均利润率

一、固定资本不影响价值形式的平均利润率

考虑固定资本的影响，只改变生产过程中损耗的不变资本与没有损耗的不变资本的比例，但是，既不改变不变资本总额、可变资本总额、剩余价值总额，也不改变价值形式的资本有机构成与剩余价值率。

价值形式的平均利润率为总剩余价值与价值形式的总资本之比。价值形式的总资本为价值形式的不变资本与价值形式的可变资本之和。总剩余价值与剩余价值分配无关，从而与价值转形无关。同理，价值形式的总资本也与剩余价值分配无关，即与价值转形无关。考虑固定资本的影响，不影响剩余价值总额与价值形式的总资本之比，不影响价值形式的资本有机构成与剩余价值率，即不改变价值形式的平均利润率。

二、固定资本影响生产价格形式的利润率

如果不考虑固定资本的影响，那么，使用的生产资料就是耗费的生产资料，使用的不变资本就是耗费的不变资本。这种情况下的资本有机构成，既是使用的不变资本价值与可变资本价值之比，也是耗费的不变资本价值与可变资本价值之比。

如果考虑固定资本的影响，那么，在生产过程中没有损耗的不变资本的价值不转移到产品的价值中，损耗的不变资本的价值转移到产品的价值中。产品价值等于损耗的不变资本价值、可变资本价值、剩余价值之和。损耗的不变资本的价值，是指生产过程中耗费的原材料、燃料、电力等不变资本中的流动资本部分的价值与不变资本中的固定资本的损耗部分的价值之和。损耗的固定资本的价值，等于使用的固定资本价值与固定资本折旧率之积。

在考虑固定资本的影响的条件下，在生产过程中使用的生产资料多于耗费的生产资料，使用的不变资本价值大于耗费的不变资本价值。这种条件下的资本有机构成，为使用的不变资本价值与可变资本价值之比，而不

是耗费的不变资本价值与可变资本价值之比。

不变资本中的流动资本部分的价值与不变资本中损耗的固定资本部分的价值，转移到产品的价值中。生产过程中没有损耗的劳动资料的价值，也就是不变资本中没有损耗的固定资本的价值，虽然不转移到产品的价值中，但是，仍然要获得平均利润。不变资本中损耗的固定资本部分越大，产品的价值越高。资本有机构成不同的各部类的产品价值影响剩余价值分配，也就影响价值转形，影响生产价格形式的利润率。

不变资本中的固定资本，无论是否在生产过程中损耗，都要在价值转形的过程中参与剩余价值的分配，因此，固定资本影响生产价格形式的利润率。①

既然固定资本不影响价值形式的平均利润率，但是影响生产价格形式的利润率，那么，在价值转形中，价值形式的平均利润率与生产价格形式的利润率必然不完全相同。

第五节　固定资本折旧率如何影响剩余价值分配与利润率

固定资本折旧率为生产过程中损耗的固定资本价值与全部固定资本价值之比。

固定资本有一定的平均寿命。固定资本的耐久性或损耗程度由机器设备在使用过程中的磨损、自然力、无形损耗共同决定。固定资本的耐久性越高或损耗程度越低，固定资本折旧率越低；固定资本的耐久性越低或损耗程度越高，固定资本折旧率越高。

在不变资本、可变资本、剩余价值相同的条件下，如果不变资本确定，不变资本中的固定资本部分与流动资本部分的比例确定，固定资本折旧率越高，那么，在生产过程中损耗的固定资本价值越多，成本越高，加入产品价值中的损耗的不变资本价值越多，从而生产的产品的价值越高。固定资本折旧率越低，损耗的固定资本价值越少，成本越低，加入产品价值中的损耗的不变资本价值越少，从而生产的产品的价值越低。

如果只考虑资本所有权对剩余价值分配的影响，那么，每个部类或每个部门的雇佣劳动者创造的剩余价值，不能完全被本部类或本部门的资本

① 沈民鸣：《论考虑固定资本影响的简单再生产条件下的价值转形问题》，《教学与研究》2006 年第 4 期。

家单独占有，要在全体资本家之间分配。相应的价值转形是一元价值转形。

如果不仅考虑资本所有权对剩余价值分配的影响，而且考虑土地所有权对剩余价值分配的影响，那么，剩余价值要在全体资本家与全体土地所有者之间分配。相应的价值转形是二元价值转形。

在分配剩余价值的过程中，资本有机构成不同的部类或部门的产品的价值得到社会承认的程度不同，也就是被社会承认的价值不同。

因为每个部类或每个部门的不变资本、可变资本、剩余价值都影响剩余价值分配，所以，每个部类或每个部门的产品价值都影响剩余价值分配。

既然每个部类或每个部门的固定资本折旧率影响这个部类或部门的产品价值，那么，固定资本折旧率就影响剩余价值分配，影响价值转形，从而影响生产价格形式的利润率。

在考虑固定资本影响的条件下，影响生产价格形式的利润率的因素，不仅包括每个部类或每个部门的资本有机构成与剩余价值率，而且包括每个部类或每个部门的固定资本折旧率。

每个部类或每个部门的资本有机构成的变化方向与变化程度、剩余价值率的变化方向与变化程度，固定资本折旧率的变化方向与变化程度，都影响生产价格形式的利润率的变化。

随着资本积累与生产力提高，总资本有机构成不断提高。当然，每个部类或每个部门的资本有机构成提高的比例不同。制造生产资料的生产资料生产部类的资本有机构成提高最快，制造消费资料的生产资料生产部类的资本有机构成提高次之，消费资料生产部类的资本有机构成提高最慢。

随着生产力不断提高，资本有机构成不断提高，剩余价值率不断提高，固定资本折旧率不断降低。

这些变化，都影响生产价格形式的利润率的变化。其中，资本有机构成提高与固定资本折旧率降低促使利润率降低，而剩余价值率提高促使利润率提高。生产价格形式的利润率正是在这种相反的作用下变化。生产价格形式的利润率变化的总趋势是下降。

第二十一章　同一部类或同一部门中资本有机构成不同的企业的剩余价值分配与利润率

第一节　一个部门内生产的商品的不同的个别价值形成一个相同的市场价值

迄今为止，我们所考察的剩余价值分配或价值转形，都发生在不同生产部类或不同生产部门之间。这里考察，在同一个部类或同一个部门中，资本有机构成不同的工厂、生产力不同的工厂的剩余价值分配与利润率。

马克思认为："竞争首先在一个部门内实现的，是使商品的各种不同的个别价值形成一个相同的市场价值和市场价格。但只有不同部门的资本的竞争，才能形成那种使不同部门之间的利润率平均化的生产价格。这后一过程同前一过程相比，要求资本主义生产方式发展到更高的水平。要使生产部门相同、种类相同、质量也接近相同的商品按照它们的价值出售，必须具备两个条件：第一，不同的个别价值，必须平均化为一个社会价值，即上述市场价值，为此就需要在同种商品的生产者之间有一种竞争，并且需要有一个可供他们共同出售自己商品的市场。……第二，说商品有使用价值，无非就是说它能满足某种社会需要。当我们只是说到单个商品时，我们可以假定，存在着对这种特定商品的需要，——它的量已经包含在它的价格中，——而用不着进一步考察这个有待满足的需要的量。但是，只要一方面有了整个生产部门的产品，另一方面又有了社会需要，这个量就是一个重要的因素了。因此，现在有必要考察一下这个社会需要的规模，即社会需要的量。"①

① 《马克思恩格斯全集》，第25卷，北京，人民出版社，1974，中文1版，第201～206页。

这就是说，一个部门内部的生产者之间的竞争，以及生产的商品数量与社会需求量相适应，是在一个部门内生产的商品的不同的个别价值形成一个相同的市场价值的前提。

一个部类或一个部门中的个别价值形成一个相同的市场价值，是价值转形的前提。在前面的考察中，没有考察一个部类或一个部门内部的个别价值如何形成一个统一的市场价值，需要作哪些规定，存在什么问题。这里对这些问题进行考察。

第二节　生产同种商品的不同生产力、不同资本有机构成的企业的利润率

一、同一部类或同一部门中资本有机构成与生产力不同的企业的利润率

一种产品，通常由资本有机构成不同从而生产力不同的多个企业共同生产。

在同一个生产部类中，或在同一个生产部门中，生产同一种产品的不同的多个生产企业的资本有机构成不完全相同，生产力也不完全相同。通常，资本有机构成高的生产企业的生产力高，资本有机构成低的生产企业的生产力低。

生产同一种产品的所有生产企业在生产过程中耗费的劳动的总和，构成这种产品的总价值。产品的价值，不仅包括生产中耗费的活劳动创造的价值，而且包括转移到产品中的凝结在生产资料中的过去的劳动所创造的价值。

资本有机构成高从而生产力高的生产企业，耗费同样的活劳动生产的产品数量多，也就是产品的使用价值多。资本有机构成低从而生产力低的生产企业，耗费同样的活劳动生产的产品数量少，也就是产品的使用价值少。

在流通过程中，如果不考虑资本与土地因素对剩余价值分配的影响，也就是不考虑一元价值转形或二元价值转形，那么，同样品种、同样数量与同样质量的产品，被社会承认为同样的价值。

如果考虑资本因素对剩余价值分配的影响，也就是考虑一元价值转形，那么，同样品种、同样数量与同样质量的产品，被社会承认为同样的

一元价值转形生产价格。

如果考虑资本与土地因素对剩余价值分配的影响，也就是二元价值转形，那么，同样品种、同样数量与同样质量的产品，被社会承认为同样的二元价值转形生产价格。

资本有机构成高从而生产力高的企业，生产的单位产品耗费的个别劳动时间，少于生产这种产品的社会必要劳动时间。这种企业生产的单位产品的个别价值，低于这种产品的社会价值。在流通过程中，产品按照这种产品的社会价值交换，可以获得超额剩余价值或超额利润。

相反，资本有机构成低从而生产力低的企业，生产的单位产品耗费的个别劳动时间，多于生产这种产品的社会必要劳动时间。这种企业生产的单位产品的个别价值，高于这种产品的社会价值。在流通过程中，产品按照这种产品的社会价值交换，获得的剩余价值或利润低于平均水平。

生产同一种产品的所有生产企业的资本有机构成的加权平均值，构成生产这种产品的所有企业的平均资本有机构成。

生产同一种产品的不同资本技术构成从而不同资本有机构成的企业的生产力，不一定与资本有机构成成正比。即使生产同一种产品的不同企业的生产力与资本有机构成成正比，这些企业的价值形式的利润率也不一定相同。因此，在价值转形前，生产同一种产品的不同企业的价值形式的利润率不一定相同。

生产部门通常是按照产品进行划分的。按照研究的需要，可以将社会生产划分为工业生产部门与农业生产部门，也可以按照产品的品种对生产部门进行更细致的划分。如果一个部门的资本有机构成高，利润率低，那么，在价值转形中，这个部门的所有企业都多获得一部分剩余价值。如果一个部门的资本有机构成低，利润率高，那么，在价值转形中，这个部门的所有企业都少获得一部分剩余价值。

在价值转形后，生产同一种产品的不同企业的利润率仍然不一定相同，但是，因为这些企业的资本技术构成不同，生产力不同，所以，这些企业价值转形后的生产价格形式的利润率的差别的比例，与这些企业价值转形前的价值形式的利润率的差别的比例不同。

价值转形能够在不同部类或不同部门之间实现生产价格形式的平均利润，但是，不能在生产同一种产品的不同生产力、不同资本技术构成，从而不同资本有机构成的企业之间实现生产价格形式的平均利润。尽管如此，因为价值转形前，这些企业的利润率为价值形式的，价值转形后，这些企业的利润率为生产价格形式的，所以，价值转形改变了这些企业的利润率的差别的比例。

二、同一部类或同一部门中资本有机构成相同、生产力不同的企业的利润率

在前面的考察中，实际上假设：生产同一种产品的资本有机构成相同的企业的生产力相同，资本有机构成高的企业的生产力高，资本有机构成低的企业的生产力低。在现实经济活动中，一个企业的生产力，不一定完全由这个企业的资本有机构成决定，还有其他影响生产力的因素。但是，在理论考察中，不考虑这种特殊情况，并且假设一个企业的生产力完全由这个企业的资本有机构成决定，也就是说，资本有机构成是生产力的标志。

在实际的生产过程中，生产同一种产品的资本有机构成相同的企业的生产力不一定完全相同。在这些企业中，生产力低的企业在相同时间内生产的产品少，产品的个别价值高，生产力高的企业在相同时间内生产的产品多，产品的个别价值低，但是，在流通过程中，同样的产品得到社会同样的承认，被承认为同样的价值。

在这些资本有机构成相同的企业中，生产力低的企业的利润率低，生产力高的企业的利润率高。生产同种产品的资本有机构成相同、生产力不同的企业的利润率的这种差别，不可能通过价值转形消除，但是，由于价值转形中不同部类或不同部门的资本有机构成不同，有些部类或部门多得到一部分剩余价值，有些部类或部门少得到一部分剩余价值，同一部类或部门中生产同种产品的资本有机构成相同、生产力不同的企业多得到或少得到的剩余价值不同，这些企业的利润率的差别的比例，在价值转形中会改变。

价值转形的前提条件，是假设在一个部类或一个部门中不同企业生产的资本有机构成相同、生产力相同、利润率相同。

第三节　同一部类或同一部门中资本有机构成与生产力不同的企业的利润率的关系

一、同一部类或同一部门的生产力与资本有机构成提高对利润率的影响

在同一部类或同一部门中，生产同种商品的不同生产力的企业的总资本有机构成，取决于每个企业的资本有机构成，以及不同资本有机构成的企业的资本在这个部类或部门中的比例。

每一个企业的资本有机构成提高，或资本有机构成高的企业的比例提高，都会提高总资本有机构成，当然也会提高社会生产力。总资本有机构成提高，是降低平均利润率的因素。同时，总资本有机构成提高，为剩余价值率提高创造了条件。剩余价值率提高，是提高平均利润率的因素。

在现实经济活动中，生产同一种产品的不同企业的生产力提高的比例与这些企业的资本有机构成提高的比例，不一定完全相同。在一般条件下，二者提高的比例通常不同。即使这些企业的生产力与资本有机构成提高的比例相同，这些企业的价值形式的利润率也不同。

二、生产同种产品的不同企业的资本有机构成、生产力与利润率的关系

假设，多个企业生产同一种产品，甲企业的不变资本为 c_a，可变资本为 v_a，剩余价值为 s_a，利润率为 r_a，资本有机构成为 k_a，乙企业的不变资本为 c_b，可变资本为 v_b，利润率为 r_b，乙企业的不变资本为甲企业的 n 倍（$n>1$），乙企业的剩余劳动时间与甲企业的剩余劳动时间相同，可变资本相同，乙企业的资本有机构成与生产力均为甲企业的 n 倍，暂时不考虑价值转形的影响。

甲企业的利润率可以表示为

$$r_a = \frac{s_a}{c_a + v_a} \tag{21-1}$$

甲企业的资本有机构成可以表示为

$$k_a = \frac{c_a}{v_a} \tag{21-2}$$

乙企业的不变资本可以表示为

$$c_b = nc_a \tag{21-3}$$

乙企业的可变资本可以表示为

$$v_b = v_a \tag{21-4}$$

虽然乙企业的剩余劳动时间与甲企业的剩余劳动时间相同，但是，由于在竞争过程中，同样数量与质量的产品被社会承认为同样的价值，而不管该产品的个别价值如何，乙企业的生产力为甲企业的 n 倍，乙企业生产的产品数量或使用价值为甲企业的 n 倍，所以，乙企业得到的剩余价值为甲企业得到的剩余价值的 n 倍，即

$$s_b = ns_a \tag{21-5}$$

值得注意的是，在（21-5）式中，乙企业得到的剩余价值，不仅包

括由乙企业的雇佣劳动者的剩余劳动创造的剩余价值，而且包括其他企业的雇佣劳动者的剩余劳动创造的剩余价值。

必须指出，在（21－1）式、（21－2）式、（21－3）式、（21－4）式、（21－5）式中，甲企业的不变资本、可变资本、剩余价值、资本有机构成，以及乙企业的不变资本、可变资本，完全由生产中耗费的劳动——凝结在生产资料中的过去的劳动与活劳动——决定。但是，乙企业得到的剩余价值不是由乙企业生产中耗费的个别剩余劳动决定，而是由乙企业的生产力高于甲企业的生产力，乙企业生产的产品数量高于甲企业生产的产品数量的比例决定。因此，乙企业得到的剩余价值不能离开甲企业的剩余劳动独立存在，更一般地说，乙企业得到的剩余价值不能离开其他多个生产同种产品的企业的剩余劳动独立存在。

由（21－3）式、（21－4）式、（21－5）式，乙企业的利润率可以表示为

$$r_b = \frac{s_b}{c_b + v_b} = \frac{ns_a}{nc_a + v_a} \qquad (21-6)$$

值得注意的是，因为（21－6）式中乙企业的不变资本、可变资本，完全由生产中耗费的劳动决定，但是，乙企业得到的剩余价值不是由乙企业生产中耗费的个别剩余劳动决定，所以，乙企业的利润率的定义方式与甲企业的利润率的定义方式不同，甲企业的利润率完全由甲企业生产中耗费的劳动决定，但是，乙企业的利润率不完全由乙企业生产中耗费的劳动决定。

由（21－1）式、（21－2）式、（21－6）式，乙企业的利润率与甲企业的利润率之比可以表示为

$$\frac{r_b}{r_a} = \frac{\dfrac{ns_a}{nc_a + v_a}}{\dfrac{s_a}{c_a + v_a}} = \frac{n(c_a + v_a)}{nc_a + v_a}$$

$$= \frac{n(k_a v_a + v_a)}{nk_a v_a + v_a} = 1 + \frac{n-1}{nk_a + 1} \qquad (21-7)$$

因为

$$n > 1 \qquad (21-8)$$

所以

$$\frac{r_b}{r_a} > 1 \qquad (21-9)$$

或

$$r_b > r_a \qquad (21-10)$$

由（21－1）式、（21－2）式、（21－7）式、（21－10）式可以看出，如果乙企业的资本有机构成为甲企业的资本有机构成的 n 倍（$n>1$），乙企业的生产力也为甲企业的生产力的 n 倍，那么，乙企业的利润率高于甲企业的利润率，并且甲企业的资本有机构成越高，甲企业的利润率与乙企业的利润率越低。

第四节　个别企业的资本有机构成、生产力的变化对利润率的影响

一、个别企业的利润率提高与生产力提高的关系

如果将甲企业的不变资本、可变资本、剩余价值、利润率、资本有机构成看做一个企业的生产力提高之前的状况，将乙企业的不变资本、可变资本、剩余价值、利润率、资本有机构成看做这个企业生产力提高为原来的 n 倍之后的状况，那么，上面考察的生产同一种产品的两个企业的生产力的比例、资本有机构成的比例与利润率的关系，也适用于一个企业的生产力提高的比例与资本有机构成提高的比例相同的情况，即适用于共同生产一种产品的多个企业中的一个企业的生产力与资本有机构成等比例提高条件下的利润率变化关系。

由（21－1）式、（21－2）式、（21－7）式、（21－10）式可以看出，如果多个企业共同生产一种产品，其中一个企业的生产力与资本有机构成等比例提高，那么，这个企业的利润率不是降低而是提高；如果一个企业的生产力提高之前的资本有机构成越高，那么，这个企业的生产力提高之后的利润率越低。

必须指出，这种规律只对个别企业成立，对一个部类或一个部门的多数企业不成立，对社会生产也不成立，即不适用于平均利润率的变化。

二、个别企业的利润率提高与生产力提高的关系的数例

如果一种产品或一类产品由多个不同企业生产，其中一个企业的生产力提高之前的利润率 $r_a=10\%$，资本有机构成 $k_a=2$，3，4，5，$n=1$，1.1，1.2，…，3，这个企业的生产力提高为原来的 n 倍之后的利润率为 r_b，那么，这个企业的生产力提高之后的利润率与提高之前的利润率之比 r_b/r_a 和生产力提高前后生产力的比例 n 的关系，可以用表 21－1 表示。

表 21-1　　r_b/r_a与 n 的关系

n	r_b/r_a　($k_a=2$)	r_b/r_a　($k_a=3$)	r_b/r_a　($k_a=4$)	r_b/r_a　($k_a=5$)
1.000 00	1.000 00	1.000 00	1.000 00	1.000 00
1.100 00	1.031 25	1.023 26	1.018 52	1.015 38
1.200 00	1.058 82	1.043 48	1.034 48	1.028 57
1.300 00	1.083 33	1.061 22	1.048 39	1.040 00
1.400 00	1.105 26	1.076 92	1.060 61	1.050 00
1.500 00	1.125 00	1.090 91	1.071 43	1.058 82
1.600 00	1.142 86	1.103 45	1.081 08	1.066 67
1.700 00	1.159 09	1.114 75	1.089 74	1.073 68
1.800 00	1.173 91	1.125 00	1.097 56	1.080 00
1.900 00	1.187 50	1.134 33	1.104 65	1.085 71
2.000 00	1.200 00	1.142 86	1.111 11	1.090 91
2.100 00	1.211 54	1.150 68	1.117 02	1.095 65
2.200 00	1.222 22	1.157 89	1.122 45	1.100 00
2.300 00	1.232 14	1.164 56	1.127 45	1.104 00
2.400 00	1.241 38	1.170 73	1.132 08	1.107 69
2.500 00	1.250 00	1.176 47	1.136 36	1.111 11
2.600 00	1.258 06	1.181 82	1.140 35	1.114 29
2.700 00	1.265 63	1.186 81	1.144 07	1.117 24
2.800 00	1.272 73	1.191 49	1.147 54	1.120 00
2.900 00	1.279 41	1.195 88	1.150 79	1.122 58
3.000 00	1.285 71	1.200 00	1.153 85	1.125 00

在表 21-1 中，生产力提高之后的利润率与提高之前的利润率之比r_b/r_a与生产力提高前后生产力的比例 n 的关系，可以用图 21-1 表示。

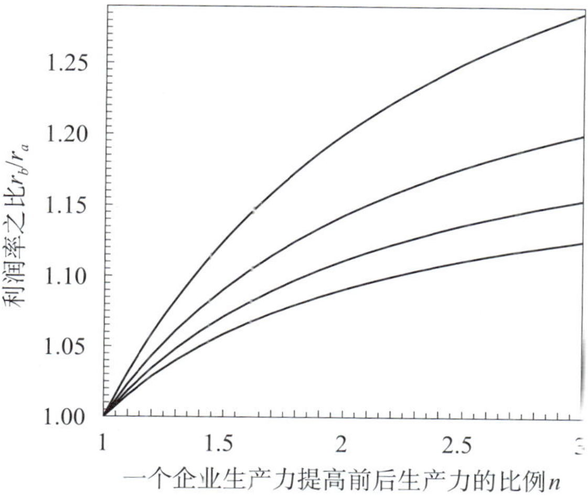

图 21-1　r_b/r_a与 n 的关系

在图 21－1 中，由上至下四条曲线，分别表示在一个企业的资本有机构成 $k_a=2$，3，4，5 的条件下，这个企业的生产力提高之后的利润率与提高之前的利润率之比 r_b/r_a 和生产力提高前后生产力的比例 n 的关系。

由表 21－1 和图 21－1 可以看出，如果一个企业的生产力与资本有机构成等比例提高，那么，这个企业的价值形式的利润率提高。如果一个企业的生产力提高之前的资本有机构成越高，那么，这个企业的生产力提高之后的利润率越低。

值得注意的是，这里所说的价值形式的利润率的变化规律，只在同一部类或同一部门中多个企业共同生产同一类产品或同一种产品，其中一个企业的生产力与资本有机构成等比例提高的条件下成立。

三、生产力与资本有机构成等比例提高导致利润率提高的结论对于全社会不成立

必须注意，这里得到的在一个企业的生产力与资本有机构成等比例提高的条件下，利润率提高的结论，只对个别企业成立，对于一个部类或一个部门不成立，对于全社会也不成立，也就是对价值形式的平均利润率的变化规律不成立。这是因为，个别企业的产品的使用价值增加的比例，高于这个企业的产品的个别价值增加的比例。如果一种产品由多个不同企业共同生产，其中，一个企业的可变资本不变、不变资本、资本有机构成、生产力都提高为原来的 n 倍，那么，这个企业的产品的使用价值增加为原来的 n 倍，在产品交换过程中得到的价值增加为原来的 n 倍，但是，这个企业的产品的个别价值并没有增加为原来的 n 倍，因为这个企业的可变资本没有增加。

四、个别企业的生产力与资本有机构成等比例提高多得到的剩余价值的来源

在不考虑价值转形的条件下，个别企业的生产力与资本有机构成等比例提高，这个企业多得到的剩余价值，来自生产同一种产品的其他生产力与资本有机构成低的企业的雇佣劳动者的剩余劳动创造的一部分剩余价值。如果一部分资本家多得到一部分剩余价值，那么，必然有另一部分资本家少得到一部分剩余价值。无论是否考虑价值转形，当一次生产过程结束时，生产中耗费的剩余劳动总量不会变化，剩余价值总量既不会增加，也不会减少。全社会的资本家占有的剩余价值总和，等于全社会的雇佣劳动者创造的剩余价值总和。

生产同一种产品的不同生产力从而不同资本有机构成的企业之间，生产力提高的比例与资本有机构成提高的比例的差别，影响每一个企业的利润率。具体地说，生产力提高的比例高于资本有机构成提高的比例的企业的利润率比较高，生产力提高的比例低于资本有机构成提高的比例的企业的利润率比较低。

一个部门的生产力提高的比例与资本有机构成提高的比例的差别，不影响这个部门获得平均利润。

平均利润率在资本有机构成提高与剩余价值率提高这两种相反的影响因素的共同作用下变化。

虽然仅仅通过同一部类或部门中生产力不同的企业的资本有机构成的提高本身，并不能直接判断，在总资本有机构成提高与剩余价值率提高的条件下，平均利润率是提高还是降低，但是，每个部类或每个部门的资本有机构成提高，是总资本有机构成提高的充分必要条件，从长远的观点来看，利润率趋向下降不仅是理论分析的结果，而且也是历史事实。

在以上的分析中，没有考虑价值转形的影响。

在考虑资本因素影响剩余价值分配的条件下，也就是在一元价值转形的条件下，剩余价值在各部类或各部门的资本家之间分配。在考虑资本与土地两个因素影响剩余价值分配的条件下，也就是在二元价值转形的条件下，剩余价值在全体资本家与土地所有者之间分配。在这些条件下，不仅要考察价值形式的平均利润率，而且要考察生产价格形式的平均利润率。

第五节　在对价值转形与利润率的考察中，按照部类划分社会生产与按照部门划分社会生产的优点与缺点

一、在对价值转形与利润率的考察中，按照部类划分社会生产的优点

在对价值转形与利润率的考察中，既可以按照部类划分社会生产，也可以按照部门划分社会生产。两种不同的划分社会生产的方式，都有各自的优点与缺点。

在对价值转形与利润率的考察中，按照部类划分社会生产的优点是，可以明确地表示生产资料与消费资料的生产与交换关系，不仅反映价值的实现，而且反映实物的补偿；可以发现按照部门划分社会生产的价值转形中无法发现的很多规律。

按照部类划分社会生产，既可以将生产资料的生产进一步划分为一般生产资料的生产与货币材料的生产，也可以将生产资料的生产进一步划分为制造生产资料的生产资料生产与制造消费资料的生产资料生产；既可以将消费资料的生产进一步划分为必要生活资料的生产与奢侈品的生产，也可以将消费资料的生产进一步划分为工人的生活资料的生产与资本家的生活资料的生产。

不变资本的实物形式是生产资料。可变资本的实物形式是工人的生活资料。剩余价值的实物形式是资本家的生活资料。

按照部类划分社会生产，可以明确地区分不变资本、可变资本在价值增殖过程中的不同作用，可以明确地区分不变资本、可变资本、剩余价值在生产过程与再生产过程中的不同作用。

在第七章中，按照鲍特凯维兹的部类划分方式考察价值转形中利润率与资本有机构成的关系，我们证明了，生产价格形式的利润率一般不等于价值形式的平均利润率；随着资本有机构成提高，在一定条件下，生产价格形式的利润率可以降低、不变或提高；无论生产价格形式的利润率高于、等于或低于价值形式的平均利润率，也无论生产价格形式的利润率降低、不变或提高，随着价值形式的总资本有机构成的不断提高，生产价格形式的利润率与价值形式的平均利润率最终必然都趋向下降。

随着资本有机构成提高，价值形式的平均利润率单调下降，不受剩余价值分配的影响，能够正确地反映总资本的增殖程度。生产价格形式的利润率受剩余价值分配的影响，只能近似地反映总资本的增殖程度。

在第八章中，按照列宁的部类划分方式考察价值转形中利润率与资本有机构成的关系，我们证明了，中等资本有机构成的部类的生产价格一般不等于其价值；生产价格等于价值的部类可能不是中等资本有机构成的部类；资本有机构成高的部类的生产价格可能低于价值；资本有机构成低的部类的生产价格可能高于价值。

利用这些结论，可以推翻鲍特凯维兹、塞顿、斯拉法等人的理论。

这里还证明：价值形式的利润率高于价值形式的平均利润率的部类，多得到的剩余价值可能大于零；价值形式的利润率低于价值形式的平均利润率的部类，多得到的剩余价值可能小于零。

通过这些考察，不仅可以证明马克思关于平均利润率趋向下降的观点是正确的，而且可以得到按照部门划分方式考察价值转形无法发现的规律。

二、在对价值转形与利润率的考察中，按照部类划分社会生产的缺点

在对价值转形与利润率的考察中，按照部类划分社会生产的缺点是，如果生产同一种产品的企业的资本有机构成相同，不同部类的资本有机构成不同，一种产品又可以属于不同部类，那么，生产这种产品的企业的资本有机构成，与相应的部类的资本有机构成，必然存在矛盾。

有些产品，既可以是生产资料，也可以是生活消费资料；既可以是工人的生活消费资料，也可以是资本家的生活消费资料。例如，电力、煤炭、石油产品等能源产品，既可以作为生产资料，也可以作为生活消费资料；面粉、布匹等产品，既可以作为生产资料，也可以作为生活消费资料。

在资本的简单再生产条件下，如果这种产品是生产资料，也就是不变资本的实物形式，那么，在价值增殖过程中，按照耗费的程度，其价值转移的产品价值中，但是，价值量不变。如果这种产品是工人的生活消费资料，也就是可变资本的实物形式，那么，在生产过程开始之前，其价值与使用价值已经被工人消费掉，在价值增殖过程中，雇佣劳动者创造出比其价值更大的价值。如果这种产品是资本家的生活消费资料，也就是剩余价值的实物形式，那么，这种生活消费资料是资本的果实，而不是资本本身。

显然，这些产品的不同组成部分，在价值增殖过程中的作用不同。

在按照部类划分社会生产的价值转形中，每个部类的资本有机构成，实际上是这个部类的不同组成部分的资本有机构成的加权平均值，也就是这个部类中不同产品的生产企业的不同资本有机构成的加权平均值。

按照部类划分社会生产，分别属于不同部类的同种产品的生产企业的资本有机构成，与不同的部类的不同资本有机构成，不可能都相同，必然存在逻辑上的内在矛盾。

部类的数量是有限的，不像部门那样可以无限划分。每个部类中的不同生产企业的资本有机构成不一定都相同。为了简化分析，只能假设每个部类中的不同生产企业的资本有机构成都相同，这就与实际情况存在差别。这是为了对事物的本质进行分析，从而得到最重要、最基本的结论而不得不付出的代价。

按照部类划分社会生产的方式考察价值转形的另一个缺点是，即使每种产品只属于一个部类，也无法解决生产同一种产品的企业的资本有机构成不同与生产力不同的矛盾。

三、在对价值转形与利润率的考察中，按照部门划分社会生产的优点

按照部门划分社会生产的方式考察价值转形的优点是，按照产品的不同类型将社会生产划分为不同部门，不存在同一种产品分别由不同部门生产的问题，也不存在同一部门生产多种产品的问题。

可以按照考察的需要对产品种类进行划分。如果我们对价值转形进行最基本的考察，那么，为了简化分析过程，可以将产品归结为两种产品——工业产品与农业产品，将社会生产划分为两个部门——工业生产部门与农业生产部门。

如果我们对价值转形进行更全面的考察，那么，考虑到工业产品与农业产品包括多种产品，生产这些产品的企业的资本有机构成不同，可以按照产品的种类、品种、型号等不同特征，将社会生产划分为很多个相应的生产部门，从而进行更精细的考察。

四、在对价值转形与利润率的考察中，按照部门划分社会生产的缺点

按照部门划分社会生产的方式考察价值转形的第一个缺点是，无法明确地区分生产资料与消费资料的生产与交换关系，无法明确地区分制造生产资料的生产资料生产与制造消费资料的生产资料生产，无法明确地区分必要生活资料的生产与奢侈品的生产，无法明确地区分工人的生活资料的生产与资本家的生活资料的生产，无法明确地区分不变资本、可变资本在价值增殖过程中的不同作用，无法明确地区分不变资本、可变资本、剩余价值在生产过程与再生产过程中的不同作用。

按照部门划分社会生产的方式考察价值转形的第二个缺点是，无法得到按照部类划分社会生产的方式考察价值转形得到的很多重要结论。

按照部门划分社会生产的方式考察价值转形的第三个缺点是，虽然可以解决生产各种不同产品的企业的资本技术构成不同，资本有机构成不同的矛盾，但是，无法解决生产同种产品的企业的资本技术构成不同，资本有机构成不同的矛盾，也无法解决采用不同生产方式生产同种产品的不同企业的资本有机构成不同，生产力不同的矛盾。

第七篇　影响利润率的其他因素

第二十二章　导致利润率下降的其他因素

第一节　货币材料生产率低制约剩余价值率提高

一、在生产力提高与工人阶级斗争的条件下，利润率趋向下降

资本有机构成提高反映资本技术构成提高，也就是反映生产力提高。第一部类的资本有机构成的提高通常超过第二部类的资本有机构成的提高，这表明，第一部类的生产力的提高通常超过第二部类的生产力的提高。第二部类的资本有机构成的提高，从而第二部类的生产力的提高，是提高剩余价值率的基础与必要条件。

提高剩余价值率的必要条件，不等于提高剩余价值率的充分条件。剩余价值率的提高不仅受第二部类的生产力的提高的影响，而且受工人阶级与资本家的斗争的影响。第二部类的生产力的提高为资本家提高剥削程度或提高剩余价值率创造了条件，工人阶级的斗争则制约了剥削程度的提高或剩余价值率的提高。在这两种作用相反的因素的共同影响下，剩余价值率的提高程度通常低于第二部类的生产力提高的程度，第二部类的生产力提高的程度，通常低于第一部类的生产力提高的程度，从而低于全社会的生产力提高的程度。

如果生产力提高的比例与资本有机构成提高的比例相同或相近，那么，剩余价值率提高的比例通常低于第二部类的资本有机构成提高的比例，第二部类的资本有机构成提高的比例通常低于全社会的资本有机构成提高的比例。由此可见，在全社会的资本有机构成与剩余价值率共同提高的条件下，利润率下降是一个确定的总趋势。这个结论无论对于价值形式的平均利润率，还是对于生产价格形式的平均利润率都成立。

因为马克思首先考察平均利润与生产价格，即考察价值转形，然后才提出关于利润率趋向下降是资本主义生产发展的总趋势的结论，所以，他提出的利润率趋向下降，既不是一个企业的利润率趋向下降，也不是一个部门或一个部类的利润率趋向下降，而是平均利润率趋向下降。

在对价值转形的考察中，我们已经证明，价值转形不能实现价值形式的平均利润率，只能实现生产价格形式的平均利润率。因此，对于利润率趋向下降的规律，必须在价值转形的条件下进行考察。

二、在内涵扩大再生产条件下考察利润率趋向下降

在正常条件下，生产力变化的总趋势是提高，而不是下降，因此，资本有机构成变化的总趋势是提高，而不是下降。

资本家无法通过减少资本获得更多剩余价值，不变资本无法减少，可变资本也很难减少。即使在生产力提高的基础上，提高剩余价值率也要采用与工人阶级对抗的形式才能实现。那么，剩余价值率的提高还受哪些因素的制约呢?

在使用金属货币作为流通手段的条件下，货币材料的生产率的提高，是制约剩余价值率提高的一个非常重要的因素。为了在科学的意义上进行分析，必须像马克思那样，假定作为流通手段的货币是金属货币，而不是信用货币。

马克思认为：“甚至在简单再生产中，一部分剩余价值也必须经常以货币形式存在，而不是以产品形式存在。否则，它就不可能为了消费而由货币转化为产品。剩余价值由原来的商品形式到货币的转化，在这里必须作进一步的研究。为了使事情简单起见，我们假定这个问题的最简单的形式，就是说，假定进行流通的只是金属货币，即作为实际等价物的货币。”①

考察资本有机构成提高导致生产力提高、剩余价值率提高、利润率下降的问题，既不是在简单再生产的条件下进行分析，也不是在外延扩大再生产的条件下进行分析。在简单再生产的条件下，各部类的不变资本、可变资本、剩余价值不变化，因此，资本有机构成、剩余价值率、利润率不变化。在外延扩大再生产的条件下，各部类的不变资本、可变资本、剩余价值以相同比例提高，因此，资本有机构成、剩余价值率、利润率也不变化。

---

① 《马克思恩格斯全集》，第24卷，北京，人民出版社，1972，中文1版，第361页。

考察资本有机构成提高导致生产力提高、剩余价值率提高、利润率趋向下降的问题，应该在内涵扩大再生产的条件下进行考察。内涵扩大再生产是通过提高生产力，也就是提高资本有机构成的方式实现生产规模的扩大。

三、内涵扩大再生产需要增加相应的金属货币

在金属货币参与流通的条件下，为了实现扩大再生产，需要增加相应的金属货币。

马克思在分析“资本家不断从流通中取出的货币怎么能够比他投入流通的货币多”① 的问题时，提出：“问题不在于剩余价值从何而来，而在于剩余价值借以货币化的货币从何而来?”②

显然，他在这里提到“不断从流通中取出的货币”和“剩余价值借以货币化的货币”时，主要不是指原有数量的剩余价值与货币，而是指增加的剩余价值与货币。

在简单再生产的条件下进行分析，不必考察作为一般等价物的金属货币——金和银——来自何处，只需认为在流通过程中金属货币已经存在。

在扩大再生产的条件下进行分析，就没有这样简单了。无论是外延扩大再生产还是内涵扩大再生产，剩余价值越来越多，必须有越来越多的金属货币与之对应。我们必须回答，这些增加的金属货币来自何处?

从现象看，增加的金属货币可以有多种来源，例如，增加货币材料的生产，通过贸易顺差获得，他国赠予或进贡，掠夺他国的金银等。

从本质看，增加的金属货币只能来自增加的生产金属货币的活劳动。

马克思认为：“金和银如果仅仅作为制造奢侈品或镀金等等的材料，那也和任何其他产品一样，不必在这里专门提起。但是，它们作为货币材料，从而作为可能的货币，是起重要作用的。为了简单起见，我们在这里只是把金当作货币材料。”③

外延扩大再生产是不同部类的生产规模以相同比例增加的扩大再生产。内涵扩大再生产是不同部类的生产规模以不同比例增加的扩大再生产。因为生产货币材料的部类或分部类的生产规模扩大比其他部类或分部类的生产规模扩大慢，生产货币材料的部类或分部类的生产率增长也比其

① 《马克思恩格斯全集》，第24卷，北京，人民出版社，1972，中文1版，第366页。

② 《马克思恩格斯全集》，第24卷，北京，人民出版社，1972，中文1版，第366页。

③ 《马克思恩格斯全集》，第24卷，北京，人民出版社，1972，中文1版，第527～528页。

他部类或分部类的生产率增长慢，所以，在金属货币参与流通的条件下，扩大再生产只能是内涵扩大再生产。

一方面，内涵扩大再生产必然导致总剩余价值增加，总剩余价值增加必须有相应的金属货币增加，增加的金属货币来自增加生产金属货币的活劳动；另一方面，生产货币材料的劳动在总劳动中的比例，受到内涵扩大再生产条件的制约，不能随意增加。

四、剩余价值率的提高受到货币材料生产率提高的制约

剩余价值的增加，受到货币材料生产的增加的制约。剩余价值率提高的比例，受到货币材料生产率提高比例的制约。问题在于货币材料生产率很难提高。在较长的历史时期中，货币材料的生产率虽然有所提高，但是，货币材料生产率的提高很缓慢，提高的比例很小。原因在于，货币材料本身的属性。如果金和银的生产率很容易提高，那么，金和银就不具有货币的基本属性，不可能成为货币。

正是因为货币材料生产率提高的比例很低，所以，剩余价值率提高的比例也必然很低。如果生产力提高，剩余价值率不变，那么，工人的实际生活水平和资本家的实际生活水平提高的比例相同。具备了提高剩余价值率的必要条件，资本家不可能不提高剩余价值率。工人阶级为了提高工资，不可能不进行斗争。在工人与资本家的斗争中，通常，剩余价值率提高的比例低于第二部类生产力提高的比例，或低于第二部类资本有机构成提高的比例。第二部类资本有机构成提高的比例，低于第一部类资本有机构成提高的比例。总资本有机构成提高的比例，介于第一部类资本有机构成提高的比例与第二部类资本有机构成提高的比例之间，并且更接近第一部类资本有机构成提高的比例。这就是说，剩余价值率提高的比例，通常低于总资本有机构成提高的比例。

因此，随着总资本有机构成提高，利润率变化的总趋势是下降。

第二节　无产阶级相对贫困化对利润率的影响

一、生产力提高与生产率提高

生产力提高有两种表现形式：生产规模扩大与生产率提高。生产规模扩大是指不变资本、可变资本、剩余价值都增加，相应地，使用的机器的

数量增加，耗费的原材料数量增加，使用的劳动力增加，产品数量增加。生产率提高是指每个劳动者在单位劳动时间内生产的产品数量增加。

在简单再生产条件下，生产规模与生产率都不变。在外延扩大再生产条件下，生产规模扩大，但是生产率不变。在内涵扩大再生产条件下，生产规模扩大与生产率提高。

显然，生产力与生产率有关系，但是二者不相同。

二、生产率提高的表现形式是资本有机构成提高

生产率提高，一方面，是雇佣劳动者的知识和生产技能提高，另一方面，是使用的机器的加工效率提高。

在使用的机器的加工效率提高的条件下，雇佣劳动者的知识和生产技能有两种情况：一种情况，是雇佣劳动者的知识和生产技能不变；另一种情况，是雇佣劳动者的知识和生产技能提高。

如果雇佣劳动者的知识和生产技能不变，使用的机器的加工效率提高，那么，资本技术构成提高，资本有机构成提高。

如果雇佣劳动者的知识和生产技能提高，那么，生产和再生产劳动力所需要的生活资料数量通常增加，工资通常提高，可变资本通常增加。如果生产和再生产劳动力所需要的生活资料数量增加的比例低于原材料数量与机器数量增加的比例，那么，资本有机构成提高。

因此，生产率提高的表现形式是资本有机构成提高。

三、各部类的资本有机构成提高与总资本有机构成提高

在一般条件下，虽然不同部类或不同部门的生产率提高的比例不相同，从而不同部类或不同部门的资本有机构成提高的比例不相同，但是，不同部类或不同部门的生产率都提高，也就是不同部类或不同部门的资本有机构成都提高。

总资本有机构成是各部类的资本有机构成的加权平均值。随着不同部类或不同部门的生产率提高，从而不同部类或不同部门的资本有机构成提高，总资本有机构成必然提高。

四、资本有机构成提高与列宁的生产资料生产优先增长理论

只要资本有机构成提高，列宁的生产资料生产优先增长理论必然成立，即制造生产资料的生产资料生产的增长快于制造消费资料的生产资料生产的增长，制造消费资料的生产资料生产的增长快于消费资料生产的增长。

列宁的生产资料生产优先增长理论，不仅证明制造生产资料的生产资料生产的增长快于制造消费资料的生产资料生产的增长，制造消费资料的生产资料生产的增长快于消费资料生产的增长，而且证明在各部类生产规模扩大与总资本有机构成提高的过程中，生产规模扩大通过资本有机构成提高实现，即通过生产率提高实现。

根据列宁的生产资料生产优先增长理论可以看出，各部类生产规模扩大不平衡，各部类资本有机构成提高不平衡，各部类生产率提高不平衡。

在列宁的生产资料生产优先增长理论中，制造生产资料的生产资料生产部门和制造消费资料的生产资料生产部门，都属于马克思划分的第一部类，消费资料生产属于马克思划分的第二部类，这里，为了表达的简洁，将社会生产划分为三个生产部类：制造生产资料的生产资料生产部门构成第一部类，制造消费资料的生产资料生产部门构成第二部类，消费资料生产部门构成第三部类。

按照这种三部类划分方式，第一部类生产规模的增长率高于第二部类生产规模的增长率，第二部类生产规模的增长率高于第三部类生产规模的增长率。第一部类资本有机构成的提高率高于第二部类资本有机构成的提高率，第二部类资本有机构成的提高率高于第三部类资本有机构成的提高率。第一部类生产率的提高率高于第二部类生产率的提高率，第二部类生产率的提高率高于第三部类生产率的提高率。

因为第一部类生产规模的增长率最高，所以，第一部类的资本在总资本中的比例不断提高，总资本有机构成越来越接近第一部类的资本有机构成。

五、生产资料的增长超过剩余产品的增长是总趋势

按照列宁的三部类划分方式，第一部类与第二部类生产生产资料，第三部类生产生活资料。第一部类生产规模的增长率高于第二部类生产规模的增长率，第二部类生产规模的增长率高于第三部类生产规模的增长率本身，证明生产资料的产量的增长超过生活资料的产量的增长。

资本主义的生产目的是生产越来越多的剩余价值。只要有可能，资本家总是尽可能地提高剩余价值率。属于资本家的剩余产品是总生活资料的一部分。剩余价值率提高，表明属于资本家的剩余产品增长比工人的生活资料增长更快。虽然剩余产品增长比工人的生活资料增长更快，但是，由于工人为提高工资进行斗争，工人的生活资料的增长在一定程度上限制了剩余产品的增长，限制了剩余价值率提高的比例。

虽然无法证明在任何条件下生产资料的增长都超过剩余产品的增长，但是，生产资料的增长超过剩余产品的增长是总趋势。

生产资料的增长超过剩余产品的增长，是资本有机构成提高率超过剩余价值提高率的物质基础。

六、剩余价值率提高证明无产阶级贫困化

在一元价值转形中，剩余价值率的提高，证明资本家得到的剩余价值在雇佣劳动者新创造的价值中所占的比例提高，雇佣劳动者得到的工资在新创造的价值中所占的比例降低。这就是无产阶级贫困化。

个别资本家提高资本有机构成的必要条件，是提高个别资本的生产率，从而获得超额剩余价值。在一般情况下，个别资本家提高生产率不能显著地提高全社会的生产率，从而不能缩短必要劳动时间，不能提高剩余价值率。当大部分资本家都追求超额剩余价值，都提高资本有机构成或提高生产率时，社会生产率提高，单位生活资料价值降低，使得所有资本家都有可能缩短必要劳动时间，都有可能提高剩余价值率。事实上，资本家不可能放弃一切提高剩余价值率的机会，必然将提高剩余价值率的可能转变为提高剩余价值率的现实。

这样，随着资本有机构成提高，生产率提高，剩余价值率提高，无产阶级贫困化就不仅是劳动价值理论分析的结果，而且是客观存在的事实。

七、实际工资提高证明无产阶级相对贫困化，在一定程度上阻碍剩余价值率提高

马克思认为，无产阶级贫困化包括无产阶级绝对贫困化和无产阶级相对贫困化，无产阶级贫困化，主要不是无产阶级绝对贫困化，而是无产阶级相对贫困化。

资本主义生产发展的历史证明，一方面，剩余价值率提高，另一方面，工人的实际工资提高，这就是无产阶级相对贫困化。

随着工人的实际工资提高，工人得到的生活资料增加，在一定程度上阻碍了剩余价值率提高。实际工资提高的结果是，剩余价值率的提高率通常低于资本有机构成的提高率。

虽然实际工资提高或剩余价值率的提高率低于资本有机构成的提高率不能证明在任何条件下利润率都降低，但是，实际工资提高是利润率趋向下降的重要因素。

第三节　考察复杂劳动能力的形成，要考察非生产劳动

政治经济学研究资本主义生产方式。资本主义生产包括物质资料的生产、分配、交换、消费。

物质资料的生产，包括生产资料的生产和生活消费资料的生产。生产的产品在资本家、土地所有者之间分配。资本家要用一部分生活资料与工人的劳动力交换。只有购买到生产资料和劳动力，才能进行资本主义生产。

资本家与工人的生产关系，由生产过程中耗费的剩余劳动时间与必要劳动时间的比例决定，也就是由剥削程度决定或由剩余价值率决定。劳动力是商品，资本家在购买劳动力的时候，资本家与工人的生产关系已经确定，生产的产品与工人无关。

资本主义生产必须租用土地，资本家要按照租用土地的等级和面积向土地所有者支付地租。生产的产品，不仅在资本家之间按照等量资本获得等量利润的准则进行分配，而且还要在资本家与土地所有者之间进行分配。

如果工人、资本家、土地所有者得到的产品的使用价值与自己需要的产品的使用价值不同，那么，需要通过交换过程得到自己需要的产品。

生产资料的消费过程，就是下一次生产过程或再生产过程。生活消费资料的消费，可以分为资本家的生活消费、土地所有者的生活消费、工人的生活消费。如果不考虑指挥生产的“监督劳动”或资本家本人不从事“监督劳动”，那么，资本家的生活消费过程和土地所有者的生活消费过程不必考察，因为，资本家的生活消费和土地所有者的生活消费，仅与本次生产过程的产品实现有关，而与下一次生产过程的生产能力的形成无关。工人的生活消费包括衣、食、住、行等方面的需要，不仅包括工人本人的生活需要，而且包括其家庭成员的生活需要。不仅工人本人的劳动能力能够恢复，而且劳动力的供给能够一代一代地不断延续下去。工人的生活消费是维持劳动力的必要条件。

简单劳动是每个具有正常体力和脑力的人能够从事的劳动，也是大多数普通劳动者能够从事的劳动。复杂劳动是需要通过学习和训练才能从事的劳动。在资本主义生产发展的初期，简单劳动是体力劳动。

随着生产力发展，生产过程对生产资料提出越来越高的要求，一方

面，对机器的生产效率和生产能力提出越来越高的要求，另一方面，对原材料的品种、性能和质量提出越来越高的要求。生产力的不断发展，不仅对生产资料提出越来越高的要求，而且对劳动者的知识和生产技能也提出越来越高的要求。不仅对从事复杂劳动的雇佣劳动者的知识和生产技能提出越来越高的要求，而且对大多数普通劳动者的知识和生产技能也提出越来越高的要求。劳动者要获得这些知识和生产技能，必须通过学习和训练。简单劳动和复杂劳动都属于历史范畴。过去的复杂劳动成为今天的简单劳动，今天的复杂劳动是比过去的复杂劳动更复杂的劳动。

随着生产力发展，不仅从事复杂劳动的雇佣劳动者需要进行学习和训练，而且从事简单劳动的雇佣劳动者也需要进行学习和训练，只不过从事复杂劳动的雇佣劳动者的学习和训练，比从事简单劳动的雇佣劳动者的学习和训练更多。学习和训练必然要耗费各种劳动，虽然这种劳动不是生产劳动，但是，这种劳动与生产劳动一样，也是人的体力和脑力的耗费，学习和训练耗费各种劳动，是为生产劳动准备劳动力。

为了考察复杂劳动能力的形成过程，我们从只考察生产劳动，扩展到既考察生产物质产品的生产劳动，也考察掌握生产知识与技能的学习与训练的非生产劳动。

学习和训练耗费的劳动包括几种不同形式：活劳动与凝结在学习必不可少的各种物质条件中的劳动。活劳动不仅包括学习者本人在学习过程中耗费的体力与脑力，而且包括他人在此过程中耗费的体力与脑力，例如教师和其他教学辅助人员的劳动。教师的劳动同样属于复杂劳动。教师及其家庭成员的生活，需要相应的生活资料，教师的培养也需要耗费其本人的劳动和他人的劳动，需要耗费物化劳动和活劳动。复杂劳动能力的形成，比简单劳动能力的形成，需要耗费更多的劳动。不仅需要耗费学习者本人更多学习时间，而且需要耗费他人更多劳动时间。

如果不考虑学习过程中耗费的物化劳动，只考虑学习过程中耗费的活劳动，包括学习者本人的劳动和教师等人的劳动，那么，复杂劳动可以看做“储存”在复杂劳动能力中的过去的本人进行学习的劳动和提供教育条件的他人劳动的实现过程。在劳动者总数确定的条件下，参与学习和训练的人越多，参与物质产品生产过程的人越少，包括生产劳动与非生产劳动在内的劳动总量不变。当然，这里的劳动的概念是包括学习与训练的扩大的劳动的概念。

学习过程不仅要耗费学习过程中学习者本人的劳动和教师等人的劳动，而且要耗费教室、图书馆、实验室、图书、实验仪器、实验材料等物质资料，也就是耗费凝结在这些教学设施中的劳动。如果考虑学习过程中耗费的物化劳动，那么，复杂劳动不仅是过去“储存”的本人的劳动和他人的劳动的实现过程，而且是过去“储存”在复杂劳动能力中的物化劳动的实现过程。

随着时代的发展，不仅劳动者的学习越来越多，而且资本家与土地所有者的学习也越来越多。如果不考虑指挥生产的“监督劳动”或资本家本人不从事“监督劳动”，那么，资本家与土地所有者在学习过程中耗费的各种劳动，可以纳入资本家与土地所有者的生活消费，不必单独考察。因为，这种学习和资本家与土地所有者在生活消费中耗费的其他各种劳动一样，不形成新的生产力。

在本质上，劳动者的学习与资本家、土地所有者的学习不同。劳动者的学习形成新的更高的生产力。劳动的复杂程度越高，需要的学习时间越长，在学习过程中耗费的物化劳动和活劳动越多。

进入 21 世纪后，国家之间的竞争、企业之间的竞争，越来越表现为人才的竞争。各国和各企业投入研究和培训的劳动越来越多。科学研究和教育在实现产业升级中的作用越来越重要。

如果将雇佣劳动者的学习和培训看做工人的生活消费的一部分，那么，再生产条件的形式不变。随着生产力提高，对劳动者的知识和劳动技能的要求不断提高，可变资本将不断增加，这是降低资本有机构成的一个因素。但是，这样的分析方式过于简单。因为，复杂劳动能力的形成与简单劳动能力的形成，不仅耗费的活劳动数量不同，耗费的物化劳动的数量不同，而且耗费的物化劳动与耗费的活劳动的比例不同。生产劳动对劳动者的知识和劳动技能的要求越高，劳动者的学习时间越长，耗费本人的体力与脑力越多，耗费他人的体力与脑力越多，耗费的物化劳动也越多。随着复杂劳动程度的提高，通常，耗费他人的体力与脑力的增长高于耗费本人的体力与脑力的增长，耗费的物化劳动的增长高于耗费他人的体力与脑力的增长。这种考察方式还有一个缺陷，即无法通过工人生活消费的数量，也就是可变资本，确定复杂劳动与简单劳动的比例，无法精确地考察形成复杂劳动能力与形成简单劳动能力的学习和培训过程中，耗费的物化劳动与耗费的活劳动的比例。

如果将雇佣劳动者的学习和培训看做不同于生活消费的一种产业，也就是将维持劳动力的衣食住行条件之外的学习和培训看做一种产业，特别是将复杂劳动能力的形成看做一种产业，那么，这种产业既不能归入第一部类，也不能归入第二部类。第一部类生产生产资料，第二部类生产生活消费资料。这两部类都生产物质产品。劳动力不是物质产品。所以，学习和培训不能归入这两部类中的任何一个部类。我们只能将劳动力的生产与再生产作为一个单独的生产部类。如果进一步划分，还可以将劳动力的生产与再生产划分为从事简单劳动的劳动力的生产与再生产，以及从事复杂劳动的劳动力的生产与再生产。

因此，要精确地考察复杂劳动能力的形成，就要考察非生产劳动。

因为在相同劳动时间内复杂劳动可以获得更高的工资，所以，有人将复杂劳动的工资高于简单劳动的工资的部分看做“人力资本”。这种观点是错误的。复杂劳动与简单劳动都是总劳动的组成部分。

第四节　教育、医疗、养老费用提高对利润率的影响

一、生产力提高要求工人受教育程度提高与医疗水平提高

在19世纪，也就是在马克思生活的时代，教育费用与医疗费用由接受教育与医疗服务者本人承担。能够接受高等教育的社会成员是有闲阶级的成员，即资产阶级的子女，有能力接受优质的医疗服务的社会成员，是资产阶级与土地所有者。无产阶级无力承担高等教育费用与优质的医疗费用。

在一百多年前，雇佣劳动者的教育和训练费用是很少的。马克思认为：“要改变一般的人的本性，使它获得一定劳动部门的技能和技巧，成为发达的和专门的劳动力，就要有一定的教育或训练，而这就得花费或多或少的商品等价物。劳动力的教育费随着劳动力性质的复杂程度而不同。因此，这种教育费——对于普通劳动力来说是微乎其微的——包括在生产劳动力所耗费的价值总和中。”① 这就是说，雇佣劳动者的教育费用，是工资的一部分或可变资本的一部分。

同样，雇佣劳动者的医疗费用和养老费用，也是工资的一部分或可变资本的一部分。

随着社会生产力的发展，劳动的复杂程度越来越高，需要雇佣劳动者具备越来越多的知识和越来越高的生产技能水平，客观上要求雇佣劳动者的教育水平提高，受教育时间延长。同时，要求雇佣劳动者具有能够胜任

---

① 《马克思恩格斯全集》，第23卷，北京，人民出版社，1972，中文1版，第195页。

越来越复杂的劳动的脑力与体力，要求医疗水平相应地提高。

目前，主要资本主义国家的高等教育入学率达到了60%以上，大部分雇佣劳动者接受过高等教育。这些国家的医疗水平有了很大提高，大部分雇佣劳动者能够接受比一百多年前更好的医疗服务。

在资本主义生产的长期发展过程中，不仅工人的名义工资提高，而且实际工资也提高，即可变资本增加。工人的工资提高，一方面，是工人阶级与资产阶级长期斗争的结果，另一方面，是生产力提高的客观要求。

在资本主义生产的长期发展过程中，在世界范围内，雇佣劳动者的实际工资提高，受教育程度提高，医疗保障改善。生产力提高，不仅是资本有机构成提高，而且是雇佣劳动者的劳动能力提高。

劳动能力提高的一个重要因素，是雇佣劳动者的知识与劳动技能提高。劳动者的知识与劳动技能提高的原因，是工人受教育程度的提高。工人受教育程度提高的原因，是教育费用增加。

劳动能力提高的另一个重要因素，是雇佣劳动者具有良好的脑力与健康的体力，这要求医疗水平提高。医疗水平提高的原因，是医疗费用增加。随着平均寿命的延长，医疗费用大幅度增加。随着社会的发展和医疗条件的改善，雇佣劳动者的平均寿命延长，养老费用增加。

在现实经济活动中，这些增加的教育费用、医疗费用、养老费用由谁直接支付，以何种方式支付，对利润率有一定的影响。

二、可变资本增加引起平均利润率下降

如果教育费用、医疗费用、养老费用由雇佣劳动者本人直接支付，那么，教育费用、医疗费用、养老费用是工资的一部分。资本家用于购买劳动力的可变资本，必须包括雇佣劳动者的教育费用、医疗费用、养老费用等费用。

教育费用、医疗费用、养老费用提高，可变资本必须增加。可变资本增加，一方面降低了资本有机构成，另一方面降低了剩余价值率，那么，可变资本增加对利润率有什么影响？提高利润率还是降低利润率？

为了简化分析，这里暂时不考虑剩余价值分配对可变资本与利润率的影响，即不考虑价值转形。这里考察的资本有机构成与平均利润率都是价值形式的。为了简化分析，假设不变资本不变，工作日或总劳动不变，也就是活劳动不变或活劳动创造的新价值不变。这里也暂时不考虑教育费用提高与可变资本提高对生产力的影响，不考虑其对剩余价值率的影响。

价值形式的平均利润率可以表示为

$$r_v = \frac{s}{c+v} = \frac{l-v}{c+v} = \frac{(l+c)-(c+v)}{c+v} = \frac{l+c}{c+v} - 1 \qquad (22-1)$$

其中，l 为活劳动或活劳动创造的新价值，也可以理解为工作日或总劳动。

考虑到价值形式的平均利润率是不变资本、可变资本、剩余价值、工作日等变量的函数，可变资本是多个影响价值形式的平均利润率的变量之一，考虑可变资本的变化对价值形式的平均利润率的影响，应该求价值形式的平均利润率对可变资本的一阶偏导数，即

$$\frac{\partial r_v}{\partial v} = \frac{\partial}{\partial v}\left(\frac{l+c}{c+v} - 1\right) = \frac{-(l+c)}{(c+v)^2} < 0 \qquad (22-2)$$

由（22－1）式与（22－2）式可以看出，价值形式的平均利润率是可变资本的单调递减的倒数函数或双曲函数，随着可变资本增加，价值形式的平均利润率下降，并且下降逐步趋缓。

这个结论是在不变资本不变与工作日或总劳动不变的条件下得到的。如果这个条件不成立，那么，这个结论也不成立。

严格地说，工作日不变与总劳动不变并不等价。总劳动为总人口、就业率、每人每年劳动的天数、工作日之积。工作日等于每天的必要劳动时间与剩余劳动时间之和。

如果简单地考察价值形式的平均利润率的变化，那么，活劳动可以看做一个工作日的劳动。如果全面地考察长期发展过程中的价值形式的平均利润率变化的总趋势，那么，活劳动是总劳动。

三、教育费用、医疗费用、养老费用来源的转变

目前，主要资本主义国家的初等教育费用都来自财政支出，即来自税收。

在不同国家中，高等教育费用的来源不同。欧洲大陆的很多国家的高等教育是免费的，例如德国、法国等国家。英国大学对外国学生收取全额学费，而对本国学生只收取10%的学费。这些国家的高等教育费用全部来自财政支出，或绝大部分来自财政支出。

美国的大学分为公立大学与私立大学。公立大学的学费与私立大学的学费不同。

虽然美国的大学都收取学费，但是，公立大学的学费比私立大学的学费低。美国公立大学的教育费用的大部分，不是来自学生缴纳的学费，而是来自财政支出。

美国的私立大学的教育费用中，一部分来自学生缴纳的学费，另一部分来自私人捐助。值得注意的是，私人向美国大学捐款，可以减免税收。在正常情况下，纳税人必须向国家缴纳税费，国家再将得到的部分税费以财政支出的形式支付给学校，成为私立大学的教育费用的一个来源。现在，纳税人将减免的少缴的税费直接支付给学校。

因此，在现象上，美国私立大学的教育费用全部来自私人，但是，在本质上，美国私立大学的教育费用的大部分，仍然来自国家的财政支出。国家的财政支出来自国家的财政收入，即来自税收。

目前，主要资本主义国家的医院分为公立医院与私立医院。公立医院的收费低于与私立医院的收费，其差额由财政补助。

目前，主要资本主义国家实行累进税制度。通常，收入低于人均GDP的1/4的人可以免税，收入越高，税率越高。这就是说，教育费用与医疗费用中的一部分来自可变资本，另一部分来自剩余价值。减免税收形成的对学校的捐款无疑来自剩余价值。税收中来自剩余价值的比例，高于国民收入初次分配时剩余价值的比例。

与马克思生活的19世纪相比，教育费用与医疗费用的来源发生了重大变化。相当大一部分教育费用与医疗费用，从由个人直接支付转变为由社会支付。

雇佣劳动者得到的工资中的一部分向国家缴税，相当于可变资本的一部分用于缴税，缴税后剩下的工资部分，才用于雇佣劳动者的其他生活支出。资本家与土地所有者最初得到的剩余价值中，一部分向国家缴税，缴税后剩下的剩余价值才是资本家与土地所有者最终得到的剩余价值，才用于资本家与土地所有者的其他支出。雇佣劳动者的实际生活水平没有下降，并有所提高。资本家与土地所有者的实际生活水平大幅度提高。增加的财政支出，不是来自可变资本与剩余价值中相当于原有水平的部分，而是来自可变资本与剩余价值中增加的部分。

四、公共教育费用与医疗费用的使用与劳动能力的提高

接受高等教育的主体是雇佣劳动者，接受医疗服务的主体也是雇佣劳动者。

教育费用的使用过程，就是雇佣劳动者接受教育的过程，是提高劳动能力的过程，从而是提高生产力的过程。医疗费用的使用过程，就是雇佣劳动者接受医疗服务的过程，是保障雇佣劳动者健康从而能够生产价值和剩余价值的过程，是提高劳动能力的保障，从而是提高生产力的保障。

雇佣劳动者的教育费用与医疗费用的一部分，由雇佣劳动者本人支付，另一部分由财政支出支付。财政支出来自税收。税收的一部分来自雇佣劳动者缴纳的税费，也就是来自工资，另一部分来自资本家与土地所有者缴纳的税费，也就是来自剩余价值。因为雇佣劳动者从财政支出中得到的教育费与医疗费高于他们缴纳的税费，其差额来自剩余价值。所以，公共教育费用与医疗费用的提高，事实上提高了雇佣劳动者的实际工资，降低了资本家可支配的利润，也降低了土地所有者可支配的地租。

教育费用提高，与直接用于工人的生活消费的其他费用的提高一样，都是提高实际工资的因素，但是，直接用于工人生活消费费用的提高仅仅改善了工人的生活状况，而教育费用提高则提高了工人的劳动技能，使得工人能够从事复杂程度更高的劳动，也就是提高了生产力。过去仅能从事简单劳动的雇佣劳动者，转变为能够从事复杂劳动的雇佣劳动者。

医疗费用提高，使雇佣劳动者及其家庭成员身体健康，能够更好地生产价值与剩余价值。

除了教育费和医疗费之外，一部分过去由工人直接支付，现在改变为由财政支付的其他社会公用事业费也有类似的作用。

五、几种不同的形式的工资

考虑教育费用与医疗费用支付方式的转变，工资有几种不同的形式。

第一种形式的工资，是资本家购买劳动力的过程中支付给雇佣劳动者的货币形式的工资。

第二种形式的工资，是实际工资，反映扣除物价变化的影响后，工人实际得到的生活资料数量，这里假设没有税收与财政支付。

第三种形式的工资，是工人纳税后剩余的工资，这种工资是工人自己支配的用于生活消费的工资，其中不包括由财政支付的教育费用与医疗费用。

第四种形式的工资，是实行累进税制，一部分教育费用与医疗费用由财政支付条件下的实际工资，这种工资不仅包括工人自己支配的用于生活消费的工资，而且包括由财政支出负担的教育费、医疗费与其他公用事业费。

第五种形式的工资，是价值转形中的生产价格形式的可变资本。

第一、二、三、四种形式的工资，都是货币形式的工资。第五种形式的工资，是从价值向市场价格转化过程中，分析市场价格与价值关系的一个阶段的理论形式的工资。

第一、二、五种形式的工资，与税收或财政支出无关。第三、四种形式的工资，与税收或财政支出有关。

六、几种不同的形式的剩余价值

不仅工资有几种不同的形式，而且剩余价值也有几种不同的形式。

第一种形式的剩余价值，是工人创造的被本企业的资本家首先占有的剩余价值。

第二种形式的剩余价值，是价值转形后被社会承认的剩余价值。

第三种形式的剩余价值，是价值转形后生产价格形式的利润。

第四种形式的剩余价值，是价值转形后资本家得到的剩余价值，如果同时考虑资本与土地所有权对剩余价值分配的影响，是二元价值转形后资本家与土地所有者得到的剩余价值，也就是资本家得到的利润与土地所有者得到的地租。

第五种形式的剩余价值，是资本家纳税后剩余的利润与土地所有者纳税后剩余的地租，这种剩余价值仅仅包括资本家与土地所有者自己支配的用于生活消费与用于资本积累的剩余价值。

第六种形式的剩余价值，是在现实的经济活动中资本家与土地所有者实际得到的剩余价值，这种剩余价值不仅包括资本家与土地所有者自己支配的用于生活消费与用于资本积累的剩余价值，而且包括由财政支出负担的教育费、医疗费与公用事业费。

第一、二、三、四种形式的剩余价值，与税收或财政支出无关。第五、六种形式的剩余价值，与税收或财政支出有关。

七、财政支付的教育费用与医疗费用的增加，支付方式的转变，改变了剩余价值分配关系

主要资本主义国家普遍实行的累进税制度，以及财政支出服务对象的大致的均等性，雇佣劳动者得到的由财政支出负担的教育费、医疗费与其他社会公用事业费，通常高于他们缴纳的税费，资本家与土地所有者得到的由财政支出负担的教育费、医疗费与其他社会公用事业费，通常低于他们缴纳的税费。

因此，从现象看，财政支付的教育费用与医疗费用的增加，支付方式的转变，在一定程度上减少了实际的剩余价值。这种形式的收入再分配，阻碍了实际的剩余价值率的提高，从而是降低实际的利润率的一个因素。从本质看，雇佣劳动者的一部分教育费与医疗费，由本人直接支付转变为

由财政负担，降低了可变资本，降低了生产成本。降低生产成本是提高利润率的一个因素。

教育费用与医疗费用支付方式的转变对利润率的这两种相反的影响互相抵消，因为，雇佣劳动者少支付一部分教育费与医疗费的结果是降低可变资本，降低可变资本的结果是增加总剩余价值，总剩余价值不仅包括资本家用于追加资本与用于生活消费的剩余价值，而且包括用于缴纳税费的剩余价值。资本家缴纳税费的剩余价值中的一部分用于教育费用与医疗费用的转移支付。因此，从本质看，利润率不变，除非在可变资本确定的条件下提高累进税的税率。

在价值转形中，从本质看，财政支付的教育费用与医疗费用的增加，支付方式的转变对利润率的两种相反的影响共同作用的结果，虽然不影响利润率，但是，改变了剩余价值在资本家与土地所有者之间的分配关系。

教育费用与医疗费用支付方式的转变是否影响利润率，关键在于在什么条件下考察这个问题。如果工资或可变资本不减少或较少地减少，由财政支出负担的教育费、医疗费与其他社会公用事业费较多地增加，那么，平均利润率还是降低。

八、可变资本不等于实际工资

必须指出，很多经济学家认为，可变资本就是实际工资，但是，这个观点是不正确的。可变资本不等于实际工资，更不等于货币工资。如果制造生活资料的劳动生产力提高，那么，在同样的必要劳动时间内生产的生活资料数量增加，实际工资提高；在较少的必要劳动时间内生产的生活资料数量不变甚至增加，实际工资不变甚至提高。

政治经济学中考察的可变资本，不等于实际工资。资本主义经济发展的历史证明，生产力不断提高，实际工资也不断提高，劳动力价值不一定提高。事实上，即使雇佣劳动者的生活水平提高，实际工资提高，教育费用与医疗费用增加，每个工作日中的必要劳动时间仍然减少，劳动力价值仍然下降。

虽然一部分教育费用与医疗费用由财政支付的现象越来越普遍，但是，我们不在这种条件下考察劳动力的价值、可变资本与利润率。我们考察的工资，是教育费用与医疗费用由雇佣劳动者本人承担条件下的劳动力价值。

九、马克思提到的利润是资本家的利润与土地所有者的地租之和

（一）马克思提到的利润是资本家得到的利润与土地所有者得到的地租之和

值得注意的是，虽然我们提到了二元价值转形后资本家与土地所有者得到的剩余价值，也就是资本家得到的利润与土地所有者得到的地租，但是，这里应该将利润率趋向下降规律中的利润，理解为资本家得到的利润与土地所有者得到的地租之和。

因为，马克思提出利润率趋向下降的理论时，还没有单独考察资本主义土地所有权与资本主义地租，他是将资本家作为资本家与土地所有者的总代表，他提到的利润是资本家得到的利润与土地所有者得到的地租之和。

我们在考察马克思的利润率趋向下降的理论是否正确时，不能改变他的条件与定义，不能改变他的理论的内涵与外延。

（二）理论上的工资与剩余价值

理论上的工资，是上面提到的第二种形式的工资，即没有税收与财政支付条件下的实际工资，这种形式的工资，相当于资本家的可变资本。我们重点考察的理论上的剩余价值有两种，一种形式的剩余价值，是工人创造的被本企业的资本家首先占有的剩余价值，另一种形式的剩余价值，是价值转形后资本家得到的剩余价值与土地所有权得到的剩余价值之和，在不考虑资本主义土地所有权的条件下，是价值转形后资本家得到的剩余价值。

虽然财政支付的教育费用与医疗费用的增加与支付方式的转变，在一定程度上提高了工人的实际工资，但是，并没有增加可变资本，因为资本家根本没有支付这部分可变资本。如果不变资本没有变化，那么，资本有机构成也没有发生变化。如果生产资料与雇佣劳动者的数量都没有变化，那么，在现象上，资本的技术构成没有发生变化，在本质上，劳动者的劳动能力提高，因此，生产力提高。

这里，出现了两种不同的资本有机构成、剩余价值率、利润率：理论上的资本有机构成、剩余价值率、利润率与实际上的资本有机构成、剩余价值率、利润率。

（三）理论上的价值形式的资本有机构成、理论上的剩余价值率、理论上的价值形式的利润率

理论上的价值形式的资本有机构成 k_t，为理论上的不变资本 c_t 与理论

上的可变资本 v_t 之比，即

$$k_t = \frac{c_t}{v_t} \tag{22-3}$$

理论上的剩余价值率 e_t，为理论上的剩余价值 s_t 与理论上的可变资本 v_t 之比，即

$$e_t = \frac{s_t}{v_t} \tag{22-4}$$

按照第五章（5－7）式，理论上的价值形式的利润率 r_{vt} 为理论上的剩余价值 s_t 与理论上的资本 $c_t + v_t$ 之比，即

$$r_{vt} = \frac{s_t}{c_t + v_t} \tag{22-5}$$

如果理论上的不变资本 c_t、理论上的可变资本 v_t、理论上的剩余价值 s_t 都不变，那么，理论上的价值形式的资本有机构成 k_t、理论上的剩余价值率 e_t、理论上的价值形式的利润率 r_{vt} 都不变。

（四）实际上的价值形式的资本有机构成、实际上的剩余价值率、实际上的价值形式的利润率

实际上的价值形式的资本有机构成 k_r，为实际上的不变资本 c_r 与实际上的可变资本 v_r 之比，即

$$k_r = \frac{c_r}{v_r} \tag{22-6}$$

实际上的剩余价值率 e_r，为实际上的剩余价值 s_r 与实际上的可变资本 v_r 之比，即

$$e_r = \frac{s_r}{v_r} \tag{22-7}$$

按照第五章（5－7）式，实际上的价值形式的利润率 r_{vr} 为实际上的剩余价值 s_r 与实际上的资本 $c_r + v_r$ 之比，即

$$r_{vr} = \frac{e_r}{k_r + 1} \tag{22-8}$$

如果实际上的不变资本 c_r 不变，实际上的可变资本 v_r 增加，实际上的剩余价值 s_r 减少，那么，实际上的价值形式的资本有机构成 k_r 降低，实际上的剩余价值率 e_r 降低，实际上的价值形式的利润率 r_{vr} 也降低。

由（22－6）式，实际上的价值形式的资本有机构成 k_r 降低，是很容易理解的。由（22－7）式，实际上的剩余价值率 e_r 降低，也是很容易理解的。

（五）实际上的价值形式的利润率的变化

实际上的价值形式的资本有机构成 k_r 降低与实际上的剩余价值率 e_r 降

低，对实际上的价值形式的利润率 r_{vr} 变化的影响是相反的，那么，在这两种相反的因素的共同影响下，实际上的价值形式的利润率如何变化呢?

在（22-8）式中，如果实际上的价值形式的资本有机构成 k_r 与实际上的剩余价值率 e_r 等比例地降低，由于分母中包含不变的常数 1，分子的下降比分母的下降的比例更大，那么，实际上的价值形式的利润率 r_{vr} 降低。

事实上，实际上的剩余价值率 e_r 降低的比例，高于实际上的价值形式的资本有机构成 k_r 降低的比例，因为，实际上的可变资本 v_r 减少的时候，实际上的不变资本 c_r 不变，而实际上的剩余价值 s_r 减少。因此，实际上的价值形式的利润率 r_{vr} 降低更显著。

实际上的价值形式的利润率还可以表示为

$$r_{vr}=\frac{s_r}{c_r+v_r} \tag{22-9}$$

在实际上的不变资本 c_r 不变，实际上的可变资本 v_r 减少，实际上的剩余价值 s_r 减少的条件下，实际上的价值形式的利润率 r_{vr} 降低。

（六）公共教育费用与医疗费用的增加对资本有机构成与生产力的影响

按照大多数经济学家的传统观念，如果资本有机构成提高，那么，生产力提高；如果资本有机构成不变，那么，生产力不变。

令人感兴趣的是，随着财政支付的公共教育费用与医疗费用的增加，支付方式的转变，雇佣劳动者的劳动能力提高，在实际上的价值形式的资本有机构成不变的条件下，生产力提高。这种情况与大多数经济学家的传统观念不完全一致。

这是因为，机器效率的提高与雇佣劳动者的劳动能力提高，都是提高生产力的因素。其中任何一个因素，都会提高生产力。与生产力直接相关的，是资本技术构成，而不是资本有机构成。

（七）公共教育费用与医疗费用的增加是个别资本家节约资本的因素

前面提到，随着财政支付的公共教育费用与医疗费用的增加，支付方式的转变，如果不考虑教育与医疗改善提高生产力，那么，理论上的可变资本不变，实际上的可变资本增加；理论上的剩余价值不变，实际上的剩余价值减少。因此，理论上的剩余价值率不变，理论上的价值形式的利润率也不变；实际上的剩余价值率降低，实际上的价值形式的利润率也降低。

一百多年前，雇佣劳动者的教育费用与医疗费用主要由雇佣劳动者本人承担，现在，雇佣劳动者的教育与医疗费用的相当大一部分由社会承担。在这种转变过程中，从现象看，相对减少了资本家的可变资本。因为，如果雇佣劳动者的教育与医疗费用全部由工资支付，那么，工人的工资必须增加，可变资本必须增加；如果雇佣劳动者的教育与医疗费用的相当大一部分由社会承担，那么，资本家可以用较少的可变资本购买到较高素质的劳动力。对于个别资本家来说，这是一个节约资本的因素。

如果考虑教育与医疗改善提高生产力，那么，总剩余价值在不同资本家与土地所有者之间的分配关系改变。

从现象看，税收（财政收入）与财政支出似乎降低了剩余价值率与利润率。在实行累进税的条件下，这种现象更显著。从本质看，税收与财政支出没有改变理论上的剩余价值率与利润率。税收不仅来自资本家的税前利润，而且来自雇佣劳动者缴纳的个人所得税与消费税。每个资本家都可以在购买劳动力的过程中节省可变资本。即使税收全部来自资本家的税前利润，也仅仅改变了剩余价值在不同资本家之间的分配关系，或改变了剩余价值在资本家与土地所有者之间的分配关系。

（八）所谓“人力资本”问题

现在，在很多资本主义国家，例如美国，同时存在公立学校和私立学校。私立学校的学费高于公立学校的学费。如果这两种学校的毕业生的工资相同，私立学校毕业生的工资可以补偿教育费用，那么，公立学校毕业生的工资补偿自己支付的教育费用之后还有节余。这个多余部分，被一些人看做社会无偿赠予的一种“资本”的“利润”，这种资本表现为“人力资本”。所谓“人力资本”是一种颠倒的错觉，“资本主义思想方法的错乱在这里达到了顶点”①。

资本家通过占有生产资料来占有他人的剩余劳动，通过死劳动占有活劳动。脑力劳动者或“人力资本”的所有者必须通过自己的劳动，才能获得生活资料，也就是通过出卖劳动力获得工资。资本可以转让、赠予、继承。知识与技术等“人力资本”依附于雇佣劳动者，无法转让、赠予、继承。资本是自行增殖的价值。“人力资本”无法自行增殖。

因此，“人力资本”只是复杂劳动，根本不是资本的一种具体形式。

（九）教育、医疗、养老费用的转移支付掩盖了资本主义生产关系

在现实经济活动中，在不同国家、不同历史时期，教育、医疗、养老

① 《马克思恩格斯全集》，第25卷，北京，人民出版社，1974，中文1版，第528页。

费用的支付方式不同。无论由社会支付一部分教育、医疗、养老费用，还是由劳动者本人支付全部教育、医疗、养老费用，形成的劳动能力都属于劳动者本人。在资本主义生产过程中，雇佣劳动者的不同的劳动能力是不同的商品，劳动者可以按照不同的劳动能力获得不同的工资。这种现象是一种假象，这种假象进一步掩盖了复杂劳动的本质。因此，教育、医疗、养老费用的转移支付掩盖了资本主义生产关系。

（十）不能改变马克思分析的前提

马克思分析的前提是，教育费用与医疗费用由雇佣劳动者支付，教育费用与医疗费用包括在生产劳动力所耗费的劳动中，也就是包括在可变资本中。在检验马克思的资本有机构成提高引起平均利润率趋向下降的理论时，必须排除教育费用与医疗费用支付方式的改变的因素的影响。检验一个理论是否正确，不能改变它的前提。

十、几种不同形式的不变资本

不仅工资有几种不同的形式，不变资本也有几种不同的形式。

第一种形式的不变资本，是货币形式的不变资本。

第二种形式的不变资本，是实际不变资本，反映扣除物价变化影响的生产资料数量。

第三种形式的不变资本，是生产力提高后制造生产资料耗费的劳动所创造的价值。

第四种形式的不变资本，是生产价格形式的不变资本。

必须指出，很多经济学家认为，不变资本就是实际不变资本，即生产资料数量，但是，这个观点是不正确的。不变资本不等于生产资料数量。

政治经济学中考察的不变资本，不等于实际不变资本。资本主义经济发展的历史证明，生产力不断提高，生产资料数量不断增加，单位生产资料价值不断降低，不变资本不断增加。因为单位生产资料价值降低，所以，不变资本增加的比例低于生产资料数量增加的比例。

我们考察的不变资本，是生产力提高后制造生产资料耗费的劳动所创造的价值，即第三种形式的不变资本。还必须指出，如果按照现在制造生产资料耗费的劳动决定生产资料的价值，那么，因为生产力提高，单位生产资料价值降低，所以，生产过程中没有耗费的生产资料贬值，固定资本产生无形损耗。

因为生产资料数量增加的比例的影响超过生产资料贬值的影响，所以，即使存在固定资本的无形损耗，生产资料的总价值仍然增加，不变资本仍然增加。

第五节　考虑商业资本与借贷资本的价值转形是否影响利润率

如果不仅考虑产业资本，而且考虑商业资本与借贷资本，那么，价值转形有什么变化？是否影响利润率？

在前面的考察中，我们将产业资本作为所有资本的总代表，即作为产业资本、商业资本与借贷资本的总和。如果将商业资本从产业资本中分离出来，那么是否影响产业资本的价值转形？是否影响利润率？

从现象看，商业资本从产业资本中分离出来后，商业资本的利润来自产业资本的一部分剩余价值，似乎减少了产业资本的利润。但是，从本质看，如果一个资本家同时从事生产活动与商业活动，那么，他就必须为商业投入资本，这样会减少他的生产资本。如果产业资本家将自己的资本全部投入生产过程可以获得更多利润，那么，他向商业资本家让渡一部分剩余价值或利润是合算的。商业资本不是在任何情况下都可以与产业资本分离，只有在有利于提高流通效率的条件下，商业资本才会从产业资本中分离出来。因此，从本质看，考虑商业资本不会影响价值转形，也不会影响利润率。①

借贷资本家向产业资本家或商业资本家提供贷款。产业资本家或商业资本家将贷款转化为职能资本。产业资本家或商业资本家的资本中的一部分是自有资本，另一部分是借入他人的资本。无论资本来自何处，都可以同样发挥作用，同样可以用于价值增殖。只不过由自有资本获得的利润装入自己的口袋，向借贷资本家借贷的资本要支付利息，利息来自一部分利润。因此，从本质看，考虑借贷资本不会影响价值转形，也不会影响利润率。

第六节　金融投机对利润率的影响

期货市场和证券市场出现后，利用虚拟资本的杠杆作用，金融投机的

① 沈民鸣：《马克思的例子：如何确定商业资本和商业利润》，《经济学家》2010 年第 5 期。

收益率通常超过实体经济的收益率。

从现象看，金融投机似乎提高了利润率。在市场繁荣的阶段，金融市场的高杠杆比例扩大了风险，金融投机的收益率高于产业资本的利润率，将金融资本与职能资本结合起来看，利润率高于产业资本的利润率。

从本质看，在流通过程中争夺剩余价值的活动并不能增加剩余价值总量，相反，大量货币资本从生产领域转移到投机领域，减少了生产领域的资本。虽然这个因素不能降低处于生产领域的生产资本的利润率，但是，如果将产业资本家、商业资本家、借贷资本家、土地所有者看做整体资本家，那么，金融投机资本的增加减少了职能资本，特别是减少了生产资本，生产资本的减少必然减少总剩余价值，减少总资本的利润，总资本的利润的减少最终会降低总资本的利润率。

信用透支加剧金融市场的风险，不能提高价值增殖的程度。

因此，从本质看，金融投机不是提高利润率的因素，而是降低利润率的因素。

第七节　谷物需求增加与土地的谷物生产力递减对利润率的影响

一、在土地的谷物生产力不变的条件下，二元价值转形中的平均利润率的变化

在第九章、第十章、第十一章中，在土地的谷物生产力不变的条件下，分别在第一部类资本有机构成提高，第二部类资本有机构成提高，剩余价值率变化的条件下，考察了二元价值转形中价值形式的平均利润率与生产价格形式的利润率的变化规律。

在第十九章中，在土地的谷物生产力不变的条件下，在第一部类资本有机构成、第二部类资本有机构成、剩余价值率共同提高的条件下，考察了二元价值转形中价值形式的平均利润率与生产价格形式的利润率变化的规律。

二、在土地的谷物生产力递减的条件下，二元价值转形中的平均利润率的变化

随着社会发展，人口增加，每个人消费的谷物增加，社会对谷物的需

求增加。为了满足社会对谷物需求的增加，需要生产更多谷物。如果原有肥沃程度的土地已经都被利用，那么，只能在更差的土地上进行生产力下降条件下的谷物生产。

在土地的谷物生产力递减的条件下，按照马克思的方式考察最差土地有级差地租的二元价值转形。因为土地的边际谷物生产力递减，所以，增加单位谷物产量需要耗费更多劳动。

由于土地的谷物生产力递减，无论在土地的谷物生产力阶跃下降的二元价值转形中①，还是在土地的谷物生产力连续下降的二元价值转形中②，无论在土地的谷物生产力线性下降的二元价值转形中③，还是在土地的谷物生产力非线性下降的二元价值转形中④，随着资本增加与资本有机构成提高，价值形式的平均利润率与生产价格形式的利润率都下降。

第八节　住宅土地的垄断与土地价格提高对利润率的影响

一、住宅土地价格提高降低利润率

无论进行农业生产，还是进行工业生产，都要占用土地。在资本主义土地私有制条件下，只能采用支付租金的方式或购买土地的方式，资本家才能使用土地。

工业产品中有一类产品与其他产品显著不同，这就是住宅。住宅作为一种工业产品的生产过程，与其他工业产品的生产过程没有本质的区别。但是，住宅是在特定的土地上生产的不可替代的、不可移动的建筑物，与特定的空间或地理位置有密切的关系。

为了将住宅与其他工业产品相区分，我们将其他工业产品称为一般工业产品。

因为农业产品与一般工业产品具有流动性，可以运输到任何地区去售

---

① 沈民鸣：《二元价值转形》，第三卷，北京，中国人民大学出版社，2015，第 1 155～1 376 页。

② 沈民鸣：《二元价值转形》，第三卷，北京，中国人民大学出版社，2015，第 1 379～1 711 页。

③ 沈民鸣：《二元价值转形》，第三卷，北京，中国人民大学出版社，2015，第 1 542～1 587 页。

④ 沈民鸣：《二元价值转形》，第三卷，北京，中国人民大学出版社，2015，第 1 588～1 695 页。

卖，参加市场竞争，所以，虽然各种土地都是垄断的，但是，不同地区的用于生产农业产品与一般工业产品的土地的租金基本相同。如果一个地区的地租较高，那么，这个地区生产的农业产品与一般工业产品的价格就比较高，从而无法同其他地区生产的同类产品竞争。因为这种土地的垄断特征不显著，所以，可以不将这种土地看做一种垄断因素。

用于住宅生产的土地则不同。城市附近的土地是有限的。这种土地用于住宅生产，通常无法满足需求，特别是在大城市的靠近城市中心区域的土地，远远无法满足需求。因此，住宅地租特别高，远远超过用于生产农业产品与一般工业产品的土地的地租。不同地区、不同城市、不同地段的用于住宅生产的土地无法互相替代。因此，用于住宅生产的土地具有高度垄断的特征，我们将这种住宅地租称为住宅垄断地租，将这种土地看做不同于用于生产农业产品与一般工业产品的土地的土地。

因为两种土地的特征完全不同，决定着两种地租的原理完全不同，所以，在同时考虑资本与土地因素的价值转形中，有三个不同的影响剩余价值分配的因素，相应的价值转形是三元价值转形。

因为住宅地租没有改变生产中耗费的生产资料，没有改变生产中耗费的劳动力，没有改变生产中耗费的物化劳动与活劳动，没有改变生产中耗费的必要劳动与剩余劳动，所以，住宅地租不改变价值形式的平均利润率。

因为住宅地租改变了剩余价值分配关系，使得总剩余价值中的越来越多的部分，转变为城市附近的住宅垄断土地的地租，所以，住宅地租严重地减少了资本家得到的生产价格形式的利润，从而降低了生产价格形式的利润率。

用于住宅生产的土地价格，是资本化的住宅地租。无论租用住宅土地还是购买住宅土地，都无法改变资本家与土地所有者的生产关系。

随着生产力的发展、人口的增加、人均收入的增加、城市化的发展，社会对城市附近的住宅土地的需求越来越大，随着被占用的土地越来越多，可供出租或出售的城市附近的住宅土地越来越少，城市附近的住宅土地的地租或土地价格越来越高，总剩余价值中属于土地所有者的比例越来越高，属于资本家的比例越来越低。

因此，城市附近的住宅土地的地租提高，是一个严重影响资本家的利润率的因素。

因为马克思考察价值转形与利润率趋向下降问题时提到的资本家是总体资本家，即全体资本家与全体土地所有者的总和，所以，城市附近的住宅土地的地租或土地价格，不影响马克思分析的价值转形与利润率。

城市附近的住宅土地的地租提高，总剩余价值中比较大的一部分属于土地所有者。如果土地所有者不能将这部分剩余价值通过某种方式转化为生产资本，那么，不利于扩大再生产。

因为城市附近的住宅土地的地租提高减少了资本家的利润，资本家为了弥补这种损失，要提高生产力，从而提高资本有机构成，资本有机构成的提高是降低利润率的因素，因此，城市附近的住宅土地的地租与住宅土地价格提高，是降低平均利润率的因素。

二、政府补贴低收入者的住房费用的转移支付掩盖了资本主义生产关系

在现实经济活动中，在某些资本主义国家中，由政府提供一部分廉租房和廉价房。从现象看，这种廉租房和廉价房减少了工人在住房方面的支出，在一定程度上，可以减少可变资本，增加剩余价值。从本质看，政府的财政支出来自税收或财政收入，税收或财政收入的一部分来自剩余价值，这种住宅补贴只是一种转移支付，这种转移支付并没有改变资本主义生产关系。

政府补贴低收入者的住房费用的转移支付，与政府补贴教育、医疗、养老费用的转移支付一样，都掩盖了资本主义生产关系，但是都不能改变资本主义生产关系。

第九节　本章结论

资本有机构成提高与生产力提高的再生产，是内涵扩大再生产，而不是外延扩大再生产。在金属货币参与流通的条件下，随着内涵扩大再生产的进行，生产规模不断扩大，需要增加相应的金属货币，增加生产金属货币的活劳动。

剩余价值率提高的比例，受到货币材料生产率提高比例的制约。因为货币材料生产率提高的比例低，所以剩余价值率提高的比例也很低。在一般条件下，剩余价值率提高的比例低于第二部类生产力与资本有机构成提高的比例。第二部类资本有机构成提高的比例低于第一部类资本有机构成提高的比例。总资本有机构成提高的比例，介于第一部类资本有机构成提高的比例与第二部类资本有机构成提高的比例之间，并且更接近第一部类资本有机构成提高的比例。因此，剩余价值率提高的比例，通常低于总资

本有机构成提高的比例，利润率趋向下降。

因为第一部类生产规模与资本有机构成的增长率最高，所以，总资本有机构成越来越接近第一部类的资本有机构成。生产资料的增长超过剩余产品的增长，构成资本有机构成提高率超过剩余价值提高率的物质基础。

无产阶级相对贫困化与实际工资提高，在一定程度上阻碍了剩余价值率提高，结果是剩余价值率的提高率通常低于资本有机构成的提高率。因此，实际工资提高是利润率趋向下降的重要因素。

同样的活劳动创造的新价值相同。如果教育、医疗、养老费用提高，那么，可变资本必须提高。提高可变资本是降低利润率的因素。教育费用提高，雇佣劳动者的知识与劳动技能提高，能够从事的劳动的复杂程度提高，在相同的劳动时间中，复杂劳动比简单劳动创造更多新价值。复杂劳动创造的新价值增加，剩余价值也增加，这是提高利润率的因素。

教育、医疗、养老费用从由雇佣劳动者支付转变为部分或全部由财政支付，改变了剩余价值的分配关系。对于个别资本来说，在一定程度上，这是提高利润率的因素。对于总资本来说，这只是一种转移支付，不能从总体上改变平均利润率。

因为生产力提高，所以，可变资本不等于实际工资。在资本主义发展过程中，生产力与实际工资提高，劳动力价值或可变资本不一定提高。每个工作日中的必要劳动时间仍然减少，证明单位劳动力的价值下降。

从现象看，金融投机提高利润率。从本质看，金融投机是降低利润率的因素。

与不考虑农产品生产与住宅土地的垄断地租的情况相比，在考虑农产品生产与住宅土地的垄断地租的条件下，土地所有者占有的剩余价值的比例提高，属于资本家的利润更少，利润率更低。政府用一部分财政支出补贴低收入者的房租，向低收入者提供廉租房与廉价房，只是一种转移支付，只能改变剩余价值分配关系，不能改变资本主义生产关系，不能改变平均利润率。

随着住宅土地的地租提高与土地价格提高，利润率下降的趋势更显著。

第二十三章　劳动分工、产业分工、联合生产对资本有机构成与利润率的影响

第一节　劳动分工对生产力与利润率的影响

生产劳动的过程，是劳动者借助生产工具对劳动对象进行加工的过程。影响生产力的因素可以分为两类：人的因素与物的因素。人的因素包括劳动者的知识、劳动者的生产技能与劳动熟练程度、生产组织管理。物的因素包括劳动对象的种类、质量、数量，以及生产工具的效率。

劳动分工是一种产品的多个不同生产环节分别由不同劳动者完成的生产方式。劳动分工属于生产组织管理的一种形式。随着劳动分工的发展，一种产品的各生产环节的划分越来越细，每个劳动者只进行生产过程中的一个环节的生产。在每个生产环节的劳动过程越来越简单，一方面，可以缩短劳动技能的学习继承时间，提高劳动熟练程度，提高生产效率，另一方面，为机器的产生与应用奠定了基础。

即使没有使用新技术、新工艺、新机器，劳动分工本身也可以提高生产力。简单机器与更高生产效率的机器的使用，可以进一步提高生产力。

资本主义生产是雇佣劳动生产。资本主义生产的目的是获得越来越多的剩余价值。某种新技术、新工艺、新机器是否得到应用，劳动分工是否实行，不仅取决于能否提高生产力，而且取决于能否为采用新技术、新工艺、新机器与实行劳动分工的个别资本带来更多剩余价值或提高它的个别利润率。

在一般条件下，生产力的物的因素的发展，表现为不变资本增加，从而表现为资本技术构成提高与资本有机构成提高，但是，生产力的人的因素的发展，却不一定表现为可变资本增加，不一定表现为资本技术构成降低或资本有机构成降低。因为，在资本主义生产条件下，生产组织管理由

资本家决定，由资本家的代理人实行，甚至由资本家本人亲自实行。劳动分工的发展，将一个完整的生产过程分解为多个不同的生产环节，过去一个工人独立完成整个生产过程，现在每个工人只完成其中的一个生产环节。劳动的复杂程度降低，使得资本家可以用只能从事简单劳动的工人代替能够从事复杂劳动的工人，甚至可以使用童工。劳动复杂程度的降低，可以提高工人的生产效率，也可以为机器的使用创造条件，从而降低个别资本的产品价值。产品按照社会价值交换，个别资本家能够获得超额剩余价值或超额利润。

劳动分工为个别资本提供了一种获得更多剩余价值的方式。由于劳动分工不需要增加较多资本，甚至不需要增加资本，就可以提高生产力，其他资本家也会实行劳动分工。随着全社会普遍实行劳动分工，劳动分工不断细化，最先实行劳动分工的资本家得到的超额利润就消失了。

虽然个别资本家的超额利润消失了，但是，这种产品的社会生产力提高了，单位产品的价值降低了。如果这种产品是生活消费资料，那么，单位生活消费资料的价值降低。如果这种产品是制造生活消费资料的生产资料，那么，单位生活消费资料的价值同样会降低，因为制造生活消费资料的生产资料的价值是生活消费资料的价值的组成部分。如果这种产品是制造生产资料的生产资料，那么，单位生活消费资料的价值最终也会降低，因为单位制造生产资料的生产资料的价值降低，会引起单位制造生活消费资料的生产资料的价值降低，从而引起单位生活消费资料的价值降低。不仅工人的生活消费资料变得更便宜，而且资本家的生活消费资料也变得更便宜。

值得注意的是，单位制造生产资料的生产资料的价值降低与单位制造生活消费资料的生产资料的价值降低，对单位生活消费资料的价值降低的影响不同。单位制造生活消费资料的生产资料的价值降低，对单位生活消费资料的价值降低的影响更大。

在工人的生活水平不变的条件下，单位生活消费资料的价值降低，降低了可变资本，从而提高了剩余价值率与利润率。如果工人的生活水平有所提高，但是，单位生活消费资料的价值的降低更显著，那么，可变资本仍然降低，只不过可变资本降低的比例变小，剩余价值率与利润率仍然提高，只不过剩余价值率与利润率提高的比例变小。值得注意的是，在资本技术构成不变的条件下，通过劳动分工，一方面提高了剩余价值率，另一方面提高了资本有机构成，但是，通常利润率提高的比例低于剩余价值率提高的比例。

因此，劳动分工是提高生产力的因素，也是提高剩余价值率与利润率的因素。

第二节　复杂劳动的增加是否影响剩余价值率与利润率

一、复杂劳动的增加不能增加总剩余价值，不能提高剩余价值率与利润率

从表面现象来看，一个从事复杂劳动的雇佣劳动者，在单位劳动时间内能够创造更多价值，从而能为资本家创造更多剩余价值，但是，资本家要向从事复杂劳动的雇佣劳动者支付更多工资，因此，复杂劳动不能提高剩余价值率。

一个人必须通过学习才能从事复杂劳动。在一个人的生命周期中，学习时间越长，能够从事复杂劳动的时间越短。为了从事复杂劳动，一个人的学习过程，不仅要在一定时间内耗费他本人的体力与脑力，而且要耗费他人的劳动，例如教师的劳动、图书编写者的劳动、教学仪器生产者的劳动、建筑教室与图书馆的劳动等。尽管教师不直接参加生产过程，他的劳动不是生产劳动，但是，如果没有教师的劳动，那么，复杂劳动的参与者就无法完成学习过程，从而无法从事复杂劳动。同样，复杂劳动的参与者的学习过程也不是生产劳动，但是，如果没有学习过程，那么，复杂劳动的参与者同样无法从事复杂劳动。

在人口总量确定的条件下，从事复杂劳动的雇佣劳动者越多，为他提供学习条件的劳动者越多，直接参加生产过程的雇佣劳动者越少。每个从事复杂劳动的雇佣劳动者的一生中从事复杂劳动的时间，少于从事简单劳动的雇佣劳动者的一生中从事简单劳动的时间。因此，复杂劳动必须被看做多倍的简单劳动。

复杂劳动的增加，没有改变劳动总量，既不能增加总劳动，也不能增加总剩余劳动，不能增加总剩余价值与总利润，从而不能提高剩余价值率与利润率。

在长期历史发展过程中，劳动者的学习时间越来越长，劳动者的学习所耗费的他人的劳动越来越多。现在从事简单劳动的劳动者的学习时间，比过去从事复杂劳动的劳动者的学习时间更长。过去的复杂劳动转变为现在的简单劳动，甚至现在的简单劳动比过去的复杂劳动更复杂。因此，简单劳动与复杂劳动都属于历史范畴。

随着全社会的劳动者的学习时间不断增加，劳动者的劳动能力不断提高，劳动的复杂程度不断提高，社会劳动生产力不断提高。

劳动者的劳动能力提高与资本有机构成提高共同提高生产力。

二、可变资本或工资的变化是影响利润率的因素

商品的价值由生产商品耗费的劳动决定。如果生产商品耗费的劳动不变，那么，增加可变资本或提高工资，不会改变产品的价值，但是会减少剩余价值或利润，从而降低利润率。

复杂劳动相当于加倍的简单劳动。复杂劳动能力的形成，不仅要耗费劳动者本人更多的学习时间，而且要耗费他人的劳动。在单位劳动时间内，复杂劳动创造的价值高于简单劳动创造的价值。资本家购买能够胜任复杂劳动的劳动力要支付更高的工资或可变资本。在生产过程中，复杂劳动与简单劳动一样，分为必要劳动与剩余劳动。因为资本对劳动的剥削程度相同，所以，无论简单劳动还是复杂劳动，剩余劳动与必要劳动的比例不变，也就是剩余价值率不变。

虽然工资的变化不会改变商品的价值，但是，在不变资本与总劳动确定的条件下，随着可变资本增加，剩余价值减少，剩余价值率降低，资本有机构成也降低，剩余价值率降低对利润率的影响超过资本有机构成降低对利润率的影响，导致价值形式的利润率下降。如果可变资本减少，那么，将出现相反的结果。

在不变资本与总劳动确定的条件下，价值形式的利润率可以表示为

$$r_v=\frac{s}{c+v}=\frac{l-v}{c+v}=\frac{(l+c)-(c+v)}{c+v}=\frac{l+c}{c+v}-1 \qquad (23-1)$$

其中，l 为活劳动或活劳动创造的新价值，c 为凝结在生产资料中的过去的劳动或不变资本，v 为必要劳动或可变资本。

由（23－1）式可以看出，在不变资本与活劳动创造的新价值不变的条件下，价值形式的利润率是可变资本的单调递减的倒数函数或双曲函数。

因此，在不变资本与总劳动确定的条件下，可变资本的增加或工资的提高，是降低利润率的因素。

如果没有工人的斗争，没有竞争的压力，那么，资本家不会主动增加工资，也就是说，资本家不会无条件地降低自己的利润率。

第三节　劳动分工与产业分工

一、劳动分工与产业分工

劳动分工的发展是生产力提高的基本动力与基本标志。劳动分工的发展对资本有机构成、剩余价值率、利润率的变化有重要的影响。

绝大部分生产资料与生活资料的完整的生产过程都包括多个互相衔接的生产阶段。例如，钢铁产品的完整的生产过程包括采掘铁矿石、采掘煤炭、炼焦、炼铁、炼钢、轧钢、制成钢制品等生产阶段，又例如，面包的完整的生产过程包括种小麦、磨面、烤面包等生产阶段，再例如，服装的完整的生产过程包括种棉花、纺纱、织布、印染、服装制造等生产阶段。每个生产阶段包括多个不同的生产环节或生产工序。

一种产品的完整的生产过程，既可以由一个企业独立完成，也可以将这种产品的完整的生产过程分解为几个不同生产阶段，每个生产阶段的生产过程由一个企业完成，前一个生产阶段的企业生产的产品，是后一个企业的原料或生产资料。

为了区分一个企业内部的劳动分工与全社会的劳动分工，我们将一个企业内部的劳动分工仍然称为劳动分工，而将全社会在不同企业之间的劳动分工称为产业分工。

是否实行劳动分工，对资本有机构成、剩余价值率、利润率、劳动生产率、单位产品的价值、两部类的生产规模的比例、两部类的资本比例的影响是否相同？一个企业内部的劳动分工与全社会在不同企业之间的劳动分工——产业分工，对资本有机构成、剩余价值率、利润率、劳动生产率、单位产品的价值、两部类的生产规模的比例、两部类的资本比例的影响是否相同？下面将分别予以考察。

二、企业内部的劳动分工对资本有机构成与利润率的影响

一个企业内部实行劳动分工，将一种产品的完整的生产过程分解为几个不同生产阶段，每个生产阶段分解为几个不同生产环节或生产工序。每个生产阶段、生产环节或生产工序的劳动过程得到简化，有利于采用机器生产。采用机器生产，一方面，可提高这个企业的资本技术构成，从而提高这个企业的生产率；另一方面，可提高这个企业的资本有机构成。

个别企业提高资本技术构成或提高生产率，可以使个别企业的产品的价值低于社会价值，在产品交换过程中得到超额剩余价值或超额利润，是提高个别利润率的因素。提高资本有机构成，是降低个别利润率的因素。

一方面，提高生产率、提高资本技术构成、提高资本有机构成是对立的，提高生产率与提高资本有机构成对个别利润率的影响相反；另一方面，提高生产率、提高资本技术构成、提高资本有机构成是统一的，通常，提高生产率要通过提高资本有机构成才能实现。这是一对矛盾。

只有在提高生产率对个别利润率的影响超过提高资本技术构成对个别利润率的影响的条件下，个别资本家才会在本企业内实行劳动分工。

当大多数企业都实行劳动分工时，个别资本的超额剩余价值或超额利润就消失了。

大多数企业都实行劳动分工，大量使用机器，一方面，提高资本技术构成与资本有机构成，另一方面，提高全社会的劳动生产率，降低单位产品的价值。

将一种产品的完整的生产过程在一个企业内部分解为几个不同生产阶段，不改变两部类的生产规模的比例与资本比例。

三、产业分工的三个不同阶段

如果一种产品的完整的生产过程由多个生产者完成，每个生产者只完成其中一个分解后的生产过程的生产率不低于一个企业内部实行劳动分工的生产率，那么，企业内部的劳动分工能够转变为不同企业的产业分工。产业分工与企业内的劳动分工一样，也有利于大量使用机器，提高资本技术构成与资本有机构成，提高全社会的劳动生产率，降低单位产品的价值。

大量使用机器对资本技术构成、资本有机构成、劳动生产率、单位产品价值的影响，不会因为从一个企业内部实行劳动分工转变为全社会实行产业分工而改变。

关于全社会的产业分工对资本有机构成与利润率等变量的影响，我们分三个不同阶段来考察。

产业分工的第一阶段，由于大量使用机器，导致资本技术构成与资本有机构成提高，全社会的劳动生产率提高，单位产品的价值降低。这种变化不是产业分工引起的，而是劳动分工引起的。即使没有产业分工，只有企业内部的劳动分工，同样可以产生这种变化。

产业分工的第二阶段，由于第二部类的一部分生产阶段转入第一部类，导致两部类的生产规模的比例、两部类的资本比例等变量发生变化。

如果产业分工仅仅改变了每个生产部类的外延，没有提高每个生产阶段的资本技术构成，那么，第一部类的产品价值在总价值中的比例提高，第二部类的产品价值在总价值中的比例降低，但是，不能提高生产率。如果第一部类的生产率不变，那么，第二部类的单位生产资料的价值不变。如果第二部类的资本技术构成不变，那么，第二部类的生产率不变，单位生活资料的价值没有变化，剩余价值率也不变。

产业分工的第三阶段，由于两部类的生产率提高的程度不同，导致两部类的不变资本、可变资本、剩余价值、资本有机构成、单位产品的价值、剩余价值率、价值形式的利润率、两部类的生产规模的比例、两部类的资本比例等变量发生变化。

第四节　产业分工的发展、消费方式与结构的转变、各部类外延的变化

有些经济学家以生活消费品的种类与数量的增加、雇佣劳动者的生活水平的提高、第三产业或服务业的发展，来证明可变资本与剩余价值比不变资本增长更快，从而证明资本有机构成不是提高而是降低，利润率不是降低而是提高。

这是一种错误的观点。不能将与生活消费品有关的生产全部归入生活消费品生产，即不能全部归入第二部类。同样，也不能将第三产业或服务业全部归入生活消费品生产，即不能全部归入第二部类。

一、资本有机构成与生产力的巨大提高

在几百年的资本主义生产发展过程中，主要的资本主义国家的生产力有了极大的提高。

以农业生产力为例，在几百年前的早期资本主义生产中，超过 80%的劳动力从事农业生产。现在，主要资本主义国家从事农业生产的劳动力不到总劳动力的 3%。在几百年中，人口增加，每个人消费的谷物增加，谷物总产量增加，从事农业生产的劳动力不仅不增加，反而显著地减少。这证明，农业生产力有了极大的提高。

大多数经济学家都承认，工业生产部门的生产力的提高，超过农业生产部门的生产力的提高。因此，全社会的生产力有了巨大的提高。相应

地，全社会的资本有机构成也有了巨大的提高。生产力提高是资本有机构成提高的结果。

主要的资本主义国家现在的生产力，是发展中国家未来的生产力。主要的资本主义国家现在的资本有机构成，是发展中国家未来的资本有机构成。主要的资本主义国家现在的利润率，是发展中国家未来的利润率。

二、产业分工的发展、消费方式与结构的转变，改变了第一部类与第二部类的外延

在前面的考察中，只是简单地提到劳动分工与产业分工，没有对劳动分工与产业分工进行详细的考察。这里对劳动分工与产业分工进行考察。

（一）农业生产的外延

由于大部分农产品是生活消费品，因此有些经济学家将农业归入生活消费资料生产部类或第二部类。当然，这里的农业是指广义的农业，包括狭义的农业（即粮食生产）、畜牧业、渔业、林业等产业，或者包括种植业、养殖业、捕捞业等产业。其中，种植业包括谷物、蔬菜、水果、棉花等农作物的种植；畜牧业既包括羊、马、牛的放牧，也包括猪、牛、羊的圈养；渔业既包括海洋渔业，也包括淡水鱼的养殖；林业既包括用于木材生产的林木种植，用于水果生产的树木种植，也包括用于水土保持、城市绿化的树木种植。

（二）谷物生产分工的发展与消费习惯的变化对第二部类的外延与可变资本的影响

农业的最主要的组成部分是谷物生产。小麦与水稻是最重要的谷物。在经济发展水平低的时代，种小麦与磨面由同一个生产者独立完成，生产者将面粉出售给消费者；种水稻与稻谷脱粒由同一个生产者独立完成，生产者将大米出售给消费者。在这种条件下，小麦与水稻的生产，都属于生活消费资料生产部类，即属于第二部类。随着农业生产分工的发展，磨面不再由小麦种植者完成，而是由面粉加工厂完成，小麦成为面粉加工厂的原料，从而成为生产资料的一部分；稻谷脱粒不再由水稻种植者完成，而是由大米加工厂完成，稻谷成为大米加工厂的原料，从而成为生产资料的一部分。农业的最主要的组成部分——谷物生产——由第二部类的组成部分转变为第一部类的组成部分。面粉生产的最后一个生产阶段——磨面——仍然属于第二部类。大米生产的最后一个生产阶段——稻谷脱粒——仍然属于第二部类。

农业的次要的组成部分——蔬菜、肉、鱼、蛋、水果等产品的生

产——仍然属于第二部类。

随着消费习惯的变化与生活水平的提高，有些消费者不再在家中直接将面粉加工成食物，而是购买面包、馒头、饺子、糕点等食品。面粉成为面包、馒头、饺子、糕点等食品生产的原料，从而成为生产资料的一部分。面粉加工业的一部分由第二部类的组成部分转变为第一部类的组成部分。面包、馒头、饺子、糕点等食品生产或食品加工业属于第二部类。有些消费者仍然在家中直接将面粉加工成食物，因此，面粉加工业的另一部分仍然属于第二部类。随着生活水平的不断提高，第二类消费者所占的比例不断降低。

（三）产业分工的发展是不断变化的过程

面粉制成的食品是最重要的生活资料之一，我们以食品生产为例，分析产业分工的发展过程。

产业分工发展的第一阶段，如果产业分工的程度很低，从而生产力水平很低，谷物生产者生产小麦后出售给消费者，消费者购买小麦后，自己将小麦磨成面粉，并加工成食品，那么，小麦是第二部类的产品。

产业分工发展的第二阶段，如果产业分工的程度提高，从而生产力水平提高，谷物生产者生产小麦后出售给面粉加工厂，面粉加工厂购买小麦并将小麦磨成面粉后出售给消费者，消费者将面粉加工成食品，那么，小麦既是第一部类的产品，也是第二部类的原料，从而是第二部类的生产资料的一部分，面粉是第二部类的产品。

产业分工发展的第三阶段，如果产业分工的程度继续提高，从而生产力水平继续提高，谷物生产者生产小麦后出售给食品加工厂，食品加工厂购买小麦并将小麦磨成面粉后，再将面粉加工成食品后出售给消费者，那么，小麦既是第一部类的产品，也是第二部类的原料或生产资料，食品是第二部类的产品。

产业分工发展的第四阶段，如果产业分工的程度进一步提高，从而生产力水平进一步提高，谷物生产者生产小麦后出售给面粉加工厂，面粉加工厂购买小麦并将小麦磨成面粉后出售给食品加工厂，食品加工厂购买面粉并将面粉加工成食品后出售给消费者，那么，小麦与面粉都是第一部类的产品，小麦是第一部类的原料或生产资料，面粉是第二部类的原料或生产资料，食品是第二部类的产品。

由此可见：

在产业分工发展的第一阶段，小麦生产属于第二部类。

在产业分工发展的第二阶段，小麦生产属于第一部类，面粉生产属于

第二部类。

在产业分工发展的第三阶段，小麦生产属于第一部类，面粉生产与食品生产属于第二部类。

在产业分工发展的第四阶段，小麦生产与面粉生产属于第一部类，食品生产属于第二部类。

在此过程中，随着产业分工的发展，过去由消费者完成的由小麦、面粉到食品的转化过程，逐步由工厂来完成。在产业分工的发展过程中，工厂承担的产品生产过程越来越多，第一部类承担的产品生产过程越来越多，第二部类承担的产品生产过程越来越少，第一部类的生产规模与第二部类的生产规模的比例不断提高。

在从小麦到食品的转化过程中可以看出，随着产业分工的发展，增加的中间产品形式的生产资料与相应的生产部门都属于第一部类，产业分工越细致，作为中间产品的生产资料与原材料的范围越广，属于第一部类的生产部门与生产企业越多，第一部类的生产规模越大，从而生产力水平越高。

在我们考察的生产方式中，既然是通过提高资本有机构成的方式来提高生产力，从而扩大生产规模，那么，第一部类资本有机构成的提高必然超过第二部类资本有机构成的提高，第一部类生产力的提高必然超过第二部类生产力的提高，第一部类的生产规模迟早超过第二部类的生产规模。

产业分工越细致，生产越专业化，每个生产环节的劳动的复杂程度越低。劳动的复杂程度降低，一方面，降低了对劳动力的要求，有利于单一生产过程中的劳动熟练程度的提高，另一方面，有利于机器的使用。机器的使用进一步提高生产力。考虑到增加的中间产品的生产都属于第一部类，生产的专业化与生产力的提高，主要集中在第一部类。

产业分工发展，生产专业化，机器使用的范围扩大，第一部类的生产规模相对于第二部类扩大，第一部类的生产力相对于第二部类提高，社会生产力提高，这些变化是一致的。

因此，产业分工发展的过程，是生产力不断提高的过程。

（四）肉类生产分工的发展与消费习惯的变化对第二部类的外延与可变资本的影响

随着餐饮业的发展、生活水平的提高与消费习惯的转变，蔬菜、肉、鱼、蛋、奶等产品成为餐饮企业的原料，从而成为生产资料的一部分。蔬菜、肉、鱼、蛋、奶等产品的生产的一部分由第二部类的组成部分转变为第一部类的组成部分。有些消费者仍然在家中直接将蔬菜、肉、鱼、蛋、奶等产品加工成食物，因此，蔬菜、肉、鱼、蛋、奶等产品的生产的另一部分仍然属于第二部类。随着生活水平的不断提高，第二类消费者所占的比例不断降低。

猪肉生产是农业的组成部分。在经济发展水平低的时代，养猪与屠宰由同一个生产者独立完成，生产者将猪肉出售给消费者。在这种条件下，猪肉生产属于生活消费资料生产部类，即属于第二部类。随着猪肉生产分工的发展，屠宰不再由养猪者完成，而是由屠宰厂完成，猪成为屠宰厂的原料，从而成为生产资料的一部分。养猪由第二部类的组成部分转变为第一部类的组成部分。猪肉生产的最后一个生产过程——屠宰——仍然属于第二部类。

随着消费习惯的变化与生活水平的提高，有些消费者不再在家中直接将猪肉加工成食物，而是购买熟肉、香肠等食品。猪肉成为熟肉、香肠等食品生产的原料，从而成为生产资料的一部分。屠宰加工业的一部分由第二部类的组成部分转变为第一部类的组成部分。肉类加工业属于第二部类。有些消费者仍然在家中直接将猪肉加工成食物，因此，屠宰加工业的另一部分仍然属于第二部类。随着生活水平的不断提高，第二类消费者所占的比例不断降低。

（五）棉布生产分工的发展与消费习惯的变化对第二部类的外延与可变资本的影响

棉花生产是农业的组成部分。在经济发展水平低的时代，棉花种植、纺纱、织布、印染由同一个生产者独立完成，生产者将布匹出售给消费者。在这种条件下，从棉花种植到布匹生产的全部生产过程都属于生活消费资料生产部类，即属于第二部类。随着从棉花种植到布匹生产的分工的发展，纺纱、织布、印染不再由棉花种植者独立完成，纺纱、织布、印染由纺织厂完成，棉花成为纺织厂的原料，从而成为生产资料的一部分。随着产业分工进一步发展，纺纱、织布、印染不再由纺织厂独立完成，而是分别由纺纱厂、织布厂、印染厂完成，棉纱成为织布厂的原料，坯布成为印染厂的原料，棉纱与坯布成为生产资料的一部分。

随着消费习惯的变化与生活水平的提高，有些消费者不再在家中直接将布匹加工成服装，而是购买成衣。布匹成为服装生产的原料，从而成为生产资料的一部分。纺织业的一部分由第二部类的组成部分转变为第一部类的组成部分。服装生产属于第二部类。有些消费者仍然在家中直接将布匹加工成服装，因此，纺织业的另一部分仍然属于第二部类。随着生活水平的不断提高，在家中直接将布匹加工成服装的消费者所占的比例不断降低。

在四十多年前的1969—1973年期间，我与几个中学同学到中国陕北的农村，与当地的农民共同进行农业生产，向当地的农民学习生产知识与技能。当时中国许多地区的农村的生产力很低，生产方式基本上属于自然经济的生产方式。我们不仅参与耕地、播种、除草、打药、收割小麦、仓储、小麦脱粒、磨面、蒸馒头等生产的全部过程，而且参与种棉花、除草、采摘棉花、将仔棉加工成皮棉、纺纱、织布、做衣服等生产的全部过程。大部分产品用于维持劳动者自身的生存，只有少量产品用于交换。与生产力低下相适应的产品交换方式同样落后，除了一部分产品采取以货币为媒介的方式进行商品交换，很多产品采取原始形态的以物易物的方式进行产品交换。

现在，在中国农村，不仅农民既种小麦与棉花，又磨面、纺纱、织布、做衣服的自然经济的生产方式消失了，而且再也看不到以物易物方式的产品交换。

中国的农业生产早已经实现了生产专业化，每个生产过程，都由不同生产者完成。生产力有了巨大的提高。现在，在我曾经生活过的村庄，农民只生产一种产品——苹果，产品不再用于自己消费，而是在国内市场与国际市场销售。中国农村的生产方式，完成了从自然经济到产品经济，再到商品经济的生产方式的转变。

（六）随着生产分工的发展，只有生活消费品的最后一个生产阶段属于生活消费资料的生产

不能将与生活消费品有关的生产全部归入第二部类。只有一种生活消费品的生产的全过程由同一个生产者独立完成，才可以将这种产品的生产归入第二部类。

随着生产分工的发展、消费习惯的变化、生活水平的提高，生活消费品生产的全过程逐渐分为不同的生产阶段，前一个生产阶段的产品是后一个生产阶段的原料，生活消费品的大部分生产阶段逐步由第二部类的组成部分转变为第一部类的组成部分。从社会生产的角度来看，随着生产分工的不断发展，只有最后一个生产阶段属于生活消费资料生产，倒数第二个生产阶段属于制造消费资料的生产资料生产，倒数第三个生产阶段与更前面的其他生产阶段都属于制造生产资料的生产资料生产。因此，生产资料生产在社会资本生产中的比例不断提高，生活消费资料生产在社会资本生产中的比例不断降低，即第一部类在社会资本生产中的比例不断提高，第二部类在社会资本生产中的比例不断降低。

必须指出，不是所有生活消费品的都是农产品，例如，家用轿车、家用电器等产品都是工业产品。还必须指出，不是所有生活消费品生产的全过程都可以分为不同的生产阶段，某些生活消费品生产的一部分是一个完整的生产过程，另一部分分为不同生产阶段，例如蔬菜生产、水果生产、渔业生产等。蔬菜、水果、鱼等产品可以不经过加工直接售卖，也可以经过加工后再售卖，例如，经过清洗、分类、包装等生产过程后再售卖。这些产品不经过加工直接售卖与经过加工后再售卖面对的是不同的消费者。如果蔬菜、水果、鱼等产品不经过加工直接售卖，那么，其生产过程属于第二部类。如果蔬菜、水果、鱼等产品的生产与清洗、分类、包装过程由同一个生产者完成，那么，全部生产过程都属于第二部类。如果蔬菜、水果、鱼等产品的生产与清洗、分类、包装过程由不同生产者完成，那么，蔬菜、水果、鱼等产品的生产过程属于第一部类，清洗、分类、包装等生产过程属于第二部类。

农产品是最基本的生活消费品，在生活消费品中占有很大的比例；谷物是最基本的农产品，在农产品中占有很大的比例。因此，可以通过分析农产品生产来考察一般生活消费品的生产，通过分析谷物生产来考察农产品的生产。

有些生活消费品的价格远远高于其价值，例如住宅，因为住宅价格中包括住宅垄断地租。对住宅产品对利润率的影响的考察，涉及住宅土地垄断条件下的价值转形。垄断条件下的价值转形比自由竞争条件下的价值转形复杂得多。关于垄断条件下的价值转形将在其他著作中考察。这里只考察自由竞争条件下的价值转形，以及利润率变化的总趋势。

（七）单位生活资料的价值下降是提高剩余价值率的必要条件，而不是充分条件

随着生活资料的劳动生产率的提高，单位生活资料的价值下降。单位生活资料的价值下降为资本家提高剩余价值率提供了基本条件，但是，剩余价值率提高不仅取决于单位生活资料的价值下降，而且还取决于工人的生活资料数量是否增加与增加的比例。工人的生活资料数量的变化取决于无产阶级与资产阶级的力量对比。生活资料的劳动生产率的提高与单位生活资料的价值下降，只是提高剩余价值率的条件之一，而不是全部条件。

因此，单位生活资料的价值下降是提高剩余价值率的必要条件，而不是充分条件。

因为资本主义的生产目的是获得更多剩余价值，所以，只要劳动生产率提高，资本家总是尽可能地提高剩余价值率。无产阶级争取提高工资的斗争，在一定程度上可阻碍剩余价值率提高，但是无法阻止剩余价值率提高。因为这种阻碍作用，所以，在一般情况下，剩余价值的提高率低于生活消费资料生产部类的劳动生产率的提高率，当然也低于全社会的劳动生产率的提高率。

不是任何生产部类或生产部门的资本有机构成提高或资本技术构成提高，都能够等比例地提高剩余价值率。剩余价值率提高的前提，是单位生活资料的价值下降，也就是生活消费资料生产部类的生产率提高。考虑到剩余价值率受到无产阶级与资产阶级力量对比的影响，生活消费资料生产部类的资本技术构成提高，是剩余价值率提高的必要条件，但不是充分条件。

第五节　劳动分工转变为产业分工的条件与利润率的变化

一、产业分工的第二阶段的总资本与总资本有机构成不变

上面已经说明，产业分工的第一阶段，全社会实行产业分工与一个企业内部实行劳动分工，对大量使用机器、资本技术构成提高、资本有机构成提高、全社会的劳动生产率提高、单位产品的价值降低的影响没有什么不同。

全社会实行产业分工与一个企业内部实行劳动分工的不同，主要体现在产业分工的第二阶段。在产业分工的第二阶段，由于第二部类的一部分生产阶段转入第一部类，导致第一部类生产规模相对增大，第二部类生产规模相对缩小。

值得指出的是，第二部类生产规模是相对缩小不是绝对缩小，在每个生产阶段的资本技术构成不变，生产率不变的条件下，产业分工的发展导致原来第二部类的一部分活劳动转变为现在第一部类的一部分活劳动，因此，第二部类活劳动减少，第二部类可变资本减少，第二部类剩余价值减少，第一部类活劳动增加，第一部类可变资本增加，第一部类剩余价值增加，第二部类可变资本与剩余价值减少的部分等于第二部类不变资本增加的部分。第一部类产品价值在总价值中的比例提高，第二部类产品价值在总价值中的比例降低，但是，第二部类的年产品价值不变。

在产业分工的第二阶段，如果各生产阶段的资本技术构成不变，那么，资本有机构成、剩余价值率、价值形式的年利润率都不变。

在产业分工的第三阶段，重点考察两部类生产率发展不平衡导致单位产品的价值、剩余价值率、价值形式的利润率的变化，以及两部类的生产规模的比例、两部类的资本比例的进一步变化。

这里，在由于实行劳动分工，已经大量使用机器，资本技术构成、资本有机构成、全社会的劳动生产率已经提高的条件下，考察产业分工的第二阶段，两部类的不变资本、可变资本、剩余价值、资本有机构成、剩余价值率、价值形式的利润率等变量是否变化，在产业分工的这个阶段全社会实行产业分工与一个企业内部实行劳动分工有何不同。

从表面上看，一种产品的完整的生产过程分解为几个不同生产阶段，前一个生产阶段的产品是后一个生产阶段的生产资料，似乎不变资本总额必须增加。在活劳动基本不变，也就是可变资本基本不变的条件下，似乎总资本有机构成必然提高。

如果进行详细的考察，那么，可以证明这种观点是不正确的。

二、企业内部的劳动分工转变为全社会的产业分工的必要条件

在前面的考察中，不仅没有考虑固定资本对利润率的影响，而且没有考虑每年资本循环次数对利润率的影响，假设不存在生产过程中没有耗费的资本，不变资本价值通过一次生产过程全部转移到产品的价值中，资本每年循环一次。

考察企业内的劳动分工转变为全社会的产业分工的条件，必须考虑每年资本循环的次数。如果只在企业内部进行劳动分工，那么，假设资本每年循环一次；如果在全社会进行劳动分工，那么，假设每个生产阶段的资本每年循环多次。

企业内部的劳动分工转变为全社会的产业分工的过程中，剥削程度没有变化，因此，剩余价值率不变。

在考虑每年资本循环的次数的条件下，资本家追求的不是一次资本循环过程中的利润率更高，而是追求年利润率更高。

从表面上看，在产业分工前，一个企业内的劳动分工中的前一个生产阶段的产品，以中间产品的形式成为后一个生产阶段的生产资料，这种中间产品不是商品。在产业分工后，一个企业内的劳动分工转变为两个不同生产企业或多个生产企业的产业分工，前一个生产阶段的产品是后一个生产阶段的生产资料，前一个生产阶段的产品是商品，后一个生产阶段以货币资本购买这些产品作为生产资料，似乎增加了总不变资本，如果总可变资本不变，那么，似乎资本有机构成提高。

但是，在产业分工前，一个企业内的劳动分工经历几个不同生产阶段耗费一年时间，在产业分工后，多个不同生产企业分别完成这些生产阶段同样耗费一年时间，每个企业在一个生产阶段耗费的时间减少，资本循环次数增加，生产同样的年产品所需要的资本并没有增加。在产业分工后，与实行产业分工前同样数量的资本（不变资本与可变资本）分别投入不同生产阶段，从表面上看，每个生产阶段的资本似乎比产业分工前减少，但是，由于每个生产阶段的资本循环时间缩短，每年资本循环的次数增加，生产过程中耗费的劳动没有变化，生产的年产品没有变化，最终产品的价值没有变化，年利润没有变化，年利润率也没有变化。在资本技术构成不变与单位产品价值不变的条件下，资本有机构成也不变。

产业分工前一定数量的资本，在产业分工后按照什么样的比例分别投入不同生产阶段？这取决于不同生产阶段的资本循环时间与不同生产阶段的资本有机构成。产业分工后，在不同生产阶段资本的划分、资本比例的确定，必须满足不同生产阶段的资本都获得相同的年利润，也就是不同生产阶段的年利润率相等。

如果一个部类的不同生产阶段的资本有机构成不同，那么，这些不同生产阶段之间必然存在剩余价值的转移，也就是必须考虑价值转形。

事实上，考虑货币材料生产的价值转形①，就是将生产资料生产部类或第一部类划分为两个不同生产阶段——除了货币材料以外的一般生产资料生产与货币材料生产，除了货币材料以外的一般生产资料生产为第一部类的第一生产阶段，货币材料生产为第一部类的第二生产阶段，只不过为了便于考察，将第一部类的两个不同生产阶段作为两个分部类，再将每个分部类看做一个部类；在第八章与第十八章中按照列宁的部类划分的价值转形，就是将生产资料生产部类或第一部类划分为两个不同生产阶段——制造生产资料的生产资料生产与制造消费资料的生产资料生产，制造生产资料的生产资料生产为第一部类的第一生产阶段，制造消费资料的生产资料生产为第一部类的第二生产阶段，只不过为了便于考察，将第一部类的两个不同生产阶段作为两个分部类，再将每个分部类看做一个部类。

无论如何划分不同生产阶段，如何实行产业分工，年利润率相等都是企业内部的劳动分工转变为全社会的产业分工的必要条件。

---

① 沈民鸣：《价值转形》，第二卷，北京，中国人民大学出版社，2014，第 501～551 页、第 703～762 页、第 763～818 页。

三、企业内部的劳动分工转变为全社会的产业分工的充分条件

年利润率相等，只是企业内部的劳动分工转变为全社会的产业分工的必要条件，还不是充分条件。

由上面的分析可以看出，企业内部的劳动分工转变为全社会的产业分工之后，生产过程中耗费的劳动、总资本、总利润、最终产品的价值、资本有机构成、年利润率都不变。真正发生变化的是：

第一，产业分工前的劳动过程中，分散于最终产品生产的全过程不同生产阶段的资本，在产业分工后集中于其中一个生产阶段，有利于生产专业化程度的提高，有利于企业获得规模效益。

第二，产业分工前的劳动过程中，前一个生产阶段的中间产品不经过流通过程，直接转入后一个生产阶段作为生产资料，不需要流通时间，只有最终产品生产出来之后，才需要流通时间，产业分工后，不仅最终产品需要流通时间，而且中间产品成为商品，必须经过流通过程，才能转入后一个生产阶段作为生产资料，也需要流通时间，因此，总流通时间增加。

实行产业分工，有利于提高生产的专业化，有利于扩大生产的规模，从而有利于获得规模效益。有些产品只有实行大规模生产，才能降低单位产品的成本，从而降低单位产品的价值。例如，家用轿车生产对生产规模的要求非常严格，通常，生产规模达到每年几十万辆轿车以上，产品的价格才有市场竞争力。小规模生产家用轿车的单位成本非常高，从而单位产品的价值与价格非常高。

任何资本都是有限的。有限的资本分散于多个不同生产阶段，每个生产阶段的资本少，生产规模小，生产专业化的程度低。有限的资本集中于一个生产阶段，这个生产阶段的生产规模大，生产专业化的程度高，单位产品价值低。

企业获得规模效益是提高利润率的因素，总流通时间增加是降低利润率的因素。实行产业分工之后，利润率的变化由这些因素共同决定。只有企业获得规模效益对利润率的影响超过总流通时间增加对利润率的影响，企业内部的劳动分工才能转变为全社会的产业分工。因此，规模效益的影响超过流通时间增加的影响，年利润率提高，是企业内部的劳动分工转变为全社会的产业分工的充分条件。

第三，在生产分工的发展过程中，生活消费品生产的全过程分解为不同的生产阶段，原来的劳动分工过程中的第二部类的最后一个生产阶段，产业分工后仍然属于生活消费资料生产，其余的生产阶段全部转移到生产

资料生产部类，即原来的第二部类的大部分生产阶段，现在全部转移到第一部类。产业分工后，第一部类的生产过程中耗费的活劳动增加，生产规模扩大，资本增加；第二部类的生产过程中耗费的活劳动减少。

四、产业分工的第三阶段的利润率的变化

既然全社会的产业分工是在规模效益的影响超过流通时间增加的影响的条件下实现的，那么，似乎年利润率必然提高。事实上，这两个影响因素是变化的，因此，年利润率也是变化的。此外，利润率的变化还受其他因素的影响。

规模效益只与生产过程有关，基本上是确定的，而流通时间受到多种因素的影响，具有不确定性。当成本与产品价格是市场竞争的决定性因素时，生产规模大的企业有竞争优势。当市场对产品种类的需求变化时，生产规模大的企业更难转变生产方向，更难改变产品种类。在高涨与繁荣时期，流通时间短，年利润率提高；在危机与萧条时期，流通时间长，年利润率降低。

个别资本家能够决定生产过程，不能决定流通过程。流通过程受市场因素影响，不由个别资本决定。

五、区分产业分工与产业分工后不同部类的劳动生产率的变化对利润率的影响

在不考虑产业分工的条件下，实际上将生产资料的生产看做一个整体生产过程，将生活资料的生产看做另一个整体生产过程。第二部类的外延，是从种小麦到烤面包的生产（完整的面包生产）、从种棉花到服装制造的生产（完整的服装生产）等。

在考虑产业分工的条件下，无论生产资料的生产还是生活资料的生产都不是一个整体生产过程。例如，小麦是生产面粉的原料，面粉是生产面包的原料；又例如，棉花是纺纱的原料，棉纱是生产坯布的原料，坯布是生产布匹的原料，布匹是生产服装的原料。第二部类的外延，是烤面包、服装制造等，也就是，完整的面包生产中的最后一个生产阶段、完整的服装生产中的最后一个生产阶段等。种小麦、磨面的生产阶段，种棉花、纺纱、织布、印染的生产阶段，由第二部类的组成部分转变为第一部类的组成部分。

考虑产业分工与不考虑产业分工相比，两个部类的外延都发生了变化，第一部类的外延扩大，第二部类的外延缩小。产业分工越发展，分工

越细致，第一部类耗费的活劳动在总活劳动中的比例越高，第二部类耗费的活劳动在总活劳动中的比例越低。

为了正确地考察产业分工的发展对利润率的影响，必须严格地区分实行产业分工本身对利润率的影响与产业分工之后不同部类的劳动生产率的变化对利润率的影响。二者对利润率的影响完全不同。

第六节　产业分工完成后第一部类生产率增长高于第二部类，总资本有机构成提高，平均利润率趋向降低

产业分工完成后，第二部类中只剩下产业分工前的第二部类的最后一个生产阶段。虽然第二部类包括家用轿车生产等资本密集型产业，但是，这个生产阶段中的大部分产业，属于劳动密集型产业，例如，面包制造业、各种食品制造业、服装制造业、住宅建筑业等。这些产业实现机器生产之后，生产单位产品耗费的活劳动很难减少，生产率提高很慢，甚至基本不变。这些产业基本上是劳动密集型产业，也就是资本技术构成与资本有机构成比较低的产业。因为产业分工后的第二部类中资本密集型产业的比例低，劳动密集型产业的比例高，所以我们将劳动密集型产业作为产业分工后的第二部类的代表。

值得注意的是，住宅生产是产业分工后的第二部类的一个重要的组成部分。这里没有专门考察城市的住宅生产对第二部类的影响，没有考察相应的价值转形，只将其作为一般生活消费产品的生产来考察。城市的住宅土地具有显著的垄断特征，城市的住宅土地价格或地租对城市的住宅价格的影响很大，土地价格是城市住宅价格的主要组成部分。城市的住宅价格，特别是大城市的住宅价格远远高于其价值。对垄断条件下的价值转形的分析比对自由竞争条件下的价值转形的分析更复杂。这里只分析自由竞争条件下的价值转形与利润率的变化趋势。

在产业分工的第三阶段，全社会的生产率继续提高，不过两部类生产率提高的比例不平衡。

第一部类属于生产资料生产部类，随着资本有机构成提高，生产率不断提高，生产单位产品耗费的活劳动减少，单位产品的价值不断降低。第一部类的最后一个生产阶段，也就是列宁所说的制造消费资料的生产资料生产，为第二部类提供生产资料。

随着第一部类的生产率提高，第二部类的单位生产资料的价值降低，

第二部类生产单位产品耗费的活劳动基本不变。在第二部类的资本技术构成不变的条件下，第二部类的资本有机构成降低，产品价值降低。

这种情况与前面的考察中两部类的资本有机构成都提高的假设不同。在前面的考察中，我们没有考虑产业分工问题，所以假设第二部类的资本有机构成提高。

在考虑产业分工完成之后的生产率提高的过程中，出现第二部类的资本有机构成降低的情况。虽然第二部类的资本技术构成基本不变，生产率基本不变，生产中耗费的活劳动不变，但是，单位生产资料的价值降低，凝结在第二部类使用的生产资料中的过去的劳动减少，第二部类的资本有机构成降低，第二部类的产品价值降低，第二部类的单位产品的价值也降低。

值得注意的是，导致第二部类的单位产品的价值降低的因素，是第二部类的单位生产资料的价值降低，而不是生产中耗费的活劳动减少。因此，第二部类的单位产品的价值降低的比例，低于第二部类的单位生产资料的价值降低的比例。剩余价值率主要取决于第二部类的单位产品的价值，以及无产阶级与资产阶级的力量对比这两个因素。在无产阶级与资产阶级的力量对比基本不变的条件下，剩余价值率取决于第二部类的单位产品的价值。在雇佣劳动者的实际工资基本不变的条件下，随着第二部类的单位产品的价值降低，剩余价值率提高。考虑到第二部类耗费的活劳动基本不变，剩余价值提高的比例低于第二部类单位生产资料的价值降低的比例，也就是低于第一部类的单位产品的价值降低的比例。

在两部类单位产品价值变化的条件下，因为第一部类的资本占总资本的绝大部分，第一部类的资本有机构成提高对总资本有机构成的影响远远超过第二部类的资本有机构成降低对总资本有机构成的影响，所以，随着第一部类的资本有机构成提高，总资本有机构成提高，并且总资本有机构成提高的比例接近第一部类的资本有机构成提高的比例。

生产规模扩大与劳动生产率提高的生产是扩大再生产，而不是简单再生产。严格地说，应该在扩大再生产的条件下，考察利润率趋向下降的问题。但是，因为扩大再生产条件下的价值转形不仅更复杂，而且不具有唯一性，所以，在我们的考察中，用一系列变化的简单再生产条件近似地表示扩大再生产。虽然这种分析方式存在一定误差，但是，仍然可以得到基本结论。

由简单再生产条件得到的第五章（5－9）式或第十三章（13－1）式，可以表示为

$$k=\frac{k_2(k_1+1+e)}{k_2+1+e} \tag{23-2}$$

由（23－2）式可以看出，第一，价值形式的总资本有机构成是第一部类价值形式的资本有机构成、第二部类价值形式的资本有机构成、剩余价值率的函数；第二，第二部类价值形式的资本有机构成的降低对总资本有机构成的影响可以抵消一部分，而第一部类价值形式的资本有机构成的提高对总资本有机构成的影响无法抵消，总资本有机构成与第一部类价值形式的资本有机构成成正比。

因此，剩余价值提高的比例通常低于总资本有机构成提高的比例，从而利润率降低。当然，这个规律不是在任何条件下都成立，在一定时期与一定条件下，影响利润率的各种次要因素可能转变为主要因素，利润率可能产生相反的变化，也就是说，利润率不是绝对下降，而是趋向于下降。

第七节　产业分工与联合生产

通过前面的考察可以看到，产业分工有利于企业获得规模收益，但是，增加了流通时间。

与产业分工相反的生产组织形式，是联合生产。如果多个互相关联的生产阶段由一个企业实现，那么，这个企业就是联合生产企业或托拉斯。联合生产的特点与产业分工的特点相反。联合生产有利于企业减少流通时间，但是，不利于企业获得规模收益。

因为多个互相关联的生产阶段由一个企业实现，上一个生产阶段的产品是下一个生产阶段的生产资料，这种产品对于完整的生产过程来说，不是最终产品，而是中间产品，这种中间产品属于同一个生产者，不是商品，不存在流通时间，只有最终产品才需要流通时间，所以，联合生产减少流通时间。

任何资本家的生产资本都是有限的。如果有限的资本不是集中于某一个生产阶段，而是分散于多个不同的生产阶段，那么，每个生产阶段的资本减少，不利于企业获得规模收益。

如果获得规模收益对利润率的影响超过增加流通时间对利润率的影响，那么，采取产业分工的方式比采取联合生产的方式更有利于提高利润率。如果增加流通时间对利润率的影响超过获得规模收益对利润率的影响，那么，采取联合生产的方式比采取产业分工的方式更有利于提高利润率。

任何一种生产组织形式，必须能够提高个别利润率，才能被资本家采用。因为，在资本确定的条件下，追求更多剩余价值，提高个别利润率，最大幅度地实现价值增殖，是所有资本家的唯一的生产目的。

哪些产品的生产过程中实行产业分工能够提高生产率，从而提高个别利润率，哪些产品的生产过程中实行联合生产能够提高生产率，从而提高个别利润率，不是由理论分析决定的，而是由生产的实践决定的。

有些产品的生产，实行产业分工更有利于提高生产率，从而提高个别利润率。例如，从谷物到面粉的生产，通过谷物与面粉的生产分工，有利于提高生产率与个别利润率。又例如，从棉花到布匹与成衣的生产，通过棉花、布匹、成衣的生产分工，也有利于提高生产率与个别利润率。

有些产品的生产，实行联合生产更有利于提高生产率，从而提高个别利润率。例如，煤炭与钢铁的联合生产，焦炭与钢铁的联合生产，采油与石油化工产品的联合生产，汽车发动机、汽车配件与汽车整车的联合生产，飞机发动机与飞机的联合生产等。欧洲煤钢联营、汽车制造，以及其他各种大型联合生产企业，都属于这种情况。

在一种市场条件下，产业分工比联合生产更有利于提高企业的个别利润率；在另一种市场条件下，情况可能相反。在市场环境变化的条件下，产业分工与联合生产的优点互易，缺点也互易。

这就是产业分工与联合生产这两种相反的生产组织形式在经济活动中并存的原因。

经济发展的历史，就是从每个经济单位生产本经济单位需要的产品的自给自足的自然经济，向不同经济单位分工生产与产品交换发展的历史。因此，从长期经济发展的历史过程来看，产业分工不仅占主导地位，而且是发展的总趋势。这是在分析利润率的变化趋势的过程中，我们特别强调产业分工的作用的原因。

第八节　本章结论

劳动分工是同一种产品的多个不同生产环节分别由不同劳动者完成的生产方式。随着劳动分工的发展，每个劳动者只进行生产阶段的一个环节的生产，每个生产环节的劳动过程更简单，一方面，有利于简化劳动过程，用简单劳动代替复杂劳动，缩短学习劳动技能的时间，提高生产率，另一方面，有利于采用机器进行生产。在没有利用新技术、新工艺、新机器的条件下，劳动分工有利于提高生产率。机器的应用，有利于进一步提高生产率。

当一个企业内的劳动分工转变为全社会的产业分工时，会出现一些新特点。

对产业分工的考察分为三个不同阶段。在产业分工的不同阶段，产业分工对利润率的影响不同。

在产业分工的第一阶段，由于使用机器，导致资本有机构成提高，劳动生产率提高，利润率提高。这种情况与劳动分工对利润率的影响相同。

在产业分工的第二阶段，只考察产业分工本身对利润率的影响。随着第二部类的一部分生产阶段转入第一部类，第一部类的资本与生产中耗费的劳动相对增加，第二部类的资本与生产中耗费的劳动相对减少，全社会的总资本有机构成与年利润率不变。

年利润率相等，是企业内部的劳动分工转变为全社会的产业分工的必要条件，规模效益提高对年利润率的影响超过流通时间增加的影响，是企业内部的劳动分工转变为全社会的产业分工的充分条件。

在产业分工的第三阶段，两部类的生产率继续提高。第二部类中的很多产业是劳动密集型产业，劳动生产率提高慢，第一部类的劳动生产率提高快。剩余价值提高率低于第二部类单位生产资料的价值的降低率。第二部类单位生产资料的价值的降低率低于第一部类生产率的提高率，低于总资本有机构成的提高率。因此，利润率趋向降低。单位生活资料的价值下降是剩余价值率提高的必要条件，不是充分条件。剩余价值率能否提高，提高多少，还取决于无产阶级与资产阶级的力量对比。

随着产业分工的发展，一方面，企业的规模效益提高；另一方面，总流通时间增加。只有企业的规模效益的提高对利润率的影响超过总流通时间的增加对利润率的影响，产业分工才能实行。一个企业实现相关的多个生产阶段的生产方式是联合生产。联合生产的特点与产业分工的特点相反。随着市场条件的变化，产业分工与联合生产的优点与缺点互易。在现实经济活动中，产业分工与联合生产都存在，但是，产业分工是总趋势。产业分工发展的最终结果是利润率趋向下降。

第二十四章　资本有机构成、生产力、剩余价值率、对利润率起反作用的各种因素与价值转形

第一节　资本技术构成、资本有机构成、生产率与剩余价值率的变化对利润率的影响

一、资本有机构成提高与资本技术构成提高不完全一致

生产力是单位劳动时间内生产的产品数量，也就是单位劳动时间内生产的产品的使用价值。

马克思提出："资本的构成要从双重的意义上来理解。从价值方面来看，资本的构成是由资本分为不变资本和可变资本的比率，或者说，分为生产资料的价值和劳动力的价值即工资总额的比率来决定的。从在生产过程中发挥作用的物质方面来看，每一个资本都分为生产资料和活的劳动力；这种构成是由所使用的生产资料量和为使用这些生产资料而必需的劳动量之间的比率来决定的。我把前一种构成叫做资本的价值构成，把后一种构成叫做资本的技术构成。二者之间有密切的相互关系。为了表达这种关系，我把由资本技术构成决定并且反映技术构成变化的资本价值构成，叫做资本的有机构成。"①

生产力的提高取决于两个因素：第一，劳动者的知识和生产技术水平；第二，生产资料的种类、质量、数量和生产率。生产力提高的基本标志，是单位活劳动推动的生产资料量增加，即不变资本与可变资本的比例提高，或资本有机构成提高。

---

① 《马克思恩格斯全集》，第 23 卷，北京，人民出版社，1972，中文 1 版，第 672 页。

不变资本与可变资本都使用价值表示。如果单位生产资料的价值不变，单位生活资料的价值也不变，那么，资本价值构成提高或资本有机构成提高，与资本技术构成提高，从而生产力提高，是一致的。

资本有机构成提高对资本技术构成的影响，与单位生产资料的价值降低对资本技术构成的影响是相同的。如果单位生产资料的价值降低，单位生活资料的价值不变，那么，在资本有机构成不变的条件下，资本技术构成提高，从而生产力提高；在资本有机构成提高的条件下，资本技术构成提高更多，从而生产力提高更多。

资本有机构成提高对资本技术构成的影响，与单位生活资料的价值降低对资本技术构成的影响是相反的。如果单位生产资料的价值不变，单位生活资料的价值降低，那么，在资本有机构成不变的条件下，资本技术构成降低，从而生产力降低；资本有机构成提高到一定程度，可以抵消单位生活资料的价值降低对资本技术构成的影响，从而资本技术构成不变，从而生产力不变；进一步提高资本有机构成，资本有机构成提高对资本技术构成的影响大于单位生活资料的价值降低对资本技术构成的影响，从而资本技术构成提高，从而生产力提高。

由此可见，资本技术构成提高与生产力提高是一致的，但是，资本技术构成的变化与资本有机构成的变化不完全一致。这就是说，资本有机构成提高与生产力提高不完全一致。

生产资料的种类很多，无法对生产资料的使用价值求和，资本技术构成非常复杂，无法用统一的变量来表示资本技术构成。不变资本是投在生产资料上的资本，可变资本是投在劳动力上的资本。如果说可变资本是资本所推动的劳动力的指数，那么，不变资本就是资本所推动的生产资料的指数。

尽管资本有机构成提高与资本技术构成提高不完全一致，从而与生产力提高不完全一致，但是，用不变资本表示生产资料的总和，用资本有机构成表示资本技术构成，从而表示生产力，是最合理的选择。

二、资本有机构成、资本技术构成、生产率与剩余价值率提高的比例不完全相同

资本有机构成提高的比例与资本技术构成提高的比例不完全相同。生产率提高的比例不仅与资本有机构成提高的比例不完全相同，而且与资本技术构成提高的比例不完全相同。剩余价值率提高的比例与生产率的提高的比例不完全相同。在一般情况下，资本有机构成提高的比例，从而生产

率的提高的比例，高于剩余价值率提高的比例。因此，利润率变化的总趋势是下降。

三、个别资本的生产力提高与社会资本的生产力提高不完全一致

尽管社会资本的生产力是个别资本的生产力的总和，但是，个别资本的生产力提高与社会资本的生产力提高不完全一致。

个别资本使用新技术、新工艺、新机器，从而提高生产力有两个结果：一方面，提高了个别资本的有机构成；另一方面，生产力提高使其个别产品的价值低于社会价值，在产品交换中，按照社会价值出售商品，可以多得到一部分价值，即得到超额剩余价值。

个别资本使用新技术、新工艺、新机器的前提是，超额剩余价值增加对利润率的影响大于资本有机构成提高对利润率的影响，即利润率提高，至少利润率不下降。

马克思指出："在阻碍利润率下降但归根到底总是使这种下降加速的原因中，是否包含这样的事实，即对那些利用了还没有被普遍采用的发明等等的资本家来说，剩余价值将会暂时地，但不断反复地，时而在这个生产部门，时而在那个生产部门提高到一般水平以上。对这个问题必须予以肯定的答复"①。

如果个别资本提高生产力，从而提高资本有机构成，能够提高这个资本家的个别利润率，并且这种个别利润率不会因为重新分配剩余价值或价值转形而消失，那么，其他资本家也会提高生产力，从而提高资本有机构成。

问题在于，一种产品的社会价值，由生产这种产品耗费的总劳动决定，同时，也由生产这种产品的大多数企业耗费的劳动决定，全部企业或大多数企业不可能使自己的个别产品的价值都低于社会价值，不可能都获得超额剩余价值。大多数企业都使用新技术、新工艺、新机器，都提高生产力，从而提高全社会的资本有机构成，从而提高全社会的生产力以后，最先使用新技术、新工艺、新机器的个别资本得到的超额剩余价值就消失了。

虽然个别资本的个别利润率不会因为重新分配剩余价值或价值转形而消失，但是，一个行业或一个部门的利润率不可能长期超过平均利润率，必然通过重新分配剩余价值或价值转形，最终实现平均利润。

---

① 《马克思恩格斯全集》，第 25 卷，北京，人民出版社，1974，中文 1 版，第 260 页。

值得注意的是，个别资本提高生产力，必须提高本企业的资本有机构成，而社会生产力普遍提高之后，一个企业提高生产力有两种途径：提高资本有机构成和降低单位生产资料价值。这就是说，即使一个企业不提高资本有机构成，仅仅降低单位生产资料价值也可以提高生产力。

因此，无论从个别资本提高生产力与社会资本提高生产力的条件来考察，还是从个别资本提高生产力与社会资本提高生产力的结果来考察，个别资本的生产力提高与社会资本的生产力提高都不完全一致。

有些质疑利润率趋向下降的学者认为，资本家是理性的人，必须提高利润率，他才会提高资本有机构成和提高生产力，因此，提高资本有机构成的结果不是降低利润率，而是提高利润率。这种观点，仅仅对最先使用新技术、新工艺、新机器的个别资本来说才是正确的。事实上，只有使用新技术、新工艺、新机器，提高生产力，提高资本有机构成，能够提高他的个别利润率，资本家才会采用这些新技术、新工艺、新机器。同时，只要有能够提高个别资本家的利润率的新技术、新工艺、新机器，他也有相应的资本，无论通过借贷方式获得的货币资本，还是通过资本积累的方式获得的追加资本，资本家必然会使用这些新技术、新工艺、新机器。任何一个资本家都不会为了其他资本家或整个资产阶级的利益，放弃自己发财的机会。总资本有机构成提高，从而生产力提高后，原来的超额剩余价值消失，单位生活资料价值下降，全体资本家可以获得相对剩余价值，也就是剩余价值率提高。一方面，剩余价值率提高，另一方面，资本有机构成提高，利润率如何变化，必须进行更深入的分析。

从长期的观点来看，资本有机构成提高对利润率的影响，超过剩余价值率提高对利润率的影响，利润率趋向下降。这是每个资本家都不愿看到的，又不得不接受的结果，是任何个别资本家都无法选择或决定的结果，不以他们的主观意志为转移。

四、第一部类资本有机构成提高不一定导致剩余价值率相应提高

如果第一部类资本有机构成提高，那么，第一部类的生产力提高，第一部类生产生产资料，单位生产资料的价值必然降低。

第一部类资本有机构成的提高是降低利润率的因素，单位生产资料价值的降低是提高利润率的因素。

马克思认为："就总资本来看，不变资本的价值并不和它的物质量按同一比例增加。……使不变资本量同可变资本相比相对增加的同一发展，由于劳动生产力的提高，会使不变资本各要素的价值减少，从而使不变资

本的价值不和它的物质量，就是说，不和同量劳动力所推动的生产资料的物质量，按同一比例增加，虽然不变资本的价值会不断增加。在个别情况下，不变资本各要素的量，甚至会在不变资本的价值保持不变或甚至下降的时候增加”①。

马克思进一步指出：“同上述情况有关的，是现有资本（即它的物质要素）随着工业发展而发生的贬值。它也是阻碍利润率下降的不断发生作用的原因之一，虽然它在某些情况下会使提供利润的资本的量减少，从而使利润量减少。这里再一次表明，造成利润率下降趋势的同一些原因，也会阻碍这种趋势的实现。”②

这就是说，随着第一部类资本有机构成提高，从而第一部类的生产力提高，从而单位生产资料的价值降低，不仅阻碍追加资本的有机构成提高，而且会使原有资本的有机构成降低，从而阻碍利润率下降。

单位生产资料的价值降低是否能够提高第二部类的生产力，取决于是否有与第二部类生产力提高相适应的新技术、新工艺、新机器，也取决于第二部类资本家是否有相应的货币资本。

如果没有能够提高第二部类生产力的新技术、新工艺、新机器，或第二部类资本家没有相应的货币资本，那么，单位生产资料的价值降低只能降低第二部类的资本有机构成，不能提高第二部类的生产力，从而不能提高剩余价值率。考虑到第一部类资本在总资本中的比例通常高于第二部类资本在总资本中的比例，第一部类资本有机构成提高、第二部类的资本有机构成降低的共同结果，是总资本有机构成提高。因此，利润率下降。

如果虽然有能够提高第二部类生产力的新技术、新工艺、新机器，第二部类资本家也有相应的货币资本，但是，边际资本收益率低，即第二部类生产力提高的比例低于单位生产资料价值降低的比例，或第二部类生产力提高的比例低于第一部类生产力提高的比例，那么，第二部类资本家不会主动提高资本有机构成，剩余价值率提高的比例低于第二部类生产力提高的比例，更低于第一部类生产力提高的比例，或低于第一部类资本有机构成提高的比例。在这种条件下，剩余价值率提高的比例通常低于总资本有机构成提高的比例，也就是利润率下降。

如果能够提高第二部类生产力的新技术、新工艺、新机器的边际资本收益率高，即第二部类生产力提高的比例高于单位生产资料价值降低的比

---

① 《马克思恩格斯全集》，第25卷，北京，人民出版社，1974，中文1版，第262页。

② 《马克思恩格斯全集》，第25卷，北京，人民出版社，1974，中文1版，第263页。

例，第二部类个别资本家也有相应的货币资本，那么，第二部类的个别资本家为了获得超额剩余价值或超额利润，必然主动提高资本有机构成。在这种条件下，第二部类个别资本的利润率提高，当第二部类其他资本家也提高资本有机构成，从而提高社会生产力时，第二部类全部企业或大多数企业不可能使自己的个别产品的价值低于社会价值，不可能获得超额剩余价值，第二部类的超额剩余价值或超额利润消失。

总之，第一部类资本有机构成提高，从而总资本有机构成提高，不一定导致剩余价值率提高，或者不一定导致剩余价值率相应地成比例提高。

第十四章中曾经提出，苏联长期经济发展中与中国 20 世纪 50 年代至 70 年代的长期经济发展中，生产资料生产的增长速度明显超过生活资料生产的增长速度，生活资料的生产率的提高相对滞后，是这种内涵扩大再生产方式的实现的具体实例。

第二节　生产技能、复杂劳动与所谓“知识资本”

一、个别雇佣劳动者的生产技能提高与全体雇佣劳动者的生产技能提高

个别劳动者通过学习和训练，提高劳动熟练程度、掌握新技术，从而能够从事复杂劳动，在竞争条件下，复杂劳动者的工资高于简单劳动者的工资。但是，这部分从事复杂劳动的雇佣劳动者只是劳动者中的少数，在大多数劳动者普遍提高劳动熟练程度、掌握新技术的条件下，过去复杂程度较高的劳动，现在转变为简单劳动。

这就是说，随着雇佣劳动者的文化水平和技术水平普遍提高，过去的复杂劳动不断转变为现在的简单劳动。更复杂的劳动才能成为现在的复杂劳动。因此，简单劳动和复杂劳动都是不断发展和不断转变的，本身都属于历史范畴。在任何历史时期，都有少数人掌握先进技术，并且只有少数人掌握先进技术；在任何历史时期，掌握先进技术的劳动者在劳动大军中只占少数，简单劳动是大多数雇佣劳动者能够胜任的劳动。

在一定历史时期，在一定生产力条件下，社会资本再生产中需要的复杂劳动和简单劳动在总劳动中的比例是确定的。

二、复杂劳动与简单劳动的关系

有些学者看到从事复杂劳动的雇佣劳动者得到较高工资，就认为这些

工人拥有了“知识资本”，就认为可变资本增加。这种观点是错误的。

劳动、资本、土地是生产商品的使用价值的基本因素。劳动是创造价值的唯一因素。资本是带来剩余价值的价值，是不通过劳动而占有他人剩余劳动的权利。资本可以继承和转让。但是，知识和技术必须通过学习才能掌握，

马克思认为：“少量的复杂劳动等于多量的简单劳动”①。这包含两种涵义：第一，为了从事复杂劳动，需要学习，要耗费劳动者本人和他人的劳动，这些劳动都可以用简单劳动来表示；第二，单位时间的复杂劳动创造的价值，相当于多倍的简单劳动创造的价值。

如果为从事单位时间的复杂劳动而耗费的时间相当于为从事单位时间的简单劳动而耗费的时间的 n 倍，那么，单位时间的复杂劳动创造的价值就相当于 n 倍的简单劳动创造的价值。

个别劳动者为了从事复杂劳动，除了本人必须学习之外，还要耗费物化劳动和他人的活劳动。那么，必不可少的学习和训练的费用来自何处?

关于简单劳动和复杂劳动的差别，马克思提出：“这些差别虽然会使不同生产部门的工人的命运很不一样，但决不会影响这些不同部门的劳动剥削程度。例如，如果金匠的劳动报酬高于短工的劳动报酬，那末，金匠的剩余劳动所创造的剩余价值，也会按相同的比例大于短工的剩余劳动所创造的剩余价值。”②

如果学习和训练的费用由劳动者本人支付，那么，这些从事复杂劳动的雇佣劳动者的工资，等于由市场决定的复杂劳动的工资。

如果学习和训练的费用由资本家或企业支付，那么，这些个别劳动者得到学习和训练的机会通常是有条件的，例如，为本企业工作一定期限，在此期限内，这些从事复杂劳动的雇佣劳动者的工资，通常低于由市场决定的复杂劳动的工资。

如果学习和训练的费用由社会支付，那么，学习和训练费用来自税收，属于剩余价值的一部分。由剩余价值的一部分支付劳动者的学习和训练的费用，可以在一定程度上降低复杂劳动的工资。

在后两种情况中，除了劳动者本人的学习时间之外，学习和训练的费用都来自剩余价值，与学习和训练的费用由劳动者本人支付的情况相比，

---

① 《马克思恩格斯全集》，第 23 卷，北京，人民出版社，1972，中文 1 版，第 58 页。

② 《马克思恩格斯全集》，第 25 卷，北京，人民出版社，1974，中文 1 版，第 159～160 页。

后两种情况中必要劳动时间缩短，剩余劳动时间延长。在剩余价值率是否提高的问题上出现了悖论：如果剩余价值率提高，那么，对于学习和训练的费用由本人支付的劳动者来说，为了从事复杂劳动而耗费的学习和训练的费用无法得到足额补偿，就不会有人为了从事复杂劳动而自己支付学习和训练的费用；如果剩余价值率不提高，同等复杂劳动支付同等工资，那么，由社会支付学习和训练费用，也就是由总剩余价值的一部分支付学习和训练费用的劳动者，可以占有相当于学习和训练费用的工资；如果剩余价值率不提高，对于学习和训练的费用由本人支付的劳动者与学习和训练的费用由社会支付的劳动者支付不同的工资，那么，必然违背同等复杂劳动支付同等工资的资本主义生产和资本主义竞争的基本规则。

这种悖论或矛盾在一定程度上可以缓解。随着资本主义生产发展，学习和训练费用中的越来越高的比例由社会支付，也就是由剩余价值的一部分支付。因此，可变资本中用于支付复杂劳动工资的部分并没有相应地增加。

第三节　教育是否是一种产业，劳动力是否是一种产品

劳动力的生产和再生产，特别是能够从事复杂劳动的劳动力的生产和再生产，离不开教育。那么，教育是否是一种产业？劳动力是否是一种产品？

在资本主义生产中，劳动力是一种特殊商品。这种商品的特殊性，不仅在于它能够创造出比自身价值更大的价值，从而是资本主义生产的必要条件，而且在于它形成过程的特殊性。劳动力是人的劳动能力。一方面，为了维持这种生物学能力，必须具有衣食住行的基本生存的物质条件，不仅包括维持劳动者本人的衣食住行的基本生存的物质条件，而且包括为了再生产劳动力，维持其家庭成员的衣食住行的基本生存的物质条件；另一方面，劳动能力的形成和维持，特别是复杂劳动的能力的形成和维持，离不开教育，教育不仅要耗费劳动者本人的学习时间或劳动（学习可以看做一种劳动，虽然不是生产劳动），而且要耗费他人的劳动，其中不仅包括他人的活劳动，而且包括凝结在产品中的物化劳动。

在资本主义生产中，任何被占有的、可以用来交换的资源，都被看做一种商品，雇佣劳动者需要的各种生活资料的生产都被看做某种产业，教育也被看做一种产业，相应地，劳动力也被看做一种产品。

在资本主义生产的早期阶段，教育费用由本人支付，劳动者的教育费用是劳动力价值的组成部分。

随着资本主义生产的不断发展，生产力的提高要求雇佣劳动者必须具备的知识与技能相应地提高。教育费用不再完全由劳动者本人支付，一部分教育费用由社会支付。生产力的发展水平越高，由社会支付的教育费用的比例越高。

在当代，劳动力商品与其他产品的不同之处在于：第一，知识的掌握者和知识的依附者本人不再支付全额教育费用，甚至基本不必支付教育费用；第二，从现象来看，在形式上公平的教育体制中，教育机会的获得取决于劳动者或未来的劳动者本人的学习能力，似乎对劳动者有利，但是，从本质来看，有利于选择能够从事复杂劳动的劳动者，有利于有效利用教育过程中耗费的各种劳动，有利于生产更多剩余价值，因此，最终结果对资本家有利。

值得指出的是，随着资本主义生产的发展，生产力不断提高，对雇佣劳动者的知识和劳动技能的要求越来越高。现在，大部分劳动劳动者都需要经过学习和训练才能胜任，简单劳动不再是“每个没有任何专长的普通人的机体平均具有的简单劳动力的耗费”①，而是通过最基本的学习和训练才能胜任的劳动力的耗费。马克思预见到这种变化，他指出：“简单平均劳动虽然在不同的国家和不同的文化时代具有不同的性质，但在一定的社会里是一定的”②。当然，如果简单劳动是通过最基本的学习和训练才能胜任的劳动力的耗费，那么，复杂劳动就是需要通过更多学习和训练才能胜任的劳动力的耗费。这说明，简单劳动和复杂劳动的内涵随着生产力的发展不断变化。简单劳动和复杂劳动都属于历史范畴。

由于这里考察资本主义生产过程，重点考察物质产品的生产和再生产，劳动力的生产和再生产在物质产品的生产过程之外，所以，这里无法对劳动力的生产和再生产进行更深入的考察。

只有在自由人的联合体中，教育才不是一种产业，劳动力才不是一种商品，劳动才能成为人的第一需要，人的劳动能力才能得到充分发挥。

第四节　相对过剩人口对利润率的影响

一、工资被压低到劳动力的价值以下对利润率的影响

虽然工资被压低到劳动力的价值以下，是具体的资本主义生产活动中

① 《马克思恩格斯全集》，第23卷，北京，人民出版社，1972，中文1版，第57～58页。
② 《马克思恩格斯全集》，第23卷，北京，人民出版社，1972，中文1版，第58页。

经常出现的现象，是资本家经常采用的用于提高利润率的手段，因而是阻碍利润率下降趋势的最显著的因素之一，但是，在进行一般理论分析的过程中，不能在工资低于劳动力价值的不等价交换的基础上解决资本总公式的矛盾，而必须在工资与劳动力价值相等的等价交换的基础上解决资本总公式的矛盾。这就是说，工资被压低到劳动力的价值以下的原因同资本的一般分析无关。

考察利润率趋向下降规律的基础，第一，是资本有机构成与生产力不断提高；第二，是剩余价值生产与剩余价值分配；第三，是资本主义生产竞争。

生产剩余价值的前提，是劳动力成为商品，并且劳动力商品按照其价值交换。

资本主义生产竞争的前提是平等竞争。其中的一个条件，是每个企业都按照劳动力的价值购买雇佣劳动者的劳动力。如果有的企业按照劳动力的价值购买雇佣劳动者的劳动力，另一些企业按照低于劳动力的价值购买雇佣劳动者的劳动力，那么，就是不平等竞争。对资本主义生产竞争的分析，不能建立在不平等竞争的基础上，而必须建立在平等竞争的基础上。

因此，工资被压低到劳动力的价值以下，不属于这里考察的竞争条件下利润率趋向下降的研究范围。

工资被压低到劳动力的价值以下，与相对过剩人口有关。相对过剩人口是由资本主义生产方式决定的。

二、相对过剩人口对利润率的影响

相对过剩人口的产生，一方面，是由资本有机构成提高，从而劳动生产力提高引起的，也就是与资本对劳动的排挤有关；另一方面，与人口自然增长有关。一个国家的资本主义生产方式越发展，相对过剩人口就表现得越明显。

相对过剩人口的存在，为工资被压低到劳动力的价值以下提供了条件。相对过剩人口的这种作用，与工资被压低到劳动力的价值以下一样，不属于这里考察的利润率趋向下降的研究范围。

由于存在相对过剩人口，也就是存在价格低廉和数量众多的可供支配的或失业的雇佣工人，因此，很多生产部门的资本家反对由手工劳动转化为机器劳动。结果是，阻碍资本有机构成提高，阻碍利润率下降。

生产奢侈品的部门使用活劳动的比例高于其他部门。虽然奢侈品生产部门以后也会逐渐地走其他生产部门所走过的提高资本有机构成的道路，但是，在一定历史时期，这些生产部门的资本有机构成比较低，有阻碍利润率下降的作用。

由第五章（5－13）式可以看出，如果相对过剩人口增加，工资降低，资本有机构成与剩余价值率以相同比例提高，那么，价值形式的平均利润率提高。因此，尽管利润率变化的总趋势是下降，但是，相对过剩人口毕竟是一种和这种趋势相反的对抗力量，起着或多或少地抵消这种趋势的作用。

由第十三章（13－69）式可以看出，只要不变资本的相对增长比例超过人口的相对增长比例，价值形式的平均利润率就趋向下降。这就是说，相对过剩人口与人口自然增长有关，人口自然增长的相对比例与价值形式的平均利润率趋向下降有关。因此，相对过剩人口也与价值形式的平均利润率趋向下降有关。

第五节　对外贸易对利润率的影响

只要对外贸易存在，进口产品的价格就一般低于国内同类产品的价格。无论这种进口产品是生产资料还是生活资料，都有阻碍利润率降低的作用。

如果进口产品是生产资料，那么，单位生产资料价格降低，在同样的资本有机构成的条件下，生产资料数量增加，提高生产力，为提高剩余价值率提供了条件，从而有阻碍利润率降低的作用。

如果进口产品是生活资料，那么，单位生活资料价格降低，在同样的实际工资的条件下，剩余价值率提高，从而阻碍利润率降低。

前面的研究，是在一国国内的封闭系统中对资本有机构成、剩余价值率、利润率的关系进行的考察和分析。考虑对外贸易之后，将对一国的封闭系统的考察和分析扩展到对世界范围内的考察和分析，并没有改变资本有机构成与剩余价值率共同提高影响利润率的基本生产关系。因此，在考虑对外贸易后，只需要进行修正，前面的研究中得到的结论仍然成立。

第六节　股份资本的增加对利润率的影响

在马克思生活的时代，投在铁路等特别巨大的企业上的资本，只能通过股份资本的形式实现。这些股份公司的资本数量特别巨大，资本有机构成特别高，利润率低于平均利润率。大量中小资本很难进入这种领域。因此，这些巨额股份资本不参加一般利润率的平均化过程。如果把这些股份资本计算进去，这样得到的利润率小于表面上存在的并且实际上对资本家起决定作用的利润率。

随着资本主义生产发展，股份资本成为最基本的、占主导地位的资本形式。股份资本不完全来自无法达到建立企业所需要的最小资本数额的闲置资本，事实上，数额巨大的股份资本中相当大一部分来自大资本。处于垄断地位的跨国公司大部分是股份制公司。垄断资本利用垄断地位可以得到高于平均利润的垄断利润，垄断企业的利润率高于平均利润率。中小企业也可以通过发行股票的形式筹集资本。股份资本的增加对利润率已经没有显著的影响，这些股份资本同样参与市场竞争，同样参与一般利润率的平均化过程。

因此，关于股份资本的增加对利润率的影响，不必单独进行考察。

第七节　信用货币、期货对利润率的影响

一、信用货币对利润率的影响

布雷顿森林体系解体之前，虽然信用货币参与流通，但是信用货币作为金属货币的代表参与流通，也就是说，信用货币以金属货币为基础，表现为信用货币可以按照固定比例兑换金属货币。信用货币减少了流通过程中的金属货币，有利于减少金属货币的磨损，从而有利于提高利润率。

布雷顿森林体系解体之后，信用货币不再以金属货币为基础，表现为信用货币不能按照固定比例兑换金属货币，纸币发行量远远超过相应的黄金储备，超过相应的国内生产总值。在信用货币以金属货币为基础的条件下，如果产品的数量超过有支付能力的需求的数量，那么，总有一部分产品无法实现。在信用货币发行量远远超过相应的黄金储备等条件下，由于有支付能力的需求的大幅度的增加，不仅一部分原来无法实现的产品能够实现，而且多出很大一部分有支付能力的需求。在这种过多的信用货币形式的需求的刺激下，商品价值与其中包括的剩余价值的实现变得更容易，"惊险的跳跃"的惊险程度大大降低，从而显著地提高了利润率。

利润率的这种提高，不是资本增殖程度的真实提高，而是大量发行纸

币的结果，是信用膨胀的结果。任何国家都不可能通过大量发行纸币来发展本国经济，也不可能通过大量发行纸币来提高资本增殖的程度，只能利用这种手段将经济危机转嫁给其他国家，只能通过掠夺的方式窃取他国的雇佣劳动者创造的一部分剩余价值。

在影响利润率的各种因素中，信用货币的过量发行，是阻碍利润率下降的一个非常重要的因素。

既然过量发行信用货币是提高信用货币形式的利润率的重要因素，那么，在信用货币过量发行的条件下，只要信用货币形式的利润率不变或基本不变，价值形式的利润率就下降。如果信用货币形式的利润率下降，那么价值形式的利润率的下降更显著。甚至在信用货币形式的利润率提高的条件下，价值形式的利润率都可能下降。

在布雷顿森林体系破产之后的几十年内，最大的资本主义国家美国大量发行信用货币，用于弥补国内的巨额财政赤字。在此期间，美国的信用货币形式的利润率基本不变，因此，价值形式的利润率趋向下降。

虽然欧洲与日本的财政赤字水平比较低，信用货币过量发行的情况不严重，但是，因为美国的生产规模在全世界主要的资本主义国家的生产规模中占很大的比例，所以，主要的资本主义国家的价值形式的平均利润率趋向下降。

二、期货对利润率的影响

商品期货，现象上是金融资本参与投机的过程，本质上是产业资本、商业资本、借贷资本共同参与流通。商品期货的出现，对于生产资本来说，产品还没有生产出来，产品的实现就有了保证，有利于生产连续进行，从而提高了利润率。

商品期货的出现，不仅为生产资本的产品的实现提供了条件，而且为金融资本参与商品期货的投机创造了条件。

第八节　提高生产力必须减少生产单位商品耗费的劳动

生产力提高的基本标志，只能是生产单位商品耗费的劳动减少。

生产商品耗费的劳动，包括耗费的过去的劳动与活劳动。提高劳动生产力，要在单位劳动时间内将更多原料与材料的价值转移到产品中去。为了实现这一目的，要使用更多机器等生产资料。随着使用的机器增加，因固定资本损耗而转移到商品中的价值也增加。

要提高生产力，必须减少生产单位商品耗费的总劳动。如果虽然生产单位商品耗费的活劳动减少了，但是，耗费的过去的劳动不仅增加，而且增加的过去的劳动超过减少的活劳动，那么，生产单位商品耗费的总劳动增加，生产力就不仅没有提高，反而下降了。因此，提高生产力意味着不仅生产单位商品耗费的活劳动减少，而且生产单位商品耗费的总劳动减少，也就是，生产单位商品减少的活劳动超过生产单位商品增加的过去的劳动。

在一般情况下，生产单位商品耗费的原料与材料的数量基本上是确定的，但是，因为生产原料与材料的生产力提高，生产单位商品耗费的原料与材料的价值降低。生产商品使用的机器的价值必须有一个限制范围。

马克思认为："一种新的生产方法要证明自己实际上提高了生产率，就必须使固定资本由于损耗而转移到单个商品中的追加价值部分小于因活劳动的减少而节约下来的价值部分，总之，它必须减少商品的价值。即使象个别情况下所发生的那样，除了固定资本的追加损耗部分以外，还有一个由于原料或辅助材料的增加或更贵而追加的价值部分加入商品价值的形成中去，它也不言而喻地必须减少商品的价值。由于活劳动的减少而减少的价值部分必须抵销一切增加的价值部分而有余"①。

因此，一种新的机器能否被采用，不仅取决于是否能够减少生产单位产品耗费的活劳动，而且取决于是否能够减少生产单位产品耗费的总劳动。如果生产单位产品耗费的过去的劳动增加，那么增加的过去的劳动必须小于减少的活劳动，从而减少生产单位产品耗费的总劳动。

第九节　一元价值转形中不同部类的资本有机构成对剩余价值率与利润率的影响

资本有机构成、剩余价值率、利润率的关系是极其复杂的。

那些否认利润率趋向下降规律的学者，都是将总资本作为一个整体来考察，没有考虑再生产条件，即没有考虑剩余价值率的提高主要与哪个部类或部门资本有机构成的提高有关。

---

① 《马克思恩格斯全集》，第25卷，北京，人民出版社，1974，中文1版，第290～291页。

通过前面的考察可以看到，如果社会生产划分为两个部类，那么，剩余价值率提高与工人的生活资料的生产率有关，也就是与第二部类的资本技术构成有关。第二部类的生产力提高有两种途径：第一种途径，是单位生产资料价值降低，即第一部类的生产力提高，或第一部类的资本有机构成提高；第二种途径，是第二部类的资本有机构成的提高。

资本技术构成与资本有机构成，决定了资本支配和推动的劳动中活劳动所占的比例。因此，资本技术构成与资本有机构成，决定了能够用于生产剩余价值的劳动的上限。但是，“直接剥削的条件和实现这种剥削的条件，不是一回事。二者不仅在时间和空间上是分开的，而且在概念上也是分开的。前者只受社会生产力的限制，后者受不同生产部门的比例和社会消费力的限制。但是社会消费力既不是取决于绝对的生产力，也不是取决于绝对的消费力，而是取决于以对抗性的分配关系为基础的消费力；这种分配关系，使社会上大多数人的消费缩小到只能在相当狭小的界限以内变动的最低限度。这个消费力还受到追求积累的欲望的限制，受到扩大资本和扩大剩余价值生产规模的欲望的限制。这是资本主义生产的规律，它是由生产方法本身的不断革命，由不断和这种革命联系在一起的现有资本的贬值，由普遍的竞争斗争以及仅仅为了保存自身和避免灭亡而改进生产和扩大生产规模的必要性决定的。因此，市场必须不断扩大，以致市场的联系和调节这种联系的条件，越来越采取一种不以生产者为转移的自然规律的形式，越来越无法控制。这个内部矛盾力图用扩大生产的外部范围的办法求得解决。但是生产力越发展，它就越和消费关系的狭隘基础发生冲突。在这个充满矛盾的基础上，资本过剩和日益增加的人口过剩结合在一起是完全不矛盾的；因为在二者结合在一起的时候，所生产的剩余价值的量虽然会增加，但是生产剩余价值的条件和实现这个剩余价值的条件之间的矛盾，正好因此而日益增长”①。

随着第二部类生产力提高，单位生活资料价值降低，不仅资本家得到的生活资料数量增加，而且工人得到的生活资料数量也增加，也就是实际工资提高。当然，资本家得到的生活资料数量的增加，超过工人得到的生活资料数量的增加。这表明，剩余价值率提高。但是，实际工资提高在一定程度上阻碍剩余价值率提高，结果是剩余价值率的提高低于资本有机构成的提高，利润率下降。

---

① 《马克思恩格斯全集》，第 25 卷，北京，人民出版社，1974，中文 1 版，第 272～273 页。

马克思认为："资本主义的生产过程，实质上就是剩余价值的生产，而剩余价值体现为剩余产品或体现为所生产的商品中由无酬劳动物化成的相应部分。决不应当忘记，这种剩余价值的生产——剩余价值的一部分再转化为资本，或积累，也是这种剩余价值生产的不可缺少的部分——是资本主义生产的直接目的和决定性动机。因此，决不能把这种生产描写成它本来不是的那个东西，就是说，不能把它描写成以享受或者以替资本家生产享受品为直接目的的生产。如果这样，就完全看不到这种生产在其整个内在本质上表现出来的特有性质。"①

可见，资本主义生产的直接目的不是资本家的生活消费，而是资本积累。这种生产目的决定了资本积累，从而资本有机构成的提高，超过剩余价值率的提高。

考察利润率的变化，不仅要考虑资本有机构成提高的影响，而且要考虑剩余价值率提高的影响。剩余价值率提高的必要条件是第二部类的生产力提高。第二部类的生产力提高的必要条件，是单位生产资料价值降低、第二部类的资本有机构成提高。单位生产资料价值降低的必要条件是第一部类的生产力提高。因此，剩余价值率提高的必要条件是资本有机构成提高。

第一部类的资本有机构成提高与第二部类的资本有机构成提高有两种类型。第一种类型，在再生产过程中，原有资本总量不变，但是，雇佣劳动者数量减少或可变资本减少，生产资料增加或不变资本增加，从而资本有机构成提高；第二种类型，在再生产过程中，追加资本中的不变资本与可变资本的比例高于原有资本有机构成。追加资本来自剩余价值的一部分。如果是第二种类型的资本有机构成提高，那么，剩余价值率提高也可以看做资本有机构成提高的条件。

一般来说，资本有机构成提高是剩余价值率提高的原因，剩余价值率提高是资本有机构成提高的结果，而不是相反。剩余价值率提高对资本有机构成提高的影响不是主要的。结果的变化通常不超过原因的变化，也就是说，剩余价值率的提高通常不超过第二部类资本有机构成的提高。资本有机构成提高的必要条件是第一部类的生产力的提高超过第二部类的生产力的提高，从而第一部类的资本有机构成的提高超过第二部类的资本有机构成的提高。

因此，必须在第一部类价值形式的资本有机构成、第二部类价值形式

① 《马克思恩格斯全集》，第25卷，北京，人民出版社，1974，中文1版，第272页。

的资本有机构成、剩余价值率共同变化的条件下，考察马克思的利润率趋向下降的规律。并且，第一部类的资本有机构成的提高超过第二部类的资本有机构成的提高，第二部类的资本有机构成的提高不低于剩余价值率的提高。

第一部类的资本有机构成的提高超过第二部类的资本有机构成的提高，第二部类的资本有机构成的提高不低于剩余价值率的提高，仅仅是利润率下降的必要条件，不是利润率下降的充分条件。价值形式的平均利润率下降的充分必要条件，是剩余价值率对价值形式的总资本有机构成的一阶导数小于价值形式的平均利润率。

一般来说，剩余价值率的提高不超过生活资料的生产率的提高，也就是不超过第二部类的生产力的提高。第二部类的生产力的提高是这两种因素共同作用的结果。这就是说，第二部类的生产力不仅取决于第二部类的资本有机构成，而且取决于第一部类的资本有机构成。

生产资料是由第一部类生产的，生活资料是由第二部类生产的。资本有机构成提高，意味着生产资料的生产率的提高超过生活资料的生产率的提高，从而第一部类的生产率的提高超过第二部类的生产率的提高，也就是第一部类的资本有机构成的提高超过第二部类的资本有机构成的提高。

第一部类的资本有机构成高于第二部类的资本有机构成。总资本有机构成介于第一部类的资本有机构成与第二部类的资本有机构成之间。随着资本主义生产的发展，第一部类的资本占总资本的比例不断提高，总资本有机构成逐渐接近第一部类的资本有机构成，因此，总资本有机构成的提高迟早超过剩余价值率的提高，在这个意义上，一般利润率趋向下降。

一元价值转形中有两种不同形式的平均利润率：价值形式的平均利润率和生产价格形式的平均利润率。价值转形不能实现价值形式的平均利润率，价值转形实现的平均利润率是生产价格形式的平均利润率。马克思在利润率趋向下降规律中提到的利润率是价值形式的平均利润率。

一元价值转形中的价值形式的平均利润率与剩余价值分配无关。一元价值转形中的生产价格形式的平均利润率与剩余价值分配有关。虽然一元价值转形中的生产价格形式的平均利润率与价值形式的平均利润率不相同，但是，二者接近。

因此，第十三章得到的价值形式的平均利润率下降的充分必要条件，对于分析生产价格形式的利润率的变化趋势基本适用。

第十节　二元价值转形中不同部门的资本有机构成对剩余价值率与利润率的影响

一、二元价值转形中，资本有机构成、剩余价值率与利润率的变化

如果社会生产划分为两个部门，第一部门生产工业产品，第二部门生产农业产品；生产资料中包括工业产品和农业产品，生产资料由第一部门和第二部门共同生产；生活资料中包括工业产品和农业产品，生活资料也由第一部门和第二部门共同生产，那么，问题将变得比社会生产划分为两个部类复杂得多。

生产资料的物质构成中，工业产品的比例远远高于农业产品的比例。生活资料的物质构成中工业产品的比例，远远低于生产资料的物质构成中工业产品的比例。生活资料的物质构成中农业产品的比例，远远高于生产资料的物质构成中农业产品的比例。因此，总资本有机构成提高，表示生产资料生产的增长比例高于生活资料生产的增长比例，也就是第一部门生产的增长比例高于第二部门生产的增长比例，从而第一部门资本有机构成提高的比例高于第二部门资本有机构成提高的比例，从而第一部门生产力提高的比例高于第二部门生产力提高的比例。

剩余价值率的提高取决于单位生活资料价值的降低，也就是主要取决于第二部门生产力的提高，或主要取决于第二部门资本有机构成的提高。

在一般情况下，剩余价值率的提高低于第二部门生产力的提高，也低于第二部门资本有机构成的提高；第二部门资本有机构成的提高低于第一部门资本有机构成的提高。总资本有机构成介于第一部门资本有机构成与第二部门资本有机构成之间。第一部门资本有机构成的提高高于第二部门资本有机构成的提高，随着时间的推移，第一部门资本在总资本中的比例迟早会高于第二部门资本在总资本中的比例。总资本有机构成将逐步接近第一部门资本有机构成。因此，剩余价值率提高的比例通常低于总资本有机构成提高的比例，从而利润率下降。

二元价值转形中有三种不同形式的平均利润率：价值形式的利润率、价值形式的平均利润率和生产价格形式的利润率。价值形式的利润率是工人创造的全部剩余价值与价值形式的总资本的比率，价值形式的平均利润率是资本家得到的全部剩余价值与价值形式的总资本的比率，生产价格形

式的利润率是资本家得到的全部生产价格形式的利润与生产价格形式的总资本的比率。二元价值转形实现的平均利润率是生产价格形式的平均利润率。

价值形式的利润率与剩余价值分配无关，也就是与二元价值转形无关。价值形式的平均利润率和生产价格形式的利润率与剩余价值分配有关，也就是与二元价值转形有关。

必须指出，二元价值转形的价值形式的平均利润率和生产价格形式的利润率中都包括地租。马克思分析利润率趋向下降问题时，还没有单独地考察资本主义地租，他的利润率趋向下降规律中提到的利润中包括地租。他提出："对一般利润率来说，利润＝利息＋各种利润＋地租；利润在这些特殊范畴中的分配，同一般利润率无关"①。在这里，等式左边的"利润"是雇佣劳动者创造的全部剩余价值，其中包括地租；等式右边的"各种利润"是产业利润、商业利润等利润的具体形式，其中不包括地租。

二元价值转形的生产价格形式的利润率与价值形式的平均利润率虽然不同，但是，比较接近。

如果考虑土地所有权因素，即考虑地租，那么，二元价值转形的价值形式的利润率，与马克思在利润率趋向下降规律中提到的利润接近。

第十三章得到的价值形式的平均利润率下降的充分必要条件，对于分析二元价值转形的生产价格形式的利润率的变化趋势不再适用，仅有参考价值。

二、生产力提高与价值增殖的矛盾

资本主义生产的唯一目的是实现价值增殖。个别资本为了实现价值增殖，必须提高生产力，使自己的产品的个别价值低于这种产品的社会价值，得到超额剩余价值或超额利润。提高生产力就要提高资本有机构成。当大部分资本都提高资本有机构成，从而提高生产力时，超额剩余价值或超额利润消失，利润率下降。

伴随生产力提高，资本有机构成提高，剩余价值率也在一定程度上提高，剩余价值率的提高通常低于资本有机构成的提高，利润率趋向下降。一方面，生产力提高是实现价值增殖的一种重要手段；另一方面，生产力的提高又在一定程度上阻碍价值增殖程度的提高。

因此，生产力提高与价值增殖之间存在矛盾。

---

① 《马克思恩格斯全集》，第25卷，北京，人民出版社，1974，中文1版，第267页。

第十一节 本章结论

资本主义生产的目的是获得剩余价值并实现价值增殖。资本家得到剩余价值的主要目的，不是满足本人及其家庭的生活消费，而是通过资本积累连续不断地实现价值增殖。

只有能够得到超额剩余价值或超额利润，也就是提高利润率，个别资本家才会使用新技术、新工艺、新机器，从而提高生产力，提高资本有机构成。在竞争中，其他资本家也会采用同样的生产条件。当大部分资本家都使用新技术、新工艺、新机器时，这些资本家不可能都得到超额剩余价值或超额利润，事实上，最先提高生产力的个别资本家得到的超额剩余价值或超额利润消失。总资本有机构成提高了，但是，剩余价值率没有等比例地提高，结果是利润率下降。

第二部类生产力提高是剩余价值率提高的必要条件，但不是剩余价值率提高的充分条件。资本家能够获得多少相对剩余价值，剩余价值率能够提高到何种程度，不仅取决于第二部类的生产力，而且取决于工人与资本家的斗争、再生产条件的制约等因素。剥削程度提高削弱了工人的购买力。工人的购买力下降限制了剩余价值的实现，从而限制了剩余价值率的进一步提高。竞争的压力迫使每个资本家都提高生产力，也就是提高资本有机构成。第二部类生产力提高，单位生活资料价值降低，剩余价值率提高，但是，剩余价值率提高受到工人的购买力下降的限制，也就是受到再生产条件的制约，剩余价值率提高的比例通常低于资本有机构成提高的比例。这是利润率趋向下降的基本原因。

无论哪个部类的资本有机构成，通过剩余价值分配或价值转形，都可以形成平均利润。无论一元价值转形还是二元价值转形，都不能实现价值形式的平均利润，只能实现生产价格形式的平均利润。一元价值转形中价值形式的平均利润率与生产价格形式的平均利润率接近。二元价值转形中价值形式的平均利润率与生产价格形式的利润率中不包括地租，二元价值转形中价值形式的利润率包括地租。马克思的利润率趋向下降规律中的利润包括地租。

在第十三章推导价值形式的利润率下降的充分必要条件的过程中，没有涉及社会生产是按照部门划分还是按照部门划分，也没有涉及是一元价值转形还是二元价值转形，因此，第十三章得到的价值形式的平均利润率下降的充分必要条件，对于一元价值转形中价值形式的平均利润率与二元价值转形中价值形式的利润率都成立，对于分析一元价值转形的生产价格形式的利润率的变化趋势基本适用，对于分析二元价值转形的生产价格形式的利润率的变化趋势有参考作用。

价值形式的利润率、价值形式的平均利润率和生产价格形式的利润率上升的情况，只能在特殊条件下和较短时期内成立，在一般条件下和较长时期内不可能成立；价值形式的利润率上升的情况，与资本有机构成提高的总趋势矛盾。

随着资本有机构成不断提高，资本中的主要部分不是可变资本，而是不变资本。资本家的财产中的绝大部分，不是生活消费资料，而是资本，资本中的主要部分是不变资本或生产资料。贫富差距不仅是占有生活资料的差距，更是占有生产资料的差距。占有生产资料的差距是占有生活资料的差距的原因。与资本家占有的生活资料形式的剩余价值的增长相比，资本家占有的转化为资本形式的剩余价值的增长更快，特别是占有的转化为生产资料形式的剩余价值的增长更快。

在信用货币发行量超过相应的黄金储备的条件下，由于有支付能力的需求的大幅度的增加，很多原来无法实现的产品能够实现，从而提高了利润率。信用货币形式的利润率的这种提高，在现象上，阻碍利润率下降，在本质上，不是资本增殖程度的真实提高。在影响利润率的各种因素中，信用货币的过量发行，在现象上，是阻碍利润率下降的一个极其重要的因素。

商品期货的出现，有利于生产连续进行，从而提高了利润率。

资本主义生产发展过程中，贫富差距不断扩大的历史事实本身，就证明利润率趋向下降。

因此，第十三章关于马克思的利润率趋向下降的证明，在考虑一元价值转形和二元价值转形的条件下仍然成立。

第二十五章　与利润率趋向下降、价值转形相关的一些观点，质疑利润率趋向下降的观点与各种假象

第一节　与利润率趋向下降、价值转形相关的一些观点

一、考察利润率趋向下降规律是否需要考察价值转形

有的经济学家认为，利润率下降与价值转形没有内在的必然联系，利润率高低是剩余价值生产的问题，而价值转形却是剩余价值在不同资本之间的分配问题，剩余价值生产与剩余价值分配无关。依据是，马克思认为，“我们这里所说的利润，只是剩余价值本身的另一个名称；不过在这里，剩余价值是对总资本而言，不是对产生它的可变资本而言。所以，利润率的下降表示剩余价值本身和全部预付资本的比率的下降，因而同这个剩余价值在各个范畴之间的任何一种分配无关”①。

这些经济学家对马克思的观点的理解是不正确的或不全面的。利润率有多种表示形式。在价值转形中，有价值形式的平均利润率与生产价格形式的利润率。

否定马克思的利润率趋向下降的众多观点中的一种主要观点所依据的是鲍特凯维兹的价值转形理论中的利润率公式。在鲍特凯维兹的利润率公式中，利润率与第三部类的资本有机构成无关，总资本有机构成与第三部类的资本有机构成有关，因此，鲍特凯维兹认为，随着总资本有机构成提高，利润率可以不变。

鲍特凯维兹所说的利润率与马克思所说的利润率不同。马克思所说的利润率是价值形式的平均利润率，鲍特凯维兹所说的利润率是生产价格形

① 《马克思恩格斯全集》，第25卷，北京，人民出版社，1974，中文1版，第238页。

式的利润率。价值形式的平均利润率，建立在价值实体——劳动——的基础上。生产价格形式的利润率是在分配剩余价值的过程中表现出的现象，比较接近资本家的观念中的利润率，也就是接近实际经济活动中资本家看到的利润率。

价值形式的平均利润率与价值转形无关，不受剩余价值分配的影响。生产价格形式的利润率是价值转形的结果，当然与剩余价值分配有关。生产价格形式的利润率是价值形式的平均利润率的表现形式，反映经济现象，而价值形式的平均利润率正确地反映价值增殖程度的本质。

在本书第一章已经证明，价值转形不能同时满足价值形式的再生产条件与平均利润条件，只能同时满足生产价格形式的再生产条件与平均利润条件。

在价值转形中，存在两种不同形式的利润率：价值形式的平均利润率与生产价格形式的利润率。价值转形建立在价值形式的再生产条件的基础上，价值转形不满足价值形式的平均利润条件，满足生产价格形式的平均利润条件，尽管如此，价值形式的平均利润率的概念仍然存在。

考察鲍特凯维兹的价值转形理论与价值转形模型是否成立，必须考察价值转形。第七章证明了鲍特凯维兹的价值转形理论与价值转形模型存在重大错误。通过对按照鲍特凯维兹的部类划分的价值转形的考察证明，在一定条件下，随着第三部类的资本有机构成与总资本有机构成的提高，生产价格形式的利润率可以不变，甚至可以提高，但是，由于再生产条件的制约，生产价格形式的利润率不变或提高存在一定界限。超出该界线，继续提高总资本有机构成，生产价格形式的利润率必然下降。

因此，考察马克思关于平均利润率趋向下降的观点是否成立，考察鲍特凯维兹的理论是否正确，都必须考察价值转形，都必须考察再生产条件。

虽然马克思没有来得及将价值形式的资本转变为生产价格形式的资本，他所说的利润率是价值形式的平均利润率，但是，他明确地表示，需要修改成本价格的定义，并要求自己的读者必须记住修改之后的成本价格的意义。①

既然资本或成本价格由价值形式转变为生产价格形式，那么，利润与利润率也就由价值形式转变为生产价格形式。可见，虽然马克思定义的利润率是价值形式的利润率，但是，他仍然希望得到生产价格形式的利润

① 《马克思恩格斯全集》，第25卷，北京，人民出版社，1974，中文1版，第185页。

率。显然，生产价格形式的利润率与剩余价值在各个范畴之间的分配有关。

因此，那种认为利润率下降与价值转形没有内在的必然联系的观点是不正确的，具有片面性。

二、价值形式的利润分割为相互独立的不同部分与价值形式的利润率趋向下降无关，和考察平均利润率趋向下降的规律必须考察价值转形，二者是否矛盾

这里所说的利润分割为互相独立的不同部分，是指剩余价值在产业利润、商业利润和借贷资本之间分配，不是指剩余价值在资本有机构成不同的部类或部门之间分配，也不是指剩余价值在资本家与土地所有者之间分配。这种分割与价值形式的平均利润率趋向下降无关。

考察利润率趋向下降，不仅要考察价值形式的平均利润率趋向下降，而且要考察生产价格形式的利润率趋向下降。

因为有些否定利润率趋向下降的观点依据的理论基础，是鲍特凯维兹的价值转形理论。也有些否定利润率趋向下降的观点依据的理论基础，是斯拉法的联合生产理论。这些理论都属于李嘉图的理论体系，都受到李嘉图的工资影响商品的价值的观点的影响。要分析这些观点是否正确，必须考察按照鲍特凯维兹的部类划分的价值转形，以及考察按照列宁的部类划分的价值转形。

按照鲍特凯维兹的部类划分考察价值转形，可以看出，无论生产价格形式的利润率不变、提高，还是下降，随着资本有机构成不断提高，最终，生产价格形式的利润率都必然下降。

按照列宁的部类划分考察价值转形，可以看出，生产价格等于价值与中等资本有机构成不等价。斯拉法的理论建立在“标准商品”的基础上，也就是建立在中等资本有机构成的部类或部门的生产价格与价值相等的基础上。因此，斯拉法的理论不成立。

鲍特凯维兹的理论与斯拉法的理论都不成立，那么，以他们的理论为依据的否定利润率趋向下降的观点也不成立。

价值形式的利润分割为相互独立的不同部分，是指价值形式的利润。考察平均利润率趋向下降的规律必须考察价值转形，是指生产价格形式的利润。二者并不矛盾。二者所指的，是不同形式的利润与平均利润率。

三、马克思是否已经解决了剩余价值在不同部门之间如何转移的问题

第一章已经指出，马克思曾经设想，通过资本从资本有机构成高、利润率低的部门转入资本有机构成低、利润率高的部门的方式，来说明剩余价值在资本有机构成不同的部类或部门之间转移。但是，资本在资本有机构成不同的部类或部门之间转移，或生产资料和劳动力在资本有机构成不同的部类或部门之间转移，无法说明剩余价值如何在不同的部类或部门之间转移。

第一，在马克思提出的价值转形的例子中，各部门的不变资本和可变资本都没有发生变化，不是通过资本转移实现平均利润。

第二，如果通过生产资料和劳动力在不同部门之间转移说明实现平均利润，那么，必须考察资本流动与利润率的关系、生产价格与资本数量的关系、利润与生产价格的关系。以商品供求不平衡为基础，不符合马克思的分析方法。

第三，在流通过程中分配剩余价值，不能改变生产中已经耗费的劳动。不能通过资本流动说明剩余价值分配。

第四，资本流动需要比较长的历史过程，不可能通过一次生产过程完成，但是，在每一次生产过程之后都必须实现平均利润。资本流动无法说明如何实现平均利润。

第五，如果是简单再生产，并且不同部类的资本有机构成不同，那么，不同部类也需要实现平均利润，但是，不能通过资本在不同部类之间流动实现平均利润，因为资本流动就不是简单再生产。

第六，资本家不可能将自己生产的剩余价值无条件地送给其他资本家。

因此，马克思已经完成的工作，为价值转形研究奠定了坚实的基础，并指明价值转形研究的方向，但是，他没有最终完成价值转形研究。

四、是否需要将价值形式的资本或成本转变为生产价格形式的资本或成本

有些经济学家仅仅依据马克思曾经说过，关于资本或成本由价值形式转变为生产价格形式，“这一点没有进一步考察的必要”，就认为，满足了平均利润之后，没有必要将资本或成本由价值形式转变为生产价格形式。

事实上，马克思并没有说，在任何条件下，对于从价值形式的资本或成本转变为生产价格形式的资本或成本，都没有进一步考察的必要，而只

是说："对我们现在的研究来说，这一点没有进一步考察的必要"①。显然，如果进行更深入、更全面的考察，这一点有进一步考察的必要。否则，他没有必要对商品成本价格的定义进行修改，并且特别嘱咐自己的读者与继承者："必须记住成本价格这个修改了的意义，因此，必须记住，如果在一个特殊生产部门把商品的成本价格看作和生产该商品时所消费的生产资料的价值相等，那就总可能有误差。"② 马克思希望他的继承者完成由价值形式的资本或成本到生产价格形式的资本或成本的转变，并最终完成价值转形。

在价值转形中，只有将价值形式的资本或成本转变为生产价格形式的资本或成本，本部类的雇佣劳动者创造的剩余价值与被社会多承认的剩余价值，才能转变为生产价格形式的利润，价值形式的平均利润率才能转变为生产价格形式的平均利润率，价值才能转变为生产价格。将价值形式的资本或成本转变为生产价格形式的资本或成本，是价值转形方程同时满足生产价格形式的再生产条件与平均利润条件的充分必要条件。

将价值形式的资本或成本转变为生产价格形式的资本或成本，是用辩证法解决价值转形的第一次否定，即生产价格形式的利润对本部类的雇佣劳动者创造的剩余价值与被社会多承认的剩余价值的否定。在此之后，还要进行第二次否定，即资本家最终得到的剩余价值对生产价格形式的利润的否定。第二次否定是对第一次否定的再次否定，即否定之否定。

完成第二次否定之后，生产价格形式的资本或成本转变为价值形式的资本或成本，资本家再次购买到生产资料与劳动力，为下一次生产过程做好准备，本次生产资本的循环才最终完成。

第二节　质疑利润率趋向下降的观点

一、改变马克思的资本有机构成与利润率的定义的条件下否定马克思的结论的观点是不正确的

在各种质疑利润率趋向下降的观点中，有这样一类观点，认为资本有机构成与利润率不应该是价值形式的，而应该是生产价格形式的，甚至是

① 《马克思恩格斯全集》，第25卷，北京，人民出版社，1974，中文1版，第185页。

② 《马克思恩格斯全集》，第25卷，北京，人民出版社，1974，中文1版，第185页。

价格形式的。持这种观点的学者，用生产价格形式的资本有机构成与利润率，甚至是价格形式的资本有机构成与利润率，代替价值形式的资本有机构成与利润率。在一定条件下和一定范围内，随着生产价格形式的资本有机构成提高，生产价格形式的平均利润率不下降，他们就认为马克思的利润率趋向下降的观点不成立。这些学者的论证方法是错误的。

通过前面对一元价值转形和二元价值转形条件下利润率趋向下降的考察可以看到，无论价值形式的资本有机构成与价值形式的平均利润率，一元价值转形的生产价格形式的资本有机构成与一元价值转形的生产价格形式的利润率，二元价值转形的生产价格形式的资本有机构成与二元价值转形的生产价格形式的利润率，还是价格形式的资本有机构成与价格形式的利润率，在分析过程中都有其明确的和特定的意义，不能互相混淆，不能互相替代。并不存在统一的资本有机构成与利润率。

价值形式的资本有机构成与价值形式的平均利润率，不受剩余价值分配的影响，与价值转形无关，具有极其重要的意义。

前面多次提到，马克思没有来得及将资本或成本由价值形式转变为生产价格形式，因此，他提出的资本有机构成与平均利润率都是价值形式的。

任何人都不能改变他人的定义和分析前提，然后再说他人的结论是错误的。无论认为马克思的利润率趋向下降的观点是否成立，都必须在马克思提出的价值形式的资本有机构成与价值形式的平均利润率的定义下进行分析，而不能改变他的前提。有些人改变了马克思分析的前提得到各种不同结论，显然，与马克思的结论无关。

在这些改变马克思分析的前提得到不同结论的学者中，最著名的是最早试图用数学方法解决价值转形的鲍特凯维兹。鲍特凯维兹的价值转形理论中提到的资本有机构成仍然是价值形式的，但是，他提出的平均利润率却是生产价格形式。

鲍特凯维兹认为，随着第三部类的资本有机构成提高，总资本有机构成提高，但是，生产价格形式的利润率可以不变，据此，他认为马克思的利润率趋向下降的观点不成立。显然，他的这种论证方法是错误的。

二、选择性地利用解鲍特凯维兹的观点是不正确的

在第七章，通过对按照鲍特凯维兹的部类划分的价值转形中利润率与资本有机构成的关系的考察，可以看到，在一定条件下，随着资本有机构成提高，价值形式的平均利润率下降，生产价格形式的利润率可以不变、

提高或降低。有些经济学家正是以此为依据，否定马克思的利润率趋向下降的观点。

通过第七章的考察可以看到，剩余价值的分配影响生产价格形式的利润率，但是，不影响价值形式的平均利润率。因此，价值形式的平均利润率能够正确地反映价值增殖程度。生产价格形式的利润率不能正确地反映价值增殖程度。生产价格形式的利润率反映经济现象，价值形式的平均利润率反映经济本质。

通过第七章的考察还可以看到，随着价值形式的总资本有机构成的不断提高，无论生产价格形式的利润率不变、提高或降低，也无论生产价格形式的利润率大于、等于或小于价值形式的平均利润率，价值形式的平均利润率都不断下降。受再生产条件的制约，生产价格形式的利润率不变与提高都有一定界限，超过这个界线，随着价值形式的总资本有机构成不断提高，生产价格形式的利润率趋向下降。这个结论，是对否定马克思的利润率趋向下降的观点的最好的回答。

在第三章已经指出，鲍特凯维兹对马克思的利润率趋向下降的观点有两种完全相反的看法。一方面，他依据自己的利润率公式认为利润率不受资本有机构成变化的影响；另一方面，他承认随着资本有机构成不断提高，最终利润率总要降低。

有些经济学家正是以鲍特凯维兹的利润率公式为依据，否定马克思的利润率趋向下降的观点。但是他们却有意识地忽略了鲍特凯维兹关于资本有机构成提高最终必然导致利润率下降的论述。可见，真正否定马克思的利润率趋向下降的观点的经济学家，是那些选择性地对待鲍特凯维兹的理论的人。他们只挑选鲍特凯维兹的理论中反对马克思的理论的部分，而对鲍特凯维兹的理论中赞成马克思的理论的部分视而不见。这种方法不是科学的严肃的研究方法。同时，这种态度也不尊重鲍特凯维兹的理论。

三、不能混淆利润率趋向下降与利润率下降

在质疑利润率趋向下降的学者中，有一部分人混淆了利润率趋向下降与利润率下降。这些人认为，如果不能从数学上严格证明利润率必然下降，或者存在个别相反的事例，马克思的利润率趋向下降的观点就是错误的。显然，持这种观点的人混淆了利润率趋向下降与利润率下降。

事实上，马克思不否认存在个别相反的事例，他在《资本论》第三卷中明确地提出了对利润率下降起反作用的各种因素。如果在一定时期与一定条件下，这些起反作用的各种因素对利润率的影响超过资本有机构成提

高的影响，那么，利润率不是下降，而是上升。马克思并没有说，在任何条件下利润率都下降，而是说，利润率下降是总趋势。

数学证明是严格的证明。如果在数学上证明利润率下降，那么，利润率就是无一例外地、绝对地下降，这显然违背马克思的观点。无论主观上是有意的，还是无意的，混淆利润率趋向下降与利润率下降都是错误的。

我们在前面各章证明的结论，都是利润率趋向下降，而不是利润率下降。

四、用生产函数和利润最大化判断利润率的变化的观点有局限性

有些学者认为，利润率是否下降，取决于生产函数与利润最大化。① 这种观点有局限性。

首先，马克思的利润率趋向下降的结论，是指价值形式的资本有机构成提高，引起价值形式的利润率趋向下降。如果考虑价值转形，那么，能够实现的是生产价格形式的平均利润率，也就是一元价值转形的生产价格形式的平均利润率。如果不仅考虑资本因素对剩余价值分配的影响，而且考虑土地因素对剩余价值分配的影响，也就是考虑二元价值转形，那么，能够实现的是二元价值转形的生产价格形式的平均利润率。如果再考虑其他因素对剩余价值分配的影响，那么，能够实现的是多元价值转形的生产价格形式的平均利润率。如果考虑研究过程中忽略的各种影响剩余价值分配的因素，那么，多元价值转形的生产价格形式的平均利润率就转化为市场利润率。这种市场利润率是金属货币条件下的利润率，不是现在的经济活动中看到的信用货币条件下的利润率。价值形式的资本有机构成与用信用货币表示的资本有机构成不同，价值形式的利润率与用信用货币表示的利润率不同。

考察利润率趋向下降的问题，必须首先明确考察的是哪种形式的资本有机构成与哪种形式的利润率。

其次，生产函数有多种形式。价值形式的生产函数反映产品价值或数量与生产过程中耗费的劳动的关系，与信用货币的发行量无关，也与商品价格变化无关。对于价值形式的生产函数来说，在外延扩大再生产中，产品的价值、产品的数量、耗费的劳动量的数值发生变化，函数形式没有变化。在内涵扩大再生产中，不仅产品的价值、产品的数量、耗费的劳动量的数值发生变化，而且函数形式也往往发生变化。

---

① 冯金华：《生产函数的性质和利润率变化的规律》，《学习与探索》2009 年第 2 期。

信用货币形式的生产函数，反映产品的生产价格或数量与投入生产过程的资本、劳动的关系。其中，资本是指信用货币形式的资本，劳动是指用信用货币购买的劳动力。显然，信用货币形式的生产函数，不仅与价值转形有关，而且与商品价格变化有关。对于信用货币形式的生产函数来说，在外延扩大再生产中，随着信用货币发行数量增加，产品的生产价格、产品的数量、资本的数量、劳动的数量发生不同的变化，通常，函数形式发生变化。在内涵扩大再生产中，随着信用货币发行数量增加，产品的生产价格、产品的数量、资本的数量、劳动的数量、函数形式的变化更显著。

考察利润率趋向下降的问题，必须首先明确考察的是哪种形式的生产函数。

最后，对个别资本适用的生产函数，对总资本不适用。对个别资本适用的生产函数中，包括超额剩余价值或超额利润的因素，对总资本适用的生产函数中，不包括超额剩余价值或超额利润的因素。个别资本总是追求自己的个别利润最大化。个别资本可以用损害其他资本的方式获得更多剩余价值，而总资本无法用这种方式获得更多剩余价值。这就是说，对个别资本适用的生产函数与对总资本适用的生产函数，不是同一种生产函数。

如果个别资本的有机构成的提高对利润率的影响比个别利润的提高对利润率的影响小一些，二者互相抵消的结果，刚好提高这个企业的利润率，那么，社会总资本的有机构成提高的结果，很可能降低平均利润率。个别利润率的提高，可以通过一种产品的个别价值低于社会价值获得超额剩余价值或超额利润的方式实现，可以通过从其他部类或部门多得到一部分剩余价值的方式实现。社会总资本的利润率的提高，无法通过这种方式实现。

因此，用生产函数和利润最大化来判断利润率的变化的分析方式，有很大的局限性。

五、用利润率提高是资本有机构成提高的条件质疑利润率趋向下降的观点有局限性

有些经济学家，用利润率提高是资本有机构成的必要条件来质疑利润率趋向下降。

个别资本家选择哪种形式来扩大自己的企业的生产规模，完全取决于利润率的高低。

虽然外延扩大再生产是生产规模扩大的生产方式，但是，资本有机构

成与剩余价值率都不变，从而利润率不变。内涵扩大再生产也是生产规模扩大的生产方式，在内涵扩大再生产中，资本有机构成、生产力、剩余价值率都提高。

严格地说，提高生产力与提高生产率不完全相同，对利润率的影响也不完全相同。通过内涵扩大再生产提高生产效率的方式，不仅能够提高生产能力，而且能够提高生产效率。通过外延扩大再生产单纯扩大生产规模的方式，也能够提高生产能力，但是不能提高生产效率，不能改变利润率。

因为我们考察利润率的变化趋势，所以，我们考察的社会资本再生产，是内涵扩大再生产，而不是外延扩大再生产。在内涵扩大再生产的条件下，提高生产力必然提高生产率，提高生产率也必然提高生产力，二者是等同的。在我们的考察中，不再区分生产力与生产率，将二者视为同一种概念。

资本家提高资本有机构成的目的是提高生产力，提高生产力使单位生产资料的价值与单位生活消费资料的价值降低，单位生活消费资料的价值降低为提高剩余价值率提供了条件。提高资本有机构成对利润率的影响与提高剩余价值率对利润率的影响是相反的。

对利润率趋向下降提出质疑的经济学家认为，如果资本有机构成的提高与生产力的提高不能相应地提高剩余价值率，从而不能提高个别利润率，那么，任何理性的个别资本家都不会提高资本有机构成。如果每个资本家都不提高资本有机构成，那么，总资本有机构成就不会提高。如果每个资本家都提高资本有机构成，那么，说明每个企业的利润率都提高，从而平均利润率提高。

这些经济学家没有注意，个别资本家提高本企业的资本有机构成与生产力，从而提高本企业的个别利润率，与全社会的总资本有机构成提高，从而平均利润率下降，二者并不矛盾。

按照个别资本家的主观愿望，当然希望通过资本积累，扩大生产规模，不仅获得更多剩余价值，而且提高他的个别利润率。至于他的生产活动是否影响他所生产的那种产品的社会价值，是否影响该行业的资本有机构成与利润率，他并不关心。更确切地说，他不关心其他资本家的利益。

事实上，个别资本家为了获得更多剩余价值或利润，为了在竞争中处于有利地位，必然要不断进行资本积累，不断扩大生产规模。但是，不是在任何条件下他都采取提高资本有机构成或提高生产率的方式扩大生产规模。如果提高他的企业的资本有机构成从而提高生产率不能提高他的个别利润率，那么，他必然采用外延扩大再生产的方式扩大生产规模，按照平均利润率获得更多利润。只有能够提高个别利润率时，个别资本家才会提高他的企业的资本有机构成与生产力，也就是采用内涵扩大再生产的方式扩大生产规模获得超过平均利润的超额利润。

个别资本家提高资本有机构成与生产力，他的单位产品的个别价值低于这种产品的社会价值或生产价格，在交换过程中，按照这种产品的社会价值或生产价格交换，可以多得到一部分价值，即得到超额剩余价值或超额利润。

如果每个资本家都提高资本有机构成与生产力，那么，虽然总资本有机构成提高，这种产品的社会生产率也提高，但是，不可能每个资本家的单位产品的个别价值都低于这种产品的社会价值或生产价格，因为一种产品的社会价值等于这种产品的个别价值的加权平均值。事实上，这些资本家的产品的个别价值都等于这种产品的社会价值或生产价格。在每个资本家都提高资本有机构成与提高生产力的过程中，超额利润逐渐消失了。

对于追加一定量资本的个别资本家来说，没有能力改变剩余价值率，只能选择采用何种方式扩大再生产。提高他的企业的资本有机构成，必然能够提高他的企业的生产率，但是，提高个别生产率不一定能够提高他的企业的个别利润率，因为提高他的企业的资本有机构成是降低个别利润率的因素，提高他的企业的生产率是获得超额利润的因素，也就是提高个别利润率的因素。同一种因素的两种相反的作用共同决定他的企业的个别利润率。

一个企业的资本有机构成提高的比例，不一定等于这个企业生产率提高的比例。如果提高资本有机构成对个别利润率的影响超过提高生产率对个别利润率的影响，那么，个别利润率不是提高而是降低。当然，资本家根本不会采用这种方式扩大再生产。如果提高生产率对个别利润率的影响超过提高资本有机构成对个别利润率的影响，那么，个别利润率提高。

个别利润率提高不等于平均利润率提高，因为平均利润率与个别利润率的基础不同。个别利润率的提高建立在获得超额利润的基础上，而平均利润率不可能建立在获得超额利润的基础上。

影响剩余价值率的因素中，除了生产率这个因素，还有无产阶级与资产阶级力量对比等因素。资本有机构成只与生产率因素有关，与无产阶级与资产阶级力量对比等因素无关。

马克思认为，“利润率趋向下降的真正秘密，——生产相对剩余价值的办法总的说来可以归结为：一方面，使一定量劳动尽可能多地转化为剩余价值，另一方面，同预付资本相比，又尽可能少地使用劳动；所以，使人们可以提高劳动剥削程度的同一些原因，都使人们不能用同一总资本去剥削和以前一样多的劳动。这是两个相反的趋势，它们使剩余价值率提高，同时又使一定量资本所生产的剩余价值量减少，从而使利润率下降”①。

这就是说，资本有机构成提高对利润率的影响大于剩余价值率提高对利润率的影响，总的结果是利润率下降。

因此，用利润率提高是资本有机构成的必要条件来质疑利润率趋向下降的观点，存在严重的局限性。

第三节　影响利润率的假象

一、大量发行信用货币与提高利润率的假象

通过上一章的考察证明，信用货币的过量发行，在现象上，是一个阻碍信用货币形式的利润率下降的重要因素。

在现实经济活动中，资本家看到的利润率，不是价值形式的，而是货币形式的。如果考虑资本因素对剩余价值分配的影响，那么，接近货币形式的利润率的变量是一元价值转形的生产价格形式的利润率。如果考虑资本与土地因素对剩余价值分配的影响，那么，接近货币形式的利润率的变量是二元价值转形的生产价格形式的利润率。

布雷顿森林体系破产之前，美元等信用货币与黄金可以按照固定比率自由兑换，这表明信用货币以金属货币为基础，作为金属货币的代表参与流通。

布雷顿森林体系破产之后，信用货币不再按照固定比例兑换金属货币，美国为了弥补国内巨额财政赤字，大量发行信用货币。在大量发行信用货币的条件下，为了防止物价大幅度上涨，在国际贸易中美国的进口远远大于出口，形成巨额国际贸易赤字。

当然，大量发行信用货币的国家，不止美国一个国家，很多其他国家也过量地发行信用货币，只不过美国是发行信用货币规模最大的、最主要的国家。

---

① 《马克思恩格斯全集》，第25卷，北京，人民出版社，1974，中文1版，第259页。

从现象看，过量发行信用货币，增加了支付能力，增加了对商品的需求，确实提高了大量发行信用货币的国家的实际经济活动中的利润率。

从本质看，在这种宽松的货币政策的条件下，资本主义生产中特有的商品实现的困难被掩盖了，“惊险的跳跃”看起来不那么惊险了，生产过程的矛盾被缓解了，相对地提高了利润率。因为，只要停止大量发行信用货币，货币形式的利润率就会下降，所以，大量发行信用货币条件下利润率的提高，既不反映价值增殖的真实程度，也不说明这种生产方式具有生命力。马克思提出利润率趋向下降的规律的目的，是要说明资本主义生产的价值增殖程度的长期变化的总趋势。一个国家大量发行信用货币，只能窃取他国的雇佣劳动者创造的一部分剩余价值，将经济危机转嫁给其他国家，不能通过这种方式发展经济。不可能世界上的所有国家都通过大量发行信用货币的方式，机转嫁经济危机，窃取他国的雇佣劳动者创造的剩余价值。

因此，从本质看，大量发行信用货币的条件下，货币形式的利润率提高的现象，是一种假象，既不反映价值增殖的真实程度，也不能正确地反映价值增殖的内在原因。

因为超额发行信用货币对利润率趋向下降的干扰很大，所以，利润率提高是最重要的假象之一。

二、商品期货影响利润率的假象

通过上一章的考察证明，商品期货是一个阻碍利润率下降的重要因素。

在现实经济活动中，商品期货的出现，对于生产资本来说，有利于生产资本的循环连续进行，从而提高了利润率。

虽然商品期货为生产资本的产品的实现提供了条件，但是，如果产品从产业资本家手中转移到商业资本家手中，商业资本家没有将产品售卖给最终的消费者，那么，产品并没有最终实现。如果产业资本家与商业资本家使用的资本中，不仅有自有资本，而且还有一部分资本来自借贷资本家提供的贷款，那么，对于产业资本、商业资本、借贷资本构成的总资本来说，只要商业资本家的产品没有售卖出去，产品就没有实现。

如果商业资本家不能将产品售卖出去，那么，就不能继续购买产业资本家的产品，生产资本的循环就中断了，商品期货的出现带来的产业资本的利润率提高的现象就消失了。商品期货只能为生产连续进行创造条件，不能解决产品最终实现的矛盾。

因此，从本质看，商品期货的出现带来的产业资本的利润率提高的现象，是一种假象，既不反映价值增殖的真实程度，也不能正确地反映价值增殖的内在原因。

三、外部经济条件变化影响利润率的假象

有些经济学家质疑利润率趋向下降的观点，是由于受到一定时期的、局部的假象的影响。

例如，第二次世界大战时期，中国、苏联、英国、美国等国家的经济受到的影响不同。

在第二次世界大战中，中国、苏联、英国等国家都受到法西斯国家的侵略，经济遭受到重大损失，因此，利润率降低。其中，中国与苏联牺牲的人最多，遭受的经济损失最大，为反法西斯战争取得最终胜利作出了巨大的贡献。

除了珍珠港受日本的偷袭之外，美国的其他本土没有受到武力攻击。在战争中，经济不仅没有受到损失，而且由于向交战国家出售战争物资，获得了高额利润，因此，利润率提高。

又例如，在朝鲜战争与越南战争时期，美国、中国、日本等国家的经济受到的影响不同。

在朝鲜战争与越南战争中，中国与美国的经济受到损失，战争是降低利润率的因素。日本经济不仅没有受到损失，而且由于向美国出售战争物资，提供后勤服务，获得了高额利润，因此，利润率提高。

这种一定时期的、局部的外部条件，确实对不同国家的经济造成了不同的实质影响，对利润率造成了不同的实质影响。从这个角度来看，这些外部条件对不同国家经济的不同影响是客观存在，不是假象，对不同国家经济的利润率的影响是也客观存在，不是假象。但是，从长期历史发展过程来看，战争只发生在一定历史时期，任何社会都不可能永远处于战争中。

从本质看，一个经济系统的长期的价值增殖程度，取决于这个经济系统的生产方式与经济发展的内部动力，战争不能长期地改变一个经济系统的生产方式与经济发展的内部动力。因此，这些一定时期的、局部的外部条件对经济造成的影响，无论是有利的影响，还是不利的影响，都不能改变历史发展的总趋势，不能改变利润率变化的总趋势，不反映价值增殖的真实程度，不能正确地反映价值增殖的内在原因。在这个意义上，从本质看，战争等外部经济条件的变化对利润率的影响，也是一种假象。

第四节　新兴产业是否影响平均利润率

一、技术进步、生产力提高与产业变化

随着人口增长、技术进步、生产力提高、生活水平提高，社会需求必然发生变化。衣食住行是人的基本生活条件。无论社会如何变化，社会对衣食住行等生活条件的需求都不会消失，但是，这些需求的数量、质量与内容会发生变化。随着人口增长、技术进步与生产力提高，不仅社会对衣食住行的需求的数量增加，质量提高，而且内容发生变化。例如，在古代，人们出行的代步方式是骑马、乘马车、乘轿子；工业革命后，出现过蒸汽动力车；现在人们利用自行车、摩托车、汽车、火车、轮船、飞机出行，马车、轿子、蒸汽动力车消失了。

当社会需求的产品种类发生变化时，一些新产业诞生，一些旧产业消亡。

随着技术进步与生产力提高，新产品不断出现，新产业不断出现与发展。随着人们的生活水平提高，文化产业、旅游产业不断发展。

二、抵消风险因素之后，新兴产业的利润率高于平均利润率

在一般条件下，新兴产业的利润率高于平均利润率。

人们看到的新兴产业中的企业，是那些在竞争过程中取得成功的企业。这些企业的利润率明显地高于平均利润率。不是每一个参与新产品研制的企业都能够获得成功。在很多情况下，大多数参与新产品研制的企业没有取得成功，这些企业为此出现亏损，甚至破产，只有少数参与新产品研制的企业取得成功。这些在竞争过程中取得成功的企业的利润率必然高于平均利润率，否则无法抵消研制新产品的风险。

不仅如此，即使考虑风险的因素，将所有参与新产品研制的企业——取得成功的企业与没有取得成功的企业——看做一个整体，这些企业的利润率仍然高于平均利润率。这是因为，如果抵消风险因素之后的利润率不高于平均利润率，那么，资本家就不会向该领域的研究投资。如果抵消风险因素之后的利润率等于平均利润率，那么，资本家宁愿向采用成熟技术的领域投资或向传统产业投资，以获得平均利润，而不愿意冒险投资新兴产业的研究。对于资本家来说，生产经营存在巨大风险，不如稳定地进行

生产经营，除非高风险能够带来更高的利润率。

三、新兴产业的出现是否影响平均利润率

既然抵消风险因素之后新兴产业的利润率高于平均利润率，那么，新兴产业的出现是否影响平均利润率？

新兴产业的高利润率，通常与被替代的传统产业的固定资本没有完成折旧并存。例如，在电子邮件取代传统邮政，电子商务取代传统商业的过程中，虽然互联网产业与电子商务产业可能获得高于平均利润的高额利润，但是，被部分取代或被完全取代的传统邮政与传统商业，可能尚未完全收回巨额的固定资本投资，没有完成固定资本折旧。从全社会的角度来看，因为新兴产业的利润率比较高，资本快速增加，被部分取代或被完全取代的传统产业的利润率降低，不再增加资本，甚至不再补偿已经耗费的固定资本，但是，没有完成固定资本折旧，资本缓慢减少，所以，总资本增加，总资本有机构成提高。

新兴产业增加的利润与被替代的传统产业减少的利润互相抵消之后，利润总额或剩余价值总额有可能增加，也有可能减少，通常，总利润增加的比例低于总资本增加的比例，平均利润率下降的概率通常高于平均利润率上升的概率。即使在一定时期内，随着新兴产业出现，新的消费出现，平均利润率提高，这种平均利润率的提高也是短暂的。因为随着对新兴产业的投资增加，新兴产业的资本有机构成不断提高，利润率趋向下降的规律对新兴产业仍然成立。过去的新兴产业是现在的传统产业，现在的新兴产业是将来的传统产业。任何产业的诞生、成长、壮大、繁荣与消亡都是一种自然历史过程。

平均利润率就是在这种波动中不断变化。

新兴产业对平均利润率的影响是非常复杂的，但是，新兴产业的出现一定影响平均利润率，问题在于新兴产业如何影响平均利润率。从短期来看，新兴产业出现的初期，平均利润率有某种程度的提高，从长期来看，随着该产业逐步成熟，投资增加，资本有机构成提高，竞争加剧，仍然造成利润率趋向下降。

在不同时期，新兴产业出现的概率不同，占有的市场份额不同，对利润率的影响不同。在有重大的影响生产方式转变的新技术出现的时期，例如，以计算机、生产自动化与互联网为代表的信息产业的出现，极大地提高了生产力，为提高剩余价值率提高了条件，利润率提高的可能性更大。在没有重大的影响生产方式转变的新技术出现的时期，随着投资增加，资

本有机构成提高，利润率降低的可能性更大。

新兴产业对平均利润率的影响非常复杂，对利润率有两种相反的影响：一方面，新兴产业的出现提高了生产力，生产力提高导致单位生活资料的价值降低，创造了新的需求，是提高剩余价值率的因素，从而是提高利润率的因素，生产力提高导致固定资本贬值，也是提高利润率的因素；另一方面，与传统产业相比，新兴产业使用的生产资料中凝结了更多的过去的劳动，这种过去的劳动中复杂劳动所占的比例更高，进一步提高了资本有机构成，是降低利润率的因素。

这两种相反的影响利润率的作用共同决定平均利润率。在前者的影响占主导地位的条件下，利润率趋向提高，在后者的影响占主导地位的条件下，利润率趋向降低。

在现实经济活动中，人们看到的经济现象，似乎不是利润率趋向下降，而是利润率有升有降，在一定时期与一定条件下利润率提高，在另一定时期与其他条件下利润率下降，也就是利润率波动。

在这种复杂的现象中，不仅包括真相，而且包括假象。假象经常掩盖了真相。随着利润率降低，利润率波动的假象逐步掩盖了利润率趋向下降的真相。

第五节　本章结论

有些经济学家依据鲍特凯维兹的利润率公式，通过在一定条件下随着生产价格形式的资本有机构成提高，生产价格形式的平均利润率不下降，否定马克思的利润率趋向下降的观点。这些经济学家的观点与分析方法无法成立。

马克思提出的随着资本有机构成提高利润率趋向下降的观点，是指价值形式的资本有机构成与价值形式的平均利润率。不能以一定条件下生产价格形式的平均利润率不下降，否定价值形式的平均利润率趋向下降。用改变马克思的资本有机构成与利润率的定义的方法，来否定马克思的结论，这种观点与分析方法是不正确的。

事实上，随着资本有机构成提高，不仅价值形式的平均利润率趋向下降，而且生产形式的利润率也趋向下降。

马克思不仅没有否认存在阻碍利润率下降的因素，而且明确地提出了对利润率下降起反作用的各种因素。当对利润率下降起反作用的各种因素的影响占主导地位时，利润率不是下降而是上升。马克思的观点是，利润率下降是总趋势。不能混淆利润率下降与利润率趋向下降。

金属货币条件下的利润率与信用货币条件下的利润率不同。个别资本的生产函数与总资本的生产函数不同。马克思关于利润率趋向下降的结论，是指金属货币条件下利润率的变化趋势，与总资本的生产函数有关。用生产函数和利润最大化来判断利润率的变化的分析方式有显著的局限性。

刚出现的新兴产业能够获得超额利润，其利润率高于平均利润率。随着该产业逐渐成熟，投资增加，资本有机构成不断提高，超额利润消失。在一定时期内，新兴产业的出现能够提高平均利润率，从更长的时期来看，无法改变利润率下降的总趋势。获得超额利润是个别利润率提高的基础，平均利润率不能建立在获得超额利润的基础上。个别利润率提高，无法改变平均利润率下降的总趋势。

从现象看，大量发行信用货币、商品期货、外部经济条件变化，都可以在一定时期与一定条件下影响利润率的变化，对利润率的这种影响是客观存在，并不是假象。但是，从本质看，既不反映价值增殖的真实程度，也不能正确地反映价值增殖的内在原因，从而都是假象。

各种质疑利润率趋向下降的观点与各种假象，都不能否定马克思的利润率趋向下降的规律。

第二十六章　与利润率趋向下降有关的各种现象

第一节　高利贷的衰落证明利润率趋向下降

一、利润率趋向下降是历史事实

利润率趋向下降，不仅是马克思通过研究得到的结论，而且是一个历史事实。早在马克思生活的时代之前，很多经济学家就已经发现利润率趋向下降是客观存在的事实。

斯密认为："我们要相当准确地确定往昔或现今的资本平均利润，虽不可能，但我们可以从货币的利息上略知其梗概。可以提出这样一个原则：在使用货币所获较多的地方，对于货币的使用，通常支付较多的报酬；在使用货币所获较少的地方，对于货币的使用，通常支付较少的报酬。我们由此确信，一国内资本的一般利润，必定随着其市场的一般利息率的变动而变动。利息率下落，利润必随着下落；利息率上升，利润必随着上升。所以，利息的变动情况，可使我们略知利润的变动情况"①。

他还认为："利润率不象地租和工资那样，随社会繁荣而上升，随社会衰退而下降。反之，它在富国自然低，在贫国自然高，而在迅速趋于没落的国家最高。"②

可见，斯密等经济学家早已经发现利润率趋向下降是客观存在的事实，只是无法对这种事实作出科学的解释。

---

① 斯密：《国民财富的性质和原因的研究》，上卷，郭大力、王亚南译，北京，商务印书馆，1972，第81页。

② 斯密：《国民财富的性质和原因的研究》，上卷，郭大力、王亚南译，北京，商务印书馆，1972，第242页。

二、不同形式的利润率的差别

因为货币材料的劳动生产率是缓慢提高的，单位货币材料的价值逐步缓慢地降低，所以，金属货币形式的利润率与价值形式的利润率不完全相同。金属货币形式的利润率高于价值形式的利润率。

在一般情况下，代替金属货币参与流通的纸币发行量与流通中需要的金属货币数量不一致。因此，信用货币形式的利润率与金属货币形式的利润率一般不相同。在历史上，大多数国家纸币发行量超过流通中需要的金属货币数量。在这种条件下，信用货币形式的利润率高于金属货币形式的利润率。

从配第生活的时代到斯密生活的时代、李嘉图生活的时代，再到马克思生活的时代，直至布雷顿森林体系解体之前，虽然货币材料的劳动生产率不断提高，但是，在长达几百年的时间内，这种变化非常缓慢。正是因为提高货币材料的劳动生产率很困难，金才具备成为货币的条件。虽然金属货币形式的利润率与价值形式的利润率不完全相同，但是，差别不大。

在布雷顿森林体系解体之前，信用货币与黄金都按照固定比率双向自由兑换。这证明，信用货币代替金属货币参与流通。

布雷顿森林体系解体之后的几十年中，信用货币与黄金的比率是浮动的，从 35 美元兑换一盎司黄金发展到 1 000 多美元兑换一盎司黄金。这证明，信用货币已经不能代替金属货币参与流通。

从现象看，无论采用信用货币形式表示利润率，还是采用金属货币形式表示利润率，抑或是采用价值形式表示利润率，似乎不影响利润率的水平，因为利润与资本都用同一种形式表示，利润率为二者的比值，二者的单位是互相抵消的。

从本质看，货币形式的变化改变了商品实现的外部条件，特别是超额发行信用货币，增加了流通中的货币量与有效需求，使商品实现更容易，掩盖了资本主义生产方式下商品实现的困难，提高了信用货币形式的利润率。各种金融工具的使用、虚拟资本的作用、高杠杆的利用，进一步掩盖了商品实现的困难，进一步提高了信用货币形式的利润率。但是，无论流通过程中采用何种货币形式，只能改变资本主义生产方式的各种矛盾的表现形式，无法克服资本主义生产方式的内在矛盾。

因此，从本质看，信用货币形式的利润率、金属货币形式的利润率、价值形式的利润率完全不同。即使信用货币形式的利润率基本不变或趋向提高，也无法改变价值形式的利润率趋向下降的规律。

政治经济学考察的利润率是价值形式的，日常经济活动中所说的利润率是信用货币形式的。考察利润率趋向下降规律，必须明确我们考察的利润率是什么形式的利润率。如果改变利润率的概念，那么，就必须考虑影响不同形式的利润率的各种因素，必须考虑不同形式的利润率的差别，否则，无法进行科学的考察。

三、利润率与利息率有密切关系

利润率与利息率有密切关系。在资本主义社会中，贷款总额中只有比较小的一部分用于满足当前的生活消费，贷款总额中的大部分用于生产消费。用于生产消费的贷款是职能资本的一部分。产业资本的一部分是自有资本，另一部分是通过借贷方式获得的他人的资本。

这里所说的利润率，通常不是某个企业的利润率，也不是资本循环一次的利润率，而是平均利润率或年平均利润率。平均利润率是年剩余价值总额与总资本之比。不同企业生产的产品不同，固定资本与流动资本的比例不同，固定资本构成不同，流动资本构成不同，固定资本折旧率不同，资本周转速度不同。计算资本总额与每年的折旧费是比较困难的。

资本家投入生产的资本都是货币资本。无论资本家的资本是自有资本，还是通过借贷方式获得的资本，都是供他支配的职能资本。以购买时的价值计算不变资本中的固定资本部分，以现在的剩余价值与原来投入的货币资本计算利润率，都是比较方便的。但是，利润率的计算，应该按照现在生产同样的生产资料耗费的劳动计算不变资本价值。由于生产资料的生产率提高，现在生产同样的生产资料耗费的劳动减少，原有的固定资本贬值。只有经过资本价值的重新评估，原有的固定资本价值才能换算为按照现在生产同样的生产资料耗费的劳动计算的固定资本价值。定期地对这种生产资料的价值进行重新评估，是比较困难的。无论以价值形式表示的利润率的统计，还是以金属货币形式表示的利润率的统计，抑或是以信用货币形式表示的利润率的统计，都是比较困难的。

相对于利润率的统计来说，利息率的统计比较容易。因为，利息率是一定时期内的利息与贷款本金的比率，通常，无论利息还是贷款本金都是按照信用货币来计算的。利息率的统计，不需要考虑不同生产企业的资本构成、固定资本折旧率、资本周转速度等因素，也不需要考虑固定资本的贬值、纸币发行量的变化等因素。本金为过去的贷款的货币量，实现的利息为按照原来的契约规定的现在的货币量。

四、不考虑“监督工资”，利息率应该等于平均利润率

资本主义生产方式特有的雇佣劳动关系，决定了工人在资本家的监督下进行劳动。

马克思认为，“凡是直接生产过程具有社会结合过程的形态，而不是表现为独立生产者的孤立劳动的地方，都必然会产生监督劳动和指挥劳动。不过它具有二重性。

一方面，凡是有许多个人进行协作的劳动，过程的联系和统一都必然要表现在一个指挥的意志上，表现在各种与局部劳动无关而与工场全部活动有关的职能上，就像一个乐队要有一个指挥一样。这是一种生产劳动，是每一种结合的生产方式中必须进行的劳动。

另一方面，——完全撇开商业部门不说，——凡是建立在作为直接生产者的劳动者和生产资料所有者之间的对立上的生产方式中，都必然会产生这种监督劳动。这种对立越严重，这种监督劳动所起的作用也就越大”①。

如果不考虑“监督工资”，那么，从理论上说，利息率应该等于平均利润率。② 如果不考虑“监督工资”，并且利息率低于平均利润率，那么，获得贷款的中等生产水平的产业资本的按照自有资本计算的利润率，必然高于平均利润率③，这不仅违背了中等生产水平的产业资本应该获得平均利润率的原则，而且也违背了价值转形中所有企业都获得平均利润的基本要求。

虽然我们在在价值转形的条件下考察资本有机构成提高对利润率变化的影响的过程中，只分析了产业资本的技术构成、有机构成、剩余价值率与利润率的变化，但是，在考虑商业资本与借贷资本的条件下，这些结论仍然成立。

在考虑商业资本的条件下，商业资本的有机构成影响总剩余价值分配，从而影响生产价格、生产价格形式的资本、生产价格形式的平均利润率，但是，不影响生产中耗费的劳动，从而不影响产品价值。④ 虽然考虑

---

① 《马克思恩格斯全集》，第 25 卷，北京，人民出版社，1974，中文 1 版，第 431 页。

② 沈民鸣：《资本主义生产总过程的数学分析》，北京，经济科学出版社，2009，第 151～160 页。

③ 沈民鸣：《资本主义生产总过程的数学分析》，北京，经济科学出版社，2009，第 159 页。

④ 沈民鸣：《价值转形》，第三卷，北京，中国人民大学出版社，2014，第 1 575～1 579 页。

商业资本令价值转形更复杂，但是，分析方法相同。

考虑借贷资本不影响价值转形。①

五、利息率的变化趋势可以近似地表示平均利润率的变化趋势

如果考虑"监督工资"，那么，利息率应该低于平均利润率。尽管在现实经济活动中利息率不等于平均利润率，但是，通常利息率与平均利润率保持一个大致确定的比率。如果用利息率近似地表示平均利润率，那么，可以用利息率的变化趋势近似地表示平均利润率的变化趋势。二者的长期变化趋势应该基本相同。

高利贷资本是一种古老形式的生息资本，是利息率特别高的一种借贷方式。在封建社会与资本主义社会的早期阶段，高利贷资本普遍存在。马克思认为，"高利贷资本作为生息资本的具有特征的形式，是同小生产，自耕农和小手工业主占优势的情况相适应的"②。

在资本主义生产方式产生之前，没有统一的高利贷的利息率。马克思提出，"关于高利贷的概念差别也很大。在查理大帝时代，收取100%的利息，被认为是高利贷。1344年，在博登湖畔的琳道，本地市民收取216%的利息。在苏黎世，评议会规定$43\frac{1}{3}\%$为法定利息。在意大利，有时必须支付40%的利息，虽然从十二世纪到十四世纪，普通的利息率不超过20%。维罗那规定$12\frac{1}{2}\%$为法定利息。弗里德里希二世皇帝规定10%的利息率，但只是给犹太人规定的。他是不屑替基督徒说话的。早在十三世纪，10%已经是德国莱茵区的普通利息率了"③。

随着资本主义生产的发展，生产企业成为贷款的主要对象。随着产业资本的平均利润率逐步降低，利息率也不断降低。高利贷逐步衰落。在正常情况下，一方面，利息率不能高于平均利润率；另一方面，利息率也不能比平均利润率低太多。在不考虑"监督工资"的条件下，利息率等于平均利润率。

因此，高利贷的衰落与利息率不断降低的历史事实，证明利润率趋向下降。

① 沈民鸣：《价值转形》，第三卷，北京，中国人民大学出版社，2014 第1 580～1 581页。

② 《马克思恩格斯全集》，第25卷，北京，人民出版社，1974，中文1版，第672页。

③ 《马克思恩格斯全集》，第25卷，北京，人民出版社，1974，中文1版，第675～676页。

当然，这里所说的利息率，是指由市场竞争决定的利息率，而不是由政府决定或控制的利息率。

六、由政府决定或控制的利息率与由平均利润率决定的利息率

现在绝大部分资本主义国家的利润率，都是由政府决定的或由政府控制的，而不是由市场机制决定的。主要资本主义国家的政府，根据本国经济状况与政府的需要，分别通过财政政策与货币政策调控经济。

所谓财政政策（Fiscal policy），是指政府遵循根据一定时期政治、经济、社会发展的任务而规定的财政工作的指导原则，通过财政支出与税收政策的变动来影响和调节总需求进而影响就业和国民收入的政策。

所谓货币政策（Monetary policy），是指政府、中央银行和其他有关部门所有有关货币方面的规定和采取的影响金融变量的一切措施。具体地说，是指为实现其特定的经济目标而采用的各种控制和调节货币供应量、利息率、存款准备金率（Reserve Requirement ratio）、再贴现率（Rediscount rate）、公开市场业务（Open market operation）、汇率等措施。

由政府控制的或调节的利息率，与市场竞争决定的平均利润率没有直接的联系。

既然由政府决定的利息率与市场竞争决定的平均利润率没有直接的联系，那么，是否说明由政府决定的利息率的变化与平均利润率的变化完全无关呢？不能这样看。虽然由政府决定的利息率与平均利润率没有直接的联系，但是，由政府决定的利息率不能长期地、永久地背离市场竞争决定的平均利润率。在这个意义上，由政府决定的利息率的长期变化趋势的平均值，仍然能够在一定程度上近似地表示市场竞争决定的平均利润率的变化趋势。

第二节　发达国家经济增长率的下降证明利润率趋向下降

经济增长率与利润率有密切的关系。

现在经济发达的资本主义国家，都有几百年的经济发展的历史。世界上所有的发达的资本主义国家，在经济发展初期，资本有机构成比较低，生产力比较低，剩余价值率比较低，增长率比较高。经济发展水平达到发达阶段之后，资本有机构成比较高，虽然生产力比较高，剩余价值率也比较高，但是，经济增长率却下降。

经济增长率高的充分必要条件是资本积累率高，资本积累来自转化为追加资本的剩余价值。资本家为了获得越来越多的剩余价值，只要有可能，总是尽可能地扩大生产规模。扩大生产规模要求增加资本，即进行资本积累。资本积累率越高，扩大再生产的速度越快。资本积累率与平均利润率有非常密切的联系。

价值形式的平均利润率为

$$r_v = \frac{s}{c+v} \tag{26-1}$$

由（26－1）式可以看出，价值形式的平均利润率不仅与剩余价值有关，而且与价值形式的资本有关。

如果剩余价值中用于追加资本的比例用 a 表示，资本积累率用 r_a 表示，那么，资本积累率为

$$r_a = \frac{as}{c+v} = ar_v \tag{26-2}$$

由（26－2）式可以看出，资本积累率不仅与剩余价值有关，与剩余价值中用于追加资本的比例有关，而且与价值形式的资本有关。由（26－2）式还可以看出，资本积累率与剩余价值中用于追加资本的比例成正比，也与价值形式的平均利润率成正比。在剩余价值中用于追加资本的比例 a 确定的条件下，资本积累率只与价值形式的平均利润率成正比。

资本积累率高必然导致经济增长率高，经济增长率高又为增加剩余价值奠定了基础，从而为提高资本积累率奠定了基础。因此，经济增长率高与资本积累率高互为因果关系，并且二者为正相关关系。考虑到在剩余价值中用于追加资本的比例确定的条件下，资本积累率与价值形式的平均利润率成正比，因此，经济增长率高与利润率高互为因果关系，并且二者为正相关关系。

现在的发达资本主义国家的经济增长率，相当于未来的发展中国家的经济增长率。统计资料证明，发达资本主义国家的经济增长率低于发展中国家的经济增长率。

统计资料还证明，在资本主义生产发展的几百年中，主要的资本主义国家的经济增长率下降。既然经济增长率与利润率正相关，那么，资本主义国家的经济增长率降低的事实本身证明利润率变化的总趋势不是上升，而是下降。

经济发达的资本主义国家的经济增长的历史，是经济欠发达的国家的经济增长未来将要经历的过程。经济发达的资本主义国家现在的利润率，

是经济欠发达的国家未来的利润率。因此，发达的资本主义国家的经济增长率下降，证明利润率趋向下降。

第三节　经济危机证明利润率趋向下降

一百年来，最重大的资本主义经济危机，是 1929—1933 年的资本主义经济危机，以及 2007—2009 年的世界金融危机。

这两次资本主义经济危机，都是从最主要的资本主义国家美国开始的，很快扩展到全世界。

从现象看，这两次经济危机的表现形式不同，甚至完全相反。

1929—1933 年的经济危机，是典型的、传统的资本主义生产过剩的危机。资本家追逐剩余价值，提高剩余价值率与利润率，结果是，一方面，增加资本积累，另一方面，加重对工人的剥削，绝对降低或相对降低工人的消费能力。增加资本积累导致不断扩大生产规模，无产阶级绝对贫困化或相对贫困化导致工人的购买能力越来越落后于生产能力，生产的产品远远超过有支付能力的需求，产品价格下降，工厂大量倒闭，工人大量失业，工人的失业降低了购买力，导致更多产品卖不出去，更多工厂倒闭，股票价格暴跌。美国的资本家通过降低出口产品价格的方式，大量输出过剩产品，其他国家的资本家也通过降低产品价格的方式竞争。在极短的时间内，经济危机扩展到全世界。

2007—2009 年的世界金融危机，似乎不是生产过剩的危机。其发源地——美国，在很长一段时期中，消费量远远超过生产量，出现了“双赤字”——财政赤字与国际贸易赤字。与长期财政赤字、国际贸易赤字并存的，是信用货币的过量发行。金融危机的导火索，是美国的次级房屋信贷危机。

从 1989 年以来，美国提供住房贷款的主要机构房利美（Fannie Mae）与房地美（Freddie Mac）为了获得暴利，向没有偿还贷款能力的消费者提供贷款。过度借贷的信用泛滥催生了大量的次级房屋贷款。这些具有高风险的贷款通过资产证券化的方式被出售给他人，以转移无法偿还贷款的风险。信用评级机构为了获得暴利，将这些有极大风险的“有毒资产”评定为优质资产。这些有害的资产化的证券极大地损害了购买证券的金融机构，进而引发了严重的流动性危机。即使多国中央银行多次向金融市场注入巨额资金，仍然无法阻止金融危机的爆发。到了 2008 年 9 月，这场金融危机完全失控，导致许多大金融机构倒闭或被政府接管。

从现象看，一方面，住房已经卖给消费者，商品已经实现，“惊险的跳跃”似乎已经完成，没有生产过剩，不属于资本主义经济危机；另一方面，贷款对象是消费者，不是生产者，消费者不能按时归还贷款，消费者信用违约似乎与资本主义生产过剩无关。正因为2008年开始的金融危机的表现形式与1929—1933年的资本主义经济危机的表现形式完全不同，经济学界才将其称为“金融危机”，而不是称其为经济危机。这种现象只是一种假象。

这种观点，只看到了金融危机的现象或假象，没有看到金融危机的本质。

从本质看，如果只有产业资本与商业资本参与生产过程与流通过程，产业资本家将产品卖给商业资本家，商业资本家没有将产品全部售出，那么，对于总体资本家（产业资本家与商业资本家）来说，并没有完成资本循环过程。

如果借贷资本向职能资本——产业资本与商业资本——提供贷款，产业资本与商业资本没有将产品全部售出，无法按期足额归还贷款，那么，对于总体资本家（产业资本家、商业资本家、借贷资本家）来说，同样没有完成资本循环过程。

如果借贷资本不是向产业资本与商业资本提供贷款，而是向消费者提供贷款，只是产业资本与商业资本将产品卖出去了，借贷资本并没有完全收回贷款，那么，对于总体资本家（产业资本家、商业资本家、借贷资本家）来说，仍然没有完成资本循环过程。即使采用各种金融衍生品的形式仍然无助于问题的解决。虚拟资本及其各种衍生形式，只是改变了借贷资本的形式，没有改变借贷资本的本质，仍然属于借贷资本的范畴。

如果将借贷资本与职能资本作为一个总体来看，也就是将产业资本、商业资本、借贷资本作为一个总体来看，那么，无论借贷资本家向产业资本家、商业资本家提供贷款，还是向消费者提供贷款，在产业资本家、商业资本家、购房者或其他消费者归还全部贷款之前，资本循环过程并没有真正完成，商品还没有最终实现。如果贷款不能完全归还，商品最终不能完全实现，那么，在这个过程中，摔坏的仍然是没有完成“惊险的跳跃”的资本家——不管是总体资本家的哪个组成部分。由于没有完成“惊险的跳跃”，首先摔坏的是借贷资本家，但是，最终产业资本家与商业资本家也不能幸免。

因此，从本质看，2007—2009年的金融危机，仍然是生产过剩的资本主义经济危机。

产生 2007—2009 年的世界金融危机的重要原因之一，是资本主义生产的利润率下降。因为在生产领域或在实体经济领域找不到利润率高的投资方式，所以，资本家转向剩余价值分配领域，在金融监管放松的条件下，试图通过高杠杆、高风险的金融衍生品等方式，在剩余价值分配过程中占有更多份额，从而占有更多剩余价值，获取暴利。这种现象本身就反映了利润率趋向下降。

上一章已经证明，在现象上，信用货币的过量发行是一个阻碍信用货币形式的利润率下降的非常重要的因素。在本质上，信用货币的过量发行是一个干扰利润率下降的假象，信用货币形式的利润率提高，不能反映价值增殖的真实程度。同样，高杠杆、高风险的金融衍生品，只是有利于少数资本家占有大量剩余价值，在总剩余价值中瓜分到更大的部分，不可能增加剩余价值总量，也不可能真正地提高价值增殖程度。在总剩余价值增加很少的条件下，既然有少数资本家占有大量剩余价值，获得暴利，那么，其他资本家必然要为此付出代价，不可能所有资本家都获得大量剩余价值，都在总剩余价值中瓜分到更大的部分。少数资本家在一定时期获得暴利是不可持续的，当这种矛盾积累到一定程度，经济危机必然爆发。经济危机被哪个因素触发，以哪种形式爆发，在哪个时间爆发，与我们的考察无关。

2007—2009 年的经济危机或金融危机的影响，至今还没有完全消除，全世界各经济体的经济增长率都降低了，利润率都下降了。

无产阶级相对贫困化、产业分工的发展、高利贷的衰落或利息率下降、发达国家经济增长率的下降、经济危机等现象，都证明了利润率趋向下降。当然，这里提到的利息率与平均利润率都是信用货币形式的利润率，不是金属货币形式的利润率，更不是价值形式的利润率。

信用货币形式的利润率与金属货币形式的利润率不同，金属货币形式的利润率与考虑货币材料生产的价值转形的利润率不同，考虑货币材料生产的价值转形的利润率与不考虑货币材料生产的价值转形的利润率不同，考虑土地因素的价值转形的利润率与不考虑土地因素的价值转形的利润率不同，考虑垄断因素的价值转形的利润率与不考虑垄断因素的价值转形的利润率不同。在经济活动中，资本家看到的是信用货币形式的利润率。反映价值增殖本质的，是按照耗费的劳动计算的利润率，即建立在价值实体上的利润率。显然，这两种利润率不同。

信用货币形式的利润率，是包含各种假象的利润率。这种利润率就像戴着面纱的少女，很难看清其真实的相貌，必须仔细识别。对于这种利润率，也必须通过去伪存真的认真分析，才能排除各种假象的干扰，发现被假象掩盖的利润率变化的总趋势。

那种以供求关系作为分析基础的利润率，不能正确地反映价值增殖的程度。因为供给曲线反映产量与价格的关系，需求曲线反映需求量与价格的关系，用供求关系解释价格，是用价格解释价格，是一种循环定义。循环定义违背了形式逻辑的基本规定。以供求关系作为分析基础，不以劳动价值论作为分析基础，不可能得到关于利润率变化趋势的科学的结论。

只有在价值实体——劳动——的基础上，才能排除经济现象中的各种假象的干扰，发现客观经济规律。在科学的意义上，真正反映价值增殖程度的指标，不是信用货币形式的利润率，也不是金属货币形式的利润率，而是建立在价值实体基础上的价值形式的利润率。

只要信用货币的发行量超过国内生产总值的增加值，就存在通货膨胀。在存在通货膨胀的条件下，价值形式的利润率低于信用货币形式的利润率。既然信用货币形式的利润率趋向下降，那么，价值形式的利润率就只能趋向下降。

因此，马克思的利润率趋向下降的观点是正确的。

第四节　减少固定资本的因素与利润率变化的极限

一、各种减少固定资本的因素

既然利润率不是单调递增，也不是连续下降，而是在多种因素的共同影响下，波动形式地趋向下降，或以概率形式下降，那么，利润率趋向下降的概率极限是什么？

由第十三章（13－58）式，价值形式的平均利润率为

$$r_v=\frac{s}{c+v}<\frac{s+v}{c}=r_{\max l} \qquad (26-3)$$

其中，$s+v$ 为活劳动，c 为凝结在生产资料中的过去的劳动，即物化劳动。

如果不存在减少固定资本的因素，那么，价值形式的平均利润率 r_v 必然趋向于下降。因为，在任何时期，活劳动 $s+v$ 都是有限的。无论资本积累是快还是慢，随着资本积累的不断进行，不变资本 c 都趋向于∞，

相应地，价值形式的平均利润率 r_v 的上限 r_{maxl} 趋向于 0。既然价值形式的平均利润率 r_v 的上限 r_{maxl} 不断下降，那么，价值形式的平均利润率 r_v 只能趋向下降，并且随着其上限 r_{maxl} 趋向于 0，以概率形式趋向于 0。

如果存在减少固定资本的因素，那么，为了考察价值形式的平均利润率 r_v 如何变化，必须区分哪种因素减少了固定资本。有几种不同的减少固定资本的因素。

第一种因素，由于生产率提高，生产同样数量的机器耗费的劳动减少，引起原来的固定资本贬值。

第二种因素，由于重要的新技术出现，产生了新的产业或新的生产部门，这些新的产业或新的生产部门，取代了原来的传统的一部分产业或生产部门，这些传统的产业或生产部门的固定资本闲置或损失了。这些新技术不是影响一个生产企业或一个生产部门，而是影响全社会的生产力，例如，互联网与电子邮件的出现，大幅度地减少了传统的纸质信件；电子商务的出现，令很多原有的传统的商业部门出现严重亏损，不得不退出市场竞争，相应的固定资本闲置或损失了；以数据采集技术、计算技术、伺服驱动技术为基础的工业自动控制技术的应用，改变了工业生产方式，原有的人工操作的机器闲置或损失了。

第三种因素，由于战争或自然灾害等因素造成生产力被破坏，固定资本遭遇损失。例如，20 世纪的两次世界大战，特别是第二次世界大战，严重地破坏了生产力。在日本军国主义发动的侵略中国的战争中，中国牺牲了大约 3 500 万人口，物质损失难以计数。在德国法西斯发动的侵略苏联的战争中，苏联牺牲了大约 2 500 万人口，很多城市被夷为平地，固定资本损失殆尽。其他被侵略的国家也遭受了巨大损失。

第四种因素，由于资本主义经济危机造成的破坏，在经济危机期间，一部分已经形成的生产能力遭到破坏，相应的固定资本遭遇损失。

二、第一种减少固定资本的因素对利润率的影响

在活劳动 $v+s$ 不变的条件下，对于第一种因素造成固定资本贬值的情况，也就是对于生产力提高引起固定资本贬值的情况，价值形式的平均利润率 r_v 的变化，取决于生产力提高引起固定资本贬值与资本积累引起的固定资本增加的关系。

如果生产力提高引起的固定资本贬值小于资本积累引起的固定资本增加，那么，不变资本 c 增加，价值形式的平均利润率 r_v 的上限 r_{maxl} 降低，价值形式的平均利润率 r_v 趋向下降，也就是在波动中下降。

如果生产力提高引起的固定资本贬值大于资本积累引起的固定资本增加，那么，不变资本 c 减少，价值形式的平均利润率 r_v 的上限 r_{maxl} 提高，价值形式的平均利润率 r_v 趋向上升，也就是在波动中上升。

如果生产力提高引起的固定资本贬值等于资本积累引起的固定资本增加，那么，不变资本 c 不变，价值形式的平均利润率 r_v 的上限 r_{maxl} 不变，价值形式的平均利润率 r_v 基本不变，也就是在某个中心数值附近上下波动。

三、第二种减少固定资本的因素对利润率的影响

在活劳动 $v+s$ 不变的条件下，对于第二种减少固定资本的因素，也就是对于由于新的产业或新的生产部门取代了原来的传统的一部分产业或生产部门，这些传统的产业或传统的生产部门的固定资本损失的情况，价值形式的平均利润率 r_v 的变化，取决于被替代产业或生产部门的固定资本的损失与其他产业或生产部门的资本积累引起的固定资本增加的关系。

如果被替代产业或生产部门的固定资本的损失小于其他产业或生产部门的资本积累引起的固定资本增加，那么，不变资本 c 增加，价值形式的平均利润率 r_v 的上限 r_{maxl} 降低，价值形式的平均利润率 r_v 趋向下降，也就是在波动中下降。

如果被替代产业或生产部门的固定资本的损失大于其他产业或生产部门的资本积累引起的固定资本增加，那么，不变资本 c 减少，价值形式的平均利润率 r_v 的上限 r_{maxl} 提高，价值形式的平均利润率 r_v 趋向上升，也就是在波动中上升。

如果被替代产业或生产部门的固定资本的损失等于其他产业或生产部门的资本积累引起的固定资本增加，那么，不变资本 c 不变，价值形式的平均利润率 r_v 的上限 r_{maxl} 不变，价值形式的平均利润率 r_v 基本不变，也就是在某个中心数值附近上下波动。

四、第三种减少固定资本的因素对利润率的影响

在活劳动 $v+s$ 不变的条件下，对于第三种减少固定资本的因素，也就是对于由于战争或自然灾害等因素造成生产力被破坏与固定资本损失的情况，价值形式的平均利润率 r_v 的变化，取决于战争或自然灾害等因素造成固定资本的损失与资本积累引起的固定资本增加的关系。

如果战争或自然灾害等因素造成固定资本的损失小于资本积累引起的固定资本增加，那么，不变资本 c 增加，价值形式的平均利润率 r_v 的上限

r_{maxl}降低，价值形式的平均利润率 r_v趋向下降，也就是在波动中下降。

如果战争或自然灾害等因素造成固定资本的损失大于资本积累引起的固定资本增加，那么，不变资本 c 减少，价值形式的平均利润率 r_v的上限 r_{maxl}提高，价值形式的平均利润率 r_v趋向上升，也就是在波动中上升。

如果战争或自然灾害等因素造成固定资本的损失等于资本积累引起的固定资本增加，那么，不变资本 c 不变，价值形式的平均利润率 r_v的上限 r_{maxl}不变，价值形式的平均利润率 r_v基本不变，也就是在某个中心数值附近上下波动。

五、第四种减少固定资本的因素对利润率的影响

在活劳动 $v+s$ 不变的条件下，对于第四种减少固定资本的因素，也就是对于由于资本主义经济危机引起的固定资本的损失的情况，价值形式的平均利润率 r_v的变化，取决于资本主义经济危机引起的固定资本的损失与资本积累引起的固定资本增加的关系。

如果资本主义经济危机引起的固定资本的损失小于资本积累引起的固定资本增加，那么，不变资本 c 增加，价值形式的平均利润率 r_v 的上限 r_{maxl}降低，价值形式的平均利润率 r_v趋向下降，也就是在波动中下降。

如果资本主义经济危机引起的固定资本的损失大于资本积累引起的固定资本增加，那么，不变资本 c 减少，价值形式的平均利润率 r_v 的上限 r_{maxl}提高，价值形式的平均利润率 r_v趋向上升，也就是在波动中上升。

如果资本主义经济危机引起的固定资本的损失等于资本积累引起的固定资本增加，那么，不变资本 c 不变，价值形式的平均利润率 r_v 的上限 r_{maxl}不变，价值形式的平均利润率 r_v基本不变，也就是在某个中心数值附近上下波动。

第五节　生产率提高与固定资本贬值引起利息率与利润率的关系变化

如果不考虑“监督工资”，那么，利息率等于平均利润率。如果考虑“监督工资”，那么，利息率应该低于平均利润率，并与平均利润率保持大致确定的比率。在固定资本贬值的条件下，这种关系发生变化。

对于使用自有资本的产业资本家来说，由于出现了生产率更高的技术，生产与原来同样的机器所耗费的劳动减少，原有的固定资本贬值，产

业资本家损失了自己的一部分资本。按照固定资本贬值之后的资本价值计算的利润率，高于按照固定资本没有贬值时的资本价值计算的利润率。

使用借贷资本的产业资本家与使用自有资本的产业资本家不同。为了简化分析，假设使用借贷资本进行生产的产业资本家没有自有资本，完全利用借贷资本。借贷资本家与产业资本家之间形成债权债务关系。在固定资本贬值的条件下，使用自有资本的产业资本家损失自己的一部分资本，但是，使用借贷资本进行生产的产业资本家无法逃避债务，他使用的资本来自贷款，他投入生产的货币资本数额等于借贷数额，固定资本贬值不能减少他的债务。由于生产机器、设备的生产率提高，使用借贷资本进行生产的产业资本家的机器、设备等生产资料的实际价值降低，从而他的生产资本减少，但是，借入的货币资本数额并没有减少，因此，在固定资本贬值的条件下，即使不考虑“监督工资”，利息率也必须低于平均利润率，否则，具有中等生产率的使用借贷资本进行生产的产业资本家就无法获得平均利润。

在考虑“监督工资”的条件下，利息率应该比平均利润率低更多。

可见，生产率提高与固定资本贬值，使得利息率与利润率的关系变化。

第六节　活劳动变化与利润率变化的极限

一、活劳动取决于人口、就业率、人均年劳动时间

活劳动取决于人口、就业率、人均年劳动时间。由第十三章（13－67）式，活劳动为

$$l = p_t e_r l_y \qquad (26-4)$$

其中，l 表示每年的活劳动或活劳动创造的新价值，p_t 表示总人口，e_r 表示就业率，l_y 表示人均年劳动或人均年劳动创造的新价值。

迄今为止，几百年的资本主义生产发展的历史证明，总人口增加，就业率基本不变，人均年劳动时间减少，总人口增加的比例超过人均年劳动时间减少的比例。因此，每年的活劳动的总额增加。

由第十三章（13－69）式，价值形式的平均利润率为

$$r_v = \frac{s}{c+v} < \frac{v+s}{c+v} = \frac{l}{K} = \frac{p_t e_r l_y}{K} = \frac{l_y}{\frac{K}{p_t e_r}} \qquad (26-5)$$

其中，K 表示价值形式的资本，$\frac{K}{p_t e_r}$ 表示每个雇佣劳动者使用的资本。

迄今为止，几百年的资本主义生产发展的历史证明，人均年劳动 l_y 不断减少，每个雇佣劳动者使用的资本 $\frac{K}{p_t e_r}$ 不断增加。因此，价值形式的平均利润率趋向下降。

二、世界总人口与活劳动的变化趋势

上面对各种减少固定资本的因素引起价值形式的平均利润率变化的考察，都建立在活劳动 $v+s$ 不变的基础上。如果活劳动 $v+s$ 变化，那么，价值形式的平均利润率 r_v 的上限 r_{maxl} 的变化方向，以及价值形式的平均利润率 r_v 的变化方向，取决于活劳动 $v+s$ 与不变资本 c 的变化方向与变化比例的对比。

目前，经济欠发达的国家的人口增长率高，经济发达的国家的人口增长率低。经济欠发达的国家的总人口与有劳动能力的人口增长。经济发达国家的就业竞争激烈，生活成本高，生存压力大，家庭平均生育子女的数量达不到维持人口平衡需要达到的 2.2～2.3 人，总人口与有劳动能力的人口不仅不增长，反而减少。

从全世界的范围来看，经济欠发达国家的经济发展水平总会不断提高，人口出生率会不断下降，所以，在一定历史阶段，全世界总人口达到峰值之后，会逐步减少，但是，不会无限制地减少，总人口减少到一定程度之后，将达到某种平衡。

就业率基本不变。人均年劳动将稳定在一定水平。因此，迄今为止，活劳动的总量增加，未来活劳动的总量将稳定在一定水平。

三、活劳动与不变资本的变化方向相反的情况

如果活劳动 $v+s$ 减少，不变资本 c 增加，那么，价值形式的平均利润率 r_v 的上限 r_{maxl} 降低，价值形式的平均利润率 r_v 趋向下降，也就是在波动中下降。

如果活劳动 $v+s$ 增加，不变资本 c 减少，那么，价值形式的平均利润率 r_v 的上限 r_{maxl} 提高，价值形式的平均利润率 r_v 趋向上升，也就是在波动中上升。

四、活劳动与不变资本都减少的情况

如果活劳动 $v+s$ 与不变资本 c 都减少，那么，价值形式的平均利润

率 r_v的上限 r_{maxl}与价值形式的平均利润率 r_v的变化，取决于活劳动 $v+s$ 与不变资本 c 的变化比例的对比。

如果活劳动 $v+s$ 减少的比例大于不变资本 c 减少的比例，那么，价值形式的平均利润率 r_v的上限 r_{maxl}降低，价值形式的平均利润率 r_v趋向下降，也就是在波动中下降。

如果活劳动 $v+s$ 减少的比例小于不变资本 c 减少的比例，那么，价值形式的平均利润率 r_v的上限 r_{maxl}提高，价值形式的平均利润率 r_v趋向上升，也就是在波动中上升。

如果活劳动 $v+s$ 减少的比例等于不变资本 c 减少的比例，那么，价值形式的平均利润率 r_v的上限 r_{maxl}不变，价值形式的平均利润率 r_v基本不变，也就是在某个中心数值附近上下波动。

五、活劳动与不变资本都增加的情况

如果活劳动 $v+s$ 与不变资本 c 都增加，那么，价值形式的平均利润率 r_v的上限 r_{maxl}与价值形式的平均利润率 r_v的变化，取决于活劳动 $v+s$ 与不变资本 c 的变化比例的对比。

如果活劳动 $v+s$ 增加的比例大于不变资本 c 增加的比例，那么，价值形式的平均利润率 r_v的上限 r_{maxl}提高，价值形式的平均利润率 r_v趋向上升，也就是在波动中上升。

如果活劳动 $v+s$ 增加的比例小于不变资本 c 增加的比例，那么，价值形式的平均利润率 r_v的上限 r_{maxl}降低，价值形式的平均利润率 r_v趋向下降，也就是在波动中下降。

如果活劳动 $v+s$ 增加的比例等于不变资本 c 增加的比例，那么，价值形式的平均利润率 r_v的上限 r_{maxl}不变，价值形式的平均利润率 r_v基本不变，也就是在某个中心数值附近上下波动。

第七节　决定资本有机构成与剩余价值率的因素的性质不同

资本有机构成与剩余价值率是决定利润率的两个主要因素。

到目前为止，我们还没有考察决定资本有机构成的因素与决定剩余价值率的因素存在哪些根本不同的性质；哪个因素只与生产力有关，哪个因素不仅与生产力有关，而且与生产关系有关。

从现象看，资本有机构成是不变资本价值与可变资本价值之比，剩余

价值率是剩余价值与可变资本价值之比。

从本质看，资本有机构成是生产生产资料耗费的过去的劳动与活劳动中的必要劳动之比，剩余价值率是活劳动中的剩余劳动与必要劳动之比。资本有机构成反映资本技术构成，反映生产力。剩余价值率反映剥削程度，反映资本剥削劳动的生产关系。

剩余价值率不仅取决于一定时代的生产力，取决于工人阶级与资产阶级的力量对比，而且与历史因素有关。马克思认为："必须考虑到决定劳动力的价值量的变化的一切因素：自然的和历史地发展起来的首要的生活必需品的价格和范围，工人的教育费，妇女劳动和儿童劳动的作用，劳动生产率，劳动的外延量和内含量。"①

资本有机构成仅仅取决于资本技术构成或取决于生产力，不取决于工人阶级与资产阶级的力量对比，也就是不取决于生产关系。

资本有机构成提高是生产力提高的标志。因为资本有机构成提高与资本技术构成提高不完全一致，所以，资本有机构成提高的比例与生产力提高的比例不完全一致，更确切地说，资本有机构成提高的比例与生产率提高的比例不完全一致。

在一般情况下，生产率提高是资本家提高剩余价值率的必要条件，但不是充分条件。资本家是否提高剩余价值率，以何种程度提高剩余价值率，还要考虑工人阶级与资产阶级的力量对比，也就是考虑生产关系。此外，一个国家的剩余价值率与历史因素有关。

当生产力或生产率提高时，资本有机构成必然提高，但是，剩余价值率是否提高，提高到何种程度，不仅涉及工人阶级与资产阶级的力量对比，而且涉及一定的历史因素。

如果生产率提高的比例比较大，也就是资本有机构成提高的比例比较大，而剩余价值率提高的比例比较小，那么，利润率降低。这种情况对工人阶级有利，对资本家不利。如果生产率提高的比例比较小，也就是资本有机构成提高的比例比较小，而剩余价值率提高的比例比较大，那么，利润率提高。这种情况对工人阶级不利，对资本家有利。

当工人阶级与资产阶级的力量对比发生变化时，剩余价值率必然变化，但是，不影响资本有机构成，生产率不变。在这种条件下，利润率必然变化。

因此，决定资本有机构成的因素与决定剩余价值率的因素，存在本质

① 《马克思恩格斯全集》，第23卷，北京，人民出版社，1972，中文1版，第613页。

的区别。这种本质区别，必然影响利润率的变化方向。

第八节 利润率趋向下降与价值增殖的生产目的之间的矛盾

一、利润率趋向下降与剩余价值增加的矛盾

资本主义竞争决定资本有机构成不断提高。资本有机构成提高决定生产率提高。随着生产率提高，单位生活资料的价值降低，剩余价值增加，剩余价值率提高。

资本有机构成提高与剩余价值率提高对利润率的影响是相反的。通常，资本有机构成提高的比例高于剩余价值率提高的比例，从而利润率下降。利润率下降又限制了剩余价值增加，使得剩余价值不能更快增加。

显然，利润率趋向下降与剩余价值增加存在矛盾。

二、利润率趋向下降与价值增殖的矛盾

剩余价值率与平均利润率没有发生重大变化的条件下，资本家为了提高自己的个别利润率，总是采用新技术，使用新机器，提高生产率，使自己的产品的个别价值低于社会价值，获得超额利润。提高生产率的过程，是提高资本有机构成的过程。只要获得超额利润对个别利润率的影响超过提高资本有机构成对个别利润率的影响，个别利润率提高，资本家就会采用新技术、使用新机器。

大多数资本家都提高资本有机构成，总剩余价值不一定能够相应地增加，结果是平均利润率趋向下降。资本家的最大限度地提高利润率的生产目的，与利润率趋向下降的结果互相矛盾。个别资本家提高个别利润率的愿望，与全体资本家的平均利润率趋向下降的现实互相矛盾。

一方面，利润率趋向下降；另一方面，资本主义的价值增殖的生产目的决定资本家必须获得剩余价值。在资本主义竞争过程中，不是每个资本家都能获得剩余价值，不是每个资本家的个别利润率都大于0，在个别时期，甚至可能出现多数企业出现亏损的情况，例如经济危机时期，但是，在较长的时期中，平均利润率必须大于0。显然，二者存在矛盾。利润率下降到越低水平的阶段，这种矛盾越尖锐。

三、价值形式的利润率下降的数学表述

考虑到长期的平均利润率大于 0，价值形式的利润率下降可以用数学形式表示为：价值形式的利润率对时间的一阶导数小于 0，价值形式的利润率对时间的二阶导数大于 0，即

$$\frac{\mathrm{d}r_v}{\mathrm{d}t} > 0 \tag{26-6}$$

与

$$\frac{\mathrm{d}^2 r_v}{\mathrm{d}t^2} < 0 \tag{26-7}$$

（26－6）式与（26－7）式表示，价值形式的利润率不断下降，但是，下降幅度不断减少。为了说明价值形式的利润率与时间的变化关系，假设，价值形式的利润率 r_v 为时间 t 的以 e 为底数的指数函数，即

$$r_v = ae^{-bt} + c \tag{26-8}$$

其中，a、b、c 均为参数，并且均为正值，即 $a>0$，$b>0$，$c>0$。$r_v=c$ 为价值形式的利润率 r_v 的水平渐近线。

由（26－8）式，价值形式的利润率对时间的一阶导数 $\frac{\mathrm{d}r_v}{\mathrm{d}t}$ 为

$$\frac{\mathrm{d}r_v}{\mathrm{d}t} = -abe^{-bt} \tag{26-9}$$

（26－9）式表示，价值形式的利润率对时间的一阶导数 $\frac{\mathrm{d}r_v}{\mathrm{d}t}$ 以 0 为水平渐近线。

由（26－8）式，价值形式的利润率对时间的二阶导数 $\frac{\mathrm{d}^2 r_v}{\mathrm{d}t^2}$ 为

$$\frac{\mathrm{d}^2 r_v}{\mathrm{d}t^2} = ab^2 e^{-bt} \tag{26-10}$$

（26－10）式表示，价值形式的利润率对时间的二阶导数 $\frac{\mathrm{d}^2 r_v}{\mathrm{d}t^2}$ 以 0 为水平渐近线。

如果参数 $a=0.2$，$b=0.4$，$c=0.01$，$t=0$，0.5，1，…，10，那么，（26－8）式、（26－9）式、（26－10）式表示的价值形式的利润率 r_v、价值形式的利润率对时间的一阶导数 $\frac{\mathrm{d}r_v}{\mathrm{d}t}$、价值形式的利润率对时间的二阶导数 $\frac{\mathrm{d}^2 r_v}{\mathrm{d}t^2}$ 与时间 t 的关系，可以用表 26－1 表示。

表 26 - 1　　r_v、$\frac{dr_v}{dt}$、$\frac{d^2r_v}{dt^2}$与时间 t 的关系

时间 t	价值形式的利润率 r_v	一阶导数 $\frac{dr_v}{dt}$	二阶导数 $\frac{d^2r_v}{dt^2}$
0.0	0.210 000 00	−0.080 000 00	0.032 000 00
0.5	0.173 746 15	−0.065 498 46	0.026 199 38
1.0	0.144 064 01	−0.053 625 60	0.021 450 24
1.5	0.119 762 33	−0.043 904 93	0.017 561 97
2.0	0.099 865 79	−0.035 946 32	0.014 373 53
2.5	0.083 575 83	−0.029 430 36	0.011 772 14
3.0	0.070 238 84	−0.024 095 54	0.009 638 21
3.5	0.059 319 39	−0.019 727 76	0.007 891 10
4.0	0.050 379 30	−0.016 151 72	0.006 460 69
4.5	0.043 059 78	−0.013 223 91	0.005 289 56
5.0	0.037 067 06	−0.010 826 82	0.004 330 73
5.5	0.032 160 63	−0.008 864 25	0.003 545 70
6.0	0.028 143 59	−0.007 257 44	0.002 902 97
6.5	0.024 854 72	−0.005 941 89	0.002 376 75
7.0	0.022 162 01	−0.004 864 81	0.001 945 92
7.5	0.019 957 41	−0.003 982 97	0.001 593 19
8.0	0.018 152 44	−0.003 260 98	0.001 304 39
8.5	0.016 674 65	−0.002 669 86	0.001 067 94
9.0	0.015 464 74	−0.002 185 90	0.000 874 36
9.5	0.014 474 15	−0.001 789 66	0.000 715 86
10.0	0.013 663 13	−0.001 465 25	0.000 586 10

表 26 - 1 所表示的价值形式的利润率 r_v 与时间 t 的关系，可以用图 26 - 1 表示。

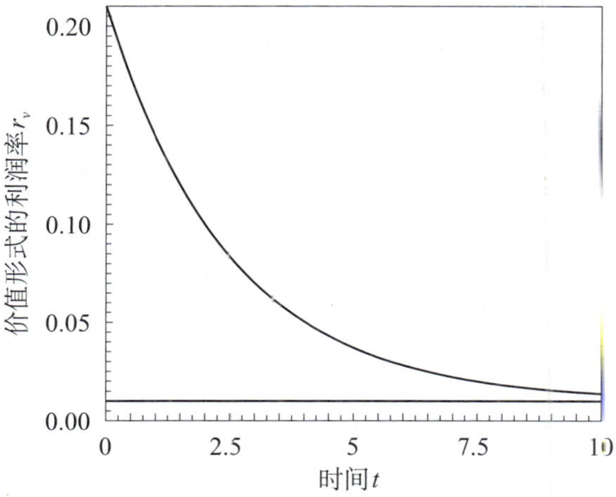

图 26 - 1　r_v与时间 t 的关系

图 26－1 表示，价值形式的利润率 r_v 为时间 t 的单调递减函数，并且以 $r_v=c=0.01$ 为水平渐近线。

表 26－1 所表示的价值形式的利润率对时间的一阶导数 $\frac{\mathrm{d}r_v}{\mathrm{d}t}$ 与时间 t 的关系，可以用图 26－2 表示。

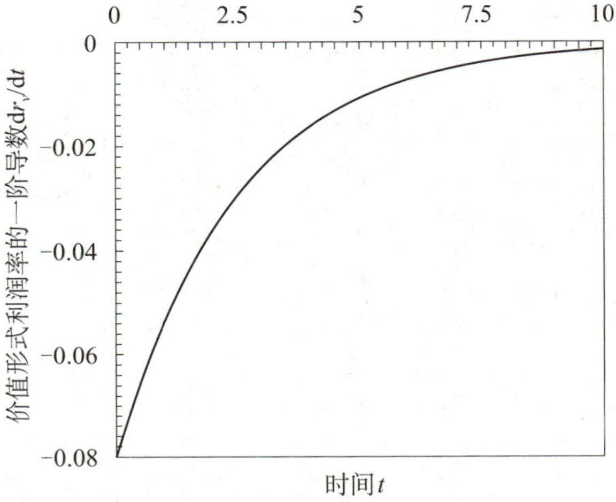

图 26－2 $\frac{\mathrm{d}r_v}{\mathrm{d}t}$与时间 t 的关系

图 26－2 表示，价值形式的利润率对时间的一阶导数 $\frac{\mathrm{d}r_v}{\mathrm{d}t}$ 为时间 t 的单调递增函数，并且以 $\frac{\mathrm{d}r_v}{\mathrm{d}t}=0$ 为水平渐近线。

表 26－1 所表示的价值形式的利润率对时间的二阶导数 $\frac{\mathrm{d}^2 r_v}{\mathrm{d}t^2}$ 与时间 t 的关系，可以用图 26－3 表示。

图 26－3 表示，价值形式的利润率对时间的二阶导数 $\frac{\mathrm{d}^2 r_v}{\mathrm{d}t^2}$ 为时间 t 的单调递减函数，并且以 $\frac{\mathrm{d}^2 r_v}{\mathrm{d}t^2}=0$ 为水平渐近线。

四、价值形式的利润率趋向下降的数学表述

价值形式的利润率不是在任何条件下都只下降不上升，也不是只升不下降，而是有升有降，这种升降是周期性的，总趋向是下降。（26－8）式表示的价值形式的利润率与时间的关系，是单调递减的函数关系，只反映

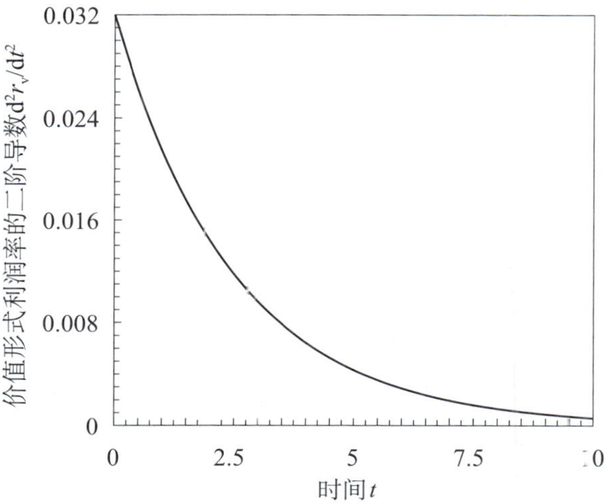

图 26-3　$\frac{d^2r_v}{dt^2}$与时间 t 的关系

利润率下降的阶段，没有反映利润率上升的阶段，没有反映波动性，也就是没有反映利润率趋向下降。

三角函数是最简单的具有周期性与波动性的函数。用时间 t 的指数函数与时间 t 的三角函数（例如正弦函数）的线性组合，可以近似地反映利润率趋向下降。假设，随着时间推移，价值形式的利润率趋向下降的函数关系可以表示为

$$r_v = ae^{-bt} + c + p\sin qt \tag{26-11}$$

其中，a、b、c、p、q 均为参数，并且均为正值，即 $a>0$，$b>0$，$c>0$，$p>0$，$q>0$。$r_v=c$ 为价值形式的利润率 r_v的水平渐近线。

如果参数 $a=0.2$，$b=0.4$，$c=0.01$，$p=0.01$，$q=5$，$t=0$，0.01，0.02，…，10，那么，（26-11）式表示的价值形式的利润率 r_v与时间 t 的关系，可以用图 26-4 表示。

在图 26-4 中，单调递减的实线，反映没有波动性的价值形式的利润率 r_v与 t 的函数关系，以 0.01 为水平渐近线；在波动中下降的实线，反映有波动性的价值形式的利润率 r_v与 t 的函数关系。

图 26-4 表示，有波动性的价值形式的利润率 r_v，围绕着没有波动性的价值形式的利润率 r_v，在不断的波动中逐步趋于下降。显然，有波动性的价值形式的利润率 r_v与 t 的函数关系，能够比较好地反映利润率趋向下降的规律。由图 26—4 还可以看出，在一定时间内，有波动性的价值形

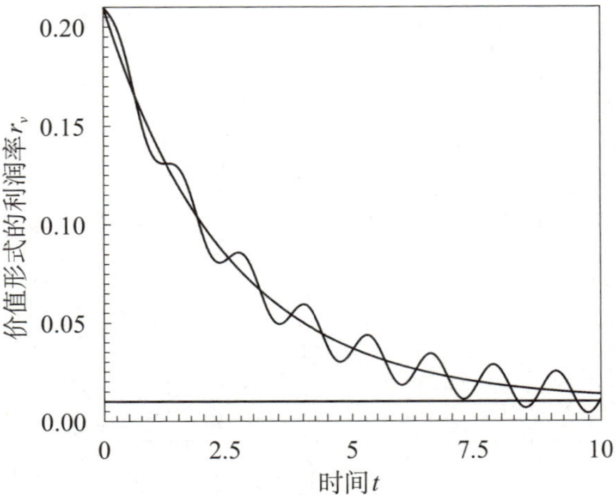

图 26－4　r_v与时间 t 的关系

式的利润率可以低于某个水平渐近线，如果波动性增大，还可以低于其他水平渐近线。

为了使图 26－4 中的波动曲线更光滑，时间 t 的步长小，数据量大，无法用表格中的计算数据表示有波动性的价值形式的利润率 r_v与 t 的函数关系，所以，直接用图 26－4 表示这种关系。

值得注意的是，这里只对利润率的变化进行理论考察，不进行实证分析，在没有利用统计资料的条件下，无论（26－8）式表示的没有波动性的价值形式的利润率与时间的关系，还是（26－11）式表示的有波动性的价值形式的利润率与时间的关系，都是一种假设，由这种假设得到的关系，只是说明，而不是证明。

在图 26－4 中，有波动性的价值形式的利润率 r_v为时间 t 的指数函数与时间 t 的正弦函数的线性组合。在现实经济活动中，价值形式的利润率 r_v的波动是非常复杂的，不是简单的指数函数与正弦函数的线性组合，而是时间 t 的某种复杂的概率函数。这种概率函数的波动幅度不完全确定，波动周期也不完全确定。这种概率函数形式的曲线逐步趋向于某条水平渐近线，但是，在一定时间内，可以低于这条水平渐近线。在不同经济系统、不同时期、不同经济条件下，这条水平渐近线的值不同，甚至可以接近 0。这种关系，可以用概率函数形式表示为

$$p\lim_{t\to\infty}[r_v(t)] = c \tag{26-12}$$

由图 26－4 可以看出，当超过一定时间之后，价值形式的利润率的波动性逐渐掩盖了下降趋势。利润率在波动中逐步下降的趋势越来越看不到

了，看到的只剩下利润率不断波动的现象。这种现象是一种假象。只有通过历史分析，才能看清现象背后的本质，看清利润率变化的总趋势。

这就是很多经济学家认为利润率不是趋向下降，而是不断波动的原因。有些经济学家甚至据此认为，如果利润率趋向下降，那么，资本主义应该早就灭亡了。

利润率波动的假象掩盖了利润率趋向下降的本质。他们只看到局部现象，也就是只看到假象，没有看到历史发展的总趋势。

五、价值形式的利润率为负值的情况

无论（26－11）式或图 26－4 表示的有波动性的价值形式的利润率与时间的关系，还是（26－12）式表示的波动的价值形式的利润率为时间的概率函数形式的曲线逐步趋向于某条水平渐近线的关系，都与水平渐近线的值有关。

这条水平渐近线是什么值，不是一个由理论分析可以解答的问题，而是一个需要由实践回答的问题，也就是必须以长期的、大范围的、大量的统计数据为依据，利用统计学或经济计量学的方法才能得到。

由理论分析可以证明，如果价值形式的利润率为时间的波动的概率函数，并且这条水平渐近线的值接近 0，那么，在一定时期，必然出现价值形式的平均利润率为负值的情况，也就是大多数资本家亏损，而不是个别资本家亏损。在这段时期，虽然不会出现资本家因为得不到剩余价值而无法维持基本生活的结果，但是，必然出现资本减少的结果。资本家售卖产品得到的货币中，扣除必须支付的工资与自己的生活费之后的余额，不足以补偿生产中耗费的生产资料的价值，生产规模出现萎缩。

这种情况是利润率趋向下降过程中必然出现的结果。这种情况不仅是理论分析的结果，而且被经济危机时期的事实所证明。当然，资本主义生产方式决定了价值形式的平均利润率不可能长期为负值。从长期来看，如果没有剩余价值，那么，资本主义生产无法进行。因此，作为价值形式的平均利润率的概率极限的水平渐近线，可以接近 0，但是，不能等于 0，更不可能小于 0。

问题在于，在价值形式的平均利润率为负值的时期，资本家为什么仍然进行生产？哪些资本家进行生产？哪些资本家不再生产？对于生产成本中可变资本占主要部分的产业或劳动密集型产业来说，当价值形式的平均利润率为负值，企业出现亏损时，资本家会停止生产，甚至退出该生产领域，以减少损失。相反，对于生产成本中固定资本占主要部分的产业或资本密集型产业来说，即使价值形式的平均利润率为负值，企业出现亏损时，资本家有时也不得不进行生产。这是因为，即使不生产，固定资本也将产生有形损耗（例如，生锈、腐蚀、土地租金等）与无形损耗，同时还要损失贷款利息与销售渠道。在价值形式的平均利润率为负值的条件下，如果维持生产的损失比停止生产的损失小，资本家会维持生产。

在价值形式的平均利润率为负值的时期，资本家仍然进行生产还有一个重要的原因，这就是从开始进行固定资本投资到形成生产能力需要一定时间，特别是一部分重工业，例如铁路、矿山、水力发电、核能发电等，从开始进行固定资本投资到形成生产能力需要大约 10 年时间。如果在经济危机与萧条阶段退出重工业生产领域，在经济复苏与高涨阶段再进行投资，那么，当生产能力形成时，可能错过经济高涨阶段。因此，在企业出现亏损时，一部分重工业领域的资本仍然维持生产。

一方面，利润率趋向下降；另一方面，长期的平均利润率必须大于 0：这是一种矛盾。利润率下降到越低水平的时期，这种矛盾表现得越尖锐，越具有威胁性。这种外在的压力，迫使资本家不断寻找摆脱利润率趋向下降的方法。

第九节　利润率变化的阶段性与波动性

对于上述第一种因素造成固定资本减少的情况，因为在长期经济发展过程中，每个生产部门与每个企业的生产率以不同速度提高，新技术、新机器的使用都会提高生产率，并且使原有的固定资本发生不同程度的贬值，每个生产部门与每个企业的生产率提高与原有的固定资本贬值都不是平稳的，不是连续的，而是有阶段性的，但是，全社会有大量的生产企业或生产部门，所以，全社会的生产率基本可以看做是连续提高的，全社会的固定资本的贬值也基本可以看做是连续进行的。利润率变化的阶段性表现得不显著。

对于上述第二种因素造成固定资本减少的情况，因为影响全局的、具有革命性的、重大的新技术不是经常产生并得到应用的，在人类历史上，通常几十年才出现一次这样的具有革命性的重大的新技术，并得到应用，例如，蒸汽机的产生与应用，内燃机的产生与应用，发电机、电动机、输变电设备的产生与应用，核电站的产生与应用，计算机与大规模集成电路的产生与应用，互联网的产生与应用等。既然具有革命性的新技术的产生与应用具有阶段性，每次这些具有革命性的新技术的产生与应用都引起代表旧的落后技术的固定资本的贬值与利润率的提高，在没有具有革命性的新技术的产生与应用的阶段，随着投资增加，资本有机构成提高，利润率仍然趋向下降，那么，在这种情况下，利润率的变化与利润率趋向下降也具有阶段性。

对于上述第三种因素造成固定资本减少的情况，战争与重大自然灾害对生产力与固定资本的破坏是显著的，但是，战争与重大自然灾害不是经常发生的。在战争与重大自然灾害之后的经济恢复的初期，固定资本减少，资本有机构成降低，利润率提高。在战争与重大自然灾害之后的经济长期发展的过程中，仍然受到利润率趋向下降的规律的制约。因此，在这种情况下，利润率的变化与利润率趋向下降具有阶段性。

对于上述第四种因素造成固定资本减少的情况，周期性的资本主义经济危机与利润率的变化有密切的关系。

资本主义生产的唯一目的，就是最大限度地追求剩余价值，也就是追求利润。资本家为了获得更多利润，一方面，采用新技术，提高资本有机构成，提高他的个别生产率，使他的产品的个别价值低于这种产品的社会价值，得到超额剩余价值或超额利润，提高他的个别利润率；另一方面，加重对工人的剥削，扩大资本积累，扩大生产规模。有些大资本通过扩大生产规模，利用垄断地位获得高额垄断利润。生产规模扩大与雇佣劳动者有支付能力的需求相对减少，或贫富差距扩大，使产品难以实现。当这种矛盾积累到一定程度，一部分企业产品无法卖出，利润率下降，甚至亏损，出现一部分企业倒闭。这些企业倒闭与工人失业，引起总购买力下降，进一步引起更多企业倒闭，出现经济危机。

经济危机强制性地消灭一部分生产能力，淘汰一部分固定资本，减少总资本，从而提高利润率或减缓利润率的下降。当然，在经济危机中，首先被淘汰的资本，是那些生产力落后的资本。如果生产能力仍然大于有支付能力的需求，那么，将有更多的资本被淘汰或消灭，直至生产能力与有支付能力的需求达到平衡。

在经济危机中，受到影响最大的不是资本家，而是工人。在 2007—2009 年的金融危机中，美国政府不是救济受到影响最大的工人，而是用纳税人的钱，用公共财政，救济制造了金融危机的大银行家、大企业家。

经济危机不仅使资本家的资本受到损失，而且加剧了工人阶级与资产阶级的矛盾。

在经济危机之后，生产逐渐恢复，购买力逐渐提高，由于资本有机构成已经降低，利润率有所提高。在此之后，又开始新的增加资本与提高资本有机构成的过程，开始新的利润率趋向下降的过程。

综合以上几种造成固定资本减少的因素，利润率变化与利润率趋向下降都呈现出显著的阶段性或波动性。

无论属于哪种情况，面对利润率趋向下降，资本家都不得不寻求提高利润率的方法。从传统的固定资本更新，到广泛采用新技术；从将投资重点由传统制造业转移到互联网产业，由互联网产业转移到房地产，由房地产再转移到金融领域。在每次投资的重点方向转移的初期，利润率似乎都有所提高，似乎都摆脱了利润率趋向下降的阴影，但是，这种情况都是暂时的，在随后的发展过程中，利润率又逐渐趋向下降。

随着新兴产业不断出现，重点竞争领域与竞争内容不断变化。对于技术尚未成熟的新兴产业来说，主要通过内涵扩大再生产的方式扩大生产规模，提高资本技术构成与资本有机构成，采用新技术与新机器提高生产率，获取超额利润，从而提高个别利润率。对于技术成熟的产业来说，主要通过外延扩大再生产的方式扩大生产规模，降低单位产品的生产成本，从而提高个别利润率。

个别企业提高个别利润率，不能增加总剩余价值，只能改变总剩余价值在生产力不同的企业之间的分配。如果有一部分企业获得超额利润，那么，必定有另一部的企业获得的利润低于平均利润。在一个时期平均利润率提高，在另一个时期平均利润率降低。

因此，不太长的历史时期中，很难看到平均利润率总体趋向提高或总体趋向降低。利润率变化的总趋势被利润率的波动掩盖了。平均利润率越低，利润率下降的总趋势越容易被利润率的波动性掩盖。

第十节　资本主义生产方式决定利润率的变化

一、人口增长率、人均劳动时间与利润率变化的现象与本质

从现象看，利润率的变化取决于由于各种原因造成的固定资本贬值的因素、资本积累的因素、人口变化的因素、资本家不断寻找新的利润增长领域的因素。

各种原因造成的固定资本贬值的因素、不断变换的新的利润增长领域的因素，使得利润率在一定时期不是降低而是提高。这似乎否定了利润率

趋向下降的规律。

有些经济学家正是以这些经济现象为依据，认为利润率不是降低而是提高。也有些经济学家认为，至少利润率没有下降的趋势。有的经济学家依据不同国家与不同时期的统计资料，得到不同的结论。这些观点，都与上述各种现象有关。

从本质看，资本主义生产目的是占有更多剩余价值，占有更多剩余价值的动机，决定了资本积累的速度与规模通常超过固定资本贬值的速度与规模。人口的变化是一个自然历史过程，有其自身的内在规律，但是，在资本主义生产方式的条件下，人口的长期变化规律最终要服从资本主义生产方式的要求。在某种程度上，人口的长期变化规律，人类的生育观念的变化，最终不是由政府的计划生育政策决定的，而是由资本主义生产方式决定的，当然还要受到环境条件与资源条件的限制。资本家追求更多剩余价值的要求，决定了资本主义剥削的程度不断提高，剩余价值率提高，贫富差距扩大，雇佣劳动者的生活压力加大，决定了随着生产力不断提高，生育率不断下降。虽然随着生产力的提高，雇佣劳动者的实际生活水平有所提高，人均预期寿命延长，但是，随着人均预期寿命延长，增加的人是超过劳动年龄的老年人，而不是处于劳动年龄的青年人与中年人，没有增加劳动力。

统计资料证明，经济发达国家的人口增长率低于经济欠发达国家的人口增长率。经济发达国家现在的人口增长率，是经济欠发达国家将来的人口增长率。

统计资料还证明，经济发达国家的人均劳动时间少于经济欠发达国家的人均劳动时间。经济发达国家现在的人均劳动时间，是经济欠发达国家将来的人均劳动时间。

因此，在比较长的历史时期中，世界的总人口增长率趋向降低，总活劳动增长率也趋向降低。

经济发达国家的人口的相对较低速度的增长，甚至负增长，与扣除固定资本贬值影响之后的资本增长，决定了人均资本增长。人均资本增长与每人每年劳动时间的相对减少或绝对减少，决定了价值形式的平均利润率趋向下降。

二、贫富差距、经济危机与利润率的变化

按照资本主义生产方式进行生产的过程，不仅是商品的价值与剩余价值的形成过程，是相应的使用价值的形成过程，而且是支付能力的形成过

程。产品的供给与有支付能力的需求应该是相等的。为什么出现产品卖不出去的现象？为什么出现经济危机？

这与资本主义生产方式本身有关。资本主义生产方式决定，资本家为了获得越来越多的剩余价值，必须不断将一部分剩余价值转化为追加的资本，不断进行资本积累。资本积累的结果是，在资本家一方，是财富的积累或资本的积累；在雇佣劳动者一方，是贫困的积累。不断进行的资本的积累，一方面，不断提高资本有机构成，不断提高生产率，不断降低单位商品的价值；另一方面，单位商品价值的降低为提高剩余价值率提供了条件。

资本有机构成的提高阻碍利润率的提高，剩余价值率的提高有利于利润率的提高。利润率在这两种相反的因素的共同作用下变化。

资本积累扩大了生产能力，产品的供给大幅度地增加。资本家的生活需求，无论是对必要生活消费的需求，还是对于奢侈品的需求，都已经得到满足。他们需要的是更多的剩余价值，也就是对增加资本的需求，特别是对增加生产资料的需求。

剩余价值率的提高，扩大了贫富差距。贫富差距的扩大，降低了雇佣劳动者的支付能力。雇佣劳动者的支付能力下降，使生活资料的实现出现困难，生活资料难以实现又制约生产资料生产。随着贫富差距扩大，资本有机构成与剩余价值率都提高，但是，剩余价值率的提高受到多种因素的限制，特别是受到雇佣劳动者的反对。通常，剩余价值率的提高落后于资本有机构成的提高，利润率下降的概率高于利润率提高的概率。

资本积累的目的是获得更多剩余价值，生产规模的不断扩大，最终会受到工人的购买力绝对下降或相对下降的限制。生产能力的无限扩大与有支付能力的相对缩小的矛盾积累到一定程度，经济危机的爆发就不可避免，只是具体的时间问题。

在经济危机的过程中，一部分已经形成的生产力受到破坏，固定资本遭受损失。在经济危机之后的初期，由于资本有机构成降低，利润率有一定程度的提高。随后的发展过程，又重复资本积累、资本有机构成提高、利润率趋向下降的过程。

三、资本主义积累的一般规律阻碍利润率提高

马克思认为："社会的财富即执行职能的资本越大，它的增长的规模和能力越大，从而无产阶级的绝对数量和他们的劳动生产力越大，产业后备军也就越大。可供支配的劳动力同资本的膨胀力一样，是由同一些原因

发展起来的。因此，产业后备军的相对量和财富的力量一同增长。但是同现役劳动军相比，这种后备军越大，常备的过剩人口也就越多，他们的贫困同他们所受的劳动折磨成反比。最后，工人阶级中贫苦阶层和产业后备军越大，官方认为需要救济的贫民也就越多。这就是资本主义积累的绝对的、一般的规律。”①

通过上面的分析可以看出，资本主义生产方式决定了资本主义积累的一般规律——在资本家方面是资本的积累不断增加，在工人方面是贫困的积累不断增加。资本的积累增加了生产能力，从而增加了产品数量。工人的贫困的积累降低了工人的购买能力。产品供过于求必然阻碍产品实现，阻碍利润率提高。

四、垄断资本对利润率的影响

在资本主义生产发展的历史过程中，大资本吞并小资本，通过提高规模效益的方式提高生产力，从而在一定历史时期提高了利润率。

资本集中发展到一定程度出现垄断。垄断资本的出现，一方面，提高了垄断企业的利润率，另一方面，降低了非垄断企业的利润率。垄断资本对生产力有两种相反的影响：一方面，在垄断地位没有受到威胁的领域，垄断企业不需要提高生产力，仅仅依靠垄断地位就可以获得高额垄断利润；另一方面，在垄断地位受到威胁的领域，垄断企业可以向研究与发展领域投入非垄断企业无法投入的巨额资本，从而提高生产力。

垄断资本同时运用两种相反的影响生产力的方式，来提高本企业的利润率。对于社会生产力来说，垄断资本在有的时期有利于社会生产力的提高，在有的时期阻碍社会生产力的提高。对于平均利润率来说，垄断资本在有的时期提高平均利润率，在有的时期降低平均利润率。垄断资本降低平均利润率的作用大于提高平均利润率的作用。

垄断资本发展到一定程度，必须与国家的力量结合形成国家垄断资本主义。

资本主义积累的一般规律决定了迟早会出现生产过剩。商品输出与资本输出，是提高利润率或阻碍利润率降低的一种方法。商品输出与资本输出，只能暂时缓和利润率趋向下降的矛盾。随着世界市场瓜分完毕，商品输出与资本输出必然在不同国家的垄断资本之间产生矛盾。如果在有限的世界市场上商品输出与资本输出的规模很小，那么，通常可以通过代表不

① 《马克思恩格斯全集》，第23卷，北京，人民出版社，1972，中文1版，第707页。

同垄断资本的国家之间的谈判、调解、妥协予以解决。如果在有限的世界市场上商品输出与资本输出的规模很大，那么，无法通过谈判来调和涉及生死存亡的矛盾。如果没有其他方法能够解决这种不可调和的矛盾，使用军事力量成为解决矛盾的唯一方法，那么，战争就不可避免。战争，特别是世界大战，极大地毁灭了已经形成的生产力，极大地改变了不同资本主义国家的力量对比。

战争对生产力的破坏、对固定资本的破坏，为提高利润率提供了条件，特别是为战后处于支配地位的主要资本主义国家的资本家提高利润率提供了条件。

五、美元的支配地位对利润率的影响

第二次世界大战之后，以美元为中心的国际货币体系为美国资本家提高利润率提供了有利条件。国际货币体系对于处于主导地位与支配地位的国家来说，不仅是机会，是权利，而且是责任。为了保证国际货币体系健康地运行，处于主导地位与支配地位的国家不仅要有能力，而且要有诚信。美国长期存在高额财政赤字，2007—2009年的世界金融危机与应对危机采取的“量化宽松政策”，都证明美国不仅缺乏能力，而且缺乏诚信。历史证明，美国滥用了在国际货币体系中的主导地位与支配地位。

大量超额发行货币，一方面，提高了信用货币形式的利润率，另一方面，为了抑制通货膨胀，长期的高额财政赤字必然导致长期的巨额贸易逆差，为下一次风暴的到来不断积蓄能量。

六、借贷资本运作方式的转变对利润率的影响

资本家为了摆脱利润率趋向下降的困扰，必然不断寻找提高利润率的方法。

从国内范围内的生产与流通扩展到世界范围内的生产与流通，能够利用更多的资源、更大的市场，通常能够获得更高的利润。

与产业分工可能提高生产率一样，生产与流通的分工也可能提高生产与流通的效率。在资本主义生产发展过程中，从产业资本独立完成生产过程与流通过程，逐步发展到产业资本专门进行生产，商业资本专门完成流通。对于产业资本来说，产品售卖给商业资本之后，就可以进行下一次生产过程，有利于生产连续进行，有利于提高利润率。

生产与流通分工，一方面，有利于提高利润率，另一方面，也增加了出现危机的风险。在产业资本独立完成生产过程与流通过程的条件下，如

果产品无法售出，那么，生产就无法继续进行。在生产与流通分工的条件下，如果商业资本无法售出产品，产品在商业资本手中形成积压或库存，产业资本仍然进行生产，那么，当商业资本无法继续购买产业资本的产品时，积压的产品已经过多。

在借贷资本介入流通过程，特别是货币资本所有者向消费者提供贷款的条件下，如果消费者不能按时支付利息或归还贷款，货币资本所有者遭到损失，商业资本仍然能够继续购买产业资本的产品，产业资本仍然能够进行生产，那么，当最终发现生产过剩时，全社会的产品已经严重过剩。

随着生产与流通的总链条的不断延长，也就是价值增殖的总链条不断延长，出现危机的风险不断增加。如果虚拟资本介入，那么，出现经济危机的风险将成倍增加。

从国内范围内的生产与流通发展到世界范围内的生产与流通；从产业资本独立完成生产与流通，发展到产业资本与商业资本分别完成生产与流通；从职能资本完成生产与流通，发展到借贷资本的介入；从借贷资本向职能资本提供贷款，发展到借贷资本向消费者提供贷款；从实体经济决定虚拟经济，发展到虚拟经济影响实体经济；从虚拟经济中低杠杆的运用，发展到高杠杆的运用。

在资源与市场有限的条件下，每个资本家力图提高自己的个别利润率，必然在不同资本家之间产生竞争。随着竞争加剧，竞争的重点领域不断变化。从自由竞争到垄断竞争，从实体经济领域的竞争到虚拟经济领域的竞争，从国内竞争到国际范围的竞争，从产业竞争到文化领域的竞争，从单纯经济竞争到经济、政治、军事、文化的综合实力的竞争，从以质量与价格为基础的产品竞争到规则、标准、话语权、控制权的竞争。

资本家每次提高利润率的过程或阻止利润率下降的过程，都是生产与流通的链条不断延长的过程，也是增加经济危机的风险的过程。

虽然资本家不断寻找新的提高利润率的方法，在一定程度上可以缓解利润率趋向下降，甚至在一定时期可以提高利润率，在利润率降低到一定程度之后，利润率的阶段性的波动似乎取代了利润率下降，但是，资本家始终无法摆脱利润率趋向下降的困扰。每次资本家找到新的提高利润率的方法之后，随着资本有机构成提高，利润率又趋向下降。资本家寻找新的提高利润率的方法的过程，是不断减少提高利润率的方法的过程。在这个意义上，在经济长期发展的历史过程中，利润率仍然趋向下降。这些矛盾都是由资本主义生产方式本身决定的。

因此，从本质看，资本主义生产方式决定了利润率的变化规律。

第十一节　各种价值转形的利润率与市场利润率的变化

人们在经济活动中看到的经济变量，是商品的价格、价格形式的利润、价格形式的地租、价格形式的利润等经济变量。马克思之前的经济学家已经发现，生产商品的最基本的生产要素是劳动、资本、土地。马克思通过研究发现，劳动、资本、土地是生产商品的使用价值的因素，但是，创造商品的价值的唯一因素是劳动。

在研究阶段，马克思从纷繁的经济现象中排除了生产商品的各种次要因素的影响，抽象出劳动。在叙述阶段，马克思要说明，在数量上取决于劳动剥削程度的剩余价值怎样转化为在数量上取决于所需资本量的利润，在数量上取决于生产中耗费的劳动的商品价值怎样转化为商品价格。他从劳动出发，也就是从价值出发，逐步加入研究过程中舍弃的各种影响因素，说明商品价格，说明市场价格形式的利润、地租、利润等经济变量，说明经济现象，进而说明资本主义生产的基本规律。在此过程中，要经过许多中间环节，只考虑资本因素影响剩余价值分配的一元价值转形、同时考虑资本因素与土地因素影响剩余价值分配的二元价值转形、考虑住宅土地等垄断因素的三元价值转形，是不同的中间环节或由价值说明价格的长征中的不同阶段。马克思在《资本论》第三卷中对价值转形的考察，是这个万里长征的第一步，并且是最重要的一步。

马克思提出的利润率，是价值形式的利润率，即总剩余价值与总资本之比。一元价值转形的利润率，是一元价值转形的生产价格形式的总利润与一元价值转形的生产价格形式的总资本之比。二元价值转形的利润率，是二元价值转形的生产价格形式的总利润与二元价值转形的生产价格形式的总资本之比。三元价值转形的利润率，是三元价值转形的生产价格形式的总利润与三元价值转形的生产价格形式的总资本之比。

在一元价值转形中，总剩余价值在资本家之间分配，这里考察的资本家，是全体资本家、土地所有者、各种食利者的总代表。在二元价值转形中，总剩余价值在资本家与土地所有者之间分配。在考虑垄断住宅地租的三元价值转形中，总剩余价值在资本家、一般工业产品生产占用土地的所有者、农产品生产占用土地的所有者、住宅占用土地的所有者之间分配。因此，三元价值转形的利润率低于二元价值转形的利润率，二元价值转形的利润率低于一元价值转形的利润率。显然，现实经济活动中的市场利润率，低于一元价值转形的生产价格形式的利润率，也低于马克思提出的价值形式的利润率。

对现实经济活动中的市场利润率起相反作用的因素，多于对价值形式的利润率起相反作用的因素。既然现实经济活动中的市场利润率与马克思提出的价值形式的利润率不同，那么，用在一定条件下出现的现实经济活动中的市场利润率的提高来否定马克思提出的价值形式的利润率趋向下降规律，显然无法成立。这种论证方法不严谨，存在严重的缺陷。

这种随着研究过程的深入，考虑的影响剩余价值分配的因素不断增加，出现的生产价格形式的利润率的不断降低，是研究过程中的不同认识阶段，与马克思所说的随着资本有机构成提高利润率趋向降低完全不同。马克思所说的利润率趋向降低，是一种规律。

在一定历史时期，生产中耗费的劳动与产品的市场价格都是客观存在，是确定的。因此，在一定历史时期，价值形式的利润率是确定的，市场利润率也是确定的。考虑影响剩余价值分配的各种因素的各种价值转形，以及相应的各种价值转形中的生产价格形式的利润率，是人的认识。由考虑较少的影响剩余价值分配的因素的价值转形，到考虑较多的影响剩余价值分配的因素的价值转形的转变，是由认识的低级阶段到认识的高级阶段的转变过程。主观认识不能改变客观存在。不能将客观存在的价值形式的利润率、市场利润率与主观认识的不同阶段的各种生产价格形式的利润率相混淆。

在价值形式的利润率与市场利润率完全确定的条件下，随着考虑的影响剩余价值分配的因素逐步增加，例如，由只考虑资本因素到同时考虑资本与土地因素，再到考虑资本、土地与垄断因素，相应的价值转形的生产价格形式的利润率不断变化，在一般情况下，考虑的影响剩余价值分配的因素越多，生产价格形式的利润率越低。这种生产价格形式的利润率的降低，是人的认识的不同阶段出现的特征，与马克思所说的利润率趋向降低完全不同。马克思所说的利润率趋向降低，是指价值形式的利润率趋向降低，是被历史证明了的客观事实。

第十二节　利润率趋向下降是自然历史过程

一、按照逻辑与历史相一致的方法分析利润率的变化趋势

在通过价值转形的方法考察利润率趋向下降的关系的过程中，存在多

种形式的运动。

价值转形的逻辑分析必须与历史的发展过程相一致。资本主义经济发展的过程是不断运动的过程，价值转形分析必须反映资本主义生产过程的运动发展。

由反映本质的价值系统说明反映现象的价格系统的过程，是从抽象上升到具体、从简单演变到复杂的过程。比较发达的规定是较晚出现的规定。资本主义的生产力水平由低到高的发展过程，是资本有机构成不断提高的过程，是利润率趋向下降的过程，也是不同部类或部门的资本有机构成的差异由小到大的发展过程，因此，必须进行价值转形，必须在运动过程中考察价值转形。在叙述过程中，必须按照与历史发展相同的方向考察与叙述。先出现简单范畴，后出现复杂范畴；先出现资本有机构成低和生产力低的生产，后出现资本有机构成高和生产力高的生产；先出现不同部类或部门的资本有机构成相同，后出现不同部类或部门的资本有机构成不同；先出现产品按照价值交换，后出现产品按照生产价格交换；先出现利润与价值相等，后出现利润与价值不等；先出现利润率与利息率高的阶段，后出现利润率与利息率低的阶段。不能按照与历史发展相反的方向来叙述。

二、价值转形中的几种运动过程

只考虑资本因素对剩余价值分配影响的一元价值转形，是一个完整的运动过程。从生产资本出发，在生产过程中实现价值增殖，在流通过程中实现商品的价值与其中的剩余价值，在售卖产品之后，完成下一次生产过程需要的生产资料与劳动力的购买过程，回到生产资本的起点。价值转形模型必须完整地反映资本循环的运动过程，因此，价值转形本身也是一个运动过程。如果社会资本的再生产是简单再生产，那么，在生产资本循环过程中实现价值增殖。如果社会资本的再生产是扩大再生产，那么，在生产资本循环过程中不仅实现价值增殖，而且实现资本积累与生产规模扩大。

在由反映本质的价值系统说明反映现象的价格系统的过程中，考虑的影响剩余价值分配的因素不断增加。只考虑资本因素对剩余价值分配的影响，要进行一元价值转形；同时考虑资本与土地因素对剩余价值分配的影响，要进行二元价值转形；如果不仅考虑资本与土地因素对剩余价值分配的影响，而且考虑垄断因素对剩余价值分配的影响，例如，考虑住宅占用土地的垄断因素对剩余价值分配的影响，那么，要进行三元价值转形。考虑的影响剩余价值分配的因素越多，越接近价格系统，相应的价值转形模型越复杂，利润率的变化关系越复杂。如果将研究阶段舍弃的各种次要影响因素都加入，那么，价值就转变为价格，价值系统中的各种范畴就转变为价格系统中的各种范畴。

考虑影响剩余价值分配的因素不断增加的过程，在越来越复杂的价值转形中利润率的变化过程，从而价值转形的探索过程，是由认识的低级阶段到认识的高级阶段的发展过程或运动过程。

三、利润率趋向下降是一个自然历史过程

随着资本主义生产的不断发展，各种形式的利润与利润率在多种因素的共同作用下，不断运动，利润率趋向降低，利润率降低的速度不断减缓，利润率的波动性不断增强，利润率的波动性逐渐掩盖了利润率下降的趋势。

仅仅通过某个范围内的某一段时期的统计资料，例如，通过几年、十几年的统计资料，不容易看出市场价格形式的利润率趋向降低，人们看到的更多的现象，可能是在某些因素的影响下利润率上升，在另外一些因素的影响下利润率下降，在一段时期利润率上升，在另外一段时期利润率下降。在经济繁荣时期或世界大战之后的经济恢复时期，人们看到的现象是利润率上升，在经济危机发生之后的一段时期，人们看到的现象是利润率下降。总体上表现为利润率波动。

如果不从历史发展的过程来看，只考虑逻辑关系，那么，容易得到否定利润率趋向下降的观点。因为，一方面，利润率趋向下降，另一方面，利润率必须大于 0，那么，价值形式的平均利润率越低，利润率下降的趋势越容易被波动所掩盖，那些缺乏历史眼光的经济学家越看不清利润率变化的总趋势。资本主义生产方式的演变是一个长期的历史发展过程，利润率的变化是这个历史发展过程中的多种趋势中的一种趋势。

既然利润率的变化由资本主义生产方式决定，资本主义生产是一个自然历史过程，那么，利润率的变化也是一个自然历史过程。既然资本主义生产方式与利润率的变化都属于历史范畴，那么，就应该从资本主义生产发展的全部历史时期来考察利润率变化的总趋势。既然早期资本主义发展阶段的利润率高于现代资本主义发展阶段的利润率，那么，利润率趋向下降就是无可争辩的历史事实。只有用逻辑与历史相一致的分析方法，而不是放弃历史观点只用逻辑分析方法，只有用历史的眼光，而不是只看到一定时期的局部现象，才能不被假象迷惑，看清楚利润率变化的总的历史发展趋势。

第十三节　生产方式转变与社会进步

人类生产的最终目的，是满足人类自身的生活需要。人类的生活需要，不仅包括维持人的生存的基本需要，而且包括满足人的发展的需要。资本主义的生产目的，是为了获取越来越多的剩余价值。满足人类的需要与最大限度地获得剩余价值存在矛盾。因此，资本主义的生产目的与人类的生产目的不同。

资本主义生产方式条件下的各种矛盾，包括雇佣劳动者与资本家的矛盾、资本家之间的矛盾、资本家与土地所有者之间的矛盾、不同国家的资本家之间的矛盾、贫富差距的矛盾，当然，也包括利润率趋向下降的矛盾，都是由资本主义生产方式本身决定的，是由资本主义生产目的决定的。因此，在资本主义生产方式的条件下，这些矛盾只能在一定程度上缓解，但是，不能彻底解决。

如果转变生产方式，不再以追求剩余价值作为生产目的，而以满足人类需要作为生产目的，不再以雇佣的方式实现劳动与生产资料相的结合，而是以自由人联合体的方式实现劳动与生产资料的结合，那么，这里考察的矛盾就不存在了。

所有社会成员都平等地占有全社会的生产资料，不存在通过占有生产资料的方式占有他人的剩余劳动的人。每一个有劳动能力的人都参加生产劳动，每一个人——无论是否有劳动能力——都能够得到必要的生活资料，不存在依靠他人的剩余劳动过着奢侈的生活的人，也不存在得不到必要的生活资料的人。每个人都能够按照自己的爱好、能力与社会需要为社会贡献自己的智力与体力，每个人的创造能力都能得到最大限度的发挥。不再追求利润与更高的利润率，也不再受到利润率趋向下降的困扰。

每个人得到的生活资料数量，既不取决于他占有的生产资料，也不取决于他的劳动。劳动的产品不再是商品，随着商品的消失，商品交换的一般规律——价值规律——不再发挥作用，利润、平均利润、生产价格、市场价格不再存在。全体社会成员共同决定如何分配新创造的社会财富；共同决定新创造的社会财富中多大部分用于当前的消费，多大部分用于社会生产力的发展；共同决定如何最合理地利用自然资源，如何最合理地保护环境，实现人与人的和谐，以及人与自然的和谐。

生产力与生产方式达到这个阶段，人类的生产活动、人与人的生产关系、人类社会，将进入全新的、更高级的发展阶段。

人名索引

文献索引

B

白暴力：《价值与价格理论》，北京，中国经济出版社，1999。——第一卷 32

白暴力：《价值转形问题研究》，北京，商务印书馆，2006。——第一卷 32

鲍莫尔：《价值转化：马克思的真意何在》，《经济文献杂志》1974 年第 1 期（总第 12 期），第 51～62 页、第 74～75 页（Baumol，W. J.，"The Transformation of Values：What Marx 'Really' Mean（An Interpretation）"，*Journal of Economic Literature*，1974，12（1）：51-62，74-75）。——第一卷 30

鲍特凯维兹：《马克思理论体系中的价值计算和价格计算》，《社会科学和社会政治文献》1906 年第 1 期（总第 23 期）；《马克思体系中的价值与价格》（由卡汉译成英文），《国际经济杂志》1952 年第 2 期，第 36～51 页（Bortkiewicz，L. von.，"*Wertrechnung und Preisrechnung im Marxschen System*"，*Erster Artikel*，*Archiv für Sozialwissenschaft und Sozialpolitik*，1906，23（1）；"Value and Price in Marxian System（1907，J. Kahane trans）"，*International Ecomomic Paper*，1952（2）：36-51）。——第一卷 19

鲍特凯维兹：《论〈资本论〉第三卷中马克思的基本理论结构的修正问题》，《国民经济统计资料》1907 年第 3 期（总第 34 期）（Bortkiewicz，L. von.，"On the Correction of Marx's Fundamental Theoretical Construction in the Third Volume of Capital"，*Jahr. fur Nationalokonomie Statistik*，1907，34（3））——第一卷 19、269、409

D

德赛：《马克思主义经济学》，亚当斯出版公司，1979（Desai，M.，*Marxian Economics*，Littlefield，Adams & Co.，1979）。——第一卷 31

德赛：《转形问题》，《经济纵横杂志》1988 年第 2 期，第 320 页（Desai，M.，"The Transformation Prolem"，*Journal of Economic Surverys*，1988（2）：320）。——第一卷 31

丁堡骏：《转形问题研究》，《中国社会科学》1999 年第 5 期。——第

莫斯利:《资本论中马克思的逻辑与转形问题，关于马克思经济学的评论》，纽约，美国圣马丁出版公司，1998，第 14～28 页（Moseley, F.，“Marx's Logic in Capital and the ‘Transformation Problem’”，*Marxian Economics: A Reappraisal*（*Essays on Volume* Ⅲ *of Capital*），St. Martin's Press, INC. in United States，1998，pp. 14-28)。——第一卷 31

莫斯利:《价值转形问题的新解：一个同情的批判》，《激进政治经济学评论杂志》2000 年第 2 期（总第 32 期），第 282～316 页（Moseley, F.，“The ‘New Solution’ to the Transformation Problem: A Sympathetic Critique”，*Review of Radical Political Economics*，2000，32 (2)：282-316)。——第一卷 31

P

庞巴维克:《马克思及其体系的终结》(1896)，纽约，奥古斯特-凯利出版社，1949（Böhm-Bawerk，1896，*Karl Marx and the Close of His System*（1898），in Sweezy，P.；ed. *Karl Marx and the Close of His System by Eugen von, Böhm-Bawerk and Böhm-Bawerk's Criticism of Marx by Rudolf Hilferding with an Appendix by L. Von Bortkiewicz*. New York：Augustus M. Kelly，1949)。初版 1896 年。——第一卷 28

配第:《赋税论，献给英明人士，货币略论》（1662），陈冬野等译，北京，商务印书馆，1963。根据赫尔编《威廉·配第爵士经济论文集》1899 年版译出（Petty，W.，*The Economic Writings of Sir William Petty*，edited by C. H. Hull，1899)。初版 1662 年伦敦版（Petty，W.，*A Treatise of taxes and contributions*，London，1667)。——第一卷 6、7、8

配第:《政治算术》(1690)，陈冬野译，北京，商务印书馆，1960。根据 1690 年伦敦版译出（Petty，W.，*Political Arithmetic*，London，1690)。——第一卷 7

皮凯蒂:《二十一世纪资本论》，巴曙松等译，北京，中信出版社，2014。根据 2013 年版译出（Thomas Piketty，*Capital in the Twenty-First Century*，First published as Le Capital au ⅩⅪ siecle，copyright editions du seuil，2013）——第二卷 767、769

S

塞顿:《论转化问题》，《经济学评论》1957 年第 6 期（总第 25 期）（Seton，F.，“The Transformation Problem”，*Rev. Econ. Stud.*，1957，25 (6))。——第一卷 26

赛克:《马克思的价值理论与转形问题》，见斯沃兹主编:《资本主义的精细解剖》，加利福尼亚，古德伊尔出版公司，1977（Shaikh，A.，“Marx's Theory of Value and the ‘Transformation Problem’”，in Schwartz，J.（ed.），

土地价格问题》，《当代经济研究》2009 年第 6 期。——第一卷 32；第二卷 472

沈民鸣：《马克思的例子：如何确定商业资本和商业利润》，《经济学家》2010 年第 5 期。——第一卷 32；第二卷 472；第三卷 1 129

沈民鸣：《资本主义生产总过程的数学分析》，北京，经济科学出版社，2009。——第一卷 32；第三卷 1 200

沈民鸣：《价值转形》，第一卷，北京，中国人民大学出版社，2014。——第一卷 32、33、34、89、101、114、180、270、291、330、369；第三卷 1 084、1 085

沈民鸣：《价值转形》，第二卷，北京，中国人民大学出版社，2014。——第一卷 32、42、271、278、335、336、409；第三 1 150

沈民鸣：《价值转形》，第三卷，北京，中国人民大学出版社，2014。——第一卷 29、32、118、336、409；第三卷 1 200、1 201

沈民鸣：《二元价值转形》，第一卷，北京，中国人民大学出版社，2015。——第一卷 32；第二卷 414、691

沈民鸣：《二元价值转形》，第二卷，北京，中国人民大学出版社，2015。——第一卷 32；第二卷 415、434、440、474、573、691

沈民鸣：《二元价值转形》，第三卷，北京，中国人民大学出版社，2015。——第一卷 32；第二卷 472；第三卷 1 080、1 131

斯蒂德曼：《斯拉法之后的马克思》，伦敦，新左派图书出版社，1977（Steedman，Ian，*Marx after Sraffa*，London：New Left Books，1977）。——第一卷 29

斯拉法：《用商品生产商品——经济理论批判绪论》（1960），巫宝三译，北京，商务印书馆，1963。根据剑桥大学出版社 1960 年版译出（Sraffa，P.，*Production of Commodities by Means of Commodities.*，Cambridge：Cambridge University Press，1960）。——第一卷 29

斯密：《国民财富的性质和原因的研究》（1776），上卷，郭大力、王亚南译，北京，商务印书馆，1972。根据牛津大学 1880 年版译出（Smith，A.，*An Inquiry into the Nature and Causes of the Wealth of Nations*. vol. 1，Second ed.，Oxford，At the Clarendon Press，1880）。初版 1776 年伦敦版（Smith，A.，*An Inquiry into the Nature and Causes of the Wealth of Nations*. In 1 vol.，London，1776）。——第一卷 8、9、10、308；第三卷 1 197

斯威齐：《资本主义发展论》（1942），陈观烈、秦亚男译，北京，商务印书馆，1997。根据牛津大学 1942 年纽约版译出（Sweezy，P. M.，*The Theory of Capitalist Development*，New York：Oxford University Press，1942）。——第一卷 21、22

斯祖姆斯基：《转形问题已经解决?》，《剑桥经济学杂志》1989 年第 3 期

一卷 32

置盐信雄：《价值与生产价格》，《考克大学经济评论》，1974 年总第 20 期，第 1～19 页（OkiShio，N.，“Value and Production Price”，*Koke University Economic Review*，1974（20）：1-19）。——第一卷 31

朱绍文：《战后“转形问题”的争论》，《经济理论与经济管理》1983 年第 6 期。——第一卷 32

后　记

对价值转形、农产品价格和地租问题的研究，开始于1984年。对利润率趋向下降问题的研究开始于1986年。

在劳动、资本和土地三个生产产品的使用价值的要素中，只有劳动创造价值。如果只考虑劳动因素，产品按照价值交换，每个资本家占有本企业工人创造的剩余价值。关键问题是如何解决等价交换与剩余价值产生的矛盾，或资本总公式的矛盾，马克思彻底解决了这个难题。如果加入资本因素，在资本家之间分配剩余价值，就是价值转形。关键问题是如何解决等量劳动创造等量价值与等量资本获得等量利润的矛盾。如果再加入土地因素，在资本家和土地所有者之间分配剩余价值，就是二元价值转形。关键问题是如何将农产品价格和地租建立在劳动创造的价值的基础上，而不是建立在供求关系的基础上，解决如何确定利润率、农产品价格、地租，也就是如何确定资本家和土地所有者分配剩余价值的比例。

资本主义生产的目的是获得剩余价值或利润，从而实现资本的增殖。利润率反映价值增殖的程度，是资本家最关心的问题。利润率趋向下降的现象，曾经长期困扰着经济学家。马克思在基本解决价值转形的基础上，进一步提出了利润率趋向下降的规律。很多学者不仅对马克思实现价值转形的方式提出了质疑，而且认为平均利润率趋向下降的规律不成立。关键问题是如何证明总资本有机构成的提高超过剩余价值率的提高，从而证明利润率趋向下降。

既然马克思所说的利润率趋向下降，既不是指个别资本的利润率趋向下降，也不是指某个部类或某个部门的利润率趋向下降，而是指平均利润率趋向下降，平均利润率是价值转形的结果，那么，在考察平均利润率趋向下降的规律是否正确时，就必须考察平均利润率是如何形成的，也就是考察价值转形，在考察价值转形的基础上，分析资本有机构成、剩余价值率、利润率的关系。

总资本有机构成的提高，主要由第一部类的资本有机构成的提高决定；剩余价值率的提高，由第二部类的资本有机构成的提高决定；第一部类的资本有机构成的提高超过第二部类的资本有机构成的提高，因此，总资本有机构成的提高超过剩余价值率的提高，从而利润率趋向下降。

价值转形是否能够得到解决，平均利润率趋向下降的规律是否成立，这些问题涉及马克思的理论是否成立。

本书在考察价值转形与平均利润率关系的基础上，考察资本有机构成和剩余价值率对利润率的影响，从而证明马克思的利润率趋向下降的规律是正确的。

一元价值转形研究、二元价值转形研究和利润率趋向下降的问题都是极其复杂的问题。考察这些问题，需要多方面的基础，例如哲学、经济学、数学基础，以及其他学科的知识和正确的方法。

在一元价值转形研究、二元价值转形研究、利润率趋向下降问题的研究和本书写作的过程中，得到过很多老师的帮助。对一元价值转形、二元价值转形和利润率趋向下降问题的考察，最重要的是选择正确的研究方向，同时必须解决其中的一系列经济学、哲学和数学问题。

研究方向的选择，与物理学、数学基础有关，为此要感谢延安大学任廷祥、吴景汉、李启文、刘春贤、周季生、王恒荣等老师的培养。我的经济学和哲学基础是在中国人民大学建立的，为此要感谢中国人民大学余学本、胡钧、高鸿业、吴易风、卫兴华、吴树青、陈益寿等老师的培养。此外，还得到过中国人民大学林岗、方福前、张宇、杨志、邱海平、李义平、杨达伟、谢富胜、陈翔云等同志的帮助，得到过中国社会科学院程恩富、李成勋同志的帮助，得到过北京大学胡代光、陈德华同志的帮助，得到过清华大学孟捷同志的帮助，得到过北京师范大学白暴力同志和吉林财经大学丁堡骏同志的帮助。在此一并表示感谢！

在承担繁重的教学任务的条件下，完成对一元价值转形、二元价值转形、利润率趋向下降问题的考察，离不开家人多年的包容、理解与支持。为此感谢雷大中、沈雷、黄培皓的支持和帮助。

本书的出版，得到了“国家社会科学基金后期资助项目（项目号：15FJL001）”的资助，以及中国人民大学科学研究基金项目的资助。在此表示感谢！

本书献给那些追求真理的读者。

沈民鸣

2014 年 11 月 25 日于北京，中国人民大学

图书在版编目（CIP）数据

利润率下降与价值转形/沈民鸣著．—北京：中国人民大学出版社，2017.7
国家社科基金后期资助项目
ISBN 978-7-300-24697-0

Ⅰ.①利…　Ⅱ.①沈…　Ⅲ.①利润率下降趋势的规律-研究　Ⅳ.①F014.392

中国版本图书馆 CIP 数据核字（2017）第 170028 号

国家社科基金后期资助项目
利润率下降与价值转形
沈民鸣　著
Lirunlü Xiajiang yu Jiazhi Zhuanxing

出版发行	中国人民大学出版社			
社　　址	北京中关村大街 31 号	**邮政编码**		100080
电　　话	010－62511242（总编室）			010－62511770（质管部）
	010－82501766（邮购部）			010－62514148（门市部）
	010－62515195（发行公司）			010－62515275（盗版举报）
网　　址	http://www.crup.com.cn			
	http://www.ttrnet.com（人大教研网）			
经　　销	新华书店			
印　　刷	北京玺诚印务有限公司			
规　　格	165 mm×238 mm　16 开本	**版**	**次**	2017 年 7 月第 1 版
印　　张	80.75 插页 6	**印**	**次**	2017 年 7 月第 1 次印刷
字　　数	1 379 000	**定**	**价**	280.00 元

国家社科基金
GUOJIA SHEKE JIJIN HOUQI ZIZHU XIANGMU
后期资助项目

利润率下降与价值转形

第二卷

The Tendency of the Rate of Profit to Fall and the Transformation of Values

沈民鸣　著

中国人民大学出版社
· 北京 ·

第二卷目录

第四篇　利润率趋向下降规律与两部门二元价值转形

第四篇　利润率趋向下降规律与两部门二元价值转形

第九章　两部门二元价值转形

第一节　利润率变化与两部门二元价值转形

如果在流通过程中，在劳动、资本、土地这三个基本的生产要素中，仅仅考虑劳动这一个生产要素对剩余价值分配的影响，那么，产品只能按照价值交换。每个部门的资本家得到本部门的雇佣劳动者生产的剩余价值。在《资本论》第一卷中，马克思提出，“我们把资本主义的生产者当作全部剩余价值的所有者，或者，不妨把他当作所有参加分赃的人的代表”①。他所分析的正是这种情况。

如果不仅考虑劳动这个最基本的生产要素，而且考虑资本因素，剩余价值分配就不仅由劳动这个最基本的因素决定，而且受资本因素影响，也就是如果考虑不同部门资本有机构成的差异，以及资本所有权对剩余价值分配的影响，那么，产品不再按照价值交换，而是按照生产价格交换。这种价值转形是一元价值转形。一元价值转形是在资本家之间按照等量资本获得等量利润的原则分配总剩余价值。这是马克思在《资本论》第三卷中部分地解决，但是没有完全解决的难题。

如果在流通过程中，不仅考虑劳动和资本两个生产要素对剩余价值分配的影响，而且还考虑土地这个生产要素对剩余价值分配的影响，也就是考虑资本主义土地所有权对剩余价值分配的影响，那么，这样的价值转形就是二元价值转形。二元价值转形是在资本家和土地所有者之间分配总剩余价值。产品按照二元价值转形的生产价格交换。在二元价值转形中，产业资本家要得到平均利润，土地所有者也要得到地租。如何决定生产价格形式的平均利润率，价值形式的级差地租，生产价格形式的级差地租，以

---

① 《马克思恩格斯全集》，第23卷，北京，人民出版社，1972，中文1版，第620页。

及资本家最终得到的剩余价值，是二元价值转形的关键。

马克思认为："生产剩余价值即直接从工人身上榨取无酬劳动并把它固定在商品上的资本家，是剩余价值的第一个占有者，但决不是剩余价值的最后所有者。以后他还必须同在整个社会生产中执行其他职能的资本家，同土地所有者等等，共同瓜分剩余价值。因此，剩余价值分为各个不同的部分。它的各部分归不同类的人所有，并具有不同的、互相独立的形式，如利润、利息、商业利润、地租等等。"① 二元价值转形就是将剩余价值分为产业利润、商业利润、借贷资本的利息、地租等不同部分。

这里考察简单再生产条件下的两部门二元价值转形。

假设社会资本再生产过程为简单再生产，资本和土地所有者得到的剩余价值全部用于生活消费。社会生产划分为两部门，第一部门生产工业产品，第二部门生产农业产品。每个部门使用的生产资料，既包含第一部门生产的工业产品，也包括第二部门生产的农业产品。每个部门工人需要的生活资料，既包含第一部门生产的工业产品，也包括第二部门生产的农业产品。资本家和土地所有者消费的生活资料，既包含第一部门生产的工业产品，也包括第二部门生产的农业产品。

将社会生产划分为两部门的价值转形，不都是二元价值转形。如果将社会生产划分为两部门，第一部门生产工业产品，第二部门生产农业产品，但是不考虑资本主义土地所有权，即不考虑资本主义地租，那么，这种两部门价值转形只是考虑农产品生产的两部门一元价值转形②，而不是两部门二元价值转形。

在二元价值转形中，土地所有者不参与生产活动。但是，凭借资本主义土地所有权，土地所有者参与剩余价值的分配。也就是说，土地所有者要得到地租，即得到第一部门和第二部门生产的生活消费资料。

不仅有价值形式的资本有机构成与价值形式的利润率，而且有生产价格形式的资本有机构成与生产价格形式的利润率。价值形式的资本有机构成与价值形式的利润率，与价值转形无关。这里的价值形式的利润率，是指将各生产部门的资本家、商业资本家、借贷资本家、土地所有者看做一个整体时的利润率。生产价格形式的资本有机构成与生产价格形式的利润率，与价值转形有关。

---

① 《马克思恩格斯全集》，第 23 卷，北京，人民出版社，1972，中文 1 版，第 619～620 页。

② 沈民鸣：《二元价值转形》，第一卷，北京，中国人民大学出版社，2015，第 259～325 页。

考察利润率趋向下降的问题，不仅需要考察价值形式的资本有机构成与价值形式的利润率，需要考察一元价值转形的生产价格形式的资本有机构成与生产价格形式的利润率，而且需要考察二元价值转形的生产价格形式的资本有机构成与生产价格形式的利润率。

这里，在不考虑绝对地租的条件下，考察简单再生产条件下的两部门二元价值转形。①

第二节　两部门二元价值转形的基本假设条件、符号规定与基本关系

一、基本假设条件

为了考察简单再生产条件下的两部门二元价值转形，需要规定基本假设条件。假设：

（1）社会生产划分为两部门，第一部门生产工业产品，第二部门生产农业产品。

（2）生产过程为简单再生产。

（3）第一部门和第二部门的剩余价值率相同并且已知。

（4）第一部门和第二部门生产价格形式的利润率相同。

（5）第一部门和第二部门价值形式的资本有机构成已知。其中一个部门的不变资本、可变资本、剩余价值已知。例如，第一部门的不变资本、可变资本、剩余价值已知。

（6）没有绝对地租和垄断地租。

（7）最差的土地没有级差地租。

（8）单位面积不同等级的农业耕地上，生产过程中耗费的物化劳动数量相同，耗费的活劳动数量也相同。

（9）各部门使用的土地的等级不同，缴纳地租的等级不同。

（10）资本主义地租在生产过程结束之后缴纳。

（11）各部门使用的生产资料，分别由第一部门和第二部门生产。各部门在生产过程中，使用第一部门生产的生产资料所耗费的劳动，占本部

① 沈民鸣：《二元价值转形》，第二卷，北京，中国人民大学出版社，2015，第435～564页。

门耗费的物化劳动的比例已知；使用第二部门生产的生产资料所耗费的劳动，占本部门耗费的物化劳动的比例已知。

（12）各部门生产过程耗费的必要劳动中，用于交换第一部门产品的劳动比例相同，该比例已知。用于交换第二部门产品的劳动比例也相同。

（13）各部门生产过程耗费的剩余劳动中，用于交换第一部门产品的劳动比例相同，该比例已知。各部门生产过程耗费的剩余劳动中用于交换第一部门产品的劳动比例，与各部门资本家多得到的剩余价值中用于交换第一部门产品的劳动比例相同，与土地所有者的地租中用于交换第一部门产品的劳动比例相同。

各部门生产过程耗费的剩余劳动中用于交换第二部门产品的劳动比例相同，该比例与各部门资本家多得到的剩余价值中用于交换第二部门产品的劳动比例相同，与土地所有者的地租中用于交换第二部门产品的劳动比例相同。

（14）不变资本的价值通过一次生产过程全部转移到产品中去，即不考虑固定资本的影响。

（15）资本循环一次的时间为一年，即不考虑资本循环速度或资本周转速度的影响。

二、符号规定

由于不变资本的价值通过一次生产过程全部转移到产品中去，即不考虑固定资本的影响，因此使用的物化劳动就是耗费的物化劳动。

c_i、v_i有双重涵义。一方面，在生产过程中，c_i、v_i分别表示第i部门使用的物化劳动、耗费的必要劳动；另一方面，在流通过程中，c_i、v_i分别表示第i部门使用的不变资本、使用的或耗费的可变资本。其中，$i=1，2$。

s_i有双重涵义。一方面，在生产过程中，s_i表示第i部门耗费的剩余劳动；另一方面，在流通过程中，s_i表示第i部门工人创造并被资本家和土地所有者无偿占有的剩余价值。各部门工人创造的剩余价值s_i，首先被这个部门的资本家无偿占有，然后资本家将一部分剩余价值以地租的形式让渡给土地所有者，同时，在资本家之间按照等量资本获得等量利润的原则分配剩余价值。

c_{ij}有双重涵义。一方面，在生产过程中，c_{ij}表示第i部门使用的生产资料中凝结的物化劳动中由第j部门提供的生产资料中凝结的物化劳动；另一方面，在流通过程中，c_{ij}表示第i部门的不变资本中相当于由第j部门提供的生产资料价值的那部分不变资本，简称第 i 部门的不变资本中交换第 j 部门产品的部分。其中，$i=1$，2；$j=1$，2。

f_1 有双重涵义。一方面，在生产过程中，f_1 表示第一部门使用的第一部门生产的生产资料中凝结的物化劳动占第一部门使用的生产资料中凝结的物化劳动的比例；另一方面，在流通过程中，f_1 表示第一部门不变资本中用于交换第一部门产品的比例。

f_2 有双重涵义。一方面，在生产过程中，f_2 表示第二部门使用的第一部门生产的生产资料中凝结的物化劳动占第二部门使用的生产资料中凝结的物化劳动的比例；另一方面，在流通过程中，f_2 表示第二部门不变资本中用于交换第一部门产品的比例。

v_{ij} 有双重涵义。一方面，在生产过程中，v_{ij} 表示第 i 部门耗费的必要劳动中与交换第 j 部门提供的生活资料中凝结的劳动相应的必要劳动部分；另一方面，在流通过程中，v_{ij} 表示第 i 部门的可变资本或劳动力价值中相当于由第 j 部门提供的生活资料价值的那部分可变资本或劳动力价值，简称第 i 部门的可变资本中交换第 j 部门产品的部分。

h 有双重涵义。一方面，在生产过程中，h 表示各部门耗费的必要劳动中相当于第一部门提供的生活资料中凝结的劳动的那部分必要劳动的比例；另一方面，在流通过程中，表示各部门的可变资本中用于交换第一部门生产的生活资料的价值的比例。在各部门中该比例相同。

s_{ij} 有双重涵义。一方面，在生产过程中，s_{ij} 表示第 i 部门耗费的剩余劳动中与交换第 j 部门提供的生活资料中凝结的劳动相应的剩余劳动部分；另一方面，在流通过程中，s_{ij} 表示第 i 部门的雇佣劳动者创造的剩余价值中相当于由第 j 部门提供的生活资料价值的那部分剩余价值，简称第 i 部门的剩余价值中交换第 j 部门产品的部分。

s_i 和 s_{ij} 不能完全被第 i 部门的资本家最终占有，而要在全体资本家和全体土地所有者之间分配。

b 有双重涵义。一方面，在生产过程中，b 表示各部门耗费的剩余劳动中相当于第一部门提供的生活资料中凝结的劳动的那部分剩余劳动的比例；另一方面，在流通过程中，b 表示任何部门资本家消费的第一部门产品价值与这个部门资本家消费的生活资料价值的比例，或土地所有者消费的第一部门产品价值与土地所有者消费的生活资料价值的比例。

b 还表示各部门多得到的剩余劳动中相当于第一部门提供的生活资料中凝结的劳动的那部分多得到的剩余劳动的比例，也就是，各部门多得到的剩余价值中用于交换第一部门多提供的生活资料的价值的比例。b 为资本家和土地所有者对第一部门产品的生活资料消耗系数。

a_1 表示第一部门的价值生产价格转化系数。

a_2 表示第二部门的价值生产价格转化系数。

s_{a1}表示第一部门被社会多承认的剩余价值。

s_{a2}表示第二部门被社会多承认的剩余价值。

s_{t1}表示第一部门多得到的剩余价值。s_{t1}中包含支付地租的部分。

s_{t2}表示第二部门多得到的剩余价值。s_{t2}中包含支付地租的部分。

k_1 表示第一部门的价值形式的资本有机构成。

k_2 表示第二部门的价值形式的资本有机构成。

r_1 表示第一部门的生产价格形式的利润率。

r_2 表示第二部门的生产价格形式的利润率。

r 表示生产价格形式的平均利润率，简称生产价格形式的利润率。

r_v表示工人创造的全部剩余价值与价值形式的总资本的比率，简称价值形式的利润率。

e 表示剩余价值率。

l_1 表示第一部门租用土地的面积。其中，不仅包括支付级差地租的土地的面积，而且包括不支付级差地租的最差土地的面积。

l_2 表示第二部门租用土地的面积。其中，不仅包括支付级差地租的土地的面积，而且包括不支付级差地租的最差土地的面积。

k_{gp}表示农业生产中，生产价格形式的单位面积土地的农业生产资本或成本。假设在任意一块单位面积土地上的投资都相同。

g_{ait}表示第 i 部门的生产价格形式的单位面积第 t 等级土地的级差地租。$t=1$，2，…，m，$t=1$ 表示最差的土地，$t=2$ 表示较差的土地，依此类推，$t=m$ 表示最好的土地。

g_{a21}表示生产价格形式单位面积最差土地的级差地租。

g 表示生产价格形式单位面积中等土地的级差地租。

g_{a1}表示第一部门缴纳的生产价格形式单位面积土地的平均级差地租。

g_{a2}表示第二部门缴纳的生产价格形式单位面积土地的平均级差地租。

在绝大部分国家和地区，第二部门租用的土地数量远多于第一部门租用的土地数量。在这些国家和地区，可以近似地认为第二部门缴纳中等级差地租。在有些国家和地区，第二部门租用的土地数量与第一部门租用的土地数量接近，甚至少于第一部门租用的土地数量。在这些国家和地区，不能认为第二部门缴纳中等级差地租。

q_{ait}表示第 i 部门的单位面积第 t 等级土地的农产品产量。

q_{a21} 表示单位面积最差土地的农产品产量。

q 表示单位面积中等土地的农产品产量。

q_{a1} 表示第一部门单位面积土地可能获得的农产品产量。

q_{a2} 表示第二部门单位面积土地的农产品产量。

p 表示最差土地的生产价格形式的农产品价格，也就是任何等级土地的生产价格形式的农产品价格。

y_1 表示第一部门为使用土地而支付的生产价格形式的地租。

y_2 表示第二部门为使用土地而支付的生产价格形式的地租。

d_1 表示第一部门得到的剩余价值中用于本部门资本家交换生活消费资料的比例。

d_2 表示第二部门得到的剩余价值中用于本部门资本家交换生活消费资料的比例。

三、各部门工人的消费结构与资本有机构成无关

各部门工人的劳动都可以还原为简单劳动，从抽象劳动的角度考察，各部门工人的劳动都是无差别的一般人类劳动。各部门工人购买不同部门产品的比例相同，或消费结构相同，与各部门的资本有机构成无关。即，不同部门的可变资本中用于交换第一部门生产的生活资料的比例相同，用于交换第二部门生产的生活资料的比例也相同。

完全竞争要求劳动力自由流动。劳动力自由流动决定了不同部门工人的平均生活水平相同，也就是不同部门工人的消费结构相同。因此，不同部门工人的消费结构与资本有机构成无关不是一个假设条件，而是价值转形的基本前提。

各部门工人的消费结构与资本家的资本构成无关，与资本家和土地所有者之间分配剩余价值也无关。

四、各部门资本家的消费结构与资本有机构成无关

在简单再生产条件下的二元价值转形中，要求各部门的资本集中程度相同。大资本所占的比例大，表明这个部门的资本集中程度高，甚至出现垄断。

价值转形是在完全竞争或充分竞争的条件下产生的，这要求资本自由流动。因此，不同部门资本家的消费结构与资本有机构成无关，是价值转形的基本前提。

五、土地所有者的消费结构与各部门资本家的消费结构相同

在资本主义生产条件下，土地可以自由买卖。无论是通过购买方式得到土地，还是通过其他方式得到土地，例如，通过继承方式得到土地，土地都可以看做虚拟资本。资本家购买土地后成为土地所有者。土地所有者出售土地后成为资本家。二者角色互易。

价值转形是在自由竞争的条件下实现的。自由竞争要求只存在大量小土地所有者，不存在大土地所有者，否则将出现土地垄断，土地垄断者将大幅度提高地租，无法实现自由竞争。

可以将小土地所有者的土地看做虚拟资本。小土地所有者得到的地租可以看做虚拟资本的“利润”。这样，小土地所有者的消费结构，应该与各部门资本家的消费结构相同。

六、不变资本

在二元价值转形中，各部门生产中耗费的生产资料，分别由第一部门和第二部门生产。按照 c_1、c_2、c_{11}、c_{12}、c_{21}、c_{22} 的符号规定，第一部门价值形式的不变资本，或生产中使用的生产资料中凝结的物化劳动，可以表示为

$$c_1 = c_{11} + c_{12} \tag{9-1}$$

第二部门价值形式的不变资本，或生产中使用的生产资料中凝结的物化劳动，可以表示为

$$c_2 = c_{21} + c_{22} \tag{9-2}$$

由于不考虑固定资本的影响，第一部门和第二部门生产中使用的生产资料中凝结的物化劳动，就是生产中耗费的生产资料中凝结的物化劳动。

第一部门使用的第一部门生产的生产资料中凝结的物化劳动占第一部门使用的生产资料中凝结的物化劳动的比例为

$$\frac{c_{11}}{c_1} = f_1 \tag{9-3}$$

第二部门使用的第一部门生产的生产资料中凝结的物化劳动占第二部门使用的生产资料中凝结的物化劳动的比例为

$$\frac{c_{21}}{c_2} = f_2 \tag{9-4}$$

值得注意的是，由（9－3）式和第四章（4－35）式可以看出，这里的比例系数 f_1 的涵义与第四章的参数 f_1 的涵义不同。由（9－4）式和第

四章（4-36）式可以看出，这里的比例系数 f_2 的涵义与第四章的参数 f_2 的涵义不同。

七、可变资本

按照 v_1、v_2、v_{11}、v_{12}、v_{21}、v_{22}、h 的符号规定，第一部门价值形式的可变资本，或生产中耗费的必要劳动，可以表示为

$$v_1 = v_{11} + v_{12} \tag{9-5}$$

第二部门价值形式的可变资本，或生产中耗费的必要劳动，可以表示为

$$v_2 = v_{21} + v_{22} \tag{9-6}$$

各部门的可变资本中用于交换第一部门生产的生活资料的可变资本的比例相同，即

$$\frac{v_{11}}{v_1} = \frac{v_{21}}{v_2} = h \tag{9-7}$$

显然，各部门的可变资本中用于交换第二部门生产的生活资料的可变资本的比例也相同。

八、剩余价值

按照 s_1、s_2、s_{11}、s_{12}、s_{21}、s_{22}、b 的符号规定，同时考虑到，每个部门的剩余价值中用于交换第一部门生产的生活资料的剩余价值的比例相同，即

$$\frac{s_{11}}{s_1} = \frac{s_{21}}{s_2} = b \tag{9-8}$$

其中

$$0 \leqslant b \leqslant 1 \tag{9-9}$$

每个部门的剩余价值中用于交换第二部门生产的生活资料的剩余价值的比例相同，即

$$\frac{s_{12}}{s_1} = \frac{s_{22}}{s_2} = 1 - b \tag{9-10}$$

第一部门的剩余价值，或生产中耗费的剩余劳动，可以表示为

$$s_1 = s_{11} + s_{12} \tag{9-11}$$

第二部门的剩余价值，或生产中耗费的剩余劳动，可以表示为

$$s_2 = s_{21} + s_{22} \tag{9-12}$$

第一部门的剩余价值中用于交换第一部门提供的生活资料的剩余价值为

$$s_{11} = bs_1 \tag{9-13}$$

用于交换第二部门提供的生活资料的剩余价值为

$$s_{12} = (1-b)s_1 \tag{9-14}$$

第二部门的剩余价值中，用于交换第一部门提供的生活资料的剩余价值为

$$s_{21} = bs_2 \tag{9-15}$$

用于交换第二部门提供的生活资料的剩余价值为

$$s_{22} = (1-b)s_2 \tag{9-16}$$

值得注意的是，每个部门生产的剩余价值，不能由本部门的资本家完全占有。这些剩余价值不仅要在各部门资本家之间按照等量资本得到等量利润的原则分配，而且要将其中的一部分以地租的形式支付给土地所有者。

第一部门得到的剩余价值中，用于本部门资本家交换生活资料的比例为 d_1，其余部分用于缴纳地租。第二部门得到的剩余价值中，用于本部门资本家交换生活资料的比例为 d_2，其余部分用于缴纳地租。

九、简单再生产条件

研究价值转形，必须考察资本的生产过程，也就是考察价值形式的再生产条件。

生产商品耗费的劳动与资本主义土地所有权无关。因此，商品的价值和其中包含的剩余价值，都与资本主义土地所有权无关。

在简单再生产条件下的二元价值转形中，每个部门的生产资料分别由第一部门和第二部门生产。第一部门的简单再生产条件为

$$\begin{aligned} &c_{11} + c_{12} + v_{11} + v_{12} + s_{11} + s_{12} \\ &= c_{11} + c_{21} + v_{11} + v_{21} + s_{11} + s_{21} \end{aligned} \tag{9-17}$$

在简单再生产条件下的二元价值转形中，第二部门的简单再生产条件为

$$\begin{aligned} &c_{21} + c_{22} + v_{21} + v_{22} + s_{21} + s_{22} \\ &= c_{12} + c_{22} + v_{12} + v_{22} + s_{12} + s_{22} \end{aligned} \tag{9-18}$$

（9-17）式、（9-18）式可以简化为

$$c_{12} + v_{12} + s_{12} = c_{21} + v_{21} + s_{21} \tag{9-19}$$

$$c_{21} + v_{21} + s_{21} = c_{12} + v_{12} + s_{12} \tag{9-20}$$

显然，（9-19）式和（9-20）式完全相同。在二元价值转形中，简单再生产条件只有一个独立方程。

虽然劳动本身没有价值，但是，活劳动可以创造价值。

前面已经规定 c_{ij}、v_{ij}、s_{ij} 都有双重涵义。

c_{ij} 既可以表示，在生产过程中，第 i 部门使用的生产资料中凝结的物化劳动中由第 j 部门提供的生产资料中凝结的物化劳动，也可以表示，在流通过程中，第 i 部门的不变资本中相当于由第 j 部门提供的生产资料价值的那部分不变资本。

v_{ij} 既可以表示，在生产过程中，第 i 部门耗费的必要劳动中与交换第 j 部门提供的生活资料中凝结的劳动相应的必要劳动部分，也可以表示，在流通过程中，第 i 部门的可变资本或劳动力价值中相当于由第 j 部门提供的生活资料价值的那部分可变资本或劳动力价值。

s_{ij} 既可以表示，在生产过程中，第 i 部门耗费的剩余劳动中与交换第 j 部门提供的生活资料中凝结的劳动相应的剩余劳动部分，也可以表示，在流通过程中，第 i 部门的雇佣劳动者创造的剩余价值中相当于由第 j 部门提供的生活资料价值的那部分剩余价值。

s_i 和 s_{ij} 不能完全被第 i 部门的资本家最终占有，而要在全体资本家和全体土地所有者之间分配。

在这个意义上，价值形式的再生产条件，不仅可以反映流通过程中，不同部门的不变资本、可变资本、剩余价值之间的关系，而且可以反映生产过程中，不同部门耗费的物化劳动和活劳动（其中包括必要劳动和剩余劳动）之间的关系。也就是说，价值形式的再生产条件具有双重意义。

价值形式的再生产条件，是价值转形最重要和最基本的条件。

十、资本有机构成

生产过程中使用的物化劳动与耗费的必要劳动之比，或者不变资本与可变资本之比，就是资本有机构成。第一部门和第二部门的资本有机构成分别为

$$k_1 = \frac{c_1}{v_1} = \frac{c_{11} + c_{12}}{v_{11} + v_{12}} \tag{9-21}$$

和

$$k_2 = \frac{c_2}{v_2} = \frac{c_{21} + c_{22}}{v_{21} + v_{22}} \tag{9-22}$$

其中，k_1，k_2 都是已知常数。

如果只考虑资本对剩余价值分配的影响，那么，只有第一部门和第二部门的资本有机构成不相同，才存在价值转形。如果同时考虑资本和土地

对剩余价值分配的影响，那么，即使各部门的资本有机构成相同，也存在价值转形。

十一、剩余价值率相同

由于劳动力可以自由流动，因此第一部门和第二部门资本对劳动的剥削程度应该相同，否则劳动力会流动到剥削程度低的部门。因此，在不同部门中剩余价值率相同。剩余价值率为剩余劳动与必要劳动之比，或者剩余价值与可变资本之比，即

$$e = \frac{s_1}{v_1} = \frac{s_{11} + s_{12}}{v_{11} + v_{12}} \tag{9-23}$$

和

$$e = \frac{s_2}{v_2} = \frac{s_{21} + s_{22}}{v_{21} + v_{22}} \tag{9-24}$$

其中，剩余价值率 e 是已知常数。

剩余价值率相同，是价值转形的基本条件之一。

十二、被社会多承认的剩余价值与价值生产价格转化系数

生产商品耗费的劳动与资本主义土地所有权无关，因此，商品的价值与资本主义土地所有权无关。但是，剩余价值分配与资本主义土地所有权有关，因此，每个部门被社会多承认的剩余价值与资本主义土地所有权有关，也就是，每个部门得到社会承认的剩余价值与资本主义土地所有权有关。每个部门的价值生产价格转化系数也与资本主义土地所有权有关。

在简单再生产条件下的二元价值转形中，第一部门生产中耗费的生产资料分别由第一部门和第二部门生产。第一部门的工人、资本家和向第一部门出租土地的土地所有者需要的生活资料分别由第一部门和第二部门生产。

第一部门生产的产品价值为 $c_1+v_1+s_1$，或 $c_{11}+c_{12}+v_{11}+v_{12}+s_{11}+s_{12}$。第一部门得到社会承认的价值为 $c_1+v_1+s_1+s_{a1}$，或 $c_{11}+c_{12}+v_{11}+v_{12}+s_{11}+s_{12}+s_{a1}$。第一部门的价值生产价格转化系数，为该部门得到社会承认的价值与生产的产品价值之比，即

$$\begin{aligned} a_1 &= \frac{c_1 + v_1 + s_1 + s_{a1}}{c_1 + v_1 + s_1} \\ &= \frac{c_{11} + c_{12} + v_{11} + v_{12} + s_{11} + s_{12} + s_{a1}}{c_{11} + c_{12} + v_{11} + v_{12} + s_{11} + s_{12}} \end{aligned} \tag{9-25}$$

第一部门价值生产价格转化系数 a_1，表示社会对第一部门产品价值的承

认程度，或第一部门产品的生产价格与价值的偏离程度。

第二部门生产中耗费的生产资料由第一部门和第二部门生产。第二部门的工人、资本家和向第二部门出租土地的土地所有者需要的生活资料分别由第一部门和第二部门生产。

第二部门生产的产品价值为 $c_2+v_2+s_2$，或 $c_{21}+c_{22}+v_{21}+v_{22}+s_{21}+s_{22}$。第二部门得到社会承认的价值为 $c_2+v_2+s_2+s_{a2}$，或 $c_{21}+c_{22}+v_{21}+v_{22}+s_{21}+s_{22}+s_{a2}$。第二部门的价值生产价格转化系数，为该部门得到社会承认的价值与生产的产品价值之比，即

$$\begin{aligned} a_2 &= \frac{c_2+v_2+s_2+s_{a2}}{c_2+v_2+s_2} \\ &= \frac{c_{21}+c_{22}+v_{21}+v_{22}+s_{21}+s_{22}+s_{a2}}{c_{21}+c_{22}+v_{21}+v_{22}+s_{21}+s_{22}} \end{aligned} \tag{9-26}$$

第二部门价值生产价格转化系数 a_2 表示社会对第二部门产品价值的承认程度，或第二部门产品的生产价格与价值的偏离程度。

十三、分配剩余价值不能改变生产过程中已经耗费的劳动量

当资本家和土地所有者在流通过程中开始分配剩余价值时，无论按照什么方式分配剩余价值，都无法改变生产过程中已经耗费的各种劳动，其中包含剩余劳动。因此，剩余劳动总量不会发生变化。

流通过程中，资本家和土地所有者之间分配剩余价值，有两种类型。

第一种分配剩余价值的类型，是全社会对资本有机构成不同部门的劳动给予不同程度的承认。

第一部门和第二部门被社会多承认的剩余价值互相抵消，即

$$s_{a1}+s_{a2}=0 \tag{9-27}$$

上式表明，一个部门多得到社会承认的剩余价值，正是其他部门少得到社会承认的剩余价值。在观念上分配剩余价值，不会改变剩余劳动总量。

第二种分配剩余价值的类型，是资本家和土地所有者最终占有剩余价值或最终占有剩余劳动。

一个部门被社会多承认的剩余价值，与最终多得到的剩余价值，一般不相同。

值得注意的是，每个部门资本家最终占有的剩余价值，或最终占有的剩余劳动，不仅与各部门的资本有机构成有关，而且与各部门支付的地租有关，也就是与各部门租用的土地面积、最差土地的单位面积农产品产量、中等土地的单位面积农产品产量、农业资本等因素有关。

十四、简单再生产条件下的二元价值转形中各部门生产价格形式的利润

在简单再生产条件下的二元价值转形中，在不考虑固定资本的条件下，第一部门生产价格形式的资本，就是生产价格形式的成本，即

$$a_1c_{11}+a_2c_{12}+a_1v_{11}+a_2v_{12}$$

第一部门产品的生产价格为

$$a_1(c_1+v_1+s_1)=a_1(c_{11}+c_{12}+v_{11}+v_{12}+s_{11}+s_{12})$$

第一部门生产价格形式的利润，为第一部门产品的生产价格扣除第一部门支付的地租，再扣除第一部门生产价格形式的生产成本之后的余额，即

$$\begin{aligned}&a_1(c_{11}+c_{12}+v_{11}+v_{12}+s_{11}+s_{12})\\&-y_1-(a_1c_{11}+a_2c_{12}+a_1v_{11}+a_2v_{12})\\=&a_1(c_{12}+v_{12}+s_{11}+s_{12})-a_2c_{12}-a_2v_{12}-y_1\end{aligned}\tag{9-28}$$

在二元价值转形中，在不考虑固定资本的条件下，第二部门生产价格形式的资本，就是生产价格形式的成本，即

$$a_1c_{21}+a_2c_{22}+a_1v_{21}+a_2v_{22}$$

第二部门产品的生产价格为

$$a_2(c_2+v_2+s_2)=a_2(c_{21}+c_{22}+v_{21}+v_{22}+s_{21}+s_{22})$$

第二部门生产价格形式的利润，为第二部门产品的生产价格扣除第二部门支付的地租，再扣除第二部门生产价格形式的生产成本之后的余额，即

$$\begin{aligned}&a_2(c_{21}+c_{22}+v_{21}+v_{22}+s_{21}+s_{22})\\&-y_2-(a_1c_{21}+a_2c_{22}+a_1v_{21}+a_2v_{22})\\=&a_2(c_{21}+v_{21}+s_{21}+s_{22})-a_1c_{21}-a_1v_{21}-y_2\end{aligned}\tag{9-29}$$

十五、各部门生产价格形式的利润率相同

在流通过程中，产品按照生产价格量相等进行交换，必须满足生产价格形式的再生产条件。

第一部门生产价格形式的利润率，为第一部门生产价格形式的利润与第一部门生产价格形式的资本之比，即

$$r_1=\frac{a_1(c_{12}+v_{12}+s_{11}+s_{12})-a_2c_{12}-a_2v_{12}-y_1}{a_1c_{11}+a_2c_{12}+a_1v_{11}+a_2v_{12}}\tag{9-30}$$

第二部门生产价格形式的利润率，为第二部门生产价格形式的利润与第二部门生产价格形式的资本之比，即

$$r_2 = \frac{a_2(c_{21} + v_{21} + s_{21} + s_{22}) - a_1 c_{21} - a_1 v_{21} - y_2}{a_1 c_{21} + a_2 c_{22} + a_1 v_{21} + a_2 v_{22}} \tag{9-31}$$

在流通过程中，第一部门和第二部门生产价格形式的利润率相同，都等于生产价格形式的平均利润率，即

$$r_1 = r_2 = r \tag{9-32}$$

十六、价值转形方程

在简单再生产条件下的二元价值转形中，由（9-30）式和（9-32）式，可以得到第一部门的价值转形方程：

$$\begin{aligned}&(a_1 c_{11} + a_2 c_{12} + a_1 v_{11} + a_2 v_{12})(1+r) + y_1 \\ &= a_1(c_1 + v_1 + s_1) \\ &= a_1(c_{11} + c_{12} + v_{11} + v_{12} + s_{11} + s_{12})\end{aligned} \tag{9-33}$$

由（9-31）式和（9-32）式，可以得到第二部门的价值转形方程：

$$\begin{aligned}&(a_1 c_{21} + a_2 c_{22} + a_1 v_{21} + a_2 v_{22})(1+r) + y_2 \\ &= a_2(c_2 + v_2 + s_2) \\ &= a_2(c_{21} + c_{22} + v_{21} - v_{22} + s_{21} + s_{22})\end{aligned} \tag{9-34}$$

价值转形方程表示价值与生产价格之间的联系。价值转形方程满足生产价格形式的再生产条件，同时实现了生产价格形式的平均利润。

十七、生产过程结束之后支付地租

资本主义地租应该在生产过程结束之后缴纳。

首先，资本主义农业地租，有实物地租和货币地租两种形式。实物地租只能在生产过程结束之后缴纳，那么，货币地租也应该在生产过程结束之后支付。农业地租不会因为支付形式由实物地租形式转变为货币地租形式而改变支付地租的时刻。同理，工业资本在生产过程结束之后缴纳地租，商业资本在售卖过程结束之后缴纳地租。

其次，二元价值转形是资本家与土地所有者共同瓜分全体工人创造的总剩余价值，资本家只能在生产过程结束之后的流通过程中分配总剩余价值，土地所有者也只有在这个时刻才能按照土地所有权分到属于自己的那份剩余价值。土地所有者不可能在生产过程开始之前，就分到还没有生产出来的剩余产品或剩余价值。

再次，如果资本家在生产过程开始之前向土地所有者支付地租，那么，土地所有者不但可以得到地租，而且可以在一个生产周期中得到利息。这样，土地所有者就不单纯是土地所有者，而变为土地所有者兼借贷

资本家。理论分析要在最纯粹的条件下进行。双重角色不利于进行理论分析。因此，无论在不同国家、不同地区、不同历史时期的具体经济活动中，资本家向土地所有者支付地租的时刻，是在生产过程开始之前，还是在生产过程开始之后，在理论上都必须假设：资本家在生产过程结束之后，向土地所有者支付地租。

最后，级差地租是剩余价值的一部分，剩余价值是剩余劳动的产物，资本是生产的条件，也就是物化劳动与活劳动结合的条件，因此，级差地租不可能是资本的一部分。资本家投入资本在生产过程开始之前，将总剩余价值分割为利润和地租在生产过程结束之后。因此，地租只能在生产过程结束之后支付。

由于资本家在生产过程结束之后支付地租，因此地租不构成资本家的生产资本的一部分。资本家的资本，只包括生产资料和用于交换工人的劳动力的生活资料。在资本家购买到劳动力之后，资本家的资本只包括生产资料和劳动力。生产资料表现为物化劳动的凝结。劳动力的价值，等于生产过程中耗费的必要劳动创造的价值。

地租是土地所有者凭借土地所有权得到的一部分剩余价值。即使土地可以买卖，可以看做一种虚拟资本，这种虚拟资本也属于土地所有者，而不属于资本家。

资本家凭借自己拥有的生产资本，只能在生产过程结束之后，得到属于自己的那部分剩余价值。土地所有者凭借自己拥有的土地所有权，或拥有的土地形式的虚拟资本，也只能在生产过程结束之后，得到属于自己的那部分剩余价值。

十八、简单再生产条件下的二元价值转形中生产价格形式的农业级差地租

在（9－33）式、（9－34）式中，第一部门的生产价格形式的级差地租为

$$y_1 = l_1 g_{a1} \tag{9-35}$$

第二部门的生产价格形式的级差地租为

$$y_2 = l_2 g_{a2} \tag{9-36}$$

在（9－35）式、（9－36）式中，y_1、y_2 分别为第一部门和第二部门的地租。l_1、l_2 分别为第一部门和第二部门租用的土地面积。g_{a1}、g_{a2} 分别为第一部门和第二部门租用单位面积土地的地租。

值得注意的是，这里没有具体规定第一部门租用的土地分为几个等

级，每个等级土地面积是多少，每个等级单位面积土地的谷物产量是多少，每个等级单位面积土地的地租是多少。为了简化分析，采用加权平均的方法，g_{a1} 为第一部门单位面积各级土地的生产价格形式级差地租的加权平均值，g_{a2} 为第二部门单位面积各级土地的生产价格形式级差地租的加权平均值。l_1 为第一部门租用的各级土地的面积之和，l_2 为第二部门租用的各级土地的面积之和。y_1 为第一部门租用各级土地支付的级差地租之和，y_2 为第二部门租用各级土地支付的级差地租之和。

按照假设条件，没有绝对地租和垄断地租，只有级差地租一种地租。单位面积不同等级农业耕地上，生产过程中耗费的物化劳动数量相同，耗费的活劳动数量也相同。

第二部门投入的生产价格形式的农业资本为

$$a_1c_{21}+a_2c_{22}+a_1v_{21}+a_2v_{22}$$

农业资本家租用的土地面积为 l_2。单位面积土地上投入的生产价格形式的农业资本或生产成本为

$$k_{gp}=\frac{a_1c_{21}+a_2c_{22}+a_1v_{21}+a_2v_{22}}{l_2} \tag{9-37}$$

值得注意的是，这里所说的资本家租用的土地，包括不缴纳级差地租的最差的土地。由于单位面积不同等级土地上投入的生产价格形式的农业资本或生产成本相同，因此，第 i 部门的生产价格形式的单位面积第 t 等级土地的级差地租为

$$g_{ait}=pq_{ait}-(1+r)k_{gp} \tag{9-38}$$

由于最差的土地没有级差地租，单位面积最差的土地的农业级差地租为

$$g_{a21}=0 \tag{9-39}$$

农产品价格由最差的土地决定。最差的土地的农产品价格，就是所有土地的农产品价格。二元价值转形中最差的土地的生产价格形式的农产品价格为

$$\begin{aligned}p&=\frac{(1+r)k_{gp}}{q_{a21}}\\&=\frac{(1+r)(a_1c_{21}+a_2c_{22}+a_1v_{21}+a_2v_{22})}{q_{a21}l_2}\end{aligned} \tag{9-40}$$

第一部门租用单位面积土地缴纳的生产价格形式的级差地租为

$$\begin{aligned}g_{a1}&=pq_{a1}-(1+r)k_{gp}=\frac{q_{a1}(1+r)k_{gp}}{q_{a21}}-(1+r)k_{gp}\\&=(\frac{q_{a1}}{q_{a21}}-1)(1+r)k_{gp}\\&=(\frac{q_{a1}}{q_{a21}}-1)(1+r)\frac{a_1c_{21}+a_2c_{22}+a_1v_{21}-a_2v_{22}}{l_2}\end{aligned} \tag{9-41}$$

第二部门租用单位面积土地缴纳的生产价格形式的级差地租为

$$g_{a2}=pq_{a2}-(1+r)k_{gp}=\frac{q_{a2}(1+r)k_{gp}}{q_{a21}}-(1+r)k_{gp}$$

$$=\left(\frac{q_{a2}}{q_{a21}}-1\right)(1+r)k_{gp}$$

$$=\left(\frac{q_{a2}}{q_{a21}}-1\right)(1+r)\frac{a_1c_{21}+a_2c_{22}+a_1v_{21}+a_2v_{22}}{l_2}\quad(9-42)$$

这里，g_{a1}、g_{a2}分别为第一部门、第二部门单位面积各级土地的农产品产量的加权平均值。

单位面积中等土地的农业级差地租为

$$g=pq-(1+r)k_{gp}$$

$$=\frac{q(1+r)k_{gp}}{q_{a21}}-(1+r)k_{gp}$$

$$=\left(\frac{q}{q_{a21}}-1\right)(1+r)k_{gp}$$

$$=\left(\frac{q}{q_{a21}}-1\right)(1+r)\frac{a_1c_{21}+a_2c_{22}+a_1v_{21}+a_2v_{22}}{l_2}\quad(9-43)$$

值得注意的是，中等土地不是所有可耕种土地中可能的中等产量的土地，而是各种等级已经出租的土地中能够实现中等产量的土地。那些没有出租的土地，无论由于什么原因没有出租，无论是土地所有者要求的地租高于市场地租水平，还是土地所有者休耕，都不能计入已经出租的土地。单位面积中等土地的农业级差地租，是各种等级已经出租的土地所获取的级差地租的加权平均值，即地租总和与已经出租的土地面积总和之比。

由于大部分土地用于农业生产，第二部门租用的土地可以近似看做中等土地。因此，第二部门租用单位面积土地缴纳的生产价格形式的级差地租，可以近似看做生产价格形式的单位面积中等土地的级差地租。

十九、价值转形方程与使用土地面积、农产品产量、农业资本的关系

由（9－33）式、（9－35）式、（9－41）式，第一部门的二元价值转形的价值转形方程可以表示为

$$(a_1c_{11}+a_2c_{12}+a_1v_{11}+a_2v_{12})(1+r)+l_1g_{a1}$$
$$=a_1(c_{11}+c_{12}+v_{11}+v_{12}+s_{11}+s_{12})\quad(9-44)$$

即

$$(a_1c_{11}+a_2c_{12}+a_1v_{11}+a_2v_{12})(1+r)$$

$$+\left(\frac{q_{a1}}{q_{a21}}-1\right)(1+r)\frac{l_1(a_1c_{21}+a_2c_{22}+a_1v_{21}+a_2v_{22})}{l_2}$$
$$=a_1(c_{11}+c_{12}+v_{11}+v_{12}+s_{11}+s_{12}) \qquad (9-45)$$

或

$$\Bigg[(a_1c_{11}+a_2c_{12}+a_1v_{11}+a_2v_{12})$$
$$+\left(\frac{q_{a1}}{q_{a21}}-1\right)\frac{l_1(a_1c_{21}+a_2c_{22}+a_1v_{21}+a_2v_{22})}{l_2}\Bigg](1+r)$$
$$=a_1(c_{11}+c_{12}+v_{11}+v_{12}+s_{11}+s_{12}) \qquad (9-46)$$

由（9－34）式、（9－36）式、（9－42）式，第二部门的二元价值转形的价值转形方程可以表示为

$$(a_1c_{21}+a_2c_{22}+a_1v_{21}+a_2v_{22})(1+r)+l_2g_{a2}$$
$$=a_2(c_{21}+c_{22}+v_{21}+v_{22}+s_{21}+s_{22}) \qquad (9-47)$$

即

$$(a_1c_{21}+a_2c_{22}+a_1v_{21}+a_2v_{22})(1+r)$$
$$+\left(\frac{q_{a2}}{q_{a21}}-1\right)(1+r)(a_1c_{21}+a_2c_{22}+a_1v_{21}-a_2v_{22})$$
$$=a_2(c_{21}+c_{22}+v_{21}+v_{22}+s_{21}+s_{22}) \qquad (9-48)$$

或

$$\Bigg[(a_1c_{21}+a_2c_{22}+a_1v_{21}+a_2v_{22})$$
$$+\left(\frac{q_{a2}}{q_{a21}}-1\right)(a_1c_{21}+a_2c_{22}+a_1v_{21}+a_2v_{22})\Bigg](1+r)$$
$$=\frac{q_{a2}}{q_{a21}}(a_1c_{21}+a_2c_{22}+a_1v_{21}+a_2v_{22})(1+r)$$
$$=a_2(c_{21}+c_{22}+v_{21}+v_{22}+s_{21}+s_{22}) \qquad (9-49)$$

价值转形方程表示价值与生产价格之间的联系。价值转形方程满足生产价格形式的再生产条件，实现了生产价格形式的平均利润，同时，满足资本主义土地所有权的要求。

二十、生产价格形式的地租与价值形式的地租的关系

第一部门支付的生产价格形式的地租为

$$y_1=a_1(1-d_1)(s_{11}+bs_{t1})+a_2(1-d_1)[s_{12}+(1-b)s_{t1}]$$
$$=a_1(1-d_1)(bs_1+bs_{t1})$$
$$+a_2(1-d_1)[(1-b)s_1+(1-b)s_{t1}]$$
$$=a_1b(1-d_1)(s_1+s_{t1})+a_2(1-d_1)(1-b)(s_1+s_{t1})$$

$$=[a_1b+a_2(1-b)](1-d_1)(s_1+s_{t1}) \tag{9-50}$$

即

$$\begin{aligned}l_1g_{a1}&=a_1(1-d_1)(s_{11}+bs_{t1})+a_2(1-d_1)[s_{12}+(1-b)s_{t1}]\\&=a_1(1-d_1)(bs_1+bs_{t1})\\&\quad+a_2(1-d_1)[(1-b)s_1+(1-b)s_{t1}]\\&=a_1b(1-d_1)(s_1+s_{t1})+a_2(1-d_1)(1-b)(s_1+s_{t1})\\&=[a_1b+a_2(1-b)](1-d_1)(s_1+s_{t1})\end{aligned} \tag{9-51}$$

或

$$\begin{aligned}&l_1\left(\frac{q_{a1}}{q_{a21}}-1\right)(1+r)\frac{a_1c_{21}+a_2c_{22}+a_1v_{21}+a_2v_{22}}{l_2}\\&=a_1(1-d_1)(s_{11}+bs_{t1})+a_2(1-d_1)[s_{12}+(1-b)s_{t1}]\\&=a_1(1-d_1)(bs_1+bs_{t1})\\&\quad+a_2(1-d_1)[(1-b)s_1+(1-b)s_{t1}]\\&=a_1b(1-d_1)(s_1+s_{t1})+a_2(1-d_1)(1-b)(s_1+s_{t1})\\&=[a_1b+a_2(1-b)](1-d_1)(s_1+s_{t1})\end{aligned} \tag{9-52}$$

其中，$(1-d_1)$ (s_1+s_{t1}) 为第一部门支付的价值形式的地租。

第二部门支付的生产价格形式的地租为

$$\begin{aligned}y_2&=a_1(1-d_2)(s_{21}+bs_{t2})+a_2(1-d_2)[s_{22}+(1-b)s_{t2}]\\&=a_1(1-d_2)(bs_2+bs_{t2})\\&\quad+a_2(1-d_2)[(1-b)s_2+(1-b)s_{t2}]\\&=a_1b(1-d_2)(s_2+s_{t2})+a_2(1-d_2)(1-b)(s_2+s_{t2})\\&=[a_1b+a_2(1-b)](1-d_2)(s_2+s_{t2})\end{aligned} \tag{9-53}$$

即

$$\begin{aligned}l_2g_{a2}&=a_1(1-d_2)(s_{21}+bs_{t2})+a_2(1-d_2)[s_{22}+(1-b)s_{t2}]\\&=a_1(1-d_2)(bs_2+bs_{t2})\\&\quad+a_2(1-d_2)[(1-b)s_2+(1-b)s_{t2}]\\&=a_1b(1-d_2)(s_2+s_{t2})+a_2(1-d_2)(1-b)(s_2+s_{t2})\\&=[a_1b+a_2(1-b)](1-d_2)(s_2+s_{t2})\end{aligned} \tag{9-54}$$

或

$$\begin{aligned}&l_2\left(\frac{q_{a2}}{q_{a21}}-1\right)(1+r)\frac{a_1c_{21}+a_2c_{22}+a_1v_{21}+a_2v_{22}}{l_2}\\&=a_1(1-d_2)(s_{21}+bs_{t2})+a_2(1-d_2)[s_{22}+(1-b)s_{t2}]\\&=a_1(1-d_2)(bs_2+bs_{t2})\end{aligned}$$

$$+a_2(1-d_2)[(1-b)s_2+(1-b)s_{t2}]$$
$$=a_1b(1-d_2)(s_2+s_{t2})+a_2(1-d_2)(1-b)(s_2+s_{t2})$$
$$=[a_1b+a_2(1-b)](1-d_2)(s_2+s_{t2}) \tag{9-55}$$

其中，$(1-d_2)$ (s_2+s_{t2}) 为第二部门支付的价值形式的地租。

二十一、资本家最终得到的剩余价值与生产价格形式的利润的关系

在简单再生产条件下，资本家得到的生产价格形式的利润，用于交换第一部门和第二部门生产的生活资料。资本家最终得到的剩余价值，就是生产这些生活资料所耗费的剩余劳动的凝结。

在简单再生产条件下的两部门二元价值转形中，不同部门资本家的消费结构相同。每个部门多得到的剩余价值中购买第一部门产品的比例相同，并且等于每个部门生产的剩余价值中购买第一部门产品的比例。每个部门多得到的剩余价值中购买第二部门产品的比例相同，并且等于每个部门生产的剩余价值中购买第二部门产品的比例。

资本家从事生产的唯一目的，就是要得到这些剩余价值。

在简单再生产条件下的两部门二元价值转形中，土地所有者要从租用土地的资本家那里得到地租。土地所有者要与资本家共同瓜分总剩余价值。因此，二元价值转形的平均利润率与一元价值转形的平均利润率不同，各部门资本家在二元价值转形中多得到的剩余价值，与在一元价值转形中多得到的剩余价值不同，各部门资本家在二元价值转形中最终得到的剩余价值，与在一元价值转形中最终得到的剩余价值也不相同。

第一部门资本家最终得到的剩余价值与生产价格形式的利润的关系为

$$(a_1c_{11}+a_2c_{12}+a_1v_{11}+a_2v_{12})r$$
$$=a_1(d_1s_{11}+d_1bs_{t1})+a_2[d_1s_{12}+d_1(1-b)s_{t1}]$$
$$=d_1\{a_1(bs_1+bs_{t1})+a_2[(1-b)s_1+(1-b)s_{t1}]\}$$
$$=d_1[a_1b+a_2(1-b)](s_1+s_{t1}) \tag{9-56}$$

第二部门资本家最终得到的剩余价值与生产价格形式的利润的关系为

$$(a_1c_{21}+a_2c_{22}+a_1v_{21}+a_2v_{22})r$$
$$=a_1(d_2s_{21}+d_2bs_{t2})+a_2[d_2s_{22}+d_2(1-b)s_{t2}]$$
$$=d_2\{a_1(bs_2+bs_{t2})+a_2[(1-b)s_2+(1-b)s_{t2}]\}$$
$$=d_2[a_1b+a_2(1-b)](s_2+s_{t2}) \tag{9-57}$$

上面各方程构成简单再生产条件下两部门二元价值转形的基本关系。

第三节　两部门二元价值转形模型

一、简单再生产条件下两部门二元价值转形模型

由简单再生产条件下两部门二元价值转形的基本关系，可得到简单再生产条件下两部门二元价值转形模型。①

（一）再生产条件方程组

$$c_1 = c_{11} + c_{12} \tag{9-58}$$

$$c_2 = c_{21} + c_{22} \tag{9-59}$$

$$\frac{c_{11}}{c_1} = f_1 \tag{9-60}$$

$$\frac{c_{21}}{c_2} = f_2 \tag{9-61}$$

$$v_1 = v_{11} + v_{12} \tag{9-62}$$

$$v_2 = v_{21} + v_{22} \tag{9-63}$$

$$\frac{v_{11}}{v_1} = \frac{v_{21}}{v_2} = h \tag{9-64}$$

$$s_1 = s_{11} + s_{12} \tag{9-65}$$

$$s_2 = s_{21} + s_{22} \tag{9-66}$$

$$\frac{s_{11}}{s_1} = \frac{s_{21}}{s_2} = b \tag{9-67}$$

$$c_{12} + v_{12} + s_{12} = c_{21} + v_{21} + s_{21} \tag{9-68}$$

$$k_1 = \frac{c_1}{v_1} = \frac{c_{11} + c_{12}}{v_{11} + v_{12}} \tag{9-69}$$

$$k_2 = \frac{c_2}{v_2} = \frac{c_{21} + c_{22}}{v_{21} + v_{22}} \tag{9-70}$$

$$e = \frac{s_1}{v_1} = \frac{s_{11} + s_{12}}{v_{11} + v_{12}} \tag{9-71}$$

$$e = \frac{s_2}{v_2} = \frac{s_{21} + s_{22}}{v_{21} + v_{22}} \tag{9-72}$$

---

①　沈民鸣：《二元价值转形》，第二卷，北京，中国人民大学出版社，2015，第 457～460 页。

（二）二元价值转形方程组

$$a_1=\frac{c_{11}+c_{12}+v_{11}+v_{12}+s_{11}+s_{12}+s_{a1}}{c_{11}+c_{12}+v_{11}+v_{12}+s_{11}+s_{12}} \tag{9-73}$$

$$a_2=\frac{c_{21}+c_{22}+v_{21}+v_{22}+s_{21}+s_{22}+s_{a2}}{c_{21}+c_{22}+v_{21}+v_{22}+s_{21}+s_{22}} \tag{9-74}$$

$$s_{a1}+s_{a2}=0 \tag{9-75}$$

$$\begin{aligned}&\Big[(a_1c_{11}+a_2c_{12}+a_1v_{11}+a_2v_{12})\\&+\left(\frac{q_{a1}}{q_{a21}}-1\right)\frac{l_1(a_1c_{21}+a_2c_{22}+a_1v_{21}+a_2v_{22})}{l_2}\Big](1+r)\\&=a_1(c_{11}+c_{12}+v_{11}+v_{12}+s_{11}+s_{12})\end{aligned} \tag{9-76}$$

$$\begin{aligned}&\frac{q_{a2}}{q_{a21}}(a_1c_{21}+a_2c_{22}+a_1v_{21}+a_2v_{22})(1+r)\\&=a_2(c_{21}+c_{22}+v_{21}+v_{22}+s_{21}+s_{22})\end{aligned} \tag{9-77}$$

$$k_{gp}=\frac{a_1c_{21}+a_2c_{22}+a_1v_{21}+a_2v_{22}}{l_2} \tag{9-78}$$

$$g_{ait}=pq_{ait}-(1+r)k_{gp} \tag{9-79}$$

$$\begin{aligned}p&=\frac{(1+r)k_{gp}}{q_{a21}}\\&=\frac{(1+r)(a_1c_{21}+a_2c_{22}+a_1v_{21}+a_2v_{22})}{q_{a21}l_2}\end{aligned} \tag{9-80}$$

$$g_{a1}=\left(\frac{q_{a1}}{q_{a21}}-1\right)(1+r)\frac{a_1c_{21}+a_2c_{22}+a_1v_{21}+a_2v_{22}}{l_2} \tag{9-81}$$

$$g_{a2}=\left(\frac{q_{a2}}{q_{a21}}-1\right)(1+r)\frac{a_1c_{21}+a_2c_{22}+a_1v_{21}+a_2v_{22}}{l_2} \tag{9-82}$$

$$\begin{aligned}g&=pq-(1+r)k_{gp}\\&=\left(\frac{q}{q_{a21}}-1\right)(1+r)\frac{a_1c_{21}+a_2c_{22}+a_1v_{21}+a_2v_{22}}{l_2}\end{aligned} \tag{9-83}$$

$$y_1=l_1g_{a1} \tag{9-84}$$

$$y_2=l_2g_{a2} \tag{9-85}$$

$$\begin{aligned}&\left(\frac{q_{a1}}{q_{a21}}-1\right)(1+r)\frac{l_1(a_1c_{21}+a_2c_{22}+a_1v_{21}+a_2v_{22})}{l_2}\\&=[a_1b+a_2(1-b)](1-d_1)(s_1+s_{t1})\end{aligned} \tag{9-86}$$

$$\begin{aligned}&\left(\frac{q_{a2}}{q_{a21}}-1\right)(1+r)(a_1c_{21}+a_2c_{22}+a_1v_{21}+a_2v_{22})\\&=[a_1b+a_2(1-b)](1-d_2)(s_2+s_{t2})\end{aligned} \tag{9-87}$$

$$(a_1c_{11}+a_2c_{12}+a_1v_{11}+a_2v_{12})r$$

$$= d_1[a_1 b + a_2(1-b)](s_1 + s_{t1}) \quad (9-88)$$

$$(a_1 c_{21} + a_2 c_{22} + a_1 v_{21} + a_2 v_{22}) r$$

$$= d_2[a_1 b + a_2(1-b)](s_2 + s_{t2}) \quad (9-89)$$

（三）各关系式的涵义

在简单再生产条件下两部门二元价值转形模型中，各关系式的涵义分别如下：

（9-58）式、（9-59）式分别为第一部门和第二部门的不变资本，分解为交换第一部门产品的部分和交换第二部门产品的部分。

（9-60）式、（9-61）式分别为各部门使用的第一部门生产的生产资料中凝结的物化劳动占第一部门使用的生产资料中凝结的物化劳动的比例。

（9-62）式、（9-63）式分别为第一部门和第二部门的可变资本，分解为交换第一部门产品的部分和交换第二部门产品的部分。

（9-64）式表示各部门的可变资本中用于交换第一部门生产的生活资料的可变资本的比例相同。

（9-65）式、（9-66）式分别为第一部门和第二部门的剩余价值，分解为交换第一部门产品的部分和交换第二部门产品的部分。

（9-67）式表示第一部门和第二部门的剩余价值中用于交换第一部门生产的生活资料的剩余价值的比例相同。

（9-68）式为两部门二元价值转形的简单再生产条件。

（9-69）式、（9-70）式分别为第一部门和第二部门的资本有机构成。

（9-71）式、（9-72）式表示第一部门和第二部门的剩余价值率相同。

（9-73）式、（9-74）式分别为第一部门和第二部门的价值生产价格转化系数的定义。

（9-75）式表示两部门被社会多承认的剩余价值互相抵消。

（9-76）式、（9-77）式分别为第一部门和第二部门的价值转形方程。

（9-78）式为单位面积土地投入的农业资本。

（9-79）式为单位面积第 t 等级土地的级差地租。

（9-80）式为农产品价格。

（9-81）式为第一部门租用单位面积土地缴纳的生产价格形式的级差地租。

（9-82）式为第二部门租用单位面积土地缴纳的生产价格形式的级差地租。

（9-83）式为单位面积中等土地的级差地租。

(9－84) 式、(9－85) 式分别为第一部门和第二部门的生产价格形式级差地租。

(9－86) 式、(9－87) 式分别表示第一部门和第二部门的生产价格形式的级差地租与各部门得到的剩余价值中用于支付地租部分，即用于土地所有者交换生活消费资料的部分的关系，也就是生产价格形式的级差地租与价值形式的级差地租的关系。

(9－88) 式、(9－89) 式分别表示第一部门和第二部门的生产价格形式的利润与各部门得到的剩余价值中用于本部门资本家交换生活消费资料部分、多得到的剩余价值的关系。

二、二元价值转形模型中的方程

该模型包括两个子方程组，共 $m+39$ 个方程。

(一) 再生产条件方程组中的方程

(9－58) 式、(9－59) 式、(9－60) 式、(9－61) 式、(9－62) 式、(9－63) 式、(9－64) 式、(9－65) 式、(9－66) 式、(9－67) 式、(9－68) 式、(9－69) 式、(9－70) 式、(9－71) 式、(9－72) 式中包含 21 个方程。这 21 个方程构成简单再生产条件方程组。简单再生产条件方程组反映生产过程中各部门耗费的物化劳动、耗费的活劳动中的必要劳动、耗费的活劳动中的剩余劳动之间的关系，满足价值形式的简单再生产条件，满足价值规律。

(二) 二元价值转形方程组中的方程

(9－73) 式、(9－74) 式、(9－75) 式、(9－76) 式、(9－77) 式、(9－78) 式、(9－79) 式、(9－80) 式、(9－81) 式、(9－82) 式、(9－83) 式、(9－84) 式、(9－85) 式、(9－86) 式、(9－87) 式、(9－88) 式、(9－89) 式中包含 $m+18$ 个方程。这 $m+18$ 个方程构成二元价值转形方程组。二元价值转形方程组反映价值与生产价格之间的联系，反映流通过程中各部门生产价格形式的资本、生产价格形式的平均利润率、价值生产价格转化系数、生产价格形式的地租、农产品价格，与不变资本、可变资本、剩余价值、被社会多承认的剩余价值之间的关系。二元价值转形方程组也反映各部门生产价格形式的利润与资本家实际得到的剩余价值和地租之间的关系。该方程组满足生产价格形式的再生产条件和平均利润条件。

三、外生变量、内生变量、冗余方程、独立方程

(一) 再生产条件方程组中的外生变量、内生变量、冗余方程、独立方程

在简单再生产条件方程组中，包括 c_1、c_2、c_{11}、c_{12}、c_{21}、c_{22}、f_1、

f_2、v_1、v_2、v_{11}、v_{12}、v_{21}、v_{22}、h、s_1、s_2、s_{11}、s_{12}、s_{21}、s_{22}、k_1、k_2、b、e，共 25 个变量。其中，c_1、c_{11}、c_{12}、f_1、f_2、v_1、v_{11}、v_{12}、h、s_1、s_{11}、s_{12}、k_1、k_2、b、e 这 16 个变量，为已知量或外生变量。c_2、c_{21}、c_{22}、v_2、v_{21}、v_{22}、s_2、s_{21}、s_{22} 这 9 个变量的形式，是未知变量或内生变量，内容则是已知量或外生变量。价值形式的变量反映生产中耗费的劳动，是价值转形的起点，应该是已知量。这 9 个变量采用内生变量形式，是为了保持变量之间的一致性。

在简单再生产条件方程组的 21 个方程中，(9－58) 式、(9－60) 式、(9－62) 式、(9－65) 式、(9－69) 式、(9－71) 式为 8 个恒等式，即 8 个冗余方程。

(9－64) 式中

$$\frac{v_{11}}{v_1}=h \tag{9－90}$$

为恒等式，即冗余方程。

$$\frac{v_{21}}{v_2}=h \tag{9－91}$$

为独立方程。因此，(9－64) 式中只包含一个独立方程。

(9－67) 式中

$$\frac{s_{11}}{s_1}=b \tag{9－92}$$

为恒等式，即冗余方程。

$$\frac{s_{21}}{s_2}=b \tag{9－93}$$

为独立方程。因此，(9－67) 式中只包含一个独立方程。

(9－70) 式中

$$\frac{c_2}{v_2}=\frac{c_{21}+c_{22}}{v_{21}+v_{22}} \tag{9－94}$$

为恒等式，即冗余方程。

$$k_2=\frac{c_{21}+c_{22}}{v_{21}+v_{22}} \tag{9－95}$$

为独立方程。因此，(9－70) 式中只包含一个独立方程。

(9－72) 式中

$$\frac{s_2}{v_2}=\frac{s_{21}+s_{22}}{v_{21}+v_{22}} \tag{9－96}$$

为恒等式，即冗余方程。

$$e=\frac{s_{21}+s_{22}}{v_{21}+v_{22}} \tag{9－97}$$

为独立方程。因此，(9－72) 式中只包含一个独立方程。

在简单再生产条件方程组的 21 个方程中，共有 12 个恒等式或冗余方程，其余 9 个方程为独立方程。由 9 个独立方程，可以得到 9 个未知变量的唯一解。

简单再生产条件方程组的解，是价值转形方程组的条件。

(二) 二元价值转形方程组中的外生变量、内生变量、冗余方程、独立方程

在二元价值转形方程组中，包括 c_{11}、c_{12}、c_{21}、c_{22}、v_{11}、v_{12}、v_{21}、v_{22}、s_1、s_2、s_{11}、s_{12}、s_{21}、s_{22}、a_1、a_2、s_{a1}、s_{a2}、s_{t1}、s_{t2}、r、l_1、l_2、k_{gp}、g_{ait}、g_{a1}、g_{a2}、g、q_{ait}、q_{a21}、q_{a1}、q_{a2}、q、p、y_1、y_2、d_1、d_2、b，共 $2m+37$ 个变量。值得注意的是，因为有两个部门，每个部门有 m 个等级的土地，第一部门的土地等级按照第二部门的土地等级确定，所以，q_{ait} 和 g_{ait} 是 $2m$ 个变量。其中，c_{11}、c_{12}、c_{21}、c_{22}、v_{11}、v_{12}、v_{21}、v_{22}、s_1、s_2、s_{11}、s_{12}、s_{21}、s_{22}、l_1、l_2、q_{a21}、q_{a1}、q_{a2}、q、b 这 21 个变量为已知量。q_{ait} 和 g_{ait} 这 $2m$ 个变量在两部门二元价值转形模型求解过程中没有使用。a_1、a_2、s_{a1}、s_{a2}、s_{t1}、s_{t2}、r、k_{gp}、g_{a1}、g_{a2}、g、p、y_1、y_2、d_1、d_2 这 16 个变量为未知变量。

在二元价值转形方程组的 $m+18$ 个方程中，(9－79) 式在二元价值转形模型求解过程中没有使用，为 m 个冗余方程。

(9－80) 式中

$$p = \frac{(1+r)(a_1c_{21}+a_2c_{22}+a_1v_{21}+a_2v_{22})}{q_{a21}l_2} \tag{9-98}$$

为冗余方程。

$$p = \frac{(1+r)k_{gp}}{q_{a21}} \tag{9-99}$$

为独立方程。因此，(9－80) 式中只包含一个独立方程。

(9－83) 式中

$$g = \left(\frac{q}{q_{a21}}-1\right)(1+r)\,\frac{a_1c_{21}+a_2c_{22}+a_1v_{21}+a_2v_{22}}{l_2} \tag{9-100}$$

为冗余方程。

$$g = pq-(1+r)k_{gp} \tag{9-101}$$

为独立方程。因此，(9－83) 式中只包含一个独立方程。

在二元价值转形方程组的 $m+18$ 个方程中，共有 $m+2$ 个冗余方程，其余 16 个方程为独立方程。由 16 个独立方程，可以得到 16 个未知变量的唯一解。

上述简单再生产条件下两部门二元价值转形模型，是一般情况下的简单再生产条件下两部门二元价值转形模型。但是，已知变量和冗余方程，则是在第一部门的不变资本、可变资本、剩余价值已知情况下确定的。

如果第二部门的不变资本、可变资本、剩余价值已知，那么，已知变量和冗余方程的确定应作相应的改变。

第四节　两部门二元价值转形中的四个系统

一、简单再生产条件下两部门二元价值转形中的四个系统

在简单再生产条件下的两部门二元价值转形中，一共有四个系统：价值转形前工人创造的剩余价值和价值系统；价值转形后得到社会承认的剩余价值和价值，即社会承认的价值形式的利润和生产价格系统；价值转形后生产价格形式的利润、地租和价格形式的生产价格系统；价值转形后资本家和土地所有者实际得到的剩余价值，即实现的价值形式的利润、地租和生产价格系统。①

价值转形中这四个系统可以表示如表 9－1 至表 9－4 所示。

表 9－1　　价值转形前工人创造的剩余价值和价值

部门		1	2	总和
不变资本	使用第一部门产品的物化劳动	c_{11}	c_{21}	$c_{11}+c_{21}$
	使用第二部门产品的物化劳动	c_{12}	c_{22}	$c_{12}+c_{22}$
可变资本	交换第一部门产品的必要劳动	v_{11}	v_{21}	$v_{11}+v_{21}$
	交换第二部门产品的必要劳动	v_{12}	v_{22}	$v_{12}+v_{22}$
剩余价值	交换第一部门产品的剩余劳动	s_{11}	s_{21}	$s_{11}+s_{21}$
	交换第二部门产品的剩余劳动	s_{12}	s_{22}	$s_{12}+s_{22}$
产品价值	生产产品耗费的劳动	$c_{11}+c_{12}+v_{11}+v_{12}+s_{11}+s_{12}=c_{11}+v_{11}+s_{11}+c_{21}+v_{21}+s_{21}$	$c_{21}+c_{22}+v_{21}+v_{22}+s_{21}+s_{22}=c_{12}+v_{12}+s_{12}+c_{22}+v_{22}+s_{22}$	$c_{11}+c_{12}+c_{21}+c_{22}+v_{11}+v_{12}+v_{21}+v_{22}+s_{11}+s_{12}+s_{21}+s_{22}$

① 沈民鸣：《二元价值转形》，第二卷，北京，中国人民大学出版社，2015，第 464～473 页。

表 9-2　　价值转形后价值形式的利润和生产价格（社会承认的）

部门		1	2	总和
不变资本	使用第一部门产品的物化劳动	c_{11}	c_{21}	$c_{11}+c_{21}$
	使用第二部门产品的物化劳动	c_{12}	c_{22}	$c_{12}+c_{22}$
可变资本	交换第一部门产品的必要劳动	v_{11}	v_{21}	$v_{11}+v_{21}$
	交换第二部门产品的必要劳动	v_{12}	v_{22}	$v_{12}+v_{22}$
利润（社会承认的剩余价值）	得到社会承认的剩余劳动	$s_{11}+s_{12}+s_{a1}$	$s_{21}+s_{22}+s_{a2}$	$s_{11}+s_{12}+s_{21}+s_{22}$
生产价格（社会承认的价值）	得到社会承认的劳动	$c_{11}+c_{12}+v_{11}+v_{12}+s_{11}+s_{12}+s_{a1}$	$c_{21}+c_{22}+v_{21}+v_{22}+s_{21}+s_{22}+s_{a2}$	$c_{11}+c_{12}+c_{21}+c_{22}+v_{11}+v_{12}+v_{21}+v_{22}+s_{11}+s_{12}+s_{21}+s_{22}$

表 9-3　　价值转形后生产价格形式的利润、地租和价格形式的生产价格

部门		1	2	总和
不变资本	使用第一部门的产品	a_1c_{11}	a_1c_{21}	$a_1\ (c_{11}+c_{21})$
	使用第二部门的产品	a_2c_{12}	a_2c_{22}	$a_2\ (c_{12}+c_{22})$
可变资本	交换第一部门的产品	a_1v_{11}	a_1v_{21}	$a_1\ (v_{11}+v_{21})$
	交换第二部门的产品	a_2v_{12}	a_2v_{22}	$a_2\ (v_{12}+v_{22})$
利润（生产价格形式）	交换第一部门的产品	$a_1d_1\ (s_{11}+bs_{t1})$	$a_1d_2\ (s_{21}+bs_{t2})$	$a_1\ [d_1\ (s_{11}+bs_{t1})+d_2\ (s_{21}+bs_{t2})]$
	交换第二部门的产品	$a_2d_1\ [s_{12}+(1-b)\ s_{t1}]$	$a_2d_2\ [s_{22}+(1-b)\ s_{t2}]$	$a_2\ \{d_1\ [s_{12}+(1-b)\ s_{t1}]+d_2\ [s_{22}+(1-b)\ s_{t2}]\}$
地租（生产价格形式）	交换第一部门的产品	$a_1\ (1-d_1)\ (s_{11}+bs_{t1})$	$a_1\ (1-d_2)\ (s_{21}+bs_{t2})$	$a_1\ [(1-d_1)\ (s_{11}+bs_{t1})+(1-d_2)\ (s_{21}+bs_{t2})]$
	交换第二部门的产品	$a_2\ (1-d_1)\ [s_{12}+(1-b)\ s_{t1}]$	$a_2\ (1-d_2)\ [s_{22}+(1-b)\ s_{t2}]$	$a_2\ \{(1-d_1)\ [s_{12}+(1-b)\ s_{t1}]+(1-d_2)\ [s_{22}+(1-b)\ s_{t2}]\}$
生产价格（价格形式）	交换各部门产品之和	$a_1\ (c_{11}+c_{12}+v_{11}+v_{12}+s_{11}+s_{12})=c_{11}+c_{12}+v_{11}+v_{12}+s_{11}+s_{12}+s_{a1}$	$a_2\ (c_{21}+c_{22}+v_{21}+v_{22}+s_{21}+s_{22})=c_{21}+c_{22}+v_{21}+v_{22}+s_{21}+s_{22}+s_{a2}$	$c_{11}+c_{12}+c_{21}+c_{22}+v_{11}+v_{12}+v_{21}+v_{22}+s_{11}+s_{12}+s_{21}+s_{22}$

表 9-4　　价值转形后价值形式的利润、地租和生产价格（实现的）

部门		1	2	总和
不变资本	使用第一部门产品的物化劳动	c_{11}	c_{21}	$c_{11}+c_{21}$
	使用第二部门产品的物化劳动	c_{12}	c_{22}	$c_{12}+c_{22}$
可变资本	交换第一部门产品的必要劳动	v_{11}	v_{21}	$v_{11}+v_{21}$
	交换第二部门产品的必要劳动	v_{12}	v_{22}	$v_{12}+v_{22}$
利润（实现的剩余价值）	最终得到的交换第一部门产品的剩余劳动	$d_1(s_{11}+bs_{t1})$	$d_2(s_{21}+bs_{t2})$	$d_1(s_{11}+bs_{t1})+d_2(s_{21}+bs_{t2})$
	最终得到的交换第二部门产品的剩余劳动	$d_1[s_{12}+(1-b)s_{t1}]$	$d_2[s_{22}+(1-b)s_{t2}]$	$d_1[s_{12}+(1-b)s_{t1}]+d_2[s_{22}+(1-b)s_{t2}]$
地租（实现的剩余价值）	最终得到的交换第一部门产品的剩余劳动	$(1-d_1)(s_{11}+bs_{t1})$	$(1-d_2)(s_{21}+bs_{t2})$	$(1-d_1)(s_{12}+bs_{t1})+(1-d_2)(s_{22}+bs_{t2})+(1-d_3)(s_{32}+bs_{t3})$
	最终得到的交换第二部门产品的剩余劳动	$(1-d_1)[s_{12}+(1-b)s_{t1}]$	$(1-d_2)[s_{22}+(1-b)s_{t2}]$	$(1-d_1)[s_{12}+(1-b)s_{t1}]+(1-d_2)[s_{22}+(1-b)s_{t2}]$
生产价格（实现的价值）	最终得到的社会劳动	$c_{11}+c_{12}+v_{11}+v_{12}+s_{11}+s_{12}+s_{t1}$	$c_{21}+c_{22}+v_{21}+v_{22}+s_{21}+s_{22}+s_{t2}$	$c_{11}+c_{12}+c_{21}+c_{22}+v_{11}+v_{12}+v_{21}+v_{22}+s_{11}+s_{12}+s_{21}+s_{22}$

二、简单再生产条件下两部门二元价值转形中四个系统之间的关系

（1）价值转形前工人创造的剩余价值和价值系统，是简单再生产条件下两部门二元价值转形的基础。这个系统反映生产过程中各部门耗费的物化劳动、必要劳动、剩余劳动之间的关系。这个系统是二元价值转形的出发点，并且不受价值转形的影响，如表 9-1 所示，与（9-58）式、（9-59）式、（9-60）式、（9-61）式、（9-62）式、（9-63）式、（9-64）式、（9-65）式、（9-66）式、（9-67）式、（9-68）式、（9-69）式、（9-70）式、（9-71）式、（9-72）式对应。价值转形前工人创造的剩余价值和价值系统，与如何分配剩余价值无关。

（2）价值转形同时产生三个系统。这三个系统反映同一价值转形过程的三个不同方面，是三个互相联系又有区别的不同系统。

在二元价值转形前后，生产这些生产资料和生活资料的劳动数量没有

变化。各部门在生产中耗费的生产资料数量没有变化。工人消费的生活资料数量没有变化。资本家和土地所有者消费的生活资料数量也没有变化。

一元价值转形是在资本家之间分配总剩余价值。二元价值转形是在资本家和土地所有者之间分配总剩余价值。流通过程中分配总剩余价值，不可能改变各部门生产过程中已经耗费的物化劳动、必要劳动、剩余劳动。

(3) 在二元价值转形后得到社会承认的价值形式的利润和生产价格系统中，不变资本、可变资本为价值形式，分别与二元价值转形前生产过程中使用的物化劳动和必要劳动对应。不考虑固定资本的影响。使用的物化劳动就是耗费的物化劳动。

每个部门得到社会承认的剩余价值，与这个部门工人创造的剩余价值不同。得到社会承认的剩余价值，是指所有资本家和土地所有者都认为某个部门应该得到的剩余价值或价值形式的利润。这个系统中，每个部门中的生产价格都是由价值决定的，避免了由生产价格形式的不变资本和可变资本定义生产价格导致的循环定义。

与一元价值转形不同的是，在二元价值转形中，每个部门得到社会承认的剩余价值，不仅与各部门的资本有机构成不同有关，而且与土地所有权有关。每个部门得到社会承认的剩余价值，并不涉及该剩余价值是交换第一部门的产品，还是交换第二部门的产品，也不涉及该剩余价值是属于资本家的利润，还是属于土地所有者的地租。

这个系统如表 9-2 所示，与 (9-73) 式、(9-74) 式、(9-75) 式对应。从该表中可以看出，虽然这个系统既不满足平均利润条件，也不满足再生产条件，但是，从 (9-73) 式、(9-74) 式、(9-75) 式可以看出，该系统决定了各部门的价值生产价格转化系数，从而为价值转形后生产价格形式的利润、地租和价格形式的生产价格系统同时满足平均利润、资本主义地租和再生产条件奠定了基础。

(4) 在二元价值转形后生产价格形式的利润、生产价格形式的地租和价格形式的生产价格系统中，不变资本、可变资本、利润、地租均为生产价格形式。由 (9-73) 式、(9-74) 式、(9-75) 式、(9-76) 式、(9-77) 式可以看出，在该系统中，价格形式的生产价格与表 9-2 中由价值决定的生产价格完全相同。生产价格与价值的偏离有两种表示方法：既可以用价值乘上一个不等于 1 的系数表示生产价格，也可以用价值加上一个不等于 0 的数值表示生产价格。这个生产价格中已经准确地包含了对其价值的偏离，因此，可以顺利地实现生产成本由价值形式向生产价格形式转化。

该系统可以用表 9－3 表示，与（9－76）式、（9－77）式、（9－78）式、（9－79）式、（9－80）式、（9－81）式、（9－82）式、（9－83）式、（9－84）式、（9－85）式、（9－86）式、（9－87）式对应。这个系统同时满足生产价格形式的平均利润、资本主义地租和再生产条件。

值得注意的是，二元价值转形后生产价格形式的利润、生产价格形式的地租和价格形式的生产价格系统，不仅要实现平均利润，而且要满足土地所有者对地租的要求。通过（9－78）式、（9－79）式、（9－80）式、（9－81）式、（9－82）式、（9－83）式、（9－84）式、（9－85）式，可以确定生产价格形式的农业资本、农产品价格、中等水平的地租、各部门支付的地租。

（5）在二元价值转形后资本家和土地所有者实际得到的剩余价值、价值形式的地租和价值系统中，也就是在实现的价值形式的利润、价值形式的地租和价值形式的生产价格系统中，不变资本、可变资本为价值形式。同样与价值转形前生产过程中耗费的物化劳动和必要劳动对应。

在这个系统中，资本家得到的利润和土地所有者得到的地租，都是价值形式的。

在二元价值转形中，资本家得到生产价格形式的利润和土地所有者得到生产价格形式的地租，一部分用来交换第一部门生产的生活消费品（工业产品），另一部分用来交换第二部门生产的生活消费品（农产品）。生产资本家和土地所有者得到的这些生活资料必须耗费工人的剩余劳动，这些产品中工人的剩余劳动的凝结，才是资本家和土地所有者最终得到的剩余价值。

这个系统既不满足价值形式的平均利润条件，也不满足价值形式的再生产条件。也就是说，从价值的角度看，并没有实现平均利润和再生产条件。只是从生产价格的角度看，实现了平均利润和再生产条件。该系统如表 9－4 所示，与（9－86）式、（9－87）式、（9－88）式、（9－89）式对应。

在该系统中，通过（9－86）式、（9－87）式，确定土地所有者得到的生产价格形式的地租与得到的价值形式的地租之间的关系。通过（9－88）式、（9－89）式，确定资本家得到的生产价格形式的利润与得到的价值形式的利润（即资本家最终占有的剩余价值）之间的关系。

（6）由这四个系统的关系可以看出，二元价值转形前工人创造的剩余价值和价值，决定二元价值转形后得到社会承认的价值形式的利润和得到社会承认的价值形式的生产价格；二元价值转形后得到社会承认的价值形式的利润和得到社会承认的价值形式的生产价格，决定二元价值转形后生产价格形式的利润、生产价格形式的地租和价格形式的生产价格；二元价值转形后生产价格形式的利润、生产价格形式的地租和价格形式的生产价格，决定资本家实际得到的剩余价值或实现的价值形式的利润、土地所有者得到的剩余价值或价值形式的地租、实现的价值形式的生产价格。

三、二元价值转形四个系统与一元价值转形四个系统的关系

二元价值转形模型与一元价值转形模型之间，既有联系也有显著区别。二元价值转形模型中的四个系统与一元价值转形模型中的四个系统之间，既有联系也有显著区别。

（1）二元价值转形模型中的简单再生产条件方程组，反映生产中耗费的劳动满足简单再生产条件，不涉及剩余价值如何分配。因此，二元价值转形模型中的简单再生产条件方程组与一元价值转形模型中的简单再生产条件方程组，没有明显区别。

（2）在二元价值转形模型中，第一部门和第二部门的价值生产价格转化系数的定义，即（9－73）式、（9－74）式，从形式上看，不变资本、可变资本为价值形式，分别与二元价值转形前生产过程中使用的物化劳动和必要劳动对应，每个部门得到社会承认的剩余价值，只属于资本家，并没有地租，与一元价值转形没有区别。但是，从内容上看，每个部门得到社会承认的剩余价值，不仅属于资本家，而且属于土地所有者，因为（9－73）式可以表示为

$$
\begin{aligned}
a_1 &= \frac{c_{11}+c_{12}+v_{11}+v_{12}+d_1(s_{11}+s_{12})}{c_{11}+c_{12}+v_{11}+v_{12}+s_{11}+s_{12}} \\
&\quad + \frac{(1-d_1)(s_{11}+s_{12})}{c_{11}+c_{12}+v_{11}+v_{12}+s_{11}+s_{12}} \\
&\quad + \frac{s_{a1}}{c_{11}+c_{12}+v_{11}+v_{12}+s_{11}+s_{12}}
\end{aligned}
\tag{9-102}
$$

（9－74）式可以表示为

$$
\begin{aligned}
a_2 &= \frac{c_{21}+c_{22}+v_{21}+v_{22}+d_2(s_{21}+s_{22})}{c_{21}+c_{22}+v_{21}+v_{22}+s_{21}+s_{22}} \\
&\quad + \frac{(1-d_2)(s_{21}+s_{22})}{c_{21}+c_{22}+v_{21}+v_{22}+s_{21}+s_{22}} \\
&\quad + \frac{s_{a2}}{c_{21}+c_{22}+v_{21}+v_{22}+s_{21}+s_{22}}
\end{aligned}
\tag{9-103}
$$

在（9－102）式、（9－103）式中，已经将资本家的剩余价值与土地所有

者的地租区分开来，只不过被社会多承认的剩余价值中，没有区分哪一部分是对资本家应该得到的剩余价值的承认，哪一部分是对土地所有者应该得到的剩余价值的承认。

与（9－73）式、（9－74）式对应，二元价值转形后得到社会承认的价值形式的利润和生产价格系统中，第一部门得到社会承认的价值形式的利润，可以表示为

$$s_{11}+s_{12}+s_{a1}$$
$$=d_1(s_{11}+s_{12})+(1-d_1)(s_{11}+s_{12})+s_{a1} \quad (9-104)$$

第二部门得到社会承认的价值形式的利润，可以表示为

$$s_{21}+s_{22}+s_{a2}$$
$$=d_2(s_{21}+s_{22})+(1-d_2)(s_{21}+s_{22})+s_{a2} \quad (9-105)$$

可见，二元价值转形后得到社会承认的价值形式的利润和生产价格系统中，也已经将资本家的剩余价值与土地所有者的地租区分开来。因此，从内容上看，二元价值转形中，得到社会承认的价值形式的利润和生产价格系统，与一元价值转形中，得到社会承认的价值形式的利润和生产价格系统，有明显区别。

（3）在二元价值转形模型的价值转形方程中，无论从形式上看，还是从内容上看，资本家的生产价格形式的利润，与土地所有者的生产价格形式的地租，都已经明确地区分开来。

显然，二元价值转形后生产价格形式的利润、地租和价格形式的生产价格系统，与一元价值转形后生产价格形式的利润和价格形式的生产价格系统，明显不同。

（4）在二元价值转形模型中，第一部门和第二部门的生产价格形式的级差地租，与各部门生产的剩余价值中用于支付地租部分的关系，即（9－86）式、（9－87）式，反映土地所有者占有一部分剩余价值的关系。在一元价值转形模型中，没有地租。

第一部门和第二部门的生产价格形式的利润，与各部门生产的剩余价值中用于本部门资本家交换生活消费资料的部分、多得到的剩余价值的关系，即（9－88）式、（9－89）式，反映资本家占有一部分剩余价值的关系。

（5）二元价值转形中，价值转形后形成的三个系统之间的联系，比一元价值转形中，价值转形后形成的三个系统之间的联系更加密切。例如，地租、多得到的剩余价值等变量，不仅与价值转形后生产价格形式的利润、地租和价格形式的生产价格系统有关，与价值转形后实现的价值形式

的利润、地租和生产价格系统有关，而且与价值转形后社会承认的价值形式的利润和生产价格系统有关。

显然，在二元价值转形模型中，生产价格形式的利润与资本家最终得到的价值形式的利润的关系，生产价格形式的地租与价值形式的地租的关系，与一元价值转形模型中，生产价格形式的利润与资本家最终得到的价值形式的利润的关系不同。

相应地，二元价值转形后资本家和土地所有者实际得到的剩余价值和价值系统，也与一元价值转形后资本家实际得到的剩余价值和价值系统不同。

第五节　两部门二元价值转形中的“两个等于”问题

一、简单再生产条件下的两部门二元价值转形中，得到社会承认的价值形式的利润和生产价格系统中的“两个等于”问题

在资本主义生产的条件下，土地可以买卖。土地价格是资本化的地租。土地可以看做一种虚拟资本。在资本家与土地所有者之间分配剩余价值，等量资本获得等量利润的准则仍然适用。简单再生产条件下的两部门二元价值转形，是按照等量资本获得等量利润的原则对剩余价值进行分配的过程。

由于社会总劳动没有发生变化，因此反映社会总劳动的社会产品价值总额也不会发生变化。某个部门被社会多承认的剩余价值，正好等于其他部门被社会少承认的剩余价值。

在简单再生产条件下的两部门二元价值转形模型中，由（9－75）式可以直接得到

$$
\begin{aligned}
&(s_{11}+s_{12}+s_{a1})+(s_{21}+s_{22}+s_{a2})\\
&=(s_{11}+s_{12})+(s_{21}+s_{22})
\end{aligned}
\tag{9－106}
$$

和

$$
\begin{aligned}
&(c_{11}+c_{12}+v_{11}+v_{12}+s_{11}+s_{12}+s_{a1})\\
&\quad+(c_{21}+c_{22}+v_{21}+v_{22}+s_{21}+s_{22}+s_{a2})\\
&=(c_{11}+c_{12}+v_{11}+v_{12}+s_{11}+s_{12})\\
&\quad+(c_{21}+c_{22}+v_{21}+v_{22}+s_{21}+s_{22})
\end{aligned}
\tag{9－107}
$$

即得到社会承认的价值形式的利润总和，等于剩余价值总和；得到社会承

认的价值形式的生产价格总和，等于价值总和。这是由（9－75）式决定的，因此不需要证明。

二、简单再生产条件下的两部门二元价值转形后生产价格形式的利润、生产价格形式的地租和价格形式的生产价格系统中的“两个等于”问题

在二元价值转形后生产价格形式的利润和价格形式的生产价格系统中，由（9－73）式、（9－74）式、（9－75）式，可以得到，价格形式的生产价格总和或得到社会承认的价值形式的生产价格总和为

$$\begin{aligned}&a_1(c_{11}+c_{12}+v_{11}+v_{12}+s_{11}+s_{12})\\&+a_2(c_{21}+c_{22}+v_{21}+v_{22}+s_{21}+s_{22})\\=&(c_{11}+c_{12}+v_{11}+v_{12}+s_{11}+s_{12}+s_{a1})\\&+(c_{21}+c_{22}+v_{21}+v_{22}+s_{21}+s_{22}+s_{a2})\\=&(c_{11}+c_{12}+v_{11}+v_{12}+s_{11}+s_{12})\\&+(c_{21}+c_{22}+v_{21}+v_{22}+s_{21}+s_{22})\end{aligned}\tag{9－108}$$

即价格形式的生产价格总和，等于价值总和。但是，生产价格形式的利润总和，一般不等于剩余价值总和。

三、二元价值转形后资本家得到的剩余价值、价值形式的地租和价值形式的生产价格系统中的“两个等于”问题

在二元价值转形后资本家实际得到价值形式的利润、价值形式的地租和价值形式的生产价格系统中，由（9－76）式、（9－86）式、（9－88）式，可以得到第一部门多得到的剩余价值为

$$\begin{aligned}s_{t1}=&\frac{a_1(c_{11}+c_{12}+v_{11}+v_{12}+s_{11}+s_{12})}{a_1b+a_2(1-b)}\\&-\frac{a_1c_{11}+a_2c_{12}+a_1v_{11}+a_2v_{12}}{a_1b+a_2(1-b)}-s_1\\=&\frac{a_1(c_{12}+v_{12}+s_{11}+s_{12})-a_2c_{12}-a_2v_{12}}{a_1b+a_2(1-b)}-s_1\end{aligned}\tag{9－109}$$

第一部门多得到的剩余价值，属于第一部门的资本家和土地所有者。

由（9－77）式、（9－87）式、（9－89）式，可以得到第二部门多得到的剩余价值为

$$\begin{aligned}s_{t2}=&\frac{a_2(c_{21}+c_{22}+v_{21}+v_{22}+s_{21}+s_{22})}{a_1b+a_2(1-b)}\\&-\frac{a_1c_{21}+a_2c_{22}+a_1v_{21}+a_2v_{22}}{a_1b+a_2(1-b)}-s_2\end{aligned}$$

$$= \frac{a_2(c_{21} + v_{21} + s_{21} + s_{22}) - a_1 c_{21} - a_1 v_{21}}{a_1 b + a_2(1-b)} - s_2 \tag{9-110}$$

第二部门多得到的剩余价值，属于第二部门的资本家和土地所有者。

由（9-88）式、（9-89）式，得到

$$\begin{aligned}&(a_1 c_{11} + a_2 c_{12} + a_1 v_{11} + a_2 v_{12})r \\ &+ (a_1 c_{21} + a_2 c_{22} + a_1 v_{21} + a_2 v_{22})r \\ =& [a_1 b + a_2(1-b)][d_1(s_1 + s_{t1}) + d_2(s_2 + s_{t2})]\end{aligned} \tag{9-111}$$

由（9-76）式、（9-77）式，得到

$$\begin{aligned}&[(a_1 c_{11} + a_2 c_{12} + a_1 v_{11} + a_2 v_{12}) \\ &+ (a_1 c_{21} + a_2 c_{22} + a_1 v_{21} + a_2 v_{22})](1+r) \\ &+ \frac{l_1(q_{a1} - q_{a21}) + l_2(q_{a2} - q_{a21})}{l_2 q_{a21}} \\ &(a_1 c_{21} + a_2 c_{22} + a_1 v_{21} + a_2 v_{22})(1+r) \\ =& a_1(c_{11} + c_{12} + v_{11} + v_{12} + s_{11} + s_{12}) \\ &+ a_2(c_{21} + c_{22} + v_{21} + v_{22} + s_{21} + s_{22})\end{aligned} \tag{9-112}$$

由（9-86）式、（9-87）式，得到

$$\begin{aligned}&\frac{l_1(q_{a1} - q_{a21}) + l_2(q_{a2} - q_{a21})}{l_2 q_{a21}} \\ &(a_1 c_{21} + a_2 c_{22} + a_1 v_{21} + a_2 v_{22})(1+r) \\ =& [a_1 b + a_2(1-b)][(1-d_1)(s_1 + s_{t1}) \\ &+ (1-d_2)(s_2 + s_{t2})]\end{aligned} \tag{9-113}$$

由（9-111）式、（9-112）式、（9-113）式，得到

$$\begin{aligned}&[(a_1 c_{11} + a_2 c_{12} + a_1 v_{11} + a_2 v_{12}) \\ &+ (a_1 c_{21} + a_2 c_{22} + a_1 v_{21} + a_2 v_{22})] \\ &+ [a_1 b + a_2(1-b)][d_1(s_1 + s_{t1}) + d_2(s_2 + s_{t2})] \\ &+ [a_1 b + a_2(1-b)][(1-d_1)(s_1 + s_{t1}) \\ &+ (1-d_2)(s_2 + s_{t2})] \\ =& a_1(c_{11} + c_{12} + v_{11} + v_{12} + s_{11} + s_{12}) \\ &+ a_2(c_{21} + c_{22} + v_{21} + v_{22} + s_{21} + s_{22})\end{aligned} \tag{9-114}$$

（9-114）式可以简化为

$$\begin{aligned}&(a_1 c_{11} + a_2 c_{12} + a_1 v_{11} + a_2 v_{12}) \\ &+ (a_1 c_{21} + a_2 c_{22} + a_1 v_{21} + a_2 v_{22}) \\ &+ [a_1 b + a_2(1-b)](s_1 + s_2 + s_{t1} + s_{t2}) \\ =& a_1(c_{11} + c_{12} + v_{11} + v_{12} + s_{11} + s_{12}) \\ &+ a_2(c_{21} + c_{22} + v_{21} + v_{22} + s_{21} + s_{22})\end{aligned} \tag{9-115}$$

由简单再生产条件（9－68）式，以及（9－65）式、（9－66）式、（9－67）式、（9－115）式，得到

$$[a_1b+a_2(1-b)](s_{t1}+s_{t2})=0 \quad (9-116)$$

因为

$$a_1b+a_2(1-b)>0 \quad (9-117)$$

所以

$$s_{t1}+s_{t2}=0 \quad (9-118)$$

即各部门多得到的剩余价值之和等于零。

因此

$$(s_{11}+s_{12}+s_{t1})+(s_{21}+s_{22}+s_{t2}) \\ =(s_{11}+s_{12})+(s_{21}+s_{22}) \quad (9-119)$$

即资本家得到的价值形式的利润总和，加上土地所有者得到的价值形式的地租总和，等于各部门生产的剩余价值总和。

由（9－118）式，可以得到

$$(c_{11}+c_{12}+v_{11}+v_{12}+s_{11}+s_{12}+s_{t1}) \\ +(c_{21}+c_{22}+v_{21}+v_{22}+s_{21}+s_{22}+s_{t2}) \\ =(c_{11}+c_{12}+v_{11}+v_{12}+s_{11}+s_{12}) \\ +(c_{21}+c_{22}+v_{21}+v_{22}+s_{21}+s_{22}) \quad (9-120)$$

即资本家和土地所有者最终得到的价值形式的生产价格总和，等于各部门生产商品的价值总和。

显然，二元价值转形中，马克思的“一切不同生产部门的利润的总和，必然等于剩余价值的总和；社会总产品的生产价格的总和，必然等于它的价值的总和”① 的观点仍然成立。只不过二元价值转形中“两个等于”的涵义，与一元价值转形中“两个等于”的涵义，不完全相同。最终得到的价值形式的利润和最终得到的价值形式的生产价格，已经不再由资本家单独占有，而转变为由资本家和土地所有者共同占有。

四、简单再生产条件下两部门二元价值转形中，“两个等于”是生产决定流通的必然结果

通过（9－119）式、（9－120）式，在二元价值转形后，资本家实际得到的价值形式的利润、土地所有者得到的价值形式的地租和生产价格系统与二元价值转形前工人创造的剩余价值和价值系统之间，马克思的“两

① 《马克思恩格斯全集》，第25卷，北京，人民出版社，1974，中文1版，第193页。

个等于”的观点似乎得到了“证明”。这是一个严重误解。“两个等于”不是通过数学方法证明的。

当资本家和土地所有者之间分配剩余价值时，生产过程已经结束。无论各部门资本家之间如何分配剩余价值，也无论资本家和土地所有者之间如何分配剩余价值，都不可能改变剩余劳动总量和劳动总量。因此，“两个等于”是由因果关系决定的，是客观存在，也是价值转形的基本前提。

在推导（9－119）式、（9－120）式的过程中，利用了（9－118）式。在推导（9－118）式的过程中，利用了价值形式的再生产条件（9－68）式。价值形式的再生产条件，反映生产过程中各部门耗费的物化劳动、必要劳动、剩余劳动之间的关系。因此，（9－119）式、（9－120）式不表示通过数学方法可以证明“两个等于”，只是以数学形式重申，在资本家和土地所有者共同瓜分总剩余价值的条件下，剩余价值的生产决定剩余价值的分配，即生产决定流通，或价值决定生产价格。

五、“两个等于”是比剩余价值率相等和利润率相等更基本的前提

马克思没有来得及将资本或成本由价值形式转变为生产价格形式。他提到的利润是价值形式的。

显然，在简单再生产条件下两部门二元价值转形的每一次资本循环过程中，不同部门的剩余价值率不一定完全相等，不同部门的利润率也不一定完全相等。剩余价值率相等和利润率相等，是多次生产过程中，资本主义生产表现出来的总趋势。但是，在任何一次具体的资本循环过程中，“两个等于”必然成立。可见，“两个等于”是比剩余价值率相等和利润率相等更基本的前提。

第六节　两部门二元价值转形模型的解

求简单再生产条件下两部门二元价值转形模型的解，通常按照以下顺序：

（1）求第二部门的不变资本、可变资本、剩余价值，即求 c_2、v_2、s_2、c_{21}、c_{22}、v_{21}、v_{22}、s_{21}、s_{22}。

（2）求参数 σ 和生产价格形式的平均利润率。

（3）求价值生产价格转化系数。

（4）求各部门被社会多承认的剩余价值。

（5）求单位面积土地投入的农业资本。

（6）求农产品价格。

（7）求第一部门和第二部门租用单位面积土地缴纳的生产价格形式的级差地租。

（8）求单位面积中等土地的级差地租。

（9）求第一部门和第二部门租用土地缴纳的生产价格形式的级差地租。

（10）求第一部门和第二部门多得到的剩余价值。

（11）求第一部门和第二部门生产的剩余价值和得到的剩余价值中用于本部门资本家交换生活消费资料部分的比例。

（12）求第一部门和第二部门资本家得到的剩余价值中用于交换第一部门产品的部分和用于交换第二部门产品的部分。

（13）求土地所有者得到的剩余价值中用于交换第一部门产品的部分和用于交换第二部门产品的部分。

一、求第二部门的不变资本、可变资本、剩余价值

根据已知变量 c_{11}、c_{12}、f_2、v_{11}、v_{12}、s_{11}、s_{12}、k_2、h、b、e，利用简单再生产条件方程组（9－58）式、（9－59）式、（9－60）式、（9－61）式、（9－62）式、（9－63）式、（9－64）式、（9－65）式、（9－66）式、（9－67）式、（9－68）式、（9－69）式、（9－70）式、（9－71）式、（9－72）式中的 9 个独立方程，可以求得第二部门的不变资本、可变资本、剩余价值，即求得 c_{21}、c_{22}、v_{21}、v_{22}、s_{21}、s_{22}的唯一解。

由（9－69）式，可以得到

$$c_1 = k_1 v_1 \tag{9－121}$$

由（9－70）式，可以得到

$$c_2 = k_2 v_2 \tag{9－122}$$

由（9－60）式、（9－121）式，可以得到

$$c_{11} = f_1 c_1 = f_1 k_1 v_1 \tag{9－123}$$

由（9－61）式、（9－122）式，可以得到

$$c_{21} = f_2 c_2 = f_2 k_2 v_2 \tag{9－124}$$

由（9－58）式、（9－121）式、（9－123）式，可以得到

$$\begin{aligned} c_{12} &= c_1 - c_{11} = c_1 - f_1 c_1 \\ &= (1 - f_1) c_1 = (1 - f_1) k_1 v_1 \end{aligned} \tag{9－125}$$

由（9－59）式、（9－122）式、（9－124）式，可以得到

$$c_{22}=c_2-c_{21}=c_2-f_2c_2$$
$$=(1-f_2)c_2=(1-f_2)k_2v_2 \qquad (9-126)$$

由（9-64）式，可以得到

$$v_{11}=hv_1 \qquad (9-127)$$
$$v_{21}=hv_2 \qquad (9-128)$$

由（9-62）式、（9-127）式，可以得到

$$v_{12}=v_1-v_{11}=v_1-hv_1=(1-h)v_1 \qquad (9-129)$$

由（9-63）式、（9-128）式，可以得到

$$v_{22}=v_2-v_{21}=v_2-hv_2=(1-h)v_2 \qquad (9-130)$$

由（9-71）式，可以得到

$$s_1=ev_1 \qquad (9-131)$$

由（9-72）式，可以得到

$$s_2=ev_2 \qquad (9-132)$$

由（9-67）式、（9-131）式，可以得到

$$s_{11}=bs_1=bev_1 \qquad (9-133)$$

由（9-67）式、（9-132）式，可以得到

$$s_{21}=bs_2=bev_2 \qquad (9-134)$$

由（9-65）式、（9-133）式，可以得到

$$s_{12}=s_1-s_{11}=s_1-bs_1$$
$$=(1-b)s_1=(1-b)ev_1 \qquad (9-135)$$

由（9-66）式、（9-134）式，可以得到

$$s_{22}=s_2-s_{21}=s_2-bs_2=(1-b)s_2=(1-b)ev_2 \qquad (9-136)$$

由（9-124）式、（9-125）式、（9-128）式、（9-129）式、（9-134）式、（9-135）式，（9-68）式可以表示为

$$(1-f_1)k_1v_1+(1-h)v_1+(1-b)ev_1$$
$$=f_2k_2v_2+hv_2+bev_2 \qquad (9-137)$$

或

$$v_2=\frac{[(1-f_1)k_1+(1-h)+(1-b)e]v_1}{f_2k_2+h+be} \qquad (9-138)$$

将（9-138）式的结果 v_2 代入（9-122）式，可以得到 c_2。

将（9-138）式的结果 v_2 代入（9-124）式，可以得到 c_{21}。

将（9-138）式的结果 v_2 代入（9-126）式，可以得到 c_{22}。

将（9-138）式的结果 v_2 代入（9-128）式，可以得到 v_{21}。

将（9-138）式的结果 v_2 代入（9-130）式，可以得到 v_{22}。

将（9-138）式的结果 v_2 代入（9-132）式，可以得到 s_2。

将（9-138）式的结果 v_2 代入（9-134）式，可以得到 s_{21}。

将（9-138）式的结果 v_2 代入（9-136）式，可以得到 s_{22}。

简单再生产条件方程组，反映生产过程中耗费的各种劳动之间的比例关系，是价值转形的基础和起点。利用解方程的形式求得 c_2、v_2、s_2、c_{21}、c_{22}、v_{21}、v_{22}、s_{21}、s_{22}，只是为了满足简单再生产条件、剩余价值率相等、各部门工人消费第一部门产品的比例相同、各部门资本家和土地所有者消费第一部门产品的比例相同等条件。

二、求参数 σ 和生产价格形式的平均利润率

在 s_{a1}、s_{a2}、a_1、a_2、r 这五个变量中，可以先求得任何一个变量，再求其他变量。但是，通常先求参数 σ 和生产价格形式的平均利润率 r。

简单再生产条件下两部门二元价值转形模型中，第一部门的价值转形方程（9-76）式，可以表示为

$$\begin{aligned}&a_1\left\{\left[c_{11}+v_{11}+\frac{l_1}{l_2}\left(\frac{q_{a1}}{q_{a21}}-1\right)(c_{21}+v_{21})\right](1+r)\right.\\&\left.-(c_{11}+c_{12}+v_{11}+v_{12}+s_{11}+s_{12})\right\}\\&+a_2\left[c_{12}+v_{12}+\frac{l_1}{l_2}\left(\frac{q_{a1}}{q_{a21}}-1\right)(c_{22}+v_{22})\right](1+r)\\=\ &0\end{aligned}\tag{9-139}$$

第二部门的价值转形方程（9-77）式，可以表示为

$$\begin{aligned}&a_1\frac{q_{a2}}{q_{a21}}(c_{21}+v_{21})(1+r)\\&+a_2\left[\frac{q_{a2}}{q_{a21}}(c_{22}+v_{22})(1+r)\right.\\&\left.-(c_{21}+c_{22}+v_{21}+v_{22}+s_{21}+s_{22})\right]\\=\ &0\end{aligned}\tag{9-140}$$

如果令

$$\sigma=1+r\tag{9-141}$$

$$u_1=c_{11}+v_{11}+\frac{l_1}{l_2}\left(\frac{q_{a1}}{q_{a21}}-1\right)(c_{21}+v_{21})\tag{9-142}$$

$$u_2=c_{11}+c_{12}+v_{11}+v_{12}+s_{11}+s_{12}\tag{9-143}$$

$$u_3=c_{12}+v_{12}+\frac{l_1}{l_2}\left(\frac{q_{a1}}{q_{a21}}-1\right)(c_{22}+v_{22})\tag{9-144}$$

$$u_4 = \frac{q_{a2}}{q_{a21}}(c_{21} + v_{21}) \tag{9-145}$$

$$u_5 = \frac{q_{a2}}{q_{a21}}(c_{22} + v_{22}) \tag{9-146}$$

$$u_6 = c_{21} + c_{22} + v_{21} + v_{22} + s_{21} + s_{22} \tag{9-147}$$

那么，第一部门的价值转形方程（9－139）式，可以表示为

$$(u_1\sigma - u_2)a_1 + u_3\sigma a_2 = 0 \tag{9-148}$$

第二部门的价值转形方程（9－140）式，可以表示为

$$u_4\sigma a_1 + (u_5\sigma - u_6)a_2 = 0 \tag{9-149}$$

（9－148）式、（9－149）式中，a_1、a_2 有非零解的必要条件，可以表示为 a_1、a_2 的系数行列式

$$\begin{vmatrix} u_1\sigma - u_2 & u_3\sigma \\ u_4\sigma & u_5\sigma - u_6 \end{vmatrix} = 0 \tag{9-150}$$

即

$$(u_1\sigma - u_2)(u_5\sigma - u_6) - u_3u_4\sigma^2 = 0 \tag{9-151}$$

（9－151）式可以表示为

$$(u_1u_5 - u_3u_4)\sigma^2 - (u_1u_6 + u_2u_5)\sigma + u_2u_6 = 0 \tag{9-152}$$

令

$$a = u_1u_5 - u_3u_4 \tag{9-153}$$

$$b = -(u_1u_6 + u_2u_5) \tag{9-154}$$

$$c = u_2u_6 \tag{9-155}$$

（9－152）式可以表示为

$$a\sigma^2 + b\sigma + c = 0 \tag{9-156}$$

（9－152）式或（9－156）式，是参数 σ 的实系数一元二次方程。该实系数一元二次方程的解为

$$\begin{aligned}\sigma &= \frac{(u_1u_6 + u_2u_5)}{2(u_1u_5 - u_3u_4)} \\ &\quad \pm \frac{\sqrt{(u_1u_6 + u_2u_5)^2 - 4(u_1u_5 - u_3u_4)u_2u_6}}{2(u_1u_5 - u_3u_4)} \\ &= \frac{-b \pm \sqrt{b^2 - 4ac}}{2a}\end{aligned} \tag{9-157}$$

值得注意的是，（9－154）式、（9－156）式、（9－157）式中的参数 b，不是二元价值转形模型中资本家消费的第一部门产品价值与这个部门资本家消费的生活资料价值的比例，或土地所有者消费的第一部门产品价值与土地所有者消费的生活资料价值的比例。这里的参数 b 仅限于解参数 σ 的实

系数一元二次方程。

将（9－157）式中具有经济意义的实根，即（9－157）式中平方根前为负号的实根，代入（9－141）式，可以得到生产价格形式的平均利润率 r。

值得注意的是，在一般情况下，生产价格形式的平均利润率 r，应该低于价值形式的利润率 r_v。因为，生产价格形式的利润是资本家的利润，不包括地租，而价值形式的利润中，包括资本家的利润和土地所有者的地租。

三、求价值生产价格转化系数

由（9－73）式、（9－74）式、（9－75）式，可以得到

$$\begin{aligned}&(c_{11}+c_{12}+v_{11}+v_{12}+s_{11}+s_{12})a_1\\&+(c_{21}+c_{22}+v_{21}+v_{22}+s_{21}+s_{22})a_2\\=&(c_{11}+c_{12}+v_{11}+v_{12}+s_{11}+s_{12})\\&+(c_{21}+c_{22}+v_{21}+v_{22}+s_{21}+s_{22})\end{aligned}\tag{9－158}$$

由（9－143）式、（9－147）式，（9－158）式可以表示为

$$u_2a_1+u_6a_2=u_2+u_6\tag{9－159}$$

由（9－148）式、（9－159）式，可以得到第一部门价值生产价格转化系数

$$a_1=\frac{\begin{vmatrix}0 & u_3\sigma\\ u_2+u_6 & u_6\end{vmatrix}}{\begin{vmatrix}u_1\sigma-u_2 & u_3\sigma\\ u_2 & u_6\end{vmatrix}}=\frac{-(u_2+u_6)u_3\sigma}{(u_1\sigma-u_2)u_6-u_2u_3\sigma}\tag{9－160}$$

以及第二部门价值生产价格转化系数

$$a_2=\frac{\begin{vmatrix}u_1\sigma-u_2 & 0\\ u_2 & u_2+u_6\end{vmatrix}}{\begin{vmatrix}u_1\sigma-u_2 & u_3\sigma\\ u_2 & u_6\end{vmatrix}}=\frac{(u_2+u_6)(u_1\sigma-u_2)}{(u_1\sigma-u_2)u_6-u_2u_3\sigma}\tag{9－161}$$

四、求两部门被社会多承认的剩余价值

将（9－160）式、（9－161）式的结果，分别代入（9－73）式、（9－74）式，得到两部门被社会多承认的剩余价值分别为

$$s_{a1}=(a_1-1)(c_{11}+c_{12}+v_{11}+v_{12}+s_{11}+s_{12})\tag{9－162}$$

$$s_{a2}=(a_2-1)(c_{21}+c_{22}+v_{21}+v_{22}+s_{21}+s_{22})\tag{9－163}$$

五、求单位面积土地投入的农业资本

将 a_1、a_2 代入（9－78）式，可以得到单位面积土地投入的农业资本 k_{gp}。

六、求农产品价格

将 r、k_{gp} 代入（9－80）式，可以得到农产品价格 p。

七、求第一部门和第二部门租用单位面积土地的级差地租

将 p、r、k_{gp} 代入（9－81）式、（9－82）式，可以得到第一部门和第二部门租用单位面积土地缴纳的生产价格形式的级差地租 g_{a1}、g_{a2}。

八、求单位面积中等土地的级差地租

将 p、r、k_{gp} 代入（9－83）式，可以得到单位面积中等土地的级差地租 g。

九、求第一部门和第二部门生产价格形式的级差地租

将 g_{a1}、g_{a2} 分别代入（9－84）式、（9－85）式，可以得到第一部门和第二部门的生产价格形式级差地租 y_1、y_2。

十、求第一部门和第二部门多得到的剩余价值

将 a_1、a_2 代入（9－109）式、（9－110）式，可以得到第一部门和第二部门多得到的剩余价值 s_{t1}、s_{t2}。值得注意的是，两部门多得到的剩余价值，分别属于第一部门的资本家、第二部门的资本家和土地所有者。第一部门和第二部门生产的剩余价值和多得到的剩余价值中，不仅包含各部门资本家得到的利润，而且包括土地所有者得到的地租；不仅包括资本家和土地所有者用得到的剩余价值交换第一部门产品的部分，而且包括交换第二部门产品的部分。

十一、求第一部门和第二部门生产的剩余价值和多得到的剩余价值中用于本部门资本家交换生活消费资料部分的比例

将 a_1、a_2、r、s_{t1} 代入（9－88）式，可以得到第一部门生产的剩余价值和多得到的剩余价值中用于本部门资本家交换生活消费资料部分的比例：

$$d_1=\frac{(a_1c_{11}+a_2c_{12}+a_1v_{11}+a_2v_{12})r}{[a_1b+a_2(1-b)](s_1+s_{t1})} \tag{9-164}$$

将a_1、a_2、r、s_{t2}代入（9－89）式，可以得到第二部门生产的剩余价值和多得到的剩余价值中用于本部门资本家交换生活消费资料部分的比例：

$$d_2=\frac{(a_1c_{21}+a_2c_{22}+a_1v_{21}+a_2v_{22})r}{[a_1b+a_2(1-b)](s_2+s_{t2})} \tag{9-165}$$

其中，a_1、a_2、r、s_{t1}、s_{t2}分别由（9－160）式、（9－161）式、（9－141）式、（9－109）式、（9－110）式得到。

十二、求第一部门和第二部门资本家得到的剩余价值中用于交换第一部门产品的部分和用于交换第二部门产品的部分

由（9－164）式，第一部门资本家得到的剩余价值为

$$d_1(s_1+s_{t1})=\frac{(a_1c_{11}+a_2c_{12}+a_1v_{11}+a_2v_{12})r}{a_1b+a_2(1-b)} \tag{9-166}$$

其中，用于交换第一部门产品的部分为

$$bd_1(s_1+s_{t1})=\frac{(a_1c_{11}+a_2c_{12}+a_1v_{11}+a_2v_{12})br}{a_1b+a_2(1-b)} \tag{9-167}$$

或

$$d_1(s_{11}+bs_{t1})=\frac{(a_1c_{11}+a_2c_{12}+a_1v_{11}+a_2v_{12})br}{a_1b+a_2(1-b)} \tag{9-168}$$

用于交换第二部门产品的部分为

$$\begin{aligned}&d_1(1-b)(s_1+s_{t1})\\&=\frac{(1-b)(a_1c_{11}+a_2c_{12}+a_1v_{11}+a_2v_{12})r}{a_1b+a_2(1-b)}\end{aligned} \tag{9-169}$$

或

$$\begin{aligned}&d_1[s_{12}+(1-b)s_{t1}]\\&=\frac{(1-b)(a_1c_{11}+a_2c_{12}+a_1v_{11}+a_2v_{12})r}{a_1b+a_2(1-b)}\end{aligned} \tag{9-170}$$

由（9－165）式，第二部门资本家得到的剩余价值为

$$d_2(s_2+s_{t2})=\frac{(a_1c_{21}+a_2c_{22}+a_1v_{21}+a_2v_{22})r}{a_1b+a_2(1-b)} \tag{9-171}$$

其中，用于交换第一部门产品的部分为

$$bd_2(s_2+s_{t2})=\frac{(a_1c_{21}+a_2c_{22}+a_1v_{21}+a_2v_{22})br}{a_1b+a_2(1-b)} \tag{9-172}$$

或

$$d_2(s_{21}+bs_{t2})=\frac{(a_1c_{21}+a_2c_{22}+a_1v_{21}+a_2v_{22})br}{a_1b+a_2(1-b)} \tag{9-173}$$

用于交换第二部门产品的部分为

$$d_2(1-b)(s_2+s_{t2})=\frac{(1-b)(a_1c_{21}+a_2c_{22}+a_1v_{21}+a_2v_{22})r}{a_1b+a_2(1-b)} \tag{9-174}$$

或

$$d_2[s_{22}+(1-b)s_{t2}]=\frac{(1-b)(a_1c_{21}+a_2c_{22}+a_1v_{21}+a_2v_{22})r}{a_1b+a_2(1-b)} \tag{9-175}$$

十三、求土地所有者得到的剩余价值中用于交换第一部门产品的部分和用于交换第二部门产品的部分

由（9-86）式，土地所有者从第一部门得到的剩余价值，或价值形式的地租为

$$(1-d_1)(s_1+s_{t1})=\frac{l_1(q_{a1}-q_{a21})(a_1c_{21}+a_2c_{22}+a_1v_{21}+a_2v_{22})(1+r)}{l_2q_{a21}[a_1b+a_2(1-b)]} \tag{9-176}$$

其中，用于交换第一部门产品的部分为

$$b(1-d_1)(s_1+s_{t1})=\frac{bl_1(q_{a1}-q_{a21})(a_1c_{21}+a_2c_{22}+a_1v_{21}+a_2v_{22})(1+r)}{l_2q_{a21}[a_1b+a_2(1-b)]} \tag{9-177}$$

或

$$(1-d_1)(s_{11}+bs_{t1})=\frac{bl_1(q_{a1}-q_{a21})(a_1c_{21}+a_2c_{22}+a_1v_{21}+a_2v_{22})(1+r)}{l_2q_{a21}[a_1b+a_2(1-b)]} \tag{9-178}$$

用于交换第二部门产品的部分为

$$(1-b)(1-d_1)(s_1+s_{t1})=\frac{l_1(q_{a1}-q_{a21})(1-b)(a_1c_{21}+a_2c_{22}+a_1v_{21}+a_2v_{22})(1+r)}{l_2q_{a21}[a_1b+a_2(1-b)]} \tag{9-179}$$

或

$$(1-d_1)[s_{12}+(1-b)s_{t1}]=\frac{l_1(q_{a1}-q_{a21})(1-b)(a_1c_{21}+a_2c_{22}+a_1v_{21}-a_2v_{22})(1+r)}{l_2q_{a21}[a_1b+a_2(1-b)]} \tag{9-180}$$

由（9－87）式，土地所有者从第二部门得到的剩余价值，或价值形式的地租为

$$(1-d_2)(s_2+s_{t2}) = \frac{(q_{a2}-q_{a21})(1+r)(a_1c_{21}+a_2c_{22}+a_1v_{21}+a_2v_{22})}{q_{a21}[a_1b+a_2(1-b)]} \quad (9-181)$$

其中，用于交换第一部门产品的部分为

$$b(1-d_2)(s_2+s_{t2}) = \frac{b(q_{a2}-q_{a21})(1+r)(a_1c_{21}+a_2c_{22}+a_1v_{21}+a_2v_{22})}{q_{a21}[a_1b+a_2(1-b)]} \quad (9-182)$$

或

$$(1-d_2)(s_{21}+bs_{t2}) = \frac{b(q_{a2}-q_{a21})(1+r)(a_1c_{21}+a_2c_{22}+a_1v_{21}+a_2v_{22})}{q_{a21}[a_1b+a_2(1-b)]} \quad (9-183)$$

用于交换第二部门产品的部分为

$$(1-b)(1-d_2)(s_2+s_{t2}) = \frac{(1-b)(q_{a2}-q_{a21})(1+r)(a_1c_{21}+a_2c_{22}+a_1v_{21}+a_2v_{22})}{q_{a21}[a_1b+a_2(1-b)]} \quad (9-184)$$

或

$$(1-d_2)[s_{22}+(1-b)s_{t2}] = \frac{(1-b)(q_{a2}-q_{a21})(1+r)(a_1c_{21}+a_2c_{22}+a_1v_{21}+a_2v_{22})}{q_{a21}[a_1b+a_2(1-b)]} \quad (9-185)$$

第七节　简单再生产条件下两部门二元价值转形的数例

一、两部门二元价值转形

假设各部门使用的生产资料，分别由第一部门和第二部门生产；每个部门工人和资本家的生活资料分别由第一部门和第二部门生产；土地所有者的生活资料分别由第一部门和第二部门生产。

这里考察的是两部门二元价值转形。假设无论产业资本家还是农业资本家，都要缴纳地租，并且不仅两部门租用的土地面积一般不同，而且土地等级一般也不同。

在一般情况下，第一部门租用的土地面积小于第二部门租用的土地面积，第一部门租用的土地等级低于第二部门租用的土地等级。这里的土地等级是按照农业生产划分的土地等级。第一部门租用的土地等级，由该土地可能获得的谷物产量决定。虽然农业土地等级由多种因素共同决定，但是，其中起主要作用的因素是土地的肥沃程度。工业生产并不需要土地肥沃。工业生产需要的是交通便利，有较好的劳动力条件和资源条件，有利于工业生产和流通的条件。因此，按照可能得到的谷物产量划分土地等级，工业生产的土地等级通常低于农业生产的土地等级。当然，按照工业生产的需要确定土地等级的标准，与按照农业生产的需要确定土地等级的标准不同。

二、两部门二元价值转形的数例

这里通过数例说明如何实现两部门二元价值转形。

在两部门二元价值转形模型中，假设：

第一部门使用的生产资料中凝结的物化劳动中，由第一部门提供的生产资料中凝结的物化劳动 $c_{11}=1\ 170$。

第二部门使用的生产资料中凝结的物化劳动中，由第一部门提供的生产资料中凝结的物化劳动 $c_{12}=300$。

第二部门在生产过程中，使用的第一部门生产的生产资料中凝结的物化劳动占第二部门使用的生产资料中凝结的物化劳动的比例 $f_2=0.6$。

第一部门耗费的必要劳动中，与交换第一部门提供的生活资料中凝结的劳动相应的必要劳动部分 $v_{11}=90$。

第一部门耗费的必要劳动中，与交换第二部门提供的生活资料中凝结的劳动相应的必要劳动部分 $v_{12}=210$。

各部门的可变资本中，用于交换第一部门生产的生活资料的价值的比例 $h=0.3$。

第一部门耗费的剩余劳动中，与交换第一部门提供的生活资料中凝结的劳动相应的剩余劳动部分 $s_{11}=360$。其中包括第一部门以地租形式提供给土地所有者的剩余价值中，消费第一部门提供的生活资料所耗费的劳动。

第一部门耗费的剩余劳动中，与交换第二部门提供的生活资料中凝结的劳动相应的剩余劳动部分 $s_{12}=90$。其中包括第一部门以地租形式提供给土地所有者的剩余价值中，消费第二部门提供的生活资料所耗费的劳动。

各部门的剩余劳动中相当于用于交换第一部门提供的生活资料中凝结的劳动的那部分剩余劳动的比例 $b=0.8$。

第一部门的价值形式的资本有机构成 $k_1=4.9$。

第二部门的价值形式的资本有机构成 $k_2=2.5$。

剩余价值率 $e=1.5$。

第一部门租用的土地面积 $l_1=2\ 500$。

第二部门租用的土地面积 $l_2=10\ 000$。

单位面积最差土地的农产品产量 $q_{a21}=200$。

第一部门单位面积土地的农产品产量 $q_{a1}=230$。

第二部门单位面积土地的农产品产量，或单位中等土地的农产品产量 $q_{a2}=q=250$。

在此条件下实现两部门二元价值转形。

解：

(1) 求第二部门的不变资本、可变资本、剩余价值，即求 nc_2、nv_2、ns_2、nc_{21}、nc_{22}、nv_{21}、nv_{22}、ns_{21}、ns_{22}。

由（9－138）式，可以得到第二部门生产中耗费的必要劳动或可变资本为

$$v_2=\frac{[(1-f_1)k_1+(1-h)+(1-b)e]v_1}{f_2k_2+h+be}=200 \qquad (9-186)$$

将（9－186）式的结果 v_2 代入（9－122）式，得到第二部门使用的物化劳动为

$$c_2=k_2v_2=500 \qquad (9-187)$$

将（9－186）式的结果 v_2 代入（9－124）式，得到第二部门使用的物化劳动中，由第一部门提供的生产资料所耗费的劳动为

$$c_{21}=f_2k_2v_2=300 \qquad (9-188)$$

将（9－186）式的结果 v_2 代入（9－126）式，得到第二部门使用的物化劳动中，由第二部门提供的生产资料所耗费的劳动为

$$c_{22}=(1-f_2)k_2v_2=200 \qquad (9-189)$$

将（9－186）式的结果 v_2 代入（9－128）式，得到第二部门的工人消费第一部门提供的生活资料所耗费的劳动为

$$v_{21}=hv_2=60 \qquad (9-190)$$

将（9－186）式的结果 v_2 代入（9－130）式，得到第二部门的工人消费第二部门提供的生活资料所耗费的劳动为

$$v_{22}=(1-h)v_2=140 \qquad (9-191)$$

将（9－186）式的结果 v_2 代入（9－132）式，得到第二部门的剩余劳动为

$$s_2 = ev_2 = 300 \tag{9-192}$$

将（9－186）式的结果 v_2 代入（9－134）式，得到第二部门的资本家消费第一部门提供的生活资料所耗费的劳动（包含土地所有者的消费）为

$$s_{21} = bev_2 = 240 \tag{9-193}$$

将（9－186）式的结果 v_2 代入（9－136）式，得到第二部门的资本家消费第二部门提供的生活资料所耗费的劳动（包含土地所有者的消费）为

$$s_{22} = (1-b)ev_2 = 60 \tag{9-194}$$

这些结果可以表示为

$$\begin{aligned}&(1\,170c_{11} + 300c_{12}) + (90v_{11} + 210v_{12})\\&+ (360s_{11} + 90s_{12})\\= {}&1\,170c_{11} + 90v_{11} + 360s_{11}\\&+ 300c_{21} - 60v_{21} - 240s_{21}\end{aligned} \tag{9-195}$$

$$\begin{aligned}&(300c_{21} + 200c_{22}) + (60v_{21} + 140v_{22})\\&+ (240s_{21} + 60s_{22})\\= {}&300c_{12} + 210v_{12} + 90s_{12}\\&+ 200c_{22} + 140v_{22} + 60s_{22}\end{aligned} \tag{9-196}$$

值得注意的是，（9－195）式、（9－196）式中的变量 c_{11}、c_{12}、v_{11}、v_{12}、s_{11}、s_{12}、c_{21}、c_{22}、v_{21}、v_{22}、s_{21}、s_{22}之前的常数，并不表示这些常数与相应的变量相乘，而表示这些变量的数值等于相应的常数。例如，（9－195）式中的 1 170c_{11}，并不表示常数 1 170 与变量 c_{11} 相乘，而表示变量 c_{11} 的数值为 1 170。其余常数与变量的关系与此类似。这种表示方式，与《资本论》中的表示方式相似。

这些结果可以表示如表 9－5 所示。

表 9－5　　价值转形前工人创造的剩余价值和价值

部门		1	2	总和
不变资本	使用第一部门产品的物化劳动	1 170	300	1 470
	使用第二部门产品的物化劳动	300	200	500
可变资本	交换第一部门产品的必要劳动	90	60	150
	交换第二部门产品的必要劳动	210	140	350
剩余价值	交换第一部门产品的剩余劳动	360	240	600
	交换第二部门产品的剩余劳动	90	60	150
产品价值	生产产品耗费的劳动	2 220	1 000	3 220

(2) 求参数 σ 和生产价格形式的平均利润率。

将由简单再生产条件方程组得到的结果，代入 (9-142) 式、(9-143) 式、(9-144) 式、(9-145) 式、(9-146) 式、(9-147) 式，得到

$$u_1=c_{11}+v_{11}+\frac{l_1}{l_2}\left(\frac{q_{a1}}{q_{a21}}-1\right)(c_{21}+v_{21})=1\ 273.5 \quad (9-197)$$

$$u_2=c_{11}+c_{12}+v_{11}+v_{12}+s_{11}+s_{12}=2\ 220 \quad (9-198)$$

$$u_3=c_{12}+v_{12}+\frac{l_1}{l_2}\left(\frac{q_{a1}}{q_{a21}}-1\right)(c_{22}+v_{22})=522.75 \quad (9-199)$$

$$u_4=\frac{q_{a2}}{q_{a21}}(c_{21}+v_{21})=450 \quad (9-200)$$

$$u_5=\frac{q_{a2}}{q_{a21}}(c_{22}+v_{22})=425 \quad (9-201)$$

$$u_6=c_{21}+c_{22}+v_{21}+v_{22}+s_{21}+s_{22}=1\ 000 \quad (9-202)$$

将 (9-197) 式、(9-198) 式、(9-199) 式、(9-200) 式、(9-201) 式、(9-202) 式的结果，代入 (9-153) 式、(9-154) 式、(9-155) 式，得到

$$a=u_1u_5-u_3u_4=306\ 000 \quad (9-203)$$

$$b=-(u_1u_6+u_2u_5)=-2\ 217\ 000 \quad (9-204)$$

$$c=u_2u_6=2\ 220\ 000 \quad (9-205)$$

将 (9-203) 式、(9-204) 式、(9-205) 式的结果，代入 (9-157) 式，得到

$$\sigma_1=\frac{-b+\sqrt{b^2-4ac}}{2a}=6.044\ 936\ 156 \quad (9-206)$$

$$\sigma_2=\frac{-b-\sqrt{b^2-4ac}}{2a}=1.200\ 161\ 883 \quad (9-207)$$

(9-204) 式、(9-206) 式、(9-204) 式中的参数 b，不是资本家或土地所有者得到的剩余价值中交换第一部门产品的比例。

价值形式的利润率为

$$\begin{aligned}r_v&=\frac{s_1+s_2}{c_1+c_2+v_1+v_2}\\&=\frac{s_{11}+s_{12}+s_{21}+s_{22}}{c_{11}+c_{12}+c_{21}+c_{22}+v_{11}+v_{12}+v_{21}+v_{22}}\\&=0.303\ 643\ 725\end{aligned} \quad (9-208)$$

显然，(9-207) 式的结果是具有经济意义的实数解。将 (9-207) 式的结果 σ 代入 (9-141) 式，得到生产价格形式的平均利润率：

$$r=\sigma-1=0.200\ 161\ 883 \quad (9-209)$$

（3）求两部门价值生产价格转化系数。

将（9－207）式的结果 σ 代入（9－160）式，得到第一部门价值生产价格转化系数为

$$a_1=\frac{\begin{vmatrix}0 & u_3\sigma\\ u_2+u_6 & u_6\end{vmatrix}}{\begin{vmatrix}u_1\sigma-u_2 & u_3\sigma\\ u_2 & u_6\end{vmatrix}}=\frac{-(u_2+u_6)u_3\sigma}{(u_1\sigma-u_2)u_6-u_2u_3\sigma}$$

$$=0.969\ 195\ 166 \tag{9-210}$$

将参数 σ 代入（9－161）式，得到第二部门价值生产价格转化系数为

$$a_2=\frac{\begin{vmatrix}u_1\sigma-u_2 & 0\\ u_2 & u_2+u_6\end{vmatrix}}{\begin{vmatrix}u_1\sigma-u_2 & u_3\sigma\\ u_2 & u_6\end{vmatrix}}=\frac{(u_2+u_6)(u_1\sigma-u_2)}{(u_1\sigma-u_2)u_6-u_2u_3\sigma}$$

$$=1.068\ 386\ 731 \tag{9-211}$$

（4）求两部门被社会多承认的剩余价值。

将（9210）式、（9－211）式得到的结果 a_1、a_2 代入（9－162）式、（9－163）式，可以得到第一部门和第二部门被社会多承认的剩余价值分别为

$$s_{a1}=(a_1-1)(c_{11}+c_{12}+v_{11}+v_{12}+s_{11}+s_{12})$$
$$=-68.386\ 731\ 46 \tag{9-212}$$

和

$$s_{a2}=(a_2-1)(c_{21}+c_{22}+v_{21}+v_{22}+s_{21}+s_{22})$$
$$=68.386\ 731\ 46 \tag{9-213}$$

由（9－212）式、（9－213）式的结果 s_{a1}、s_{a2}，可以得到表 9－6。

表 9－6　价值转形后价值形式的利润和生产价格（社会承认的）

部门		1	2	总和
不变资本	使用第一部门产品的物化劳动	1 170	300	1 470
	使用第二部门产品的物化劳动	300	200	500
可变资本	交换第一部门产品的必要劳动	90	60	150
	交换第二部门产品的必要劳动	210	140	350
利润（社会承认的剩余价值）	得到社会承认的剩余劳动	381.613 269	368.386 731	750
生产价格（社会承认的价值）	得到社会承认的劳动	2 151.613 269	1 068.386 731	3 220

(5) 求单位面积土地投入的农业资本。

将 (9－210) 式、(9－211) 式得到的结果 a_1、a_2 代入 (9－78) 式，得到单位面积土地投入的农业资本 k_{gp}，即

$$k_{gp}=\frac{a_1c_{21}+a_2c_{22}+a_1v_{21}+a_2v_{22}}{l_2}$$
$$=0.071\,216\,175 \tag{9-214}$$

(6) 求农产品价格。

将 (9－209) 式、(9－210) 式、(9－211) 式、(9－214) 式得到的结果 r、a_1、a_2、k_{gp} 代入 (9－80) 式，得到农产品价格 p，即

$$p=\frac{(1+r)(a_1c_{21}+a_2c_{22}+a_1v_{21}+a_2v_{22})}{q_{a21}l_2}$$
$$=0.000\,427\,355 \tag{9-215}$$

(7) 求单位面积土地的级差地租。

由于第一部门和第二部门租用的土地等级不同，将 (9－209) 式、(9－214) 式、(9－215) 式得到的结果 r、k_{gp}、p 代入 (9－81) 式，得到第一部门租用单位面积土地缴纳的生产价格形式的级差地租，即

$$g_{a1}=pq_{a1}-(1+r)k_{gp}$$
$$=0.012\,820\,641 \tag{9-216}$$

将 (9－209) 式、(9－214) 式、(9－215) 式得到的结果 r、k_{gp}、p 代入 (9－83) 式，得到第二部门租用单位面积土地缴纳的生产价格形式的级差地租，即

$$g_{a2}=pq-(1+r)k_{gp}$$
$$=0.021\,367\,735 \tag{9-217}$$

(8) 求第一部门和第二部门生产价格形式的级差地租。

将 (9－216) 式得到的结果 g_{a1} 代入 (9－84) 式，得到第一部门的生产价格形式级差地租，即

$$y_1=l_1g_{a1}=32.051\,601\,94 \tag{9-218}$$

将 (9－217) 式得到的结果 g_{a2} 代入 (9－85) 式，得到第二部门的生产价格形式级差地租，即

$$y_2=l_2g_{a2}=213.677\,346\,3 \tag{9-219}$$

(9) 求第一部门和第二部门多得到的剩余价值。

由 (9－109) 式，得到第一部门多得到的剩余价值为

$$s_{t1}=\frac{a_1(c_{11}+c_{12}+v_{11}+v_{12}+s_{11}+s_{12})}{a_1b+a_2(1-b)}$$

$$-\frac{a_1c_{11}+a_2c_{12}+a_1v_{11}+a_2v_{12}}{a_1b+a_2(1-b)}-s_1$$

$$=-60.174\,848 \tag{9-220}$$

由（9－110）式，得到第二部门多得到的剩余价值为

$$s_{t2}=\frac{a_2(c_{21}+c_{22}+v_{21}+v_{22}+s_{21}+s_{22})}{a_1b+a_2(1-b)}$$

$$-\frac{a_1c_{21}+a_2c_{22}+a_1v_{21}+a_2v_{22}}{a_1b+a_2(1-b)}-s_2$$

$$=60.174\,848 \tag{9-221}$$

各部门生产的剩余价值和多得到的剩余价值，一部分成为该部门资本家得到的价值形式的利润，另一部分成为土地所有者得到的价值形式的地租。

（10）求第一部门和第二部门生产的剩余价值和多得到的剩余价值中用于本部门资本家交换生活消费资料的部分的比例。

将a_1、a_2、r、s_{t1}代入（9－164）式，得到第一部门生产的剩余价值和多得到的剩余价值中，用于本部门资本家交换生活消费资料的部分的比例为

$$d_1=\frac{(a_1c_{11}+a_2c_{12}+a_1v_{11}+a_2v_{12})r}{[a_1b+a_2(1-b)](s_1+s_{t1})}$$

$$=0.916\,867\,873 \tag{9-222}$$

将a_1、a_2、r、s_{t2}代入（9－165）式，得到第二部门生产的剩余价值和多得到的剩余价值中，用于本部门资本家交换生活消费资料的部分的比例为

$$d_2=\frac{(a_1c_{21}+a_2c_{22}+a_1v_{21}+a_2v_{22})r}{[a_1b+a_2(1-b)](s_2+s_{t2})}$$

$$=0.400\,161\,818 \tag{9-223}$$

（11）求第一部门和第二部门资本家得到的剩余价值中用于交换第一部门产品的部分和用于交换第二部门产品的部分。

由（9－166）式、（9－168）式、（9－170）式，第一部门资本家得到的剩余价值为

$$d_1(s_1+s_{t1})$$

$$=\frac{(a_1c_{11}+a_2c_{12}+a_1v_{11}+a_2v_{12})r}{a_1b+a_2(1-b)}$$

$$=357.418\,158\,1 \tag{9-224}$$

用于交换第一部门产品的部分为

$$d_1(s_{11}+bs_{t1})$$

$$=\frac{(a_1c_{11}+a_2c_{12}+a_1v_{11}+a_2v_{12})br}{a_1b+a_2(1-b)}$$

$$=285.934\,526\,5 \tag{9-225}$$

用于交换第二部门产品的部分为

$$\begin{aligned}&d_1[s_{12}+(1-b)s_{t1}]\\&=\frac{(1-b)(a_1c_{11}+a_2c_{12}+a_1v_{11}+a_2v_{12})r}{a_1b+a_2(1-b)}\\&=71.483\,631\,62\end{aligned} \tag{9-226}$$

由（9-171）式、（9-173）式、（9-175）式，第二部门资本家得到的剩余价值为

$$\begin{aligned}&d_2(s_2+s_{t2})\\&=\frac{(a_1c_{21}+a_2c_{22}+a_1v_{21}+a_2v_{22})r}{a_1b+a_2(1-b)}\\&=144.128\,221\,9\end{aligned} \tag{9-227}$$

用于交换第一部门产品的部分为

$$\begin{aligned}&d_2(s_{21}+bs_{t2})\\&=\frac{(a_1c_{21}+a_2c_{22}+a_1v_{21}+a_2v_{22})br}{a_1b+a_2(1-b)}\\&=115.302\,577\,5\end{aligned} \tag{9-228}$$

用于交换第二部门产品的部分为

$$\begin{aligned}&d_2[s_{22}+(1-b)s_{t2}]\\&=\frac{(1-b)(a_1c_{21}+a_2c_{22}+a_1v_{21}+a_2v_{22})r}{a_1b+a_2(1-b)}\\&=28.825\,644\,37\end{aligned} \tag{9-229}$$

（12）求土地所有者得到的剩余价值中用于交换第一部门产品的部分和用于交换第二部门产品的部分。

由（9-176）式、（9-178）式、（9-180）式，土地所有者从第一部门得到的剩余价值，或价值形式的地租为

$$\begin{aligned}&(1-d_1)(s_1+s_{t1})\\&=\frac{l_1(q_{a1}-q_{a21})(a_1c_{21}+a_2c_{22}+a_1v_{21}+a_2v_{22})(1+r)}{l_2q_1[a_1b+a_2(1-b)]}\\&=32.406\,993\,92\end{aligned} \tag{9-230}$$

其中，用于交换第一部门产品的部分为

$$\begin{aligned}&(1-d_1)(s_{11}+bs_{t1})\\&=\frac{bl_1(q_{a1}-q_{a21})(a_1c_{21}+a_2c_{22}+a_1v_{21}+a_2v_{22})(1+r)}{l_2q_1[a_1b+a_2(1-b)]}\\&=25.925\,595\,14\end{aligned} \tag{9-231}$$

用于交换第二部门产品的部分为

$$(1-d_1)[s_{12}+(1-b)s_{t1}]$$
$$=\frac{l_1(q_{a1}-q_{a21})(1-b)(a_1c_{21}+a_2c_{22}+a_1v_{21}+a_2v_{22})(1+r)}{l_2q_1[a_1b+a_2(1-b)]}$$
$$=6.481\ 398\ 784 \qquad (9-232)$$

由（9－181）式、（9－183）式、（9－185）式，土地所有者从第二部门得到的剩余价值，或价值形式的地租为

$$(1-d_2)(s_2+s_{t2})$$
$$=\frac{(q_{a2}-q_{a21})(1+r)(a_1c_{21}+a_2c_{22}+a_1v_{21}+a_2v_{22})}{q_1[a_1b+a_2(1-b)]}$$
$$=216.046\ 626\ 1 \qquad (9-233)$$

其中，用于交换第一部门产品的部分为

$$(1-d_2)(s_{21}+bs_{t2})$$
$$=\frac{b(q_{a2}-q_{a21})(1+r)(a_1c_{21}+a_2c_{22}+a_1v_{21}+a_2v_{22})}{q_1[a_1b+a_2(1-b)]}$$
$$=172.837\ 300\ 9 \qquad (9-234)$$

用于交换第二部门产品的部分为

$$(1-d_2)[s_{22}+(1-b)s_{t2}]$$
$$=\frac{(1-b)(q_{a2}-q_{a21})(1+r)(a_1c_{21}+a_2c_{22}+a_1v_{21}+a_2v_{22})}{q_1[a_1b+a_2(1-b)]}$$
$$=43.209\ 325\ 23 \qquad (9-235)$$

由（9－209）式、（9－210）式、（9－211）式、（9－220）式、（9－221）式、（9－222）式、（9－223）式的结果 r、a_1、a_2、s_{t1}、s_{t2}、d_1、d_2，以及（9－225）式、（9－226）式、（9－228）式、（9－229）式、（9－231）式、（9－232）式、（9－234）式、（9－235）式的结果，可以得到表 9－7 和表 9－8。

表 9－7　价值转形后生产价格形式的利润、地租和价格形式的生产价格

部门		1	2	总和
不变资本	使用第一部门的产品	1 133.958 344	290.758 550	1 424.716 894
	使用第二部门的产品	320.516 019	213.677 346	534.193 366
可变资本	交换第一部门的产品	87.227 565	58.151 710	145.379 275
	交换第二部门的产品	224.361 214	149.574 142	373.935 356
利润（生产价格形式）	交换第一部门的产品	277.126 361	111.750 701	388.877 062
	交换第二部门的产品	76.372 164	30.796 936	107.169 100
地租（生产价格形式）	交换第一部门的产品	25.126 961	167.513 077	192.640 038
	交换第二部门的产品	6.924 640	46.164 270	53.088 910
生产价格（价格形式）	交换各部门产品之和	2 151.613 269	1 068.386 731	3 220

表 9-8　　价值转形后价值形式的利润、地租和生产价格（实现的）

部门		1	2	总和
不变资本	使用第一部门产品的物化劳动	1 170	300	1 470
	使用第二部门产品的物化劳动	300	200	500
可变资本	交换第一部门产品的必要劳动	90	60	150
	交换第二部门产品的必要劳动	210	140	350
利润（实现的剩余价值）	最终得到的交换第一部门产品的剩余劳动	285.934 526	115.302 577	401.237 104
	最终得到的交换第二部门产品的剩余劳动	71.483 632	28.825 644	100.309 276
地租（实现的剩余价值）	最终得到的交换第一部门产品的剩余劳动	25.925 595	172.837 301	198.762 896
	最终得到的交换第二部门产品的剩余劳动	6.481 399	43.209 325	49.690 724
生产价格（实现的价值）	最终得到的社会劳动	2 159.825 152	1 060.174 848	3 220

三、两部门二元价值转形的特点

通过两部门二元价值转形的数例，可以看到地租对剩余价值分配的影响。在本例中，第一部门的资本有机构成高于第二部门的资本有机构成，即 $k_1>k_2$，但是，$a_1<1$，$a_2>1$，$s_{a1}<0$，$s_{a2}>0$，$s_{t1}<0$，$s_{t2}>0$。这是因为，剩余价值分配不仅受资本有机构成影响，而且受地租因素影响。第一部门和第二部门都缴纳地租。地租对剩余价值分配的影响，超过资本有机构成对剩余价值分配的影响。

第八节　本章结论

两部门二元价值转形是辩证关系。两部门二元价值转形与一元价值转形的关系也是辩证关系。

两部门二元价值转形，是社会生产划分为工业生产和农业生产两部门，在流通过程中分配剩余价值，在考虑资本有机构成的差异的影响之后，再考虑地租的影响，即同时考虑资本所有权和土地所有权两个因素对剩余价值分配的影响。

如果只考虑资本有机构成的差异对剩余价值分配的影响，那么，资本有机构成高的部门得到的剩余价值高于该部门生产的剩余价值，资本有机构成低的部门得到的剩余价值低于该部门生产的剩余价值。

如果不仅考虑资本有机构成的影响，而且考虑地租的影响，那么，一个部门得到的剩余价值，高于该部门生产的剩余价值，还是低于该部门生产的剩余价值，取决于资本有机构成和地租两个影响因素中，哪个因素的影响大。

如果资本有机构成的影响大，那么，资本有机构成高的部门得到的剩余价值高于该部门生产的剩余价值，资本有机构成低的部门得到的剩余价值低于该部门生产的剩余价值。

如果地租的影响大，那么，情况相反。在本章的数例中，就是如此。

随着数例中给定的数值的变化，某个部门被社会多承认的剩余价值可能出现负值，但是，任何部门生产价格形式的利润不可能为负值，任何部门资本家最终得到的剩余价值不可能为负值。这是由资本主义生产目的决定的。

得到社会承认的剩余价值只存在于观念中，而得到的剩余价值是资本主义生产的最终结果。在这里，可以看到某部门得到社会承认的剩余价值，与实际得到的剩余价值之间存在明显不同。

与考虑农产品生产的两部门价值转形相比，也就是与一元价值转形相比，两部门二元价值转形中，由于考虑了地租因素，总剩余价值不能由资本家独占，要在资本家与土地所有者之间分配。二元价值转形中剩余价值的分配关系，比一元价值转形中剩余价值的分配关系复杂得多。

这里，工业租用土地的等级，即第一部门租用土地的等级，是由农业土地等级确定的。对于租用土地较多的一般制造业来说，这种假设基本成立。但是，对于与地理位置关系密切的商业占用土地或住宅占用土地来说，这种关系就不成立了。因为，随着地理位置靠近城市中心区域，土地价格快速升高，土地价格大大高于由农产品产量决定的地租。这种土地具有强烈的垄断特征。如果按照地理位置决定第一部门租用的一部分土地（例如，住宅占用的土地）的等级，那么，地租将大大提高，总剩余价值中，土地所有者分配到的比例将更高，资本家分配到的比例将更低，资本家得到的利润减少，资本家的利润率更低。当然，价值转形模型将变得更加复杂。

这里对两部门二元价值转形的考察，是在最差的土地没有级差地租、不考虑商业资本等条件下进行的。如果考虑最差的土地没有级差地租或考虑商业资本，对相应的价值转形与利润率的考察可以参考有关论著。①

必须指出，考虑地租，甚至考虑住宅地租，资本家的利润率降低，并不是指资本家的真实的利润率降低，而是指在价值转形的较高的分析阶段与在价值转形的较低的分析阶段相比，资本家得到的利润减少，利润率降低。资本家的真实的利润率是客观存在。一元价值转形、二元价值转形、考虑垄断住宅地租的价值转形，都是认识的不同阶段，是对认识过程的叙述中的由低级到高级的不同阶段。价值转形的不同阶段的各种形式的利润率，都属于认识的范畴。认识是对存在的反映，主观认识不能改变客观存在。

① 沈民鸣：《论最差土地的级差地租和土地价格问题》，《当代经济研究》2009年第6期；沈民鸣：《马克思的例子：如何确定商业资本和商业利润》，《经济学家》2010年第5期；沈民鸣：《二元价值转形》，第三卷，北京，中国人民大学出版社，2015。

第十章　二元价值转形中价值形式的平均利润率、价值形式的利润率与资本有机构成的关系

第一节　二元价值转形的价值形式的平均利润率、价值形式的利润率与价值形式的总资本有机构成

一、二元价值转形中价值形式的平均利润率与剩余价值分配是否有关

一元价值转形只考察资本因素对剩余价值分配的影响。二元价值转形不仅考察资本因素对剩余价值分配的影响，而且考察土地因素对剩余价值分配的影响。

一元价值转形没有实现价值形式的平均利润，二元价值转形也没有实现价值形式的平均利润。

值得注意的是，虽然无论是一元价值转形，还是二元价值转形，每个部类或每个部门的资本家得到的利润，都不是价值形式的平均利润，而是生产价格形式的平均利润，但是，价值形式的平均利润率的范畴，不仅在一元价值转形中存在，而且在二元价值转形中同样存在。价值形式的平均利润率的范畴，存在于观念中。

二元价值转形中价值形式的平均利润率的范畴，与一元价值转形中价值形式的平均利润率的范畴不同。一元价值转形中的剩余价值全部被资本家占有。二元价值转形中的剩余价值不能被资本家单独占有，而要在资本家与土地所有者之间分配。二元价值转形中价值形式的平均利润率，不是每个部门的资本家得到的剩余价值与本部门的价值形式的资本的比率，而是总剩余价值中属于全体资本家的那部分剩余价值与价值形式的总资本的比率。价值形式的利润中不包括属于土地所有者的地租。

二元价值转形中价值形式的平均利润率与一元价值转形中价值形式的平均利润率还有一个重要区别：一元价值转形中价值形式的平均利润率与剩余价值分配无关，即与价值转形无关，而二元价值转形中价值形式的平均利润率与剩余价值分配有关，即与二元价值转形有关，因为剩余价值中属于资本家的部分的比例和属于土地所有者的部分的比例，由二元价值转形决定。

事实上，可以认为存在两种不同形式的价值形式的利润，从而存在两种不同形式的价值形式的平均利润率。

在交纳地租之前，资本家不仅代表自己，而且代表土地所有者，占有雇佣劳动者创造的全部剩余价值。当剩余价值被看做全部资本的产物时，它就在观念上取得了利润的形式。在这个阶段，全部剩余价值或全部价值形式的利润与价值形式的总资本的比率，可以看做一种价值形式的平均利润率。这种价值形式的平均利润率与价值转形无关。① 相应的价值形式的平均利润率，即工人创造的、被资本家无偿占有的全部剩余价值与价值形式的总资本的比率，与资本有机构成的关系，与前边分析过的一元价值转形中的价值形式的平均利润率与资本有机构成的关系相同。

在交纳地租之后，资本家得到的剩余价值是价值形式的利润。资本家得到的全部剩余价值与价值形式的总资本的比率，可以看做另一种价值形式的平均利润率。这种价值形式的平均利润率与一元价值转形的价值形式的平均利润率不同，与剩余价值的分配有关，也就是与二元价值转形有关。② 这里只考察这种二元价值形式的平均利润率与资本有机构成的关系。

值得注意的是，二元价值转形并没有实现价值形式的平均利润，因此，二元价值形式的平均利润率不是每个部门得到的剩余价值与本部门价值形式的资本的比率，而是所有部门最终得到的总剩余价值与价值形式的总资本的比率。

二元价值转形的价值形式的平均利润率，能够正确地反映价值形式的总资本的增殖程度。

二、二元价值转形中价值形式的资本有机构成与剩余价值分配无关

二元价值转形中价值形式的资本有机构成，是不变资本与可变资本的

① 沈民鸣：《二元价值转形》，第二卷，北京，中国人民大学出版社，2015，第486页。

② 沈民鸣：《二元价值转形》，第二卷，北京，中国人民大学出版社，2015，第489～490页。

比率，是生产中耗费的物化劳动的价值与工人生活资料的价值的比率，也是物化劳动与必要劳动的比率。这个比率仅仅取决于生产的技术构成，与剩余价值分配无关，也就是与二元价值转形无关。

在两部门二元价值转形中，有三个不同的价值形式的资本有机构成：第一部门价值形式的资本有机构成、第二部门价值形式的资本有机构成、价值形式的总资本有机构成。

在两部类一元价值转形中，只有第一部类价值形式的资本有机构成、第二部类价值形式的资本有机构成、剩余价值率这三个无量纲的独立变量或外生变量。

当然，只有无量纲的独立变量或外生变量，只能确定无量纲的内生变量，例如生产价格形式的利润率、价值生产价格转化系数，不能确定有量纲的内生变量，例如被社会多承认的剩余价值、多得到的剩余价值、生产价格形式的不变资本、生产价格形式的可变资本、生产价格形式的利润、生产价格。

要确定有量纲的内生变量，必须有具有量纲的外生变量，在第一部类的不变资本、第一部类的可变资本、第一部类的剩余价值、第二部类的不变资本、第二部类的可变资本、第二部类的剩余价值这六个有量纲的外生变量中，只要知道其中一个外生变量，再加上第一部类价值形式的资本有机构成、第二部类价值形式的资本有机构成、剩余价值率这三个无量纲的外生变量，通过一元价值转形，就可以确定所有变量。

值得注意的是，第一部类的不变资本、第一部类的可变资本、第一部类的剩余价值、第二部类的不变资本、第二部类的可变资本、第二部类的剩余价值这六个有量纲的外生变量不都是独立的。由于再生产条件的制约，其中只有五个是独立的外生变量。

在两部门二元价值转形中，无量纲的独立变量或外生变量，是第一部门价值形式的资本有机构成、第二部门价值形式的资本有机构成、剩余价值率这三个变量。但是，除了第一部门的不变资本、第一部门的可变资本、第一部门的剩余价值、第二部门的不变资本、第二部门的可变资本、第二部门的剩余价值这六个有量纲的外生变量中的五个独立的外生变量之外，土地因素也是独立的外生变量。土地因素中包括第一部门和第二部门租用的各级土地的面积、单位面积各级土地的谷物产量、单位面积土地的谷物产量与谷物生产中耗费的劳动的变化关系等。

二元价值转形中价值形式的资本有机构成与土地因素无关。

三、二元价值转形的基本假设条件、符号规定、二元价值转形模型

这里的二元价值转形的基本假设条件、符号规定、二元价值转形模型，分别与第九章的二元价值转形的基本假设条件、符号规定、二元价值转形模型相同。除了上述符号规定，同时规定：

r_v表示工人创造的全部剩余价值与价值形式的总资本的比率，简称价值形式的利润率。

r_{vt}表示资本家得到的全部剩余价值与价值形式的总资本的比率，简称价值形式的平均利润率。

k表示价值形式的总资本有机构成。

s_{v1}表示第一部门资本家得到的剩余价值。

s_{v2}表示第二部门资本家得到的剩余价值。

s_v表示资本家得到的总剩余价值。

四、价值形式的平均利润率与价值形式的利润率

第一部门价值形式的资本有机构成为

$$k_1 = \frac{c_1}{v_1} \tag{10-1}$$

第二部门价值形式的资本有机构成为

$$k_2 = \frac{c_2}{v_2} \tag{10-2}$$

两部门的剥削率相同，即剩余价值率相同，因此

$$\frac{s_1}{v_1} = \frac{s_2}{v_2} = e \tag{10-3}$$

由（10-3）式，价值形式的平均利润率可以表示为

$$\begin{aligned} r_{vt} &= \frac{d_1(s_1 + s_{t1}) + d_2(s_2 + s_{t2})}{c_1 + c_2 + v_1 + v_2} \\ &= \frac{(d_1 s_1 + d_2 s_2) + (d_1 s_{t1} + d_2 s_{t2})}{c_1 + c_2 + v_1 + v_2} \\ &= \frac{e(d_1 v_1 + d_2 v_2) + (d_1 s_{t1} + d_2 s_{t2})}{c_1 + c_2 + v_1 + v_2} \end{aligned} \tag{10-4}$$

由（10-4）式可以看出，资本家得到的全部剩余价值与价值形式的总资本的比率，或价值形式的平均利润率r_{vt}，不等于工人创造的全部剩余价值与价值形式的总资本的比率，或价值形式的利润率r_v。

事实上，价值形式的平均利润率r_{vt}，小于工人创造的全部剩余价值

与价值形式的总资本的比率，或价值形式的利润率 r_v。因为，资本家得到的全部剩余价值只是工人创造的全部剩余价值的一部分，工人创造的全部剩余价值的另一部分以地租形式被土地所有者占有。

（10 - 4）式表示，价值形式的平均利润率 r_{vt} 是第一部门的不变资本 c_1、第一部门的可变资本 v_1、第一部门多得到的剩余价值 s_{t1}、第一部门得到的剩余价值中属于本部门资本家的比例 d_1、第二部门的不变资本 c_2、第二部门的可变资本 v_2、第二部门多得到的剩余价值 s_{t2}、第二部门得到的剩余价值中属于本部门资本家的比例 d_2、剩余价值率 e 的函数。

第九章（9 - 118）式为

$$s_{t1} + s_{t2} = 0 \tag{10-5}$$

即各部门多得到的剩余价值之和等于零。

由第九章（9 - 164）式、（9 - 165）式可以看到，在一般情况下，第一部门生产的剩余价值和得到的剩余价值中属于本部门资本家的比例，不等于第二部门生产的剩余价值和得到的剩余价值中属于本部门资本家的比例，即

$$d_1 \neq d_2 \tag{10-6}$$

由（10 - 5）式、（10 - 6）式，（10 - 4）式中的

$$d_1 s_{t1} + d_2 s_{t2} \neq 0 \tag{10-7}$$

因此

$$\begin{aligned} r_{vt} &= \frac{e(d_1 v_1 + d_2 v_2) + (d_1 s_{t1} + d_2 s_{t2})}{c_1 + c_2 + v_1 + v_2} \\ &\neq \frac{e(d_1 v_1 + d_2 v_2)}{c_1 + c_2 + v_1 + v_2} \end{aligned} \tag{10-8}$$

由（10 - 8）式可以看到，二元价值转形中价值形式的平均利润率 r_{vt}，不仅与第一部门的不变资本 c_1、第一部门的可变资本 v_1、第二部门的不变资本 c_2、第二部门的可变资本 v_2、剩余价值率 e 有关，而且与第一部门多得到的剩余价值 s_{t1}、第一部门得到的剩余价值中属于本部门资本家的比例 d_1、第二部门多得到的剩余价值 s_{t2}、第二部门得到的剩余价值中属于本部门资本家的比例 d_2 有关，也就是与剩余价值分配有关，或与二元价值转形有关。

工人创造的全部剩余价值与价值形式的总资本的比率，或价值形式的利润率 r_v，与二元价值转形无关。二元价值转形没有实现价值形式的平均利润率，也没有实现价值形式的利润率。

二元价值转形实现的是生产价格形式的利润率。价格形式的利润率存在于资本家的意识中。价格形式的利润率接近的是，一元价值转形的生产

价格形式的利润率和二元价值转形的生产价格形式的利润。价值形式的平均利润率和价值形式的利润率，存在于经济学家的观念中。

五、价值形式的总资本有机构成

两部门的价值形式的总资本有机构成，可以表示为

$$k=\frac{c_1+c_2}{v_1+v_2} \tag{10-9}$$

由（10－4）式可以得到二元价值转形的价值形式的平均利润率，即

$$\begin{aligned} r_{vt} &= \frac{e(d_1v_1+d_2v_2)+(d_1s_{t1}+d_2s_{t2})}{c_1+c_2+v_1+v_2} \\ &= \frac{\dfrac{e(d_1v_1+d_2v_2)}{v_1+v_2}+\dfrac{d_1s_{t1}+d_2s_{t2}}{v_1+v_2}}{\dfrac{c_1+c_2}{v_1+v_2}+1} \\ &= \frac{\dfrac{e(d_1v_1+d_2v_2)}{v_1+v_2}+\dfrac{d_1s_{t1}+d_2s_{t2}}{v_1+v_2}}{k+1} \end{aligned} \tag{10-10}$$

第五章（5-7）式表示的一元价值形式的平均利润率为

$$r_v=\frac{e}{k+1} \tag{10-11}$$

可见，（10－10）式表示的二元价值转形的价值形式的平均利润率 r_{vt}，明显地与第五章（5-7）式表示的一元价值形式的平均利润率 r_v 不同。

一元价值形式中工人创造的剩余价值，全部属于资本家。更确切地说，一元价值形式中提到的资本家，是资本家与土地所有者的总代表。既然没有区分资本家与土地所有者，也就没有考察如何在资本家与土地所有者之间分配总剩余价值。第五章（5-7）式表示的一元价值形式的平均利润率 r_v，仅仅取决于第一部门价值形式的资本有机构成 k_1、第二部门价值形式的资本有机构成 k_2、剩余价值率 e，与价值形式无关。

二元价值形式中工人创造的剩余价值中的一部分属于资本家，另一部分属于土地所有者。（10－10）式表示的二元价值转形的价值形式的平均利润率 r_{vt} 只属于资本家，不属于土地所有者。该变量不仅与第一部门价值形式的资本有机构成 k_1、第二部门价值形式的资本有机构成 k_2、剩余价值率 e 有关，而且与二元价值转形有关。

六、资本家得到的剩余价值

第一部门资本家得到的剩余价值，可以表示为

$$s_{v1}=d_1(s_1+s_{t1}) \tag{10-12}$$

其中，s_1+s_{t1} 是第一部门得到的剩余价值。第一部门得到的剩余价值中，一部分是本部门资本家得到的剩余价值，另一部分是土地所有者得到的价值形式的地租。

第二部门资本家得到的剩余价值，可以表示为

$$s_{v2}=d_2(s_2+s_{t2}) \tag{10-13}$$

其中，s_2+s_{t2} 是第二部门得到的剩余价值。第二部门得到的剩余价值中，一部分是本部门资本家得到的剩余价值，另一部分是土地所有者得到的价值形式的地租。

资本家得到的总剩余价值，可以表示为

$$s_v=d_1(s_1+s_{t1})+d_2(s_2+s_{t2})=s_{v1}+s_{v2} \tag{10-14}$$

可见，资本家得到的总剩余价值为第一部门资本家得到的剩余价值与第二部门资本家得到的剩余价值之和。

七、价值形式的平均利润率与资本家得到的剩余价值的关系

由（10－4）式、（10－12）式、（10－13）式、（10－14）式，价值形式的平均利润率可以表示为

$$\begin{aligned} r_{vt}^{*} &= \frac{d_1(s_1+s_{t1})+d_2(s_2+s_{t2})}{c_1+c_2+v_1+v_2} \\ &= \frac{s_{v1}+s_{v2}}{c_1+c_2+v_1+v_2}=\frac{s_v}{c_1+c_2+v_1+v_2} \end{aligned} \tag{10-15}$$

由（10－8）式可以看到，二元价值转形中价值形式的平均利润率 r_{vt} 是第一部门资本家得到的剩余价值 s_{v1}、第二部门资本家得到的剩余价值 s_{v2}的函数，也是资本家得到的总剩余价值 s_v的函数。

由（10－4）式可以看到，在二元价值转形中，价值形式的平均利润率 r_{vt}不仅与第一部门的不变资本 c_1、第一部门的可变资本 v_1、第二部门的不变资本 c_2、第二部门的可变资本 v_2、剩余价值率 e 有关，也就是与第一部门价值形式的资本有机构成 k_1、第二部门价值形式的资本有机构成 k_2、剩余价值率 e 有关，而且与第一部门多得到的剩余价值 s_{t1}、第一部门得到的剩余价值中属于本部门资本家的比例 d_1、第二部门多得到的剩余价值 s_{t2}、第二部门得到的剩余价值中属于本部门资本家的比例 d_2 有关。第一部门多得到的剩余价值 s_{t1}、第一部门得到的剩余价值中属于本部门资本家的比例 d_1、第二部门多得到的剩余价值 s_{t2}、第二部门得到的剩余价值中属于本部门资本家的比例 d_2 都是二元价值转形的结果，是二元价值转形中的内生变量。因此，价值形式的平均利润率 r_{vt} 与剩余价值分配有关，也就是与二元价值转形有关。

第一部门价值形式的资本有机构成 k_1、第二部门价值形式的资本有机构成 k_2、剩余价值率 e 变化，将导致价值形式的总资本有机构成 k、价值形式的平均利润率 r_{vt} 变化。

下面，将在这些条件下，分别考察价值形式的平均利润率 r_{vt} 与价值形式的总资本有机构成 k 的关系。

第二节　k_2、e 确定，k_1 提高的条件下，r_{vt}、r_v 与 k 的关系的数例

这里在第二部门价值形式的资本有机构成和剩余价值率确定、第一部门价值形式的资本有机构成提高的条件下，通过第一部门价值形式的资本有机构成提高的数例，考察各个有关内生变量与价值形式的总资本有机构成的关系，在此基础上，考察价值形式的平均利润率、价值形式的利润率与价值形式的总资本有机构成的关系。

一、价值形式的总资本有机构成与第一部门价值形式的资本有机构成关系的数例

如果第二部门价值形式的资本有机构成和剩余价值率确定，那么，价值形式的总资本有机构成是第一部门价值形式的资本有机构成的函数。

随着第一部门价值形式的资本有机构成 k_1 提高，第一部门的生产力提高，第一部门使用的生产资料中，由工业产品构成的生产资料占的比例提高，由农业产品构成的生产资料占的比例降低，因此，第一部门使用的第一部门生产的生产资料中凝结的物化劳动占第一部门使用的生产资料中凝结的物化劳动的比例 f_1 提高。

如果第二部门价值形式的资本有机构成 k_2 和剩余价值率 e 确定，例如，$k_2=2.5$，$e=1.5$，第一部门的不变资本中相当于由第一部门提供的生产资料价值的那部分不变资本 $c_{11}=90$，180，270，…，1 800，相应地，第一部门使用的第一部门生产的生产资料中凝结的物化劳动占第一部门使用的生产资料中凝结的物化劳动的比例（以下简称第一部门使用第一部门生产的生产资料的价值比例）$f_1=0.230\ 769\ 231$，0.375，0.473 684 211，…，0.857 142 857，第一部门价值形式的资本有机构成 $k_1=1.3$，1.6，1.9，…，7，除了 c_{11}、f_1 与 k_1 之外，其余已知量与第九章的数例中的已知量相同，那么，价值形式的总资本有机构成 k 与第一部门价值形式的资本有机构成 k_1 的关系，可以用表 10－1 表示。

表 10-1　　k 与 k_1、f_1 的关系

第一部门价值形式的资本有机构成 k_1	第一部门使用第一部门生产的生产资料的价值比例 f_1	价值形式的总资本有机构成 k
1.3	0.230 769 230 8	1.78
1.6	0.375 000 000 0	1.96
1.9	0.473 684 210 5	2.14
2.2	0.545 454 545 5	2.32
2.5	0.600 000 000 0	2.50
2.8	0.642 857 142 9	2.68
3.1	0.677 419 354 8	2.86
3.4	0.705 882 352 9	3.04
3.7	0.729 729 729 7	3.22
4.0	0.750 000 000 0	3.40
4.3	0.767 441 860 5	3.58
4.6	0.782 608 695 7	3.76
4.9	0.795 918 367 3	3.94
5.2	0.807 692 307 7	4.12
5.5	0.818 181 818 2	4.30
5.8	0.827 586 206 9	4.48
6.1	0.836 065 573 8	4.66
6.4	0.843 750 000 0	4.84
6.7	0.850 746 268 7	5.02
7.0	0.857 142 857 1	5.20

在表 10-1 中，价值形式的总资本有机构成 k 与第一部门价值形式的资本有机构成 k_1 的关系，可以用图 10-1 表示。

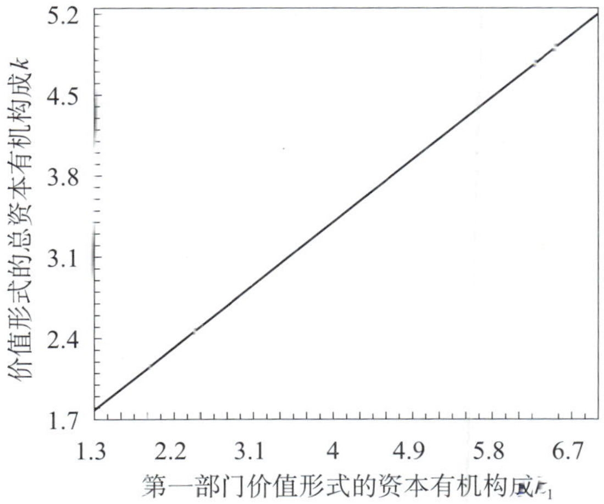

图 10-1　k 与 k_1 的关系

由表 10－1 和图 10－1 可以看出，随着第一部门价值形式的资本有机构成 k_1 提高，价值形式的总资本有机构成 k 提高。

可见，如果第二部门价值形式的资本有机构成和剩余价值率确定，那么，价值形式的总资本有机构成是第一部门价值形式的资本有机构成的单调递增的线性函数。

需要指出的是，在本例中，第一部门价值形式的资本有机构成 k_1，是第一部门的不变资本中相当于由第一部门提供的生产资料价值的那部分不变资本 c_{11} 的单调递增的线性函数。第一部门使用的第一部门生产的生产资料中凝结的物化劳动占第一部门使用的生产资料中凝结的物化劳动的比例 f_1，是第一部门的不变资本中相当于由第一部门提供的生产资料价值的那部分不变资本 c_{11} 的单调递增的双曲函数。

在本章中，凡是第一部门价值形式的资本有机构成 k_1、第一部门使用的第一部门生产的生产资料中凝结的物化劳动占第一部门使用的生产资料中凝结的物化劳动的比例 f_1 变化之处，均应照此理解，下面不再重复阐述。

二、第一部门得到的剩余价值中属于本部门资本家的比例与价值形式的总资本有机构成关系的数例

如果第二部门价值形式的资本有机构成 k_2 和剩余价值率 e 确定，例如，$k_2=2.5$，$e=1.5$，第一部门的不变资本中相当于由第一部门提供的生产资料价值的那部分不变资本 $c_{11}=90$，180，270，…，1 800，相应地，第一部门使用第一部门生产的生产资料的价值比例 $f_1=0.230\ 769\ 231$，0.375，0.473 684 211，…，0.857 142 857，第一部门价值形式的资本有机构成 $k_1=1.3$，1.6，1.9，…，7，除了 c_{11}、f_1 与 k_1 之外，其余已知量与第九章的数例中的已知量相同，那么，第一部门得到的剩余价值中属于本部门资本家的比例 d_1 与第一部门价值形式的资本有机构成 k_1、价值形式的总资本有机构成 k 的关系，可以用表 10－2 表示。

表 10－2　d_1 与 k_1、k 的关系

第一部门价值形式的资本有机构成 k_1	价值形式的总资本有机构成 k	第一部门得到的剩余价值中属于本部门资本家的比例 d_1
1.3	1.78	0.866 264 731 981
1.6	1.96	0.874 089 755 206
1.9	2.14	0.880 823 314 120
2.2	2.32	0.886 666 424 170
2.5	2.50	0.891 764 705 882

续前表

第一部门价值形式的资本有机构成 k_1	价值形式的总资本有机构成 k	第一部门得到的剩余价值中属于本部门资本家的比例 d_1
2.8	2.68	0.896 271 224 475
3.1	2.86	0.900 252 968 831
3.4	3.04	0.903 793 668 910
3.7	3.22	0.906 972 202 791
4.0	3.40	0.909 825 990 307
4.3	3.58	0.912 403 400 543
4.6	3.76	0.914 740 582 458
4.9	3.94	0.916 367 873 318
5.2	4.12	0.918 810 893 921
5.5	4.30	0.920 591 408 557
5.8	4.48	0.922 228 006 247
6.1	4.66	0.923 736 644 811
6.4	4.84	0.925 131 088 658
6.7	5.02	0.926 423 263 511
7.0	5.20	0.927 623 545 690

在表 10－2 中，第一部门得到的剩余价值中属于本部门资本家的比例 d_1 与价值形式的总资本有机构成 k 的关系，可以用图 10－2 表示。

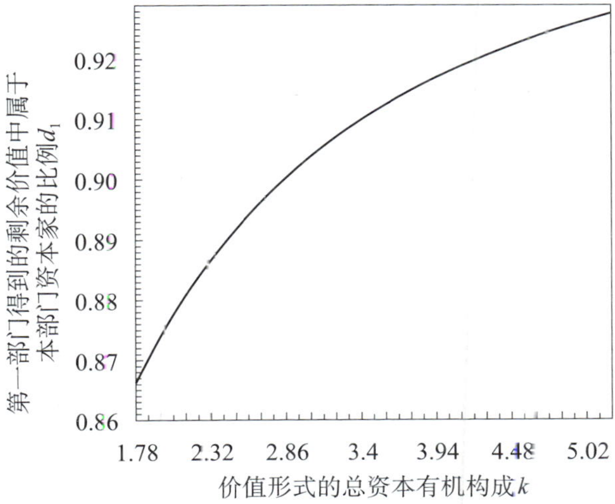

图 10－2　d_1 与 k 的关系

由表 10－2 和图 10－2 可以看出，随着价值形式的总资本有机构成 k 提高，第一部门得到的剩余价值中属于本部门资本家的比例 d_1 提高。

可见，如果第二部门价值形式的资本有机构成和剩余价值率确定，那么，第一部门得到的剩余价值中属于本部门资本家的比例是价值形式的总资本有机构成的单调递增函数。

三、第二部门得到的剩余价值中属于本部门资本家的比例与价值形式的总资本有机构成关系的数例

如果第二部门价值形式的资本有机构成 k_2 和剩余价值率 e 确定，例如，$k_2=2.5$，$e=1.5$，第一部门的不变资本中相当于由第一部门提供的生产资料价值的那部分不变资本 $c_{11}=90$，180，270，…，1 800，相应地，第一部门使用第一部门生产的生产资料的价值比例 $f_1=0.230\ 769\ 231$，0.375，0.473 684 211，…，0.857 142 857，第一部门价值形式的资本有机构成 $k_1=1.3$，1.6，1.9，…，7，除了 c_{11}、f_1 与 k_1 之外，其余已知量与第九章的数例中的已知量相同，那么，第二部门得到的剩余价值中属于本部门资本家的比例 d_2 与第一部门价值形式的资本有机构成 k_1、价值形式的总资本有机构成 k 的关系，可以用表 10-3 表示。

表 10-3　　**d_2 与 k_1、k 的关系**

第一部门价值形式的资本有机构成 k_1	价值形式的总资本有机构成 k	第二部门得到的剩余价值中属于本部门资本家的比例 d_2
1.3	1.78	0.480 017 846 117
1.6	1.96	0.472 852 758 287
1.9	2.14	0.465 743 959 892
2.2	2.32	0.458 706 778 817
2.5	2.50	0.451 664 914 126
2.8	2.68	0.444 897 897 914
3.1	2.86	0.438 146 516 873
3.4	3.04	0.431 507 693 204
3.7	3.22	0.424 987 298 634
4.0	3.40	0.418 589 801 129
4.3	3.58	0.412 318 434 935
4.6	3.76	0.406 175 361 369
4.9	3.94	0.400 161 817 702
5.2	4.12	0.394 278 252 706
5.5	4.30	0.388 524 448 406
5.8	4.48	0.382 899 628 253
6.1	4.66	0.377 402 552 331
6.4	4.84	0.372 031 600 509
6.7	5.02	0.366 784 844 561
7.0	5.20	0.361 660 110 356

在表 10－3 中，第二部门得到的剩余价值中属于本部门资本家的比例 d_2 与价值形式的总资本有机构成 k 的关系，可以用图 10－3 表示。

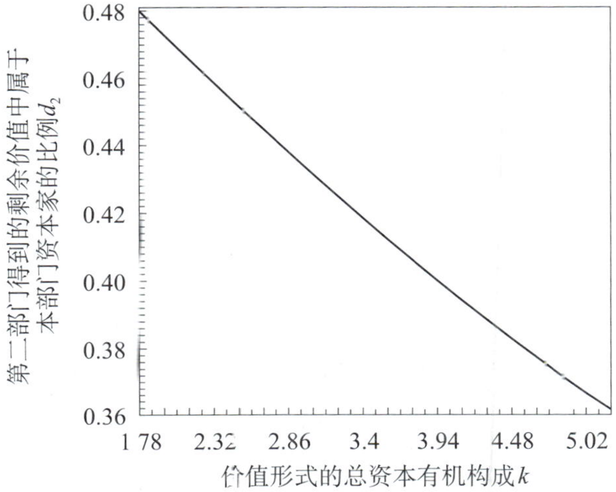

图 10－3　d_2 与 k 的关系

由表 10－3 和图 10－3 可以看出，随着价值形式的总资本有机构成 k 提高，第二部门得到的剩余价值中属于本部门资本家的比例 d_2 降低。

可见，如果第二部门价值形式的资本有机构成和剩余价值率确定，那么，第二部门得到的剩余价值中属于本部门资本家的比例是价值形式的总资本有机构成的单调递减函数。

四、第一部门多得到的剩余价值、第二部门多得到的剩余价值与价值形式的总资本有机构成关系的数例

如果第二部门价值形式的资本有机构成 k_2 和剩余价值率 e 确定，例如，$k_2=2.5$，$e=1.5$，第一部门的不变资本中相当于由第一部门提供的生产资料价值的那部分不变资本 $c_{11}=90$，180，270，…，1 800，相应地，第一部门使用第一部门生产的生产资料的价值比例 $f_1=0.230\ 769\ 231$，0.375，0.473 684 211，…，0.857 142 857，第一部门价值形式的资本有机构成 $k_1=1.3$，1.6，1.9，…，7，除了 c_{11}、f_1 与 k_1 之外，其余已知量与第九章的数例中的已知量相同，那么，第一部门多得到的剩余价值 s_{t1}、第二部门多得到的剩余价值 s_{t2} 与第一部门价值形式的资本有机构成 k_1、价值形式的总资本有机构成 k 的关系，可以用表 10－4 表示。

表 10-4　　s_{t1}、s_{t2}与 k_1、k 的关系

第一部门价值形式的资本有机构成 k_1	价值形式的总资本有机构成 k	第一部门多得到的剩余价值 s_{t1}	第二部门多得到的剩余价值 s_{t2}
1.3	1.78	−173.717 581 66	173.717 581 66
1.6	1.96	−160.686 943 66	160.686 943 66
1.9	2.14	−148.448 301 43	148.448 301 43
2.2	2.32	−136.957 016 82	136.957 016 82
2.5	2.50	−126.202 569 47	126.202 569 47
2.8	2.68	−116.037 647 47	116.037 647 47
3.1	2.86	−106.522 220 20	106.522 220 20
3.4	3.04	−97.580 536 73	97.580 536 73
3.7	3.22	−89.173 157 74	89.173 157 74
4.0	3.40	−81.262 798 82	81.262 798 82
4.3	3.58	−73.814 426 06	73.814 426 06
4.6	3.76	−66.795 280 21	66.795 280 21
4.9	3.94	−60.174 848 00	60.174 848 00
5.2	4.12	−53.924 795 28	53.924 795 28
5.5	4.30	−48.018 874 35	48.018 874 35
5.8	4.48	−42.432 814 71	42.432 814 71
6.1	4.66	−37.144 204 45	37.144 204 45
6.4	4.84	−32.132 367 76	32.132 367 76
6.7	5.02	−27.378 242 38	27.378 242 38
7.0	5.20	−22.864 259 74	22.864 259 74

在表 10-4 中，第一部门多得到的剩余价值 s_{t1}、第二部门多得到的剩余价值 s_{t2}与价值形式的总资本有机构成 k 的关系，可以用图 10-4 表示。

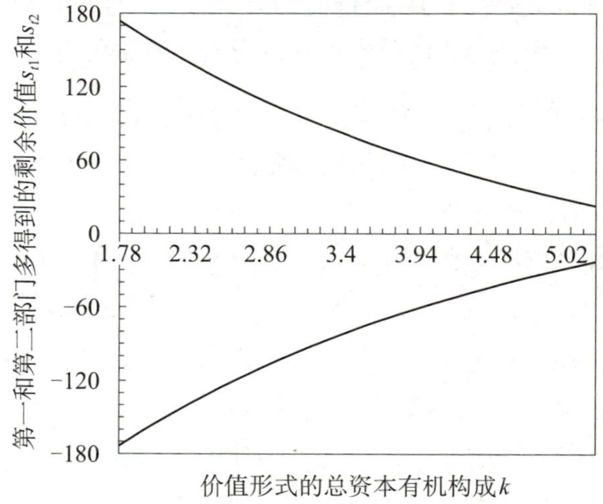

图 10-4　s_{t1}、s_{t2}与 k 的关系

在图 10－4 中，斜率为正的曲线，为第一部门多得到的剩余价值 s_{t1} 与价值形式的总资本有机构成 k 的关系曲线；斜率为负的曲线，为第二部门多得到的剩余价值 s_{t2} 与价值形式的总资本有机构成 k 的关系曲线。

由表 10－4 和图 10－4 可以看出，随着价值形式的总资本有机构成 k 提高，第一部门多得到的剩余价值 s_{t1} 增加，第二部门多得到的剩余价值 s_{t2} 减少。

可见，如果第二部门价值形式的资本有机构成和剩余价值率确定，那么，第一部门多得到的剩余价值 s_{t1} 是价值形式的总资本有机构成的单调递增函数，第二部门多得到的剩余价值 s_{t2} 是价值形式的总资本有机构成的单调递减函数。

五、第一部门得到的剩余价值与价值形式的总资本有机构成关系的数例

如果第二部门价值形式的资本有机构成 k_2 和剩余价值率 e 确定，例如，$k_2=2.5$，$e=1.5$，第一部门的不变资本中相当于由第一部门提供的生产资料价值的那部分不变资本 $c_{11}=90$，180，270，…，1 800，相应地，第一部门使用第一部门生产的生产资料的价值比例 $f_1=0.230\ 769\ 231$，0.375，0.473 684 211，…，0.857 142 857，第一部门价值形式的资本有机构成 $k_1=1.3$，1.6，1.9，…，7，除了 c_{11}、f_1 与 k_1 之外，其余已知量与第九章的数例中的已知量相同，那么，第一部门得到的剩余价值 s_1+s_{t1} 与第一部门价值形式的资本有机构成 k_1、价值形式的总资本有机构成 k 的关系，可以用表 10－5 表示。

表 10－5　　**s_1+s_{t1} 与 k_1、k 的关系**

第一部门价值形式的资本有机构成 k_1	价值形式的总资本有机构成 k	第一部门得到的剩余价值 s_1+s_{t1}
1.3	1.78	276.282 418 343 8
1.6	1.96	289.313 056 343 6
1.9	2.14	301.551 698 571 0
2.2	2.32	313.042 983 184 1
2.5	2.50	323.797 430 534 3
2.8	2.68	333.962 352 526 4
3.1	2.86	343.477 779 804 0
3.4	3.04	352.419 463 274 6
3.7	3.22	360.826 842 262 3

续前表

第一部门价值形式的资本有机构成 k_1	价值形式的总资本有机构成 k	第一部门得到的剩余价值 s_1+s_{t1}
4.0	3.40	368.737 201 175 4
4.3	3.58	376.185 573 945 0
4.6	3.76	383.204 719 789 3
4.9	3.94	389.825 152 001 2
5.2	4.12	396.075 204 719 4
5.5	4.30	401.981 125 645 3
5.8	4.48	407.567 185 290 0
6.1	4.66	412.855 795 550 5
6.4	4.84	417.867 632 236 6
6.7	5.02	422.621 757 624 0
7.0	5.20	427.135 740 264 8

在表 10－5 中，第一部门得到的剩余价值 s_1+s_{t1} 与价值形式的总资本有机构成 k 的关系，可以用图 10－5 表示。

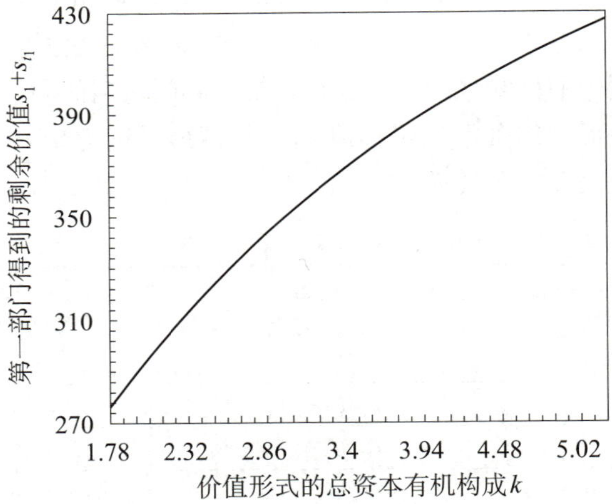

图 10－5　s_1+s_{t1} 与 k 的关系

由表 10－5 和图 10－5 可以看出，随着价值形式的总资本有机构成 k 提高，第一部门得到的剩余价值 s_1+s_{t1} 增加。

可见，如果第二部门价值形式的资本有机构成和剩余价值率确定，那么，第一部门得到的剩余价值是价值形式的总资本有机构成的单调递增函数。

六、第二部门得到的剩余价值与价值形式的总资本有机构成关系的数例

如果第二部门价值形式的资本有机构成 k_2 和剩余价值率 e 确定，例如，$k_2=2.5$，$e=1.5$，第一部门的不变资本中相当于由第一部门提供的生产资料价值的那部分不变资本 $c_{11}=90$，180，270，…，1 800，相应地，第一部门使用第一部门生产的生产资料的价值比例 $f_1=0.230\ 769\ 231$，0.375，0.473 684 211，…，0.857 142 857，第一部门价值形式的资本有机构成 $k_1=1.3$，1.6，1.9，…，7，除了 c_{11}、f_1 与 k_1 之外，其余已知量与第九章的数例中的已知量相同，那么，第二部门得到的剩余价值 s_2+s_{t2} 与第一部门价值形式的资本有机构成 k_1、价值形式的总资本有机构成 k 的关系，可以用表 10-6 表示。

表 10-6　s_2+s_{t2} 与 k_1、k 的关系

第一部门价值形式的资本有机构成 k_1	价值形式的总资本有机构成 k	第二部门得到的剩余价值 s_2+s_{t2}
1.3	1.78	473.717 581 656 2
1.6	1.96	460.686 943 656 4
1.9	2.14	448.448 301 429 0
2.2	2.32	436.957 016 815 9
2.5	2.50	426.202 569 465 2
2.8	2.68	416.037 647 473 6
3.1	2.86	406.522 220 196 0
3.4	3.04	397.530 536 725 4
3.7	3.22	389.173 157 737 7
4.0	3.40	381.262 798 824 6
4.3	3.58	373.814 426 055 0
4.6	3.76	366.795 280 210 7
4.9	3.94	360.174 847 998 8
5.2	4.12	353.924 795 280 6
5.5	4.30	348.018 874 354 7
5.8	4.48	342.432 814 710 0
6.1	4.66	337.144 204 449 5
6.4	4.84	332.132 367 763 4
6.7	5.02	327.378 242 376 0
7.0	5.20	322.864 259 735 2

在表 10－6 中，第二部门得到的剩余价值 s_2+s_{t2} 与价值形式的总资本有机构成 k 的关系，可以用图 10－6 表示。

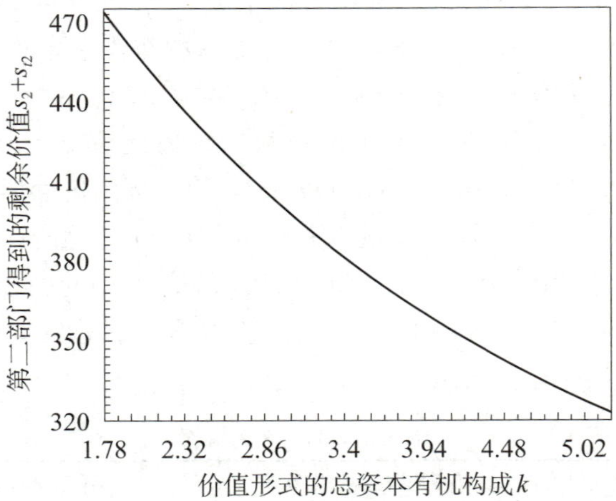

图 10－6　s_2+s_{t2} 与 k 的关系

由表 10－6 和图 10－6 可以看出，随着价值形式的总资本有机构成 k 提高，第二部门得到的剩余价值 s_2+s_{t2} 减少。

可见，如果第二部门价值形式的资本有机构成和剩余价值率确定，那么，第二部门得到的剩余价值是价值形式的总资本有机构成的单调递减函数。

七、第一部门资本家得到的剩余价值与价值形式的总资本有机构成关系的数例

如果第二部门价值形式的资本有机构成 k_2 和剩余价值率 e 确定，例如，$k_2=2.5$，$e=1.5$，第一部门的不变资本中相当于由第一部门提供的生产资料价值的那部分不变资本 $c_{11}=90$，180，270，…，1 800，相应地，第一部门使用第一部门生产的生产资料的价值比例 $f_1=0.230\ 769\ 231$，0.375，0.473 684 211，…，0.857 142 857，第一部门价值形式的资本有机构成 $k_1=1.3$，1.6，1.9，…，7，除了 c_{11}、f_1 与 k_1 之外，其余已知量与第九章的数例中的已知量相同，那么，第一部门资本家得到的剩余价值 s_{v1} 与第一部门价值形式的资本有机构成 k_1、价值形式的总资本有机构成 k 的关系，可以用表 10－7 表示。

表 10-7　　s_{v1} 与 k_1、k 的关系

第一部门价值形式的资本有机构成 k_1	价值形式的总资本有机构成 k	第一部门资本家得到的剩余价值 s_{v1}
1.3	1.78	239.333 715 077 5
1.6	1.96	252.835 578 597 3
1.9	2.14	265.613 766 513 8
2.2	2.32	277.564 702 511 5
2.5	2.50	288.751 120 406 4
2.8	2.68	299.320 846 627 5
3.1	2.86	309.216 890 996 2
3.4	3.04	318.516 241 805 6
3.7	3.22	327.259 915 952 8
4.0	3.40	335.486 689 222 4
4.3	3.58	343.232 996 902 8
4.6	3.76	350.532 908 530 9
4.9	3.94	357.418 158 031 2
5.2	4.12	363.918 212 908 1
5.5	4.30	370.060 370 671 1
5.8	4.48	375.369 872 701 6
6.1	4.66	381.370 027 372 5
6.4	4.84	386.582 337 526 0
6.7	5.02	391.526 627 929 0
7.0	5.20	396.221 169 875 4

在表 10-7 中，第一部门资本家得到的剩余价值 s_{v1} 与价值形式的总资本有机构成 k 的关系，可以用图 10-7 表示。

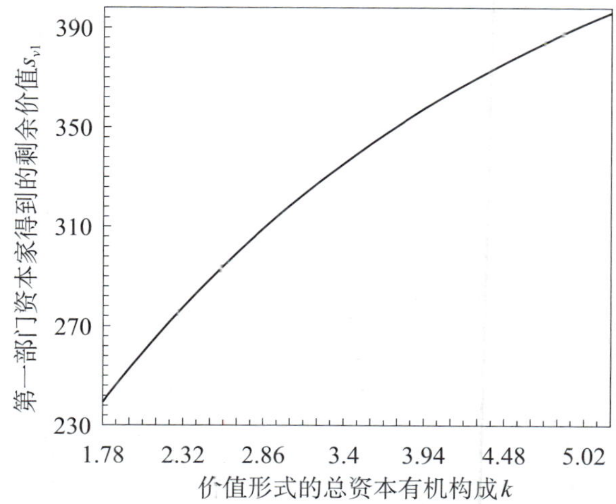

图 10-7　s_{v1} 与 k 的关系

由表 10－7 和图 10－7 可以看出，随着价值形式的总资本有机构成 k 提高，第一部门资本家得到的剩余价值 s_{v1} 增加。

可见，如果第二部门价值形式的资本有机构成和剩余价值率确定，那么，第一部门资本家得到的剩余价值是价值形式的总资本有机构成的单调递增函数。

八、第二部门资本家得到的剩余价值与价值形式的总资本有机构成关系的数例

如果第二部门价值形式的资本有机构成 k_2 和剩余价值率 e 确定，例如，$k_2=2.5$，$e=1.5$，第一部门的不变资本中相当于由第一部门提供的生产资料价值的那部分不变资本 $c_{11}=90$，180，270，…，1 800，相应地，第一部门使用第一部门生产的生产资料的价值比例 $f_1=0.230\ 769\ 231$，0.375，0.473 684 211，…，0.857 142 857，第一部门价值形式的资本有机构成 $k_1=1.3$，1.6，1.9，…，7，除了 c_{11}、f_1 与 k_1 之外，其余已知量与第九章的数例中的已知量相同，那么，第二部门资本家得到的剩余价值 s_{v2} 与第一部门价值形式的资本有机构成 k_1、价值形式的总资本有机构成 k 的关系，可以用表 10－8 表示。

表 10－8　　s_{v2} 与 k_1、k 的关系

第一部门价值形式的资本有机构成 k_1	价值形式的总资本有机构成 k	第二部门资本家得到的剩余价值 s_{v2}
1.3	1.78	227.392 893 214 6
1.6	1.96	217.837 092 014 7
1.9	2.14	208.862 087 714 6
2.2	2.32	200.435 145 665 0
2.5	2.50	192.500 746 937 6
2.8	2.68	185.094 274 814 0
3.1	2.86	178.116 294 810 4
3.4	3.04	171.559 060 265 3
3.7	3.22	165.393 649 007 6
4.0	3.40	159.592 719 138 0
4.3	3.58	154.130 579 107 0
4.6	3.76	148.983 205 487 8
4.9	3.94	144.128 221 865 8
5.2	4.12	139.544 849 872 5
5.5	4.30	135.213 841 193 4
5.8	4.48	131.117 397 454 0
6.1	4.66	127.239 083 263 0
6.4	4.84	123.563 736 359 9
6.7	5.02	120.077 377 742 4
7.0	5.20	116.767 123 805 8

在表 10－8 中，第二部门资本家得到的剩余价值 s_{v2} 与价值形式的总资本有机构成 k 的关系，可以用图 10－8 表示。

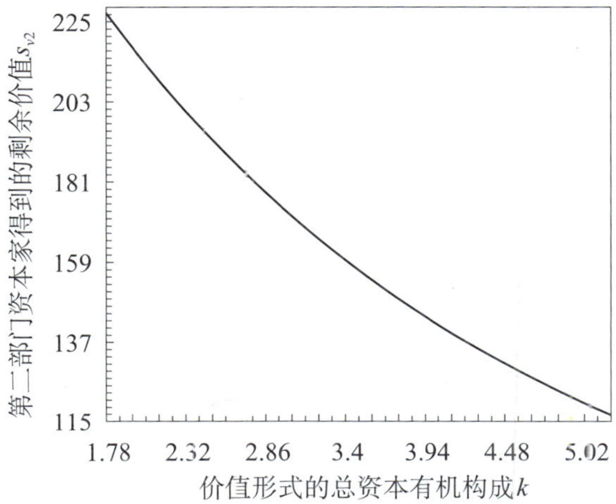

图 10－8　s_{v2} 与 k 的关系

由表 10－8 和图 10－8 可以看出，随着价值形式的总资本有机构成 k 提高，第二部门资本家得到的剩余价值 s_{v2} 减少。

可见，如果第二部门价值形式的资本有机构成和剩余价值率确定，那么，第二部门资本家得到的剩余价值是价值形式的总资本有机构成的单调递减函数。

九、资本家得到的总剩余价值与价值形式的总资本有机构成关系的数例

如果第二部门价值形式的资本有机构成 k_2 和剩余价值率 e 确定，例如，$k_2=2.5$，$e=1.5$，第一部门的不变资本中相当于由第一部门提供的生产资料价值的那部分不变资本 $c_{11}=90$，180，270，…，1 800，相应地，第一部门使用第一部门生产的生产资料的价值比例 $f_1=0.230\ 769\ 231$，0.375，0.473 684 211，…，0.857 142 857，第一部门价值形式的资本有机构成 $k_1=1.3$，1.6，1.9，…，7，除了 c_{11}、f_1 与 k_1 之外，其余已知量与第九章的数例中的已知量相同，那么，资本家得到的总剩余价值 s_v 与第一部门价值形式的资本有机构成 k_1、价值形式的总资本有机构成 k 的关系，可以用表 10－9 表示。

表 10-9　s_v与 k_1、k 的关系

第一部门价值形式的资本有机构成 k_1	价值形式的总资本有机构成 k	资本家得到的总剩余价值 s_v
1.3	1.78	466.726 608 292 1
1.6	1.96	470.722 670 612 0
1.9	2.14	474.475 854 228 4
2.2	2.32	477.999 848 176 5
2.5	2.50	481.251 867 343 9
2.8	2.68	484.415 121 441 4
3.1	2.86	487.333 185 806 6
3.4	3.04	490.075 302 070 9
3.7	3.22	492.653 564 960 4
4.0	3.40	495.079 408 360 5
4.3	3.58	497.363 576 009 8
4.6	3.76	499.516 114 068 7
4.9	3.94	501.546 379 947 0
5.2	4.12	503.463 062 780 6
5.5	4.30	505.274 211 864 6
5.8	4.48	506.987 270 155 6
6.1	4.66	508.609 110 635 5
6.4	4.84	510.146 073 885 9
6.7	5.02	511.604 005 671 4
7.0	5.20	512.988 293 681 2

在表 10-9 中，资本家得到的总剩余价值 s_v与价值形式的总资本有机构成k 的关系，可以用图 10-9 表示。

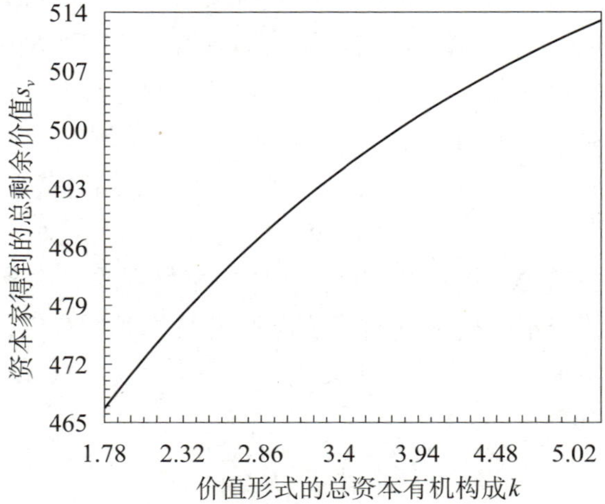

图 10-9　s_v与 k 的关系

由表 10－9 和图 10－9 可以看出，随着价值形式的总资本有机构成 k 提高，资本家得到的总剩余价值 s_v 增加。

可见，如果第二部门价值形式的资本有机构成和剩余价值率确定，那么，资本家得到的总剩余价值是价值形式的总资本有机构成的单调递增函数。

十、价值形式的平均利润率、价值形式的利润率与价值形式的总资本有机构成关系的数例

如果第二部门价值形式的资本有机构成 k_2 和剩余价值率 e 确定，例如，$k_2=2.5$，$e=1.5$，第一部门的不变资本中相当于由第一部门提供的生产资料价值的那部分不变资本 $c_{11}=90$，180，270，…，1 800，相应地，第一部门使用第一部门生产的生产资料的价值比例 $f_1=0.230\ 769\ 231$，0.375，0.473 684 211，…，0.857 142 857，第一部门价值形式的资本有机构成 $k_1=1.3$，1.6，1.9，…，7，除了 c_{11}、f_1 与 k_1 之外，其余已知量与第九章的数例中的已知量相同，那么，价值形式的平均利润率 r_{vt}、价值形式的利润率 r_v 与第一部门价值形式的资本有机构成 k_1、价值形式的总资本有机构成 k 的关系，可以用表 10－10 表示。

表 10－10　　r_{vt}、r_v 与 k_1、k 的关系

第一部门价值形式的资本有机构成 k_1	价值形式的总资本有机构成 k	价值形式的平均利润率 r_{vt}	价值形式的利润率 r_v
1.3	1.78	0.335 774 538 3	0.539 538 345 3
1.6	1.96	0.318 055 858 5	0.506 756 756 8
1.9	2.14	0.302 213 919 9	0.477 707 006 4
2.2	2.32	0.287 951 715 8	0.451 807 228 9
2.5	2.50	0.275 001 067 1	0.428 571 428 6
2.8	2.68	0.263 269 087 7	0.407 608 695 7
3.1	2.86	0.252 504 241 4	0.388 601 036 3
3.4	3.04	0.242 611 535 7	0.371 287 128 7
3.7	3.22	0.233 485 101 9	0.355 450 237 0
4.0	3.40	0.225 036 094 7	0.340 909 090 9
4.3	3.58	0.217 189 334 5	0.327 510 917 0
4.6	3.76	0.209 880 720 2	0.315 126 050 4
4.9	3.94	0.203 055 214 6	0.303 643 724 7

续前表

第一部门价值形式的资本有机构成 k_1	价值形式的总资本有机构成 k	价值形式的平均利润率 r_{vt}	价值形式的利润率 r_v
5.2	4.12	0.196 665 258 9	0.292 968 750 0
5.5	4.30	0.190 669 513 9	0.283 018 867 9
5.8	4.48	0.185 031 850 4	0.273 722 627 7
6.1	4.66	0.179 720 533 8	0.265 017 667 8
6.4	4.84	0.174 707 559 5	0.256 849 315 1
6.7	5.02	0.169 968 108 2	0.249 169 435 2
7.0	5.20	0.165 480 094 7	0.241 935 483 9

在表 10－10 中，价值形式的平均利润率 r_{vt}、价值形式的利润率 r_v与价值形式的总资本有机构成k 的关系，可以用图 10－10 表示。

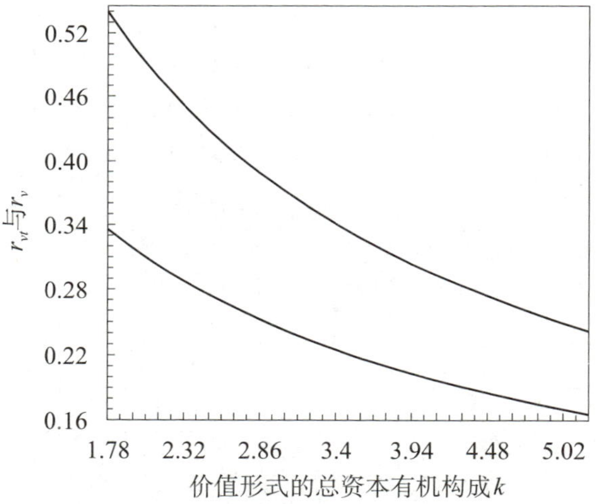

图 10－10　r_{vt}、r_v与 k 的关系

在图 10－10 中，上面的曲线，表示价值形式的利润率 r_v与价值形式的总资本有机构成k 的关系；下面的曲线，表示价值形式的平均利润率 r_{vt}与价值形式的总资本有机构成k 的关系。

由表 10－10 和图 10－10 可以看出，随着价值形式的总资本有机构成 k 提高，价值形式的平均利润率 r_{vt}降低，价值形式的利润率 r_v也降低。

值得注意的是，价值形式的平均利润率 r_{vt}总是低于价值形式的利润率 r_v，因为价值形式的利润中包括土地所有者的地租。

在本数例中，第二部门价值形式的资本有机构成 k_2 为 2.5，剩余价

值率 e 为 1.5，第一部门价值形式的资本有机构成 k_1 从 1.3 提高到 7，价值形式的总资本有机构成 k 从 1.78 提高到 5.20，价值形式的平均利润率 r_{vt} 从 0.335 774 538 3 降低到 0.165 480 094 7，价值形式的利润率 r_v 从 0.539 568 345 3 降低到 0.241 935 483 9。可见，如果第二部门价值形式的资本有机构成和剩余价值率确定，那么，无论第一部门价值形式的资本有机构成高于第二部门价值形式的资本有机构成，还是第一部门价值形式的资本有机构成低于第二部门价值形式的资本有机构成，价值形式的平均利润率、价值形式的利润率都是价值形式的总资本有机构成的单调递减函数。

第三节　k_1、e 确定，k_2 提高的条件下，r_{vt}、r_v 与 k 的关系的数例

这里在第一部门价值形式的资本有机构成和剩余价值率确定、第二部门价值形式的资本有机构成提高的条件下，通过第二部门价值形式的资本有机构成提高的数例，考察各个有关内生变量与价值形式的总资本有机构成的关系，在此基础上，考察价值形式的平均利润率、价值形式的利润率与价值形式的总资本有机构成的关系。

一、价值形式的总资本有机构成与第二部门价值形式的资本有机构成关系的数例

如果第一部门价值形式的资本有机构成和剩余价值率确定，那么，价值形式的总资本有机构成是第二部门价值形式的资本有机构成的函数。

随着第二部门价值形式的资本有机构成 k_2 提高，第二部门的生产力提高，第二部门使用的生产资料中，由工业产品构成的生产资料占的比例提高，由农业产品构成的生产资料占的比例降低，因此，第二部门使用的第一部门生产的生产资料中凝结的物化劳动占第二部门使用的生产资料中凝结的物化劳动的比例 f_2 提高。

如果第一部门价值形式的资本有机构成 k_1 和剩余价值率 e 确定，例如，$k_1=4.9$，$e=1.5$，第二部门价值形式的资本有机构成 $k_2=0.5$，0.7，0.9，…，6.5，第二部门使用的第一部门生产的生产资料中凝结的物化劳动占第二部门使用的生产资料中凝结的物化劳动的比例（以下简称第二部门使用第一部门生产的生产资料的价值比例）$f_2=0.5$，0.51，0.52，…，

0.8，除了第二部门价值形式的资本有机构成 k_2、f_2 之外，其余已知量与第九章的数例中的已知量相同，那么，价值形式的总资本有机构成 k 与第二部门价值形式的资本有机构成 k_2、第二部门使用第一部门生产的生产资料的价值比例 f_2 的关系，可以用表 10-11 表示。

表 10-11　k 与 k_2、f_2 的关系

第二部门价值形式的资本有机构成 k_2	第二部门使用第一部门生产的生产资料的价值比例 f_2	价值形式的总资本有机构成 k
0.5	0.50	2.553 333 333 3
0.7	0.51	2.722 141 560 8
0.9	0.52	2.883 870 967 7
1.1	0.53	3.038 623 561 1
1.3	0.54	3.186 530 223 7
1.5	0.55	3.327 745 664 7
1.7	0.56	3.462 443 845 5
1.9	0.57	3.590 813 877 4
2.1	0.58	3.713 056 379 8
2.3	0.59	3.829 380 275 9
2.5	0.60	3.940 000 000 0
2.7	0.61	4.045 133 087 2
2.9	0.62	4.144 998 112 5
3.1	0.63	4.239 812 947 0
3.3	0.64	4.329 793 300 1
3.5	0.65	4.415 151 515 2
3.7	0.66	4.496 095 590 7
3.9	0.67	4.572 828 398 5
4.1	0.68	4.645 547 073 8
4.3	0.69	4.714 442 554 5
4.5	0.70	4.779 699 248 1
4.7	0.71	4.841 494 807 7
4.9	0.72	4.900 000 000 0
5.1	0.73	4.955 378 651 5
5.3	0.74	5.007 787 658 3
5.5	0.75	5.057 377 049 2
5.7	0.76	5.104 290 091 9
5.9	0.77	5.148 663 434 0
6.1	0.78	5.190 627 270 5
6.3	0.79	5.230 305 532 6
6.5	0.80	5.267 816 092 0

在表 10－11 中，价值形式的总资本有机构成 k 与第二部门价值形式的资本有机构成 k_2 的关系，可以用图 10－11 表示。

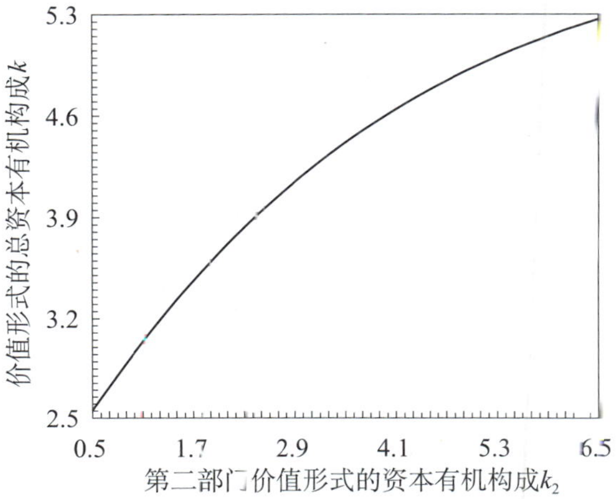

图 10－11　k 与 k_2 的关系

由表 10－11 和图 10－11 可以看出，随着第二部门价值形式的资本有机构成 k_2 提高，价值形式的总资本有机构成 k 提高。

可见，如果第一部门价值形式的资本有机构成和剩余价值率确定，那么，价值形式的总资本有机构成是第二部门价值形式的资本有机构成的单调递增的非线性函数。

二、第一部门得到的剩余价值中属于本部门资本家的比例与价值形式的总资本有机构成关系的数例

如果第一部门价值形式的资本有机构成 k_1 和剩余价值率 e 确定，例如，$k_1=4.9$，$e=1.5$，第二部门价值形式的资本有机构成 $k_2=0.5$，0.7，0.9，…，6.5，第二部门使用第一部门生产的生产资料的价值比例 $f_2=0.5$，0.51，0.52，…，0.8，除了第二部门价值形式的资本有机构成 k_2、f_2 之外，其余已知量与第九章的数例中的已知量相同，那么，第一部门得到的剩余价值中属于本部门资本家的比例 d_1 与第二部门价值形式的资本有机构成 k_2、价值形式的总资本有机构成 k 的关系，可以用表 10－12 表示。

表 10 - 12　d_1 与 k_2、k 的关系

第二部门价值形式的资本有机构成 k_2	价值形式的总资本有机构成 k	第一部门得到的剩余价值中属于本部门资本家的比例 d_1
0.5	2.553 333 333 3	0.965 550 249 9
0.7	2.722 141 560 8	0.959 472 111 4
0.9	2.883 870 967 7	0.953 574 964 6
1.1	3.038 623 561 1	0.947 909 918 9
1.3	3.186 530 223 7	0.942 515 517 6
1.5	3.327 745 664 7	0.937 419 846 1
1.7	3.462 443 845 5	0.932 642 247 3
1.9	3.590 813 877 4	0.928 194 752 8
2.1	3.713 056 379 8	0.924 083 297 5
2.3	3.829 380 275 9	0.920 308 761 8
2.5	3.940 000 000 0	0.916 867 873 3
2.7	4.045 133 087 2	0.913 753 989 5
2.9	4.144 998 112 5	0.910 957 777 5
3.1	4.239 812 947 0	0.908 467 803 8
3.3	4.329 793 300 1	0.906 271 044 8
3.5	4.415 151 515 2	0.904 353 325 3
3.7	4.496 095 590 7	0.902 699 693 3
3.9	4.572 828 398 5	0.901 294 737 6
4.1	4.645 547 073 8	0.900 122 854 5
4.3	4.714 442 554 5	0.899 168 468 4
4.5	4.779 699 248 1	0.898 416 211 7
4.7	4.841 494 807 7	0.897 851 070 6
4.9	4.900 000 000 0	0.897 458 497 7
5.1	4.955 378 651 5	0.897 224 499 2
5.3	5.007 787 658 3	0.897 135 698 1
5.5	5.057 377 049 2	0.897 179 378 3
5.7	5.104 290 091 9	0.897 343 511 3
5.9	5.148 663 434 0	0.897 616 769 8
6.1	5.190 627 270 5	0.897 988 529 4
6.3	5.230 305 532 6	0.898 448 861 5
6.5	5.267 816 092 0	0.898 988 518 6

在表 10 - 12 中，第一部门得到的剩余价值中属于本部门资本家的比例 d_1 与价值形式的总资本有机构成 k 的关系，可以用图 10 - 12 表示。

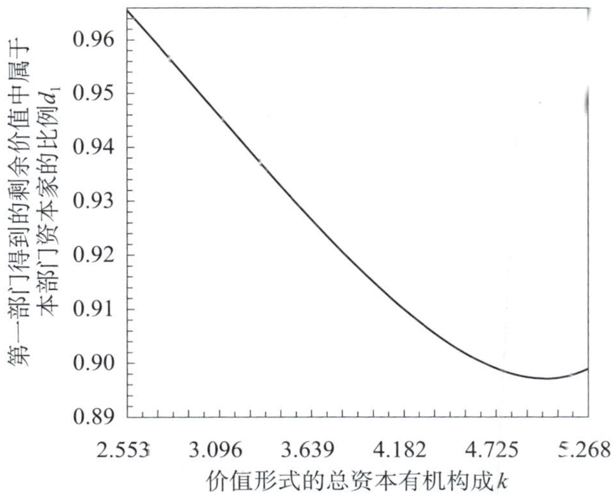

图 10－12　d_1 与 k 的关系

由表 10－12 和图 10－12 可以看出，随着价值形式的总资本有机构成 k 提高，第一部门得到的剩余价值中属于本部门资本家的比例 d_1 先降低后提高。

可见，如果第一部门价值形式的资本有机构成 k_1 和剩余价值率 e 确定，那么，第一部门得到的剩余价值中属于本部门资本家的比例是价值形式的总资本有机构成的非线性函数。

值得注意的是，这里的横坐标为价值形式的总资本有机构成 k，价值形式的总资本有机构成 k 是第二部门价值形式的资本有机构成 k_2 的非线性函数，在本例中，第二部门价值形式的资本有机构成 k_2 是等差数列，价值形式的总资本有机构成 k 就不可能是等差数列。用 Office 中的 Excel 作图，横坐标必须是等差数列。为此，利用 Excel 中的 vlookup 函数功能，将价值形式的总资本有机构成 k 转变为等差数列，然后再用 Excel 作图。

在本节中，图 10－12、图 10－13、图 10－14、图 10－15、图 10－16、图 10－17、图 10－18、图 10－19、图 10－20，均用此种方式作图。下面不再重复阐述。

三、第二部门得到的剩余价值中属于本部门资本家的比例与价值形式的总资本有机构成关系的数例

如果第一部门价值形式的资本有机构成 k_1 和剩余价值率 e 确定，例如，$k_1=4.9$，$e=1.5$，第二部门价值形式的资本有机构成 $k_2=0.5$，0.7，

0.9，…，6.5，第二部门使用第一部门生产的生产资料的价值比例 $f_2=0.5$，0.51，0.52，…，0.8，除了第二部门价值形式的资本有机构成 k_2、f_2 之外，其余已知量与第九章的数例中的已知量相同，那么，第二部门得到的剩余价值中属于本部门资本家的比例 d_2 与第二部门价值形式的资本有机构成 k_2、价值形式的总资本有机构成 k 的关系，可以用表 10－13 表示。

表 10－13　d_2 与 k_2、k 的关系

第二部门价值形式的资本有机构成 k_2	价值形式的总资本有机构成 k	第二部门得到的剩余价值中属于本部门资本家的比例 d_2
0.5	2.553 333 333 3	0.517 933 941 2
0.7	2.722 141 560 8	0.501 630 038 8
0.9	2.883 870 967 7	0.486 453 043 3
1.1	3.038 623 561 1	0.472 370 102 2
1.3	3.186 530 223 7	0.459 336 520 8
1.5	3.327 745 664 7	0.447 300 935 4
1.7	3.462 443 845 5	0.436 208 613 7
1.9	3.590 813 877 4	0.426 003 612 5
2.1	3.713 056 379 8	0.416 630 209 6
2.3	3.829 380 275 9	0.408 033 858 3
2.5	3.940 000 000 0	0.400 161 817 7
2.7	4.045 133 087 2	0.392 963 559 4
2.9	4.144 998 112 5	0.386 391 014 3
3.1	4.239 812 947 0	0.380 398 706 4
3.3	4.329 793 300 1	0.374 943 804 2
3.5	4.415 151 515 2	0.369 986 113 8
3.7	4.496 095 590 7	0.365 488 029 8
3.9	4.572 828 398 5	0.361 414 456 2
4.1	4.645 547 073 8	0.357 732 708 0
4.3	4.714 442 554 5	0.354 412 399 2
4.5	4.779 699 248 1	0.351 425 323 4
4.7	4.841 494 807 7	0.348 745 330 2
4.9	4.900 000 000 0	0.346 348 201 3
5.1	4.955 378 651 5	0.344 211 528 1
5.3	5.007 787 658 3	0.342 314 592 0
5.5	5.057 377 049 2	0.340 638 249 2
5.7	5.104 290 091 9	0.339 164 820 2
5.9	5.148 663 434 0	0.337 877 985 2
6.1	5.190 627 270 5	0.336 762 684 8
6.3	5.230 305 532 6	0.335 805 026 6
6.5	5.267 816 092 0	0.334 992 197 7

在表 10－13 中，第二部门得到的剩余价值中属于本部门资本家的比例 d_2 与价值形式的总资本有机构成 k 的关系，可以用图 10－13 表示。

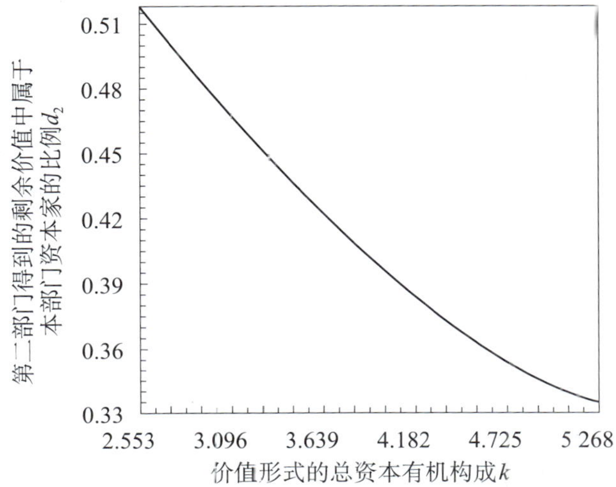

图 10－13　d_2 与 k 的关系

由表 10－13 和图 10－13 可以看出，随着价值形式的总资本有机构成 k 提高，第二部门得到的剩余价值中属于本部门资本家的比例 d_2 降低。

可见，如果第一部门价值形式的资本有机构成 k_1 和剩余价值率 e 确定，那么，第二部门得到的剩余价值中属于本部门资本家的比例是价值形式的总资本有机构成的单调递减函数。

四、第一部门多得到的剩余价值、第二部门多得到的剩余价值与价值形式的总资本有机构成关系的数例

如果第一部门价值形式的资本有机构成 k_1 和剩余价值率 e 确定，例如，$k_1=4.9$，$e=1.5$，第二部门价值形式的资本有机构成 $k_2=0.5$，0.7，0.9，…，6.5，第二部门使用第一部门生产的生产资料的价值比例 $f_2=0.5$，0.51，0.52，…，0.8，除了第二部门价值形式的资本有机构成 k_2、f_2 之外，其余已知量与第九章的数例中的已知量相同，那么，第一部门多得到的剩余价值 s_{t1}、第二部门多得到的剩余价值 s_{t2} 与第二部门价值形式的资本有机构成 k_2、价值形式的总资本有机构成 k 的关系，可以用表 10－14 表示。

表 10 - 14 s_{t1}、s_{t2}与 k_2、k 的关系

第二部门价值形式的资本有机构成 k_2	价值形式的总资本有机构成 k	第一部门多得到的剩余价值 s_{t1}	第二部门多得到的剩余价值 s_{t2}
0.5	2.553 333 333 3	203.125 092	−203.125 092
0.7	2.722 141 560 8	156.075 396	−156.075 396
0.9	2.883 870 967 7	116.127 830	−116.127 830
1.1	3.038 623 561 1	81.955 178	−81.955 178
1.3	3.186 530 223 7	52.523 569	−52.523 569
1.5	3.327 745 664 7	27.020 890	−27.020 890
1.7	3.462 443 845 5	4.803 165	−4.803 165
1.9	3.590 813 877 4	−14.645 226	14.645 226
2.1	3.713 056 379 8	−31.741 075	31.741 075
2.3	3.829 380 275 9	−46.824 371	46.824 371
2.5	3.940 000 000 0	−60.174 848	60.174 848
2.7	4.045 133 087 2	−72.024 536	72.024 536
2.9	4.144 998 112 5	−82.567 356	82.567 356
3.1	4.239 812 947 0	−91.966 526	91.966 526
3.3	4.329 793 300 1	−100.360 325	100.360 325
3.5	4.415 151 515 2	−107.866 630	107.866 630
3.7	4.496 095 590 7	−114.586 492	114.586 492
3.9	4.572 828 398 5	−120.607 007	120.607 007
4.1	4.645 547 073 8	−126.003 608	126.003 608
4.3	4.714 442 554 5	−130.841 937	130.841 937
4.5	4.779 699 248 1	−135.179 357	135.179 357
4.7	4.841 494 807 7	−139.066 202	139.066 202
4.9	4.900 000 000 0	−142.546 802	142.546 802
5.1	4.955 378 651 5	−145.660 340	145.660 340
5.3	5.007 787 658 3	−148.441 563	148.441 563
5.5	5.057 377 049 2	−150.921 379	150.921 379
5.7	5.104 290 091 9	−153.127 361	153.127 361
5.9	5.148 663 434 0	−155.084 175	155.084 175
6.1	5.190 627 270 5	−156.813 942	156.813 942
6.3	5.230 305 532 6	−158.336 549	158.336 549
6.5	5.267 816 092 0	−159.669 916	159.669 916

在表 10 - 14 中，第一部门多得到的剩余价值 s_{t1}、第二部门多得到的剩余价值 s_{t2} 与价值形式的总资本有机构成 k 的关系，可以用图 10 - 14 表示。

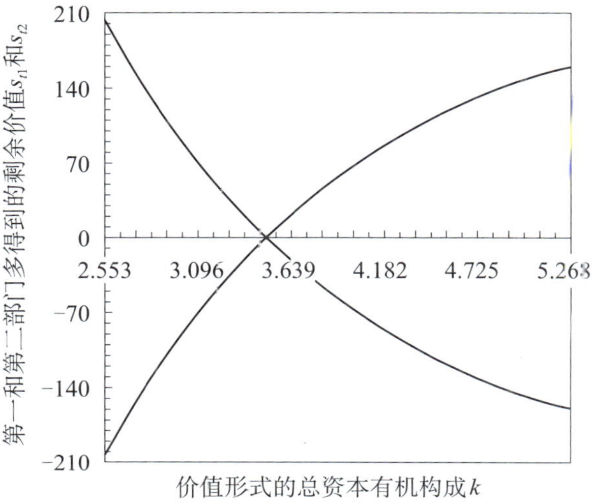

图 10－14　s_{t1}、s_{t2}与 k 的关系

在图 10－14 中，斜率为负的曲线，为第一部门多得到的剩余价值 s_{t1} 与价值形式的总资本有机构成 k 的关系曲线；斜率为正的曲线，为第二部门多得到的剩余价值 s_{t2} 与价值形式的总资本有机构成 k 的关系曲线。

由表 10－14 和图 10－14 可以看出，随着价值形式的总资本有机构成 k 提高，第一部门多得到的剩余价值 s_{t1} 减少，第二部门多得到的剩余价值 s_{t2} 增加。

可见，如果第一部门价值形式的资本有机构成 k_1 和剩余价值率 e 确定，那么，第一部门多得到的剩余价值 s_{t1} 是价值形式的总资本有机构成的单调递减函数，第二部门多得到的剩余价值 s_{t2} 是价值形式的总资本有机构成的单调递增函数。

五、第一部门得到的剩余价值与价值形式的总资本有机构成关系的数例

如果第一部门价值形式的资本有机构成 k_1 和剩余价值率 e 确定，例如，$k_1=4.9$，$e=1.5$，第二部门价值形式的资本有机构成 $k_2=0.5$，0.7，0.9，…，6.5，第二部门使用第一部门生产的生产资料的价值比例 $f_2=0.5$，0.51，0.52，…，0.8，除了第二部门价值形式的资本有机构成 k_2、f_2 之外，其余已知量与第九章的数例中的已知量相同，那么，第一部门得到的剩余价值 s_1+s_{t1} 与第二部门价值形式的资本有机构成 k_2、价值形式的总资本有机构成 k 的关系，可以用表 10－15 表示。

表 10－15　　s_1+s_{t1} 与 k_2、k 的关系

第二部门价值形式的资本有机构成 k_2	价值形式的总资本有机构成 k	第一部门得到的剩余价值 s_1+s_{t1}
0.5	2.553 333 333 3	653.125 092 344 1
0.7	2.722 141 560 8	606.075 396 170 9
0.9	2.883 870 967 7	566.127 830 424 3
1.1	3.038 623 561 1	531.955 178 026 3
1.3	3.186 530 223 7	502.523 568 741 3
1.5	3.327 745 664 7	477.020 889 640 5
1.7	3.462 443 845 5	454.803 165 176 5
1.9	3.590 813 877 4	435.354 774 248 4
2.1	3.713 056 379 8	418.258 924 763 1
2.3	3.829 380 275 9	403.175 629 125 0
2.5	3.940 000 000 0	389.825 152 001 2
2.7	4.045 133 087 2	377.975 463 646 2
2.9	4.144 998 112 5	367.432 643 587 5
3.1	4.239 812 947 0	358.033 474 339 2
3.3	4.329 793 300 1	349.639 674 531 8
3.5	4.415 151 515 2	342.133 369 964 3
3.7	4.496 095 590 7	335.413 507 529 5
3.9	4.572 828 398 5	329.392 993 386 3
4.1	4.645 547 073 8	323.996 392 029 3
4.3	4.714 442 554 5	319.158 063 184 1
4.5	4.779 699 248 1	314.820 643 056 6
4.7	4.841 494 807 7	310.933 798 379 7
4.9	4.900 000 000 0	307.453 198 066 6
5.1	4.955 378 651 5	304.339 659 586 5
5.3	5.007 787 658 3	301.558 436 513 4
5.5	5.057 377 049 2	299.078 620 821 9
5.7	5.104 290 091 9	296.872 638 981 1
5.9	5.148 663 434 0	294.915 825 142 0
6.1	5.190 627 270 5	293.186 058 015 5
6.3	5.230 305 532 6	291.663 450 629 0
6.5	5.267 816 092 0	290.330 084 192 6

在表 10－15 中，第一部门得到的剩余价值 s_1+s_{t1} 与价值形式的总资本有机构成 k 的关系，可以用图 10－15 表示。

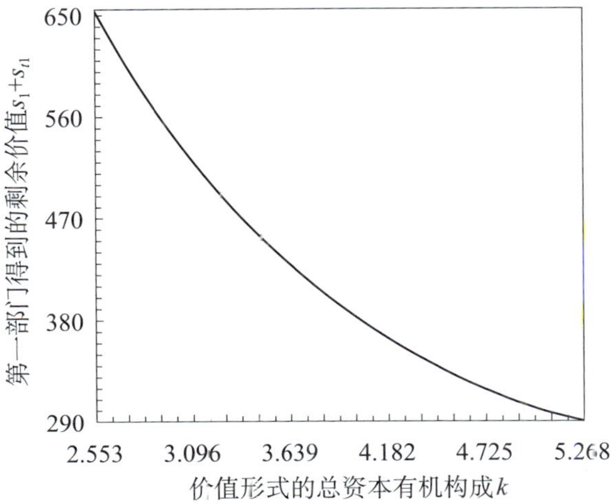

图 10－15　s_1+s_{t1} 与 k 的关系

由表 10－15 和图 10－15 可以看出，随着价值形式的总资本有机构成 k 提高，第一部门得到的剩余价值 s_1+s_{t1} 减少。

可见，如果第一部门价值形式的资本有机构成 k_1 和剩余价值率 e 确定，那么，第一部门得到的剩余价值是价值形式的总资本有机构成的单调递减函数。

六、第二部门得到的剩余价值与价值形式的总资本有机构成关系的数例

如果第一部门价值形式的资本有机构成 k_1 和剩余价值率 e 确定，例如，$k_1=4.9$，$e=1.5$，第二部门价值形式的资本有机构成 $k_2=0.5$，0.7，0.9，…，6.5，第二部门使用第一部门生产的生产资料的价值比例 $f_2=0.5$，0.51，0.52，…，0.8，除了第二部门价值形式的资本有机构成 k_2、f_2 之外，其余已知量与第九章的数例中的已知量相同，那么，第二部门得到的剩余价值 s_2+s_{t2} 与第二部门价值形式的资本有机构成 k_2、价值形式的总资本有机构成 k 的关系，可以用表 10－16 表示。

表 10 - 16　　s_2+s_{t2}与k_2、k的关系

第二部门价值形式的资本有机构成 k_2	价值形式的总资本有机构成 k	第二部门得到的剩余价值 s_2+s_{t2}
0.5	2.553 333 333 3	311.160 621 941 7
0.7	2.722 141 560 8	328.577 269 418 7
0.9	2.883 870 967 7	341.189 242 746 5
1.1	3.038 623 561 1	350.113 953 034 7
1.3	3.186 530 223 7	356.195 777 307 7
1.5	3.327 745 664 7	360.075 884 553 0
1.7	3.462 443 845 5	362.244 143 143 2
1.9	3.590 813 877 4	363.077 281 500 7
2.1	3.713 056 379 8	362.866 903 051 5
2.3	3.829 380 275 9	361.840 121 662 5
2.5	3.940 000 000 0	360.174 847 998 8
2.7	4.045 133 087 2	358.011 190 309 9
2.9	4.144 998 112 5	355.460 018 632 1
3.1	4.239 812 947 0	352.609 444 861 5
3.3	4.329 793 300 1	349.529 760 684 2
3.5	4.415 151 515 2	346.277 226 062 1
3.7	4.496 095 590 7	342.896 994 753 6
3.9	4.572 828 398 5	339.425 387 357 7
4.1	4.645 547 073 8	335.891 667 672 2
4.3	4.714 442 554 5	332.319 438 494 9
4.5	4.779 699 248 1	328.727 744 040 2
4.7	4.841 494 807 7	325.131 944 849 6
4.9	4.900 000 000 0	321.544 415 298 5
5.1	4.955 378 651 5	317.975 102 044 8
5.3	5.007 787 658 3	314.431 972 929 6
5.5	5.057 377 049 2	310.921 379 178 1
5.7	5.104 290 091 9	307.448 348 673 3
5.9	5.148 663 434 0	304.016 824 204 3
6.1	5.190 627 270 5	300.629 857 612 5
6.3	5.230 305 532 6	297.289 768 454 0
6.5	5.267 816 092 0	293.998 274 016 3

在表 10－16 中，第二部门得到的剩余价值 s_2+s_{t2} 与价值形式的总资本有机构成 k 的关系，可以用图 10－16 表示。

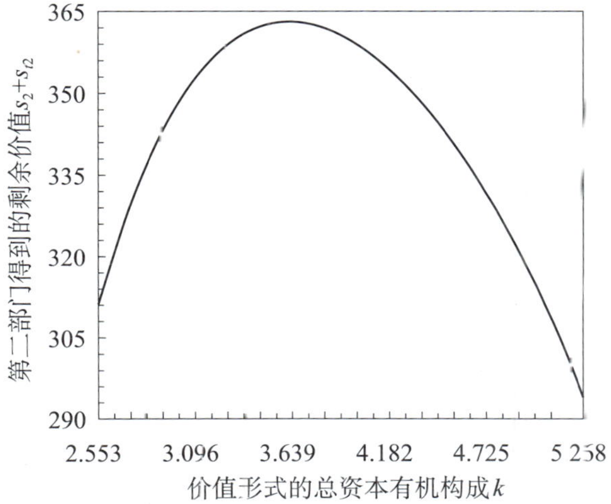

图 10－16　s_2+s_{t2} 与 k 的关系

由表 10－16 和图 10－16 可以看出，随着价值形式的总资本有机构成 k 提高，第二部门得到的剩余价值 s_2+s_{t2} 先增加后减少。

可见，如果第一部门价值形式的资本有机构成 k_1 和剩余价值率 e 确定，那么，第二部门得到的剩余价值是价值形式的总资本有机构成的非线性函数。

七、第一部门资本家得到的剩余价值与价值形式的总资本有机构成关系的数例

如果第一部门价值形式的资本有机构成 k_1 和剩余价值率 e 确定，例如，$k_1=4.9$，$e=1.5$，第二部门价值形式的资本有机构成 $k_2=0.5$，0.7，0.9，…，6.5，第二部门使用第一部门生产的生产资料的价值比例 $f_2=0.5$，0.51，0.52，…，0.8，除了第二部门价值形式的资本有机构成 k_2、f_2 之外，其余已知量与第九章的数例中的已知量相同，那么，第一部门资本家得到的剩余价值 s_{v1} 与第二部门价值形式的资本有机构成 k_2、价值形式的总资本有机构成 k 的关系，可以用表 10－17 表示。

表 10-17　s_{v1} 与 k_2、k 的关系

第二部门价值形式的资本有机构成 k_2	价值形式的总资本有机构成 k	第一部门资本家得到的剩余价值 s_{v1}
0.5	2.553 333 333 3	630.625 096 143 4
0.7	2.722 141 560 8	581.512 440 019 0
0.9	2.883 870 967 7	539.845 325 832 1
1.1	3.038 623 561 1	504.245 589 635 2
1.3	3.186 530 223 7	473.636 261 506 6
1.5	3.327 745 664 7	447.168 848 954 7
1.7	3.462 443 845 5	424.168 646 028 8
1.9	3.590 813 877 4	404.094 017 051 6
2.1	3.713 056 379 8	386.506 086 387 0
2.3	3.829 380 275 9	371.046 064 013 1
2.5	3.940 000 000 0	357.418 158 081 2
2.7	4.045 133 087 2	345.376 587 848 0
2.9	4.144 998 112 5	334.715 624 366 4
3.1	4.239 812 947 0	325.261 884 113 7
3.3	4.329 793 300 1	316.868 313 151 6
3.5	4.415 151 515 2	309.409 450 831 9
3.7	4.496 095 590 7	302.777 670 370 8
3.9	4.572 828 398 5	296.880 171 549 3
4.1	4.645 547 073 8	291.636 557 257 3
4.3	4.714 442 554 5	286.976 866 835 7
4.5	4.779 699 248 1	282.839 969 515 4
4.7	4.841 494 807 7	279.172 243 771 5
4.9	4.900 000 000 0	275.926 485 253 7
5.1	4.955 378 651 5	273.060 998 646 1
5.3	5.007 787 658 3	270.538 838 452 8
5.5	5.057 377 049 2	268.327 171 079 3
5.7	5.104 290 091 9	266.396 736 263 5
5.9	5.148 663 434 0	264.721 390 316 4
6.1	5.190 627 270 5	263.277 717 071 8
6.3	5.230 305 532 6	262.044 695 151 6
6.5	5.267 816 092 0	261.003 412 280 0

在表 10-17 中，第一部门资本家得到的剩余价值 s_{v1} 与价值形式的总资本有机构成 k 的关系，可以用图 10-17 表示。

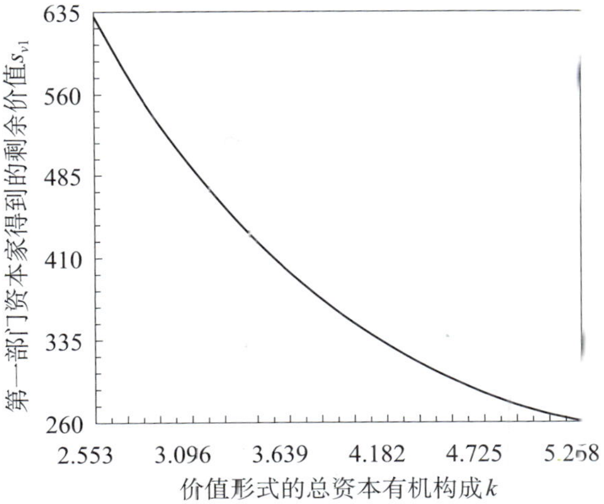

图 10-17　s_{v1}与 k 的关系

由表 10-17 和图 10-17 可以看出，随着价值形式的总资本有机构成 k 提高，第一部门资本家得到的剩余价值 s_{v1}减少。

可见，如果第一部门价值形式的资本有机构成 k_1 和剩余价值率 e 确定，那么，第一部门资本家得到的剩余价值是价值形式的总资本有机构成的单调递减函数。

八、第二部门资本家得到的剩余价值与价值形式的总资本有机构成关系的数例

如果第一部门价值形式的资本有机构成 k_1 和剩余价值率 e 确定，例如，$k_1=4.9$，$e=1.5$，第二部门价值形式的资本有机构成 $k_2=0.5$，0.7，0.9，…，6.5，第二部门使用第一部门生产的生产资料的价值比例 $f_2=0.5$，0.51，0.52，…，0.8，除了第二部门价值形式的资本有机构成 k_2、f_2 之外，其余已知量与第九章的数例中的已知量相同。那么，第二部门资本家得到的剩余价值 s_{v2}与第二部门价值形式的资本有机构成 k_2、价值形式的总资本有机构成 k 的关系，可以用表 10-18 表示。

表 10-18　s_{v2}与 k_2、k 的关系

第二部门价值形式的资本有机构成 k_2	价值形式的总资本有机构成 k	第二部门资本家得到的剩余价值 s_{v2}
0.5	2.553 333 333 3	161.160 647 270 3
0.7	2.722 141 560 8	164.824 228 406 1
0.9	2.883 870 967 7	165.972 545 465 4

续前表

第二部门价值形式的资本有机构成 k_2	价值形式的总资本有机构成 k	第二部门资本家得到的剩余价值 s_{v2}
1.1	3.038 623 561 1	165.383 363 761 1
1.3	3.186 530 223 7	163.613 729 076 4
1.5	3.327 745 664 7	161.062 279 980 9
1.7	3.462 443 845 5	158.014 015 491 8
1.9	3.590 813 877 4	154.672 233 522 0
2.1	3.713 056 379 8	151.181 313 877 7
2.3	3.829 380 275 9	147.643 020 916 3
2.5	3.940 000 000 0	144.128 221 865 8
2.7	4.045 133 087 2	140.685 351 655 2
2.9	4.144 998 112 5	137.346 557 158 3
3.1	4.239 812 947 0	134.132 176 691 2
3.3	4.329 793 300 1	131.054 018 149 7
3.5	4.415 151 515 2	128.117 765 178 9
3.7	4.496 095 590 7	125.324 747 028 9
3.9	4.572 828 398 5	122.673 241 777 2
4.1	4.645 547 073 8	120.159 435 858 5
4.3	4.714 442 554 5	117.778 129 505 5
4.5	4.779 699 248 1	115.523 253 765 7
4.7	4.841 494 807 7	113.388 247 461 4
4.9	4.900 000 000 0	111.366 329 879 1
5.1	4.955 378 651 5	109.450 695 775 8
5.3	5.007 787 658 3	107.634 652 525 4
5.5	5.057 377 049 2	105.911 714 227 3
5.7	5.104 290 091 9	104.275 663 889 9
5.9	5.148 663 434 0	102.720 592 033 4
6.1	5.190 627 270 5	101.240 917 987 8
6.3	5.230 305 532 6	99.831 398 604 6
6.5	5.267 816 092 0	98.487 127 932 4

在表 10－18 中，第二部门资本家得到的剩余价值 s_{v2} 与价值形式的总资本有机构成 k 的关系，可以用图 10－18 表示。

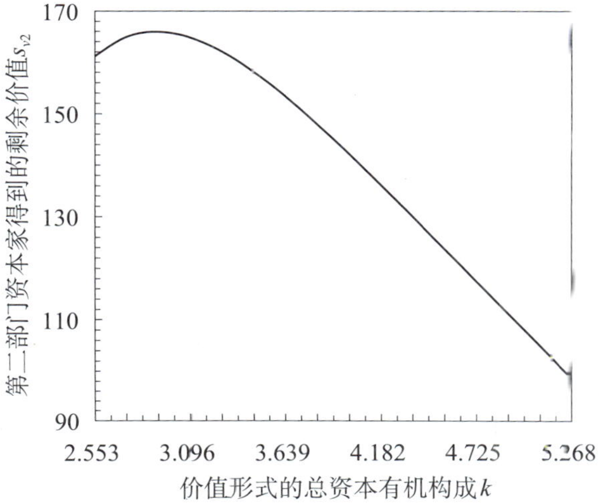

图 10－18　s_{v2} 与 k 的关系

由表 10－18 和图 10－18 可以看出，随着价值形式的总资本有机构成 k 提高，第二部门资本家得到的剩余价值 s_{v2} 先增加后减少。

可见，如果第一部门价值形式的资本有机构成 k_1 和剩余价值率 e 确定，那么，第二部门资本家得到的剩余价值是价值形式的总资本有机构成的非线性函数。

九、资本家得到的总剩余价值与价值形式的总资本有机构成关系的数例

如果第一部门价值形式的资本有机构成 k_1 和剩余价值率 e 确定，例如，$k_1=4.9$，$e=1.5$，第二部门价值形式的资本有机构成 $k_2=0.5$，0.7，0.9，…，6.5，第二部门使用第一部门生产的生产资料的价值比例 $f_2=0.5$，0.51，0.52，…，0.8，除了第二部门价值形式的资本有机构成 k_2、f_2 之外，其余已知量与第九章的数例中的已知量相同，那么，资本家得到的总剩余价值 s_v 与第二部门价值形式的资本有机构成 k_2、价值形式的总资本有机构成 k 的关系，可以用表 10－19 表示。

表 10 - 19　　s_v 与 k_2、k 的关系

第二部门价值形式的资本有机构成 k_2	价值形式的总资本有机构成 k	资本家得到的总剩余价值 s_v
0.5	2.553 333 333 3	791.785 743 413 7
0.7	2.722 141 560 8	746.336 668 425 1
0.9	2.883 870 967 7	705.817 871 297 5
1.1	3.038 623 561 1	669.628 953 396 3
1.3	3.186 530 223 7	637.249 990 583 1
1.5	3.327 745 664 7	608.231 128 935 7
1.7	3.462 443 845 5	582.182 661 520 6
1.9	3.590 813 877 4	558.766 250 573 6
2.1	3.713 056 379 8	537.687 400 264 7
2.3	3.829 380 275 9	518.689 084 929 4
2.5	3.940 000 000 0	501.546 379 947 0
2.7	4.045 133 087 2	486.061 939 503 2
2.9	4.144 998 112 5	472.062 181 524 7
3.1	4.239 812 947 0	459.394 060 804 8
3.3	4.329 793 300 1	447.922 331 301 3
3.5	4.415 151 515 2	437.527 216 010 8
3.7	4.496 095 590 7	428.102 417 399 7
3.9	4.572 828 398 5	419.553 413 326 5
4.1	4.645 547 073 8	411.795 993 115 8
4.3	4.714 442 554 5	404.754 996 341 2
4.5	4.779 699 248 1	398.363 223 281 0
4.7	4.841 494 807 7	392.560 491 232 9
4.9	4.900 000 000 0	387.292 815 132 8
5.1	4.955 378 651 5	382.511 694 421 9
5.3	5.007 787 658 3	378.173 490 978 3
5.5	5.057 377 049 2	374.238 885 306 6
5.7	5.104 290 091 9	370.672 400 153 4
5.9	5.148 663 434 0	367.441 982 349 8
6.1	5.190 627 270 5	364.518 635 059 7
6.3	5.230 305 532 6	361.876 093 756 1
6.5	5.267 816 092 0	359.490 540 212 4

在表 10－19 中，资本家得到的总剩余价值 s_v 与价值形式的总资本有机构成 k 的关系，可以用图 10－19 表示。

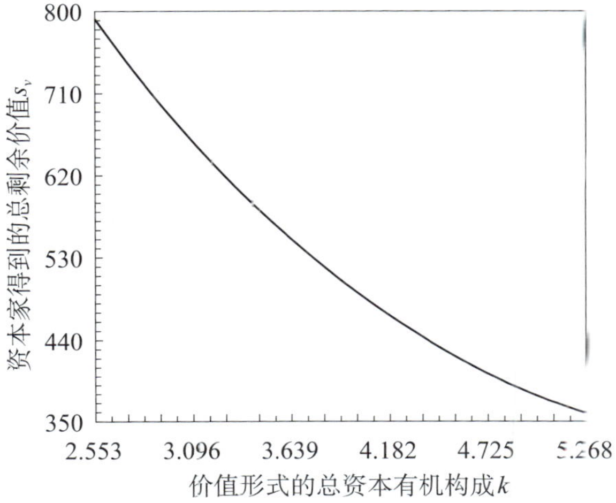

图 10－19　s_v 与 k 的关系

由表 10－19 和图 10－19 可以看出，随着价值形式的总资本有机构成 k 提高，资本家得到的总剩余价值 s_v 减少。

可见，如果第一部门价值形式的资本有机构成 k_1 和剩余价值率 e 确定，那么，资本家得到的总剩余价值是价值形式的总资本有机构成的单调递减函数。

十、价值形式的平均利润率、价值形式的利润率与价值形式的总资本有机构成关系的数例

如果第一部门价值形式的资本有机构成 k_1 和剩余价值率 e 确定，例如，$k_1=4.9$，$e=1.5$，第二部门价值形式的资本有机构成 $k_2=0.5$，0.7，0.9，…，6.5，第二部门使用第一部门生产的生产资料的价值比例 $f_2=0.5$，0.51，0.52，…，0.8，除了第二部门价值形式的资本有机构成 k_2、f_2 之外，其余已知量与第九章的数例中的已知量相同，那么，价值形式的平均利润率 r_{vt}、价值形式的利润率 r_v 与第二部门价值形式的资本有机构成 k_2、价值形式的总资本有机构成 k 的关系，可以用表 10－20 表示。

表 10 - 20　　r_{vt}、r_v 与 k_2、k 的关系

第二部门价值形式的资本有机构成 k_2	价值形式的总资本有机构成 k	价值形式的平均利润率 r_{vt}	价值形式的利润率 r_v
0.5	2.553 333 33	0.346 622 90	0.422 138 84
0.7	2.722 141 56	0.321 797 68	0.402 993 81
0.9	2.883 870 97	0.300 441 58	0.386 212 62
1.1	3.038 623 56	0.281 961 29	0.371 413 67
1.3	3.186 530 22	0.265 886 09	0.358 291 93
1.5	3.327 745 66	0.251 838 72	0.346 600 77
1.7	3.462 443 85	0.239 513 81	0.336 138 68
1.9	3.590 813 88	0.228 661 88	0.326 739 45
2.1	3.713 056 38	0.219 077 35	0.318 264 81
2.3	3.829 380 28	0.210 589 44	0.310 598 86
2.5	3.940 000 00	0.203 055 21	0.303 643 72
2.7	4.045 133 09	0.196 354 25	0.297 316 24
2.9	4.144 998 11	0.190 384 43	0.291 545 30
3.1	4.239 812 95	0.185 058 66	0.286 269 76
3.3	4.329 793 30	0.180 302 26	0.281 436 81
3.5	4.415 151 52	0.176 050 87	0.277 000 56
3.7	4.496 095 59	0.172 248 77	0.272 921 02
3.9	4.572 828 40	0.168 847 50	0.269 163 14
4.1	4.645 547 07	0.165 804 79	0.265 696 13
4.3	4.714 442 55	0.163 083 56	0.262 492 80
4.5	4.779 699 25	0.160 651 23	0.259 529 08
4.7	4.841 494 81	0.158 479 05	0.256 783 59
4.9	4.900 000 00	0.156 541 57	0.254 237 29
5.1	4.955 378 65	0.154 816 23	0.251 873 15
5.3	5.007 787 66	0.153 282 94	0.249 675 93
5.5	5.057 377 05	0.151 923 77	0.247 631 94
5.7	5.104 290 09	0.150 722 70	0.245 728 82
5.9	5.148 663 43	0.149 665 37	0.243 955 46
6.1	5.190 627 27	0.148 738 88	0.242 301 78
6.3	5.230 305 53	0.147 931 62	0.240 758 66
6.5	5.267 816 09	0.147 233 12	0.239 317 81

在表 10 - 20 中，价值形式的平均利润率 r_{vt}、价值形式的利润率 r_v 与价值形式的总资本有机构成 k 的关系，可以用图 10 - 20 表示。

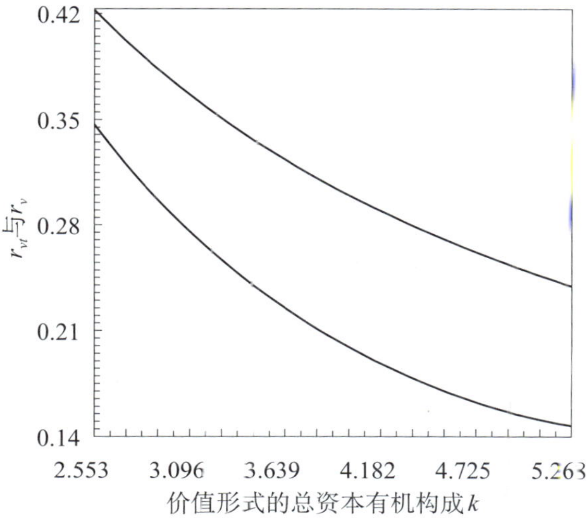

图 10-20　r_{vt}、r_v与 k 的关系

在图 10-20 中，上面的曲线，表示价值形式的利润率 r_v与价值形式的总资本有机构成 k 的关系；下面的曲线，表示价值形式的平均利润率 r_{vt}与价值形式的总资本有机构成 k 的关系。

由表 10-20 和图 10-20 可以看出，随着价值形式的总资本有机构成 k 提高，价值形式的平均利润率 r_{vt} 降低，价值形式的利润率 r_v 也降低。

值得注意的是，价值形式的平均利润率 r_{vt} 总是低于价值形式的利润率 r_v，因为价值形式的利润中包括土地所有者的地租。

在本数例中，第一部门价值形式的资本有机构成 k_1 为 4.9，剩余价值率 e 为 1.5，第二部门价值形式的资本有机构成 k_2 从 0.5 提高到 6.5，价值形式的总资本有机构成 k 从 2.553 333 33 提高到 5.257 816 09，价值形式的平均利润率 r_{vt} 从 0.346 622 90 降低到 0.147 233 12，价值形式的利润率 r_v从 0.422 138 84 降低到 0.239 317 81。可见，如果第一部门价值形式的资本有机构成和剩余价值率确定，那么，无论第一部门价值形式的资本有机构成高于第二部门价值形式的资本有机构成，还是第一部门价值形式的资本有机构成低于第二部门价值形式的资本有机构成，价值形式的平均利润率、价值形式的利润率都是价值形式的总资本有机构成的单调递减函数。

第四节　k_1、k_2 确定，$k_1>k_2$，e 提高的条件下，r_{vt}、r_v与 k 的关系的数例

这里在第一部门价值形式的资本有机构成、第二部门价值形式的资本有机构成确定，第一部门价值形式的资本有机构成高于第二部门价值形式的资本有机构成的条件下，通过剩余价值率提高的数例，考察各个有关内生变量与价值形式的总资本有机构成的关系，在此基础上，考察价值形式的平均利润率、价值形式的利润率与价值形式的总资本有机构成的关系。

一、价值形式的总资本有机构成与剩余价值率关系的数例

如果第一部门价值形式的资本有机构成、第二部门价值形式的资本有机构成确定，那么，价值形式的总资本有机构成是剩余价值率的函数。

如果第一部门价值形式的资本有机构成 k_1、第二部门价值形式的资本有机构成 k_2 确定，第一部门价值形式的资本有机构成高于第二部门价值形式的资本有机构成，例如，$k_1=4.9$，$k_2=2.5$，第一部门的资本家消费第一部门提供的生活资料所耗费的劳动 $s_{11}=120$，160，200，…，720，相应地，剩余价值率 $e=3/6$，4/6，5/6，…，18/6，即 $e=0.5$，0.666 666 666 7，0.833 333 333 3，…，3，除了 s_{11}、s_{12}、e 之外，其余已知量与第九章的数例中的已知量相同，那么，价值形式的总资本有机构成 k 与第一部门的资本家消费第一部门提供的生活资料所耗费的劳动 s_{11}、剩余价值率 e 的关系，可以用表 10－21 表示。

表 10－21　k 与 s_{11}、e 的关系

第一部门的资本家消费第一部门提供的生活资料所耗费的劳动 s_{11}	剩余价值率 e	价值形式的总资本有机构成 k
120	0.500 000 00	3.820 000 00
160	0.666 666 67	3.844 000 00
200	0.833 333 33	3.866 153 85
240	1.000 000 00	3.886 666 67
280	1.166 666 67	3.905 714 29
320	1.333 333 33	3.923 448 28
360	1.500 000 00	3.940 000 00
400	1.666 666 67	3.955 483 87

续前表

第一部门的资本家消费第一部门提供的生活资料所耗费的劳动 s_{11}	剩余价值率 e	价值形式的总资本有机构成 k
440	1.833 333 33	3.970 000 00
480	2.000 000 00	3.983 636 36
520	2.166 666 67	3.996 470 59
560	2.333 333 33	4.008 571 43
600	2.500 000 00	4.020 000 00
640	2.666 666 67	4.030 810 81
680	2.833 333 33	4.041 052 63
720	3.000 000 00	4.050 769 23

在表 10－21 中，价值形式的总资本有机构成 k 与剩余价值率 e 的关系，可以用图 10－21 表示。

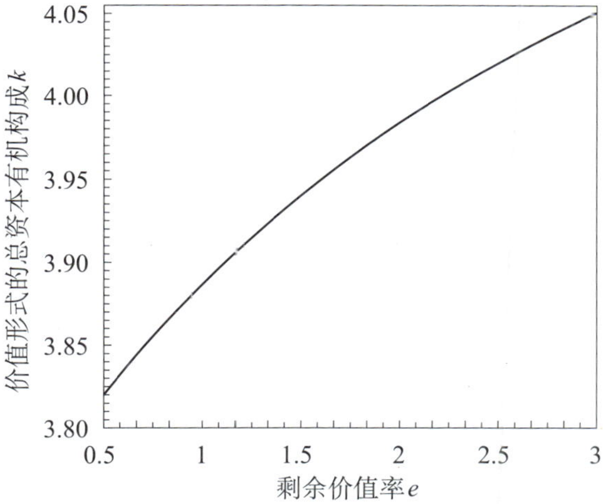

图 10－21　k 与 e 的关系

由表 10－21 和图 10－21 可以看出，随着剩余价值率 e 提高，价值形式的总资本有机构成 k 提高。

可见，如果第一部门价值形式的资本有机构成 k_1、第二部门价值形式的资本有机构成 k_2 确定，第一部门价值形式的资本有机构成高于第二部门价值形式的资本有机构成，那么，价值形式的总资本有机构成是剩余价值率的单调递增的非线性函数。

二、第一部门得到的剩余价值中属于本部门资本家的比例与价值形式的总资本有机构成关系的数例

如果第一部门价值形式的资本有机构成 k_1、第二部门价值形式的资本有机构成 k_2 确定，第一部门价值形式的资本有机构成高于第二部门价值形式的资本有机构成，例如，$k_1=4.9$，$k_2=2.5$，第一部门的资本家消费第一部门提供的生活资料所耗费的劳动 $s_{11}=120$，160，200，…，720，相应地，剩余价值率 $e=3/6$，4/6，5/6，…，18/6，即 $e=0.5$，0.666 666 666 7，0.833 333 333 3，…，3，除了 s_{11}、s_{12}、e 之外，其余已知量与第九章的数例中的已知量相同，那么，第一部门得到的剩余价值中属于本部门资本家的比例 d_1 与剩余价值率 e、价值形式的总资本有机构成 k 的关系，可以用表 10－22 表示。

表 10－22　d_1 与 e、k 的关系

剩余价值率 e	价值形式的总资本有机构成 k	第一部门得到的剩余价值中属于本部门资本家的比例 d_1
0.500 000 000 0	3.820 000 000 0	0.169 564 659 2
0.666 666 666 7	3.844 000 000 0	0.663 040 804 7
0.833 333 333 3	3.866 153 846 2	0.789 795 399 1
1.000 000 000 0	3.886 666 666 7	0.847 667 935 5
1.166 666 666 7	3.905 714 285 7	0.880 707 774 6
1.333 333 333 3	3.923 448 275 9	0.902 017 540 0
1.500 000 000 0	3.940 000 000 0	0.916 867 873 3
1.666 666 666 7	3.955 483 871 0	0.927 787 386 0
1.833 333 333 3	3.970 000 000 0	0.936 139 919 6
2.000 000 000 0	3.983 636 363 6	0.942 725 540 3
2.166 666 666 7	3.996 470 588 2	0.948 044 299 6
2.333 333 333 3	4.008 571 428 6	0.952 424 633 8
2.500 000 000 0	4.020 000 000 0	0.956 091 050 3
2.666 666 666 7	4.030 810 810 8	0.959 202 141 8
2.833 333 333 3	4.041 052 631 6	0.961 873 065 9
3.000 000 000 0	4.050 769 230 8	0.964 189 421 6

在表 10－22 中，第一部门得到的剩余价值中属于本部门资本家的比例 d_1 与价值形式的总资本有机构成 k 的关系，可以用图 10－22 表示。

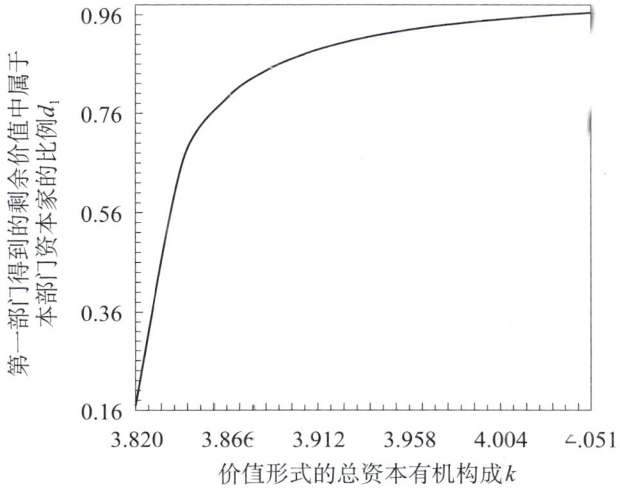

图 10－22　d_1 与 k 的关系

由表 10－22 和图 10－22 可以看出，随着价值形式的总资本有机构成 k 提高，第一部门得到的剩余价值中属于本部门资本家的比例 d_1 提高。

可见，如果第一部门价值形式的资本有机构成 k_1、第二部门价值形式的资本有机构成 k_2 确定，第一部门价值形式的资本有机构成高于第二部门价值形式的资本有机构成，那么，第一部门得到的剩余价值中属于本部门资本家的比例是价值形式的总资本有机构成的单调递增函数。

值得注意的是，这里的横坐标为价值形式的总资本有机构成 k，价值形式的总资本有机构成 k 是剩余价值率 e 的非线性函数，在本例中，剩余价值率 e 是等差数列，价值形式的总资本有机构成 k 就不可能是等差数列。用 Office 中的 Excel 作图，横坐标必须是等差数列。为此，利用 Excel 中的 vlookup 函数功能，将价值形式的总资本有机构成 k 转变为等差数列，然后再用 Excel 作图。

在本节中，图 10－22、图 10－23、图 10－24、图 10－25、图 10－26、图 10－27、图 10－28、图 10－29、图 10－30，均用此种方式作图。下面不再重复阐述。

三、第二部门得到的剩余价值中属于本部门资本家的比例与价值形式的总资本有机构成关系的数例

如果第一部门价值形式的资本有机构成 k_1、第二部门价值形式的资本有机构成 k_2 确定，第一部门价值形式的资本有机构成高于第二部门价值形式的资本有机构成，例如，$k_1=4.9$，$k_2=2.5$，第一部门的资本家消费第一部门提供的生活资料所耗费的劳动 $s_{11}=120$，160，200，…，720，相应地，剩余价值率 $e=3/6$，4/6，5/6，…，18/6，即 $e=0.5$，0.666 666 666 7，0.833 333 333 3，…，3，除了 s_{11}、s_{12}、e 之外，其余已知量与第九章的数例中的已知量相同，那么，第二部门得到的剩余价值中属于本部门资本家的比例 d_2 与剩余价值率 e、价值形式的总资本有机构成 k 的关系，可以用表 10-23 表示。

表 10-23　　d_2 与 e、k 的关系

剩余价值率 e	价值形式的 总资本有机构成 k	第二部门得到的剩余价值中 属于本部门资本家的比例 d_2
0.500 000 000 0	3.820 000 000 0	0.015 212 282 7
0.666 666 666 7	3.844 000 000 0	0.124 673 518 3
0.833 333 333 3	3.866 153 846 2	0.207 005 247 8
1.000 000 000 0	3.886 666 666 7	0.271 206 419 4
1.166 666 666 7	3.905 714 285 7	0.322 689 730 4
1.333 333 333 3	3.923 448 275 9	0.364 906 572 7
1.500 000 000 0	3.940 000 000 0	0.400 161 817 7
1.666 666 666 7	3.955 483 871 0	0.430 053 543 4
1.833 333 333 3	3.970 000 000 0	0.455 724 778 2
2.000 000 000 0	3.983 636 363 6	0.478 014 784 8
2.166 666 666 7	3.996 470 588 2	0.497 553 742 1
2.333 333 333 3	4.008 571 428 6	0.514 824 082 6
2.500 000 000 0	4.020 000 000 0	0.530 201 427 9
2.666 666 666 7	4.030 810 810 8	0.543 982 624 0
2.833 333 333 3	4.041 052 631 6	0.556 405 383 7
3.000 000 000 0	4.050 769 230 8	0.567 662 328 1

在表 10－23 中，第二部门得到的剩余价值中属于本部门资本家的比例 d_2 与价值形式的总资本有机构成 k 的关系，可以用图 10－23 表示。

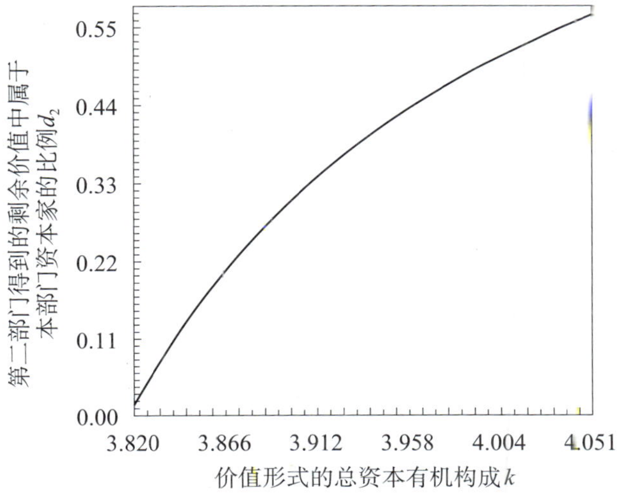

图 10－23　d_2 与 k 的关系

由表 10－23 和图 10－23 可以看出，随着价值形式的总资本有机构成 k 提高，第二部门得到的剩余价值中属于本部门资本家的比例 d_2 提高。

可见，如果第一部门价值形式的资本有机构成 k_1、第二部门价值形式的资本有机构成 k_2 确定，第一部门价值形式的资本有机构成高于第二部门价值形式的资本有机构成，那么，第二部门得到的剩余价值中属于本部门资本家的比例是价值形式的总资本有机构成的单调递增函数。

四、第一部门多得到的剩余价值、第二部门多得到的剩余价值与价值形式的总资本有机构成关系的数例

如果第一部门价值形式的资本有机构成 k_1、第二部门价值形式的资本有机构成 k_2 确定，第一部门价值形式的资本有机构成高于第二部门价值形式的资本有机构成，例如，$k_1=4.9$，$k_2=2.5$，第一部门的资本家消费第一部门提供的生活资料所耗费的劳动 $s_{11}=120$，160，200，…，720. 相应地，剩余价值率 $e=3/6$，4/6，5/6，…，18/6，即 $e=0.5$，0.666 666 666 7，0.833 333 333 3，…，3，除了 s_{11}、s_{12}、e 之外，其余已知量与第九章的数例中的已知量相同，那么，第一部门多得到的剩余价值 s_{t1}、第二部门多得到的剩余价值 s_{t2} 与剩余价值率 e、价值形式的总资本有机构成 k 的关系，可以用表 10－24 表示。

表 10－24　s_{t1}、s_{t2} 与 e、k 的关系

剩余价值率 e	价值形式的总资本有机构成 k	第一部门多得到的剩余价值 s_{t1}	第二部门多得到的剩余价值 s_{t2}
0.500 000 0	3.820 000 0	−108.813 447 7	108.813 447 7
0.666 666 7	3.844 000 0	−99.857 614 2	99.857 614 2
0.833 333 3	3.866 153 8	−91.286 334 4	91.286 334 4
1.000 000 0	3.886 666 7	−83.062 989 7	83.062 989 7
1.166 666 7	3.905 714 3	−75.155 203 8	75.155 203 8
1.333 333 3	3.923 448 3	−67.534 304 2	67.534 304 2
1.500 000 0	3.940 000 0	−60.174 848 0	60.174 848 0
1.666 666 7	3.955 483 9	−53.054 207 8	53.054 207 8
1.833 333 3	3.970 000 0	−46.152 213 2	46.152 213 2
2.000 000 0	3.983 636 4	−39.450 840 4	39.450 840 4
2.166 666 7	3.996 470 6	−32.933 945 4	32.933 945 4
2.333 333 3	4.008 571 4	−26.587 032 6	26.587 032 6
2.500 000 0	4.020 000 0	−20.397 056 2	20.397 056 2
2.666 666 7	4.030 810 8	−14.352 247 9	14.352 247 9
2.833 333 3	4.041 052 6	−8.441 967 7	8.441 967 7
3.000 000 0	4.050 769 2	−2.656 574 8	2.656 574 8

在表 10－24 中，第一部门多得到的剩余价值 s_{t1}、第二部门多得到的剩余价值 s_{t2} 与价值形式的总资本有机构成 k 的关系，可以用图 10－24 表示。

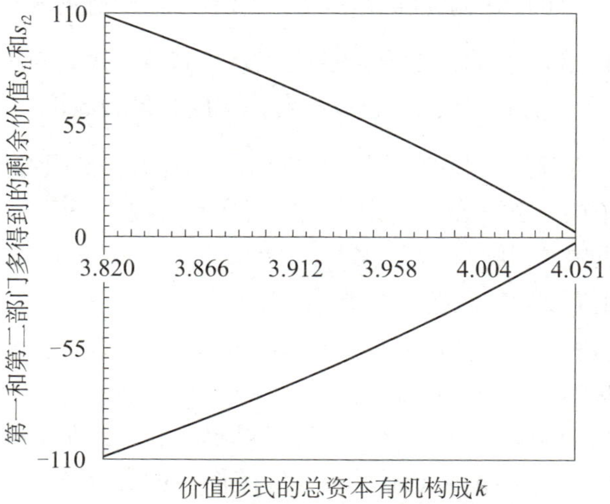

图 10－24　s_{t1}、s_{t2} 与 k 的关系

在图 10-24 中，斜率为正的曲线，为第一部门多得到的剩余价值 s_{t1} 与价值形式的总资本有机构成 k 的关系曲线；斜率为负的曲线，为第二部门多得到的剩余价值 s_{t2} 与价值形式的总资本有机构成 k 的关系曲线。

由表 10-24 和图 10-24 可以看出，随着价值形式的总资本有机构成 k 提高，第一部门多得到的剩余价值 s_{t1} 增加，第二部门多得到的剩余价值 s_{t2} 减少。

可见，如果第一部门价值形式的资本有机构成 k_1、第二部门价值形式的资本有机构成 k_2 确定，第一部门价值形式的资本有机构成高于第二部门价值形式的资本有机构成，那么，第一部门多得到的剩余价值 s_{t1} 是价值形式的总资本有机构成的单调递增函数，第二部门多得到的剩余价值 s_{t2} 是价值形式的总资本有机构成的单调递减函数。

五、第一部门得到的剩余价值与价值形式的总资本有机构成关系的数例

如果第一部门价值形式的资本有机构成 k_1、第二部门价值形式的资本有机构成 k_2 确定，第一部门价值形式的资本有机构成高于第二部门价值形式的资本有机构成，例如，$k_1=4.9$，$k_2=2.5$，第一部门的资本家消费第一部门提供的生活资料所耗费的劳动 $s_{11}=120$，160，200，…，720，相应地，剩余价值率 $e=3/6$，4/6，5/6，…，18/6，即 $e=0.5$，0.666 666 666 7，0.833 333 333 3，…，3，除了 s_{11}、s_{12}、e 之外，其余已知量与第九章的数例中的已知量相同，那么，第一部门得到的剩余价值 s_1+s_{t1} 与剩余价值率 e、价值形式的总资本有机构成 k 的关系，可以用表 10-25 表示。

表 10-25 **s_1+s_{t1} 与 e、k 的关系**

剩余价值率 e	价值形式的总资本有机构成 k	第一部门得到的剩余价值 s_1+s_{t1}
0.500 000 000 0	3.820 000 000 0	41.186 552 335 4
0.666 666 666 7	3.844 000 000 0	100.142 385 840 5
0.833 333 333 3	3.866 153 846 2	158.713 665 631 5
1.000 000 000 0	3.886 666 666 7	216.937 010 263 7
1.166 666 666 7	3.905 714 285 7	274.844 796 173 1
1.333 333 333 3	3.923 448 275 9	332.465 695 776 4
1.500 000 000 0	3.940 000 000 0	389.825 152 001 2
1.666 666 666 7	3.955 483 871 0	446.945 792 181 9
1.833 333 333 3	3.970 000 000 0	503.847 783 825 5
2.000 000 000 0	3.983 636 363 6	560.549 159 571 1
2.166 666 666 7	3.996 470 588 2	617.066 054 612 7
2.333 333 333 3	4.008 571 428 6	673.412 967 392 6

续前表

剩余价值率 e	价值形式的总资本有机构成 k	第一部门得到的剩余价值 s_1+s_{t1}
2.500 000 000 0	4.020 000 000 0	729.602 943 750 2
2.666 666 666 7	4.030 810 810 8	785.647 752 061 6
2.833 333 333 3	4.041 052 631 6	841.558 032 280 7
3.000 000 000 0	4.050 769 230 8	897.343 425 230 3

在表 10－25 中，第一部门得到的剩余价值 s_1+s_{t1} 与价值形式的总资本有机构成 k 的关系，可以用图 10－25 表示。

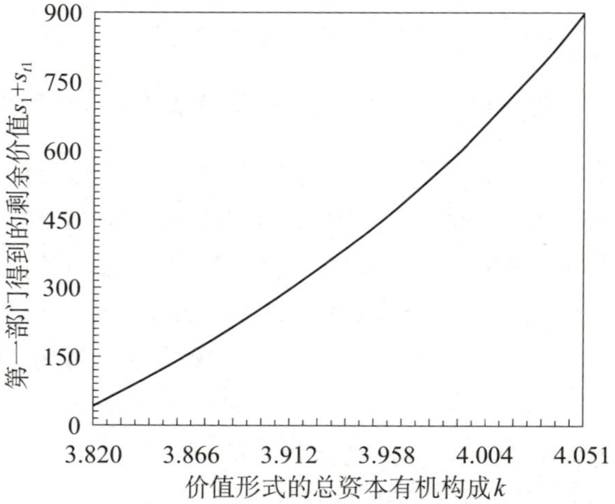

图 10－25　s_1+s_{t1} 与 k 的关系

由表 10－25 和图 10－25 可以看出，随着价值形式的总资本有机构成 k 提高，第一部门得到的剩余价值 s_1+s_{t1} 增加。

可见，如果第一部门价值形式的资本有机构成 k_1、第二部门价值形式的资本有机构成 k_2 确定，第一部门价值形式的资本有机构成高于第二部门价值形式的资本有机构成，那么，第一部门得到的剩余价值是价值形式的总资本有机构成的单调递增函数。

六、第二部门得到的剩余价值与价值形式的总资本有机构成关系的数例

如果第一部门价值形式的资本有机构成 k_1、第二部门价值形式的资本有机构成 k_2 确定，第一部门价值形式的资本有机构成高于第二部门价值形式的资本有机构成，例如，$k_1=4.9$，$k_2=2.5$，第一部门的资本家消费第一部门提供的生活资料所耗费的劳动 $s_{11}=120$，160，200，…，720，相应地，剩余价值率 $e=3/6$，4/6，5/6，…，18/6，即 $e=0.5$，0.666 666 666 7，

0.833 333 333 3，…，3，除了 s_{11}、s_{12}、e 之外，其余已知量与第九章的数例中的已知量相同，那么，第二部门得到的剩余价值 s_2+s_{t2} 与剩余价值率 e、价值形式的总资本有机构成 k 的关系，可以用表 10－26 表示。

表 10－26　　s_2+s_{t2} 与 e、k 的关系

剩余价值率 e	价值形式的总资本有机构成 k	第二部门得到的剩余价值 s_2+s_{t2}
0.500 000 000 0	3.820 000 000 0	231.540 720 391 9
0.666 666 666 7	3.844 000 000 0	257.000 471 302 3
0.833 333 333 3	3.866 153 846 2	280.475 523 557 7
1.000 000 000 0	3.886 666 666 7	302.293 758 967 1
1.166 666 666 7	3.905 714 285 7	322.716 179 436 7
1.333 333 333 3	3.923 448 275 9	341.952 908 874 8
1.500 000 000 0	3.940 000 000 0	360.174 847 993 8
1.666 666 666 7	3.955 483 871 0	377.522 292 924 4
1.833 333 333 3	3.970 000 000 0	394.111 396 847 9
2.000 000 000 0	3.983 636 363 6	410.039 075 723 0
2.166 666 666 7	3.996 470 588 2	425.386 775 575 9
2.333 333 333 3	4.008 571 428 6	440.223 396 243 7
2.500 000 000 0	4.020 000 000 0	454.607 582 565 6
2.666 666 666 7	4.030 810 810 8	468.589 536 074 0
2.833 333 333 3	4.041 052 631 6	482.212 459 522 6
3.000 000 000 0	4.050 769 230 8	495.513 717 626 9

在表 10－26 中，第二部门得到的剩余价值 s_2+s_{t2} 与价值形式的总资本有机构成 k 的关系，可以用图 10－26 表示。

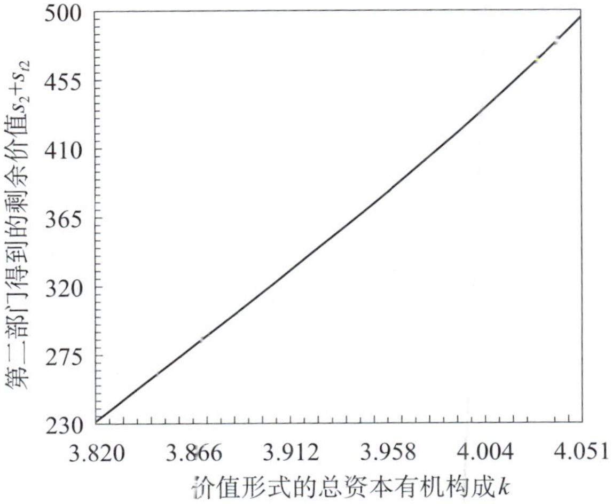

图 10－26　s_2+s_{t2} 与 k 的关系

由表 10－26 和图 10－26 可以看出，随着价值形式的总资本有机构成 k 提高，第二部门得到的剩余价值 s_2+s_{t2} 增加。

可见，如果第一部门价值形式的资本有机构成 k_1、第二部门价值形式的资本有机构成 k_2 确定，第一部门价值形式的资本有机构成高于第二部门价值形式的资本有机构成，那么，第二部门得到的剩余价值是价值形式的总资本有机构成的单调递增函数。

七、第一部门资本家得到的剩余价值与价值形式的总资本有机构成关系的数例

如果第一部门价值形式的资本有机构成 k_1、第二部门价值形式的资本有机构成 k_2 确定，第一部门价值形式的资本有机构成高于第二部门价值形式的资本有机构成，例如，$k_1=4.9$，$k_2=2.5$，第一部门的资本家消费第一部门提供的生活资料所耗费的劳动 $s_{11}=120$，160，200，…，720，相应地，剩余价值率 $e=3/6$，4/6，5/6，…，18/6，即 $e=0.5$，0.666 666 666 7，0.833 333 333 3，…，3，除了 s_{11}、s_{12}、e 之外，其余已知量与第九章的数例中的已知量相同，那么，第一部门资本家得到的剩余价值 s_{v1} 与剩余价值率 e、价值形式的总资本有机构成 k 的关系，可以用表 10－27 表示。

表 10－27　　s_{v1} 与 e、k 的关系

剩余价值率 e	价值形式的总资本有机构成 k	第一部门资本家得到的剩余价值 s_{v1}
0.500 000 000 0	3.820 000 000 0	6.983 783 710 0
0.666 666 666 7	3.844 000 000 0	66.398 488 090 9
0.833 333 333 3	3.866 153 846 2	125.351 322 885 1
1.000 000 000 0	3.886 666 666 7	183.890 547 613 1
1.166 666 666 7	3.905 714 285 7	242.057 948 796 8
1.333 333 333 3	3.923 448 275 9	299.889 889 047 3
1.500 000 000 0	3.940 000 000 0	357.418 158 081 2
1.666 666 666 7	3.955 483 871 0	414.670 668 213 0
1.833 333 333 3	3.970 000 000 0	471.672 026 635 8
2.000 000 000 0	3.983 636 363 6	528.444 009 295 6
2.166 666 666 7	3.996 470 588 2	585.005 955 582 7
2.333 333 333 3	4.008 571 428 6	641.375 098 874 9
2.500 000 000 0	4.020 000 000 0	697.566 844 776 5
2.666 666 666 7	4.030 810 810 8	753.595 006 461 2
2.833 333 333 3	4.041 052 631 6	809.472 004 634 8
3.000 000 000 0	4.050 769 230 8	865.209 038 167 4

在表 10－27 中，第一部门资本家得到的剩余价值 s_{v1} 与价值形式的总资本有机构成 k 的关系，可以用图 10－27 表示。

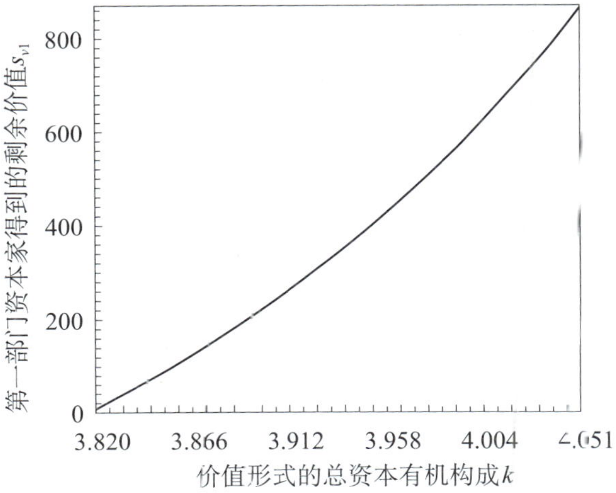

图 10－27　s_{v1} 与 k 的关系

由表 10－27 和图 10－27 可以看出，随着价值形式的总资本有机构成 k 提高，第一部门资本家得到的剩余价值 s_{v1} 增加。

可见，如果第一部门价值形式的资本有机构成 k_1、第二部门价值形式的资本有机构成 k_2 确定，第一部门价值形式的资本有机构成高于第二部门价值形式的资本有机构成，那么，第一部门资本家得到的剩余价值是价值形式的总资本有机构成的单调递增函数。

八、第二部门资本家得到的剩余价值与价值形式的总资本有机构成关系的数例

如果第一部门价值形式的资本有机构成 k_1、第二部门价值形式的资本有机构成 k_2 确定，第一部门价值形式的资本有机构成高于第二部门价值形式的资本有机构成，例如，$k_1=4.9$，$k_2=2.5$，第一部门的资本家消费第一部门提供的生活资料所耗费的劳动 $s_{11}=120$，160，200，…，720，相应地，剩余价值率 $e=3/6$，4/6，5/6，…，18/6，即 $e=0.5$，0.666 666 666 7，0.833 333 333 3，…，3，除了 s_{11}、s_{12}、e 之外，其余已知量与第九章的数例中的已知量相同，那么，第二部门资本家得到的剩余价值 s_{v2} 与剩余价值率 e、价值形式的总资本有机构成 k 的关系，可以用表 10－28 表示。

表 10-28　　s_{v2} 与 e、k 的关系

剩余价值率 e	价值形式的总资本有机构成 k	第二部门资本家得到的剩余价值 s_{v2}
0.500 000 000 0	3.820 000 000 0	3.522 262 889 5
0.666 666 666 7	3.844 000 000 0	32.041 152 971 0
0.833 333 333 3	3.866 153 846 2	58.059 905 248 7
1.000 000 000 0	3.886 666 666 7	81.984 007 963 2
1.166 666 666 7	3.905 714 285 7	104.137 196 927 9
1.333 333 333 3	3.923 448 275 9	124.780 864 014 5
1.500 000 000 0	3.940 000 000 0	144.128 221 865 8
1.666 666 666 7	3.955 483 871 0	162.354 799 798 0
1.833 333 333 3	3.970 000 000 0	179.606 328 916 6
2.000 000 000 0	3.983 636 363 6	196.004 740 553 2
2.166 666 666 7	3.996 470 588 2	211.652 782 042 6
2.333 333 333 3	4.008 571 428 6	226.637 606 125 5
2.500 000 000 0	4.020 000 000 0	241.033 589 407 7
2.666 666 666 7	4.030 810 810 8	254.904 565 404 7
2.833 333 333 3	4.041 052 631 6	268.305 608 549 9
3.000 000 000 0	4.050 769 230 8	281.284 470 541 0

在表 10-28 中，第二部门资本家得到的剩余价值 s_{v2} 与价值形式的总资本有机构成 k 的关系，可以用图 10-28 表示。

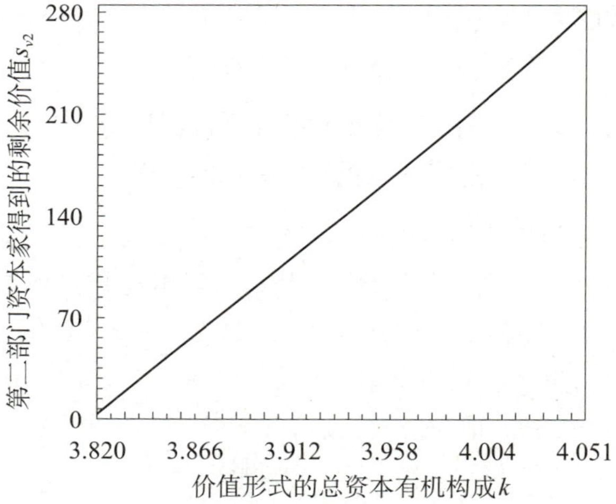

图 10-28　s_{v2} 与 k 的关系

由表 10-28 和图 10-28 可以看出，随着价值形式的总资本有机构成 k 提高，第二部门资本家得到的剩余价值 s_{v2} 增加。

可见，如果第一部门价值形式的资本有机构成 k_1、第二部门价值形式的资本有机构成 k_2 确定，第一部门价值形式的资本有机构成高于第二部门价值形式的资本有机构成，那么，第二部门资本家得到的剩余价值是价值形式的总资本有机构成的单调递增函数。

九、资本家得到的总剩余价值与价值形式的总资本有机构成关系的数例

如果第一部门价值形式的资本有机构成 k_1、第二部门价值形式的资本有机构成 k_2 确定，第一部门价值形式的资本有机构成高于第二部门价值形式的资本有机构成，例如，$k_1=4.9$，$k_2=2.5$，第一部门的资本家消费第一部门提供的生活资料所耗费的劳动 $s_{11}=120$，160，200，…，720，相应地，剩余价值率 $e=3/6$，4/6，5/6，…，18/6，即 $e=0.5$，0.666 666 666 7，0.833 333 333 3，…，3，除了 s_{11}、s_{12}、e 之外，其余已知量与第九章的数例中的已知量相同，那么，资本家得到的总剩余价值 s_v与剩余价值率 e、价值形式的总资本有机构成 k 的关系，可以用表 10 - 29 表示。

表 10 - 29　　s_v与 e、k 的关系

剩余价值率 e	价值形式的总资本有机构成 k	资本家得到的总剩余价值 s_v
0.500 000 000 0	3.820 000 000 0	10.506 046 599 5
0.666 666 666 7	3.844 000 000 0	98.439 641 061 9
0.833 333 333 3	3.866 153 846 2	183.411 228 133 9
1.000 000 000 0	3.886 666 666 7	265.374 555 576 3
1.166 666 666 7	3.905 714 285 7	346.195 145 724 6
1.333 333 333 3	3.923 448 275 9	424.670 753 061 8
1.500 000 000 0	3.940 000 000 0	501.546 379 947 0
1.666 666 666 7	3.955 483 871 0	577.025 468 010 9
1.833 333 333 3	3.970 000 000 0	651.278 355 552 5
2.000 000 000 0	3.983 636 363 6	724.448 749 348 8
2.166 666 666 7	3.996 470 588 2	796.658 737 625 3
2.333 333 333 3	4.008 571 428 6	868.012 705 000 4
2.500 000 000 0	4.020 000 000 0	938.600 434 184 3
2.666 666 666 7	4.030 810 810 8	1 008.499 571 865 9
2.833 333 333 3	4.041 052 631 6	1 077.777 613 184 7
3.000 000 000 0	4.050 769 230 8	1 146.493 508 708 4

在表 10 - 29 中，资本家得到的总剩余价值 s_v与价值形式的总资本有机构成 k 的关系，可以用图 10 - 29 表示。

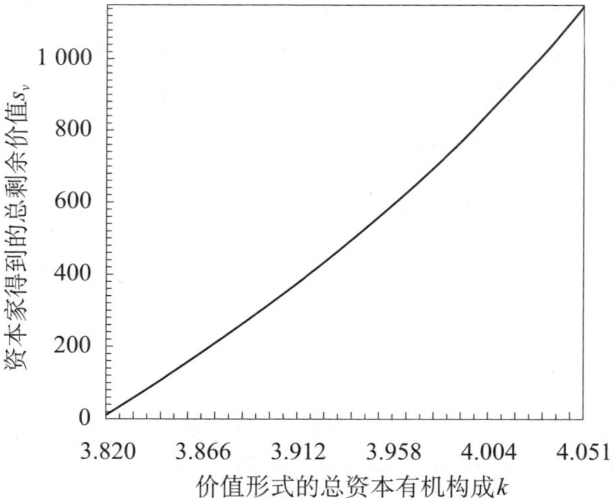

图 10－29　s_v与 k 的关系

由表 10－29 和图 10－29 可以看出，随着价值形式的总资本有机构成 k 提高，资本家得到的总剩余价值 s_v增加。

可见，如果第一部门价值形式的资本有机构成 k_1、第二部门价值形式的资本有机构成 k_2 确定，第一部门价值形式的资本有机构成高于第二部门价值形式的资本有机构成，那么，资本家得到的总剩余价值是价值形式的总资本有机构成的单调递增函数。

十、价值形式的平均利润率、价值形式的利润率与价值形式的总资本有机构成关系的数例

如果第一部门价值形式的资本有机构成 k_1、第二部门价值形式的资本有机构成 k_2 确定，第一部门价值形式的资本有机构成高于第二部门价值形式的资本有机构成，例如，$k_1=4.9$，$k_2=2.5$，第一部门的资本家消费第一部门提供的生活资料所耗费的劳动 $s_{11}=120$，160，200，…，720，相应地，剩余价值率 $e=3/6$，4/6，5/6，…，18/6，即 $e=0.5$，0.666 666 666 7，0.833 333 333 3，…，3，除了 s_{11}、s_{12}、e 之外，其余已知量与第九章的数例中的已知量相同，那么，价值形式的平均利润率 r_{vt}、价值形式的利润率 r_v与剩余价值率 e、价值形式的总资本有机构成 k 的关系，可以用表 10－30 表示。

表 10-30　　r_{vt}、r_v 与 e、k 的关系

剩余价值率 e	价值形式的总资本有机构成 k	价值形式的平均利润率 r_{vt}	价值形式的利润率 r_v
0.500 000 00	3.820 000 00	0.003 996 08	0.103 734 44
0.666 666 67	3.844 000 00	0.037 934 35	0.137 627 31
0.833 333 33	3.866 153 85	0.071 516 66	0.171 250 92
1.000 000 00	3.886 666 67	0.104 786 09	0.204 638 47
1.166 666 67	3.905 714 29	0.137 779 08	0.237 817 90
1.333 333 33	3.923 448 28	0.170 526 61	0.270 812 91
1.500 000 00	3.940 000 00	0.203 055 21	0.303 643 72
1.666 666 67	3.955 483 87	0.235 387 73	0.336 327 74
1.833 333 33	3.970 000 00	0.267 543 93	0.368 879 95
2.000 000 00	3.983 636 36	0.299 541 01	0.401 313 39
2.166 666 67	3.996 470 59	0.331 394 03	0.433 639 43
2.333 333 33	4.008 571 43	0.363 116 17	0.465 868 04
2.500 000 00	4.020 000 00	0.394 719 08	0.498 007 97
2.666 666 67	4.030 810 81	0.426 213 06	0.530 066 97
2.833 333 33	4.041 052 63	0.457 607 26	0.562 051 92
3.000 000 00	4.050 769 23	0.488 909 81	0.593 968 93

在表 10-30 中，价值形式的平均利润率 r_{vt}、价值形式的利润率 r_v 与价值形式的总资本有机构成 k 的关系，可以用图 10-30 表示。

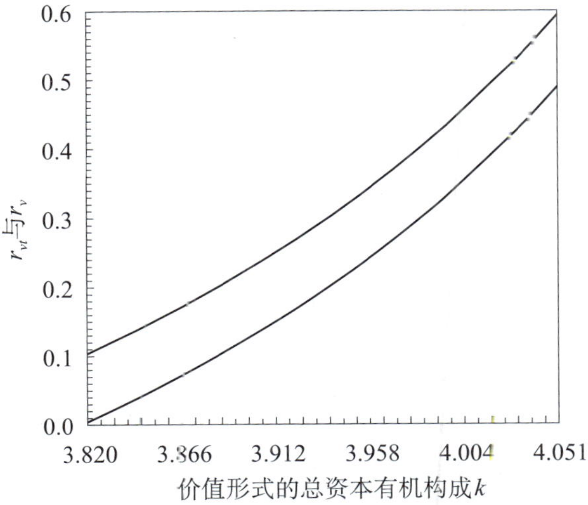

图 10-30　r_{vt}、r_v 与 k 的关系

在图 10-30 中，上面的曲线，表示价值形式的利润率 r_v 与价值形式

的总资本有机构成 k 的关系；下面的曲线，表示价值形式的平均利润率 r_{vt} 与价值形式的总资本有机构成 k 的关系。

由表 10－30 和图 10－30 可以看出，随着价值形式的总资本有机构成 k 提高，价值形式的平均利润率 r_{vt} 提高，价值形式的利润率 r_v 也提高。

值得注意的是，价值形式的平均利润率 r_{vt} 总是低于价值形式的利润率 r_v，因为价值形式的利润中包括土地所有者的地租。

在本数例中，第一部门价值形式的资本有机构成 k_1 为 4.9，第二部门价值形式的资本有机构成 k_2 为 2.5，剩余价值率 e 从 0.5 提高到 3，价值形式的总资本有机构成 k 从 3.82 提高到 4.050 769 23，价值形式的平均利润率 r_{vt} 从 0.003 996 08 提高到 0.488 909 81，价值形式的利润率 r_v 从 0.103 734 44 提高到 0.593 968 93。

可见，如果第一部门价值形式的资本有机构成 k_1、第二部门价值形式的资本有机构成 k_2 确定，第一部门价值形式的资本有机构成高于第二部门价值形式的资本有机构成，那么，价值形式的平均利润率、价值形式的利润率是价值形式的总资本有机构成的单调递增函数。

第五节　k_1、k_2 确定，$k_1<k_2$，k_2 高于临界值，e 提高的条件下，r_{vt}、r_v 与 k 的关系的数例

如果第一部门价值形式的资本有机构成与第二部门价值形式的资本有机构成确定，并且第一部门价值形式的资本有机构成低于第二部门价值形式的资本有机构成，那么，随着剩余价值率变化，也就是随着价值形式的总资本有机构成 k 变化，第二部门价值形式的资本有机构成处于不同范围，某些价值形式的变量的变化方向就不同。这些价值形式的变量的变化方向的转变，与临界值有关。

这里在第一部门价值形式的资本有机构成确定、第二部门价值形式的资本有机构成确定、第一部门价值形式的资本有机构成低于第二部门价值形式的资本有机构成、第二部门价值形式的资本有机构成高于临界值的条件下，通过剩余价值率提高的数例，考察各个有关内生变量与价值形式的总资本有机构成的关系。在此基础上，考察价值形式的平均利润率、价值形式的利润率与价值形式的总资本有机构成的关系。

一、价值形式的总资本有机构成与剩余价值率关系的数例

如果第一部门价值形式的资本有机构成、第二部门价值形式的资本有机构成确定，那么，价值形式的总资本有机构成是剩余价值率的函数。

如果第一部门价值形式的资本有机构成 k_1、第二部门价值形式的资本有机构成 k_2 确定，第一部门价值形式的资本有机构成低于第二部门价值形式的资本有机构成，第二部门价值形式的资本有机构成高于临界值，例如，$k_1=4.9$，$k_2=12$，第一部门的资本家消费第一部门提供的生活资料所耗费的劳动 $s_{11}=180$，220，260，…，780，相应地，剩余价值率 $e=9/12$，11/12，13/12，…，39/12，即 $e=0.75$，0.916 666 666 7，1.083 333 333 3，…，3.25，除了 s_{11}、s_{12}、e 之外，其余已知量与第九章的数例中的已知量相同，那么，价值形式的总资本有机构成 k 与剩余价值率 e 第一部门资本家消费第一部门提供的生活资料所耗费的劳动 s_{11} 的关系，可以用表 10－31 表示。

表 10－31　k 与 s_{11}、e 的关系

第一部门的资本家消费第一部门提供的生活资料所耗费的劳动 s_{11}	剩余价值率 e	价值形式的总资本有机构成 k
180	0.750 000 00	6.220 100 50
220	0.916 666 67	6.221 745 29
260	1.083 333 33	6.223 333 74
300	1.250 000 00	6.224 880 38
340	1.416 666 67	6.226 373 63
380	1.583 333 33	6.227 820 71
420	1.750 000 00	6.229 223 74
460	1.916 666 67	6.230 534 71
500	2.083 333 33	6.231 905 47
540	2.250 000 00	6.233 187 77
580	2.416 666 67	6.234 433 29
620	2.583 333 33	6.235 643 56
660	2.750 000 00	6.236 820 08
700	2.916 666 67	6.237 964 24
740	3.083 333 33	6.239 077 34
780	3.250 000 00	6.240 160 64

在表 10－31 中，价值形式的总资本有机构成 k 与剩余价值率 e 的关系，可以用图 10－31 表示。

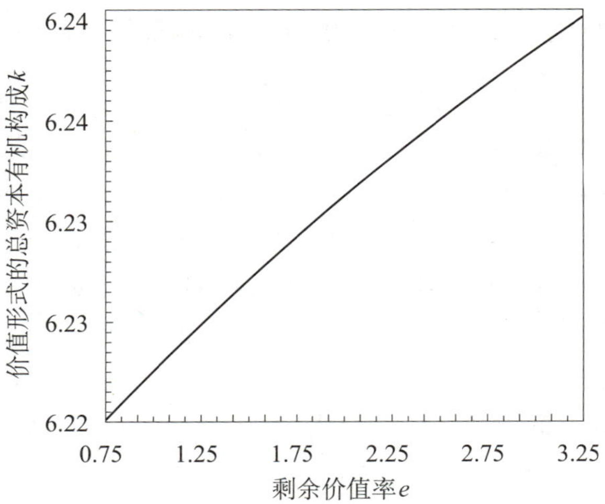

图 10－31　k 与 e 的关系

由表 10－31 和图 10－31 可以看出，随着剩余价值率 e 提高，价值形式的总资本有机构成 k 提高。

可见，如果第一部门价值形式的资本有机构成 k_1、第二部门价值形式的资本有机构成 k_2 确定，第一部门价值形式的资本有机构成低于第二部门价值形式的资本有机构成，第二部门价值形式的资本有机构成高于临界值，那么，价值形式的总资本有机构成是剩余价值率的单调递增的非线性函数。

值得注意的是，这个结论并不是在任何条件下都成立，而是与给定的数值有关。在本例中，如果其他条件相同，并且第二部门价值形式的资本有机构成 k_2 高于 $10\frac{11}{12}$ 或 10.833 333 333 3，那么，价值形式的总资本有机构成是剩余价值率的单调递增函数。

第二部门价值形式的资本有机构成 k_2 的临界值为 $10\frac{11}{12}$ 或 10.833 333 333 3。

如果第二部门价值形式的资本有机构成 k_2 低于 $10\frac{11}{12}$ 或 10.833 333 333 3，那么，价值形式的总资本有机构成将变为剩余价值率的单调递减函数。

二、第一部门得到的剩余价值中属于本部门资本家的比例与价值形式的总资本有机构成关系的数例

如果第一部门价值形式的资本有机构成 k_1、第二部门价值形式的资本有机构成 k_2 确定，第一部门价值形式的资本有机构成低于第二部门价值形式的资本有机构成，第二部门价值形式的资本有机构成高于临界值，例如，$k_1=4.9$，$k_2=12$，第一部门的资本家消费第一部门提供的生活资料所耗费的劳动 $s_{11}=180$，220，260，…，780，相应地，剩余价值率 $e=9/12$，11/12，13/12，…，39/12，即 $e=0.75$，0.916 666 666 7，1.083 333 333 3，…，3.25，除了 s_{11}、s_{12}、e 之外，其余已知量与第九章的数例中的已知量相同，那么，第一部门得到的剩余价值中属于本部门资本家的比例 d_1 与剩余价值率 e、价值形式的总资本有机构成 k 的关系，可以用表 10－32 表示。

表 10－32　　　　**d_1 与 e、k 的关系**

剩余价值率 e	价值形式的总资本有机构成 k	第一部门得到的剩余价值中属于本部门资本家的比例 d_1
0.750 000 000 0	6.220 100 502 5	0.014 649 271 9
0.916 666 666 7	6.221 746 293 2	0.496 433 896 8
1.083 333 333 3	6.223 338 735 8	0.653 269 047 0
1.250 000 000 0	6.224 880 382 8	0.736 048 915 1
1.416 666 666 7	6.226 373 626 4	0.783 875 404 8
1.583 333 333 3	6.227 820 711 0	0.815 744 243 2
1.750 000 000 0	6.229 223 744 3	0.838 501 396 6
1.916 666 666 7	6.230 584 707 6	0.855 566 783 3
2.083 333 333 3	6.231 905 465 3	0.868 839 146 6
2.250 000 000 0	6.233 187 772 9	0.879 457 186 9
2.416 666 666 7	6.234 433 285 5	0.888 145 260 1
2.583 333 333 3	6.235 643 564 4	0.895 386 125 0
2.750 000 000 0	6.236 820 083 7	0.901 513 915 9
2.916 666 666 7	6.237 964 236 6	0.906 767 250 8
3.083 333 333 3	6.239 077 340 6	0.911 321 084 8
3.250 000 000 0	6.240 160 642 6	0.915 306 614 5

在表 10－32 中，第一部门得到的剩余价值中属于本部门资本家的

比例 d_1 与价值形式的总资本有机构成 k 的关系，可以用图 10－32 表示。

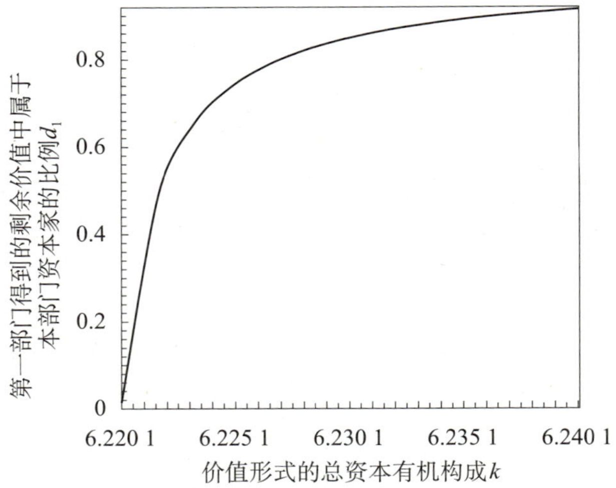

图 10－32　d_1 与 k 的关系

由表 10－32 和图 10－32 可以看出，随着价值形式的总资本有机构成 k 提高，第一部门得到的剩余价值中属于本部门资本家的比例 d_1 提高。

可见，如果第一部门价值形式的资本有机构成 k_1、第二部门价值形式的资本有机构成 k_2 确定，第一部门价值形式的资本有机构成低于第二部门价值形式的资本有机构成，第二部门价值形式的资本有机构成高于临界值，那么，第一部门得到的剩余价值中属于本部门资本家的比例是价值形式的总资本有机构成的单调递增函数。

值得注意的是，这里的横坐标为价值形式的总资本有机构成 k，价值形式的总资本有机构成 k 是剩余价值率 e 的非线性函数，在本例中，剩余价值率 e 是等差数列，价值形式的总资本有机构成 k 就不可能是等差数列。用 Office 中的 Excel 作图，横坐标必须是等差数列。为此，利用 Excel 中的 vlookup 函数功能，将价值形式的总资本有机构成 k 转变为等差数列，然后再用 Excel 作图。

在本节中，图 10－32、图 10－33、图 10－34、图 10－35、图 10－36、图 10－37、图 10－38、图 10－39、图 10－40，均用此种方式作图。下面不再重复阐述。

三、第二部门得到的剩余价值中属于本部门资本家的比例与价值形式的总资本有机构成关系的数例

如果第一部门价值形式的资本有机构成 k_1、第二部门价值形式的资本有机构成 k_2 确定，第一部门价值形式的资本有机构成低于第二部门价值形式的资本有机构成，第二部门价值形式的资本有机构成高于临界值，例如，$k_1=4.9$，$k_2=12$，第一部门的资本家消费第一部门提供的生活资料所耗费的劳动 $s_{11}=180$，220，260，…，780，相应地，剩余价值率 $e=9/12$，11/12，13/12，…，39/12，即 $e=0.75$，0.916 666 666 7，1.083 333 333 3，…，3.25，除了 s_{11}、s_{12}、e 之外，其余已知量与第九章的数例中的已知量相同，那么，第二部门得到的剩余价值中属于本部门资本家的比例 d_2 与剩余价值率 e、价值形式的总资本有机构成 k 的关系，可以用表 10－33 表示。

表 10－33　　　　d_2 与 e、k 的关系

剩余价值率 e	价值形式的总资本有机构成 k	第二部门得到的剩余价值中属于本部门资本家的比例 d_2
0.750 000 000 0	6.220 100 502 5	0.001 170 835 6
0.916 666 666 7	6.221 746 293 2	0.072 368 819 8
1.083 333 333 3	6.223 338 735 8	0.131 662 338 0
1.250 000 000 0	6.224 880 382 8	0.131 815 834 8
1.416 666 666 7	6.226 373 626 4	0.224 798 891 1
1.583 333 333 3	6.227 820 711 0	0.262 052 773 6
1.750 000 000 0	6.229 223 744 3	0.294 656 462 1
1.916 666 666 7	6.230 584 707 6	0.323 433 738 1
2.083 333 333 3	6.231 905 465 3	0.349 024 567 9
2.250 000 000 0	6.233 187 772 9	0.371 933 433 9
2.416 666 666 7	6.234 433 285 5	0.392 563 610 8
2.583 333 333 3	6.235 643 564 4	0.411 241 242 9
2.750 000 000 0	6.236 820 083 7	0.428 232 967 0
2.916 666 666 7	6.237 964 236 6	0.443 758 897 3
3.083 333 333 3	6.239 077 340 6	0.458 002 353 2
3.250 000 000 0	6.240 160 642 6	0.471 117 242 4

在表 10－33 中，第二部门得到的剩余价值中属于本部门资本家的比

例 d_2 与价值形式的总资本有机构成 k 的关系，可以用图 10－33 表示。

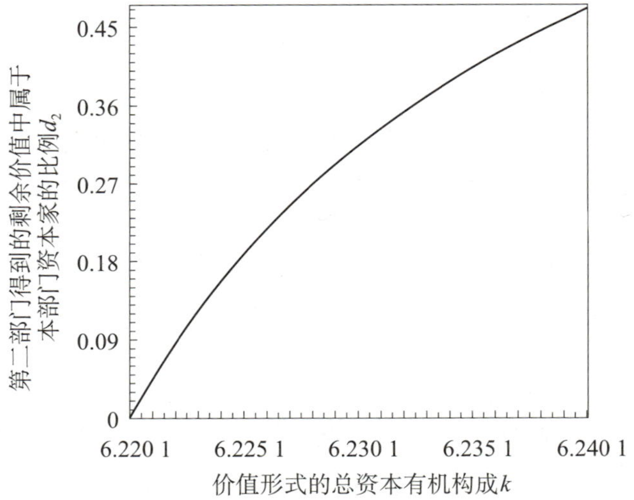

图 10－33　d_2 与 k 的关系

由表 10－33 和图 10－33 可以看出，随着价值形式的总资本有机构成 k 提高，第二部门得到的剩余价值中属于本部门资本家的比例 d_2 提高。

可见，如果第一部门价值形式的资本有机构成 k_1、第二部门价值形式的资本有机构成 k_2 确定，第一部门价值形式的资本有机构成低于第二部门价值形式的资本有机构成，第二部门价值形式的资本有机构成高于临界值，那么，第二部门得到的剩余价值中属于本部门资本家的比例是价值形式的总资本有机构成的单调递增函数。

四、第一部门多得到的剩余价值、第二部门多得到的剩余价值与价值形式的总资本有机构成关系的数例

如果第一部门价值形式的资本有机构成 k_1、第二部门价值形式的资本有机构成 k_2 确定，第一部门价值形式的资本有机构成低于第二部门价值形式的资本有机构成，第二部门价值形式的资本有机构成高于临界值，例如，$k_1=4.9$，$k_2=12$，第一部门的资本家消费第一部门提供的生活资料所耗费的劳动 $s_{11}=180$，220，260，…，780，相应地，剩余价值率 $e=9/12$，11/12，13/12，…，39/12，即 $e=0.75$，0.916 666 666 7，1.083 333 333 3，…，3.25，除了 s_{11}、s_{12}、e 之外，其余已知量与第九章的数例中的已知量相同，那么，第一部门多得到的剩余价值 s_{t1}、第二部门多得到的剩余价值 s_{t2} 与剩余价值率 e、价值形式的总资本有机构成 k 的

关系，可以用表 10－34 表示。

表 10－34　　s_{t1}、s_{t2}与 e、k 的关系

剩余价值率 e	价值形式的总资本有机构成 k	第一部门多得到的剩余价值 s_{t1}	第二部门多得到的剩余价值 s_{t2}
0.750 000 0	6.220 100 5	－188.521 229 2	188.521 229 2
0.916 666 7	6.221 746 3	－201.844 758 4	201.844 758 4
1.083 333 3	6.223 338 7	－215.230 112 3	215.230 112 3
1.250 000 0	6.224 880 4	－228.674 269 5	228.674 269 5
1.416 666 7	6.226 373 6	－242.174 398 6	242.174 398 6
1.583 333 3	6.227 820 7	－255.727 843 0	255.727 843 0
1.750 000 0	6.229 223 7	－269.332 108 3	269.332 108 3
1.916 666 7	6.230 584 7	－282.984 850 2	282.984 850 2
2.083 333 3	6.231 905 5	－296.683 863 9	296.683 863 9
2.250 000 0	6.233 187 8	－310.427 073 7	310.427 073 7
2.416 666 7	6.234 433 3	－324.212 524 1	324.212 524 1
2.583 333 3	6.235 643 6	－338.038 371 2	338.038 371 2
2.750 000 0	6.236 820 1	－351.902 875 4	351.902 875 4
2.916 666 7	6.237 964 2	－365.804 393 6	365.804 393 6
3.083 333 3	6.239 077 3	－379.741 373 4	379.741 373 4
3.250 000 0	6.240 160 6	－393.712 346 5	393.712 346 5

在表 10－34 中，第一部门多得到的剩余价值 s_{t1}、第二部门多得到的剩余价值 s_{t2}与价值形式的总资本有机构成 k 的关系，可以用图 10－34 表示。

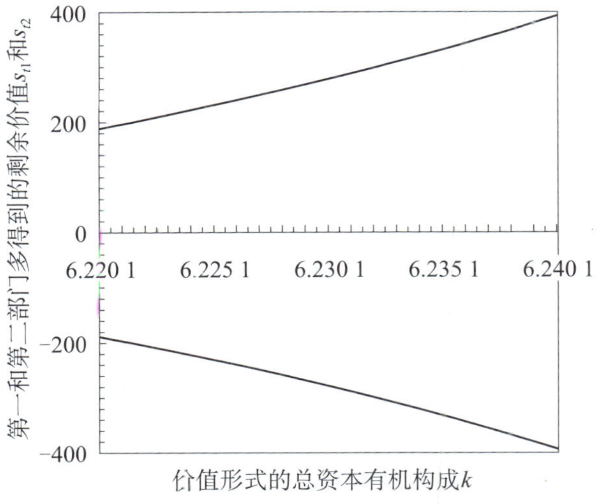

图 10－34　s_{t1}、s_{t2}与 k 的关系

在图 10－34 中，斜率为负的曲线，为第一部门多得到的剩余价值 s_{t1} 与价值形式的总资本有机构成 k 的关系曲线；斜率为正的曲线，为第二部门多得到的剩余价值 s_{t2} 与价值形式的总资本有机构成 k 的关系曲线。

由表 10－34 和图 10－34 可以看出，随着价值形式的总资本有机构成 k 提高，第一部门多得到的剩余价值 s_{t1} 减少，第二部门多得到的剩余价值 s_{t2} 增加。

可见，如果第一部门价值形式的资本有机构成 k_1、第二部门价值形式的资本有机构成 k_2 确定，第一部门价值形式的资本有机构成低于第二部门价值形式的资本有机构成，第二部门价值形式的资本有机构成高于临界值，那么，第一部门多得到的剩余价值 s_{t1} 是价值形式的总资本有机构成的单调递减函数，第二部门多得到的剩余价值 s_{t2} 是价值形式的总资本有机构成的单调递增函数。

五、第一部门得到的剩余价值与价值形式的总资本有机构成关系的数例

如果第一部门价值形式的资本有机构成 k_1、第二部门价值形式的资本有机构成 k_2 确定，第一部门价值形式的资本有机构成低于第二部门价值形式的资本有机构成，第二部门价值形式的资本有机构成高于临界值，例如，$k_1=4.9$，$k_2=12$，第一部门的资本家消费第一部门提供的生活资料所耗费的劳动 $s_{11}=180$，220，260，…，780，相应地，剩余价值率 $e=9/12$，11/12，13/12，…，39/12，即 $e=0.75$，0.916 666 666 7，1.083 333 333 3，…，3.25，除了 s_{11}、s_{12}、e 之外，其余已知量与第九章的数例中的已知量相同，那么，第一部门得到的剩余价值 s_1+s_{t1} 与剩余价值率 e、价值形式的总资本有机构成 k 的关系，可以用表 10－35 表示。

表 10－35　　s_1+s_{t1} 与 e、k 的关系

剩余价值率 e	价值形式的总资本有机构成 k	第一部门得到的剩余价值 s_1+s_{t1}
0.750 000 000 0	6.220 100 502 5	36.478 770 843 4
0.916 666 666 7	6.221 746 293 2	73.155 241 550 1
1.083 333 333 3	6.223 338 735 8	109.769 887 745 7
1.250 000 000 0	6.224 880 382 8	146.325 730 485 1
1.416 666 666 7	6.226 373 626 4	182.825 601 411 1
1.583 333 333 3	6.227 820 711 0	219.272 157 029 9
1.750 000 000 0	6.229 223 744 3	255.667 891 747 0
1.916 666 666 7	6.230 584 707 6	292.015 149 783 4
2.083 333 333 3	6.231 905 465 3	328.316 136 079 6
2.250 000 000 0	6.233 187 772 9	364.572 926 285 0
2.416 666 666 7	6.234 433 285 5	400.787 475 916 4

续前表

剩余价值率 e	价值形式的总资本有机构成 k	第一部门得到的剩余价值 s_1+s_{t1}
2.583 333 333 3	6.235 643 564 4	436.961 628 766 0
2.750 000 000 0	6.236 820 083 7	473.097 124 625 8
2.916 666 666 7	6.237 964 236 6	509.195 306 393 0
3.083 333 333 3	6.239 077 340 6	545.253 326 610 3
3.250 000 000 0	6.240 160 642 6	581.287 653 493 6

在表 10 - 35 中，第一部门得到的剩余价值 s_1+s_{t1} 与价值形式的总资本有机构成 k 的关系，可以用图 10 - 35 表示。

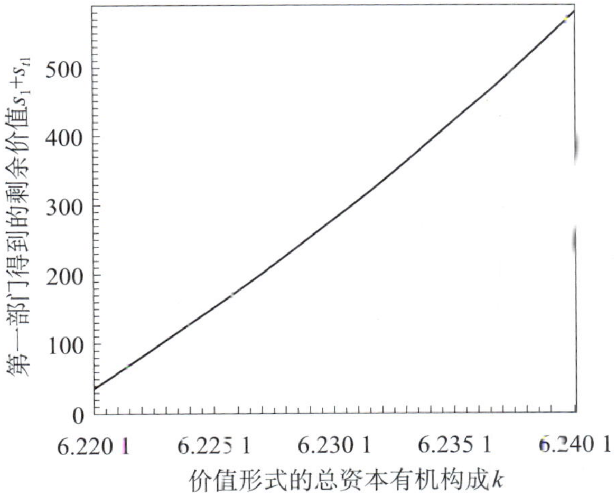

图 10 - 35　s_1+s_{t1} 与 k 的关系

由表 10 - 35 和图 10 - 35 可以看出，随着价值形式的总资本有机构成 k 提高，第一部门得到的剩余价值 s_1+s_{t1} 增加。

可见，如果第一部门价值形式的资本有机构成 k_1、第二部门价值形式的资本有机构成 k_2 确定，第一部门价值形式的资本有机构成低于第二部门价值形式的资本有机构成，第二部门价值形式的资本有机构成高于临界值，那么，第一部门得到的剩余价值是价值形式的总资本有机构成的单调递增函数。

六、第二部门得到的剩余价值与价值形式的总资本有机构成关系的数例

如果第一部门价值形式的资本有机构成 k_1、第二部门价值形式的资本有机构成 k_2 确定，第一部门价值形式的资本有机构成低于第二部门价值形式的资本有机构成，第二部门价值形式的资本有机构成高于临界值，例如，$k_1=4.9$，$k_2=12$，第一部门的资本家消费第一部门提供的生活资料所耗费的劳动 $s_{11}=180$，220，260，…，780，相应地，剩余价值率 $e=$

9/12，11/12，13/12，…，39/12，即 $e=0.75$，0.916 666 666 7，1.083 333 333 3，…，3.25，除了 s_{11}、s_{12}、e 之外，其余已知量与第九章的数例中的已知量相同，那么，第二部门得到的剩余价值 s_2+s_{t2} 与剩余价值率 e、价值形式的总资本有机构成 k 的关系，可以用表 10-36 表示。

表 10-36　　s_2+s_{t2} 与 e、k 的关系

剩余价值率 e	价值形式的总资本有机构成 k	第二部门得到的剩余价值 s_2+s_{t2}
0.750 000 000 0	6.220 100 502 5	239.910 118 045 5
0.916 666 666 7	6.221 746 293 2	264.749 616 749 5
1.083 333 333 3	6.223 338 735 8	289.682 303 489 4
1.250 000 000 0	6.224 880 382 8	314.703 681 279 6
1.416 666 666 7	6.226 373 626 4	339.809 533 724 0
1.583 333 333 3	6.227 820 711 0	364.995 903 806 6
1.750 000 000 0	6.229 223 744 3	390.259 074 545 1
1.916 666 666 7	6.230 584 707 6	415.595 551 323 7
2.083 333 333 3	6.231 905 465 3	441.002 045 738 5
2.250 000 000 0	6.233 187 772 9	466.475 460 811 7
2.416 666 666 7	6.234 433 285 5	492.012 877 440 4
2.583 333 333 3	6.235 643 564 4	517.611 541 965 7
2.750 000 000 0	6.236 820 083 7	543.268 854 755 6
2.916 666 666 7	6.237 964 236 6	568.982 359 708 7
3.083 333 333 3	6.239 077 340 6	594.749 734 593 7
3.250 000 000 0	6.240 160 642 6	620.568 782 150 0

在表 10-36 中，第二部门得到的剩余价值 s_2+s_{t2} 与价值形式的总资本有机构成 k 的关系，可以用图 10-36 表示。

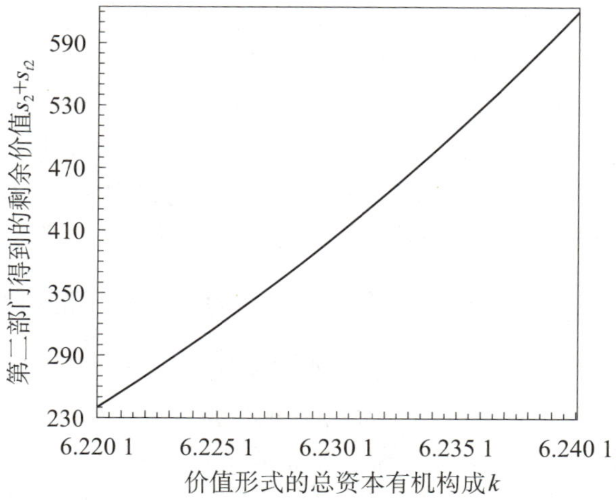

图 10-36　s_2+s_{t2} 与 k 的关系

由表 10－36 和图 10－36 可以看出，随着价值形式的总资本有机构成 k 提高，第二部门得到的剩余价值 s_2+s_{t2} 增加。

可见，如果第一部门价值形式的资本有机构成 k_1、第二部门价值形式的资本有机构成 k_2 确定，第一部门价值形式的资本有机构成低于第二部门价值形式的资本有机构成，第二部门价值形式的资本有机构成高于临界值，那么，第二部门得到的剩余价值是价值形式的总资本有机构成的单调递增函数。

七、第一部门资本家得到的剩余价值与价值形式的总资本有机构成关系的数例

如果第一部门价值形式的资本有机构成 k_1、第二部门价值形式的资本有机构成 k_2 确定，第一部门价值形式的资本有机构成低于第二部门价值形式的资本有机构成，第二部门价值形式的资本有机构成高于临界值，例如，$k_1=4.9$，$k_2=12$，第一部门的资本家消费第一部门提供的生活资料所耗费的劳动 $s_{11}=180$，220，260，…，780，相应地，剩余价值率 $e=9/12$，11/12，13/12，…，39/12，即 $e=0.75$，0.916 666 666 7，1.083 333 333 3，…，3.25，除了 s_{11}、s_{12}、e 之外，其余已知量与第九章的数例中的已知量相同，那么，第一部门资本家得到的剩余价值 s_{v1} 与剩余价值率 e、价值形式的总资本有机构成 k 的关系，可以用表 10－37 表示。

表 10－37　　s_{v1} 与 e、k 的关系

剩余价值率 e	价值形式的总资本有机构成 k	第一部门资本家得到的剩余价值 s_{v1}
0.750 000 000 0	6.220 100 502 5	0.534 387 433 3
0.916 666 666 7	6.221 746 293 2	36.316 741 632 4
1.083 333 333 3	6.223 338 735 8	72.038 579 625 2
1.250 000 000 0	6.224 880 382 8	107.702 895 170 5
1.416 666 666 7	6.226 373 626 4	143.312 492 309 4
1.583 333 333 3	6.227 820 711 0	178.859 999 801 1
1.750 000 000 0	6.229 223 744 3	214.377 884 295 2
1.916 666 666 7	6.230 584 707 6	249.838 462 361 5
2.083 333 333 3	6.231 905 465 3	285.253 911 489 9
2.250 000 000 0	6.233 187 772 9	320.626 280 158 2
2.416 666 666 7	6.234 433 285 5	355.957 497 056 6
2.583 333 333 3	6.235 643 564 4	391.249 379 549 1
2.750 000 000 0	6.236 820 083 7	426.503 641 441 1
2.916 666 666 7	6.237 964 236 6	461.721 900 119 3
3.083 333 333 3	6.239 077 340 6	496.905 683 119 2
3.250 000 000 0	6.240 160 642 6	532.056 434 173 0

在表 10－37 中，第一部门资本家得到的剩余价值 s_{v1} 与价值形式的总资本有机构成 k 的关系，可以用图 10－37 表示。

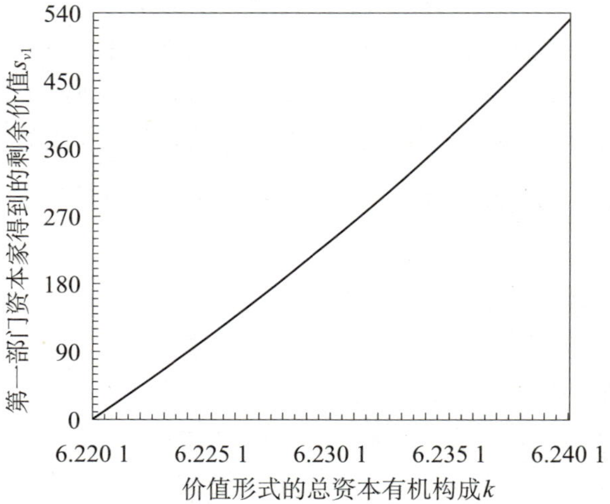

图 10－37　s_{v1} 与 k 的关系

由表 10－37 和图 10－37 可以看出，随着价值形式的总资本有机构成 k 提高，第一部门资本家得到的剩余价值 s_{v1} 增加。

可见，如果第一部门价值形式的资本有机构成 k_1、第二部门价值形式的资本有机构成 k_2 确定，第一部门价值形式的资本有机构成低于第二部门价值形式的资本有机构成，第二部门价值形式的资本有机构成高于临界值，那么，第一部门资本家得到的剩余价值是价值形式的总资本有机构成的单调递增函数。

八、第二部门资本家得到的剩余价值与价值形式的总资本有机构成关系的数例

如果第一部门价值形式的资本有机构成 k_1、第二部门价值形式的资本有机构成 k_2 确定，第一部门价值形式的资本有机构成低于第二部门价值形式的资本有机构成，第二部门价值形式的资本有机构成高于临界值，例如，$k_1=4.9$，$k_2=12$，第一部门的资本家消费第一部门提供的生活资料所耗费的劳动 $s_{11}=180$，220，260，…，780，相应地，剩余价值率 $e=9/12$，11/12，13/12，…，39/12，即 $e=0.75$，0.916 666 666 7，1.083 333 333 3，…，3.25，除了 s_{11}、s_{12}、e 之外，其余已知量与第九章的数例中的已知量相同，那么，第二部门资本家得到的剩余价值 s_{v2} 与剩余价值率 e、价值形式的总资本有机构成 k 的关系，可以用表 10－38 表示。

表 10－38　　s_{v2} 与 e、k 的关系

剩余价值率 e	价值形式的总资本有机构成 k	第二部门资本家得到的剩余价值 s_{v2}
0.750 000 000 0	6.220 100 502 5	0.280 895 311 6
0.916 666 666 7	6.221 746 293 2	19.159 617 298 3
1.083 333 333 3	6.223 338 735 8	38.140 249 352 3
1.250 000 000 0	6.224 880 382 8	57.218 112 515 6
1.416 666 666 7	6.226 373 626 4	76.388 806 379 0
1.583 333 333 3	6.227 820 711 0	95.648 138 947 6
1.750 000 000 0	6.229 223 744 3	114.992 358 199 4
1.916 666 666 7	6.230 584 707 6	134.417 635 177 9
2.083 333 333 3	6.231 905 465 3	153.920 548 473 7
2.250 000 000 0	6.233 187 772 9	173.497 819 966 1
2.416 666 666 7	6.234 433 285 5	193.146 351 708 3
2.583 333 333 3	6.235 643 564 4	212.863 213 853 2
2.750 000 000 0	6.236 820 083 7	232.645 533 524 4
2.916 666 666 7	6.237 964 236 6	252.490 984 550 8
3.083 333 333 3	6.239 077 340 6	272.396 777 986 0
3.250 000 000 0	6.240 160 642 6	292.360 653 346 4

在表 10－38 中，第二部门资本家得到的剩余价值 s_{v2} 与价值形式的总资本有机构成 k 的关系，可以用图 10－38 表示。

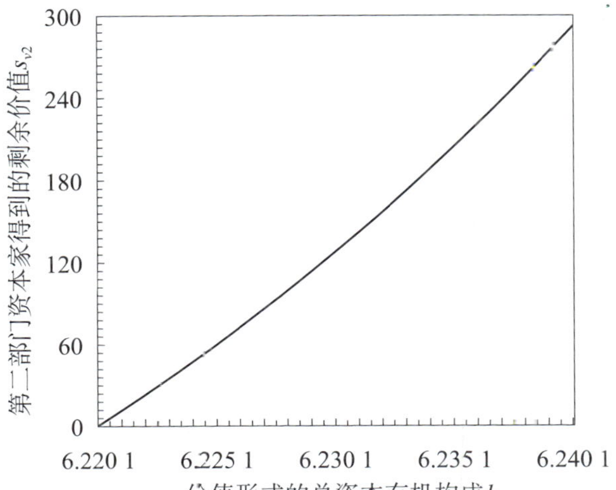

图 10－38　s_{v2} 与 k 的关系

由表 10－38 和图 10－38 可以看出，随着价值形式的总资本有机构成 k 提高，第二部门资本家得到的剩余价值 s_{v2} 增加。

可见，如果第一部门价值形式的资本有机构成 k_1、第二部门价值形式的资本有机构成 k_2 确定，第一部门价值形式的资本有机构成低于第二部门价值形式的资本有机构成，第二部门价值形式的资本有机构成高于临界值，那么，第二部门资本家得到的剩余价值是价值形式的总资本有机构成的单调递增函数。

九、资本家得到的总剩余价值与价值形式的总资本有机构成关系的数例

如果第一部门价值形式的资本有机构成 k_1、第二部门价值形式的资本有机构成 k_2 确定，第一部门价值形式的资本有机构成低于第二部门价值形式的资本有机构成，第二部门价值形式的资本有机构成高于临界值，例如，$k_1=4.9$，$k_2=12$，第一部门的资本家消费第一部门提供的生活资料所耗费的劳动 $s_{11}=180$，220，260，…，780，相应地，剩余价值率 $e=9/12$，11/12，13/12，…，39/12，即 $e=0.75$，0.916 666 666 7，1.083 333 333 3，…，3.25，除了 s_{11}、s_{12}、e 之外，其余已知量与第九章的数例中的已知量相同，那么，资本家得到的总剩余价值 s_v 与剩余价值率 e、价值形式的总资本有机构成 k 的关系，可以用表 10－39 表示。

表 10－39　　s_v 与 e、k 的关系

剩余价值率 e	价值形式的总资本有机构成 k	资本家得到的总剩余价值 s_v
0.750 000 000 0	6.220 100 502 5	0.815 282 744 9
0.916 666 666 7	6.221 746 293 2	55.476 358 930 7
1.083 333 333 3	6.223 338 735 8	110.178 828 977 5
1.250 000 000 0	6.224 880 382 8	164.921 007 686 1
1.416 666 666 7	6.226 373 626 4	219.701 298 688 4
1.583 333 333 3	6.227 820 711 0	274.518 188 748 7
1.750 000 000 0	6.229 223 744 3	329.370 242 494 5
1.916 666 666 7	6.230 584 707 6	384.256 097 539 3
2.083 333 333 3	6.231 905 465 3	439.174 459 963 6
2.250 000 000 0	6.233 187 772 9	494.124 100 124 3
2.416 666 666 7	6.234 433 285 5	549.103 848 765 0
2.583 333 333 3	6.235 643 564 4	604.112 593 402 3
2.750 000 000 0	6.236 820 083 7	659.149 274 965 5
2.916 666 666 7	6.237 964 236 6	714.212 884 670 1
3.083 333 333 3	6.239 077 340 6	769.302 461 105 2
3.250 000 000 0	6.240 160 642 6	824.417 087 519 4

在表 10－39 中，资本家得到的总剩余价值 s_v 与价值形式的总资本有

机构成 k 的关系，可以用图 10－39 表示。

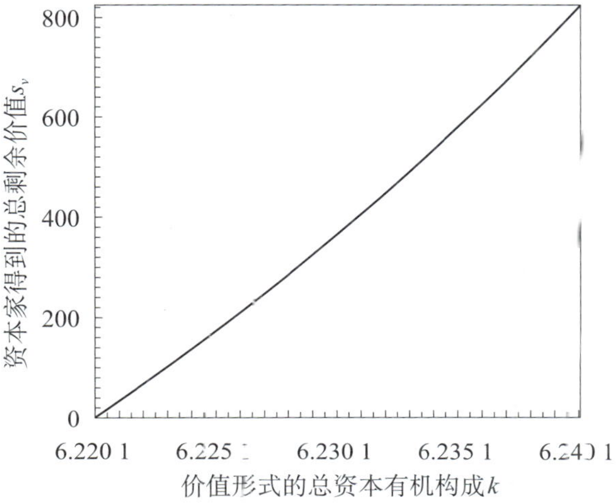

图 10－39　s_v与 k 的关系

由表 10－39 和图 10－39 可以看出，随着价值形式的总资本有机构成 k 提高，资本家得到的总剩余价值 s_v增加。

可见，如果第一部门价值形式的资本有机构成 k_1、第二部门价值形式的资本有机构成 k_2 确定，第一部门价值形式的资本有机构成低于第二部门价值形式的资本有机构成，第二部门价值形式的资本有机构成高于临界值，那么，资本家得到的总剩余价值是价值形式的总资本有机构成的单调递增函数。

十、价值形式的平均利润率、价值形式的利润率与价值形式的总资本有机构成关系的数例

如果第一部门价值形式的资本有机构成 k_1、第二部门价值形式的资本有机构成 k_2 确定，第一部门价值形式的资本有机构成低于第二部门价值形式的资本有机构成，第二部门价值形式的资本有机构成高于临界值，例如，$k_1=4.9$，$k_2=12$，第一部门的资本家消费第一部门提供的生活资料所耗费的劳动 $s_{11}=180$，220，260，…，780，相应地，剩余价值率 $e=9/12$，11/12，13/12，…，39/12，即 $e=0.75$，0.916 666 666 7，1.083 333 333 3，…，3.25。除了 s_{11}、s_{12}、e 之外，其余已知量与第九章的数例中的已知量相同，那么，价值形式的平均利润率 r_{vt}、价值形式的利润率 r_v与剩余价值率 e、价值形式的总资本有机构成 k 的关系，可以用表 10－40 表示。

表 10-40　　r_{vt}、r_v与 e、k 的关系

剩余价值率 e	价值形式的 总资本有机构成 k	价值形式的 平均利润率 r_{vt}	价值形式的利润率 r_v
0.750 000 00	6.220 100 50	0.000 306 41	0.103 876 67
0.916 666 67	6.221 746 29	0.020 839 28	0.126 931 44
1.083 333 33	6.223 338 74	0.041 367 33	0.149 976 81
1.250 000 00	6.224 880 38	0.061 890 89	0.173 013 25
1.416 666 67	6.226 373 63	0.082 410 26	0.196 041 16
1.583 333 33	6.227 820 71	0.102 925 73	0.219 060 96
1.750 000 00	6.229 223 74	0.123 437 56	0.242 073 02
1.916 666 67	6.230 584 71	0.143 945 98	0.265 077 69
2.083 333 33	6.231 905 47	0.164 451 22	0.288 075 30
2.250 000 00	6.233 187 77	0.184 953 48	0.311 066 17
2.416 666 67	6.234 433 29	0.205 452 94	0.334 050 58
2.583 333 33	6.235 643 56	0.225 949 79	0.357 028 83
2.750 000 00	6.236 820 08	0.246 444 19	0.380 001 16
2.916 666 67	6.237 964 24	0.266 936 27	0.402 967 82
3.083 333 33	6.239 077 34	0.287 426 20	0.425 929 05
3.250 000 00	6.240 160 64	0.307 914 08	0.448 885 07

在表 10-40 中，价值形式的平均利润率 r_{vt}、价值形式的利润率 r_v与价值形式的总资本有机构成k 的关系，可以用图 10-40 表示。

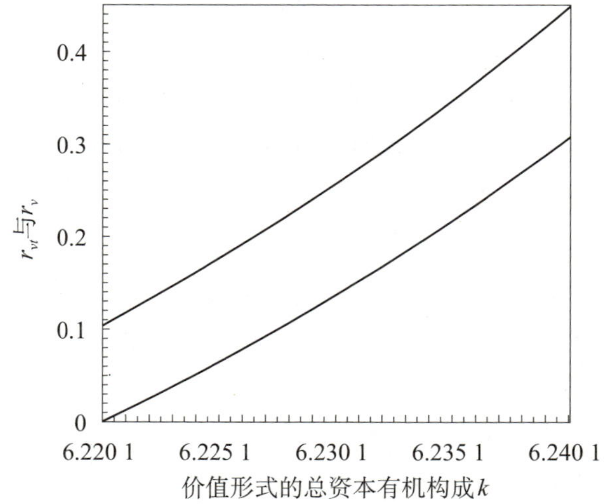

图 10-40　r_{vt}、r_v与 k 的关系

在图 10-40 中，上面的曲线，表示价值形式的利润率 r_v与价值形式

的总资本有机构成 k 的关系；下面的曲线，表示价值形式的平均利润率 r_{vt} 与价值形式的总资本有机构成 k 的关系。

由表 10－40 和图 10－40 可以看出，随着价值形式的总资本有机构成 k 提高，价值形式的平均利润率 r_{vt} 提高，价值形式的利润率 r_v 也提高。

值得注意的是，价值形式的平均利润率 r_{vt} 总是低于价值形式的利润率 r_v，因为价值形式的利润中包括土地所有者的地租。

在本数例中，第一部门价值形式的资本有机构成 k_1 为 4.9，第二部门价值形式的资本有机构成 k_2 为 12，剩余价值率 e 从 0.75 提高到 3.25，价值形式的总资本有机构成 k 从 6.220 100 50 提高到 6.240 160 64，价值形式的平均利润率 r_{vt} 从 0.000 306 41 提高 0.307 914 08，价值形式的利润率 r_v 从 0.103 876 67 提高到 0.448 885 07。

可见，在本例中，如果第一部门价值形式的资本有机构成 k_1、第二部门价值形式的资本有机构成 k_2 确定，第一部门价值形式的资本有机构成低于第二部门价值形式的资本有机构成，第二部门价值形式的资本有机构成高于临界值，那么，价值形式的总资本有机构成是剩余价值率的单调递增函数，价值形式的平均利润率、价值形式的利润率是剩余价值率的单调递增函数，价值形式的平均利润率、价值形式的利润率是价值形式的总资本有机构成的单调递增函数。

值得注意的是，这个结论依赖于相应的数例。例如，如果其他条件相同，只有第二部门价值形式的资本有机构成为 12 从降低到 10，那么，价值形式的总资本有机构成将变为剩余价值率的单调递减函数，价值形式的平均利润率、价值形式的利润率仍然是剩余价值率的单调递增函数，价值形式的平均利润率、价值形式的利润率将变为价值形式的总资本有机构成的单调递减函数。

更精确地说，在其他条件相同的条件下，如果第二部门价值形式的资本有机构成 k_2 高于 $10\frac{11}{12}$ 或 10.833 333 333 3，那么，价值形式的总资本有机构成是剩余价值率的单调递增函数，价值形式的平均利润率、价值形式的利润率是剩余价值率的单调递增函数，价值形式的平均利润率、价值形式的利润率是价值形式的总资本有机构成的单调递增函数。

第二部门价值形式的资本有机构成 k_2 的临界值为 $10\frac{11}{12}$ 或 10.833 333 333 3。

如果第二部门价值形式的资本有机构成 k_2 低于 $10\frac{11}{12}$ 或 10.833 333 333 3，那么，价值形式的总资本有机构成将变为剩余价值率的单调递减函数，价值形式的平均利润率、价值形式的利润率仍然是剩余价值率的单调递增函数，价值形式的平均利润率、价值形式的利润率变为价值形式的总资本有机构成的单调递减函数。

由此可见，价值形式的平均利润率、价值形式的利润率是价值形式的总资本有机构成的单调递增函数，还是单调递减函数，不仅与第一部门价值形式的资本有机构成高于第二部门价值形式的资本有机构成，还是低于第二部门价值形式的资本有机构成有关，而且与第二部门价值形式的资本有机构成的具体数值有关。

因此，这个结论是令人非常感兴趣的。

第六节　k_1、k_2 确定，$k_1<k_2$，k_2 低于临界值，e 提高的条件下，r_{vt}、r_v 与 k 的关系的数例

这里在第一部门价值形式的资本有机构成、第二部门价值形式的资本有机构成确定，第一部门价值形式的资本有机构成低于第二部门价值形式的资本有机构成，第二部门价值形式的资本有机构成低于临界值的条件下，通过剩余价值率提高的数例，考察各个有关内生变量与价值形式的总资本有机构成的关系，在此基础上，考察价值形式的平均利润率、价值形式的利润率与价值形式的总资本有机构成的关系。

一、价值形式的总资本有机构成与剩余价值率关系的数例

如果第一部门价值形式的资本有机构成、第二部门价值形式的资本有机构成确定，那么，价值形式的总资本有机构成是剩余价值率的函数。

如果第一部门价值形式的资本有机构成 k_1、第二部门价值形式的资本有机构成 k_2 确定，第一部门价值形式的资本有机构成低于第二部门价值形式的资本有机构成，第二部门价值形式的资本有机构成低于临界值，例如，$k_1=4.9$，$k_2=10$，第一部门的资本家消费第一部门提供的生活资料所耗费的劳动 $s_{11}=180$，220，260，…，780，相应地，剩余价值率 $e=9/12$，11/12，13/12，…，39/12，即 $e=0.75$，0.916 666 666 7，1.083 333 333 3，…，3.25，除了 s_{11}、s_{12}、e 之外，其余已知量与第九章的数例中的已知量相同，那么，价值形式的总资本有机构成 k 与剩余价值率 e 的关系，可以用表 10－41 表示。

表 10-41 **k 与 s_{11}、e 的关系**

第一部门的资本家消费第一部门提供的生活资料所耗费的劳动 s_{11}	剩余价值率 e	价值形式的总资本有机构成 k
180	0.750 000 000 0	5.978 285 714 286
220	0.916 666 666 7	5.977 196 261 682
260	1.083 333 333 3	5.976 146 788 991
300	1.250 000 000 0	5.975 135 135 135
340	1.416 666 666 7	5.974 159 292 035
380	1.583 333 333 3	5.973 217 391 304
420	1.750 000 000 0	5.972 307 692 308
460	1.916 666 666 7	5.971 428 571 429
500	2.083 333 333 3	5.970 578 512 397
540	2.250 000 000 0	5.969 756 097 561
580	2.416 666 666 7	5.968 960 000 000
620	2.583 333 333 3	5.968 188 976 378
660	2.750 000 000 0	5.967 441 860 465
700	2.916 666 666 7	5.966 717 557 252
740	3.083 333 333 3	5.966 015 037 594
780	3.250 000 000 0	5.965 333 333 333

在表 10-41 中，价值形式的总资本有机构成 k 与剩余价值率 e 的关系，可以用图 10-41 表示。

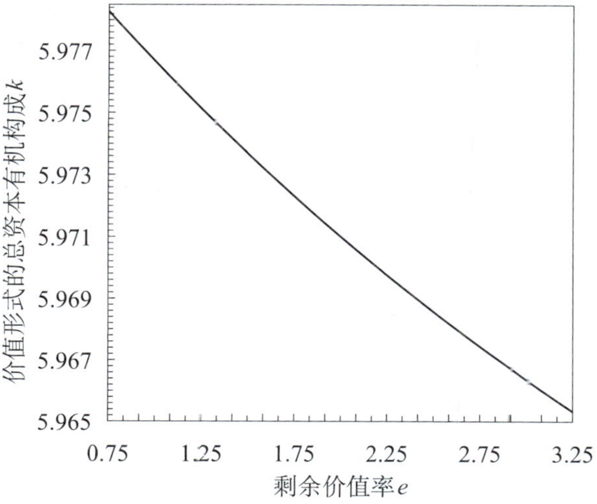

图 10-41 k 与 e 的关系

由表 10-41 和图 10-41 可以看出，随着第一部门的资本家消费第一部门提供的生活资料所耗费的劳动 s_{11} 增加，也就是随着剩余价值率 e 提高，价值形式的总资本有机构成 k 降低。

可见，如果第一部门价值形式的资本有机构成 k_1、第二部门价值形式的资本有机构成 k_2 确定，第一部门价值形式的资本有机构成低于第二部门价值形式的资本有机构成，第二部门价值形式的资本有机构成低于临界值，那么，价值形式的总资本有机构成是剩余价值率的单调递减的非线性函数。本数例就是这种情况。

值得注意的是，这个结论并不是在任何条件下都成立，而是与给定的数值有关。如果其他条件相同，并且第二部门价值形式的资本有机构成 k_2 高于 $10\frac{11}{12}$ 或 10.833 333 333 3，那么，价值形式的总资本有机构成是剩余价值率的单调递增函数。

第二部门价值形式的资本有机构成 k_2 的临界值为 $10\frac{11}{12}$ 或 10.833 333 333 3。

如果第二部门价值形式的资本有机构成 k_2 低于 $10\frac{11}{12}$ 或 10.833 333 333 3，那么，价值形式的总资本有机构成变为剩余价值率的单调递减函数。

令人感兴趣的是，在本例中，第一部门价值形式的资本有机构成 k_1 与第二部门价值形式的资本有机构成 k_2 都没有变化，也就是两个部门的生产力都没有变化，随着剩余价值率提高，价值形式的总资本有机构成降低。这种情况与大多数经济学家的传统观念不一致。

在大多数经济学家经济学家看来，价值形式的资本有机构成提高一定伴随着生产力提高，生产力提高必然导致剩余价值率提高，价值形式的资本有机构成与剩余价值率一定互为单调递增函数。

在本例中，两个部门的生产力不变，剩余价值率提高导致两部门的资本比例发生变化，从而价值形式的总资本有机构成降低。这说明：第一，价值形式的总资本有机构成提高不一定说明社会生产力提高，每个部门价值形式的资本有机构成提高才说明这个部门的生产力提高；第二，不是在任何条件下价值形式的总资本有机构成与剩余价值率都互为单调递增函数，在一定条件下二者可以互为单调递增函数。

二、第一部门得到的剩余价值中属于本部门资本家的比例与价值形式的总资本有机构成关系的数例

如果第一部门价值形式的资本有机构成 k_1、第二部门价值形式的资本有机构成 k_2 确定，第一部门价值形式的资本有机构成低于第二部门价

值形式的资本有机构成，第二部门价值形式的资本有机构成低于临界值，例如，$k_1=4.9$，$k_2=10$，那么，价值形式的总资本有机构成变为剩余价值率的单调递减函数。

如果考察各种内生变量与价值形式的总资本有机构成的函数关系，那么，按照习惯，作为外生变量的价值形式的总资本有机构成 k 应该采用递增的形式。相应地，第一部门的资本家消费第一部门提供的生活资料所耗费的劳动 s_{11} 与剩余价值率 e 都应该采用递减的形式。

如果第一部门的资本家消费第一部门提供的生活资料所耗费的劳动 $s_{11}=780$，740，700，…，180，相应地，剩余价值率 $e=39/12$，37/12，35/12，…，9/12，即 $e=3.25$，3.083 333 333 3，2.916 666 666 7，…，0.75，除了 s_{11}、s_{12}、e 之外，其余已知量与第九章的数例中的已知量相同，那么，第一部门得到的剩余价值中属于本部门资本家的比例 d_1 与剩余价值率 e、价值形式的总资本有机构成 k 的关系，可以用表 10－42 表示。

表 10－42　　d_1 与 e、k 的关系

剩余价值率 e	价值形式的总资本有机构成 k	第一部门得到的剩余价值中属于本部门资本家的比例 d_1
3.250 000 000 0	5.965 333 333 3	0.922 625 056 7
3.083 333 333 3	5.966 015 037 6	0.918 880 663 5
2.916 666 666 7	5.966 717 557 3	0.914 607 705 8
2.750 000 000 0	5.967 441 860 5	0.909 685 394 1
2.583 333 333 3	5.968 188 976 4	0.903 953 076 5
2.416 666 666 7	5.968 960 000 0	0.897 192 314 4
2.250 000 000 0	5.969 756 097 6	0.889 098 330 2
2.083 333 333 3	5.970 578 512 4	0.879 232 639 0
1.916 666 666 7	5.971 428 571 4	0.866 940 879 6
1.750 000 000 0	5.972 307 692 3	0.851 200 817 7
1.583 333 333 3	5.973 217 391 3	0.830 322 212 7
1.416 666 666 7	5.974 159 292 0	0.801 294 117 7
1.250 000 000 0	5.975 135 135 1	0.758 181 896 1
1.083 333 333 3	5.976 146 789 0	0.687 440 345 7
0.916 666 666 7	5.977 196 261 7	0.549 962 422 8
0.750 000 000 0	5.978 285 714 3	0.166 883 618 4

在表 10－42 中，第一部门得到的剩余价值中属于本部门资本家的

比例 d_1 与价值形式的总资本有机构成 k 的关系，可以用图 10－42 表示。

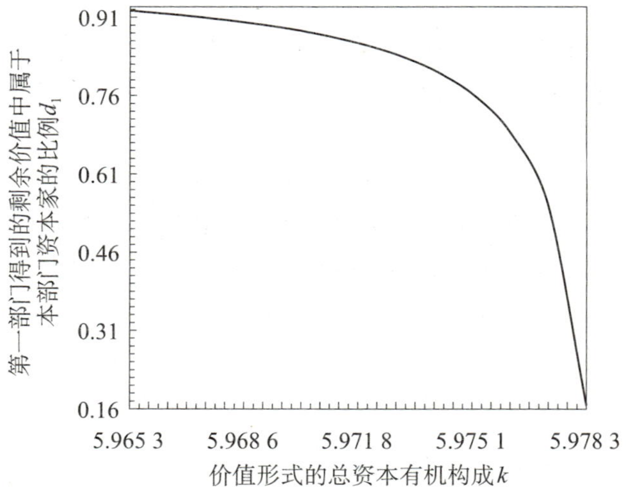

图 10－42　d_1 与 k 的关系

由表 10－42 和图 10－42 可以看出，随着价值形式的总资本有机构成 k 提高，第一部门得到的剩余价值中属于本部门资本家的比例 d_1 降低。

可见，如果第一部门价值形式的资本有机构成 k_1、第二部门价值形式的资本有机构成 k_2 确定，第一部门价值形式的资本有机构成低于第二部门价值形式的资本有机构成，第二部门价值形式的资本有机构成低于临界值，那么，第一部门得到的剩余价值中属于本部门资本家的比例是价值形式的总资本有机构成的单调递减函数。

值得注意的是，这里的横坐标为价值形式的总资本有机构成 k，价值形式的总资本有机构成 k 是剩余价值率 e 的非线性函数，在本例中，剩余价值率 e 是等差数列，价值形式的总资本有机构成 k 就不可能是等差数列。用 Office 中的 Excel 作图，横坐标必须是等差数列。为此，利用 Excel 中的 vlookup 函数功能，将价值形式的总资本有机构成 k 转变为等差数列，然后再用 Excel 作图。

在本节中，图 10－42、图 10－43、图 10－44、图 10－45、图 10－46、图 10－47、图 10－48、图 10－49、图 10－50，均用此种方式作图。下面不再重复阐述。

三、第二部门得到的剩余价值中属于本部门资本家的比例与价值形式的总资本有机构成关系的数例

如果第一部门价值形式的资本有机构成 k_1、第二部门价值形式的资本有机构成 k_2 确定，第一部门价值形式的资本有机构成低于第二部门价值形式的资本有机构成，第二部门价值形式的资本有机构成低于临界值，例如，$k_1=4.9$，$k_2=10$，第一部门的资本家消费第一部门提供的生活资料所耗费的劳动 $s_{11}=780$，740，700，…，180，相应地，剩余价值率 $e=39/12$，37/12，35/12，…，9/12，即 $e=3.25$，3.083 333 333 3，2.916 666 666 7，…，0.75，除了 s_{11}、s_{12}、e 之外，其余已知量与第九章的数例中的已知量相同，那么，第二部门得到的剩余价值中属于本部门资本家的比例 d_2 与剩余价值率 e、价值形式的总资本有机构成 k 的关系，可以用表 10－43 表示。

表 10－43　　**d_2 与 e、k 的关系**

剩余价值率 e	价值形式的总资本有机构成 k	第二部门得到的剩余价值中属于本部门资本家的比例 d_2
3.250 000 000 0	5.965 333 333 3	0.484 595 058 7
3.083 333 333 3	5.966 015 037 6	0.471 697 841 9
2.916 666 666 7	5.966 717 557 3	0.457 676 064 0
2.750 000 000 0	5.967 441 860 5	0.442 374 768 1
2.583 333 333 3	5.968 188 976 4	0.425 609 085 2
2.416 666 666 7	5.968 960 000 0	0.407 156 645 0
2.250 000 000 0	5.969 756 097 6	0.386 747 552 1
2.083 333 333 3	5.970 578 512 4	0.364 050 965 0
1.916 666 666 7	5.971 428 571 4	0.338 656 854 0
1.750 000 000 0	5.972 307 692 3	0.310 050 788 3
1.583 333 333 3	5.973 217 391 3	0.277 578 434 3
1.416 666 666 7	5.974 159 292 0	0.240 394 507 9
1.250 000 000 0	5.975 135 135 1	0.197 387 614 5
1.083 333 333 3	5.976 146 789 0	0.147 066 551 1
0.916 666 666 7	5.977 196 261 7	0.087 382 366 4
0.750 000 000 0	5.978 285 714 3	0.015 443 685 0

在表 10－43 中，第二部门得到的剩余价值中属于本部门资本家的比例 d_2 与价值形式的总资本有机构成 k 的关系，可以用图 10－43 表示。

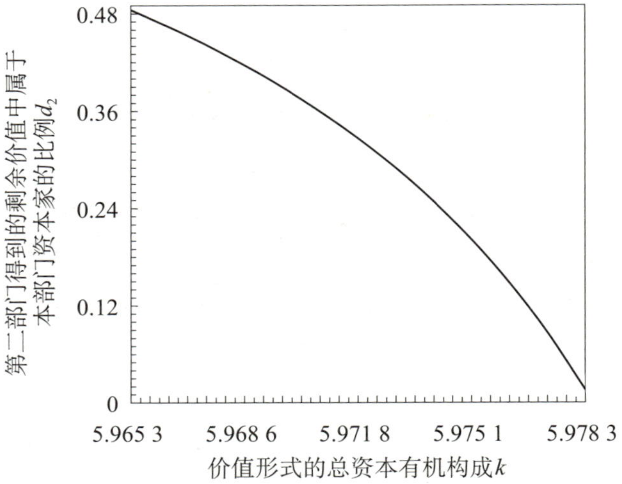

图 10-43　d_2 与 k 的关系

由表 10-43 和图 10-43 可以看出，随着价值形式的总资本有机构成 k 提高，第二部门得到的剩余价值中属于本部门资本家的比例 d_2 降低。

可见，如果第一部门价值形式的资本有机构成 k_1、第二部门价值形式的资本有机构成 k_2 确定，第一部门价值形式的资本有机构成低于第二部门价值形式的资本有机构成，第二部门价值形式的资本有机构成低于临界值，那么，第二部门得到的剩余价值中属于本部门资本家的比例是价值形式的总资本有机构成的单调递减函数。

四、第一部门多得到的剩余价值、第二部门多得到的剩余价值与价值形式的总资本有机构成关系的数例

如果第一部门价值形式的资本有机构成 k_1、第二部门价值形式的资本有机构成 k_2 确定，第一部门价值形式的资本有机构成低于第二部门价值形式的资本有机构成，第二部门价值形式的资本有机构成低于临界值，例如，$k_1=4.9$，$k_2=10$，第一部门的资本家消费第一部门提供的生活资料所耗费的劳动 $s_{11}=780$，740，700，…，180，相应地，剩余价值率 $e=39/12$，37/12，35/12，…，9/12，即 $e=3.25$，3.083 333 333 3，2.916 666 666 7，…，0.75，除了 s_{11}、s_{12}、e 之外，其余已知量与第九章的数例中的已知量相同，那么，第一部门多得到的剩余价值 s_{t1}、第二部门多得到的剩余价值 s_{t2} 与剩余价值率 e、价值形式的总资本有机构成 k 的关系，可以用表 10-44 表示。

表 10 - 44　　s_{t1}、s_{t2} 与 e、k 的关系

剩余价值率 e	价值形式的总资本有机构成 k	第一部门多得到的剩余价值 s_{t1}	第二部门多得到的剩余价值 s_{t2}
3.250 000 0	5.965 333 3	−359.033 852 2	359.033 852 2
3.083 333 3	5.966 015 0	−347.113 419 9	347.113 419 9
2.916 666 7	5.966 717 6	−335.206 657 5	335.206 657 5
2.750 000 0	5.967 441 9	−323.314 231 3	323.314 231 3
2.583 333 3	5.968 189 0	−311.436 850 7	311.436 850 7
2.416 666 7	5.968 960 0	−299.575 271 9	299.575 271 9
2.250 000 0	5.969 756 1	−287.730 301 2	287.730 301 2
2.083 333 3	5.970 578 5	−275.902 799 7	275.902 799 7
1.916 666 7	5.971 428 6	−264.093 687 9	264.093 687 9
1.750 000 0	5.972 307 7	−252.303 950 3	252.303 950 3
1.583 333 3	5.973 217 4	−240.534 641 5	240.534 641 5
1.416 666 7	5.974 159 3	−228.786 892 1	228.786 892 1
1.250 000 0	5.975 135 1	−217.061 915 6	217.061 915 6
1.083 333 3	5.976 146 8	−205.361 015 8	205.361 015 8
0.916 666 7	5.977 196 3	−193.685 595 7	193.685 595 7
0.750 000 0	5.978 285 7	−182.037 166 1	182.037 166 1

在表 10 - 44 中，第一部门多得到的剩余价值 s_{t1}、第二部门多得到的剩余价值 s_{t2} 与价值形式的总资本有机构成 k 的关系，可以用图 10 - 44 表示。

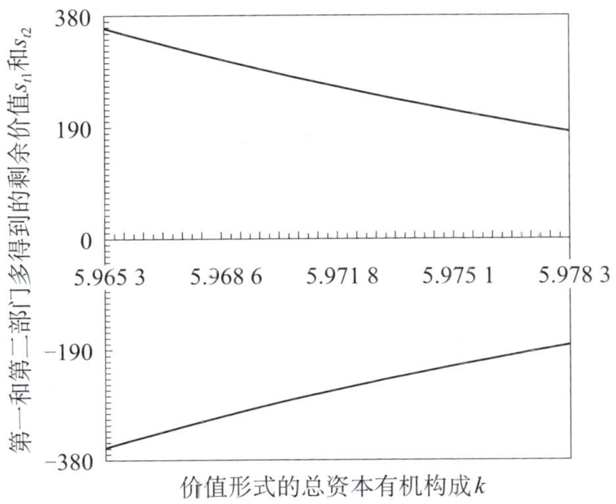

图 10 - 44　s_{t1}、s_{t2} 与 k 的关系

在图 10－44 中，斜率为正的曲线，为第一部门多得到的剩余价值 s_{t1} 与价值形式的总资本有机构成 k 的关系曲线；斜率为负的曲线，为第二部门多得到的剩余价值 s_{t2} 与价值形式的总资本有机构成 k 的关系曲线。

由表 10－44 和图 10－44 可以看出，随着价值形式的总资本有机构成 k 提高，第一部门多得到的剩余价值 s_{t1} 增加，第二部门多得到的剩余价值 s_{t2} 减少。

可见，如果第一部门价值形式的资本有机构成 k_1、第二部门价值形式的资本有机构成 k_2 确定，第一部门价值形式的资本有机构成低于第二部门价值形式的资本有机构成，第二部门价值形式的资本有机构成低于临界值，那么，第一部门多得到的剩余价值 s_{t1} 是价值形式的总资本有机构成的单调递增函数，第二部门多得到的剩余价值 s_{t2} 是价值形式的总资本有机构成的单调递减函数。

五、第一部门得到的剩余价值与价值形式的总资本有机构成关系的数例

如果第一部门价值形式的资本有机构成 k_1、第二部门价值形式的资本有机构成 k_2 确定，第一部门价值形式的资本有机构成低于第二部门价值形式的资本有机构成，第二部门价值形式的资本有机构成低于临界值，例如，$k_1=4.9$，$k_2=10$，第一部门的资本家消费第一部门提供的生活资料所耗费的劳动 $s_{11}=780$，740，700，…，180，相应地，剩余价值率 $e=39/12$，37/12，35/12，…，9/12，即 $e=3.25$，3.083 333 333 3，2.916 666 666 7，…，0.75，除了 s_{11}、s_{12}、e 之外，其余已知量与第九章的数例中的已知量相同，那么，第一部门得到的剩余价值 s_1+s_{t1} 与剩余价值率 e、价值形式的总资本有机构成 k 的关系，可以用表 10－45 表示。

表 10－45　　s_1+s_{t1} 与 e、k 的关系

剩余价值率 e	价值形式的总资本有机构成 k	第一部门得到的剩余价值 s_1+s_{t1}
3.250 000 000 0	5.965 333 333 3	615.966 147 814 9
3.083 333 333 3	5.966 015 037 6	577.886 580 122 8
2.916 666 666 7	5.966 717 557 3	539.793 342 524 5
2.750 000 000 0	5.967 441 860 5	501.685 768 720 2
2.583 333 333 3	5.968 188 976 4	463.563 149 276 2
2.416 666 666 7	5.968 960 000 0	425.424 728 143 9
2.250 000 000 0	5.969 756 097 6	387.269 698 843 0
2.083 333 333 3	5.970 578 512 4	349.097 200 270 1
1.916 666 666 7	5.971 428 571 4	310.906 312 091 3
1.750 000 000 0	5.972 307 692 3	272.696 049 669 0
1.583 333 333 3	5.973 217 391 3	234.465 358 469 8
1.416 666 666 7	5.974 159 292 0	196.213 107 891 0

续前表

剩余价值率 e	价值形式的总资本有机构成 k	第一部门得到的剩余价值 s_1+s_{t1}
1.250 000 000 0	5.975 135 135 1	157.938 084 435 4
1.083 333 333 3	5.976 146 789 0	119.638 984 155 3
0.916 666 666 7	5.977 196 261 7	81.314 404 273 4
0.750 000 000 0	5.978 285 714 3	42.962 833 878 5

在表 10－45 中，第一部门得到的剩余价值 s_1+s_{t1} 与价值形式的总资本有机构成 k 的关系，可以用图 10－45 表示。

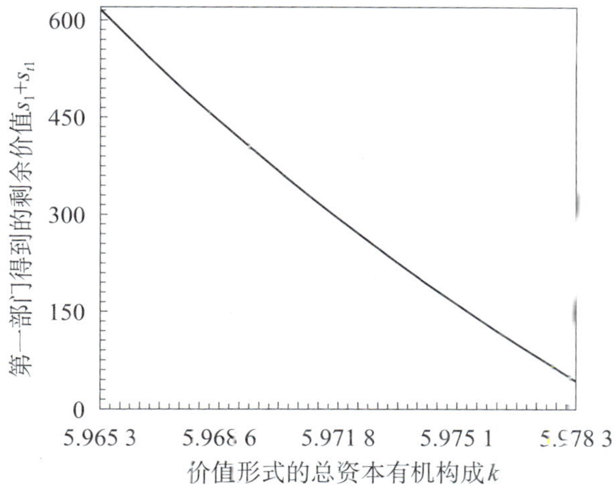

图 10－45　s_1+s_{t1} 与 k 的关系

由表 10－45 和图 10－45 可以看出，随着价值形式的总资本有机构成 k 提高，第一部门得到的剩余价值 s_1+s_{t1} 减少。

可见，如果第一部门价值形式的资本有机构成 k_1、第二部门价值形式的资本有机构成 k_2 确定，第一部门价值形式的资本有机构成低于第二部门价值形式的资本有机构成，第二部门价值形式的资本有机构成低于临界值，那么，第一部门得到的剩余价值是价值形式的总资本有机构成的单调递减函数。

六、第二部门得到的剩余价值与价值形式的总资本有机构成关系的数例

如果第一部门价值形式的资本有机构成 k_1、第二部门价值形式的资本有机构成 k_2 确定，第一部门价值形式的资本有机构成低于第二部门价值形式的资本有机构成，第二部门价值形式的资本有机构成低于临界值，例如，$k_1=4.9$，$k_2=10$，第一部门的资本家消费第一部门提供的生活资料所耗费的劳动 $s_{11}=780$，740，700，…，180，相应地，剩余价值率 $e=$

39/12，37/12，35/12，…，9/12，即 $e=3.25$，3.083 333 333 3，2.916 666 666 7，…，0.75，除了 s_{11}、s_{12}、e 之外，其余已知量与第九章的数例中的已知量相同，那么，第二部门得到的剩余价值 s_2+s_{t2} 与剩余价值率 e、价值形式的总资本有机构成 k 的关系，可以用表 10－46 表示。

表 10－46　　s_2+s_{t2} 与 e、k 的关系

剩余价值率 e	价值形式的总资本有机构成 k	第二部门得到的剩余价值 s_2+s_{t2}
3.250 000 000 0	5.965 333 333 3	616.477 672 409 9
3.083 333 333 3	5.966 015 037 6	591.552 583 375 3
2.916 666 666 7	5.966 717 557 3	566.625 576 394 4
2.750 000 000 0	5.967 441 860 5	541.696 584 221 0
2.583 333 333 3	5.968 188 976 4	516.765 535 982 8
2.416 666 666 7	5.968 960 000 0	491.832 356 876 3
2.250 000 000 0	5.969 756 097 6	466.896 967 823 7
2.083 333 333 3	5.970 578 512 4	441.959 285 085 5
1.916 666 666 7	5.971 428 571 4	417.019 219 823 6
1.750 000 000 0	5.972 307 692 3	392.076 677 603 7
1.583 333 333 3	5.973 217 391 3	367.131 557 829 8
1.416 666 666 7	5.974 159 292 0	342.183 753 095 6
1.250 000 000 0	5.975 135 135 1	317.233 148 441 3
1.083 333 333 3	5.976 146 789 0	292.279 620 495 9
0.916 666 666 7	5.977 196 261 7	267.323 036 484 9
0.750 000 000 0	5.978 285 714 3	242.363 253 078 0

在表 10－46 中，第二部门得到的剩余价值 s_2+s_{t2} 与价值形式的总资本有机构成 k 的关系，可以用图 10－46 表示。

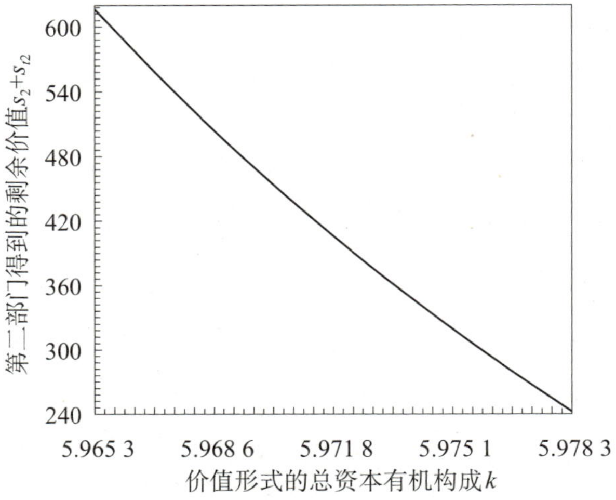

图 10－46　s_2+s_{t2} 与 k 的关系

由表 10－46 和图 10－46 可以看出，随着价值形式的总资本有机构成 k 提高，第二部门得到的剩余价值 s_2+s_{t2} 减少。

可见，如果第一部门价值形式的资本有机构成 k_1、第二部门价值形式的资本有机构成 k_2 确定，第一部门价值形式的资本有机构成低于第二部门价值形式的资本有机构成，第二部门价值形式的资本有机构成低于临界值，那么，第二部门得到的剩余价值是价值形式的总资本有机构成的单调递减函数。

七、第一部门资本家得到的剩余价值与价值形式的总资本有机构成关系的数例

如果第一部门价值形式的资本有机构成 k_1、第二部门价值形式的资本有机构成 k_2 确定，第一部门价值形式的资本有机构成低于第二部门价值形式的资本有机构成，第二部门价值形式的资本有机构成低于临界值，例如，$k_1=4.9$，$k_2=10$，第一部门的资本家消费第一部门提供的生活资料所耗费的劳动 $s_{11}=780$，740，700，…，180，相应地，剩余价值率 $e=39/12$，37/12，35/12，…，9/12，即 $e=3.25$，3.083 333 333 3，2.916 666 666 7，…，0.75，除了 s_{11}、s_{12}、e 之外，其余已知量与第九章的数例中的已知量相同，那么，第一部门资本家得到的剩余价值 s_{v1} 与剩余价值率 e、价值形式的总资本有机构成 k 的关系，可以用表 10－47 表示。

表 10－47　　s_{v1} 与 e、k 的关系

剩余价值率 e	价值形式的总资本有机构成 k	第一部门资本家得到的剩余价值 s_{v1}
3.250 000 000 0	5.965 333 333 3	563.305 802 034 3
3.083 333 333 3	5.966 015 037 6	531.008 804 162 5
2.916 666 666 7	5.966 717 557 3	493.699 150 302 1
2.750 000 000 0	5.967 441 860 5	456.376 216 211 7
2.583 333 333 3	5.968 188 976 4	419.039 334 933 2
2.416 666 666 7	5.968 960 000 0	381.687 796 459 2
2.250 000 000 0	5.969 756 097 6	344.320 842 575 3
2.083 333 333 3	5.970 578 512 4	306.937 663 142 7
1.916 666 666 7	5.971 428 571 4	269.537 391 676 2
1.750 000 000 0	5.972 307 692 3	232.119 100 474 0
1.583 333 333 3	5.973 217 391 3	194.681 795 244 0
1.416 666 666 7	5.974 159 292 0	157.224 409 167 0
1.250 000 000 0	5.975 135 135 1	119.745 796 329 1
1.083 333 333 3	5.976 146 789 0	82.244 724 444 4
0.916 666 666 7	5.977 196 261 7	44.719 863 778 9
0.750 000 000 0	5.978 285 714 3	7.169 793 176 1

在表 10－47 中，第一部门资本家得到的剩余价值 s_{v1} 与价值形式的总资本有机构成 k 的关系，可以用图 10－47 表示。

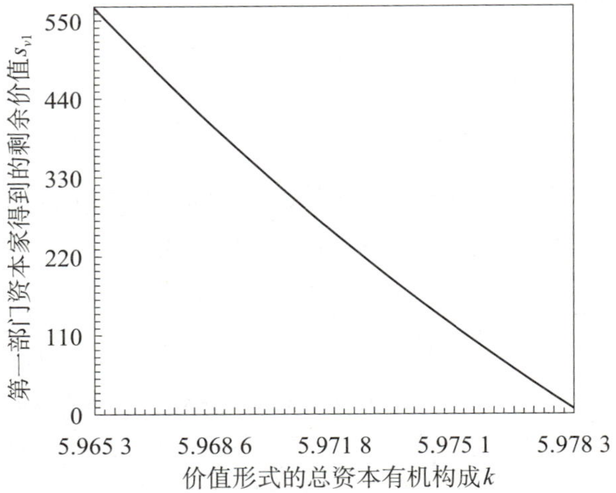

图 10－47　s_{v1} 与 k 的关系

由表 10－47 和图 10－47 可以看出，随着价值形式的总资本有机构成 k 提高，第一部门资本家得到的剩余价值 s_{v1} 减少。

可见，如果第一部门价值形式的资本有机构成 k_1、第二部门价值形式的资本有机构成 k_2 确定，第一部门价值形式的资本有机构成低于第二部门价值形式的资本有机构成，第二部门价值形式的资本有机构成低于临界值，那么，第一部门资本家得到的剩余价值是价值形式的总资本有机构成的单调递减函数。

八、第二部门资本家得到的剩余价值与价值形式的总资本有机构成关系的数例

如果第一部门价值形式的资本有机构成 k_1、第二部门价值形式的资本有机构成 k_2 确定，第一部门价值形式的资本有机构成低于第二部门价值形式的资本有机构成，第二部门价值形式的资本有机构成低于临界值，例如，$k_1=4.9$，$k_2=10$，第一部门的资本家消费第一部门提供的生活资料所耗费的劳动 $s_{11}=780$，740，700，…，180，相应地，剩余价值率 $e=39/12$，37/12，35/12，…，9/12，即 $e=3.25$，3.083 333 333 3，2.916 666 666 7，…，0.75，除了 s_{11}、s_{12}、e 之外，其余已知量与第九章的数例中的已知量相同，那么，第二部门资本家得到的剩余价值 s_{v2} 与剩余价值率 e、价值形式的总资本有机构成 k 的关系，可以用表 10－48 表示。

表 10－48　　**s_{v2}与 e、k 的关系**

剩余价值率 e	价值形式的总资本有机构成 $\dot{k}$	第二部门资本家得到的剩余价值 s_{v2}
3.250 000 000 0	5.965 333 333 3	298.742 033 872 5
3.083 333 333 3	5.966 015 037 6	279.034 076 973 4
2.916 666 666 7	5.966 717 557 3	259.330 963 578 4
2.750 000 000 0	5.967 441 360 5	239.632 900 830 9
2.583 333 333 3	5.968 188 976 4	219.940 107 029 8
2.416 666 666 7	5.968 960 000 0	200.252 812 311 4
2.250 000 000 0	5.969 756 097 6	180.571 259 372 7
2.083 333 333 3	5.970 578 512 4	160.895 704 236 0
1.916 666 666 7	5.971 428 571 4	141.226 417 056 2
1.750 000 000 0	5.972 307 692 3	121.563 682 970 6
1.583 333 333 3	5.973 217 391 3	101.907 302 990 9
1.416 666 666 7	5.974 159 292 0	82.259 094 935 5
1.250 000 000 0	5.975 135 135 1	62.617 894 399 3
1.083 333 333 3	5.976 146 789 0	42.984 555 756 4
0.916 666 666 7	5.977 193 261 7	23.359 453 188 4
0.750 000 000 0	5.978 285 714 3	3.742 981 729 0

在表 10－48 中，第二部门资本家得到的剩余价值 s_{v2}与价值形式的总资本有机构成 k 的关系，可以用图 10－48 表示。

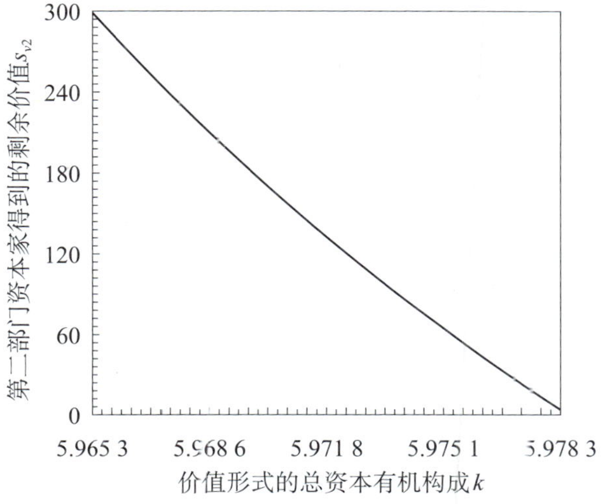

图 10－48　s_{v2}与 k 的关系

由表 10－48 和图 10－48 可以看出，随着价值形式的总资本有机构成 k 提高，第二部门资本家得到的剩余价值 s_{v2}减少。

可见，如果第一部门价值形式的资本有机构成 k_1、第二部门价值形式的资本有机构成 k_2 确定，第一部门价值形式的资本有机构成低于第二部门价值形式的资本有机构成，第二部门价值形式的资本有机构成低于临界值，那么，第二部门资本家得到的剩余价值是价值形式的总资本有机构成的单调递减函数。

九、资本家得到的总剩余价值与价值形式的总资本有机构成关系的数例

如果第一部门价值形式的资本有机构成 k_1、第二部门价值形式的资本有机构成 k_2 确定，第一部门价值形式的资本有机构成低于第二部门价值形式的资本有机构成，第二部门价值形式的资本有机构成低于临界值，例如，$k_1=4.9$，$k_2=10$，第一部门的资本家消费第一部门提供的生活资料所耗费的劳动 $s_{11}=780$，740，700，…，180，相应地，剩余价值率 $e=$ 39/12，37/12，35/12，…，9/12，即 $e=3.25$，3.083 333 333 3，2.916 666 666 7，…，0.75，除了 s_{11}、s_{12}、e 之外，其余已知量与第九章的数例中的已知量相同，那么，资本家得到的总剩余价值 s_v 与剩余价值率 e、价值形式的总资本有机构成 k 的关系，可以用表 10-49 表示。

表 10-49　s_v 与 e、k 的关系

剩余价值率 e	价值形式的总资本有机构成 k	资本家得到的总剩余价值 s_v
3.250 000 000 0	5.965 333 333 3	867.047 835 906 8
3.083 333 333 3	5.966 015 037 6	810.042 881 135 9
2.916 666 666 7	5.966 717 557 3	753.030 114 180 4
2.750 000 000 0	5.967 441 860 5	696.009 117 042 6
2.583 333 333 3	5.968 188 976 4	638.979 441 963 1
2.416 666 666 7	5.968 960 000 0	581.940 608 770 6
2.250 000 000 0	5.969 756 097 6	524.892 101 948 0
2.083 333 333 3	5.970 578 512 4	467.833 367 378 7
1.916 666 666 7	5.971 428 571 4	410.763 808 732 4
1.750 000 000 0	5.972 307 692 3	353.682 783 444 6
1.583 333 333 3	5.973 217 391 3	296.589 598 234 9
1.416 666 666 7	5.974 159 292 0	239.483 504 102 5
1.250 000 000 0	5.975 135 135 1	182.363 690 728 4
1.083 333 333 3	5.976 146 789 0	125.229 280 200 7
0.916 666 666 7	5.977 196 261 7	68.079 319 967 3
0.750 000 000 0	5.978 285 714 3	10.912 774 905 1

在表 10-49 中，资本家得到的总剩余价值 s_v 与价值形式的总资本有

机构成 k 的关系，可以用图 10－49 表示。

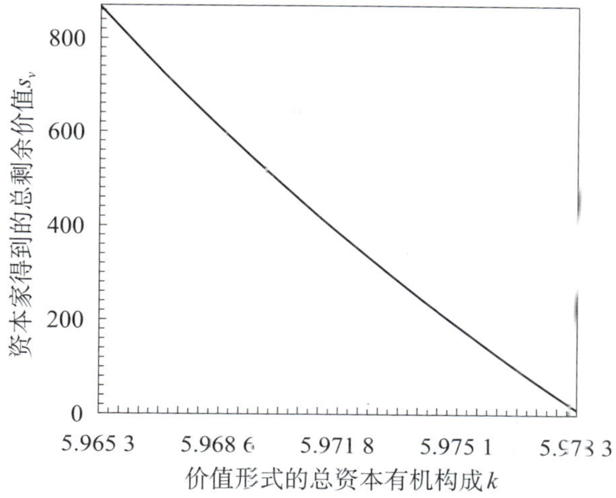

图 10－49　s_v 与 k 的关系

由表 10－49 和图 10－49 可以看出，随着价值形式的总资本有机构成 k 提高，资本家得到的总剩余价值 s_v 减少。

可见，如果第一部门价值形式的资本有机构成 k_1、第二部门价值形式的资本有机构成 k_2 确定，第一部门价值形式的资本有机构成低于第二部门价值形式的资本有机构成，第二部门价值形式的资本有机构成低于临界值，那么，资本家得到的总剩余价值是价值形式的总资本有机构成的单调递减函数。

十、价值形式的平均利润率、价值形式的利润率与价值形式的总资本有机构成关系的数例

如果第一部门价值形式的资本有机构成 k_1、第二部门价值形式的资本有机构成 k_2 确定，第一部门价值形式的资本有机构成低于第二部门价值形式的资本有机构成，第二部门价值形式的资本有机构成低于临界值，例如，$k_1=4.9$，$k_2=10$，第一部门的资本家消费第一部门提供的生活资料所耗费的劳动 $s_{11}=780$，740，700，…，180，相应地，剩余价值率 $e=39/12$，37/12，35/12，…，9/12，即 $e=3.25$，3.083 333 333 3，2.916 666 666 7，…，0.75，除了 s_{11}、s_{12}、e 之外，其余已知量与第九章的数例中的已知量相同，那么，价值形式的平均利润率 r_{vt}、价值形式的利润率 r_v 与剩余价值率 e、价值形式的总资本有机构成 k 的关系，可以用表 10－50 表示。

表 10-50　r_{vt}、r_v与 e、k 的关系

剩余价值率 e	价值形式的 总资本有机构成 k	价值形式的 平均利润率 r_{vt}	价值形式的 利润率 r_v
3.250 000 00	5.965 333 33	0.328 259 56	0.466 596 48
3.083 333 33	5.966 015 04	0.306 595 97	0.442 625 13
2.916 666 67	5.966 717 56	0.284 938 64	0.418 657 23
2.750 000 00	5.967 441 86	0.263 287 83	0.394 692 92
2.583 333 33	5.968 188 98	0.241 643 83	0.370 732 39
2.416 666 67	5.968 960 00	0.220 006 93	0.346 775 80
2.250 000 00	5.969 756 10	0.198 377 47	0.322 823 35
2.083 333 33	5.970 578 51	0.176 755 79	0.298 875 24
1.916 666 67	5.971 428 57	0.155 142 23	0.274 931 69
1.750 000 00	5.972 307 69	0.133 537 19	0.250 992 94
1.583 333 33	5.973 217 39	0.111 941 07	0.227 059 22
1.416 666 67	5.974 159 29	0.090 354 31	0.203 130 82
1.250 000 00	5.975 135 14	0.068 777 38	0.179 208 00
1.083 333 33	5.976 146 79	0.047 210 76	0.155 291 07
0.916 666 67	5.977 196 26	0.025 654 98	0.131 380 38
0.750 000 00	5.978 285 71	0.004 110 61	0.107 476 25

在表 10-50 中，价值形式的平均利润率 r_{vt}、价值形式的利润率 r_v与价值形式的总资本有机构成k 的关系，可以用图 10-50 表示。

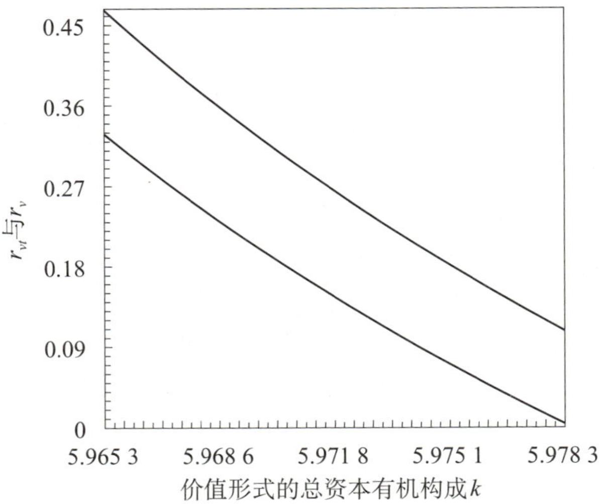

图 10-50　r_{vt}、r_v与 k 的关系

在图 10-50 中，上面的曲线，表示价值形式的利润率 r_v与价值形式

的总资本有机构成 k 的关系；下面的曲线，表示价值形式的平均利润率 r_{vt} 与价值形式的总资本有机构成 k 的关系。

由表 10－50 和图 10－50 可以看出，随着价值形式的总资本有机构成 k 提高，价值形式的平均利润率 r_{vt} 降低，价值形式的利润率 r_v 也降低。

值得注意的是，价值形式的平均利润率 r_{vt} 总是低于价值形式的利润率 r_v，因为价值形式的利润中包括土地所有者的地租。

在本数例中，第一部门价值形式的资本有机构成 k_1 为 4.9，第二部门价值形式的资本有机构成为 10，剩余价值率 e 从 3.25 降低到 0.75，价值形式的总资本有机构成 k 从 5.965 333 33 提高到 5.978 285 71，价值形式的平均利润率 r_{vt} 从 0.328 259 56 降低到 0.004 110 61，价值形式的利润率 r_v 从 0.466 596 48 降低到 0.107 476 25。

可见，在本例中，如果第一部门价值形式的资本有机构成 k_1、第二部门价值形式的资本有机构成 k_2 确定，第一部门价值形式的资本有机构成低于第二部门价值形式的资本有机构成，第二部门价值形式的资本有机构成低于临界值，那么，价值形式的总资本有机构成是剩余价值率的单调递减函数，价值形式的平均利润率、价值形式的利润率是剩余价值率的单调递增函数，价值形式的平均利润率、价值形式的利润率都是价值形式的总资本有机构成的单调递减函数。

值得注意的是，这个结论依赖于相应的数例。例如，如果其他条件相同，只有第二部门价值形式的资本有机构成为 10 从提高到 12，那么，价值形式的总资本有机构成将变为剩余价值率的单调递增函数，价值形式的平均利润率、价值形式的利润率仍然是剩余价值率的单调递增函数，价值形式的平均利润率、价值形式的利润率将变为价值形式的总资本有机构成的单调递增函数。

由此可见，价值形式的平均利润率、价值形式的利润率是价值形式的总资本有机构成的单调递增函数，还是单调递减函数，不仅与第一部门价值形式的资本有机构成高于第二部门价值形式的资本有机构成，还是低于第二部门价值形式的资本有机构成有关，而且与第二部门价值形式的资本有机构成的具体数值有关。

因此，这个结论是令人非常感兴趣的。

第七节 本章结论

一元价值转形中的剩余价值全部被资本家占有，二元价值转形中的剩余价值在资本家与土地所有者之间分配。一元价值转形中价值形式的平均利润率与剩余价值分配无关，二元价值转形中，以资本家得到的全部剩余价值与价值形式的总资本的比率表示的价值形式的平均利润率，与剩余价值分配有关，也就是与二元价值转形有关。以工人创造的全部剩余价值与价值形式的总资本的比率表示的价值形式的利润率，与剩余价值分配无关，也就是与二元价值转形无关。

在两部门二元价值转形中，价值形式的总资本有机构成是第一部门价值形式的资本有机构成、第二部门价值形式的资本有机构成、剩余价值率的函数。

在两部门二元价值转形中，价值形式的平均利润率 r_{vt} 不仅与第一部门价值形式的资本有机构成 k_1、第二部门价值形式的资本有机构成 k_2、剩余价值率 e 有关，也就是与第一部门的不变资本 c_1、第一部门的可变资本 v_1、第二部门的不变资本 c_2、第二部门的可变资本 v_2、剩余价值率 e 有关，而且与第一部门多得到的剩余价值 s_{t1}、第一部门得到的剩余价值中属于本部门资本家的比例 d_1、第二部门多得到的剩余价值 s_{t2}、第二部门得到的剩余价值中属于本部门资本家的比例 d_2 有关。

第一部门多得到的剩余价值 s_{t1}、第一部门得到的剩余价值中属于本部门资本家的比例 d_1、第二部门多得到的剩余价值 s_{t2}、第二部门得到的剩余价值中属于本部门资本家的比例 d_2 等变量都是二元价值转形中的内生变量。因此，价值形式的平均利润率 r_{vt} 与二元价值转形有关。

这里，首先考察各个有关内生变量与价值形式的总资本有机构成的关系，然后，在此基础上，考察价值形式的平均利润率、价值形式的利润率与价值形式的总资本有机构成的关系。

通过所给的数例可以看到，如果第二部门价值形式的资本有机构成和剩余价值率确定，那么，无论第一部门价值形式的资本有机构成高于第二部门价值形式的资本有机构成，还是第一部门价值形式的资本有机构成低于第二部门价值形式的资本有机构成，价值形式的平均利润率、价值形式的利润率都是价值形式的总资本有机构成的单调递减函数。随着第一部门价值形式的资本有机构成提高，价值形式的总资本有机构成提高，价值形式的平均利润率降低，价值形式的利润率也降低。

如果第一部门价值形式的资本有机构成和剩余价值率确定，那么，无论第一部门价值形式的资本有机构成高于第二部门价值形式的资本有机构成，还是第一部门价值形式的资本有机构成低于第二部门价值形式的资本有机构成，价值形式的平均利润率都是价值形式的总资本有机构成的单调递减函数。随着第二部门价值形式的资本有机构成提高，价值形式的总资本有机构成提高，价值形式的平均利润率降低，价值形式的利润率也降低。

如果第一部门价值形式的资本有机构成、第二部门价值形式的资本有机构成确定，第一部门价值形式的资本有机构成高于第二部门价值形式的资本有机构成，那么，价值形式的平均利润率是价值形式的总资本有机构成的单调递增函数。随着剩余价值率提高，价值形式的总资本有机构成提高，价值形式的平均利润率提高，价值形式的利润率也提高。

如果第一部门价值形式的资本有机构成、第二部门价值形式的资本有机构成确定，第一部门价值形式的资本有机构成低于第二部门价值形式的资本有机构成，那么，价值形式的平均利润率，价值形式的利润率，是价值形式的总资本有机构成的单调递增函数，还是价值形式的总资本有机构成的单调递减函数，与第二部门价值形式的资本有机构成的具体数值有关。

如果第二部门价值形式的资本有机构成高于临界值，那么，价值形式的总资本有机构成是剩余价值率的单调递增函数，价值形式的平均利润率、价值形式的利润率是剩余价值率的单调递增函数，价值形式的平均利润率、价值形式的利润率是价值形式的总资本有机构成的单调递增函数。

如果第二部门价值形式的资本有机构成低于临界值，那么，价值形式的总资本有机构成是剩余价值率的单调递减函数，价值形式的平均利润率、价值形式的利润率是剩余价值率的单调递增函数，价值形式的平均利润率、价值形式的利润率是价值形式的总资本有机构成的单调递减函数。

但是，无论如何，价值形式的平均利润率、价值形式的利润率都是剩余价值率的单调递增函数。不仅如此，而且随着剩余价值率提高，无论价值形式的总资本有机构成提高还是降低，相对变化率都非常小。这是因为，在本质上决定价值形式的总资本有机构成的主要因素，是第一部门价值形式的资本有机构成与第二部门价值形式的资本有机构成。剩余价值率只是影响价值形式的总资本有机构成的次要因素。

如果第一部门价值形式的资本有机构成、第二部门价值形式的资本有机构成、剩余价值率这三个外生变量中只有一个变化，那么，在上面分析的几种情况中，第一部门价值形式的资本有机构成、第二部门价值形式的资本有机构成不变，剩余价值率提高的情况，不是我们考察的重点，因为，我们要考察的是资本有机构成提高与利润率变化的关系。第一部门价值形式的资本有机构成、剩余价值率不变，第二部门价值形式的资本有机构成提高的情况，也不是我们考察的重点，因为，第一部门价值形式的资本有机构成的提高超过第二部门价值形式的资本有机构成的提高是总趋势。因此，如果在第一部门价值形式的资本有机构成、第二部门价值形式的资本有机构成、剩余价值率这三个外生变量中只有一个外生变量变化，那么，第二部门价值形式的资本有机构成、剩余价值率不变，第一部门价值形式的资本有机构成提高的情况，才是我们考察的重点。

无论在哪种情况的数例中，价值形式的平均利润率都低于价值形式的利润率，这是因为，雇佣劳动者创造的剩余价值或利润包括土地所有者的地租，而资本家得到的剩余价值或利润不包括土地所有者的地租。

马克思作出利润率趋向下降的论断时，还没有单独考虑资本主义土地所有权与地租对剩余价值的实现与分配的影响。在这个阶段，他所说的利润，是价值形式的，而不是生产价格形式的，其中，既包括资本家得到的利润，也包括土地所有者得到的地租，也就是工人创造的总剩余价值。

价值形式的总资本有机构成提高，不一定反映社会生产力提高。每个部门价值形式的资本有机构成提高反映这个部门的生产力提高。更确切地说，在单位生产资料价值与单位生活资料价值变化的条件下，每个部门的资本技术构成提高才反映这个部门的生产力提高。

第四章的（4－140）式已经证明，如果第一部类价值形式的资本有机构成高于第二部类价值形式的资本有机构成，那么，价值形式的总资本有机构成与剩余价值率互为单调递减的倒数函数或双曲函数。同理，这种关系在二元价值转形中仍然成立。在二元价值转形中，价值形式的总资本有机构成与剩余价值率不一定总是互为单调递增函数，在有些条件下，二者可以互为单调递减函数。

第二部类价值形式的资本有机构成提高，从而第二部类资本技术构成提高，为资本家提高剩余价值率提供了条件。如果不仅价值形式的总资本有机构成提高，而且剩余价值率也提高，那么，利润率的变化将更加复杂。在第十九章中，将在第一部门价值形式的资本有机构成、第二部门价值形式的资本有机构成、剩余价值率共同提高的条件下，进一步分析二元价值转形中价值形式的平均利润率的变化。

第十一章　二元价值转形中生产价格形式的利润率与资本有机构成的关系

第一节　二元价值转形中生产价格形式的利润、利润率、生产价格与资本有机构成

一、二元价值转形的生产价格形式的利润

一元价值转形只考察资本因素对剩余价值分配的影响。二元价值转形不仅考察资本因素对剩余价值分配的影响，而且考察土地因素对剩余价值分配的影响。

二元价值转形中生产价格形式的利润的概念与一元价值转形中生产价格形式的利润的概念不同。一元价值转形中的剩余价值全部被资本家占有。二元价值转形中的剩余价值不能被资本家单独占有，而要在资本家与土地所有者之间分配。二元价值转形中生产价格形式的利润不包括地租，因此，在两部门的不变资本、可变资本、剩余价值相同的条件下，二元价值转形中生产价格形式的利润，小于一元价值转形中生产价格形式的利润。①

二、二元价值转形的生产价格形式的利润率

二元价值转形中生产价格形式的利润率的概念与一元价值转形中生产价格形式的利润率的概念不同。二元价值转形中生产价格形式的利润率，是总剩余价值中属于资本家的那部分剩余价值转化而成的生产价格形式的利润与生产价格形式的总资本的比率。因为生产价格形式的平均利润不包括属于土地所有者的生产价格形式的地租，所以，在两部门的不变资本、

① 沈民鸣：《二元价值转形》，第二卷，北京，中国人民大学出版社，2015，第 753～760 页。

可变资本、剩余价值相同的条件下，二元价值转形中生产价格形式的利润率，低于一元价值转形中生产价格形式的利润率。

在第七章中已经证明，生产价格形式的利润率不能正确地反映总资本的增殖程度，只有价值形式的平均利润率才能够正确地反映总资本的增殖程度。因此，生产价格形式的利润率只是价值形式的平均利润率的表现形式。生产价格形式的利润率反映现象，价值形式的平均利润率反映本质。

二元价值转形的生产价格形式的利润率与资本家看到的市场利润率接近。所以，资产阶级经济学家提到的利润率，都是指生产价格形式的利润率，特别是二元价值转形的生产价格形式的利润率，而不是价值形式的利润率。

三、二元价值转形的生产价格

不仅二元价值转形中生产价格形式的利润的概念与一元价值转形中生产价格形式的利润的概念不同，二元价值转形中生产价格形式的利润率的概念与一元价值转形中生产价格形式的利润率的概念不同，而且二元价值转形的生产价格的概念与一元价值转形的生产价格的概念也不相同。

二元价值转形中，土地所有者要得到一部分剩余价值，剩余价值的分配关系发生变化。二元价值转形的生产价格中包括地租，而一元价值转形的生产价格中不包括地租。因此，二元价值转形的生产价格的概念与一元价值转形的生产价格的概念完全不同。

这就是说，二元价值转形中各部门的生产价格偏离价值的程度，与一元价值转形中各部类的生产价格偏离价值的程度不同。

四、二元价值转形的生产价格形式的资本有机构成

既然二元价值转形的生产价格与一元价值转形的生产价格不同，那么，二元价值转形的价值生产价格转化系数与一元价值转形的价值生产价格转化系数一定不相同。

因为二元价值转形的价值生产价格转化系数与一元价值转形的价值生产价格转化系数不同，并且两部门的资本有机构成不同，两部门的不变资本与可变资本的比例不同，所以，二元价值转形的生产价格形式的资本有机构成与一元价值转形的生产价格形式的资本有机构成必然不同。

二元价值转形的生产价格形式的利润率，不是资本家得到的生产价格形式的利润与价值形式的资本之比，而是资本家得到的生产价格形式的利润与生产价格形式的资本之比。既然资本和利润都可以表现为生产价格形

式，资本中的不变资本和可变资本都可以表现为生产价格形式，那么，资本有机构成也可以表现为生产价格形式。

第二节　决定二元价值转形的生产价格形式的利润率的因素

一、二元价值转形模型、基本假设条件、符号规定

这里的基本假设条件、符号规定、价值转形模型，与第九章中的基本假设条件、符号规定、价值转形模型相同。除了上述假设条件，同时假设：第一部门租用土地的等级，是由农业土地等级确定的。除了上述符号规定，同时规定：

r_v表示工人创造的全部剩余价值与价值形式的总资本的比率，简称价值形式的利润率。

r_{vt}表示资本家得到的全部剩余价值与价值形式的总资本的比率，简称价值形式的平均利润率。

k_{p1}表示第一部门生产价格形式的资本有机构成。

k_{p2}表示第二部门生产价格形式的资本有机构成。

k_p表示生产价格形式的总资本有机构成。

s_{p1}表示第一部门资本家缴纳地租之后得到的生产价格形式的利润。

s_{p2}表示第二部门资本家缴纳地租之后得到的生产价格形式的利润。

s_p表示两部门资本家缴纳地租之后得到的生产价格形式的总利润。

二、二元价值转形的生产价格形式的利润率公式

由第九章（9－139）式，简单再生产条件下两部门二元价值转形模型中的第一部门的价值转形方程，可以表示为

$$a_1\left\{\left[c_{11}+v_{11}+\frac{l_1}{l_2}\left(\frac{q_{a1}}{q_{a21}}-1\right)(c_{21}+v_{21})\right](1+r)\right.$$
$$\left.-(c_{11}+c_{12}+v_{11}+v_{12}+s_{11}+s_{12})\right\}$$
$$+a_2\left[c_{12}+v_{12}+\frac{l_1}{l_2}\left(\frac{q_{a1}}{q_{a21}}-1\right)(c_{22}+v_{22})\right](1+r)$$
$$=0 \tag{11-1}$$

由第九章（9－140）式，简单再生产条件下两部门二元价值转形模型中的第二部门的价值转形方程，可以表示为

$$a_1 \frac{q_{a2}}{q_{a21}}(c_{21}+v_{21})(1+r)+a_2\left[\frac{q_{a2}}{q_{a21}}(c_{22}+v_{22})(1+r)\right.$$
$$\left.-(c_{21}+c_{22}+v_{21}+v_{22}+s_{21}+s_{22})\right]$$
$$=0 \qquad (11-2)$$

由第九章（9-141）式、（9-142）式、（9-143）式、（9-144）式、（9-145）式、（9-146）式、（9-147）式，如果定义如下参数：

$$\sigma=1+r \qquad (11-3)$$

$$u_1=c_{11}+v_{11}+\frac{l_1}{l_2}\left(\frac{q_{a1}}{q_{a21}}-1\right)(c_{21}+v_{21}) \qquad (11-4)$$

$$u_2=c_{11}+c_{12}+v_{11}+v_{12}+s_{11}+s_{12} \qquad (11-5)$$

$$u_3=c_{12}+v_{12}+\frac{l_1}{l_2}\left(\frac{q_{a1}}{q_{a21}}-1\right)(c_{22}+v_{22}) \qquad (11-6)$$

$$u_4=\frac{q_{a2}}{q_{a21}}(c_{21}+v_{21}) \qquad (11-7)$$

$$u_5=\frac{q_{a2}}{q_{a21}}(c_{22}+v_{22}) \qquad (11-8)$$

$$u_6=c_{21}+c_{22}+v_{21}+v_{22}+s_{21}+s_{22} \qquad (11-9)$$

那么，由（11-1）式、（11-3）式、（11-4）式、（11-5）式、（11-6）式，简单再生产条件下两部门二元价值转形模型中的第一部门的价值转形方程，可以表示为

$$(u_1\sigma-u_2)a_1+u_3\sigma a_2=0 \qquad (11-10)$$

由（11-2）式、（11-3）式、（11-7）式、（11-8）式、（11-9）式，简单再生产条件下两部门二元价值转形模型中的第二部门的价值转形方程，可以表示为

$$u_4\sigma a_1+(u_5\sigma-u_6)a_2=0 \qquad (11-11)$$

在（11-10）式、（11-11）式表示的 a_1、a_2 的齐次方程组中，a_1、a_2 有非零解的必要条件，为 a_1、a_2 的系数行列式

$$\begin{vmatrix} u_1\sigma-u_2 & u_3\sigma \\ u_4\sigma & u_5\sigma-u_6 \end{vmatrix}=0 \qquad (11-12)$$

即

$$(u_1\sigma-u_2)(u_5\sigma-u_6)-u_3u_4\sigma^2=0 \qquad (11-13)$$

（11-13）式可以表示为

$$(u_1u_5-u_3u_4)\sigma^2-(u_1u_6+u_2u_5)\sigma+u_2u_6=0 \qquad (11-14)$$

令

$$a=u_1u_5-u_3u_4 \qquad (11-15)$$

$$b=-(u_1u_6+u_2u_5) \qquad (11-16)$$

$$c=u_2u_6 \qquad (11-17)$$

（11－14）式可以表示为

$$a\sigma^2+b\sigma+c=0 \qquad (11-18)$$

（11－14）式或（11－18）式，是参数 σ 的实系数一元二次方程。该实系数一元二次方程的解为

$$\sigma=\frac{(u_1u_6+u_2u_5)\pm\sqrt{(u_1u_6+u_2u_5)^2-4(u_1u_5-u_3u_4)u_2u_6}}{2(u_1u_5-u_3u_4)}$$

$$=\frac{-b\pm\sqrt{b^2-4ac}}{2a} \qquad (11-19)$$

值得注意的是，（11－16）式、（11－18）式、（11－19）式中的参数 b，不是二元价值转形模型中资本家消费的第一部门产品价值与这个部门资本家消费的生活资料价值的比例，或土地所有者消费的第一部门产品价值与土地所有者消费的生活资料价值的比例。这里的参数 b 仅限于解参数 σ 的实系数一元二次方程。

将（11－19）式中具有经济意义的实根代入（11－3）式，可以得到生产价格形式的平均利润率 r，即

$$r=\sigma-1 \qquad (11-20)$$

值得注意的是，在一般情况下，生产价格形式的平均利润率 r 应该低于价值形式的平均利润率 r_v，因为生产价格形式的利润是资本家的利润，不包括地租，而价值形式的利润包括资本家的利润和土地所有者的地租。

当然，这里所说的价值形式的平均利润率，是指工人创造的总剩余价值与价值形式的总资本之比，而不是指资本家得到的总剩余价值与价值形式的总资本之比。

三、与生产价格形式的利润率有关的参数

考虑到第九章（9－58）式、（9－59）式、（9－60）式、（9－61）式、（9－62）式、（9－63）式、（9－64）式、（9－65）式、（9－66）式、（9－67）式、（9－69）式、（9－70）式、（9－71）式、（9－72）式，由（11－4）式、（11－5）式、（11－6）式、（11－7）式、（11－8）式、（11－9）式表示的与生产价格形式的利润率有关的参数，可以进一步表示为

$$u_1=c_{11}+v_{11}+\frac{l_1}{l_2}\left(\frac{q_{a1}}{q_{a21}}-1\right)(c_{21}+v_{21})$$

$$=f_1c_1+hv_1-\frac{l_1}{l_2}\left(\frac{q_{a1}}{q_{a21}}-1\right)(f_2c_2+hv_2)$$

$$= f_1 k_1 v_1 + h v_1 + \frac{l_1}{l_2}\left(\frac{q_{a1}}{q_{a21}} - 1\right)(f_2 k_2 v_2 + h v_2)$$

$$= (f_1 k_1 + h) v_1 + \frac{l_1}{l_2}\left(\frac{q_{a1}}{q_{a21}} - 1\right)(f_2 k_2 + h) v_2 \qquad (11-21)$$

$$u_2 = c_{11} + c_{12} + v_{11} + v_{12} + s_{11} + s_{12} = c_1 + v_1 + s_1$$

$$= k_1 v_1 + v_1 + e v_1 = (k_1 + 1 + e) v_1 \qquad (11-22)$$

$$u_3 = c_{12} + v_{12} + \frac{l_1}{l_2}\left(\frac{q_{a1}}{q_{a21}} - 1\right)(c_{22} + v_{22})$$

$$= (1 - f_1) c_1 + (1 - h) v_1$$

$$+ \frac{l_1}{l_2}\left(\frac{q_{a1}}{q_{a21}} - 1\right)[(1 - f_2) c_2 + (1 - h) v_2]$$

$$= (1 - f_1) k_1 v_1 + (1 - h) v_1$$

$$+ \frac{l_1}{l_2}\left(\frac{q_{a1}}{q_{a21}} - 1\right)[(1 - f_2) k_2 v_2 + (1 - h) v_2]$$

$$= [(1 - f_1) k_1 + (1 - h)] v_1$$

$$+ \frac{l_1}{l_2}\left(\frac{q_{a1}}{q_{a21}} - 1\right)[(1 - f_2) k_2 + (1 - h)] v_2 \qquad (11-23)$$

$$u_4 = \frac{q_{a2}}{q_{a21}}(c_{21} + v_{21}) = \frac{q_{a2}}{q_{a21}}(f_1 c_1 + h v_1)$$

$$= \frac{q_{a2}}{q_{a21}}(f_1 k_1 v_1 + h v_1) = \frac{q_{a2}}{q_{a21}}(f_1 k_1 + h) v_1 \qquad (11-24)$$

$$u_5 = \frac{q_{a2}}{q_{a21}}(c_{22} + v_{22}) = \frac{q_{a2}}{q_{a21}}[(1 - f_2) c_2 + (1 - h) v_2]$$

$$= \frac{q_{a2}}{q_{a21}}[(1 - f_2) k_2 v_2 + (1 - h) v_2]$$

$$= \frac{q_{a2}}{q_{a21}}[(1 - f_2) k_2 + (1 - h)] v_2 \qquad (11-25)$$

$$u_6 = c_{21} + c_{22} + v_{21} + v_{22} + s_{21} + s_{22} = c_2 + v_2 + s_2$$

$$= k_2 v_2 + v_2 + e v_2 = (k_2 + 1 + e) v_2 \qquad (11-26)$$

四、资本有机构成影响生产价格形式的利润率

在（11-21）式、（11-22）式、（11-23）式、（11-24）式、（11-25）式、（11-26）式中，包括第一部门价值形式的资本有机构成 k_1、第二部门价值形式的资本有机构成 k_2。可见，参数 u_1、u_2、u_3、u_4、u_5、u_6 是第一部门价值形式的资本有机构成 k_1、第二部门价值形式的资本有机构成 k_2 的函数。

由（11-19）式、（11-20）式可以看到，生产价格形式的平均利润

率 r 是参数 u_1、u_2、u_3、u_4、u_5、u_6 的函数。

因此，生产价格形式的平均利润率 r 是第一部门价值形式的资本有机构成 k_1、第二部门价值形式的资本有机构成 k_2 的函数，也就是说，生产价格形式的平均利润率与资本技术构成有关，即与生产力有关。

五、剩余价值率影响生产价格形式的利润率

在（11－21）式、（11－22）式、（11－23）式、（11－24）式、（11－25）式、（11－26）式中，包括剩余价值率 e。可见，参数 u_1、u_2、u_3、u_4、u_5、u_6 是剩余价值率 e 的函数。

由（11－19）式、（11－20）式可以看到，生产价格形式的平均利润率 r 是参数 u_1、u_2、u_3、u_4、u_5、u_6 的函数。

因此，生产价格形式的平均利润率 r 是剩余价值率 e 的函数。这就是说，生产价格形式的平均利润率与资本对劳动的剥削程度有关，即剩余价值率影响生产价格形式的利润率。

六、不同生产资料的比例影响生产价格形式的利润率

在（11－21）式、（11－22）式、（11－23）式、（11－24）式、（11－25）式、（11－26）式中，包括第一部门在生产过程中使用第一部门生产的生产资料所耗费的劳动占第一部门使用的物化劳动的比例 f_1、第二部门在生产过程中使用第一部门生产的生产资料所耗费的劳动占第二部门使用的物化劳动的比例 f_2。也就是说，可见，参数 u_1、u_2、u_3、u_4、u_5、u_6 是 f_1 和 f_2 的函数。

生产价格形式的平均利润率 r 是参数 u_1、u_2、u_3、u_4、u_5、u_6 的函数。

因此，生产价格形式的平均利润率 r 是 f_1 和 f_2 的函数。f_1 反映第一部门的生产资料中工业产品占的比例。f_2 反映第二部门的生产资料中工业产品占的比例。这证明，不同生产资料的比例影响生产价格形式的利润率。

七、工人的消费结构影响生产价格形式的利润率

在（11－21）式、（11－22）式、（11－23）式、（11－24）式、（11－25）式、（11－26）式中，包括可变资本中用于交换第一部门生产的生活资料的比例 h。可见，参数 u_1、u_2、u_3、u_4、u_5、u_6 是可变资本中用于交换第一部门生产的生活资料的比例 h 的函数。

生产价格形式的平均利润率 r 是参数 u_1、u_2、u_3、u_4、u_5、u_6 的函数。

因此，生产价格形式的平均利润率 r 是可变资本中用于交换第一部门生产的生活资料的比例 h 的函数。这证明，工人的消费结构影响生产价格形式的利润率。

八、资本家的消费结构影响生产价格形式的利润率

由第九章（9－88）式、（9－89）式，生产价格形式的利润率可以表示为

$$r=\frac{d_1[a_1b+a_2(1-b)](s_1+s_{t1})}{a_1c_{11}+a_2c_{12}+a_1v_{11}+a_2v_{12}}=\frac{d_2[a_1b+a_2(1-b)](s_2+s_{t2})}{a_1c_{21}+a_2c_{22}+a_1v_{21}+a_2v_{22}} \tag{11-27}$$

在（11－27）式中，包括资本家消费的第一部门产品的价值与资本家消费全部生活资料的价值的比例 b。这证明，资本家的消费结构影响生产价格形式的利润率。

九、土地面积影响生产价格形式的利润率

在（11－21）式、（11－22）式、（11－23）式、（11－24）式、（11－25）式、（11－26）式中，包括第一部门租用的土地面积 l_1、第二部门租用的土地面积 l_2。可见，参数 u_1、u_2、u_3、u_4、u_5、u_6 是第一部门租用的土地面积 l_1、第二部门租用的土地面积 l_2 的函数。

生产价格形式的平均利润率 r 是参数 u_1、u_2、u_3、u_4、u_5、u_6 的函数。

因此，生产价格形式的平均利润率 r 是第一部门租用的土地面积 l_1、第二部门租用的土地面积 l_2 的函数。也就是说，土地面积影响生产价格形式的利润率。

十、单位面积土地的谷物产量影响生产价格形式的利润率

在（11－21）式、（11－22）式、（11－23）式、（11－24）式、（11－25）式、（11－26）式中，包括单位面积最差土地的谷物产量 q_{a21}、第一部门租用的土地用于谷物生产的情况下单位面积土地可能收获的平均谷物产量 q_{a1}、第二部门单位面积土地的谷物产量 q_{a2}。可见，参数 u_1、u_2、u_3、u_4、u_5、u_6 是单位面积最差土地的谷物产量 q_{a21}、第一部门租用的土地用于谷

物生产的情况下单位面积土地可能收获的平均谷物产量 q_{a1}、第二部门单位面积土地的谷物产量 q_{a2} 的函数。

生产价格形式的平均利润率 r 是参数 u_1、u_2、u_3、u_4、u_5、u_6 的函数。

因此，生产价格形式的平均利润率 r 是单位面积最差土地的谷物产量 q_{a21}、第一部门租用的土地用于谷物生产的情况下单位面积土地可能收获的平均谷物产量 q_{a1}、第二部门单位面积土地的谷物产量 q_{c2} 的函数。也就是说，单位面积土地的谷物产量影响生产价格形式的利润率。

十一、土地面积和单位面积土地的谷物产量影响生产价格形式的利润率

值得注意的是，土地是自然物，单位面积土地的谷物产量与土地的肥沃程度有关。这里提到的土地的肥沃程度，是指土地本身原有的属性，而不是追加资本所提高的土地肥力。

这些自然因素影响剩余价值分配，从而与其他生产关系一起共同构成决定生产价格形式的利润率的因素。

当然，在可供出租的土地全部出租之后，土地面积和单位面积土地的谷物产量都是确定不变的因素，因此，这些因素不会导致生产价格形式的利润率的变化。

第三节　决定二元价值转形的生产价格形式的总资本有机构成的因素

一、第一部门生产价格形式的资本有机构成

由第九章（9－58）式、（9－60）式、（9－62）式、（9－64）式、（9－69）式，第一部门生产价格形式的资本有机构成可以表示为

$$k_{p1}=\frac{a_1c_{11}+a_2c_{12}}{a_1v_{11}+a_2v_{12}}=\frac{a_1f_1c_1+a_2(1-f_1)c_1}{a_1hv_1+a_2(1-h)v_1}$$

$$=\frac{[a_1f_1+a_2(1-f_1)]c_1}{[a_1h+a_2(1-h)]v_1}=\frac{[a_1f_1+a_2(1-f_1)]k_1}{a_1h+a_2(1-h)} \tag{11－28}$$

（11－28）式表示，第一部门生产价格形式的资本有机构成 k_{p1} 不仅与第一部门的价值形式的资本有机构成 k_1 有关，而且与第一部门价值生产价格转化系数 a_1、第二部门价值生产价格转化系数 a_2、第一部门在生产

过程中使用第一部门生产的生产资料所耗费的劳动占第一部门使用的物化劳动的比例 f_1、可变资本中用于交换第一部门生产的生活资料的比例 h 有关。

二、第二部门生产价格形式的资本有机构成

由第九章（9-59）式、（9-61）式、（9-63）式、（9-64）式、（9-70）式，第二部门生产价格形式的资本有机构成可以表示为

$$k_{p2}=\frac{a_1c_{21}+a_2c_{22}}{a_1v_{21}+a_2v_{22}}=\frac{a_1f_2c_2+a_2(1-f_2)c_2}{a_1hv_2+a_2(1-h)v_2}$$
$$=\frac{[a_1f_2+a_2(1-f_2)]c_2}{[a_1h+a_2(1-h)]v_2}=\frac{[a_1f_2+a_2(1-f_2)]k_2}{a_1h+a_2(1-h)} \tag{11-29}$$

（11-29）式表示，第二部门生产价格形式的资本有机构成 k_{p2} 不仅与第二部门的价值形式的资本有机构成 k_2 有关，而且与第一部门价值生产价格转化系数 a_1、第二部门价值生产价格转化系数 a_2、第二部门在生产过程中使用第一部门生产的生产资料所耗费的劳动占第二部门使用的物化劳动的比例 f_2、可变资本中用于交换第一部门生产的生活资料的比例 h 有关。

三、生产价格形式的总资本有机构成

由第九章（9-58）式、（9-59）式、（9-60）式、（9-61）式、（9-62）式、（9-63）式、（9-64）式、（9-69）式、（9-70）式，生产价格形式的总资本有机构成可以表示为

$$k_p=\frac{a_1(c_{11}+c_{21})+a_2(c_{12}+c_{22})}{a_1(v_{11}+v_{21})+a_2(v_{12}+v_{22})}$$
$$=\frac{a_1(f_1c_1+f_2c_2)+a_2[(1-f_1)c_1+(1-f_2)c_2]}{a_1(hv_1+hv_2)+a_2[(1-h)v_1+(1-h)v_2]}$$
$$=\frac{[a_1f_1+a_2(1-f_1)]c_1+[a_1f_2+a_2(1-f_2)]c_2}{[a_1h+a_2(1-h)]v_1+[a_1h+a_2(1-h)]v_2}$$
$$=\frac{[a_1f_1+a_2(1-f_1)]c_1+[a_1f_2+a_2(1-f_2)]c_2}{[a_1h+a_2(1-h)](v_1+v_2)} \tag{11-30}$$

由（11-28）式、（11-29）式、（11-30）式，生产价格形式的总资本有机构成可以进一步表示为

$$k_p=\frac{[a_1f_1+a_2(1-f_1)]c_1+[a_1f_2+a_2(1-f_2)]c_2}{[a_1h+a_2(1-h)](v_1+v_2)}$$

$$=\frac{[a_1h+a_2(1-h)]k_{p1}v_1+[a_1h+a_2(1-h)]k_{p2}v_2}{[a_1h+a_2(1-h)](v_1+v_2)}$$

$$=\frac{k_{p1}v_1+k_{p2}v_2}{v_1+v_2} \tag{11-31}$$

由（11－30）式，生产价格形式的总资本有机构成可以进一步表示为

$$k_p=\frac{[a_1f_1+a_2(1-f_1)]c_1+[a_1f_2+a_2(1-f_2)]c_2}{[a_1h+a_2(1-h)](v_1+v_2)}$$

$$=\frac{[a_1f_1+a_2(1-f_1)]k_1v_1+[a_1f_2+a_2(1-f_2)]k_2v_2}{[a_1h+a_2(1-h)](v_1+v_2)}$$

$$=\frac{1}{a_1h+a_2(1-h)}\left\{\frac{[a_1f_1+a_2(1-f_1)]v_1}{v_1+v_2}k_1+\frac{[a_1f_2+a_2(1-f_2)]v_2}{v_1+v_2}k_2\right\} \tag{11-32}$$

四、生产价格形式的总资本有机构成是第一部门生产价格形式的资本有机构成、第二部门生产价格形式的资本有机构成、第一部门的可变资本、第二部门的可变资本的函数

由（11－31）式可以看到，生产价格形式的总资本有机构成 k_p 是第一部门生产价格形式的资本有机构成 k_{p1}、第二部门生产价格形式的资本有机构成 k_{p2} 的函数。由（11－31）式还可以看到，生产价格形式的总资本有机构成 k_p 也是第一部门的可变资本 v_1、第二部门的可变资本 v_2 的函数，更确切地说，是第一部门的可变资本 v_1 与第二部门的可变资本 v_2 之比的函数。

第一部门生产价格形式的资本有机构成 k_{p1} 是第一部门价值生产价格转化系数 a_1、第二部门价值生产价格转化系数 a_2、第一部门在生产过程中使用第一部门生产的生产资料所耗费的劳动占第一部门使用的物化劳动的比例 f_1、可变资本中用于交换第一部门生产的生活资料的比例 h、第一部门的价值形式的资本有机构成 k_1 的函数。

第二部门生产价格形式的资本有机构成 k_{p2} 是第一部门价值生产价格转化系数 a_1、第二部门价值生产价格转化系数 a_2、第二部门在生产过程中使用第一部门生产的生产资料所耗费的劳动占第二部门使用的物化劳动的比例 f_2、可变资本中用于交换第一部门生产的生活资料的比例 h、第二部门的价值形式的资本有机构成 k_2 的函数。

因此，生产价格形式的总资本有机构成 k_p 也是第一部门价值生产价格转化系数 a_1、第二部门价值生产价格转化系数 a_2、第一部门在生产过程中使用第一部门生产的生产资料所耗费的劳动占第一部门使用的物化劳

动的比例 f_1、第二部门在生产过程中使用第一部门生产的生产资料所耗费的劳动占第二部门使用的物化劳动的比例 f_2、可变资本中用于交换第一部门生产的生活资料的比例 h、第一部门的价值形式的资本有机构成 k_1、第二部门的价值形式的资本有机构成 k_2 的函数。

五、生产价格形式的总资本有机构成是第一部门价值形式的资本有机构成、第二部门价值形式的资本有机构成和其他变量的函数

由（11－32）式可以看到，生产价格形式的总资本有机构成 k_p 是第一部门价值形式的资本有机构成 k_1、第二部门价值形式的资本有机构成 k_2、第一部门价值生产价格转化系数 a_1、第二部门价值生产价格转化系数 a_2、第一部门在生产过程中使用第一部门生产的生产资料所耗费的劳动占第一部门使用的物化劳动的比例 f_1、第二部门在生产过程中使用第一部门生产的生产资料所耗费的劳动占第二部门使用的物化劳动的比例 f_2、可变资本中用于交换第一部门生产的生活资料的比例 h 的函数。由（11－32）式还可以看到，生产价格形式的总资本有机构成 k_p 也是第一部门的可变资本 v_1、第二部门的可变资本 v_2 的函数，更确切地说，是第一部门的可变资本 v_1 与第二部门的可变资本 v_2 之比的函数。

六、第一部门的可变资本与第二部门的可变资本的比例

由（11－31）式、（11－32）式可以看到，决定生产价格形式的总资本有机构成 k_p 的外生变量中，不仅有无量纲的变量，而且有有量纲的变量，例如，第一部门的可变资本 v_1、第二部门的可变资本 v_2。

因为，生产价格形式的总资本有机构成 k_p 是无量纲的变量，所以，从数学上说，生产价格形式的总资本有机构成 k_p 可以完全由无量纲的外生变量决定。

事实上，在（11－31）式、（11－32）式中，第一部门的可变资本 v_1、第二部门的可变资本 v_2 都是以二者的比例的形式出现的，已经将其中的量纲抵消了。

第一部门的可变资本 v_1 与第二部门的可变资本 v_2 的比例，与剩余价值率有关。

由第九章（9－68）式，二元价值转形的简单再生产条件为

$$c_{12}+v_{12}+s_{12}=c_{21}+v_{21}+s_{21} \tag{11－33}$$

由第九章（9－58）式、（9－59）式、（9－60）式、（9－61）式、（9－62）式、（9－63）式、（9－64）式、（9－65）式、（9－66）式、（9－67）式、

(9－69) 式、(9－70) 式、(9－71) 式、(9－72) 式，二元价值转形的简单再生产条件 (11－33) 式可以表示为

$$(1-f_1)c_1+(1-h)v_1-(1-b)s_1=f_1c_2+hv_2+bs_2 \tag{11-34}$$

即

$$\begin{aligned}&(1-f_1)k_1v_1+(1-h)v_1+(1-b)ev_1\\=&f_1k_2v_2+hv_2+bev_2\end{aligned} \tag{11-35}$$

或

$$\frac{v_1}{v_2}=\frac{f_1k_2+h+be}{(1-f_1)k_1+(1-h)+(1-b)e} \tag{11-36}$$

七、决定二元价值转形的生产价格形式的总资本有机构成的无量纲的外生变量

(11－36) 式表示，第一部门的可变资本 v_1 与第二部门的可变资本 v_2 的比例，取决于剩余价值率 e。

因为二元价值转形的生产价格形式的总资本有机构成是内生变量，所以，任何与剩余价值分配有关的因素，都影响生产价格形式的总资本有机构成。这些因素包括与土地有关的各种因素。这些与土地有关的各种因素，都是以比例的形式出现，表现为无量纲的外生变量。例如，第一部门租用的土地面积 l_1 与第二部门租用的土地面积 l_2，以比率 l_1/l_2 的形式出现；单位面积土地可能收获的平均谷物产量 q_{a1} 与单位面积最差土地的谷物产量 q_{a21}，以比率 q_{a1}/q_{a21} 的形式出现；第二部门单位面积土地的平均谷物产量 q_{a2} 与单位面积最差土地的谷物产量 q_{a21}，以比率 q_{a2}/q_{a21} 的形式出现。

因此，决定生产价格形式的总资本有机构成 k_p 的无量纲的外生变量，包括第一部门的价值形式的资本有机构成 k_1、第二部门的价值形式的资本有机构成 k_2、剩余价值率 e、第一部门在生产过程中使用第一部门生产的生产资料所耗费的劳动占第一部门使用的物化劳动的比例 f_1、第二部门在生产过程中使用第一部门生产的生产资料所耗费的劳动占第二部门使用的物化劳动的比例 f_2、可变资本中用于交换第一部门生产的生活资料的比例 h、资本家消费的第一部门产品的价值与资本家消费全部生活资料的价值的比例 b、第一部门租用的土地面积与第二部门租用的土地面积的比率 l_1/l_2、单位面积土地可能收获的平均谷物产量与单位面积最差土地的谷物产量的比率 q_{a1}/q_{a21}、第二部门单位面积土地的平均谷物产量与单

位面积最差土地的谷物产量的比率 q_{a2}/q_{a21}。

将决定生产价格形式的总资本有机构成 k_p 的无量纲的外生变量，与决定生产价格形式的利润率 r 的无量纲的外生变量进行对比，可以看到，这些无量纲的外生变量是相同的。

八、决定二元价值转形的生产价格形式的总资本有机构成与生产价格形式的利润率的无量纲的外生变量

我们要考察生产价格形式的总资本有机构成对生产价格形式的利润率的影响，生产价格形式的总资本有机构成应该是自变量，但是，第一部门生产价格形式的资本有机构成 k_{p1}、第二部门生产价格形式的资本有机构成 k_{p2}、生产价格形式的总资本有机构成 k_p 都是二元价值转形的内生变量，而不是外生变量或自变量。

为了解决这个矛盾，首先，假设第一部门在生产过程中使用第一部门生产的生产资料所耗费的劳动占第一部门使用的物化劳动的比例 f_1、第二部门在生产过程中使用第一部门生产的生产资料所耗费的劳动占第二部门使用的物化劳动的比例 f_2、可变资本中用于交换第一部门生产的生活资料的比例 h、资本家消费的第一部门产品的价值与资本家消费全部生活资料的价值的比例 b、第一部门租用的土地面积与第二部门租用的土地面积的比率 l_1/l_2、单位面积土地可能收获的平均谷物产量与单位面积最差土地的谷物产量的比率 q_{a1}/q_{a21}、第二部门单位面积土地的平均谷物产量与单位面积最差土地的谷物产量的比率 q_{a2}/q_{a21} 不变。

其次，决定二元价值转形的生产价格形式的总资本有机构成 k_p 和生产价格形式的利润率 r 的无量纲的外生变量，是第一部门的价值形式的资本有机构成 k_1、第二部门的价值形式的资本有机构成 k_2、剩余价值率 e。

这样，我们考察的对象，实际上是两个因变量之间的关系，也就是两个内生变量之间的关系。

第四节　k_2 与 e 确定、k_1 提高的条件下，生产价格形式的利润率与生产价格形式的总资本有机构成关系的数例

这里在第二部门价值形式的资本有机构成和剩余价值率确定、第一部门价值形式的资本有机构成提高的条件下，通过第一部门价值形式的资本有机构成提高的数例，考察各个有关内生变量与生产价格形式的总资本有

机构成的关系，在此基础上，考察生产价格形式的利润率与生产价格形式的总资本有机构成的关系。

一、生产价格形式的总资本有机构成与第一部门价值形式的资本有机构成关系的数例

如果第二部门价值形式的资本有机构成和剩余价值率确定，那么，生产价格形式的总资本有机构成是第一部门价值形式的资本有机构成的函数。

随着第一部门价值形式的资本有机构成 k_1 提高，第一部门的生产力提高，第一部门使用的生产资料中，由工业产品构成的生产资料占的比例提高，由农业产品构成的生产资料占的比例降低，因此，第一部门使用的第一部门生产的生产资料中凝结的物化劳动占第一部门使用的生产资料中凝结的物化劳动的比例 f_1 提高。

如果第二部门价值形式的资本有机构成 k_2 和剩余价值率 e 确定，例如，$k_2=2.5$，$e=1.5$，第一部门的不变资本中相当于由第一部门提供的生产资料价值的那部分不变资本 $c_{11}=90$，180，270，…，1 800，相应地，第一部门使用的第一部门生产的生产资料中凝结的物化劳动占第一部门使用的生产资料中凝结的物化劳动的比例（可简称第一部门使用第一部门生产的生产资料的价值比例）$f_1=0.230\ 769\ 231$，0.375，0.473 684 211，…，0.857 142 857，第一部门价值形式的资本有机构成 $k_1=1.3$，1.6，1.9，…，7，除了 c_{11}、f_1 与 k_1 之外，其余已知量与第九章的数例中的已知量相同，那么，价值形式的总资本有机构成 k、生产价格形式的总资本有机构成 k_p 与第一部门的不变资本中相当于由第一部门提供的生产资料价值的那部分不变资本 c_{11}、第一部门价值形式的资本有机构成 k_1 的关系，可以用表 11－1 表示。

表 11－1　k、k_p 与 c_{11}、k_1 的关系

第一部门的不变资本中相当于由第一部门提供的生产资料价值的那部分不变资本 c_{11}	第一部门价值形式的资本有机构成 k_1	价值形式的总资本有机构成 k	生产价格形式的总资本有机构成 k_p
90	1.3	1.78	1.717 782 662 7
180	1.6	1.96	1.872 139 168 6
270	1.9	2.14	2.030 352 112 1
360	2.2	2.32	2.192 155 682 8

续前表

第一部门的不变资本中相当于由第一部门提供的生产资料价值的那部分不变资本 c_{11}	第一部门价值形式的资本有机构成 k_1	价值形式的总资本有机构成 k	生产价格形式的总资本有机构成 k_p
450	2.5	2.50	2.357 258 718 6
540	2.8	2.68	2.525 522 687 9
630	3.1	2.86	2.696 611 635 1
720	3.4	3.04	2.870 344 487 6
810	3.7	3.22	3.046 519 596 5
900	4.0	3.40	3.224 949 787 8
990	4.3	3.58	3.405 461 977 2
1 080	4.6	3.76	3.587 896 584 4
1 170	4.9	3.94	3.772 106 817 6
1 260	5.2	4.12	3.957 957 882 8
1 350	5.5	4.30	4.145 326 157 4
1 440	5.8	4.48	4.334 098 360 7
1 530	6.1	4.66	4.524 170 740 7
1 620	6.4	4.84	4.715 448 294 0
1 710	6.7	5.02	4.907 844 025 7
1 800	7.0	5.20	5.101 278 256 8

在表 11-1 中，价值形式的总资本有机构成 k、生产价格形式的总资本有机构成 k_p 与第一部门价值形式的资本有机构成 k_1 的关系，可以用图 11-1 表示。

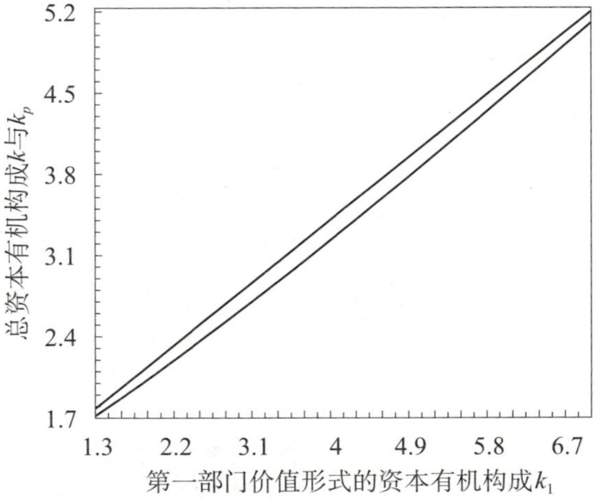

图 11-1　k、k_p 与 k_1 的关系

在图 11－1 中，上面的曲线，为价值形式的总资本有机构成 k 与第一部门价值形式的资本有机构成 k_1 的关系曲线；下面的曲线，为生产价格形式的总资本有机构成 k_p 与第一部门价值形式的资本有机构成 k_1 的关系曲线。

由表 11－1 和图 11－1 可以看出，随着第一部门价值形式的资本有机构成 k_1 提高，价值形式的总资本有机构成 k 提高，生产价格形式的总资本有机构成 k_p 也提高。

可见，如果第二部门价值形式的资本有机构成和剩余价值率确定，那么，价值形式的总资本有机构成是第一部门价值形式的资本有机构成的单调递增的函数，生产价格形式的总资本有机构成也是第一部门价值形式的资本有机构成的单调递增的函数。

需要指出的是，在本例中，第一部门价值形式的资本有机构成 k_1，是第一部门的不变资本中相当于由第一部门提供的生产资料价值的那部分不变资本 c_{11} 的单调递增的线性函数。第一部门使用的第一部门生产的生产资料中凝结的物化劳动占第一部门使用的生产资料中凝结的物化劳动的比例 f_1，是第一部门的不变资本中相当于由第一部门提供的生产资料价值的那部分不变资本 c_{11} 的单调递增的双曲函数。

在本章中，凡是第一部门价值形式的资本有机构成 k_1、第一部门使用的第一部门生产的生产资料中凝结的物化劳动占第一部门使用的生产资料中凝结的物化劳动的比例 f_1 变化之处，均应照此理解，下面不再重复阐述。

二、第一部门得到的剩余价值中属于本部门资本家的比例与生产价格形式的总资本有机构成关系的数例

如果第二部门价值形式的资本有机构成 k_2 和剩余价值率 e 确定，例如，$k_2=2.5$，$e=1.5$，第一部门的不变资本中相当于由第一部门提供的生产资料价值的那部分不变资本 $c_{11}=90$，180，270，…，1 800，相应地，第一部门使用第一部门生产的生产资料的价值比例 $f_1=0.230\ 769\ 231$，0.375，0.473 684 211，…，0.857 142 857，第一部门价值形式的资本有机构成 $k_1=1.3$，1.6，1.9，…，7，除了 c_{11}、f_1 与 k_1 之外，其余已知量与第九章的数例中的已知量相同，那么，第一部门得到的剩余价值中属于本部门资本家的比例 d_1 与第一部门价值形式的资本有机构成 k_1、生产价格形式的总资本有机构成 k_p 的关系，可以用表 11－2 表示。

表 11-2　d_1 与 k_1、k_p 的关系

第一部门价值形式的资本有机构成 k_1	生产价格形式的总资本有机构成 k_p	第一部门得到的剩余价值中属于本部门资本家的比例 d_1
1.3	1.717 782 662 7	0.866 264 731 981
1.6	1.872 139 168 6	0.874 089 755 206
1.9	2.030 352 112 1	0.880 823 314 120
2.2	2.192 155 682 8	0.886 666 424 170
2.5	2.357 258 718 6	0.891 764 705 882
2.8	2.525 522 687 9	0.896 271 224 475
3.1	2.696 611 635 1	0.900 252 968 831
3.4	2.870 344 487 6	0.903 798 668 910
3.7	3.046 519 596 5	0.906 972 202 791
4.0	3.224 949 787 8	0.909 825 990 307
4.3	3.405 461 977 2	0.912 403 400 543
4.6	3.587 896 584 4	0.914 740 582 458
4.9	3.772 106 817 6	0.916 867 873 318
5.2	3.957 957 882 8	0.918 810 893 921
5.5	4.145 326 157 4	0.920 591 408 557
5.8	4.334 098 360 7	0.922 228 006 247
6.1	4.524 170 740 7	0.923 736 644 811
6.4	4.715 448 294 0	0.925 131 088 658
6.7	4.907 844 025 7	0.926 423 263 511
7.0	5.101 278 256 8	0.927 623 545 690

在表 11-2 中，第一部门得到的剩余价值中属于本部门资本家的比例 d_1 与生产价格形式的总资本有机构成 k_p 的关系，可以用图 11-2 表示。

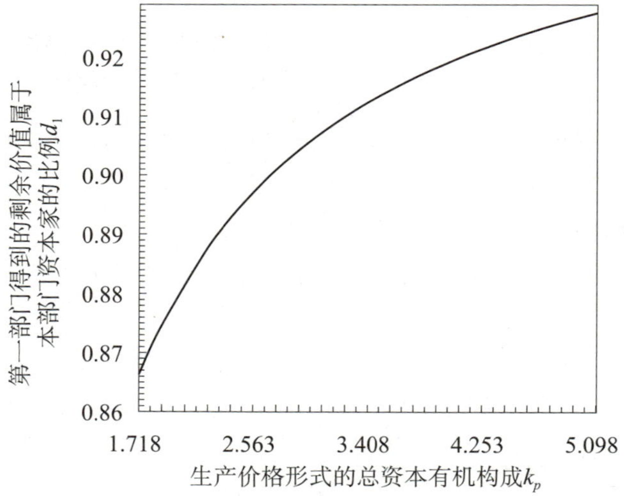

图 11-2　d_1 与 k_p 的关系

由表 11－2 和图 11－2 可以看出，随着生产价格形式的总资本有机构成 k_p 提高，第一部门得到的剩余价值中属于本部门资本家的比例 d_1 提高。

可见，如果第二部门价值形式的资本有机构成和剩余价值率确定，那么，第一部门得到的剩余价值中属于本部门资本家的比例是生产价格形式的总资本有机构成的单调递增函数。

值得注意的是，这里的横坐标为生产价格形式的总资本有机构成 k_p，生产价格形式的总资本有机构成 k_p 是第一部门价值形式的资本有机构成 k_1 的非线性函数，在本例中，第一部门价值形式的资本有机构成 k_1 是等差数列，生产价格形式的总资本有机构成 k_p 就不可能是等差数列。用 Office 中的 Excel 作图，横坐标必须是等差数列。为此，利用 Excel 中的 vlookup 函数功能，将生产价格形式的总资本有机构成 k_p 转变为等差数列，然后再用 Excel 作图。

在本节中，图 11－2、图 11－3、图 11－4、图 11－5、图 11－6、图 11－7、图 11－8、图 11－9、图 11－10，均用此种方式作图。下面不再重复阐述。

三、第二部门得到的剩余价值中属于本部门资本家的比例与生产价格形式的总资本有机构成关系的数例

如果第二部门价值形式的资本有机构成 k_2 和剩余价值率 e 确定，例如，$k_2=2.5$，$e=1.5$，第一部门的不变资本中相当于由第一部门提供的生产资料价值的那部分不变资本 $c_{11}=90$，180，270，… 1 800，相应地，第一部门使用第一部门生产的生产资料的价值比例 $f_1=0.230\ 769\ 231$，0.375，0.473 684 211，…，0.857 142 857，第一部门价值形式的资本有机构成 $k_1=1.3$，1.6，1.9，…，7，除了 c_{11}、f_1 与 k_1 之外，其余已知量与第九章的数例中的已知量相同，那么，第二部门得到的剩余价值中属于本部门资本家的比例 d_2 与第一部门价值形式的资本有机构成 k_1、生产价格形式的总资本有机构成 k_p 的关系，可以用表 11－3 表示。

表 11－3　　d_2 与 k_1、k_p 的关系

第一部门价值形式的资本有机构成 k_1	生产价格形式的总资本有机构成 k_p	第二部门得到的剩余价值中属于本部门资本家的比例 d_2
1.3	1.717 782 662 7	0.480 017 846 117
1.6	1.872 139 168 6	0.472 852 758 287
1.9	2.030 352 112 1	0.465 743 959 892

续前表

第一部门价值形式的资本有机构成 k_1	生产价格形式的总资本有机构成 k_p	第二部门得到的剩余价值中属于本部门资本家的比例 d_2
2.2	2.192 155 682 8	0.458 706 778 817
2.5	2.357 258 718 6	0.451 664 914 126
2.8	2.525 522 687 9	0.444 897 897 914
3.1	2.696 611 635 1	0.438 146 516 873
3.4	2.870 344 487 6	0.431 507 693 204
3.7	3.046 519 596 5	0.424 987 298 634
4.0	3.224 949 787 8	0.418 589 801 129
4.3	3.405 461 977 2	0.412 318 434 935
4.6	3.587 896 584 4	0.406 175 361 369
4.9	3.772 106 817 6	0.400 161 817 702
5.2	3.957 957 882 8	0.394 278 252 706
5.5	4.145 326 157 4	0.388 524 448 406
5.8	4.334 098 360 7	0.382 899 628 253
6.1	4.524 170 740 7	0.377 402 552 331
6.4	4.715 448 294 0	0.372 031 600 509
6.7	4.907 844 025 7	0.366 784 844 561
7.0	5.101 278 256 8	0.361 660 110 356

在表 11－3 中，第二部门得到的剩余价值中属于本部门资本家的比例 d_2 与生产价格形式的总资本有机构成 k_p 的关系，可以用图 11－3 表示。

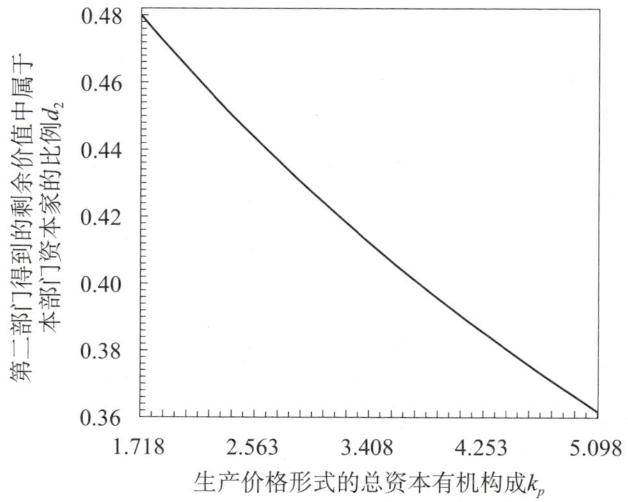

图 11－3　d_2 与 k_p 的关系

由表 11－3 和图 11－3 可以看出，随着生产价格形式的总资本有机构成 k_p 提高，第二部门得到的剩余价值中属于本部门资本家的比例 d_2 降低。

可见，如果第二部门价值形式的资本有机构成和剩余价值率确定，那么，第二部门得到的剩余价值中属于本部门资本家的比例是生产价格形式的总资本有机构成的单调递减函数。

四、第一部门多得到的剩余价值、第二部门多得到的剩余价值与生产价格形式的总资本有机构成关系的数例

如果第二部门价值形式的资本有机构成 k_2 和剩余价值率 e 确定，例如，$k_2=2.5$，$e=1.5$，第一部门的不变资本中相当于由第一部门提供的生产资料价值的那部分不变资本 $c_{11}=90$，180，270，…，1 800，相应地，第一部门使用第一部门生产的生产资料的价值比例 $f_1=0.230\ 769\ 231$，0.375，0.473 684 211，…，0.857 142 857，第一部门价值形式的资本有机构成 $k_1=1.3$，1.6，1.9，…，7，除了 c_{11}、f_1 与 k_1 之外，其余已知量与第九章的数例中的已知量相同，那么，第一部门多得到的剩余价值 s_{t1}、第二部门多得到的剩余价值 s_{t2} 与第一部门价值形式的资本有机构成 k_1、生产价格形式的总资本有机构成 k_p 的关系，可以用表 11－4 表示。

表 11－4　s_{t1}、s_{t2} 与 k_1、k_p 的关系

第一部门价值形式的资本有机构成 k_1	生产价格形式的总资本有机构成 k_p	第一部门多得到的剩余价值 s_{t1}	第二部门多得到的剩余价值 s_{t2}
1.3	1.717 782 7	−173.717 581 7	173.717 581 7
1.6	1.872 139 2	−160.686 943 7	160.686 943 7
1.9	2.030 352 1	−148.448 301 4	148.448 301 4
2.2	2.192 155 7	−136.957 016 8	136.957 016 8
2.5	2.357 258 7	−126.202 569 5	126.202 569 5
2.8	2.525 522 7	−116.037 647 5	116.037 647 5
3.1	2.696 611 6	−106.522 220 2	106.522 220 2
3.4	2.870 344 5	−97.580 536 7	97.580 536 7
3.7	3.046 519 6	−89.173 157 7	89.173 157 7
4.0	3.224 949 8	−81.262 798 8	81.262 798 8
4.3	3.405 462 0	−73.814 426 1	73.814 426 1
4.6	3.587 896 6	−66.795 280 2	66.795 280 2
4.9	3.772 106 8	−60.174 848 0	60.174 848 0
5.2	3.957 957 9	−53.924 795 3	53.924 795 3
5.5	4.145 326 2	−48.018 874 4	48.018 874 4

续前表

第一部门价值形式的资本有机构成 k_1	生产价格形式的总资本有机构成 k_p	第一部门多得到的剩余价值 s_{t1}	第二部门多得到的剩余价值 s_{t2}
5.8	4.334 098 4	−42.432 814 7	42.432 814 7
6.1	4.524 170 7	−37.144 204 4	37.144 204 4
6.4	4.715 448 3	−32.132 367 8	32.132 367 8
6.7	4.907 844 0	−27.378 242 4	27.378 242 4
7.0	5.101 278 3	−22.864 259 7	22.864 259 7

在表 11-4 中，第一部门多得到的剩余价值 s_{t1}、第二部门多得到的剩余价值 s_{t2} 与生产价格形式的总资本有机构成 k_p 的关系，可以用图 11-4 表示。

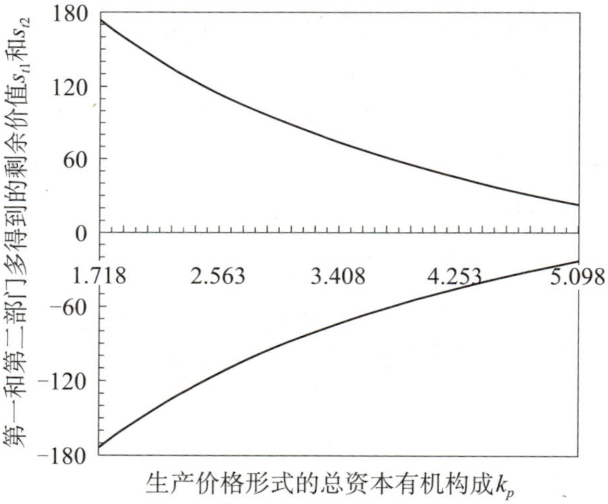

图 11-4　s_{t1}、s_{t2} 与 k_p 的关系

在图 11-4 中，斜率为正的曲线，为第一部门多得到的剩余价值 s_{t1} 与生产价格形式的总资本有机构成 k_p 的关系曲线；斜率为负的曲线，为第二部门多得到的剩余价值 s_{t2} 与生产价格形式的总资本有机构成 k_p 的关系曲线。

由表 11-4 和图 11-4 可以看出，随着生产价格形式的总资本有机构成 k_p 提高，第一部门多得到的剩余价值 s_{t1} 增加，第二部门多得到的剩余价值 s_{t2} 减少。

可见，如果第二部门价值形式的资本有机构成和剩余价值率确定，那么，第一部门多得到的剩余价值 s_{t1} 是生产价格形式的总资本有机构成的单调递增函数，第二部门多得到的剩余价值 s_{t2} 是生产价格形式的总资本有机构成的单调递减函数。

五、第一部门得到的剩余价值与生产价格形式的总资本有机构成关系的数例

如果第二部门价值形式的资本有机构成 k_2 和剩余价值率 e 确定，例如，$k_2=2.5$，$e=1.5$，第一部门的不变资本中相当于由第一部门提供的生产资料价值的那部分不变资本 $c_{11}=90$，180，270，…，1 800，相应地，第一部门使用第一部门生产的生产资料的价值比例 $f_1=0.230\ 769\ 231$，0.375，0.473 684 211，…，0.857 142 857，第一部门价值形式的资本有机构成 $k_1=1.3$，1.6，1.9，…，7，除了 c_{11}、f_1 与 k_1 之外，其余已知量与第九章的数例中的已知量相同，那么，第一部门得到的剩余价值 s_1+s_{t1} 与第一部门价值形式的资本有机构成 k_1、生产价格形式的总资本有机构成 k_p 的关系，可以用表 11－5 表示。

表 11－5　　s_1+s_{t1} 与 k_1、k_p 的关系

第一部门价值形式的资本有机构成 k_1	生产价格形式的总资本有机构成 k_p	第一部门得到的剩余价值 s_1+s_{t1}
1.3	1.717 782 662 7	276.282 418 343 8
1.6	1.872 139 168 6	289.313 056 343 6
1.9	2.030 352 112 1	301.551 698 571 0
2.2	2.192 155 682 8	313.042 983 184 1
2.5	2.357 258 718 6	323.797 430 534 8
2.8	2.525 522 687 9	333.952 352 526 4
3.1	2.696 611 635 1	343.477 779 804 0
3.4	2.870 344 487 6	352.419 463 274 6
3.7	3.046 519 596 5	360.826 842 262 3
4.0	3.224 949 787 8	368.737 201 175 4
4.3	3.405 461 977 2	376.185 573 945 0
4.6	3.587 896 584 4	383.204 719 739 3
4.9	3.772 106 817 6	389.825 152 001 2
5.2	3.957 957 882 8	396.075 204 719 4
5.5	4.145 326 157 4	401.981 125 645 3
5.8	4.334 098 360 7	407.567 185 290 0
6.1	4.524 170 740 7	412.855 795 550 5
6.4	4.715 448 294 0	417.867 632 236 6
6.7	4.907 844 025 7	422.621 757 624 0
7.0	5.101 278 256 8	427.135 740 264 8

在表 11－5 中，第一部门得到的剩余价值 s_1+s_{t1} 与生产价格形式的总资本有机构成 k_p 的关系，可以用图 11－5 表示。

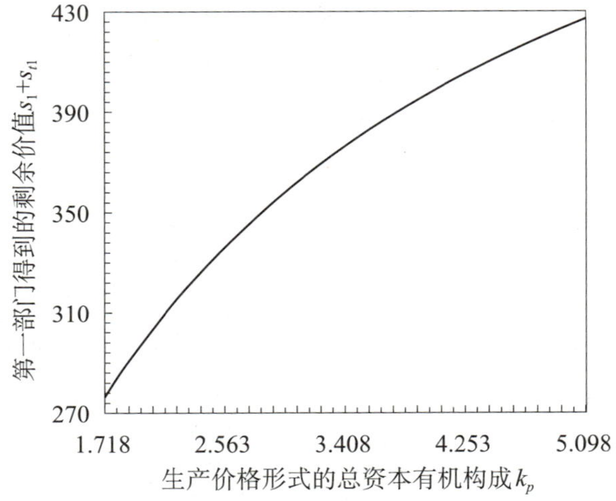

图 11－5　s_1+s_{t1} 与 k_p 的关系

由表 11－5 和图 11－5 可以看出，随着生产价格形式的总资本有机构成 k_p 提高，第一部门得到的剩余价值 s_1+s_{t1} 增加。

可见，如果第二部门价值形式的资本有机构成和剩余价值率确定，那么，第一部门得到的剩余价值是生产价格形式的总资本有机构成的单调递增函数。

六、第二部门得到的剩余价值与生产价格形式的总资本有机构成关系的数例

如果第二部门价值形式的资本有机构成 k_2 和剩余价值率 e 确定，例如，$k_2=2.5$，$e=1.5$，第一部门的不变资本中相当于由第一部门提供的生产资料价值的那部分不变资本 $c_{11}=90$，180，270，…，1 800，相应地，第一部门使用第一部门生产的生产资料的价值比例 $f_1=0.230\ 769\ 231$，0.375，0.473 684 211，…，0.857 142 857，第一部门价值形式的资本有机构成 $k_1=1.3$，1.6，1.9，…，7，除了 c_{11}、f_1 与 k_1 之外，其余已知量与第九章的数例中的已知量相同，那么，第二部门得到的剩余价值 s_2+s_{t2} 与第一部门价值形式的资本有机构成 k_1、生产价格形式的总资本有机构成 k_p 的关系，可以用表 11－6 表示。

表 11－6　　s_2+s_{t2}与 k_1、k_p的关系

第一部门价值形式的资本有机构成 k_1	生产价格形式的总资本有机构成 k_p	第二部门得到的剩余价值 s_2+s_{t2}
1.3	1.717 782 662 7	473.717 581 656 2
1.6	1.872 139 168 6	460.686 943 656 4
1.9	2.030 352 112 1	448.448 301 429 0
2.2	2.192 155 682 8	436.957 016 815 9
2.5	2.357 258 718 6	426.202 569 465 2
2.8	2.525 522 687 9	416.037 647 473 6
3.1	2.696 611 635 1	406.522 220 196 0
3.4	2.870 344 487 6	397.580 536 725 4
3.7	3.046 519 596 5	389.173 157 737 7
4.0	3.224 949 787 8	381.262 798 824 5
4.3	3.405 461 977 2	373.814 426 055 0
4.6	3.587 896 584 4	366.795 280 210 7
4.9	3.772 106 817 6	360.174 847 998 8
5.2	3.957 957 882 8	353.924 795 280 6
5.5	4.145 326 157 4	348.013 874 354 7
5.8	4.334 098 360 7	342.432 814 710 0
6.1	4.524 170 740 7	337.144 204 449 5
6.4	4.715 448 294 0	332.132 367 763 4
6.7	4.907 844 025 7	327.378 242 376 0
7.0	5.101 278 256 8	322.364 259 735 2

在表 11－6 中，第二部门得到的剩余价值 s_2+s_{t2}与生产价格形式的总资本有机构成 k_p的关系，可以用图 11－6 表示。

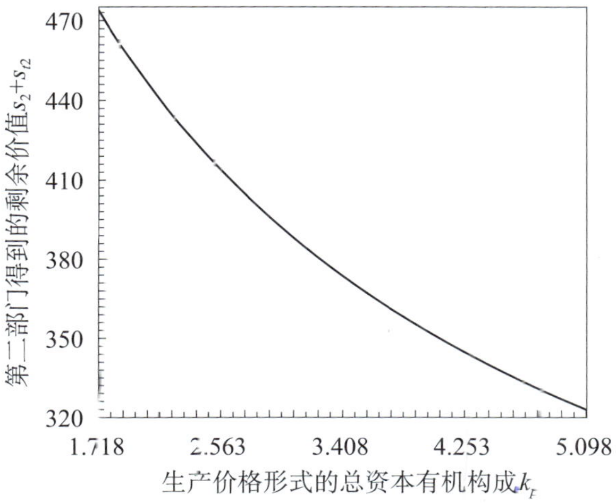

图 11－6　s_2+s_{t2}与 k_p的关系

由表 11－6 和图 11－6 可以看出，随着生产价格形式的总资本有机构成 k_p 提高，第二部门得到的剩余价值 s_2+s_{t2} 减少。

可见，如果第二部门价值形式的资本有机构成和剩余价值率确定，那么，第二部门得到的剩余价值是生产价格形式的总资本有机构成的单调递减函数。

七、第一部门生产价格形式的利润与生产价格形式的总资本有机构成关系的数例

如果第二部门价值形式的资本有机构成 k_2 和剩余价值率 e 确定，例如，$k_2=2.5$，$e=1.5$，第一部门的不变资本中相当于由第一部门提供的生产资料价值的那部分不变资本 $c_{11}=90$，180，270，…，1 800，相应地，第一部门使用第一部门生产的生产资料的价值比例 $f_1=0.230\ 769\ 231$，0.375，0.473 684 211，…，0.857 142 857，第一部门价值形式的资本有机构成 $k_1=1.3$，1.6，1.9，…，7，除了 c_{11}、f_1 与 k_1 之外，其余已知量与第九章的数例中的已知量相同，那么，第一部门生产价格形式的利润 s_{p1} 与第一部门价值形式的资本有机构成 k_1、生产价格形式的总资本有机构成 k_p 的关系，可以用表 11－7 表示。

表 11－7　**s_{p1} 与 k_1、k_p 的关系**

第一部门价值形式的资本有机构成 k_1	生产价格形式的总资本有机构成 k_p	第一部门生产价格形式的利润 s_{p1}
1.3	1.717 782 662 7	222.142 505 096 6
1.6	1.872 139 168 6	237.110 040 344 7
1.9	2.030 352 112 1	251.251 923 277 2
2.2	2.192 155 682 8	264.583 682 735 1
2.5	2.357 258 718 6	277.094 443 488 8
2.8	2.525 522 687 9	288.922 222 365 4
3.1	2.696 611 635 1	299.995 696 744 2
3.4	2.870 344 487 6	310.388 449 573 2
3.7	3.046 519 596 5	320.139 587 744 6
4.0	3.224 949 787 8	329.288 302 486 3
4.3	3.405 461 977 2	337.873 104 123 2
4.6	3.587 896 584 4	345.931 279 347 7
4.9	3.772 106 817 6	353.498 524 380 3
5.2	3.957 957 882 8	360.608 714 482 4
5.5	4.145 326 157 4	367.293 777 143 9
5.8	4.334 098 360 7	373.583 642 493 7
6.1	4.524 170 740 7	379.506 249 906 4
6.4	4.715 448 294 0	385.087 594 351 7
6.7	4.907 844 025 7	390.351 799 802 1
7.0	5.101 278 256 8	395.321 210 061 6

在表 11－7 中，第一部门生产价格形式的利润 s_{p1} 与生产价格形式的总资本有机构成 k_p 的关系，可以用图 11－7 表示。

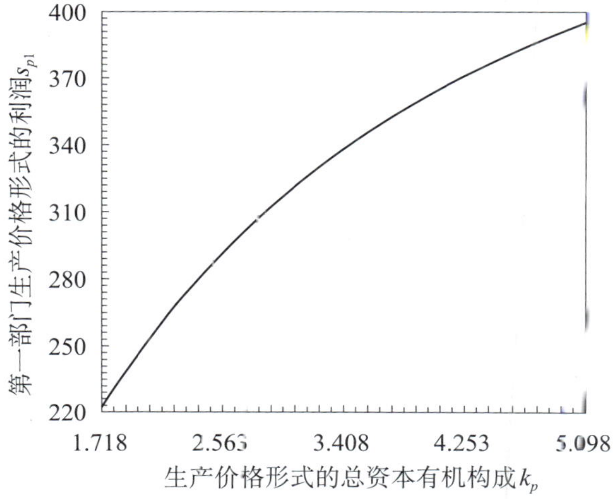

图 11－7　s_{p1} 与 k_p 的关系

由表 11－7 和图 11－7 可以看出，随着生产价格形式的总资本有机构成 k_p 提高，第一部门生产价格形式的利润 s_{p1} 增加。

可见，如果第二部门价值形式的资本有机构成和剩余价值率确定，那么，第一部门生产价格形式的利润是生产价格形式的总资本有机构成的单调递增函数。

这里所说的第一部门生产价格形式的利润，是指第一部门的资本家得到的生产价格形式的利润，其中不包括地租。

八、第二部门生产价格形式的利润与生产价格形式的总资本有机构成关系的数例

如果第二部门价值形式的资本有机构成 k_2 和剩余价值率 e 确定，例如，$k_2=2.5$，$e=1.5$，第一部门的不变资本中相当于由第一部门提供的生产资料价值的那部分不变资本 $c_{11}=90$，180，270，…，1 800，相应地，第一部门使用第一部门生产的生产资料的价值比例 $f_1=0.230\ 769\ 231$，0.375，0.473 684 211，…，0.857 142 857，第一部门价值形式的资本有机构成 $k_1=1.3$，1.6，1.9，…，7，除了 c_{11}、f_1 与 k_1 之外，其余已知量与第九章的数例中的已知量相同，那么，第二部门生产价格形式的利润 s_{p2} 与第一部门价值形式的资本有机构成 k_1、生产价格形式的总资本有机构成 k_p 的关系，可以用表 11－8 表示。

表 11-8　s_{p2} 与 k_1、k_p 的关系

第一部门价值形式的资本有机构成 k_1	生产价格形式的总资本有机构成 k_p	第二部门生产价格形式的利润 s_{p2}
1.3	1.717 782 662 7	211.059 385 943 5
1.6	1.872 139 168 6	204.247 952 622 2
1.9	2.030 352 112 1	197.568 830 587 2
2.2	2.192 155 682 8	191.061 285 926 2
2.5	2.357 258 718 6	184.729 628 992 5
2.8	2.525 522 687 9	178.663 964 868 8
3.1	2.696 611 635 1	172.804 667 270 9
3.4	2.870 344 487 6	167.181 272 842 2
3.7	3.046 519 596 5	161.795 111 554 5
4.0	3.224 949 787 8	156.644 115 138 9
4.3	3.405 461 977 2	151.723 691 116 8
4.6	3.587 896 584 4	147.027 424 855 4
4.9	3.772 106 817 6	142.547 636 708 3
5.2	3.957 957 882 8	138.275 818 962 3
5.5	4.145 326 157 4	134.202 974 406 6
5.8	4.334 098 360 7	130.319 875 288 5
6.1	4.524 170 740 7	126.617 258 475 6
6.4	4.715 448 294 0	123.085 969 960 3
6.7	4.907 844 025 7	119.717 069 475 4
7.0	5.101 278 256 8	116.501 903 956 4

在表 11-8 中，第二部门生产价格形式的利润 s_{p2} 与生产价格形式的总资本有机构成 k_p 的关系，可以用图 11-8 表示。

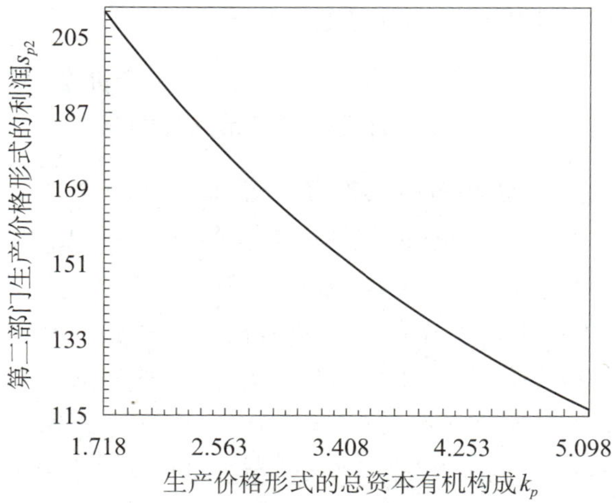

图 11-8　s_{p2} 与 k_p 的关系

由表 11－8 和图 11－8 可以看出，随着生产价格形式的总资本有机构成 k_p 提高，第二部门生产价格形式的利润 s_{p2} 减少。

可见，如果第二部门价值形式的资本有机构成和剩余价值率确定，那么，第二部门生产价格形式的利润是生产价格形式的总资本有机构成的单调递减函数。

这里所说的第二部门生产价格形式的利润，是指第二部门的资本家得到的生产价格形式的利润，其中不包括地租。

九、生产价格形式的总利润与生产价格形式的总资本有机构成关系的数例

如果第二部门价值形式的资本有机构成 k_2 和剩余价值率 e 确定，例如，$k_2=2.5$，$e=1.5$，第一部门的不变资本中相当于由第一部门提供的生产资料价值的那部分不变资本 $c_{11}=90$，180，270，…，1 800，相应地，第一部门使用第一部门生产的生产资料的价值比例 $f_1=0.230\ 769\ 231$，0.375，0.473 684 211，…，0.857 142 857，第一部门价值形式的资本有机构成 $k_1=1.3$，1.6，1.9，…，7，除了 c_{11}、f_1 与 k_1 之外，其余已知量与第九章的数例中的已知量相同，那么，生产价格形式的总利润 s_p 与第一部门价值形式的资本有机构成 k_1、生产价格形式的总资本有机构成 k_p 的关系，可以用表 11－9 表示。

表 11－9　　s_p 与 k_1、k_p 的关系

第一部门价值形式的资本有机构成 k_1	生产价格形式的总资本有机构成 k_p	生产价格形式的总利润 s_p
1.3	1.717 782 662 7	433.201 891 040 1
1.6	1.872 139 168 6	441.357 992 963 8
1.9	2.030 352 112 1	448.820 753 864 4
2.2	2.192 155 682 8	455.644 968 661 3
2.5	2.357 258 718 6	461.824 072 481 2
2.8	2.525 522 687 9	467.586 187 234 2
3.1	2.695 611 635 1	472.800 364 015 1
3.4	2.870 344 487 6	477.569 722 415 4
3.7	3.046 519 596 5	481.934 699 299 1
4.0	3.224 949 787 8	485.932 417 625 3
4.3	3.405 461 977 2	489.596 795 240 0
4.6	3.587 896 584 4	492.958 704 203 1
4.9	3.772 106 817 6	493.046 161 088 6

续前表

第一部门价值形式的资本有机构成 k_1	生产价格形式的总资本有机构成 k_p	生产价格形式的总利润 s_p
5.2	3.957 957 882 8	498.884 533 444 7
5.5	4.145 326 157 4	501.496 751 550 5
5.8	4.334 098 360 7	503.903 517 782 3
6.1	4.524 170 740 7	506.123 508 382 0
6.4	4.715 448 294 0	508.173 564 312 0
6.7	4.907 844 025 7	510.068 869 277 5
7.0	5.101 278 256 8	511.823 114 018 0

在表 11－9 中，生产价格形式的总利润 s_p 与生产价格形式的总资本有机构成 k_p 的关系，可以用图 11－9 表示。

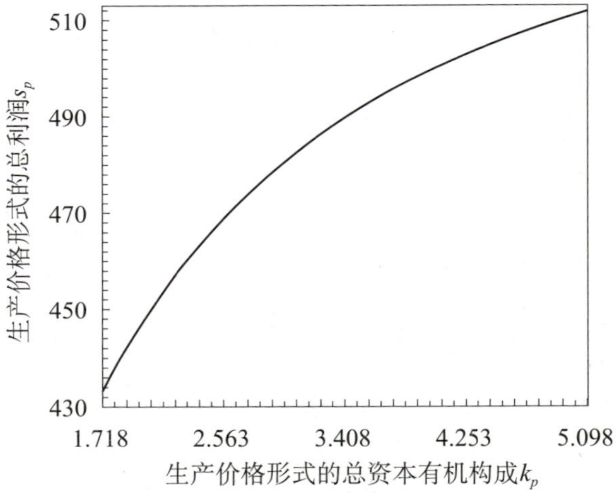

图 11－9　s_p 与 k_p 的关系

由表 11－9 和图 11－9 可以看出，随着生产价格形式的总资本有机构成 k_p 提高，生产价格形式的总利润 s_p 增加。

可见，如果第二部门价值形式的资本有机构成和剩余价值率确定，那么，生产价格形式的总利润是生产价格形式的总资本有机构成的单调递增函数。

这里所说的生产价格形式的总利润，是指资本家得到的生产价格形式的总利润，其中不包括地租。

十、生产价格形式的利润率与生产价格形式的总资本有机构成关系的数例

如果第二部门价值形式的资本有机构成 k_2 和剩余价值率 e 确定，例

如，$k_2=2.5$，$e=1.5$，第一部门的不变资本中相当于由第一部门提供的生产资料价值的那部分不变资本 $c_{11}=90$，180，270，…，1 800，相应地，第一部门使用第一部门生产的生产资料的价值比例 $f_1=0.230\ 769\ 231$，0.375，0.473 684 211，…，0.857 142 857，第一部门价值形式的资本有机构成 $k_1=1.3$，1.6，1.9，…，7，除了 c_{11}、f_1 与 k_1 之外，其余已知量与第九章的数例中的已知量相同，那么，生产价格形式的利润率 r、价值形式的平均利润率 r_{vt} 与第一部门价值形式的资本有机构成 k_1、生产价格形式的总资本有机构成 k_p 的关系，可以用表 11－10 表示。

表 11－10　　r、r_{vt} 与 k_1、k_p 的关系

第一部门价值形式的资本有机构成 k_1	生产价格形式的总资本有机构成 k_p	生产价格形式的利润率 r	价值形式的平均利润率 r_{vt}
1.3	1.717 782 7	0.300 027 9	0.335 774 5
1.6	1.872 139 2	0.289 076 4	0.318 055 9
1.9	2.030 352 1	0.278 675 0	0.302 213 9
2.2	2.192 155 7	0.268 805 1	0.287 951 7
2.5	2.357 258 7	0.259 411 4	0.275 001 1
2.8	2.525 522 7	0.250 574 6	0.263 269 1
3.1	2.696 611 6	0.242 167 9	0.252 504 2
3.4	2.870 344 5	0.234 201 7	0.242 611 5
3.7	3.046 519 6	0.226 652 2	0.233 485 1
4.0	3.224 949 8	0.219 495 9	0.225 036 1
4.3	3.405 462 0	0.212 709 8	0.217 189 3
4.6	3.587 836 6	0.206 272 2	0.209 880 7
4.9	3.772 106 8	0.200 161 9	0.203 055 2
5.2	3.957 957 9	0.194 358 9	0.196 665 3
5.5	4.145 326 2	0.188 844 5	0.190 669 5
5.8	4.334 098 4	0.183 600 7	0.185 031 9
6.1	4.524 170 7	0.178 610 9	0.179 720 5
6.4	4.715 448 3	0.173 859 4	0.174 707 6
6.7	4.907 844 0	0.169 331 5	0.169 968 1
7.0	5.101 278 3	0.165 013 6	0.165 480 1

在表 11－10 中，生产价格形式的利润率 r、价值形式的平均利润率 r_{vt} 与生产价格形式的总资本有机构成 k_p 的关系，可以用图 11－10 表示。

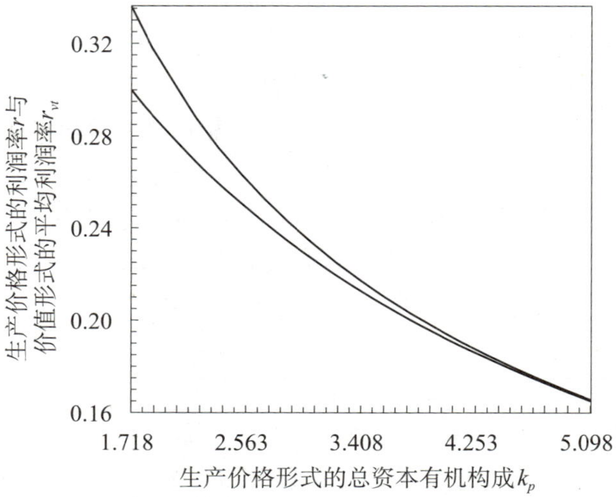

图 11－10　r、r_{vt}与k_p的关系

在图 11－10 中，上面的曲线，表示价值形式的平均利润率 r_{vt} 与生产价格形式的总资本有机构成 k_p 的关系；下面的曲线，表示生产价格形式的利润率 r 与生产价格形式的总资本有机构成 k_p 的关系。

由表 11－10 和图 11－10 可以看出，随着生产价格形式的总资本有机构成 k_p 提高，生产价格形式的利润率 r 降低，价值形式的平均利润率 r_{vt} 也降低，价值形式的平均利润率始终高于生产价格形式的利润率。

在本数例中，第二部门价值形式的资本有机构成 k_2 为 2.5，剩余价值率 e 为 1.5，第一部门价值形式的资本有机构成 k_1 从 1.3 提高到 7。

可见，如果第二部门价值形式的资本有机构成和剩余价值率确定，那么，无论第一部门价值形式的资本有机构成高于第二部门价值形式的资本有机构成，还是第一部门价值形式的资本有机构成低于第二部门价值形式的资本有机构成，生产价格形式的利润率都是生产价格形式的总资本有机构成的单调递减函数，价值形式的平均利润率也是生产价格形式的总资本有机构成的单调递减函数。同时，由资本家得到的剩余价值决定的价值形式的平均利润率高于生产价格形式的利润率。

第五节　k_1 与 e 确定、k_2 提高的条件下，生产价格形式的利润率与生产价格形式的总资本有机构成关系的数例

这里在第一部门价值形式的资本有机构成和剩余价值率确定、第二部

门价值形式的资本有机构成提高的条件下，通过第二部门价值形式的资本有机构成提高的数例，考察各个有关内生变量与生产价格形式的总资本有机构成的关系，在此基础上，考察生产价格形式的利润率与生产价格形式的总资本有机构成的关系。

一、生产价格形式的总资本有机构成与第二部门价值形式的资本有机构成关系的数例

如果第一部门价值形式的资本有机构成和剩余价值率确定，那么，生产价格形式的总资本有机构成是第二部门价值形式的资本有机构成的函数。

随着第二部门价值形式的资本有机构成 k_2 提高，第二部门的生产力提高，第二部门使用的生产资料中，由工业产品构成的生产资料占的比例提高，由农业产品构成的生产资料占的比例降低，因此，第二部门使用的第一部门生产的生产资料中凝结的物化劳动占第二部门使用的生产资料中凝结的物化劳动的比例（以下简称第二部门使用第一部门生产的生产资料的价值比例）f_2 提高。

如果第一部门价值形式的资本有机构成 k_1 和剩余价值率 e 确定，例如，$k_1=4.9$，$e=1.5$，第二部门价值形式的资本有机构成 $k_2=0.5$，0.7，0.9，…，6.5，第二部门使用第一部门生产的生产资料的价值比例 $f_2=0.5$，0.51，0.52，…，0.8，除了第二部门价值形式的资本有机构成 k_2、f_2 之外，其余已知量与第九章的数例中的已知量相同，那么，价值形式的总资本有机构成 k、生产价格形式的总资本有机构成 k_p 与第二部门价值形式的资本有机构成 k_2 的关系，可以用表 11－11 表示。

表 11－11 k、k_p 与 k_2 的关系

第二部门价值形式的资本有机构成 k_2	价值形式的总资本有机构成 k	生产价格形式的总资本有机构成 k_p
0.5	2.553 333 333 3	3.037 199 846 8
0.7	2.722 141 560 8	3.094 769 590 0
0.9	2.883 870 967 7	3.163 510 620 8
1.1	3.038 623 561 1	3.238 537 393 9
1.3	3.186 530 223 7	3.316 700 592 1
1.5	3.327 745 664 7	3.395 919 269 6
1.7	3.462 443 845 5	3.474 796 743 2
1.9	3.590 813 877 4	3.552 389 253 4
2.1	3.713 056 379 8	3.628 061 028 6
2.3	3.829 380 275 9	3.701 390 345 0
2.5	3.940 000 000 0	3.772 106 817 6

续前表

第二部门价值形式的资本有机构成 k_2	价值形式的总资本有机构成 k	生产价格形式的总资本有机构成 k_p
2.7	4.045 133 087 2	3.840 048 462 4
2.9	4.144 998 112 5	3.905 131 637 9
3.1	4.239 812 947 0	3.967 329 602 3
3.3	4.329 793 300 1	4.026 656 968 1
3.5	4.415 151 515 2	4.083 158 277 4
3.7	4.496 095 590 7	4.136 899 512 5
3.9	4.572 828 398 5	4.187 961 732 3
4.1	4.645 547 073 8	4.236 436 268 7
4.3	4.714 442 554 5	4.282 421 086 6
4.5	4.779 699 248 1	4.326 018 017 9
4.7	4.841 494 807 7	4.367 330 661 1
4.9	4.900 000 000 0	4.406 462 790 2
5.1	4.955 378 651 5	4.443 517 157 1
5.3	5.007 787 658 3	4.478 594 599 2
5.5	5.057 377 049 2	4.511 793 384 3
5.7	5.104 290 091 9	4.543 208 740 9
5.9	5.148 663 434 0	4.572 932 534 0
6.1	5.190 627 270 5	4.601 053 054 1
6.3	5.230 305 532 6	4.627 654 894 4
6.5	5.267 816 092 0	4.652 818 896 9

在表 11－11 中，价值形式的总资本有机构成 k、生产价格形式的总资本有机构成 k_p 与第二部门价值形式的资本有机构成 k_2 的关系，可以用图 11－11 表示。

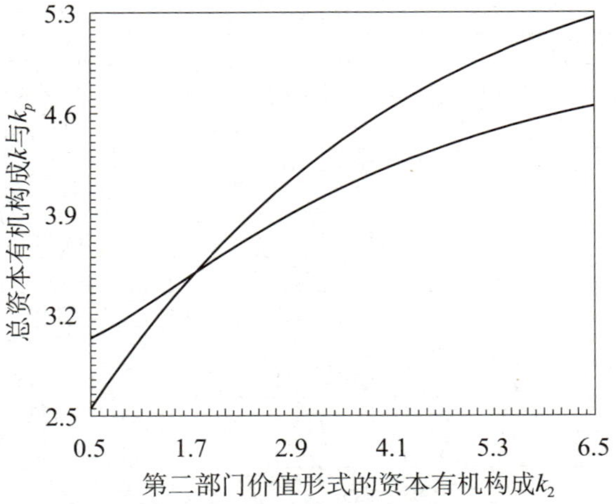

图 11－11　k、k_p 与 k_2 的关系

在图 11－11 中，斜率大的曲线，为价值形式的总资本有机构成 k 与第二部门价值形式的资本有机构成 k_2 的关系曲线；斜率小的曲线，为生产价格形式的总资本有机构成 k_p 与第二部门价值形式的资本有机构成 k_2 的关系曲线。

由表 11－11 和图 11－11 可以看出，随着第二部门价值形式的资本有机构成 k_2 提高，价值形式的总资本有机构成 k 提高，生产价格形式的总资本有机构成 k_p 也提高，价值形式的总资本有机构成的提高，比生产价格形式的总资本有机构成的提高更快。

可见，如果第一部门价值形式的资本有机构成和剩余价值率确定，那么，价值形式的总资本有机构成是第二部门价值形式的资本有机构成的单调递增的非线性函数，生产价格形式的总资本有机构成也是第二部门价值形式的资本有机构成的单调递增的非线性函数。

二、第一部门得到的剩余价值中属于本部门资本家的比例与生产价格形式的总资本有机构成关系的数例

如果第一部门价值形式的资本有机构成 k_1 和剩余价值率 e 确定，例如，$k_1=4.9$，$e=1.5$，第二部门价值形式的资本有机构成 $k_2=0.5$，0.7，0.9，…，6.5，第二部门使用第一部门生产的生产资料的价值比例 $f_2=0.5$，0.51，0.52，…，0.8，除了第二部门价值形式的资本有机构成 k_2、f_2 之外，其余已知量与第九章的数例中的已知量相同，那么，第一部门得到的剩余价值中属于本部门资本家的比例 d_1 与第二部门价值形式的资本有机构成 k_2、生产价格形式的总资本有机构成 k_p的关系，可以用表 11－12 表示。

表 11－12　　d_1 与 k_2、k_p的关系

第二部门价值形式的资本有机构成 k_2	生产价格形式的总资本有机构成 k_p	第一部门得到的剩余价值中属于本部门资本家的比例 d_1
0.5	3.037 199 846 8	0.965 550 249 9
0.7	3.094 769 590 0	0.959 472 111 4
0.9	3.163 510 620 8	0.953 574 964 6
1.1	3.238 537 393 9	0.947 909 918 9
1.3	3.316 700 592 1	0.942 515 517 6
1.5	3.395 919 269 6	0.937 419 846 1
1.7	3.474 796 743 2	0.932 642 247 3
1.9	3.552 389 253 4	0.928 194 752 8
2.1	3.628 061 028 6	0.924 083 297 5
2.3	3.701 390 345 0	0.920 308 761 8

续前表

第二部门价值形式的资本有机构成 k_2	生产价格形式的总资本有机构成 k_p	第一部门得到的剩余价值中属于本部门资本家的比例 d_1
2.5	3.772 106 817 6	0.916 867 873 3
2.7	3.840 048 462 4	0.913 753 989 5
2.9	3.905 131 637 9	0.910 957 777 5
3.1	3.967 329 602 3	0.908 467 803 8
3.3	4.026 656 968 1	0.906 271 044 8
3.5	4.083 158 277 4	0.904 353 325 3
3.7	4.136 899 512 5	0.902 699 693 3
3.9	4.187 961 732 3	0.901 294 737 6
4.1	4.236 436 268 7	0.900 122 854 5
4.3	4.282 421 086 6	0.899 168 468 4
4.5	4.326 018 017 9	0.898 416 211 7
4.7	4.367 330 661 1	0.897 851 070 6
4.9	4.406 462 790 2	0.897 458 497 7
5.1	4.443 517 157 1	0.897 224 499 2
5.3	4.478 594 599 2	0.897 135 698 1
5.5	4.511 793 384 3	0.897 179 378 3
5.7	4.543 208 740 9	0.897 343 511 3
5.9	4.572 932 534 0	0.897 616 769 8
6.1	4.601 053 054 1	0.897 988 529 4
6.3	4.627 654 894 4	0.898 448 861 5
6.5	4.652 818 896 9	0.898 988 518 6

在表 11－12 中，第一部门得到的剩余价值中属于本部门资本家的比例 d_1 与生产价格形式的总资本有机构成 k_p 的关系，可以用图 11－12 表示。

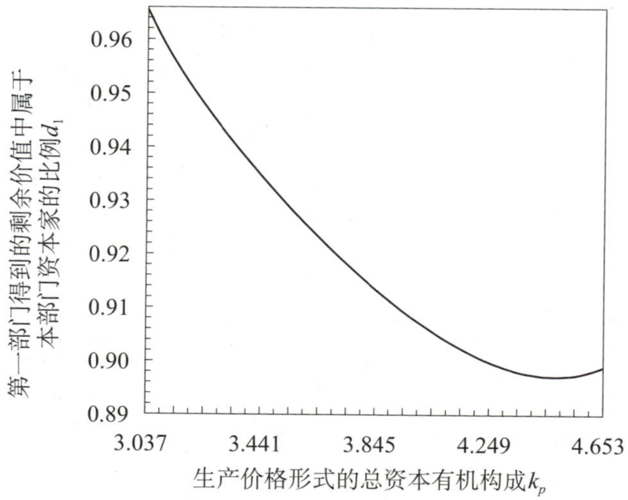

图 11－12　d_1 与 k_p 的关系

由表 11－12 和图 11－12 可以看出，随着生产价格形式的总资本有机构成 k_p 提高，第一部门得到的剩余价值中属于本部门资本家的比例 d_1 先降低后提高。

可见，如果第一部门价值形式的资本有机构成 k_1 和剩余价值率 e 确定，那么，第一部门得到的剩余价值中属于本部门资本家的比例是生产价格形式的总资本有机构成的非线性函数。

值得注意的是，这里的横坐标为生产价格形式的总资本有机构成 k_p，生产价格形式的总资本有机构成 k_p 是第二部门价值形式的资本有机构成 k_2 的非线性函数，在本例中，第二部门价值形式的资本有机构成 k_2 是等差数列，生产价格形式的总资本有机构成 k_p 就不可能是等差数列。用 Office 中的 Excel 作图，横坐标必须是等差数列。为此，利用 Excel 中的 vlookup 函数功能，将生产价格形式的总资本有机构成 k_p 转变为等差数列，然后再用 Excel 作图。

在本节中，图 11－12、图 11－13、图 11－14、图 11－15、图 11－16、图 11－17、图 11－18、图 11－19、图 11－20，均用此种方式作图。下面不再重复阐述。

三、第二部门得到的剩余价值中属于本部门资本家的比例与生产价格形式的总资本有机构成关系的数例

如果第一部门价值形式的资本有机构成 k_1 和剩余价值率 e 确定，例如，$k_1=4.9$，$e=1.5$，第二部门价值形式的资本有机构成 $k_2=0.5$，0.7，0.9，…，6.5，第二部门使用第一部门生产的生产资料的价值比例 $f_2=0.5$，0.51，0.52，…，0.8，除了第二部门价值形式的资本有机构成 k_2、f_2 之外，其余已知量与第九章的数例中的已知量相同。那么，第二部门得到的剩余价值中属于本部门资本家的比例 d_2 与第二部门价值形式的资本有机构成 k_2、生产价格形式的总资本有机构成 k_p 的关系，可以用表 11－13 表示。

表 11－13　　d_2 与 k_2、k_p 的关系

第二部门价值形式的资本有机构成 k_2	生产价格形式的总资本有机构成 k_p	第二部门得到的剩余价值中属于本部门资本家的比例 d_2
0.5	3.037 199 846 8	0.517 933 941 2
0.7	3.094 769 590 0	0.501 630 038 8
0.9	3.163 510 620 8	0.486 453 043 3
1.1	3.238 537 393 9	0.472 370 102 2

续前表

第二部门价值形式的资本有机构成 k_2	生产价格形式的总资本有机构成 k_p	第二部门得到的剩余价值中属于本部门资本家的比例 d_2
1.3	3.316 700 592 1	0.459 336 520 8
1.5	3.395 919 269 6	0.447 300 935 4
1.7	3.474 796 743 2	0.436 208 613 7
1.9	3.552 389 253 4	0.426 003 612 5
2.1	3.628 061 028 6	0.416 630 209 6
2.3	3.701 390 345 0	0.408 033 858 3
2.5	3.772 106 817 6	0.400 161 817 7
2.7	3.840 048 462 4	0.392 963 559 4
2.9	3.905 131 637 9	0.386 391 014 3
3.1	3.967 329 602 3	0.380 398 706 4
3.3	4.026 656 968 1	0.374 943 804 2
3.5	4.083 158 277 4	0.369 986 113 8
3.7	4.136 899 512 5	0.365 488 029 8
3.9	4.187 961 732 3	0.361 414 456 2
4.1	4.236 436 268 7	0.357 732 708 0
4.3	4.282 421 086 6	0.354 412 399 2
4.5	4.326 018 017 9	0.351 425 323 4
4.7	4.367 330 661 1	0.348 745 330 2
4.9	4.406 462 790 2	0.346 348 201 3
5.1	4.443 517 157 1	0.344 211 528 1
5.3	4.478 594 599 2	0.342 314 592 0
5.5	4.511 793 384 3	0.340 638 249 2
5.7	4.543 208 740 9	0.339 164 820 2
5.9	4.572 932 534 0	0.337 877 985 2
6.1	4.601 053 054 1	0.336 762 684 8
6.3	4.627 654 894 4	0.335 805 026 6
6.5	4.652 818 896 9	0.334 992 197 7

在表 11－13 中，第二部门得到的剩余价值中属于本部门资本家的比例 d_2 与生产价格形式的总资本有机构成 k_p 的关系，可以用图 11－13 表示。

由表 11－13 和图 11－13 可以看出，随着生产价格形式的总资本有机构成 k_p 提高，第二部门得到的剩余价值中属于本部门资本家的比例 d_2 降低。

可见，如果第一部门价值形式的资本有机构成 k_1 和剩余价值率 e 确定，那么，第二部门得到的剩余价值中属于本部门资本家的比例是生产价格形式的总资本有机构成的单调递减函数。

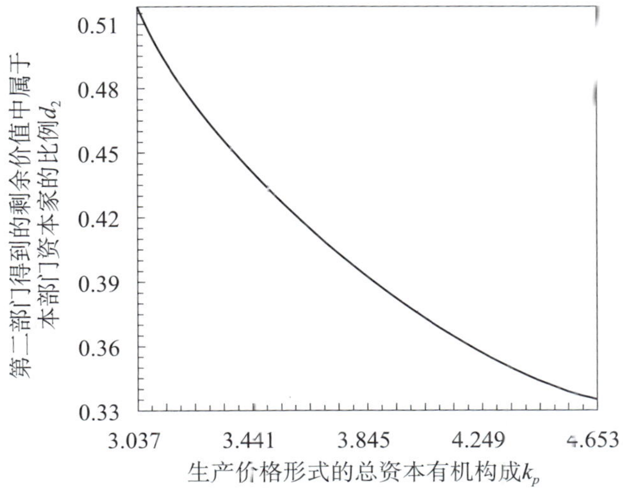

图 11-13　d_2 与 k_p 的关系

四、第一部门多得到的剩余价值、第二部门多得到的剩余价值与生产价格形式的总资本有机构成关系的数例

如果第一部门价值形式的资本有机构成 k_1 和剩余价值率 e 确定，例如，$k_1=4.9$，$e=1.5$，第二部门价值形式的资本有机构成 $k_2=0.5$，0.7，0.9，…，6.5，第二部门使用第一部门生产的生产资料的价值比例 $f_2=0.5$，0.51，0.52，…，0.8，除了第二部门价值形式的资本有机构成 k_2、f_2 之外，其余已知量与第九章的数例中的已知量相同，那么，第一部门多得到的剩余价值 s_{t1}、第二部门多得到的剩余价值 s_{t2} 与第二部门价值形式的资本有机构成 k_2、生产价格形式的总资本有机构成 k_p 的关系，可以用表 11-14 表示。

表 11-14　s_{t1}、s_{t2} 与 k_2、k_p 的关系

第二部门价值形式的资本有机构成 k_2	生产价格形式的总资本有机构成 k_p	第一部门多得到的剩余价值 s_{t1}	第二部门多得到的剩余价值 s_{t2}
0.5	3.037 199 8	203.125 092	−203.125 092
0.7	3.094 769 6	156.075 396	−156.075 396
0.9	3.163 510 6	116.127 830	−116.127 830
1.1	3.238 537 4	81.955 178	−81.955 178
1.3	3.316 700 6	52.523 569	−52.523 569
1.5	3.395 919 3	27.020 890	−27.020 890
1.7	3.474 796 7	4.803 165	−4.803 165
1.9	3.552 389 3	−14.645 226	14.645 226
2.1	3.628 061 0	−31.741 075	31.741 075
2.3	3.701 390 3	−46.824 371	46.824 371

续前表

第二部门价值形式的资本有机构成 k_2	生产价格形式的总资本有机构成 k_p	第一部门多得到的剩余价值 s_{t1}	第二部门多得到的剩余价值 s_{t2}
2.5	3.772 106 8	−60.174 848	60.174 848
2.7	3.840 048 5	−72.024 536	72.024 536
2.9	3.905 131 6	−82.567 356	82.567 356
3.1	3.967 329 6	−91.966 526	91.966 526
3.3	4.026 657 0	−100.360 325	100.360 325
3.5	4.083 158 3	−107.866 630	107.866 630
3.7	4.136 899 5	−114.586 492	114.586 492
3.9	4.187 961 7	−120.607 007	120.607 007
4.1	4.236 436 3	−126.003 608	126.003 608
4.3	4.282 421 1	−130.841 937	130.841 937
4.5	4.326 018 0	−135.179 357	135.179 357
4.7	4.367 330 7	−139.066 202	139.066 202
4.9	4.406 462 8	−142.546 802	142.546 802
5.1	4.443 517 2	−145.660 340	145.660 340
5.3	4.478 594 6	−148.441 563	148.441 563
5.5	4.511 793 4	−150.921 379	150.921 379
5.7	4.543 208 7	−153.127 361	153.127 361
5.9	4.572 932 5	−155.084 175	155.084 175
6.1	4.601 053 1	−156.813 942	156.813 942
6.3	4.627 654 9	−158.336 549	158.336 549
6.5	4.652 818 9	−159.669 916	159.669 916

在表 11－14 中，第一部门多得到的剩余价值 s_{t1}、第二部门多得到的剩余价值 s_{t2} 与生产价格形式的总资本有机构成 k_p 的关系，可以用图 11－14 表示。

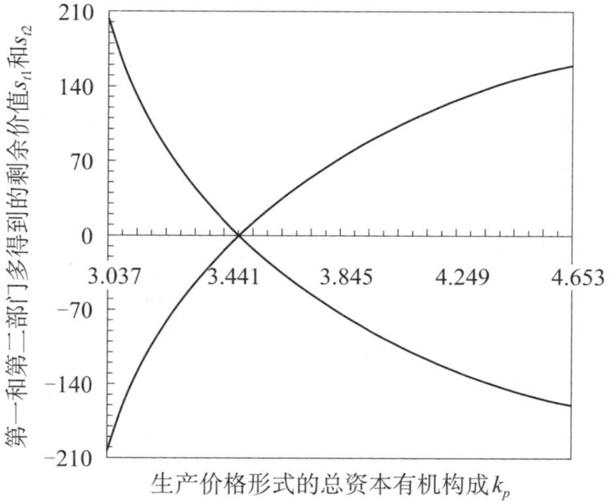

图 11－14　s_{t1}、s_{t2} 与 k_p 的关系

在图 11－14 中，斜率为负的曲线，为第一部门多得到的剩余价值 s_{t1} 与生产价格形式的总资本有机构成 k_p 的关系曲线；斜率为正的曲线，为第二部门多得到的剩余价值 s_{t2} 与生产价格形式的总资本有机构成 k_p 的关系曲线。

由表 11－14 和图 11－14 可以看出，随着生产价格形式的总资本有机构成 k_p 提高，第一部门多得到的剩余价值 s_{t1} 减少，第二部门多得到的剩余价值 s_{t2} 增加。

可见，如果第一部门价值形式的资本有机构成 k_1 和剩余价值率 e 确定，那么，第一部门多得到的剩余价值 s_{t1} 是生产价格形式的总资本有机构成的单调递减函数，第二部门多得到的剩余价值 s_{t2} 是生产价格形式的总资本有机构成的单调递增函数。

五、第一部门得到的剩余价值与生产价格形式的总资本有机构成关系的数例

如果第一部门价值形式的资本有机构成 k_1 和剩余价值率 e 确定，例如，$k_1=4.9$，$e=1.5$，第二部门价值形式的资本有机构成 $k_2=0.5$，0.7，0.9，…，6.5，第二部门使用第一部门生产的生产资料的价值比例 $f_2=0.5$，0.51，0.52，…，0.8，除了第二部门价值形式的资本有机构成 k_2、f_2 之外，其余已知量与第九章的数例中的已知量相同，那么，第一部门得到的剩余价值 s_1+s_{t1} 与第二部门价值形式的资本有机构成 k_2、生产价格形式的总资本有机构成 k_p 的关系，可以用表 11－15 表示。

表 11－15　　**s_1+s_{t1} 与 k_2、k_p 的关系**

第二部门价值形式的资本有机构成 k_2	生产价格形式的总资本有机构成 k_p	第一部门得到的剩余价值 s_1+s_{t1}
0.5	3.037 199 846 8	653.125 092 344 1
0.7	3.094 769 590 0	603.075 396 170 9
0.9	3.163 510 620 8	566.127 830 424 3
1.1	3.238 537 393 9	531.955 178 026 3
1.3	3.316 700 592 1	502.523 568 741 3
1.5	3.395 919 269 6	477.020 889 640 5
1.7	3.474 796 743 2	454.803 165 176 5
1.9	3.552 389 253 4	435.354 774 248 4
2.1	3.628 061 028 6	418.258 924 763 1
2.3	3.701 390 345 0	403.175 629 125 0
2.5	3.772 106 817 6	389.825 152 001 2
2.7	3.840 048 462 4	377.975 463 646 2

续前表

第二部门价值形式的资本有机构成 k_2	生产价格形式的总资本有机构成 k_p	第一部门得到的剩余价值 s_1+s_{t1}
2.9	3.905 131 637 9	367.432 643 587 5
3.1	3.967 329 602 3	358.033 474 339 2
3.3	4.026 656 968 1	349.639 674 531 8
3.5	4.083 158 277 4	342.133 369 964 3
3.7	4.136 899 512 5	335.413 507 529 5
3.9	4.187 961 732 3	329.392 993 386 3
4.1	4.236 436 268 7	323.996 392 029 3
4.3	4.282 421 086 6	319.158 063 184 1
4.5	4.326 018 017 9	314.820 643 056 6
4.7	4.367 330 661 1	310.933 798 379 7
4.9	4.406 462 790 2	307.453 198 066 6
5.1	4.443 517 157 1	304.339 659 586 5
5.3	4.478 594 599 2	301.558 436 513 4
5.5	4.511 793 384 3	299.078 620 821 9
5.7	4.543 208 740 9	296.872 638 981 1
5.9	4.572 932 534 0	294.915 825 142 0
6.1	4.601 053 054 1	293.186 058 015 5
6.3	4.627 654 894 4	291.663 450 629 0
6.5	4.652 818 896 9	290.330 084 192 6

在表 11－15 中，第一部门得到的剩余价值 s_1+s_{t1} 与生产价格形式的总资本有机构成 k_p 的关系，可以用图 11－15 表示。

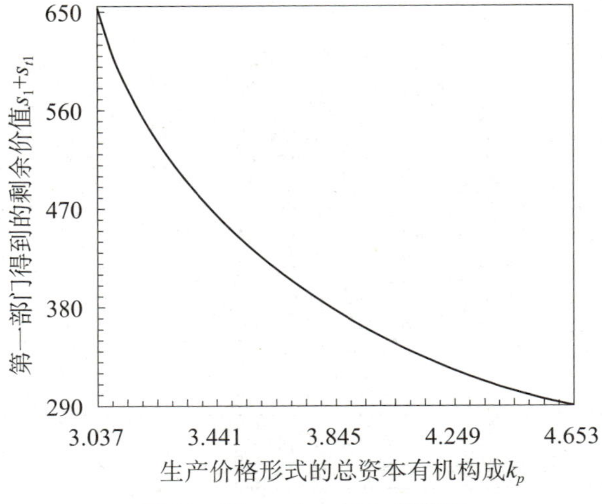

图 11－15　s_1+s_{t1} 与 k_p 的关系

由表 11－15 和图 11－15 可以看出，随着生产价格形式的总资本有机构成 k_p 提高，第一部门得到的剩余价值 s_1+s_{t1} 减少。

可见，如果第一部门价值形式的资本有机构成 k_1 和剩余价值率 e 确定，那么，第一部门得到的剩余价值是生产价格形式的总资本有机构成的单调递减函数。

六、第二部门得到的剩余价值与生产价格形式的总资本有机构成关系的数例

如果第一部门价值形式的资本有机构成 k_1 和剩余价值率 e 确定，例如，$k_1=4.9$，$e=1.5$，第二部门价值形式的资本有机构成 $k_2=0.5$，0.7，0.9，…，6.5，第二部门使用第一部门生产的生产资料的价值比例 $f_2=0.5$，0.51，0.52，…，0.8，除了第二部门价值形式的资本有机构成 k_2、f_2 之外，其余已知量与第九章的数例中的已知量相同，那么，第二部门得到的剩余价值 s_2+s_{t2} 与第二部门价值形式的资本有机构成 k_2、生产价格形式的总资本有机构成 k_p 的关系，可以用表 11－16 表示。

表 11－16　　s_2+s_{t2} 与 k_2、k_p 的关系

第二部门价值形式的资本有机构成 k_2	生产价格形式的总资本有机构成 k_p	第二部门得到的剩余价值 s_2+s_{t2}
0.5	3.037 199 846 8	311.160 621 941 7
0.7	3.094 769 590 0	328.577 269 418 7
0.9	3.163 510 620 8	341.189 242 746 5
1.1	3.238 537 393 9	350.113 953 034 7
1.3	3.316 700 592 1	356.195 777 307 7
1.5	3.395 919 269 6	360.075 884 553 0
1.7	3.474 796 743 2	362.244 143 143 2
1.9	3.552 389 253 4	363.077 281 500 7
2.1	3.628 061 028 6	362.856 903 051 5
2.3	3.701 390 345 0	361.840 121 662 5
2.5	3.772 106 817 6	360.174 847 998 8
2.7	3.840 048 462 4	358.011 190 309 9
2.9	3.905 131 637 9	355.460 018 632 1
3.1	3.967 329 602 3	352.609 444 851 5
3.3	4.026 656 968 1	349.529 760 684 2
3.5	4.083 158 277 4	346.277 226 062 1
3.7	4.136 899 512 5	342.896 994 753 6
3.9	4.137 961 732 3	339.425 387 357 7

续前表

第二部门价值形式的资本有机构成 k_2	生产价格形式的总资本有机构成 k_p	第二部门得到的剩余价值 s_2+s_{t2}
4.1	4.236 436 268 7	335.891 667 672 2
4.3	4.282 421 086 6	332.319 438 494 9
4.5	4.326 018 017 9	328.727 744 040 2
4.7	4.367 330 661 1	325.131 944 849 6
4.9	4.406 462 790 2	321.544 415 298 5
5.1	4.443 517 157 1	317.975 102 044 8
5.3	4.478 594 599 2	314.431 972 929 6
5.5	4.511 793 384 3	310.921 379 178 1
5.7	4.543 208 740 9	307.448 348 673 3
5.9	4.572 932 534 0	304.016 824 204 3
6.1	4.601 053 054 1	300.629 857 612 5
6.3	4.627 654 894 4	297.289 768 454 0
6.5	4.652 818 896 9	293.998 274 016 3

在表 11 - 16 中，第二部门得到的剩余价值 s_2+s_{t2} 与生产价格形式的总资本有机构成 k_p 的关系，可以用图 11 - 16 表示。

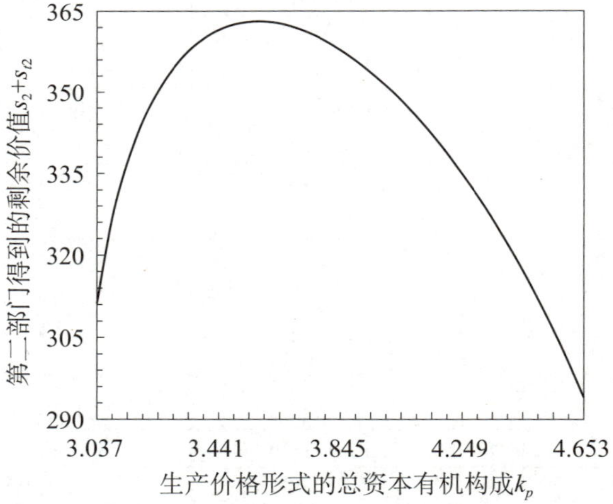

图 11 - 16　s_2+s_{t2} 与 k_p 的关系

由表 11 - 16 和图 11 - 16 可以看出，随着生产价格形式的总资本有机构成 k_p 提高，第二部门得到的剩余价值 s_2+s_{t2} 先增加后减少。

可见，如果第一部门价值形式的资本有机构成 k_1 和剩余价值率 e 确定，那么，第二部门得到的剩余价值是生产价格形式的总资本有机构成的非线性函数。

七、第一部门生产价格形式的利润与生产价格形式的总资本有机构成关系的数例

如果第一部门价值形式的资本有机构成 k_1 和剩余价值率 e 确定，例如，$k_1=4.9$，$e=1.5$，第二部门价值形式的资本有机构成 $k_2=0.5$，0.7，0.9，…，6.5，第二部门使用第一部门生产的生产资料的价值比例 $f_2=0.5$，0.51，0.52，…，0.8，除了第二部门价值形式的资本有机构成 k_2、f_2 之外，其余已知量与第九章的数例中的已知量相同，那么，第一部门生产价格形式的利润 s_{p1} 与第二部门价值形式的资本有机构成 k_2、生产价格形式的总资本有机构成 k_p 的关系，可以用表 11－17 表示。

表 11－17　　　　s_{p1} 与 k_2、k_p 的关系

第二部门价值形式的资本有机构成 k_2	生产价格形式的总资本有机构成 k_p	第一部门生产价格形式的利润 s_{p1}
0.5	3.037 199 846 8	656.546 646 450 9
0.7	3.094 769 590 0	599.836 397 071 2
0.9	3.163 510 620 8	552.496 039 689 8
1.1	3.238 537 393 9	512.533 411 893 3
1.3	3.316 700 592 1	478.582 391 615 6
1.5	3.395 919 269 6	449.545 581 923 6
1.7	3.474 796 743 2	424.564 417 999 1
1.9	3.552 389 253 4	402.960 430 469 9
2.1	3.628 061 028 6	384.192 111 439 7
2.3	3.701 390 345 0	367.823 096 726 1
2.5	3.772 106 817 6	353.498 524 380 3
2.7	3.840 048 462 4	340.927 316 534 7
2.9	3.905 131 637 9	329.838 778 267 3
3.1	3.967 329 602 3	320.122 367 184 0
3.3	4.026 656 968 1	311.519 811 804 3
3.5	4.083 158 277 4	303.918 985 394 2
3.7	4.136 899 512 5	297.199 103 492 8
3.9	4.187 961 732 3	291.256 928 321 3
4.1	4.236 436 268 7	286.003 745 603 8
4.3	4.282 421 086 6	281.362 938 788 3
4.5	4.326 018 017 9	277.268 028 937 8
4.7	4.367 330 661 1	273.661 080 337 8
4.9	4.406 462 790 2	270.491 395 377 5

续前表

第二部门价值形式的资本有机构成 k_2	生产价格形式的总资本有机构成 k_p	第一部门生产价格形式的利润 s_{p1}
5.1	4.443 517 157 1	267.714 439 803 5
5.3	4.478 594 599 2	265.290 952 633 4
5.5	4.511 793 384 3	263.186 205 004 0
5.7	4.543 208 740 9	261.369 379 852 0
5.9	4.572 932 534 0	259.813 050 179 1
6.1	4.601 053 054 1	258.492 738 183 4
6.3	4.627 654 894 4	257.386 541 064 5
6.5	4.652 818 896 9	256.474 812 067 0

在表 11－17 中，第一部门生产价格形式的利润 s_{p1} 与生产价格形式的总资本有机构成 k_p 的关系，可以用图 11－17 表示。

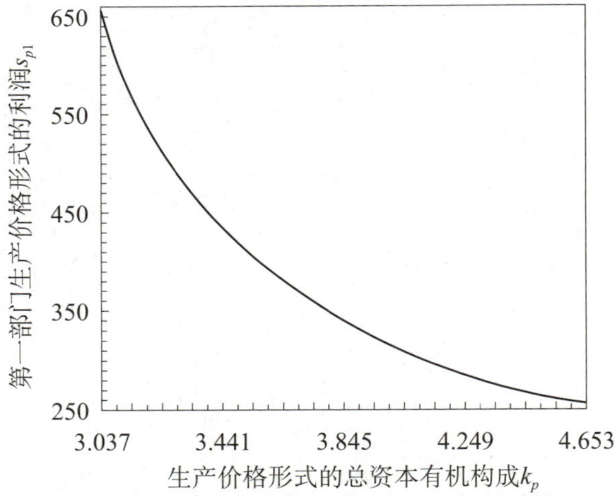

图 11－17　s_{p1} 与 k_p 的关系

由表 11－17 和图 11－17 可以看出，随着生产价格形式的总资本有机构成 k_p 提高，第一部门生产价格形式的利润 s_{p1} 减少。

可见，如果第一部门价值形式的资本有机构成 k_1 和剩余价值率 e 确定，那么，第一部门生产价格形式的利润是生产价格形式的总资本有机构成的单调递减函数。

这里所说的第一部门生产价格形式的利润，是指第一部门的资本家得到的生产价格形式的利润，其中不包括地租。

八、第二部门生产价格形式的利润与生产价格形式的总资本有机构成关系的数例

如果第一部门价值形式的资本有机构成 k_1 和剩余价值率 e 确定，例如，$k_1=4.9$，$e=1.5$，第二部门价值形式的资本有机构成 $k_2=0.5$，0.7，0.9，…，6.5，第二部门使用第一部门生产的生产资料的价值比例 $f_2=0.5$，0.51，0.52，…，0.8，除了第二部门价值形式的资本有机构成 k_2、f_2 之外，其余已知量与第九章的数例中的已知量相同，那么，第二部门生产价格形式的利润 s_{p2} 与第二部门价值形式的资本有机构成 k_2、生产价格形式的总资本有机构成 k_p 的关系，可以用表 11－18 表示。

表 11－18　　**s_{p2} 与 k_2、k_p 的关系**

第二部门价值形式的资本有机构成 k_2	生产价格形式的总资本有机构成 k_p	第二部门生产价格形式的利润 s_{p2}
0.5	3.037 199 846 8	167.785 080 473 7
0.7	3.094 769 590 0	170.032 153 611 9
0.9	3.163 510 620 8	169.831 939 483 3
1.1	3.238 537 393 9	168.101 618 420 1
1.3	3.316 700 592 1	165.322 328 813 0
1.5	3.395 919 269 6	161.918 336 997 8
1.7	3.474 796 743 2	158.161 450 996 1
1.9	3.552 389 253 4	154.238 338 534 5
2.1	3.628 061 028 6	150.276 205 820 8
2.3	3.701 390 345 0	146.360 569 294 5
2.5	3.772 106 817 6	142.547 636 708 3
2.7	3.840 048 462 4	138.872 989 956 9
2.9	3.905 131 637 9	135.357 711 773 4
3.1	3.967 329 602 3	132.012 731 940 4
3.3	4.026 656 968 1	128.841 923 839 4
3.5	4.083 158 277 4	125.844 317 616 9
3.7	4.136 899 512 5	123.015 684 798 8
3.9	4.187 961 732 3	120.349 673 071 1
4.1	4.236 436 268 7	117.838 617 518 9
4.3	4.282 421 086 6	115.474 118 203 5
4.5	4.326 018 017 9	113.247 448 452 8
4.7	4.367 330 661 1	111.149 840 251 6
4.9	4.406 462 790 2	109.172 680 322 3

续前表

第二部门价值形式的资本有机构成 k_2	生产价格形式的总资本有机构成 k_p	第二部门生产价格形式的利润 s_{p2}
5.1	4.443 517 157 1	107.307 641 336 5
5.3	4.478 594 599 2	105.546 766 106 3
5.5	4.511 793 384 3	103.882 517 826 4
5.7	4.543 208 740 9	102.307 805 969 5
5.9	4.572 932 534 0	100.815 994 886 2
6.1	4.601 053 054 1	99.400 900 303 8
6.3	4.627 654 894 4	98.056 777 534 1
6.5	4.652 818 896 9	96.778 304 187 0

在表 11－18 中，第二部门生产价格形式的利润 s_{p2} 与生产价格形式的总资本有机构成 k_p 的关系，可以用图 11－18 表示。

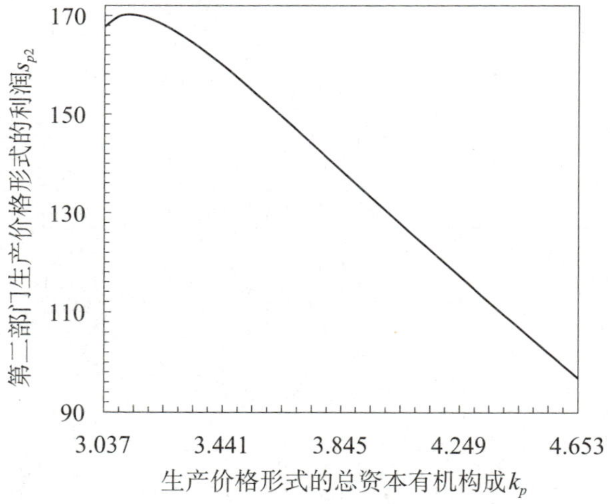

图 11－18　s_{p2} 与 k_p 的关系

由表 11－18 和图 11－18 可以看出，随着生产价格形式的总资本有机构成 k_p 提高，第二部门生产价格形式的利润 s_{p2} 先增加后减少。

可见，如果第一部门价值形式的资本有机构成 k_1 和剩余价值率 e 确定，那么，第二部门生产价格形式的利润是生产价格形式的总资本有机构成的非线性函数。

这里所说的第二部门生产价格形式的利润，是指第二部门的资本家得到的生产价格形式的利润，其中不包括地租。

九、生产价格形式的总利润与生产价格形式的总资本有机构成关系的数例

如果第一部门价值形式的资本有机构成 k_1 和剩余价值率 e 确定，例如，$k_1=4.9$，$e=1.5$，第二部门价值形式的资本有机构成 $k_2=0.5$，0.7，0.9，…，6.5，第二部门使用第一部门生产的生产资料的价值比例 $f_2=0.5$，0.51，0.52，…，0.8，除了第二部门价值形式的资本有机构成 k_2、f_2 之外，其余已知量与第九章的数例中的已知量相同，那么，生产价格形式的总利润 s_p 与第二部门价值形式的资本有机构成 k_2、生产价格形式的总资本有机构成 k_p 的关系，可以用表 11－19 表示。

表 11－19　　**s_p 与 k_2、k_p 的关系**

第二部门价值形式的资本有机构成 k_2	生产价格形式的总资本有机构成 k_p	生产价格形式的总利润 s_p
0.5	3.037 199 846 8	824.331 726 924 6
0.7	3.094 769 590 0	769.918 550 683 2
0.9	3.163 510 620 8	722.357 979 173 1
1.1	3.238 537 393 9	680.635 030 313 4
1.3	3.316 700 592 1	643.904 720 428 6
1.5	3.395 919 269 6	611.453 918 921 5
1.7	3.474 796 743 2	582.725 868 955 2
1.9	3.552 389 253 4	557.198 769 004 3
2.1	3.628 061 028 6	534.468 317 260 5
2.3	3.701 390 345 0	514.183 666 020 6
2.5	3.772 106 817 6	496.046 161 088 6
2.7	3.840 048 462 4	479.300 306 491 5
2.9	3.905 131 637 9	465.226 490 040 7
3.1	3.967 329 602 3	452.135 099 124 4
3.3	4.026 656 968 1	440.361 735 643 7
3.5	4.083 158 277 4	429.763 303 011 1
3.7	4.136 899 512 5	420.214 788 291 7
3.9	4.187 961 732 3	411.606 601 392 4
4.1	4.236 436 268 7	403.842 363 122 8
4.3	4.282 421 086 6	396.837 056 991 8
4.5	4.326 018 017 9	390.515 477 390 6
4.7	4.367 330 661 1	384.810 920 589 4
4.9	4.406 462 790 2	379.664 075 699 7

续前表

第二部门价值形式的资本有机构成 k_2	生产价格形式的总资本有机构成 k_p	生产价格形式的总利润 s_p
5.1	4.443 517 157 1	375.022 081 140 0
5.3	4.478 594 599 2	370.837 718 739 6
5.5	4.511 793 384 3	367.068 722 830 4
5.7	4.543 208 740 9	363.677 185 821 4
5.9	4.572 932 534 0	360.629 045 065 2
6.1	4.601 053 054 1	357.893 638 487 3
6.3	4.627 654 894 4	355.443 318 598 5
6.5	4.652 818 896 9	353.253 116 254 0

在表 11－19 中，生产价格形式的总利润 s_p 与生产价格形式的总资本有机构成 k_p 的关系，可以用图 11－19 表示。

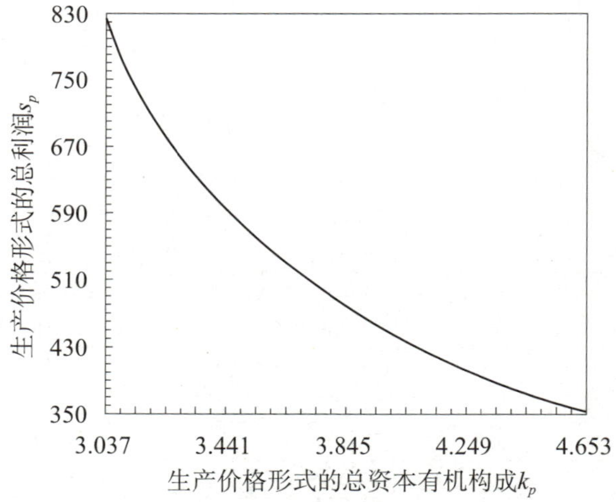

图 11－19　s_p 与 k_p 的关系

由表 11－19 和图 11－19 可以看出，随着生产价格形式的总资本有机构成 k_p 提高，生产价格形式的总利润 s_p 减少。

可见，如果第一部门价值形式的资本有机构成 k_1 和剩余价值率 e 确定，那么，资本家得到的总剩余价值是生产价格形式的总利润的单调递减函数。

这里所说的生产价格形式的总利润，是指资本家得到的生产价格形式的总利润，其中不包括地租。

十、生产价格形式的利润率与生产价格形式的总资本有机构成关系的数例

如果第一部门价值形式的资本有机构成 k_1 和剩余价值率 e 确定，例如，$k_1=4.9$，$e=1.5$，第二部门价值形式的资本有机构成 $k_2=0.5$，0.7，0.9，…，6.5，第二部门使用第一部门生产的生产资料的价值比例 $f_2=$ 0.5，0.51，0.52，…，0.8，除了第二部门价值形式的资本有机构成 k_2、f_2 之外，其余已知量与第九章的数例中的已知量相同，那么，生产价格形式的利润率 r、价值形式的平均利润率 r_{vt} 与第二部门价值形式的资本有机构成 k_2、生产价格形式的总资本有机构成 k_p 的关系，可以用表 11 - 20 表示。

表 11 - 20　　r、r_{vt} 与 k_2、k_p 的关系

第二部门价值形式的资本有机构成 k_2	生产价格形式的总资本有机构成 k_p	生产价格形式的利润率 r	价值形式的平均利润率 r_{vt}
0.5	3.037 199 8	0.367 243 0	0.346 622 9
0.7	3.094 769 6	0.336 247 0	0.321 797 7
0.9	3.163 510 6	0.310 290 4	0.300 441 6
1.1	3.238 537 4	0.288 355 9	0.281 961 3
1.3	3.316 700 6	0.269 671 7	0.265 386 1
1.5	3.395 919 3	0.253 644 5	0.251 838 7
1.7	3.474 796 7	0.239 812 5	0.239 513 8
1.9	3.552 339 3	0.227 811 6	0.228 661 9
2.1	3.628 061 0	0.217 351 6	0.219 077 4
2.3	3.701 390 3	0.208 198 5	0.210 589 4
2.5	3.772 106 8	0.200 161 9	0.203 055 2
2.7	3.840 048 5	0.193 085 2	0.196 354 3
2.9	3.905 131 6	0.186 838 8	0.190 384 4
3.1	3.967 329 6	0.181 314 4	0.185 058 7
3.3	4.026 657 0	0.176 420 8	0.180 302 3
3.5	4.083 158 3	0.172 081 0	0.176 050 9
3.7	4.136 899 5	0.168 229 2	0.172 248 8
3.9	4.187 961 7	0.164 809 1	0.168 847 5
4.1	4.236 436 3	0.161 772 2	0.165 804 8
4.3	4.282 421 1	0.159 076 4	0.163 083 6
4.5	4.326 018 0	0.156 685 3	0.160 651 2
4.7	4.367 330 7	0.154 567 0	0.158 479 0

续前表

第二部门价值形式的资本有机构成 k_2	生产价格形式的总资本有机构成 k_p	生产价格形式的利润率 r	价值形式的平均利润率 r_{vt}
4.9	4.406 462 8	0.152 693 4	0.156 541 6
5.1	4.443 517 2	0.151 040 0	0.154 816 2
5.3	4.478 594 6	0.149 585 1	0.153 282 9
5.5	4.511 793 4	0.148 309 4	0.151 923 8
5.7	4.543 208 7	0.147 195 7	0.150 722 7
5.9	4.572 932 5	0.146 228 9	0.149 665 4
6.1	4.601 053 1	0.145 395 3	0.148 738 9
6.3	4.627 654 9	0.144 682 8	0.147 931 6
6.5	4.652 818 9	0.144 080 2	0.147 233 1

在表 11－20 中，生产价格形式的利润率 r、价值形式的平均利润率 r_{vt} 与生产价格形式的总资本有机构成 k_p 的关系，可以用图 11－20 表示。

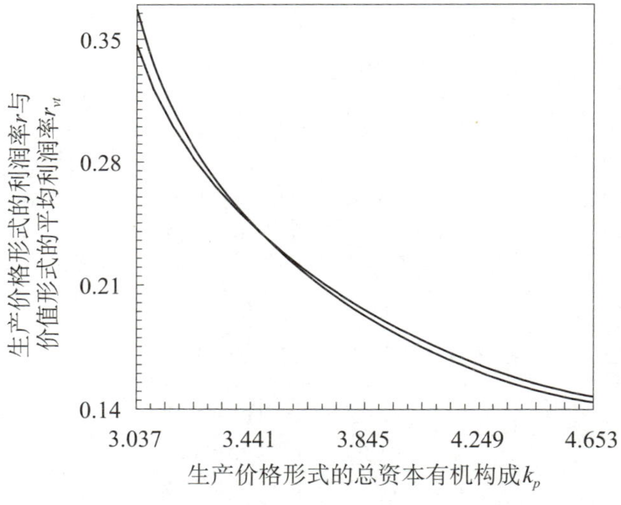

图 11－20　r、r_{vt} 与 k_p 的关系

在图 11－20 中，斜率的绝对值大的曲线，表示生产价格形式的利润率 r 与生产价格形式的总资本有机构成 k_p 的关系；斜率的绝对值小的曲线，表示价值形式的平均利润率 r_{vt} 与生产价格形式的总资本有机构成 k_p 的关系。

由表 11－20 和图 11－20 可以看出，随着生产价格形式的总资本有机构成 k_p 提高，生产价格形式的利润率 r 降低，价值形式的平均利润率 r_{vt} 也降低，生产价格形式的利润率 r 的斜率的绝对值大于价值形式的平均利润率 r_{vt} 的斜率的绝对值。

在本数例中，第一部门价值形式的资本有机构成 k_1 为 4.9，剩余价值率 e 为 1.5，第二部门价值形式的资本有机构成 k_2 从 0.5 提高到 6.5。

可见，如果第一部门价值形式的资本有机构成和剩余价值率确定，那么，无论第一部门价值形式的资本有机构成高于第二部门价值形式的资本有机构成，还是第一部门价值形式的资本有机构成低于第二部门价值形式的资本有机构成，生产价格形式的利润率都是生产价格形式的总资本有机构成的单调递减函数，价值形式的平均利润率也是生产价格形式的总资本有机构成的单调递减函数，同时，生产价格形式的利润率的斜率的绝对值大于价值形式的平均利润率的斜率的绝对值。

第六节　k_1、k_2 确定，$k_1>k_2$，k_2 低于下临界值的条件下，生产价格形式的利润率与生产价格形式的总资本有机构成关系的数例

如果第一部门价值形式的资本有机构成确定，第二部门价值形式的资本有机构成确定，第一部门价值形式的资本有机构成高于第二部门价值形式的资本有机构成，那么，在第一部门价值形式的资本有机构成为某个数值的条件下，随着剩余价值率变化，也就是随着生产价格形式的总资本有机构成 k_p 变化，第二部门价值形式的资本有机构成处于不同范围，二元价值转形的某些内生变量的变化方向就不同。这些内生变量的变化方向的转变，与两个临界值有关。这两个临界值分别称为第二部门价值形式的资本有机构成的下临界值与上临界值。

值得注意的是，这里的临界值与上一章的临界值不同。这是因为这两章考察的内容与重点不同。上一章重点考察价值形式的利润率与价值形式的总资本有机构成的关系。本章重点考察生产价格形式的利润率与生产价格形式的总资本有机构成的关系。

这里在第一部门价值形式的资本有机构成确定，第二部门价值形式的资本有机构成确定，第二部门价值形式的资本有机构成低于下临界值的条件下，通过剩余价值率变化的数例，考察各个重要的内生变量与生产价格形式的总资本有机构成的关系。在此基础上，考察生产价格形式的利润率与生产价格形式的总资本有机构成的关系。

显然，在这种条件下，第一部门价值形式的资本有机构成高于第二部门价值形式的资本有机构成。

一、生产价格形式的总资本有机构成与剩余价值率关系的数例

如果第一部门价值形式的资本有机构成、第二部门价值形式的资本有机构成确定，那么，生产价格形式的总资本有机构成是剩余价值率的函数。

如果 $k_1=4.9$，那么，第二部门价值形式的资本有机构成有两个不同的临界值：上临界值介于 4.785 与 4.786 之间，下临界值介于 4.771 与 4.772 之间。如果第一部门价值形式的资本有机构成确定，第二部门价值形式的资本有机构成确定，第二部门价值形式的资本有机构成低于下临界值的下界 4.771，例如 $k_1=4.9$，$k_2=2.5$，第一部门的资本家消费第一部门提供的生活资料所耗费的劳动 $s_{11}=120$，160，200，…，720，相应地，剩余价值率 $e=3/6$，4/6，5/6，…，18/6，即 $e=0.5$，0.666 666 666 7，0.833 333 333 3，…，3，除了 s_{11}、s_{12}、e 之外，其余已知量与第九章的数例中的已知量相同，那么，价值形式的总资本有机构成 k、生产价格形式的总资本有机构成 k_p 与第一部门的资本家消费第一部门提供的生活资料所耗费的劳动 s_{11}、剩余价值率 e 的关系，可以用表 11－21 表示。

表 11－21　　k、k_p 与 s_{11}、e 的关系

第一部门的资本家消费第一部门提供的生活资料所耗费的劳动 s_{11}	剩余价值率 e	价值形式的总资本有机构成 k	生产价格形式的总资本有机构成 k_p
120	0.500 000 00	3.820 000 00	3.513 553 75
160	0.666 666 67	3.844 000 00	3.562 567 85
200	0.833 333 33	3.866 153 85	3.608 968 46
240	1.000 000 00	3.886 666 67	3.652 952 26
280	1.166 666 67	3.905 714 29	3.694 697 69
320	1.333 333 33	3.923 448 28	3.734 366 76
360	1.500 000 00	3.940 000 00	3.772 106 82
400	1.666 666 67	3.955 483 87	3.808 052 07
440	1.833 333 33	3.970 000 00	3.842 324 93
480	2.000 000 00	3.983 636 36	3.875 037 22
520	2.166 666 67	3.996 470 59	3.906 291 28
560	2.333 333 33	4.008 571 43	3.936 180 88
600	2.500 000 00	4.020 000 00	3.964 792 09
640	2.666 666 67	4.030 810 81	3.992 204 03
680	2.833 333 33	4.041 052 63	4.018 489 54
720	3.000 000 00	4.050 769 23	4.043 715 79

在表 11－21 中，价值形式的总资本有机构成 k、生产价格形式的总

资本有机构成 k_p 与剩余价值率 e 的关系，可以用图 11－21 表示。

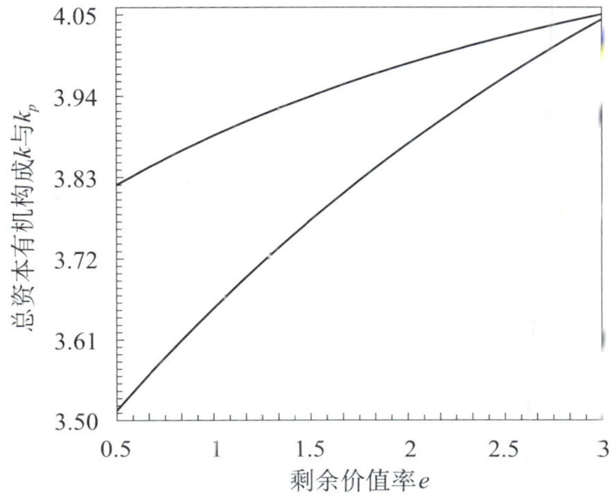

图 11－21　k、k_p 与 e 的关系

在图 11－21 中，上面的曲线，为价值形式的总资本有机构成 k 与剩余价值率 e 的关系曲线；下面的曲线，为生产价格形式的总资本有机构成 k_p 与剩余价值率 e 的关系曲线。

由表 11－21 和图 11－21 可以看出，随着剩余价值率 e 提高，价值形式的总资本有机构成 k 提高，生产价格形式的总资本有机构成 k_p 也提高。

可见，如果第一部门价值形式的资本有机构成确定，第二部门价值形式的资本有机构成确定，第二部门价值形式的资本有机构成低于下临界值，那么，价值形式的总资本有机构成是剩余价值率的单调递增的非线性函数，生产价格形式的总资本有机构成也是剩余价值率的单调递增的非线性函数。

值得指出的是，这里的价值形式的总资本有机构成 k、生产价格形式的总资本有机构成 k_p 与剩余价值率 e 的关系，是在第二部门价值形式的资本有机构成 k_2 低于下临界值的条件下得到的。

二、第一部门得到的剩余价值中属于本部门资本家的比例与生产价格形式的总资本有机构成关系的数例

如果第一部门价值形式的资本有机构成确定，第二部门价值形式的资本有机构成确定，第二部门价值形式的资本有机构成低于下临界值的下界 4.771，例如 $k_1=4.9$，$k_2=2.5$，第一部门的资本家消费第一部门提供的生活资料所耗费的劳动 $s_{11}=120$，160，200，…，720，相应地，剩余价值率 $e=3/6$，4/6，5/6，…，18/6，即 $e=0.5$，0.666 666 666 7，0.833 333 333 3，…，

3，除了 s_{11}、s_{12}、e 之外，其余已知量与第九章的数例中的已知量相同，那么，第一部门得到的剩余价值中属于本部门资本家的比例 d_1 与剩余价值率 e、生产价格形式的总资本有机构成 k_p 的关系，可以用表 11－22 表示。

表 11－22　d_1 与 e、k_p 的关系

剩余价值率 e	生产价格形式的 总资本有机构成 k_p	第一部门得到的剩余价值中 属于本部门资本家的比例 d_1
0.500 000 000 0	3.513 553 750 2	0.169 564 659 2
0.666 666 666 7	3.562 567 850 0	0.663 040 804 7
0.833 333 333 3	3.608 968 455 5	0.789 795 399 1
1.000 000 000 0	3.652 952 264 6	0.847 667 935 5
1.166 666 666 7	3.694 697 689 5	0.880 707 774 6
1.333 333 333 3	3.734 366 757 2	0.902 017 540 0
1.500 000 000 0	3.772 106 817 6	0.916 867 873 3
1.666 666 666 7	3.808 052 071 2	0.927 787 386 0
1.833 333 333 3	3.842 324 929 5	0.936 139 919 6
2.000 000 000 0	3.875 037 224 5	0.942 725 540 3
2.166 666 666 7	3.906 291 283 0	0.948 044 299 6
2.333 333 333 3	3.936 180 880 9	0.952 424 633 8
2.500 000 000 0	3.964 792 090 0	0.956 091 050 3
2.666 666 666 7	3.992 204 031 2	0.959 202 141 8
2.833 333 333 3	4.018 489 544 9	0.961 873 065 9
3.000 000 000 0	4.043 715 787 1	0.964 189 421 6

在表 11－22 中，第一部门得到的剩余价值中属于本部门资本家的比例 d_1 与生产价格形式的总资本有机构成 k_p 的关系，可以用图 11－22 表示。

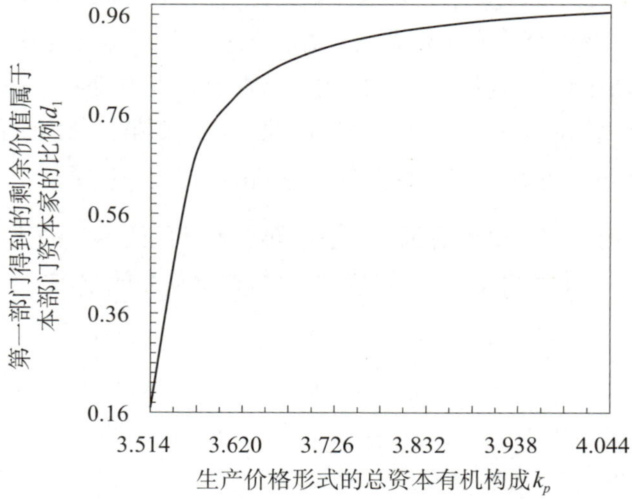

图 11－22　d_1 与 k_p 的关系

由表 11－22 和图 11－22 可以看出，随着生产价格形式的总资本有机构成 k_p 提高，第一部门得到的剩余价值中属于本部门资本家的比例 d_1 提高。

可见，如果第一部门价值形式的资本有机构成确定，第二部门价值形式的资本有机构成确定，第二部门价值形式的资本有机构成低于下临界值，那么，第一部门得到的剩余价值中属于本部门资本家的比例是生产价格形式的总资本有机构成的单调递增函数。

值得注意的是，这里的横坐标为生产价格形式的总资本有机构成 k_p，生产价格形式的总资本有机构成 k_p 是剩余价值率 e 的非线性函数，在本例中，剩余价值率 e 是等差数列，生产价格形式的总资本有机构成 k_p 就不可能是等差数列。用 Office 中的 Excel 作图，横坐标必须是等差数列。为此，利用 Excel 中的 vlookup 函数功能，将生产价格形式的总资本有机构成 k_p 转变为等差数列，然后再用 Excel 作图。

在本节中，图 11－22、图 11－23、图 11－24、图 11－25、图 11－26、图 11－27、图 11－28、图 11－29、图 11－30，均用此种方式作图。下面不再重复阐述。

三、第二部门得到的剩余价值中属于本部门资本家的比例与生产价格形式的总资本有机构成关系的数例

如果第一部门价值形式的资本有机构成确定，第二部门价值形式的资本有机构成确定，第二部门价值形式的资本有机构成低于下临界值的下界 4.771，例如 $k_1=4.9$，$k_2=2.5$，第一部门的资本家消费第一部门提供的生活资料所耗费的劳动 $s_{11}=120$，160，200，…，720，相应地，剩余价值率 $e=3/6$，4/6，5/6，…，18/6，即 $e=0.5$，0.666 666 666 7，0.833 333 333 3，…，3，除了 s_{11}、s_{12}、e 之外，其余已知量与第九章的数例中的已知量相同，那么，第二部门得到的剩余价值中属于本部门资本家的比例 d_2 与剩余价值率 e、生产价格形式的总资本有机构成 k_p 的关系，可以用表 11－23 表示。

表 11－23　　　　d_2 与 e、k_p 的关系

剩余价值率 e	生产价格形式的总资本有机构成 k_p	第二部门得到的剩余价值中属于本部门资本家的比例 d_2
0.500 000 000 0	3.513 553 750 2	0.015 212 282 7
0.666 666 666 7	3.562 567 850 0	0.124 673 518 3
0.833 333 333 3	3.608 968 455 5	0.207 005 247 8

续前表

剩余价值率 e	生产价格形式的 总资本有机构成 k_p	第二部门得到的剩余价值中 属于本部门资本家的比例 d_2
1.000 000 000 0	3.652 952 264 6	0.271 206 419 4
1.166 666 666 7	3.694 697 689 5	0.322 689 730 4
1.333 333 333 3	3.734 366 757 2	0.364 906 572 7
1.500 000 000 0	3.772 106 817 6	0.400 161 817 7
1.666 666 666 7	3.808 052 071 2	0.430 053 543 4
1.833 333 333 3	3.842 324 929 5	0.455 724 778 2
2.000 000 000 0	3.875 037 224 5	0.478 014 784 8
2.166 666 666 7	3.906 291 283 0	0.497 553 742 1
2.333 333 333 3	3.936 180 880 9	0.514 824 082 6
2.500 000 000 0	3.964 792 090 0	0.530 201 427 9
2.666 666 666 7	3.992 204 031 2	0.543 982 624 0
2.833 333 333 3	4.018 489 544 9	0.556 405 383 7
3.000 000 000 0	4.043 715 787 1	0.567 662 328 1

在表 11－23 中，第二部门得到的剩余价值中属于本部门资本家的比例 d_2 与生产价格形式的总资本有机构成 k_p 的关系，可以用图 11－23 表示。

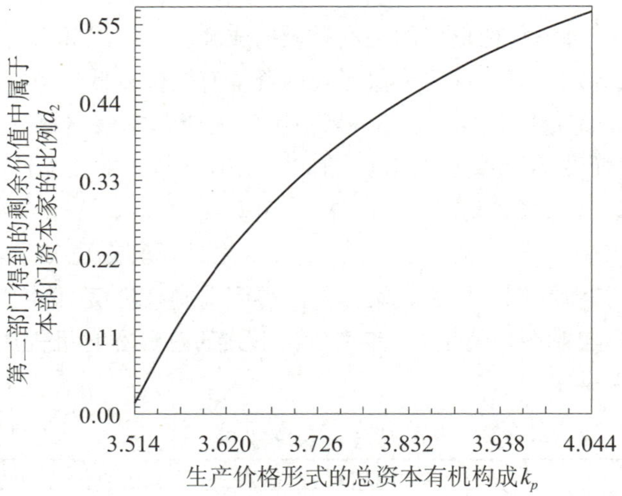

图 11－23　d_2 与 k_p 的关系

由表 11－23 和图 11－23 可以看出，随着生产价格形式的总资本有机构成 k_p 提高，第二部门得到的剩余价值中属于本部门资本家的比例 d_2 提高。

可见，如果第一部门价值形式的资本有机构成确定，第二部门价值形式的资本有机构成确定，第二部门价值形式的资本有机构成低于下临界值，那么，第二部门得到的剩余价值中属于本部门资本家的比例是生产价格形式的总资本有机构成的单调递增函数。

四、第一部门多得到的剩余价值、第二部门多得到的剩余价值与生产价格形式的总资本有机构成关系的数例

如果第一部门价值形式的资本有机构成确定，第二部门价值形式的资本有机构成确定，第二部门价值形式的资本有机构成低于下临界值的下界4.771，例如 $k_1=4.9$，$k_2=2.5$。第一部门的资本家消费第一部门提供的生活资料所耗费的劳动 $s_{11}=120$，160，200，…，720，相应地，剩余价值率 $e=3/6$，4/6，5/6，…，18/6，即 $e=0.5$，0.666 666 666 7，0.833 333 333 3，…，3，除了 s_{11}、s_{12}、e 之外，其余已知量与第九章的数例中的已知量相同，那么，第一部门多得到的剩余价值 s_{t1}、第二部门多得到的剩余价值 s_{t2} 与剩余价值率 e、生产价格形式的总资本有机构成 k_p 的关系，可以用表 11－24 表示。

表 11－24　s_{t1}、s_{t2} 与 e、k_p 的关系

剩余价值率 e	生产价格形式的总资本有机构成 k_p	第一部门多得到的剩余价值 s_{t1}	第二部门多得到的剩余价值 s_{t2}
0.500 000 0	3.513 553 8	−108.813 447 7	108.813 447 7
0.666 666 7	3.562 567 9	−99.857 614 2	99.857 614 2
0.833 333 3	3.608 968 5	−91.286 334 4	91.286 334 4
1.000 000 0	3.652 952 3	−83.062 989 7	83.062 989 7
1.166 666 7	3.694 697 7	−75.155 203 8	75.155 203 8
1.333 333 3	3.734 366 8	−67.534 304 2	67.534 304 2
1.500 000 0	3.772 106 8	−60.174 848 0	60.174 848 0
1.666 666 7	3.808 052 1	−53.054 207 8	53.054 207 8
1.833 333 3	3.842 324 9	−46.152 213 2	46.152 213 2
2.000 000 0	3.875 037 2	−39.450 840 4	39.450 840 4
2.166 666 7	3.906 291 3	−32.933 945 4	32.933 945 4
2.333 333 3	3.936 180 9	−26.587 032 6	26.587 032 6
2.500 000 0	3.964 792 1	−20.397 056 2	20.397 056 2
2.666 666 7	3.992 204 0	−14.352 247 9	14.352 247 9
2.833 333 3	4.018 489 5	−8.441 967 7	8.441 967 7
3.000 000 0	4.043 715 8	−2.656 574 8	2.656 574 8

在表 11－24 中，第一部门多得到的剩余价值 s_{t1}、第二部门多得到的剩

余价值 s_{t2} 与生产价格形式的总资本有机构成 k_p 的关系，可以用图 11－24 表示。

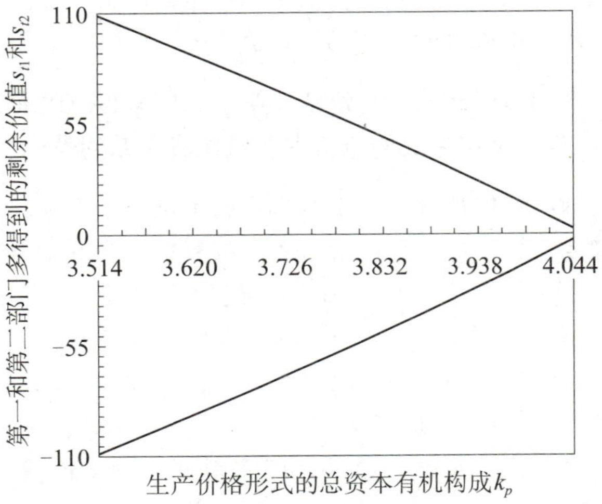

图 11－24　s_{t1}、s_{t2} 与 k_p 的关系

在图 11－24 中，斜率为正的曲线，为第一部门多得到的剩余价值 s_{t1} 与生产价格形式的总资本有机构成 k_p 的关系曲线；斜率为负的曲线，为第二部门多得到的剩余价值 s_{t2} 与生产价格形式的总资本有机构成 k_p 的关系曲线。

由表 11－24 和图 11－24 可以看出，随着生产价格形式的总资本有机构成 k_p 提高，第一部门多得到的剩余价值 s_{t1} 增加，第二部门多得到的剩余价值 s_{t2} 减少。

可见，如果第一部门价值形式的资本有机构成确定，第二部门价值形式的资本有机构成确定，第二部门价值形式的资本有机构成低于下临界值，那么，第一部门多得到的剩余价值 s_{t1} 是生产价格形式的总资本有机构成的单调递增函数，第二部门多得到的剩余价值 s_{t2} 是生产价格形式的总资本有机构成的单调递减函数。

五、第一部门得到的剩余价值与生产价格形式的总资本有机构成关系的数例

如果第一部门价值形式的资本有机构成确定，第二部门价值形式的资本有机构成确定，第二部门价值形式的资本有机构成低于下临界值的下界 4.771，例如 $k_1=4.9$，$k_2=2.5$，第一部门的资本家消费第一部门提供的生活资料所耗费的劳动 $s_{11}=120$，160，200，…，720，相应地，剩余价值率 $e=3/6$，4/6，5/6，…，18/6，即 $e=0.5$，0.666 666 666 7，

0.833 333 333 3，…，3，除了 s_{11}、s_{12}、e 之外，其余已知量与第九章的数例中的已知量相同，那么，第一部门得到的剩余价值 s_1+s_{t1} 与剩余价值率 e、生产价格形式的总资本有机构成 k_p 的关系，可以用表 11-25 表示。

表 11-25　　s_1+s_{t1} 与 e、k_p 的关系

剩余价值率 e	生产价格形式的总资本有机构成 k_p	第一部门得到的剩余价值 s_1+s_{t1}
0.500 000 000 0	3.513 553 750 2	41.186 552 335 4
0.666 666 666 7	3.562 567 850 0	100.142 385 840 5
0.833 333 333 3	3.608 968 455 5	158.713 665 631 5
1.000 000 000 0	3.652 952 264 6	216.937 010 263 7
1.166 666 666 7	3.694 697 689 5	274.844 796 173 1
1.333 333 333 3	3.734 366 757 2	332.465 695 776 4
1.500 000 000 0	3.772 106 817 6	389.825 152 001 2
1.666 666 666 7	3.808 052 071 2	446.945 792 181 9
1.833 333 333 3	3.842 324 929 5	503.847 786 825 5
2.000 000 000 0	3.875 037 224 5	560.549 159 571 1
2.166 666 666 7	3.903 291 283 0	617.036 054 612 7
2.333 333 333 3	3.936 180 880 9	673.412 967 392 6
2.500 000 000 0	3.964 792 090 0	729.602 943 750 2
2.666 666 666 7	3.992 204 031 2	785.647 752 061 6
2.833 333 333 3	4.018 489 544 9	841.558 032 280 7
3.000 000 000 0	4.043 715 787 1	897.343 425 230 3

在表 11-25 中，第一部门得到的剩余价值 s_1+s_{t1} 与生产价格形式的总资本有机构成 k_p 的关系，可以用图 11-25 表示。

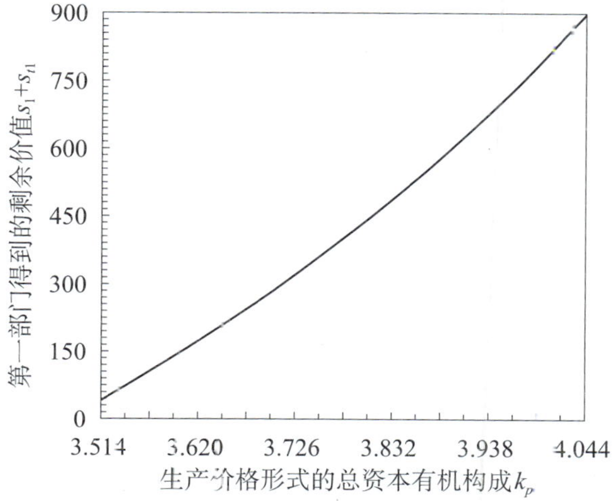

图 11-25　s_1+s_{t1} 与 k_p 的关系

由表 11－25 和图 11－25 可以看出，随着生产价格形式的总资本有机构成 k_p 提高，第一部门得到的剩余价值 s_1+s_{t1} 增加。

可见，如果第一部门价值形式的资本有机构成确定，第二部门价值形式的资本有机构成确定，第二部门价值形式的资本有机构成低于下临界值，那么，第一部门得到的剩余价值是生产价格形式的总资本有机构成的单调递增函数。

六、第二部门得到的剩余价值与生产价格形式的总资本有机构成关系的数例

如果第一部门价值形式的资本有机构成确定，第二部门价值形式的资本有机构成确定，第二部门价值形式的资本有机构成低于下临界值的下界 4.771，例如 $k_1=4.9$，$k_2=2.5$，第一部门的资本家消费第一部门提供的生活资料所耗费的劳动 $s_{11}=120$，160，200，…，720，相应地，剩余价值率 $e=3/6$，4/6，5/6，…，18/6，即 $e=0.5$，0.666 666 666 7，0.833 333 333 3，…，3，除了 s_{11}、s_{12}、e 之外，其余已知量与第九章的数例中的已知量相同，那么，第二部门得到的剩余价值 s_2+s_{t2} 与剩余价值率 e、生产价格形式的总资本有机构成 k_p 的关系，可以用表 11－26 表示。

表 11－26　**s_2+s_{t2} 与 e、k_p 的关系**

剩余价值率 e	生产价格形式的总资本有机构成 k_p	第二部门得到的剩余价值 s_2+s_{t2}
0.500 000 000 0	3.513 553 750 2	231.540 720 391 9
0.666 666 666 7	3.562 567 850 0	257.000 471 302 3
0.833 333 333 3	3.608 968 455 5	280.475 523 557 7
1.000 000 000 0	3.652 952 264 6	302.293 758 967 1
1.166 666 666 7	3.694 697 689 5	322.716 179 436 7
1.333 333 333 3	3.734 366 757 2	341.952 908 874 8
1.500 000 000 0	3.772 106 817 6	360.174 847 998 8
1.666 666 666 7	3.808 052 071 2	377.522 292 924 4
1.833 333 333 3	3.842 324 929 5	394.111 396 847 9
2.000 000 000 0	3.875 037 224 5	410.039 075 723 0
2.166 666 666 7	3.906 291 283 0	425.386 775 575 9
2.333 333 333 3	3.936 180 880 9	440.223 396 243 7
2.500 000 000 0	3.964 792 090 0	454.607 582 565 6
2.666 666 666 7	3.992 204 031 2	468.589 536 074 0
2.833 333 333 3	4.018 489 544 9	482.212 459 522 6
3.000 000 000 0	4.043 715 787 1	495.513 717 626 9

在表 11-26 中，第二部门得到的剩余价值 s_2+s_{t2} 与生产价格形式的总资本有机构成 k_p 的关系，可以用图 11-26 表示。

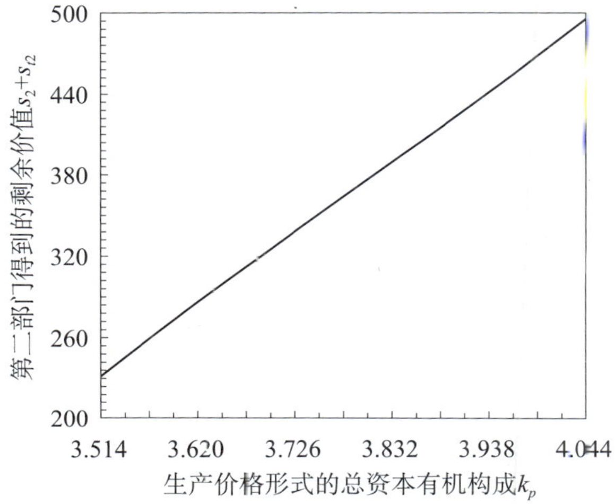

图 11-26　s_2+s_{t2} 与 k_p 的关系

由表 11-26 和图 11-26 可以看出，随着生产价格形式的总资本有机构成 k_p 提高，第二部门得到的剩余价值 s_2+s_{t2} 增加。

可见，如果第一部门价值形式的资本有机构成确定，第二部门价值形式的资本有机构成确定，第二部门价值形式的资本有机构成低于下临界值，那么，第二部门得到的剩余价值是生产价格形式的总资本有机构成的单调递增函数。

七、第一部门生产价格形式的利润与生产价格形式的总资本有机构成关系的数例

如果第一部门价值形式的资本有机构成确定，第二部门价值形式的资本有机构成确定，第二部门价值形式的资本有机构成低于下临界值的下界 4.771，例如 $k_1=4.9$，$k_2=2.5$，第一部门的资本家消费第一部门提供的生活资料所耗费的劳动 $s_{11}=120$，160，200，…，720，相应地，剩余价值率 $e=3/6$，4/6，5/6，…，18/6，即 $e=0.5$，0.666 666 666 7，0.833 333 333 3，…，3，除了 s_{11}、s_{12}、e 之外，其余已知量与第九章的数例中的已知量相同，那么，第一部门生产价格形式的利润 s_{t1} 与剩余价值率 e、生产价格形式的总资本有机构成 k_p 的关系，可以用表 11-27 表示。

表 11-27　　s_{p1}与 e、k_p的关系

剩余价值率 e	生产价格形式的总资本有机构成 k_p	第一部门生产价格形式的利润 s_{p1}
0.500 000 000 0	3.513 553 750 2	6.794 373 065 3
0.666 666 666 7	3.562 567 850 0	64.836 526 756 9
0.833 333 333 3	3.608 968 455 5	122.798 782 895 3
1.000 000 000 0	3.652 952 264 6	180.658 632 098 5
1.166 666 666 7	3.694 697 689 5	238.400 968 156 0
1.333 333 333 3	3.734 366 757 2	296.016 141 439 4
1.500 000 000 0	3.772 106 817 6	353.498 524 380 3
1.666 666 666 7	3.808 052 071 2	410.845 448 521 5
1.833 333 333 3	3.842 324 929 5	468.056 413 182 4
2.000 000 000 0	3.875 037 224 5	525.132 494 036 3
2.166 666 666 7	3.906 291 283 0	582.075 899 752 3
2.333 333 333 3	3.936 180 880 9	638.889 638 937 2
2.500 000 000 0	3.964 792 090 0	695.577 269 669 3
2.666 666 666 7	3.992 204 031 2	752.142 711 167 5
2.833 333 333 3	4.018 489 544 9	808.590 102 392 3
3.000 000 000 0	4.043 715 787 1	864.923 696 222 0

在表 11-27 中，第一部门生产价格形式的利润 s_{p1} 与生产价格形式的总资本有机构成 k_p的关系，可以用图 11-27 表示。

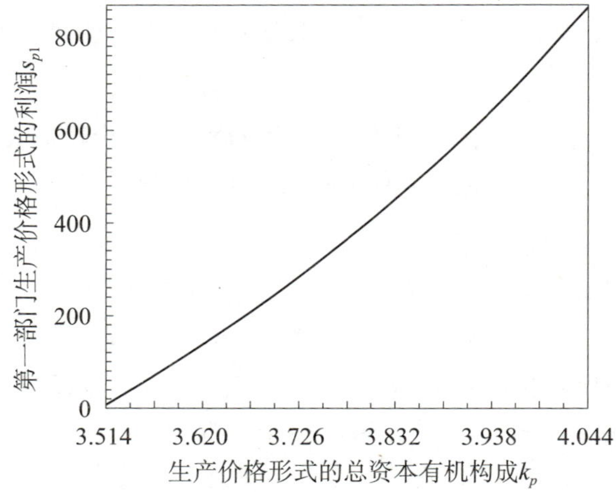

图 11-27　s_{p1}与 k_p的关系

由表 11-27 和图 11-27 可以看出，随着生产价格形式的总资本有机构成 k_p提高，第一部门生产价格形式的利润 s_{p1} 增加。

可见，如果第一部门价值形式的资本有机构成确定，第二部门价值形

式的资本有机构成确定，第二部门价值形式的资本有机构成低于下临界值，那么，第一部门生产价格形式的利润是生产价格形式的总资本有机构成的单调递增函数。

这里所说的第一部门生产价格形式的利润，是指第一部门的资本家得到的生产价格形式的利润，其中不包括地租。

八、第二部门生产价格形式的利润与生产价格形式的总资本有机构成关系的数例

如果第一部门价值形式的资本有机构成确定，第二部门价值形式的资本有机构成确定，第二部门价值形式的资本有机构成低于下临界值的下界 4.771，例如 $k_1=4.9$，$k_2=2.5$，第一部门的资本家消费第一部门提供的生活资料所耗费的劳动 $s_{11}=120$，160，200，…，720，相应地，剩余价值率 $e=3/6$，4/6，5/6，…，18/6，即 $e=0.5$，0.666 666 666 7，0.833 333 333 3，…，3，除了 s_{11}、s_{12}、e 之外，其余已知量与第九章的数例中的已知量相同，那么，第二部门生产价格形式的利润 s_{p2} 与剩余价值率 e、生产价格形式的总资本有机构成 k_p 的关系，可以用表 11-28 表示。

表 11-28　　s_{p2} 与 e、k_p 的关系

剩余价值率 e	生产价格形式的总资本有机构成 k_p	第二部门生产价格形式的利润 s_{p2}
0.500 000 000 0	3.513 553 750 2	3.426 733 859 3
0.666 666 666 7	3.562 567 850 0	31.287 415 296 0
0.833 333 333 3	3.608 968 455 5	56.377 626 302 3
1.000 000 000 0	3.652 952 264 6	80.543 121 573 3
1.166 666 666 7	3.694 697 689 5	102.563 905 423 7
1.333 333 333 3	3.734 366 757 2	123.169 040 504 8
1.500 000 000 0	3.772 106 817 6	142.517 636 708 3
1.666 666 666 7	3.808 052 071 2	160.857 122 665 7
1.833 333 333 3	3.842 324 929 5	178.229 552 210 6
2.000 000 000 0	3.875 037 224 5	194.776 469 103 8
2.166 666 666 7	3.905 291 283 0	210.592 699 727 0
2.333 333 333 3	3.935 180 880 9	225.759 338 959 5
2.500 000 000 0	3.964 792 090 0	240.346 122 058 8
2.666 666 666 7	3.992 204 031 2	254.413 324 439 5
2.833 333 333 3	4.018 489 544 9	268.013 295 392 1
3.000 000 000 0	4.043 715 787 1	281.191 704 221 6

在表 11-28 中，第二部门生产价格形式的利润 s_{p2} 与生产价格形式的

总资本有机构成 k_p 的关系，可以用图 11－28 表示。

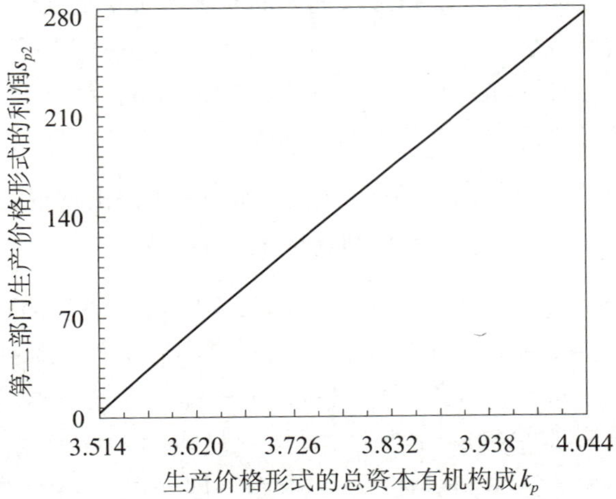

图 11－28　s_{p2} 与 k_p 的关系

由表 11－28 和图 11－28 可以看出，随着生产价格形式的总资本有机构成 k_p 提高，第二部门生产价格形式的利润 s_{p2} 增加。

可见，如果第一部门价值形式的资本有机构成确定，第二部门价值形式的资本有机构成确定，第二部门价值形式的资本有机构成低于下临界值，那么，第二部门生产价格形式的利润是生产价格形式的总资本有机构成的单调递增函数。

这里所说的第二部门生产价格形式的利润，是指第二部门的资本家得到的生产价格形式的利润，其中不包括地租。

九、生产价格形式的总利润与生产价格形式的总资本有机构成关系的数例

如果第一部门价值形式的资本有机构成确定，第二部门价值形式的资本有机构成确定，第二部门价值形式的资本有机构成低于下临界值的下界 4.771，例如 $k_1=4.9$，$k_2=2.5$，第一部门的资本家消费第一部门提供的生活资料所耗费的劳动 $s_{11}=120$，160，200，…，720，相应地，剩余价值率 $e=3/6$，4/6，5/6，…，18/6，即 $e=0.5$，0.666 666 666 7，0.833 333 333 3，…，3，除了 s_{11}、s_{12}、e 之外，其余已知量与第九章的数例中的已知量相同，那么，生产价格形式的总利润 s_p 与剩余价值率 e、生产价格形式的总资本有机构成 k_p 的关系，可以用表 11－29 表示。

表 11-29　　s_p 与 e、k_p 的关系

剩余价值率 e	生产价格形式的总资本有机构成 k_p	生产价格形式的总利润 s_p
0.500 000 000 0	3.513 553 750 2	10.221 106 924 5
0.666 666 666 7	3.562 567 850 0	96.123 942 052 9
0.833 333 333 3	3.608 968 455 5	179.376 409 197 5
1.000 000 000 0	3.652 952 264 6	261.201 753 671 8
1.166 666 666 7	3.694 697 689 5	340.964 873 584 7
1.333 333 333 3	3.734 366 757 2	419.135 181 944 1
1.500 000 000 0	3.772 106 817 6	496.046 161 088 6
1.666 666 666 7	3.808 052 071 2	571.702 571 187 2
1.833 333 333 3	3.842 324 929 5	646.285 965 393 1
2.000 000 000 0	3.875 037 224 5	719.908 963 140 1
2.166 666 666 7	3.906 291 283 0	792.368 599 479 3
2.333 333 333 3	3.936 180 880 9	864.348 977 896 7
2.500 000 000 0	3.964 792 090 0	935.923 391 728 1
2.666 666 666 7	3.992 204 031 2	1 003.556 035 657 0
2.833 333 333 3	4.018 489 544 9	1 076.603 397 784 4
3.000 000 000 0	4.043 715 787 1	1 146.115 400 443 7

在表 11-29 中，生产价格形式的总利润 s_p 与生产价格形式的总资本有机构成 k_p 的关系，可以用图 11-29 表示。

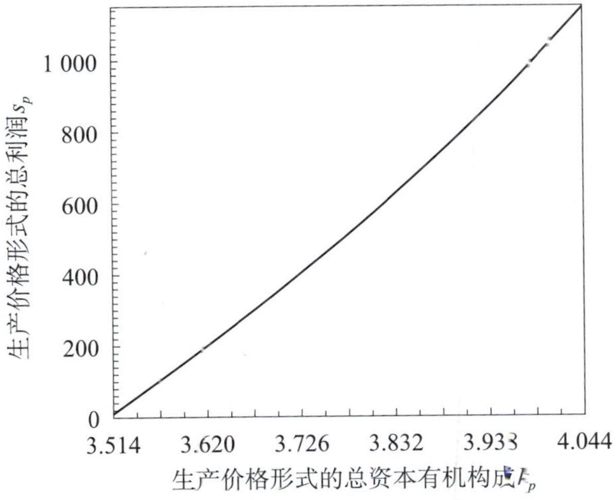

图 11-29　s_p 与 k_p 的关系

由表 11-29 和图 11-29 可以看出，随着生产价格形式的总资本有机构成 k_p 提高，生产价格形式的总利润 s_p 增加。

可见，如果第一部门价值形式的资本有机构成确定，第二部门价值形式的资本有机构成确定，第二部门价值形式的资本有机构成低于下临界值，那么，生产价格形式的总利润是生产价格形式的总资本有机构成的单调递增函数。

这里所说的生产价格形式的总利润，是指资本家得到的生产价格形式的总利润，其中不包括地租。

十、生产价格形式的利润率与生产价格形式的总资本有机构成关系的数例

如果第一部门价值形式的资本有机构成确定，第二部门价值形式的资本有机构成确定，第二部门价值形式的资本有机构成低于下临界值的下界 4.771，例如 $k_1=4.9$，$k_2=2.5$，第一部门的资本家消费第一部门提供的生活资料所耗费的劳动 $s_{11}=120$，160，200，…，720，相应地，剩余价值率 $e=3/6$，4/6，5/6，…，18/6，即 $e=0.5$，0.666 666 666 7，0.833 333 333 3，…，3，除了 s_{11}、s_{12}、e 之外，其余已知量与第九章的数例中的已知量相同，那么，生产价格形式的利润率 r、价值形式的平均利润率 r_{vt} 与剩余价值率 e、生产价格形式的总资本有机构成 k_p 的关系，可以用表 11－30 表示。

表 11－30　r、r_{vt} 与 e、k_p 的关系

剩余价值率 e	生产价格形式的总资本有机构成 k_p	生产价格形式的利润率 r	价值形式的平均利润率 r_{vt}
0.500 000 0	3.513 553 8	0.003 876 8	0.003 996 1
0.666 666 7	3.562 567 9	0.036 922 4	0.037 934 4
0.833 333 3	3.608 968 5	0.069 816 9	0.071 516 7
1.000 000 0	3.652 952 3	0.102 575 5	0.104 786 1
1.166 666 7	3.694 697 7	0.135 211 7	0.137 779 1
1.333 333 3	3.734 366 8	0.167 737 1	0.170 526 6
1.500 000 0	3.772 106 8	0.200 161 9	0.203 055 2
1.666 666 7	3.808 052 1	0.232 495 0	0.235 387 7
1.833 333 3	3.842 324 9	0.264 744 5	0.267 543 9
2.000 000 0	3.875 037 2	0.296 917 2	0.299 541 0
2.166 666 7	3.906 291 3	0.329 019 6	0.331 394 0
2.333 333 3	3.936 180 9	0.361 057 2	0.363 116 2
2.500 000 0	3.964 792 1	0.393 035 0	0.394 719 1
2.666 666 7	3.992 204 0	0.424 957 6	0.426 213 1
2.833 333 3	4.018 489 5	0.456 829 0	0.457 607 3
3.000 000 0	4.043 715 8	0.488 652 9	0.488 909 8

在表 11－30 中，生产价格形式的利润率 r、价值形式的平均利润率 r_{vt} 与生产价格形式的总资本有机构成 k_p 的关系，可以用图 11－30 表示。

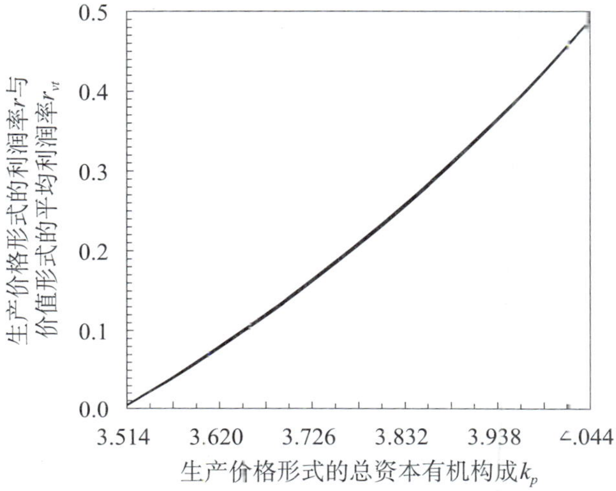

图 11－30　r、r_{vt} 与 k_p 的关系

在图 11－30 中，上面的曲线，表示价值形式的平均利润率 r_{vt} 与生产价格形式的总资本有机构成 k_p 的关系；下面的曲线，表示生产价格形式的利润率 r 与生产价格形式的总资本有机构成 k_p 的关系。这两条曲线几乎完全重合。由表 11－30 可以看出，虽然价值形式的平均利润率 r_{vt} 始终高于生产价格形式的利润率 r，但是，二者的相对差距非常小。

由表 11－30 和图 11－30 可以看出，随着生产价格形式的总资本有机构成 k_p 提高，生产价格形式的利润率 r 提高，价值形式的平均利润率 r_{vt} 也提高。

在本数例中，第一部门价值形式的资本有机构成 k_1 为 4.9，第二部门价值形式的资本有机构成为 2.5，剩余价值率 e 从 0.5 提高到 3，生产价格形式的总资本有机构成 k_p 从 3.513 553 8 提高到 4.043 715 3，生产价格形式的利润率 r 从 0.003 876 8 提高到 0.488 652 9。

可见，如果第一部门价值形式的资本有机构成确定，第二部门价值形式的资本有机构成确定，第二部门价值形式的资本有机构成低于下临界值，那么，生产价格形式的利润率 r 是生产价格形式的总资本有机构成的单调递增函数，价值形式的平均利润率也是生产价格形式的总资本有机构成的单调递减函数。同时，由资本家得到的剩余价值决定的价值形式的平均利润率高于生产价格形式的利润率。

第七节　k_1、k_2 确定，$k_1>k_2$，k_2 高于上临界值的条件下，生产价格形式的利润率与生产价格形式的总资本有机构成关系的数例

这里在第一部门价值形式的资本有机构成确定，第二部门价值形式的资本有机构成确定，第一部门价值形式的资本有机构成高于第二部门价值形式的资本有机构成，第二部门价值形式的资本有机构成高于上临界值的条件下，通过剩余价值率提高的数例，考察各种有关内生变量与生产价格形式的总资本有机构成的关系，在此基础上，考察生产价格形式的利润率与生产价格形式的总资本有机构成的关系。

一、生产价格形式的总资本有机构成与剩余价值率关系的数例

如果第一部门价值形式的资本有机构成确定，第二部门价值形式的资本有机构成确定，那么，生产价格形式的总资本有机构成是剩余价值率的函数。

如果第一部门价值形式的资本有机构成确定，第二部门价值形式的资本有机构成确定，第一部门价值形式的资本有机构成高于第二部门价值形式的资本有机构成，第二部门价值形式的资本有机构成高于上临界值的上界 4.786，例如，$k_1=4.9$，$k_2=4.8$，第一部门的资本家消费第一部门提供的生活资料所耗费的劳动 $s_{11}=180$，220，260，…，780，相应地，剩余价值率 $e=9/12$，11/12，13/12，…，39/12，即 $e=0.75$，0.916 666 666 7，1.083 333 333 3，…，3.25，除了 s_{11}、s_{12}、e 之外，其余已知量与第九章的数例中的已知量相同，那么，价值形式的总资本有机构成 k、生产价格形式的总资本有机构成 k_p 与第一部门的资本家消费第一部门提供的生活资料所耗费的劳动 s_{11}、剩余价值率 e 的关系，可以用表 11－31 表示。

表 11－31　　k、k_p 与 s_{11}、e 的关系

第一部门的资本家消费第一部门提供的生活资料所耗费的劳动 s_{11}	剩余价值率 e	价值形式的总资本有机构成 k	生产价格形式的总资本有机构成 k_p
180	0.750 000 0	4.867 140 3	4.380 707 3
220	0.916 666 7	4.867 510 1	4.380 380 4
260	1.083 333 3	4.867 859 1	4.380 085 6
300	1.250 000 0	4.868 189 2	4.379 819 4

续前表

第一部门的资本家消费第一部门提供的生活资料所耗费的劳动 s_{11}	剩余价值率 e	价值形式的总资本有机构成 k	生产价格形式的总资本有机构成 k_p
340	1.416 666 7	4.868 501 9	4.379 578 6
380	1.583 333 3	4.868 798 3	4.379 350 3
420	1.750 000 0	4.869 079 9	4.379 162 2
460	1.916 666 7	4.869 347 7	4.378 982 1
500	2.083 333 3	4.869 602 7	4.378 818 2
540	2.250 000 0	4.869 845 7	4.378 668 8
580	2.416 666 7	4.870 077 7	4.378 532 6
620	2.583 333 3	4.870 299 2	4.378 408 2
660	2.750 000 0	4.870 511 1	4.378 294 6
700	2.916 666 7	4.870 714 0	4.378 190 6
740	3.083 333 3	4.870 908 3	4.378 095 5
780	3.250 000 0	4.871 094 7	4.378 008 4

在表 11－31 中，价值形式的总资本有机构成 k、生产价格形式的总资本有机构成 k_p 与剩余价值率 e 的关系，可以用图 11－31 表示。

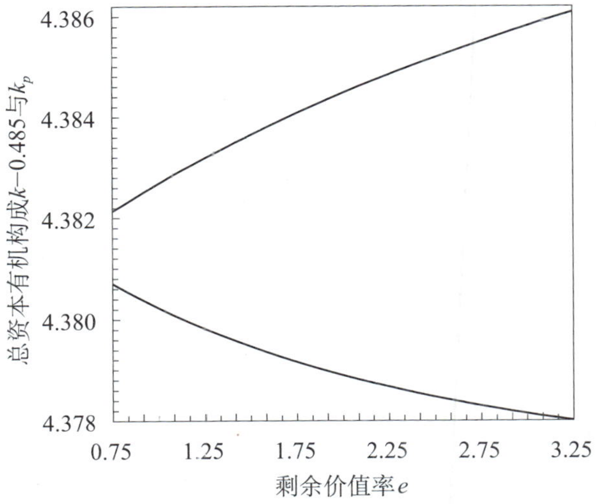

图 11－31　k—0.485、k_p 与 e 的关系

在图 11－31 中，上面的曲线，为价值形式的总资本有机构成 k—0.485 与剩余价值率 e 的关系曲线；下面的曲线，为生产价格形式的总资本有机构成 k_p 与剩余价值率 e 的关系曲线。

因为价值形式的总资本有机构成 k 的相对变化率很小，生产价格形式

的总资本有机构成 k_p 的相对变化率也很小，为了表示得更清楚，所以，用价值形式的总资本有机构成 $k-0.485$ 与生产价格形式的总资本有机构成 k_p 进行对比。

由表 11-31 和图 11-31 可以看出，随着剩余价值率 e 提高，价值形式的总资本有机构成 k 提高，而生产价格形式的总资本有机构成 k_p 降低。

可见，如果第一部门价值形式的资本有机构成确定，第二部门价值形式的资本有机构成确定，第一部门价值形式的资本有机构成高于第二部门价值形式的资本有机构成，第二部门价值形式的资本有机构成高于上临界值，那么，生产价格形式的总资本有机构成是剩余价值率的单调递减的非线性函数。

值得指出的是，这里的价值形式的总资本有机构成 k、生产价格形式的总资本有机构成 k_p 与剩余价值率 e 的关系，是在第二部门价值形式的资本有机构成 k_2 高于临界值的条件下得到的。

令人非常感兴趣的是，在这里，随着剩余价值率 e 提高，价值形式的总资本有机构成 k 与生产价格形式的总资本有机构成 k_p 的变化方向相反。这就是说，随着价值形式的总资本有机构成提高，生产价格形式的总资本有机构成下降。这种情况与大多数经济学家的传统观念完全不同。

在图 11-21 中，$k_2=2.5$，生产价格形式的总资本有机构成是剩余价值率的单调递增的非线性函数。在一般情况下，如果其他外生变量相同，$k_2<4.771$，那么，生产价格形式的总资本有机构成就是剩余价值率的单调递增的非线性函数。

在图 11-31 中，$k_2=4.8$，生产价格形式的总资本有机构成是剩余价值率的单调递减的非线性函数。在一般情况下，如果其他外生变量相同，$k_2>4.786$，那么，生产价格形式的总资本有机构成就是剩余价值率的单调递减的非线性函数。

可见，在这里有两个不同的临界值。在第二部门价值形式的资本有机构成 k_2 的不同区间，生产价格形式的总资本有机构成与剩余价值率的关系，表现出相反的变化。

二、第一部门得到的剩余价值中属于本部门资本家的比例与生产价格形式的总资本有机构成关系的数例

通过上面的考察可以看出，在第一部门价值形式的资本有机构成确定、第二部门价值形式的资本有机构成确定、第一部门价值形式的资本有机构成高于第二部门价值形式的资本有机构成、第二部门价值形式的资本有机构成高于上临界值的条件下，生产价格形式的总资本有机构成 k_p 是

剩余价值率 e 的单调递减函数，剩余价值率 e 是第一部门的资本家消费第一部门提供的生活资料所耗费的劳动 s_{11} 的单调递增函数。

如果考察各个内生变量与生产价格形式的总资本有机构成的函数关系，那么，按照习惯，生产价格形式的总资本有机构成 k_p 应该采用递增的形式。相应地，第一部门的资本家消费第一部门提供的生活资料所耗费的劳动 s_{11} 与剩余价值率 e 都应该采用递减的形式。

如果第一部门价值形式的资本有机构成确定，第二部门价值形式的资本有机构成确定，第一部门价值形式的资本有机构成高于第二部门价值形式的资本有机构成，第二部门价值形式的资本有机构成高于上临界值的上界 4.786，例如，$k_1=4.9$，$k_2=4.8$，第一部门的资本家消费第一部门提供的生活资料所耗费的劳动 $s_{11}=780$，740，700，…，180，相应地，剩余价值率 $e=39/12$，37/12，35/12，…，9/12，即 $e=3.25$，3.083 333 333 333，2.916 666 666 6，…，0.75，除了 s_{11}、s_{12}、e 之外，其余已知量与第九章的数例中的已知量相同，那么，第一部门得到的剩余价值中属于本部门资本家的比例 d_1 与剩余价值率 e、生产价格形式的总资本有机构成 k_p 的关系，可以用表 11－32 表示。

表 11－32　　**d_1 与 e、k_p 的关系**

剩余价值率 e	生产价格形式的 总资本有机构成 k_p	第一部门得到的剩余价值中 属于本部门资本家的比例 d_1
3.250 000 000 0	4.378 008 376 5	0.949 480 076 7
3.083 333 333 3	4.378 095 482 8	0.946 765 359 0
2.916 666 666 7	4.378 190 609 4	0.943 675 817 4
2.750 000 000 0	4.378 294 555 5	0.940 128 882 6
2.583 333 333 3	4.378 408 215 8	0.936 015 905 8
2.416 666 666 7	4.378 532 594 0	0.931 190 994 4
2.250 000 000 0	4.378 668 819 0	0.925 453 577 3
2.083 333 333 3	4.378 818 163 4	0.918 520 169 0
1.916 666 666 7	4.378 982 065 6	0.909 976 627 5
1.750 000 000 0	4.379 162 156 0	0.899 193 140 1
1.583 333 333 3	4.379 360 287 7	0.885 162 913 1
1.416 666 666 7	4.379 578 573 4	0.866 170 637 7
1.250 000 000 0	4.379 819 429 4	0.839 036 446 0
1.083 333 333 3	4.380 085 629 0	0.797 129 171 8
0.916 666 666 7	4.380 380 366 1	0.723 941 556 1
0.750 000 000 0	4.380 707 333 2	0.563 800 994 4

在表 11－32 中，第一部门得到的剩余价值中属于本部门资本家的比例 d_1 与生产价格形式的总资本有机构成 k_p 的关系，可以用图 11－32 表示。

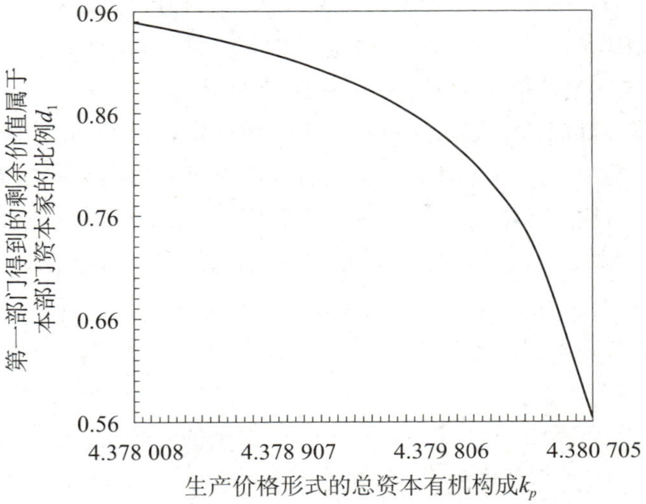

图 11－32　d_1 与 k_p 的关系

由表 11－32 和图 11－32 可以看出，随着生产价格形式的总资本有机构成 k_p 提高，第一部门得到的剩余价值中属于本部门资本家的比例 d_1 降低。

可见，如果第一部门价值形式的资本有机构成确定，第二部门价值形式的资本有机构成确定，第一部门价值形式的资本有机构成高于第二部门价值形式的资本有机构成，第二部门价值形式的资本有机构成高于上临界值，那么，第一部门得到的剩余价值中属于本部门资本家的比例是生产价格形式的总资本有机构成的单调递减函数。

值得注意的是，这里的横坐标为生产价格形式的总资本有机构成 k_p，生产价格形式的总资本有机构成 k_p 是剩余价值率 e 的非线性函数，在本例中，剩余价值率 e 是等差数列，生产价格形式的总资本有机构成 k_p 就不可能是等差数列。用 Office 中的 Excel 作图，横坐标必须是等差数列。为此，利用 Excel 中的 vlookup 函数功能，将生产价格形式的总资本有机构成 k_p 转变为等差数列，然后再用 Excel 作图。

在本节中，图 11－32、图 11－33、图 11－34、图 11－35、图 11－36、图 11－37、图 11－38、图 11－39、图 11－40，均用此种方式作图。下面不再重复阐述。

三、第二部门得到的剩余价值中属于本部门资本家的比例与生产价格形式的总资本有机构成关系的数例

如果第一部门价值形式的资本有机构成确定，第二部门价值形式的资本有机构成确定，第一部门价值形式的资本有机构成高于第二部门价值形式的资本有机构成，第二部门价值形式的资本有机构成高于上临界值的上界 4.786，例如，$k_1=4.9$，$k_2=4.8$，第一部门的资本家消费第一部门提供的生活资料所耗费的劳动 $s_{11}=780$，740，700，…，180，相应地，剩余价值率 $e=39/12$，37/12，35/12，…，9/12，即 $e=3.25$，3.083 333 333 333，2.916 666 666 6，…，0.75，除了 s_{11}、s_{12}、e 之外，其余已知量与第九章的数例中的已知量相同，那么，第二部门得到的剩余价值中属于本部门资本家的比例 d_2 与剩余价值率 e、生产价格形式的总资本有机构成 k_p 的关系，可以用表 11－33 表示。

表 11－33　　d_2 与 e、k_p 的关系

剩余价值率 e	生产价格形式的总资本有机构成 k_p	第二部门得到的剩余价值中属于本部门资本家的比例 d_2
3.250 000 000 0	4.378 008 376 5	0.539 931 365 6
3.083 333 333 3	4.378 095 482 8	0.528 451 074 5
2.916 666 666 7	4.378 190 609 4	0.515 909 835 8
2.750 000 000 0	4.378 294 555 5	0.502 153 409 9
2.583 333 333 3	4.378 408 215 8	0.486 996 124 7
2.416 666 666 7	4.378 532 594 0	0.470 212 451 2
2.250 000 000 0	4.378 668 819 0	0.451 525 693 5
2.083 333 333 3	4.378 818 163 4	0.430 592 606 9
1.916 666 666 7	4.378 982 065 6	0.406 982 107 9
1.750 000 000 0	4.379 162 156 0	0.380 145 254 0
1.583 333 333 3	4.379 360 287 7	0.349 372 007 1
1.416 666 666 7	4.379 578 573 4	0.313 727 454 9
1.250 000 000 0	4.379 819 429 4	0.271 955 126 8
1.083 333 333 3	4.380 085 629 0	0.222 325 731 3
0.916 666 666 7	4.380 380 366 1	0.162 391 639 6
0.750 000 000 0	4.380 707 333 2	0.088 570 652 2

在表 11－33 中，第二部门得到的剩余价值中属于本部门资本家的比例 d_2 与生产价格形式的总资本有机构成 k_p 的关系，可以用图 11－33 表示。

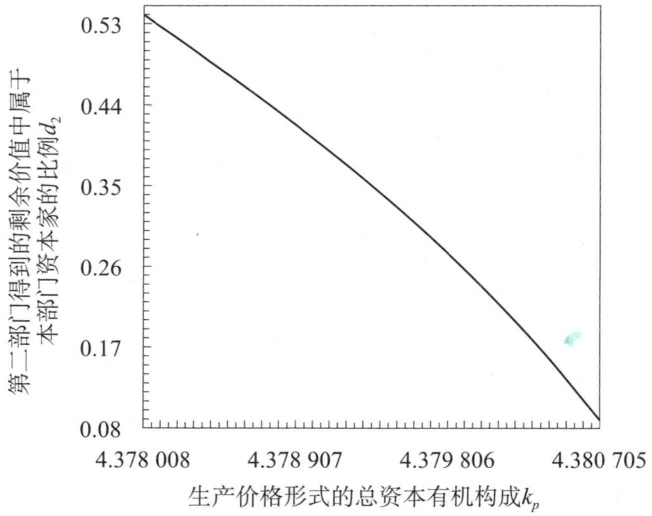

图 11－33　d_2 与 k_p 的关系

由表 11－33 和图 11－33 可以看出，随着生产价格形式的总资本有机构成 k_p 提高，第二部门得到的剩余价值中属于本部门资本家的比例 d_2 降低。

可见，如果第一部门价值形式的资本有机构成确定，第二部门价值形式的资本有机构成确定，第一部门价值形式的资本有机构成高于第二部门价值形式的资本有机构成，第二部门价值形式的资本有机构成高于上临界值，那么，第二部门得到的剩余价值中属于本部门资本家的比例是生产价格形式的总资本有机构成的单调递减函数。

四、第一部门多得到的剩余价值、第二部门多得到的剩余价值与生产价格形式的总资本有机构成关系的数例

如果第一部门价值形式的资本有机构成确定，第二部门价值形式的资本有机构成确定，第一部门价值形式的资本有机构成高于第二部门价值形式的资本有机构成，第二部门价值形式的资本有机构成高于上临界值的上界 4.786，例如，$k_1=4.9$，$k_2=4.8$，第一部门的资本家消费第一部门提供的生活资料所耗费的劳动 $s_{11}=780$，740，700，…，180，相应地，剩余价值率 $e=39/12$，37/12，35/12，…，9/12，即 $e=3.25$，3.083 333 333 333，2.916 666 666 6，…，0.75，除了 s_{11}、s_{12}、e 之外，其余已知量与第九章的数例中的已知量相同，那么，第一部门多得到的剩余价值 s_{t1}、第二部门多得到的剩余价值 s_{t2} 与剩余价值率 e、生产价格形式的总资本有机构成 k_p 的关系，可以用表 11－34 表示。

表 11-34　s_{t1}、s_{t2}与 e、k_p 的关系

剩余价值率 e	生产价格形式的总资本有机构成 k_p	第一部门多得到的剩余价值 s_{t1}	第二部门多得到的剩余价值 s_{t2}
3.250 000 0	4.378 008 4	−183.221 883 1	183.221 883 1
3.083 333 3	4.378 095 5	−180.685 508 9	180.685 508 9
2.916 666 7	4.378 190 6	−178.148 332 4	178.148 332 4
2.750 000 0	4.378 294 6	−175.610 266 7	175.610 266 7
2.583 333 3	4.378 408 2	−173.071 214 0	173.071 214 0
2.416 666 7	4.378 532 6	−170.531 063 6	170.531 063 6
2.250 000 0	4.378 668 8	−167.989 690 3	167.989 690 3
2.083 333 3	4.378 818 2	−165.446 952 1	165.446 952 1
1.916 666 7	4.378 982 1	−162.902 687 2	162.902 687 2
1.750 000 0	4.379 162 2	−160.356 710 6	160.356 710 6
1.583 333 3	4.379 360 3	−157.808 811 0	157.808 811 0
1.416 666 7	4.379 578 6	−155.258 745 0	155.258 745 0
1.250 000 0	4.379 819 4	−152.706 232 4	152.706 232 4
1.083 333 3	4.380 085 6	−150.150 948 7	150.150 948 7
0.916 666 7	4.380 380 4	−147.592 517 0	147.592 517 0
0.750 000 0	4.380 707 3	−145.030 497 4	145.030 497 4

在表 11-34 中，第一部门多得到的剩余价值 s_{t1}、第二部门多得到的剩余价值 s_{t2} 与生产价格形式的总资本有机构成 k_p 的关系，可以用图 11-34 表示。

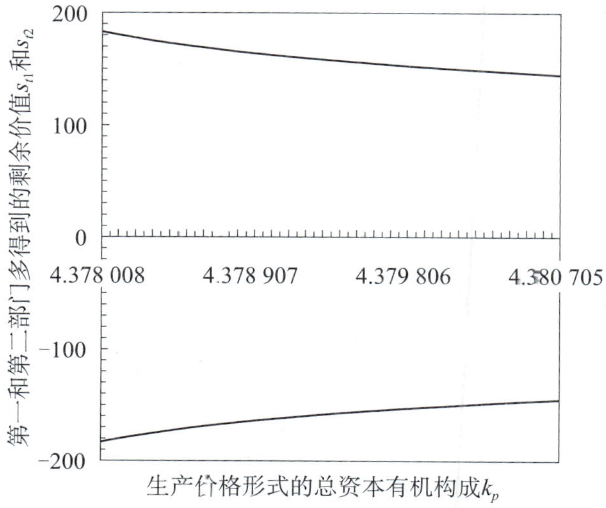

图 11-34　s_{t1}、s_{t2} 与 k_p 的关系

在图 11－34 中，上面的曲线，为第二部门多得到的剩余价值 s_{t2} 与生产价格形式的总资本有机构成 k_p 的关系曲线；下面的曲线，为第一部门多得到的剩余价值 s_{t1} 与生产价格形式的总资本有机构成 k_p 的关系曲线。

由表 11－34 和图 11－34 可以看出，随着生产价格形式的总资本有机构成 k_p 提高，第一部门多得到的剩余价值 s_{t1} 增加，第二部门多得到的剩余价值 s_{t2} 减少。

可见，如果第一部门价值形式的资本有机构成确定，第二部门价值形式的资本有机构成确定，第一部门价值形式的资本有机构成高于第二部门价值形式的资本有机构成，第二部门价值形式的资本有机构成高于上临界值，那么，第一部门多得到的剩余价值 s_{t1} 是生产价格形式的总资本有机构成的单调递增函数，第二部门多得到的剩余价值 s_{t2} 是生产价格形式的总资本有机构成的单调递减函数。

五、第一部门得到的剩余价值与生产价格形式的总资本有机构成关系的数例

如果第一部门价值形式的资本有机构成确定，第二部门价值形式的资本有机构成确定，第一部门价值形式的资本有机构成高于第二部门价值形式的资本有机构成，第二部门价值形式的资本有机构成高于上临界值的上界 4.786，例如，$k_1=4.9$，$k_2=4.8$，第一部门的资本家消费第一部门提供的生活资料所耗费的劳动 $s_{11}=780$，740，700，…，180，相应地，剩余价值率 $e=39/12$，37/12，35/12，…，9/12，即 $e=3.25$，3.083 333 333 333，2.916 666 666 6，…，0.75，除了 s_{11}、s_{12}、e 之外，其余已知量与第九章的数例中的已知量相同，那么，第一部门得到的剩余价值 s_1+s_{t1} 与剩余价值率 e、生产价格形式的总资本有机构成 k_p 的关系，可以用表 11－35 表示。

表 11－35　s_1+s_{t1} 与 e、k_p 的关系

剩余价值率 e	生产价格形式的总资本有机构成 k_p	第一部门得到的剩余价值 s_1+s_{t1}
3.250 000 000 0	4.378 008 376 5	791.778 116 904 4
3.083 333 333 3	4.378 095 482 8	744.314 491 073 0
2.916 666 666 7	4.378 190 609 4	696.851 667 566 8
2.750 000 000 0	4.378 294 555 5	649.389 733 253 6
2.583 333 333 3	4.378 408 215 8	601.928 786 018 5
2.416 666 666 7	4.378 532 594 0	554.468 936 423 5

续前表

剩余价值率 e	生产价格形式的总资本有机构成 k_p	第一部门得到的剩余价值 s_1+s_{t1}
2.250 000 000 0	4.378 668 819 0	507.010 309 661 3
2.083 333 333 3	4.378 818 163 4	459.553 047 865 2
1.916 666 666 7	4.378 982 065 6	412.097 312 848 4
1.750 000 000 0	4.379 162 156 0	364.643 289 368 2
1.583 333 333 3	4.379 360 287 7	317.191 189 030 7
1.416 666 666 7	4.379 578 573 4	269.741 254 984 4
1.250 000 000 0	4.379 819 429 4	222.293 767 589 0
1.083 333 333 3	4.380 085 629 0	174.849 051 296 1
0.916 666 666 7	4.380 380 366 1	127.407 483 048 7
0.750 000 000 0	4.380 707 333 2	79.969 502 591 0

在表 11－35 中，第一部门得到的剩余价值 s_1+s_{t1} 与生产价格形式的总资本有机构成 k_p 的关系，可以用图 11－35 表示。

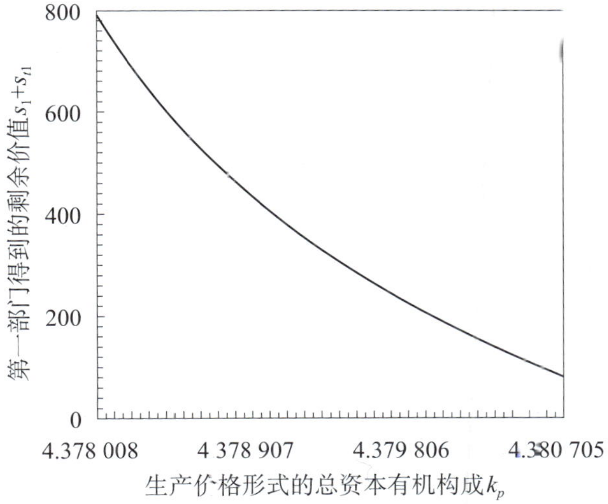

图 11－35　s_1+s_{t1} 与 k_p 的关系

由表 11－35 和图 11－35 可以看出，随着生产价格形式的总资本有机构成 k_p 提高，第一部门得到的剩余价值 s_1+s_{t1} 减少。

可见，如果第一部门价值形式的资本有机构成确定，第二部门价值形式的资本有机构成确定，第一部门价值形式的资本有机构成高于第二部门价值形式的资本有机构成，第二部门价值形式的资本有机构成高于上临界值，那么，第一部门得到的剩余价值是生产价格形式的总资本有机构成的单调递减函数。

六、第二部门得到的剩余价值与生产价格形式的总资本有机构成关系的数例

如果第一部门价值形式的资本有机构成确定，第二部门价值形式的资本有机构成确定，第一部门价值形式的资本有机构成高于第二部门价值形式的资本有机构成，第二部门价值形式的资本有机构成高于上临界值的上界 4.786，例如，$k_1=4.9$，$k_2=4.8$，第一部门的资本家消费第一部门提供的生活资料所耗费的劳动 $s_{11}=780$，740，700，…，180，相应地，剩余价值率 $e=39/12$，37/12，35/12，…，9/12，即 $e=3.25$，3.083 333 333 333，2.916 666 666 6，…，0.75，除了 s_{11}、s_{12}、e 之外，其余已知量与第九章的数例中的已知量相同，那么，第二部门得到的剩余价值 s_2+s_{t2} 与剩余价值率 e、生产价格形式的总资本有机构成 k_p 的关系，可以用表 11－36 表示。

表 11－36　　s_2+s_{t2} 与 e、k_p 的关系

剩余价值率 e	生产价格形式的总资本有机构成 k_p	第二部门得到的剩余价值 s_2+s_{t2}
3.250 000 000 0	4.378 008 376 5	579.631 917 697 7
3.083 333 333 3	4.378 095 482 8	560.186 689 564 6
2.916 666 666 7	4.378 190 609 4	540.527 413 449 0
2.750 000 000 0	4.378 294 555 5	520.638 147 787 3
2.583 333 333 3	4.378 408 215 8	500.501 328 339 8
2.416 666 666 7	4.378 532 594 0	480.097 556 405 7
2.250 000 000 0	4.378 668 819 0	459.405 352 989 3
2.083 333 333 3	4.378 818 163 4	438.400 872 354 9
1.916 666 666 7	4.378 982 065 6	417.057 566 925 3
1.750 000 000 0	4.379 162 156 0	395.345 793 601 2
1.583 333 333 3	4.379 360 287 7	373.232 349 200 2
1.416 666 666 7	4.379 578 573 4	350.679 919 667 8
1.250 000 000 0	4.379 819 429 4	327.646 423 798 6
1.083 333 333 3	4.380 085 629 0	304.084 227 122 3
0.916 666 666 7	4.380 380 366 1	279.939 194 975 1
0.750 000 000 0	4.380 707 333 2	255.149 545 028 1

在表 11－36 中，第二部门得到的剩余价值 s_2+s_{t2} 与生产价格形式的总资本有机构成 k_p 的关系，可以用图 11－36 表示。

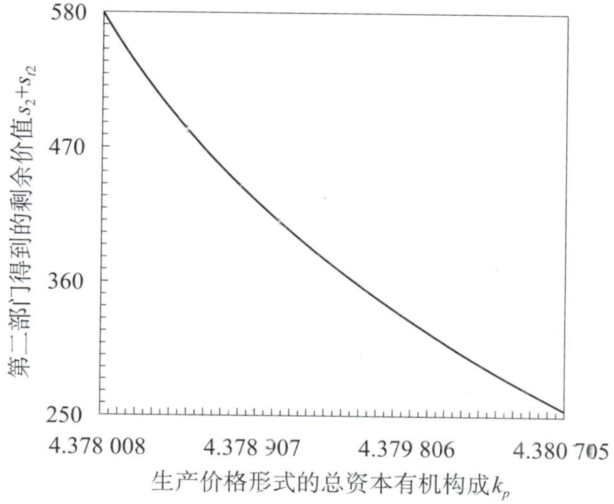

图 11－36　s_2+s_{t2} 与 k_p 的关系

由表 11－36 和图 11－36 可以看出，随着生产价格形式的总资本有机构成 k_p 提高，第二部门得到的剩余价值 s_2+s_{t2} 减少。

可见，如果第一部门价值形式的资本有机构成确定，第二部门价值形式的资本有机构成确定，第一部门价值形式的资本有机构成高于第二部门价值形式的资本有机构成，第二部门价值形式的资本有机构成高于上临界值，那么，第二部门得到的剩余价值是生产价格形式的总资本有机构成的单调递减函数。

七、第一部门生产价格形式的利润与生产价格形式的总资本有机构成关系的数例

如果第一部门价值形式的资本有机构成确定，第二部门价值形式的资本有机构成确定，第一部门价值形式的资本有机构成高于第二部门价值形式的资本有机构成，第二部门价值形式的资本有机构成高于上临界值的上界 4.786，例如，$k_1=4.9$，$k_2=4.8$，第一部门的资本家消费第一部门提供的生活资料所耗费的劳动 $s_{11}=780$，740，700，…，180，相应地，剩余价值率 $e=39/12$，37/12，35/12，…，9/12，即 $e=3.25$，3.083 333 333 333，2.916 666 666 6，…，0.75，除了 s_{11}、s_{12}、e 之外，其余已知量与第九章的数例中的已知量相同，那么，第一部门生产价格形式的利润 s_{p1} 与剩余价值率 e、生产价格形式的总资本有机构成 k_p 的关系，可以用表 11－37 表示。

表 11-37　　s_{p1}与 e、k_p的关系

剩余价值率 e	生产价格形式的总资本有机构成 k_p	第一部门生产价格形式的利润 s_{p1}
3.250 000 000 0	4.378 008 376 5	735.192 814 001 3
3.083 333 333 3	4.378 095 482 8	688.822 417 928 9
2.916 666 666 7	4.378 190 609 4	642.479 831 448 1
2.750 000 000 0	4.378 294 555 5	596.166 857 269 1
2.583 333 333 3	4.378 408 215 8	549.885 455 317 9
2.416 666 666 7	4.378 532 594 0	503.637 760 013 1
2.250 000 000 0	4.378 668 819 0	457.426 099 833 6
2.083 333 333 3	4.378 818 163 4	411.253 019 534 7
1.916 666 666 7	4.378 982 065 6	365.121 305 428 7
1.750 000 000 0	4.379 162 156 0	319.034 014 224 9
1.583 333 333 3	4.379 360 287 7	272.994 506 011 2
1.416 666 666 7	4.379 578 573 4	227.006 482 068 6
1.250 000 000 0	4.379 819 429 4	181.074 028 337 8
1.083 333 333 3	4.380 085 629 0	135.201 665 514 6
0.916 666 666 7	4.380 380 366 1	89.394 406 935 5
0.750 000 000 0	4.380 707 333 2	43.657 825 639 8

在表 11-37 中，第一部门生产价格形式的利润 s_{p1}与生产价格形式的总资本有机构成 k_p的关系，可以用图 11-37 表示。

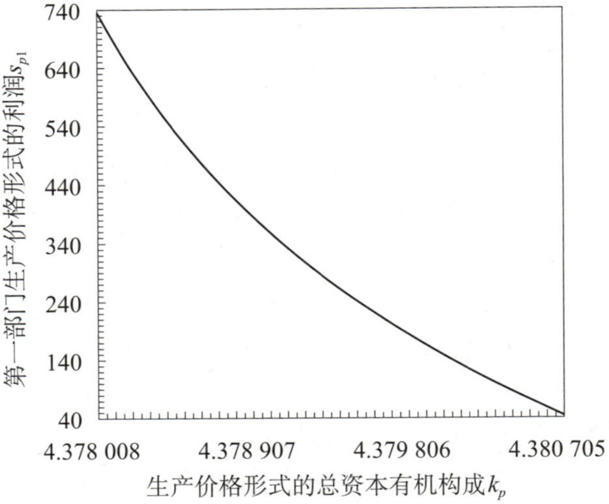

图 11-37　s_{p1}与 k_p的关系

由表 11-37 和图 11-37 可以看出，随着生产价格形式的总资本有机构成 k_p提高，第一部门生产价格形式的利润 s_{p1}减少。

可见，如果第一部门价值形式的资本有机构成确定，第二部门价值形式的资本有机构成确定，第一部门价值形式的资本有机构成高于第二部门价值形式的资本有机构成，第二部门价值形式的资本有机构成高于上临界值，那么，第一部门生产价格形式的利润是生产价格形式的总资本有机构成的单调递减函数。

这里所说的第一部门生产价格形式的利润，是指第一部门的资本家得到的生产价格形式的利润，其中不包括地租。

八、第二部门生产价格形式的利润与生产价格形式的总资本有机构成关系的数例

如果第一部门价值形式的资本有机构成确定，第二部门价值形式的资本有机构成确定，第一部门价值形式的资本有机构成高于第二部门价值形式的资本有机构成，第二部门价值形式的资本有机构成高于上临界值的上界 4.786，例如，$k_1=4.9$，$k_2=4.8$，第一部门的资本家消费第一部门提供的生活资料所耗费的劳动 $s_{11}=780$，740，700，…，180，相应地，剩余价值率 $e=39/12$，37/12，35/12，…，9/12，即 $e=3.25$，3.083 333 333 333，2.916 666 666 7，…，0.75，除了 s_{11}、s_{12}、e 之外，其余已知量与第九章的数例中的已知量相同，那么，第二部门生产价格形式的利润 s_{p2} 与剩余价值率 e、生产价格形式的总资本有机构成 k_p 的关系，可以用表 11－38 表示。

表 11－38　　s_{p2} 与 e、k_p 的关系

剩余价值率 e	生产价格形式的总资本有机构成 k_p	第二部门生产价格形式的利润 s_{p2}
3.250 000 000 0	4.378 008 376 5	306 057 306 540 0
3.083 333 333 3	4.378 095 482 8	289.365 006 671 5
2.916 666 666 7	4.378 190 609 4	272.450 658 868 5
2.750 000 000 0	4.378 294 555 5	255.298 002 897 9
2.583 333 333 3	4.378 408 215 8	237.889 147 758 5
2.416 666 666 7	4.378 532 594 0	220.204 361 543 7
2.250 000 000 0	4.378 668 819 0	202.221 827 881 6
2.083 333 333 3	4.378 818 163 4	183.917 362 571 9
1.916 666 666 7	4.378 982 065 6	165.264 082 599 6
1.750 000 000 0	4.379 162 156 0	146.232 017 900 7
1.583 333 333 3	4.379 360 287 7	126.787 653 957 1
1.416 666 666 7	4.379 578 573 4	106.893 390 368 8
1.250 000 000 0	4.379 819 429 4	86.506 896 785 7
1.083 333 333 3	4.380 085 629 0	65.580 342 695 9
0.916 666 666 7	4.380 380 366 1	44.059 471 202 0
0.750 000 000 0	4.380 707 333 2	21.882 478 523 7

在表 11－38 中，第二部门生产价格形式的利润 s_{p2} 与生产价格形式的总资本有机构成 k_p 的关系，可以用图 11－38 表示。

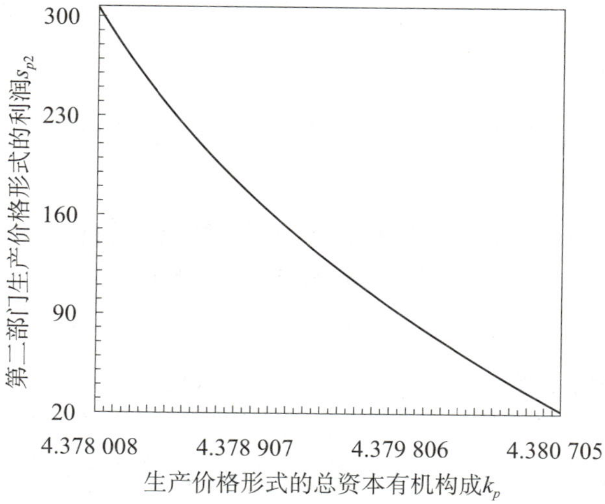

图 11－38　s_{p2} 与 k_p 的关系

由表 11－38 和图 11－38 可以看出，随着生产价格形式的总资本有机构成 k_p 提高，第二部门生产价格形式的利润 s_{p2} 减少。

可见，如果第一部门价值形式的资本有机构成确定，第二部门价值形式的资本有机构成确定，第一部门价值形式的资本有机构成高于第二部门价值形式的资本有机构成，第二部门价值形式的资本有机构成高于上临界值，那么，第二部门生产价格形式的利润是生产价格形式的总资本有机构成的单调递减函数。

这里所说的第二部门生产价格形式的利润，是指第二部门的资本家得到的生产价格形式的利润，其中不包括地租。

九、生产价格形式的总利润与生产价格形式的总资本有机构成关系的数例

如果第一部门价值形式的资本有机构成确定，第二部门价值形式的资本有机构成确定，第一部门价值形式的资本有机构成高于第二部门价值形式的资本有机构成，第二部门价值形式的资本有机构成高于上临界值的上界 4.786，例如，$k_1=4.9$，$k_2=4.8$，第一部门的资本家消费第一部门提供的生活资料所耗费的劳动 $s_{11}=780$，740，700，…，180，相应地，剩余价值率 $e=39/12$，37/12，35/12，…，9/12，即 $e=3.25$，3.083 333 333 333，2.916 666 666 7，…，0.75，除了 s_{11}、s_{12}、e 之外，其余已知量与第九章的

数例中的已知量相同，那么，生产价格形式的总利润 s_p 与剩余价值率 e、生产价格形式的总资本有机构成 k_p 的关系，可以用表 11－39 表示。

表 11－39　　s_p 与 e、k_p 的关系

剩余价值率 e	生产价格形式的总资本有机构成 k_p	生产价格形式的总利润 s_p
3.250 000 000 0	4.378 008 376 5	1 041.250 120 541 3
3.083 333 333 3	4.378 095 482 8	978.187 424 600 4
2.916 666 666 7	4.378 190 609 4	914.930 490 316 6
2.750 000 000 0	4.378 294 555 5	851.464 860 166 9
2.583 333 333 3	4.378 408 215 8	787.774 603 076 4
2.416 666 666 7	4.378 532 594 0	723.842 121 553 8
2.250 000 000 0	4.378 668 819 0	659.617 927 715 3
2.083 333 333 3	4.378 818 163 4	595.170 382 106 6
1.916 666 666 7	4.378 982 065 6	530.385 388 028 3
1.750 000 000 0	4.379 162 156 0	465.266 032 125 6
1.583 333 333 3	4.379 360 287 7	399.782 159 938 3
1.416 666 666 7	4.379 578 573 4	333.399 872 437 4
1.250 000 000 0	4.379 819 429 4	267.580 925 123 5
1.083 333 333 3	4.380 085 629 0	200.782 008 210 5
0.916 666 666 7	4.380 380 366 1	133.453 878 137 5
0.750 000 000 0	4.380 707 333 2	65.540 304 163 5

在表 11－39 中，生产价格形式的总利润 s_p 与生产价格形式的总资本有机构成 k_p 的关系，可以用图 11－39 表示。

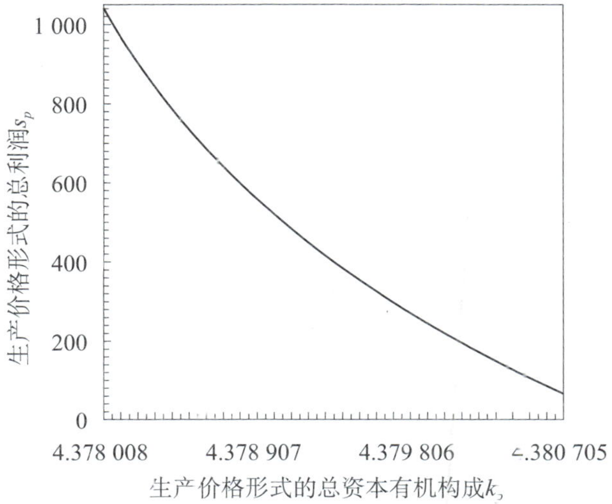

图 11－39　s_p 与 k_p 的关系

由表 11－39 和图 11－39 可以看出，随着生产价格形式的总资本有机构成 k_p 提高，生产价格形式的总利润 s_p 减少。

可见，如果第一部门价值形式的资本有机构成确定，第二部门价值形式的资本有机构成确定，第一部门价值形式的资本有机构成高于第二部门价值形式的资本有机构成，第二部门价值形式的资本有机构成高于上临界值，那么，生产价格形式的总利润是生产价格形式的总资本有机构成的单调递减函数。

这里所说的生产价格形式的总利润，是指资本家得到的生产价格形式的总利润，其中不包括地租。

十、生产价格形式的利润率与生产价格形式的总资本有机构成关系的数例

如果第一部门价值形式的资本有机构成确定，第二部门价值形式的资本有机构成确定，第一部门价值形式的资本有机构成高于第二部门价值形式的资本有机构成，第二部门价值形式的资本有机构成高于上临界值的上界 4.786，例如，$k_1=4.9$，$k_2=4.8$，第一部门的资本家消费第一部门提供的生活资料所耗费的劳动 $s_{11}=780$，740，700，…，180，相应地，剩余价值率 $e=39/12$，37/12，35/12，…，9/12，即 $e=3.25$，3.083 333 3，2.916 666 7，…，0.75，除了 s_{11}、s_{12}、e 之外，其余已知量与第九章的数例中的已知量相同，那么，生产价格形式的利润率 r、价值形式的平均利润率 r_{vt} 与剩余价值率 e、生产价格形式的总资本有机构成 k_p 的关系，可以用表 11－40 表示。

表 11－40　　r、r_{vt} 与 e、k_p 的关系

剩余价值率 e	生产价格形式的 总资本有机构成 k_p	生产价格形式的 利润率 r	价值形式的 平均利润率 r_{vt}
3.250 000 0	4.378 008 4	0.415 222 2	0.429 774 0
3.083 333 3	4.378 095 5	0.389 212 4	0.402 888 0
2.916 666 7	4.378 190 6	0.363 201 5	0.375 997 4
2.750 000 0	4.378 294 6	0.337 189 3	0.349 102 0
2.583 333 3	4.378 408 2	0.311 175 8	0.322 201 3
2.416 666 7	4.378 532 6	0.285 160 8	0.295 295 0
2.250 000 0	4.378 668 8	0.259 144 3	0.268 382 7
2.083 333 3	4.378 818 2	0.233 126 1	0.241 464 1
1.916 666 7	4.378 982 1	0.207 106 1	0.214 538 6
1.750 000 0	4.379 162 2	0.181 084 2	0.187 605 8

续前表

剩余价值率 e	生产价格形式的总资本有机构成 k_p	生产价格形式的利润率 r	价值形式的平均利润率 r_{vt}
1.583 333 3	4.379 360 3	0.155 060 1	0.160 665 0
1.416 666 7	4.379 578 6	0.129 033 6	0.133 715 3
1.250 000 0	4.379 819 4	0.103 004 6	0.106 757 3
1.083 333 3	4.380 085 6	0.076 972 7	0.079 788 8
0.916 666 7	4.380 380 4	0.050 937 7	0.052 809 6
0.750 000 0	4.380 707 3	0.024 899 4	0.025 818 6

在表 11－40 中，生产价格形式的利润率 r、价值形式的平均利润率 r_{vt} 与生产价格形式的总资本有机构成 k_p 的关系，可以用图 11－40 表示。

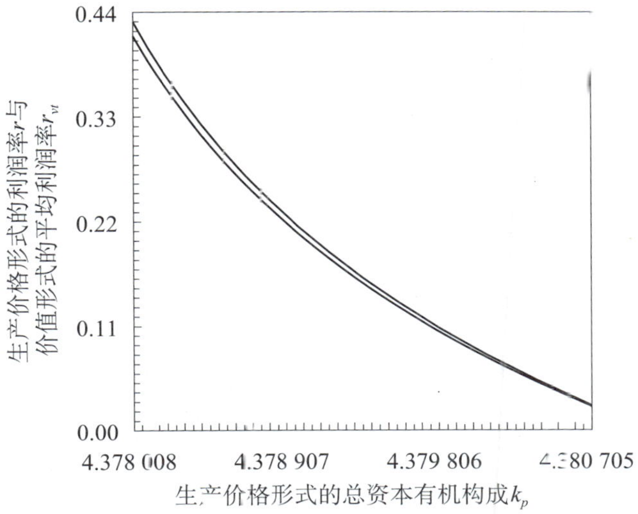

图 11－40　r、r_{vt} 与 k_p 的关系

在图 11－40 中，上面的曲线，表示价值形式的平均利润率 r_{vt} 与生产价格形式的总资本有机构成 k_p 的关系；下面的曲线，表示生产价格形式的利润率 r 与生产价格形式的总资本有机构成 k_p 的关系。

由表 11－40 和图 11－40 可以看出，随着生产价格形式的总资本有机构成 k_p 提高，生产价格形式的利润率 r 降低，价值形式的平均利润率 r_{vt} 也降低，价值形式的平均利润率始终高于生产价格形式的利润率。

在本数例中，第一部门价值形式的资本有机构成 k_1 为 4.9，第二部门价值形式的资本有机构成为 4.8，剩余价值率 e 从 3.25 降低到 0.75，生产价格形式的总资本有机构成 k_p 从 4.378 008 4 提高到 4.380 707 3，生产价格

形式的利润率 r 从 0.415 222 2 降低到 0.024 899 4。

可见，在本例中，如果第一部门价值形式的资本有机构成确定，第二部门价值形式的资本有机构成确定，第一部门价值形式的资本有机构成高于第二部门价值形式的资本有机构成，第二部门价值形式的资本有机构成高于上临界值，那么，生产价格形式的利润率是生产价格形式的总资本有机构成的单调递减函数，价值形式的平均利润率也是生产价格形式的总资本有机构成的单调递减函数。同时，由资本家得到的剩余价值决定的价值形式的平均利润率高于生产价格形式的利润率。

第八节　k_1、k_2 确定，$k_1<k_2$ 的条件下，生产价格形式的利润率与生产价格形式的总资本有机构成关系的数例

这里在第一部门价值形式的资本有机构成、第二部门价值形式的资本有机构成确定，第一部门价值形式的资本有机构成低于第二部门价值形式的资本有机构成的条件下，通过剩余价值率提高的数例，考察各个有关内生变量与生产价格形式的总资本有机构成的关系，在此基础上，考察生产价格形式的利润率与生产价格形式的总资本有机构成的关系。

一、生产价格形式的总资本有机构成与剩余价值率关系的数例

如果第一部门价值形式的资本有机构成、第二部门价值形式的资本有机构成确定，那么，生产价格形式的总资本有机构成是剩余价值率的函数。

如果第一部门价值形式的资本有机构成确定，第二部门价值形式的资本有机构成确定，第一部门价值形式的资本有机构成低于第二部门价值形式的资本有机构成，例如，$k_1=4.9$，$k_2=10$，第一部门的资本家消费第一部门提供的生活资料所耗费的劳动 $s_{11}=180$，200，220，…，780，相应地，剩余价值率 $e=9/12$，10/12，11/12，…，39/12，即 $e=0.75$，0.833 333 3，0.916 666 7，…，3.25，除了 s_{11}、s_{12}、e 之外，其余已知量与第九章的数例中的已知量相同，那么，价值形式的总资本有机构成 k、生产价格形式的总资本有机构成 k_p 与第一部门的资本家消费第一部门提供的生活资料所耗费的劳动 s_{11}、剩余价值率 e 的关系，可以用表 11－41 表示。

表 11-41　k、k_p与s_{11}、e的关系

第一部门的资本家消费第一部门提供的生活资料所耗费的劳动 s_{11}	剩余价值率 e	价值形式的总资本有机构成 k	生产价格形式的总资本有机构成 k_p
180	0.750 000 0	5.978 285 7	5.259 593 7
220	0.916 666 7	5.977 196 3	5.230 834 3
260	1.083 333 3	5.976 146 8	5.203 323 7
300	1.250 000 0	5.975 135 1	5.176 983 2
340	1.416 666 7	5.974 159 3	5.151 740 2
380	1.583 333 3	5.973 217 4	5.127 528 1
420	1.750 000 0	5.972 307 7	5.104 285 6
460	1.916 666 7	5.971 428 6	5.081 956 1
500	2.083 333 3	5.970 578 5	5.060 487 2
540	2.250 000 0	5.969 756 1	5.039 830 4
580	2.416 666 7	5.968 960 0	5.019 941 0
620	2.583 333 3	5.968 189 0	5.000 777 2
660	2.750 000 0	5.967 441 9	4.982 300 3
700	2.916 666 7	5.966 717 6	4.964 474 3
740	3.083 333 3	5.966 015 0	4.947 265 6
780	3.250 000 0	5.965 333 3	4.930 642 9

在表 11-41 中，价值形式的总资本有机构成 k、生产价格形式的总资本有机构成 k_p与剩余价值率 e 的关系，可以用图 11-41 表示。

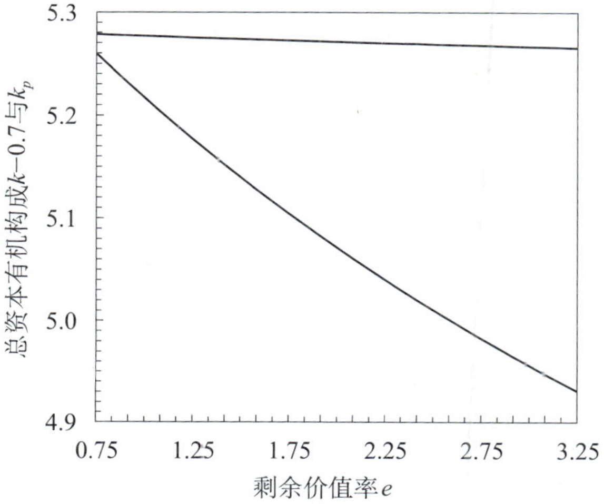

图 11-41　$k-0.7$、k_p与 e 的关系

在图 11－41 中，上面的曲线，为价值形式的总资本有机构成 $k-0.7$ 与剩余价值率 e 的关系曲线；下面的曲线，为生产价格形式的总资本有机构成 k_p 与剩余价值率 e 的关系曲线。

因为价值形式的总资本有机构成 k 的相对变化率很小，为了表示得更清楚，所以，用价值形式的总资本有机构成 $k-0.7$ 与生产价格形式的总资本有机构成 k_p 进行对比。

由表 11－41 和图 11－41 可以看出，随着剩余价值率 e 提高，价值形式的总资本有机构成 k 降低，生产价格形式的总资本有机构成 k_p 也降低。

二、第一部门得到的剩余价值中属于本部门资本家的比例与生产价格形式的总资本有机构成的数例

通过上面的考察可以看出，在第一部门价值形式的资本有机构成确定，第二部门价值形式的资本有机构成确定，第一部门价值形式的资本有机构成低于第二部门价值形式的资本有机构成的条件下，生产价格形式的总资本有机构成 k_p 是剩余价值率 e 的单调递减函数，剩余价值率 e 是第一部门的资本家消费第一部门提供的生活资料所耗费的劳动 s_{11} 的单调递增函数。

如果考察各个内生变量与生产价格形式的总资本有机构成的函数关系，那么，按照习惯，生产价格形式的总资本有机构成 k_p 应该采用递增的形式。相应地，第一部门的资本家消费第一部门提供的生活资料所耗费的劳动 s_{11} 与剩余价值率 e 都应该采用递减的形式。

如果第一部门价值形式的资本有机构成确定，第二部门价值形式的资本有机构成确定，第一部门价值形式的资本有机构成低于第二部门价值形式的资本有机构成，例如，$k_1=4.9$，$k_2=10$，第一部门的资本家消费第一部门提供的生活资料所耗费的劳动 $s_{11}=780$，740，700，…，180，相应地，剩余价值率 $e=39/12$，37/12，35/12，…，9/12，即 $e=3.25$，3.083 333 333 3，2.916 666 666 7，…，0.75，除了 s_{11}、s_{12}、e 之外，其余已知量与第九章的数例中的已知量相同，那么，第一部门得到的剩余价值中属于本部门资本家的比例 d_1 与剩余价值率 e、生产价格形式的总资本有机构成 k_p 的关系，可以用表 11－42 表示。

表 11-42　　d_1 与 e、k_p 的关系

剩余价值率 e	生产价格形式的总资本有机构成 k_p	第一部门得到的剩余价值中属于本部门资本家的比例 d_1
3.250 000 000 0	4.930 642 873 7	0.922 625 056 7
3.083 333 333 3	4.947 265 559 6	0.918 830 663 5
2.916 666 666 7	4.964 474 254 7	0.914 607 705 8
2.750 000 000 0	4.982 300 269 9	0.909 685 394 1
2.583 333 333 3	5.000 777 171 5	0.903 953 076 5
2.416 666 666 7	5.019 940 987 5	0.897 192 314 4
2.250 000 000 0	5.039 830 435 6	0.889 098 330 2
2.083 333 333 3	5.060 487 177 4	0.879 232 669 0
1.916 666 666 7	5.081 956 101 8	0.863 940 879 6
1.750 000 000 0	5.104 285 641 6	0.851 200 817 7
1.583 333 333 3	5.127 528 127 9	0.830 322 212 7
1.416 666 666 7	5.151 740 187 2	0.801 294 117 7
1.250 000 000 0	5.176 983 188 6	0.758 181 896 1
1.083 333 333 3	5.203 323 746 8	0.637 440 845 7
0.916 666 666 7	5.230 834 290 5	0.549 962 422 8
0.750 000 000 0	5.259 593 706 2	0.166 883 618 4

在表 11-42 中，第一部门得到的剩余价值中属于本部门资本家的比例 d_1 与生产价格形式的总资本有机构成 k_p 的关系，可以用图 11-42 表示。

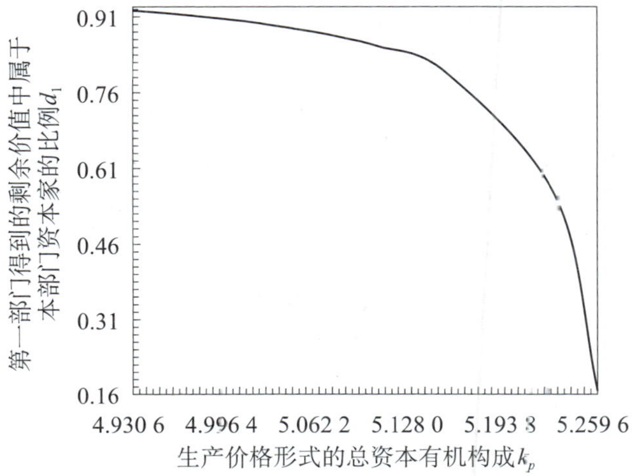

图 11-42　d_1 与 k_p 的关系

由表 11-42 和图 11-42 可以看出，随着生产价格形式的总资本有机

构成 k_p 提高，第一部门得到的剩余价值中属于本部门资本家的比例 d_1 降低。

可见，如果第一部门价值形式的资本有机构成确定，第二部门价值形式的资本有机构成确定，第一部门价值形式的资本有机构成低于第二部门价值形式的资本有机构成，那么，第一部门得到的剩余价值中属于本部门资本家的比例是生产价格形式的总资本有机构成的单调递减函数。

值得注意的是，这里的横坐标为生产价格形式的总资本有机构成 k_p，生产价格形式的总资本有机构成 k_p 是剩余价值率 e 的非线性函数，在本例中，剩余价值率 e 是等差数列，生产价格形式的总资本有机构成 k_p 就不可能是等差数列。用 Office 中的 Excel 作图，横坐标必须是等差数列。为此，利用 Excel 中的 vlookup 函数功能，将生产价格形式的总资本有机构成 k_p 转变为等差数列，然后再用 Excel 作图。

在本节中，图 11－42、图 11－43、图 11－44、图 11－45、图 11－46、图 11－47、图 11－48、图 11－49、图 11－50，均用此种方式作图。下面不再重复阐述。

三、第二部门得到的剩余价值中属于本部门资本家的比例与生产价格形式的总资本有机构成关系的数例

如果第一部门价值形式的资本有机构成确定，第二部门价值形式的资本有机构成确定，第一部门价值形式的资本有机构成低于第二部门价值形式的资本有机构成，例如，$k_1=4.9$，$k_2=10$，第一部门的资本家消费第一部门提供的生活资料所耗费的劳动 $s_{11}=780$，740，700，…，180，相应地，剩余价值率 $e=39/12$，37/12，35/12，…，9/12，即 $e=3.25$，3.083 333 333 3，2.916 666 666 7，…，0.75，除了 s_{11}、s_{12}、e 之外，其余已知量与第九章的数例中的已知量相同，那么，第二部门得到的剩余价值中属于本部门资本家的比例 d_2 与剩余价值率 e、生产价格形式的总资本有机构成 k_p 的关系，可以用表 11－43 表示。

表 11－43　　d_2 与 e、k_p 的关系

剩余价值率 e	生产价格形式的 总资本有机构成 k_p	第二部门得到的剩余价值中 属于本部门资本家的比例 d_2
3.250 000 000 0	4.930 642 873 7	0.484 595 058 7
3.083 333 333 3	4.947 265 559 6	0.471 697 841 9
2.916 666 666 7	4.964 474 254 7	0.457 676 064 0
2.750 000 000 0	4.982 300 269 9	0.442 374 768 1

续前表

剩余价值率 e	生产价格形式的总资本有机构成 k_p	第二部门得到的剩余价值中属于本部门资本家的比例 d_2
2.583 333 333 3	5.000 777 171 5	0.425 609 085 2
2.416 666 666 7	5.019 940 987 5	0.407 156 645 0
2.250 000 000 0	5.039 830 435 6	0.386 747 552 1
2.083 333 333 3	5.060 487 177 4	0.364 050 965 0
1.916 666 666 7	5.081 956 101 8	0.338 656 854 0
1.750 000 000 0	5.104 285 641 6	0.310 050 788 3
1.583 333 333 3	5.127 528 127 9	0.277 578 434 3
1.416 666 666 7	5.151 740 187 2	0.240 394 507 9
1.250 000 000 0	5.176 983 188 6	0.197 387 614 5
1.083 333 333 3	5.203 323 746 8	0.147 066 551 1
0.916 666 666 7	5.230 834 290 5	0.087 382 866 4
0.750 000 000 0	5.259 593 706 2	0.015 443 685 0

在表 11－43 中，第二部门得到的剩余价值中属于本部门资本家的比例 d_2 与生产价格形式的总资本有机构成 k_p 的关系，可以用图 11－43 表示。

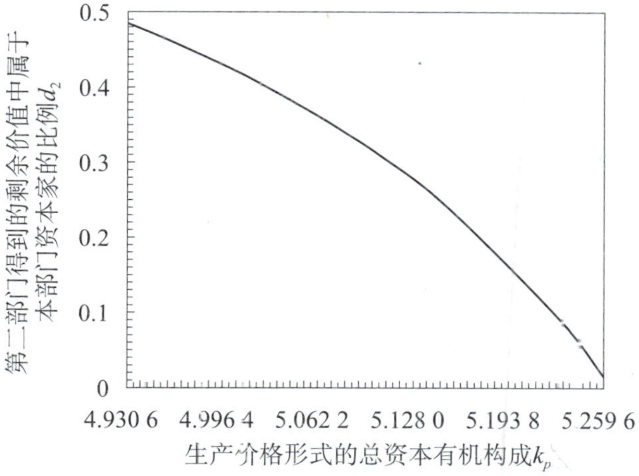

图 11－43　d_2 与 k_p 的关系

由表 11－43 和图 11－43 可以看出，随着生产价格形式的总资本有机构成 k_p 提高，第二部门得到的剩余价值中属于本部门资本家的比例 d_2 降低。

可见，如果第一部门价值形式的资本有机构成确定，第二部门价值形式的资本有机构成确定，第一部门价值形式的资本有机构成低于第二部门价值形式的资本有机构成，那么，第二部门得到的剩余价值中属于本部门资本家的比例是生产价格形式的总资本有机构成的单调递减函数。

四、第一部门多得到的剩余价值、第二部门多得到的剩余价值与生产价格形式的总资本有机构成关系的数例

如果第一部门价值形式的资本有机构成确定，第二部门价值形式的资本有机构成确定，第一部门价值形式的资本有机构成低于第二部门价值形式的资本有机构成，例如，$k_1=4.9$，$k_2=10$，第一部门的资本家消费第一部门提供的生活资料所耗费的劳动 $s_{11}=780$，740，700，…，180，相应地，剩余价值率 $e=39/12$，37/12，35/12，…，9/12，即 $e=3.25$，3.083 333 3，2.916 666 7，…，0.75，除了 s_{11}、s_{12}、e 之外，其余已知量与第九章的数例中的已知量相同，那么，第一部门多得到的剩余价值 s_{t1}、第二部门多得到的剩余价值 s_{t2} 与剩余价值率 e、生产价格形式的总资本有机构成 k_p 的关系，可以用表 11-44 表示。

表 11-44　　s_{t1}、s_{t2} 与 e、k_p 的关系

剩余价值率 e	生产价格形式的总资本有机构成 k_p	第一部门多得到的剩余价值 s_{t1}	第二部门多得到的剩余价值 s_{t2}
3.250 000 0	4.930 642 9	−359.033 852 2	359.033 852 2
3.083 333 3	4.947 265 6	−347.113 419 9	347.113 419 9
2.916 666 7	4.964 474 3	−335.206 657 5	335.206 657 5
2.750 000 0	4.982 300 3	−323.314 231 3	323.314 231 3
2.583 333 3	5.000 777 2	−311.436 850 7	311.436 850 7
2.416 666 7	5.019 941 0	−299.575 271 9	299.575 271 9
2.250 000 0	5.039 830 4	−287.730 301 2	287.730 301 2
2.083 333 3	5.060 487 2	−275.902 799 7	275.902 799 7
1.916 666 7	5.081 956 1	−264.093 687 9	264.093 687 9
1.750 000 0	5.104 285 6	−252.303 950 3	252.303 950 3
1.583 333 3	5.127 528 1	−240.534 641 5	240.534 641 5
1.416 666 7	5.151 740 2	−228.786 892 1	228.786 892 1
1.250 000 0	5.176 983 2	−217.061 915 6	217.061 915 6
1.083 333 3	5.203 323 7	−205.361 015 8	205.361 015 8
0.916 666 7	5.230 834 3	−193.685 595 7	193.685 595 7
0.750 000 0	5.259 593 7	−182.037 166 1	182.037 166 1

在表 11-44 中，第一部门多得到的剩余价值 s_{t1}、第二部门多得到的剩余价值 s_{t2} 与生产价格形式的总资本有机构成 k_p 的关系，可以用图 11-44

表示。

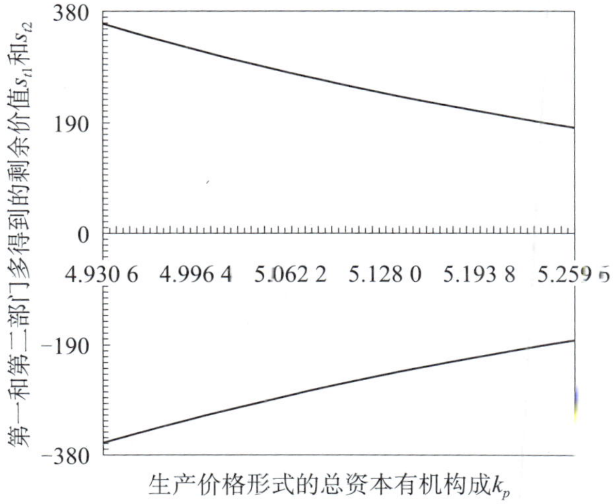

图 11－44　s_{t1}、s_{t2} 与 k_p 的关系

在图 11－44 中，斜率为正的曲线，为第一部门多得到的剩余价值 s_{t1} 与生产价格形式的总资本有机构成 k_p 的关系曲线；斜率为负的曲线，为第二部门多得到的剩余价值 s_{t2} 与生产价格形式的总资本有机构成 k_p 的关系曲线。

由表 11－44 和图 11－44 可以看出，随着生产价格形式的总资本有机构成 k_p 提高，第一部门多得到的剩余价值 s_{t1} 增加，第二部门多得到的剩余价值 s_{t2} 减少。

可见，如果第一部门价值形式的资本有机构成确定，第二部门价值形式的资本有机构成确定，第一部门价值形式的资本有机构成低于第二部门价值形式的资本有机构成，那么，第一部门多得到的剩余价值 s_{t1} 是生产价格形式的总资本有机构成的单调递增函数，第二部门多得到的剩余价值 s_{t2} 是生产价格形式的总资本有机构成的单调递减函数。

五、第一部门得到的剩余价值与生产价格形式的总资本有机构成关系的数例

如果第一部门价值形式的资本有机构成确定，第二部门价值形式的资本有机构成确定，第一部门价值形式的资本有机构成低于第二部门价值形式的资本有机构成，例如，$k_1=4.9$，$k_2=10$，第一部门的资本家消费第一部门提供的生活资料所耗费的劳动 $s_{11}=780$，740，700，…，180，相应地，剩余价值率 $e=39/12$，37/12，35/12，…，9/12，即 $e=3.25$，3.083 333 333 3，2.916 666 666 7，…，0.75，除了 s_{11}、s_{12}、e 之外，其

余已知量与第九章的数例中的已知量相同，那么，第一部门得到的剩余价值 s_1+s_{t1} 与剩余价值率 e、生产价格形式的总资本有机构成 k_p 的关系，可以用表 11-45 表示。

表 11-45　　s_1+s_{t1} 与 e、k_p 的关系

剩余价值率 e	生产价格形式的总资本有机构成 k_p	第一部门得到的剩余价值 s_1+s_{t1}
3.250 000 000 0	4.930 642 873 7	615.966 147 814 9
3.083 333 333 3	4.947 265 559 6	577.886 580 122 8
2.916 666 666 7	4.964 474 254 7	539.793 342 524 5
2.750 000 000 0	4.982 300 269 9	501.685 768 720 2
2.583 333 333 3	5.000 777 171 5	463.563 149 276 2
2.416 666 666 7	5.019 940 987 5	425.424 728 143 9
2.250 000 000 0	5.039 830 435 6	387.269 698 843 0
2.083 333 333 3	5.060 487 177 4	349.097 200 270 1
1.916 666 666 7	5.081 956 101 8	310.906 312 091 3
1.750 000 000 0	5.104 285 641 6	272.696 049 669 0
1.583 333 333 3	5.127 528 127 9	234.465 358 469 8
1.416 666 666 7	5.151 740 187 2	196.213 107 891 0
1.250 000 000 0	5.176 983 188 6	157.938 084 435 4
1.083 333 333 3	5.203 323 746 8	119.638 984 155 3
0.916 666 666 7	5.230 834 290 5	81.314 404 273 4
0.750 000 000 0	5.259 593 706 2	42.962 833 878 5

在表 11-45 中，第一部门得到的剩余价值 s_1+s_{t1} 与生产价格形式的总资本有机构成 k_p 的关系，可以用图 11-45 表示。

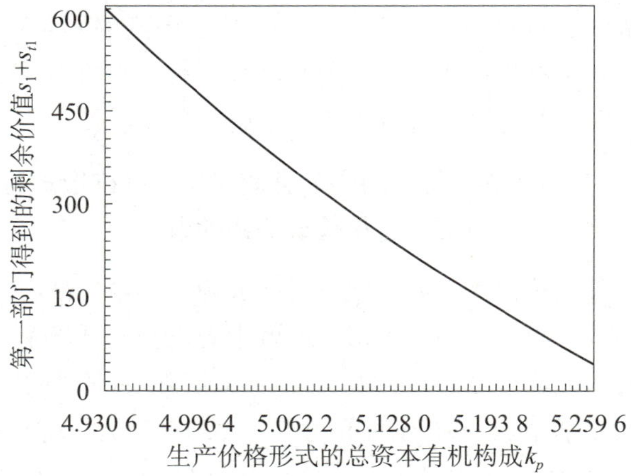

图 11-45　s_1+s_{t1} 与 k_p 的关系

由表 11 - 45 和图 11 - 45 可以看出，随着生产价格形式的总资本有机构成 k_p 提高，第一部门得到的剩余价值 s_1+s_{t1} 减少。

可见，如果第一部门价值形式的资本有机构成确定，第二部门价值形式的资本有机构成确定，第一部门价值形式的资本有机构成低于第二部门价值形式的资本有机构成，那么，第一部门得到的剩余价值是生产价格形式的总资本有机构成的单调递减函数。

六、第二部门得到的剩余价值与生产价格形式的总资本有机构成关系的数例

如果第一部门价值形式的资本有机构成确定，第二部门价值形式的资本有机构成确定，第一部门价值形式的资本有机构成低于第二部门价值形式的资本有机构成，例如，$k_1=4.9$，$k_2=10$，第一部门的资本家消费第一部门提供的生活资料所耗费的劳动 $s_{11}=780$，740，700，…，180，相应地，剩余价值率 $e=39/12$，37/12，35/12，…，9/12，即 $e=3.25$，3.083 333 333 3，2.916 666 666 7，…，0.75，除了 s_{11}、s_{12}、e 之外，其余已知量与第九章的数例中的已知量相同，那么，第二部门得到的剩余价值 s_2+s_{t2} 与剩余价值率 e、生产价格形式的总资本有机构成 k_p 的关系，可以用表 11 - 46 表示。

表 11 - 46　s_2+s_{t2} 与 e、k_p 的关系

剩余价值率 e	生产价格形式的总资本有机构成 k_p	第二部门得到的剩余价值 s_2+s_{t2}
3.250 000 000 0	4.930 642 873 7	616.477 672 409 9
3.083 333 333 3	4.947 265 559 6	591.552 583 375 3
2.916 666 666 7	4.964 474 254 7	566.625 576 394 4
2.750 000 000 0	4.982 300 269 9	541.696 584 221 0
2.583 333 333 3	5.000 777 171 5	516.765 535 982 8
2.416 666 666 7	5.019 940 987 5	491.832 356 876 3
2.250 000 000 0	5.039 830 435 6	466.896 967 823 7
2.083 333 333 3	5.060 487 177 4	441.959 285 085 5
1.916 666 666 7	5.081 956 101 8	417.019 219 823 6
1.750 000 000 0	5.104 285 641 6	392.076 677 603 7
1.583 333 333 3	5.127 528 127 9	367.131 557 829 8
1.416 666 666 7	5.151 740 187 2	342.183 753 095 6
1.250 000 000 0	5.176 983 188 6	317.233 148 441 3
1.083 333 333 3	5.203 323 746 8	292.279 620 495 9
0.916 666 666 7	5.230 834 290 5	267.323 036 484 9
0.750 000 000 0	5.259 593 706 2	242.363 253 078 0

在表 11－46 中，第二部门得到的剩余价值 s_2+s_{t2} 与生产价格形式的总资本有机构成 k_p 的关系，可以用图 11－46 表示。

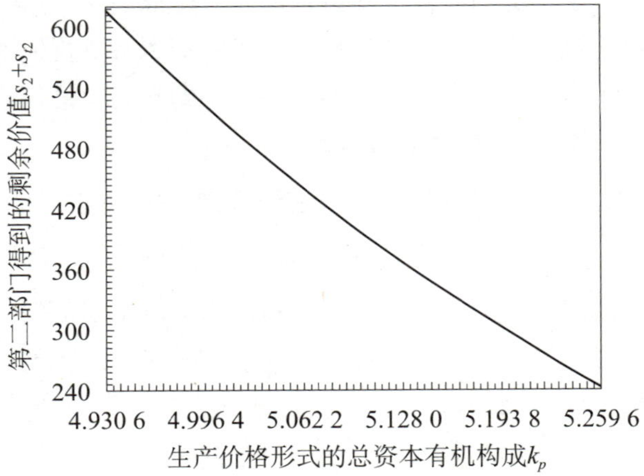

图 11－46　s_2+s_{t2} 与 k_p 的关系

由表 11－46 和图 11－46 可以看出，随着生产价格形式的总资本有机构成 k_p 提高，第二部门得到的剩余价值 s_2+s_{t2} 减少。

可见，如果第一部门价值形式的资本有机构成确定，第二部门价值形式的资本有机构成确定，第一部门价值形式的资本有机构成低于第二部门价值形式的资本有机构成，那么，第二部门得到的剩余价值是生产价格形式的总资本有机构成的单调递减函数。

七、第一部门生产价格形式的利润与生产价格形式的总资本有机构成关系的数例

如果第一部门价值形式的资本有机构成确定，第二部门价值形式的资本有机构成确定，第一部门价值形式的资本有机构成低于第二部门价值形式的资本有机构成，例如，$k_1=4.9$，$k_2=10$，第一部门的资本家消费第一部门提供的生活资料所耗费的劳动 $s_{11}=780$，740，700，…，180，相应地，剩余价值率 $e=39/12$，37/12，35/12，…，9/12，即 $e=3.25$，3.083 333 333 3，2.916 666 666 7，…，0.75，除了 s_{11}、s_{12}、e 之外，其余已知量与第九章的数例中的已知量相同，那么，第一部门生产价格形式的利润 s_{p1} 与剩余价值率 e、生产价格形式的总资本有机构成 k_p 的关系，可以用表 11－47 表示。

表 11-47　　s_{p1}与 e、k_p的关系

剩余价值率 e	生产价格形式的总资本有机构成 k_p	第一部门生产价格形式的利润 s_{p1}
3.250 000 000 0	4.930 642 873 7	543.031 475 870 1
3.083 333 333 3	4.947 265 559 6	507.456 600 641 0
2.916 666 666 7	4.964 474 254 7	471.874 194 695 8
2.750 000 000 0	4.982 300 269 9	436.281 699 275 5
2.583 333 333 3	5.000 777 171 5	400.676 250 646 2
2.416 666 666 7	5.019 940 987 5	365.054 543 158 0
2.250 000 000 0	5.039 830 435 6	329.413 287 298 3
2.083 333 333 3	5.060 487 177 4	293.748 161 970 6
1.916 666 666 7	5.081 956 101 8	258.054 760 087 3
1.750 000 000 0	5.104 285 641 6	222.328 026 410 5
1.583 333 333 3	5.127 523 127 9	186.562 286 371 6
1.416 666 666 7	5.151 740 187 2	150.751 164 368 1
1.250 000 000 0	5.176 983 188 6	114.887 489 749 4
1.083 333 333 3	5.203 323 746 8	78.963 188 351 8
0.916 666 666 7	5.230 834 290 5	42.969 157 018 6
0.750 000 000 0	5.259 593 706 2	6.395 118 015 6

在表 11-47 中，第一部门生产价格形式的利润 s_{p1}与生产价格形式的总资本有机构成 k_p的关系，可以用图 11-47 表示。

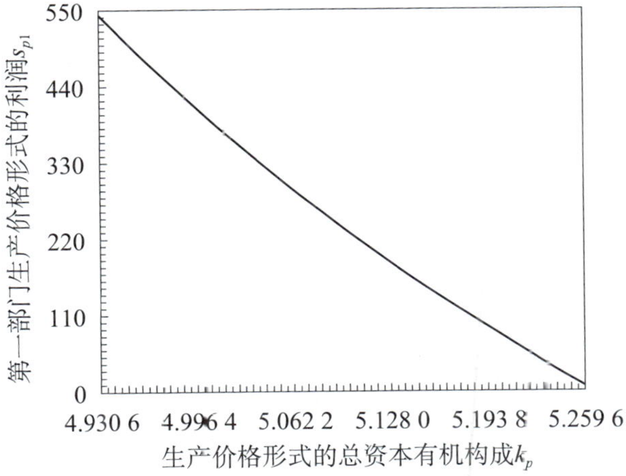

图 11-47　s_{p1}与 k_p的关系

由表 11-47 和图 11-47 可以看出，随着生产价格形式的总资本有机构成 k_p提高，第一部门生产价格形式的利润 s_{p1}减少。

可见，如果第一部门价值形式的资本有机构成确定，第二部门价值形

式的资本有机构成确定，第一部门价值形式的资本有机构成低于第二部门价值形式的资本有机构成，那么，第一部门生产价格形式的利润是生产价格形式的总资本有机构成的单调递减函数。

这里所说的第一部门生产价格形式的利润，是指第一部门的资本家得到的生产价格形式的利润，其中不包括地租。

八、第二部门生产价格形式的利润与生产价格形式的总资本有机构成关系的数例

如果第一部门价值形式的资本有机构成确定，第二部门价值形式的资本有机构成确定，第一部门价值形式的资本有机构成低于第二部门价值形式的资本有机构成，例如，$k_1=4.9$，$k_2=10$，第一部门的资本家消费第一部门提供的生活资料所耗费的劳动 $s_{11}=780$，740，700，…，180，相应地，剩余价值率 $e=39/12$，37/12，35/12，…，9/12，即 $e=3.25$，3.083 333 333 3，2.916 666 666 7，…，0.75，除了 s_{11}、s_{12}、e 之外，其余已知量与第九章的数例中的已知量相同，那么，第二部门生产价格形式的利润 s_{p2} 与剩余价值率 e、生产价格形式的总资本有机构成 k_p 的关系，可以用表 11-48 表示。

表 11-48　　s_{p2} 与 e、k_p 的关系

剩余价值率 e	生产价格形式的总资本有机构成 k_p	第二部门生产价格形式的利润 s_{p2}
3.250 000 000 0	4.930 642 873 7	285.456 046 687 5
3.083 333 333 3	4.947 265 559 6	266.657 884 114 0
2.916 666 666 7	4.964 474 254 7	247.866 720 955 4
2.750 000 000 0	4.982 300 269 9	229.081 721 314 6
2.583 333 333 3	5.000 777 171 5	210.301 921 812 4
2.416 666 666 7	5.019 940 987 5	191.526 214 927 2
2.250 000 000 0	5.039 830 435 6	172.753 329 995 0
2.083 333 333 3	5.060 487 177 4	153.981 811 500 0
1.916 666 666 7	5.081 956 101 8	135.209 994 222 9
1.750 000 000 0	5.104 285 641 6	116.435 974 733 9
1.583 333 333 3	5.127 528 127 9	97.657 578 620 9
1.416 666 666 7	5.151 740 187 2	78.872 322 733 5
1.250 000 000 0	5.176 983 188 6	60.077 371 577 7
1.083 333 333 3	5.203 323 746 8	41.269 486 831 4
0.916 666 666 7	5.230 834 290 5	22.444 968 740 3
0.750 000 000 0	5.259 593 706 2	3.599 587 898 5

在表 11－48 中，第二部门生产价格形式的利润 s_{p2} 与生产价格形式的总资本有机构成 k_p 的关系，可以用图 11－48 表示。

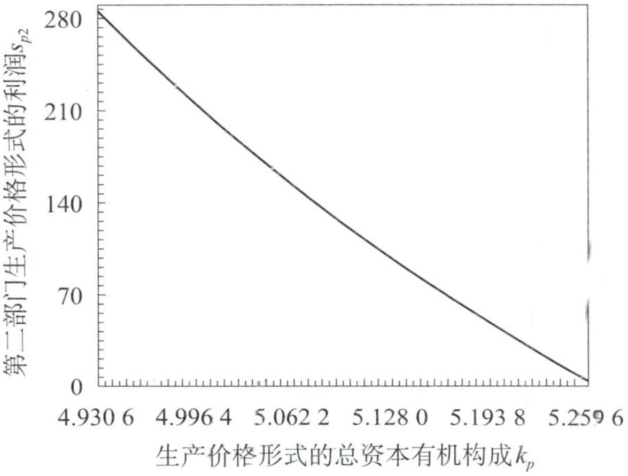

图 11－48　s_{p2} 与 k_p 的关系

由表 11－48 和图 11－48 可以看出，随着生产价格形式的总资本有机构成 k_p 提高，第二部门生产价格形式的利润 s_{p2} 减少。

可见，如果第一部门价值形式的资本有机构成确定，第二部门价值形式的资本有机构成确定，第一部门价值形式的资本有机构成低于第二部门价值形式的资本有机构成，那么，第二部门生产价格形式的利润是生产价格形式的总资本有机构成的单调递减函数。

这里所说的第二部门生产价格形式的利润，是指第二部门的资本家得到的生产价格形式的利润，其中不包括地租。

九、生产价格形式的总利润与生产价格形式的总资本有机构成关系的数例

如果第一部门价值形式的资本有机构成确定，第二部门价值形式的资本有机构成确定，第一部门价值形式的资本有机构成低于第二部门价值形式的资本有机构成，例如，$k_1=4.9$，$k_2=10$，第一部门的资本家消费第一部门提供的生活资料所耗费的劳动 $s_{11}=780$，740，700，…，180，相应地，剩余价值率 $e=39/12$，37/12，35/12，…，9/12，即 $e=3.25$，3.083 333 333 3，2.916 666 666 7，…，0.75，除了 s_{11}、s_{12}、e 之外，其余已知量与第九章的数例中的已知量相同，那么，生产价格形式的总利润 s_p 与剩余价值率 e、生产价格形式的总资本有机构成 k_p 的关系，可以用表 11－49 表示。

表 11-49　　s_p与e、k_p的关系

剩余价值率 e	生产价格形式的总资本有机构成 k_p	生产价格形式的总利润 s_p
3.250 000 000 0	4.930 642 873 7	828.487 522 557 6
3.083 333 333 3	4.947 265 559 6	774.114 484 755 0
2.916 666 666 7	4.964 474 254 7	719.740 915 651 2
2.750 000 000 0	4.982 300 269 9	665.363 420 590 1
2.583 333 333 3	5.000 777 171 5	610.978 172 458 6
2.416 666 666 7	5.019 940 987 5	556.580 858 085 2
2.250 000 000 0	5.039 830 435 6	502.166 617 293 3
2.083 333 333 3	5.060 487 177 4	447.729 973 470 5
1.916 666 666 7	5.081 956 101 8	393.264 754 310 2
1.750 000 000 0	5.104 285 641 6	338.764 001 144 4
1.583 333 333 3	5.127 528 127 9	284.219 864 992 5
1.416 666 666 7	5.151 740 187 2	229.623 487 101 6
1.250 000 000 0	5.176 983 188 6	174.964 861 327 1
1.083 333 333 3	5.203 323 746 8	120.232 675 183 2
0.916 666 666 7	5.230 834 290 5	65.414 125 758 8
0.750 000 000 0	5.259 593 706 2	10.494 705 914 1

在表 11-49 中，生产价格形式的总利润 s_p与生产价格形式的总资本有机构成k_p的关系，可以用图 11-49 表示。

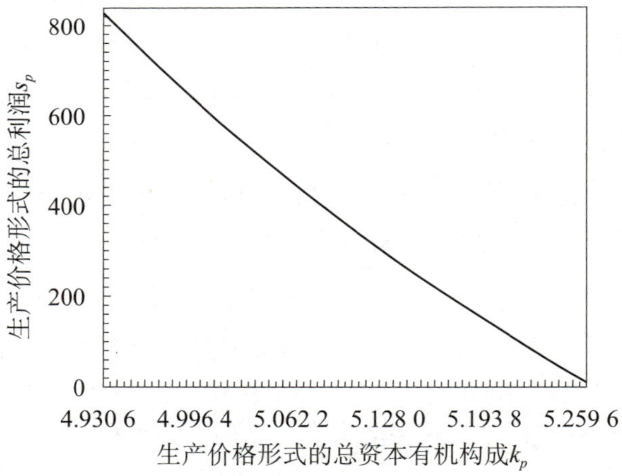

图 11-49　s_p与k_p的关系

由表 11-49 和图 11-49 可以看出，随着生产价格形式的总资本有机构成 k_p提高，生产价格形式的总利润 s_p减少。

可见，如果第一部门价值形式的资本有机构成确定，第二部门价值形

式的资本有机构成确定，第一部门价值形式的资本有机构成低于第二部门价值形式的资本有机构成，那么，生产价格形式的总利润是生产价格形式的总资本有机构成的单调递减函数。

这里所说的生产价格形式的总利润，是指资本家得到的生产价格形式的总利润，其中不包括地租。

十、生产价格形式的利润率与生产价格形式的总资本有机构成关系的数例

如果第一部门价值形式的资本有机构成确定，第二部门价值形式的资本有机构成确定，第一部门价值形式的资本有机构成低于第二部门价值形式的资本有机构成，例如，$k_1=4.9$，$k_2=10$，第一部门的资本家消费第一部门提供的生活资料所耗费的劳动 $s_{11}=780$，740，700，…，180，相应地，剩余价值率 $e=39/12$，37/12，35/12，…，9/12，即 $e=3.25$，3.083 333 3，2.916 666 7，…，0.75，除了 s_{11}、s_{12}、e 之外，其余已知量与第九章的数例中的已知量相同，那么，生产价格形式的利润率 r、价值形式的平均利润率 r_{vt} 与剩余价值率 e、生产价格形式的总资本有机构成 k_p 的关系，可以用表 11-50 表示。

表 11-50　　r、r_{vt} 与 e、k_p 的关系

剩余价值率 e	生产价格形式的总资本有机构成 k_p	生产价格形式的利润率 r	价值形式的平均利润率 r_{vt}
3.250 000 0	4.930 642 9	0.307 284 4	0.328 259 6
3.083 333 3	4.947 265 6	0.287 355 9	0.306 596 0
2.916 666 7	4.964 474 3	0.267 393 6	0.284 938 6
2.750 000 0	4.982 300 3	0.247 395 7	0.263 287 8
2.583 333 3	5.000 777 2	0.227 360 8	0.241 643 8
2.416 666 7	5.019 941 0	0.207 287 0	0.220 006 9
2.250 000 0	5.039 830 4	0.187 172 5	0.198 377 5
2.083 333 3	5.060 487 2	0.167 015 4	0.176 755 8
1.916 666 7	5.081 956 1	0.146 813 4	0.155 142 2
1.750 000 0	5.104 285 6	0.126 564 5	0.133 537 2
1.583 333 3	5.127 528 1	0.106 266 1	0.111 941 1
1.416 666 7	5.151 740 2	0.085 915 7	0.090 354 3
1.250 000 0	5.176 983 2	0.065 510 6	0.068 777 4
1.083 333 3	5.203 323 7	0.045 047 9	0.047 210 8
0.916 666 7	5.230 834 3	0.024 524 5	0.025 655 0
0.750 000 0	5.259 593 7	0.003 936 9	0.004 110 6

在表 11 - 50 中，生产价格形式的利润率 r、价值形式的平均利润率 r_{vt} 与生产价格形式的总资本有机构成 k_p 的关系，可以用图 11 - 50 表示。

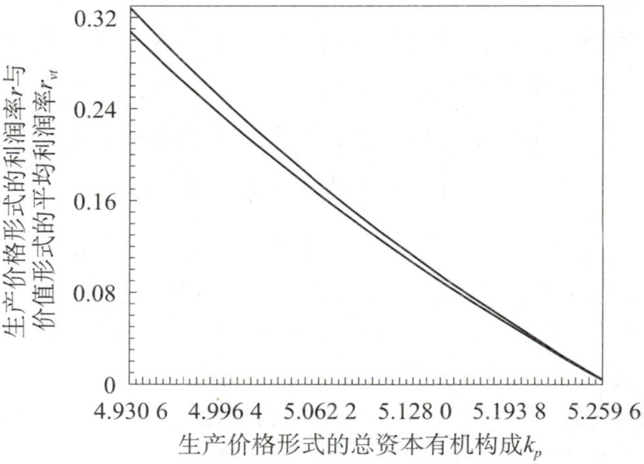

图 11 - 50　r、r_{vt} 与 k_p 的关系

在图 11 - 50 中，上面的曲线，表示价值形式的平均利润率 r_{vt} 与生产价格形式的总资本有机构成 k_p 的关系；下面的曲线，表示生产价格形式的利润率 r 与生产价格形式的总资本有机构成 k_p 的关系。

由表 11 - 50 和图 11 - 50 可以看出，随着生产价格形式的总资本有机构成 k_p 提高，生产价格形式的利润率 r 降低，价值形式的平均利润率 r_{vt} 也降低，价值形式的平均利润率始终高于生产价格形式的利润率。

在本数例中，第一部门价值形式的资本有机构成 k_1 为 4.9，第二部门价值形式的资本有机构成为 10，剩余价值率 e 从 3.25 降低到 0.75，生产价格形式的总资本有机构成 k_p 从 4.930 642 9 提高到 5.259 593 7，生产价格形式的利润率 r 从 0.307 284 4 降低到 0.003 936 9。

可见，如果第一部门价值形式的资本有机构成确定，第二部门价值形式的资本有机构成确定，第一部门价值形式的资本有机构成低于第二部门价值形式的资本有机构成，那么，生产价格形式的利润率是生产价格形式的总资本有机构成的单调递减函数，价值形式的平均利润率也是生产价格形式的总资本有机构成的单调递减函数。同时，由资本家得到的剩余价值决定的价值形式的平均利润率高于生产价格形式的利润率。

第九节　k_1、k_2 确定，$k_1>k_2$，k_2 处于上临界值与下临界值之间的条件下，生产价格形式的利润率与生产价格形式的总资本有机构成关系的数例

通过上面的分析可以看到，在第一部门价值形式的资本有机构成确定，第二部门价值形式的资本有机构成确定，第一部门价值形式的资本有机构成高于第二部门价值形式的资本有机构成的条件下，第二部门价值形式的资本有机构成存在两个不同的临界值：介于 4.771 与 4.772 之间的下临界值，介于 4.785 与 4.786 之间的上临界值。

在第二部门价值形式的资本有机构成处于上临界值与下临界值之间的条件下，也就是在 $4.772<k_2<4.785$ 的条件下，随着剩余价值率 e 提高，价值形式的总资本有机构成 k 如何变化？生产价格形式的总资本有机构成 k_p 如何变化？生产价格形式的利润率 r 如何变化？随着生产价格形式的总资本有机构成 k_p 提高，生产价格形式的利润率 r 如何变化？这里对此进行考察。

一、随着剩余价值率提高，价值形式的总资本有机构成、生产价格形式的总资本有机构成、生产价格形式的利润率的变化

在第一部门价值形式的资本有机构成确定，第二部门价值形式的资本有机构成确定，第一部门价值形式的资本有机构成高于第二部门价值形式的资本有机构成，第二部门价值形式的资本有机构成处于上临界值与下临界值之间的条件下，这里，通过数例考察随着剩余价值率提高，价值形式的总资本有机构成、生产价格形式的总资本有机构成、生产价格形式的利润率的变化。

如果第一部门价值形式的资本有机构成确定，第二部门价值形式的资本有机构成确定，第一部门价值形式的资本有机构成高于第二部门价值形式的资本有机构成，第二部门价值形式的资本有机构成介于上临界值与下临界值之间，也就是 $4.772<k_2<4.785$，例如，$k_1=4.9$，$k_2=4.778$，第一部门的资本家消费第一部门提供的生活资料所耗费的劳动 $s_{11}=180$，220，260，…，780，相应地，剩余价值率 $e=9/12$，11/12，13/12，…，39/12，即 $e=0.75$，0.916 666 7，1.083 333 3，…，3.25，除了 s_{11}、s_{12}、e 之外，其余已知量与第九章的数例中的已知量相同，那么，价值形式的总资本有机构成 k、生产价格形式的总资本有机构成 k_p 与第一部门的资本家消费第一部门提供的生活资料所耗费的劳动 s_{11}、剩余价值率 e 的关系，可以用表 11－51 表示。

表 11-51　　k、k_p 与 s_{11}、e 的关系

第一部门的资本家消费第一部门提供的生活资料所耗费的劳动 s_{11}	剩余价值率 e	价值形式的总资本有机构成 k	生产价格形式的总资本有机构成 k_p
180	0.750 000 0	4.859 817 0	4.374 931 2
220	0.916 666 7	4.860 271 8	4.374 863 3
260	1.083 333 3	4.860 701 2	4.374 815 4
300	1.250 000 0	4.861 107 1	4.374 784 7
340	1.416 666 7	4.861 491 5	4.374 768 7
380	1.583 333 3	4.861 856 1	4.374 765 4
420	1.750 000 0	4.862 202 3	4.374 773 0
460	1.916 666 7	4.862 531 4	4.374 790 0
500	2.083 333 3	4.862 844 8	4.374 815 0
540	2.250 000 0	4.863 143 5	4.374 846 9
580	2.416 666 7	4.863 428 6	4.374 884 7
620	2.583 333 3	4.863 700 9	4.374 927 5
660	2.750 000 0	4.863 961 2	4.374 974 7
700	2.916 666 7	4.864 210 5	4.375 025 6
740	3.083 333 3	4.864 449 2	4.375 079 6
780	3.250 000 0	4.864 678 2	4.375 136 2

在表 11-51 中，价值形式的总资本有机构成 k、生产价格形式的总资本有机构成 k_p 与剩余价值率 e 的关系，可以用图 11-51 表示。

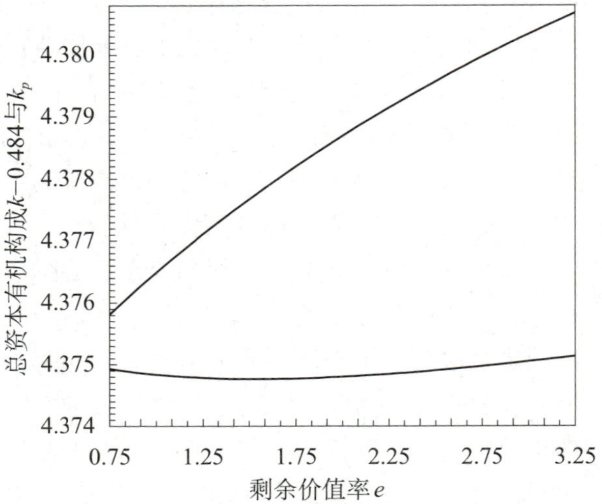

图 11-51　$k-0.484$、k_p 与 e 的关系

在图 11－51 中，上面的曲线，为价值形式的总资本有机构成 $k-0.484$ 与剩余价值率 e 的关系曲线；下面的曲线，为生产价格形式的总资本有机构成 k_p 与剩余价值率 e 的关系曲线。

因为价值形式的总资本有机构成 k 的相对变化率很小，生产价格形式的总资本有机构成 k_p 的相对变化率也很小，为了表示得更清楚，所以，用价值形式的总资本有机构成 $k-0.484$ 与生产价格形式的总资本有机构成 k_p 进行对比。

由表 11－51 和图 11－51 可以看出，随着剩余价值率 e 提高，价值形式的总资本有机构成 k 提高，生产价格形式的总资本有机构成 k_p 先降低后提高。

可见，如果第一部门价值形式的资本有机构成确定，第二部门价值形式的资本有机构成确定，第一部门价值形式的资本有机构成高于第二部门价值形式的资本有机构成，第二部门价值形式的资本有机构成介于上临界值与下临界值之间，那么，价值形式的总资本有机构成是剩余价值率的单调递增的非线性函数，生产价格形式的总资本有机构成是剩余价值率的先降低后提高的非线性函数。

在表 11－51 和图 11－51 中，没有列入生产价格形式的利润率 r，这是因为，价值形式的总资本有机构成 k 的相对变化率很小，生产价格形式的总资本有机构成 k_p 的相对变化率也很小，而生产价格形式的利润率 r 的相对变化率很大，无法在一个图中共同表示与对比。

二、随着价值形式的总资本有机构成提高生产价格形式的利润率的变化

如果第一部门价值形式的资本有机构成确定，第二部门价值形式的资本有机构成 k_2 确定，第一部门价值形式的资本有机构成高于第二部门价值形式的资本有机构成，第二部门价值形式的资本有机构成介于上临界值与下临界值之间，也就是 $4.772<k_2<4.785$，例如，$k_1=4.9$，$k_2=4.778$，第一部门的资本家消费第一部门提供的生活资料所耗费的劳动 $s_{11}=180$，220，260，…，780，相应地，剩余价值率 $e=9/12$，11/12，13/12，…，39/12，即 $e=0.75$，0.916 7，1.083 3，…，3.25，除了 s_{11}、s_{12}、e 之外，其余已知量与第九章的数例中的已知量相同，那么，价值形式的总资本有机构成 k、生产价格形式的总资本有机构成 k_p、生产价格形式的利润率 r、价值形式的平均利润率 r_{vt} 与剩余价值率 e 的关系，可以用表 11－52 表示。

表 11-52　　k、k_p、r、r_{vt} 与 e 的关系

剩余价值率 e	价值形式的总资本有机构成 k	生产价格形式的总资本有机构成 k_p	生产价格形式的利润率 r	价值形式的平均利润率 r_{vt}
0.750 0	4.859 8	4.374 9	0.025 1	0.026 0
0.916 7	4.860 3	4.374 9	0.051 1	0.053 0
1.083 3	4.860 7	4.374 8	0.077 2	0.080 0
1.250 0	4.861 1	4.374 8	0.103 3	0.107 0
1.416 7	4.861 5	4.374 8	0.129 4	0.134 0
1.583 3	4.861 9	4.374 8	0.155 4	0.161 0
1.750 0	4.862 2	4.374 8	0.181 5	0.188 0
1.916 7	4.862 5	4.374 8	0.207 6	0.215 0
2.083 3	4.862 8	4.374 8	0.233 6	0.241 9
2.250 0	4.863 1	4.374 8	0.259 7	0.268 9
2.416 7	4.863 4	4.374 9	0.285 7	0.295 8
2.583 3	4.863 7	4.374 9	0.311 8	0.322 8
2.750 0	4.864 0	4.375 0	0.337 9	0.349 7
2.916 7	4.864 2	4.375 0	0.363 9	0.376 6
3.083 3	4.864 4	4.375 1	0.390 0	0.403 6
3.250 0	4.864 7	4.375 1	0.416 0	0.430 5

在表 11-52 中，生产价格形式的利润率 r、价值形式的平均利润率 r_{vt} 与价值形式的总资本有机构成 k 的关系，可以用图 11-52 表示。

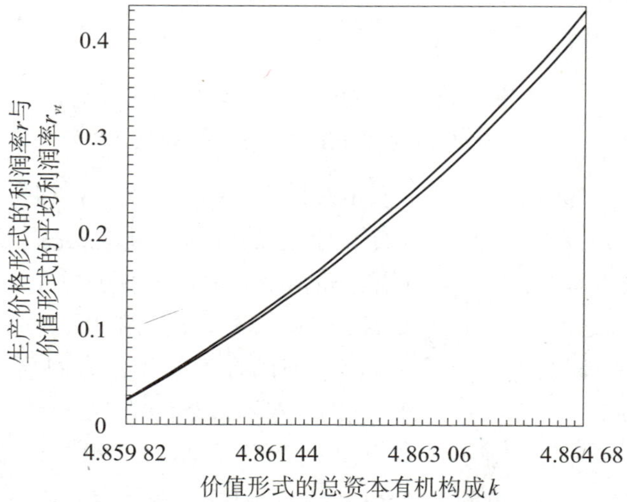

图 11-52　r、r_{vt} 与 k 的关系

在图 11-52 中，上面的曲线，表示价值形式的平均利润率 r_{vt} 与生产价格形式的总资本有机构成 k_p 的关系；下面的曲线，表示生产价格形式

的利润率 r 与生产价格形式的总资本有机构成 k_p 的关系。

由表 11－52 和图 11－52 可以看出，随着价值形式的总资本有机构成 k 提高，生产价格形式的利润率 r 提高，价值形式的平均利润率 r_{vt} 也提高，价值形式的平均利润率始终高于生产价格形式的利润率。

可见，如果第一部门价值形式的资本有机构成确定，第二部门价值形式的资本有机构成确定，第一部门价值形式的资本有机构成高于第二部门价值形式的资本有机构成，第二部门价值形式的资本有机构成介于上临界值与下临界值之间，那么，生产价格形式的利润率是价值形式的总资本有机构成的单调递增的非线性函数，价值形式的平均利润率也是价值形式的总资本有机构成的单调递减函数。同时，由资本家得到的剩余价值决定的价值形式的平均利润率高于生产价格形式的利润率。

值得注意的是，在图 11－52 中，横坐标为价值形式的总资本有机构成 k，价值形式的总资本有机构成 k 是剩余价值率 e 的非线性函数，在本例中，剩余价值率 e 是等差数列，价值形式的总资本有机构成 k 就不可能是等差数列。用 Office 中的 Excel 作图，横坐标必须是等差数列。为此，利用 Excel 中的 vlookup 函数功能，将价值形式的总资本有机构成 k 转变为等差数列，然后再用 Excel 作图。

三、在此条件下无法表示生产价格形式的利润率与生产价格形式的总资本有机构成提高的关系

由表 11－51 和图 11－51 可以看出，随着剩余价值率 e 提高，生产价格形式的总资本有机构成 k_p 先降低后提高。

因此，如果第一部门价值形式的资本有机构成确定，第二部门价值形式的资本有机构成确定，第一部门价值形式的资本有机构成高于第二部门价值形式的资本有机构成，第二部门价值形式的资本有机构成介于上临界值与下临界值之间，那么，在剩余价值率 e 提高的条件下，在此区域中，无法将生产价格形式的总资本有机构成 k_p 作为横坐标来表示生产价格形式的利润率与生产价格形式的总资本有机构成提高的关系。

第十节　k_1、k_2 确定，e 提高，k_2 在几个不同区域中，剩余价值率、价值形式的总资本有机构成、生产价格形式的总资本有机构成、生产价格形式的利润率的关系

在第一部门价值形式的资本有机构成确定，第二部门价值形式的资本

有机构成确定，剩余价值率变化的条件下，第二部门价值形式的资本有机构成在四个不同区域中，剩余价值率、价值形式的总资本有机构成、生产价格形式的总资本有机构成、生产价格形式的利润率的变化关系不同。

一、第二部门价值形式的资本有机构成低于临界值的情况

由表 11－21、图 11－21、表 11－30、图 11－30 可以看出，在第一部门价值形式的资本有机构成 $k_1=4.9$，第二部门价值形式的资本有机构成低于临界值，即 $k_2<4.771$ 的条件下，随着剩余价值率 e 提高，价值形式的总资本有机构成 k 提高，生产价格形式的总资本有机构成 k_p 提高，生产价格形式的利润率 r 提高。

在这种条件下，生产价格形式的总资本有机构成 k_p 与价值形式的总资本有机构成 k 的变化方向相同；生产价格形式的利润率 r 与生产价格形式的总资本有机构成 k_p 的变化方向相同。

二、第二部门价值形式的资本有机构成介于上临界值与下临界值之间的情况

在第一部门价值形式的资本有机构成 $k_1=4.9$，第二部门价值形式的资本有机构成介于上临界值与下临界值之间，即 $4.772<k_2<4.785$ 的条件下，随着剩余价值率 e 提高，价值形式的总资本有机构成 k 提高，生产价格形式的总资本有机构成 k_p 先降低后提高。

三、第二部门价值形式的资本有机构成高于临界值，低于第一部门价值形式的资本有机构成的情况

由表 11－31、图 11－31、表 11－40、图 11－40 可以看出，在第一部门价值形式的资本有机构成 $k_1=4.9$，第二部门价值形式的资本有机构成 k_2 高于上临界值，即 $4.786<k_2<4.9=k_1$ 的条件下，随着剩余价值率 e 提高，价值形式的总资本有机构成 k 提高，生产价格形式的总资本有机构成 k_p 降低，生产价格形式的利润率 r 提高。在这种条件下，生产价格形式的总资本有机构成 k_p 与价值形式的总资本有机构成 k 的变化方向相反。这个结论与经济学家的传统观念或常识不一致，因此是令人非常感兴趣的。

在这种条件下，随着生产价格形式的总资本有机构成 k_p 提高，生产价格形式的利润率 r 降低。生产价格形式的利润率 r 与生产价格形式的总资本有机构成 k_p 的变化方向相反。

四、第二部门价值形式的资本有机构成高于第一部门价值形式的资本有机构成的情况

在第一部门价值形式的资本有机构成 $k_1=4.9$，第二部门价值形式的资本有机构成高于第一部门价值形式的资本有机构成的条件下，随着剩余价值率 e 提高，价值形式的总资本有机构成 k 降低，生产价格形式的总资本有机构成 k_p 降低，生产价格形式的利润率 r 提高。

随着生产价格形式的总资本有机构成 k_p 提高，生产价格形式的利润率 r 降低。

五、第二部门价值形式的资本有机构成低于第一部门价值形式的资本有机构成，剩余价值率变化的情况

在第一部门价值形式的资本有机构成 $k_1=4.9$，第二部门价值形式的资本有机构成确定，第一部门价值形式的资本有机构成高于第二部门价值形式的资本有机构成的条件下，无论第二部门价值形式的资本有机构成 k_2 低于临界值，还是高于临界值，随着剩余价值率 e 提高，价值形式的总资本有机构成 k 都提高，生产价格形式的利润率 r 都提高；随着价值形式的总资本有机构成 k 提高，生产价格形式的利润率 r 都提高。

六、第二部门价值形式的资本有机构成高于第一部门价值形式的资本有机构成，剩余价值率变化的情况

值得注意的是，如果第一部门价值形式的资本有机构成确定，第二部门价值形式的资本有机构成确定，第一部门价值形式的资本有机构成低于第二部门价值形式的资本有机构成，那么，价值形式的总资本有机构成 k 与剩余价值率 e 的变化方向相反，生产价格形式的总资本有机构成 k_p 与剩余价值率 e 的变化方向相反，生产价格形式的利润率 r 与价值形式的总资本有机构成 k 的变化方向相反，生产价格形式的利润率 r 与生产价格形式的总资本有机构成 k_p 的变化方向相反。

七、剩余价值率确定，生产价格形式的总资本有机构成提高的条件下各内生变量的变化的情况

剩余价值率确定，生产价格形式的总资本有机构成提高的条件下各内生变量的变化，可以用表 11－53 表示。

表 11－53　剩余价值率确定，生产价格形式的总资本有机构成提高的条件下各内生变量的变化

外生变量	确定的外生变量	第二部门价值形式的资本有机构成 k_2、剩余价值率 e	第一部门价值形式的资本有机构成 k_1、剩余价值率 e
	变化的外生变量	第一部门价值形式的资本有机构成 k_1 提高	第二部门价值形式的资本有机构成 k_2 提高
	两部门资本有机构成的关系	$k_1 \neq k_2$	$k_1 \neq k_2$
生产价格形式总资本有机构成的变化方向		k_p 提高	k_p 提高
内生变量	d_1	单调递增	先减后增
	d_2	单调递减	单调递减
	s_{t1}	单调递增	单调递减
	s_{t2}	单调递减	单调递增
	s_1+s_{t1}	单调递增	单调递减
	s_2+s_{t2}	单调递减	先增后减
	s_{p1}	单调递增	单调递减
	s_{p2}	单调递减	先增后减
	s_p	单调递增	单调递减
	r	单调递减	单调递减

八、第一部门和第二部门价值形式的资本有机构成确定，生产价格形式的总资本有机构成提高的条件下各内生变量的变化的情况

第一部门和第二部门价值形式的资本有机构成确定，生产价格形式的总资本有机构成提高的条件下各内生变量的变化，可以用表 11－54 表示。

表 11－54　第一部门和第二部门价值形式的资本有机构成确定，生产价格形式的总资本有机构成提高的条件下各内生变量的变化

外生变量	确定的外生变量	第一部门价值形式的资本有机构成 k_1、第二部门价值形式的资本有机构成 k_2		
	变化的外生变量	剩余价值率 e		
	两部门资本有机构成的范围	$k_1>4.786$，$k_2<4.771$	$k_1>k_2>4.786$	$k_2>k_1>4.786$
生产价格形式总资本有机构成的变化方向		k_p 提高	k_p 提高	k_p 提高

续前表

内生变量	d_1	单调递增	单调递减	单调递减
	d_2	单调递增	单调递减	单调递减
	s_{t1}	单调递增	单调递增	单调递增
	s_{t2}	单调递减	单调递减	单调递减
	s_1+s_{t1}	单调递增	单调递减	单调递减
	s_2+s_{t2}	单调递增	单调递减	单调递减
	s_{p1}	单调递增	单调递减	单调递减
	s_{p2}	单调递增	单调递减	单调递减
	s_p	单调递增	单调递减	单调递减
	r	单调递增	单调递减	单调递减

第十一节　本章结论

在二元价值转形中，资本因素和土地因素共同影响剩余价值的分配。二元价值转形中的剩余价值要在资本家与土地所有者之间分配。

二元价值转形中生产价格形式的利润的概念与一元价值转形中生产价格形式的利润的概念不同。因为土地所有者要得到一部分剩余价值，或者其转化形式——生产价格形式的地租，所以，二元价值转形中生产价格形式的利润中不包括地租。在两部门的不变资本、可变资本、剩余价值相同的条件下，二元价值转形中生产价格形式的利润小于一元价值转形中生产价格形式的利润。

因为二元价值转形中的剩余价值分配关系与一元价值转形中的剩余价值分配关系不同，所以，二元价值转形中生产价格形式的资本有机构成与一元价值转形中生产价格形式的资本有机构成不同。

二元价值转形的生产价格形式的利润率，是资本家得到的生产价格形式的利润与生产价格形式的资本之比。二元价值转形的生产价格形式的利润率的概念与一元价值转形的生产价格形式的利润率的概念不同。在两部门的不变资本、可变资本、剩余价值相同的条件下，二元价值转形的生产价格形式的利润率低于一元价值转形的生产价格形式的利润率。

值得注意的是，第九章已经指出，相比一元价值转形，二元价值转形中资本家得到的利润减少，利润率降低，是指价值转形的不同分析阶段相比，利润与利润率的变化，而不是现实经济活动中资本家得到的利润减少，利润率降低。经济活动中资本家得到的利润与相应的利润率是客观存在。一元价值转形与二元价值转形，是认识过程中的不同阶段，或叙述过程中的不同阶段。价值转形的不同阶段的利润与相应的利润率，属于认识的范畴。在一定条件下，雇佣劳动者创造的剩余价值总量是确定的，不会随着人们的认识的变化而变化。在一元价值转形中，忽略了属于土地所有者的剩余价值，资本家得到的剩余价值比较多。在二元价值转形中，考虑了属于土地所有者的剩余价值，资本家得到的剩余价值减少。这既不是剩余价值总量减少，也不是属于资本家的剩余价值实际上减少，而是重新考虑了在一元价值转形中忽略的影响因素的结果。

在两部门二元价值转形中，有多个外生变量和多个内生变量。

对于我们考察的资本有机构成提高导致利润率下降的问题，最重要的外生变量包括第一部门价值形式的资本有机构成、第二部门价值形式的资本有机构成、剩余价值率；最重要的内生变量包括第一部门得到的剩余价值中属于本部门资本家的比例、第二部门得到的剩余价值中属于本部门资本家的比例、第一部门多得到的剩余价值、第二部门多得到的剩余价值、第一部门得到的剩余价值、第二部门得到的剩余价值、第一部门生产价格形式的利润、第二部门生产价格形式的利润、生产价格形式的总利润、价值形式的总资本有机构成、生产价格形式的总资本有机构成、生产价格形式的利润率。

第一部门得到的剩余价值中属于本部门资本家的比例、第二部门得到的剩余价值中属于本部门资本家的比例、第一部门多得到的剩余价值、第二部门多得到的剩余价值、第一部门得到的剩余价值、第二部门得到的剩余价值、第一部门生产价格形式的利润、第二部门生产价格形式的利润、生产价格形式的总利润、价值形式的总资本有机构成、生产价格形式的总资本有机构成、生产价格形式的利润率这些内生变量，都是第一部门价值形式的资本有机构成、第二部门价值形式的资本有机构成、剩余价值率这三个外生变量的函数。

第一部门得到的剩余价值中属于本部门资本家的比例、第二部门得到的剩余价值中属于本部门资本家的比例、第一部门多得到的剩余价值、第二部门多得到的剩余价值、第一部门得到的剩余价值、第二部门得到的剩余价值、第一部门生产价格形式的利润、第二部门生产价格形式的利润、生产价格形式的总利润、生产价格形式的利润率这些内生变量，也可以看做生产价格形式的总资本有机构成这个内生变量的函数。

这里，在考察各个有关的内生变量与生产价格形式的总资本有机构成的关系的基础上，考察生产价格形式的利润率与生产价格形式的总资本有机构成的关系。

如果第二部门价值形式的资本有机构成和剩余价值率确定，第一部门价值形式的资本有机构成提高，那么，无论第一部门价值形式的资本有机构成高于第二部门价值形式的资本有机构成，还是第一部门价值形式的资本有机构成低于第二部门价值形式的资本有机构成，生产价格形式的利润率都是生产价格形式的总资本有机构成的单调递减函数。

如果第一部门价值形式的资本有机构成和剩余价值率确定，第二部门价值形式的资本有机构成提高，那么，无论第一部门价值形式的资本有机构成高于第二部门价值形式的资本有机构成，还是第一部门价值形式的资本有机构成低于第二部门价值形式的资本有机构成，生产价格形式的利润率都是生产价格形式的总资本有机构成的单调递减函数。

在第一部门价值形式的资本有机构成、第二部门价值形式的资本有机构成确定，第一部门价值形式的资本有机构成高于第二部门价值形式的资本有机构成，第二部门价值形式的资本有机构成低于下临界值的条件下，随着剩余价值率提高，价值形式的总资本有机构成提高，生产价格形式的总资本有机构成提高，价值形式的利润率提高，生产价格形式的利润率提高。生产价格形式的总资本有机构成与价值形式的总资本有机构成的变化方向相同。生产价格形式的利润率与价值形式的利润率的变化方向相同。价值形式的利润率与价值形式的总资本有机构成的变化方向相同。生产价格形式的利润率与生产价格形式的总资本有机构成的变化方向相同。

在第一部门价值形式的资本有机构成、第二部门价值形式的资本有机构成确定，第一部门价值形式的资本有机构成高于第二部门价值形式的资本有机构成，第二部门价值形式的资本有机构成介于上临界值与下临界值之间的条件下，随着剩余价值率提高，价值形式的总资本有机构成提高，生产价格形式的总资本有机构成先降低后提高，生产价格形式的利润率提高。

在第一部门价值形式的资本有机构成、第二部门价值形式的资本有机构成确定，第一部门价值形式的资本有机构成高于第二部门价值形式的资本有机构成，第二部门价值形式的资本有机构成高于上临界值的条件下，随着剩余价值率提高，价值形式的总资本有机构成提高，生产价格形式的总资本有机构成降低，生产价格形式的利润率提高。生产价格形式的总资本有机构成与价值形式的总资本有机构成的变化方向相反，这种结论与经济学家的传统观念完全不同。生产价格形式的利润率与生产价格形式的总资本有机构成的变化方向相反。

在第一部门价值形式的资本有机构成、第二部门价值形式的资本有机构成确定，第二部门价值形式的资本有机构成高于第一部门价值形式的资本有机构成的条件下，随着剩余价值率提高，价值形式的总资本有机构成降低，生产价格形式的总资本有机构成降低，生产价格形式的利润率提高。

必须指出，第一部门价值形式的资本有机构成、第二部门价值形式的资本有机构成确定，剩余价值率提高的情况，不属于我们考察的资本有机构成提高导致利润率下降的问题。因为马克思提出的资本有机构成提高，是指资本技术构成提高，从而生产力提高，要求第一部门价值形式的资本有机构成提高，同时，第二部门价值形式的资本有机构成提高。

第一部门价值形式的资本有机构成与剩余价值率确定，第二部门价值形式的资本有机构成提高的情况，也不属于我们考察的资本有机构成提高导致利润率下降的问题。因为资本有机构成提高，不仅表示第一部门生产规模的增长超过第二部门生产规模的增长，而且表示社会资本再生产过程是内涵扩大再生产。通过内涵扩大再生产扩大生产规模，要求资本有机构成提高。第一部门生产规模的增长超过第二部门生产规模的增长，表示第一部门价值形式的资本有机构成的提高超过第二部门价值形式的资本有机构成的提高。

如果只考虑一个外生变量变化的情况，那么，最接近我们考察的资本有机构成提高导致利润率下降的问题的情况，应该是第一部门价值形式的资本有机构成提高的情况。

生产价格形式的利润率，为资本家得到的生产价格形式的总利润与生产价格形式的总资本之比。价值形式的平均利润率，为资本家得到的全部剩余价值与价值形式的总资本之比。生产价格形式的利润率与价值形式的平均利润率接近，而不是与价值形式的利润率接近。

在这里的考察中，由资本家得到的剩余价值决定的价值形式的平均利润率的变化方向，与生产价格形式的利润率的变化方向相同。

全面地考察二元价值转形中资本有机构成提高，生产力提高，剩余价值率提高，利润率趋向下降的问题，应该考察第一部门价值形式的资本有机构成、第二部门价值形式的资本有机构成、剩余价值率同时提高的情况。在第十九章中，将在第一部门价值形式的资本有机构成、第二部门价值形式的资本有机构成、剩余价值率共同提高的条件下，进一步分析二元价值转形中生产价格形式的总资本有机构成与生产价格形式的平均利润率的变化。

第五篇　利润率趋向下降规律的证明

第十二章　不同形式的平均利润率与资本有机构成

第一节　价值形式的平均利润率与生产价格形式的利润率

如果不考虑价值转形，那么，产品按照价值交换，只有一种形式的平均利润率，即总剩余价值与总资本的比率。

如果考虑价值转形，那么，在一元价值转形中，有两种形式的平均利润率。一种形式的平均利润率是价值形式的平均利润率，另一种形式的平均利润率是生产价格形式的平均利润率。①

在二元价值转形中，有四种形式的平均利润率。两种形式的平均利润率是价值形式的平均利润率，另外两种形式的平均利润率是生产价格形式的平均利润率。②

在二元价值转形中，有两种不同形式的价值形式的平均利润率。一种价值形式的平均利润率，是由工人创造的总剩余价值与价值形式的总资本的比率决定的；另一种价值形式的平均利润率，是由资本家最终得到的总剩余价值与价值形式的总资本的比率决定的。

由前一种价值形式的平均利润率决定的平均利润，属于全体资本家与土地所有者。由后一种价值形式的平均利润率决定的平均利润，仅仅属于全体资本家。

在二元价值转形中，有两种不同形式的生产价格形式的平均利润率。一种生产价格形式的平均利润率，是由缴纳地租之前各部门得到的生产价

① 沈民鸣：《二元价值转形》，第一卷，北京，中国人民大学出版社，2015，第47～424页。

② 沈民鸣：《二元价值转形》，第二卷，北京，中国人民大学出版社，2015，第453～749页。

格形式的总利润与生产价格形式的总资本的比率决定的；另一种生产价格形式的平均利润率，是由缴纳地租之后各部门的资本家最终得到的生产价格形式的总利润与生产价格形式的总资本的比率决定的。由前一种生产价格形式的平均利润率决定的平均利润，属于全体资本家与土地所有者。由后一种生产价格形式的平均利润率决定的平均利润，仅仅属于每个部门的资本家。

在一元价值转形中，各部类或各部门的生产价格形式的利润率都相同。在二元价值转形中，各部门的资本家最终得到的生产价格形式的利润与本部门的生产价格形式的资本的比率决定的生产价格形式的利润率都相同，因此，无论在一元价值转形中，还是在二元价值转形中，生产价格形式的平均利润率可以简称为生产价格形式的利润率。

第二节　各种形式的平均利润率

一、一元价值转形的两种形式的平均利润率

如果考虑一元价值转形，那么，有两种形式的平均利润率。

（一）一元价值转形的价值形式的平均利润率

一元价值转形不能同时满足价值形式的再生产条件和价值形式的平均利润条件，只能满足生产价格形式的再生产条件和生产价格形式的平均利润条件。这就是说，一元价值转形并没有实现价值形式的平均利润，只实现了生产价格形式的平均利润。因此，在一元价值转形中，价值形式的平均利润率只存在于经济学家的观念中。

一元价值转形的价值形式的平均利润率与剩余价值分配无关，不受价值转形的影响，能够比较准确地反映社会资本的价值增殖的程度。

（二）一元价值转形的生产价格形式的利润率

一元价值转形的生产价格形式的利润率，为生产价格形式的利润总和与生产价格形式的资本总和之比。如果不考虑固定资本的影响，也就是不变资本的价值通过一次生产过程全部转移到产品的价值中去，那么，生产价格形式的资本就是生产价格形式的成本，生产价格形式的利润率也可以表示为生产价格形式的利润总和与生产价格形式的成本总和之比。

在一元价值转形中，同时满足生产价格形式的平均利润条件与再生产条件。

一元价值转形的生产价格形式的利润率与剩余价值分配有关，受价值转形的影响。虽然一元价值转形的生产价格形式的利润率能够在一定程度上反映社会资本的价值增殖的程度，但是，由于这种形式的利润率不仅与价值增殖的程度有关，而且与剩余价值分配有关，因此，一元价值转形的生产价格形式的利润率不如一元价值转形的价值形式的平均利润率反映价值增殖的程度那样准确。

（三）资本家占有的剩余价值总和等于雇佣劳动者创造的剩余价值总和

一元价值转形中，不考虑资本主义土地所有权，没有地租，全部剩余价值被全体资本家共同占有。这些资本家之间，按照等量资本获得等量利润的要求，分到与他们各自的生产价格形式的资本成比例的一份生产价格形式的利润。因为全部剩余价值被全体资本家共同占有，所以，资本家占有的剩余价值总和等于雇佣劳动者创造的剩余价值总和。

二、二元价值转形的四种形式的平均利润率

如果考虑二元价值转形，那么，有四种形式的平均利润率。

（一）二元价值转形的价值形式的平均利润率

价值形式的平均利润率有两种：一种价值形式的平均利润率，是工人创造的总剩余价值与价值形式的总资本的比率；另一种价值形式的平均利润率，是资本家最终得到的总剩余价值与价值形式的总资本的比率。

1. 由工人创造的总剩余价值与价值形式的总资本的比率决定的价值形式的平均利润率

由工人创造的总剩余价值与价值形式的总资本的比率决定的价值形式的平均利润率，与剩余价值分配无关，不受价值转形的影响，能够比较准确地反映价值增殖的程度。

值得注意的是，虽然在二元价值转形中，资本价值的增殖部分，也就是剩余价值，不全属于资本家，要在全体资本家与全体土地所有者之间分配，但是，这种形式的平均利润率不受价值转形的影响。

同样值得注意的是，在分配总剩余价值的过程中，只考虑资本因素，或者同时考虑资本和土地因素，或者同时考虑资本、土地、垄断等因素，只是研究者在叙述过程逐步加入的研究阶段舍弃的各种次要因素的多少不同，也就是考察的深入程度不同，再现并还原现象的层次不同，属于认识的不同阶段，与生产过程中耗费的各种劳动无关。流通过程中如何分配总剩余价值，与生产过程中已经耗费的物化劳动、必要劳动、剩余劳动无

关。因此，二元价值转形中的这种价值形式的平均利润率与一元价值转形的价值形式的平均利润率完全相同。

二元价值转形不能实现这种形式的平均利润率，因而这种形式的平均利润率只存在于经济学家的观念中。

2. 由资本家最终得到的总剩余价值与价值形式的总资本的比率决定的价值形式的平均利润率

由资本家最终得到的总剩余价值与价值形式的总资本的比率决定的价值形式的平均利润率，与剩余价值分配有关，受二元价值转形的影响。

虽然这种形式的利润率能够在一定程度上反映价值增殖的程度，但是，这种形式的利润率不仅与价值增殖的程度有关，而且与剩余价值分配有关。这种形式的利润率只反映最终落入资本家口袋的利润，没有反映土地所有者得到的地租。因此，由资本家最终得到的总剩余价值与价值形式的总资本的比率决定的价值形式的平均利润率反映价值增殖的程度，不如由工人创造的总剩余价值与价值形式的总资本的比率决定的价值形式的平均利润率反映价值增殖的程度那样准确。

值得注意的是，在二元价值转形中，土地所有者得到的剩余价值，同样是已经增殖的价值的一部分。

二元价值转形同样不能实现这种形式的平均利润率，因而这种形式的平均利润率只存在于经济学家的观念中。

（二）二元价值转形的生产价格形式的利润率

生产价格形式的平均利润率有两种：一种生产价格形式的平均利润率，是缴纳地租之前各部门得到的生产价格形式的总利润与生产价格形式的总资本的比率，这种生产价格形式的总利润中，不仅包括资本家得到的生产价格形式的利润，而且包括土地所有者得到的生产价格形式的地租；另一种生产价格形式的平均利润率，是缴纳地租之后各部门的资本家最终得到的生产价格形式的总利润与生产价格形式的总资本的比率。

1. 由缴纳地租之前各部门得到的生产价格形式的总利润与生产价格形式的总资本的比率决定的生产价格形式的平均利润率

由缴纳地租之前各部门得到的生产价格形式的总利润与生产价格形式的总资本的比率决定的生产价格形式的平均利润率，与剩余价值在资本家与土地所有者之间的分配有关，受二元价值转形的影响。

虽然这种形式的利润率能够在一定程度上反映价值增殖的程度，但是，由于这种形式的利润率不仅与价值增殖的程度有关，而且与剩余价值分配有关，因此，由缴纳地租之前各部门得到的生产价格形式的总利润与生产价格形式的总资本的比率决定的生产价格形式的平均利润率反映价值增殖的程度，不如由工人创造的总剩余价值与价值形式的总资本的比率决定的价值形式的平均利润率反映价值增殖的程度那样准确。

值得注意的是，虽然这种形式的平均利润率是缴纳地租之前的生产价格形式的平均利润率，但是，由于二元价值转形的生产价格偏离价值，因此，这种形式的平均利润率仍然与剩余价值在资本家与土地所有者之间的分配有关，受二元价值转形的影响。

特别值得注意的是，在理论分析中，在观念上可以认为，作为总体资本家，他是剩余价值的第一个占有者，但不是最终的占有者，他在占有剩余价值或利润之后，再与土地所有者分配剩余价值。这种形式的平均利润率，正是作为总体资本家，占有剩余价值或利润之后，与土地所有者分配剩余价值或利润之前，暂时得到的生产价格形式的总利润与生产价格形式的总资本之比。在二元价值转形中，不是资本家之间先分配剩余价值，然后再与土地所有者分配剩余价值，而是同时分配总剩余价值。

虽然这种形式的平均利润率是二元价值转形的生产价格形式的平均利润率，但是，二元价值转形实现的生产价格形式的平均利润率，并不是这种形式的生产价格形式的平均利润率。对于资本家来说，这种形式的平均利润并没有最后拿到手。这种形式的平均利润率，不是资本家看到的利润率，因而只存在于经济学家的观念中。

2. 由缴纳地租之后各部门的资本家最终得到的生产价格形式的总利润与生产价格形式的总资本的比率决定的生产价格形式的平均利润率

不同部门租用的土地的数量与等级不同，缴纳的地租不同。资本家不可能在缴纳地租之前与缴纳地租之后都得到平均利润。显然，应该是缴纳地租之后各部门的资本家得到生产价格形式的平均利润，而不是缴纳地租之前各部门的资本家得到生产价格形式的平均利润。

由缴纳地租之后各部门的资本家最终得到的生产价格形式的总利润与生产价格形式的总资本的比率决定的生产价格形式的平均利润率，与剩余价值在资本家与土地所有者之间的分配有关，受二元价值转形的影响。

虽然这种形式的利润率能够在一定程度上反映价值增殖的程度，但是，由于这种形式的利润率不仅与价值增殖的程度有关，而且与剩余价值分配有关，因此，由缴纳地租之后各部门的资本家最终得到的生产价格形式的总利润与生产价格形式的总资本的比率决定的生产价格形式的平均利润率反映价值增殖的程度，不如由工人创造的总剩余价值与价值形式的总资本的比率决定的价值形式的平均利润率反映价值增殖的程度那样准确。

值得注意的是，在二元价值转形中，土地所有者得到的剩余价值，同样是已经增殖的价值的一部分。向不同部门出租土地的土地所有者得到的生产价格形式的总利润，就是这部分已经增殖的价值的转化形式。

二元价值转形实现的，正是这种形式的平均利润率。这种形式的平均利润率，接近资本家的观念中的利润率。

第三节　为什么考察平均利润率必须考察二元价值转形

一、只有由工人创造的总剩余价值与价值形式的总资本的比率决定的价值形式的平均利润率才与价值转形无关

在一元价值转形和二元价值转形中，这些不同形式的平均利润率不仅数量不同，而且变化规律也不完全相同。

在一元价值转形中，价值形式的平均利润率不受剩余价值分配影响，与价值转形无关。生产价格形式的平均利润率受剩余价值分配影响，与价值转形有关。

在二元价值转形中，只有由工人创造的总剩余价值与价值形式的总资本的比率决定的价值形式的平均利润率才与二元价值转形无关，其他三种形式的平均利润率都与二元价值转形有关。特别值得注意的是，在二元价值转形中，由资本家最终得到的总剩余价值与价值形式的总资本的比率决定的价值形式的平均利润率，与二元价值转形有关。

无论在资本家与土地所有者之间如何分配总剩余价值，也无论在资本家之间如何分剩余价值，生产过程中耗费的剩余劳动不变，耗费的必要劳动不变，耗费的生产资料不变，耗费的凝结在耗费的生产资料中的过去的劳动不变，从而由工人创造的总剩余价值与价值形式的总资本的比率决定的价值形式的平均利润率不变。

二、考察利润率与资本有机构成、剩余价值率的关系，必须考察价值转形

由于生产价格形式的平均利润率是价值转形的结果，因此，从理论上说，考察生产价格形式的利润率与资本有机构成、剩余价值率的关系，必须考察价值转形。

马克思的平均利润率趋向下降的规律所涉及的平均利润率，是价值形

式的平均利润率，即工人创造的总剩余价值与价值形式的总资本的比率。

在一元价值转形中，由于生产价格形式的平均利润率是价值形式的平均利润率的单调递增函数，因此对价值形式的平均利润率进行考察得到的结论，对于生产价格形式的平均利润率来说，基本能够成立。

在下一章中，将考察马克思关于价值形式的平均利润率趋向下降的规律是否成立。

三、价值形式的资本有机构成与生产价格形式的资本有机构成

如果不考虑价值转形，那么，产品按照价值交换。只有一种形式的资本有机构成，即不变资本总和与可变资本总和之比。

如果考虑价值转形，那么，在一元价值转形中，有两种形式的资本有机构成。一种形式的资本有机构成是价值形式的资本有机构成，另一种形式的资本有机构成是生产价格形式的资本有机构成。

在二元价值转形中，有两种形式的资本有机构成。一种形式的资本有机构成是价值形式的资本有机构成，另一种形式的资本有机构成是生产价格形式的资本有机构成。

第四节　各种形式的资本有机构成

一、一元价值转形的两种形式的资本有机构成

如果考虑一元价值转形，那么，有两种形式的资本有机构成。

（一）一元价值转形的价值形式的资本有机构成

一元价值转形的价值形式的资本有机构成，为价值形式的不变资本总和与价值形式的可变资本总和之比。

一元价值转形的价值形式的资本有机构成，仅仅与生产中使用的劳动和耗费的劳动有关，与剩余价值分配无关。如果不考虑固定资本的影响，也就是不变资本的价值通过一次生产过程全部转移到产品的价值中去，那么，生产中使用的劳动，就是生产中耗费的劳动。

一元价值转形的价值形式的资本有机构成，不受一元价值转形的影响，能够比较准确地反映资本的技术构成。

（二）一元价值转形的生产价格形式的资本有机构成

一元价值转形的生产价格形式的资本有机构成，为生产价格形式的不

变资本总和与生产价格形式的可变资本总和之比。

一元价值转形的生产价格形式的资本有机构成，与剩余价值分配有关，受一元价值转形的影响。虽然一元价值转形的生产价格形式的资本有机构成能够在一定程度上反映资本的技术构成，但是，由于这种形式的资本有机构成不仅与资本的技术构成有关，而且与剩余价值分配有关，因此，一元价值转形的生产价格形式的资本有机构成反映资本的技术构成，不如一元价值转形的价值形式的资本有机构成反映资本的技术构成那样准确。

二、二元价值转形的两种形式的资本有机构成

如果考虑二元价值转形，那么，有两种形式的资本有机构成。

（一）二元价值转形的价值形式的资本有机构成

二元价值转形的价值形式的资本有机构成，为价值形式的不变资本总和与价值形式的可变资本总和之比。

二元价值转形的价值形式的资本有机构成，仅仅与生产中使用的劳动和耗费的劳动有关，与剩余价值分配无关。如果不考虑固定资本的影响，也就是不变资本的价值通过一次生产过程全部转移到产品的价值中去，那么，生产中使用的劳动，就是生产中耗费的劳动。

二元价值转形的价值形式的资本有机构成，不受二元价值转形的影响，能够比较准确地反映资本的技术构成。

（二）二元价值转形的生产价格形式的资本有机构成

二元价值转形的生产价格形式的资本有机构成，为生产价格形式的不变资本总和与生产价格形式的可变资本总和之比。

二元价值转形的生产价格形式的资本有机构成，与剩余价值分配有关，受二元价值转形的影响。虽然二元价值转形的生产价格形式的资本有机构成能够在一定程度上反映资本的技术构成，但是，由于这种形式的资本有机构成不仅与资本的技术构成有关，而且与剩余价值分配有关，因此，二元价值转形的生产价格形式的资本有机构成反映资本的技术构成，不如二元价值转形的价值形式的资本有机构成反映资本的技术构成那样准确。

三、一元价值转形的资本有机构成与二元价值转形的资本有机构成的关系

（一）一元价值转形的价值形式的资本有机构成与二元价值转形的价值形式的资本有机构成的关系

一元价值转形的价值形式的资本有机构成与价值转形无关，二元价值

转形的价值形式的资本有机构成也与价值转形无关，因此，一元价值转形的价值形式的资本有机构成与二元价值转形的价值形式的资本有机构成相同。

（二）一元价值转形的生产价格形式的资本有机构成与二元价值转形的生产价格形式的资本有机构成的关系

一元价值转形的生产价格形式的资本有机构成与价值转形有关。在一元价值转形中，只考虑资本家参与剩余价值分配。

二元价值转形的生产价格形式的资本有机构成与二元价值转形有关。在二元价值转形中，不仅考虑资本家参与剩余价值分配，而且必须考虑土地所有者参与剩余价值分配。

因为，二元价值转形的剩余价值的分配关系与一元价值转形的剩余价值的分配关系不同，所以，二元价值转形的生产价格偏离价值的程度，与一元价值转形的生产价格偏离价值的程度不同，从而二元价值转形的价值生产价格转化系数与一元价值转形的价值生产价格转化系数不同，从而二元价值转形的生产价格形式的不变资本与一元价值转形的生产价格形式的不变资本不同，二元价值转形的生产价格形式的可变资本与一元价值转形的生产价格形式的可变资本也不同。

因此，一元价值转形的生产价格形式的资本有机构成，与二元价值转形的生产价格形式的资本有机构成不同。

第五节　考察利润率与资本有机构成的关系的核心是考察价值形式的利润率与资本有机构成的关系

生产价格形式的利润率不仅与价值增殖的程度有关，而且与剩余价值分配有关，所以，生产价格形式的利润率不能准确地反映价值增殖的程度。

在二元价值转形中，因为资本家要与土地所有者共同分配总剩余价值，所以，二元价值转形的生产价格形式的利润率显著地低于一元价值转形的生产价格形式的利润率。

既然一元价值转形的生产价格形式的利润率已经不能准确地反映价值增殖的程度，那么，二元价值转形的生产价格形式的利润率就更不能准确地反映价值增殖的程度。而价值形式的利润率与剩余价值分配无关，能够比较准确地反映价值增殖的程度。

正因为如此，虽然生产价格形式的利润率接近资本家看到的、在竞争中表现出来的市场利润率，特别是二元价值形式的生产价格形式的利润率更接近在竞争中表现出来的市场利润率，但是，由于生产价格形式的利润率不能准确地反映价值增殖的程度，因此，考察生产价格形式的利润率与生产价格形式的资本有机构成的关系，在理论上所具有的意义就不是非常重要，虽然可以对这种关系进行考察，但是不应该作为考察的重点。

像鲍特考维兹那样，考察生产价格形式的利润率与价值形式的资本有机构成的关系，虽然也可以进行考察，但是，更不应该作为考察的重点。

这是因为，如果要反映资本家头脑中的利润率与资本有机构成的关系，那么，应该考察生产价格形式的利润率与生产价格形式的资本有机构成的关系。生产价格形式的资本有机构成比价值形式的资本有机构成更接近资本家头脑中的资本有机构成。

如果要在本质上反映价值增殖的程度与资本的技术构成的关系，那么，应该考察价值形式的利润率与价值形式的资本有机构成的关系。虽然价值转形没有实现价值形式的平均利润，但是，价值形式的利润率能够比较准确地反映价值增殖的程度。

在一元价值转形中，每个部类的价值形式的利润率，能够准确地反映这个部门的价值增殖的程度；由工人创造的总剩余价值与价值形式的总资本的比率决定的价值形式的平均利润率，能够准确地反映社会资本的价值增殖的程度。

在二元价值转形中，由每个部门资本家最终得到的剩余价值与本部门价值形式的资本的比率决定的价值形式的利润率，能够准确地反映这个部门的价值增殖的程度；由资本家最终得到的总剩余价值与价值形式的总资本的比率决定的价值形式的平均利润率，能够准确地反映社会资本的价值增殖的程度。

因此，考察利润率与资本有机构成的关系的核心，是考察价值形式的利润率与资本有机构成的关系。

在下一章中，我们将在考察价值形式的资本有机构成、剩余价值率、价值形式的利润率的关系基础上，对马克思的利润率趋向下降的规律进行一般性的证明。

第十三章　利润率趋向下降规律的证明

第一节　利润率趋向下降的各种问题

从马克思关于利润率趋向下降规律的论述中可以看出，按照马克思的观点，如果剩余价值率不变，那么，随着资本有机构成提高，利润率下降；如果资本有机构成不变，那么，随着剩余价值率提高，利润率提高。一方面，资本有机构成的提高导致利润率下降，另一方面，各种起反作用的因素阻碍利润率下降。在各种起反作用的因素中，剩余价值率的提高是最重要的。资本有机构成的提高，一方面导致利润率下降，另一方面导致劳动生产力提高。劳动生产力的提高，为剩余价值率的提高提供了可能。剩余价值率的提高，会阻碍利润率下降。在这些因素的共同作用下，利润率不是平稳地、连续地下降，而是在波动中下降。在利润率下降过程中，不排除在一定条件下、一定时期内利润率上升，但是，在长期的经济发展过程中，利润率趋向下降。

如果忽略其他起反作用的因素，只考虑剩余价值率提高这个最重要的起反作用的因素，那么，利润率的变化取决于资本有机构成与剩余价值率两个因素。利润率是上升还是下降，取决于剩余价值率的影响大，还是资本有机构成的影响大。

马克思认为："在劳动剥削程度不变甚至提高时，剩余价值率会表现为一个不断下降的一般利润率。"① 这就是说，在马克思看来，即使在某些条件下、在某一时期剩余价值率的提高阻碍利润率下降，但是，在长期的经济发展过程中，资本有机构成提高的比例超过剩余价值率提高的比例，因此，利润率趋向下降。

---

① 《马克思恩格斯全集》，第25卷，北京，人民出版社，1974　中文1版，第237页。

现在的问题是，在长期的经济发展过程中，资本有机构成提高的比例是否超过剩余价值率提高的比例？为什么资本有机构成提高的比例通常超过剩余价值率提高的比例？如果不考虑其他起反作用的因素，那么，是否只要资本有机构成提高的比例超过剩余价值率提高的比例，利润率必然下降？资本有机构成提高的比例超过剩余价值率提高的比例小于什么界限，利润率上升？资本有机构成提高的比例超过剩余价值率提高的比例大于什么界限，利润率下降？资本有机构成提高的比例超过剩余价值率提高的比例，是否一定大于这个界限？最终，马克思的利润率趋向下降规律是否正确？

对于这些一系列的问题，必须进行全面的、严谨的分析。

第二节　重点考察两部类价值形式的资本有机构成、剩余价值率与价值形式的利润率的原因

一、不考虑地租的两部类的资本有机构成、剩余价值率与利润率的关系

为了简化分析，这里只考虑两个生产部类。如果考虑两个生产部门，也就是说考察工业产品生产部门和农业产品生产部门，那么，第一部门（工业产品生产部门）不仅生产生产资料，而且生产生活消费资料，第二部门（农业产品生产部门）不仅生产生活消费资料，而且生产生产资料，这将使我们的考察过于复杂。如果考虑多个生产部类或生产部门，那么，同样将使我们的考察过于复杂。

为了简化分析，这里假设只有资本家参与剩余价值分配，土地所有者不参加剩余价值分配。这就是说，只考虑劳动和资本的因素，不考虑土地因素。

这是因为，我们这里所说的利润是全部剩余价值的转化形式，这些剩余价值只在资本家之间分配。如果考虑土地因素，那么，土地所有者就要以地租形式占有一部分剩余价值，土地肥力和土地面积等因素就要影响剩余价值分配，资本家得到的利润只是一部分剩余价值的转化形式，而不是全部剩余价值的转化形式。这不仅改变了利润和利润率的定义，而且将使利润率降低，并且使我们的考察变得过于复杂。

这种考察方式，是一种简化的考察方式，本质上是将资本家作为资本家与土地所有者的总代表。《资本论》中对利润率趋向下降规律的考察，

正是在这种条件下的考察。

二、价值转形中的变量不一定都与价值转形有关

为了简化分析，这里只考察价值形式的资本有机构成和价值形式的平均利润率，不考察生产价格形式的资本有机构成和生产价格形式的利润率。如果考察生产价格形式的资本有机构成和生产价格形式的利润率，那么，必然要进行价值转形，这将使我们的考察过于复杂。

因为，在一般情况下，两部类的资本有机构成不同，所以，没有理由假设两部类的资本有机构成相同。

只要两部类的资本有机构成不同，剩余价值就必然要在资本家之间分配，也就是存在价值转形。

是否存在价值转形是一个问题，是否与价值转形有关是另一个问题。我们考察的变量所处的系统存在价值转形，不等于我们考察的变量之间的关系与价值转形有关。

因为，为了简化分析，这里只考察价值形式的资本有机构成、剩余价值率、价值形式的平均利润率之间的关系，这些变量与剩余价值分配无关，所以，这里的考察与价值转形无关。

三、价值形式的资本有机构成、剩余价值率、价值形式的平均利润率与剩余价值分配无关

关于利润率趋向下降规律，无论是马克思，还是否定这个规律的经济学家，都认为资本有机构成的提高就是劳动生产力的提高，劳动生产力的提高将导致剩余价值率的提高。双方的分歧在于，在资本有机构成和剩余价值率共同提高的条件下，利润率趋向于上升还是趋向于下降？也就是说，资本有机构成的提高对利润率的影响大于剩余价值率的提高对利润率的影响，还是资本有机构成的提高对利润率的影响小于剩余价值率的提高对利润率的影响？在什么条件下利润率趋向于上升？在什么条件下利润率趋向于下降？哪种条件能够得到满足？为什么？

价值形式的不变资本、价值形式的可变资本、价值形式的资本有机构成、剩余价值率或价值形式的利润、价值形式的平均利润率都是价值形式的变量。

生产价格形式的不变资本、生产价格形式的可变资本、生产价格形式的资本有机构成、生产价格形式的利润、生产价格形式的利润率都是生产价格形式的变量。

分析不同形式的变量之间的关系，存在一致性问题。

所谓一致性问题，是指在考察价值增殖程度的过程中，是否排除其他因素的影响，例如，排除剩余价值分配的影响。

在政治经济学中，利润率反映价值增殖程度，而在资本家的意识中，利润率反映货币资本增殖程度。货币资本增殖程度与价值资本增殖程度不完全相同。在政治经济学中，反映货币资本增殖程度的理论形式，是生产价格形式的利润率。

价值形式的资本有机构成、剩余价值、剩余价值率、价值形式的平均利润率都与剩余价值分配无关。生产价格形式的资本有机构成、生产价格形式的利润、生产价格形式的利润率都与剩余价值分配有关。

如果单纯地考察价值增殖程度，那么，应该排除剩余价值分配的影响，也就是说，应该考察价值形式的平均利润率与价值形式的资本有机构成、剩余价值率的关系，而不是考察生产价格形式的利润率与生产价格形式的资本有机构成的关系，也不是考察生产价格形式的利润率与价值形式的资本有机构成、剩余价值率的关系。

价值形式的资本有机构成、剩余价值率、价值形式的平均利润率属于价值系统。生产价格形式的资本有机构成与生产价格形式的利润率属于生产价格系统。价值形式的资本有机构成、剩余价值率、生产价格形式的利润率分别属于两种不同系统。

在逻辑上，可以考察不同系统中的变量。在前面的考察中，已经对不同系统中的变量进行过考察，但是，考察的重点，应该是同一个系统中的变量，而不是不同系统中的变量。

一致性问题在两部门价值转形或多部门价值转形中将变得更加严重。例如，如果不变资本或生产资料的结构发生变化，工人的消费结构发生变化，或资本家的消费结构发生变化，也就是说，消费工业产品和消费农业产品的比例发生变化，那么，剩余价值的分配关系必然发生变化，生产价格形式的资本有机构成和生产价格形式的利润率都变化，而剩余价值率不变化，就不属于我们考察的范围。

价值形式的资本有机构成、剩余价值率、价值形式的平均利润率都是价值形式的变量，与剩余价值分配无关，也就是与价值转形无关。不存在一致性问题。

生产价格形式的利润率是生产价格形式的变量，与剩余价值分配有关。考察价值形式的资本有机构成、剩余价值率对生产价格形式的利润率的影响，存在一致性问题。

值得注意的是，不是任何价值形式的变量都属于价值系统，例如，在一元价值转形中，每个部类或部门被社会多承认的剩余价值与每个部类或部门多得到的剩余价值，虽然是价值形式的变量，但是，这些变量都是价值转形的结果，都与剩余价值分配有关，因此，都属于生产价格系统，而不属于价值系统。

第三节　资本技术构成、资本有机构成、剩余价值率与利润率变化的关系

一、资本技术构成提高与资本有机构成提高不等价

马克思提出："我们把资本的构成理解为资本的能动组成部分和它的被动组成部分的比率，理解为可变资本和不变资本的比率。在这里，我们要考察两个比率，虽然它们在一定情况下能够发生相同的作用，但它们并不具有同样的意义。第一个比率是建立在技术基础上的，它在生产力的一定发展阶段可以看作是已定的。例如，要在一天之内生产一定量的产品，也就是说，推动一定量的生产资料，机器、原料等等，在生产中把它们消费掉，就必须有一定数目的工人所代表的一定量的劳动力。一定量的生产资料，必须有一定数目的工人与之相适应；也就是说，一定量的已经物化在生产资料中的劳动，必须有一定量的活劳动与之相适应"①。

生产中使用的生产资料的种类与耗费的生产资料的种类很多，为了在经济学上反映这种建立在技术基础上的资本的能动组成部分和它的被动组成部分的比率，马克思提出："我们把由资本技术构成决定并且反映这种技术构成的资本价值构成，叫作资本的有机构成。"②

马克思认为，在这两个比例中，建立在技术基础上的生产中使用的生产资料的数量与使用的劳动力的比例是最基本的，"这个比率形成资本的技术构成，并且是资本有机构成的真正基础"③。

马克思明确提出了资本的技术构成与资本有机构成的区别。他认为："在每一个产业部门，技术构成和价值构成的差别都表现为：在技术构成

① 《马克思恩格斯全集》，第 25 卷，北京，人民出版社，1974，中文 1 版，第 162 页。
② 《马克思恩格斯全集》，第 25 卷，北京，人民出版社，1974，中文 1 版，第 163 页。
③ 《马克思恩格斯全集》，第 25 卷，北京，人民出版社，1974，中文 1 版，第 163 页。

不变时，资本的两个部分的价值比率可以发生变化，在技术构成发生变化时，资本的两个部分的价值比率可以保持不变；当然，后一种情况，只有在所使用的生产资料量和劳动力的比率上的变化，为二者价值上的相反的变化所抵销时，才会产生。”①

这就是说，为了反映资本技术构成，在经济学上必须采用资本价值构成来表示，但是，资本技术构成与资本价值构成，毕竟是两种不同的资本构成。

如果单位生产资料的价值下降，也就是生产资料变得更便宜，单位生活资料的价值不变，资本技术构成不变，那么，资本价值构成降低。

如果单位生活资料的价值下降，也就是生活资料变得更便宜，单位生产资料的价值不变，资本技术构成不变，那么，资本价值构成提高。

如果单位生产资料的价值下降，也就是生产资料变得更便宜，单位生活资料的价值不变，资本价值构成不变，那么，资本技术构成提高。

如果单位生活资料的价值下降，也就是生活资料变得更便宜，单位生产资料的价值不变，资本价值构成不变，那么，资本技术构成降低。

只有单位生产资料的价值与单位生活资料的价值以相同比例下降，也就是生产资料与生活资料以相同比例变得更便宜，在资本技术构成不变时，资本的价值构成才不变。

因此，资本技术构成提高与资本有机构成提高不等价。

二、资本有机构成与资本技术构成变化的总趋势相同

（一）总体的角度考察，资本技术构成提高与资本有机构成提高等价，适用于将社会生产资本看做一个总资本，不适用于将社会生产划分为不同部类

劳动生产力取决于资本技术构成，而不是取决于资本有机构成。

如果将社会生产资本看做一个总资本，那么，资本技术构成提高的总趋势与资本有机构成提高的总趋势是一致的。

资本家提高资本有机构成的目的，是提高资本技术构成，提高劳动生产力，从而获得更多剩余价值或利润。如果不能提高劳动生产力，不能获得更多剩余价值或利润，那么，资本家绝对不会提高资本有机构成。个别资本家追加资本，提高资本有机构成，不仅要获得更多剩余价值或利润，而且要提高本企业的利润率。所有资本家都提高资本有机构成，提高生产

① 《马克思恩格斯全集》，第25卷，北京，人民出版社，1974，中文1版，第163页。

力，利润率趋向下降的情况，是个别资本无法左右的结果。

这就是说，从总体的角度考察，资本技术构成提高与资本有机构成提高等价。

上述资本技术构成提高与资本有机构成提高不等价，适用于将社会生产划分为不同部类的情况。

我们在两部类的价值形式的资本有机构成变化的条件下，对剩余价值率、价值形式的平均利润率做初步的考察。

(二) 第一部类的价值形式的资本有机构成提高的情况

如果第一部类的价值形式的资本有机构成提高，那么，第一部类的资本技术构成提高，第一部类的劳动生产力提高，生产资料变得更便宜。

生产资料变得更便宜，一方面，在第一部类的相同的资本技术构成提高的条件下，有减缓第一部类的资本有机构成提高的作用，另一方面，在第二部类的资本技术构成不变，从而第二部类的劳动生产力不变的条件下，降低第二部类单位产品的价值，也就是降低单位生活资料价值，也就是使生活资料变得更便宜。

生活资料变得更便宜，一方面，在第一部类的相同的资本技术构成提高的条件下，有促进第一部类的资本有机构成提高的作用；另一方面，在第二部类的资本技术构成不变，从而第二部类的劳动生产力不变的条件下，有促进第二部类的资本有机构成提高的作用。

在此过程中，一方面，生产资料变得更便宜，另一方面，生活资料变得更便宜，因此，第二部类的资本有机构成变化不明显，而第一部类的价值形式的资本有机构成提高，从而总资本有机构成提高。

在此过程中，由于第二部类的劳动生产力不变，因此剩余价值率也不变。

因此，价值形式的平均利润率降低。

(三) 第二部类的价值形式的资本有机构成提高的情况

如果第二部类的价值形式的资本有机构成提高，那么，第二部类的资本技术构成提高，第二部类的劳动生产力提高，生活资料变得更便宜。

生活资料变得更便宜，一方面，在第二部类的相同的资本技术构成提高的条件下，有促进第二部类的资本有机构成提高的作用；另一方面，在第一部类的资本技术构成不变，从而第一部类的劳动生产力不变的条件下，有促进第一部类的资本有机构成提高的作用，同时降低第一部类单位产品的价值，也就是降低单位生产资料价值，也就是使生产资料变得更便宜。

生产资料变得更便宜，一方面，在第二部类的相同的资本技术构成提高的条件下，有减缓第二部类的资本有机构成提高的作用；另一方面，在第一部类的资本技术构成不变，从而第一部类的劳动生产力不变的条件下，有减缓第一部类的资本有机构成提高的作用。

在此过程中，一方面，生产资料变得更便宜，另一方面，生活资料变得更便宜，因此，第一部类的资本有机构成变化不明显，而第二部类的价值形式的资本有机构成提高，从而总资本有机构成提高。

在此过程中，由于第二部类的劳动生产力提高，因此剩余价值率有提高的可能。

第二部类的价值形式的资本有机构成提高是原因，总资本有机构成提高、第二部类的劳动生产力提高、剩余价值率提高都是结果。在这种条件下，价值形式的平均利润率提高还是降低，很难作出一般性判断，需要根据具体情况进行具体分析。

第二部类的劳动生产力提高、第一部类的劳动生产力不变，意味着生产资料生产增长速度低于生活资料生产增长速度，意味着全社会的资本有机构成降低。这不是资本主义生产发展的一般规律，也不符合资本主义生产发展的历史事实。

（四）资本技术构成变化的总趋势、价值形式的资本有机构成变化的总趋势、价值形式的平均利润率变化的总趋势

综上所述，价值形式的资本有机构成与资本技术构成变化的总趋势相同，二者趋向于提高。价值形式的平均利润率变化的总趋势是趋向于下降。

三、对利润率变化起相反作用的两个主要因素

马克思认为，利润率趋向下降是一种带有趋势性的规律。那么，价值形式的平均利润率趋向下降的必要条件是什么？价值形式的平均利润率趋向下降的充分条件是什么？

除了劳动剥削程度的提高以外，如果忽略其他起反作用的因素，也就是，除了剩余价值率的提高以外，不考虑工资被压低到劳动力的价值以下、不变资本各要素变得便宜、相对过剩人口、对外贸易、股份资本的增加等原因，那么，决定价值形式的平均利润率变化的因素只有两个：资本有机构成和剩余价值率。

问题在于，随着资本有机构成提高，劳动生产力提高，剩余价值率也提高，而资本有机构成提高对利润率的影响与剩余价值率提高对利润率的

影响是相反的，那么，在资本有机构成与剩余价值率都提高的条件下，利润率如何变化？

四、价值形式的总资本有机构成不仅与各部类的资本有机构成有关，而且与剩余价值率有关

马克思是在将资本看做一个整体的条件下，提出利润率趋向下降规律的。反对他的观点的经济学家，也是在同样条件下提出自己的观点的。这就是说，将资本看做一个整体，是争论双方都认同的条件。

几乎所有经济学家在考察利润率是否趋向下降的问题时，凡是提到资本有机构成，都是指总资本有机构成，很少有哪个经济学家指的是某个部类的资本有机构成。大家都认为总资本有机构成反映全社会的劳动生产力，剩余价值率反映全社会的剥削程度，利润率反映全社会的价值增殖程度。在这些经济学家看来，总资本有机构成反映全社会的劳动生产力，并且只反映全社会的劳动生产力，不反映剥削程度。

如果考虑两个生产部类，那么，问题就会变得复杂一些。

第五章（5-9）式，可以表示为

$$k=\frac{k_2(k_1+1+e)}{k_2+1+e} \qquad (13-1)$$

由（13－1）式可以看出，价值形式的总资本有机构成是第一部类价值形式的资本有机构成、第二部类价值形式的资本有机构成、剩余价值率的函数。这就是说，价值形式的总资本有机构成不仅与第一部类价值形式的资本有机构成、第二部类价值形式的资本有机构成有关，而且与剩余价值率有关，也就是与剥削程度有关。

真正反映劳动生产力水平的，是第一部类价值形式的资本有机构成、第二部类价值形式的资本有机构成。

第四节　价值形式的平均利润率下降的条件

一、价值形式的资本有机构成、剩余价值率、价值形式的平均利润率都是时间的函数

随着时间的推移，价值形式的资本有机构成 k 提高，说明价值形式的资本有机构成 k 是时间 t 的函数，即

$$k=k(t) \qquad (13-2)$$

其中，k 为价值形式的资本有机构成，t 为时间。

考虑到资本有机构成的提高导致劳动生产力提高，劳动生产力的提高为剩余价值率提高创造了条件，在可能的情况下，资本家不会放弃提高本企业的剩余价值率、提高本企业的利润率的机会，因此，剩余价值率 e 是价值形式的资本有机构成 k 的函数，即

$$e = e(k) \tag{13-3}$$

其中，e 为剩余价值率。

因为，剩余价值率 e 是价值形式的资本有机构成 k 的函数，价值形式的资本有机构成 k 是时间 t 的函数，所以，剩余价值率 e 是时间 t 的复合函数，即

$$e = e(k(t)) = e(t) \tag{13-4}$$

第二章（2-2）式，可以表示为

$$r_v = \frac{e}{k+1} \tag{13-5}$$

其中，r_v 为价值形式的平均利润率。

由（13－5）式可以看出，价值形式的平均利润率 r_v 是价值形式的资本有机构成 k 和剩余价值率 e 的二元函数，即

$$r_v = r_v(k,e) \tag{13-6}$$

价值形式的资本有机构成 k 是时间 t 的函数，剩余价值率 e 也是时间 t 的函数，因此，价值形式的平均利润率 r_v 是时间 t 的复合函数，即

$$r_v = r_v(k(t),e(t)) = r_v(t) \tag{13-7}$$

因为，价值形式的资本有机构成提高，剩余价值率提高，所以，价值形式的资本有机构成对时间的一阶导数大于零，剩余价值率对时间的一阶导数大于零，即

$$\frac{\mathrm{d}k}{\mathrm{d}t} > 0 \tag{13-8}$$

$$\frac{\mathrm{d}e}{\mathrm{d}t} > 0 \tag{13-9}$$

在价值形式的资本有机构成与剩余价值率共同提高的条件下，如果价值形式的资本有机构成提高对价值形式的平均利润率的影响，超过剩余价值率提高对价值形式的平均利润率的影响，那么，价值形式的平均利润率降低，价值形式的平均利润率对时间的一阶导数小于零，即

$$\frac{\mathrm{d}r_v}{\mathrm{d}t} < 0 \tag{13-10}$$

如果剩余价值率提高对价值形式的平均利润率的影响，超过价值形式

的资本有机构成提高对价值形式的平均利润率的影响，那么，结果相反。

二、价值形式的平均利润率对时间的一阶导数

由（13－4）式、（13－5）式、（13－7）式，价值形式的平均利润率对时间的一阶导数为

$$\frac{\mathrm{d}r_v}{\mathrm{d}t}=\frac{\mathrm{d}}{\mathrm{d}t}\left(\frac{e}{k+1}\right)=\frac{(k+1)\frac{\mathrm{d}e}{\mathrm{d}t}-e\frac{\mathrm{d}(k+1)}{\mathrm{d}t}}{(k+1)^2}$$

$$=\frac{(k+1)\frac{\mathrm{d}e}{\mathrm{d}t}-e\frac{\mathrm{d}k}{\mathrm{d}t}}{(k+1)^2}=\frac{(k+1)\frac{\mathrm{d}e}{\mathrm{d}k}\frac{\mathrm{d}k}{\mathrm{d}t}-e\frac{\mathrm{d}k}{\mathrm{d}t}}{(k+1)^2}$$

$$=\frac{\left[(k+1)\frac{\mathrm{d}e}{\mathrm{d}k}-e\right]\frac{\mathrm{d}k}{\mathrm{d}t}}{(k+1)^2} \tag{13-11}$$

三、价值形式的平均利润率下降的充分必要条件

在（13－11）式中，考虑到 $\frac{\mathrm{d}k}{\mathrm{d}t}>0$，$(k+1)^2>0$，$e>0$，$k>0$，$r_v=\frac{e}{k+1}$，那么，当 $\frac{\mathrm{d}r_v}{\mathrm{d}t}>0$ 时，有

$$(k+1)\frac{\mathrm{d}e}{\mathrm{d}k}-e>0 \tag{13-12}$$

或

$$\frac{\mathrm{d}e}{\mathrm{d}k}>\frac{e}{k+1}=r_v \tag{13-13}$$

当 $\frac{\mathrm{d}r_v}{\mathrm{d}t}=0$ 时，有

$$(k+1)\frac{\mathrm{d}e}{\mathrm{d}k}-e=0 \tag{13-14}$$

或

$$\frac{\mathrm{d}e}{\mathrm{d}k}=\frac{e}{k+1}=r_v \tag{13-15}$$

当 $\frac{\mathrm{d}r_v}{\mathrm{d}t}<0$ 时，有

$$(k+1)\frac{\mathrm{d}e}{\mathrm{d}k}-e<0 \tag{13-16}$$

或

$$\frac{\mathrm{d}e}{\mathrm{d}k}<\frac{e}{k+1}=r_v \tag{13-17}$$

如果 $\frac{\mathrm{d}r_v}{\mathrm{d}t}<0$，那么，$\frac{\mathrm{d}e}{\mathrm{d}k}<\frac{e}{k+1}=r_v$ 必定成立，因此，$\frac{\mathrm{d}r_v}{\mathrm{d}t}<0$ 是 $\frac{\mathrm{d}e}{\mathrm{d}k}<\frac{e}{k+1}=r_v$ 的充分条件；要满足 $\frac{\mathrm{d}r_v}{\mathrm{d}t}<0$，必须满足 $\frac{\mathrm{d}e}{\mathrm{d}k}<\frac{e}{k+1}=r_v$，因此，$\frac{\mathrm{d}e}{\mathrm{d}k}<\frac{e}{k+1}=r_v$ 是 $\frac{\mathrm{d}r_v}{\mathrm{d}t}<0$ 的必要条件。

如果 $\frac{\mathrm{d}e}{\mathrm{d}k}<\frac{e}{k+1}=r_v$，那么，$\frac{\mathrm{d}r_v}{\mathrm{d}t}<0$ 必定成立，因此，$\frac{\mathrm{d}e}{\mathrm{d}k}<\frac{e}{k+1}=r_v$ 是 $\frac{\mathrm{d}r_v}{\mathrm{d}t}<0$ 的充分条件；要满足 $\frac{\mathrm{d}e}{\mathrm{d}k}<\frac{e}{k+1}=r_v$，必须满足 $\frac{\mathrm{d}r_v}{\mathrm{d}t}<0$，因此，$\frac{\mathrm{d}r_v}{\mathrm{d}t}<0$ 是 $\frac{\mathrm{d}e}{\mathrm{d}k}<\frac{e}{k+1}=r_v$ 的必要条件。

总之，（13－10）式与（13－17）式互为充分必要条件。因为这里考察价值形式的平均利润率的变化问题，所以，我们强调，$\frac{\mathrm{d}e}{\mathrm{d}k}<\frac{e}{k+1}=r_v$ 是价值形式的平均利润率下降的充分必要条件。

四、各部类的资本有机构成提高为剩余价值率提高创造了条件

在资本主义生产发展过程中，资本家总要不断地将剩余价值的一部分转化为追加资本，实现资本积累。无论是为了追求更多超额剩余价值，还是迫于竞争的压力，资本家总要不断采用新发明、新技术和新机器，以获得超额利润，各部类或各部门的资本有机构成通常不断提高。如果社会生产划分为两部类，那么，每个部类的资本有机构成都不断提高，即

$$\frac{\mathrm{d}k_1}{\mathrm{d}t}>0 \tag{13-18}$$

和

$$\frac{\mathrm{d}k_2}{\mathrm{d}t}>0 \tag{13-19}$$

其中，k_1 为第一部类的价值形式的资本有机构成，k_2 为第二部类的价值形式的资本有机构成。

随着第二部类的价值形式的资本有机构成提高，生活资料生产部类的劳动生产力提高，单位商品的价值降低，工人的生活资料变得更便宜，为资本家提高剩余价值率创造了条件。资本家不可能放弃这种机会，必然提高剩余价值率，即 $\frac{\mathrm{d}e}{\mathrm{d}t}>0$。这个结果与（13－9）式一致。

这并不是说，第二部类的价值形式的资本有机构成的提高率、第二部类的劳动生产力的提高率、剩余价值率的提高率完全相同。

在劳动生产力提高的过程中，占主导地位的，是边际劳动生产力递减，因此，第二部类的价值形式的劳动生产力的提高率，通常低于第二部类的价值形式的资本有机构成的提高率。

工人争取自己的权利的斗争，会在一定程度上阻碍剩余价值率的提高，但是，不能完全阻止剩余价值率的提高。劳动生产力的提高，不仅要使用生产效率更高的新型机器，而且要有能够使用新型机器的雇佣劳动者。如果工人学习新知识与掌握新技能的费用由工资支付，那么，工资必须提高，也就是可变资本增加，这也会在一定程度上阻碍剩余价值率的提高，但是，同样不能完全阻止剩余价值率的提高。

值得注意的是，工资或可变资本的增加，也会阻碍资本有机构成的提高。

第五节　列宁的生产资料生产优先增长理论证明生产资料生产部类增长最快

列宁的生产资料生产优先增长理论证明："增长最快的是制造生产资料的生产资料生产，其次是制造消费资料的生产资料生产，最慢的是消费资料生产。"①

列宁的这个重要理论，不仅发展了马克思的扩大再生产理论，而且为分析利润率趋向下降规律奠定了基础。

生产规模的增长取决于资本积累。资本积累来自转化为资本的那部分剩余价值。劳动生产率越高，资本积累越快。生产增长最快的部类，是劳动生产率最高的部类，或资本有机构成最高的部类。既然在列宁的生产资料生产优先增长理论中各部类的增长率不同，那么，各部类的资本有机构成也不同。既然各部类的资本有机构成不同，那么，必然存在价值转形。

列宁考察的是扩大再生产，这里只考察简单再生产。在列宁的生产资料生产优先增长理论中，制造生产资料的生产资料生产部门和制造消费资料的生产资料生产部门，都属于马克思所划分的社会生产的第一部类，消费资料生产属于第二部类，为了数学表示简洁和方便，最好将社会生产划分为三个部类：制造生产资料的生产资料生产部门为第一部类，制造消费资料的生产资料生产部门为第二部类，消费资料生产部门属于第三部类。

① 《列宁全集》，第1卷，北京，人民出版社，1984，中文2版，第66页。

按照列宁的部类划分方式，应该构造三部类价值转形模型。这里为了简便，只考察两部类价值转形。

列宁的理论中的制造生产资料的生产资料生产部门和制造消费资料的生产资料生产部门，都属于马克思的第一部类。列宁的理论中的消费资料生产部门是马克思的第二部类。

按照列宁的理论，生产资料生产部类的价值形式的资本有机构成的增长率高于生活资料生产部类的价值形式的资本有机构成的增长率，即第一部类的价值形式的资本有机构成的增长率高于第二部类的价值形式的资本有机构成的增长率，即

$$\frac{\mathrm{d}k_1}{\mathrm{d}t} > \frac{\mathrm{d}k_2}{\mathrm{d}t} > 0 \tag{13-20}$$

价值形式的总资本有机构成的增长率，介于第一部类的价值形式的资本有机构成的增长率与第二部类的价值形式的资本有机构成的增长率之间，即

$$\frac{\mathrm{d}k_1}{\mathrm{d}t} > \frac{\mathrm{d}k}{\mathrm{d}t} > \frac{\mathrm{d}k_2}{\mathrm{d}t} > 0 \tag{13-21}$$

通常，第一部类的资本有机构成高于第二部类的资本有机构成，即

$$k_1 > k_2 \tag{13-22}$$

虽然（13-22）式不是在任何条件下都成立，但是，按照列宁的生产资料生产优先增长理论，由于第一部类的价值形式的资本有机构成的增长率高于第二部类的价值形式的资本有机构成的增长率，那么，经过一段时间，第一部类的资本有机构成总会高于第二部类的资本有机构成。

第一部类的资本有机构成高于第二部类的资本有机构成，不仅是一个历史趋势，而且是资本主义经济中普遍存在的现象。

价值形式的总资本有机构成 k，介于第一部类的价值形式的资本有机构成 k_1 与第二部类的价值形式的资本有机构成 k_2 之间，即

$$k_1 > k > k_2 \tag{13-23}$$

第六节　工作日缩短的总趋势在一定程度上减缓剩余价值率的提高

马克思在《资本论》第三卷中，提出了一些阻碍利润率下降的因素。事实上，不仅存在阻碍利润率下降的各种因素，而且也存在阻碍剩余价值

率提高的各种因素。

工人的实际工资提高和工作日缩短，都是阻碍和减缓剩余价值率提高的因素。

统计资料表明，在资本主义生产的长期发展过程中，工人阶级为提高工资所进行的斗争从来没有停止过。通过工人阶级的斗争，工人的实际工资缓慢地提高，工作日的长度逐步缩短。

在 18 世纪和 19 世纪，工作日的长度通常在每天 12 小时以上，每周劳动 6 至 7 天。马克思在《资本论》中，引用过大量资料来说明当时的工作日长度。

1863 年，英国的三个铁路员工，因为劳动时间太长过于疲劳发生一次事故而受到审判，“他们在陪审员面前异口同声地说……在最近 5—6 年内，劳动时间延长到了 14、18 甚至 20 小时，而在旅客特别拥挤的时候，例如在旅行季节，他们往往要连续劳动 40—50 小时”①。

1863 年，英国的一个 20 岁的女时装工玛丽·安·沃克利受老板的剥削，被繁重的劳动累死，“店里的女工平均每天劳动 $16\frac{1}{2}$ 小时，在忙季，她们往往要一连劳动 30 小时，要不时靠喝雪莉酒、葡萄酒或咖啡来维持她们已经不听使唤的‘劳动力’”②。

1863 年 8 月，英国伦敦的鱼店和家禽店的短工，在一份要求废除星期日劳动的呈文中说，“他们在一星期的前 6 天，每天平均劳动 15 小时，星期日劳动 8—10 小时”③。

在法国，“当路易·波拿巴为了巩固自己在资产阶级心目中的地位，打算修改法定的工作日时，法国工人大众异口同声地高呼：‘把工作日缩短为 12 小时的法令，是共和国立法留给我们的唯一福利！’在苏黎世，10 岁以上的儿童的劳动限制为 12 小时，在阿尔高，13—16 岁的儿童的劳动在 1862 年从 $12\frac{1}{2}$ 小时减为 12 小时；在奥地利，14—16 岁的儿童的劳动在 1860 年也缩短为 12 小时”④。

在英国，“1833 年的法令规定，工厂的普通工作日应从早晨 5 点半开始，到晚上 8 点半结束。在这 15 小时的界限内，在白天的任何时间使用

① 《马克思恩格斯全集》，第 23 卷，北京，人民出版社，1972，中文 1 版，第 282 页。
② 《马克思恩格斯全集》，第 23 卷，北京，人民出版社，1972，中文 1 版，第 283 页。
③ 《马克思恩格斯全集》，第 23 卷，北京，人民出版社，1972，中文 1 版，第 294 页。
④ 《马克思恩格斯全集》，第 23 卷，北京，人民出版社，1972，中文 1 版，第 306～307 页。

少年（从 13 岁到 18 岁）做工都是合法的”①

目前，世界上大多数发达国家的工作日都是每天 8 小时，每周劳动 5 天。资本主义生产发展的历史证明，工作日变化的总趋势是缩短。

剩余价值率提高是由资本主义生产目的决定的。工人的实际工资缓慢地提高和工作日逐步缩短，不能阻止剩余价值率提高，但是，能够在一定程度上减缓剩余价值率提高，从而是促使利润率下降的一个因素。当然，这个因素是不同于资本有机构成提高的促使利润率下降的另一个因素。

第七节　在一般情况下，总资本有机构成提高的比例超过剩余价值率提高的比例的证明

一、在一般情况下，总资本有机构成提高的比例超过剩余价值率提高的比例的政治经济学证明

否定马克思关于利润率趋向下降规律的学者中，有一类学者认为，资本有机构成提高必然导致劳动生产力提高，劳动生产力提高必然导致剩余价值率提高，剩余价值率提高必然阻碍利润率下降。

他们只证明了剩余价值率提高阻碍利润率下降，但是，并没有证明在资本有机构成提高和剩余价值率提高的双重作用下利润率不下降。何况马克思所说的利润率下降，还只是一种趋势。

最核心与最关键的问题在于，这些学者并不清楚，哪个部类或部门的资本有机构成提高可以导致剩余价值率提高，哪个部类或部门的资本有机构成提高不会导致剩余价值率提高。这些学者也没有注意到，除了劳动生产力对剩余价值率产生影响，还有哪些因素对剩余价值率产生影响。

根据马克思在《资本论》第一卷和第二卷的分析，可以看出，剩余价值率与工人的生活资料、生活资料的劳动生产力、工作日的长度有关，也就是与必要劳动时间和剩余劳动时间有关。工人的生活资料属于必要生活资料，由第二部类生产，更具体地说，是由第二部类中的必要生活资料分部类生产。在工人生活所需要的生活资料和工作日的长度确定的条件下，剩余价值率由第二部类的劳动生产力决定，从而由第二部类的资本有机构成决定，更确切地说，由第二部类中的必要生活资料分部类的资本有机构

① 《马克思恩格斯全集》，第 23 卷，北京，人民出版社，1972，中文 1 版，第 309 页。

成决定。

可以看出，第一部类的资本有机构成提高，从而第一部类的劳动生产力提高，不会导致剩余价值率提高，但是，第二部类的资本有机构成提高，从而第二部类的劳动生产力提高，从而工人生活所必需的生活资料的价值下降，为资本家提高剩余价值率创造了必要条件，也就是使资本家提高剩余价值率具有了可能性。

剩余价值率提高的必要条件不等于剩余价值率提高的充分条件，剩余价值率提高具有可能性不等于剩余价值率提高具有必然性。

如果工人阶级不进行斗争，并且工作日不变，那么，按照资本家的主观愿望，要将必要劳动时间尽可能地缩短到维持工人的生活资料不变，从而剩余劳动时间最大限度地延长，从而最大限度地提高剩余价值率，从而获得更多利润。

一方面，必要劳动时间缩短，另一方面，剩余劳动时间延长，在这种条件下，剩余价值率不仅提高，而且剩余价值率提高的比例高于第二部类劳动生产力提高的比例。如果第二部类劳动生产力提高的比例等于第二部类资本有机构成提高的比例，那么，剩余价值率提高的比例将高于第二部类资本有机构成提高的比例。

问题在于，剩余价值率，从而利润率，不是完全由资本家的主观愿望决定的。事实证明这些假设不成立。在资本主义生产的长期发展过程中，工人阶级不断为提高工资进行斗争，结果是实际工资有所提高，工作日逐渐缩短。这些因素在一定程度上阻碍剩余价值率的提高，使得剩余价值率提高的比例低于单位生活资料的价值降低的比例，低于第二部类劳动生产力提高的比例。通常，第二部类劳动生产力提高的比例低于第一部类劳动生产力提高的比例，劳动生产力提高的比例不高于资本有机构成提高的比例。因此，剩余价值率提高的比例低于资本有机构成提高的比例。

有些学者可能认为，马克思只是提出了资本有机构成提高的比例超过剩余价值率提高的比例的观点，并没有证明这个观点。列宁只提出生产资料生产部类的产品价值的增长超过生活资料生产部类的产品价值的增长，也就是第一部类的生产规模的增长超过第二部类的生产规模的增长，也没有证明资本有机构成提高的比例超过剩余价值率提高的比例。

既然资本有机构成不断提高，劳动生产力不断提高，那么，第一部类的生产规模的增长就比第二部类的生产规模的增长更快。原因是资本有机构成提高表明不变资本比可变资本增长更快。

再生产条件表明，不变资本是用来购买生产资料的资本，不变资本的物质内容是生产资料。可变资本是用来购买劳动力的资本，工人用得到的工资购买生活资料，可变资本的物质内容是工人生活需要的必要生活资料。生产资料由第一部类生产，生活资料由第二部类生产。因此，第一部类的生产规模的增长必然比第二部类的生产规模的增长更快。

第一部类的生产规模的增长比第二部类的生产规模的增长更快的原因是，第一部类的劳动生产力的提高比第二部类的劳动生产力的提高更快。第一部类的劳动生产力的提高比第二部类的劳动生产力的提高更快的原因是，第一部类的资本有机构成的提高比第二部类的资本有机构成的提高更快。

剩余价值率的提高是由第二部类资本技术构成的提高决定的，也可以看做由第二部类资本有机构成的提高决定的。考虑到工人阶级的斗争，生活水平缓慢提高，工作日缩短，导致剩余价值率的提高不如第二部类资本有机构成的提高快。总资本有机构成的提高，介于第一部类资本有机构成提高与第二部类资本有机构成提高之间。随着时间的推移，第一部类的资本在总资本中的比例不断提高。总资本有机构成的提高更接近第一部类资本有机构成的提高。

既然第一部类的资本有机构成的提高比第二部类的资本有机构成的提高更快，第二部类的资本有机构成的提高比剩余价值率的提高更快，总资本有机构成的提高又接近第一部类资本有机构成的提高，那么，总资本有机构成的提高必然比剩余价值率的提高更快。

由于第一部类的生产规模的增大超过第二部类的生产规模的增大，因此，第一部类的生产规模超过第二部类的生产规模，从而第一部类的资本超过第二部类的资本，只是时间问题。在资本主义生产方式的发展历史中，第一部类的资本显著地超过第二部类的资本，第一部类的资本有机构成的提高显著地超过第二部类的资本有机构成的提高，是毫无争议的事实。总资本有机构成的提高主要由第一部类的资本有机构成决定。

这里没有考虑产业分工的发展的影响。如果考虑产业分工的发展的影响，那么，第二部类的一部分生产阶段将转入第一部类，第二部类保留的生产阶段属于劳动生产率很难提高的劳动密集型产业。在这种条件下，剩余价值率的提高通常低于第二部类的劳动生产率的提高，第二部类的劳动生产率的提高通常低于第一部类的劳动生产率的提高，因此，剩余价值率的提高通常低于总资本有机构成的提高。关于这一点，后面将详细阐述。

当然，在政治经济学中，这种规律在一般情况下成立，而不是在任何条件下都成立。这就是说，可能有例外。

因此，总资本有机构成的提高通常超过剩余价值率的提高，利润率不是无条件地、绝对地下降，而是趋向下降。这与马克思的论述完全一致。

二、总资本有机构成与剩余价值率的关系

由（13-1）式，可以看出，价值形式的总资本有机构成 k 是第一部类价值形式的资本有机构成 k_1、第二部类价值形式的资本有机构成 k_2、剩余价值率 e 的函数。

由第五章（5-21）式，得到价值形式的总资本有机构成与剩余价值率的关系，这个关系可以表示为

$$k = k_2 + \frac{(k_1 - k_2)k_2}{k_2 + 1 + e} \tag{13-24}$$

由（13-24）式可以看出，在第一部类价值形式的资本有机构成 k_1 和第二部类价值形式的资本有机构成 k_2 不变的条件下，如果第一部类价值形式的资本有机构成 k_1 低于第二部类价值形式的资本有机构成 k_2，即

$$k_1 < k_2 \tag{13-25}$$

那么，价值形式的总资本有机构成 k 是剩余价值率 e 的单调递增的双曲函数。

在第一部类价值形式的资本有机构成 k_1 和第二部类价值形式的资本有机构成 k_2 不变的条件下，如果第一部类价值形式的资本有机构成 k_1 高于第二部类价值形式的资本有机构成 k_2，即

$$k_1 > k_2 \tag{13-26}$$

那么，价值形式的总资本有机构成 k 是剩余价值率 e 的单调递减的双曲函数。

（13-24）式可以表示为

$$e = \frac{(k_1 - k_2)k_2}{k - k_2} - k_2 - 1 \tag{13-27}$$

显然，（13-27）式与第五章（5-10）式相同。

由（13-27）式可以看出，在第一部类价值形式的资本有机构成 k_1 和第二部类价值形式的资本有机构成 k_2 不变的条件下，如果第一部类价值形式的资本有机构成 k_1 低于第二部类价值形式的资本有机构成 k_2，即 $k_1 < k_2$，那么，剩余价值率 e 是价值形式的总资本有机构成 k 的单调递增的双曲函数。

在第一部类价值形式的资本有机构成 k_1 和第二部类价值形式的资本有机构成 k_2 不变的条件下，如果第一部类价值形式的资本有机构成 k_1 高

于第二部类价值形式的资本有机构成 k_2，即 $k_1 > k_2$ ，那么，剩余价值率 e 是价值形式的总资本有机构成 k 的单调递减的双曲函数。

由于在一般情况下，第一部类价值形式的资本有机构成 k_1 高于第二部类价值形式的资本有机构成 k_2，因此，在一般情况下，价值形式的总资本有机构成 k 是剩余价值率 e 的单调递减的双曲函数。这就是说，在一般情况下，剩余价值率提高，有阻碍价值形式的总资本有机构成提高的作用。同样，价值形式的总资本有机构成提高，也有阻碍剩余价值率提高的作用。

在马克思的利润率趋向下降的规律中，很多经济学家不理解为什么马克思认为总资本有机构成的提高超过剩余价值率的提高。这是一个重要原因。

当然，事实上第一部类价值形式的资本有机构成 k_1 和第二部类价值形式的资本有机构成 k_2 不变的条件不成立，因为我们考察的是资本有机构成提高，从而劳动生产力提高，导致利润率下降的问题。

前面我们已经证明，真正反映劳动生产力水平的，是第一部类价值形式的资本有机构成、第二部类价值形式的资本有机构成。价值形式的总资本有机构成不仅与第一部类价值形式的资本有机构成、第二部类价值形式的资本有机构成有关，而且与剩余价值率有关，也就是与剥削程度有关。

劳动生产力提高，与第一部类价值形式的资本有机构成提高，第二部类价值形式的资本有机构成提高，是一致的。

第一部类价值形式的资本有机构成提高与第二部类价值形式的资本有机构成提高，从而劳动生产力提高，从而生产资料和生活资料变得便宜，只是给资本家提高剩余价值率提供了一种可能。资本家能够将剩余价值率提高到什么程度，还要受其他条件制约，例如，受工人与资本家的斗争的制约，以及受再生产条件的制约。

按照资本家的愿望，最好是工人的实际工资不变，第二部类劳动生产力提高，从而单位生活资料价值降低可以减少第二部类的可变资本，减少必要劳动时间，延长剩余劳动时间，降低第二部类资本有机构成，提高剩余价值率，从而提高利润率。当然，由于工人阶级的斗争，资本家的愿望只能部分地得到实现，不能全部得到实现。

如果在资本主义条件下工人可以表达自己的愿望，甚至部分实现自己的愿望，那么，按照工人的愿望，最好是剩余价值率不变，第二部类劳动生产力提高，从而单位生活资料价值降低可以平等地提高工人和资本家的生活水平。

后者肯定无法实现。前者也不能长久维持。能够长久地实现的结果，在两者之间。资本主义生产的历史证明，随着第二部类劳动生产力的提高，工人的实际工资和资本家得到的利润都增加，利润或剩余价值增加得更多，剩余价值率提高，剩余价值提高率低于第二部类劳动生产力提高率，从而低于总资本有机构成提高率。

值得指出的是，工人的实际工资提高并不等价于可变资本提高。工人的实际工资提高，是指单位劳动时间中工人得到的生活消费资料增加，前提是劳动生产力提高。随着劳动生产力提高，在可变资本提高、不变，甚至下降的条件下，工人的实际工资都能够能提高。

在推导（13－24）式和（13－27）式的过程中，都利用了再生产条件。因此，（13－24）式和（13－27）式本身就反映了再生产条件的制约作用。

因为考察的起点是资本有机构成的提高，而不是剩余价值率的提高，所以，应该是价值形式的总资本有机构成的提高制约了剩余价值率的提高，而不是相反。

这里提出价值形式的总资本有机构成提高对剩余价值率提高有阻碍作用，目的在于理解马克思提出的总资本有机构成的提高超过剩余价值率的提高。

对此，我们可以进一步做更一般的证明。

三、在一般情况下，总资本有机构成提高的比例超过剩余价值率提高的比例的数学证明

上述结论是在第一部类（生产资料生产部类）的价值形式的资本有机构成 k_1 和第二部类（生活资料生产部类）的价值形式的资本有机构成 k_2 不变的条件下得到的。现在的问题是，第一部类价值形式的资本有机构成 k_1 和第二部类价值形式的资本有机构成 k_2 不是不变，而是都提高。

在这种条件下，要证明在一般情况下总资本有机构成提高的比例超过剩余价值率提高的比例，需要作进一步的分析。

按照资本家的主观愿望，总是希望获得更多利润，希望剩余价值率更高，从而利润率更高。但是，能够将剩余价值率提高到何种水平，并不取决于他的主观愿望，除了再生产条件的制约，还取决于三个因素：第一，单位生活资料的价值；第二，资本家与工人的力量对比；第三，劳动生产力的提高要求劳动者的知识与技能相应提高，劳动者的知识与技能的提高要求增加教育费用。

单位生活资料的价值取决于第二部类的劳动生产力，也就是取决于第二部类的资本有机构成。

资本家与工人的力量对比，表现为工人的实际生活水平是否提高。

要增加教育费用，就要提高工资或增加可变资本。

追加资本后劳动生产力提高的比例有时高于追加资本的比例，有时等于追加资本的比例，有时低于追加资本的比例，也就是说，资本的边际收益递增、不变或递减。

按照资本家的主观愿望，当然是资本的边际收益递增。但是，在现实经济活动中，这种情况，或者不如说机会，很少出现。如果有这种机会，那么，这种机会早就被资本家抓住了。通常是资本的边际收益不变或递减。这样，第二部类资本有机构成提高的比例，通常高于第二部类劳动生产力提高的比例。

如果资本家与工人的力量对比不变，也就是工人的生活水平不变，第二部类增加资本和提高劳动生产力多获得的收益全部属于资本家，那么，在资本的边际收益递减的情况下，剩余价值率提高的比例低于第二部类价值形式的资本有机构成提高的比例，即

$$\frac{\mathrm{d}e}{\mathrm{d}t}<\frac{\mathrm{d}k_2}{\mathrm{d}t} \tag{13-28}$$

在资本的边际收益不变的情况下，剩余价值率提高的比例等于第二部类价值形式的资本有机构成提高的比例，即

$$\frac{\mathrm{d}e}{\mathrm{d}t}=\frac{\mathrm{d}k_2}{\mathrm{d}t} \tag{13-29}$$

如果工人的生活水平随着第二部类劳动生产力的提高有部分提高，多获得的收益不全属于资本家，那么，无论资本的边际收益递减，还是资本的边际收益不变，剩余价值率提高的比例都低于第二部类价值形式的资本有机构成提高的比例，即

$$\frac{\mathrm{d}e}{\mathrm{d}t}<\frac{\mathrm{d}k_2}{\mathrm{d}t} \tag{13-30}$$

由（13－28）式、（13－29）式、（13－30）式可以看出，剩余价值率提高的比例等于或低于第二部类价值形式的资本有机构成提高的比例，即

$$\frac{\mathrm{d}e}{\mathrm{d}t}\leqslant\frac{\mathrm{d}k_2}{\mathrm{d}t} \tag{13-31}$$

由（13－21）式、（13－31）式，可以得到

$$\frac{\mathrm{d}k_1}{\mathrm{d}t}>\frac{\mathrm{d}k}{\mathrm{d}t}>\frac{\mathrm{d}k_2}{\mathrm{d}t}\geqslant\frac{\mathrm{d}e}{\mathrm{d}t}>0 \tag{13-32}$$

因此

$$\frac{\mathrm{d}k}{\mathrm{d}t} > \frac{\mathrm{d}e}{\mathrm{d}t} > 0 \tag{13-33}$$

（13－33）式证明，总资本有机构成提高的比例超过剩余价值率提高的比例。值得注意的是，（13－33）式表示的关系，只是利润率下降的必要条件，而不是利润率下降的充分条件。

四、价值形式的平均利润率下降的必要条件的证明

上面证明了，价值形式的平均利润率下降的充分必要条件是 $\frac{\mathrm{d}e}{\mathrm{d}k} < \frac{e}{k+1}$，即（13－17）式所表示的条件。

（13－33）式证明了，在一般情况下，总资本有机构成提高的比例超过剩余价值率提高的比例能够满足。但是，这个条件通常只是价值形式的平均利润率下降的必要条件，而不是价值形式的平均利润率下降的充分条件。

在一般情况下，价值形式的平均利润率通常小于 1，即

$$r_v = \frac{e}{k+1} < 1 \tag{13-34}$$

当然，在逻辑上，无法证明（13－34）式表示的关系一定成立，也就是说，在逻辑上，无法证明价值形式的平均利润率小于 1 一定成立，但是，这种关系在绝大多数情况下成立。

在资本主义发展的早期阶段，或者在不发达的资本主义国家，通常资本有机构成很低。在资本主义发展的成熟阶段，或者在发达的资本主义国家，通常资本有机构成很高，并且远远高于资本主义发展的早期阶段的资本有机构成。这个历史事实证明，总资本有机构成提高的比例超过剩余价值率提高的比例。

发达的资本主义国家的历史，是不发达的资本主义国家的现在。发达的资本主义国家的现在，是不发达的资本主义国家的未来。

发达的资本主义国家现在的资本有机构成和剩余价值率，是不发达的资本主义国家未来的资本有机构成和剩余价值率。

在这个意义上，无论一个资本主义经济体系现在是否满足 $r_v < 1$，由于总资本有机构成提高的比例超过剩余价值率提高的比例，因此，经过一段或长或短的发展时期，这个资本主义经济体系迟早能够满足 $r_v = \frac{e}{k+1} < 1$ 的条件。

（13-17）式可以表示为

$$\frac{\frac{\mathrm{d}e}{\mathrm{d}t}}{\frac{\mathrm{d}k}{\mathrm{d}t}}<\frac{e}{k+1}=r_v \tag{13-35}$$

因为 $\frac{\mathrm{d}k}{\mathrm{d}t}>0$ ，所以，（13-35）式可以表示为

$$\frac{\mathrm{d}e}{\mathrm{d}t}<\frac{e}{k+1}\frac{\mathrm{d}k}{\mathrm{d}t}=r_v\frac{\mathrm{d}k}{\mathrm{d}t} \tag{13-36}$$

由（13-34）式、（13-36）式，可以得到

$$\frac{\mathrm{d}e}{\mathrm{d}t}<\frac{e}{k+1}\frac{\mathrm{d}k}{\mathrm{d}t}=r_v\frac{\mathrm{d}k}{\mathrm{d}t}<\frac{\mathrm{d}k}{\mathrm{d}t} \tag{13-37}$$

由（13-37）式可以看出，$\frac{\mathrm{d}e}{\mathrm{d}t}<\frac{\mathrm{d}k}{\mathrm{d}t}$ 只是 $\frac{\mathrm{d}e}{\mathrm{d}t}<\frac{e}{k+1}\frac{\mathrm{d}k}{\mathrm{d}t}=r_v\frac{\mathrm{d}k}{\mathrm{d}t}$ 的必要条件，而不是充分条件。

这就是说，总资本有机构成提高的比例超过剩余价值率提高的比例，是价值形式的平均利润率下降的必要条件。价值形式的平均利润率下降，是总资本有机构成提高的比例超过剩余价值率提高的比例的充分条件。

（13-33）式已经证明，总资本有机构成提高的比例超过剩余价值率提高的比例成立，也就是，价值形式的平均利润率下降的必要条件能够满足。

在一般情况下，无论如何，$\frac{e}{k+1}<1$ 都不是一个苛刻的条件，因为，在正常的经济运行条件下，对于绝大多数资本主义经济体系来说，利润率远远低于100%，几乎是一个众所周知的常识。

因此，价值形式的平均利润率下降的必要条件得到证明。

五、价值形式的平均利润率上升与下降的界限

由（13-17）式、（13-33）式、（13-37）式可以看出，$\frac{\mathrm{d}e}{\mathrm{d}t}<\frac{\mathrm{d}k}{\mathrm{d}t}$ 或 $\frac{\mathrm{d}e}{\mathrm{d}k}<1$ 是 $\frac{\mathrm{d}e}{\mathrm{d}k}<\frac{e}{k+1}=r_v$ 的必要条件，不是充分条件。因此，$\frac{\mathrm{d}e}{\mathrm{d}k}<1$ 只是利润率下降的必要条件，不是利润率下降的充分条件。

因为，当 $\frac{\mathrm{d}e}{\mathrm{d}k}>\frac{e}{k+1}=r_v$ 时，价值形式的平均利润率上升，当 $\frac{\mathrm{d}e}{\mathrm{d}k}<\frac{e}{k+1}=r_v$ 时，价值形式的平均利润率下降，所以，（13-17）式所表示

的界限，就是价值形式的平均利润率上升与下降的界限。

显然，$\frac{\mathrm{d}e}{\mathrm{d}k} < r_v$ 不是在任何条件下都成立的条件。

在一般条件下，随着时间的推移，价值形式的总资本有机构成的提高，通常超过剩余价值率的提高，利润率通常降低。但是，无法排除利润率提高的情况，无法证明在任何条件下利润率都降低，也就是无法证明 $\frac{\mathrm{d}r_v}{\mathrm{d}t} < 0$。

无法证明在任何条件下利润率都降低，或无法证明 $\frac{\mathrm{d}r_v}{\mathrm{d}t} < 0$，并不表明马克思关于利润率变化规律的结论无法得到证明，正好相反，在任何条件下利润率都降低或 $\frac{\mathrm{d}r_v}{\mathrm{d}t} < 0$ 不成立。在任何条件下利润率都降低，不仅不是马克思的理论，而且违背马克思的理论。数学中证明的结论，是无一例外的。如果在数学上证明在任何条件下利润率都降低或 $\frac{\mathrm{d}r_v}{\mathrm{d}t} < 0$，那么，就表示利润率绝对下降，而不是利润率趋向下降。

马克思的观点是利润率趋向下降，而不是利润率绝对下降。

第八节　考虑再生产条件的价值形式的平均利润率下降的充分必要条件

一、在简单再生产条件下考察价值形式的平均利润率的变化方向

前面，在推导价值形式的平均利润率下降的充分必要条件的过程中，没有定量地分析第一部类的资本有机构成的提高率、第二部类的资本有机构成的提高率、剩余价值率的提高率对价值形式的平均利润率的变化方向的影响，也没有考虑再生产条件。如果考虑再生产条件，那么，可以看到第一部类的资本有机构成的提高率、第二部类的资本有机构成的提高率、剩余价值率的提高率，如何决定价值形式的平均利润率的变化方向。

毫无疑问，价值形式的资本有机构成提高和价值形式的平均利润率下降，属于扩大再生产问题。在扩大再生产条件下对此问题进行考察，相应的数学分析过于复杂，而且得到的结果不具有唯一性。

为了简化数学分析，并使结果具有唯一性，我们在两部类简单再生产条件下进行考察。

虽然资本有机构成提高、剩余价值率提高、利润率下降不是简单再生产，但是，如果资本有机构成的提高、剩余价值率的提高、利润率的下降都趋向于零，那么，可以近似看做简单再生产。

二、在简单再生产条件下考察价值形式的平均利润率的变化方向

由第五章（5-13）式，价值形式的平均利润率可以表示为

$$r_v=\frac{e}{k+1}=\frac{e}{\dfrac{k_2(k_1+1+e)}{k_2+1+e}+1}$$

$$=\frac{e(k_2+1+e)}{k_2(k_1+1+e)+(k_2+1+e)}$$

$$=\frac{e(k_2+1+e)}{k_1k_2+2k_2+ek_2+1+e} \tag{13-38}$$

由（13－38）式，价值形式的平均利润率对时间的一阶导数为

$$\frac{\mathrm{d}r_v}{\mathrm{d}t}=\frac{\mathrm{d}}{\mathrm{d}t}\left[\frac{e(k_2+1+e)}{k_1k_2+2k_2+ek_2+1+e}\right]$$

$$=\frac{(k_1k_2+2k_2+ek_2+1+e)\dfrac{\mathrm{d}[e(k_2+1+e)]}{\mathrm{d}t}}{(k_1k_2+2k_2+ek_2+1+e)^2}-\frac{e(k_2+1+e)\dfrac{\mathrm{d}(k_1k_2+2k_2+ek_2+1+e)}{\mathrm{d}t}}{(k_1k_2+2k_2+ek_2+1+e)^2} \tag{13-39}$$

（13－39）式右边分子中的第一个一阶导数为

$$\frac{\mathrm{d}[e(k_2+1+e)]}{\mathrm{d}t}$$

$$=k_2\frac{\mathrm{d}e}{\mathrm{d}t}+e\frac{\mathrm{d}k_2}{\mathrm{d}t}+\frac{\mathrm{d}e}{\mathrm{d}t}+2e\frac{\mathrm{d}e}{\mathrm{d}t}$$

$$=e\frac{\mathrm{d}k_2}{\mathrm{d}t}+(k_2+1+2e)\frac{\mathrm{d}e}{\mathrm{d}t} \tag{13-40}$$

（13－39）式右边分子中的第二个一阶导数为

$$\frac{\mathrm{d}(k_1k_2+2k_2+ek_2+1+e)}{\mathrm{d}t}$$

$$=k_2\frac{\mathrm{d}k_1}{\mathrm{d}t}+k_1\frac{\mathrm{d}k_2}{\mathrm{d}t}+2\frac{\mathrm{d}k_2}{\mathrm{d}t}+k_2\frac{\mathrm{d}e}{\mathrm{d}t}+e\frac{\mathrm{d}k_2}{\mathrm{d}t}+\frac{\mathrm{d}e}{\mathrm{d}t}$$

$$=k_2\frac{\mathrm{d}k_1}{\mathrm{d}t}+(k_1+2+e)\frac{\mathrm{d}k_2}{\mathrm{d}t}+(k_2+1)\frac{\mathrm{d}e}{\mathrm{d}t} \tag{13-41}$$

由（13－40）式、（13－41）式，（13－39）式右边的分子可表示为

$$
\begin{aligned}
&(k_1k_2+2k_2+ek_2+1+e)\frac{\mathrm{d}[e(k_2+1+e)]}{\mathrm{d}t}\\
&-e(k_2+1+e)\frac{\mathrm{d}(k_1k_2+2k_2+ek_2+1+e)}{\mathrm{d}t}\\
=&(k_1k_2+2k_2+ek_2+1-e)\left[e\frac{\mathrm{d}k_2}{\mathrm{d}t}+(k_2+1+2e)\frac{\mathrm{d}e}{\mathrm{d}t}\right]\\
&-e(k_2+1+e)\left[k_2\frac{\mathrm{d}k_1}{\mathrm{d}t}+(k_1+2+e)\frac{\mathrm{d}k_2}{\mathrm{d}t}+(k_2+1)\frac{\mathrm{d}e}{\mathrm{d}t}\right]\\
=&(k_1k_2+2k_2+ek_2+1+e)e\frac{\mathrm{d}k_2}{\mathrm{d}t}\\
&+(k_1k_2+2k_2+ek_2+1+e)(k_2+1+2e)\frac{\mathrm{d}e}{\mathrm{d}t}\\
&-e(k_2+1+e)k_2\frac{\mathrm{d}k_1}{\mathrm{d}t}-e(k_2+1+e)(k_1+2+e)\frac{\mathrm{d}k_2}{\mathrm{d}t}\\
&-e(k_2+1+e)(k_2+1)\frac{\mathrm{d}e}{\mathrm{d}t}\\
=&-e(k_2+1+e)k_2\frac{\mathrm{d}k_1}{\mathrm{d}t}\\
&+[(k_1k_2+2k_2+ek_2+1+e)e\\
&-e(k_2+1+e)(k_1+2+e)]\frac{\mathrm{d}k_2}{\mathrm{d}t}\\
&+[(k_1k_2+2k_2+ek_2+1+e)(k_2+1+2e)\\
&-e(k_2+1+e)(k_2+1)]\frac{\mathrm{d}e}{\mathrm{d}t}
\end{aligned}
\qquad (13-42)
$$

其中

$$
\begin{aligned}
&(k_1k_2+2k_2+ek_2+1+e)e-e(k_2+1+e)(k_1+2+e)\\
=&[(k_1k_2+2k_2+ek_2+1+e)-(k_2+1+e)(k_1+2+e)]e\\
=&[(k_1k_2+2k_2+ek_2+1+e)-(k_2+1+e)(k_1+2+e)]e\\
=&-(k_1+ek_1+1+2e+e^2)e\\
=&-[(1+e)k_1+(1+e)+(1+e)e]e\\
=&-(1+e)(k_1+1+e)e
\end{aligned}
\qquad (13-43)
$$

和

$$
\begin{aligned}
&(k_1k_2+2k_2+ek_2+1+e)(k_2+1+2e)\\
&-e(k_2+1+e)(k_2+1)\\
=&(k_1k_2+2k_2+ek_2+1+e)(k_2+1+e)\\
&+(k_1k_2+2k_2+ek_2+1+e)e-e(k_2+1-e)(k_2+1)\\
=&[(k_1k_2+2k_2+ek_2+1+e)-e(k_2+1)](k_2+1+e)
\end{aligned}
$$

$$+ (k_1k_2 + 2k_2 + ek_2 + 1 + e)e$$
$$= (k_1k_2 + 2k_2 + 1)(k_2 + 1 + e)$$
$$+ (k_1k_2 + 2k_2 + ek_2 + 1 + e)e \tag{13-44}$$

由（13-39）式、（13-42）式、（13-43）式、（13-44）式，价值形式的平均利润率对时间的一阶导数可以表示为

$$\frac{\mathrm{d}r_v}{\mathrm{d}t} = \frac{1}{(k_1k_2 + 2k_2 + ek_2 + 1 + e)^2}$$
$$\left\{- e(k_2 + 1 + e)k_2 \frac{\mathrm{d}k_1}{\mathrm{d}t}\right.$$
$$+ [(k_1k_2 + 2k_2 + ek_2 + 1 + e)e$$
$$- e(k_2 + 1 + e)(k_1 + 2 + e)] \frac{\mathrm{d}k_2}{\mathrm{d}t}$$
$$+ [(k_1k_2 + 2k_2 + ek_2 + 1 + e)(k_2 + 1 + 2e)$$
$$\left.- e(k_2 + 1 + e)(k_2 + 1)] \frac{\mathrm{d}e}{\mathrm{d}t}\right\}$$
$$= \frac{1}{(k_1k_2 + 2k_2 + ek_2 + 1 + e)^2}$$
$$\left\{- e(k_2 + 1 + e)k_2 \frac{\mathrm{d}k_1}{\mathrm{d}t}\right.$$
$$- (1 + e)(k_1 + 1 + e)e \frac{\mathrm{d}k_2}{\mathrm{d}t}$$
$$+ [(k_1k_2 + 2k_2 + 1)(k_2 + 1 + e)$$
$$\left.+ (k_1k_2 + 2k_2 + ek_2 + 1 + e)e] \frac{\mathrm{d}e}{\mathrm{d}t}\right\} \tag{13-45}$$

因为

$$\frac{\mathrm{d}k_1}{\mathrm{d}t} > 0 \tag{13-46}$$
$$\frac{\mathrm{d}k_2}{\mathrm{d}t} > 0 \tag{13-47}$$
$$\frac{\mathrm{d}e}{\mathrm{d}t} > 0 \tag{13-48}$$

所以

$$- e(k_2 + 1 + e)k_2 \frac{\mathrm{d}k_1}{\mathrm{d}t} < 0 \tag{13-49}$$
$$[(k_1k_2 + 2k_2 + ek_2 + 1 + e)e$$
$$- e(k_2 + 1 + e)(k_1 + 2 + e)] \frac{\mathrm{d}k_2}{\mathrm{d}t}$$

$$=-(1+e)(k_1+1+e)e\frac{\mathrm{d}k_2}{\mathrm{d}t}$$

$$<0 \tag{13-50}$$

$$[(k_1k_2+2k_2+ek_2+1+e)(k_2+1+2e)$$

$$-e(k_2+1+e)(k_2+1)]\frac{\mathrm{d}e}{\mathrm{d}t}$$

$$=[(k_1k_2+2k_2+1)(k_2+1+e)$$

$$+(k_1k_2+2k_2+ek_2+1+e)e]\frac{\mathrm{d}e}{\mathrm{d}t}$$

$$>0 \tag{13-51}$$

由（13-45）式、（13-49）式、（13-50）式、（13-51）式可以看出，价值形式的平均利润率对时间的一阶导数大于零，还是小于零，取决于第一部类的资本有机构成的提高率、第二部类的资本有机构成的提高率、剩余价值率的提高率中，哪个因素的影响大。

如果剩余价值率的提高率的影响大，那么，价值形式的平均利润率对时间的一阶导数大于零，价值形式的平均利润率提高。

如果第一部类的资本有机构成的提高率的影响大，那么，价值形式的平均利润率对时间的一阶导数小于零，价值形式的平均利润率下降。

如果第二部类的资本有机构成的提高率的影响大，那么，价值形式的平均利润率对时间的一阶导数小于零，价值形式的平均利润率下降。

三、两部类简单再生产条件下价值形式的平均利润率下降的充分必要条件

在两部类简单再生产条件下，如果价值形式的平均利润率下降，那么，价值形式的平均利润率对时间的一阶导数满足

$$\frac{\mathrm{d}r_v}{\mathrm{d}t}=\frac{1}{(k_1k_2+2k_2+ek_2+1+e)^2}$$

$$\Big\{-e(k_2+1+e)k_2\frac{\mathrm{d}k_1}{\mathrm{d}t}$$

$$-(1+e)(k_1+1+e)e\frac{\mathrm{d}k_2}{\mathrm{d}t}$$

$$+[(k_1k_2+2k_2+1)(k_2+1+e)$$

$$+(k_1k_2+2k_2+ek_2+1+e)e]\frac{\mathrm{d}e}{\mathrm{d}t}\Big\}$$

$$<0 \tag{13-52}$$

（13-52）式是两部类简单再生产条件下价值形式的平均利润率下降

的充分必要条件。

第九节 两种价值形式的平均利润率下降的充分必要条件的比较

（13－17）式是一般条件下价值形式的平均利润率下降的充分必要条件。（13－52）式是两部类简单再生产条件下价值形式的平均利润率下降的充分必要条件。这两个价值形式的平均利润率下降的充分必要条件不完全相同。

（13－17）式表示的价值形式的平均利润率下降的充分必要条件，表示要保证价值形式的平均利润率下降必须满足的剩余价值率的变化与价值形式的总资本有机构成的变化的条件。

对于考虑固定资本的价值形式的平均利润率下降问题，（13－17）式表示的价值形式的平均利润率下降的充分必要条件也适用。因为，在推导（13－17）式的过程中，利用了表示价值形式的平均利润率的第二章（2－2）式。第二章（2－2）式中的价值形式的总资本有机构成，不仅包括生产中耗费的生产资料的价值，而且包括生产中没有耗费的固定资本价值。因此，对于考虑固定资本的价值形式的平均利润率下降问题，（13－17）式表示的价值形式的平均利润率下降的充分必要条件完全适用。

对于多部类价值转形问题或多部门价值转形问题，（13－17）式表示的价值形式的平均利润率下降的充分必要条件同样适用。因为，在推导（13－17）式的过程中，并没有涉及部类的划分方式或部门的划分方式。

对于扩大再生产的价值转形问题，（13－17）式表示的价值形式的平均利润率下降的充分必要条件仍然适用。因为，在推导（13－17）式的过程中，既没有涉及简单再生产条件，也没有涉及扩大再生产条件。

可见，（13－17）式表示的价值形式的平均利润率下降的充分必要条件，适用的范围很广。

（13－17）式表示的价值形式的平均利润率下降的充分必要条件的不足之处是，没有明确地表示第一部类的资本有机构成的提高率、第二部类的资本有机构成的提高率如何决定价值形式的平均利润率的变化方向。价值形式的总资本有机构成是第一部类的资本有机构成与第二部类的资本有机构成的函数。

（13－52）式则明确地表示，第一部类价值形式的资本有机构成的提高率、第二部类价值形式的资本有机构成的提高率、剩余价值率的提高率如何决定价值形式的平均利润率的变化方向。

（13－52）式表示的两部类简单再生产条件下价值形式的平均利润率下降的充分必要条件的不足之处是，没有考虑固定资本定影响。在推导（13－52）式的过程中，利用了表示价值形式的平均利润率的第五章（5－13）式。在推导第五章（5－13）式的过程中，利用了表示价值形式的总资本有机构成的第五章（5－9）式。在推导第五章（5－9）式的过程中，利用了表示两部类简单再生产条件的第五章（5－8）式。第五章（5－8）式中的第二部类的不变资本，既是生产中耗费的生产资料的价值，也是生产中使用的生产资料的价值。既然将生产中耗费的生产资料的价值等同于生产中使用的生产资料的价值，那么，就没有考虑生产中没有消耗的生产资料价值，也就是不考虑固定资本。因此，对于考虑固定资本的价值形式的平均利润率下降问题，（13－52）式表示的价值形式的平均利润率下降的充分必要条件，并不适用。

对于多部类价值转形问题或多部门价值转形问题，（13－52）式表示的价值形式的平均利润率下降的充分必要条件，同样不适用。

第十节　价值形式的平均利润率趋向下降的充分条件的证明

一、价值形式的平均利润率下降的充分条件是一个比较严格的条件

从上面的分析可以看到，因为总资本有机构成提高的比例超过剩余价值率提高的比例，所以，无论一个资本主义经济体系处于何种发展阶段，目前是否满足 $r_v=\dfrac{e}{k+1}<1$，迟早会达到这个阶段，并满足 $r_v=\dfrac{e}{k+1}<1$。从此之后，在这个资本主义经济体系中，比例 $\dfrac{e}{k+1}$，也就是价值形式的平均利润率 r_v，将越来越小于 1，并越来越趋向于 0。

当然，价值形式的平均利润率绝对不可能为负值，因此，价值形式的平均利润率的下降，变得越来越缓慢，越来越具有波动性，越来越具有一种总趋势的性质。

可见，（13－17）式所表示的价值形式的平均利润率下降的充分条件 $\dfrac{\mathrm{d}e}{\mathrm{d}k}<\dfrac{e}{k+1}=r_v$ 是一个越来越严格的条件，因为，r_v 越来越小，越来越趋

向于 0。

这就是说，虽然价值形式的平均利润率趋向下降的必要条件不难满足，但是，价值形式的平均利润率下降的充分条件，却是一个比较严格的条件。

二、马克思的观点不是利润率下降，而是利润率趋向下降

事实上，(13－17) 式所表示的价值形式的平均利润率下降的充分必要条件，在一定条件下成立，在另外一些条件下不成立，也就是说，价值形式的平均利润率下降的充分必要条件，不是在任何条件下都成立。

数学中证明的结论，是无一例外的。

如果证明 (13－17) 式所表示的价值形式的平均利润率下降的充分必要条件一定成立，那么，就是证明在任何条件下利润率都下降，而不是利润率趋向下降。在任何条件下利润率都下降，不是马克思的观点，为此，马克思特别提出存在很多阻碍利润率下降的因素。

三、价值形式的平均利润率趋向下降的充分条件能够满足

那么，价值形式的平均利润率趋向下降的充分条件是否能够得到满足呢？马克思关于利润率趋向下降规律的论断是否成立呢？

答案是，如果将利润率下降看做一种无一例外、绝对成立的规律，那么，价值形式的平均利润率下降的充分条件无法得到满足。当然，马克思所说的利润率趋向下降的规律，并不是这种规律，而是一种总趋势。既然是一种趋势，就不排除个别例外，不排除在一定时期、一定条件下利润率停止下降，甚至上升，当然，利润率变化的总趋势仍然是下降。

如果将利润率下降看做一种总趋势，那么，价值形式的平均利润率趋向下降的充分条件能够得到满足，马克思的利润率趋向下降的规律成立。

为了证明这个规律成立，需要作更深入的进一步的分析和证明。

我们假设，除了劳动剥削程度的提高以外，不考虑其他起反作用的因素，以便在最纯粹的条件下进行更严格的考察。

依据 (13－5) 式所表示的价值形式的平均利润率公式，即依据 $r_v = \frac{e}{k+1}$，很难判断价值形式的平均利润率 r_v 是否下降，因为，r_v 下降不仅要求资本有机构成 k 提高的比例超过剩余价值率 e 提高的比例，而且要求在相同时间内，剩余价值率 e 提高的数值远远小于资本有机构成 k 提高的数值。例如，作为起点的价值形式的总资本有机构成 $k=4$，剩余价值率

$e=0.5$，在一年时间内，价值形式的总资本有机构成 k 提高了 0.1，那么，由（13-5）式可以看出，价值形式的平均利润率 $r_v=10\%$，由（13-36）式可以得到，剩余价值率 e 的提高不能超过 0.01。随着时间的推移，价值形式的平均利润率 r_v 不断下降，价值形式的总资本有机构成 k 提高同样幅度，剩余价值率 e 提高的上限将更低。

（13-17）式，（13-35）式或（13-36）式，可以表示为

$$0<\frac{\frac{\mathrm{d}e}{e}}{\frac{\mathrm{d}k}{k}}=\frac{k}{e}\frac{\mathrm{d}e}{\mathrm{d}k}<\frac{k}{k+1}<1 \tag{13-53}$$

其中，$\mathrm{d}e$ 是剩余价值率 e 的微分，$\mathrm{d}k$ 是价值形式的总资本有机构成 k 的微分。

在（13-53）式中

$$\frac{k}{e}\frac{\mathrm{d}e}{\mathrm{d}k}=\frac{k}{e}\lim_{\Delta k\to 0}\frac{\Delta e}{\Delta k}=\lim_{\Delta k\to 0}\frac{\frac{\Delta e}{e}}{\frac{\Delta k}{k}} \tag{13-54}$$

其中，$\frac{\Delta e}{e}$ 是剩余价值率 e 的相对增长比例，$\frac{\Delta k}{k}$ 是价值形式的总资本有机构成 k 的相对增长比例。

只要价值形式的总资本有机构成 k 足够大，比例 $\frac{k}{k+1}$ 就是一个接近 1 的数值。那么，虽然剩余价值率 e 的增长比例必须小于价值形式的总资本有机构成 k 的增长比例，但是，剩余价值率 e 的增长比例可以接近价值形式的总资本有机构成 k 的增长比例。

仍然使用上面的数例，作为起点的价值形式的总资本有机构成 $k=4$，剩余价值率 $e=0.5$，在一年时间内，价值形式的总资本有机构成 k 提高了 0.1，那么，由（13-53）式同样可以得到，剩余价值率 e 的提高不能超过 0.01。

在一年时间内，价值形式的总资本有机构成 k 提高了 2.5%，只要剩余价值率 e 的提高不超过 2%，也就是说，剩余价值率 e 提高的比例不超过价值形式的总资本有机构成 k 提高的比例的 80%，即可满足价值形式的平均利润率趋向下降的充分条件。

这里，必须严格区分价值形式的总资本有机构成的提高量与价值形式的总资本有机构成的提高率，也必须严格区分剩余价值率的提高量与剩余价值率的提高率。

四、价值形式的平均利润率趋向下降的充分条件的证明

上面提到，如果依据（13－5）式所表示的价值形式的平均利润率公式，即依据第二章（2－2）式中的 $r_v=\dfrac{e}{k+1}$ 的关系，那么，不容易证明价值形式的平均利润率趋向下降，但是，如果依据第二章（2－2）式中的另一种价值形式的平均利润率公式，即

$$r_v=\frac{\sum_{i=1}^{n}s_i}{\sum_{i=1}^{n}(c_i+v_i)}=\frac{s}{c+v} \tag{13-55}$$

那么，就能够证明价值形式的平均利润率趋向下降。

（一）价值形式的平均利润率趋向下降的第一种证明

在（13－55）式中，c_i为第 i 部类或第 i 部门的价值形式的不变资本；v_i为第 i 部类或第 i 部门的价值形式的可变资本；s_i为第 i 部类或第 i 部门的剩余价值；c 为价值形式的不变资本总和，简称价值形式的不变资本；v 为价值形式的可变资本总和，简称价值形式的可变资本；s 为剩余价值总和，简称剩余价值。

按照第四章的符号规定，c、v、s 都有双重涵义。一方面，在生产过程中，c、v、s 分别表示使用的物化劳动、耗费的必要劳动、耗费的剩余劳动；另一方面，在流通过程中，c、v、s 分别表示第一部类使用的不变资本、使用的或耗费的可变资本、雇佣劳动者创造的剩余价值。

（13－55）式，可以表示为

$$r_v=\frac{s}{c+v}=\frac{l-v}{c+v} \tag{13-56}$$

其中，l 为活劳动或活劳动创造的新价值。在不考虑资本循环与资本周转速度影响的条件下，即在每年资本循环一次的条件下，l 为年劳动总额，这种条件下的价值形式的平均利润率应该理解为价值形式的年利润率。

显然

$$l=v+s \tag{13-57}$$

（13－57）式表示，活劳动创造的新价值，等于可变资本的价值与剩余价值之和，即等于劳动力的价值与剩余价值之和。

因为不变资本 $c>0$，可变资本 $v>0$，所以，当可变资本 v 变化时，总资本 $c+v$ 是有下界的，这个下界，就是可变资本 $v\to 0$ 的条件下的不变资本 c。同理，因为剩余价值 $s>0$，所以，当可变资本 v 变化时，剩余价

值 s 是有上界的，这个上界，就是可变资本 $v\to$ 的 0 条件下的活劳动创造的新价值 l。

由（13－56）式，可以得到

$$r_v=\frac{s}{c+v}=\frac{l-v}{c+v}<\frac{l}{c+v}<\frac{l}{c}=\frac{s+v}{c}=r_{\max l} \qquad (13-58)$$

其中，$r_{\max l}$ 为可变资本 v 趋向于 0 的条件下的价值形式的平均利润率的最高极限。因为，可变资本 v 等于 0 不可能实现，所以，可变资本 v 趋向于 0 只是可变资本变化的一种趋势，从而价值形式的平均利润率的上限 $r_{\max l}$ 也是观念上的最高极限。值得注意的是，$r_{\max l}$ 不是价值形式的平均利润率 r_v 的最大值，而是一种可以接近却无法达到的观念上的最高极限。

（13－58）式右边的分子 l 表示创造新价值的活劳动。其中，不仅包括用于生产工人的生活资料的劳动，用于生产资本家的生活资料的劳动，而且包括用于追加不变资本或追加生产资料的劳动，用于追加可变资本的劳动；分母 c 表示凝结在使用的生产资料中的劳动。

比率 $r_{\max l}=\frac{l}{c}$ 表示活劳动与物化劳动之比。生产力提高的基本标志，是单位活劳动推动的生产资料增加，在单位时间内将更多原材料转变为产品。既然生产力不断提高，那么，比率 $r_{\max l}=\frac{l}{c}$ 就不断下降，从而价值形式的平均利润率 r_v 趋向下降。

（13－58）式的右边对时间求一阶导数，可以得到

$$\frac{\mathrm{d}r_{\max l}}{\mathrm{d}t}=\frac{\mathrm{d}}{\mathrm{d}t}\left(\frac{l}{c}\right)=\frac{c\frac{\mathrm{d}l}{\mathrm{d}t}-l\frac{\mathrm{d}c}{\mathrm{d}t}}{c^2} \qquad (13-59)$$

其中，活劳动创造的新价值对时间的一阶导数 $\frac{\mathrm{d}l}{\mathrm{d}t}$，就是活劳动创造的新价值对时间的增长率；价值形式的不变资本对时间的一阶导数 $\frac{\mathrm{d}c}{\mathrm{d}t}$，就是价值形式的不变资本对时间的增长率。

如果物化劳动或不变资本的增长趋向于 0，那么，活劳动创造的新价值的相对增长比例与物化劳动或不变资本的相对增长比例之比的极限，可以表示为

$$\lim_{\Delta c\to 0}\frac{\frac{\Delta l}{l}}{\frac{\Delta c}{c}}=\frac{c}{l}\lim_{\Delta c\to 0}\frac{\Delta l}{\Delta c}=\frac{c}{l}\frac{\mathrm{d}l}{\mathrm{d}c} \qquad (13-60)$$

其中，$\frac{\Delta l}{l}$ 是活劳动创造的新价值 l 的相对增长比例，$\frac{\Delta c}{c}$ 是物化劳动或不变资本 c 的相对增长比例。

如果物化劳动或不变资本的相对增长比例超过活劳动创造的新价值的相对增长比例，即

$$\frac{\Delta c}{c} > \frac{\Delta l}{l} > 0 \tag{13-61}$$

那么，活劳动创造的新价值的相对增长比例与物化劳动或不变资本的相对增长比例之比小于1，即

$$\frac{\frac{\Delta l}{l}}{\frac{\Delta c}{c}} < 1 \tag{13-62}$$

由（13－60）式、（13－62）式，可以得到

$$\frac{c}{l}\frac{\mathrm{d}l}{\mathrm{d}c} < 1 \tag{13-63}$$

由（13－63）式，可以得到

$$\frac{c}{l}\frac{\frac{\mathrm{d}l}{\mathrm{d}t}}{\frac{\mathrm{d}c}{\mathrm{d}t}} < 1 \tag{13-64}$$

考虑到 $l>0$ 与 $\frac{\mathrm{d}c}{\mathrm{d}t}>0$，（13－64）式可以表示为

$$c\frac{\mathrm{d}l}{\mathrm{d}t} < l\frac{\mathrm{d}c}{\mathrm{d}t} \tag{13-65}$$

由（13－59）式、（13－65）式，可以得到

$$\frac{\mathrm{d}r_{\max l}}{\mathrm{d}t} = \frac{\mathrm{d}}{\mathrm{d}t}\left(\frac{l}{c}\right) = \frac{c\frac{\mathrm{d}l}{\mathrm{d}t} - l\frac{\mathrm{d}c}{\mathrm{d}t}}{c^2} < 0 \tag{13-66}$$

（13－66）式表示，随着时间的推移，价值形式的平均利润率的最高极限 $r_{\max l}$ 不断下降，因此，价值形式的平均利润率 r_v 不可避免地趋向下降。

这里关于利润率趋向下降的证明中，没有考虑到单位生产资料的价值的变化。考虑到利润率计算中的不变资本要按照现在的不变资本的价值计算，使用稀缺自然资源的生产资料的生产所耗费的劳动可能增加，其余大部分与稀缺自然资源无关的生产资料的生产所耗费的劳动减少，大多数原有的生产资料的价值降低，即固定资本贬值，上面关于利润率趋向下降的证明需要进行一些修正，但是，下面的证明与单位生产资料的价值的变化

无关。

（二）价值形式的平均利润率趋向下降的第二种证明

假设总人口为 p_t，就业率为 e_r，人均年劳动或人均年劳动创造的新价值为 l_y，总资本为 K，每年的活劳动或活劳动创造的新价值可以表示为

$$l = p_t e_r l_y \tag{13-67}$$

总资本可以表示为

$$K = c + v \tag{13-68}$$

价值形式的平均利润率可以表示为

$$r_v = \frac{s}{c+v} < \frac{v+s}{c+v} = \frac{l}{K} = \frac{p_t e_r l_y}{K} = \frac{l_y}{\dfrac{K}{p_t e_r}} \tag{13-69}$$

在（13-69）式中，$\frac{K}{p_t e_r}$ 为每个雇佣劳动者使用的资本，比率 $\frac{l_y}{\frac{K}{p_t e_r}}$ 可以理解为价值形式的平均利润率 r_v 的另一种可以接近却无法达到的观念上的最高极限。

历史资料证明，总资本 K 增加，总人口 p_t 增加，就业率 e_r 基本不变，人均年劳动 l_y 减少，每个雇佣劳动者使用的资本 $\frac{K}{p_t e_r}$ 增加。

例如，在一百多年前的马克思生活的时代，英国 1850 年制定的工厂法规定："一周平均每个工作日为 10 小时，即一周的前 5 天为 12 小时，从早晨 6 时至晚上 6 时，其中包括法定的半小时早饭时间和一小时午饭时间，做工时间净剩 $10\frac{1}{2}$ 小时；星期六为 8 小时，从早晨 6 时至午后 2 时，其中有半小时早饭时间。每周净剩 60 小时，前 5 天为 $10\frac{1}{2}$ 小时，星期六为 $7\frac{1}{2}$ 小时"①。这就是说，雇佣劳动者每天平均劳动 10 小时，每周劳动 6 天，每周劳动 60 小时，每年按劳动 50 周计算，年劳动 3 000 小时。如果考虑到这个工厂法通常得不到遵守②，那么，实际上的人均年劳动时间还要长得多。

现在雇佣劳动者每天劳动 8 小时，每周劳动 5 天，每周劳动 40 小时，每年按劳动 50 周计算，年劳动 2 000 小时。如果考虑到每年的假期，现

① 《马克思恩格斯全集》，第 23 卷，北京，人民出版社，1972，中文 1 版，第 268 页。

② 《马克思恩格斯全集》，第 23 卷，北京，人民出版社，1972，中文 1 版，第 258～335 页。

在的人均年劳动时间 l_y 比过去减少得更多。

就业率 e_r 变化不大，基本可以看做不变。虽然总资本 K 与总人口 p_t 都增加，但是，前者增长更快，从而每个雇佣劳动者使用的资本 $\frac{K}{p_te_r}$ 显著增加。

在这种条件下，比率 $\dfrac{l_y}{\frac{K}{p_te_r}}$ 下降。因此，价值形式的平均利润率 r_v 趋向下降。

值得指出，总资本与总人口不是在任何条件下都增加，从而人均资本不是在任何条件下都增加，例如第二次世界大战时期、2008 年从美国开始的世界金融危机时期，但是，总资本、总人口、人均年劳动、人均资本的长期变化的总趋势是确定的。

价值形式的平均利润率 r_v 的另一种最高极限 $\dfrac{l_y}{\frac{K}{p_te_r}}$ 对时间的一阶导数，可以表示为

$$\frac{\mathrm{d}}{\mathrm{d}t}\left(\frac{l_y}{\frac{K}{p_te_r}}\right)=\frac{\frac{K}{p_te_r}\frac{\mathrm{d}l_y}{\mathrm{d}t}-l_y\frac{\mathrm{d}\left(\frac{K}{p_te_r}\right)}{\mathrm{d}t}}{\frac{K^2}{p_t^2e_r^2}} \tag{13-70}$$

因为 $e_r>0$，$\frac{K}{p_te_r}>0$，$l_y>0$，$\frac{\mathrm{d}l_y}{\mathrm{d}t}<0$，$\frac{\mathrm{d}\left(\frac{K}{p_te_r}\right)}{\mathrm{d}t}>0$，所以，比率 $\dfrac{l_y}{\frac{K}{p_te_r}}$ 对时间的一阶导数 $\frac{\mathrm{d}}{\mathrm{d}t}\left(\frac{l_y}{\frac{K}{p_te_r}}\right)<0$。可见，在长期的资本主义生产的发展过程中，虽然价值形式的平均利润率不是始终下降，而是既有上升也有下降，但是，价值形式的平均利润率 r_v 的最高极限不断下降，因此，价值形式的平均利润率下降的总趋势是确定的。

因为这里的人均资本是本期的，所以，这里的证明与单位生产资料的价值的降低无关，也就是与固定资本贬值无关。

（三）价值形式的平均利润率趋向下降的第三种证明

在（13－58）式中，比率 $\frac{l}{c}$ 的分子是活劳动创造的价值，分母是凝结在耗费的生产资料中的劳动创造的价值，虽然这些生产资料中的固定资

本的大部分是过去的劳动生产的，但是，要按照现在生产同样的固定资本所耗费的劳动计算。

如果社会生产增长不快，可以近似地看做简单再生产，那么，活劳动创造的价值近似等于雇佣劳动者的生活消费资料的价值与资本家的生活消费资料的价值之和，耗费的生产资料的价值近似等于当年生产的生产资料价值。价值形式的平均利润率的最高极限 $r_{\max l}=\dfrac{l}{c}$ 近似等于生活消费资料生产部类的生产规模与生产资料生产部类的生产规模之比，也就是生活消费资料价值与生产资料价值之比。

如果按照列宁的三部类划分社会生产，那么，由第八章（8-23）式、（8-24）式，该比率可以表示为

$$r_{\max l}=\frac{l}{c}=\frac{v_1+v_2-v_3+s_1+s_2+s_3}{c_1+c_2+c_3}$$

$$=\frac{c_3+v_3+s_3}{c_1+v_1+s_1+c_2+v_2+s_2} \tag{13-71}$$

如果按照马克思的两部类划分社会生产，那么，由第四章（4-17）式，该比率可以表示为

$$r_{\max l}=\frac{l}{c}=\frac{v_1+v_2+s_1+s_2}{c_1+c_2}=\frac{c_2+v_2+s_2}{c_1+v_1+s_1} \tag{13-72}$$

按照列宁的生产资料生产增长比生活消费资料生产增长快的理论，比率 $\dfrac{l}{c}$ 的分母的增长比分子的增长快，或 $\dfrac{\mathrm{d}r_{\max l}}{\mathrm{d}t}=\dfrac{\mathrm{d}}{\mathrm{d}t}\left(\dfrac{l}{c}\right)<0$，即价值形式的平均利润率 r_v 的观念上的最高极限 $r_{\max l}$ 不断下降。

如果社会生产增长很快，不能近似地看做简单再生产，必须看做扩大再生产，那么，第八章（8-23）式与（8-24）式表示的按照列宁的三部类划分社会生产的简单再生产条件不能直接使用，第四章（4-17）式表示的按照马克思的两部类划分社会生产的简单再生产条件也不能直接利用，从而（13-71）式与（13-72）式都不能直接利用。因为新创造的价值中包括追加的不变资本，也就是比率 $\dfrac{l}{c}$ 的分子 l 中包括追加的不变资本。但是，价值形式的平均利润率 r_v 的上限 $r_{\max l}$ 不断下降的结论仍然成立。

可以这样来证明：如果在新创造的价值中用于追加不变资本的比例为 β，该比例为常数，那么，追加的不变资本为 βl，雇佣劳动者的生活消费资料的价值与资本家的生活消费资料的价值之和为 $(1-\beta)\,l$，价值形式的平均利润率的上限可以表示为

$$r_{\max l}=\frac{l}{c}=\frac{\beta l+(1-\beta)l}{c} \tag{13-73}$$

由（13-58）式与（13-73）式，可以得到

$$r_v<\frac{l}{c}=r_{\max l}=\frac{\beta l+(1-\beta)l}{c} \tag{13-74}$$

（13-73）式与（13-74）式中的（$1-\beta$）l 是生活消费资料的价值，其中，不仅包括工人的生活资料的价值、资本家的生活资料的价值，而且包括追加的不变资本的价值或追加的生产资料的价值、追加的可变资本的价值或追加的生活资料的价值；βl 是追加的不变资本价值或追加的生产资料的价值；c 是生产资料的价值。

既然生产资料生产的增长比生活消费资料生产的增长快，那么，（13-73）式与（13-74）式中的比率 $\frac{(1-\beta)l}{c}$ 不断下降。（13-73）式与（13-74）式中的另一项比率 $\frac{\beta l}{c}$ 表示积累率。通常，无论积累率提高，还是积累率降低，变化都是很小的，积累率可以看做基本不变。可见，价值形式的平均利润率 r_v 的上限 $r_{\max l}$ 不断下降。

既然价值形式的平均利润率 r_v 的上限 $r_{\max l}$ 不断下降，那么，价值形式的平均利润率 r_v 必然趋向下降。

因为这里的不变资本是本期的，所以，这里的证明与单位生产资料的价值的降低无关，也就是与固定资本贬值无关。

列宁的生产资料生产增长比生活消费资料生产增长快的理论①，有足够的历史事实支持。在农耕社会，占主导地位的生产是谷物生产，即生活消费资料生产，资本有机构成非常低。在早期资本主义社会，主要的生产是农业与工场手工业，以手工劳动为主，资本有机构成很低。在现代资本主义生产中，生活消费资料生产所占的比例很小，生产资料生产所占的比例很大，资本有机构成有了很大提高。这些事实证明，列宁的理论是正确的。

（四）在长期经济发展的过程中价值形式的平均利润率只能趋向下降

值得注意的是，我们不能证明价值形式的平均利润率 r_v 无条件地、绝对地下降，即不能证明 $\frac{\mathrm{d}r_v}{\mathrm{d}t}<0$。证明在任何条件下 $\frac{\mathrm{d}r_v}{\mathrm{d}t}<0$ 都成立，不仅不可能，而且是错误的。因为，如果证明在任何条件下 $\frac{\mathrm{d}r_v}{\mathrm{d}t}<0$ 都成

① 《列宁全集》，第1卷，北京，人民出版社，1984，中文2版，第66页。

立，那么，意味着价值形式的平均利润率 r_v 绝对地下降，这不是马克思的本意，马克思认为，利润率不是绝对下降，而是趋向下降。

虽然不能证明价值形式的平均利润率 r_v 绝对地下降，即不能证明 $\frac{dr_v}{dt}<0$，但是，既然价值形式的平均利润率 r_v 的观念上的不可达到的最高极限 r_{maxl} 不断下降，那么，即使价值形式的平均利润率 r_v 提高，提高的空间也被不断压缩，从长期经济发展的总趋势的角度来看，或从概率的角度来看，价值形式的平均利润率 r_v 只能趋向下降。

这一规律可以用概率极限表示为

$$p\lim_{t\to\infty}\frac{dr_v}{dt}<0 \tag{13-75}$$

因此，价值形式的平均利润率趋向下降的充分条件得到了证明。

第十一节　只要不变资本的相对增长比例超过人口的相对增长比例，价值形式的平均利润率就趋向下降

一、活劳动创造的新价值的相对增长比例等于人口的相对增长比例

在上面的证明中，价值形式的平均利润率的变化趋势，取决于物化劳动的相对增长比例与活劳动创造的新价值的相对增长比例之比。其中的物化劳动的相对增长比例，就是不变资本的相对增长比例。其中的活劳动创造的新价值的相对增长比例，取决于活劳动的数量和活劳动数量的变化趋势。

活劳动是全体雇佣工人的劳动总和。全体雇佣工人的劳动总和取决于总人口、有劳动能力和劳动意愿的人占总人口的比例、就业率、每年劳动天数、工作日的长度。全体雇佣工人的劳动总和等于总人口、有劳动能力和劳动意愿的人占总人口的比例、就业率、每年劳动天数、工作日的长度之积。

在有劳动能力和劳动意愿的人占总人口的比例、就业率、每年劳动天数、工作日的长度确定的条件下，活劳动创造的新价值，从而全体雇佣工人的劳动总和，完全取决于总人口。

因此，活劳动创造的新价值的相对增长比例，等于人口的相对增长比例，即

$$\frac{dl}{l}=\frac{dp}{p} \tag{13-76}$$

其中，p 为总人口。

二、只要不变资本的相对增长比例超过人口的相对增长比例，价值形式的平均利润率就趋向下降

不变资本就是被资本家占有的在生产资料中的过去劳动的凝结。物化劳动的相对增长比例，就是不变资本的相对增长比例。

不变资本的相对增长比例超过人口的相对增长比例，即

$$\frac{\Delta c}{c} > \frac{\Delta p}{p} > 0 \tag{13-77}$$

由（13－76）式与（13－77）式，可以得到

$$\frac{\Delta c}{c} > \frac{\Delta l}{l} > 0 \tag{13-78}$$

（13－78）式表示，物化劳动的相对增长比例超过活劳动创造的新价值的相对增长比例。（13－78）式与（13－61）式完全相同，因此，只要不变资本的相对增长比例超过人口的相对增长比例，价值形式的平均利润率就趋向下降。

不变资本的相对增长比例超过人口的相对增长比例，是人均占有生产资料增长的同义语，或每个雇佣劳动者推动的生产资料增加的同义语。每个雇佣劳动者推动的生产资料增加，是劳动生产力提高的最基本的标志。既然劳动生产力不断提高，那么，在长期的资本主义生产发展过程中，不变资本的相对增长比例，必然超过人口的相对增长比例。

长期大范围的经济统计资料表明，在任何一个资本主义国家，不变资本的相对增长比例，从而物化劳动的相对增长比例，远远超过人口的相对增长比例。资本主义劳动生产力的发展程度越高，不变资本的相对增长比例越高，人口的相对增长比例越低。

这种长期大范围的经济统计资料所反映的，不是个别的局部的经济现象，而是不变资本的相对增长比例的变化规律和人口的相对增长比例的变化规律。因此，从长期的资本主义生产发展的观点来看，利润率趋向下降。

三、价值形式的平均利润率的上界不断下降

通过以上数学证明，特别是通过（13－58）式、（13－66）式、（13－74）式、（13－78）式，可以看出，我们不是证明价值形式的平均利润率下降，而是证明价值形式的平均利润率的上界不断下降。这样，即使价值形式的平均利润率在一定时期和一定条件下上升，也无法摆脱下降的总趋势。这

就证明了马克思关于利润率变化的论断。

价值形式的平均利润率与剩余价值分配无关，而生产价格形式的利润率与剩余价值分配有关，因此，生产价格形式的利润率的变化比价值形式的平均利润率的变化复杂得多。在一定条件下，随着资本有机构成不断提高，生产价格形式的利润率可以不变、提高或降低，但是，生产价格形式的利润率变化的总趋势，同样是下降。

第十二节　为什么利润率由再生产生产资料所需要的社会必要劳动时间决定

随着资本主义生产的发展，生产力必然提高，这不仅是每个资本家追求更多剩余价值的结果，而且是竞争的外部压力决定的。每个资本家，如果他不希望在竞争中被淘汰，那么，他就必须提高本企业的生产力。

任何经济学家都承认，在资本主义经济的长期发展过程中，生产力不断提高。但是，有些经济学家认为，在生产力提高的条件下，资本有机构成不一定提高。主要的依据是，马克思曾经提出："每一种商品（因而也包括构成资本的那些商品）的价值，都不是由这种商品本身包含的必要劳动时间决定的，而是由它的再生产所需要的社会必要劳动时间决定的。"① 他还提出："因为利润率等于产品价值的余额和全部预付资本价值的比率，所以，由预付资本贬值造成的利润率的提高，是和资本价值的损失结合在一起的，同样，由预付资本增值造成的利润率的降低，也可能和资本价值的增加结合在一起。"② 因此，他们认为，既然由于生产力提高导致过去生产的生产资料的价值贬值，那么，资本有机构成不是提高，而是降低。

为什么利润率不由剩余价值与过去预付资本之比决定，而由再生产生产资料所需要的社会必要劳动时间决定？

随着生产力提高，资本有机构成是否提高？毫无疑问，随着生产力提高，每个雇佣劳动者推动的生产资料数量必然增加。问题在于，当每个劳动者使用的生产资料增加的同时，生产单位生产资料所耗费的劳动减少，那么，生产这些生产资料所耗费的总劳动是否增加？雇佣劳动者耗费的总生活消费资料是否增加？生产这些生活消费资料所耗费的总劳动是否增

① 《马克思恩格斯全集》，第25卷，北京，人民出版社，1974，中文1版，第158页。
② 《马克思恩格斯全集》，第25卷，北京，人民出版社，1974，中文1版，第130页。

加？如果生产生产资料所耗费的总劳动与生产生活消费资料所耗费的总劳动都增加，那么，哪种劳动增加得更快？

要回答这些问题，必须考察资本主义竞争，也就是考察价值转形。

假设，有甲乙两个生产力相同的企业，甲企业的利润率为 r_a，乙企业的利润率为 r_b，甲企业的生产资料中的机器是过去生产的，乙企业的生产资料中的机器是现在生产的，生产机器的生产力提高，生产每台机器耗费的劳动减少，每台机器的价值降低，那么，甲乙两个企业的资本技术构成相同。

如果甲企业的生产资料按照过去生产的机器的价值计算利润率，乙企业的生产资料中的机器按照现在生产的价值计算利润率，那么，甲企业的利润率 r_a 低于乙企业的利润率 r_b。在这种情况下，如果乙企业的利润率 r_b 等于平均利润率 r，那么，甲企业的利润率 r_a 低于平均利润率 r。如果甲企业的利润率 r_a 等于平均利润率 r，那么，乙企业的利润率 r_b 高于平均利润率 r，将会有更多的企业选择增加资本。这违背了平均利润规律。因此，这种情况不会出现。

如果甲企业的生产资料也按照现在生产的机器的价值计算利润率，那么，甲企业的利润率 r_a 等于乙企业的利润率 r_b，甲企业的利润率 r_a 与乙企业的利润率 r_b 都等于平均利润率 r。在这种情况下，甲企业的过去生产的机器贬值。

因此，利润率由再生产生产资料所需要的社会必要劳动时间决定，而不由过去生产生产资料所需要的社会必要劳动时间决定。

第十三节　生产率提高的条件下资本有机构成是否提高

在利润率由再生产生产资料所需要的社会必要劳动时间决定的前提下，生产率提高条件下的资本有机构成是否提高？

一、影响资本有机构成的因素

一方面，生产率提高要求资本技术构成提高，成为资本有机构成提高的因素；另一方面，生产生产资料的生产率提高会导致原有的机器贬值，相对地减少了不变资本的价值，成为资本有机构成降低的因素。

生产率提高，不仅是生产资料的生产率提高，而且是生活消费资料的生产率提高。在生产率提高的条件下，资本有机构成是否提高，不仅取决于资本技术构成提高与原有的机器贬值这两个因素中哪个因素所起的作用更大，而且取决于生产资料的生产率与生活消费资料的生产率哪个提高得更快。

如果资本技术构成提高的因素所起的作用大于原有的机器贬值的因素所起的作用，那么，不变资本的价值提高。如果原有的机器贬值的因素所起的作用大于资本技术构成提高的因素所起的作用，那么，不变资本的价值降低。

在资本技术构成提高从而生产率提高的条件下，如果生活消费资料的生产率提高的比例大于生产资料的生产率提高的比例，那么，资本有机构成提高。如果生产资料的生产率与生活消费资料的生产率以相同的比例提高，也就是单位生产资料与单位生活消费资料以相同的比例贬值，那么，资本有机构成也提高。如果生产资料的生产率提高的比例大于生活消费资料的生产率提高的比例，那么，对于资本有机构成如何变化，需要进行更深入的分析。

二、不考虑部类划分，不考虑再生产条件，不考虑生产资料与生活消费资料贬值的条件下，价值形式的总资本有机构成的变化

如果既不考虑部类划分与再生产条件，也不考虑生产资料与生活消费资料贬值，那么，价值形式的总资本有机构成可以表示为

$$k=\frac{c}{v}>\frac{c}{s+v}=\frac{c}{l} \tag{13-79}$$

其中，l 表示创造新价值的活劳动或新价值。

由（13－58）式、（13－74）式、（13－79）式，可以看到

$$k>\frac{c}{l}=\frac{1}{r_{\max l}} \tag{13-80}$$

其中，比率 $\frac{1}{r_{\max l}}$ 不是资本有机构成的最小值，而是价值形式的资本有机构成的一种可以接近，却无法达到的观念上的最低极限。

上面已经证明，比率 $r_{\max l}=\frac{l}{c}$ 不断降低，因此，比率 $\frac{1}{r_{\max l}}=\frac{c}{l}$ 不断提高。既然价值形式的资本有机构成的下限 $\frac{1}{r_{\max l}}$ 不断提高，那么，价值形式的资本有机构成变化的总趋势只能是提高。

三、不考虑部类划分，不考虑生产资料与生活消费资料贬值，扩大再生产条件下价值形式的总资本有机构成的变化

在既不考虑部类划分，也不考虑生产资料与生活消费资料贬值的条件

下，如果考虑到资本有机构成提高的过程是扩大再生产的过程，一部分剩余价值要转化为追加不变资本，那么，价值形式的资本有机构成可以表示为

$$k=\frac{c}{v}>\frac{c}{s_{vs}+v}=\frac{c}{(1-\beta)(v+s)}=\frac{c}{(1-\beta)l} \tag{13-81}$$

其中，s_{vs}表示剩余价值中用于追加可变资本的部分与用于资本家生活消费的部分之和，β表示新创造的价值中用于追加不变资本的比例，l表示新创造的价值，$(1-\beta)l$表示新创造的价值中雇佣劳动者用于生活消费的部分，资本家用于生活消费的部分、追加可变资本的部分。显然，$(1-\beta)l$表示生活资料生产部类的产品价值。

既然生产资料生产增长比生活消费资料生产增长快，那么，比率$\frac{c}{(1-\beta)l}$不断提高，从而价值形式的资本有机构成的下限$\frac{1}{r_{\max l}}$不断提高，价值形式的资本有机构成趋向提高。

四、生产生产资料的劳动与生产生活消费资料的劳动的比例提高，证明资本有机构成提高

在生产资料与生活消费资料的生产过程中，两部类的资本技术构成以不同比例提高，两部类的生产率以不同比例提高，单位生产资料与单位生活消费资料以不同比例贬值，这些因素共同作用，令对资本有机构成是否提高的问题的考察变得非常困难。

为了回避这种困难，可以考察如下几方面的变化：第一，每年耗费的总劳动中生产生产资料的劳动与生产生活消费资料的劳动的比例的变化；第二，积累率的变化；第三，追加资本的有机构成的变化。

显然，每年耗费的总劳动中生产生产资料的劳动与生产生活消费资料的劳动的比例不断提高，积累率不断提高，追加资本的有机构成不断提高。

即使原有的没有消耗的固定资本严重贬值，产生无形损耗，但是，因为追加资本的有机构成提高，积累率提高，新增加的资本在总资本中的比例提高，所以，总资本有机构成仍然不断提高。

五、资本有机构成提高是总趋势

通过上面的考察，虽然不能证明价值形式的资本有机构成无一例外地绝对提高，但是，可证明价值形式的资本有机构成必然趋向提高。

资本有机构成提高不仅是理论分析的结果，而且被资本主义生产发展

的事实所证明。由（13－79）式可以看到，如果 c 表示总资本，那么，$s+v$ 表示总劳动，其中，包括必要劳动与剩余劳动。如果 c 表示人均资本，那么，$s+v$ 表示人均劳动。在资本主义生产的长期发展过程中，人均资本增加的事实证明价值形式的资本有机构成提高。这里提到的资本，是按照生产率提高之后生产同样生产资料所耗费的劳动计算的，已经考虑了固定资本贬值的因素。人均年劳动时间减少的事实，进一步证明价值形式的资本有机构成提高。

第十四节　为什么资本有机构成提高通常超过劳动生产力提高

一、区分机器数量增加与机器性能提高对生产力的不同影响

列宁的生产资料生产优先增长理论可以证明，制造生产资料的生产资料生产的增长快于制造生活消费资料的生产资料生产的增长，制造生活消费资料的生产资料生产的增长快于生活消费资料生产的增长。

生产规模的增长，有两种典型的方式：一种典型的方式，是外延扩大再生产的方式，即通过单纯增加资本数量的方式实现扩大再生产，在生产规模扩大的同时，各部类的不变资本、可变资本、剩余价值等比例增加，各部类的资本有机构成不变，剩余价值率不变，利润率不变；另一种典型的方式，是内涵扩大再生产的方式，即通过提高资本有机构成或提高劳动生产力的方式实现扩大再生产，在生产规模扩大的同时，各部类的资本有机构成提高。

在实际经济活动中，通常是上述两种方式的结合，以其中的一种方式为主导。在长期的历史发展过程中，资本有机构成不断提高，生产效率不断提高，因此，仅仅在一定历史时期，才存在外延扩大再生产，在一般情况下，社会资本再生产是内涵扩大再生产。

在外延扩大再生产中，生产能力提高，但是，生产效率不变，即单位劳动生产的产品数量不变。在内涵扩大再生产中，不仅生产能力提高，而且生产效率提高。

马克思的利润率趋向下降的理论考察的是资本有机构成提高的内涵扩大再生产，列宁的生产资料生产优先增长理论考察的也是资本有机构成提高的内涵扩大再生产。在我们的考察中，提到生产力提高，通常是指生产效率提高，简称为生产率提高。

虽然单位生活资料的价值下降为剩余价值率提高提供了条件，但是，列宁的这个理论，并没有提到资本有机构成提高的同时单位生活资料与单位生产资料的价值下降。这就是说，列宁并没有提到，在资本有机构成提高的条件下剩余价值率与利润率如何变化，更确切地说，列宁没有提到，如果资本有机构成与剩余价值率共同提高，那么，利润率如何变化。为此，需要进行更深入的考察。

决定利润率变化方向的关键因素，是资本有机构成提高与劳动生产力提高的比例。在一般情况下，资本有机构成提高超过劳动生产力提高。

以棉纱生产为例。生产棉纱除了要使用与耗费生产资料，还要耗费劳动力。资本家用于购买生产资料的资本是不变资本，用于购买劳动力的资本是可变资本。不变资本包括固定资本部分与流动资本部分。使用与耗费的生产资料中包括劳动资料与劳动对象。劳动资料包括机器、厂房、道路等固定资本。其中，与劳动生产力关系最密切、最能反映劳动生产力水平的是机器。劳动对象包括原料、燃料等流动资本。其中，与劳动生产力关系最密切、最能反映劳动生产力水平的是原料。为了简化分析，我们以机器代表生产资料中的固定资本部分，以原料代表生产资料中的流动资本部分，并且假设棉花与劳动力的价值不变，同样劳动生产力的纺纱机的价值不变。

产品数量与原料数量成正比。劳动生产力是单位劳动力推动的原料数量与生产的产品数量。对于棉纱来说，纱的劳动生产力是在单位时间内单位劳动力使用的棉花数量与生产的纱的数量。纱的劳动生产力提高，是单位时间内单位劳动力使用的棉花数量与生产的纱的数量增加。单位时间内使用的棉花数量与生产的纱的数量增加，要求纺纱机等比例地增加。

在纺纱机的自动化程度不变的条件下，每个工人最多能够看管的纺纱机的数量是有限的。

过去的纺纱机，因为需要通过人工巡视来发现不可避免地会出现的断纱的情况，所以，每个工人只能够看管一定数量的纺纱机。如果纺纱机的自动化程度提高，例如，当出现断纱的情况时，机器不需要通过人工巡视来发现，而是能够自动报警，自动通知工人，那么，每个工人就能够看管更大数量的纺纱机。

如果纱的劳动生产力提高，那么，单位时间内每个工人看管的纺纱机的数量增加，从而每个工人生产的纱的数量增加。更确切地说，纺纱机数量与棉花数量等比例增加。纱的劳动生产力提高的比例，就是棉花数量增加的比例，也是纺纱机数量增加的比例。为了使每个工人看管的纺纱机的数量增加，要求纺纱机的自动化程度相应地提高。纺纱机的自动化程度提高，生产每台纺纱机耗费的劳动必然增加。生产一台自动化程度高的纺纱机耗费的劳动，相当于生产多台普通纺纱机耗费的劳动。

如果工人的数量不变，纺纱机的自动化程度不变，纺纱机数量与棉花数量等比例增加，那么，不变资本中的固定资本部分增加的比例与不变资本中的流动资本部分增加的比例，即纺纱机数量增加的比例与纱的数量增加的比例，等于劳动生产力提高的比例。

如果工人的数量不变，纺纱机的自动化程度提高，纺纱机数量与棉花数量等比例增加，同时，生产每台纺纱机耗费的劳动增加，那么，不变资本中的固定资本部分增加的比例高于不变资本中的流动资本部分增加的比例，即生产每个工人看管的纺纱机耗费的劳动增加的比例高于纱的数量增加的比例，高于劳动生产力提高的比例。这里的纺纱机是本期生产的，不受固定资本贬值的影响。

因此，资本有机构成提高的比例通常超过劳动生产力提高的比例。

当然，对于个别企业来说，在一定条件下，纺纱机的自动化程度提高的比例与生产力提高的比例，有可能超过资本有机构成提高的比例。在这种条件下，资本边际收益率提高。个别企业的利润率不是降低，而是提高。

二、资本有机构成提高对个别资本与总资本的不同影响

上面的分析存在一个问题：既然资本有机构成提高的比例超过劳动生产力提高的比例，劳动生产力提高的比例决定了剩余价值率提高的比例，资本有机构成提高的比例高于剩余价值率提高的比例，结果是利润率下降，那么，资本家为什么要提高资本有机构成？只有一个目的——提高利润率。

提高资本有机构成是个别资本家的决定。任何资本家都不会在可能降低利润率的条件下，提高自己的企业的资本有机构成。也就是说，资本家不是在任何条件下都提高资本有机构成，只有在利润率能够提高的条件下，资本家才提高自己的企业的资本有机构成。资本家提高自己的企业的资本有机构成，从而提高生产力在生产过程之前，获得利润在生产过程之后。并不是每个资本家提高资本有机构成都能够提高利润率。有些资本家的资本有机构成提高的比例高于生产力提高的比例，结果是他们的企业的个别利润率降低；有些资本家的资本有机构成提高的比例低于生产力提高的比例，结果是他们的企业的个别利润率提高。在资本主义生产竞争中，

那些个别利润率降低的企业逐渐被淘汰，剩下的企业都是个别利润率提高的企业。

那些资本有机构成提高的比例低于生产力提高的比例的企业，都是资本边际收益率提高的企业。这些企业，由于个别产品的价值低于同种产品的社会价值，产品按照社会价值交换，可以得到超额剩余价值或超额利润。只要个别企业的产品数量增加的比例超过资本增加的比例，这些企业的利润率就提高。个别企业的生产力无法改变这种产品的价值。

当生产同种产品的多数资本家都提高生产率时，这种产品的价值降低，个别企业的超额剩余价值或超额利润消失，利润率降低。生产每一种产品的企业的利润率降低，都会通过利润平均化，降低平均利润率。

因此，资本有机构成提高对个别资本的影响，与对总资本的影响完全不同。对于个别资本来说，可以提高个别利润率。对于总资本来说，平均利润率趋向下降。

上面分析的资本有机构成提高通常超过劳动生产力提高，不是对个别资本的分析，而是对总资本的分析。

在前面考察的列宁的生产资料生产优先增长理论中，已经证明，在一般情况下，第一部类的资本有机构成的增长高于第二部类的资本有机构成的增长，第二部类的资本有机构成的增长高于第三部类的资本有机构成的增长。还需要证明第三部类的资本有机构成的增长高于剩余价值率的增长，才能够证明总资本有机构成的增长高于剩余价值率的增长。

虽然这里分析的纱的生产，属于制造生活消费资料的生产资料生产，而不属于生活消费资料生产，但是，按照这种方式，同样可以证明在生活消费资料的生产过程中，生活消费资料生产部类的资本有机构成的增长高于剩余价值率的增长，即第三部类的资本有机构成的增长高于剩余价值率的增长。

总资本有机构成是三个部类的资本有机构成的加权平均值。因此，总资本有机构成的增长通常高于剩余价值率的增长。

三、生产资料生产部类的生产力提高，降低了单位生产资料的价值

制造生产资料的生产资料生产部类的生产力提高，降低了第一部类与第二部类的单位生产资料的价值，即使制造生活消费资料的生产资料生产部类的资本有机构成不提高，这个部类的资本技术构成也可以提高。如果制造生活消费资料的生产资料生产部类的资本有机构成提高，那么，这个部类的资本技术构成提高更多。

制造生活消费资料的生产资料生产部类的生产力提高，降低了第三部类的单位生产资料的价值，即使制造生活消费资料的生产部类的资本有机构成不提高，这个部类的资本技术构成也可以提高。如果制造生活消费资料的生产部类的资本有机构成提高，那么，这个部类的资本技术构成提高更多。

资本技术构成提高，为生产力提高奠定了基础。生产力提高，为剩余价值率提高提供了前提条件。

对于利润率下降，这是一个起相反作用的因素。

因此，总资本有机构成的增长超过剩余价值率的增长，并不是在任何条件下都成立的。平均利润率并不总是下降的。当对利润率下降起相反作用的因素占主导地位时，利润率提高。平均利润率下降，只能在长期经济发展过程中，作为一种总趋势，才能表现出来。

四、生产资料生产部类的生产规模扩大与资本有机构成提高

列宁提出："增长最快的是制造生产资料的生产资料生产，其次是制造消费资料的生产资料生产，最慢的是消费资料生产。"

虽然列宁的理论强调的是生产规模的变化，而不是资本有机构成的变化，但是，既然列宁考察的是扩大再生产，依据的理论基础是资本有机构成提高，既然我们考察资本有机构成提高对生产力提高与剩余价值率提高的影响，进而考察利润率的变化，那么，我们考察的对象只能是扩大再生产条件下的价值转形，而不是简单再生产条件下的价值转形；只能是内涵扩大再生产条件下的价值转形，而不是外延扩大再生产条件下的价值转形。

最合理的理论假设，就是各部类的生产规模扩大，主要通过资本有机构成提高与生产力提高的方式实现，那么，第一部类价值形式的资本有机构成提高超过第二部类价值形式的资本有机构成提高，第二部类价值形式的资本有机构成提高超过第三部类价值形式的资本有机构成提高，就是合理的。

如果只考虑一个部类的资本有机构成的变化对总资本有机构成与利润率的影响，那么，当然应该选择第一部类的资本有机构成提高。

第十五节　利润率下降是总趋势

这里证明了，价值形式的平均利润率下降的充分必要条件是，剩余价

值率对价值形式的总资本有机构成的一阶导数小于价值形式的平均利润率。事实上，无法证明，价值形式的平均利润率下降的充分必要条件必然得到满足。这就是说，虽然在正常生产条件下，价值形式的平均利润率缓慢下降，但是，在一定条件下，价值形式的平均利润率可能上升。数学中证明的关系是无一例外的。如果在任何条件下剩余价值率对价值形式的总资本有机构成的一阶导数都小于价值形式的平均利润率，那么，利润率就不是趋向于下降，而是绝对下降。马克思的观点是利润率趋向于下降，而不是绝对下降。

价值形式的平均利润率下降的必要条件不止一个。剩余价值率对价值形式的总资本有机构成的一阶导数小于价值形式的平均利润率，是价值形式的平均利润率下降的一个必要条件。第一部类的资本有机构成的提高超过第二部类的资本有机构成的提高，第二部类的资本有机构成的提高不低于剩余价值率的提高，也是价值形式的平均利润率下降的一个必要条件。仅仅满足后者，价值形式的平均利润率可能上升。

虽然无法证明价值形式的平均利润率下降的充分必要条件必然得到满足，却能够证明价值形式的平均利润率趋向下降的条件必然得到满足。

值得注意的是，上面关于价值形式的平均利润率趋向下降的充分条件的证明，不是直接证明价值形式的平均利润率必然下降，而是证明它的上界下降。价值形式的平均利润率的上界，是活劳动创造的新价值与不变资本之比，也就是活劳动与物化劳动之比。单位活劳动驱动的物化劳动的数量，反映劳动生产力的水平。劳动生产力不断提高，单位活劳动驱动的物化劳动不断增加，也就是每个工人使用的生产资料数量不断增加，生产的产品不断增加。

当然，价值形式的平均利润率的上界是无法达到的。因为，一旦达到这个上界，就意味着雇佣劳动者全部失业。没有雇佣劳动，资本主义生产无法进行。这表明，可变资本不可能等于零，也就是必要劳动不可能等于零。虽然价值形式的平均利润率的上界无法达到，但是，可以在某种程度上接近。例如，在资本有机构成很高、剩余价值率很高的条件下，可变资本在总资本中占的比例很小，必要劳动创造的价值在活劳动创造的新价值中占的比例很小，价值形式的平均利润率虽然小于活劳动创造的新价值与不变资本之比，但是，在某种程度上接近活劳动创造的新价值与不变资本之比。

在逻辑上可以假设达到了这个上界，一旦达到这个上界，如果活劳动创造的新价值不变，也就是活劳动不变，不变资本增加，那么，活劳动创造的新价值与不变资本之比必然下降。如果活劳动创造的新价值增加，但是增加的比例小于不变资本增加的比例，那么，活劳动创造的新价值与不变资本之比也必然下降。

既然活劳动创造的新价值与不变资本之比必然下降，也就是价值形式的平均利润率的上界必然下降，那么，无论价值形式的平均利润率如何变化，即使在一定时期短暂地上升，都无法改变其必然下降的总趋势。

马克思认为："因为所使用的活劳动的量，同它所推动的物化劳动的量相比，同生产中消费掉的生产资料的量相比，不断减少……因而利润率必然不断下降。"①

他所说的"所使用的活劳动的量，同它所推动的物化劳动的量相比，同生产中消费掉的生产资料的量相比，不断减少"，就是这里的活劳动创造的新价值与不变资本之比下降。

正因为这里证明的规律，不是价值形式的平均利润率必然下降，而是它的上界——活劳动创造的新价值与不变资本之比——必然下降，这里证明的价值形式的平均利润率趋向下降的规律，才不是表现为价值形式的平均利润率绝对下降，而是表现为一种不可避免的趋势。

正如马克思说："这种下降不是以这个绝对的形式而是以不断下降的趋势表现出来"②。

这种利润率不断下降的趋势，可以看做围网捕鱼。在最终收起渔网之前，渔网中的水域面积仍然很大，鱼在这个水域中可以向各方向游动，但是，随着渔网逐步收缩，鱼的游动范围不断缩小。利润率的上升或下降就是鱼的游动方向，利润率的上界就是渔网。鱼是自由的，因为它可以向各方向游动；鱼又是不自由的，因为它的活动范围在逐步缩小。与渔网中的鱼的命运不同的是，利润率不会降为零。利润率降为零，资本主义生产就无法进行。事实上，利润率既可以上升，也可以下降，但是，利润率的上界逐步降低。因此，利润率下降的概率大于利润率上升的概率。这就是利润率不断下降的总趋势。

同理，资本有机构成也不是在任何条件下都提高，资本有机构成提高是有条件的，个别资本提高资本有机构成的前提是个别利润率提高。在一般条件下证明资本有机构成提高是很困难的。这里证明了价值形式的资本有机构成的下限或下界不断提高，从而证明了价值形式的资本有机构成趋

① 《马克思恩格斯全集》，第25卷，北京，人民出版社，1974，中文1版，第237页。
② 《马克思恩格斯全集》，第25卷，北京，人民出版社，1974，中文1版，第237页。

向提高。

金融业与科学研究部门都是第三产业或服务业的重要组成部分。这些行业或部门服务的对象主要是生产资料生产部门，而不是生活消费资料生产部门。不能将这些行业或部门归入第二部类。因此，不能以第三产业或服务业的发展速度快来证明资本有机构成下降。

至此，价值形式的平均利润率趋向下降的充分必要条件都得到了证明。因此，马克思的利润率趋向下降的规律是正确的。

第十四章　资本有机构成与剩余价值率共同提高对利润率的影响

第一节　占主导地位的社会总资本再生产

一、简单再生产不是占主导地位的社会总资本再生产

简单再生产是雇佣劳动者创造的剩余价值全部用于资本家的生活消费，按照原有的规模进行的再生产。简单再生产的不变资本、可变资本、剩余价值不变，资本有机构成、剩余价值率、利润率也不变。

简单再生产不仅要实现价值补偿，而且要实现物质补偿，正如马克思所说的："产品价值的一部分再转化为资本，另一部分进入资本家阶级和工人阶级的个人消费，这在表现出总资本执行职能的结果的产品价值本身内形成一个运动。这个运动不仅是价值补偿，而且是物质补偿，因而既要受社会产品的价值组成部分相互之间的比例的制约，又要受它们的使用价值，它们的物质形式的制约。"①

对简单再生产的考察，不仅对扩大再生产的考察具有重要的作用，而且对价值转形的考察具有重要的作用。

在扩大再生产中，一方面，要补偿生产中耗费的生产资料，补偿工人耗费的生活资料；另一方面，要追加不变资本与可变资本，其中，补偿原有数量的生产资料与工人的生活资料的过程，与简单再生产相同。考察简单再生产是考察扩大再生产的基础。马克思在《资本论》第二卷中重点考察简单再生产，正是出于这个原因。

---

① 《马克思恩格斯全集》，第24卷，北京，人民出版社，1972，中文1版，第437～438页。

扩大再生产有无数种可能方式，每一种扩大再生产方式都不具有一般性。而简单再生产具有一般性。

考察简单再生产条件下的价值转形，能够避免采用时间序列分析方法，从而简化分析，有利于重点考察剩余价值如何实现，能够证明价值转形不是通过资本流动，而是通过社会对资本有机构成不同的部类生产的商品的价值的承认程度不同实现的。

考察简单再生产条件下的价值转形，能够证明边际价值论不成立，证明马克思的劳动价值论是正确的。

在简单再生产中，没有资本积累。这种形式的再生产在一些特殊历史时期存在过，例如，经济周期中的萧条阶段，生产规模基本不变。虽然这种形式的再生产是理论分析中最重要和最基本的一种社会总资本再生产形式，但是，不是占主导地位的社会总资本再生产形式。

我们考察的资本有机构成提高、剩余价值率提高、利润率下降的问题，不属于简单再生产。

二、外延扩大再生产不是占主导地位的社会总资本再生产

外延扩大再生产是不变资本、可变资本、剩余价值等比例增加的一种扩大再生产形式。在外延扩大再生产中，资本有机构成、剩余价值率、利润率不变，生产力也不变。这种形式的再生产在一些特殊历史时期存在过，例如第二次世界大战之后的大规模经济重建和经济恢复时期。在这种时期，生产的发展，主要不是通过生产效率的提高实现的，而是通过生产规模的扩大实现的。此时，占主导地位的扩大再生产的形式，是外延扩大再生产，而不是内涵扩大再生产。

人类社会的发展过程，是生产力不断提高的过程。生产力的提高，一方面，是生产规模的扩大；另一方面，是生产效率的提高。单纯的生产规模的扩大通过外延扩大再生产实现。生产效率的提高通过内涵扩大再生产实现。

在一般情况下，我们提到生产力提高，通常是指生产效率提高，也就是指资本有机构成提高。

资本主义生产发展的历史过程，是生产力极大地提高的过程。生产力提高是资本有机构成提高的结果。资本有机构成提高与生产力提高的扩大再生产，不是外延扩大再生产，而是内涵扩大再生产。

对外延扩大再生产的分析，比对内涵扩大再生产的分析简单得多。因此，在理论分析过程中，考察外延扩大再生产是考察内涵扩大再生产的

基础。

外延扩大再生产虽然是理论分析中一种重要的扩大再生产形式，但是不是占主导地位的社会总资本再生产形式。

我们考察的资本有机构成提高、剩余价值率提高、利润率下降的问题，不属于外延扩大再生产。

三、占主导地位的社会资本再生产是内涵扩大再生产

（一）三个最基本的外生变量

内涵扩大再生产是通过提高生产力的方式，实现生产规模扩大的一种扩大再生产形式。在内涵扩大再生产中，资本有机构成提高，从而生产力提高。这种形式的再生产是扩大再生产的一般形式。

在内涵扩大再生产中，有几种具体形式。

在一般情况下，两部类或多部类（两部门或多部门）的资本有机构成不同。既然资本有机构成不同，那么必然存在价值转形。无论我们的考察与价值转形是否有关，价值转形必然存在。既然存在价值转形，各个变量就可以划分为外生变量和内生变量。第一部门价值形式的资本有机构成 k_1、第二部门价值形式的资本有机构成 k_2、剩余价值率 e 这三个变量是最重要和最基本的外生变量。

在这三个外生变量中，可以只有一个外生变量变化，可以有两个外生变量变化，也可以三个外生变量都变化。

（二）一个外生变量变化的情况

如果只有一个外生变量变化，那么，既不可能是剩余价值率提高，也不可能是第二部门价值形式的资本有机构成提高。

如果第二部门价值形式的资本有机构成不变，那么，剩余价值率不可能提高。因为，第二部门价值形式的资本有机构成不变和剩余价值率提高，意味着雇佣劳动者的生活水平绝对地下降。从长期发展的观点来看，这是绝对不可能实现的。也就是说，第二部门价值形式的资本有机构成不变和剩余价值率提高，与长期发展过程中雇佣劳动者的生活水平不下降矛盾。

如果第二部门价值形式的资本有机构成提高，第一部门价值形式的资本有机构成不变，那么，这种情况与价值形式的总资本有机构成提高矛盾。因为，价值形式的总资本有机构成提高，意味着第一部类的生产规模增长比第二部类的生产规模增长更快，这要求第一部门生产力的提高超过第二部门生产力的提高，也就是要求第一部门价值形式的资本有机构成的

提高超过第二部门价值形式的资本有机构成的提高。

因此，如果只有一个外生变量变化，那么，只能是第一部门价值形式的资本有机构成提高。

（三）两个外生变量变化的情况

如果有两个外生变量变化，那么，不可能是剩余价值率提高。

如果第二部门价值形式的资本有机构成不变，那么，剩余价值率不可能提高。否则，与长期发展过程中雇佣劳动者的生活水平不下降矛盾。

如果第一部门价值形式的资本有机构成不变，那么，与价值形式的总资本有机构成提高矛盾。

因此，如果有两个外生变量变化，那么，只能是第一部门价值形式的资本有机构成提高、第二部门价值形式的资本有机构成提高，剩余价值率不变。并且，第一部门价值形式的资本有机构成的提高超过第二部门价值形式的资本有机构成的提高。

（四）三个外生变量变化的情况

如果三个外生变量都变化，那么，应该是第一部门价值形式的资本有机构成的提高超过第二部门价值形式的资本有机构成的提高，剩余价值率的提高不超过第二部门价值形式的资本有机构成的提高，从而价值形式的总资本有机构成的提高超过剩余价值率的提高，从而利润率下降。

如果剩余价值率的提高超过第二部门价值形式的资本有机构成的提高，从而超过第二部门生产力的提高，那么就意味着雇佣劳动者的生活水平绝对地下降。

如果第二部门价值形式的资本有机构成的提高超过第一部门价值形式的资本有机构成的提高，那么，与价值形式的总资本有机构成提高矛盾。

三个外生变量按照这种比例和逻辑关系变化，与资本主义发展的历史一致，是资本主义经济发展的一般情况。

四、扩大再生产要有追加的物质产品和追加的金属货币

扩大再生产不仅要像简单再生产那样，实现价值补偿，并实现生产资料和生活资料的物质补偿，而且还要有与追加的不变资本相应的追加的生产资料，以及与追加的可变资本相应的追加的生活资料。除此之外，在金属货币参与流通的条件下，还要有与增加的、越来越多的剩余价值相应的增加的、越来越多的金属货币。可能增加的金属货币，制约着剩余价值的增加和资本积累。

关于这一点，将在下一章中进行考察。

第二节　在逻辑上只有资本有机构成提高、剩余价值率不变是可能的

否定马克思的利润率趋向下降规律的学者的一个主要观点是，只有资本有机构成提高，而剩余价值率不变，是不可能实现的。持这种观点的学者，不仅没有考察剩余价值率提高与哪些因素有关，与哪个部类的资本有机构成变化的关系更密切，与哪个部类的生产变化的关系更密切，而且没有考察在现实经济活动中是否存在生产资料生产的增长远远超过生活资料生产的增长的具体事例。

从再生产条件可以看到，如果第一部类的价值形式的资本有机构成提高，从而第一部类的资本技术构成提高，第一部类的生产力提高，同时，第二部类资本技术构成不变，第二部类生产力不变，那么，因为第一部类的生产力提高，第一部类的单位产品的价值降低，所以，制造生活消费资料的单位生产资料的价值降低，单位生活资料价值降低，第二部类资本有机构成降低。如果雇佣劳动者的生活水平提高，但是提高的比例低于资本家的生活水平提高的比例，那么，剩余价值率有所提高，但是剩余价值率提高的比例显著低于单位生活资料价值降低的比例，也就是显著低于第一部类的资本有机构成提高的比例。

在这种条件下，考虑到第一部类的资本远远多于第二部类的资本，如果第一部类价值形式的资本有机构成提高，第二部类价值形式的资本有机构成降低，那么，总资本有机构成必然提高。如果总资本有机构成提高，剩余价值虽然提高，但是，提高的比例显著第一部类的资本有机构成提高的比例，那么，利润率将下降。

第一部类价值形式的资本有机构成提高，已经是扩大再生产，而不是简单再生产，不仅如此，还是内涵扩大再生产。

这种内涵扩大再生产的方式，不仅在逻辑上可以成立，而且在现实经济活动中确实存在。在苏联的长期经济发展过程中，以及中国 20 世纪 50 年代至 70 年代的长期经济发展过程中，一方面为了实现工业化，另一方面为了抵抗帝国主义的侵略，必须优先发展工业，特别是优先发展重工业。在工业化过程中，生产资料生产的发展速度远远超过生活资料生产的发展速度。

第一部类的资本有机构成比较高，第二部类的资本有机构成比较低。

随着工业化的进行，第一部类的资本在总资本中的比例不断提高，总资本有机构成不断提高。

因为重点发展工业，特别是重点发展重工业，所以，生活消费资料生产的发展受到了一定程度的影响。第二部类的生产率提高比较慢，人民生活水平提高比较慢，剩余价值率提高比较慢。

因为总资本有机构成提高的比例显著地超过剩余价值率提高的比例，所以，以价值形式的利润率降低。当然，因为政府采取工业产品价格与农业产品价格的“剪刀差”的政策，即提高工业产品价格，降低农业产品价格，所以，价格形式的利润率与价值形式的利润率的变化规律不完全相同。

苏联和中国两国的这种经济实践活动，既可以看做列宁的生产资料生产优先增长理论的具体实现，也可以看做这种内涵扩大再生产的方式的具体实现。

在如此大的国家与如此长的历史时期中的经济实践，绝不仅仅是领导者个人的决策选择，也不仅仅是一种可能实现的逻辑关系。事实上，在一定历史时期中，这种内涵扩大再生产方式是最优经济选择。当然，从更长远的观点来看，这种第一部类和第二部类的长期发展不平衡，是不可持续的，也不是最优经济选择。社会主义经济发展到基本实现工业化的阶段后，需要转变经济的增长方式，转变为各部类均衡发展。

那种认为资本有机构成提高必然引起剩余价值率提高的观点，事实上将雇佣劳动者的实际工资不变作为一个隐含条件。马克思从来不认为雇佣劳动者的实际工资不变。他提出的无产阶级贫困化，主要是指无产阶级相对贫困化而不是绝对贫困化。

资本主义生产发展的几百年历史也证明，主要资本主义国家的雇佣劳动者的实际工资是不断提高的，而不是不断降低的。

第三节　第一部类价值形式的资本有机构成、第二部类价值形式的资本有机构成、剩余价值率都提高，符合逻辑与历史相统一

在长期的经济发展过程中，两部类按照上面阐述的比例均衡地发展，是较优经济选择或最优经济选择。

个别资本要获得越来越多的剩余价值或利润，要在激烈的市场竞争中

获胜或生存，就必须不断地开发新产品，采用新技术、新工艺、新机器，不断地提高生产力，不断地提高资本有机构成。

一个国家或一个经济体，要在激烈的国际经济竞争中生存或发展，也要不断地提高生产力，不断地提高资本有机构成。不断地提高生产力，从而提高资本有机构成，对于一个国家或一个经济体来说是远远不够的，仅仅是在国际经济竞争中生存或发展的必要条件，还不是充分条件。

一个健康的经济体系，要在长期的国际经济竞争中生存或发展，各部类必须保持适当的比例。提高生产力，必须提高资本有机构成，特别是提高第一部类的资本有机构成，保持第一部类的资本有机构成的提高显著地超过第二部类的资本有机构成的提高。提高资本有机构成的主要途径，是追加资本的有机构成高于原有资本的有机构成。追加资本是剩余价值的一部分，来自转化为资本的剩余价值。增加资本积累，就要增加剩余价值。增加剩余价值的途径，一方面是增加活劳动，另一方面是提高剩余价值率。提高剩余价值率，不能通过降低工人的生活水平来实现，只能通过提高生产力来实现。这就要求提高第二部类的生产力，从而提高第二部类的资本有机构成。

第一部类价值形式的资本有机构成、第二部类价值形式的资本有机构成、剩余价值率都提高，第一部类价值形式的资本有机构成的提高超过第二部类价值形式的资本有机构成的提高，剩余价值率的提高不超过第二部类价值形式的资本有机构成的提高，不仅符合通过逻辑分析得到的结论，而且与长期的经济发展历史一致。

对马克思的利润率趋向下降规律进行考察，必须使用逻辑分析方式。这种逻辑分析方式，既不是与历史发展绝对一致的复制，也不是与历史发展完全脱离的、无关的、纯粹的数理分析。

恩格斯在分析“应该用什么方法对待科学”① 的问题时，对黑格尔的辩证法作出高度评价。他认为：“黑格尔的思维方式不同于所有其他哲学家的地方，就是他的思维方式有巨大的历史感作基础。形式尽管是那么抽象和唯心，他的思想发展却总是与世界历史的发展紧紧地平行着，而后者按他的本意只是前者的验证。真正的关系因此颠倒了，头脚倒置了，可是实在的内容却到处渗透到哲学中；何况黑格尔不同于他的门徒，他不像他们那样以无知自豪，而是所有时代中最有学问的人物之一。他是第一个想证明历史中有一种发展、有一种内在联系的人，尽管他的历史哲学中的许

① 《马克思恩格斯全集》，第13卷，北京，人民出版社，1972，中文1版，第530页。

多东西现在在我们看来十分古怪，如果把他的前辈，甚至把那些在他以后敢于对历史作总的思考的人同他相比，他的基本观点的宏伟，就是在今天也还值得钦佩。”①

恩格斯认为：“对经济学的批判，即使按照已经得到的方法，也可以采用两种方式：按照历史或者按照逻辑。既然在历史上也像在它的文献的反映上一样，整个说来，发展也是从最简单的关系进到比较复杂的关系，那末，政治经济学文献的历史发展就提供了批判所能遵循的自然线索，而且，整个说来，经济范畴出现的顺序同它们在逻辑发展中的顺序也是一样的。这种形式看来有好处，就是比较明确，因为这正是跟随着现实的发展，但是实际上这种形式至多只是比较通俗而已。历史常常是跳跃式地和曲折地前进的，如果必须处处跟随着它，那就势必不仅会注意许多无关紧要的材料，而且也会常常打断思想进程；并且，写经济学史又不能撇开资产阶级社会的历史，这就会使工作漫无止境，因为一切准备工作都还没有作。因此，逻辑的研究方式是唯一适用的方式。但是，实际上这种方式无非是历史的研究方式，不过摆脱了历史的形式以及起扰乱作用的偶然性而已。历史从哪里开始，思想进程也应当从哪里开始，而思想进程的进一步发展不过是历史过程在抽象的、理论上前后一贯的形式上的反映；这种反映是经过修正的，然而是按照现实的历史过程本身的规律修正的，这时，每一个要素可以在它完全成熟而具有典范形式的发展点上加以考察。”②

因此，对经济学的逻辑分析，应该遵循与历史发展相一致的方式。

① 《马克思恩格斯全集》，第13卷，北京，人民出版社，1972，中文1版，第531页。

② 《马克思恩格斯全集》，第13卷，北京，人民出版社，1972，中文1版，第532～533页。

第十五章　贫富差距扩大证明利润率趋向下降

第一节　资本家的主要财产是资本，资本的主要部分是不变资本

一、追加资本增加的比例超过资本家的生活消费资料增加的比例

资本是带来剩余价值的价值。资本家要获得更多剩余价值，就必须拥有更多资本。资本家将获得的一部分剩余价值转化为资本，实现资本积累。资本积累的规模越大，获得到的剩余价值越多。

资本家为了获得更多剩余价值，加快资本积累，必须将他获得的剩余价值中更多的部分作为追加资本。因此，追求更多剩余价值的生产目的，必然导致追加资本增加的比例超过资本家的生活消费资料增加的比例。

二、资本家的主要财产是资本，而不是生活消费资料

资本家的财产不仅包括生活消费资料，而且包括资本，资本中包括不变资本与可变资本。没有理由假设在任何条件下资本家的财产中资本的价值都超过生活消费资料的价值，但是，随着时间的推移，这种状况迟早会出现。

在某个历史阶段，无论追加资本在剩余价值中的比例大于资本家的生活消费资料在剩余价值中的比例，还是小于资本家的生活消费资料在剩余价值中的比例，随着追加资本不断增加，因为追加资本增加的比例高于资本家的生活消费资料增加的比例，所以，追加资本在剩余价值中的比例迟早会超过资本家的生活消费资料在剩余价值中的比例。一旦超过这个阶段，剩余价值中的主要部分，就不是资本家的生活消费资料，而是追加资本。

资本主义生产发展到一定阶段，资本家的财产中的绝大部分不是生活消费资料，而是资本。这是由资本家追逐剩余价值的生产目的决定的。这不仅是理论假设，而且是事实，是客观存在。

三、资本的主要部分是不变资本或生产资料

随着生产力不断提高，从而资本有机构成不断提高，不变资本在资本中的比例不断提高。在资本主义生产发展的某个历史阶段，无论不变资本在资本中的比例高于可变资本在资本中的比例，还是不变资本在资本中的比例低于可变资本在资本中的比例，随着资本有机构成不断提高，不变资本在资本中的比例迟早会超过可变资本在资本中的比例。一旦超过这个阶段，资本中的主要部分，就不是可变资本，而是不变资本。

资本家只有占有生产资料，拥有资本，购买到劳动力，才能进行生产，才能获得剩余价值。资本家要得到更多剩余价值，必须进行资本积累，也就是将得到的剩余价值中的一部分转化为资本，其中越来越多的部分转化为不变资本。

资本中的主要组成部分不是可变资本，而是不变资本或生产资料。

第二节　大资本与小资本的差距、贫富差距主要是占有生产资料的差距

大资本与小资本的差距，是拥有的资本数量的差距。资本中的主要部分是生产资料。因此，大资本与小资本的差距也是拥有的生产资料的差距。

雇佣劳动者与资本家的贫富差距，占有生活资料的差距，取决于生产关系。资本家占有生产资料，雇佣劳动者没有生产资料，只有采用雇佣劳动的形式，劳动才能与生产资料相结合，才能进行生产。

大资本与小资本的差距，现实经济生活中社会成员的贫富差距，不仅是占有生活资料的差距，而且更重要的是占有资本的差距，特别是占有生产资料的差距。占有资本的差距，尤其是占有生产资料的差距，决定了占有生活资料的差距。占有生产资料的差距是占有生活资料的差距的原因，占有生活资料的差距是占有生产资料的差距的结果。

提高生产力有两种不同的方式：一种方式，是在不提高劳动生产率的条件下单纯扩大生产规模，也就是外延扩大再生产；另一种方式，是在提

高劳动生产率的条件下扩大生产规模，也就是内涵扩大再生产。

在外延扩大再生产中资本有机构成不变，在内涵扩大再生产中资本有机构成提高。

在一般情况下，我们提到的生产力提高，通常是指生产效率提高。

个别资本家无法决定全社会的剩余价值率，但是能够在一定程度上决定本企业的资本有机构成，在一定程度上决定本企业的生产力，从而在一定程度上决定本企业获得的超额剩余价值或超额利润。

如果通过提高资本有机构成、提高生产效率的方式获得的超额利润，超过按照原有资本有机构成单纯扩大生产规模的方式获得的平均利润，那么，个别资本家当然选择通过提高资本有机构成的内涵扩大再生产的方式，而不选择单纯扩大生产规模的外延扩大再生产的方式。这就是说，资本家不是在任何条件下都提高资本有机构成，个别资本家是否提高本企业的资本有机构成，取决于提高资本有机构成是否能够为本企业获得超额剩余价值或超额利润。

个别资本家提高本企业的资本有机构成与生产效率，能够为本企业获得超额利润，但是，当大多数资本家都提高本企业的资本有机构成与生产效率时，超额利润就消失了。此时，虽然全社会的资本有机构成已经提高，但是，由于超额利润消失，剩余价值率很难相应地提高。

一方面，资本家要获得越来越多的剩余价值，就必须不断增加资本。另一方面，资本家要在竞争中获胜或生存，必须不断提高生产效率，也就是不断提高资本有机构成。

因此，资本有机构成的提高超过剩余价值率的提高，不仅由竞争的外部压力决定，而且由获得越来越多的剩余价值的内部动力决定。无论是资本的生存，还是资本的发展，都要求资本家不断提高本企业的生产效率，也就是提高本企业的资本有机构成。

随着资本家占有的剩余价值增加，与资本家占有的剩余价值中转化为生活资料的剩余价值的增长相比，资本家占有的剩余价值中转化为追加资本的剩余价值的增长更快，特别是资本家占有的剩余价值中转化为追加不变资本的剩余价值的增长更快，也就是转化为追加生产资料的剩余价值的增长更快。资本家占有的剩余价值中，转化为追加资本形式的剩余价值的增长，特别是转化为追加生产资料的剩余价值的增长，使得资本家不仅源源不断地获得剩余价值，而且获得的剩余价值越来越多。

第三节　资本有机构成提高率高于剩余价值提高率是总趋势

与资本家占有的生活资料形式的剩余价值的增长相比，资本家占有的转化为资本形式的剩余价值的增长更快，特别是资本家占有的转化为生产资料形式的剩余价值的增长更快。具体来说，资本家将增加的剩余价值中的越来越大的比例用于追加资本，将追加资本中的越来越大的比例用于追加不变资本。这证明，在一般条件下，资本有机构成提高率高于资本增长率，资本增长率高于剩余价值提高率。当然，这个规律并不是在任何条件下都成立，由于剩余价值率受多种因素影响，总有例外。资本有机构成提高率高于剩余价值提高率，只是表现为一种总趋势。

剩余价值率提高就是在活劳动新创造的价值中，资本家占有的剩余价值的比例提高，用于支付雇佣劳动者的工资的不变资本的比例降低。剩余价值率提高就是贫富差距扩大。贫富差距扩大就是无产阶级贫困化。无产阶级贫困化并不表示工人的实际工资一定下降，事实上，在大多数情况下，在较长的历史时期，工人的实际工资不是降低而是提高，只不过工人的实际工资的提高率低于剩余价值提高率。马克思所说的无产阶级贫困化，主要是指无产阶级的相对贫困化，也就是在活劳动新创造的价值中，用于交换工人的劳动力的价值的比例降低。

贫富差距扩大的历史，就是剩余价值率提高的历史，也是资本有机构成提高的历史。在这个历史过程中，剩余价值率不是连续不断地、平稳地提高，也有下降的情况，只是从总趋势来看，表现为趋向提高；资本有机构成不是连续不断地、平稳地提高，也有下降的情况，只是从总趋势来看，表现为趋向提高；不是在任何条件下资本有机构成的提高都超过剩余价值率的提高，也有相反的情况，只是从总趋势来看，表现为资本有机构成的提高超过剩余价值率的提高。

在资本主义生产的长期发展过程中，生产力不断提高，资本有机构成不断提高，剩余价值率不断提高。从总体上看，资本有机构成提高的比例超过剩余价值率提高的比例，利润率有下降趋势。在这个意义上，资本主义生产发展过程中，贫富差距不断扩大的历史，就是利润率趋向下降的历史。

因此，贫富差距扩大的历史本身，就是利润率趋向下降的最好证明。

第四节　通过贫富差距扩大证明利润率提高的观点是否正确

有些经济学家试图通过贫富差距扩大证明利润率提高，例如，法国经济学家托马斯·皮凯蒂（Thomas Piketty，1971—　）认为，利润率的提高超过经济增长率，证明贫富差距扩大；贫富差距扩大，证明利润率不是趋向降低，而是趋向提高。①

皮凯蒂看到了资本主义国家生产的社会财富中的大部分被资本家占有，贫富差距不断扩大的经济现象。他对雇佣劳动者、社会弱势群体抱有极大的同情，对资本主义国家放任资本家攫取大量社会财富，在经济危机来临时，不是救助社会弱势群体，而是救助那些攫取了大量社会财富并制造了经济危机的资本家，表示强烈的不满。不难看出，皮凯蒂是一个具有强烈的正义感，主张社会平等的经济学家。

他的这些观点是正确的。

皮凯蒂不同意马克思的利润率趋向下降的观点，他认为："在此之前的 19 世纪和 20 世纪初的所有经济学家，包括马克思，都没有明确认同和表示过生产率持续增长带动结构性增长的想法。在那个时代，这是一个隐性假说，即产量的增长，尤其是制造业产量的增长，可以主要解释为产业资本的积累。换言之，产量之所以增长，只是因为每个工人得到了更多机器和设备的支持，而不是因为（在特定劳动和资本条件下）生产率本身提高了"②。

他的这些观点是不正确的。

从现象看，贫富差距扩大是毫无争议的事实。资本家的财富来自利润。利润增加似乎表明利润率提高。

从本质看，无论利润率提高、不变，还是降低，只要存在剩余价值，资本家就必然将一部分剩余价值转化为追加的资本，资本积累的结果必然导致资本增加，必然导致贫富差距扩大。当然，较高的利润率更有利于资本积累，但是，在较低的利润率的条件下，资本家为了增加利润，仍然要进行资本积累，贫富差距仍然扩大。因此，贫富差距扩大的现象并不能证

---

① 托马斯·皮凯蒂：《二十一世纪资本论》，巴曙松等译，北京，中信出版社，2014，第 25 页。

② 托马斯·皮凯蒂：《二十一世纪资本论》，巴曙松等译，北京，中信出版社，2014，第 232 页。

明利润率提高。

因为富人或资本家的主要财富不是生活资料而是资本，资本的主要组成部分是生产资料或不变资本而不是可变资本，所以，贫富差距扩大能够证明资本有机构成提高，而不能证明利润率提高。资本有机构成提高是贫富差距扩大的另一种表述形式，也是利润率趋向下降的决定性因素。

在一般情况下，如果剩余价值增加，那么，增加的剩余价值中，用于追加资本的部分提高的比例高于用于资本家生活消费的部分提高的比例。

如果利润率趋向提高，那么，不仅资本积累的规模增加，而且资本积累的速度加快。资本积累的速度加快又加速提高利润率，利润率加速提高又进一步加速资本积累。这种结果，将导致贫富差距发散式地、雪崩式地扩大，也就是阶级矛盾急剧激化。经济系统处于不稳定的状态。用数学形式近似地描述这种结果，就是在大多数情况下，资本对时间的一阶导数大于 0，资本对时间的二阶导数也大于 0。在一般情况下，这种结果与资本主义经济发展的历史事实不一致，但是，不能完全排除这种结果的存在，只是与大多数情况下的资本主义经济发展过程不一致。

如果利润率趋向降低，那么，一方面，随着资本积累，资本数量不断增加，生产规模不断扩大，另一方面，资本积累受到制约，资本积累不是加速进行的。这种结果，虽然将导致贫富差距扩大，但不是发散式地、雪崩式地扩大，而是收敛式地扩大。虽然阶级矛盾激化，但不是急剧激化。用数学形式近似地描述这种结果，就是在大多数情况下，资本对时间的一阶导数大于 0，资本对时间的二阶导数等于 0 或小于 0。显然，在一般情况下，这种结果与资本主义经济发展的历史事实接近一致。

资本有机构成提高的比例，通常超过资本增长的比例。因此，利润率变化的总趋势，不是趋向提高，而是趋向降低。

由第十三章（13－58）式、（13－74）式、（13－80）式，可以看到，因为单位活劳动推动的生产资料数量不断增加，价值形式的总资本有机构成的下限不断提高，所以，价值形式的总资本有机构成趋向提高；因为价值形式的平均利润率的上限不断下降，所以，价值形式的平均利润率趋向降低。

在第十三章（13－58）式中，价值形式的平均利润率的最高极限 r_{maxl} 表示活劳动与凝结在使用的生产资料中的劳动的比例。因为生产力提高是一定数量的活劳动推动的生产资料增加，在同样时间内，将更多原材料转变为产品，所以，随着生产力提高，价值形式的平均利润率的最高极限 r_{maxl} 下降。在最高极限 r_{maxl} 下降的条件下，在一定时期内，无论价值形式

的平均利润率 r_v 提高还是降低，最终的结果只能是趋向下降。

皮凯蒂试图通过英国与法国的长期资本收益率的统计数据说明利润率提高。但是，从他提出的 1770—2010 年的英国的平均资本收益率与资本纯收益率的数据①，以及 1820—2010 年的法国的平均资本收益率与资本纯收益率的数据②，都看不出利润率提高，相反，布雷顿森林体系解体之后，纸币发行量远远超过相应的国内生产总值，增加的没有实物对应的纸币增加了需求，在一定程度上掩盖了利润率下降的本质。

信用货币形式的利润率不仅受价值增殖程度的影响，而且受货币发行量的影响，因此，信用货币形式的利润率不能准确地反映价值增殖的程度。因为货币发行量逐年提高，所以，如果在信用货币形式的利润率中，扣除货币发行量的影响，那么真实地反映价值增殖程度的利润率是下降的。事实上，他也承认，在自己提出的这些数据与图表中，“平均收益率有些高估了”③。

因此，皮凯蒂看到的，是经济的现象，没有看到的，是经济的本质。他的理想具有空想社会主义的特征。

第五节　贫富差距扩大与利润率趋向下降的关系

一、贫富差距扩大带来的各种矛盾

资本主义生产不是以满足人类的生活需求为生产目的的生产方式，而是以最大限度地获取剩余价值为生产目的的生产方式。

人类的生活需求包括几种不同形式：满足人类的生存的必不可少的最基本的需求，满足人类的发展的需求，有支付能力的需求。在资本主义生产方式条件下，只能满足有支付能力的需求。

在存在巨大贫富差距的条件下，社会的贫困阶层（雇佣劳动者、失业工人、没有劳动能力的需要社会救济的人等）有对基本的生活资料的需

---

① 托马斯·皮凯蒂：《二十一世纪资本论》，巴曙松等译，北京，中信出版社，2014，第205页。

② 托马斯·皮凯蒂：《二十一世纪资本论》，巴曙松等译，北京，中信出版社，2014，第206页。

③ 托马斯·皮凯蒂：《二十一世纪资本论》，巴曙松等译，北京，中信出版社，2014，第209页。

求，但是，没有支付能力或没有足够的支付能力，这种需求无法得到满足，或无法得到完全的满足。

社会的富裕阶层（资本家、土地所有者等）对生活资料的需求——无论对必要生活资料的需求，还是对奢侈品的需求——都已经得到满足，他们需要的是更多的剩余价值或更多的利润。为了获得更多的剩余价值或更多的利润，需要通过将一部分剩余价值转化为资本，实现资本积累。资本的不断积累，导致生产规模不断扩大，资本有机构成不断提高。

在资本有机构成不断提高的条件下，如果剩余价值率不能相应地提高——剩余价值率提高较少，或剩余价值率基本不变，那么，价值形式的利润率必然降低。每个资本家为了获得更多剩余价值，提高他的个别利润率，采用新技术，使用新机器，提高资本技术构成与资本有机构成，使自己的产品的个别价值低于这种产品的社会价值。一部分资本家提高生产力，提高资本有机构成，会在资本家之间导致重大的利益矛盾，产生激烈的竞争。不同国家的资本家为了获得更多剩余价值，都要采用类似的方式，不同国家的资本家之间存在严重的经济利益矛盾。不同国家的资本家之间的利益矛盾，上升为资本主义国家之间的矛盾。如果这种资本主义国家之间的利益矛盾不能用和平的方式解决，那么，战争就是唯一的选择。20世纪的两次世界大战，都是在这种条件下产生的，特别是第二次世界大战的产生，与1929—1933年的全世界范围的资本主义经济危机有密切的关系。

战争不一定都采取军事冲突的形式，也可以表现为贸易战争、金融战争、争夺或控制资源的战争等形式。

如果剩余价值率有较大比例的提高，剩余价值率的提高够抵消资本有机构成的提高并有剩余，那么，价值形式的利润率提高。提高剩余价值率，不可避免地会扩大贫富差距，引起无产阶级与资产阶级的矛盾加剧。阶级矛盾加剧，会导致社会矛盾加剧。阶级矛盾与各种社会矛盾的加剧，会威胁到资本主义社会的存在，从而威胁到资本家的资本。

二、价值形式的平均利润率趋向降低与贫富差距扩大互为因果关系

贫富差距扩大与利润率趋向下降之间存在密切的关系。

一方面，贫富差距扩大，在生产领域，表现为资本家占有的生产资本增加，特别是固定资本增加，资本有机构成提高。由第十三章（13-58）式，可以看到，随着价值形式的总资本有机构成提高，价值形式的平均利润率的上限下降，价值形式的平均利润率趋向降低。因此，价值形式的平

均利润率趋向下降，是贫富差距扩大的结果。

另一方面，因为利润率趋向下降相对地减少了资本家的剩余价值或利润，资本家为了得到更多的剩余价值或利润，设法提高剩余价值率，以减少由于利润率降低带来的损失。剩余价值率的提高，使贫富差距进一步扩大。因此，价值形式的平均利润率趋向下降，又是贫富差距扩大的原因。

可见，价值形式的平均利润率趋向降低与贫富差距扩大互为因果关系。由此可以看出，那种认为贫富差距扩大反映利润率提高的观点（例如，皮凯蒂的观点）是不正确的。